Völkerrecht und Außenpolitik

Herausgegeben von
Prof. Dr. Oliver Dörr
Prof. Dr. Jörn Axel Kämmerer
Prof. Dr. Markus Krajewski

Band 86

Tessa A. Elpel

Das Widerstandsrecht

Eine rechtsphilosophische und völkerrechtliche Betrachtung der Legitimität innerstaatlichen Widerstands zur Durchsetzung von Menschenrechten

Nomos

Die Deutsche Nationalbibliothek verzeichnet diese Publikation in der Deutschen Nationalbibliografie; detaillierte bibliografische Daten sind im Internet über http://dnb.d-nb.de abrufbar.

Zugl.: Hamburg, Univ., Diss., 2017

ISBN 978-3-8487-4126-7 (Print)
ISBN 978-3-8452-8435-4 (ePDF)

1. Auflage 2017

„Das Wesen des Rechts ist Widerstand gegen das Unrecht.“

– *Arthur Kaufmann*, Martin Luther King, Gedanken zum Widerstandsrecht, 1968, in: ders. (Hrsg.), Rechtsphilosophie im Wandel, Stationen eines Weges. 2. Aufl., Köln u. a. 1984, S. 251–257, 256.

Vorwort

Die vorliegende Untersuchung wurde im Wintersemester 2016/17 von der Fakultät für Rechtswissenschaft der Universität Hamburg als Dissertation angenommen. Literatur und Gesetzestexte konnten bis einschließlich März 2017 berücksichtigt werden.

Während der Entstehung dieser Arbeit haben mich viele Menschen begleitet, denen ich an dieser Stelle aufrichtig danken möchte:

Mein Doktorvater Professor Dr. Reinhard Merkel hat mich nicht nur bei meinem Promotionsvorhaben herausragend betreut. In den drei Jahren als Mitarbeiterin an seinem Lehrstuhl habe ich fachlich und persönlich sehr viel von ihm lernen dürfen. Hierfür und für seine uneingeschränkte Unterstützung bin ich ihm sehr dankbar. Mit seiner überaus klugen und wortgewandten Art wird er mir stets ein Vorbild bleiben.

Professor Dr. Jochen Bung danke ich für die Erstellung des Zweitgutachtens, das an vielen Stellen inspirierende Gedanken für weitere Forschungsvorhaben enthält.

Der Johanna und Fritz Buch Gedächtnis-Stiftung möchte ich für ihre großzügige Druckkostenbeihilfe danken.

Mein wunderbarer Partner Julian Grünberg hat mich bei der Entstehung dieser Arbeit mit einer schier unerschöpflichen Geduld unterstützt. Mit seinen immerwährenden positiven Zusprüchen und seiner Bereitschaft, auf einen Esstisch zu verzichten, der zu dem Ort wurde, an dem ein Großteil dieser Arbeit geschrieben wurde, hat er einen unschätzbaren Beitrag zu ihrer Entstehung geleistet.

Meine Schwester Sophie und natürlich meine lieben Eltern Françoise und Dr. Klaus-Peter Elpel haben mich auf meinem langen Bildungsweg vorbehaltlos und unermüdlich unterstützt. Die drei standen auf jedem Abschnitt dieses Weges – an jedem Tag während all dieser Jahre – stützend an meiner Seite und haben stets an mich geglaubt. Ich weiß, dass meine Eltern für mein Glück so manche Entbehrung auf sich genommen haben. Diese Arbeit ist ihnen gewidmet.

Wien, April 2017 *Tessa A. Elpel*

Inhaltsverzeichnis

Abkürzungsverzeichnis[1]

AA	Akademie-Textausgabe von *Immanuel Kants* Werken (herausgegeben von der Königlich Preußischen Akademie der Wissenschaften)
AEMR	Allgemeine Erklärung der Menschenrechte vom 10. Dezember 1948
AJIL	The American Journal of International Law
APSR	The American Political Science Review
APuZ	Aus Politik und Zeitgeschichte
ARSP	Archiv für Rechts- und Sozialphilosophie
AT	Allgemeiner Teil
AVR	Archiv des Völkerrechts
BGB	Bürgerliches Gesetzbuch der Bundesrepublik Deutschland
BGH	Bundesgerichtshof der Bundesrepublik Deutschland
BT	(Deutscher) Bundestag
BVerfGE	Entscheidungssammlung des Bundesverfassungsgerichts
BYIL	The British Yearbook of International Law
CJIL	Connecticut Journal of International Law
CJLJ	Canadian Journal of Law and Jurisprudence
ders.	derselbe, dieselbe(n), dasselbe
Drucks.	Drucksache
DZPhil	Deutsche Zeitschrift für Philosophie
ECOSOC	Economic and Social Council of the United Nations (Wirtschafts- und Sozialrat der Vereinten Nationen)
EJIL	European Journal of International Law
EMRK	Europäische Menschenrechtskonvention
eng.	englisch
frz.	französisch
GA	United Nations General Assembly (Generalversammlung der Vereinten Nationen)

1 Sofern hier nicht angegeben, werden die gebräuchlichen Abkürzungen der Rechtssprache verwendet (dazu *Kirchner,* Abkürzungsverzeichnis der Rechtssprache, 2015).

GG	Grundgesetz der Bundesrepublik Deutschland
ggü.	gegenüber
GK	Genfer Konvention(en) vom 12. August 1949
GYIL	German Yearbook of International Law
GYIL	German Yearbook of International Law
HRC	Human Rights Council
HRLJ	Human Rights Law Journal
ICISS	International Commission on Intervention and State Sovereignty
ICLQ	International and Comparative Law Quarterly
ICLR	International and Comparative Law Review
ICTR	International Criminal Tribunal for Rwanda
ICTY	International Criminal Tribunal for the former Yugoslavia
IGH	Internationaler Gerichtshof
IJHR	The International Journal of Human Rights
ILJ	Cornell International Law Journal
IPbpR	Internationaler Pakt über bürgerliche und politische Rechte vom 19. Dezember 1966
IPwskR	Internationaler Pakt über wirtschaftliche, soziale und kulturelle Rechte vom 19. Dezember 1966
IRKR	Internationales Komitee vom Roten Kreuz
IS	International Security
JHI	Journal of the History of Ideas
JIHR	Northwestern Journal of International Human Rights
JuS	Juristische Schulung
JZ	Juristen Zeitung
kult.	kulturell/-e/-es/-er
lat.	Latein
MdS	Metaphysik der Sitten
MJIL	Michigan Journal of International Law
NJW	Neue juristische Wochenschrift
Orig.	Originalausgabe
pol.	politisch/-e/-es/-er
PQ	The Political Quarterly
Res.	Resolution
RG	Reichsgericht

Rom-Statut	Römer Statut des Internationalen Strafgerichtshofes vom 17. Juli 1998
SBR	Selbstbestimmungsrecht der Völker
SC	United Nations Security Council (Sicherheitsrat der Vereinten Nationen)
soz.	sozial/-e/-es/-er
StGB	Strafgesetzbuch der Bundesrepublik Deutschland
u. a.	unter anderem; und andere
UN-Charta	Charta of the United Nations Organization, Charta der Organisation der Vereinten Nationen
UN-Doc	Dokument der Vereinten Nationen
UNO	United Nations Organization, Organisation der Vereinten Nationen
Vol.	Volume
vs.	versus
wirtschaftl.	wirtschaftlich/-e/-es/-er
WVK	Wiener Vertragsrechtskonvention/Wiener Übereinkommen über das Recht der Verträge
WR	Widerstandsrecht
ZaöRV	Zeitschrift für ausländisches öffentliches Recht und Völkerrecht
ZeF	Zum ewigen Frieden
ZIS	Zeitschrift für Internationale Strafrechtsdogmatik
ZP	Zusatzprotokoll
ZP I	Zusatzprotokoll zu den Genfer Abkommen vom 12. August 1949 über den Schutz der Opfer internationaler bewaffneter Konflikte (Protokoll I)
ZP I	Zusatzprotokoll zu den Genfer Abkommen vom 12. August 1949 über den Schutz der Opfer internationaler bewaffneter Konflikte (Protokoll I)
ZP II	Zusatzprotokoll zu den Genfer Abkommen vom 12. August 1949 über den Schutz der Opfer nicht internationaler bewaffneter Konflikte (Protokoll II)
Zpkt.	Zeitpunkt
ZStW	Zeitschrift für die gesamte Strafrechtswissenschaft

A. Einleitung

I. Problemaufriss

Zu den obersten Zielen des Völkerrechts zählt heute nicht nur die Wahrung des Weltfriedens,[2] sondern ebenso die Verwirklichung der Menschenrechte.[3] Beide Zielsetzungen sind sowohl in zahlreichen Bestimmungen der Charta der Vereinten Nationen als auch in einer Vielzahl weiterer völkerrechtlicher Abkommen zu finden. Trotz des nunmehr fast sechzigjährigen Bestehens der UN-Charta konnten diese darin statuierten Ziele noch nicht (annährend) vollumfänglich erreicht werden.[4] Bürger zahlreicher Staaten müssen täglich um die Gewährleistung ihrer elementaren Menschenrechte bangen; so etwa in Syrien[5], im Iran[6] sowie in Nordkorea[7] – um nur einige Beispiele aus den Berichten des UN-Menschenrechtsrates zu nennen. Immer wieder werden Menschen zudem Opfer massiver staatlicher Gewalt. Fraglich ist hier, welche Verteidigungsmittel das Völkerrecht den betroffenen Menschen an die Hand gibt. Die Frage nach der effektiven Verteidigung von Menschenrechten weist eine geradezu brennende Aktualität auf.

---

2 Vgl. Art. 1 Abs. 1 UN-Charta (*Wolfrum*, in: Simma u. a., UN Charter, Vol. 1, 2012, Art. 1 Rn. 7, 17); *Kimminich,* Einführung in das Völkerrecht, 1990, S. 108. Dieses Ziel nimmt auch die Generalversammlung immer wieder in ihren Resolutionen auf (vgl. nur A/RES/377 (03.11.1953), 1. Erwägungsgrund).

3 Die „Achtung vor den Menschenrechten“ wird in Art. 1 Abs. 3 UN-Charta als Ziel beschrieben. Zur Bedeutsamkeit dieses Ziels äußert sich die Generalversammlung, u. a. in A/RES/34/46 (23.12.1979), A/RES/36/133 (14.12.1981) und A/RES/40/124 (13.12.1985) (jeweils 1. Erwägungsgrund).

4 *Doehring,* Völkerrecht, 2004, § 20 Rn. 1008 f.

5 Vgl. A/HRC/34/L.37.

6 A/RES/67/182 (20.12.2012); A/HRC/22/L.22 (22.03.2013); vgl. auch A/HRC/25/L. 9 (21.03.2014).

7 A/HRC/22/L.19 (18.03.2013).

1. Etablierte individuelle Mittel der Durchsetzung von Menschenrechten

Es existieren bereits zahlreiche nationale und internationale Möglichkeiten, eine Menschenrechtsverletzung in einem gerichtlichen oder anderweitigen formellen Verfahren zu rügen und so die Durchsetzung der Menschenrechte zu erreichen (z. B. als Individualbeschwerde vor dem Europäischen Gerichtshof für Menschenrechte[8] oder im Beschwerdeverfahren vor dem UN-Menschenrechtsrat[9]). Allerdings sind diese Mittel insbesondere bei schwerwiegenden und akuten Menschenrechtsverletzungen (z. B. Folter oder gewaltsame Angriffe gegen die Zivilbevölkerung), wie sie in manchen diktatorischen Regimen vorkommen, unzulänglich.[10] Die Entscheidungen, die am Ende dieser meist langen Verfahren getroffen werden, sind eher feststellender Natur. Sie vermögen weder dafür zu sorgen, dass irreparable Menschenrechtsverletzungen – beispielsweise Folter – im Nachhinein wiedergutgemacht werden (dies ist in vollem Umfang gewiss ohnehin unmöglich), noch eignen sich diese formellen Beschwerdemöglichkeiten dazu, unmittelbar bevorstehende Menschenrechtsverletzungen zu verhüten oder systematische Menschenrechtsverletzungen zu beenden.

2. Kollektive Durchsetzung von Menschenrechten via Responsibility to Protect und humanitäre Intervention

In der Völkerrechtswissenschaft wird diskutiert, ob militärische Maßnahmen der internationalen Gemeinschaft zur Durchsetzung der Menschenrechte zulässig sind. Der Sicherheitsrat der Vereinten Nationen hat bereits in einigen Fällen militärisches Eingreifen nach Art. 39 i. V. m. 42 UN-Charta beschlossen und dies mit dem Schutz der Zivilbevölkerung vor gravierenden Menschenrechtsverletzungen begründet.[11] Dieses Vorgehen wurde – wenngleich es auf den ersten Blick nicht mit dem Wortlaut der Charta vereinbar ist – von der internationalen Gemeinschaft in der Praxis

---

8 Vgl. Art. 34 EMRK.

9 Vgl. A/HRC/RES/5/1 (18.06.2007), Annex, Rn. 85 ff. Vorher wurde das Verfahren (vor dem High Commissioner for Human Rights) bestimmt in E/4832 (Res. 1503, 27 May 1970) und E/RES/2000/3 (16.06.2000).

10 Vgl. *Dunér,* IJHR 9 (2005), S. 247–269, 253.

11 Z. B. Maßnahmen in Somalia (S/RES/794 (03.12.1992)) und Haiti (S/RES/940 (31.07.1994)); vgl. *Doehring,* Völkerrecht, 2004, § 20 Rn. 1010; s. dort auch Fn. 81.

anerkannt.[12] Nach einer vordrängenden Ansicht wird ein solches Vorgehen völkerrechtlich mit der sogenannten *Responsibility to Protect* begründet.[13] Dieses Konzept ist jedoch (noch) kein geltendes Völkerrecht.[14] Ergo ist bislang völkerrechtlich nicht festgelegt, dass der Sicherheitsrat in einem Fall gravierender Menschenrechtsverletzungen militärisches Einschreiten anordnen darf, ebenso wenig, dass er dies (im Sinne eines effektiven Menschenrechtsschutzes) in bestimmten Situationen tun muss.[15]

Selbst wenn die *Responsibility to Protect* mittlerweile Eingang ins geltende Völkerrecht gefunden hätte, wäre ihre Existenz noch kein Garant für einen effektiven Menschenrechtsschutz: Das Entscheidungsmonopol für ein derartiges Vorgehen läge auch weiterhin beim Sicherheitsrat, der im Hinblick auf die Anordnung von Maßnahmen nach Kap. VII UN-Charta einen erheblichen Beurteilungs- und Ermessensspielraum hat.[16] Dieser Spielraum kann insbesondere von den Vetomächten nach deren Belieben

---

12 Ebenda, § 20 Rn. 1010. Dazu kritisch aus der Völkerrechtswissenschaft *Henkin,* AJIL 93 (1999), S. 824–828, 824, 828. Vgl. zur Auslegung von Art. 39 UN-Charta in der Praxis des Sicherheitsrates *Oeter,* in: Malowitz/Münkler (Hrsg.), Humanitäre Intervention, 2009, S. 29–64, 34 ff.

13 So *International Commission on Intervention and State Sovereignty,* The Responsibility to Protect, 2001; *United Nations Secretary-General's High-level Panel on Threats,* A more secure world: Our shared responsibility (Report, UN-Doc A/ 59/565, 2 December 2004), Rn. 203; A/RES/60/1 (24.10.2005), IV., insb. Rn. 138. Auch der UN-Sicherheitsrat ließ die Schutzverantwortung in seiner sogenannten Libyen-Resolution anklingen (S/RES/1970 (26.02.2011), 9. Erwägungsgrund), wobei diese hier nur im Hinblick auf die libysche Regierung erwähnt wird, nicht als Verantwortung der Staatengemeinschaft; ebenso in S/RES/1973 (17.03.2011), 4. Erwägungsgrund). Von einer „breite[n] internationale[n] Zustimmung" zur Schutzverantwortung sprechend *Rudolf,* Schutzverantwortung und humanitäre Intervention, 2013, S. 13.

14 S. nur *Klein/Schmahl,* in: Vitzthum/Proelß (Hrsg.), Völkerrecht, 2016, S. 247–359, Abschn. 4 Rn. 22.

15 *International Commission on Intervention and State Sovereignty,* The Responsibility to Protect, 2001, S. 17 Rn. 2.29 spricht zwar von „duty", jedoch ist dies selbst unter den Befürwortern der *Responsibility to Protect* keine herrschende Meinung. Wenn überhaupt, so statuiert die *Responsibility to Protect* eine positive Pflicht (vgl. *Schaber,* ARSP 2006, S. 295–303, 302 f., der dort auch von einer „moralische[n] Pflicht" spricht; ebenso *Rudolf,* Schutzverantwortung und humanitäre Intervention, 2013, S. 14.), bei deren Erfüllung dem Sicherheitsrat wiederum ein Spielraum eröffnet ist. Militärisches Eingreifen wäre damit keineswegs in jedem Falle von Schutzbedürftigkeit verpflichtend, nur als letztes Mittel nach Ermessen des Sicherheitsrates zulässig.

16 Hierzu *Herdegen,* Völkerrecht, 2016, § 41 Rn. 3.

mit machtpolitischen Überlegungen gefüllt und im Modus der Blockade genutzt werden. Aus diesem Grunde würden nicht zwangsläufig jedes Mal militärische Schutzmaßnahmen vom Sicherheitsrat beschlossen, wenn diese aus Sicht eines effektiven Menschenrechtsschutzes geboten wären.[17] Letztlich bliebe dieser Weg also abhängig von politischen Erwägungen der ständigen Mitglieder des Sicherheitsrates.[18] Von einem Durchsetzungs*mechanismus* kann hier keineswegs gesprochen werden. *Stefan Oeter* befindet gar, der Sicherheitsrat sei „[…] schon strukturell, aufgrund seiner Zusammensetzung und seines Verfahrens, nicht zur systematischen Durchsetzung der Grundwerte der Staatengemeinschaft geeignet.“[19]

Somit gewinnt die Meinung, dass militärisches Eingreifen zum Schutz der Zivilbevölkerung vor erheblichen Menschenrechtsverletzungen auch ohne Mandat des Sicherheitsrates völkerrechtlich zulässig sei, immer mehr Anhänger innerhalb der Völkerrechtslehre.[20] Diese Ansicht ist jedoch erst recht noch nicht zu Völkergewohnheitsrecht erstarkt.[21] Vielmehr vermag der Zweck einer humanitären Intervention (nämlich der Schutz der Menschen und ihrer elementaren Menschenrechte in einem Staat) den Bruch des völkerrechtlichen Gewaltverbots außerhalb eines Mandats des Sicher-

---

17 *Doehring,* Völkerrecht, 2004, § 11 Rn. 571 schließt nicht aus, dass der Sicherheitsrat selbst Völkerrecht verletzten könne. Es sollte für ihn allerdings oberstes Gebot sein, dass dies nicht passiert. Bereits *Wolfrum,* in: Simma u. a., UN Charter, Vol. 1, 2012, Preamble Rn. 9, Art. 1 Rn. 21 verweist darauf, dass die Vereinten Nationen nicht als politische Organisation konzipiert seien, sondern sich der Achtung des Völkerrechts verpflichtet hätten.

18 *Schaber,* ARSP 2006, S. 295–303, 302; vgl. *Merkel,* in: Meggle (Hrsg.), Humanitäre Interventionsethik, 2004, S. 107–132, 112; vgl. im Hinblick auf die Praxis des Sicherheitsrates *Doehring,* Völkerrecht, 2004, § 20 Rn. 1010 sowie *Herdegen,* Völkerrecht, 2016, § 34 Rn. 4, 10, 28, 36.

19 *Oeter,* in: Malowitz/Münkler (Hrsg.), Humanitäre Intervention, 2009, S. 29–64, 41.

20 Vertreter dieser Ansicht sind u. a. *Simma,* in: Merkel (Hrsg.), Der Kosovo-Krieg und das Völkerrecht, 2000, S. 9–50, 38 ff. (wenn auch mit dem Hinweis darauf, dass das Ergebnis praktisch legitim sei, nach geltendem Recht jedoch nicht zwangsläufig gerechtfertigt); *Merkel,* in: Meggle (Hrsg.), Humanitäre Interventionsethik, 2004, S. 107–132, 109 ff.; *ders.,* in: Merkel/Grimm (Hrsg.), War and Democratization, 2009, S. 16–30, 20; *Doehring,* Völkerrecht, 2004, § 20 Rn. 1013 ff.; *Schaber,* ARSP 2006, S. 295–303; für den Fall des Völkermordes tendenziell anerkennend *Oeter,* in: Malowitz/Münkler (Hrsg.), Humanitäre Intervention, 2009, S. 29–64, 49, 57; a. A. *Henkin,* AJIL 93 (1999), S. 824–828.

21 *Dunér,* IJHR 9 (2005), S. 247–269, 247 f.

heitsrats nach aktuellem Stand der Völkerrechtswissenschaft nicht zu rechtfertigen.[22]

3. Das Widerstandsrecht als weiteres Durchsetzungsmittel mit beschränkender Funktion

Die völkerrechtlichen Methoden zur Durchsetzung der Menschenrechte haben sich bisher eher als schwach erwiesen.[23] So konnten in der Vergangenheit nicht einmal Völkermorde aufgehalten werden.[24] Insofern besteht eine große Spannung zwischen dem völkerrechtlichen Ist- und Soll-Zustand.[25] Gerade im Menschenrechtssystem resultiert dies aus der bizarren Kluft zwischen dem Fokus auf den Individualschutz und dem blinden Verlass auf die Staaten als Entitäten der Durchsetzung dieses Schutzes.[26] Das Völkerrecht versucht auf diese Art, einen Kompromiss zwischen politischer Ethik und Realismus bzw. zwischen Recht und Souveränität zu ermöglichen.[27] Darunter leidet letztendlich sein eigentliches Schutzobjekt im Bereich der Menschenrechte, der Einzelne. Es liegt daher nahe, ihn nicht lediglich als Schutzobjekt anzusehen, sondern als Subjekt der Durchsetzung seiner eigenen Rechte anzuerkennen.[28]

Die hohe Bedeutung, die dem Ziel der Verwirklichung von Frieden und Menschenrechten im Völkerrecht zukommt, impliziert die Verpflichtung, alle denkbaren Mittel zu ihrer Durchsetzung zu erwägen. In diesem Sinne

---

22 *Herdegen,* Völkerrecht, 2016, § 34 Rn. 36; vgl. *Deiseroth,* NJW 1999, S. 3084–3088. So sprachen sich bspw. beim sogenannten Südgipfel im Frühjahr 2000 die damals 77 teilnehmenden Staaten in einer förmlichen Erklärung gegen die völkerrechtliche Geltung eines Rechts auf humanitäre Intervention aus (*Group of 77 South Summit,* Declaration of the South Summit, Havanna, Cuba, 10.-14. April 2000, Rn. 54).

23 *Chemillier-Gendreau,* Right to Resistance, International Protection, 2007, Rn. 19.

24 *Kopel/Gallant/Eisen,* Notre Dame Law Review 81 (2005-2006), S. 1275–1346; *Mégret,* Revue Études internationales 39 (2008), S. 39–62, 47. *Friedrich,* FAZ, 02.08.2009, S. 6, Völkerrecht in Zeiten des Völkermords bezeichnet das Völkerrecht vor diesem Hintergrund gar als „Farce".

25 *Mégret,* The Canadian Yearbook of International Law 2008, S. 143–192, 161, 163; *ders.,* Revue Études internationales 39 (2008), S. 39–62, 42.

26 *Ders.,* The Canadian Yearbook of International Law 2008, S. 143–192, 189.

27 Vgl. ebenda, S. 190; *Oeter,* in: Malowitz/Münkler (Hrsg.), Humanitäre Intervention, 2009, S. 29–64, 31 f.

28 *Mégret,* The Canadian Yearbook of International Law 2008, S. 143–192, 176.

wird in dieser Arbeit ein Durchsetzungsmittel fokussiert, das von den betroffenen Menschen – ohne Abhängigkeiten von weiteren Akteuren – direkt ausgeübt werden kann: das Widerstandsrecht. Da gerade das Völkerrecht Erbe zahlreicher Revolutionen ist,[29] liegt es nahe, dieses Rechtsinstrument zu diskutieren. Die Etablierung eines Widerstandsrechts im Völkerrecht entspräche zudem einer Entwicklung, in deren Zug die Individuen die Staaten als Grundeinheit der völkerrechtlichen Ordnung allmählich ablösen.[30] Mit der Einführung oder Anerkennung eines Widerstandsrechts bekäme das Völkerrecht in Form der Individuen einen neuen „Sheriff"[31].

Die Erörterung des Widerstandsrechts soll nicht allein dieser Rechts*erweiterung* der von Menschenrechtsverletzungen Betroffenen nachgehen. Vielmehr dient die theoretische Suche nach dem Modus eines völkerrechtlichen Widerstandsrechts auch dazu, die rechtlichen Grenzen von Widerstand aufzuzeigen und so einen völkerrechtlichen Maßstab für die Legitimität innerstaatlicher Widerstandsbewegungen zu erarbeiten. Dass es noch keinen derartigen völkerrechtlichen Maßstab gibt,[32] verwundert insbesondere vor dem Hintergrund, dass innerstaatliche Aufstände – mögen sie auch im Zeichen der Befreiung von staatlicher Unterdrückung stehen – oftmals mit dem Verlust Tausender Menschenleben einhergehen.[33] Terrorismus und Bürgerkriege stellen zwei der verhängnisvollsten Phänomene der Gegenwart dar.[34] Es muss völkerrechtlich bewertbar sein, ob die hierbei erzielten Tötungserfolge rechtmäßig oder rechtswidrig herbeigeführt wurden. In diesem Sinne kann ein Widerstandsrecht also auch *Einschränkungen* des Rechtskreises potenzieller Widerstandskämpfer mit sich bringen, deren Handlungen nach dem Völkerrecht derzeit nicht ausdrücklich für rechtswidrig befunden werden können. Diese Einschränkungen sollen nicht nur zur Rechtsklarheit beitragen, sondern dienen dem Schutz der

---

29 *Ders.*, Revue Études internationales 39 (2008), S. 39–62, 48.

30 Vgl. *Emmerich-Fritsche*, Vom Völkerrecht zum Weltrecht, 2007, S. 338 f., 914; *Bryde*, Der Staat 2003, S. 61–75, 64; *Mégret*, The Canadian Yearbook of International Law 2008, S. 143–192, 178.

31 Ebenda, S. 178.

32 Vgl. *Schaller*, Der Bürgerkrieg in Syrien, der Giftgas-Einsatz und das Völkerrecht, 2013, S. 1.

33 Vgl. nur den tragischen Bürgerkrieg in Syrien, bei dem Stand April 2015 bereits mindestens 220.000 Menschen getötet wurden, darunter 80.000 Zivilisten (*taz.de*, Opferzahlen zum Syrien-Konflikt: 220.000 Tote, 17.04.2015).

34 Vgl. *Chemillier-Gendreau*, in: UNESCO (Hrsg.), Critique de la politique, 2004, S. 135–153, 137; *Kreß*, JZ 2014, S. 365–373, 373.

Menschenrechte aller Mitbürger der Widerstandskämpfer und der Etablierung einer innerstaatlichen Dimension des Gewaltverbots. Ein solch weitreichendes Friedensgebot stellt den besten Garanten für die Achtung der Menschenrechte dar. Eine völkerrechtliche Widerstandslehre darf also nicht nur der Legitimation von Widerstand dienen, sondern muss auch seine Limitation bezwecken.

II. Zu untersuchende Fragestellungen und Gang der Untersuchung

Was können die Bürger unternehmen, um die Einhaltung ihrer Menschenrechte einzufordern? Haben sie im Fall besonderer Not das Recht, sich gegen ihre Staatsregierung mittels Widerstand zu verteidigen? Und: Kann dieser Widerstand als Ultima Ratio auch gewaltsam erfolgen, d. h. in aktiver Form und beispielsweise unter Einsatz von Drohungen, Eigentumsbeschädigungen oder gar militärischer Waffengewalt? Bereits der Natur- und Völkerrechtler *Emer de Vattel* erachtete es im 18. Jahrhundert als zulässig, Ungehorsam gegenüber einer tyrannischen Staatsregierung zu üben.[35] Wer meint, dass diese Ansicht mittlerweile selbstverständlich Eingang ins geltende Völkerrecht gefunden habe, liegt falsch. Zumindest auf den ersten Blick hält das Völkerrecht ein Widerstandsrecht als Mittel gegen staatliche Gewalt und Menschenrechtsverletzungen nicht parat. Ziel dieser Arbeit ist es, einen qualifizierten Blick auf das Völkerrecht zu richten und eine völkerrechtliche Widerstandslehre zu entwickeln.

Dabei wird nachfolgend ein konstitutionelles Verständnis des Völkerrechts bemüht, das es erlaubt, dieser Rechtsordnung – jenseits staatlicher Rechtsüberzeugungen – rechtsphilosophische und -ethische Erwägungen zugänglich zu machen. Rechtsphilosophische Erwägungen können nicht ohne Weiteres strikt von solchen der Völkerrechtswissenschaft getrennt werden: Wenn man diese als eine über die reinen positiven Normen hinausgehende Rechtswissenschaft betrachtet, gelten rechtsphilosophische Erwägungen hier in gleicher Weise wie in den übrigen Disziplinen der Rechtswissenschaft.[36] Ziel der Arbeit ist es, das Widerstandsrecht mit den Mitteln der Rechtsphilosophie und -theorie sowie der politischen Philoso-

---

35 *De Vattel,* Völkerrecht, 1959, S. 51 ff., 211.

36 *Wolfrum,* in: Simma u. a., UN Charter, Vol. 1, 2012, Preamble Rn. 9, Art. 1 Rn. 21 zählt auch das Naturrecht, das entscheidend oder gänzlich rechtsphilosophisch geprägt ist, zum Völkerrecht.

phie und Ethik in das Gefüge von positivem Völkerrecht und internationaler politischer Praxis einzubetten und damit ein rechtliches Durchsetzungsinstrument zu begründen, das tatsächlich zur internationalen Etablierung von Frieden und fundamentalen Menschenrechten beitragen könnte.

Was sind die rechtsphilosophischen Grundlagen eines Widerstandsrechts? Wie kann Widerstand überhaupt philosophisch begründet werden? Diesen Fragen wird im *ersten Kapitel* nachgegangen. Dort wird das Konzept des Widerstands aus der Perspektive der politischen Philosophie betrachtet. Ein Blick auf die bedeutsamsten (rechts-)philosophischen Ansätze zum Widerstandsrecht ist unerlässlich, um die verschiedenen Aspekte und Fragestellungen eines potenziellen völkerrechtlichen Rechts auf Widerstand ausfindig zu machen. Die philosophischen Widerstandslehren sind maßgeblich durch die jeweilige Staatstheorie geprägt.[37] Nachfolgend werden die philosophischen Determinanten des Widerstandsrechts ausfindig gemacht, die nicht von einem bestimmten politischen System abhängen und daher Geltung für das Völkerrecht beanspruchen könnten.

Im *zweiten Kapitel* folgt der Blick ins geltende Völkerrecht. Gibt es ein Widerstandsrecht in den geltenden (positiven bzw. ungeschriebenen) Normen des Völkerrechts? Können hierfür Anhaltspunkte in den Prinzipien des Völkerrechts gefunden werden? Völkerrechtliche Normen werden hier im Hinblick darauf analysiert, ob daraus ein Widerstandsrecht abgeleitet werden kann bzw. welche Argumente für die Schaffung eines Widerstandsrechts hieraus zu gewinnen sind. Dieses Kapitel wird sich also wie eine Suche nach den Spuren eines Widerstandsrechts im Völkerrecht gestalten. Dies könnte auch zu dem Ergebnis führen, dass sich de lege lata zwar keine Aussage im Hinblick auf die Existenz eines Widerstandsrechts ableiten lässt, jedoch de lege ferenda im Hinblick auf die Voraussetzungen und Grenzen eines zu schaffenden Widerstandsrechts. Der Blick hierfür wird durch die staatsphilosophische Betrachtung des ersten Kapitels bereits geschärft worden sein.

Die Spurensuche des zweiten Kapitels wird damit also einerseits einen empirischen Ansatz verfolgen, indem die Normen des Völkerrechts zum Ausgangspunkt der Erkenntnisse bezüglich eines Widerstandsrechts gemacht werden. Andererseits wird die Auslegung dieser Normen durch rechtsphilosophische Erwägungen angereichert. Die Auslegung des geltenden Völkervertragsrechts erfolgt dabei primär objektiv und nicht unbe-

37 *Peters*, Widerstandsrecht und humanitäre Intervention, 2005, S. 5.

dingt in Anlehnung an den ursprünglichen Parteiwillen, wie es Art. 31 WVK nahelegt. Diese Vorgehensweise entspringt einem konstitutionellen Verständnis des Völkerrechts. Ein solches Verständnis stellt im Bereich des Friedenssicherungsrechts und Menschenrechtsschutzes die einzige überzeugende funktionelle Deutung des Völkerrechts dar. Zudem werden Erkenntnisse aus den Prinzipien des Völkerrechts gewonnen. Von herausragender Bedeutung wird dabei die Untersuchung der Reichweite des völkerrechtlichen Gewaltverbots sein. Dabei wird auf die Frage eingegangen, inwieweit das Gewaltverbot auch innerstaatlich gilt.

Nachdem mit dem Abschluss der Spurensuche des zweiten Kapitels die Hürde der Begründung eines völkerrechtlichen Widerstandsrechts genommen ist, soll im *dritten Kapitel* schließlich eine eigene völkerrechtliche Widerstandslehre entwickelt werden. Hierfür wird nicht nur auf die Ergebnisse der beiden vorherigen Kapitel zurückgegriffen, sondern zusätzlich erwogen, welchen rechtsethischen Anforderungen ein Widerstandsrecht genügen muss. Die Frage der Legitimität von Widerstand hängt unmittelbar damit zusammen, welche Mittel zum Widerstand eingesetzt werden könnten. Je intensiver diese sind, desto schwieriger könnte sich die rechtsethische Legitimation gestalten. Selbst bei milden Formen des Widerstands bleibt stets eine andere rechtsphilosophische Frage bestehen: Ist Widerstand als (Rechts-)Ungehorsam überhaupt legitimierbar? Darüber hinaus bedarf das Recht zu gewaltsamem Widerstand eines hohen Begründungsaufwandes – sowohl völkerrechtlich als auch rechtsethisch. Spätestens bei der intensivsten Form des Widerstands – dem Bürgerkrieg – stellen sich grundlegende ethische Fragen von Krieg und Frieden, allen voran: Kann die Tötung von unbeteiligten Dritten, die im (Bürger-)Krieg nahezu unvermeidlich ist, durch ein Widerstandsrecht gerechtfertigt sein?

Je nach Intensität des Widerstands können ferner seine Legitimationsvoraussetzungen variieren. Darüber hinaus muss das Widerstandsrecht statische Tatbestandsmerkmale aufweisen, wie das Kriterium der Menschenrechtsverletzungen als Schwelle, bei deren Überschreiten ein Widerstandsrecht überhaupt erst einschlägig ist. In diesem Zusammenhang stellt sich die Frage, welche Menschenrechte betroffen sein müssen und wie intensiv die Verletzung mindestens sein muss. Die Formulierung präziser Voraussetzungen wird es ermöglichen, legitime innerstaatliche Aufstände von illegitimen zu trennen. Es bedarf der Rechtsklarheit dieser Formulierung, d. h. einer transparenten völkerrechtlichen Position im Hinblick auf die Legitimität von Bürgerkriegen und Widerstandsbewegungen, bei denen die Grenze zwischen Freiheitskampf und Terrorismus besonders schwer zu ziehen ist.[38] Nur auf diesem Wege können die zahlreichen „kollateralen" Opfer, die innerstaatliche Aufstände oftmals fordern, rechtlich als – wenn überhaupt möglich – legitim oder als illegitim bezeichnet und im Zuge dessen mit entsprechenden Sanktionen vermieden oder auf ein absolutes Minimum begrenzt werden. Lediglich auf diese Weise lässt sich die Erosion des Grundprinzips jedes Rechts – so auch des Völkerrechts – vermeiden, namentlich des Gewaltverbots. In diesem Sinne wird im Ausblick ein Vorschlag für eine präzise völkervertragsrechtliche Normierung des Widerstandsrechts formuliert.

III. Definition und Erscheinungsformen von Widerstand

Bevor das Widerstandsrecht in der neuzeitlichen Rechtsphilosophie betrachtet und beantwortet wird, ob ein Widerstandsrecht im Völkerrecht de lege lata besteht oder de lege ferenda zu befürworten ist und wie dieses aussehen könnte, ist zunächst näher auf den Begriff des Widerstands und die Modi seiner Erscheinung einzugehen.

1. Begriffliche Bedeutung von Widerstand

Eine kurze Definition des Begriffs des Widerstands ist für die Transparenz der folgenden Arbeit bereits daher notwendig, weil in der rechts- und politikwissenschaftlichen Literatur zahlreiche, mitunter sehr unterschiedliche Auffassungen zur Definition von Widerstand vertreten werden.[39] Oftmals wird nicht oder kaum zwischen dem Begriff des Widerstands als solchem und dem Inhalt und Umfang eines Widerstands*rechts* differenziert wird.[40] In dieser Arbeit werden Widerstand und seine Rechtfertigungsvoraussetzungen strikt voneinander getrennt. Die Arbeit will gerade Inhalt und Umfang eines etwaigen völkerrechtlichen Widerstandsrechts diskutieren. Diese dürfen daher keineswegs bereits Teil der Definition von Widerstand

38 Vgl. zur schwierigen Begriffsbestimmung von Terrorismus *Kotzur,* AVR 40 (2002), S. 454–479, 456 ff.

39 Vgl. *Strub,* in: Leiner/Neubert/Schacht u. a. (Hrsg.), Gott mehr gehorchen als den Menschen, 2005, 294 („notorisch umstritten").

40 *Missling,* Widerstand und Menschenrechte, 1999, S. 11.

sein. Vielmehr wird vor dieser Diskussion zunächst grundlegend geklärt, was unter Widerstand in seiner Reinform zu verstehen ist.

Der Begriff des Widerstands wird hier zunächst sehr weit ausgelegt, bevor die folgende Analyse des Widerstands*rechts* der Ausübung von Widerstand normative Grenzen setzt.[41] Es bietet sich eine Definition an, die frei von jeglicher Wertung, also rein deskriptiv ist. Diese soll lediglich Handlungen beschreiben, die dem Wortsinn nach als Widerstand zu begreifen sind.[42] Im Duden ist die synonyme Bezeichnung „Sichentgegenstellen"[43] zu finden. Unter Widerstand in seiner allgemeinen, gleichsam natürlichen Erscheinung ist also eine Reaktion auf eine Kraft zu verstehen – ein Entgegenstellen.[44]

Damit Widerstand in dieser Arbeit aus rechtswissenschaftlicher Sicht erörtert werden kann, muss dieses Entgegenstellen noch um einen juristisch-politischen Kontext angereichert werden.[45] In diesem Sinne ist eine gelungene Definition bei *Bodo Missling* zu finden, der in Anlehnung an *Karl Doehring*[46] formuliert: Widerstand ist „[...] jedes gegen einen Staat, seine Organe oder die Rechtsordnung gerichtete Verhalten"[47].

Adressat von Widerstand im hiesigen Sinne ist damit immer (ob mittelbar oder unmittelbar) der Staat bzw. in einem sehr weiten Verständnis hiervon die faktischen politischen Machthaber.[48] Sofern in dieser Arbeit nachfolgend von Staat gesprochen wird, so ist dieser sehr weite Staatsbegriff gemeint. *Klaus Peters* spricht vom „Kampf gegen staatliches Unrecht"[49]. Die Frage nach einem Widerstandsrecht impliziert damit laut *Fritz Bauer*, „[...] daß der Staat nicht höchster Wert ist, sondern daß Ge-

41 Ähnlich *Eide,* in: UNESCO (Hrsg.), Violations of human rights: possible rights of recourse and forms of resistance, 1984, S. 34–66, insb. S. 40; *Daase,* APuZ 2014 (Heft 27), S. 3–9, 3.

42 So verfährt *Missling,* Widerstand und Menschenrechte, 1999 in seiner Analyse eines völkerrechtlichen Individualwiderstandsrechts (vgl. ebenda, S. 11 f., 245).

43 *Duden,* „Widerstand".

44 *Spindelböck,* Aktives Widerstandsrecht, 1994, S. 8; *Missling,* Widerstand und Menschenrechte, 1999, S. 12.

45 Diese Methode ist diejenige von ebenda, S. 12.

46 *Doehring,* Allgemeine Staatslehre, 2004, Rn. 246.

47 *Missling,* Widerstand und Menschenrechte, 1999, S. 254, vgl. auch S. 13.

48 Vgl. *Rühe,* Widerstand gegen die Staatsgewalt?, 1958, S. 19 ff.; *Roth,* in: MenschenRechtsZentrum der Universität Potsdam (Hrsg.), Recht auf Widerstand?, 2006, S. 7–54, 7 a. E.; *Daase,* APuZ 2014 (Heft 27), S. 3–9, 3.

49 *Peters,* Widerstandsrecht und humanitäre Intervention, 2005, S. 4 in Anlehnung an *Bauer,* in: ders. (Hrsg.), Widerstand gegen die Staatsgewalt, 1965, S. 7–11, 8.

setzgebung, Verwaltung und Rechtsprechung gewogen und möglicherweise zu leicht befunden werden können."[50]

2. Arten der Ausübung von Widerstand

Der sehr weiten Definition von Widerstand entsprechend sind unzählige Erscheinungsformen von Widerstand denkbar.[51] Es können sowohl der verbale Protest eines Individuums gegen einen staatlichen Amtsinhaber als auch ein kollektiv entfachter Bürgerkrieg gegen die Staatsmacht unter den Begriff des Widerstands subsumiert werden.[52] Ziel ist es hier daher nicht, alle denkbaren Widerstandskonstellationen zu erörtern. Vielmehr sollen bestimmte Abgrenzungskriterien beispielhaft aufgezeigt werden und den Begriff des Widerstands mit fassbarer Bedeutung füllen. Im Einzelfall kann eine Kombination verschiedener Ausübungskriterien gegeben sein – z. B. bei der individuellen und aktiven Ausführung einer gewaltsamen, subjektiven Verteidigungshandlung.

Die Abgrenzung innerhalb einer Kategorie ist in einer Vielzahl von Fällen nicht eindeutig möglich. Die folgenden Kriterien dienen daher allein der Orientierung – auch im Hinblick auf die spätere normative Betrachtung. Die Übergänge zwischen den unzähligen Erscheinungsformen von Widerstand sind fließend. Es gibt hier häufig kein richtig oder falsch in der Subsumtion. Die Fälle, in denen eine Subsumtion eindeutig möglich ist, könnten für die spätere Statuierung von Voraussetzungen für ein Widerstandsrecht jedoch eine wichtige Rolle spielen. Für bestimmte Erscheinungsformen von Widerstand könnten bestimmte Voraussetzungen oder Begrenzungen gelten.

---

50 Ebenda, S. 8. Zustimmend *Peters,* Widerstandsrecht und humanitäre Intervention, 2005, S. 4.

51 Laut *Missling,* Widerstand und Menschenrechte, 1999, S. 253 ist das „[…] Spektrum widerstandsrelevanter Handlungen nicht erfassbar […]." *Mégret,* Revue Études internationales 39 (2008), S. 39–62, 39 spricht von einem „vagen Konzept" (Übersetzung d. Verf.).

52 *Eide,* in: UNESCO (Hrsg.), Violations of human rights: possible rights of recourse and forms of resistance, 1984, S. 34–66, 40.

a) Subjektive Verteidigung und objektives Oppositionsverhalten

Legt man die weite Definition von Widerstand zugrunde, kann man Widerstandshandlungen abstrakt in zwei Anwendungsfälle einteilen: Handlungen, die ein Individuum oder ein Kollektiv zum eigenen Schutz ausführt (subjektiver Verteidigungsfall), und Handlungen, die die staatliche Ordnung als solche angreifen (objektives Oppositionsverhalten).[53]

Im Folgenden wird das Widerstandsrecht als menschenrechtliches Durchsetzungsinstrument erwogen. Da Menschenrechtsverletzungen Eingriffe in subjektive Rechte darstellen, scheint sich der Anwendungsbereich eines entsprechenden Widerstandsrechts zunächst auf den des subjektiven Verteidigungsfalles zu beschränken. Allerdings wohnt jeder Verteidigung eines subjektiven Rechts auch eine objektive Komponente inne, nämlich der Einsatz für die (objektive) Normgeltungserhaltung.[54] Dies wird etwa im deutschen Notwehrrecht deutlich, dessen Rechtsgrund nicht nur im sogenannten Schutzprinzip (subjektive Komponente), sondern auch im sogenannten Rechtsbewährungsprinzip (objektive Komponente) besteht.[55] Sollten in einem Staat Menschenrechtsverletzungen von erheblichem Umfang stattfinden, so kann eine individuelle Verteidigung insbesondere auch mit der Intention einer objektiven Opposition gegen die Staatspraxis erfolgen. Dies gilt umso mehr, wenn die Verteidigung eines bedrohten Kollektivs durch kollektive Maßnahmen erfolgt. Damit wird deutlich, dass der subjektive Verteidigungsfall nicht gänzlich vom objektiven, oppositionellen Wirken abgegrenzt werden kann. Je nach Ausübung kann die subjektive oder objektive Komponente mehr in den Fokus der Handlung gerückt werden; indessen ist eine subjektive Verteidigung ohne jegliche objektive Wirkung nicht vorstellbar. Widerstand bei Menschenrechtsverletzungen weist damit zwangsläufig nicht nur ein subjektives Moment auf.

Fraglich ist, ob Widerstand in Form eines objektiven Oppositionsverhaltens unabhängig von einem subjektiven Verteidigungsfall denkbar ist. Es ist vorstellbar, dass Individuen einem Staat gegenüber Widerstand leisten, wenn sie selbst (noch) nicht von Menschenrechtsverletzungen bedroht

---

53 *Missling,* Widerstand und Menschenrechte, 1999, S. 13.

54 Ebenda, S. 13. Zur Unterscheidung von individuellem und allgemeinem Widerstand *Scheidle,* Das Widerstandsrecht, 1969, S. 114 f.

55 *Jescheck/Weigend,* Lehrbuch des Strafrechts, 1996, § 32 S. 337; *Roxin,* Strafrecht Allgemeiner Teil, Bd. I, 2006, § 15 Rn. 1. Zu den Gemeinsamkeiten von Widerstand und Notwehr, s. u. 384 ff.

sind, sich also (noch) nicht subjektiv verteidigen müssen. Der Widerstand muss immer auf die Beseitigung eines Unrechts gerichtet sein. Dieses Unrecht hat einen Zusammenhang mit Menschenrechtsverletzungen aufzuweisen – sei es, dass diese dem Widerstandskämpfer selbst[56] oder anderen Individuen drohen. Letztlich handelt es sich dann um präventive Verteidigung bzw. Nothilfe. Dabei kann es sich nur um nicht intendierte Nebeneffekte handeln. Gleichwohl ist der Widerstand, der auf die Beseitigung bzw. Verhinderung des – für den Einzelnen nur objektiven – Unrechts durch den Staat abzielt, zwangsläufig auch mit einer Verteidigungskomponente verbunden. Diese ist dann jedoch nicht konkreter, sondern genereller Natur. Widerstand als Durchsetzungsinstrument für Menschenrechte hat damit notwendigerweise immer einen subjektiv-verteidigenden sowie einen objektiven, auf die Erhaltung ihrer Geltung gerichteten Charakter.

Von vielen Autoren wird die *Revolution* als Form des objektiv-oppositionellen Widerstands bezeichnet, bei der es darum gehe, die staatliche Ordnung zu beseitigen.[57] Der Wortlaut („revolutio" [lat., „das Zurückwälzen"]) legt zwar nahe, dass mit einer Revolution ein Umsturz verbunden sein muss, während Widerstand als Begriff eher einen konservierenden Charakter aufweist.[58] Über die Bedeutung des Revolutionsbegriffs

---

56 Nimmt man z. B. an, dass in einem Staat ein Gesetz zur Zulässigkeit von Folter bei Ermittlungen in Strafverfahren wegen schwerwiegender Verbrechen erlassen wird, so ist derjenige, der bereits lediglich gegen dieses Gesetz Widerstand leistet, aktuell nicht von Folter bedroht, und es ist ungewiss, ob ihm jemals Folter drohen sollte, da er möglicherweise niemals eine Rolle in einem entsprechenden Ermittlungsverfahren spielen wird.

57 *Bertram,* Widerstand und Revolution, 1964, S. 66 f.; *Minh,* in: UNESCO (Hrsg.), Violations of human rights: possible rights of recourse and forms of resistance, 1984, S. 144–201, 162; *Doehring,* Allgemeine Staatslehre, 2004, Rn. 236 f.; *Daase,* APuZ 2014 (Heft 27), S. 3–9, 3.

58 So *Wertenbruch,* in: Kaufmann/Backmann (Hrsg.), Widerstandsrecht, 1972, S. 450–481, 465; *Spindelböck,* Aktives Widerstandsrecht, 1994, S. 9; *Strub,* in: Leiner/Neubert/Schacht u. a. (Hrsg.), Gott mehr gehorchen als den Menschen, 2005, 295; *Rabinovici,* Der ewige Widerstand, 2008, S. 9; *Smith,* Philosophy & Public Affairs 36 (2008), S. 405–440, 407. In der Theorie von *Hannah Arendt* muss die Revolution gar das „Pathos des Neubeginns" bzw. etwas „absolut Neue[s]" aufweisen (vgl. *Arendt,* Über die Revolution, 2014 (Orig. v. 1963), S. 41 bzw. 33 a. E.). Sie versteht unter Revolution in einem sehr engen Sinne die „Gründung der Freiheit", während eine „Rebellion" lediglich die Befreiung zum Ziele habe (ebenda, S. 184).

herrscht Uneinigkeit.[59] Da es sich hier um eine rein begriffliche Bestimmung handelt, sollen die verschiedenen Ansichten an dieser Stelle nicht näher diskutiert werden. Vielmehr wird festgelegt, wie der Begriff im Folgenden verwendet wird, und zwar als Teilmenge von Widerstand gemäß seiner weiten Definition – nicht als Gegenbegriff.[60] Dabei ist der Revolution nicht unbedingt inhärent, dass sie auf eine Umwälzung gerichtet ist. Vielmehr sind darunter Widerstandshandlungen zu verstehen, denen ein Moment der Plötzlichkeit[61] sowie ein gewisser kollektiver Charakter[62] innewohnt. Ein gewaltsames Vorgehen ist nicht unbedingt erforderlich.[63]

---

59 Einige Autoren betrachten Revolution als nicht zulässigen Widerstand. Insofern differenzieren sie nach dem Kriterium der Legalität (so *Bertram,* Widerstand und Revolution, 1964, insb. S. 66 ff., 72 ff, 95 ff.; *Wertenbruch,* in: Kaufmann/Backmann (Hrsg.), Widerstandsrecht, 1972, S. 450–481, 465; *Bauer,* in: Kaufmann/Backmann (Hrsg.), Widerstandsrecht, 1972, S. 482–504, 492; *Becker von Pelet-Narbonne,* Rechtliche Probleme der Revolution der Gegenwart, 1970, S. 21; *Rühe,* Widerstand gegen die Staatsgewalt?, 1958, S. 93; ähnlich *Liu,* Archiv für Rechts- und Sozialphilosophie Beiheft 41 1990, S. 35–42, 41; vgl. zu dieser Diskussion auch *Doehring,* Allgemeine Staatslehre, 2004, Rn. 239). *Roth,* in: MenschenRechtsZentrum der Universität Potsdam (Hrsg.), Recht auf Widerstand?, 2006, S. 7–54, 8 sieht Revolution als eine Form von aktivem Widerstand gegen die eigene Staatsgewalt an, wobei er den Begriff Rebellion spezifisch verwendet, wenn eine Konstellation von Fremdherrschaft gegeben ist. *Spindelböck,* Aktives Widerstandsrecht, 1994, S. 11 f. versteht unter Revolution primär das gewaltsame Vorgehen gegen die Staatsmacht, wobei er – und seiner Ansicht nach auch der im allgemeine Sprachgebrauch – mit dieser Bezeichnung keine ethische Wertung verbindet. Vgl. außerdem zum eigenen, marxistischen Revolutionsbegriff *Doehring,* Allgemeine Staatslehre, 2004, Rn. 238.

60 Ähnlich *Köhler,* Die Lehre vom Widerstandsrecht in der deutschen konstitutionellen Staatsrechtstheorie der ersten Hälfte des 19. Jahrhunderts, 1973, S. 23; *Missling,* Widerstand und Menschenrechte, 1999, S. 17; *Roth,* in: MenschenRechtsZentrum der Universität Potsdam (Hrsg.), Recht auf Widerstand?, 2006, S. 7–54, 8.

61 *Murhard,* Über Widerstand, Empörung und Zwangsausübung der Staatsbürger gegen die bestehende Staatsgewalt, 1832, S. 45 formuliert: „Revolutionen schleichen, [...] langsam heran und brechen dann oft plötzlich hervor." *Bertram,* Widerstand und Revolution, 1964, S. 67, legt das Moment der Plötzlichkeit dabei zeitlich sehr weit aus – mitunter sei auch ein Zeitraum von Jahren noch „plötzlich" in diesem Sinne.

62 *Nescher,* Das Widerstandsrecht, 2013, S. 24.

63 Vgl. *Doehring,* Allgemeine Staatslehre, 2004, Rn. 240 a. E., der das Auflehnen gegen das SED-Regime in der DDR als eine Revolution ohne gewaltsame Mittel bezeichnet.

b) Passiver und aktiver Widerstand

Eine zweite grobe Einteilung von Widerstandshandlungen lässt sich anhand des Kriteriums des Handlungsmodus vornehmen, also danach, ob der Widerstand durch passives oder aktives Handeln ausgeführt wird. Passives Handeln stellt dabei keineswegs nur Unterlassen in einem strengen natürlichen Sinne dar, sondern in einem normativen Sinne, nämlich das Verweigern des Gehorsams sowie die Flucht bzw. der Rückzug vor dem Normbefehl.[64] Dieser kann sich z. B. in einer schlichten Befehlsverweigerung oder einer nur unvollständigen Befehlsausführung vollziehen.[65] Aktiver Widerstand impliziert demgegenüber ein auflehnendes Tun. Am intensivsten ist der Bürgerkrieg als gewaltsame Form des aktiven Widerstands. Ferner sind gewaltlose aktive Erscheinungsformen denkbar, wie Demonstrationen.

Dass die Übergänge zwischen aktivem und passivem Widerstand fließend sind, lässt sich z. B. anhand des Beispiels der Sitzblockade erkennen. Es ist schwierig, diese Form der Widerstandshandlung eindeutig in diesem Abgrenzungsschema zu verorten. Nähme man an, dass passiver Widerstand immer Gewaltlosigkeit impliziere, hülfe das Kriterium der Gewaltlosigkeit hier nicht weiter. Ob Gewalt bei einer Sitzblockade vorliegt, hängt wiederum von der Gewaltdefinition ab.[66] Ein gewisses physisches Zwangsmoment haftet der Sitzblockade jedenfalls an. Es kann hilfsweise auf die Intention des Handelnden abgestellt werden:[67] Wenn es dem Han-

---

64 Vgl. *Messner,* Das Naturrecht, 1966, S. 79; *Rock,* Christ und Revolution, 1968, S. 28; *Roth,* in: MenschenRechtsZentrum der Universität Potsdam (Hrsg.), Recht auf Widerstand?, 2006, S. 7–54, 8.

65 Schwierig wird bereits die Einordnung des Boykotts oder milder Streikformen (z. B. Hungerstreik) als Formen des Widerstands – so handelt es sich um eher verweigernde Tätigkeiten; allerdings stehen sie in ihrer Wirkung (insb. im Hinblick auf die Öffentlichkeit) im Einzelfall auf derselben Ebene wie Pressekampagnen oder literarische Polemik, die wiederum aktiven Widerstand darstellen (*Rock,* Christ und Revolution, 1968, 28). Dementsprechend bezeichnete *Martin Luther King, Jr.* Boykotte und andere gewaltfreie Widerstandshandlungen als „aktive[n] gewaltfreie[n] Widerstand“, wobei er zugestand: „Die Methode ist körperlich passiv […]“ (*King, Jr.,* Freiheit, 1964 (Orig. v. 1958), S. 78).

66 Vgl. z. B. zum umstrittenen Gewaltbegriff im Zusammenhang mit § 240 StGB *Eser/Eisele,* in: Schönke/Schröder, StGB, 2014, vor §§ 234 ff. Rn. 6 ff.; BVerfGE 73, 206, 242 ff.

67 Vgl. *Peters,* Widerstandsrecht und humanitäre Intervention, 2005, S. 114, der passiven Widerstand und zivilen Ungehorsam (dazu sogleich, S. 43 ff.) gleichstellt.

delnden lediglich darum geht, den konkreten Normbefehl zu ignorieren, der ihn andernfalls zu einer Handlung zwingen würde, die mit dem Gewissen des Handelnden nicht vereinbar wäre, kann passiver Widerstand angenommen werden. Wenn ein Verhalten darauf gerichtet ist, die Gesamtheit des politischen Systems anzugreifen, kann von aktivem Widerstand ausgegangen werden. Das Charakteristische an Letzterem ist für *Martin Rock*, dass „[...] der staatlichen Gewalt entgegengearbeitet wird."[68] Selbst mit passiven Widerstandshandlungen kann die Intention verfolgt werden, etwas am politischen System zu ändern. Daher kann auch die Abgrenzung nach dem Zweck im Einzelfall nicht mehr als eine Orientierung bieten.

c) Gewaltfreier und gewaltsamer Widerstand

Eine der bedeutendsten Abgrenzungen im Hinblick auf die normativen Grenzen eines Widerstandsrechts stellt das Kriterium der Gewaltanwendung bei der Ausübung von Widerstand dar.[69] Unter Gewalt ist hier in einem engen Sinne zu verstehen, dass andere Menschen im Zuge der Ausführung der Widerstandshandlung Eingriffe in ihr Eigentum, ihre körperliche Integrität, Gesundheit oder gar ihr Leben erleiden.[70] Ein solcher Eingriff beginnt bei der Drohung mit einer entsprechenden Handlung.[71] Die Abgrenzung ist bei Eingriffen ins Eigentum im Einzelfall besonders schwierig. *John Morreall* sieht etwa bereits im Besetzen eines Grundstücks eine gewaltsame Handlung.[72] Er stellt dabei auf das Zwangsmo-

---

68 *Rock,* Christ und Revolution, 1968, S. 28.

69 Dem ähnliche Bedeutung beimessend *Eide,* in: UNESCO (Hrsg.), Violations of human rights: possible rights of recourse and forms of resistance, 1984, S. 34–66, 53.

70 Der Gewaltbegriff ist hier also anders zu verstehen als nach überwiegender Auffassung im Rahmen von §§ 234 ff., 240 StGB, wo vorwiegend auf ein (körperlich wirkendes) Zwangselement abgestellt wird (vgl. hierzu nur *Eser/Eisele,* in: Schönke/Schröder, StGB, 2014, vor §§ 234 ff. Rn. 6 ff. und den ehemals „vergeistigten Gewaltbegriff" des Bundesverfassungsgerichts im sogenannten Sitzblockaden-Urteil, BVerfGE 73, 206, 242 ff.). A. A. *Morreall,* in: Bedau (Hrsg.), Civil Disobedience in focus, 1991, S. 130–143, 137.

71 Vgl. *Schaller/Rudolf,* „Targeted Killing", 2012, S. 28 („Diese [Drohung, Anm. d. Verf.] ist immer von der Möglichkeit her zu bedenken, dass sie am Ende auch wahrgemacht wird.").

72 *Morreall,* in: Bedau (Hrsg.), Civil Disobedience in focus, 1991, S. 130–143, 135.

ment ab, das auch dieser Widerstandshandlung eigen ist.[73] Nach dem hiesigen Verständnis reicht dies nicht aus, um Gewalt anzunehmen.[74] Die Handlung muss vielmehr ein beträchtliches Zwangsopfer beim Betroffenen fordern – eben einen Eingriff darstellen. Im Besetzen eines Grundstücks kann zwar ein Eingriff ins Eigentum gesehen werden, allerdings nur in die Nutzung, nicht in die Sachsubstanz. Es ist davon auszugehen, dass nur kurzzeitige Beeinträchtigungen der Nutzung noch nicht ausreichen, um sinnvoll von Gewalt zu sprechen. Diese bleiben unter einer Bagatellgrenze rechtlich-normativer Relevanz.

Verhaltensweisen, deren Einordnung zweifelhaft ist, können zunächst als gewaltsam eingestuft werden. Dies sagt schließlich nicht zwangsläufig etwas über ihre Rechtmäßigkeit aus. Näheres hierzu ist aus der Perspektive eines Widerstandsrechts vornehmlich im Rahmen der Verhältnismäßigkeitsprüfung zu klären. Auch im Rahmen dieser Prüfung kann die bloße Kategorisierung einer Handlung als gewaltsam nur ein Indiz für ihre Unverhältnismäßigkeit darstellen. Im Einzelfall ist normativ vorwiegend von Bedeutung, ob zu erwartende Schäden bei dem oder den Betroffenen in einem angemessenen Verhältnis zum Ziel der Widerstandshandlung stehen. Daher wird bereits beim Gewaltbegriff die Perspektive der Betroffenen angenommen, statt objektiv auf ein Zwangsmoment abzustellen. Von besonderer Indizwirkung im Hinblick auf die Verhältnismäßigkeit einer Handlung ist die Anwendung oder Androhung *bewaffneter Gewalt.* Diese Form der Gewaltanwendung, bei der technische Hilfsmittel benutzt werden, potenziert das Schädigungspotenzial und birgt die Gefahr von nicht kontrollierbaren Eskalationen.[75] Bewaffnete Gewalt kann im Einzelfall gezielt gegenüber einem Beteiligten angewendet werden, der die zu bekämpfenden Menschenrechtsverletzungen verursacht hat. Wenn militärische oder andere gemeingefährliche Mittel eingesetzt werden, können darüber hinaus unbeteiligte Dritte Eingriffe erleiden. Hierfür wird nachfolgend der Begriff der *kriegerischen Gewalt* verwendet.

Gewaltfreier Widerstand weist eine ähnlich hohe Diversität wie gewaltsamer auf. Ersterer kann z. B. lediglich mündlich erfolgen, aber auch in

---

73 Ebenda, S. 137.

74 Ähnlich *Holmes,* Violence and Nonviolence, 2013, S. 142, der auch psychische Verletzungen zum Gewaltbegriff zählt (vgl. *ders.,* Morality of Nonviolence, 2013, S. 173, 179).

75 *Strub,* in: Leiner/Neubert/Schacht u. a. (Hrsg.), Gott mehr gehorchen als den Menschen, 2005, 300 f.

tätiger oder sogar tätlicher Form. Der US-amerikanische Politikwissenschaftler *Gene Sharp* hat in seinem Werk „The Politics of Nonviolent Action“ nahezu 200 Formen des gewaltfreien Widerstands herausgearbeitet.[76] Er unterscheidet dabei zunächst fünf Arten des gewaltfreien Widerstands: den gewaltlosen Protest,[77] die gesellschaftliche,[78] wirtschaftliche[79] und politische[80] Nichtkooperation sowie die gewaltlose Intervention[81]. Willkürlich herausgegriffene Beispiele für gewaltfreie Widerstandshandlungen sind öffentliche Reden, Streiks und Nichtkooperationen mit Behörden. Die Möglichkeiten, Protest gewaltfrei und öffentlichkeitswirksam zu äußern, haben mit der Fortentwicklung der Informations- und Kommunikationstechnologie (über Blogs, Videoplattformen, soziale Netzwerke) erheblich zugenommen. Gewaltsamer Widerstand kann demgegenüber nur in tätlicher Form ausgeübt werden. Beispiele hierfür sind Attentate (darunter der sogenannte „Tyrannenmord“[82]), Anschläge, gewaltsame Staatsstreiche und Aufstände sowie Bürgerkriege.

aa) Ziviler Ungehorsam

Eine in der Geschichte und politischen Ethik besonders bedeutsame Form des gewaltfreien Widerstands ist der sogenannte zivile Ungehorsam.[83] Unter Historikern, Philosophen, Politik- und Rechtswissenschaftlern herrscht keine Einigkeit im Hinblick auf die genaue Definition und die Zulässigkeit

---

76 *Sharp,* The Politics of Nonviolent Action, 1973, S. 117 ff.

77 Ebenda, Kap. 3.

78 Ebenda, Kap. 4.

79 Ebenda, Kap. 5 f.

80 Ebenda, Kap. 7.

81 Ebenda, Kap. 8.

82 S. hierzu nur *Schmidt-Lilienberg,* Die Lehre vom Tyrannenmord, 1964 (1901). Gemeint ist die Tötung – mag sie im strafrechtlichen Sinne ein Mord sein oder nicht – des tyrannischen Staatsoberhauptes, wie sie beispielsweise von *Claus Graf von Stauffenberg* und seinen Verbündeten im Attentat vom 20. Juli 1944 auf *Adolf Hitler* versucht wurde.

83 *Morreall,* in: Bedau (Hrsg.), Civil Disobedience in focus, 1991, S. 130–143 zufolge kann ziviler Ungehorsam – seinem Verständnis von Gewalt nach – auch gewaltsam ausgeübt werden. Ähnlich *Strub,* in: Leiner/Neubert/Schacht u. a. (Hrsg.), Gott mehr gehorchen als den Menschen, 2005, 298.

zivilen Ungehorsams.[84] Die zahlreichen Theorien, die in diesem Zusammenhang insbesondere in der Disziplin der politischen Ethik vertreten werden, können und sollen an dieser Stelle nicht wiedergegeben und erörtert werden.[85] Vielmehr werden hier die maßgeblichen Kriterien, die den meisten Definitionen von zivilem Ungehorsam gemein sind, zusammengetragen. Ziviler Ungehorsam wird in einem Rechtsstaat[86] bzw. in *Rawls*' Konzept in einer von ihm sogenannten „fast gerechten Gesellschaft"[87] verübt; jedenfalls nicht in einem gänzlichen Unrechtsstaat. Allerdings muss es darin einen gravierenden Missstand geben, der das Gemeinwohl negativ beeinflusst. Um hierauf öffentlich aufmerksam zu machen und einen Prozess des Umdenkens zu initiieren,[88] bedienen sich die Ungehorsamen ge-

---

84 *Peters,* Widerstandsrecht und humanitäre Intervention, 2005, S. 117 f. lehnt die Verwendung des „irreführenden" Begriffs ab. Jeglichen zivilen Ungehorsam materiell ablehnend *Scholz,* NJW 1969, S. 705–712, 708. Den zivilen Ungehorsam als „schlichten Rechtsbruch" bezeichnend *Schapp,* in: v. Münch/Kunig, GG, Bd. 1, 2012, Art. 20 Rn. 79. *Kaufmann,* Grundprobleme der Rechtsphilosophie, 1994, S. 190 spricht sich für die moralische Zulässigkeit des zivilen Ungehorsams aus, wobei er ihn als „das *Widerstandsrecht der kleinen Münze*" bezeichnet (*Hervorhebungen ebenda*; s. auch *ders.,* in: Krawietz/Mayer-Maly/Weinberger (Hrsg.), Objektivierung des Rechtsdenkens, 1984, S. 85–96).

85 Vgl. nur die Theorien von *Rawls* (*Rawls,* in: Bedau (Hrsg.), Civil Disobedience, 1969, S. 240–255; *ders.,* Eine Theorie der Gerechtigkeit, 1991 (1979, Orig. v. 1971), S. 399 ff., 409 ff.), *Dworkin* (*Dworkin,* in: Meyer/Miller/Strasser (Hrsg.), Widerstandsrecht in der Demokratie, 1984, S. 24–42; *ders.,* Bürgerrechte ernstgenommen, 1990 (Orig. v. 1977/1978), S. 337) und *Habermas* (*Habermas,* in: Glotz (Hrsg.), Ziviler Ungehorsam im Rechtsstaat, 1983, S. 29–53). *Rawls*' Theorie wird später, bei der Erörterung der Frage nach der Pflicht zum Rechtsgehorsam als Einwand gegen eine völkerrechtliche Widerstandslehre, Eingang in die Arbeit finden (s. u. S. 547 ff). Ein ausführlicher Überblick über die diskutierten Definitionsansätze ist zu finden bei *Laker,* Ziviler Ungehorsam, 1986, S. 135 ff.

86 *Habermas,* in: Glotz (Hrsg.), Ziviler Ungehorsam im Rechtsstaat, 1983, S. 29–53, 39; *Remele,* Ziviler Ungehorsam, 1992, S. 145. *Ladwig,* in: MenschenRechtsZentrum der Universität Potsdam (Hrsg.), Recht auf Widerstand?, 2006, S. 55–84, 60 fordert, dass der Ausübende „[…] die Verfassungsordnung im Ganzen als legitimen Rahmen ihres Handelns […]" akzeptieren müsse.

87 *Rawls,* in: Bedau (Hrsg.), Civil Disobedience, 1969, S. 240–255, 246 f.; *ders.,* Eine Theorie der Gerechtigkeit, 1991 (1979, Orig. v. 1971), S. 375, 399, 426, der davon ausgeht, dass eine solche Gesellschaft eine demokratische Regierungsform habe (S. 399 a. E.) und in ihr Gerechtigkeitsgrundsätze allgemein anerkannt würden (S. 424, 426).

88 *Zashin,* Civil Disobedience and Democracy, 1972, S. 115, 128; *Remele,* Ziviler Ungehorsam, 1992, S. 159. Vgl. *Bedau,* The Journal of Philosophy 58 (1961), S. 653–665, 655 f., 61);*Laker,* Ziviler Ungehorsam, 1986, S. 171 ff.; *Rawls,* Eine

waltfreier,[89] aber im Rahmen der Rechtsordnung illegaler[90] Mittel. Sie nehmen im Interesse des Gemeinwohls[91] typischerweise eine entsprechende Sanktion ihres Handelns hin.[92] Daher spiegeln sich in ihrem nur ausnahmsweise regelwidrigen Handeln ihre Loyalität gegenüber der staatlichen Rechtsordnung und ihre grundsätzliche Gesetzestreue wider.[93] Das Gewaltmonopol des Staats wird von ihnen nicht angezweifelt.[94]

Ziviler Ungehorsam wird von seinen Verfechtern nur dann für zulässig erachtet, wenn er insbesondere mit Rücksicht auf seine Folgen verhältnismäßig und als Ultima Ratio eingesetzt wird.[95] Dies sind Voraussetzungen,

---

Theorie der Gerechtigkeit, 1991 (1979, Orig. v. 1971), S. 403, 410; *Ladwig,* in: MenschenRechtsZentrum der Universität Potsdam (Hrsg.), Recht auf Widerstand?, 2006, S. 55–84, 60; *Mégret,* The Canadian Yearbook of International Law 2008, S. 143–192, 148. Die Rolle der Öffentlichkeit bei zivilem Ungehorsam betonte *Gandhi* (vgl. *Gandhi,* Satyagraha-Bewegung, 1924, S. 11; *Blume,* Satyagraha, 1987, S. 260).

89 *Bedau,* The Journal of Philosophy 58 (1961), S. 653–665, 656; *Laker,* Ziviler Ungehorsam, 1986, S. 171 ff., insb. S. 182, der den Begriff „Friedlichkeit" bevorzugt. Nach *Martin Luther King, Jr.* erstreckt sich der Gewaltverzicht sowohl auf physische, als auch auf geistige Gewalt (*Strübind,* in: Leiner/Neubert/Schacht u. a. (Hrsg.), Gott mehr gehorchen als den Menschen, 2005, S. 137–168, 163).

90 *Bedau,* The Journal of Philosophy 58 (1961), S. 653–665, 653 f.; *Laker,* Ziviler Ungehorsam, 1986, S. 162 ff.; *Ladwig,* in: MenschenRechtsZentrum der Universität Potsdam (Hrsg.), Recht auf Widerstand?, 2006, S. 55–84, 60 spricht von „Regelverstoß"; *Mégret,* The Canadian Yearbook of International Law 2008, S. 143–192, 147. *Seifert,* in: Tatz (Hrsg.), Gewaltfreier Widerstand gegen Massenvernichtungsmittel, 1984, S. 99–103, 101 benennt demgegenüber Formen von zivilem Ungehorsam, die nicht gesetzeswidrig seien.

91 Zur politisch-moralischen Motivation eingehend *Laker,* Ziviler Ungehorsam, 1986, S. 166 ff.

92 Vgl. *King, Jr.,* in: Bedau (Hrsg.), Civil Disobedience, 1969, S. 72–89; *Watley,* Roots of Resistance, 1985, S. 121 ff.; *Laker,* Ziviler Ungehorsam, 1986, S. 185 f., der dieses Kriterium bereits dem Merkmal der „Öffentlichkeit" entnimmt; *Ladwig,* in: MenschenRechtsZentrum der Universität Potsdam (Hrsg.), Recht auf Widerstand?, 2006, S. 55–84, 61; *Daase,* APuZ 2014 (Heft 27), S. 3–9, 6.

93 *Rawls,* Eine Theorie der Gerechtigkeit, 1991 (1979, Orig. v. 1971), S. 403; *Ladwig,* in: MenschenRechtsZentrum der Universität Potsdam (Hrsg.), Recht auf Widerstand?, 2006, S. 55–84, 61.Vgl. *Laker,* Ziviler Ungehorsam, 1986, S. 166 ff., der sich kritisch im Hinblick auf das Merkmal der „Systemimmanenz" äußert (ebenda, S. 184).

94 *Daase,* APuZ 2014 (Heft 27), S. 3–9, 6.

95 *Gandhi,* Non-Violent Resistance (Satyagraha), 1961 (Orig. v. 1950), S. 4; *Rawls,* Eine Theorie der Gerechtigkeit, 1991 (1979, Orig. v. 1971), S. 410 f.; *Zashin,* Civil Disobedience and Democracy, 1972, S. 128; *Ebert,* Gewaltfreier Aufstand, 1980,

die auch im Rahmen eines völkerrechtlichen Widerstandsrechts von Bedeutung sein müssen. Ausgangspunkt für dieses Widerstandsrecht bleibt aber das Kriterium der Menschenrechtsverletzung.[96] Wenn eine solche gegeben ist, könnte auch die als ziviler Ungehorsam bezeichnete Form von Widerstand gerechtfertigt sein – unter Vorbehalt der Existenz eines solchen Widerstandsrechts, der Einzelfallumstände und weiterer Voraussetzungen.

Als Musterbeispiele zivilen Ungehorsams werden zumeist die indische Unabhängigkeitsbewegung unter *Mahatma Gandhi* und die von *Martin Luther King, Jr.* Angeführte, US-amerikanische Befreiungsbewegung genannt.[97] Beide kämpften mit gewaltfreien Mitteln unter Berufung auf Menschenrechte bzw. auf das Recht auf freie Selbstbestimmung gegen die diskriminierenden und unterdrückenden Gesetze in den Rechtsordnungen ihrer Staaten.[98] Die von ihnen geführten Bewegungen waren – trotz oder

---

S. 208, der Protestdemonstrationen und legale Nichtzusammenarbeit als zuvor auszuschöpfende Mittel statuiert; *Dreier,* in: Glotz (Hrsg.), Ziviler Ungehorsam im Rechtsstaat, 1983, S. 54–75, S. 67; *Ladwig,* in: MenschenRechtsZentrum der Universität Potsdam (Hrsg.), Recht auf Widerstand?, 2006, S. 55–84, 60. Dagegen *Laker,* Ziviler Ungehorsam, 1986, S. 183 f., der das Erfordernis der Rechtswegerschöpfung nicht als zwingendes Definitionsmerkmal für den Begriff des zivilen Ungehorsams ansieht, diesem Kriterium aber Bedeutung im Rahmen der Rechtfertigung beimisst.

96 *Peters,* Widerstandsrecht und humanitäre Intervention, 2005, S. 118 f.

97 Zum zivilen Ungehorsam bei der Bewegung *Gandhis* s. nur *Laker,* Ziviler Ungehorsam, 1986, S. 29 ff. und *Rabinovici,* Der ewige Widerstand, 2008, S. 100. Entsprechend zu *Martin Luther King, Jr. Laker,* Ziviler Ungehorsam, 1986, S. 61 ff.; *Strübind,* in: Leiner/Neubert/Schacht u. a. (Hrsg.), Gott mehr gehorchen als den Menschen, 2005, S. 137–168, 157 ff., insb. S. 160 ff.; *Rabinovici,* Der ewige Widerstand, 2008, S. 100 f. *Peters,* Widerstandsrecht und humanitäre Intervention, 2005, S. 114 versteht den Widerstand unter *Gandhi* nicht als zivilen Ungehorsam, da er diese Kategorie nicht anerkennt, sondern als passiven Widerstand. *Martin Luther King, Jr.* meint, dass zivilem Ungehorsam nichts ferner sei als Passivität (*King, Jr.*, Freiheit, 1964 (Orig. v. 1958), S. 78).

98 Angesichts des massiven Unrechts, das den Menschen unter der britischen Kolonialherrschaft in Indien bzw. den US-amerikanischen Gesetzen der Segregation widerfuhr, ist es zweifelhaft, ob man hier – im Sinne der Voraussetzungen des zivilen Ungehorsams – von einer „fast gerechten Gesellschaft" (*Rawls,* in: Bedau (Hrsg.), Civil Disobedience, 1969, S. 240–255, 246 f.) bzw. einem Rechtsstaat sprechen kann. Allerdings ist mit *Ladwig,* in: MenschenRechtsZentrum der Universität Potsdam (Hrsg.), Recht auf Widerstand?, 2006, S. 55–84, 60 davon auszugehen, dass es genügt, wenn die Ungehorsamen „[…] die Verfassungsordnung im Ganzen

vielleicht gerade wegen ihrer Gewaltfreiheit – letztendlich von Erfolg gekrönt.[99] *Gandhi*, der für *Martin Luther King, Jr.* ein „guiding light"[100] darstellte, hielt die Abwesenheit von Gewalt bei der Ausübung von Widerstand für erfolgskritisch, ebenso sein Nachfolger *Jawaharlal Nehru.*[101]

Ebenfalls von *Gandhi* beeinflusst wurde die Galionsfigur der südafrikanischen Anti-Apartheidbewegung, *Nelson Mandela.* Er und seine Widerstandsbewegung, der *African National Congress*, hielten das Dogma der Gewaltfreiheit zunächst jahrzehntelang strikt ein. *Mandelas* Einstellung hierzu änderte sich jedoch im Jahre 1960, als die südafrikanische Polizei friedliche Demonstranten im südlich von Johannesburg gelegenen Township *Sharpeville* erschoss und 69 Afrikaner dabei den Tod fanden.[102] *Mandela* formulierte später in Abgrenzung zur Haltung *Gandhis*:

> „Ich betrachtete Gewaltlosigkeit nach dem Gandhischen Modell nicht als unantastbares Prinzip, sondern als Taktik, die je nach Situation anzuwenden sei. Das Prinzip war nicht so wichtig, daß man der Strategie selbst dann folgen sollte, wenn sie selbstzerstörerisch sein würde, wie Gandhi glaubte. Ich wollte gewaltlosen Protest nur, solange er effektiv war."[103]

Mandela, der im Laufe seines Lebens immerhin mehr als ein Vierteljahrhundert in Haft saß, kehrte dem *Gandhischen* Märtyrertum den Rücken

---

als legitimen Rahmen ihres Handelns [...]" akzeptierten. Dabei kann auf den Teil der Rechtsordnung abgestellt werden, der nicht von der massiven Diskriminierung bestimmt ist.

99 Ein entscheidendes Beispiel auf dem Weg zur Abschaffung der Segregation in den USA ist der *Montgomery Bus Boycott*, bei dem die afro-amerikanische Bevölkerung auf die Benutzung von Bussen des öffentlichen Nahverkehrs verzichtete, um ihrer Abneigung gegenüber den rassistischen Benutzungsregeln Ausdruck zu verleihen (hierzu *King, Jr.*, Freiheit, 1964 (Orig. v. 1958)).

100 *Ders.*, Pilgrimage, 1998, S. 121. Vgl. auch *ders.*, Freiheit, 1964 (Orig. v. 1958), S. 73.

101 Zu *Gandhis* Konzeption vom gewaltfreien Widerstand s. nur *Gandhi,* Unabhängigkeit, 1924, S. 412; *ders.*, Non-Violent Resistance (Satyagraha), 1961 (Orig. v. 1950); hierzu auch *Blume,* Satyagraha, 1987, S. 180 f. Für die Ansicht *Nehrus* s. *Nehru,* in: Bauer (Hrsg.), Widerstand gegen die Staatsgewalt, 1965, S. 222–223, S. 223, der darauf hinweist, dass den Indern ein gewaltsames Vorgehen nicht möglich gewesen wäre. Zu *Martin Luther King, Jr.* Konzept der Gewaltfreiheit s. nur *Watley,* Roots of Resistance, 1985, S. 111 ff. Seine eigene Beschreibung des Weges zur Gewaltlosigkeit findet sich hier: *King, Jr.*, Freiheit, 1964 (Orig. v. 1958), S. 67 ff.

102 Vgl. zum „Sharpeville Massacre" *Lodge,* Sharpeville, 2011; *Mandela,* Der lange Weg zur Freiheit, 2013 (Orig. v. 1994), S. 304.

103 Ebenda, S. 179.

und befürwortete von nun an die moderate Anwendung von Gewalt. Er wurde Anführer des *Umkhonto We Sizwe*, des militärischen Zweiges des *African National Congress*, der gezielte bewaffnete Sabotageakte gegen das Apartheidsregime unternahm, insbesondere gegen Gebäude mit symbolischem Charakter, wie Polizeiwachen oder Bahnhöfe. Der zum Teil gewaltsame Widerstand unter *Mandela* kann daher nicht als Beispiel für zivilen Ungehorsam angeführt werden.

bb) Terrorismus

Terrorismus stellt einen vielfach diskutierten Modus der Ausübung gewaltsamen Widerstands dar. Die Bezeichnung Widerstand wird in diesem Zusammenhang kaum verwendet. Es scheint vielmehr, dass Terrorismus und Widerstand zwei sich ausschließende Bedeutungen haben.[104] So impliziert der Begriff Terrorismus immer eine wertende Komponente.[105] Terrorismus wird von der UN-Generalversammlung beispielsweise ausdrücklich aufs Schärfste verurteilt.[106] Die Einigkeit der internationalen Gemeinschaft endet – ebenso wie die der Völkerrechtswissenschaft – bereits bei der Frage nach der Definition dieses Phänomens.[107] Die Grenzen zwischen Handlungen, die Terrorismus darstellen, und solchen, die im Zeichen von Widerstand und Befreiung ausgeführt werden, können im Einzelfall bereits nach dem allgemeinen Sprachgebrauch nur sehr schwer gezogen werden. Im Zweifel wird der Handelnde sich selbst als Widerstands- oder gar Freiheitskämpfer bezeichnen, während er von anderer Seite Terrorist genannt wird.[108] Letzteres impliziert die Rechtswidrigkeit

---

104 Vgl. *Marsavelski,* CJIL 28 (2013), S. 241–295, der die Trennlinie zwischen Widerstand und Terrorismus in den Voraussetzungen des Widerstandsrechts sieht.

105 Vgl. *Rabinovici,* Der ewige Widerstand, 2008, S. 107.

106 S. nur A/RES/48/122 (20.12.1993).

107 Vgl. *Kolb,* Revue Hellénique de droit international 50 (1997), S. 43–88, 50 ff., 67; *Dunér,* IJHR 9 (2005), S. 247–269, 265. Eingehend zum Terrorismusbegriff *Kotzur,* AVR 40 (2002), S. 454–479, 456 ff. Die Einigkeit im Hinblick auf die Verurteilung von Terrorismus wird anhand zahlreicher Abkommen zur Terrorismusbekämpfung deutlich (hierzu *Jeßberger,* in: Deutsches Insitut für Menschenrechte (Hrsg.), Menschenrechtliche Erfordernisse bei der Bekämpfung des Terrorismus, 2002, S. 22–23, 22)

108 *Kotzur,* AVR 40 (2002), S. 454–479, 457; *Frowein,* ZaöRV 2002, S. 879–905, 881; vgl. *Oeter,* AVR 40 (2002), S. 422–453, 425.

und moralische Verwerflichkeit der Handlung. Die Rechtswidrigkeit kann allerdings nur anhand des Maßstabs eines Widerstandsrechts gemessen werden.

Vorzugswürdig ist eine deskriptive Definition von Terrorismus, bei welcher auf die technische Vorgehensstrategie abgestellt wird. *Doron Rabinovici* führt in diesem Sinne aus, dass beim Terrorismus immer eine Dreiecks-Konstellation vorliege: So wählt der Handelnde als unmittelbares Ziel seiner gewaltsamen Maßnahmen ein anderes als den Adressaten seiner Botschaft, vornehmlich die Zivilgesellschaft.[109] Daher wird Terrorismus zumeist kriegerisch-gewaltsam ausgeübt. Beim Terrorismus wird das (vorher am Konflikt unbeteiligte) Opfer als Mittel verwendet, um den Staat bzw. Machthaber oder eine andere dritte Entität zu einem bestimmten Handeln zu bewegen.[110] Damit sind dem Terrorismus Willkür, Unberechenbarkeit sowie öffentliche Furchtverursachung eigen.[111]

Unter diese Definition von Terrorismus können die *al-Qaida*-Anschläge vom 11. September 2001 ebenso gefasst werden wie einzelne bewaffnete Angriffe im Rahmen der Bekämpfung der Apartheid, etwa solche des *Umkhonto We Sizwe* auf südafrikanische Bahnhöfe. Diese fanden im Einvernehmen mit dem später mit dem Friedensnobelpreis ausgezeichneten[112] und weltweit als Freiheitskämpfer verehrten *Nelson Mandela* statt. Diese Widerstandsakte könnten in vielfacher Hinsicht kaum unterschiedlicher sein und sollen hier keineswegs als vergleichbar dargestellt werden – zumal *Mandela* stets im Blick hatte, den Ausbruch eines Bürgerkriegs zu vermeiden, also nur gewaltsame Akte minimalen Ausmaßes befürwortete. Nichtsdestoweniger erfüllen beide Handlungen zunächst rein technisch-

---

109 *Rabinovici,* Der ewige Widerstand, 2008, S. 108 in Anlehnung an *George,* The Review of Politics 50 (1988), S. 390–419, 400. Vgl. *Chemillier-Gendreau,* Right to Resistance, International Protection, 2007, Rn. 22; *Primoratz,* Terrorism, 2007 („narrow definition"); vgl. *George,* The Review of Politics 50 (1988), S. 390–419, 400 f., der dies als „behavioral criteria" bezeichnet.

110 Ebenda, S. 400 f.; *Buchanan,* Philosophy & Public Affairs 41 (2013), S. 291–323, 297 f.

111 Für Willkür *Walzer,* Just and Unjust Wars, 2000 (1977), S. 197. *Rabinovici,* Der ewige Widerstand, 2008, S. 108 betont: „Die Medien sind der eigentliche Tatort, die Zivilgesellschaft ist Augenzeuge und Opfer zugleich."

112 Die Auszeichnung erfolgte im Jahre 1993 für seinen – keinesfalls zu bestreitenden – Verdienst bei der friedlichen (!) Umwälzung des Apartheidsregimes zu einer Demokratie, namentlich für die Vereinbarung mit *Frederik Willem de Klerk* über eine in freien Wahlen zu bestimmende fünfjährige Übergangsregierung (hierzu *Mandela,* Der lange Weg zur Freiheit, 2013 (Orig. v. 1994), S. 809 ff.).

strategisch den Tatbestand des Terrorismus. Es ist möglich, dass das eine Verhalten gerechtfertigt, während das andere rechtswidrig war. Diese Frage wurde aus der Definition des Terrorismus bislang jedoch ausgeklammert. Möchte man in der Subsumtion zu einem anderen Ergebnis gelangen, muss man die Terrorismusdefinition um ein normatives Moment ergänzen: die Rechtswidrigkeit der Handlung nach dem Maßstab des Widerstandsrechts.[113] So stellen auch terroristische Akte im rein technisch-strategischen Sinne Widerstand gemäß der oben angeführten, weiten Widerstandsdefinition dar, wenn sie sich gegen einen (fremden) Staat bzw. politischen Machthaber richten. Es ist grundsätzlich zweifelhaft, ob terroristisches Vorgehen von einem Widerstandsrecht gedeckt sein kann. Sollte es im Einzelfall den Voraussetzungen eines Widerstandsrechts genügen, wäre die Bezeichnung „Terrorismus" angesichts der besonders negativen Wertung, mit der diese Bezeichnung im Sprachgebrauch sowie in der Sprache der *UN-Generalversammlung*[114] konnotiert ist, verfehlt. Es wird daher im Zuge der vorliegenden Arbeit dafür plädiert, diese zusätzliche Voraussetzung in die Terrorismusdefinition aufzunehmen. Terrorismus und rechtmäßiger Widerstand schließen sich damit begrifflich aus.

d) Individueller und kollektiver Widerstand

Widerstandshandlungen können zudem im Hinblick auf die Quantität der sie ausführenden Personen unterschieden werden. Widerstand kann von einer einzigen natürlichen Person (individuell) oder von einer Gruppe (kollektiv) ausgeübt werden. Diese Abgrenzung könnte später bei der Frage, wer Rechtsträger eines Widerstandsrechts sein kann, wichtig sein. Widerstand eines Kollektivs kann im Einzelfall eine wesentlich intensivere Wirkung (sowohl für den Staat als auch für unbeteiligte Staatsbürger) entfalten als individuelle Widerstandshandlungen. Bei kollektiver Ausübung – z. B. in Form vereinzelter Aufstände – kann sich eine gewaltsame Gegenbewegung bilden und, im schlimmsten Fall, ein Bürgerkrieg ausbrechen. Kollektiv ausgeübter Widerstand birgt damit die Gefahr der Eskalation, d. h. ungerechtfertigter, gewaltsamer Reaktionen. Das ist theoretisch zwar auch bei individueller Ausübung von Widerstand möglich, aber das

---

113 So *Marsavelski*, CJIL 28 (2013), S. 241–295.
114 S. nur A/RES/48/122 (20.12.1993).

Risiko – und im Einzelfall auch die Vorhersehbarkeit – einer Reaktion, die in ihrem Ausmaß unkontrollierbar wird und großes Leid verursachen kann, ist bei kollektivem Widerstand um ein Vielfaches höher.[115]

Kollektiv ausgeübter Widerstand kann indessen auch erhöhte Erfolgschancen aufweisen, weshalb er möglicherweise bei massiven Menschenrechtsverletzungen ein legitimes Mittel darstellen könnte. Massenpsychologisch betrachtet kommt es grundsätzlich nur dann zur Mobilisierung eines großen Kollektivs aus dem Staatsvolk heraus, wenn das staatliche Unrecht sehr groß ist.[116] Eine etwas abgeschwächte Form des kollektiven Widerstands ist der organisierte Widerstand, bei dem einzelne Widerstandshandlungen durch Einzelpersonen oder kleine Gruppen ausgeführt werden, wie die Widerstandsbewegung der *Weißen Rose* im Dritten Reich,[117] die *Montgomery Improvement Association*, die Mitte der 1950er-Jahre in den USA unter Leitung von *Martin Luther King, Jr.* agierte,[118] oder die *Belter-Gruppe*, in der sich Studenten zum Widerstand gegen die SED-Diktatur der DDR organisierten.[119]

e) Weitere Arten der Differenzierung

Neben den bereits genannten Ausübungsmodi von Widerstand sind noch zahlreiche weitere Abgrenzungskriterien denkbar. Es kann beispielsweise nach der Intention der Handelnden[120] differenziert werden, nach dem von

---

115 Vgl. den aktuellen Bürgerkrieg in Syrien, dessen kausale Bedingungen sich bis zu einer Demonstration in der südsyrischen Stadt Daraa zugunsten der Freilassung von inhaftierten Kinder zurückverfolgen lässt (*Paech,* Blätter für deutsche und internationale Politik 9/2012, S. 91–99, S. 91).

116 Zu diesem Urteil gelang bereits Anfang des 19. Jhd. *Murhard,* Über Widerstand, Empörung und Zwangsausübung der Staatsbürger gegen die bestehende Staatsgewalt, 1832, S. 31. Vgl. *Le Bon,* Psychologie der Massen, 1982, insb. Kap. 2, § 4 S. 33 ff. Zum politischen Trägheitsprinzip *Reinhard,* in: Fenske/Mertens/Reinhard u. a. (Hrsg.), Geschichte der politischen Ideen, 2008, S. 241–378, S. 328.

117 Hierzu *Peters,* Widerstandsrecht und humanitäre Intervention, 2005, S. 176 ff.

118 Hierzu *Bundeszentrale für politische Bildung,* 50 Jahre „I have a dream", 27.08.2013.

119 Hierzu *Schönherr,* Spiegel Online, 17.05.2014, Widerstand an DDR-Unis: Wir wollten ein normales Studentenleben.

120 Z. B. religiöse Intention, oppositionell-politische Intention, bloßer Verteidigungswillen oder menschenrechtlich orientierte Schutzintention.

der Handlung betroffenen Personenkreis[121], nach dem politischen System des Staats, gegen den Widerstand ausgeübt wird,[122] oder danach, ob ein Fall von Fremdherrschaft[123] gegeben ist. Diese Aufzählung ist nicht abschließend, sodass eine breite Vielfalt von Spielarten des Widerstands existiert.

3. Zusammenfassende Bemerkungen

Widerstand kann aus verschiedensten Perspektiven betrachtet werden, und so sind unzählige Erscheinungsformen hiervon denkbar. Entsprechend kann ein Widerstandsrecht unterschiedliche Gestalt annehmen. Es kann vom individuellen Verteidigungs- zum kollektiven Bürgerkriegsrecht reichen. Hier wird bereits deutlich, dass ein Widerstandsrecht daher dynamisch und flexibel sein und der möglichen Wirkungsintensität der Rechtsfolgen bei der Statuierung eines Widerstandstatbestandes ausreichend Rechnung getragen werden muss.

---

121 Z. B. unbeteiligte Dritte, Angehörige der Staatsverwaltung ohne direkten Bezug zur Politik oder politische Machthaber.

122 Insb. die Differenzierung, ob ein Rechtsstaat oder ein Unrechtsstaat vorliegt.

123 So differenziert *Roth,* in: MenschenRechtsZentrum der Universität Potsdam (Hrsg.), Recht auf Widerstand?, 2006, S. 7–54, 7 ff.

B. Erstes Kapitel: Das Widerstandsrecht in der politischen Philosophie

I. Einleitung

Nachdem oben begründet wurde, weshalb in dieser Arbeit, die die Erörterung eines völkerrechtlichen Widerstandsrechts zum Gegenstand hat, überhaupt ein Blick auf die politische Philosophie geworfen wird, muss nun die Frage beantwortet werden, welche philosophischen Ansichten näher betrachtet werden sollen. Aus Platzgründen können nur wenige, ausgewählte Ansichten Eingang in diese Arbeit finden können. Die Wahl ist dabei auf die Darstellung der Lehren von *Thomas Hobbes*, *John Locke* und *Immanuel Kant* gefallen. Es wird auf Anhieb deutlich, dass damit nur neuzeitliche Philosophien Beachtung finden werden.[124] Die Begründung hierfür liegt auf der Hand: Bei der Erwägung eines völkerrechtlichen Widerstandsrechts, das in der gegenwärtigen Zeit Geltung beanspruchen soll, können nur solche politischen Philosophien wertvolle Hinweise oder eine (analog) anwendbare Argumentationen bieten, die auf neuzeitlichen Prämissen beruhen.

Daher liegt es nahe, einen Blick auf den Begründer des neuzeitlichen philosophischen Denkens zu werfen, nämlich auf *Hobbes* und namentlich auf dessen politische Philosophie.[125] Sodann ist die Ansicht zu betrachten,

---

124 Eine knappe Darstellung vor-neuzeitlicher Widerstandslehren findet sich bei *Peters,* Widerstandsrecht und humanitäre Intervention, 2005, S. 11 ff. Historische Abhandlungen über das Widerstandsrecht finden sich bei *Wolzendorff,* Staatsrecht und Naturrecht in der Lehre vom Widerstandsrecht des Volkes gegen rechtswidrige Ausübung der Staatsgewalt, 1961 (1916); *Bertram,* Widerstand und Revolution, 1964, S. 14 ff.; *Hagen,* Widerstand und ziviler Ungehorsam, 1987, S. 7 ff.; *Kutner,* in: Bassiouni (Hrsg.), International Terrorism and Political Crimes, 1975, S. 51–64; *Spindelböck,* Aktives Widerstandsrecht, 1994; *Roth,* in: MenschenRechtsZentrum der Universität Potsdam (Hrsg.), Recht auf Widerstand?, 2006, S. 7–54.

125 Vgl. hierzu *Kaufmann,* Rechtsphilosophie, 1996, S. 147; *Peters,* Widerstandsrecht und humanitäre Intervention, 2005, S. 18; *Grimm,* Verpflichten Menschenrechte zur Demokratie?, 2004, S. 6; *Kersting,* in: Höffe/Kersting (Hrsg.), Thomas Hobbes, Leviathan oder Stoff, Form und Gewalt eines kirchlichen und bürgerlichen Staates, 2008, S. 9–24. Vgl. zu *Machiavellis* vorheriger Rolle *ders.,* Thomas

in der dem Widerstandsrecht eine philosophiegeschichtlich besondere Bedeutung zukommt. Dies ist die Staatslehre *Lockes*, die ohne ein Widerstandsrecht nicht kohärent konzipierbar wäre und daher am ehesten die Bezeichnung als Widerstandslehre für sich beanspruchen kann. Es verwundert vor diesem Hintergrund nicht, dass seine politische Philosophie die Widerstandskämpfer der Französischen Revolution ebenso beeinflusste wie diejenigen der Amerikanischen Unabhängigkeitsbewegung im 18. Jahrhundert.[126] Abschließend wird die politische Philosophie *Kants* erörtert. Er nicht nur einer der bedeutendsten Philosophen überhaupt,[127] sondern entwickelte ferner eine Widerstandslehre, die seine Rezipienten bis heute vor große Herausforderungen stellt.[128] Zudem hat *Kant* mit seiner Schrift „Zum ewigen Frieden" eine noch mehr als ein Jahrhundert nach seinem Ableben wertvolle Diskussionsgrundlage zur Gründung des Völ-

---

Hobbes zur Einführung, 2016, S. 29 ff., insb. S. 31 („Machiavelli ist jedoch kein Philosoph, sondern ein politischer Schriftsteller.").

126 *Euchner,* Einleitung, 1967, S. 6; *Peters,* Widerstandsrecht und humanitäre Intervention, 2005, S. 139 f. im Hinblick auf die Amerikanische Unabhängigkeitsbewegung.

127 Vgl. *Klemme,* Immanuel Kant, 2004, S. 11 („Seit Kant ist die Philosophie nicht mehr, was sie einmal war.").

128 Besonders herausfordernd ist es, zu verstehen, wie seine Position zum Widerstandsrecht mit seinen moral- und rechtsphilosophischen Prämissen in Einklang zu bringen ist (vgl. hierzu nur die Kritiken bei *Haensel,* in: Pan-Verlag Rolf Heise (Hrsg.), Kant-Studien, Ergänzungsheft Nr. 60, 1926, S. 73 mit Erklärungsversuchen auf S. 74 ff.; *Borries,* Kant als Politiker, 1973 (1928), S. 171 ff.; zustimmend *Peters,* Widerstandsrecht und humanitäre Intervention, 2005, S. 88; *Dulckeit,* Naturrecht und positives Recht bei Kant, 1932, S. 56 f.; *Köhler,* Die Lehre vom Widerstandsrecht in der deutschen konstitutionellen Staatsrechtstheorie der ersten Hälfte des 19. Jahrhunderts, 1973, S. 42; *Adam,* Despotie der Vernunft?, 1999, S. 203 ff.; *Höffe,* in: ders. (Hrsg.), Immanuel Kant: Metaphysische Anfangsgründe der Rechtslehre, 1999, S. 279–291, 284 f.). Eine detaillierte Übersicht über die verschiedenen Positionen zu *Kants* Haltung ist zu finden bei *Klenner,* in: Kaufmann/Mestmäcker/Zacher (Hrsg.), Rechtsstaat und Menschenwürde, 1988, S. 223–234, insb. S. 225 (zu zeitgenössischen Ansichten ebenda, Fn. 4). Vgl. auch *Geismann,* Kant und kein Ende, Bd. 3, 2012, S. 136, der feststellt, *Kants* Widerstandslehre habe „[…] schon immer Anstoß erregt […]"; ähnlich *Ludwig,* in: Höffe (Hrsg.), Immanuel Kant: Metaphysische Anfangsgründe der Rechtslehre, 1999, S. 173–194, 189; *Cummiskey,* in: Muchnik (Hrsg.), Rethinking Kant, 2008, S. 217–240, 220.

kerbundes und somit der Vereinten Nationen geliefert.[129] Da er ein stringenter Verfechter des Völkerrechts und des Gewaltverbots war, darf sein Konzept bei einer völkerrechtlichen Erörterung des Widerstandsrechts nicht außer Acht gelassen werden.

Die Entscheidung zugunsten dieser drei bedeutsamen Denker als Protagonisten des gegenwärtigen Kapitels findet Bestärkung in einem weiteren methodischen Umstand: Während es sich bei *Locke* um den ersten bedeutenden neuzeitlichen Verfechter des Widerstandsrechts handelt, erweitert sich die Darstellung mit *Hobbes* um eine nur grundsätzlich ablehnende, mit *Kant* um eine ausnahmslos ablehnende Betrachtungsweise. Insofern werden Argumentationsstränge aller möglichen Grundpositionen aufgezeigt. Angestrebt wird eine maximale methodische Breite der argumentativen Darstellung mit minimalem Umfang, woraus Argumente für und wider ein völkerrechtliches Widerstandsrecht generiert werden können.

Der folgenden Darstellung der Staats- und Widerstandslehren von *Hobbes*, *Locke* und *Kant* wird jeweils eine kurze biografische Einleitung vorangestellt. Diese soll den gedanklichen Zugang zu den jeweiligen philosophischen Prämissen der sehr unterschiedlichen Ansichten fördern. Neben diesem einleitenden Effekt mögen sie – nach Belieben – auch bei dem Verständnis und der eigenen Interpretation der politischen Philosophien dienlich sein.[130] Bei der Betrachtung der Werke der genannten Philosophen stoßen juristische Methoden naturgemäß an ihre Grenzen, zumal bereits in der philosophischen Sekundärliteratur stete Uneinigkeit über die Interpretation herrscht.[131] In diesem Sinne kann auch die folgende Darstellung der politischen Philosophien nicht frei von Interpretation sein. Sie

---

129 *Llanque,* Geschichte der politischen Ideen, 2012, S. 72; vgl. auch *Merkel/Wittmann,* in: ders. (Hrsg.), Zum ewigen Frieden: Grundlagen, Aktualität und Aussichten einer Idee von Immanuel Kant, 1996, S. 7–11, 7.

130 Vgl. zur Debatte, ob aus einem philosophischem Konzept überhaupt allgemeingültige, vom biografischen Hintergrund des Philosophen losgelöste Aussagen getroffen werden können *Fetscher,* Einleitung, 1984, S. IX, Fn. 1 mit Hinweis auf *Berlin,* PQ 35 (1964), S. 444–468 und *Polin,* Politique et Philosophie chez Thomas Hobbes, 1953. Dagegen *Steinberg,* The Obsession of Thomas Hobbes, 1988, S. IX („[…] political philosophy never write in isolation from actual historical events and political circumstances.").

131 S. beispielhaft zur uneinheitlichen Interpretation von *Lockes* Werk *Euchner,* Einleitung, 1967, S. 39 f.; vgl. hierzu auch die eingehende Darstellung der Kritik an *Lockes* „Versuch über den menschlichen Verstand" bei *Yolton,* John Locke and the way of ideas, 1956, Kap. I.

wird jeweils demselben formellen Muster folgen: Nachdem zu jeder der politischen Philosophien zunächst auf die Staatslehre im eigentlichen Sinne eingegangen wird,[132] wird ein eigener, formal hiervon abgetrennter Abschnitt den jeweiligen Aussagen der Philosophen im Hinblick auf das Widerstandsrecht gewidmet („Widerstandslehre“[133]). Dies geschieht zur Unterstreichung dieser Aussagen, die für die weitere Erörterung des völkerrechtlichen Widerstandsrechts ausschlaggebend sind.

II. Das Widerstandsrecht bei Thomas Hobbes

1. Einleitende biografische Bemerkungen

Thomas Hobbes, der von 1588 bis 1679 in England und zeitweise in Frankreich lebte, gilt heute, wie soeben erwähnt, als erster bedeutsamer Staatstheoretiker der Neuzeit. Die nachfolgenden Angaben zu seinem Werdegang stützen sich, sofern nicht anders angegeben, auf die von *Iring Fetscher* verfasste biografische Abhandlung.[134]

Seine Mutter brachte *Hobbes* unter dem Eindruck von Schrecken und Furcht vorzeitig zur Welt, als sie die Nachricht erhielt, dass die spanische Armada in britische Gewässer vorgedrungen war. Das Phänomen der Furcht, das den Beginn seines Lebens prägte, sollte auch später in *Hobbes*' politischer Philosophie und ihren anthropologischen und soziologischen Prämissen eine bedeutende Rolle spielen. *Hobbes* wuchs bei seiner Mutter und seinem Onkel in dem beschaulichen Ort Malmesbury (Grafschaft Wiltshire) auf. Sein Vater, Landpfarrer und dem Alkohol und Glücksspiel verfallen, hatte den Ort aufgrund von Unstimmigkeiten in *Hobbes*' frühem Kindesalter verlassen müssen. *Hobbes* bewies im Laufe seines schulischen Unterrichts in Malmesbury ein Talent für klassische Sprachen, insbesondere Latein.[135]

132 Jeweils betitelt mit „Politische Philosophie“.

133 Dieser Begriff wird hier mit einer entsprechend weiten Bedeutung gebraucht: Auch die Ablehnung eines Widerstandsrechts stellt hier eine Widerstandslehre in diesem weiten Sinne dar. Eine Widerstandslehre im engeren Sinne kann man nur *Locke* zuschreiben.

134 Vgl. *Fetscher*, Einleitung, 1984, S. IX ff.

135 *Gawlick*, Vorwort, 1966, S. V.

So kam es, dass nach seinem Vater auch *Hobbes*, im Alter von vierzehn Jahren, seinen Heimatort hinter sich ließ, als er sich zur Aufnahme seines Studiums an die *University of Oxford* begab. *Hobbes* zeigte sich im Laufe seines Studiums wenig beeindruckt von der dortigen scholastischen Lehre. Fasziniert war er vielmehr von der Geografie und Astronomie. Er absolvierte dennoch rechtzeitig seinen Abschluss und wurde danach sogar von der Universitätsverwaltung als Tutor an eine der bedeutsamsten Adelsfamilien Englands,[136] die Familie *Cavendish* (deren Oberhaupt später zum *Earl of Devonshire* ernannt wurde) empfohlen. Der Eintritt in diese Familie – mit der er von nun an ein Leben lang verbunden bleiben sollte – war prägend für *Hobbes'* Werdegang. Er genoss dort stets den Zugang zur zeitgenössischen wissenschaftlichen Literatur sowie den Umgang mit zahlreichen bedeutenden Wissenschaftlern und Personen des politischen Lebens.

Nach dem Tod seines Schülers *Cavendish* im Jahre 1628 musste er vorübergehend in den Dienst einer anderen Familie treten. Mit seinem neuen Schüler, dem Sohn von *Sir Gervase Clinton*, reiste er nach Frankreich und in die Schweiz. Im Zuge dessen fand er in einer Genfer Privatbibliothek per Zufall ein Exemplar von *Euklids* Geometrie. *Hobbes* war von der dortigen Methodik der Beweisführung (logische Schlussfolgerungen von Satz zu Satz und Beweis zu Beweis) augenblicklich überwältigt.[137] Diese sollte von nun an Ideal seines weiteren wissenschaftlichen Werkes werden. In ihm verfestigte sich die Idee, mit dieser Methode eine Staatslehre zu entwickeln.

1630 bzw. 1631[138] nahm *Hobbes* seinen Dienst bei den *Cavendishs* wieder auf, diesmal als Tutor des jüngeren Sohns des *Earls von Devonshire*. Auf den gemeinsamen Reisen mit seinem neuen Zögling lernte er *Galileo Galilei* und *Marin Mersenne* kennen. Zu dieser Zeit entwarf *Hobbes* das gedankliche Fundament seiner politischen Philosophie, die aus drei Teilen bestehen sollte: einer Lehre vom Körper (*De Corpore*), vom Menschen (*De Homine*) und vom Bürger (*De Cive*). Der Austausch

---

136 Ebenda, S. VI.

137 *Gawlick* spricht von einem „Wendepunkt" in *Hobbes*' Leben (ebenda, S. VII).

138 Bei ebenda, S. VII findet sich die Jahresangabe 1631, bei *Fetscher,* Einleitung, 1984, S. XIII hingegen 1630.

mit seinen Zeitgenossen trieb *Hobbes* dazu an, mit dem Entwurf seiner „Lehre vom Körper“[139] zu beginnen.

1640 verfasste *Hobbes*, der von der Familie *Cavendish* und ihrem politischen Bekanntenkreis hierzu aufgefordert wurde, politische Abhandlungen, die die Position des Königs gegenüber der damaligen rebellischen Stimmung im Parlament und in der Kirche vertreten und behaupten sollten.[140] Dabei entstand auch die Schrift „Elements of Law natural and politic“[141], in der *Hobbes* unter anderem seine Ansichten zum Widerstand in anderen Staatsformen als der absoluten Monarchie, die er schon damals präferierte, darlegte.[142] *Hobbes* hegte die Hoffnung, dass er mittels sachlicher Argumentation gegen die Göttlichkeit des absoluten Herrschers in diesen Schriften dazu beitragen könnte, den aufkeimenden Bürgerkrieg zu vermeiden.[143] Die Vervielfältigung und anonyme Distribution seiner Pamphlete konnte die Revolutionäre damals jedoch nicht umstimmen. *Hobbes* floh daher nach Frankreich, wo er elf Jahre lang blieb. Dort veröffentlichte er 1642 „De Cive – Vom Bürger“[144]. Mit der Abfassung und Veröffentlichung dieses Werkes unternahm *Hobbes* einen neuen Versuch, auf die politische Situation in seiner Heimat Einfluss zu nehmen. Auch jener war angesichts der starren Ansichten in der englischen Politik, im Klerus und in

---

139 Nachfolgend zitiert aus der von *Max Frischeisen-Köhler* übersetzten Fassung: *Verlag von Felix Meiner* (Hrsg.), Thomas Hobbes, Vom Körper, 1967 (1949).

140 U. a. „Human Nature, or the fundamental elements of policy“ und „De corpore politico, or, the elements of law moral and politick“.

141 Nachfolgend zitiert in der deutschsprachigen Übersetzung von *Ferdinand Tönnies* und *Heinrich Hennings*, in: *ders.*/ Kaufmann, Arthur (Hrsg., Thomas Hobbes, Naturrecht und Allgemeines Staatsrecht in den Anfangsgründen, 1976 (1926).

142 *Peters,* Widerstandsrecht und humanitäre Intervention, 2005, S. 18; vgl. ebenda, S. 34 f.

143 *Steinberg,* The Obsession of Thomas Hobbes, 1988, S. 140 beschreibt es als *Hobbes*‘ „essential aim“, den Staatsbürgern jeglichen Ungehorsam zu verweigern, der zu einer Gefährdung der Schutzfunktion des Souveräns führen könnte. Für *Hobbes* ist Bürgerkrieg immer laut *Steinberg* Unrecht. *Hobbes* hielt in der Tat Aufklärung für das bedeutsamste Mittel gegen Krieg (vgl. nur seine Ansicht zur Auswirkung von Unwissenheit auf menschliches Gerechtigkeitsempfinden in *Hobbes,* Leviathan, 1984, Kap. XI, S. 79 und die Zuweisung der Aufgabe der Volksaufklärung an den *Leviathan* ebenda, Kap. XXX).

144 Nachfolgend zitiert aus der von *Max Frischeisen-Köhler* und *Günther Gawlick* übersetzten Fassung: *Verlag von Felix Meiner* (Hrsg.), Thomas Hobbes, Vom Menschen - Vom Bürger, 1966 (1959).

der Gesellschaft seiner Zeit zum Scheitern verurteilt. In England brach noch im selben Jahr der Bürgerkrieg aus.[145]

Während seiner Exiljahre wurde *Hobbes* zum Mathematiklehrer des *Prinzen von Wales*, später *König Karl II.*, der damals bei seiner Mutter auf dem Schloss von in Saint-Germain-en-Laye nahe Paris lebte. Viele Kleriker und Hofleute traten dieser Ernennung mit äußerster Skepsis entgegen. Die *Königin Henrietta Maria* bemühte sich im Zuge dessen mit Nachdruck darum, dass *Hobbes* lediglich Mathematik lehrte und keinesfalls Politik. Als im Jahre 1651 sein „Leviathan“[146] in London publiziert wurde und am Hof die Ansicht aufkeimte, dass die darin vertretenen Thesen keineswegs im Interesse des Königshauses seien, wurde er 1652 vom Hofe verbannt.[147]

Aufgrund seiner „kämpferischen“[148] Haltung gegenüber der katholischen Kirche[149] konnte es *Hobbes* unmöglich gelingen, in Frankreich anderweitig Fuß zu fassen. Daher kehrte er nach England zurück, wo er sich auf ein Landgut der Familie *Cavendish* zurückzog. Dort widmete er sich fortan der Verfassung seiner Werke und war mit der Disputation seines „Leviathan“ rege beschäftigt. *Hobbes* hatte sich mit seinen philosophischen Ansichten vom damaligen England isoliert. *Fetscher* äußert sich dazu wie folgt:

> „Der politische Philosoph Thomas Hobbes steht einsam in der Mitte der philosophischen Tradition des Abendlandes. Ein Fremdkörper – wie es scheint – auf der britischen Insel und ein Sündenbock dort wie auf dem Kontinent für mindestens zwei Jahrhunderte.“[150]

Diese Isolation war keineswegs mit einer Ignoranz oder Indifferenz seitens der zeitgenössischen Politiker und Geistlichen verbunden. *Hobbes* stieß mit seinen Ansichten nämlich nicht nur auf massives Unverständnis, sondern zog geradezu den Zorn des Klerus auf sich. Sein „Leviathan“ soll beispielsweise öffentlich von Bischöfen verbrannt worden sein. *Hobbes*‘

145 *Gawlick,* Vorwort, 1966, S. VIII.

146 Nachfolgend zitiert aus der von *Walter Euchner* übersetzten Fassung *Fetscher* (Hrsg.), Thomas Hobbes, Leviathan oder Stoff, Form und Gewalt eines kirchlichen und bürgerlichen Staates, 1984 (1966).

147 Vgl. *Gawlick,* Vorwort, 1966, S. IX.

148 *Fetscher,* Einleitung, 1984, S. XV.

149 Das kirchliche Regime wird von *Hobbes* im Teil IV des „Leviathan“ als „Reich der Finsternis“ bezeichnet (*Hobbes,* Leviathan, 1984, Kap 44 ff., S. 463 ff.).

150 *Fetscher,* Einleitung, 1984, S. IX.

Hauptwerk wurde außerdem in einer Debatte im Jahre 1654 von *John Bramhall, Bischof von Derry*, der Gottlosigkeit bezichtigt. Die wörtlichen Angriffe auf *Hobbes* gingen niemals in tätliche über; zumal er zeitlebens in der Gunst seines ehemaligen Mathematikschülers, *Karl II.*, stand. Dieser schätze die Gesellschaft des humorvollen und unterhaltsamen Philosophen und gewährte *Hobbes* jederzeit Zugang zum Hofe.

Hobbes starb 1679 im Alter von 91 Jahren, nachdem er einen langen und durchaus komfortablen – von langen Spaziergängen, Sport und Massagen geprägten – Lebensabend bei den *Cavendishs* verbrachte. *Fetscher* schreibt zu *Hobbes'* Ableben: „Seine zahlreichen Freunde betrauerten ihn, aber für die breite Öffentlichkeit war mit ihm ein Monstrum des Unglaubens und des Materialismus dahingegangen."[151]

So groß das Unverständnis gewesen sein mag, auf das *Hobbes* mit seinen Ansichten zu Lebzeiten gestoßen ist – die Bedeutung seiner Philosophie für die nachfolgende Entwicklung der politischen Philosophie des Abendlandes war umso größer. Die Perspektive, die *Hobbes* insbesondere in seinen anthropologischen und moralphilosophischen Prämissen einnimmt, sowie seine Thesen in diesem Zusammenhang stellen eine radikale Wendung des bis zu seinen Lebzeiten tradierten Modells vom Vorrang der Gemeinschaft und damit den Beginn des neuzeitlichen Denkens dar.[152] *Wolfgang Kersting* spricht in diesem Zusammenhang gar von *Hobbes* als dem „Gründungsheros der neuzeitlichen Politik"[153].

Hobbes entwarf seine – für damalige Verhältnisse – radikale philosophische Lehre im Angesicht des Schreckens des englischen Bürgerkriegs und der grausamen Religionskriege, die das Europa des 17. Jahrhunderts prägten.[154] Wenngleich im Hinblick auf die Interpretation des „Leviathan" bis heute in vielerlei Hinsicht Uneinigkeit herrscht, hat sie nicht an Aktualität eingebüßt. *Fetscher* schreibt:

> „Offenbar, weil die Probleme, vor denen Thomas Hobbes stand, sich wohl in ihrer Dimension und ihrer Differenziertheit, nicht aber prinzipiell geändert haben, weil die Menschen – mag uns das nun gefallen oder nicht – sich kaum

151 Ebenda, S. XVII.

152 Hierzu eingängig *Kersting,* in: Höffe/Kersting (Hrsg.), Thomas Hobbes, Leviathan oder Stoff, Form und Gewalt eines kirchlichen und bürgerlichen Staates, 2008, S. 9–24.

153 Ebenda, S. 13.

154 *Peters,* Widerstandsrecht und humanitäre Intervention, 2005, S. 18 f.

von den Individuen unterscheiden, die der nüchterne Engländer vor dreihundert Jahren so offenherzig und unvoreingenommen beschrieben hat."[155]

Hobbes' Wirkungsgeschichte wird fortgeschrieben – möglicherweise auch im Hinblick auf ein völkerrechtliches Widerstandsrecht, wie im Folgenden zu erörtern sein wird.

2. Politische Philosophie

Hobbes entwickelt seine politische Philosophie hauptsächlich in seinen folgenden drei Werken: „Naturrecht und allgemeines Staatsrecht in den Anfangsgründen" (1640), „De Cive" (1642, endgültige Fassung im Jahre 1647) und „Leviathan oder Stoff, Form und Gewalt eines kirchlichen und bürgerlichen Staates" (1651). Letzteres ist nicht nur sein bekanntestes Werk, sondern ist als umfangreichste und durchdachteste Darstellung seiner Staatstheorie auch am bedeutsamsten.[156] Zum Verständnis *Hobbes*' politischer Philosophie ist ein kurzer Blick auf seine philosophischen Prämissen unerlässlich. Allen voran sind hier seine Anthropologie und sein Naturzustandstheorem zu betrachten, die den Bruch mit allen vor *Hobbes* vertretenen politischen Philosophien markieren.[157]

a) Philosophische Prämissen

aa) Hobbes' Anthropologie und Moralphilosophie

Hobbes stellt seine Vorstellungen vom Menschen im ersten Teil seines „Leviathan" ausführlich dar.[158] Dabei zeichnet er ein Menschenbild, das

155 *Fetscher,* Einleitung, 1984, S. XVII.

156 Ebenda, S. XVIII. Dennoch wies *Hobbes* auch nach seiner Veröffentlichung auf die weiterhin bestehende Bedeutung seines Werkes „De Cive" hin (*Peters,* Widerstandsrecht und humanitäre Intervention, 2005, S. 18).

157 Hierzu eingängig *Kersting,* in: Höffe/Kersting (Hrsg.), Thomas Hobbes, Leviathan oder Stoff, Form und Gewalt eines kirchlichen und bürgerlichen Staates, 2008, S. 9–24.

158 Hier kann durchaus von einer eigenen Anthropologie gesprochen werden (vgl. *Chwaszcza,* in: Höffe/Kersting (Hrsg.), Thomas Hobbes, Leviathan oder Stoff, Form und Gewalt eines kirchlichen und bürgerlichen Staates, 2008, S. 69–88).

ausdrücklich von der klassischen aristotelischen Betrachtung abweicht.[159] *Hobbes* geht insofern keineswegs von einer politischen Natur des Menschen oder einer anderen Wesensbestimmung aus. Er orientiert sich vielmehr am Faktischen, d. h. am praktischen Verhalten der Menschen und den Zielen, die damit verfolgt werden.[160] Im Zuge dessen ist er um eine rein materialistisch-physiologische Darstellungsweise bemüht, in deren Zentrum der Begriff der Bewegung steht.[161] Aus dieser Perspektive betrachtet *Hobbes* die willentlichen Handlungen der Menschen. Er meint, dass die Intentionen der menschlichen Handlungen nicht von einem „höheren, letzten Ziel"[162] im Sinne des Erreichens von Glückseligkeit bestimmt würden, sondern dem Muster der Bewegung folgten:

> „Glückseligkeit ist ein ständiges Fortschreiten des Verlangens von einem Gegenstand zum anderen, wobei jedoch das Erlangen des einen Gegenstandes nur der Weg ist, der zum nächsten Gegenstand führt."[163]

Anhand dieses Zitates wird deutlich, dass *Hobbes'* mechanistische Betrachtungsweise Auswirkungen auf seine Moralphilosophie hat.[164] So hält er die Kategorisierung von Handlungen in gut und böse für genuin subjektiv und damit relativ:

> „Denn die Wörter gut, böse und verächtlich werden immer in Beziehung zu der Person gebraucht, die sie benützt, denn es gibt nichts, das schlechthin und an sich so ist."[165]

Diese zu *Hobbes'* Lebzeiten neuartige, individualistische Sichtweise ist Fundament seiner politischen Philosophie.[166] Aus ihr folgt eine grundlegend neue Legitimationsbedürftigkeit des Staats. *Hobbes'* anthropologische Prämissen begründen nicht nur die Notwendigkeit einer Legitimati-

---

159 S. nur *Hobbes,* Leviathan, 1984, Kap. I a. E., S. 12.

160 *Fetscher,* Einleitung, 1984, S. XX.

161 S. nur *Hobbes,* Leviathan, 1984, Kap. III, S. 19 ff.; *Fetscher,* Einleitung, 1984, S. XIX f.; *Chwaszcza,* in: Höffe/Kersting (Hrsg.), Thomas Hobbes, Leviathan oder Stoff, Form und Gewalt eines kirchlichen und bürgerlichen Staates, 2008, S. 69–88, 70 ff.

162 *Hobbes,* Leviathan, 1984, Kap. XI, S. 75.

163 Ebenda, Kap. XI, S. 75.

164 *Chwaszcza,* in: Höffe/Kersting (Hrsg.), Thomas Hobbes, Leviathan oder Stoff, Form und Gewalt eines kirchlichen und bürgerlichen Staates, 2008, S. 69–88, 78 f.

165 *Hobbes,* Leviathan, 1984, Kap. VI, S. 41. Ähnlich Kap. XV, S. 122.

166 *Chwaszcza,* in: Höffe/Kersting (Hrsg.), Thomas Hobbes, Leviathan oder Stoff, Form und Gewalt eines kirchlichen und bürgerlichen Staates, 2008, S. 69–88, 79.

on, sondern implizieren bereits den theoretischen Weg dorthin. Den ersten Schritt auf diesem Wege unternimmt *Hobbes* mit seiner These, dass der Mensch den permanenten Trieb habe, seine Selbsterhaltung zu sichern und seinem Wohlergehen, also der Befriedigung seiner Bedürfnisse, nachzugehen.[167] Das menschliche Streben nach Lust, ihrer Maximierung führe zu einem Machtstreben, das einen „[...] allgemeinen Trieb der gesamten Menschheit, der nur mit dem Tode endet"[168], darstelle. Dieser zweite Schritt bringt *Hobbes* zu der folgenden Argumentation: Da der Mensch im Gegensatz zum Tier ein vernunftbegabtes Wesen sei,[169] begreife er, was Zukunft und wie ungewiss diese sei.[170] So trete selbst bei einer aktuellen Befriedigung all seiner Bedürfnisse noch ein weiteres Bedürfnis dazu: die Sicherung seines Bedarfs für die Zukunft.[171] Dies könne nur mit dem Erwerb von Macht erfolgen. Da auch diese neu erworbene Macht wiederum sicherzustellen sei, befindet sich der Mensch – bei einigen mag das Verlangen stärker ausgeprägt sein als bei anderen –[172] bei *Hobbes* in einer niemals endenden Spirale der Machtakkumulation.[173]

bb) Naturzustandstheorem: Bellum omnium contra omnes

Hobbes' Anthropologie, insbesondere seine These vom Machtstreben, führt ihn zur Betrachtung zwischenmenschlicher Verhaltensmuster, da Macht für ihn der Verfügung über andere Menschen entspricht.[174] Das Besondere an *Hobbes'* soziologischen Annahmen ist, dass sie im Rahmen eines Gedankenexperiments erfolgen.[175] Ausgangspunkt dieses Experiments ist die Hypothese, dass die Menschen im Naturzustand, d. h. „ohne eine

---

167 *Hobbes,* Leviathan, 1984, Kap. VI, S. 48, Kap. XIV S. 99 (im Hinblick auf den Selbsterhaltungsdrang).

168 Ebenda, Kap. XI, S. 75.

169 Ebenda, Kap. II, S. 18; Kap. 5, S. 32;

170 *Ders.,* Naturrecht, 1976, Kap. XII, Abs. 2, S. 89.

171 *Ders.,* Leviathan, 1984, Kap. XI, S. 75 ff.

172 Ebenda, Kap. VIII, S. 56.

173 Vgl. ebenda, Kap. XIII, S. 95.

174 Vgl. ebenda, Kap. XIII, S. 95.

175 *Fetscher,* Einleitung, 1984, S. XXIV; *Kersting,* in: Höffe/Kersting (Hrsg.), Thomas Hobbes, Leviathan oder Stoff, Form und Gewalt eines kirchlichen und bürgerlichen Staates, 2008, S. 9–24, 21.

allgemeine, sie alle im Zaum haltende Macht leben […]"[176]. *Hobbes* erwähnt selbst, „daß es eine solche Zeit […] nie gab […]"[177], und unterstreicht damit den experimentellen Charakter seines Gedankengangs. Einschränkend hebt er hervor, dass dieser Naturzustand aber in der Lebensweise von „wilden Völker[n] verschiedener Gebiete Amerikas"[178] sowie im Verhältnis der Staaten und Königreiche untereinander tatsächlich bestehe.[179]

Hobbes' Aufmerksamkeit gilt jedoch eher der theoretischen Frage, wie die Koexistenz der Menschen aussähe, wenn man jegliche staatliche Macht hinwegdächte, die Menschen sich also in einem völlig autonomen Zustand befänden. Er geht davon aus, dass die Menschen in diesem Zustand weitgehend gleich wären.[180] Er erkennt zwar gewisse „natürliche[ ] Gesetze"[181] an, die von der Vernunft diktiert würden, doch diese seien für niemanden bindend.[182] Vielmehr folge für jeden das gleiche, schrankenlose Recht, alles zu seiner Selbsterhaltung Erforderliche zu tun – das Recht auf alles und jeden.[183] Der damit gegebene natürliche Egoismus der sicherheitsbedürftigen Individuen führe im Zusammenhang mit einer allgemeinen Mittelknappheit zur Konkurrenz um materielle Güter, Ruhm und insbesondere Macht.[184] *Crawford Brough Macpherson* spricht in diesem Zusammenhang vom Modell der „possessive market society"[185], von der *Hobbes* ausgegangen sei. Ob hier die Befürwortung kapitalistischen Ge-

---

176 *Hobbes,* Leviathan, 1984, Kap. XIII, S. 96.

177 Ebenda, Kap. XIII, S. 97.

178 Ebenda, Kap. XIII, S. 97.

179 Ebenda, Kap. XIII, S. 97, Kap. XXX, S. 269; *ders.,* Vom Bürger, 1966, Kap. II, Abs. 18, S. 95. Daraus wird deutlich, dass *Hobbes* das Völker*recht* ablehnt.

180 *Ders.,* Naturrecht, 1976 , Kap. XIV, Abs. 1 f., S. 96 f.; *ders.,* Leviathan, 1984, Kap. XIII, S. 94 ff.

181 Ebenda, Kap. XIV f.

182 Ebenda, Kap. XIV, S. 99 ff.

183 *Ders.,* Vom Bürger, 1966, Kap. I, Abs. 10, S. 82; *ders.,* Leviathan, 1984, Kap. XIII, S. 95, Kap. XIV, S. 99; *Fetscher,* Einleitung, 1984, S. XXI; hierzu auch *Kersting,* in: Höffe/Kersting (Hrsg.), Thomas Hobbes, Leviathan oder Stoff, Form und Gewalt eines kirchlichen und bürgerlichen Staates, 2008, S. 173–191, 176 f.

184 Vgl. zum natürlichen Egoismus *Hobbes'* Formulierung: „[…] Gegenstand der willentlichen Handlungen jedes Menschen ist ein *Gut für ihn selbst.*" (*Hobbes,* Leviathan, 1984, Kap. XIV, S. 101, *Hervorhebungen ebenda*).

185 *Macpherson,* The political theory of possessive individualism, 1962, S. 53 ff., insb. S. 59; zustimmend *Fetscher,* Einleitung, 1984, S. LV.

dankenguts zutage tritt oder nicht,[186] mag an dieser Stelle dahinstehen, da *Hobbes* jedenfalls selbst davon spricht, dass die Menschen sich ob ihrer konkurrenzbedingten Feindschaft gegenseitiges Misstrauen entgegenbrächten und das menschliche Zusammenleben im Naturzustand von Gewaltanwendung dominiert würde.[187] Jeder Mensch stelle aufgrund der natürlichen Gleichheit für jeden anderen eine potenzielle Bedrohung dar.[188] In diesem Zusammenhang ist die Bezeichnung „Homo homini Lupus“[189] berühmt geworden, wie *Hobbes* sie in der Einleitung der lateinischen Fassung von „De Cive – Vom Bürger“ verwendet. Auch wenn nicht alle Individuen gleich stark seien, rühre die Symmetrie der Bedrohung daher, dass körperlich Schwache ihre Klugheit nutzen könnten, um Überlegene zu bekämpfen oder sich mit anderen zu diesem Zweck zusammenfinden könnten. *Hobbes* spricht insofern jedem Individuum das gleiche Maß an praktischer Klugheit („prudentia“[190]) zu.

Diese allgemeine Bedrohungslage, bis zu der *Hobbes* sein Gedankenexperiment weiterführt, stellt für ihn nichts Geringeres als einen Kriegszustand dar[191] – den weit über die Grenzen der philosophischen Disziplin berühmten *Hobbes'schen* „bellum omnium contra omnes“[192]. *Kersting* formuliert in Konsequenz für das Individuum im *Hobbes'schen* Naturzustand:

> „Was für Hobbes danach von der Natur (dem ursprünglichen Wesen) des Menschen bleibt, ist ein asoziales, genuin bindungsloses, aus allen vorgegebenen Natur-, Kosmos- und Schöpfungsordnungen herausgefallenes, allein auf sich und seinen Verstand gestelltes atomistisches Individuum.“[193]

---

186 Zu dieser Debatte ebenda, S. XLIV ff.

187 *Hobbes,* Leviathan, 1984, Kap. XIII, S. 95.

188 Ebenda, Kap. XIII, S. 96.

189 *Ders.,* De Cive, 1983, S. 73.

190 *Ders.,* Leviathan, 1984, Kap. XIII, S. 94 f. *Prudentia* bedeutet laut *Fetscher,* dass man sich um eigene Angelegenheiten selbst kümmern kann; sie stamme aus der Erfahrung (*Fetscher,* Einleitung, 1984, S. XXI).

191 *Hobbes,* Leviathan, 1984, Kap. XIII, S. 96.

192 *Fetscher,* Einleitung, 1984, S. XXI f. zufolge lautet die korrekte lateinische Bezeichnung „bellum uniuscuisque contra unumquemque“.

193 *Kersting,* Thomas Hobbes zur Einführung, 1992[1], S. 27.

Der Mensch im Naturzustand besitzt bei *Hobbes* kein intrinsisches Potenzial zur Selbstregulierung.[194] Hier wird der Gegensatz von Natur und Politik deutlich, der bei *Hobbes* erstmalig Eingang in die politische Philosophie gefunden hat.[195] Die Beschaffenheit seines Naturzustands führt trotz dieser Differenzierung bei ihm zur Notwendigkeit der Staatsgründung und ist damit Keim jeder Politik.[196]

b) Staatslehre im engeren Sinne

aa) Staatszweck

Hobbes begründet die soeben erwähnte Notwendigkeit der Staatsgründung – in Fortführung seiner utilitaristischen Prämissen – mit dem positiven Nutzen der Vergemeinschaftung für die individuellen Interessen. Dieser liege in der Beseitigung der Unsicherheit, des Kriegs, der im Naturzustand herrsche.[197] Da der Naturzustand nur in seinem Gedankenexperiment existiert, geht es in *Hobbes*' Staatslehre – genau genommen – nicht um die *Beseitigung* des Kriegs. Seine politische Philosophie soll aufzeigen, dass man bei Beseitigung des Staats zu diesem *zurückkehren* bzw. erstmalig zum kriegerischen Naturzustand gelangen würde. *Hobbes*' politische Philosophie schafft schließlich ein theoretisches Modell zur Begründung des Staats und impliziert nicht etwa die Beschreibung historischer Begebenheiten. *Kersting* betont *Hobbes*' pazifistische Intention wie folgt:

> „Hobbes versteht seine politische Philosophie als methodische Friedenswissenschaft, die die Bedingungen dauerhaften gewaltfreien Zusammenlebens freilegt und die Wege ihrer erfolgreichen Verwirklichung bestimmt."[198]

---

194 Vgl. *Höffe,* in: ders./Kersting (Hrsg.), Thomas Hobbes, Leviathan oder Stoff, Form und Gewalt eines kirchlichen und bürgerlichen Staates, 2008, S. 193–211, 206.

195 *Kersting,* Thomas Hobbes zur Einführung, 1992[1], S. 27.

196 *Fetscher,* Einleitung, 1984, S. XXII; *Kersting,* in: Höffe/Kersting (Hrsg.), Thomas Hobbes, Leviathan oder Stoff, Form und Gewalt eines kirchlichen und bürgerlichen Staates, 2008, S. 9–24, 22.

197 *Hobbes,* Leviathan, 1984, Kap. XVII, S. 131 ff. *Hobbes* zu den ersten modernen Utilitaristen zählend *Fetscher,* Einleitung, 1984, S. XX.

198 *Kersting,* in: Höffe/Kersting (Hrsg.), Thomas Hobbes, Leviathan oder Stoff, Form und Gewalt eines kirchlichen und bürgerlichen Staates, 2008, S. 9–24, 17. Ähnlich *Peters,* Widerstandsrecht und humanitäre Intervention, 2005, S. 35.

In „De Cive – Vom Bürger" schreibt *Hobbes* selbst zum Krieg:

> „Die Wurzel aller Nachteile und alles Unglücks, die durch menschliche Erfindungen vermieden werden können, ist der Krieg, vornehmlich der Bürgerkrieg; aus ihm entspringen Mord, Verwüstung und Mangel an allen Dingen."[199]

Hobbes gelangt in einer viel zitierten Textstelle aus seinem „Leviathan" zu dem Ergebnis, das Leben im Naturzustand sei „[…] einsam, armselig, ekelhaft, tierisch und *kurz*."[200] Da die Gründung eines Staats in *Hobbes'* Konzeption diesbezüglich Abhilfe schafft, ist jene Konsequenz des menschlichen Selbsterhaltungstriebes. *Hobbes* entwirft diese Konzeption dezidiert im Kapitel XIV seines „Leviathan". Dort legt er dar, wie Kooperation durch Freiheitsverzicht bzw. die Übertragung von den bisweilen grenzenlosen Rechten zu Frieden führt. Kooperation sei aber nur dann vernünftig, wenn sie unter der Prämisse erfolge, dass alle anderen Menschen, die a priori eine Bedrohung darstellten, ebenfalls in diese Kooperation einträten.[201] Andernfalls bestünde der Kriegszustand weiterhin.[202]

Einerseits gibt es laut *Hobbes* auch im Naturzustand einige Vernunftregeln, die „natürlichen Gesetze"[203]. Ihnen seien die „sittlichen Tugenden"[204] gemein und damit die Orientierung am Frieden. Andererseits entfalteten sie ohne Zwangsgewalt keinerlei Bindungswirkung.[205] Jeder Mensch entscheide im Naturzustand individuell, ob er sich im Einzelfall diesen Gesetzen entsprechend verhält.[206] Wenn er zur Einhaltung nicht imstande ist, sage dies nichts über den rechtlichen oder moralischen Wert oder Unwert einer Handlung aus – es sei „[…] nichts ungerecht, wo es keinen Staat gibt."[207] Über die moralische Kategorisierung entscheidet im Naturzustand allein das Individuum. Dient etwa eine Handlung, die nicht

---

199 *Hobbes,* Vom Körper, 1967, Kap. I, Abs. 7, S. 10.

200 *Ders.,* Leviathan, 1984, Kap. XIII, S. 9 (*Hervorhebung* durch die Verf.).

201 Ebenda, Kap. XIV, S. 100; s. auch Kap. XV, S. 121.

202 Ebenda, Kap. XIV, S. 100.

203 Ebenda, Kap. XIV f.

204 Ebenda, Kap. XV, S. 122.

205 Ebenda, Kap. XV, S. 121 – ihre Bindungswirkung sei lediglich *in foro interno,* also das Gewissen adressierend, nicht *in foro externo.*

206 Ebenda, Kap. XV, S. 121 f. Dies richte sich vor allem danach, inwieweit die Befolgung dieser Gesetze eine Gefahr für das Individuum bedeute (ebenda, Kap. XVII, S. 131).

207 Ebenda, Kap. XV, S. 110 (*Hervorhebungen ebenda*).

einem der „natürlichen Gesetze“[208] entspricht, dem Selbsterhalt eines Individuums, kann jene beispielsweise von ihm für gut befunden werden. *Hobbes* unterstellt, dass der Frieden von allen Menschen für gut zu befinden sei.[209] Dies ist letzte Konsequenz des Selbsterhaltungs- und des Lustmaximierungstriebes.[210] Die Notwendigkeit und Nützlichkeit eines Staats bei *Hobbes* zeichnet sich damit spätestens in folgender Textstelle ab: „Und deshalb befindet sich der Mensch so lang im reinen Naturzustand, der ein Kriegszustand ist, wie private Meinung Maßstab von Gut und Böse ist.“[211]

bb) Entstehung des Staates

Die Staatsgründung ist damit bei *Hobbes* das zwingende Ergebnis strategisch-rationaler Erwägungen.[212] Sie ist Mittel zum Zweck, keinesfalls ein Selbstzweck.[213] Ebenso wenig entsteht ein Staat für *Hobbes* automatisch aus dem Naturzustand heraus. Es bedarf zu seiner Entstehung vielmehr eines menschlichen Aktes.[214] Erforderlich ist die vertragliche Schaffung einer „[…] allgemeine[n] Gewalt, die sie [die Menschen, Anm. d. Verf.] im Zaum halten und ihre Handlungen auf das Gemeinwohl hinlenken soll.“[215]

Das Instrument des Vertrages – bei *Hobbes* definiert als „wechselseitige Übertragung von Recht“[216] – wählt er, da die Staatsgründung bei ihm gleichbedeutend ist mit der Übertragung der unbeschränkten Freiheitsrechte des Naturzustands. Es geht ihm also um das Charakteristikum der Selbstbeschränkung.[217] Er formuliert gar den fiktiven Inhalt eines solchen Vertrages, der in der beschriebenen Form wiederum nicht als tatsächliches

---

208 Ebenda, Kap. XIV f.

209 Ebenda, Kap. XV, S. 122.

210 Vgl. ebenda, Kap. XVII, S. 131.

211 Ebenda, Kap. XV, S. 122.

212 Vgl. *Kersting,* in: Höffe/Kersting (Hrsg.), Thomas Hobbes, Leviathan oder Stoff, Form und Gewalt eines kirchlichen und bürgerlichen Staates, 2008, S. 173–191, 173 f.

213 Vgl. *Fetscher,* Einleitung, 1984, S. XX.

214 Vgl. *Hobbes,* Leviathan, 1984, Kap. XVII, S. 134.

215 Ebenda, Kap. XVII, S. 134.

216 Ebenda, Kap. XIV, S. 102.

217 Ebenda, Kap. XVII, S. 131.

historisches Ereignis notwendig ist, sondern eine weitere Gedankenkonstruktion in *Hobbes'* Theorie darstellt:[218]

> „Ich autorisiere diesen Menschen oder diese Versammlung von Menschen und übertrage ihnen mein Recht, mich zu regieren, unter der Bedingung, daß du ihnen ebenso dein Recht überträgst und alle ihre Handlungen autorisierst."[219]

Diese Vertragskonstruktion zeigt, dass sich der Staat – auch wenn der Vertragsschluss hier nur eine Fiktion ist – auf die Zustimmung der Menschen gründet. Der Staat steht im eigenen Interesse der Menschen und wird von ihnen eingesetzt. Staatlichkeit kann bei *Hobbes* einzig das Ergebnis menschlicher Schöpfung sein. Eines Rückgriffs auf das Göttliche bedarf es in *Hobbes'* Staatslehre also nicht mehr. Hierin liegt die Abkehr von der scholastisch-theologischen Naturrechtslehre.[220]

In dem von *Hobbes* entworfenen Vertragstext finden sich zwei Komponenten, die seit seiner Wirkungszeit den meisten Sozialvertragstheorien immanent sind: die des Gesellschafts- und die des Herrschaftsvertrages.[221] Der Gesellschaftsvertrag liegt darin begründet, dass die Menschen wechselseitig auf ihre Freiheitsrechte verzichten. Hierin besteht die notwendige Bedingung für eine Vergesellschaftung.[222] Die persönliche Freiheit wird Zug um Zug gegen den Erhalt von Sicherheit aufgegeben, und ebendieser Verzicht ermöglicht die Etablierung eines staatlichen Gewaltmonopols. Zur Staatsgründung und dauerhaften Friedensschaffung bedarf es laut *Hobbes* noch der Verleihung ebendieses Gewaltmonopols an eine von den

---

218 *Fetscher,* Einleitung, 1984, S. XXIV; *Kersting,* in: Höffe/Kersting (Hrsg.), Thomas Hobbes, Leviathan oder Stoff, Form und Gewalt eines kirchlichen und bürgerlichen Staates, 2008, S. 173–191, 175. Ein historischer Vertragsakt ist ferner möglich, aber zur Anwendung von *Hobbes'* politischer Philosophie auf einen praktischen Staat nicht zwingend erforderlich. Maßgeblich ist die Annahme eines zusammenschließenden und autorisierenden Vorkommnisses.

219 *Hobbes,* Leviathan, 1984, Kap. XVII, S. 134. Vgl. ähnliche Formulierung in: *ders.,* Vom Bürger, 1966, Kap. VI, Abs. 20, S. 147 a. E.

220 *Peters,* Widerstandsrecht und humanitäre Intervention, 2005, 294.

221 Vgl. *Kersting,* in: Höffe/Kersting (Hrsg.), Thomas Hobbes, Leviathan oder Stoff, Form und Gewalt eines kirchlichen und bürgerlichen Staates, 2008, S. 173–191, 175 f. Wiewohl es sich nur um einen einzigen Vertrag handelt (*von Gierke,* Johannes Althusius und die Entwicklung der naturrechtlichen Staatstheorien, 1929, S. 86).

222 *Kersting,* in: Höffe/Kersting (Hrsg.), Thomas Hobbes, Leviathan oder Stoff, Form und Gewalt eines kirchlichen und bürgerlichen Staates, 2008, S. 173–191, 175 f.

Menschen zu bestimmende Instanz[223] – eine Person oder eine Versammlung von Personen, den von ihm so genannten „großen *Leviathan*“[224]. Nur so erlange dieser sein Herrschaftsrecht.[225] Hierin liegt die zweite, die herrschaftsvertragliche Komponente. Die Vertragsschließenden seien auch hier nur die Menschen, die Untertanen.[226] Der *Leviathan* wird durch diesen Vertrag einzig autorisiert, also rechtlich begünstigt. Er sei selbst keine Vertragspartei, so *Hobbes*.[227] In ihm vereinige sich schließlich der Wille aller Untertanen.[228] Dieser letzte Schritt zur Vergesellschaftung gehe über Zustimmung oder Übereinstimmung hinaus.[229] Es sei vielmehr ein Akt der Verkörperung, der Einverleibung aller Untertanen im *Leviathan*.[230] Dies ist die Geburtsstunde des *Hobbes'schen* Staates.[231]

cc) Ausgestaltung des Staatswesens

Hobbes‘ auf das Individuum ausgerichtete Staatsgründungslehre enthält daher zumindest in ihren Grundzügen demokratisches Gedankengut. Dies wird auf dem Titelblatt des „Leviathan“ versinnbildlicht, wo der Souverän als körperliche Zusammensetzung seiner Untertanen abgebildet ist.[232] Mit der Entstehung des *Leviathan* endet in *Hobbes*’ Konzeption allerdings jeglicher Einfluss der Individuen auf die staatliche Ordnung. Der Souverän ist als Einziger, der nicht am Vertragsabschluss beteiligt ist, konsequenter-

---

223 *Hobbes,* Vom Bürger, 1966, Kap. V, Abs. 4, 6, S. 125 ff.; *ders.,* Leviathan, 1984, Kap. XVII, S. 134.

224 Ebenda, Kap. XVII, S. 134 (*Hervorhebung* ebenda).

225 Ebenda, Kap. XVII, S. 134 f.; vgl. auch Kap. XVIII.

226 Ebenda, Kap. XVIII, S. 137.

227 Ebenda, Kap. XVII, S. 137; *Kersting,* in: Höffe/Kersting (Hrsg.), Thomas Hobbes, Leviathan oder Stoff, Form und Gewalt eines kirchlichen und bürgerlichen Staates, 2008, S. 173–191, 175.

228 *Hobbes,* Leviathan, 1984, Kap. XVII, S. 134.

229 Ebenda, Kap. XVII, S. 134. *Kersting,* in: Höffe/Kersting (Hrsg.), Thomas Hobbes, Leviathan oder Stoff, Form und Gewalt eines kirchlichen und bürgerlichen Staates, 2008, S. 173–191, 175 f. beschreibt eingängig, dass Vergesellschaftung und Herrschaftsetablierung bei *Hobbes* nicht voneinander trennbar seien.

230 *Hobbes,* Leviathan, 1984, Kap. XVII, S. 134.

231 Vgl. ebenda, Kap. XVII, S. 134. Im Folgenden werden die Termini Leviathan, Staat und Souverän daher – im Duktus *Hobbes*‘ – synonym verwendet.

232 *Brandt,* in: Höffe/Kersting (Hrsg.), Thomas Hobbes, Leviathan oder Stoff, Form und Gewalt eines kirchlichen und bürgerlichen Staates, 2008, S. 25–45.

weise auch der Einzige, dem sein Naturrecht auf alles und jeden erhalten bleibt.[233] In diesem Recht liegt sein friedensstiftendes Gewaltmonopol.[234] Aufgrund der Autorisierung durch die Individuen geht *Hobbes* davon aus, dass sich ebendieses Recht und der Wille aller Bürger von nun am im *Leviathan* bündeln.[235] *Hobbes* postuliert daher die Einheit des Willens des *Leviathan* und seiner Untertanen.[236] Diese Einheit beziehe sich auch auf die Handlungen des Souveräns: Die Individuen seien letztlich „[…] Autor alles dessen, was der Souverän tut […]“[237]. *Hobbes* geht davon aus, dass der *Leviathan* sein Herrschaftsrecht im Sinne des Zwecks seiner Einsetzung nutzt, also im Interesse des friedlichen Zusammenlebens der Bürger.[238]

Zum Herrschaftsrecht gehört vor dem Hintergrund dieses Staatszwecks insbesondere das Recht, Entscheidungen mit Zwang durchzusetzen: „Und Verträge ohne das Schwert sind bloße Worte und besitzen nicht die Kraft, einem Menschen auch nur die geringste Sicherheit zu bieten.“[239] Dies ist die „allgemeine[ ] Gewalt“[240], die bei *Hobbes* notwendige Bedingung für die Garantie von Frieden und damit für die Durchsetzung seines Gewaltverbots ist.[241] Der Souverän hat daher neben jeglicher Rechtsetzungs-, Rechtsprechungs- und Sanktionsbefugnis den Anspruch auf uneingeschränkten Gehorsam.[242] Souveränität ist bei *Hobbes* ohne Absolutismus nicht denkbar.[243]

---

233 *Kersting,* in: Höffe/Kersting (Hrsg.), Thomas Hobbes, Leviathan oder Stoff, Form und Gewalt eines kirchlichen und bürgerlichen Staates, 2008, S. 173–191, 177. Zum Recht auf alles und jeden s. o., S. 64.

234 *Kersting,* in: Höffe/Kersting (Hrsg.), Thomas Hobbes, Leviathan oder Stoff, Form und Gewalt eines kirchlichen und bürgerlichen Staates, 2008, S. 173–191, S. 177.

235 Vgl. *Hobbes,* Leviathan, 1984, Kap. XVII, S. 134 f., Kap. XVIII, S. 136 f.

236 Vgl. ebenda, Kap. XVII, S. 134 f., Kap. XVIII, S. 136 f.

237 Ebenda, Kap. XVIII, S. 139.

238 Vgl. ebenda, Kap. XVIII, S. 131 ff., Kap. XVIII, S. 136, 139.

239 Ebenda, Kap. XVII, S. 131; Kap. XV, S. 110.

240 Ebenda, Kap. XVII, S. 134.

241 Vgl. ebenda, Kap. XVII, S. 134; Kap. XVIII, S. 144; vgl. *Kersting,* Thomas Hobbes zur Einführung, 1992[1], S. 175.

242 Vgl. *Hobbes,* Leviathan, 1984, Kap. XVIII, S. 139 ff.

243 *Polin,* La politique morale de John Locke, 1960, S. 198 f. mit Hinweis auf *de Maistre,* Etude sur la Souveraineté, 1924, Buch 2, Kap. 1, S. 417: „Jedes Wesen der Souveränität ist seiner Natur nach absolut.“ (Übersetzung d. Verf.); vgl. auch *Tönnies,* Thomas Hobbes, Leben und Lehre, 1971 (1925), S. 252.

Die staatliche Ordnung ist bei *Hobbes* eine rechtliche. Mit dem Antagonismus von Naturzustand und Staat geht bei *Hobbes* auch derjenige von Gewalt und Recht einher. Dass die *Hobbes'sche* Konzeption eine absolutistische ist, steht hierzu nicht im Widerspruch, sondern ist vielmehr eine zwingende Konsequenz.[244] Denn in seiner Konzeption widerlegt er zumindest theoretisch die Annahme aus der praktischen politischen Erfahrung, dass Absolutismus zwingend Willkür und gewaltsames Regieren und damit eine Abkehr vom Recht umfasse. Die Begründung dafür liegt in den bereits dargelegten Prämissen von *Hobbes'* Philosophie: Die Gewalt, die im absoluten Staat von den Untertanen empfunden würde, könne nur eine vermeintliche sein, denn letztlich sei jede hoheitliche Handlung, unter der ein Untertan leiden mag, seine eigene Handlung.[245] Da es keine unrechtmäßige Handlung gegen sich selbst geben könne, könnten auch die hoheitlichen Maßnahmen des vom Volk autorisierten absoluten Souveräns niemals Unrecht sein.[246] Aus dem Antagonismus von Recht und Gewalt ergibt sich damit, dass die Handlungen des Souveräns auch nicht gewaltsam in diesem ursprünglichen Sinne sein können. *Peter Schröder* unterstellt *Hobbes* eine zutiefst positive Erwartung an den Souverän:

> „Der Forderung nach absoluter Souveränität korrespondierte daher die Hoffnung, daß es zur Erlangung des eigentlichen Staatsziels von Recht und Frieden gar nicht nötig sein würde, Zwangsmittel einsetzen zu müssen."[247]

Zu den Hoheitsbefugnissen des *Leviathan* zählten ferner das Kriegsführungsrecht und das Recht, die staatlichen Ämter mit Personen seiner Wahl zu bekleiden.[248] Der Souverän genieße außerdem volle Immunität.[249] Es existiere aber kein Recht, das er brechen könne, da er sich vertraglich nicht selbst verpflichtet habe.[250] Nur der Zweck seiner Einsetzung kann seine Herrschergewalt begrenzen. Eine solche Begrenzung kann keineswegs eine rechtliche sein und daher auch unmöglich mit den Mitteln des Rechts beurteilt bzw. durchgesetzt werden. Letztlich sind die Befugnisse des Souveräns schon deshalb schrankenlos, weil es in *Hobbes'* Konzepti-

---

244 Vgl. *Hobbes,* Vom Bürger, 1966, Kap. VI, S. 137 ff.
245 *Ders.,* Leviathan, 1984, Kap. XVIII, S. 139.
246 Ebenda, Kap. XVIII, S. 139.
247 *Schröder,* Naturrecht und absolutistisches Staatsrecht, 2001, S. 121.
248 *Hobbes,* Leviathan, 1984, Kap. XVIII, S. 141.
249 Ebenda, Kap. XVIII, S. 139.
250 S. o., S. 70.

on keine Instanz gibt, die über ihren Gebrauch richten kann.[251] Der *Leviathan*, der den Naturzustand selbst niemals verlassen hat, bleibt allein Gott gegenüber dafür verantwortlich, dass er seine Macht zum Wohle des Volks einsetzt. Deshalb habe eine „nachlässige Regierung“[252] letztlich „Aufstand und Metzelei“[253] als *poena naturalis*, als natürliche Bestrafung, nicht aber als rechtlich begründete Gegengewalt zu erwarten.[254]

Eine Kontrolle der Ausübung der hoheitlichen Macht findet *Hobbes*‘ Vorstellungen nach auch nicht auf dem Wege der Gewaltenteilung statt.[255] Seine radikale Ablehnung gegenüber der Gewaltenteilung begründet er mit den historischen Begebenheiten, die zu seinen Lebzeiten während des Bürgerkriegs herrschten: Hätte es keine Teilung von König, Adel und Unterhaus gegeben, wäre es nicht zu einer Teilung des Volks und damit zum damaligen Bürgerkrieg gekommen.[256] Eine Teilung der Gewalt führt, so *Hobbes*, nämlich immer zu Streit über politische und schließlich über religiöse Fragen und kann das Volk eines Staats bis hin zu kriegerischer Feindschaft spalten.[257] Der *Leviathan* ist bei *Hobbes* absoluter Alleinherrscher.

Hobbes‘ Absolutismus folgt der Orientierung am Staatszweck, an Sicherheit und Frieden für alle Bürger. Diejenigen, die …

> „[…] einwenden, die Untertanen befänden sich in einer sehr elenden Lage, da sie den Begierden und anderen zügellosen Leidenschaften dessen oder derer ausgesetzt sind, die eine so unbegrenzte Macht in Händen halten“,[258]

… verweist *Hobbes* im Wege einer Gewinn-und-Verlust-Rechnung auf das geringere Übel:

> „Sie bedenken nicht, daß der Zustand der Menschen nie ohne die eine oder die andere Unannehmlichkeit sein kann, und daß die größte, die in jeder Regierungsform dem Volk gewöhnlich zustoßen mag, kaum fühlbar ist, wenn man sie mit dem Elend und den schrecklichen Nöten vergleicht, die ein Bürgerkrieg oder die Zügellosigkeit herrenloser Menschen ohne Unterwerfung

---

251 Vgl. *Hobbes,* Leviathan, 1984, Kap. XVIII, S. 137.

252 Ebenda, Kap. XXXI, S. 280.

253 Ebenda, Kap. XXXI, S. 280.

254 Ebenda, Kap. XXXI, S. 280.

255 *Ders.,* Vom Bürger, 1966, Kap. VI, Abs. 18, S. 145; *ders.,* Leviathan, 1984, Kap. XXIX, S. 248 f.

256 Ebenda, Kap. XVIII, S. 142.

257 Ebenda, Kap. XVIII, S. 142 f.

258 Ebenda, Kap. XVIII, S. 143 f.

unter Gesetze und unter eine Zwangsgewalt, die ihre Hände von Raub und Rechte abhält, mit sich bringen."[259]

Fetscher formuliert dementsprechend, es handelte sich in *Hobbes*' politischer Philosophie um einen Absolutismus, der sich „[…] auf einen rationalen Interessenkalkül der Glieder einer kompetitiven Marktgesellschaft […] stützte."[260] Dieser Herrschaftsmodus muss gedanklich strikt von der Staatsform getrennt werden. Der *Leviathan* – das kann laut *Fetscher* ein Einzelner, eine oligarchische Gruppe oder die Gesamtheit des Volks sein.[261] *Hobbes* lasse diese Frage im Prinzip offen.[262] Sein Modell könne durchaus für einen Demokratieentwurf in Anspruch genommen werden.[263] *Hobbes* selbst präferierte die Monarchie.[264] Selbst in seinem Konzept einer absoluten Monarchie genießen die Untertanen – begrenzte – individuelle Freiheiten. Sie besäßen die Freiheit, das nach ihrem vernünftigen Gutdünken für sie Beste zu tun, wenn sie sich in einer gesetzlich nicht geregelten Situation befänden.[265] Dazu zählten etwa die bürgerliche Vertragsfreiheit, die Berufsfreiheit oder die Freiheit der Kindererziehung.[266] Hier finden sich also Ansätze einer liberalen politischen Philosophie.[267]

3. Widerstandslehre

Diese soeben erwähnten liberalen Ansätze vermögen den absoluten Charakter des *Hobbes'schen* Staats keineswegs ins Wanken zu bringen. Es verwundert daher nicht, dass der bereits erwähnte Anspruch des *Leviathan* auf uneingeschränkten Gehorsam seiner Untertanen in diesem Staat zum tragenden Grundsatz wird und jegliches Widerstandsrecht der Bürger dort

---

259 Ebenda, Kap. XVIII, S. 144.

260 *Fetscher,* Einleitung, 1984, S. LX.

261 Ebenda, S. LXVI.

262 Ebenda, S. LXVI; vgl. *Hobbes,* Vom Bürger, 1966, Kap. XIV, Abs. 20, S. 231; *ders.,* Leviathan, 1984, Kap. XIX, S. 145 ff.

263 *Fetscher,* Einleitung, 1984, S. LXVI; vgl. *Hobbes,* Vom Bürger, 1966, Kap. XIV, Abs. 20, S. 231; *ders.,* Leviathan, 1984, Kap. XIX, S. 145 ff.

264 Vgl. ebenda, Kap. XIX, S. 145 ff.

265 Ebenda, Kap. XXI, S. 165.

266 Ebenda, Kap. XXI, S. 165. Die dort aufgezählten Freiheiten sind solche, die heute als charakteristisch für eine liberale Gesellschaft bezeichnet werden (*Fetscher,* Einleitung, 1984, S. XXXII).

267 Vgl. ebenda, S. XXXII.

prinzipiell ausscheidet.[268] *Hobbes* erkennt allerdings einige sehr restriktive Ausnahmefälle an, in denen eine Art Widerstandsrecht besteht.[269] Dabei ist zwischen solchen Fällen zu unterscheiden, die sich innerhalb, und solchen, die sich außerhalb des *Hobbes'schen* Staats abspielen können.

a) Grundsatz der Gehorsamspflicht

aa) Ableitung aus dem Staatszweck

Die staatliche Ordnung ist bei *Hobbes* eine rechtliche, diejenige des Naturzustands dagegen von Gewalt und Krieg gekennzeichnet. *Hobbes* statuiert in seiner politischen Philosophie mit dem Antagonismus von Naturzustand und Staat damit auch einen solchen von Gewalt und Recht. Der Staat bzw. das Recht ist hier Mittel zur Bewältigung der Bedrohungen des Naturzustands. *Hobbes* formuliert in diesem Zusammenhang: „Der Zweck des Gehorsams ist Schutz“[270] sowie „[...] ohne Gehorsam [würde] das Recht der Herrschaft nutzlos sein, also überhaupt kein Staat begründet werden [...]“[271]. Gehorsam ist dem Recht als Mittel zum Schutzzweck immanent. Die Gehorsamspflicht wird – mittelbar – in dem Moment begründet, in dem die Individuen durch den staatskonstituierenden Vertrag auf ihr allumfassendes, natürliches Recht auf alles und jeden verzichten.[272] Der Rechtsverzicht ist begriffslogisch nur vollumfänglich möglich.[273] Daher muss auch die Gehorsamspflicht vollumfänglich gelten. Da der Rechtsverzicht für *Hobbes* der einzige Weg ist, auf dem Frieden und Sicherheit erreicht werden können, ist auch der absolute Gehorsam in seiner Konzepti-

---

268 Ebenda, S. XXXII; *Schottky,* Untersuchungen zur Geschichte der staatsphilosophischen Vertragstheorie im 17. und 18. Jahrhundert, 1995 (1962), S. 16; *Peters,* Widerstandsrecht und humanitäre Intervention, 2005, S. 20, 35.

269 *Fetscher* meint, dass es nicht möglich sei, bei *Hobbes* von einem Widerstandsrecht zu sprechen (*Fetscher,* Einleitung, 1984, S. XXXII).

270 *Hobbes,* Leviathan, 1984, Kap. XXI, S. 171.

271 *Ders.,* Vom Bürger, 1966, Kap. VI, Abs. 13, S. 139 a. E., 140.

272 Vgl. ebenda, Kap. VI, Abs. 13, S. 139 f.; Kap. XIV, Abs. 20, S. 231.

273 Ein nur teilweiser Verzicht auf sein Recht auf alles und jeden ist begriffslogisch nicht möglich („alles“ ist begrifflich nicht teilbar). Demgegenüber ist der Verzicht auf ein bestimmtes Recht (z. B. das Recht auf Hausfriedensbruch) möglich. Dann existiert auch das Recht auf alles und jeden nicht mehr. Man kann dann allenfalls noch vom Recht auf alles und jeden mit Ausnahme des Hausfriedensbruchs sprechen.

on zwingend. Mit dem Rechtsverzicht gehe die Aufgabe jeglichen Widerstandsrechts einher.[274]

Ein solches würde das staatliche Fundament der *Hobbes'schen* Gehorsamspflicht vernichten und damit den Rechtszustand des Staats ins Gegenteil verkehren. Wo das kleinste bisschen Ungehorsam, das kleinste bisschen Widerstand ist, wird laut *Hobbes* der Rechtszustand verlassen, und der Naturzustand entfaltet sich.[275] Und wo der Naturzustand auflebt, da befindet sich auch der Krieg, den *Hobbes* als die „Wurzel [...] alles Unglücks“[276] beschreibt, nicht in allzu weiter Ferne. Die *Hobbes'sche* Staatskonzeption erhebt aber den Anspruch, Mittel gegen Anarchie und Bürgerkrieg zu sein.[277] *Hobbes'* politische Philosophie wird von dieser Prämisse geradezu genährt. Widerstand und insbesondere seine gewaltsame Form des Bürgerkriegs stehen der *Hobbes'schen* Staatstheorie also auf den ersten Blick diametral entgegen.[278]

bb) Ableitung aus dem staatskonstituierenden Vertrag

Die Gehorsamspflicht bzw. die Versagung jeglichen Widerstandsrechts ergibt sich bei *Hobbes* außerdem im Wege einer rechtlichen Ableitung, nämlich aus dem staatskonstituierenden Vertrag:

> „Vermöge des Vertrages, wodurch die einzelnen Bürger sich untereinander zum absoluten und umfassenden Gehorsam gegen den Staat [...] verpflichtet haben, sind sie auch verpflichtet, die einzelnen Gesetze des Staates zu beobachten“[279].

An dieser Stelle wird deutlich, dass die Bürger rechtlich *einander* gegenüber zum Rechtsgehorsam verpflichtet sind. Diese Verpflichtung wirkt zumindest faktisch, aber auch gegenüber dem Souverän, der zwar außerhalb des staatskonstituierenden Vertrages steht, jedoch jegliche Zwangsgewalt innehat.[280]

---

274 Ebenda, Kap. V, Abs. 11, S. 129.

275 Ebenda, Kap. XIV, Abs. 20 ff., S. 231 ff.

276 *Ders.,* Vom Körper, 1967, Kap. I, Abs. 7, S. 10.

277 *Peters,* Widerstandsrecht und humanitäre Intervention, 2005, S. 35.

278 Vgl. ebenda, S. 35 und *Hobbes'* bereits wiedergegebene Aussage zum Bürgerkrieg (S. 67).

279 *Hobbes,* Vom Bürger, 1966, Kap. XIV, Abs. 29, S. 231.

280 Vgl. ebenda, Kap. VI, Abs. 20, S. 148. Zur Zwangsgewalt s. o., S. 71.

Da der *Leviathan* selbst nicht Vertragspartei geworden ist, bestehen für ihn keinerlei rechtliche Verpflichtungen, die er brechen könnte. Der Souverän wird in der Konzeption *Hobbes*' – wenn überhaupt – lediglich durch die Vorgabe seiner Funktion, der Friedenswahrung nach innen und außen, geprägt, ist jedoch keineswegs rechtlich gebunden.[281] Er kann laut *Hobbes* also schon denklogisch kein Unrecht begehen,[282] dem mit Ungehorsam, mit Widerstand begegnet werden könnte.[283] Im Gegenteil: Der Herrschaftsvertrag wirke einzig zu seinen Gunsten.[284] Er weist damit die Konstruktion des Vertrags zugunsten eines Dritten auf.[285] Dem *Leviathan* kann daraus kein rechtlicher Nachteil entstehen. Er hat keinerlei Verpflichtungen, deren Nicht-Erfüllung wegen die Bürger ihm den Gehorsam verweigern könnten. Dies geht bereits logisch mit *Hobbes*' absolutistischer Position einher, die er für zwingend erachtet.

Die Untertanen müssen also im Interesse des friedlichen Zusammenlebens – das haben sie sich untereinander rechtlich zugesichert – alles, was der Souverän beschließt, als hierfür notwendig akzeptieren. Dies ergibt sich noch aus einer weiteren rechtlichen Begründung, die oben angedeutet wurde: Aufgrund der Einheit, der Verkörperung aller Einzelwillen im Souverän, sind seine Entschlüsse und Handlungen gemäß *Hobbes* immer Entschlüsse und Handlungen der Untertanen.[286] Diese haben den Souverän schließlich eigens hierzu autorisiert. Da es unmöglich sei, Urheber seines eigenen Unrechts zu sein, könne der Souverän den Untertanen kein Unrecht zufügen.[287] Für *Hobbes* wäre dies laut *Armin Adam* sonst „ein Widerspruch mit mir selbst"[288]. Wer dem Souverän also Widerstand leiste und ihn etwa gewaltsam für vermeintliche Missetaten bestrafe, bestrafe

---

281 *Höffe,* in: ders./Kersting (Hrsg.), Thomas Hobbes, Leviathan oder Stoff, Form und Gewalt eines kirchlichen und bürgerlichen Staates, 2008, S. 193–211, 202 spricht insofern davon, dass der Souverän einen „wohlbestimmten Auftrag und keine carte blanche" habe.

282 *Hobbes,* Leviathan, 1984, Kap. XVIII, S. 136.

283 *Fetscher,* Einleitung, 1984, S. XXVI; *Peters,* Widerstandsrecht und humanitäre Intervention, 2005, S. 20.

284 *Hobbes,* Leviathan, 1984, Kap. XVIII, S. 136 f.

285 *von Gierke,* Johannes Althusius und die Entwicklung der naturrechtlichen Staatstheorien, 1929, S. 87; *Fetscher,* Einleitung, 1984, S. XXV, XXIX.

286 *Hobbes,* Leviathan, 1984, Kap. XVIII, S. 136 f., 139.

287 Ebenda, Kap. XVIII, S. 139.

288 *Adam,* Despotie der Vernunft?, 1999, S. 64.

einen anderen für sein ureigenes Fehlverhalten.[289] Darin liegt *Hobbes* zufolge das größte denkbare Unrecht.[290]

Dementsprechend könne es auch kein vom Souverän erlassenes Recht geben, das die Gehorsamspflicht der Untertanen zu lockern vermöge.[291] Ansonsten hätte der Souverän nicht mehr die höchste Gewalt inne, die er zur Erfüllung des Staatszwecks zwingend benötigt. Er hörte auf, Souverän zu sein.[292] Zu demselben Ergebnis gelangt man, wenn man in doppelter Überprüfung von *Hobbes*' Herrschaftskonzept unterstellt, dass der *Leviathan* sich vor seiner Autorisierung vertraglich zur Einhaltung bestimmter Regeln verpflichtet hätte.[293] Zur Beurteilung der Einhaltung einer derartigen Vereinbarung gäbe es bei *Hobbes* keinen irdischen Richter.[294] Der *Leviathan* kann sich den Untertanen gegenüber auch nicht auf diesem Wege verpflichten; seine Gewalt ist schrankenlos. Damit sind der Gehorsamspflicht der Untertanen grundsätzlich auch keine Schranken gesetzt.

Hobbes erkennt gleichwohl an, dass auch der Souverän nicht unfehlbar ist.[295] So sei der *Leviathan*, wie ein jeder im Naturzustand, den „natürlichen Gesetzen"[296] verpflichtet.[297] Insofern existiert ein Maßstab, anhand dessen sein Verhalten im Einzelfall als Fehlverhalten kategorisiert werden kann.[298] Allerdings könne diese Kategorisierung keine solche des Rechts sein, da es sich bei den „natürlichen Gesetzen"[299] gerade nicht um Recht handle.[300] Ihre Befolgung ist von keinem Menschen einklagbar, und eine Nicht-Befolgung befugt ebenso wenig zu Ungehorsam oder Sanktion, denn den Maßstab der „natürlichen Gesetze"[301] kann laut *Hobbes* nur ihr

---

289 *Hobbes,* Leviathan, 1984, Kap. XVIII, S. 139.

290 Vgl. die Bezeichnung als „Majestätsverletzung" (*ders.,* Vom Bürger, 1966, Kap. XIV, Abs. 20 ff., S. 231 ff.); *ders.,* Leviathan, 1984, Kap. XXVII, S. 231 f.

291 Ebenda, Kap. XXVII, S. 231 f.; Kap. XXX, S. 256.

292 *Fetscher,* Einleitung, 1984, S. XXX f.

293 Vgl. *Hobbes,* Leviathan, 1984, Kap. XVIII, S. 137 mit dem Hinweis, dass eine solche Vereinbarung mangels entsprechender Vertragsparteien ohnehin unmöglich sei.

294 Ebenda, Kap. XVIII, S. 137.

295 Vgl. ebenda, Kap. XVIII, S. 143 f.

296 Ebenda, Kap. XIV, S. 99 ff.

297 Ebenda, Kap. XXVIII, S. 244 a.E; Kap. XXXI, S. 281.

298 *Dobos,* Insurrection and Intervention, 2012.

299 *Hobbes,* Leviathan, 1984, Kap. XIV, S. 99 ff.

300 *Ders.,* Vom Bürger, 1966, Kap. XIV, Abs. 15; S. 227; *ders.,* Leviathan, 1984, Kap. XIV, S. 99; Kap. XV, S. 122 a. E.

301 Ebenda, Kap. XIV, S. 99 ff.

Schöpfer, Gott, anlegen.[302] Er allein könne darüber richten, ob sie verletzt wurden, und dem Widersacher eine entsprechende Strafe auferlegen.[303] Aus diesem Grunde sei es auch unmöglich, eine Einschränkung der Gehorsamspflicht daraus abzuleiten, dass die Menschen neben der Autorisierung des *Leviathan* etwa einen Vertrag mit Gott abgeschlossen hätten, der sie zu Ungehorsam berechtigen würde, sofern der Souverän den Vorgaben dieses Vertrages zuwiderlaufe.[304]

b) Widerstand innerhalb des Hobbes'schen Staates

aa) Gehorsamsverweigerung bei Verletzung der göttlichen Gebote

In der Welt des *Leviathan* erkennt *Hobbes* als Ausnahme zur Gehorsamspflicht die Gehorsamsverweigerung durch die Kirche und Gläubige an, wenn der Souverän die „heiligen Gesetze"[305] verletzt.[306] Diese bestünden in der Gottesverehrung und der Ausübung des Gottesdienstes.[307] Da für *Hobbes* niemals (auch nicht im Naturzustand) ein Recht bestanden hat, Gott zu beleidigen oder den Gottesdienst zu unterlassen, kann es auch nie auf den Souverän übertragen worden sein.[308] Befähle der Souverän also – *ultra vires* – etwas Gegenteiliges, könne passiver Widerstand geleistet werden.[309] Es handelt sich damit nicht um eine echte Ausnahme von der Gehorsamspflicht, sondern nur um eine von *Hobbes* klar definierte Grenze der Souveränität. Aktiver Widerstand ist laut *Hobbes* auch hier ausgeschlossen.[310] Der wahrhaft Gläubige würde ohnehin nur den Märtyrertod wählen, also den passiven, duldenden Widerstand.[311] Da das Märtyrertum heutzutage keine akzeptable Form des Widerstands mehr ist,[312] findet die-

302 Ebenda, Kap. XXX, S. 270.
303 Ebenda, Kap. XXX, S. 270.
304 Ebenda, Kap. XVIII, S. 137; *Fetscher,* Einleitung, 1984, S. XXX.
305 *Hobbes,* Vom Bürger, 1966, Kap. XV, Abs. 17 f., S. 249.
306 Vgl. ebenda, Kap. XV, Abs. 17 f., S. 249 ff.
307 Ebenda, Kap. XV, Abs. 12 ff, Abs. 16, S. 242 ff., 248.
308 Ebenda, Kap. XV, Abs. 18, S. 251.
309 Ebenda, Kap. XVIII, Abs. 13, S. 323 f.
310 Ebenda, Kap. XVIII, Abs. 13, S. 323 f.
311 Ebenda, Kap. XVIII, Abs. 13, S. 323 f.
312 *Peters,* Widerstandsrecht und humanitäre Intervention, 2005, S. 24.

se Konstellation in *Hobbes*‘ Widerstandslehre vorliegend keine weitergehende Betrachtung.

bb) Das Selbstverteidigungsrecht

Vielmehr wird die andere von *Hobbes* dargelegte Ausnahme von der Gehorsamspflicht eingehend erörtert: das „natürliche Selbstverteidigungsrecht“ – Kernstück seiner Widerstandslehre.[313]

(1) Begründung und Voraussetzungen des Selbstverteidigungsrechts

So schuldeten die Untertanen keinen Gehorsam mehr, wenn sie ihr Leben oder ihre Gesundheit gegen staatliche Angriffe verteidigen müssten.[314] *Hobbes* argumentiert wie bei der Begründung der Gehorsamspflicht, indem er sich zum einen auf den Zweck der Staatsgründung bezieht, zum anderen ein rechtliches Argument bemüht:

> „Das Vermeiden dieser Gefahren [des Todes, der Verletzung und der Gefangenschaft, Anm. d. Verf.] ist nämlich der einzige Zweck jeden Rechtsverzichts und deshalb überträgt das Versprechen, einer Gewalt keinen Widerstand zu leisten, in keinem Vertrag ein Recht, noch ist es verpflichtend.“[315]

Dass *Hobbes* sich hier zur Begründung einer Ausnahme auf dieselben Aspekte bezieht wie bei der Statuierung des Grundsatzes, erscheint auf den ersten Blick widersprüchlich. Im Folgenden wird aufgezeigt, dass die jeweiligen Argumente bezüglich des Selbstverteidigungsrechtes allerdings eine Ergänzung seines Gehorsamsgrundsatzes darstellen und keineswegs ein Paradoxon. Betrachtet wird hierfür zunächst *Hobbes*‘ Rekurs auf den Staatszweck.

Während der Staatszweck, der Schutz vor Gefahren für Leib und Leben, nur erreicht werden kann, wenn der Gehorsam der Bürger grundsätzlich absolut ist, wird anhand des oben genannten Zitates deutlich, dass Ge-

---

313 Vgl. *Hobbes,* Vom Bürger, 1966, Kap. II, Abs. 18, S. 94 f.; *ders.,* Leviathan, 1984, Kap. XIV, S. 101, 107, Kap. XXI, S. 168 f.; *Peters,* Widerstandsrecht und humanitäre Intervention, 2005, S. 24, 36.

314 *Hobbes,* Vom Bürger, 1966, Kap. II, Abs. 18, S. 94 f.; vgl. *ders.,* Leviathan, 1984, Kap. XIV, S. 101, 107, Kap. XXI, S. 168 f.

315 Ebenda, Kap. XIV, S. 107.

horsam ausnahmsweise dann nicht geschuldet ist, wenn das Verhalten des *Leviathan* auf das Gegenteil dieses Zwecks abzielt. Wenn sich nämlich der Bürger eines Angriffs auf Leib oder Leben seitens des Staats ausgesetzt sieht, greift der *Leviathan* im Einzelfall in genau die Güter des Einzelnen ein, zu dessen Schutz er ursprünglich mit seiner Macht ausgestattet wurde. Die Motivation und das Vertrauen[316], mit denen der Untertan an der Übertragung jeglicher Gewalt auf den Souverän mitgewirkt hat, werden hinfällig, wenn diese Gewalt nun gegen Leib oder Leben des Untertanen eingesetzt wird. Bei einem solchen Angriff wird die Legitimation des Staats im Hinblick auf den Einzelnen daher hinfällig. Da *Hobbes* seine politische Theorie mit der Legitimation der Existenz des *Leviathan* begründet, ist die Ausnahme vom Selbstverteidigungsrecht genauso Konsequenz seiner Prämissen wie der Grundsatz der Gehorsamspflicht: Beide dienen dem Vermeiden des Naturzustands, dem Schutz des Einzelnen.

Hobbes bemüht sich in „De Cive – Vom Bürger“ des Beispiels der Henkersknechte, um darzustellen, wie offensichtlich ein derartiger Knecht nicht mehr zu Gehorsam verpflichtet sein kann: Eine solche Knechtschaft sei für die Gefangenen …

> „[…] das deutlichste Zeichen, daß sie nicht als solche betrachtet werden, die durch einen Vertrag genügend verpflichtet sind, sich nicht zu widersetzen.“[317]

Hieran kann man erkennen, dass *Hobbes* auch diejenige Verteidigung zulässt, die sich aus einer Situation heraus ergibt, in welcher der *Leviathan* dem Untertanen zu Recht eine Strafe auferlegt hat.[318] Diese Konsequenz verwundert nicht, zumal der *Leviathan* niemals Unrecht begehen kann, wie zuvor festgestellt wurde.[319] Eine Strafe kann einem Bürger von ihm also nur rechtmäßig auferlegt worden sein. Diese Verteidigung kann in *Hobbes*‘ Konzeption somit ausschließlich gegen einen rechtmäßigen Akt des Souveräns notwendig sein.

Dennoch lässt *Hobbes* eine solche zu. Bei einem Angriff auf Leib und Leben[320] ist in *Hobbes*‘ Staat die Grenze der staatlichen Behandlungen er-

316 Vgl. *ders.,* Vom Bürger, 1966, Kap. II Abs. 18, S. 94 („Außerdem vertraut man dem, der sich durch Vertrag verpflichtet hat; denn die Treue ist das allein Bindende bei den Verträgen“).

317 Ebenda, Kap. II Abs. 18, S. 94 f.

318 Hierzu auch *ders.,* Leviathan, 1984, Kap. XXI, S. 168.

319 S. o., S. 72.

320 Zu den weiteren Fällen, in denen das Selbstverteidigungsrecht einschlägig sein kann, s. u., S. 84 f.

reicht, die keiner erdulden muss – unabhängig von vorherigen Geschehnissen. Er versucht, dieses Ergebnis auch rechtstheoretisch zu begründen, und unterscheidet in „De Cive – Vom Bürger" strikt zwischen zwei Arten vertraglicher Bindung:

> „Etwas anderes ist es, wenn ich so übereinkomme: Du sollst mich töten, wenn ich an dem bestimmten Tage es nicht geleistet habe; und wieder etwas anderes, wenn es so geschieht: Im Fall ich es nicht geleistet haben sollte, will ich dem, der mich tötet, keinen Widerstand leisten. In der ersten Art schließt jeder Verträge, wenn es nottut, und dies ist mitunter der Fall; auf die zweite Art geschieht es von niemand und ist auch nie nötig"[321].

Hobbes behauptet hier in sehr differenzierter Weise, dass sich grundsätzlich niemand dazu verpflichten würde, sich gegen einen zulässigen lebensbedrohlichen Angriff nicht zu verteidigen. Damit ist jedoch noch nicht überzeugend dargestellt, weshalb sich die Bürger im staatskonstituierenden Vertrag nicht ausnahmsweise derart allumfänglich verpflichtet haben könnten. Vielmehr sprechen der absolute Rechtsverzicht und die damit einhergehende Gehorsamsverpflichtung dafür, dass der staatskonstituierende Vertrag ein solcher sein könnte, indem auf jegliches Widerstandsrecht verzichtet wird. Später im Text des „De Cive"[322] und auch im „Leviathan"[323] wird *Hobbes*' Argument jedoch deutlicher. Dort führt er an, dass es unmöglich sei, sich dieses speziellen Widerstandsrechts vertraglich zu begeben. Eine vertragliche Verpflichtung, den eigenen Körper nicht gegen Angriffe zu verteidigen, sei immer nichtig.[324] Daher kann eine Verteidigung von Leib und Leben bei *Hobbes* niemals Unrecht sein –unabhängig davon, ob der Angriff hierauf rechtmäßig erfolgt.[325]

Hobbes verwendet bei der Statuierung der zweiten Ausnahme von der Gehorsamspflicht also wiederum das Argument der Indisponibilität.[326] Dass diese auch auf das Selbstverteidigungsrecht zutrifft, ergibt sich aus dem natürlichen Recht auf bzw. Streben nach Selbsterhaltung:

321 *Hobbes,* Vom Bürger, 1966, Kap. II, Abs. 18, S. 95; ähnlich Kap. VI, Abs. 13, S. 140.

322 Ebenda, Kap. II, Abs. 18, S. 95.

323 *Ders.,* Leviathan, 1984, Kap. XIV, S. 101, 107.

324 Ebenda, Kap. XXI, S. 168.

325 Vgl. ebenda, Kap. XV, S. 110.

326 Zur Ausnahme von der Gehorsamspflicht bei der Verletzung der göttlichen Gebote s. o., S. 79.

> „[...] Gegenstand der willentlichen Handlungen jedes Menschen ist ein Gut für ihn selbst. Und deshalb gibt es einige Rechte, die niemand durch Worte oder andere Zeichen aufgeben oder übertragen haben kann, da sich diese Auslegung verbietet. Erstens kann niemand das Recht aufgeben, denen Widerstand zu leisten, die ihn mit Gewalt angreifen, um ihm das Leben zu nehmen, da nicht angenommen werden kann, er strebe dadurch nach einem Gut für sich selbst."[327]

Die *Hobbes'sche* Prämisse des Strebens nach Selbsterhaltung macht die Übertragung des Selbstverteidigungsrechts auch deshalb unmöglich, da die Menschen sich andernfalls gezwungen sähen, „von zwei Übeln das Größere zu erdulden, nämlich den sicheren Tod und nicht den Kampf um sein Leben."[328] Die Indisponibilität betrifft hier nur das Selbstverteidigungsrecht an sich – nicht etwa das Recht auf Leben oder körperliche Unversehrtheit. Bei *Hobbes* hat der Staat im bürgerlichen Zustand das Recht über Leben und Tod inne.[329] Er differenziert hier also weiterhin[330] genau zwischen dem Gut an sich (beispielsweise „Leben") und der Verteidigung dieses Gutes. Wenngleich im Staat ausschließlich der *Leviathan* für Leben und Tod zuständig ist, bleibt den Untertanen ihr Verteidigungsrecht als vorstaatliches Recht erhalten.[331] *Peter Mayer-Tasch* nimmt an, dass die Ausübung des Verteidigungsrechts bei *Hobbes* nichts am Status des Untertanen oder seiner grundsätzlichen Gehorsamspflicht ändere; es überlagere diese Pflicht nur „[...] für die Dauer der Verteidigungssituation [...]"[332]. Insofern ist auch das Selbstverteidigungsrecht keine genuine Ausnahme von der Gehorsamspflicht, sondern bleibt neben ihr bestehen.[333] Das Selbstverteidigungsrecht stellt damit kein Widerstandsrecht im

---

327 *Hobbes,* Leviathan, 1984, Kap. XIV, S. 101.

328 *Ders.,* Vom Bürger, 1966, Kap II, Abs. 18; s. auch *ders.,* Leviathan, 1984, Kap. XIV, S. 107.

329 Vgl. *ders.,* Vom Bürger, 1966, Kap. II, Abs. 18, S. 95.

330 Vgl. hierzu die oben zitierte Textstelle aus „De Cive – Vom Bürger", S. 82, Fn. 321.

331 Vgl. *Mayer-Tasch,* Thomas Hobbes und das Widerstandsrecht, 1965, S. 87 und *Peters,* Widerstandsrecht und humanitäre Intervention, 2005, S. 24 ff., 32, 121, die meinen, dass der Rechtsverzicht im staatskonstituierenden Vertrag „unter dem Vorbehalt des Selbstverteidigungsrechts" erfolge.

332 *Mayer-Tasch,* Thomas Hobbes und das Widerstandsrecht, 1965, S. 94.

333 Man könnte mit Blick auf die absolutistische Staatskonzeption auch annehmen, dass dieses Recht für *Hobbes* in einer Verteidigungskonstellation wieder auflebt – etwa, weil durch den Angriff wieder der Naturzustand auflebte. Hierfür spricht die analoge Anwendung von *Hobbes*' Gedanken in *Hobbes,* Vom Bürger, 1966, Kap. II, Abs. 18, S. 95. Dort beschreibt er die Rückkehr zum Kriegszustand bei

umfassenden Sinne dar, sondern es legitimiert[334] nur den Ungehorsam, der um der Verteidigung willen erforderlich ist. *Kersting* nimmt an, das Selbstverteidigungsrecht „[...] ist weder eine Schwundstufe des Widerstandsrechts noch kann es als Grundlage expandierter widerstandsrechtlicher Befugnisse dienen.“[335]

Hobbes zählt nicht nur einen staatlichen Angriff auf Leib oder Leben zu den Voraussetzungen für das natürliche Selbstverteidigungsrecht, sondern auch die drohende Gefangenschaft.[336] Da das Selbstverteidigungsrecht eine Ausnahme in *Hobbes*‘ Staatstheorie ist, muss restriktiv davon ausgegangen werden, dass es erst dann zum Tragen kommt, wenn der staatliche Angriff auf eines der genannten Güter mit Sicherheit erfolgen wird oder bereits erfolgt.[337] Ebenso kann ein Untertan *Hobbes* zufolge in Ausübung dieses Rechts Widerstand leisten, wenn er den Befehl bekommt, sich oder einen anderen zu töten.[338] Die Kriegsdienstverweigerung sei hiervon also auch umfasst.[339] Die Konstellationen, in denen ein Befehlsverweigerungsrecht zum Tragen kommt, hingen allerdings nicht davon ab, ob es um „eine gefährliche oder entehrende Aufgabe“[340], gehe, sondern vielmehr davon, ob die Gehorsamsverweigerung den Staatszweck vereitele – wenn

---

drohender Beseitigung eines Staats durch einen anderen. Ferner kann man hierfür folgende Textstelle anführen, wonach der Souverän bei Versagen im Hinblick auf den Staatszweck aufhört, ein solcher zu sein: *ders.,* Leviathan, 1984, Kap. XXI, S. 171. Für das fortwährende Bestehen des Verteidigungsrechts spricht allerdings seine Indisponibilität. Letztlich gelangt man auf beiden argumentativen Wegen zum Bestehen des Selbstverteidigungsrechts im bürgerlichen Zustand.

334 Nicht im rechtlichen Sinne, sondern nach vorstaatlichen Maßstäben.

335 *Kersting,* Wohlgeordnete Freiheit, 2007, S. 378, Fn. 253.

336 *Hobbes,* Leviathan, 1984, Kap. XIV, 107.

337 *Schottky,* Untersuchungen zur Geschichte der staatsphilosophischen Vertragstheorie im 17. und 18. Jahrhundert, 1995 (1962), S. 36 zufolge muss es hierbei um die Verhütung des unmittelbaren und *sicheren* Todes gehen. Scheingefahren genügen daher nicht, um ein Selbstverteidigungsrecht zu begründen. Das Irrtumsrisiko liegt nach dieser Betrachtung auf Seiten der Untertanen (so im Ergebnis auch *Peters,* Widerstandsrecht und humanitäre Intervention, 2005, S. 27). Allerdings handelt es sich bei Konstellationen des *Hobbes'schen* Selbstverteidigungsrechts um derart gravierende Bedrohungen (wie das Beispiel der Henkersknechte zeigt, vgl. o., S. 81), dass Irrtümer in der Regel ohnehin ausgeschlossen sein dürften.

338 *Hobbes,* Leviathan, 1984, Kap. XXI, S. 169.

339 Ebenda, Kap. XXI, S. 169.

340 Ebenda, Kap. XXI, S. 169.

nicht, sei die Freiheit zur Verweigerung gegeben.[341] Hieraus ergibt sich, dass das *Hobbes'sche* „Widerstandsrecht" – wenn man es angesichts seiner Begrenzung auf die Fälle der individuellen Selbstverteidigung und seiner vorstaatlichen Natur überhaupt so nennen möchte –[342] nicht zur Durchsetzung politischer Ziele eingesetzt werden kann.[343] Vielmehr kann es einzig der Verfolgung des Staatszwecks dienen und muss auch mit einer entsprechenden Intention ausgeübt werden.

(2) Umfang des Selbstverteidigungsrechts

Hobbes trifft keine Aussagen darüber, welcher Mittel man sich in einem Selbstverteidigungsfalle bedienen darf.[344] Er verwendet lediglich die Formulierungen „Gehorsam verweigern" bzw. „Widerstand leisten".[345] Damit ist passiver Widerstand in jedem Fall vom Selbstverteidigungsrecht umfasst. Der Einzelne kann also jeglichen Gehorsam verweigern, sofern dies zur Verteidigung erforderlich ist. Fraglich ist, ob das Selbstverteidigungsrecht auch aktiven Widerstand zulässt. Da Letzteres aus dem natürlichen Selbsterhaltungstrieb abgeleitet wird, muss jegliche Form aktiven Widerstands erlaubt sein, der einer erforderlichen Verteidigungshandlung entspricht. Ansonsten würde das Selbstverteidigungsrecht insbesondere bei sicheren tödlichen Angriffen ins Leere laufen. Daher muss es den Einsatz aller zur Verteidigung geeigneten und erforderlichen Mittel abdecken.[346] Hierzu muss auch eine gezielte Tötung des (staatlichen) Angreifers zählen.[347] Dagegen könnte *Hobbes*' Annahme sprechen, dass im bürgerlichen Zustand keinem Menschen das Recht, einen anderen zu töten, eingeräumt werden könne.[348] Allerdings ist das natürliche Selbstverteidigungsrecht

341 Ebenda, Kap. XXI, S. 169. Eine Aufzählung von Befehlen, die verweigert werden dürfen, findet sich hier: Ebenda, Kap. XXI, S. 168 a. E.

342 Vgl. *Fetscher,* Einleitung, 1984, S. XXXII.

343 *Schottky,* Untersuchungen zur Geschichte der staatsphilosophischen Vertragstheorie im 17. und 18. Jahrhundert, 1995 (1962), S. 37; zustimmend *Peters,* Widerstandsrecht und humanitäre Intervention, 2005, S. 30.

344 Ebenda, S. 26.

345 S. nur *Hobbes,* Leviathan, 1984, Kap. XXI, S. 168.

346 *Mayer-Tasch,* Thomas Hobbes und das Widerstandsrecht, 1965, S. 96; zustimmend *Peters,* Widerstandsrecht und humanitäre Intervention, 2005, S. 27.

347 Ebenda, S. 27.

348 *Hobbes,* Vom Bürger, 1966, Kap II, Abs. 18.

kein „Recht" im *Hobbes'schen* Sinne, sondern Frucht des natürlichen, vorstaatlichen Selbsterhaltungsstrebens.

Unklar bleibt, ob auch Dritte, die nicht unmittelbar am Angriff beteiligt sind, der Verteidigung aber im Wege stehen, verletzt bzw. gar getötet werden können.[349] Hierfür spricht die Notwendigkeit einer effektiven Verteidigung im Einzelfall. Ließe man dies zu, wäre zweifelhaft, wie es sich wiederum mit der Verteidigung ebendiesen Drittens verhielte, da er durch die Verteidigungshandlung des zuerst Bedrohten seinerseits einen Angriff erlitt. Es ist davon auszugehen, dass in diesem privaten Verteidigungsfall dann wiederum ein privates Selbstverteidigungsrecht des Dritten bestünde. Dies ergibt sich aus dem Stellenwert, den *Hobbes* auch dem privaten Selbstverteidigungsrecht beimisst. Er hält es schließlich für einen Fall des Selbstverteidigungsrechtes gegenüber dem Souverän, wenn dieser den Befehl erteilt, gegen einen privaten Angreifer keinen Widerstand zu leisten.[350] Wenn ein Dritter im Rahmen der Ausübung der Selbstverteidigung gegen den Staat zur Zielscheibe einer Verteidigungshandlung würde, wäre damit allerdings das Risiko einer Verkettung von Verteidigungssituationen und damit die Gefahr von Unfrieden gegeben. Dies spricht in der *Hobbes'schen* Konzeption gegen die Zulässigkeit von Verteidigungshandlungen gegenüber Dritten. Gleichwohl kann gerade aus der soeben genannten Annahme *Hobbes',* die staatliche Verwehrung von Verteidigung gegen private Dritte sei ein Verteidigungsfall gegen den Staat, geschlossen werden, wie bedeutsam das natürliche Selbstverteidigungsrecht ist und dass Staat und Private gleichermaßen Adressat von Verteidigungsmaßnahmen sein können, soweit diese erforderlich sind. Die Gefahr von Unfrieden, die diesem Recht innewohnt, ist vor dem Hintergrund hinzunehmen, dass es ein vorstaatliches Recht ist, das dem anarchischen Naturzustand insofern näher steht als der sicherheitsstiftenden Welt des *Leviathan.*

Hobbes statuiert eine zeitlich auflösende Bedingung des Selbstverteidigungsrechts: das Ende der Erforderlichkeit der Verteidigung, also das Ende des Angriffs. Das Verteidigungsrecht erlösche daher mit dem Angebot auf Gnade.[351] Zur präventiven Verteidigung nimmt er nicht Stellung. Vor dem Hintergrund des Stellenwertes der Selbsterhaltung und -verteidigung in *Hobbes*' Philosophie, überzeugt diesbezüglich die Ansicht *Mayer-*

349 Diese Frage wird aufgeworfen von *Peters,* Widerstandsrecht und humanitäre Intervention, 2005, S. 27.

350 Vgl. *Hobbes,* Leviathan, 1984, Kap. XXI, S. 168.

351 Ebenda, Kap. XXI, S. 170.

Taschs, nach der eine erforderliche präventive Verteidigung zur effektiven Abwehr von Angriffen auf Leib oder Leben von *Hobbes*' Selbstverteidigungsrecht umfasst sein muss.[352]

Noch weniger geklärt ist die Frage, ob das Selbstverteidigungsrecht als Widerstandsrecht bei *Hobbes* auch kollektiv ausgeübt werden kann.[353] Konzipiert ist es zunächst als Individualwiderstandsrecht.[354] So verwehrt *Hobbes* sogar die Verteidigung zugunsten des Angegriffenen durch einen Dritten (eine Konstellation, die man nach dem gegenwärtigen Rechtsverständnis als Nothilfe bezeichnen würde).[355] Darüber hinaus spricht bereits die Tatsache, dass *Hobbes* ein erbitterter Gegner von Aufruhr und Bürgerkrieg war, dagegen, dass ein Widerstandsrecht in seiner Konzeption kollektiv ausgeübt werden kann; schließlich geht organisierter Widerstand von Bevölkerungsgruppen immer mit der Gefahr von Aufruhr einher.[356] Dennoch findet sich eine Textpassage im „Leviathan", die *Mayer-Tasch*[357] dazu veranlasst hat, *Hobbes*' politischer Philosophie ein kollektives Widerstandsrecht der Bürger zuzuschreiben:

> „Aber gesetzt den Fall, eine große Anzahl von Menschen hätte schon unrechtmäßig der souveränen Gewalt Widerstand geleistet oder ein Kapitalverbrechen begangen, für das jeder von ihnen die Todesstrafe zu erwarten hat: Haben diese Menschen nicht die Freiheit, sich zusammenzuschließen und sich gegenseitig beizustehen und zu verteidigen? Sicherlich – denn sie verteidigen ihr Leben, was der Schuldige ebensogut tun darf wie der Unschuldige. In ihrer ersten Pflichtverletzung lag in der Tat eine Ungerechtigkeit. Daß sie daraufhin zu den Waffen griffen, ist keine neue ungerechte Handlung, selbst wenn es geschieht, um den Erfolg ihrer Tat zu verteidigen."[358]

Der Beistand, den *Hobbes* hier erwähnt, kann dem Wortlaut nach als kollektive Ausübung des Verteidigungsrechts interpretiert werden. Allerdings sprechen gewichtige Gründe gegen ein kollektives Verteidigungsrecht bei *Hobbes;* vor allem seine ablehnende Haltung gegenüber jeglichem politi-

---

352 *Mayer-Tasch,* Thomas Hobbes und das Widerstandsrecht, 1965, S. 96 f.; dem zustimmend *Peters,* Widerstandsrecht und humanitäre Intervention, 2005, S. 27.

353 Zum Meinungsstand s. ebenda, S. 27 ff.

354 Ausschließlich ein Individualrecht annehmend *Adam,* Despotie der Vernunft?, 1999, S. 196 f., vgl. auch S. 61 f.; *Schröder,* Naturrecht und absolutistisches Staatsrecht, 2001, S. 122; *Daase,* APuZ 2014 (Heft 27), S. 3–9, 5.

355 Vgl. *Hobbes,* Leviathan, 1984, Kap. XXI, S. 169 a. E.

356 Vgl. *Peters,* Widerstandsrecht und humanitäre Intervention, 2005, S. 28 ff.; *Llanque,* Geschichte der politischen Ideen, 2012, S. 52.

357 *Mayer-Tasch,* Thomas Hobbes und das Widerstandsrecht, 1965, S. 98 f.

358 *Hobbes,* Leviathan, 1984, Kap. XXI, S. 169 f.

schem Widerstand.[359] Wenn das Verteidigungsrecht kollektiv ausgeübt wird und nicht in einer individuellen Angriffssituation, birgt das stets die Gefahr, dass neben dem Verteidigungszweck politische Ziele verfolgt werden.[360] Der Ausnahmecharakter des Selbstverteidigungsrechts und die Gesamtintention von *Hobbes*' politischer Philosophie[361] lassen daher – wenn überhaupt – nur die sehr restriktive Annahme eines kollektiven Widerstandsrechts zu.[362] Mit Blick darauf, dass ein Individualverteidigungsrecht in seiner Ausübung eine erheblich weniger einschneidende Wirkung hat als ein kollektives Verteidigungsrecht, kann Letzteres nur angenommen werden, wenn eine Bevölkerungsgruppe einer kollektiven staatlichen Bedrohung ausgesetzt ist, die im Hinblick auf die Gruppe als Gesamtheit ungefähr von derselben Intensität ist, wie sie *Hobbes* für das individuelle Selbstverteidigungsrecht vor Augen hat. Es kann also nur bei der konkreten und gegenwärtigen Gefährdung von Leib oder Leben aller Mitglieder des Kollektivs angenommen werden.[363] Mit der Verwendung des Begriffs „beizustehen"[364] hat *Hobbes* somit gemeint, dass Beistand in Form eines kollektiven Zusammenschlusses aller Bedrohten zur Erhöhung der Verteidigungserfolgschancen für die einzelnen Angegriffenen geleistet werden kann. Die insofern restriktive kollektive Ausübung des Verteidigungsrechts bedeutet mithin in einer mannigfachen Angriffskonstellation eine Erhöhung der Effektivität der individuellen Selbstverteidigung der einzelnen Angegriffenen und ist eine Fortführung von *Hobbes*' Selbsterhaltungsprinzip.

---

359 *Peters,* Widerstandsrecht und humanitäre Intervention, 2005, S. 29.

360 *Schottky,* Untersuchungen zur Geschichte der staatsphilosophischen Vertragstheorie im 17. und 18. Jahrhundert, 1995 (1962), S. 37; *Peters,* Widerstandsrecht und humanitäre Intervention, 2005, S. 30.

361 Diese räumt auch *Mayer-Tasch* als Gegenargument seiner Interpretation ein, wobei er davon ausgeht, dass der politische Widerstand, der kollektiv ausgeübt werde, ein von *Hobbes* nicht bemerktes Trojanisches Pferd in seiner Theorie sei (*Mayer-Tasch,* Thomas Hobbes und das Widerstandsrecht, 1965, S. 102).

362 *Peters,* Widerstandsrecht und humanitäre Intervention, 2005, S. 28 f.

363 Ebenda, S. 29.

364 *Hobbes,* Leviathan, 1984, Kap. XXI, S. 169 f.

cc) Gehorsamsverweigerung bei unsittlichen Befehlen

Hobbes nimmt in einem argumentum a fortiori zur Begründung des Selbstverteidigungsrechts im Staat an, dass der Gehorsam darüber hinaus auch verweigert werden könne, wenn der Untertan einen staatlichen Befehl erhielte, der für ihn „[…] härter ist als de[r] Tod“[365] sei. Als Beispiel benennt *Hobbes* den Befehl an einen Untertanen, dessen eigenen Vater zu töten.[366] *Hobbes* spricht hier von unsittlichen Befehlen.[367] Er statuiert ein Befehlsverweigerungsrecht, das keineswegs ein Recht im *Hobbes'schen* Sinne ist: Recht kann in seiner Konzeption nur durch den *Leviathan* erlassen werden. Es handelt sich – wie beim Selbstverteidigungsrecht – um ein „natürliche[s] Gesetz“[368]. Daher behielte der Souverän das Recht, den Ungehorsamen zu töten.[369] Letzterer lege sein Schicksal mit der Gehorsamsverweigerung in die Hände Gottes, weshalb die absolute Autorität des *Leviathan* hierdurch nicht angetastet werde – zumal er seinen Befehl an einen anderen Untertanen herantragen könne, für den er sich nicht als unsittlich erweisen mag.[370]

c) Widerstand außerhalb des Hobbes'schen Staates

Hobbes erkennt, dass der *Leviathan*, selbst wenn er als ewiger Herrscher eingesetzt wurde, seine Existenzberechtigung durch die Art seiner Herrschaftsausübung irgendwann in Gänze verlieren könnte.[371] Diese Konstellation geht deutlich über diejenige des natürlichen Selbstverteidigungsrechtes hinaus, in welcher der *Leviathan* durch einen Angriff auf den Einzelnen – temporär – nur diesem gegenüber seine Legitimation verliert.[372] So sei es möglich, dass der *Leviathan* aufgrund äußerer Umstände irgendwann nicht mehr in der Lage sein könnte, ein Mindestmaß an Sicherheit

365 *Ders.*, Vom Bürger, 1966, Kap VI, Abs. 13, S. 140.
366 Ebenda, Kap VI, Abs. 13, S. 140.
367 Ebenda, Kap VI, Abs. 13, S. 140.
368 *Ders.*, Leviathan, 1984, Kap. XIV, S. 99.
369 *Ders.*, Vom Bürger, 1966, Kap VI, Abs. 13, S. 140.
370 Ebenda, Kap VI, Abs. 13, S. 140.
371 Vgl. *ders.*, Leviathan, 1984, Kap. XXI, S. 171.
372 S. o., S. 80.

zu garantieren, und somit aufhöre, Souverän zu sein.[373] Wenn der *Leviathan* diesen Staatszweck nicht mehr erfüllen kann, besteht der staatliche Zustand nicht mehr. Die Welt des *Leviathan* wird damit verlassen, weshalb diese Konstellation außerhalb der eigentlichen *Hobbes'schen* Staatskonzeption steht. Der Naturzustand tritt (wieder) ein.

Dabei handelt es sich um eine Umbruchphase, in der die Einrichtungen der ehemals staatlichen Ordnung zunächst als Artefakte weiterbestehen. Das staatliche Gewaltmonopol existiert jedoch nicht mehr, da der Rechtsverzicht der Einzelnen mit dem Wegfall von Schutz und Sicherheit hinfällig geworden ist. Damit endet jegliche Gehorsamspflicht gegenüber dem Staat. Den Befehlen, die in dieser Umbruchphase noch von den ehemals staatlichen Instanzen ausgehen, kann laut *Hobbes* uneingeschränkt Widerstand geleistet werden.[374] Hierzu zählen auch Maßnahmen des aktiven Widerstands, also auch der Selbstverteidigung gegen Angriffe jedweder Art.[375] Der Mensch ist nun wieder allein für seine eigene Sicherheit verantwortlich. Dieser Verantwortung hat er sich auch vorher nicht in Gänze begeben: „Denn das natürliche Recht der Menschen, sich selbst zu schützen, wenn niemand anderes dazu in der Lage ist, kann durch keinen Vertrag aufgegeben werden."[376]

Das Widerstandsrecht in dieser Konstellation entspringt also – wie das Selbstverteidigungsrecht gegenüber dem *Leviathan*, der (noch) nicht versagt hat – dem natürlichen Recht auf Selbsterhaltung. Dem Versagen des *Leviathan* kommt der unrechtmäßige Herrschaftswechsel gleich, bei dem ein neuer Herrscher auf gewaltsame oder sonst illegitime Weise die Herr-

373 *Hobbes,* Leviathan, 1984, Kap. XXI, S. 171; *Fetscher,* Einleitung, 1984, S. XX-XII; vgl. *Schmitt,* Leviathan, 1982, S. 113; *Neumann,* Grenzen des berechtigten Ungehorsams, 1967, S. 201; *Mayer-Tasch,* Thomas Hobbes und das Widerstandsrecht, 1965, S. 103 ff.; *Schottky,* Untersuchungen zur Geschichte der staatsphilosophischen Vertragstheorie im 17. und 18. Jahrhundert, 1995 (1962), S. 37; *Peters,* Widerstandsrecht und humanitäre Intervention, 2005, S. 32, 35; *Sommermann,* in: v. Mangoldt/Klein/Starck, GG, Bd. 2, 2010, Art. 20 Rn. 337.

374 *Hobbes,* Leviathan, 1984, Kap. XXI, S. 171; *Fetscher,* Einleitung, 1984, S. XX-XII; vgl. *Schmitt,* Leviathan, 1982, S. 113; *Neumann,* Grenzen des berechtigten Ungehorsams, 1967, S. 201; *Mayer-Tasch,* Thomas Hobbes und das Widerstandsrecht, 1965, S. 105; *Schottky,* Untersuchungen zur Geschichte der staatsphilosophischen Vertragstheorie im 17. und 18. Jahrhundert, 1995 (1962), S. 37; *Peters,* Widerstandsrecht und humanitäre Intervention, 2005, S. 32, 35; *Sommermann,* in: v. Mangoldt/Klein/Starck, GG, Bd. 2, 2010, Art. 20 Rn. 337.

375 *Mayer-Tasch,* Thomas Hobbes und das Widerstandsrecht, 1965, S. 105.

376 *Hobbes,* Leviathan, 1984, Kap. XXI, S. 171.

schaftsmacht erlangt hat.[377] Ein solcher neuer Herrscher hat mangels Verleihung der Autorität durch das Volk ebenso wenig Anspruch auf Gehorsam wie ein gescheiterter *Leviathan*. Diejenigen Bürger, die sich ihm nicht unterworfen haben, können ihm gegenüber jederzeit Widerstand leisten.[378]

4. Zusammenfassende Bemerkungen

a) Zusammenfassung von Hobbes' Staats- und Widerstandslehre

Hobbes sieht den Sinn und Zweck des Staats bzw. der Übertragung von Souveränität auf den Souverän darin, den Naturzustand und damit die Unsicherheit, die darin herrscht, zu beseitigen. *Henning Ottmann* bezeichnet den *Hobbes'schen* Staat, den *Leviathan*, als den Zähmer der „Wölfe"[379] (der Menschen) des Naturzustands. Ihrem „Bändiger" müssen die Staatsbürger grundsätzlich vollumfänglich gehorchen. In dieser Konzeption endet die Pflicht der Staatsbürger zum Rechtsgehorsam allerdings in dem Moment, in dem der Souverän nicht mehr in der Lage ist, ein Mindestmaß an Sicherheit zu garantieren. Diese Sicherheit stellt schließlich den Gewinn gegenüber dem Naturzustand dar. Daher besteht die Gehorsamspflicht nicht, wenn der Bürger sich einem staatlichen Angriff auf Leib oder Leben ausgesetzt sieht. In diesem Fall ist der Bürger Träger seines vorstaatlichen Rechts auf Selbstverteidigung, das im Einzelfall als erforderliches Verteidigungsmittel sowohl passiven als auch aktiven Widerstand zulässt.

Auch wenn *Hobbes'* Menschenbild in seiner Rezeption mitunter als „düster"[380] bezeichnet und sein *Leviathan* zuweilen als eine Art allmächti-

377 Vgl. ebenda, Kap. XXI, S. 171 f.; *Mayer-Tasch,* Thomas Hobbes und das Widerstandsrecht, 1965, S. 85; vgl. auch *Peters,* Widerstandsrecht und humanitäre Intervention, 2005, S. 33 ff.

378 Vgl. *Hobbes,* Leviathan, 1984, Kap. XXI, S. 171 f.

379 *Ottmann,* in: Höffe (Hrsg.), Der Mensch - ein politisches Tier?, 1992, S. 68–91, 83.

380 *Nida-Rümelin,* in: Höffe/Kersting (Hrsg.), Thomas Hobbes, Leviathan oder Stoff, Form und Gewalt eines kirchlichen und bürgerlichen Staates, 2008, S. 89–106, 89; vgl. *Fetscher,* Einleitung, 1984, S. XXII, der den Vorwurf des bösen und wolfsähnlichen Menschenbildes aufgreift.

ges Monster des Absolutismus dargestellt wird,[381] ist *Hobbes*' Konzeption für das gegenwärtige demokratische Verständnis des Abendlandes, wie eingangs erwähnt, nicht minder bedeutsam. *Kersting* formuliert: „Die von ihm ausgearbeitete individualistische vertragstheoretische Staatsrechtfertigung gehört zu den wirkungsmächtigsten Lehrstücken der Geschichte des politischen Denkens."[382]

Hobbes' Absolutismus ist keineswegs Selbstzweck und dient auch nicht der Legitimation der Position jedwedes machthungrigen Monarchen. Vielmehr ist *Hobbes*' absolutistische Position Konsequenz logischer Ableitungen seiner – wenn auch konsequentialistischen – Prämissen. In seiner Methodik wird *Hobbes*' Eifer für die mathematische Beweisführung deutlich: Seine Argumentation ist meist schlüssig und nachvollziehbar, wenngleich viele seiner Annahmen zweifelhaft sind, z. B. das Konstrukt der ewig andauernden Verkörperung aller Einzelwillen im *Leviathan*.[383] Eine andere Ansicht vertritt *Adam*. Er wirft *Hobbes* vor, juristische Argumente, wie die Rechtsfigur des Vertrags zugunsten eines Drittens, als Vorwand zur Ablehnung jeden Widerstandsrechts zu benutzen und mit seiner Lehre lediglich Macht- und Nützlichkeitsaspekte zu verfolgen.[384] Gewiss ist es fragwürdig, die rechtliche Autorisierung des *Leviathan* durch die Menschen zur Begründung ihrer eigenen rechtlichen Einschränkungen heranzuziehen. Allerdings muss das Konzept der Rechtsaufgabe zur Staatsgründung nicht per se Machtansprüchen dienen, sondern kann auch schlicht für die Bildung einer rechtlichen Gemeinschaft bemüht werden – um der Menschen in dieser Gemeinschaft willen. *Hobbes*' Ergebnisse sind logisch, vermögen im Hinblick auf die politische Realität aber nicht zu überzeugend. Anhand des Konzepts der Autonomieübertragung an den Souverän zeigt sich außerdem, dass *Hobbes* demokratischem Gedankengut gegenüber keineswegs abgeneigt war. Er war es schließlich, der hiermit erstma-

---

381 *Kersting,* in: Höffe/Kersting (Hrsg.), Thomas Hobbes, Leviathan oder Stoff, Form und Gewalt eines kirchlichen und bürgerlichen Staates, 2008, S. 173–191, 186 spricht von „furchteinflößend". So ist es für *Delfos,* in: Kaufmann/Backmann (Hrsg.), Widerstandsrecht, 1972, S. 59–86, 66, „[…] bezeichnend, daß *Hobbes* diesen monströsen Staat und seinen willkürherrschaftlichen Fürsten mit dem Namen des biblischen Ungeheuers ‚Leviathan' benennt."

382 *Kersting,* in: Höffe/Kersting (Hrsg.), Thomas Hobbes, Leviathan oder Stoff, Form und Gewalt eines kirchlichen und bürgerlichen Staates, 2008, S. 9–24, 21.

383 Zu weiterer Kritik s. nur *ders.,* Thomas Hobbes zur Einführung, 1992, S. 174 ff.

384 Vgl. *Adam,* Despotie der Vernunft?, 1999, S. 206 mit Hinweis auf *Ottmann,* in: Höffe (Hrsg.), Der Mensch - ein politisches Tier?, 1992, S. 68–91, 83.

lig das Interesse des Individuums in den Fokus der politischen Philosophie rückte.

b) Anwendbarkeit auf ein völkerrechtliches Widerstandsrecht

Bis heute kaum noch von *Hobbes*' politischer Philosophie in Erinnerung geblieben ist seine pazifistische Leidenschaft, die ihn mitunter bei der Schaffung seines *Leviathan* antrieb – allen voran seine aufklärerische Überzeugung, dass Frieden lehrbar ist.[385] Von einem *Hobbes*, der selbst jegliches Völkerrecht negiert hat,[386] kann man für den Weg der völkerrechtlichen Etablierung von Frieden und Menschenrechten also möglicherweise mehr adaptieren als im Vorwege vermutet. In *Hobbes*' Widerstandslehre findet sich eine Vielzahl interessanter Aspekte, die im Rahmen einer völkerrechtlichen Widerstandslehre bedeutsam sein könnten.

aa) Natur des Widerstandsrechts bei Hobbes

Wie oben erwähnt, ist zunächst bemerkenswert, dass es in *Hobbes*' politischer Philosophie keine wirkliche Widerstandslehre gibt. Die Ausnahmen, in denen *Hobbes* überhaupt Widerstand gegen die Staatsgewalt zulässt, sind zum einen stark begrenzt. Zum anderen spricht er den Bürgern selbst in diesen Fällen kein Recht zum Widerstand zu.[387] Sein Widerstandsrecht ist ein vorstaatlich geltendes, „natürliches Gesetz"[388], dessen Ausübung im Staat jedoch nicht zu einer rechtlichen Legitimation der Verteidigungshandlung führt. Daher kann der *Leviathan* den Widerspenstigen beispielsweise für die Tat der Verteidigung eine Strafe auferlegen.

Handelt es sich hierbei um die Todesstrafe, so kann der Betroffene seinem Henker gegenüber konsequenterweise wiederum Widerstand leisten. *Hobbes* lässt das Selbstverteidigungsrecht also nicht etwa mit dem Argument der Provokation entfallen, wie es z. B. im gegenwärtigen innerstaat-

385 *Kersting,* in: Höffe/Kersting (Hrsg.), Thomas Hobbes, Leviathan oder Stoff, Form und Gewalt eines kirchlichen und bürgerlichen Staates, 2008, S. 9–24, 17.

386 So befinden sich die Staaten untereinander laut *Hobbes* in einem Natur- und nicht im Rechtszustand (s. o., S. 63, Fn. 179).

387 Vgl. *Fetscher,* Einleitung, 1984, S. XXXII.

388 *Hobbes,* Leviathan, 1984, Kap. XIV f.

lichen Strafrecht bei der Notwehr diskutiert wird.[389] Dies ist vor dem Hintergrund seiner positivistischen Definition des staatlichen Rechts überzeugend: Würde das Verteidigungsrecht immer ausscheiden, wenn man durch vorheriges rechtswidriges Handeln selbst Verursacher der Lage war, in der eine Verteidigung notwendig wird, könnte ein Widerstandsrecht in totalitären Unrechtsregimen ins Leere laufen. *Hobbes* hatte solche Konstellationen sicherlich nicht vor Augen bzw. würde hier eher davon sprechen, dass der Staat versagt hat und der Naturzustand daher wieder vollständig auflebt. Das Ergebnis seiner Lehre lautet aber, dass die Gesetze des Staats keinen Maßstab dafür darstellen können, ob ein Widerstandsrecht zum Tragen kommt. Dieser erstaunlicherweise naturrechtliche Gedanke ist in hohem Maße einleuchtend und nicht minder bedeutsam.

Wie in Unrechtsregimen muss der Verteidigende auch bei *Hobbes* stets mit einer Bestrafung seiner Verteidigung rechnen. Ein Untertan, der von seinem natürlichen Recht auf Selbstverteidigung Gebrauch macht, lebt also fortan mit dem Damoklesschwert der möglichen Bestrafung. Dass das Leisten von Widerstand bei *Hobbes* immer neues Unrecht darstellen kann, stellt eine langfristige Gefahr für den Rechtsfrieden dar und überzeugt daher nicht. Im Hinblick hierauf dürfen an die Ausübung des zu erwägenden völkerrechtlichen Widerstandsrechts keine rechtlichen Nachteile geknüpft werden. Ein Widerstandsrecht droht andernfalls nicht nur, ins Leere zu laufen, sondern eine Lösung jenseits des Rechts führt zu Willkür, Missbrauch und Unfrieden. Eine innerstaatliche Strafvorschrift würde hier durch das Völkerrecht überlagert. Ein Widerstandsrecht muss daher rechtfertigende (legalisierende und legitimierende) Wirkung haben.

Schwierig erscheint zudem die Übertragung des *Hobbes'schen* Rechtscharakters als rein individuelles Selbstverteidigungsrecht. Das völkerrechtliche Widerstandsrecht kann Ausfluss des Selbstverteidigungsgedankens sein und (auch) individuell gelten. Führt man sich vor Augen, dass *Hobbes* dieses Recht insbesondere für Fälle der Gefangenschaft oder anderer, rein individueller Bedrohungen vorsieht, so ist das nicht der Bereich, auf dessen Regelung das völkerrechtliche Widerstandsrecht abzielen sollte. Gewiss wird z. B. auch bei einer Freiheitsstrafe in ein Menschenrecht (Art. 3 AEMR, Art. 9 Abs. 1 IPbpR) des Individuums eingegriffen, jedoch können derartige Eingriffe im Einzelfall gerechtfertigt sein. Eingriffe in Menschenrechte des Individuums reichen also keineswegs zur

389 Hierzu statt vieler *Roxin,* Strafrecht Allgemeiner Teil, Bd. I, 2006, § 15 Rn. 65 ff.

Beanspruchung eines völkerrechtlichen Widerstandsrechts aus. Sind die staatlichen Eingriffe nicht gerechtfertigt, kann das Individuum zur Verteidigung im Einzelfall zudem das Rechtsinstitut der Notwehr bemühen. Ein völkerrechtliches Widerstandsrecht muss darüber hinausgehen.[390]

bb) Selbsterhaltungsgedanke

Zunächst gilt es zu beachten, dass jedes Widerstandsrecht bei *Hobbes* auf das Prinzip der menschlichen Selbsterhaltung zurückzuführen ist. Fundament eines völkerrechtlichen Widerstandsrechts kann nur die Orientierung an menschenrechtlichen Standards sein – das Widerstandsrecht wird schließlich als Durchsetzungsinstrument für die Menschenrechte erwogen. Während dem Prinzip der Selbsterhaltung begrifflich zunächst der negative Unterton eines zügellosen egoistischen Strebens innewohnt und die Frage der Durchsetzung von Menschenrechten unter anderem zumindest den positiven Aspekt des altruistischen Einsatzes für die Belange unterdrückter, hilfsbedürftiger Menschen impliziert, sind diese beiden Ansätze bei näherer Betrachtung keineswegs grundverschieden. Hinter dem fundamentalen Menschenrecht auf Leben, Freiheit und Sicherheit der Person, das in Art. 3 AEMR oder Art. 6 Abs. 1 IPbpR statuiert ist, verbirgt sich letztlich auch ein Recht auf Selbsterhaltung des Einzelnen. Damit ist nicht ein egoistisches Streben um jeden Preis, kein Recht auf alles und jeden, wie es in *Hobbes*' Naturzustand herrscht, gemeint. Fragt man nach der Ratio des unantastbaren Lebensschutzes im Menschenrechtsregime, gelangt man schnell zu fundamentalen Prinzipien wie Menschenwürde, menschliche Vernunft und Gleichheit der Menschen. Das Menschenrecht auf Leben ist als Ausfluss einer liberalen Menschenrechtstheorie als Abwehrrecht konzipiert. Letztlich ergibt sich daraus, dass jeder Mensch kraft seines natürlichen Menschseins ein Recht auf den Erhalt seines eigenen Lebens hat. Insofern kommt der Gedanke der Selbsterhaltung hier ebenso zum Tragen wie in *Hobbes*' Grundannahmen. Das Menschenrecht ist ebenso am Individuum ausgerichtet wie das *Hobbes'sche* Selbstverteidigungsrecht. Auch bei *Hobbes* ist das Selbstverteidigungsrecht ein Abwehrrecht und gerade nicht das Recht auf alles und jeden aus seinem Naturzustand. Insofern legitimiert Ersteres keinen Egoismus um jeden Preis,

390 Vgl. *Razmetaeva,* Jurisprudence 2014, S. 758–784, 771.

sondern unterbreitet seinem Träger ein rechtliches Mittel zur Überwindung einer bedrohlichen Situation, die jemand anderes verursacht hat.

Auch das völkerrechtliche Gewaltverbot und das Streben nach internationalem Frieden dienen der menschlichen Selbsterhaltung und Freiheitsentfaltung. Während das Gewaltverbot und die Menschenrechte moderne Mittel zur Erreichung von Frieden sind, war es bei *Hobbes* noch der absolute Staat. Hierin zeigt sich die Entwicklung, die die politische Philosophie seit *Hobbes* durchlaufen hat. *Kersting* befindet hierzu wie folgt:

> „Die Geschichte des modernen Staates ist die Geschichte der Zähmung des Leviathans – durch Menschenrechte und Vernunftrecht, durch Gesetzesstaatlichkeit, Rechtsstaatlichkeit und Verfassungsstaatlichkeit, durch Gewaltenteilung und Demokratie.“[391]

In *Hobbes*‘ Vorstellung haben die Individuen das Selbstverteidigungsrecht als letztes Mittel zur eigenhändigen Zähmung des *Leviathan* inne. Dass ein hieran angelehntes Recht heute in keiner Menschenrechtserklärung – ob mit konstitutiver oder deklaratorischer Wirkung – ausdrücklich erwähnt wird, ist daher verwunderlich. Wenn man sich *Hobbes*‘ Beispiel der Henkersknechte[392] nochmals vor Augen führt, mag dieses auf den ersten Blick sonderbar anmuten, weil es begrifflich aus einem anderen Zeitalter stammt. Die staatlichen Henker existieren allerdings heute noch. Man fand sie im letzten Jahrhundert beispielsweise unter den Nationalsozialisten des Dritten Reiches, und es gibt sie auch gegenwärtig in zahlreichen Staaten, auch demokratischen wie den USA. Der Selbsterhaltungsgedanke, der im Recht auf Leben wiederzufinden ist, legt nahe, dass den heutzutage Geknechteten eine Verteidigung erlaubt sein muss.

Wenn man sich *Hobbes*‘ weitere Ausnahme von der Gehorsamspflicht anschaut – das Widerstandsrecht bei unsittlichen Befehlen –, mag dies heutzutage auf den ersten Blick antiquiert erscheinen. Es stellt sich die Frage, inwieweit das Recht auf Befehlsverweigerung und aktiven Widerstand analog in Situationen zum Tragen kommen muss, in denen Menschen eine staatliche Behandlung erdulden müssen, die nicht menschenwürdig ist. Statt der Unsittlichkeit könnte die Menschenwürde also einen modernen Maßstab darstellen.

---

391 *Kersting,* in: Höffe/Kersting (Hrsg.), Thomas Hobbes, Leviathan oder Stoff, Form und Gewalt eines kirchlichen und bürgerlichen Staates, 2008, S. 9–24, 23.

392 *Hobbes,* Vom Bürger, 1966, Kap. II, Abs. 18, S. 94 f.

Fraglich ist ebenso, ob ein völkerrechtliches Widerstandsrecht einschlägig sein kann, wenn der Staat seinen Staatszweck bzw. seine Schutzpflicht nicht mehr erfüllen kann – wenn der Staat also beispielsweise nicht mehr in der Lage ist, nicht-staatliche Gruppen zu bekämpfen, die gegen Leib und Leben von Teilen der Bevölkerung vorgehen. Mit Blick auf die letzte Konstellation, in der *Hobbes* ein Widerstandsrecht annimmt, kann man zudem fragen, ob ein völkerrechtliches Widerstandsrecht zum Tragen kommen könnte, wenn es etwa nach den Maßgaben der innerstaatlichen Verfassung oder z. B. nach fundamentalen demokratischen Grundsätzen zu einem illegitimen Herrscherwechsel gekommen ist.

cc) Ausnahmecharakter des Selbstverteidigungsrechts

Hobbes‘ starke Beschränkung jeglichen Widerstandsrechts auf Fälle, in denen sich ein Einzelner in seiner Existenz bedroht sieht, scheint auf den ersten Blick sehr streng. Es wird zu erwägen sein, ob ein völkerrechtliches Widerstandsrecht auch derart begrenzt sein sollte. Zu beachten ist, dass die *Hobbes'sche* Ansicht deshalb besonders streng anmutet, weil er die Pflicht zum Rechtsgehorsam ansonsten für absolut erachtet. Er lässt also unterhalb der Angriffsschwelle keinerlei zivilen Ungehorsam zu. Dies könnte in der weiteren völkerrechtlichen Diskussion anders bewertet werden.

Die Ausübung eines gewaltsamen völkerrechtlichen Widerstandsrechts muss jedenfalls auf bestimmte Ausnahmekonstellationen beschränkt sein. Bei der Anwendung gewaltsamer Mittel muss – sofern diese im Rahmen des Widerstandsrechts überhaupt zulässig sind – ein Regel-Ausnahme-Verhältnis herrschen, das ähnlich eng sein muss wie das *Hobbes'sche*. Es darf nur um gravierende Konstellationen gehen, die mit den *Hobbes'schen* Henkersknechten vergleichbar sind. Bei der Formulierung eines rechtlichen Tatbestands für ein völkerrechtliches Widerstandsrecht könnte *Hobbes*‘ These von der Indisponibilität bestimmter Rechte einen Anhaltspunkt bieten. Im Völkerrecht könnte eine Differenzierung nach der Zuordnung der Menschenrechte zum *ius cogens* vorgenommen werden.

Im Rahmen der Idee vom Widerstandsrecht als strikter Ausnahme ist auch noch eine weitere These *Hobbes*‘ interessant, nämlich die der Aufklärung als bestes Mittel für den Frieden. Dass Aufklärung zumindest langfristig effektiver und nachhaltiger zur Wahrung des Friedens beitragen kann als gewaltsame Mittel, erscheint richtig. Jedoch wird dies in der Völkerrechtspraxis heute kaum beachtet. Staatliche Instanzen wenden Gewalt gegenüber den Bürgern an, völkerrechtliche Zusammenschlüsse gegenüber vermeintlichen Schurkenstaaten sowie Rebellen gegenüber ihren Regierungen. In all diesen Fällen erfolgt die Gewaltanwendung zur Durchsetzung angeblich friedlicher Ziele. Dass gewaltfreie Mittel wie Aufklärung und Entwicklung – zumindest langfristig gesehen – gleich oder womöglich besser zur Etablierung von Frieden geeignet sein können, wird bestritten oder gar nicht erst erwogen. Aufklärung ist daher ein Mittel, das bei der Frage nach der Erforderlichkeit einer konkreten Widerstandshandlung eine Rolle spielen kann. Die Etablierung einer völkerrechtlichen Widerstandslehre darf nicht auf die völkerrechtliche Agenda gerufen werden, ohne dass in demselben Atemzug die Forderung nach Aufklärung (und zwar von staatlichen Instanzen und Bürgern gleichermaßen) erhoben wird. Schließlich kann ein Widerstandsrecht stets Einfallstor für Missbrauch sein, wenn vorschnell auf gewaltsame Mittel zugegriffen wird. Die mögliche rechtliche Normierung gewaltsamer rebellischer Mittel geht mit einer hohen Verantwortung einher. Eine völkerrechtliche Widerstandslehre im Dienste der Menschenrechte und des Gewaltverbots kann daher nur eine solche sein, die unzulässige rebellische Gewalt weltweit durch das Prädikat „illegal" einzudämmen sucht. Zudem muss sie mit einer menschenrechtlichen Aufklärungsarbeit einhergehen, deren Ziel es ist, dass die Ausübung des Widerstandsrechts nicht erst notwendig wird. Die Intention einer völkerrechtlichen Widerstandslehre kann also in diesem Sinne nur sein, eines Tages idealerweise für überflüssig erklärt zu werden.

dd) Offene Fragen in Hobbes' Widerstandslehre

In vielen Belangen des völkerrechtlichen Widerstandsrechts wird *Hobbes*' Philosophie keine Anhaltspunkte zu liefern vermögen. Im Rahmen seiner Lehre bleiben einige Fragen nach der näheren Ausgestaltung des Selbstverteidigungsrechts offen, insbesondere im Hinblick darauf, wie die Mittel des Widerstands aussehen und wen sie treffen können. *Hobbes* vernachlässigt beispielsweise das Problem, dass am Angriff Unbeteiligte möglicherweise Ziel erforderlicher Verteidigungsmaßnahmen werden können. Im Zweifel wird *Hobbes* sich für alle notwendigen Mittel einer effektiven Selbstverteidigung aussprechen. Allerdings wird bei der Lektüre seiner Werke nicht deutlich, ob dies auch im Hinblick auf die kollektive Ausübung des Widerstandsrechts gilt. Demgegenüber könnte ein völkerrechtliches Widerstandsrecht sehr wohl eine kollektive Dimension aufweisen. Die Abneigung gegen jegliche politischen Erwägungen bei der Ausübung von Widerstand, die *Hobbes* im Hinblick auf die kollektive Ausübung an den Tag legt, kann hier nicht so stark ins Gewicht fallen. Sofern politische Intentionen die Ausübung von Widerstand begleiten, die damit einhergehen, massiven Menschenrechtsverletzungen Einhalt zu gebieten, stellen sie keineswegs eine das Widerstandsrecht ausschließende Motivation dar. Im Gegenteil: Sie ist begrüßenswert.

III. Das Widerstandsrecht bei John Locke

1. Einleitende biografische Bemerkungen

John Locke, der von 1632 bis 1704 in England und zeitweise in Frankreich und Holland lebte, gehörte Zeit seines Lebens zum wohlhabenden Bürgertum. Die nachfolgenden Angaben zu seinem Werdegang stützen sich, sofern nicht anders angegeben, auf die von *Maurice Cranston* verfasste Biografie.[393]

Im Alter von zwanzig Jahren nahm *Locke* sein Studium der sogenannten Klassischen Wissenschaften (unter anderem Logik, Altgriechisch, Scholastik) am *Christ Church College* in Oxford auf, das er im Jahre 1658 mit einem Magister abschloss. Daraufhin arbeitete *Locke*, der mittlerweile ein angesehener Intellektueller war, als Dozent und nahm in Eigeninitiative naturwissenschaftliche, insbesondere medizinische Studien auf. Später praktizierte er gar als Mediziner. *Locke* begann zu dieser Zeit ebenfalls, politische Essays zu verfassen. Seine erste politische Abhandlung[394] war sichtbar von seinen Eindrücken aus dem Bürgerkrieg bzw. dem konservativen Duktus seines universitären Umfelds geprägt und verherrlichte teilweise *Karl II.*[395] Wenige Jahre später fing *Locke* an, sich mit dem klassischen, an die Schule der *Stoa* und Scholastik sowie an derer des *Thomas von Aquin* angelehnten Naturrecht zu beschäftigen. 1665 begann schließlich *Lockes* Laufbahn in der politischen Praxis als Sekretär des englischen Gesandten *Sir Walter Vane*, den er zu Verhandlungen mit dem brandenburgischen Kurfürsten in Kleve begleitete. Ein Jahr später machte *Locke*

393 Vgl. *Cranston,* John Locke, 1985 (1957).
394 *Locke,* First Tract on Government, 1993.
395 *Euchner,* Einleitung, 1967, S. 9.

die Bekanntschaft von *Lord Ashley*, dem späteren *Earl of Shaftesbury*, dessen Leibarzt er wurde. Dieser hatte einen entscheidenden Einfluss auf *Lockes* weiteren politischen Werdegang. *Shaftesbury* verfolgte stets das Ziel der Förderung des englischen Handels und der kolonialen Expansion. Er war ein Verfechter des protestantischen Bürgertums und stets darum bemüht, dass der englische Thron protestantisch bleiben würde. Zudem beschäftigte auch er sich mit grundlegenden Fragen der politischen Philosophie und fand in *Locke* einen ebenbürtigen Diskussionspartner, dem *Shaftesbury* über die gemeinsame Zeit hinweg viele Anregungen gab. Dank *Shaftesbury* bewegte sich *Locke* fortan in den höchsten gesellschaftlichen Gelehrtenkreisen des damaligen England. Er bekleidete zudem das Staatsamt eines Sekretärs und verdiente dank zahlreicher erfolgreicher Investitionen viel Geld mit Handelsgeschäften.[396]

Als *Shaftesbury* 1675 aufgrund politischer Schwierigkeiten mit dem König verhaftet wurde, brach *Locke* zu einer längeren Frankreichreise[397] auf, auf der er vermutlich von den Ansichten einiger französischer Philosophen beeinflusst oder zumindest zu weiterem Nachdenken angeregt wurde, so insbesondere von *René Descartes* und *François Bernier*.[398] *Locke* kehrte nach ungefähr dreieinhalb Jahren in seine Heimat zurück, wo er dem inzwischen wieder freien *Shaftesbury* dabei helfen sollte, die Thronübernahme durch einen Katholiken zu verhindern. Jene wurde von den *Torys* angestrebt, die sich dazu der Ansichten *Sir Robert Filmers* bedienten. *Filmer* legte in seinem Werk „Patriarcha“[399] die seiner Ansicht nach gottgewollte Thronfolge dar. *Locke* nahm die Überlegungen *Filmers* zum kritischen Ausgangspunkt seiner „Zwei Abhandlungen über die Regierung“, deren Verfassungszeitraum bis heute unklar ist.[400] Letztere sind

---

396 So u. a. Kolonialgeschäfte (*Hetzel*, in: Heil/Hetzel/Hommrich (Hrsg.), Unbedingte Demokratie, 2011, S. 55–80).

397 Hierzu näher *Cranston*, John Locke, 1985 (1957), Kap. 13.

398 Eingehend dargestellt bei *Bonno*, Les Relations intellectuelles de Locke avec la France, 1955, S. 90 ff.

399 Vgl. die von *Peter Laslett* herausgegebene Ausgabe: *Laslett* (Hrsg.), Patriarcha and Other Political Works of Sir Robert Filmer, 1949.

400 *Euchner*, Einleitung, 1967, S. 17 ist der Ansicht, dass *Locke* bereits im Jahre 1679 mit dem Verfassen der „Zwei Abhandlungen“ begonnen hat, und beruft sich hierbei auf *Laslett*, Introduction, 1970, S. 3 ff., insb. S. 34 ff; ebenso *Laslett* folgend *Polin*, La politique morale de John Locke, 1960, S. 95. *Cranston*, John Locke, 1985 (1957), S. 205 ff. geht demgegenüber davon aus, dass das Werk 1681 fertiggestellt wurde. *Cranston* zitiert noch eine weitere Ansicht, die sich auf

jedenfalls im Jahre 1690 – nicht unter *Lockes* eigenem Namen – erschienen. Dieses Werk *Lockes* ist keine typische theoretische Darstellung einer politischen Philosophie, sondern eher wie eine politische Streitschrift verfasst.[401] Dennoch findet sich vornehmlich in seiner „Zweiten Abhandlung" die gesamte Staatslehre *Lockes*.

Als *Shaftesbury* ob seiner anti-königlichen Aktivitäten 1683 gestürzt wurde, floh *Locke* präventiv nach Holland. Dort befand er sich immer noch im Visier der königlichen Fahnder, verlebte im Hinblick auf seine philosophische Lehre aber eine äußerst fruchtbare Zeit. Er beendete dort seine Arbeit am „Versuch über den menschlichen Verstand"[402], der ihn laut *Euchner* für immer „unter die Großen der Philosophie"[403] einreihen wird. Unterdessen fuhr *Jakob II.*, Nachfolger *Karls II.*, in *Lockes* Heimat einen immer katholikenfreundlicheren Kurs. Erst die Invasion *Wilhelms III. (von Oranien)* im Jahre 1688 ließ *Jakob II.* aus England flüchten und führte zu einer stabilen protestantischen Politik des Königshauses. *Locke* kehrte daraufhin nach England zurück, wo er das Angebot des neuen Königs ablehnte, Botschafter zu werden. Er widmete sich lieber der Philosophie und bekleidete zudem ein wichtiges Amt im Handelsministerium. Dank enger Freundschaften zu zwei Parlamentariern verfügte er zudem über Einfluss auf die *Whig-Fraktion*[404] im Englischen Parlament. Krankheitsbedingt zog sich *Locke* 1690 (oder 1691) im Alter von 57 (oder 58) Jahren auf ein Landhaus zurück, wo er sich von nun an vornehmlich der Philosophie widmete, dennoch stets politischen Einfluss ausübte.

Euchner fasst das Werk *Lockes* und dessen Wirkung zu seinen Lebzeiten wie folgt zusammen: *Locke* sei „[…] für die modern Denkenden Europas ein genialer Philosoph, von den konservativen Universitäten und vom Klerus jedoch angefeindet."[405] In Anbetracht dieser Feindschaften ver-

---

den dritten Satz des Vorworts der „Zwei Abhandlungen" beriefe (*Locke,* Vorwort, 1967, S. 51) und nach der *Locke* erst 1688 mit der Abfassung begonnen habe (*Cranston,* John Locke, 1985 (1957), S. 207).

401 Vgl. insb. die Einleitung *Lockes* (*Locke,* Vorwort, 1967, S. 51 f.).

402 Originaltitel „An Essay concerning humane understanding". In deutscher Übersetzung von *Carl Winkler* in: *ders.,* The works of John Locke, 1963 (1823), Vol. I-III.

403 *Euchner,* Einleitung, 1967, S. 18.

404 Kontrahenten der damaligen *Torys*, mit deren Gemäßigten sie sich später (1859) zur *Liberal Party* zusammenschlossen.

405 Ebenda, S. 19.

wundert es nicht, dass *Locke* zum ersten bedeutenden neuzeitlichen Verfechter des Widerstandsrechts wurde.

2. Politische Philosophie

In der „Zweiten Abhandlung über die Regierung“[406] stellt *Locke* seine Konzeption vom Staat dar, die sich in die Reihe der politischen Theorien vom Sozial- bzw. Gesellschaftsvertrag eingliedert.[407] Im Fokus dieses Staatskonzepts steht die Zustimmung[408] des Volks. Einzig der Aspekt der Zustimmung vermag für *Locke* zu erklären, warum sich Menschen politischer Gewalt unterwerfen.[409] Seine Definition von politischer Gewalt lautet dabei wie folgt:

> „Unter *politischer Gewalt* verstehe ich ein *Recht*, für die Regelung und Erhaltung des Eigentums Gesetze mit Todesstrafe und folglich auch allen geringeren Strafen zu schaffen, wie auch das Recht, die Gewalt der Gemeinschaft zu gebrauchen, um diese Gesetze zu vollstrecken und den Staat gegen fremdes Unrecht zu schützen, jedoch nur zugunsten des Gemeinwohls.“[410]

Im Folgenden wird dargelegt, weshalb die Bürger eines Volks *Lockes* Ansicht nach im Rahmen eines Sozialvertrages ihre Zustimmung zur Unterwerfung unter eine ebensolche Staatsgewalt erteilen, wo die Grenzen dieser Zustimmung liegen und wann ein Widerstandsrecht bestehen kann. Diese Aspekte lassen sich nur nachvollziehen, wenn zunächst die philosophischen Prämissen von *Lockes* Staatslehre eruiert werden: sein Bild von Mensch und Gesellschaft.

---

406 Nachfolgend zitiert aus der deutschsprachigen Übersetzung von *Hans Jörn Hoffmann*: *Euchner u. a.* (Hrsg.), John Locke, Zwei Abhandlungen über die Regierung, 1967. Englische Originalausgabe: *ders.,* The works of John Locke, 1963 (1823), Vol. V.

407 *Euchner,* Einleitung, 1967, S. 25.

408 Einige Autoren sprechen in diesem Zusammenhang konkreter von Einwilligung. Insbesondere in der angelsächsischen philosophischen Literatur ist es üblich, von *Locke* als *consent theorist* zu sprechen (s. nur *Dobos,* Insurrection and Intervention, 2012, S. 9). Nachfolgend werden die Begriffe Einwilligung und Zustimmung in diesem Sinne identisch verwendet.

409 *Euchner,* Einleitung, 1967, S. 25 mit Blick auf *Locke,* Zweite Abhandlung, 1967, §§ 119 ff. S. 280 f.

410 Ebenda, § 3 S. 200 (*Hervorhebungen ebenda*).

a) Philosophische Prämissen

In den ersten Kapiteln seiner „Zweiten Abhandlung über die Regierung“ skizziert *Locke*, von einer naturrechtlichen Position ausgehend, seine anthropologischen Bedingungen und abstrakten Annahmen im Hinblick auf den Ist-Zustand der Gesellschaft. Hieraus leitet er später die Notwendigkeit und Begründung seiner Staatslehre ab.

aa) Naturrecht

Zunächst wird *Lockes* naturrechtlichem Ausgangspunkt nachgegangen. Er verfasste zwischen 1663 und 1664 acht Essays zur Thematik des Naturrechts.[411] Auch in seinen „Zwei Abhandlungen über die Regierung“ griff er Grundlagen der Naturrechtslehre auf. Ob *Locke* Verfechter der klassischen Naturrechtslehre war, ist unter seinen Interpreten umstritten. *Euchner* begründet diese Divergenzen in der Rezeption *Lockes* eingehend mit den in seiner politischen Theorie angelegten Widersprüchlichkeiten.[412] So sehen einige Autoren in ihm einen Verfechter des klassischen Naturrechts[413]; andere wiederum ordnen die politische Philosophie *Lockes* – ähnlich *Hobbes* – dem rechtspositivistischen Absolutismus zu.[414]

---

411 Erst 1954 von *Wolfgang von Leyden* veröffentlicht (vgl. *ders.*, John Locke, Essays on the Law of Nature, 1958 (1954)).

412 *Euchner,* Einleitung, 1967, S. 39 f.

413 *Green,* The Philosophic Premises of Locke's Politics, 1953, s. nur S. 11; *Lenz,* Philosophy and Phenomenological Research 17 (1956), S. 105–113, S. 105 ff.; *Yolton,* John Locke and the way of ideas, 1956, S. 53; *ders.*, The Philosophical Review 67 (1958), S. 477–498, S. 477 ff.; *Monson,* Political Studies 6 (1958), S. 120–133, S. 120 ff.; *Polin,* La politique morale de John Locke, 1960, insb. S. 95 ff., s. auch S. 250; *Singh,* Political Studies 9 (1961), S. 105–118, S. 114, 118; in differenzierter Auseinandersetzung mit den gegenteiligen Ansichten und einer insofern eigenen Interpretation von *Lockes* Naturrechtslehre *Seliger,* JHI 24 (1963), S. 337–354, S. 337 ff.; eingehend *von Leyden,* Introduction, 1958, S. 43 ff., insb. S. 53; *Euchner,* Einleitung, 1967, S. 11, 47.

414 *Strauss,* Naturrecht und Geschichte, 1956 (Orig. v. 1953), S. 210; *ders.*, APSR 52 (1958), S. 490–501, insb. S. 490, 492 f., 496, 500; *Cox,* Locke on War and Peace, 1960, s. nur S. 106 ff.

Locke spricht in seinen Werken selbst vom „natürlichen Gesetz" bzw. „Gesetz der Natur".[415] Dieses wird von ihm als vorstaatliches, also übergeordnetes Recht gesehen.[416] Wenn *Locke* auch gegebenenfalls nicht in allen Facetten mit der klassischen Naturrechtslehre der *Stoa* und der Scholastik übereinstimmt, kann er insofern jedenfalls im Kern als Vertreter naturrechtlichen Gedankenguts gesehen werden. Die Zuordnung von *Lockes* Philosophie zur *Hobbes'schen* absolutistisch-positivistischen Ansicht, die insbesondere *Leo Strauss* und *Richard Howard Cox* vornehmen,[417] wurde hinreichend oft und mit überzeugender Begründung widerlegt.[418] Zur Vermeidung von Redundanzen soll jene Diskussion hier nicht erneut geführt werden. Es ist vielmehr anzunehmen, dass *Locke* die Existenz übergeordneten Rechts anerkennt[419] und dies zur zentralen Prämisse seiner Gesellschaftstheorie macht. Damit legt er das Fundament für seine spätere Begründung der Notwendigkeit und Ausgestaltung des Staats und seiner Widerstandslehre. Hierin liegt ein entscheidender Unterschied zum Konzept von *Hobbes*.

Im Einklang mit der klassischen *Thomanischen* Naturrechtslehre nimmt *Locke* an, dass es sich dabei um göttliches Recht handelt.[420] Die göttliche Schöpfung ist für *Locke* Ausgangspunkt der Naturrechtslehre.[421] Die Gesetze der Schöpfungsordnung verpflichten auch bei *Locke* alle Menschen zu jeder Zeit – ob im Naturzustand oder im Staat – in ihrem Gewissen. Die von ihnen erlassenen positiven Gesetze sind nur dann geltendes Recht, wenn sie nicht im Widerspruch zu ebendiesem Naturgesetz stehen.[422] In der Naturrechtslehre *Lockes* wohnen diese natürlichen Gesetze den Men-

---

415 S. nur *Locke,* Zweite Abhandlung, 1967, §§ 4 ff. S. 201 ff.; *ders.,* Erste Abhandlung, 1967, §§ 17, 124.

416 Vgl. *ders.,* Zweite Abhandlung, 1967, § 195 S. 332.

417 S. o., S. 103, Fn. 414.

418 Vgl. *Monson,* Political Studies 6 (1958), S. 120–133, S. 120 ff.; *Seliger,* JHI 24 (1963), S. 337–354, S. 337 ff.

419 Vgl. *Locke,* Zweite Abhandlung, 1967, § 9 S. 204 f., wo *Locke* von einem überstaatlichem Recht ausgeht.

420 Vgl. ebenda, §§ 6 f. S. 202 f., § 11 S. 206 f.; *Polin,* La politique morale de John Locke, 1960, S. 96; *Welzel,* Naturrecht und materiale Gerechtigkeit, 1962, S. 57 ff. Vgl. die Begründung *Thomas'* bei demselben: *von Aquin,* Summa Theologica, Part II/1, 1920, Frage 91, Art. 1, Frage 93, Art. 1.

421 Vgl. *Locke,* Analytical Summary, 1958, S. 95.

422 Zusammenfassung der klassischen Naturrechtslehre angelehnt an *Euchner,* Einleitung, 1967, S. 12.

schen nicht von deren Geburt an inne.[423] Vielmehr müssen die Normen in einem ersten Schritt von ihnen erkannt werden. Dies vermögen die Menschen laut *Locke* aufgrund ihrer gottgegebenen Fähigkeiten, ihres Verstandes und ihrer Sinne zu tun.[424] Damit kann es in *Lockes* Konzeption vorkommen, dass die Menschen über kein vollkommen einheitliches Verständnis des geltenden Naturrechts verfügen.[425]

bb) Menschen- und Gesellschaftsbild

(1) Naturzustand

Ausgehend von seiner Naturrechtslehre skizziert *Locke* im zweiten Kapitel der „Zweiten Abhandlung über die Regierung" sein Konzept vom Naturzustand der Gesellschaft. Dieser ist der zentrale Ausgangspunkt *Lockes* folgender Erörterungen über die Notwendigkeit und Grenzen politischer Gewalt.[426] Im *Locke'schen* Naturzustand sind die Menschen vollkommen frei und gleich.[427] So könnten sie in diesem Zustand uneingeschränkt über

---

423 *Euchner* benennt das Genussstreben und das Selbsterhaltungsprinzip als Ausnahmen hierzu (ebenda, S. 27 f. mit Hinweis auf *Locke,* Erste Abhandlung, 1967, § 86 S. 131; *ders.,* Zweite Abhandlung, 1967, § 26 S. 217; *ders.,* Vol. I, Of Human Understanding, Book I – Book II Chapter I-XXII, 1963, Buch I, Kap. 2, § 3). Es ist jedoch zweifelhaft, aus *Lockes* „Essay of Human Understanding" (deutsche Übersetzung in: *ders.,* John Lockes Versuch über den menschlichen Verstand, 1911-1913) abzuleiten, dass diese beiden Ideen angeboren sind. Dort findet sich kein eindeutiger Beleg dafür, dass *Locke* im Genussstreben und Selbsterhaltungsprinzip Ausnahmen zu seinem Grundsatz „No innate Principles in the Mind" (*ders.,* Vol. I, Of Human Understanding, Book I – Book II Chapter I-XXII, 1963, Kap. 2, S. 13 ff.) sieht. Die von *Euchner* angeführten Stellen in *Lockes* „Zwei Abhandlungen" (sowie die von *Euchner* nicht benannte Textpassage: *ders.,* Zweite Abhandlung, 1967, § 220 S. 348 f.) deuten auf einen hohen Stellenwert dieser Handlungsprinzipien hin (insb. die Formulierung: „God having made man, and planted him, as in all other animals, a string desire of self-preservation […]", s. *ders.,* Vol. V, Of Government, 1963, § 86 S. 278). Die genauere Einordnung ist für die weitere Erörterung nicht von Bedeutung.

424 Vgl. *ders.,* IV. Can Reason attain to the Knowledge of Natural Law through Sense-Experience? Yes, 1958, S. 146 ff.

425 *Monson,* Political Studies 6 (1958), S. 120–133, S. 128 f.

426 Vgl. *Locke,* Zweite Abhandlung, 1967, § 4 S. 201.

427 Vgl. ebenda, §§ 4 ff. S. 201 ff.

ihren Besitz und über ihre Person verfügen.[428] Letzteres ist im Sinne einer weitreichenden allgemeinen Handlungsfreiheit zu verstehen. *Locke* spricht diesbezüglich vom „*Recht auf Selbsterhaltung*"[429]. Es handelt sich dabei nur insofern um ein – naturgegebenes – *Recht*, als es die weitreichenden Handlungsfreiheiten umfasst.[430] Eine Dispositionsbefugnis über das Leben (und die körperliche Integrität) lehnt *Locke* im Hinblick auf die göttliche Schöpfung ausdrücklich ab. Er spricht sich für ein Verbot der Selbstzerstörung und damit für eine *Pflicht* zur Erhaltung des eigenen (und fremden), gottgegebenen und -gewollten Lebens aus.[431] Das Selbsterhaltungsprinzip stellt die Grundlage *Lockes* weiterer Überlegungen zur Legitimation und Ausgestaltung politischer Gewalt dar:[432] Es umfasst das Recht auf Freiheit, Leben und Vermögen. *Locke* fasst diese Rechtsgüter unter der Bezeichnung „Eigentum"[433] zusammen. Der Schutz ebendieses Eigentums wird von *Locke* später zum zentralen Staatszweck deklariert.[434] Ebenso kommt *Locke* bei der Erörterung seiner Widerstandslehre später nochmals auf das Selbsterhaltungsprinzip zurück.[435] Die von *Locke* im Naturzustand geltende, weitreichende Freiheit der Menschen wird lediglich durch die Gleichheit beschränkt, die *Locke* aus dem Umstand der göttlichen Schöpfung herleitet. Aus der Gleichheit der Menschen ergebe sich die Pflicht, die Freiheit, das Leben und die Gesundheit sowie den Besitz anderer nicht zu beeinträchtigen.[436]

Darüber hinaus finden sich kaum Gemeinsamkeiten mit *Hobbes*' Darstellung des Naturzustands. Ein fundamentaler Unterschied besteht vor allem darin, dass *Locke* den Naturzustand, in dem das natürliche, göttliche

---

428 Ebenda, § 6 S. 202.

429 Ebenda, § 11 S. 205 (*Hervorhebungen ebenda*).

430 Vgl. ebenda, § 220 S. 348 f.

431 Vgl. ebenda, § 6 f. S. 202 f.

432 *Euchner,* Einleitung, 1967, S. 28.

433 *Locke,* Zweite Abhandlung, 1967, § 123 S. 283. Im englischsprachigen Original „Property" (*ders.,* Vol. V, Of Civil Government, 1963, § 25 S. 352 f.). *Llanque,* Geschichte der politischen Ideen, 2012, S. 49 zufolge hat der Begriff eine theologische, ökonomische und ethische Dimension. An einigen Stellen meint *Locke* mit Eigentum in einem engeren Sinne lediglich das Privateigentum (s. nur *Locke,* Zweite Abhandlung, 1967, §§ 25 ff. S. 217 ff.; vgl. *Macpherson,* The political theory of possessive individualism, 1962, S. 198 mit Hinweis auf *Locke,* Vol. V, Of Civil Government, 1963, § 123 a. E. S. 442).

434 Dazu s. u., S. 113 ff.

435 Vgl. *ders.,* Zweite Abhandlung, 1967, § 220 S. 348 f.

436 Ebenda, § 6 S. 202 f.

Gesetz gelte, als einen „Zustand des Friedens“[437] bezeichnet, während *Hobbes* einen Kriegszustand[438] beschreibt. Im Gegensatz zum Naturzustand bei *Hobbes* haben Individuen bei *Locke* nämlich die moralische Pflicht, das Lebens-, Freiheits- und Eigentumsrecht der anderen zu beachten.[439] In dieser Differenz liegen die Weichen begründet, die schlussendlich zu den Zielen zweier so unterschiedlicher Widerstandslehren führen.

Locke räumt jedoch ein, dass es auch im „Zustand des Friedens“[440] zur Störung ebendieses Friedens kommen könne, wenn Menschen sich nicht mehr von ihrer Vernunft leiten ließen.[441] Insofern erkennt er im Naturzustand eine rechtmäßige Form der Gewaltausübung[442] an: Wenn jemand das natürliche Gesetz verletze, also einen Angriff auf die Freiheit eines anderen verübe, dürfe dieser bestraft werden, und zwar – sofern notwendig –[443] auch in gewaltsamer Form. Zur Begründung dessen zieht *Locke* neben dem Selbsterhaltungsprinzip Überlegungen heran, die heute aus den Strafzwecktheorien bekannt sind.[444] Er benennt sowohl den Gedanken der Vergeltung als auch Aspekte der Spezial- und Generalprävention.[445]

Das Besondere am Bestrafungssystem im *Locke'schen* Naturzustand ist, dass er darin jeden einzelnen Menschen zum Richter und Gesetzesvollstrecker erhebt. Im Naturzustand gebe es keine übergeordnete Instanz, die diese Aufgaben wahrnehme, sodass zwangsläufig der Einzelne mit seinem Gewissen dazu berechtigt sein müsse.[446] Dabei beschränkt *Locke* die Berechtigung nicht nur auf die mit der Missetat in Zusammenhang stehenden Personen. Vielmehr sei die gesamte Menschheit von der Missetat betroffen, sodass auch alle Menschen die Bestrafung festsetzen und ausführen

---

437 Ebenda, § 19 S. 211. Er räumt jedoch später ein, dass es trotz Friedens Furcht und die ständige Gefahr von Gewalt gebe (ebenda, § 123 S. 283).

438 Hierzu s. o., S. 65.

439 *Dobos,* Insurrection and Intervention, 2012, S. 8 f.

440 *Locke,* Zweite Abhandlung, 1967, § 19 S. 211.

441 Ebenda, § 8 S. 203 f.

442 *Locke* spricht diesbezüglich davon, Macht über einen anderen Menschen zu erlangen (ebenda, § 8 S. 203).

443 Vgl. *Lockes* Überlegungen zur Verhältnismäßigkeit der Strafzumessung: Ebenda, §§ 8 f. S. 203 f. Er schließt die Todesstrafe hierbei allerdings nicht aus, vgl. ebenda, §§ 87 f. S. 256.

444 Zu den Strafzwecktheorien statt vieler *Roxin,* Strafrecht Allgemeiner Teil, Bd. I, 2006, § 3.

445 Vgl. *Locke,* Zweite Abhandlung, 1967, § 8 S. 203 f.

446 Ebenda, § 8 S. 203 f. Daneben räumt *Locke* dem Geschädigten zusätzlich ein Recht auf Wiedergutmachung ein (ebenda, § 10 S. 205).

könnten.[447] Dass es bei diesem Bestrafungssystem zu unverhältnismäßig hohen Strafen, zu Anarchie und Willkür aufgrund von Parteilichkeit kommen kann, erkennt *Locke* als möglichen Kritikpunkt seiner Lehre an.[448] Er weist aber darauf hin, dass diese Probleme keineswegs mit der Beauftragung eines absoluten Monarchen gelöst werden könnten, wie es seine Kritiker forderten, sondern ein solcher Monarch der Gesellschaft nur zusätzliches Unheil brächte.[449]

Locke vertritt im letzten Abschnitt seiner Ausführungen zum Naturzustand ferner die Ansicht, dass ein solcher in der Praxis existiere. Jedenfalls befänden sich die Staaten untereinander im Naturzustand[450] – wie bei *Hobbes*. Einzelne völkerrechtliche Abkommen vermochten dies nicht zu ändern, denn der Naturzustand endet seiner Meinung nach erst, wenn von den Parteien ein Gesellschaftsvertrag geschlossen wird.[451]

(2) Kriegszustand

Dass eine solche Vereinbarung zumindest auf einzelstaatlicher Ebene von großem Interesse für die Menschen sein muss, ergibt sich aus den Darstellungen zu dem von *Locke* so genannten „Kriegszustand“[452]. Letztlich ist die Verhütung dieses Kriegszustands für ihn einer der gewichtigsten Gründe dafür, dass die Menschen sich zu einer Gesellschaft zusammenschließen.[453] Als Kriegszustand bezeichnet *Locke* dabei „ein[en] Zustand der Feindschaft und Vernichtung.“[454] Seine Ausführungen dazu lassen sich nur schwerlich von denjenigen zur Bestrafung im Naturzustand unterscheiden. Man könnte sie auf den ersten Blick als Weiterführung seiner Strafzwecktheorie für den Naturzustand auffassen. *Locke* geht es in seinem Modell vom Kriegszustand nicht um ein mit einem Angriff korre-

447 Ebenda, § 8 S. 203 f.

448 Vgl. ebenda, § 13 S. 207.

449 Ebenda, § 13 S. 207.

450 Ebenda, § 14 S. 208, § 145 S. 299. Dass Menschen über einen gewissen Zeitraum im Naturzustand bleiben, hält *Locke* für äußerst unwahrscheinlich (ebenda, § 127 S. 284).

451 Ebenda, § 14 S. 208 mit Hinweis auf *Hooker,* Laws of Ecclesiastical Polity, Book I, 1876.

452 *Locke,* Zweite Abhandlung, 1967, §§ 16 ff. S. 210 ff.

453 Vgl. ebenda, § 21 S. 213.

454 Ebenda, § 16 S. 210.

spondierendes Bestrafungsrecht, sondern vielmehr um ein Verteidigungsrecht, also ein Aliud im Verhältnis zu Ersterem. Der Fokus seiner Darstellung liegt hierbei auf der Beschreibung der Voraussetzungen und Beschränkungen einer Art Notwehrrechts, das unabhängig davon existiert, ob die Gesellschaft sich in einem Naturzustand oder in einem gemeinschaftlichen Zusammenschluss befindet.[455]

Der *Locke'sche* Begriff des Kriegszustands klingt zwar abstrakt; man kann darunter – zumindest in einem engeren Sinne – aber das verstehen, was man in der gegenwärtigen Rechtstheorie als Notwehrrecht (noch genauer: Notwehrlage) bezeichnet. Damit soll nicht auf die speziellen Kriterien z. B. des § 32 StGB verwiesen werden, sondern auf das allgemeine Rechtsprinzip der Notwehr. Dieses Prinzip kann für konkrete, individuelle Situationen besonders ausgestaltet sein (z. B. in Gestalt von § 32 StGB), hat zunächst jedoch einen abstrakt-generellen Charakter, den *Locke* in seinen Ausführungen zum Kriegszustand mit eigenen Überlegungen füllt: In einen Kriegszustand begibt sich gemäß *Locke*, wer einen Angriff auf das Leben eines anderen ausführt bzw. plant und dies nicht bloß im Affekt tut.[456] Ein solcher Angreifer sei nicht mehr vernunftgeleitet, habe den Boden des (Natur-)Rechts verlassen und das Selbsterhaltungsprinzip ins Gegenteil verkehrt.[457] In einem solchen Fall dürfe ausnahmsweise gegen ebendieses Prinzip gehandelt und im Zweifel das Leben des Angreifers „vernichtet"[458] werden.

Locke begründet diese Ausnahme in utilitaristischer Manier damit, dass im Endeffekt ohnehin nur noch ein Leben übrig bleibe und im Sinne der größtmöglichen Wirksamkeit des Selbsterhaltungsprinzips das Leben desjenigen Menschen Vorrang habe, der sich nicht erkennbar gegen dieses Prinzip gestellt habe.[459] Mit der Bezeichnung als Kriegszustand, in den sich ein Angreifer laut *Locke* selbst begibt, klingt auch das Argument der Eigenverantwortlichkeit des Angreifers an, der einen Gegenangriff und damit die Gefährdung seines eigenen Lebens schließlich selbst verursacht.[460]

---

455 Vgl. ebenda, § 19 a. E. S. 212.

456 Ebenda, § 16 S. 210.

457 Ebenda, § 16 S. 210.

458 Ebenda, § 16 a. E. S. 210.

459 Ebenda, § 16 S. 210.

460 Vgl. die Formulierung ebenda, § 18 a. E. S. 211. Diesen Gedanken greift er bei der Erörterung seines Widerstandsrechts auf, wenn er beschreibt, dass jemand,

Locke führt nach der Bestimmung der materiellen Voraussetzungen des Kriegszustands präzise aus, wo die formell-zeitlichen Grenzen des Kriegszustands bzw. des damit korrespondierenden Verteidigungsrechts zu ziehen sind. Ein solches Recht entstünde bereits in dem Augenblick, in dem der Angreifer versuche, sich eines anderen Menschen zu bemächtigen, d. h. ihm seine Freiheit zu nehmen.[461] Ein (gegebenenfalls bis zum Tode des Gegners reichendes) Verteidigungsrecht werde bereits ausgelöst, wenn die Bemächtigung nur mit Diebstahlsabsichten erfolge.[462] Zum einen könnten sonst die einzig Erfolg versprechenden Verteidigungsmöglichkeiten abgeschnitten sein, sofern es der Angreifer auf das Leben seines Gegners abgesehen habe. Zum anderen sei die Freiheit des Opfers bereits in dem Moment beeinträchtigt, in dem ein Angreifer dazu ansetzt, die absolute Gewalt über sein Opfer zu erlangen.[463] Gemäß *Locke* dient die Verwirklichung der Selbsterhaltung schließlich dieser Freiheit.[464] Der Kriegszustand sei demgegenüber beendet, wenn der Angreifer keine Gewalt mehr über sein Opfer ausübe.[465] Entsprechend ist danach auch keine Verteidigung des Opfers mehr nötig und folglich auch nicht mehr rechtmäßig. Zur Wahrung bzw. Wiederherstellung der Opferrechte muss dann der Rechtsweg eingeschlagen werden. Dies sei im Naturzustand nicht möglich, sodass das Ende eines Kriegszustands hier erst dann vorliege, wenn der Angreifer sich ernstlich versöhnen wolle, das Unrecht vollständig wiedergutmache und garantiere, dass das Opfer in Zukunft vor entsprechenden Angriffen geschützt sei.[466] Damit kann das Verteidigungsrecht zu einem reinen Vergeltungsrecht werden, das sogar die „Vernichtung"[467] des Angreifers umfasst.[468]

Lockes Kriegszustand kann nicht nur im Verhältnis zwischen zwei Individuen bestehen, sondern auch, wenn jemand im staatlichen Zustand (Gesellschaftszustand) in die kollektive Freiheit der Gesellschaftsmitglieder

---

der sich mittels ungerechter Gewalt gegenüber einem anderen Menschen in den Kriegszustand versetzt, sein Leben verwirkt (ebenda, § 181 S. 324, hierzu s. u., S. 126).

461 *Locke,* Zweite Abhandlung, 1967, §§ 17 f. S. 210 f.

462 Ebenda, §§ 17 f. S. 210 f.

463 Ebenda, § 17 S. 210 f.

464 Ebenda, § 17 S. 210 f.

465 Ebenda, § 20 S. 212.

466 Ebenda, § 20 S. 212 f.

467 Angelehnt an ebenda, § 16 a. E. S. 210.

468 Vgl. ebenda, § 20 S. 212.

oder des Gemeinwesens eingreift. Ferner können sich im Gesellschaftszustand auch Mitglieder der rechtsprechenden und -vollziehenden Instanzen in den Kriegszustand begeben, sofern ihre Gewaltausübung nicht mehr von ihrer ursprünglichen Ermächtigung gedeckt ist. Die Beurteilung einer solchen Konstellation ist laut *Locke* dann nicht mehr von den eigentlich dazu erkorenen rechtsprechenden Instanzen vorzunehmen, sondern nur noch mittels eines „Appells an den Himmel“[469] möglich.[470] Hier spricht sich *Locke* erstmalig – jedenfalls konkludent – für ein Widerstandsrecht aus. Seine Widerstandslehre vor Augen, wird er nicht per Zufall für eine Notwehrsituation die Bezeichnung als „Kriegszustand“[471] gewählt haben. Fokussiert man die von ihm so bezeichnete Notwehrkonstellation im Naturzustand, erscheint diese Formulierung zunächst als rhetorische Überdramatisierung. Der Kriegszustand erhält bei *Locke* im Gesellschaftszustand aber eine kollektive Bedeutung, die eine Bedrohungslage bezeichnet, die dem Ausmaß des von *Hobbes* als Kriegszustand bezeichneten Phänomens näherkommt.

(3) Eigentum

Von besonderer Bedeutung für *Lockes* Staatstheorie sind seine ökonomischen Prämissen, namentlich seine Theorie von Eigentum (im Sinne von Privateigentum)[472]. Ihr Einfluss auf *Lockes* politische Philosophie darf insbesondere vor dem Hintergrund seiner Biografie nicht unterschätzt werden. *Euchner* formuliert hierzu: „Lockes Staat ist [...] der Staat der Eigentümer, seine politische Theorie die des besitzenden Bürgertums.“[473] Eigentum steht für *Locke* laut *Euchner* ferner „[...] am Anfang aller Kultur und aller gesellschaftlichen und staatlichen Ordnung.“[474]

---

469 Ebenda, § 20 S. 213. Mit dem „Appell[] an den Himmel“ ist die eigene Entscheidung gemeint, die jeder vor Gott selbst zu verantworten haben wird (vgl. ebenda, § 21 S. 213 f.). S. hierzu ferner u., S. 149.

470 Ebenda, § 20 S. 213; *Peters,* Widerstandsrecht und humanitäre Intervention, 2005, S. 51, 307; *Llanque,* Geschichte der politischen Ideen, 2012, S. 52.

471 Im englischsprachigen Original „State of War“ (*Locke,* Vol. V, Of Civil Government, 1963, Überschrift von Kap. III, S. 347). Dazu mehr s. u., S. 120 ff.

472 Hierzu s. o., S. 106, Fn. 433.

473 *Euchner,* Einleitung, 1967, S. 39; vgl. hierzu *Locke,* Zweite Abhandlung, 1967, § 158 S. 307 f.

474 *Euchner,* Einleitung, 1967, S. 31.

Locke leitet das Eigentumsrecht aus dem Prinzip des Strebens nach dem größtmöglichen Genuss ab.[475] Hieraus folgt zwangsläufig, dass die Menschen sich all das, was Gott ihnen auf der Erde zu ihrer Erbauung mitgegeben hat, auch müssen aneignen können. Da die auf der Erde befindlichen gottgegebenen Güter nur Gemeineigentum sein könnten, bedürfe es für eine solche Aneignung eines Zwischenschrittes.[476] Als solchen sieht *Locke* den Einsatz der Arbeitskraft: Durch Arbeit vermische sich Privateigentum (Arbeitskraft) mit Gemeineigentum und werde in Form des erarbeiteten Produktes zu Privateigentum.[477] Dieser Erwerb von Eigentum sei aber nicht grenzenlos möglich. Bei der Anhäufung von Privateigentum im Naturzustand ist laut *Locke* stets auf die „Stimme der Vernunft“[478] zu hören, die den Eigentumserwerb – unter steter Rücksichtnahme auf die Bedürfnisse der anderen – auf das beschränkt, was man selbst verbrauchen kann, ohne dass es verdirbt.[479]

Eine entscheidende Wende im Hinblick auf diesen Grundgedanken vollzieht sich mit der Einführung des Geldes, da die Menschen hiermit die Zulässigkeit von ungleichem Besitz anerkannten.[480] Eine asymmetrische Güterverteilung führt nach der Einführung des Geldes nicht dazu, dass Güter verderben. Darin bestand aber zuvor *Lockes* entscheidendes Kriterium für die Beschränkung des Eigentumserwerbs.[481] Die sich hieraus ergebenden Möglichkeiten der Menschen im Naturzustand[482] gehen auch für *Locke* mit einer erheblichen Erhöhung des Streitpotenzials um Eigentumsrechte einher.[483] Dies und die entsprechend wachsende Gefahr für das Eigentum der Menschen stellen nach *Lockes* Konzeption ein zwingendes Argument für die Gründung eines Staates dar.

---

475 Ebenda, S. 28. *Locke* erkennt das Genussstreben laut *Euchner* als ein dem Menschen eingepflanztes Prinzip an (vgl. Fn. 423).

476 *Locke,* Zweite Abhandlung, 1967, § 27 S. 218.

477 Ebenda, §§ 27 ff. S. 218 ff., § 44 S. 229; insofern von *Lockes* charakteristischer „Ethik der Arbeit“ sprechend *Llanque,* Geschichte der politischen Ideen, 2012 S. 50.

478 *Locke,* Zweite Abhandlung, 1967, § 31 S. 220.

479 Ebenda, § 31 S. 220.

480 Ebenda, § 36 S. 220, § 50 S. 232.

481 Vgl. ebenda, § 46 S. 230; *Macpherson,* The political theory of possessive individualism, 1962, S. 201 ff.

482 *Euchner,* Einleitung, 1967, S. 31 weist darauf hin, dass *Locke* genau zwischen den beiden Phasen des Naturzustand vor und nach der Einführung des Geldes differenziert.

483 Vgl. *Locke,* Zweite Abhandlung, 1967, § 51 S. 233.

b) Staatslehre im engeren Sinne

aa) Zweck und Entstehung des Staates

Die wachsende Gefahr für das Eigentum der Einzelnen, die nach der Einführung des Geldes aus der Kumulation von Selbsterhaltung und Genussstreben von anderen Menschen ausgeht, weckt in den vernunftbegabten Menschen laut *Locke* das Bedürfnis nach dem Schutz ihres Eigentums.[484] Das Schutzbedürfnis der Menschen überwiege schnell ihre Freude am Genuss der Vorteile der Freiheiten im Naturzustand, denn diese nähmen zudem stetig ab.[485] Damit wüchse auch die Bereitschaft der Menschen, sich zu diesem Zweck unter Aufgabe einiger dieser Freiheiten zu einer Gemeinschaft zusammenzuschließen.[486] Der Schutzgedanke stellt für *Locke* das oberste Ziel der Staatsgründung dar.[487] Er nimmt damit im Gegensatz zu *Hobbes*, der den Fokus auf die Schaffung von Sicherheit gelegt hat, eine wesentlich weitergehende Bestimmung der vom Staat zu erfüllenden Aufgaben vor.[488] Es wird im Zuge der vorliegenden Arbeit daher davon ausgegangen, dass der Staat bei *Locke* dienende Funktion hat.[489] Ersterer bezweckt als Zusammenschluss der Menschen die Erfüllung des Schutzbedürfnisses der Menschen. Im Hinblick auf die Vereinbarung über diesen Zusammenschluss formuliert *Locke*:

> „[…] nicht jeder Vertrag beendet den Naturzustand unter den Menschen, sondern nur jener, in dem sie gegenseitig übereinkommen, eine Gemeinschaft einzugehen und einen politischen Körper zu bilden."[490]

Im Fokus der Übereinkunft muss also der von *Locke* so bezeichnete „body politic"[491] stehen. Hiermit werde ein neuer Körper geschaffen, in dem sich alle zustimmenden Menschen vereinigten.[492] *Locke* spricht – im Gegen-

484 Ebenda, §§ 123 f. S. 283 f.

485 Ebenda, §§ 123 f. S. 283 f.

486 Ebenda, §§ 123 f. S. 283 f.

487 *Euchner,* Einleitung, 1967, S. 35; *Llanque,* Geschichte der politischen Ideen, 2012, S. 49.

488 Eine derartige Verpflichtung der Legislative klingt hier zum ersten Mal an: *Locke,* Zweite Abhandlung, 1967, § 131. S. 286.

489 Vgl. *Polin,* La politique morale de John Locke, 1960, S. 197, dem zufolge *Locke* ein funktionelles Verständnis von politischer Macht hat.

490 *Locke,* Zweite Abhandlung, 1967, § 14 S. 208.

491 *Ders.,* Vol. V, Of Civil Government, 1963, § 95 S. 394 a. E.

492 *Ders.,* Zweite Abhandlung, 1967, § 95 S. 264.

satz zu *Hobbes*[493] – nicht davon, dass alle Menschen mit allen anderen einen Vertrag schlössen, sondern lässt die genauen Modalitäten des Vertragsschlusses offen.[494] Er fordert lediglich, dass die Menschen miteinander „übereinkommen"[495], und bezeichnet diese Übereinkunft auch als „compact"[496], in der deutschsprachigen Ausgabe mit „Vertrag"[497] übersetzt. Dieser Übereinkunft wohnen in jedem Fall gewisse Momente eines Vertrags (Sozialvertrags[498]) inne, denn mit ihr verpflichten sich die Menschen einander laut *Locke* gegenüber dazu, den Beschlüssen der noch zu bestimmenden Regierung Gehorsam zu leisten.[499] Die verpflichtende Wirkung ergebe sich aus der Zustimmung der Einzelnen, die zwar auch stillschweigend erfolgen könne, in jedem Fall jedoch irgendwie erfolgen müsse.[500]

Mit dieser Zustimmung geben die Menschen die Gewalt, die sie im Naturzustand innehaben, auf und übertragen sie auf den politischen Körper. Dazu gehören bei *Locke* das Selbsterhaltungsrecht (mitsamt dem Recht, frei darüber zu entscheiden, was für die Selbsterhaltung notwendig ist) sowie das Bestrafungsrecht.[501] Die Begründung des politischen Körpers gehe also damit einher, dass „[…] die Gemeinschaft […] nach festen, stehenden Regeln zum unparteiischen und einzigen Schiedsrichter für al-

---

493 Hierzu s. o., S. 68 ff.

494 *Euchner,* Einleitung, 1967, S. 32.

495 *Locke,* Zweite Abhandlung, 1967, § 97 S. 265. Im englischsprachigen Original spricht *Locke* von „consenting" (*ders.,* Vol. V, Of Civil Government, 1963, § 97 S. 395).

496 Ebenda, § 97 S. 395.

497 *Ders.,* Zweite Abhandlung, 1967, § 97 S. 265.

498 Die Bezeichnung Gesellschaftsvertrag ist ebenso möglich. Es handelt sich beim *Locke'schen* Sozialvertrag – streng genommen – nicht um einen Vertrag im rechtlichen Sinne (vgl. *Euchner,* Einleitung, 1967 S. 33 f.).

499 *Locke,* Zweite Abhandlung, 1967, § 97 S. 265, vgl. § 134 S. 290; *Geisler,* in: Massing/Breit/Buchstein (Hrsg.), Demokratietheorien, 2012, S. 103–112, 108 f.

500 *Locke,* Zweite Abhandlung, 1967, §§ 119 ff. S. 280 f. *Locke* differenziert allerdings zwischen der Bindungswirkung von konkludenter (reversibler) und ausdrücklicher (irreversibler) Zustimmung (vgl. ebenda, § 121 S. 281). *Rehm,* in: ders./Ludwig (Hrsg.), John Locke, Zwei Abhandlungen über die Regierung, 2012, S. 95–114, 108 f. ist der Auffassung, dass allein die stillschweigende Zustimmung nicht genüge, um vollwertiger Untertan à la *Locke* zu sein – diese begründe lediglich die Bindung an die Gesetze. *Locke* ist es laut *Rehm* – im Gegensatz zu *Filmer* – darauf angekommen, dass man nicht als Untertan geboren würde (ebenda, S. 108 mit Blick auf *Locke,* Zweite Abhandlung, 1967, § 118 S. 279).

501 Vgl. ebenda, §§ 129 f. S. 285 f.

le"[502] werde. Hierzu beauftrage die Gemeinschaft in einem zweiten Schritt eine Regierung.[503] *Locke* verwendet diesbezüglich die Formulierung „in die Hände legen"[504] der politischen Gewalt, meint eher die Verleihung des Privilegs, das gemeine Wohl und den Schutz der Naturrechte zu fördern, als den Abschluss eines weiteren[505] Vertrages.[506] *Andreas Hetzel* kommt zu dem Schluss, dass der staatsgründende Vertrag bei *Locke* einer gegenseitigen Ermächtigung entspreche, während bei *Hobbes* die Selbstentmächtigung im Fokus stehe.[507] Auch hierin wird die zuvor getroffene Annahme bestärkt, dass der Staat für *Locke* nur eine dienende Funktion hat.[508] Entsprechend formuliert *Peters*:

> „Das Volk, zu dem sich die Einzelnen zusammengeschlossen haben, überlässt als Treugeber den staatlichen Treuhändern die Ausübung des Selbstverteidigungsrechts zur effektiven und für alle vorteilhaften Durchsetzung der natürlichen Rechte. Dabei müssen die staatlichen Institutionen schuldrechtliche Bindungen an die Interessen des Treugebers beachten und mit den Befugnissen zu dessen Nutzen verfahren."[509]

---

502 Ebenda, § 87 S. 256.

503 Vgl. ebenda, § 106 S. 270.

504 S. nur ebenda, § 134 S. 289. Im englischsprachigen Original: „[…] the hands where the community have once placed it" (*ders.,* Vol. V, Of Civil Government, 1963, § 134 S. 416).

505 So bei *Hobbes* (s. o., S. 69). *Euchner,* Einleitung, 1967 stellt dar, dass der Abschluss von zwei Verträgen bei der Sozialvertragslehre das übliche Konzept ist. Vgl. zu *Lockes* Konzept eines einzigen Sozialvertrages *Dobos,* Insurrection and Intervention, 2012, S. 9.

506 Viele Autoren sprechen diesbezüglich von einem „Vertrauens-", „Treue-" oder „treuhänderischem Verhältnis" (so *Euchner,* Einleitung, 1967, S. 33; *Schottky,* Untersuchungen zur Geschichte der staatsphilosophischen Vertragstheorie im 17. und 18. Jahrhundert, 1995 (1962), S. 17; *Nonnenmacher,* Die Ordnung der Gesellschaft, 1989 S. 110; *Adam,* Despotie der Vernunft?, 1999, S. 193; *Peters,* Widerstandsrecht und humanitäre Intervention, 2005, S. 41; *Llanque,* Geschichte der politischen Ideen, 2012, S. 52). *Peardon,* Introduction, 1952, S. xv, spricht im Englischen von „fiduciary power or trust"; *Polin,* La politique morale de John Locke, 1960, S. 225 von einem „trusteeship". Demgegenüber von einem „bedingten Herrschaftsvertrag" sprechend *Wolzendorff,* Staatsrecht und Naturrecht in der Lehre vom Widerstandsrecht des Volkes gegen rechtswidrige Ausübung der Staatsgewalt, 1961 (1916), S. 265.

507 *Hetzel,* in: Heil/Hetzel/Hommrich (Hrsg.), Unbedingte Demokratie, 2011, S. 55–80, 62.

508 Hierzu s. o., S. 113.

509 *Peters,* Widerstandsrecht und humanitäre Intervention, 2005, S. 41.

Das Volk spricht der Regierung mit ihrer Ernennung ein hohes Maß an Vertrauen aus.[510] Ihr gegenüber hat es aber keine rechtliche Gehorsamspflicht. Diese besteht nur zwischen den Menschen (im Rahmen des Sozialvertrages). Insofern bleibt das Volk auch nach der Ernennung der Regierung souverän.[511] *Raymond Polin* beschreibt den *Locke'schen* Staat, den Gesellschaftszustand, als moralische Gemeinschaft mit moralischen Pflichten, ohne Richter und ohne Verfassung, sondern mit einer Regierung nach den Regeln der Vernunft und des Naturrechts.[512] Hierin wird also ein entscheidender Unterschied zu *Hobbes'* Lehre deutlich. Im *Locke'schen* Gesellschaftszustand gilt zudem das Mehrheitsprinzip, das auch im Sozialvertrag verankert ist.[513] Der Gesellschaftszustand bestehe außerdem so lange weiter, bis sich die Regierung auflöse oder bis eine möglicherweise im Sozialvertrag festgelegte Frist ablaufe.[514] Hat sich die Gemeinschaft geeinigt, kann der Gesellschaftszustand ab diesem Zeitpunkt also theoretisch von unendlicher Dauer sein.

bb) Ausgestaltung des Staatswesens

Locke hatte bei der Darstellung des für ihn idealen Staatswesens das *Commonwealth* seiner Zeit vor Augen.[515] Er schreibt in seinem Vorwort zu den „Zwei Abhandlungen“:

> „Ich hoffe, dass die übriggebliebenen [Papiere der Abhandlungen, Anm. d. Verf.] ausreichen werden, den Thron unseres großen Retters, des gegenwärtigen Königs Wilhelm zu festigen und die Berechtigung seines Anspruchs auf die Zustimmung des Volkes zu beweisen, den er als unsere einzige gesetzmäßige Regierung voller und klarer besitzt als irgendein anderer Fürst in der Christenheit.“[516]

---

510 Vgl. *Locke,* Zweite Abhandlung, 1967, § 202, S. 338, § 222 S. 350, wo er davon spricht, dass in die Exekutive „zweifaches Vertrauen gesetzt“ werde.

511 Vgl. ebenda, § 149 a. E. S. 302, wo er annimmt, das Volk habe stets die höchste Gewalt.

512 *Polin,* La politique morale de John Locke, 1960, S. 226. *Polin* erwähnt mit Hinweis auf *Locke,* Zweite Abhandlung, 1967, § 240 S. 365, dass es im Jenseits sehr wohl einen Richter gebe, nämlich Gott.

513 Vgl. ebenda, §§ 95 ff. S. 264 ff.

514 Ebenda, § 243 S. 366.

515 *Euchner,* Einleitung, 1967, S. 35 ff.

516 *Locke,* Vorwort, 1967, S. 51.

Die ideale Staatsform stellt für ihn somit die gemäßigte Monarchie dar.[517] Dabei ist es *Locke* wichtig, in seiner Staatslehre ein System der Gewaltenteilung zu etablieren.[518] Er spricht sich ausdrücklich gegen einen absoluten Herrscher à la *Hobbes* aus.[519] *Polin* formuliert diesbezüglich, dass die absolute (Willkür-)Herrschaft, die für *Hobbes* den perfekten Gesellschaftszustand darstelle, für *Locke* ein Feindbild sei.[520] Es droht für *Locke* ansonsten – im Sinne der klassischen Gewaltenteilungslehre von *Montesquieu*[521] – ein massiver Machtmissbrauch. Das von *Locke* eruierte Gefüge von Staatsgewalten ist laut *Euchner*[522] dennoch viel weniger ausgereift, als es später bei *Montesquieu* der Fall gewesen ist.[523] So mangelt es dem *Locke'schen* Konzept insbesondere an der Judikative.[524] Auch sonst sind keine *checks and balances* im Sinne einer modernen Gewaltenteilungslehre zu erkennen.[525] Vielmehr hat sich *Locke* auf die Etablierung der zwei ausschlaggebenden Instanzen seiner Zeit beschränkt: die Repräsentanten des Bürgertums und die Krone.[526] Erstere sollen in der Legislative angesiedelt sein und Letztere (*Locke* spricht diesbezüglich vom „Fürsten"[527]) das oberste Glied der Exekutive bilden.[528]

Locke nahm an, dass die Menschen ihre naturgegebene schiedsrichterliche Gewalt der Legislative übertragen sollen. In ihr würden …

517 *Euchner,* Einleitung, 1967, S. 37 mit Blick auf *Locke,* Zweite Abhandlung, 1967, § 159 S. 309, § 213 S. 345 f.

518 S. nur ebenda, § 143 S. 298.

519 Vgl. ebenda, § 13 S. 207, § 137 S. 292 f., § 139 S. 295, vgl. auch § 8 S. 203.

520 *Polin,* La politique morale de John Locke, 1960, S. 198.

521 *Montesquieu,* L'esprit des lois, 1944, Buch XI, Kap. VI, S. 163 ff. (vgl. deutschsprachige Übersetzung von *Ernst Forsthoff*: *Ders.,* Geist der Gesetze, 1951, S. 214 ff.).

522 *Euchner,* Einleitung, 1967, S. 36 f., ebenso *Polin,* La politique morale de John Locke, 1960, S. 221.

523 *Montesquieu* entwickelte die Ansätze von *Locke* schließlich erst weiter (*Geisler,* in: Massing/Breit/Buchstein (Hrsg.), Demokratietheorien, 2012, S. 103–112, 112).

524 *Llanque,* Geschichte der politischen Ideen, 2012, S. 51.

525 Vgl. *Höntzsch,* in: Salzborn (Hrsg.), Der Staat des Liberalismus, 2010, S. 165–184, 165, die dabei *Lockes* Rolle als Vordenker betont.

526 Vgl. *Euchner,* Einleitung, 1967, S. 36 f.

527 S. nur *Locke,* Zweite Abhandlung, 1967, §§ 203 ff. S. 338 ff.

528 Vgl. ebenda, § 213 S. 346.

> „[…] die Glieder eines Staates vereinigt und zu einem einzigen zusammenhängenden, lebenden Körper verbunden werden. *Sie ist die Seele*, *die* dem Staat *Form, Leben und Einheit verleiht*“[529].

Die Legislative stellt für *Locke* das Zentrum des Staatswesens dar, weil sie direkt durch die Zustimmung der Gesellschaft legitimiert ist.[530] Sie trägt in seiner Staatslehre dadurch zwar die alleinige souveräne Gewalt;[531] dennoch – oder besser: gerade deshalb – müssen ihrer Macht zur Vermeidung von Missbrauch durch die für sie agierenden Menschen Grenzen gesetzt werden. Daher ist es nach *Lockes* Vorstellung begrüßenswert, wenn die Repräsentanten sich nur punktuell versammeln, um die erforderlichen Gesetze zu beschließen.[532] Anschließend sollten sie sofort wieder auseinandergehen und sich wie alle anderen Menschen des Staatsvolks verhalten, d. h. den Verpflichtungen der von ihnen erlassenen Gesetze nachgehen.[533] Die Ausführung der Gesetze solle die Legislative einer ihr unterstehenden ständigen Exekutive übertragen.[534] Zur Gewalt der Exekutive gehören für *Locke* neben dieser schlichten Vollstreckung der Gesetze der Legislative auch noch die föderative Gewalt und die von ihm so bezeichnete „Prärogative“[535]. Erstere meint die außenpolitische Regierungsgewalt;[536] unter Letzterer versteht *Locke* ein aus dem Selbsterhaltungsprinzip abgeleitetes Entscheidungsrecht des Fürsten in gesetzlich nicht vorgesehenen Situationen (Notrecht).[537]

Dass es in seiner Staatskonzeption gewichtige Überschneidungen von Legislative und Exekutive gibt, wird anhand folgender Textpassage am Ende seiner „Zweiten Abhandlung“ deutlich, in der er seine favorisierte Zusammensetzung der Legislative darstellt:

> „Wir wollen daher annehmen, die Legislative sei so angelegt, daß in ihr gleichzeitig drei verschiedene Instanzen mitwirkten:

529 Ebenda, § 212 S. 345 (*Hervorhebungen ebenda*).

530 Vgl. ebenda, § 134 S. 289.

531 Vgl. ebenda, § 134 S. 289 f., § 143 S. 298. Damit bleibt das Volk Träger der Gewalt (vgl. ebenda, § 149, S. 301).

532 Vgl. ebenda, § 143 S. 298.

533 Ebenda, § 143 S. 298.

534 Ebenda, § 144 S. 299.

535 Ebenda, § 159 S. 309.

536 Vgl. ebenda, § 146 S. 299.

537 Vgl. ebenda, § 159 S. 309.

1. eine einzige erbliche Person als Träger der ständigen höchsten Exekutivgewalt und damit im Besitz der Macht, die beiden anderen Gewalten innerhalb bestimmter Zeitintervalle einzuberufen und aufzulösen,
2. eine Versammlung des Erbadels,
3. eine Versammlung von Repräsentanten, die vom Volke auf Zeit gewählt wurden."[538]

Der Fürst als Leiter der Exekutive hat also die Macht, die Legislative einzuberufen. Er hat damit eine doppelte Funktion und genießt insofern doppeltes Vertrauen des Volks.[539]

Lockes Modell würde die gegenwärtigen Anforderungen an eine rechtsstaatliche Gewaltenteilung und an eine demokratische Staatsform allenfalls sehr eingeschränkt erfüllen.[540] Dies gilt umso mehr, als für *Locke* nur der Eigentümer ein vollwertiger Staatsbürger ist. Nur dieser könne Repräsentanten ins Parlament wählen – und zwar im Verhältnis zum öffentlichen Beitrag, den er leiste.[541] Das Recht auf politische Teilhabe räumt *Locke* also nur dem Besitzbürgertum ein. *Euchner* spricht insofern von der „Ideologie des besitzbürgerlichen Frühkapitalismus"[542] und der „politische[n] Theorie [...] des besitzenden Bürgertums"[543]. Dabei ist zu beachten, dass das hier angesprochene und zugrunde gelegte Verständnis von Demokratie erst aus Schriften wie der „Zweite Abhandlung" von *Locke* erwachsen ist. Mag man ihn also nicht unbedingt als Demokraten im gegenwärtigen Sinne bezeichnen, hat sein staatstheoretisches Werk dennoch einen wertvollen Beitrag zum gegenwärtigen Verständnis von Demokratie

538 Ebenda, § 213 S. 346.

539 Ebenda, § 222 S. 350.

540 Vgl. *Macpherson,* The political theory of possessive individualism, 1962, S. 194 ff. Gewiss sind die umstritten und insbesondere im Völkerrecht noch nicht hinreichend geklärt (hierzu s. u., S. 304). Hier wird einem formellen Mindestverständnis von Demokratie nach gefordert, dass die Staatsregierung und andere -organe durch Personen besetzt werden, die ausschließlich durch das Volk in allgemeinen, gleichen, freien und geheimen Wahlen legitimiert wurden.

541 *Locke,* Zweite Abhandlung, 1967, § 158 S. 307 f., vgl. auch § 121 S. 281. Vgl. *Macpherson,* The political theory of possessive individualism, 1962, S. 221 f. Kritisch hierzu *Berlin,* PQ 35 (1964), S. 444–468, 463.

542 *Euchner,* Einleitung, 1967, S. 35.

543 Ebenda, S. 39.

geleistet.[544] Möglicherweise können *Lockes* Widerstandslehre ebenso Anregungen für das gegenwärtige Völkerrecht entnommen werden.

3. Widerstandslehre

Lockes Gedanken zum Widerstandsrecht werden aufgrund ihrer Bedeutung für den Fortgang der Untersuchung zwar in einem eigenen Abschnitt dargestellt, stehen aber nicht außerhalb seiner politischen Philosophie. Vielmehr stellen sie einen essenziellen Aspekt ebendieser dar, wie in der folgenden Betrachtung deutlich wird.

a) Begründung und Voraussetzungen des Widerstandsrechts

Locke benennt in seiner „Zweiten Abhandlung" mehrere Argumente zur Begründung seiner Widerstandslehre. Letztlich stellen diese die Fortführung der dargelegten Grundgedanken seiner Staatslehre dar. Die Übergänge der drei von ihm angeführten Hauptargumente sind fließend.[545] Sie bedingen einander; ebenso die Konstellationen, in denen *Locke* ein Widerstandsrecht für einschlägig erachtet und welche er in einem weiteren Schritt umfangreich skizziert. Dadurch werden zugleich seine Voraussetzungen für das Eingreifen eines Widerstandsrechts deutlich.

aa) Einwilligungsargument

Zunächst folgt die Billigung eines Widerstandsrechts (sowie seiner Voraussetzungen) logisch aus *Lockes* Konzeption vom Sozialvertrag. Es ist seiner Staatstheorie immanent, in der die Legitimation von Staatsmacht einzig aus der vorherigen Zustimmung, also der Einwilligung der Bürger

---

544 *Locke* als „Wegbereiter der liberal-repräsentativen Demokratie" bezeichnend *Geisler,* in: Massing/Breit/Buchstein (Hrsg.), Demokratietheorien, 2012, S. 103–112, 109. Vgl. zum Einfluss der Lehre *Lockes* auf die gegenwärtige deutsche Verfassungswirklichkeit eingehend *Knoll,* in: Salzborn (Hrsg.), Der Staat des Liberalismus, 2010, S. 211–244.

545 So zählt z. B. *Simmons,* in: Rehm/Ludwig (Hrsg.), John Locke, Zwei Abhandlungen über die Regierung, 2012, S. 153–163, 153 nur zwei Argumentationslinien.

folgt.[546] Das Recht auf Widerstand steht den Bürgern in einem staatlichen Vertrauensverhältnis à la *Locke* damit automatisch zur Seite, wenn die herrschenden Entitäten nicht (mehr) im Rahmen der ihr ursprünglich durch Einwilligung erteilten Macht handeln. Dies kann zum einen der Fall sein, wenn sich die von dieser Einwilligung umfasste Staatsstruktur ändert.[547] Zum anderen bezieht sich die Einwilligung auf einen bestimmten Staatszweck: den Schutz des Eigentums seiner Bürger.[548] Dieser ist bei *Locke* oberstes politisches Prinzip. Er hat damit ein funktionales Verständnis von politischer Macht.[549] Wenn der Staatszweck (bzw. seine Funktion) von den regierenden Instanzen nicht mehr erfüllt wird, schulden die Bürger der Regierung keinen Gehorsam mehr, sondern dürfen sich ihr widersetzen.[550] Die politische Gewalt der Regierung wird also durch den Staatszweck begrenzt.[551] Genau genommen gibt es in einer solchen Konstellation keine (legitime) Regierung mehr. *Locke* formuliert diese logische Schlussfolgerung folgendermaßen:

> „Und jeder, der in seiner Autorität über die ihm gesetzlich eingeräumte Macht hinausgeht und von der Gewalt, über die er verfügt, Gebrauch macht, den Untertanen etwas aufzuzwingen, was das Gesetz nicht erlaubt, hört damit auf, Obrigkeit zu sein. Er handelt ohne Autorität, und man darf ihm Widerstand leisten wie jedem anderen Menschen, der gewaltsam in das Recht eines anderen eingreift."[552]

Wo die Staatsmacht aufhört, gibt es also keinen Staat, dem man sich widersetzen könnte. Spricht man vom *Locke'schen* Widerstandsrecht, sollte man daher im Blick behalten, dass der Gegner eines solchen Rechts lediglich eine rechtlich nicht mehr legitimierte Entität, also nur eine faktische Herrschaftsmacht sein kann, die keinen Staat oder keine Regierung im herkömmlichen Sinne mehr darstellt.[553] Die Legitimität der Regierung und

546 Vgl. *Locke,* Zweite Abhandlung, 1967, § 134 S. 289 f.

547 Vgl. ebenda, §§ 211 ff. S. 344 ff.

548 Vgl. ebenda, § 131, S. 286, § 171 S. 317 und § 222 S. 349.

549 Vgl. *Polin,* La politique morale de John Locke, 1960, S. 197 f.

550 Vgl. *Locke,* Zweite Abhandlung, 1967, § 134 S. 290.

551 Vgl. *Polin,* La politique morale de John Locke, 1960, S. 197 f.

552 *Locke,* Zweite Abhandlung, 1967, § 202, S. 338. Vgl. auch die ähnliche Formulierung ebenda, § 239, S. 363.

553 Dies wird von *Locke* allerdings relativiert bzw. im Hinblick auf das individuelle Verhältnis vom Bürger zur Herrschaftsmacht beschränkt, denn *Locke* erkennt Situationen an, in denen nur bestimmte Bürger ein Widerstandsrecht hätten. Dies

das Widerstandsrecht sind bei *Locke* also, wie *Ned Dobos* formuliert, „opposite sides of the same coin“[554].

Es gilt laut *Locke*: Jedem, der einem etwas ohne Befugnis diktieren will, kann man sich widersetzen, da man ihm man keinen Gehorsam (mehr) schuldet.[555] Die Einwilligung in den *Locke'schen* Sozialvertrag ist keine absolute Blankovollmacht. Mit dem Eintritt in den Gesellschaftszustand begeben sich die Bürger nicht all ihrer Rechte; das Volk stellt auch im Gesellschaftszustand noch den Inhaber der höchsten Gewalt dar.[556] Zwar verzichten die Einwilligenden durch den Sozialvertrag auf einige ihrer natürlichen Rechte (vor allem auf das Recht auf Selbstjustiz), jedoch tun sie dies gerade zum Erhalt ihrer anderen Rechte (des Eigentums im weiteren Sinne). Die Geltung des weitergehenden Naturrechts wird durch den Eintritt in den Gesellschaftszustand nicht berührt, vielmehr dient die Staatsgründung seiner Entfaltung. Insofern müssen sich auch Staatsakte am Maßstab der Prinzipien des geltenden Naturrechts messen lassen. Wo jene diesen Prinzipien nicht standhalten, endet zwangsläufig die Einwilligung der Bürger.[557]

Hieran wird deutlich, dass dieses Einwilligungsargument von *Locke* nur dann zu überzeugen vermag, wenn es Einwilligungsgrenzen gibt, denn theoretisch folgt die Existenz eines Widerstandsrechts noch nicht zwangsläufig aus der Einwilligung in den Sozialvertrag. Es ist schließlich denkbar, dass die Bürger einer Gesellschaft in eine vollumfängliche Gehorsamspflicht gegenüber der Regierung einwilligen, bei der keinerlei Widerstandsrecht bliebe. Nicht jede politische Vertragstheorie (in ihnen ist immer ein Moment der Einwilligung vorhanden) muss daher ein Widerstandsrecht vorsehen, wie bereits das *Hobbes'sche* Modell gezeigt hat. Damit kann die Einwilligung als solche nicht zur hinreichenden Bedingung für das Widerstandsrecht erklärt werden. Dazu bedarf es entweder einer weiteren Konkretisierung der Einwilligung (Bedingungen, insb. Zweck) oder der Prämisse von Einwilligungsgrenzen, d. h. der Unterstellung einer nur begrenzen Dispositionsbefugnis der Einwilligenden. *Locke* statuiert in der Tat solche Einschränkungen im Hinblick auf die Einwilligung. Es lässt

deutet darauf hin, dass die Regierung den anderen Bürgern gegenüber dann noch legitim ist (vgl. ebenda, § 207 S. 340 f.).

554 *Dobos,* Insurrection and Intervention, 2012, S. 7.

555 *Locke,* Zweite Abhandlung, 1967, § 212, S. 345.

556 Vgl. ebenda, § 149, S. 301.

557 Vgl. ebenda, § 222, S. 349 f.

sich anhand der von *Locke* gewählten Formulierung allerdings nicht eindeutig erkennen, ob dies Bedingungen sind, welche die Bürger an ihre Einwilligung knüpfen, oder ob es für ihn außerhalb der menschlichen Dispositionsbefugnis liegt, in die Unterwerfung unter eine mit grenzenloser Macht ausgestatteten Regierung einzuwilligen:

> „Denn es kann niemals als Wille der Gesellschaft vorausgesetzt werden, daß die Legislative eine Macht habe, das zu vernichten, was jeder einzelne mit seinem Eintritt in die Gesellschaft zu sichern bezweckte und um dessentwillen das Volk sich Gesetzgebern unterwarf, die es selbst ernannt hat."[558]

Die Formulierung „Wille" deutet darauf hin, dass die Menschen die Wahl hätten, auch in das Gegenteil einzuwilligen. Indessen spricht *Locke* davon, dass es nicht vorausgesetzt werden könne, dass Menschen einen gegenteiligen Willen bildeten. Die Verallgemeinerung in dieser apodiktischen Formulierung spricht dafür, dass *Locke* hier allgemeine Dispositionsgrenzen aufzeigt. Dies ergibt sich vor allem in Zusammenschau mit dem vorherigen Satz:

> „Der Grund, aus dem die Menschen in eine Gesellschaft eintreten, ist die Erhaltung ihres Eigentums, und der Zweck, zu dem sie eine Legislative wählen und bevollmächtigen, ist, daß Gesetze erlassen und Regeln festgelegt werden, um das Eigentum aller Glieder der Gesellschaft zu bewachen und so die Gewalt und die Herrschaft jedes Teiles und Gliedes der Gesellschaft zu beschränken und zu mäßigen."[559]

Der Hinweis auf den Schutz des Eigentums als einzigen Staatszweck lässt darauf schließen, dass eine Einwilligung in einen Staat, der das Eigentum nicht schützt, nach *Lockes* Vorstellung nicht nur sinnlos, sondern überhaupt nicht möglich ist. Seine eingangs[560] dargestellte Naturrechtslehre und die ihr innewohnende Selbsterhaltungspflicht[561] sprechen ebenso dafür, dass die menschliche Einwilligung natürlichen Dispositionsschranken unterliegt. Dies wird insbesondere anhand folgender Textpassage deutlich:

> „Denn da kein Mensch oder keine menschliche Gesellschaft die Macht hat, ihre *Erhaltung* und folglich auch die Mittel dazu dem absoluten Willen und der willkürlichen Herrschaft eines anderen auszuliefern, so werden sie, sooft sie jemand in einen derartig sklavischen Zustand versetzen will, stets das Recht haben, das zu verteidigen, auf dessen Verzicht sie nicht die Macht ha-

---

558 Ebenda, § 222 S. 349 f.

559 Ebenda, § 222 S. 349.

560 S. o., S. 103 ff.

561 S. nur *Locke,* Zweite Abhandlung, 1967, § 6 S. 203.

> ben, und sich von den Menschen zu befreien, die gegen dieses grundlegende, heilige und unabänderliche Gesetz der *Selbsterhaltung*, um dessentwillen sie in die Gesellschaft eintraten, verstoßen."[562]

Insofern ist davon auszugehen, dass Menschen bei *Locke* nicht in eine politische Herrschaft einwilligen können, die nicht zum Wohl der Erhaltung ihres Lebens, ihrer Freiheit und ihres Vermögens ausgeübt wird.[563] Diese Einwilligungsgrenze impliziert, dass die Gemeinschaft selbst im Gesellschaftszustand die höchste Gewalt innehat – mag sie auch subsidiär sein.[564] Sie steht damit letzten Endes stets über der Regierung.

Eine Staatsmacht, die durch die Einwilligung der Gemeinschaft legitimiert ist, kann also dann rechtmäßiger Gehorsamsverweigerung und legitimem Widerstand ausgesetzt sein, wenn sie außerhalb dieser möglichen Einwilligung exerziert wird. Das Einwilligungsargument kommt selbstverständlich auch dann zum Tragen, wenn eine Person, Personengruppe oder Institution die Staatsgewalt an sich reißt, ohne jemals Adressat einer legitimierenden Einwilligung gewesen zu sein.[565]

bb) Selbstverteidigungsargument

Locke führt bei der Begründung seiner Widerstandslehre ferner das Argument der Selbstverteidigung ins Feld.[566] Hierbei zieht er in Betracht, dass es im Gesellschaftszustand seitens der Machthaber zu Missbrauch kommen kann.[567] Es seien daher Konstellationen im Verhältnis zwischen Staat und Bürgern denkbar, in denen sich die Bürger staatlicher „Tyrannei"[568] ausgesetzt sehen könnten. Dieser gegenüber müsse sich der Bürger nicht nur deshalb wehren dürfen, weil er nicht in sie eingewilligt habe (Einwilligungsargument). Vielmehr handelt es sich um eine derartige Notsituation,

---

562 Ebenda, § 149 S. 301 (*Hervorhebungen ebenda*).

563 So *Dobos,* Insurrection and Intervention, 2012, S. 9; vgl. auch *Lockes* folgende Formulierung: „[…] denn man kann nie annehmen, daß das Volk jemals seine Zustimmung geben würde, von irgend jemandem zu seinem Schaden regiert zu werden […]" (*Locke,* Zweite Abhandlung, 1967, § 168 S. 314).

564 Vgl. ebenda, § 149 a. E. S. 302.

565 Vgl. hierzu weiter unten die von *Locke* dargelegten Konstellationen, S. 131 f., 137 ff.

566 Vgl. *Locke,* Zweite Abhandlung, 1967, § 149 S. 301, § 232 S. 357.

567 Vgl. ebenda, Kap. 18 f.

568 Ebenda, §§ 199 ff. S. 336 ff.

dass das naturgegebene Recht zur Selbstverteidigung, das unmittelbar aus dem Selbsterhaltungsprinzip folgt – hier im Gesellschaftszustand unter dem Namen des Widerstandsrechtes –, einschlägig ist.[569] Dieses Selbstverteidigungsrecht ist in *Lockes* Lehre ein Recht, das dem Menschen bereits im Naturzustand zusteht. Es kommt dann zum Tragen, wenn jemand einen Angriff auf das Eigentum eines anderen durchführt, sich also in den *Locke'schen* Kriegszustand begibt.[570]

Im Gesellschaftszustand hat die Regierung grundsätzlich das Gewaltmonopol inne, da die Bürger dieser ihr Selbstjustizrecht übertragen haben. Es ist fraglich, ob das Selbstverteidigungsrecht in diesem Zustand überhaupt noch einschlägig sein kann. Dafür spricht zum einen, dass die Bürger der Regierung ihr Selbstjustizrecht lediglich im Hinblick auf die Angriffe von Privaten übertragen haben. Im Fall der Tyrannei geht es aber um einen Angriff von staatlicher Seite. Zum anderen umfasst das übertragene Selbstjustizrecht nicht die Notfälle, in denen staatliche Abhilfe zur Beseitigung einer Notlage zu spät kommen würde. Dies gilt umso mehr, als es Ausfluss der für *Locke* bedeutsamen natürlichen Selbsterhaltungspflicht ist und somit nicht vollumfänglich übertragbar sein kann.[571]

Wenn die Legislative oder die Exekutive also Freiheit, Leben und/oder Vermögen ihres Volks rechtswidrig angreife, begebe sie sich in einen Kriegszustand gegenüber dem Volk.[572] Da das Volk die staatlichen Institutionen nur deshalb mit politischer Gewalt ausgestattet habe, um einen Kriegszustand (zwischen Privaten) zu vermeiden, sei der Kriegszustand zwischen dem Staat und den Bürgern weit schlimmer als derjenige, vor dem sich die Bürger durch die Staatsgründung freiwillig zu schützen versucht haben.[573] In diesem schlimmeren Zustand muss das natürliche Selbstverteidigungsrecht den Bürgern erst recht zustehen.[574] Dass sie dieses freiwillig aufgegeben hätten, kann im Hinblick auf die soeben dargestellte Einwilligungsgrenze ohnehin nicht angenommen werden. *Locke*

569 Ebenda, § 202 S. 338 stellt insofern einen Vergleich mit einem Angriff durch einen Dieb, Räuber und Hausfriedensbrecher an.

570 Vgl. ebenda, §§ 16 ff. S. 210 ff.; s. dazu o., S. 108 f.

571 Zur Selbsterhaltungspflicht *Locke,* Zweite Abhandlung, 1967, § 6 S. 202 f.

572 Ebenda, § 222 S. 350, §§ 226 ff. S. 353 ff.

573 Ebenda, § 202 S. 338.

574 So interpretiert es *Peters,* Widerstandsrecht und humanitäre Intervention, 2005, S. 47 f.; vgl. das Argument von *Locke,* Zweite Abhandlung, 1967, § 137 S. 293 im Hinblick auf die Ablehnung einer absoluten Herrschaft.

meint vielmehr, dass in einem solchen Kriegszustand sämtliche früheren Verpflichtungen aufgehoben würden.[575]

Er stellt dar, dass die Regierung, die sich ihrem Volk gegenüber in den Kriegszustand versetze, der eigentliche Rebell sei.[576] So gelangt er zur Schlussfolgerung, dass die Anerkennung eines Widerstandsrechts – eines Rechts zur vermeintlichen Rebellion – „der *beste Schutz gegen Rebellion* und das geeignetste Mittel, sie zu verhindern"[577] sei. Dank der Existenz eines Widerstandsrechts steht eine Regierung bei *Locke* ständig unter dem Druck, ihre Macht nicht zu missbrauchen, nur zum Wohl ihres Volks zu handeln und somit keinen Kriegszustand zu provozieren. Anhand des Selbstverteidigungsarguments wird deutlich, dass *Lockes* Widerstandsrecht im Kern kein aggressives Recht, sondern lediglich ein Verteidigungsmittel darstellt und zudem eine stabilisierende Wirkung hat.

cc) Argument des Vertrauensbruchs

In Fortführung der beiden zuvor genannten Argumente wechselt *Locke* bei seinem letzten Argument kurz die Perspektive in Richtung der Regierung. Er befindet, dass sich diese nicht mehr auf ihre Gewalt und Herrschaftsprivilegien berufen kann, sondern Widerstand dulden muss, wenn sie das in sie gesetzte Vertrauen gebrochen hat. *Locke* formuliert wie folgt:

> „Obwohl es in einem verfaßten Staat, […] nur *eine höchste Gewalt* geben kann, nämlich *die Legislative*, […] so ist doch die Legislative nur eine Gewalt, die auf Vertrauen beruht und zu bestimmten Zwecken handelt. Es verbleibt *dem Volk* dennoch *die höchste Gewalt*, die *Legislative* abzuberufen oder zu ändern, wenn es der Ansicht ist, daß die Legislative dem in sie gesetzten Vertrauen zuwiderhandelt. Denn da alle Gewalt, die im Vertrauen auf einen bestimmten Zweck übertragen wird, durch diesen Zweck begrenzt ist, so muß, wenn dieser Zweck vernachlässigt oder ihm entgegen gehandelt wird, dieses Vertrauen notwendigerweise *verwirkt* sein […]."[578]

Das Argument des Vertrauensbruches gilt nicht nur auf der Seite der Herrschenden, sondern kann genauso gut aus der Perspektive der Bürger ent-

---

575 Ebenda, § 232 S. 357.

576 Ebenda, § 226 S. 353; vgl. *Peters,* Widerstandsrecht und humanitäre Intervention, 2005, S. 42 („rebellare", lat. „den Krieg erneuern").

577 *Locke,* Zweite Abhandlung, 1967, § 226 S. 353.

578 Ebenda, § 149, S. 301 (*Hervorhebungen ebenda*). S. zur Verwirkung der Macht auch ebenda, § 222 S. 350.

wickelt werden. Es vereint die Wertungen des Einwilligungs- und Selbstverteidigungsarguments. Vertrauen geht über die bloße Einwilligung hinaus. Es ist zwingend notwendig, dass die Bürger der Regierung einen Vertrauensvorschuss gewähren, wenn sie dieser ihre naturgegebene Gewalt übertragen.[579] Dieses Vertrauen wird – wie die übertragene Gewalt selbst – missbraucht, wenn die Regierung sich in ihrer Form abweichend von der bürgerlichen Einwilligung ändert oder ihre Macht nicht zum vereinbarten Zweck nutzt.[580] Wer einmal sein Vertrauen missbraucht hat, hat es laut *Locke* für immer verwirkt.[581]

So spricht *Locke* unter anderem von einem Vertrauensbruch, wenn der Fürst als Inhaber der höchsten Exekutivgewalt und als Teil der Legislative willkürlich seinen Willen Gesetz werden lässt oder Abgeordnete bzw. Wähler beeinflusst.[582] *Locke* hält es für besonders schlimm, wenn der Fürst das in ihn gesetzte Vertrauen missbraucht. Dies ist nicht nur dem Umstand geschuldet, dass er ohnehin „zweifaches Vertrauen“[583] und somit mehr Vertrauen als jeder andere Beamter im Staat genießt. Vielmehr ergibt sich die Verschlimmerung auch daraus, dass er ohnehin schon mehr als die Bürger besitzt[584] und dass er „[…] durch die Vorzüge seiner Erziehung, seiner Stellung und seiner Berater das Maß von Recht und Unrecht besser erkennen kann.“[585]

Locke zieht neben dem soeben dargestellten Handeln des Fürsten noch weitere Konstellationen des Vertrauensbruches in Betracht: wenn die Legislative versuche, in das Eigentum der Bürger einzugreifen, oder sie sich selbst bzw. einen Dritten zum willkürlichen Machthaber im Hinblick auf Leben, Freiheit und Vermögen der Bürger mache.[586] Diese Konstellationen werden sogleich mit den anderen potenziellen praktischen Widerstandsszenarien, die *Locke* darstellt, näher erläutert.

---

579 Vgl. ebenda, § 136 S. 292 und Formulierung „anvertraut“ in § 139 S. 295.
580 Vgl. ebenda, § 239, S. 363.
581 Ebenda, § 222 a. E. S. 351.
582 Vgl. ebenda, § 222, S. 350.
583 Ebenda, § 222, S. 350.
584 Dieses Argument gilt nur für die Fälle, in denen der Fürst das Vertrauen ausnutzt, um sich zu bereichern.
585 Ebenda, § 202, S. 338.
586 Ebenda, § 221, S. 349.

dd) Mögliche praktische Szenarien

Aus den drei Argumenten, die *Locke* zur Begründung des bürgerlichen Widerstandsrechts anführt, ergeben sich die Voraussetzungen, die an ein solches geknüpft sind. Letztlich ist ein Widerstandsrecht einschlägig, sofern …

- die Regierung eine formelle Änderung jedweder Art erfährt, die nicht von der Einwilligung des Volks gedeckt ist (*Einwilligungsargument* und *Argument des Vertrauensbruchs*),
- die Gesetzgebung und/oder -ausführung nicht (mehr) in der Lage ist, dem Staatszweck des Eigentumsschutzes gerecht zu werden (*Einwilligungsargument* und *Argument des Vertrauensbruchs*),
- die Herrschaftsmacht von jemandem ausgeübt wird, der hierzu niemals durch Einwilligung ermächtigt wurde (*Einwilligungs*- und *Selbstverteidigungsargument*) oder
- die Staatsmacht (ob legitim ernannt oder nicht, ist unerheblich) selbst Angriffe auf das Eigentum des Volks verübt (*alle drei* vorgenannten Argumente kommen hier zum Tragen).

Die Argumente können dabei kumulativ oder alternativ verwendet werden, um die Voraussetzungen eines Widerstandsrechts à la *Locke* zu statuieren. Denn die Übergänge zwischen ihnen sind fließend, und eine Abgrenzung ist nicht von großer Bedeutung, sofern der allen drei immanente Kerngedanke jedenfalls zum Tragen kommt. Um diesen zu benennen, wird erneut auf *Dobos'* eingehende Formulierung verwiesen: Das Widerstandsrecht sei bei *Locke* die „Kehrseite der Medaille“[587] der Legitimität politischer Gewalt. Ein Widerstandsrecht ist also immer dann einschlägig, wenn eine (aus formellen oder materiellen Gründen) nicht legitime Staatsgewalt ausgeübt wird. Abstrakt sind die Voraussetzungen des Widerstandsrechts daher kongruent mit denen der Legitimität politischer Gewalt.

Locke widmet sich zur argumentativen Untermauerung seiner Widerstandslehre der Konkretisierung dieser Voraussetzungen des Widerstandsrechts, indem er die möglichen praktischen Szenarien erörtert, in denen das Widerstandsrecht seiner Meinung nach relevant wird.[588] Er unterscheidet dabei zwischen den Ausführern der illegitimen Handlung und der Qualität dieser Handlung. Die Grenzen zwischen den skizzierten Szenarien

587 *Dobos,* Insurrection and Intervention, 2012, S. 7 (Übersetzung d. Verf.).

588 Vgl. *Locke,* Zweite Abhandlung, 1967, Kap. 16 ff.

sind – wie bei den drei Argumenten, auf denen sie basieren – fließend. Dies wird auch anhand *Lockes* Darstellungen deutlich: Auch, wenn sie zum Teil in aufzählender Manier stattfinden und insofern eine Struktur bekommen, wird diese Struktur von *Locke* leider nicht in voller Konsequenz eingehalten.[589] Der hiesigen Analyse dieser vermeintlichen Struktur zufolge skizziert *Locke* im Groben vier Szenarien, die sich wie folgend schematisch abbilden lassen:[590]

<table>
<tr><td colspan="2" rowspan="2">Ausführer der das WR begründenden Handlung
Qualität der das WR begründenden Handlung</td><td colspan="2">Einst legitime Regierung</td><td rowspan="2">Fremde Herrschaftsmacht</td></tr>
<tr><td>Legislative</td><td>Exekutive</td></tr>
<tr><td rowspan="2">Formell</td><td rowspan="2">Änderung des staatlichen Gewaltengefüges</td><td colspan="2">Änderung der Legislative (1)</td><td rowspan="4">Nicht möglich, da nicht von Gemeinschaft beauftragt</td></tr>
<tr><td>Auslieferung (an fremde Staatsmacht)</td><td>Eigene Gesetzgebung, Änderung des Wahlmodus, Auslieferung, Einfluss auf Versammlungsmodalitäten</td></tr>
<tr><td rowspan="3">Materiell</td><td rowspan="2">Nichterfüllung des Herrschaftszwecks</td><td colspan="2">Nichterfüllung des staatlichen Schutzzwecks (2)</td></tr>
<tr><td>Nichterlass von Gesetzen[591]</td><td>Nichtvollstreckung von Gesetzen</td></tr>
<tr><td>Herrschaftlicher Angriff</td><td colspan="2">Tyrannei (3)</td><td>Eroberung (von außen) und Usurpation (von innen) (4)</td></tr>
</table>

Abbildung: Widerstandsszenarien nach John Locke

WR = Widerstandsrecht

589 Vgl. die mehrfach verschachtelte Aufzählung: Ebenda, Kap. 19.

590 Vier Konstellationen zählen mit leichten Abweichungen *Peters,* Widerstandsrecht und humanitäre Intervention, 2005, S. 42 ff. und *Höntzsch,* in: Salzborn (Hrsg.), Der Staat des Liberalismus, 2010, S. 165–184, 176. Die hiesige Darstellung ist nur grober Natur, da einige Szenarien schon begrifflich ineinander übergehen. *Locke* spricht bspw. vereinzelt bereits im Hinblick auf die Konstellation der formellen Änderung der Staatsstruktur von „Tyrannei" (*Locke,* Zweite Abhandlung, 1967, § 220 S. 349; zu dieser Tyrannei im weiteren Sinne, s. u., S. 136). Eine andere Einteilung der Szenarien findet sich z. B. bei *Lloyd Thomas,* Locke on Government, 1995, S. 62 ff.

591 Von *Locke* so nicht ausdrücklich vorgesehen. Es folgt aber zwangsläufig aus seiner Argumentation im Hinblick auf die Nichtausführung von Gesetzen (*Peters,* Widerstandsrecht und humanitäre Intervention, 2005, S. 42; vgl. *Locke,* Zweite Abhandlung, 1967, § 219 S. 348).

In den Konstellationen, in denen der Gegner eines Widerstandsrechts eine einst legitime Regierung gewesen ist, spricht *Locke* davon, dass die Regierung aufgelöst worden sei.[592] Sofern das Widerstandsrecht sich gegen eine auf sonstige Weise an die Macht gelangte illegitime Herrschaftsentität richtet, sei darüber hinaus auch noch die Gesellschaft aufgelöst worden.[593] Im Folgenden sollten die vier *Locke'schen* Szenarien näher dargestellt werden.

(1) Änderung der Legislative

Im Fokus des ersten potenziellen Szenarios, in dem den Bürgern laut *Locke* ein Widerstandsrecht zusteht, steht die Legislative. Sie bildet als einziges teilweise demokratisch legitimiertes Staatsorgan die „Seele"[594] des *Locke'schen* Staats. Die Legislative ist darin damit die zentrale Gewalt und nimmt die Rolle des Schiedsrichters ein: Sie sei es, die bei Streitigkeiten die Entscheidung treffe und die den Schutz des Eigentums gewährleisten solle.[595] Daher können die Bürger sich einem Legislativgremium widersetzen, wenn es seit der Ermächtigung dieses Gremiums zu einer in der ursprünglichen Einwilligung des Volks nicht vorgesehenen Änderung desselben gekommen ist.

592 Vgl. ebenda, Kap. 19, insb. §§ 212 ff. S. 345 ff., § 221 S. 349. Vgl. hierzu auch *Polin*, der vom „Verbrechen der Auflösung" spricht (*Polin,* La politique morale de John Locke, 1960, S. 229).

593 Neben der „Auflösung von außen" (*Locke,* Zweite Abhandlung, 1967, § 211 S. 344) hält *Simmons,* in: Rehm/Ludwig (Hrsg.), John Locke, Zwei Abhandlungen über die Regierung, 2012, S. 153–163, 161 auch eine Auflösung der Gesellschaft „von innen" für möglich.

594 Vgl. *Locke,* Zweite Abhandlung, 1967, § 212 S. 345.

595 Ebenda, § 134 S. 289; § 212 S. 345.

(a) Personelle Änderung

In erster Linie kann eine solche Änderung personeller Natur sein. *Locke* formuliert hierzu:

> „Wenn es einer oder mehrere, die das Volk nicht dazu bestimmt hat, unternehmen sollten, Gesetze zu erlassen, so erlassen sie Gesetze ohne Autorität, und das Volk ist daher auch nicht verpflichtet, diese Gesetze zu befolgen.“[596]

Dies geschehe zum einen, wenn der Fürst als Träger der höchsten Exekutivgewalt versuche, seinen Willen unter Umgehung der Legislative zum Gesetz zu machen.[597] Zum anderen führe die Änderung des Wahlmodus durch den Fürsten zu einer personellen Diskrepanz zwischen den durch das Volk ursprünglich ermächtigten und den tatsächlichen Repräsentanten.[598] Ferner ergebe sich eine zum Widerstand berechtigende personelle Änderung der Legislative, wenn das Volk an eine fremde Macht ausgeliefert werde.[599] Letzteres könne gleichermaßen durch die Exekutive und die Legislative verursacht werden.[600] Ansonsten vermöge nur der Fürst die Legislative zu ändern, da er der Einzige sei, der im Rahmen seiner Herrschaftsbefugnisse einen entsprechenden Einfluss habe und insofern keiner Kontrolle unterliege.[601] Im Hinblick auf die beiden zunächst erwähnten Änderungsszenarien lässt sich dies allerdings auch anders begründen. Hierzu ist die Legislative schließlich kraft ihres Amtes ermächtigt. In der Gesetzgebung (erstgenannte Änderungsmöglichkeit) besteht gerade die Aufgabe der Legislative. Ihre Kompetenz umfasst insofern auch das Wahlrecht (zweitgenannte Änderungsmöglichkeit). *Locke* erkennt in diesem Zusammenhang zumindest an, dass die Legislative eine Mitschuld an den Änderungen durch den Fürsten tragen könne.[602] Er begründet dies aber damit, dass die Legislative dann nicht alles in ihrer Macht Stehende

---

596 Ebenda, § 212 S. 345.

597 Ebenda, § 214 S. 346. Dabei muss beachtet werden, dass der Fürst mit der „prärogativen Gewalt“ (ebenda, §§ 159 ff. S. 309 ff.) eine Regelungskompetenz innehat, die aber nicht mit der Gesetzgebungskompetenz vergleichbar ist. In *Lockes* Konzept kann gleichwohl nicht jede fürstliche Regelung sogleich als Änderung der Legislative klassifiziert werden.

598 Ebenda, § 216 S. 347. Dies gilt ebenso, wenn der Fürst z. B. Abgeordnete oder Wähler besticht (ebenda, § 222 S. 350).

599 Ebenda, § 217 S. 347.

600 Ebenda, § 217 S. 347.

601 Ebenda, § 218 S. 347.

602 Ebenda, § 218 S. 347 f.

versucht habe, um die Änderung der Legislative durch den Fürsten zu verhindern.[603]

(b) Fürstlicher Einfluss auf die Modalitäten der parlamentarischen Versammlung

Ein anderes Szenario, in dem es zu einer Änderung der Legislative kommt, ist die Beeinflussung der Versammlungsmodalitäten der Legislative durch den Fürsten. Laut *Locke* kommt es zu einer Änderung der Legislative, wenn der Fürst, der die Macht zur Einberufung und Auflösung der Legislative hat, die zeitlich veranschlagte Versammlung der Legislative verhindert.[604] Ebenso verhält es sich, wenn der Fürst Einfluss auf die sonstigen Versammlungsmodalitäten nimmt (Rederechte etc.). Die Legislative kennzeichnet sich durch die freie Ausübung ihrer Gewalt. Selbst eine Legislative, die personell mit der Zustimmung des Volks übereinstimmt, kann daher eine illegitime Legislative sein, wenn die Umstände ihrer Gewaltausübung durch den Fürsten massiv verändert werden. *Locke* meint gar, es läge eine neue, geänderte Legislative vor, wenn sie niemals zusammentrete oder sämtliche Umstände ihrer Versammlung fremddiktiert würden.[605]

(2) Nichterfüllung des staatlichen Schutzzwecks

Wie bereits mehrfach erwähnt, ist die Begründung politischer Gewalt im *Locke'schen* Modell nur dann sinnvoll, wenn damit der Schutz der Bürger vor dem Eingriff anderer Menschen in ihr Eigentum bezweckt wird.[606] Die Regierung, die die politische Gewalt innehat, muss diesem Zweck gerecht werden. Wenn sie ihre Aufgabe nicht (gründlich) erledigt, gibt es laut *Locke* keine Regierung mehr.[607] Das Volk dürfe sich in diesem Fall der

603 Ebenda, § 218 S. 347 f.
604 Ebenda, § 215 S. 346, § 213 S. 346, § 218 S. 247 f.
605 Ebenda, § 215 S. 346 f.
606 S. nur ebenda, § 131, S. 286 und § 222 S. 349.
607 Ebenda, § 219 S. 348.

untätigen faktischen Machthaber entledigen, um sodann eine neue Regierung einsetzen zu können, die ihre Schutzaufgaben wahrnehme.[608]

Die Exekutive komme ihrer Schutzaufgabe beispielsweise nicht (oder nur unzulänglich) nach, wenn sie die von der Legislative beschlossenen Gesetze nicht oder nur teilweise vollziehe.[609] In diesem Fall werden die Bürger nicht vor den Gefahren geschützt, die im Naturzustand von den anderen ausgehen. Das Unterlassen des Gesetzesvollzugs kommt dem gesetzgeberischen Unterlassen laut *Locke* gleich und führt daher zu einem Zustand der Anarchie.[610] In diesem Sinne muss das gesetzgeberische Unterlassen bzw. die unzulängliche legislative Tätigkeit erst recht zu einem Widerstandsrecht der Bürger führen.[611] *Locke* erwähnt dieses Szenario allerdings nicht ausdrücklich. Zudem hat die Legislative als „Seele"[612] des *Locke'schen* Staats viele Befugnisse, denn ihr Wille ist der Wille des Volks,[613] doch auch sie ist nicht unfehlbar.[614] Außerdem kann die Untätigkeit der Legislative nicht dem Willen des Volks entsprechen, das ihr schließlich eine Aufgabe, den Schutz seines Eigentums, anvertraut hat. In diesem Sinne formuliert *Locke*:

> „Aber eine Regierung ohne Gesetze ist, wie mir scheint, ein Mysterium in der Politik, unbegreiflich für den menschlichen Verstand und unvereinbar mit menschlicher Gesellschaft."[615]

Auch die Legislative kann damit hinter der Erfüllung ihrer Schutzaufgabe zurückbleiben und damit zum Adressaten von legitimem bürgerlichem Widerstand werden.

---

608 Ebenda, § 220 S. 348 f.

609 Ebenda, § 219 S. 348.

610 Ebenda, § 219 S. 348.

611 So *Peters,* Widerstandsrecht und humanitäre Intervention, 2005, S. 42.

612 *Locke,* Zweite Abhandlung, 1967, § 212 S. 345.

613 Ebenda, § 212 S. 34.

614 So benennt *Locke* mögliches Fehlverhalten der Legislative ebenda, § 212 S. 340, § 218 S. 347 f. und § 143 S. 298.

615 Ebenda, § 219 S. 348.

(3) Tyrannei

Lockes' dritte Kategorie von Situationen, in denen ein Widerstandsrecht zum Tragen kommt, ist die von ihm so bezeichnete „Tyrannei"[616]. Eine solche liegt laut *Locke* vor, wenn die politische Macht nicht zum Wohl des Volks eingesetzt, sondern zum eigenen Nutzen der Machthaber missbraucht wird.[617] Das Szenario der Tyrannei geht dabei deutlich über das der Nichterfüllung des Staatszwecks hinaus: Gewiss erfüllt auch eine tyrannische Regierung ihren Staatszweck nicht, jedoch macht sie sich nicht nur eines Unterlassens, also eines Versäumnisses schuldig. Sie verkehre den Staatszweck – die Beseitigung von (privaten) Bedrohungen – ins Gegenteil, weil sie selbst zur (staatlichen) Bedrohung für ihre Bürger werde.[618] Damit begeht eine tyrannische Regierung einen aktiven Angriff auf fundamentale Rechte ihrer Bürger.[619]

Die Tyrannei in *Lockes* Gesellschaftsmodell ist mit seinem Kriegszustand im Naturzustand verwandt.[620] Laut *Polin* geht sie noch darüber hinaus: Beim Kriegszustand im Naturzustand werde Gewalt *ohne* Recht ausgeübt, im Rahmen der Tyrannei werde die Gewalt *jenseits* des Rechts ausgeübt;[621] es handle sich damit um eine absolute Willkürherrschaft.[622] Die Gewährung eines Widerstandsrechts bzw. die Verneinung einer Gehorsamspflicht im Fall der Tyrannei ist insofern Spiegelbild von *Lockes* Kritik an jeglicher absoluter Herrschaft.[623] Zur absoluten politischen Gewalt formuliert *Locke*:

> „Das hieße, sich selbst in eine schlimmere Lage begeben als es der Naturzustand war […]. Nimmt man dagegen an, sie hätten sich der *absoluten, willkürlichen Gewalt* und dem Willen eines Gesetzgebers überantwortet, so hät-

---

616 Hierzu ebenda, Kap. 18.

617 Ebenda, § 199 S. 336.

618 Ebenda, § 222 S. 350; § 227 a. E. S. 354.

619 Man kann vereinfachend davon sprechen, dass die Regierung im ersten Szenario lediglich nachlässig ist, während sie im zweiten böswillig ist. Die Szenarien lassen sich nicht ohne Weiteres in die strafrechtlichen Kategorien fahrlässig vs. vorsätzlich oder Unterlassen vs. aktives Tun einordnen, doch ist der Unterschied im staatsethischen Unrechtsgehalt in grober Weise mit dem unterschiedlichen Unrecht der benannten strafrechtlichen Kategorien zu vergleichen.

620 Vgl. ebenda, § 232 S. 357.

621 Ebenda, § 199 S. 336.

622 *Polin,* La politique morale de John Locke, 1960, S. 198.

623 Zu seiner Kritik am Absolutismus s. o., S. 117.

> ten sie sich selbst entwaffnet und ihm mit Waffen versehen, daß er sie zu seiner Beute machen könnte, sobald er nur will.“[624]

So verwundert es auch nicht, dass *Locke* den Bürgern ein Widerstandsrecht zubilligt, wenn eine Regierung die Grenzen des Rechts überschreitet und sich eigenmächtig die „Waffen“[625] der Bürger aneignet, um Letztere auszubeuten.[626] Die Regierung wird nämlich auch hier im *Locke'schen* Sinne aufgelöst.[627]

Das Szenario der Tyrannei wird von *Peters* als Kern der Widerstandslehre *Lockes* bezeichnet.[628] Dies überzeugt umso mehr, als im Szenario der Tyrannei alle Argumente, die *Locke* zur Begründung seiner Widerstandslehre bemüht, zum Tragen kommen. Erstens überschreiten tyrannische Machthaber zwangsläufig die politische Gewalt, die ihnen durch die Einwilligung verliehen wurde, und verlieren so ihre Daseinsberechtigung (Einwilligungsargument). Zweitens verwirken sie *Locke* zufolge auch das in sie gesetzte Vertrauen (Argument des Vertrauensbruchs).[629] Drittens stellt das Widerstandsrecht in dieser Konstellation bei *Locke* ein natürliches Selbstverteidigungsrecht dar (Selbstverteidigungsargument).[630] Bei einem Angriff von staatlicher Seite handelt es sich zwar um ein Phänomen, das im Naturzustand nicht denkbar ist, sondern um die Ausprägung einer Gefahr, die erst mit dem Eintritt in den Gesellschaftszustand geschaffen wird. Dennoch müsse das natürliche Selbstverteidigungsrecht hier einschlägig sein, da der Gesellschaftszustand durch die Tyrannei in einen Kriegszustand zwischen der Regierung und dem Volk gewandelt werde.[631] Dabei ist laut *Locke* stets erforderlich, dass die Beeinträchtigungen seitens der Regierung nicht zum Wohl des Volkes erfolgen, sondern der persönlichen Besserstellung der Amtsinhaber dienen.[632]

---

624 *Locke,* Zweite Abhandlung, 1967, § 137 S. 293 (*Hervorhebungen ebenda*).

625 Formulierung in Anlehnung an ebenda, § 137 S. 293.

626 Vgl. ebenda, § 232 S. 357.

627 Vgl. für die Legislative ebenda, § 221 S. 349. Für den Fürsten ebenda, § 222 S. 350.

628 *Peters,* Widerstandsrecht und humanitäre Intervention, 2005, S. 44.

629 *Locke,* Zweite Abhandlung, 1967, § 202 S. 338, vgl. auch § 222 S. 349 ff.

630 Vgl. ebenda, § 232 S. 357.

631 Ebenda, § 232 S. 357; § 207 S. 340 f.; § 222 S. 350; § 226 f. S. 353 f.; § 235 S. 360.

632 Ebenda, § 199 S. 336. *Locke* lässt anklingen, dass es nicht immer einfach sei, solche bösen Absichten nachzuweisen (ebenda, § 230 S. 355 f.).

Tyrannei ist für *Locke* nicht nur in Monarchien denkbar, sondern ein Prinzip, das unabhängig von der Regierungsform vorkommen könne.[633] Er fasst den Begriff der Tyrannei sehr weit: „*Überall, wo das Gesetz endet, beginnt Tyrannei*, wenn das Gesetz zum Schaden eines anderen überschritten wird.“[634] Tyrannei setzt also lediglich widerrechtliches Handeln und Schädigungsvorsatz voraus. Bereits in den zuvor genannten Szenarien kann in diesem Sinne tyrannisch gehandelt werden, z. B. bei einer böswilligen Nichterfüllung der staatlichen Schutzpflicht durch den Fürsten – wenngleich hierin noch kein aktiver Angriff auf die unveräußerlichen Rechte der Bürger zu sehen ist. Liegt ein solcher Angriff vor, kann man von Tyrannei im engeren Sinne sprechen, ansonsten von Tyrannei im weiteren Sinne. Eine genaue Abgrenzung ist hinfällig, da *Locke* annimmt, dass alle Szenarien der Auflösung der Regierung letztlich zur Tyrannei (im engeren Sinne) führen können, sofern nicht schon direkt bei ihrem Eintritt Widerstand in Form der Ernennung einer neuen Legislative geleistet wird.[635] Deshalb kann einem Fürsten, der durch die Änderung der Legislative einmal das Vertrauen des Volks gebrochen hat, nie wieder Vertrauen entgegengebracht werden. Vielmehr sei dann auch weiterhin von tyrannischen Absichten des Fürsten auszugehen.[636] Insofern hat die Billigung eines Widerstandsrechts bei den zuvor erwähnten Konstellationen bereits ein präventives Moment im Hinblick auf eine sich zwangsläufig entwickelnde Tyrannei.

633 Ebenda, § 201 S. 337.

634 Ebenda, § 201 S. 337 (*Hervorhebungen ebenda*).

635 Vgl. hierzu die Verbindung, die *Locke* zwischen den bisher genannten Szenarien und der Tyrannei zieht (ebenda, § 220 S. 349) sowie *Lockes* Darstellung, wie Usurpation und Tyrannei zusammenfallen können (ebenda, § 197 S. 334).

636 Ebenda, § 222 a. E. S. 351, vgl. § 239 S. 363 mit Hinweis auf *Barclay,* De regno et regali potestate adversus Buchananum, Brutum, Boucherium et reliquos monarchomachos, libri VI, 1600.

(4) Eroberung und Usurpation

In den von *Locke* so bezeichneten Szenarien der „Eroberung“[637] und „Usurpation“[638] reißen Personen die politische Herrschaft an sich, die hierzu nicht durch Zustimmung des Volks legitimiert wurden. Das Recht, die politische Gewalt auszuüben, hat in beiden Fällen ein anderer (sofern zuvor die Gesellschaft den Sozialvertrag abgeschlossen hatte) oder – zumindest theoretisch – (noch) keiner.[639] Es handelt sich bei diesen Konstellationen um Konkretisierungen des Einwilligungsarguments. Bei der Eroberung ereigne sich ein Herrscherwechsel von außen, während er bei der Usurpation innerhalb der Staatsgrenzen stattfinde.[640] Im Fall der Ersteren habe zuvor immer der Gebrauch von Gewalt bzw. ein Krieg zwischen Staaten stattgefunden, und die neue Regierung sei auf diese Weise zur Macht gelangt.[641] Bei Letzterer habe keinerlei Änderung der Regierungsform bzw. des Staatssystems stattgefunden. Dort übten lediglich andere als die von der Zustimmung des Volks legitimierten Personen die politische Gewalt im etablierten System aus.[642]

Mit der Eroberung spricht *Locke* ein Szenario an, das sich in der Geschichte seiner Meinung nach vielfach ereignet hat. Er erörtert die abstrakte Begründung dafür, dass zahlreiche, zur Zeit der Verfassung seiner „Zweiten Abhandlung“ amtierende Regierungen nicht rechtmäßig seien, sondern Waffengewalt von ihnen fälschlicherweise als Herrschaftslegitimierung erachtet worden sei.[643] *Locke* stellt eingehend dar, dass der Angreifer, der die Angegriffenen in einem Krieg besiegt und dann zur Unterwerfung zwingt, daraus niemals einen Herrschaftsanspruch herleiten könne.[644] Daher sei der Widerstand gegen ihn immer zulässig.[645]

---

637 *Locke,* Zweite Abhandlung, 1967, §§ 175 ff. S. 320 ff.; im englischen Original spricht *Locke* von „Conquest“ (*ders.,* Vol. V, Of Civil Government, 1963, § 175 S. 443).

638 *Ders.,* Zweite Abhandlung, 1967, §§ 197 f. S. 334 f.; dieselbe Formulierung im englischen Original, s. *ders.,* Vol. V, Of Civil Government, 1963, § 197 S. 455.

639 Zur Usurpation *ders.,* Zweite Abhandlung, 1967, § 199 S. 336. Zur Eroberung Ebenda, § 179 S. 323, wo *Locke* skizziert, dass vor der Eroberung eine rechtmäßige Regierung die politische Gewalt innegehabt habe.

640 Ebenda, § 197 S. 334.

641 Ebenda, § 181 S. 324.

642 Ebenda, §§ 197 f. S. 334 f.

643 Ebenda, § 175 S. 320.

644 Ebenda, § 176 S. 320.

645 Ebenda, § 196 S. 332.

Daran ändert sich für *Locke* nichts, wenn man nach der Rechtmäßigkeit des geführten Angriffskriegs differenziert. Er stellt zunächst apodiktisch fest, dass aus einem nicht rechtmäßig geführten Krieg auch kein Anspruch auf den Gehorsam der Unterlegenen folgen könne.[646] Dies lässt sich argumentativ mit seiner Idee vom Kriegszustand begründen: Danach könne ein Mensch nur Macht über das Leben desjenigen erlangen, der sich ihm gegenüber in einen Kriegszustand versetzt und damit sein Leben verwirkt habe.[647] Dies trifft nicht auf diejenigen zu, die in einem unrechtmäßigen Angriffskrieg auf ihren Staat unterliegen. Nicht sie, sondern die Angreifer bzw. Sieger haben sich zuvor in den *Locke'schen* Kriegszustand begeben.

Im Hinblick auf einen rechtmäßig geführten Angriffskrieg stellt *Locke* zunächst dar, dass nur gegenüber denjenigen Personen ein Herrschaftsanspruch entstehen könne, die tatsächlich an der gegen den Eroberer gerichteten unrechtmäßigen Gewalt teilgenommen haben.[648] Nur sie hätten sich schließlich in den Kriegszustand begeben.[649] *Locke* lehnt es ab, dass der andere Teil des besiegten Volks etwa durch seine einstmalige Zustimmung zu der Vorgängerregierung, welche die Gewaltanwendung gegenüber dem Sieger eingeleitet hatte, an dem Kriegszustand beteiligt gewesen ist: Der Einzelne sei außerstande, eine derartige Zustimmung abzugeben.[650] Selbst wenn sich alle Bürger eines Volks an dem unrechtmäßigen Krieg gegenüber dem Sieger beteiligt hätten, könnte sich die Herrschaftsgewalt des Siegers nicht auf ihre Kinder erstrecken und bliebe somit rein despotisch.[651] Eine umfassende Herrschaftsgewalt durch Eroberung ist bei *Locke* damit ausgeschlossen. Selbst die herrschaftliche Gewalt über die am Krieg zuvor Beteiligten sei nur despotischer Natur.[652] Diese Gewalt umfasse ausschließlich das Leben der Unterworfenen, da sie durch ihre Teilnahme am Krieg nur dieses verwirkt hätten.[653] Die Eroberer könnten

646 Ebenda, § 176 a. E. S. 321.
647 Ebenda, § 181 S. 324.
648 Ebenda, § 179 S. 323.
649 Ebenda, §§ 179 ff. S. 323 ff.
650 Ebenda, § 179 S. 323.
651 Ebenda, § 189 S. 329. Vgl. hierzu auch *Lockes* Definition von despotischer Gewalt ebenda, § 172 S. 317.
652 Ebenda, §§ 178 ff. S. 323 f.
653 Ebenda, §§ 180 f. S. 324.

aber niemals rechtmäßig über das Vermögen der Unterworfenen disponieren, gegenüber welchem zudem Dritte Ansprüche haben könnten.[654]

Die historischen Eroberer, die *Locke* bei seiner Erörterung im Hinterkopf hat, hätten solche Unterschiede nur selten getroffen und stattdessen Herrschaft über alle Mitglieder des eroberten Volks ausgeübt.[655] Dabei hätten sie beliebige materielle Güter willkürlich an sich gerissen.[656] Die Besiegten seien Unterworfene, ihre Zustimmung zur Ausführung der politischen Gewalt durch die Eroberer erpresst.[657] Sie hätten in diesem rechtlich nicht bestehenden, faktischen politischen Gebilde keine positiv verbürgten Möglichkeiten, ihre Rechte durchzusetzen.[658] Bei Angriffen der unrechtmäßigen Machthaber auf ihr Vermögen, ihre Freiheit oder ihr Leben könnten sie aber das Recht auf Selbstverteidigung ausüben, da dann wiederum der Kriegszustand eröffnet würde.[659] Ein faktisches Regime hat für *Locke* keinerlei Geltungsanspruch. Letztlich wird durch eine Eroberung nicht nur die vorherige Regierung, sondern die Gesellschaft aufgelöst worden, sodass der Naturzustand herrscht.[660] Insofern ist eine neue Staatsgründung erforderlich.[661] Das Widerstandsrecht gegen die faktische Regierung erstreckt sich damit also auch hierauf.

Letzteres gilt ebenfalls für das Szenario der Usurpation.[662] Der Usurpator, der sich auf unrechtmäßigem Wege an die Stelle desjenigen, der zur Machtausübung legitimiert worden war, gedrängt hat, hat keinerlei Herrschaftsanspruch. Damit kann laut *Locke* in Widerstand zu diesem eine neue Regierung ermächtigt werden.[663] Dasselbe muss gelten, wenn der Usurpator mithilfe des Fürsten in seine Position gelangt ist, denn dann treffen zwei der *Locke'schen* Szenarien aufeinander: zusätzlich zur Usur-

---

654 Ebenda, §§ 182 f. S. 325 f. Eine Ausnahme stellt nur der Anspruch auf den Ersatz von Schäden dar, die aus der Kriegsbeteiligung erwachsen sind. Auch dieser muss im Zweifel hinter den Ansprüchen der Familie zurücktreten (ebenda, § 183 S. 326).

655 Ebenda, § 179 S. 323, § 184 S. 327.

656 Ebenda, § 179 S. 323, § 184 S. 327.

657 Ebenda, §§ 184 S. 327 f., §§ 186 f. S. 328 f.

658 Ebenda, § 184 S. 327 f., §§ 186 f. S. 328 f.

659 Vgl. ebenda, § 196 S. 332 f.

660 Vgl. ebenda, §§ 211 f. S. 345 f.

661 *Peters,* Widerstandsrecht und humanitäre Intervention, 2005, S. 50; vgl. *Locke,* Zweite Abhandlung, 1967, § 211 S. 344 i. V. m. § 220 S. 348.

662 Vgl. ebenda, § 198, S. 334 f.

663 Ebenda, §§ 197 f. S. 334.

pation noch die Änderung der Legislative durch den Monarchen. Ferner kann die Usurpation mit der Tyrannei (des Usurpators) zusammenfallen.[664]

b) Umfang des Widerstandsrechts

Locke trifft in seiner „Zweiten Abhandlung“ Aussagen darüber, wie weit das Widerstandsrecht reichen soll, wer Inhaber und Gegner dieses Rechts sind und welchen Restriktionen es unterliegt.

aa) Inhalt des Widerstandsrechts

Der Inhalt von *Lockes* Widerstandsrecht hängt dabei mit dem Ziel der Wiederherstellung der natürlichen Rechte der Menschen und der effektiven Verteidigung gegen einen Angriff zusammen. Laut *Peters* sind für *Locke* in diesem Rahmen grundsätzlich alle erforderlichen Handlungen zulässig.[665] Es lassen sich grob zwei Handlungszwecke differenzieren, die im Einzelfall auch kumulativ vorliegen können.[666] Zum einen geht es darum, durch den Widerstand eine neue, legitime Legislative zu etablieren.[667] Zum anderen ist bei Eingriffen in die Rechte der einzelnen Menschen die aktive Verteidigung bezweckt. Die Errichtung einer neuen Legislative und die Verteidigung gegen die alte, illegitime („aufgelöste“[668]) Regierung bedingen sich unter Umständen gegenseitig oder fallen in einer Handlungsweise (z. B. in Form eines Bürgerkriegs) zusammen, sodass eine klare Differenzierung in der Praxis nicht immer möglich ist. Grundsätzlich kennt das Widerstandsrecht *Lockes* diese beiden unterschiedlichen Dimensionen, die im Folgenden näher erläutert werden.

---

664 Vgl. ebenda, § 197 a. E. S. 334.

665 *Peters,* Widerstandsrecht und humanitäre Intervention, 2005, S. 50.

666 Vgl. hierzu *Lockes* Aussage, dass die Usurpation mit der Tyrannei zusammenfallen könne (*Locke,* Zweite Abhandlung, 1967, § 197 S. 334). Hieraus wird deutlich, dass Widerstand dann sowohl die Beseitigung des rechtswidrigen Herrschaftszustandes (neue Staatsgründung) als auch die Verteidigung gegen die Beeinträchtigungen durch die Tyrannei beinhalten muss.

667 Vgl. ebenda, § 220 S. 348, vgl. § 222 S. 350.

668 Vgl. ebenda, Kap. 19 Überschrift, § 211 S. 344.

(1) Errichtung einer neuen Legislative

Immer, wenn sich die Regierung im Sinne *Lockes* aufgelöst hat, kann in Widerstand zur illegitimen, faktischen Herrschaft eine neue Legislative errichtet werden.[669] Dies trifft auf alle oben genannten Szenarien des Widerstands zu.[670] Die Errichtung einer neuen Legislative kann als politische Dimension von *Lockes* Widerstandsrecht bezeichnet werden. In dieser Gestalt umfasst das Widerstandsrecht den Abschluss eines vollständig neuen Sozialvertrages. Es ist fraglich, was *Locke* im Detail mit der Errichtung einer neuen Legislative meint. Auf den ersten Blick scheinen hierfür Neuwahlen oder eine Neukonzeption des herrschaftsvertraglichen Teils des staatsgründenden Vertrages infrage zu kommen. *Locke* begrenzt den Widerstand in Form der Etablierung einer neuen Legislative nicht auf den Handlungsmodus von Neuwahlen, sondern zieht auch weniger einschneidende Mittel in Betracht. Die Wahl des konkret geeigneten Mittels überlässt er dem Volk:

> „[…] [W]*enn die Regierung aufgelöst ist*, steht es dem Volk frei, für sich selbst zu sorgen, indem es eine neue Legislative errichtet, die sich von der früheren durch eine personelle Änderung oder die Form oder durch beides unterscheidet, wie es ihm zu seiner Sicherheit und zu seinem Wohl am besten erscheint."[671]

Der Neuerrichtungsakt an sich ist ein friedlicher Vorgang – unabhängig davon, ob ein gänzlich neuer Sozialvertrag geschlossen wird oder die Staatsbürger über geringfügigere Änderungen der bestehenden Legislative übereinkommen. Denkbar ist aber, dass das Ziel der Neuerrichtung im Einzelfall nur mit Gewalt erreicht werden kann; insbesondere, wenn vor der Errichtung einer neuen Legislative zunächst eine nicht weichen wollende, faktische Regierung beseitigt werden muss. Da *Locke* gewaltsame Mittel nicht ausdrücklich ausschließt, sondern vielmehr dem Volk die Beurteilung des richtigen Mittels anheimstellt, ist davon auszugehen, dass es zur Neuerrichtung der Legislative auch Gewalt ausüben darf und insofern auch intensivere Mittel als etwa das bloße Abschließen eines neuen Sozialvertrags zulässig sind.[672] Dafür spricht umso mehr, dass die Neuerrichtung der Legislative im Einzelfall auch der Verhinderung der Tyrannei

669 Vgl. ebenda, § 220 S. 348, § 222 S. 350.

670 Vgl. ebenda, §§ 211 ff. S. 344 ff.

671 Ebenda, § 220 S. 348 (*Hervorhebungen ebenda*); ähnlich auch hier: § 222 S. 350.

672 So *Euchner*, Einleitung, 1967, S. 38.

dienen müsse.[673] Darüber hinaus kann man sogar davon ausgehen, dass im Fall der Uneinsichtigkeit einer illegitimen Regierung, die ihrer eigenen Beseitigung im Wege steht, bereits Tyrannei im *Locke'schen* Sinne vorliegt. Damit käme auch das Verteidigungsmoment zum Tragen, für das gewaltsames Vorgehen zulässig ist.[674] Dass *Locke* bei der Errichtung einer neuen Regierung keineswegs nur ein friedliches Vorgehen vor Augen hat, wird zudem deutlich, wenn er später in seiner „Zweiten Abhandlung" erwähnt, dass das „Zertrümmern einer Regierung" das „[...] Unheil von Blutvergießen, Raub und Verwüstung [...] über ein Land bringt."[675]

(2) Gewaltsames Verteidigungsrecht

Die Zulässigkeit der Gewaltanwendung bei der Ausübung von Widerstand folgt für *Locke* aus dem Umstand, dass es sich beim Widerstandsrecht um ein Verteidigungsrecht handelt. Dementsprechend umfasst es alle Handlungen, die zur effektiven Verteidigung gegen ein tyrannisches Vorgehen seitens der Inhaber der Staatsgewalt erforderlich sind.[676] Tyrannei liegt vor, wenn bei der Ausübung der Staatsgewalt in die naturgegebenen Rechte des Volks (Leben, Freiheit und Vermögen) eingegriffen wird, ohne dass dies zum Wohl des Volks geschieht.[677] Der Umfang dieses Selbstverteidigungsrechts deckt sich dann mit demjenigen im Naturzustand. Es handelt sich schließlich in beiden Fällen um einen Kriegszustand.[678]

Im Kriegszustand gilt laut *Locke*: Wer sich durch die Anwendung ungerechter Gewalt gegenüber einem anderen Menschen in den Kriegszustand versetzt, verwirkt sein Leben.[679] Infolgedessen verwirken auch die Mitglieder einer tyrannischen Regierung ihr Leben, sodass ein Widerstandsrecht in diesem Fall sogar die (erforderliche) Tötung der entsprechenden Personen rechtfertigen kann.[680] Zur Abwehr unrechtmäßiger Gewalt darf –

673 *Locke,* Zweite Abhandlung, 1967, § 220 S. 349. Dazu s. o., S. 136.
674 Hierzu sogleich, s. S. 142 ff.
675 *Locke,* Zweite Abhandlung, 1967, § 230 a. E. S. 356.
676 Vgl. ebenda, §§ 231 f. S. 356 f.
677 S. o., S. 134 ff.
678 Wobei die Konstellation der tyrannischen Regierung für *Locke* sogar schlimmer als der Kriegszustand im Naturzustand ist (hierzu s. o., S. 134 ff.).
679 *Locke,* Zweite Abhandlung, 1967, § 181 S. 324.
680 Vgl. *Peters,* Widerstandsrecht und humanitäre Intervention, 2005, S. 50 f.

gegebenenfalls muss sogar – Gewalt eingesetzt werden.[681] So heißt es bei *Locke* an einer Stelle:

> „Der unrechtmäßige Gebrauch von Gewalt versetzt denjenigen, der sie anwendet, als den Angreifenden stets in den Kriegszustand und setzt ihn damit auch einer *entsprechenden* Behandlung aus."[682]

Locke vertritt die These, dass die Existenz eines gewaltsamen Widerstandsrechts das beste Mittel sei, um die staatliche Ausübung unrechtmäßiger Gewalt (für ihn die eigentliche Rebellion) zu unterbinden.[683] In diesem Sinn spricht er dem Volk bei einer Anbahnung von Tyrannei auch ein präventives gewaltsames Verteidigungsrecht zu.[684] Und da die Tyrannei sich aus allen anderen Szenarien ergeben kann bzw. mit diesen unter Umständen bereits zusammentrifft,[685] muss der Umfang des *Locke'schen* Widerstandsrechts in allen Konstellationen denjenigen des Verteidigungsrechts haben. Das Widerstandsrecht kann für *Locke* also in jedem Szenario gewaltsam ausgeübt werden.[686] Es bleibt dabei stets Verteidigungsrecht und stellt damit zwar ein aktives, aber kein ein aggressives Recht dar. Fraglich ist, ob das Widerstandsrecht nach Abschluss eines staatlichen Fehltritts auch noch einschlägig ist, wenn kein Rechtsweg für die Wiedergutmachung des Eingriffs offensteht, d. h., ob es – wie das Verteidigungsrecht im Naturzustand – zur Vergeltung eingesetzt werden kann.[687] Es ist davon auszugehen, dass *Locke* dies jedenfalls für zulässig erachtet, wenn das Vertrauen des Volks irreversibel verwirkt wurde.[688]

---

681 Vgl. *Locke,* Zweite Abhandlung, 1967, § 204 S. 339.

682 Ebenda, § 155 a. E. S. 305 (*Hervorhebung d. Verf.*).

683 Ebenda, §§ 225 f. S. 353. *Locke* spricht auch an anderen Stellen von „gewaltsamem" Vorgehen (vgl. ebenda, § 231 S. 356, § 235 S. 360).

684 Vgl. ebenda, § 210 S. 342 f., 220 S. 349.

685 S. o., S. 136.

686 Vgl. *Locke,* Zweite Abhandlung, 1967, § 207 S. 340 f.

687 Zum Vergeltungsmoment des Selbstverteidigungsrechts im Naturzustand Ebenda, § 20 S. 212 f.

688 Hierzu s. o., S. 126 ff. In diesem Sinne von „Bestrafung der Regierung" sprechend *Schottky,* Untersuchungen zur Geschichte der staatsphilosophischen Vertragstheorie im 17. und 18. Jahrhundert, 1995 (1962), S. 16.

bb) Inhaber des Widerstandsrechts: Das Staatsvolk

In der Literatur wird unterschiedlich bewertet, ob *Locke* das Widerstandsrecht als Individualrecht des Staatsbürgers sieht oder als ein kollektives Recht, welches das Volk nur als Ganzes ausüben kann. *Günther Nonnenmacher* nimmt an, dass *Lockes* Widerstandsrecht kein Recht des Individuums sei, sondern er geht von einem kollektiven Revolutionsrecht aus.[689] Ebenso vertritt *Polin* die These, dass in *Lockes* Denkmuster kein anderer Widerstand als der kollektive möglich sei, und beruft sich auf das Mehrheitsprinzip, das in *Lockes* Staatstheorie eine erhebliche Rolle spiele.[690] Diverse Formulierungen *Lockes* können zugunsten dieser Ansicht angeführt werden. Er spricht z. B. in der Regel davon, dass das Volk das Recht habe, in einer Widerstandskonstellation „[…] als höchste Gewalt zu handeln […]"[691]. Laut *Polin* hat damit nur die Gemeinschaft als solche das Recht, Widerstand zu leisten, nicht aber das Individuum oder lediglich Teile des Volks, z. B. eine Gruppe von Arbeitnehmern.[692]

Richard Schottky interpretiert das von *Locke* verfochtene Widerstandsrecht demgegenüber als Individualrecht, das allerdings in der Praxis nur kollektiv ausgeübt werden könne.[693] Diese Ansicht gewinnt durch folgende Formulierung *Lockes* an Überzeugungskraft: „[…] und jeder *einzelne* hat dann ein Recht, *sich selbst* zu verteidigen und sich dem Angreifenden zu widersetzen."[694] Dafür spricht auch, dass es *Locke* für möglich hält, dass zwar Einzelne ein Widerstandsrecht hätten, es aber nicht ausübten, solange sie nicht die Gesamtheit des Volks hinter sich wüssten.[695] *Locke* sprach sich also keineswegs für ein Individualrecht aufgrund von partikulärer Betroffenheit aus. Vielmehr hatte er stets die kollektive Dimension

---

689 *Nonnenmacher,* Die Ordnung der Gesellschaft, 1989, S. 119.

690 *Polin,* La politique morale de John Locke, 1960, S. 228.

691 *Locke,* Zweite Abhandlung, 1967, § 243 S. 366.

692 *Polin,* La politique morale de John Locke, 1960, S. 230 f.

693 *Schottky,* Untersuchungen zur Geschichte der staatsphilosophischen Vertragstheorie im 17. und 18. Jahrhundert, 1995 (1962), S. 17 mit Blick auf *Locke,* Zweite Abhandlung, 1967, § 168 S. 314, § 208 S. 341 f., § 230 S. 355 f. *Macpherson* bezeichnet *Lockes* Position – allerdings im Hinblick auf Eigentumsrechte – ähnlich als einen Individualismus, der notwendigerweise Kollektivismus darstelle, da er die Gesellschaft über das Individuum stelle (*Macpherson,* The political theory of possessive individualism, 1962, S. 255 f.).

694 *Locke,* Zweite Abhandlung, 1967, § 232 S. 357 (*Hervorhebung d. Verf.*).

695 Ebenda, § 208 S. 341 f.

der Ausübung des Widerstandsrechts vor Augen. Es ging ihm damit um die gänzliche Erschütterung des Vertrauensverhältnisses zwischen Regierung und Volk.[696] Eine solche ist für *Locke* bereits gegeben, sofern in (Präzedenz-)Fällen von individueller Betroffenheit Folgen für die Allgemeinheit drohen.[697] Beachtlich ist, dass *Locke* das Widerstandsrecht – ebenso wie das Mitspracherecht bei Abschluss des Sozialvertrages – nur dem Besitzbürgertum zuspricht und damit überhaupt nur ungefähr der Hälfte der zu seinen Lebzeiten in England lebenden Einwohner.[698]

cc) Gegner des Widerstandsrechts: Die unrechtmäßigen Machthaber

Der Widerstand muss sich in *Lockes* Szenarien stets gegen die höchste Staatsmacht richten, also gegen die Inhaber der politischen Gewalt.[699] So hatte *Locke* im Fall der Tyrannei sicherlich primär die exekutive Staatsgewalt (insbesondere den tyrannischen Fürsten) vor Augen, doch kann Widerstand in seiner Konzeption auch gegen eine den Kriegszustand eröffnende Legislative gedacht werden.[700] Da es sich beim Widerstandsrecht um ein Verteidigungsrecht handelt, stellt sich die Frage, ob sich Widerstand – wie die Selbstverteidigung im Kriegszustand – nur gegen die Angreifer richten darf, d. h. gegen die Verursacher des Widerstandsszenarios, oder auch gegen die gesamte Staatsordnung. Eine Antwort darauf ist bei *Locke* nicht ausdrücklich zu finden. Er differenziert insofern nicht. Dies spricht gegen eine Einschränkung auf den Angreifer. Außerdem überlässt *Locke* die Beurteilung der Ausübung des Widerstandsrechts im Einzelfall dem Volk.[701] Insbesondere, wenn im Einzelfall die komplette Neugründung des Staats erforderlich ist, muss sich der Widerstand gegen die gesamte Staatsordnung richten. *Locke* betont – in Kritik an *William Bar-*

---

696 *Geisler,* in: Massing/Breit/Buchstein (Hrsg.), Demokratietheorien, 2012, S. 103–112, 111; *Llanque,* Geschichte der politischen Ideen, 2012, S. 52.

697 Vgl. *Locke,* Zweite Abhandlung, 1967, § 209 S. 342.

698 *Euchner,* Einleitung, 1967, S. 38 mit Blick auf *Macpherson,* The political theory of possessive individualism, 1962, S. 198, 262.

699 *Polin,* La politique morale de John Locke, 1960, S. 231.

700 *Simmons,* in: Rehm/Ludwig (Hrsg.), John Locke, Zwei Abhandlungen über die Regierung, 2012, S. 153–163, 153.

701 Vgl. *Locke,* Zweite Abhandlung, 1967, § 220 S. 348.; § 240 S. 365.

clay[702] –, dass der Widerstand sich ebenso gegen den höchsten Machthaber (den Fürsten) richten könne wie gegen jeden anderen Inhaber politischer Gewalt.[703] Im Kriegszustand seien alle gleich, sodass Gewalt gegen den Fürsten ebenso wie gegen alle anderen angewendet werden dürfe.[704]

dd) Beschränkungen von Lockes Widerstandsrecht

Während *Locke* also keine personellen Beschränkungen im Hinblick auf die potenziellen Gegner des Widerstandsrechts formuliert, bleibt fraglich, ob er andere Beschränkungen dieses Rechts vorsieht. Bei der entsprechenden Erörterung greift *Locke* wieder auf die Ansicht *Barclays* zurück, der behauptet, Widerstand dürfe nur mit Ehrerbietung ausgeführt werden.[705] Auch dieser Beschränkung des Widerstandsrechts kann sich *Locke* nicht anschließen, da eine ehrerbietende Verteidigung seiner Meinung nach niemals eine effektive Verteidigung sein kann.[706] Verteidigung mit Ehrerbietung sei schlicht nicht möglich und daher auch keine nachvollziehbare Beschränkung des Widerstandsrechts als Verteidigungsrecht.[707]

Als Beschränkungen seines Widerstandsrechts erkennt *Locke* indessen den Grundsatz der Verhältnismäßigkeit sowie das Erfordernis eines subjektiven Widerstands- oder Verteidigungswillens an. Der Gedanke der Verhältnismäßigkeit kommt bei *Locke* bereits bei der Erörterung des Bestrafungsrechts im Naturzustand zum Ausdruck.[708] Die Ausübung dieses Rechts müsse stets auf erforderliche Mittel begrenzt sein, weil auch der Naturzustand ein Rechtszustand sei und dort keine willkürliche Anarchie herrsche.[709] *Locke* erkennt den Grundsatz der Verhältnismäßigkeit als allgemeines (Natur-)Rechtsprinzip an. Es verwundert nicht, dass dieses bei der Erörterung des Widerstandsrechts erneut zum Tragen kommt. *Locke* weist insbesondere darauf hin, dass das Widerstandsrecht stets subsidiär

702 *Barclay,* De regno et regali potestate adversus Buchananum, Brutum, Boucherium et reliquos monarchomachos, libri VI, 1600 zitiert von *Locke,* Zweite Abhandlung, 1967, §§ 232 ff. S. 357 ff.

703 Ebenda, § 235 S. 360, § 155 S. 302 f., § 202 S. 338.

704 Ebenda, § 155 S. 302 f., § 235 S. 360.

705 Ebenda, § 235 S. 359.

706 Ebenda, § 235 S. 359.

707 Ebenda, § 235 S. 359.

708 Vgl. ebenda, § 12 S. 206 f.

709 Ebenda, § 6 S. 203 f.

sei: Die Bürger müssten, sofern dies zeitlich möglich und sinnvoll ist, zunächst versuchen, ihre Rechte auf dem im Staat dafür etablierten Rechtswege durchzusetzen.[710] Das Widerstandsrecht ist bei *Locke* ein überstaatliches Recht – jenseits des staatlichen, positiv-rechtlich verankerten Rechtsweges.[711] Deswegen kann es gegenüber dem positiven Recht nur Ultima Ratio sein. Außerdem kommt der Verhältnismäßigkeitsgrundsatz insofern zum Tragen, als laut *Locke* bei der Ausübung des Widerstandsrechts stets die Erfolgsaussichten zu beachten sind.[712] Er macht ebenso deutlich, dass die Ausübung des Widerstandsrechts bei lediglich individueller Betroffenheit keiner angemessenen Relation von Zweck und Mittel entspricht und somit nicht vorkommen kann.[713]

Ferner muss es den Bürgern bei der Ausübung des Widerstandsrechts auch immer um eine Verteidigung des Rechts oder eines Gesetzes gehen. Sie müssen also einen gewissen Verteidigungswillen aufweisen bzw. der Überzeugung sein, dass die Inhaber der politischen Gewalt ihre Macht missbrauchen (werden).[714]

c) Praktikabilität von Lockes Widerstandsrecht

Will man die Praktikabilität des *Locke'schen* Widerstandsrechts ergründen, so stellt sich zunächst die Frage, wie darüber zu entscheiden ist, ob eine Widerstandslage nach dem *Locke'schen* Konzept besteht und wer hierüber urteilt. Eine weitere Frage und damit ein möglicher Kritikpunkt

---

710 Ebenda, § 207 S. 341.

711 *Polin,* La politique morale de John Locke, 1960, S. 231; *Peters,* Widerstandsrecht und humanitäre Intervention, 2005, S. 51.

712 *Locke,* Zweite Abhandlung, 1967, § 208 S. 341 f. Vgl. *Polin,* La politique morale de John Locke, 1960, S. 227.

713 Es ist anzunehmen, dass *Locke* dennoch davon ausgeht, dass das Widerstandsrecht als solches dann rechtlich besteht, es aber nach einer privaten Kosten-Nutzen-Analyse praktisch niemals ausgeübt wird (vgl. *Locke,* Zweite Abhandlung, 1967, § 208 S. 341 f.; so *Polin,* La politique morale de John Locke, 1960, S. 227). Seine Ausführungen beziehen sich hierbei auf das gegnerische Argument, dass die Zuerkennung eines Widerstandsrechts zu ständigen Unruhen führen könne. Dies lehnt er mit der soeben genannten Begründung an dieser Stelle ab.

714 Vgl. *Locke,* Zweite Abhandlung, 1967, § 230 S. 356. Vgl. auch die Interpretation von *Polin,* La politique morale de John Locke, 1960, S. 230 f.; *Geisler,* in: Massing/Breit/Buchstein (Hrsg.), Demokratietheorien, 2012, S. 103–112, 111.

schließt sich an: ob die Gewährung eines solchen Rechts zu Anarchie und Verwirrung führen kann.[715]

aa) Beurteilung des Widerstandsfalls

Am Ende seiner „Zweiten Abhandlung" beschäftigt sich *Locke* selbst mit der Frage danach, welche Instanz darüber richten soll, ob die Voraussetzungen für die Zulässigkeit und den jeweiligen Umfang von Widerstand vorliegen.[716] Seine Antwort lautet eindeutig: *„Das Volk soll Richter sein"*[717] bzw. „[…] *jeder Mensch* sein eigener *Richter* […]"[718]. Dies ist nicht weiter verwunderlich – schließlich steht das Volk im Mittelpunkt von *Lockes* Konzept des Sozialvertrages. Die Gesamtheit des Volks müsse entsprechend einem Auftraggeber darüber entscheiden, ob der Auftrag nehmende Fürst das in ihn gesetzte Vertrauen missbraucht habe.[719] *Locke* sieht also keineswegs einen (außerordentlichen) Rechtsweg (z. B. eine Verfassungsgerichtsbarkeit) für die Beurteilung des Widerstandsrechts im Einzelfall vor. Dies würde nicht zu seiner Konzeption passen, in der das Widerstandsrecht ein außerstaatliches, natürliches Recht ist, das im Fall des Scheiterns des staatlich etablierten Systems greifen soll. Damit es in jedem Fall zum Tragen kommen kann, darf es nicht durch die Entscheidung einer wiederum staatlichen Institution bedingt sein. Die Staatsbürger vermögen diese letzte Gewalt, die sie besitzen, zudem keiner positivrechtlich vorgesehenen Staatsinstitution zu übertragen.[720] Damit bleibt dem Volk ein Beurteilungsspielraum im Hinblick auf das Vorliegen der Voraussetzungen eines Widerstandsrechts. Das Irrtumsrisiko tragen insofern die Inhaber der politischen Gewalt, die es nach *Locke* in der Hand haben, sich nicht in den Verdacht des Machtmissbrauchs zu bringen.[721] Dennoch ist die Ausübung des Widerstandsrechts in der Konzeption *Lockes*

715 Diesen Einwand sieht *Locke* selbst (vgl. *Locke,* Zweite Abhandlung, 1967, § 203 f. S. 338 f.).

716 Vgl. ebenda, §§ 240 S. 365 f.

717 Ebenda, § 240 S. 365 (*Hervorhebungen ebenda*).

718 Ebenda, § 241 S. 365 (*Hervorhebungen ebenda*).

719 Ebenda, § 242 S. 365.

720 Vgl. ebenda, § 168 S. 314.

721 Ebenda, § 230 S. 355 f.

laut *Martin Seliger* keine Frage der Willkür des Volks, sondern bleibt stets eine Frage des (Natur-)Rechts.[722]

Die letzte Entscheidung darüber, wer sich im Recht befindet, verbleibt in *Lockes* Vorstellung stets „im Himmel".[723] Das Volk entscheide sich bei der Entscheidung zugunsten der Ausübung des Widerstandsrechts immer nur dafür, ebendiese letzte Entscheidungsinstanz anzurufen.[724] Die Ausübung des Widerstandsrechts, die Verteidigung im Kriegszustand, sei stets ein Appell an den Himmel.[725] Im Ausgang der Auseinandersetzung finde sich das Urteil Gottes wider. *Michael Köhler* wirft *Locke* insofern einen „unaufgelöste[n] Widerspruch zum Vertragssatz"[726] vor. Demnach dürften nur die Staatsbürger die letzte Urteilsbefugnis innehaben.[727] Im Hinblick auf die göttliche Entscheidung bleibt zudem unklar, ob damit ein Erfolgsurteil gemeint ist oder die künftige Entscheidung eines transzendenten Gerichts.[728] Es ist möglich, dass *Locke* auch die Entscheidung über die Art der Entscheidung Gott überlässt.

bb) Gefahr der Anarchie und Instabilität

Jede abstrakte Befürwortung eines Rechts und damit jede Erweiterung des Rechtskreises von Rechtssubjekten zieht zwangsläufig die Frage nach sich, ob sie zu weit geht und die Gefahr des praktischen Missbrauchs in sich trägt. Angewandt auf die Proklamation eines (gewaltsamen) Widerstandsrechts impliziert dies die Frage danach, ob Letzteres nicht schon deshalb abzulehnen ist, weil es die Gefahr von Anarchie und Instabilität birgt, wie bereits *Hobbes* festgestellt hat, der das Widerstandsrecht daher

---

722 Wie *Seliger,* JHI 24 (1963), S. 337–354, S. 341 aus folgendem Zitat ableitet: „Wer aber den Himmel anruft, muss sicher sein, daß er das Recht auf seiner Seite hat [...]" (*Locke,* Zweite Abhandlung, 1967, § 176 S. 321).

723 Vgl. ebenda § 168 S. 314 f., § 241 f. S. 365 f. So *Polin,* La politique morale de John Locke, 1960, S. 226; *Euchner,* Einleitung, 1967, S. 38; *Peters,* Widerstandsrecht und humanitäre Intervention, 2005, S. 51; *Llanque,* Geschichte der politischen Ideen, 2012, S. 52.

724 *Locke,* Zweite Abhandlung, 1967 § 168 S. 314 f., §§ 241 f. S. 365 f.

725 Ebenda, § 20 S. 213; *Peters,* Widerstandsrecht und humanitäre Intervention, 2005, S. 51, 307; *Llanque,* Geschichte der politischen Ideen, 2012, S. 52.

726 *Köhler,* Die Lehre vom Widerstandsrecht in der deutschen konstitutionellen Staatsrechtstheorie der ersten Hälfte des 19. Jahrhunderts, 1973, S. 33.

727 Ebenda, S. 34 f.

728 Ebenda, S. 34.

ablehnt.[729] *Locke* meint zwar, dass die unrechtmäßige Ausübung von Widerstand das „schwerste[] Verbrechen“[730] sei, dennoch hält er den Einwand der Gefahr von Anarchie für ungerechtfertigt. Er wendet sich wie folgt an die Befürworter der gegenteiligen Auffassung:

> „[…] [W]enn sie also meinen, daß diese Lehre deshalb nicht erlaubt werden dürfe, weil sie so verderblich sei für den Frieden der Welt, so können sie ebensogut mit demselben Recht sagen, daß sich ehrliche Menschen Räubern und Piraten nicht widersetzten dürfen, weil dies Unordnung oder Blutvergießen verursachen könnte.“[731]

Er geht dennoch ausführlich auf diesen praktischen Einwand ein. Dabei benennt *Locke* zunächst Gründe, weshalb sich die praktische Ausübung des Widerstandsrechts ohnehin nur auf sehr wenige, seltene Fälle beschränkt. Wie erwähnt, ist das Widerstandsrecht bei *Locke* ein subsidiäres Notrecht.[732] Es kann daher nur als letztes Mittel eingesetzt werden. Sofern eine Regierung ihrem Auftrag folgt und stets das Wohl ihres Staatsvolks zur obersten Handlungsmaxime macht, spürt das Volk dies laut *Locke* und denkt somit nicht an Widerstand.[733] Damit rücke auch die Gefahr von Missbrauch des Widerstandsrechts in weite Ferne.[734]

Wenn das Volk oder einzelne Staatsbürger einmal Zweifel an der Rechtmäßigkeit der Regierung haben, befinden sie sich in der Regel noch immer in sehr weiter Ferne von der praktischen Ausübung ihres Widerstandsrechts. Bei einer entsprechenden Ausübung sind sie laut *Locke* stets der Beurteilung Gottes und derjenigen anderer Menschen ausgesetzt.[735] *Locke* geht also davon aus, dass einzelne Bürger sorgsam reflektierten, ob sie sich wirklich in einem Szenario befänden, in dem das Widerstandsrecht zum Tragen komme. Ein grundloser Angriff auf die Regierung unter dem Vorwand des Widerstandsrechts sei vor dem Hintergrund sehr unwahrscheinlich.[736] *Locke* hält die Neigung des Volks, zum Mittel des Widerstands zu greifen, selbst in denjenigen Fällen, in denen es zu Recht unzufrieden mit seiner Regierung ist, für eher zurückhaltend.[737] Grund dafür

729 S. o., S. 75 ff.

730 *Locke,* Zweite Abhandlung, 1967, § 230 a. E. S. 356.

731 Ebenda, § 228 S. 354.

732 S. o., S. 146.

733 *Locke,* Zweite Abhandlung, 1967, § 209 S. 342, § 230 S. 355.

734 Ebenda, § 230 S. 355.

735 Ebenda, § 204 S. 339.

736 Ebenda, §§ 204 f. S. 339.

737 Vgl. ebenda § 223 S. 351.

ist das in der späteren Politikwissenschaft sogenannte politische Trägheitsprinzip[738].[739] Danach gebe sich das Volk bis zu einer ziemlich hohen Schwelle der Widerrechtlichkeit einer Regierung mit den Missständen zufrieden, anstatt die gewohnten Strukturen zu verlassen und eine Widerstandsbewegung zu initiieren.[740] In diesem Sinne müsste die Regierung einen massiven Machtmissbrauch betreiben, damit es überhaupt zur Ausübung eines Widerstandsrechts käme.[741] Die Unzufriedenheit nur weniger Bürger sei hierfür keineswegs ausreichend.[742] Eine Widerstandsbewegung bildete sich erst, wenn das gesamte Staatsvolk von den Angriffen der Regierung betroffen wäre.[743]

Zudem meint *Locke*, dass selbst im Fall der rechtmäßigen Ausübung von Widerstand keine dauerhafte Anarchie und Instabilität zu befürchten seien. Erstens ist denkbar, dass der Widerstand nicht zum Umsturz der gesamten Regierung führt, sondern insbesondere der Fürst als personell bedeutendstes Regierungsmitglied – in manchen Staaten gar geheiligt – nicht vom Widerstand betroffen sein könnte.[744] Dies zum einen, weil er gegebenenfalls als von jeder Verantwortung befreit angesehen wird. Viel wichtiger ist, dass er zum anderen in der Regel nicht selbst die Angriffe auf seine Bürger verübt, sondern laut *Locke* nur „vereinzelte[s] Unheil“[745] stiftet. Eher richte sich die Unzufriedenheit der Bürger auf die vom Fürsten beauftragten Beamten, die bei der Vollziehung der Gesetze Eingriffe in ihre Rechte verübten.[746] Widerstand adressiere dann diese Beauftragten und berühre den höchsten Beamten nicht in seiner Autorität.[747] Insofern wird bei einer Rebellion unter Umständen sogar ein gewisses Maß an Stabilität gewahrt, das die Gefahr von Anarchie und Instabilität erheblich minimiert. Zweitens sei diese Gefahr insbesondere auf ein Minimum reduziert, wenn

738 *Reinhard,* in: Fenske/Mertens/Reinhard u. a. (Hrsg.), Geschichte der politischen Ideen, 2008, S. 241–378, S. 328.

739 Vgl. *Locke,* Zweite Abhandlung, 1967, §§ 223 ff. S. 351 ff.

740 Ebenda, §§ 223 ff. S. 351 ff.

741 Ebenda §§ 225 f. S. 352 f.

742 Ebenda §§ 225 f. S. 352 f.

743 Ebenda, §§ 209 f. S. 342, wobei *Locke* dort einräumt, es sei schwierig zu bestimmen, ab wann dies der Fall ist. Zur Beurteilung des Vorliegens der Voraussetzungen eines Widerstandsrechts s. o., S. 148 f.

744 Vgl. *Locke,* Zweite Abhandlung, 1967, § 205 S. 339.

745 Ebenda, § 205 S. 339.

746 Ebenda, § 206 S. 339 f.

747 Ebenda, §§ 205 f. S. 339 f.

nur einzelne Bürger ausnahmsweise zu Mitteln der Verteidigung griffen, um sich vor staatlichen Eingriffen zu schützen.[748] Letztlich schreibt *Locke* dem Widerstandsrecht an sich eine stabilisierende Wirkung zu, da allein seine Existenz die Staatsregierung dazu motiviere, den Eintritt eines Widerstandsszenarios zu verhindern.[749]

Sollte es trotzdem zu Anarchie kommen, sei dies im Verhältnis zur Duldung einer tyrannischen Regierung noch immer das wesentlich geringere Übel.[750] Denn im Zustand der reinen Anarchie oder im Naturzustand gibt es für die Menschen immer noch die Aussicht auf Besserung, auf „Heilung", wie *Locke* formuliert, nämlich auf den Abschluss eines (neuen) Sozialvertrags.[751] Ein solcher habe im Fall der Tyrannei gerade versagt, womit die „Heilung" damit ferner rücke als je zuvor.[752] Wenn es also bereits im Naturzustand ein Widerstandsrecht (Selbstverteidigungsrecht)[753] gibt, muss es ein solches im schlimmeren Zustand der tyrannischen Regierung erst recht geben. Lehnte man es – mit welchen Argumenten auch immer – ab, stünden die Bürger im Ergebnis schlechter da als im Naturzustand – sie wären der tyrannischen Regierung ausgeliefert.[754] Dies ist zwar ein Argument, das *Locke* nur aus seiner eigens entwickelten Konzeption vom Natur- und Gesellschaftszustand entwickeln kann, im Ergebnis aber konsequent.

4. Zusammenfassende Bemerkungen

a) Zusammenfassung von Lockes Staats- und Widerstandslehre

In *Lockes* Konzeption vom Staat spielt das Widerstandsrecht erstmalig eine wirklich bedeutsame Rolle in der politischen Philosophie der Neuzeit. Seine Staatstheorie ist – ebenso wie *Hobbes'* – eine Sozialvertragstheorie. Er entwickelte diese in seiner „Zweiten Abhandlung über die Regierung". *Locke* skizziert darin zunächst, dass die Menschen im Naturzustand frei

748 Ebenda, §§ 208 f. S. 341 f.

749 Ebenda, § 226 S. 353; vgl. *Daase,* APuZ 2014 (Heft 27), S. 3–9, 5.

750 *Locke,* Zweite Abhandlung, 1967, § 225 S. 352 f.

751 Ebenda, § 225 S. 352 f.

752 Ebenda, § 225 S. 352 f.

753 Hierzu s. o., S. 124 ff.

754 Vgl. *Locke,* Zweite Abhandlung, 1967, § 149 S. 301.

und gleich seien und ein naturgegebenes Recht auf Selbsterhaltung hätten.[755] Dieses Selbsterhaltungsprinzip bildet den Ausgangspunkt von *Lockes* weiteren Überlegungen zur Legitimation und Ausgestaltung politischer Gewalt. Es umfasst das Recht auf Freiheit, Leben und Vermögen (insgesamt spricht *Locke* von „Eigentum"[756]).

Zum optimalen Schutz dieses Eigentums müssen sich die Menschen bei *Locke* mittels eines Sozialvertrages zu einem Staat zusammenschließen. Die dabei bestimmten staatlichen Institutionen sind mit ebendieser Schutzaufgabe betraut. Darin ist – im Umkehrschluss – ihre einzige Herrschaftsberechtigung zu sehen. Andernfalls haben die Menschen keine Veranlassung, den – bei *Locke* friedlichen – Naturzustand zu verlassen. Hierfür verzichten die Bürger auf ihre naturgegebene Gewalt (Selbsterhaltung nach eigens festgelegten Maßstäben und Selbstjustiz) und übertragen diese auf die Staatsregierung. Die dadurch gewonnene Herrschaftsmacht der Regierung ist nur ein Privileg und dementsprechend begrenzt. Da sich die Autorität einer Regierung von der Zustimmung des Volks ableitet, endet Erstere, sobald die herrschende Regierung nicht (mehr) im Rahmen der ihr ursprünglich durch Zustimmung erteilten Macht handelt. Damit gibt es bei *Locke* keine absolute moralische Pflicht zum Rechtsgehorsam.[757] Das Staatsvolk muss nicht jeden staatlichen Akt um seinetwillen befolgen, sondern nur, wenn die legitimierte Regierung diesen Akt im Einklang mit dem Zweck seiner Legitimation erlassen hat. Ansonsten besteht Raum für Widerstand. Daher stellt das Widerstandsrecht bei *Locke* die Kehrseite der Medaille der Legitimität der Regierung dar.

Konsequenz aus *Lockes* Staatstheorie ist die Existenz eines echten, aktiven Widerstandsrechts gegen die Staatsgewalt in bestimmten Szenarien.[758] *Locke* skizziert diese Konstellationen. Zum einen sind es solche, in denen die Regierung (bei *Locke* Legislative und Exekutive) formell nicht (mehr) derjenigen entspricht, die das Volk ursprünglich seine Gewalt übertragen hat. Zum anderen fokussiert *Locke* Konstellationen, in denen eine (formell korrekt besetzte) Staatsregierung materiell die Grenzen ihrer Autorität überschreitet. Dies geschieht, indem sie den Zweck ihrer Gewaltausübung

---

755 Ebenda, § 6 S. 203, § 11 S. 205, vgl. auch § 220 S. 348 f.; *Euchner,* Einleitung, 1967, S. 27.

756 *Locke,* Zweite Abhandlung, 1967, § 123 S. 283.

757 *Dobos,* Insurrection and Intervention, 2012, S. 7 f., der die moralische Pflicht als „politische" Pflicht bezeichnet.

758 Dazu vgl. *Peters,* Widerstandsrecht und humanitäre Intervention, 2005, S. 41.

nicht mehr zu erfüllen vermag oder sie sogar in die zu schützende Sphäre der Staatsbürger eingreift. Die letztgenannte Konstellation wird von *Locke* als Tyrannei bezeichnet. Diese Konstellation ähnelt der eines völkerrechtlichen Widerstandsrechts bei Menschenrechtsverletzungen am meisten. In *Lockes* Widerstandsrecht gegen eine tyrannische Regierung finden sich interessante Begründungsansätze, die bei der Diskussion eines Widerstandsrechts als völkerrechtliches Mittel zur Verteidigung grundlegender, unveräußerlicher (Menschen-)Rechte möglicherweise bemüht werden können.

b) Anwendbarkeit auf ein völkerrechtliches Widerstandsrecht

Locke offenbart als erster namhafter Verfechter des Widerstandsrechts diverse Aspekte desselben, die in Hinblick auf die weitere Erörterung von Bedeutung sind. Zum einen kann bei der späteren Erwägung des völkerrechtlichen Widerstandsrechts auf die formellen Aspekte, zu denen *Locke* Stellung nimmt, eingegangen werden (wie Voraussetzungen, Umfang, Beschränkungen des Rechts). Zum anderen sind auch einige materielle Aspekte von *Lockes* Widerstandslehre von Interesse, die im Folgenden aufgeführt werden.

aa) Naturrechtliches Fundament

Zunächst geht es bei der Frage eines völkerrechtlichen Widerstandsrechts, ebenso wie bei *Locke*, darum, dass außerstaatliche Rechte des Volks von der Staatsregierung (oder auch von anderen Gruppen) nicht angetastet werden dürfen und es bei deren Bedrohung im Notfall das Widerstandsrecht geben soll. Bei *Locke* ist dies Konsequenz seiner Naturrechtslehre. Er stellt sich keine positiv-rechtliche Verankerung des Widerstandsrechts vor, im Gegenteil: Er hält es für unmöglich, dass die legislative Gewalt in jedweder Form über das Widerstandsrecht verfügt. Im Sinne der Rechtssicherheit wäre demgegenüber gerade im Völkerrecht eine positive Regelung im Hinblick auf ein mögliches Widerstandsrecht wünschenswert, auch wenn diese Regelung – sofern man einer naturrechtlichen Ansicht folgt – nur deklaratorischer Natur sein mag.

Darin bestünde im Verhältnis zum nationalen Recht immer noch eine übergeordnete rechtliche Regelung. Die Anerkennung eines Widerstandsrechts geht in diesem Sinne zwangsläufig mit naturrechtlichem Gedankengut einher, da sie daran gekoppelt ist, dass man bestimmte unveräußerliche Rechte als außerhalb der Verfügungsgewalt der Machthaber stehend erachtet. Darüber hinaus soll das Widerstandsrecht die letzte Möglichkeit der Durchsetzung dieser übergeordneten Rechte gegen jene darstellen, die die Macht über das nationale Recht haben. Insofern fordert selbst ein positives völkerrechtliches Widerstandsrecht die Anerkennung einer Überordnung, wie sie Teil von *Lockes* naturrechtlichen Prämissen ist.

bb) Begründung und Voraussetzungen

Auch die Voraussetzungen, die *Locke* an die Existenz eines Widerstandsrechts koppelt, könnten in gewissem Umfang auf die Statuierung eines völkerrechtlichen Widerstandsrechts anwendbar sein. Hier muss die Tyrannei im engeren Sinne[759] von den anderen Szenarien *Lockes* differenziert werden. Erstere könnte insofern auf ein völkerrechtliches Widerstandsrecht übertragen werden, als ein erheblicher staatlicher Eingriff in unveräußerliche, fundamentale Menschenrechte Voraussetzung eines Widerstandsrechts sein muss. In *Lockes* Widerstandslehre findet sich erstmals eine Verknüpfung von Widerstandsrecht und menschenrechtlichen Erwägungen.[760] Etwas anderes gilt für den staatlichen Eingriff in das von *Locke* als wichtig erachtete Vermögens- bzw. Besitzrecht, der ebenso ein Widerstandsrecht begründet. Es ist zweifelhaft, ob allein ein solcher ungerechtfertigter staatlicher Eingriff im Völkerrecht zu einem völkerrechtlichen Widerstandsrecht führen kann.

Ob die Änderung der Regierung[761] im *Locke'schen* Sinne für ein völkerrechtliches Widerstandsrecht ausreichen könnte, ist ebenso fragwürdig. Wenn es zunächst nur um eine eigenmächtige formelle oder personelle Änderung innerhalb des Staatsgefüges geht, ohne dass die Bürger dadurch in ihren Freiheitsrechten betroffen wären, ist bereits zweifelhaft, ob das Völkerrecht hier zuständig ist. Es kann argumentiert werden, dass das Völkerrecht für die Wahrung und Durchsetzung der Menschenrechte zuständig ist und damit auch für das *Recht auf politische Teilhabe* oder das

---

759 Hierzu s. o., S. 134 ff.

760 *Peters,* Widerstandsrecht und humanitäre Intervention, 2005, S. 9.

761 Hierzu s. o., S. 128 ff.

diskutierte *Recht auf Demokratie*[762]. Zudem könnte hier das Selbstbestimmungsrecht der Völker betroffen sein. Inwieweit eine Verletzung dieser Rechte reicht, um ein Widerstandsrecht auszulösen, ist zu erörtern. Einen Durchsetzungsmechanismus für demokratische Teilhabe hatte auch *Locke* kaum im Sinn.[763] Allerdings wohnt dem *Locke'schen* Widerstandsrecht das Leitprinzip der Demokratie inne: das Prinzip der *Volkssouveränität*. Mit dem Widerstandsrecht ernennt *Locke* das Staatsvolk nämlich zur entscheidenden Kontrollinstanz über die Staatsregierung und damit zum höchsten Souverän. Dieses Prinzip muss auch einer völkerrechtlichen Widerstandslehre zugrunde liegen, die sich in das System des Menschenrechtsschutzes eingliedert.

Außerdem zeichnet sich eine entscheidende Differenz ab: Ein völkerrechtliches Widerstandsrecht dürfte um einiges restriktiver sein als das *Locke'sche*. Dabei ist stets im Blick zu behalten, dass seine Betrachtungsweise eine staatstheoretische ist, wie anhand seines Einwilligungsarguments deutlich wird. *Frauke Höntzsch* legt dar, dass die umfangreichen Widerstandsszenarien bei *Locke* dem Umstand geschuldet seien, dass er das Widerstandsrecht funktionell zumeist dort einsetzt, wo in einem modernen politischen System der Gewaltenteilung die Kontrolle durch die anderen Gewalten stattfinde.[764] Dies ist gewiss kein typisch völkerrechtlicher Aspekt; ebenso wenig sind dies *Lockes* Orientierung am Staatszweck und sein Gedanke der Vertrauensverwirkung. Vielmehr ist aus völkerrechtlicher Perspektive primär eine menschenrechtliche Betrachtungsweise innerstaatlicher Vorgänge möglich. Allerdings ist die Staatstheorie ein Aspekt, der in der völkerrechtlichen Menschenrechtslehre oft vernachlässigt wird. Staatszweck, Staatsform und das Verhältnis zwischen Staat und Bürger werden einerseits zur völkerrechtlichen Tabuzone, zum *domaine réservé*[765], erklärt; andererseits zielen die Menschenrechte auf eine Regelung ebendieses Verhältnisses ab. Die völkerrechtlich verbürgten Menschenrechte statuieren insofern Richtlinien einer modernen völkerrechtli-

---

762 Vgl. zur Diskussion um dieses Recht *Kokott,* ZaöRV 2004, S. 517–533, 525 ff.; *Dunér,* IJHR 9 (2005), S. 247–269, 255 f.; *Cohen,* in: Sypnowich (Hrsg.), The Egalitarian Conscience, 2006, S. 226–250; *Benhabib,* in: Corradetti (Hrsg.), Philosophical Dimensions of Human Rights, 2012, S. 191–213. S. hierzu auch u., S. 298 ff.

763 Vgl. hierzu o., S. 116 f. sowie S. 103.

764 *Höntzsch,* in: Salzborn (Hrsg.), Der Staat des Liberalismus, 2010, S. 165–184, 175 f.

765 Hierzu *Herdegen,* Völkerrecht, 2016, § 4 Rn. 16.

chen Staatstheorie, deren Grenzen mittels des Widerstandsrechts abgesichert sein könnten. Da die grundlegenden (Menschen-)Rechte bei *Locke* ebenso dem Naturrecht entspringen, wie dieses den Staatszweck bedingt, wäre es interessant, die Staatstheorie auch bei der folgenden völkerrechtlichen Analyse einzubeziehen. Die von *Locke* dargestellte enge Relation von natürlichen Grundrechten und dem Staatszweck bzw. der -ausgestaltung (dienende Funktion, freiwilliger Zusammenschluss) wird in der positiv-rechtlichen orientierten Völkerrechtslehre selten berücksichtigt. Möglicherweise können hieraus wertvolle Erkenntnisse gewonnen werden. In jedem Fall kann *Lockes* argumentative Begründung bei der Erwägung eines völkerrechtlichen Widerstandsrechts nicht ohne Weiteres übernommen werden. Sie zeigt jedoch wichtige Ansatzpunkte auf.

cc) Charakter als Not- und Verteidigungsrecht

Es ist außerdem von Bedeutung, dass *Locke* das Widerstandsrecht für ein subsidiäres Notrecht hält. *Locke* spricht dem Widerstandsrecht den Charakter eines Verteidigungsrechts zu und geht damit von mehr als einem bloßen Recht zur Gehorsamsverweigerung aus. Ein völkerrechtliches Widerstandsrecht müsste, damit es ein wirklich effektives Mittel zur Durchsetzung der Menschenrechte darstellt, ebenso das Moment eines Verteidigungsrechts innehaben. Verteidigungsrechte können neben dem bloßen Schutzaspekt auch noch ein Moment der Rechtsbewährung aufweisen.[766] Letzteres dient nicht nur dem individuellen Schutz, sondern auch dem Erhalt der Geltung der Norm, die der Angreifer verletzt hat. Ein solches Telos könnte auch einem völkerrechtlichen Widerstandsrecht zugrunde liegen, das schließlich als Mittel der Durchsetzung von (fundamentalen) Menschenrechten fungieren soll. In *Lockes* Widerstandslehre ist dieser Gedanke der Rechtsbewährung bereits angelegt.

Obwohl Widerstand eine Verteidigung darstellt und damit lediglich eine Reaktion auf eine zuvor gesetzte Ursache ist, sieht *Locke* das Widerstandsrecht als aktives Recht an. Er geht dabei sehr weit und erlaubt ein aktives Vorgehen bereits im *präventiven Bereich* bzw. eine *aktive Vergeltung* im Nachklang eines Angriffs. Dabei betont er, dass der eigentliche

---

766 Hierzu für § 32 StGB statt vieler *Roxin,* Strafrecht Allgemeiner Teil, Bd. I, 2006, § 15 Rn. 1.

(bevorstehende) Angriff immer durch die tyrannischen Machthaber erfolge. Die Tyrannen stellen für *Locke* somit die eigentlichen Rebellen dar. Insofern handelt es sich beim *Locke'schen* Widerstandsrecht nicht um ein aggressives Recht. Ein derart weiter zeitlicher Umfang kann für ein völkerrechtliches Widerstandsrecht kaum gelten, da der Subsidiarität und der Verhältnismäßigkeit damit nicht ausreichend Rechnung getragen werden kann.

Locke lässt die Frage offen, ob es eine (rechtliche oder moralische) Pflicht zum Widerstand gibt. Für eine moralische Pflicht spricht im Rahmen seiner Staatslehre, dass es die *Pflicht* zur Erhaltung des eigenen (und fremden), gottgegebenen und -gewollten Lebens gibt, die gegebenenfalls nur mit der Ausübung des Widerstandsrechts erfüllt werden kann. Gegen eine Rechtspflicht spricht, dass das Volk im Mittelpunkt von *Lockes* Widerstandslehre steht. Die Mitglieder des Volks müssen selbst beurteilen, ab wann ein Einschreiten notwendig und richtig ist. Hierzu kann es keine Rechtspflicht geben. Eine eventuelle moralische Pflicht könnte bei *Locke* in jedem Fall nur in gravierenden Konstellationen zum Tragen kommen. Schließlich erkennt er selbst Szenarien an, in denen ein Widerstandsrecht bestehen kann, es aber wegen des politischen Trägheitsprinzips nicht ausgeübt wird. Wenngleich *Locke* nicht näher darauf eingegangen ist, stellt sich die Frage nach einer Pflicht unausweichlich, sobald man ein Recht bejaht hat. Dies gilt auch für ein völkerrechtliches Widerstandsrecht.

dd) Umfang und Beschränkungen

Lockes Widerstandslehre ist diejenige des gesamten Staatsvolks. Widerstand kann bzw. soll nur kollektiv erfolgen. Im Hinblick darauf stellt sich die Frage, ob ein völkerrechtliches Widerstandsrecht seiner Rechtsnatur nach ein *Kollektiv- oder Individualrecht* darstellen kann. Diese wird zu erörtern sein. Im Unterschied zu *Locke* muss ein völkerrechtliches Widerstandsrecht jedenfalls für *jedermann* bestehen. Diese Beschränkung auf das Besitzbürgertum[767] kann vor dem Hintergrund des heute herrschenden Gleichheitssatzes gewiss nicht auf ein völkerrechtliches Widerstandsrecht angewendet werden. Demgegenüber sollen die von *Locke* aufgezeigten Beschränkungen der *Verhältnismäßigkeit* und des *Verteidigungswillens*

---

767 Hierzu s. o., S. 144.

eine Rolle spielen.[768] Fraglich bleibt, ob das Widerstandsrecht wie bei *Locke* die *Staatsneugründung* und *gewaltsames Vorgehen* umfassen kann.[769]

ee) Gegner und gewaltsame Ausübung

Im Hinblick auf die Gegner des Widerstands bleiben bei *Locke* einige Fragen offen.[770] Ob sich die Gegner z. B. nach den Arten des ausgeübten Widerstands (etwa ziviler Ungehorsam, friedliche Revolution, Terrorismus, Bürgerkrieg) richten, die *Locke* ebenso wenig differenziert,[771] bleibt weitgehend unberücksichtigt. *Locke* vernachlässigt ferner wichtige Aspekte im Hinblick auf die Gewaltanwendung. Er geht davon aus, dass Gewalt gegen diejenigen anwendbar ist, die in den Kriegszustand mit dem Volk eingetreten sind, weil diese ihr Leben verwirkt hätten. Er erkennt gleichzeitig, dass eine gewaltsame Rebellion, ein Bürgerkrieg, wie jeder Krieg es tut, immer Opfer fordert, die ihr Leben nicht – wie *Locke* sagen würde – „verwirkt" haben, sondern insofern unbeteiligt sind. In diesem Sinne meint er, dass eine solche Revolution das „[…] Unheil von Blutvergießen, Raub und Verwüstung […] über ein Land bringt."[772] Daher stelle eine unrechtmäßige Ausübung von Widerstand das „schwerste Verbrechen"[773] dar. Gleichwohl unterlässt er es, eine Erklärung zur Rechtfertigung der Tötung unbeteiligter Dritter im Rahmen der Unternehmungen einer kriegerisch-gewaltsamen Widerstandsbewegung abzugeben. Das Moment der Zwangssolidarität, d. h. der Nötigung von unbeteiligten Zivilisten, ihre Gesundheit oder ihr Leben für das Ziel des Widerstands zu opfern,[774] ergründet *Locke* nicht. Dies verwundert umso mehr, als er Nötigungen ansonsten ausdrücklich ablehnt. Er hält es z. B. nicht für möglich, dass ein Eroberer Gewalt über solche Personen erlangen kann, die sich ihm nicht angeschlossen haben. Das folgt bereits aus seinem Einwilligungsprinzip. Das Problem der Zwangssolidarität, das seit *Locke* durch die Entwicklung

768 Hierzu s. o., S. 146.
769 Hierzu s. o., S. 140 ff.
770 Hierzu s. o., S. 145 f.
771 *Locke* überlässt die genaue Bestimmung der Widerstandshandlungen im Einzelfall dem Volk (s. o., S. 141).
772 *Locke,* Zweite Abhandlung, 1967, § 230 a. E. S. 356.
773 Ebenda, § 230 a. E. S. 356.
774 Hierzu s. u., S. 399 ff. und *Merkel,* JZ 2012, S. 1137–1145, S. 1142 f.

moderner Kampfmitteltechnologie deutlich an Relevanz gewonnen hat, muss in einer völkerrechtlichen Auseinandersetzung mit dem Widerstandsrecht beleuchtet werden.

Zudem kann man unterstellen, dass *Locke* die Tötung von Zivilisten bei der Ausübung von Widerstand nicht als einen Fall der Solidarität mit fremden Interessen eingeordnet hätte. Vielmehr könnte man annehmen, dass jeder Staatsbürger in *Lockes* Theorie das Ziel der Widerstandsbewegung zwangsläufig unterstützen müsse, es also im Widerstandskampf aus Bürgerperspektive nicht um die Durchsetzung fremder Ziele gehen könne. Für diese Annahme spricht, dass die Ausübung des Widerstands nichts anderes als die Verteidigung der Rechte aller Staatsbürger darstellt. Nichtsdestoweniger: Selbst, wenn jedermann dieses Verteidigungsziel verfolgte, bliebe fraglich, ob jedermann hierfür auch sein Leben einsetzen würde. Dies ist vor dem Hintergrund des *Locke'schen* Selbsterhaltungsprinzips wiederum umso unwahrscheinlicher. Letztlich bestünde also das Problem, dass *Locke* bei dieser Interpretation ohne weitere Begründung – um des Widerstands willen – jedem aufzwänge, Widerstandskämpfer zu sein, und zudem jedem Widerstandskämpfer aufzwänge, sein Leben aufs Spiel zu setzen. Damit würde potenziell jeder Inhaber des Widerstandsrechts auch zum *Opfer und Gegner* dieses Rechts. Dieser Befund passt nicht zu *Lockes* Konzeption vom Kriegszustand, in der nur der ursprüngliche Angreifer zum Opfer einer tödlichen Verteidigung werden dürfe. Ferner ist dies nicht mit *Lockes* Naturrechtslehre und seinen Darstellungen zum Menschenbild vereinbar, in welchen er den anglikanischen Theologen *Richard Hooker* zitiert und die Maximen der Gleichbehandlung und Nächstenliebe statuiert.[775]

Polin fasst *Lockes* Lehre vom gewaltsamen Widerstandsrecht zugespitzt zusammen:[776] Nur, wenn sich die Regierung und die Menschen entscheiden, im Einklang mit ihrer Vernunft und Moral zu leben, bliebe ihnen die Anwendung von unfriedlichen Mitteln erspart. *Lockes* Widerstandslehre gestalte sich letztlich so, dass das Volk andernfalls nur die Wahl zwischen dem nicht gewährleisteten Frieden im „Quasi-Naturzustand“[777] und dem Krieg habe. Letzteres entweder in Form der Tyrannei der Regierung oder des gewaltsamen Widerstandes.

---

775 *Locke,* Zweite Abhandlung, 1967, § 5 S. 201 mit Verweis auf *Hooker,* Laws of Ecclesiastical Polity, Book I, 1876, Kap. viii.

776 *Polin,* La politique morale de John Locke, 1960, S. 226 a. E.

777 Ebenda, S. 226 a. E (Übersetzung d. Verf.).

IV. Das Widerstandsrecht bei Immanuel Kant

1. Einleitende biografische Bemerkungen

Immanuel Kant wurde am 22. April 1724 in Königsberg, dem heute russischen Kaliningrad, geboren, wo er fast ausnahmslos sein gesamtes Leben verbrachte. Die nachfolgenden Angaben zu seinem Werdegang stützen sich, sofern nicht anders angegeben, auf die von *Ernst Cassirer* verfasste Biografie[778]. *Kant* genoss in seinen Kinderjahren als Sohn einer deutschen Handwerkerfamilie eine christlich-pietistische Erziehung, wobei er der Religion in Form von Kirche und Gebet über diese Erziehung hinaus nicht treu blieb. Ebenso wenig vertiefte er später seine fast ausschließlich philologische Schulerziehung, sondern widmete sich in der ersten Zeit seines wissenschaftlichen Schaffens vorrangig den Naturwissenschaften, die während seiner Schulzeit nur dürftig unterrichtet wurden. 1740 nahm *Kant* sein Studium an der *Universität Königsberg* auf. Er widmete sich während seiner Studienzeit nicht nur den Naturwissenschaften, sondern auch der Philosophie und Mathematik. Eine besondere Rolle spielte dabei sein Dozent *Martin Knutzen*, dessen Vorlesungen der Philosophie und Mathematik *Kant* regelmäßig besuchte. *Knutzen* war für *Kant* der einzig wahrhafte Wissenschaftler unter den Königsberger Professoren, da er über den Tellerrand des üblichen Lehrplans hinausblickte und sich stets erkenntnistheoretischen Grundfragen widmete. Mit Beginn des Studiums bei *Knutzen* trat *Kant* erstmalig in eine „neue geistige Atmosphäre"[779] ein. Dabei war es sicherlich bedeutsam, dass es *Knutzen* war, der *Kant* erstmalig ein Werk *Isaac Newtons* auslieh, der für *Kant* zeit seines Lebens ein Vorbild eines Wissenschaftlers bleiben sollte.[780]

Daher verwundert es nicht, dass *Kant* in seiner ersten Schaffensphase nach dem Abschluss an der Universität vor allem naturwissenschaftliche Werke veröffentlichte, in denen er sich insbesondere mit der Physik *Newtons* beschäftigte. Seinen Lebensunterhalt verdiente er währenddessen zunächst als Hauslehrer. Diese Tätigkeit fand ein Ende, als er im Jahre 1755 seine Magisterpromotion absolvierte und sein überaus erfolgreiches Debüt als Dozent vor einem – aus seiner Sicht: erstaunlich – gefüllten Hörsaal im

---

778 Vgl. *Cassirer,* Kants Leben und Lehre, 1921.

779 Ebenda, S. 23.

780 Hierzu eingehend *Geier,* Kants Welt, 2003, S. 41 ff. Ders. spricht gar von einem „Erkenntnisschock" bei *Kant* durch die Lektüre *Newtons* (ebenda, S. 42).

Haus des *Professors Krypke* (*Kants* damaligem Wohnhaus) gab. Von nun an las *Kant* in Königsberg unter anderem Logik, Mathematik, Metaphysik und Ethik. *Kants* erste Jahre (bis 1763) als Privatdozent waren von umfangreichen Lehrverpflichtungen mit bis zu 36 Wochenstunden[781] und dadurch auch von Erschöpfung geprägt, die diese vergleichsweise bescheidene Veröffentlichungsperiode *Kants* zu erklären vermögen.

Seine erste feste Anstellung fand *Kant* – entgegen seinen Aspirationen nach einem Lehrstuhl für Metaphysik und Logik – als Unterbibliothekar der königlichen Schlossbibliothek. Erst 1770, als sich für *Kant* zuvor eine Berufung an die *Universität Erlangen* angebahnt hatte, bot ihm die *Universität Königsberg* eine Stelle als ordentlicher Professor für Metaphysik und Logik an, die er sodann antrat. Das Amt des Unterbibliothekars nahm er daneben noch zwei weitere Jahre wahr. Im Laufe seines weiteren Lebens verließ *Kant* die Königsberger Universität trotz mehrerer Berufungen nie – so hielten ihn nach eigenen Angaben ein großer Bekannten- und Freundeskreis ebenso in seiner Heimatstadt wie seine „schwächliche Leibesbeschaffenheit“[782]. Diese räumliche Immobilität war jedoch keineswegs mit einer persönlichen Verschlossenheit verbunden; so galt *Kant* als ein Mensch mit aufgeschlossener Persönlichkeit, der seinem Interesse für die Ferne durch die umfassende Lektüre geografischer Werke nachging.

Kant konnte sich nach dem Antritt seiner Professorenstelle wieder eingehender dem Verfassen seiner Schriften widmen. Bevor sein erstes bahnbrechendes[783] Werk erschien, vergingen viele Jahre der Vorarbeit.[784] Die „Kritik der reinen Vernunft“[785] wurde erst im Jahre 1781 veröffentlicht, als *Kant* bereits weit über fünfzig Jahre alt war. Nach der Arbeit an diesem erkenntnistheoretischen Werk entwickelte er seine Moralphilosophie in

---

781 Vgl. *Cassirer,* Kants Leben und Lehre, 1921, S. 41, der an der Richtigkeit dieser Angabe jedoch seine Zweifel hat. *Cassirer* geht aber von einer immer noch umfangreichen Lehrtätigkeit von mindestens 20 Wochenstunden aus.

782 *Kant,* AA X, Nr. 47, 1969, S. 83.

783 *Mohr/Willaschek,* in: ders./Höffe (Hrsg.), Immanuel Kant, Kritik der reinen Vernunft, 1998, S. 5–36, 5, 7 sprechen davon, dass es „[…] das bedeutendste philosophische Werk deutscher Sprache […]“ sei und „[…] nichts Geringeres als das Ende der traditionellen Metaphysik […]“ bedeutet habe.

784 Mindestens zwölf Jahre Vorarbeit (vgl. *Kant,* AA X, Nr. 206, 1969, S. 345).

785 Wie nachfolgend alle Werke *Kants*, zitiert aus der Akademieausgabe von *Kants* Schriften: 1. Aufl.: *ders.,* AA IV, Kritik der reinen Vernunft (1. Aufl.), 1968; 2. Aufl.: *ders.,* AA III, Kritik der reinen Vernunft (2. Aufl.), 1968.

der „Grundlegung zur Metaphysik der Sitten“[786]. Sie erschien nach zwölfjähriger Vorarbeit im Jahre 1785 und brachte den bis heute weit über die Grenzen der philosophischen Wissenschaft berühmten *kategorischen Imperativ* hervor.[787] Kurz darauf veröffentlichte *Kant* zwei weitere bedeutsame Werke, die „Kritik der praktischen Vernunft“[788] (1788) sowie die „Kritik der Urtheilskraft“[789] (1790). Während er darin seine Moralphilosophie und Erkenntnistheorie weiter vertiefte, erschien 1793 ein Werk, in dem *Kant* seine rechtsphilosophischen Thesen entfaltete: „Über den Gemeinspruch“[790]. Dort nahm *Kant* erstmals zu Fragen des Widerstands Stellung, wie später auch in seiner Abhandlung „Zum ewigen Frieden“[791] (1795). Während dieser Zeit veröffentlichte *Kant* auch „Die Religion innerhalb der Grenzen der bloßen Vernunft“[792]. Der Inhalt dieser Schrift führte zu *Kants* erstem Konflikt mit der preußischen Zensur.[793]

1797 gab *Kant* die „Metaphysische[n] Anfangsgründe der Rechtslehre“ und die „Metaphysische[n] Anfangsgründe der Tugendlehre“ heraus, die gemeinsam sein politisch-philosophisches Spätwerk mit dem Titel „Die Metaphysik der Sitten“[794] bildeten. In der „Rechtslehre“ legte *Kant* seine praktische Philosophie, die bei ihm zuvorderst Rechtsphilosophie ist,[795] ausführlich dar. Hier ging *Kant* auch auf das Widerstandsrecht ein. Für die folgende Betrachtung seiner Widerstandslehre ist dieses Werk daher am bedeutendsten.[796] Die „Rechtslehre“ ist laut *Cassirer* außerdem *Kants* …

> „[…] letzte Schrift, die noch ganz dem Umkreis und dem Charakter der großen systematischen Hauptschriften angehört, indem sie für ein bestimmtes objektiv-geistiges Kulturgebiet ein allgemeines Prinzip aufstellt, aus welchem

---

786 *Ders.*, AA IV, Grundlegung zur MdS, 1968.

787 *Geier*, Kants Welt, 2003, S. 225 spricht von dem Werk als einem „Meilenstein der modernen Ethik“.

788 *Kant*, AA V, Kritik der praktischen Vernunft, 1968.

789 *Ders.*, AA V, Kritik der Urtheilskraft, 1968.

790 *Ders.*, AA VIII, Gemeinspruch, 1968.

791 *Ders.*, AA VIII, ZeF, 1968.

792 *Ders.*, AA VI, Religion, 1968.

793 Vgl. *ders.*, AA VII, Streit der Facultäten, 1917, S. 5 f.

794 Nachfolgend zitiert in der ersten Auflage von 1797 (*ders.*, AA VI, MdS, 1968). Die erste Auflage ist im Verhältnis zur ein Jahr später erschienenen zweite Auflage vorzugswürdig, da nicht mit Sicherheit darüber befunden werden kann, ob alle Veränderung aus *Kants* eigener Feder stammen (*Weischedel*, Nachwort, 1970, S. 884).

795 *Adam*, Despotie der Vernunft?, 1999, S. 142.

796 *Peters*, Widerstandsrecht und humanitäre Intervention, 2005, S. 76.

die Eigenart und Notwendigkeit seines Aufbaus begreiflich gemacht werden soll."[797]

Cassirer ließ sich nach eingehender Analyse von *Kants* Werken zu dieser Aussage verleiten, obwohl er zu Beginn seiner Untersuchungen einräumte, dass es nicht so einfach sei, *Kants* Lehre in einer Gesamtschau zu betrachten.[798] *Cassirer* bemüht hier den Vergleich mit dem Werk *Descartes'*, der den Dualismus und die strenge Deduktion objektiver Sätze und Wahrheiten zum Grundprinzip seiner Arbeit gemacht habe. Während *Kant* in seinen frühen Schriften demgegenüber noch persönliche Betrachtungen vorgenommen und insofern die psychologische Methodik seiner Zeit angewandt hatte, verließ er spätestens beim Verfassen der „Kritik der reinen Vernunft" jeglichen subjektiven Standpunkt und folgte dem Motto *Francis Bacons* „De nobis ipsis silemus"[799] – „Über uns selbst schweigen wir". *Kant* zeigte sich stark vom naturwissenschaftlichen Fortschritt und den entsprechenden Methoden beeindruckt; insbesondere von *Newton*, der auch beim Philosophieren nicht – wie damals üblich – Selbstreflexionen in den Fokus der Betrachtungen stellte, sondern vielmehr objektive Wahrheit zu finden suchte.[800] Insofern ist bei *Kant*, will man eine Gesamtschau vornehmen, mindestens ein Drang zum Allgemeinen zu finden. Dieser verblasste ein Jahr später ein wenig, als er seine Vorlesung „Der Streit der Facultäten"[801] veröffentlichte. Hierin machte *Kant* sogar Angaben zu seinen Alltagsgewohnheiten.[802] Er beschrieb z. B. den Umgang mit seinen gesundheitlichen Beschwerden. *Kant* hielt all seine Gewohnheiten zur Erreichung seines hohen Lebensalters (80 Jahre) für essenziell. Bereits sein Zeitgenosse und erster Biograf, *Ludwig Ernst Borowski*, überlieferte, dass *Kant* ohne Ausnahme einem strengen Tagesablauf folgte.[803]

Neben den bereits genannten Werken veröffentlichte *Kant* bis zu seinem Tode im Jahre 1804 noch zahlreiche weitere Abhandlungen von unterschiedlicher Länge und Bedeutung für sein wissenschaftliches Wirken.

---

797 *Cassirer,* Kants Leben und Lehre, 1921, S. 426.

798 Ebenda, S. 3.

799 Zitat bei ebenda, S. 5. Vgl. auch *Kant,* AA III, Kritik der reinen Vernunft (2. Aufl.), 1968, S. 2.

800 Vgl. *Geier,* Kants Welt, 2003, S. 42.

801 *Kant,* AA VII, Streit der Facultäten, 1917.

802 Vgl. ebenda, S. 101 ff.

803 Vgl. *Borowski,* in: Groß (Hrsg.), Immanuel Kant, Sein Leben in Darstellungen von Zeitgenossen, 1912, S. 3–115, 54.

Kants Gedanken und Thesen unterschieden sich erheblich von den Ansichten seiner Zeit in Wissenschaft und Gesellschaft.[804] Eine positive Haltung zeigte er demgegenüber im Hinblick auf die kontemporären Geschehnisse der Französischen Revolution.[805] Im Sinne seiner viel zitierten Definition von Aufklärung als …

> „[…] der Ausgang des Menschen aus seiner selbst verschuldeten Unmündigkeit. […] Sapere aude! Habe Muth dich deines eigenen Verstandes zu bedienen! ist also der Wahlspruch der Aufklärung“[806]

… schwebte *Kant* vor allem eine „Revolution der Denkungsart“[807] vor. Seine akademische Haltung zum Widerstandsrecht ist demgegenüber streng restriktiv, wie sich im Folgenden zeigen wird.

2. Politische Philosophie

Kant entwickelte seine politische Philosophie hauptsächlich in „Über den Gemeinspruch“ und in der „Rechtslehre“ seiner „Metaphysik der Sitten“. Gemein ist diesen Werken, wie *Cassirer* beschreibt, die „Tendenz zum rein Allgemeinen“[808]. Diese ist bereits in *Kants* Erkenntnistheorie und insbesondere in seiner Moralphilosophie stark ausgeprägt. Seine politische Philosophie stellt die Fortführung dieser Grundlagen auf dem Gebiet der praktischen Philosophie dar.[809] Wie kaum ein anderes ist *Kants* philosophisches Werk nur in seiner Gesamtheit zu verstehen. Zum Verständnis seiner politischen Philosophie ist eine kurze Einführung in *Kants* erkenntnistheoretische und moralphilosophische Prämissen daher unerlässlich.

---

804 *Geier,* Kants Welt, 2003, S. 266 spricht so z. B. in Hinblick auf *Kants* „Religionsschrift“ (*Kant,* AA VI, Religion, 1968) davon, dass *Kant* den Konflikt mit der preußischen Zensur darin provoziert habe.

805 *Geier,* Kants Welt, 2003, S. 273 ff.

806 *Kant,* AA VIII, Was ist Aufklärung?, 1968, S. 35.

807 *Llanque,* Geschichte der politischen Ideen, 2012, S. 67. Ansätze hierzu bei *Kant* selbst (vgl. *Kant,* AA III, Kritik der reinen Vernunft (2. Aufl.), 1968, S. 9, 13; *ders.,* AA VI, Religion, 1968, S. 47).

808 *Cassirer,* Kants Leben und Lehre, 1921, S. 6.

809 *Peters,* Widerstandsrecht und humanitäre Intervention, 2005, S. 76.

a) Philosophische Prämissen

aa) Erkenntnistheorie: Subjekt und reine Vernunft

Kant formuliert in seiner „Kritik der reinen Vernunft" einen umwälzenden erkenntnistheoretischen Grundgedanken, der seither oftmals als „kopernikanische Wende" der Metaphysik bezeichnet wurde.[810] Bei der Beantwortung der Frage, wie sichere Erkenntnis gewonnen werden kann, wechselt *Kant* die herkömmliche Perspektive und stellt – ein Novum in der Metaphysik – das Subjekt des Erkennens in den Fokus. Er lässt also das zu erkennende Objekt in seiner Erkenntnisphilosophie um den Menschen mit seiner Vernunft kreisen:

> „Bisher nahm man an, alle unsere Erkenntnis müsse sich nach den Gegenständen richten; aber alle Versuche über sie a priori etwas durch Begriffe auszumachen, wodurch unsere Erkenntniß erweitert würde, gingen unter dieser Voraussetzung zu nichte. Man versuche es daher einmal, ob wir nicht in den Aufgaben der Metaphysik damit besser fortkommen, daß wir annehmen, die Gegenstände müssen sich nach unserem Erkenntniß richten, welches so schon besser mit der verlangten Möglichkeit einer Erkenntniß derselben a priori zusammenstimmt, die über Gegenstände, ehe sie uns gegeben werden, etwas festsetzen soll."[811]

Der Mensch – genauer gesagt: seine Vernunft – ist bei *Kant* als Subjekt aktiv an seinen Erkenntnisprozessen beteiligt.[812] Er führt die Strömungen des Rationalismus und des Empirismus zusammen und statuiert eine Abhängigkeit von Erkenntnis und Erfahrung.[813] Die Fehler oder vielmehr die Unvollständigkeit der vorherigen Positionen beruhen seiner Ansicht nach erstens darauf, dass sinnliche Anschauungen für rein empirisch befunden worden sind.[814] Zweitens sei fälschlicherweise die Unabhängigkeit der

---

810 So u. a. *Unruh,* Die Herrschaft der Vernunft, 1993, S. 194; *Geis,* JZ 1995, S. 324–331, 325; *Mohr/Willaschek,* in: ders./Höffe (Hrsg.), Immanuel Kant, Kritik der reinen Vernunft, 1998, S. 5–36, 5. Vgl. *Kant* selbst (*Kant,* AA III, Kritik der reinen Vernunft (2. Aufl.), 1968, S. 12). Er spricht insofern von einer „Revolution der Denkart" bzw. „veränderte[n] Methode der Denkungsart" (ebenda, S. 9, 13).

811 Ebenda, S. 11 f.

812 Vgl. ebenda, S. 10.

813 Vgl. ebenda, S. 11 f.; *Mohr/Willaschek,* in: ders./Höffe (Hrsg.), Immanuel Kant, Kritik der reinen Vernunft, 1998, S. 5–36, 9; *Klemme,* Immanuel Kant, 2004, S. 22.

814 *Kant,* AA III, Kritik der reinen Vernunft (2. Aufl.), 1968, S. 11 f.

Geltung der Begriffe von den Bedingungen der sinnlichen Wahrnehmung von Gegenständen erklärt worden.[815] Begriffe und sinnliche Anschauungen existieren laut *Kant* sowohl a posteriori als auch a priori („reine Verstandesbegriffe“ und „reine Anschauung“, so Raum und Zeit[816]). Er gibt in seiner „Kritik der reinen Vernunft“ unter konsequenter Beibehaltung dieser verschiedenen Kategorien eine umfangreiche Antwort auf die erkenntnistheoretische Grundfrage „Was kann ich wissen?“[817] und bestimmt damit den Ursprung und die Grenzen menschlicher Erkenntnis.

Primäres Ziel *Kants* erkenntnistheoretischen Unterfangens ist die Beantwortung seiner Hauptfrage „Was und wie viel kann Verstand und Vernunft, frei von aller Erfahrung, erkennen?“[818] Im Fokus seiner Betrachtung liegt also die Möglichkeit nicht-empirischen Wissens, denn nur hierauf kann die Metaphysik als Wissenschaft seiner Meinung nach gründen.[819] Insofern ist *Kants* Erkenntnistheorie, wie er selbst formuliert, insbesondere eine „Metaphysik von der Metaphysik“[820]. *Kant* geht also den – seines Erachtens zwingenden – Umweg über eine vollständige Erkenntnistheorie, um die Bedingungen der Metaphysik überhaupt zu erforschen: das nicht-empirische Wissen, die reinen Erkenntnisurteile a priori. Seine Motivation ergibt sich daraus, dass seiner Vorstellung nach nur die Metaphysik ein Fundament für die Errichtung von moral- und rechtsphilosophischen Grundsätzen darstellen kann.[821] Dieses Fundament wiederum besteht bei ihm aus der Substanz der reinen Vernunft.[822]

815 Ebenda, S. 11 f.

816 Ebenda, S. 68 f.

817 *Ders.,* AA IX, Logik, 1972, S. 25.

818 *Ders.,* AA IV, Kritik der reinen Vernunft (1. Aufl.), 1968, S. 12.

819 *Ders.,* AA IV, Prolegomena, 1968, S. 276, 328 f.; *ders.,* AA III, Kritik der reinen Vernunft (2. Aufl.), 1968, S. 19; s. auch *Mohr/Willaschek,* in: ders./Höffe (Hrsg.), Immanuel Kant, Kritik der reinen Vernunft, 1998, S. 5–36, 6; *Klemme,* Immanuel Kant, 2004, S. 19.

820 *Kant,* AA X, Nr. 166, 1969, S. 269.

821 *Mohr/Willaschek,* in: ders./Höffe (Hrsg.), Immanuel Kant, Kritik der reinen Vernunft, 1998, S. 5–36, 6. Vgl. *Kant,* AA IV, Kritik der reinen Vernunft (1. Aufl.), 1968, S. 11; *ders.,* AA III, Kritik der reinen Vernunft (2. Aufl.), 1968, S. 18.

822 Vgl. *Kants* Definition der reinen Vernunft als „das Vermögen der Erkenntniß aus Principien a priori“ (*ders.,* AA V, Kritik der Urtheilskraft, 1968, S. 167).

bb) Moralphilosophie: Freiheit und kategorischer Imperativ

Ebenso wie in seiner Erkenntnistheorie steht in *Kants* Moralphilosophie die Vernunft im Mittelpunkt. Den Beginn seiner Moralphilosophie markiert die Annahme, der Mensch sei ein frei handelndes Vernunftwesen.[823] Gerade seine Vernunft macht jenen für *Kant* zum Teil der Menschheit.[824] Das Außergewöhnliche an ihr ist, dass sie dem Menschen ermöglicht, aus eigener Freiheit wirksam zu werden.[825] In dieser Freiheit besteht bei *Kant* die „angeborenen Würde"[826] des Menschen. Sie vollziehe sich in Form des Moralgesetzes, das der Mensch mittels seiner Vernunft a priori zu erkennen vermöge.[827] Dass *Kant* die Freiheit des Menschen in den Fokus seiner Betrachtungen rückt, stellte ein Novum seiner Zeit dar. Die Moralphilosophie orientierte sich bis dahin hauptsächlich an anderen Kriterien wie der Ordnung der Natur, dem Willen Gottes oder dem Streben nach Glück.

Kant geht in seiner Erkenntnistheorie von einer strengen Naturkausalität aus – vom notwendigen Prinzip von Ursache und Wirkung in der Welt der Empirie. Demgegenüber nimmt er in seiner Moralphilosophie einen nicht-deterministischen Standpunkt ein, da er ihr die Willensfreiheit der Menschen zugrunde legt. *Kant* bringt Naturkausalität und Willensfreiheit in Einklang, indem er aufzeigt, dass es zwei unterschiedliche Standpunkte gibt, von denen man die Frage des Determinismus betrachten kann: zum einen die Welt der Sinne, in der Kausalität zu striktem Determinismus führe;[828] zum anderen die Welt der praktischen Vernunft, in der nicht Naturkausalität den Willen bestimme, sondern dieser frei gebildet werden könne.[829]

Der Wille unterliegt dem Moralgesetz, der objektiv praktischen Vernunft – insofern könnte die Freiheit desselben wiederum angezweifelt werden. *Kant* sieht die Freiheit jedoch darin, dass der Mensch den Ge-

823 *Ders.,* AA IV, Grundlegung zur MdS, 1968, S. 433 f.; *ders.,* AA V, Kritik der praktischen Vernunft, 1968, S. 72; vgl. *Klemme,* Immanuel Kant, 2004, S. 64.

824 *Ders.,* in: Altenhain/Willenberg (Hrsg.), Die Geschichte der Folter seit ihrer Abschaffung, 2011, S. 39–54, 41.

825 Ebenda, S. 41.

826 *Kant,* AA VI, MdS, 1968, Tugendlehre, § 4 S. 420.

827 *Ders.,* AA IV, Grundlegung zur MdS, 1968, S. 420 f.; vgl. *ders.,* AA V, Kritik der praktischen Vernunft, 1968, S. 42.

828 Ebenda, S. 20 f.

829 Ebenda, S. 20 f.

brauch seiner Willkür im Rahmen des Moralgesetzes durch eigens statuierte Gesetze autonom bestimmen kann.[830] Er definiert Freiheit als die „Unabhängigkeit von eines Anderen nöthigender Willkür“[831] und als „das Vermögen der reinen Vernunft für sich selbst praktisch zu sein“[832]. Es handelt sich dabei also um eine weite, „positive“[833] Freiheit, um Selbstbestimmung.[834] Selbstbestimmung ist dabei nicht gleichbedeutend mit einer grenzenlosen gestalterischen Beliebigkeit des Willens.[835] Vielmehr wird der Rahmen a priori vom Moralgesetz vorgegeben, das den Gebrauch der Freiheit aller Menschen neben- bzw. miteinander regelt. Die Unterwerfung des freien Willens unter das Moralgesetz dient also der Freiheitsverwirklichung. *Kant* sieht hierin das Zusammenspiel zwischen der Vernunft und dem empirischen Wesen des Menschen.[836]

Ermöglicht wird dieses Zusammenspiel durch die Befolgung von *Kants kategorischem Imperativ*. Dieses *Kantische* Moralgesetz formuliert als entscheidendes Kriterium von moralischem Handeln das Universalitätsprinzip:

> „Der kategorische Imperativ ist also nur ein einziger und zwar dieser: handle nur nach derjenigen Maxime, durch die du zugleich wollen kannst, daß sie ein allgemeines Gesetz werde.“[837]

Nur das Universalitätsprinzip vermag die Verwirklichung der Freiheit aller Menschen unter der Prämisse ihrer Gleichheit zu garantieren. Es besagt, dass Handlungsmaximen, die nicht verallgemeinerbar seien, zwingendermaßen nicht sittlich sein könnten. Damit stellt der *kategorische Imperativ* ein formales Prüfkriterium für unsittliche Handlungen zur Verfügung und ist nicht etwa Quelle von Handlungsmaximen, da diese allein in der Autonomie liegt. *Kant* wählt, neben der soeben zitierten, auch noch

830 Vgl. *ders.*, AA IV, Grundlegung zur MdS, 1968, S. 432. *Klemme,* Immanuel Kant, 2004, S. 23 f. weist auf das darin enthaltene Paradoxon hin.

831 *Kant,* AA VI, MdS, 1968, Einleitung in die Rechtslehre, Anhang, S. 237.

832 Ebenda, Einleitung in die Metaphysik der Sitten, S. 213 f.

833 Ebenda, Einleitung in die Metaphysik der Sitten, S. 213 a. E. *Adam* weist darauf hin, dass „[n]och im positiven Begriff der Freiheit […] deren negativer Charakter deutlich“ werde, da die „Freiheit als Unterwerfung“ bestimmt sei (*Adam,* Despotie der Vernunft?, 1999, S. 158 a. E.).

834 Vgl. *Klemme,* Immanuel Kant, 2004, S. 57.

835 Ebenda, S. 23.

836 Ebenda, S. 23.

837 *Kant,* AA IV, Grundlegung zur MdS, 1968, S. 421.

weitere Formulierungen für seinen *kategorischen Imperativ*.[838] Eine beleuchtet auch den Inhalt von Handlungsmaximen näher. Darin stellt *Kant* primär darauf ab, dass Handlungsmaximen niemals den Selbstzweck des Menschseins konterkarieren dürften.[839] Hier wird erneut ein objektives Kriterium (der objektive Selbstzweck des Menschen) als Rahmen vorgegeben, innerhalb dessen subjektive Zwecke aktiv verwirklicht werden können.[840] Zugleich ergibt sich indirekt ein Verbot der Instrumentalisierung von Menschen.[841] Dahinter verbirgt sich der Geltungsgrund des Moralgesetzes, nämlich die „Verfaßtheit des Menschen selbst"[842]: die Vernunft. Die Erhaltung der Vernunft hat bei *Kant* einen „absoluten Wert"[843]. Deshalb ist die Befolgung des Moralgesetzes unbedingt verpflichtend, und zwar als „Pflicht gegen sich selbst"[844]. Eine Nichtbefolgung dieser Pflicht wäre ein Widerspruch mit sich selbst; daher wird sie von *Kant* auch als Pflicht zum „widerspruchsfreiem Handeln"[845] bezeichnet. Darin, diesem Anspruch gerecht werden zu können, besteht bei *Kant* die Würde, die dem Menschen zukommt.[846]

Kant gesteht allerdings ein, dass der Mensch die empirische Freiheit hat, diese apriorische Pflicht[847] nicht zum Beweggrund seiner Handlungen zu machen, da er kein reines Vernunftwesen ist, sondern zugleich ein Sinnes- und Triebwesen.[848] Damit hat der Mensch die Wahl, ob Neigung (Glückseligkeit) oder Pflicht bzw. Tugend (Moral) die Intention seiner Handlungen bestimmen.[849] Dieses Spannungsverhältnis zwischen dem sinnlichen und dem vernünftigen Wollen ist dem *Kantischen* Menschen

838 S. nur ebenda, S. 432 Z. 18 ff. im Vergleich zu Z. 6 ff.

839 Vgl. ebenda, S. 429.

840 *Klemme,* Immanuel Kant, 2004, S. 77.

841 Vgl. ebenda, S. 77.

842 *Adam,* Despotie der Vernunft?, 1999, S. 155.

843 *Klemme,* in: Altenhain/Willenberg (Hrsg.), Die Geschichte der Folter seit ihrer Abschaffung, 2011, S. 39–54, 42 mit Blick auf *Kant,* AA IV, Grundlegung zur MdS, 1968, S. 428.

844 *Ders.,* AA VI, MdS, 1968, Tugendlehre, S. 418 f.; *Adam,* Despotie der Vernunft?, 1999, S. 155.

845 *Kant,* AA VI, MdS, 1968, Tugendlehre, S. 418, 422. Vgl. *Peters,* Widerstandsrecht und humanitäre Intervention, 2005, S. 79.

846 *Klemme,* in: Altenhain/Willenberg (Hrsg.), Die Geschichte der Folter seit ihrer Abschaffung, 2011, S. 39–54, 42.

847 Zu dieser Kategorisierung *Adam,* Despotie der Vernunft?, 1999, S. 158.

848 *Klemme,* Immanuel Kant, 2004, S. 65.

849 Vgl. *Kant,* AA VII, Anthropologie, 1917, S. 277.

immanent.[850] Tugendhaft sind für *Kant* nur solche Handlungen, die dem vernünftigen, dem „reine[n] Willen“[851] und damit dem Pflichtbewusstsein entspringen.[852] Daher können nur reine Vernunftwesen (Gott, Engel) ausnahmslos sittlich handeln.[853] Der Mensch muss seinen Willen zur Einhaltung des *kategorischen Imperativs* zwingen. Er bedürfe einer „Triebfeder“[854], damit die reine Vernunft zur praktischen werde.[855] Diese Triebfeder ergibt sich für *Kant* wiederum aus der reinen Vernunft.[856] Letztere sei damit nicht nur der Grund der moralischen Verbindlichkeit, sondern auch der Ursprung moralischer Motivation.[857] *Kant* lässt hier auch das Zusammenwirken von sinnlicher und vernünftiger Motivation genügen, denn er hält das Gefühl der Achtung vor einem Gesetz bereits für eine vollkommene sittliche Gesinnung.[858] Das Achtungsgefühl ist allerdings nicht bei allen Menschen gleichermaßen ausgeprägt, sondern muss im Einzelfall zunächst anerzogen werden.[859] *Manfred Geier* stellt in seiner Biografie über *Kant* daher fest, dass sich die Menschen in der *Kantischen* Welt sogar autonom entscheiden könnten, Maximen zu befolgen, die nicht dem Moralgesetz entsprächen.[860] Sie könnten also auch hier das moralisch Böse wählen.[861] *Kant* gesteht selbst ein, dass das Böse in der Natur des Menschen liege und Menschen durch untugendhaftes Handeln ihre Würde (wenn

850 *Klemme,* Immanuel Kant, 2004, S. 53, 88.

851 Hierzu *Kant,* AA IV, Grundlegung zur MdS, 1968, S. 390.

852 Vgl. *ders.,* AA V, Kritik der praktischen Vernunft, 1968, S. 71 ff.

853 Vgl. zu Engeln *ders.,* AA VIII, Recension, 1968, S. 11; zum Göttlichen an der Vernunft in den Menschen *ders.,* AA VII, Streit der Facultäten, 1917 S. 48. Vgl. auch *ders.,* AA V, Kritik der praktischen Vernunft, 1968, S. 74.

854 Unter Triebfedern ist dabei Motivation zu verstehen (*Scarano,* in: Höffe (Hrsg.), Immanuel Kant: Kritik der praktischen Vernunft, 2011, S. 117–132, 120).

855 *Kant,* AA V, Kritik der praktischen Vernunft, 1968, S. 72; *Klemme,* Immanuel Kant, 2004, S. 86.

856 Vgl. *Kant,* AA V, Kritik der praktischen Vernunft, 1968, S. 72.

857 Ebenda, S. 72; *Klemme,* Immanuel Kant, 2004, S. 65. *Adam,* Despotie der Vernunft?, 1999, S. 149 formuliert hierzu eingängig: „Die ethische Gesetzgebung identifiziert die Pflicht selbst mit der Triebfeder, die zur Befolgung der Pflicht nötigt.“

858 *Klemme,* Immanuel Kant, 2004, S. 88 im Hinblick auf *Kant,* AA IV, Grundlegung zur MdS, 1968, S. 460, *ders.,* AA V, Kritik der praktischen Vernunft, 1968, S. 83 und *ders.,* AA VIII, Gemeinspruch, 1968, S. 283.

859 *Klemme,* Immanuel Kant, 2004, S. 89 im Hinblick auf *Kant,* AA V, Kritik der praktischen Vernunft, 1968, S. 152.

860 Vgl. *Geier,* Kants Welt, 2003, S. 262 f.

861 Ebenda, S. 262 f.

auch niemals vollständig) einbüßen könnten.[862] Dennoch hält er die Vernunft für einen der imposantesten Aspekte des Lebens:

> „Zwei Dinge erfüllen das Gemüth mit immer neuer und zunehmender Bewunderung und Ehrfurcht, je öfter und anhaltender sich das Nachdenken damit beschäftigt: der bestirnte Himmel über mir und das moralische Gesetz in mir."[863]

cc) Strikter Rechtsbegriff und Naturzustand

Mit dem moralischen Gesetz in Gestalt des *kategorischen Imperativs* statuiert *Kant* ein apriorisches moralisches Prinzip der formalen Gerechtigkeit.[864] Die Ethik wird bei ihm zur Rechtswissenschaft.[865] So meint *Adam*, *Kant* erhebe „eine pathetische Idee des Rechts zur Richtschnur der Gerechtigkeit."[866] Sein Formalismus bestimmt auch seinen Rechtsbegriff.[867] *Kant* definiert Recht als den …

> „Inbegriff der Bedingungen, unter denen die Willkür des einen mit der Willkür des anderen nach einem allgemeinen Gesetze der Freiheit zusammen vereinigt werden kann."[868]

Recht vermag also nur eine Funktion zu erfüllen, nämlich die äußere Handlungsfreiheit des einen mit derjenigen der anderen in Übereinstimmung zu bringen.[869] Die Abwägung zwischen persönlichen Wünschen oder Interessen ist damit laut *Kant* kein möglicher Anknüpfungspunkt des Rechts,[870] sondern nur die Willkür, die äußere Handlungsfreiheit, da nur diese – im Sinne des *kategorischen Imperativs* – als Schutzgut universali-

---

862 Zum Bösen im Menschen *Kant,* AA VI, Religion, 1968, S. 32 ff. Zum Würdeverlust vgl. *ders.,* AA VI, MdS, 1968, Rechtslehre, § 49 S. 329 f., Tugendlehre, § 39 S. 463 f.; *Klemme,* in: Altenhain/Willenberg (Hrsg.), Die Geschichte der Folter seit ihrer Abschaffung, 2011, S. 39–54, 43.

863 *Kant,* AA V, Kritik der praktischen Vernunft, 1968, S. 161.

864 *Adam,* Despotie der Vernunft?, 1999, S. 157.

865 Vgl. ebenda, S. 142, 146, 157.

866 Ebenda, S. 142.

867 Ebenda, S. 157.

868 *Kant,* AA VI, MdS, 1968, Einleitung in die Rechtslehre, § B S. 230.

869 *Klemme,* Immanuel Kant, 2004, S. 95.

870 Vielmehr fiele dies in den Bereich der Wohltätigkeit (*Kant,* AA VI, MdS, 1968, Einleitung in die Rechtslehre, § B S. 230).

sierbar ist.[871] Eine Rechtsnorm im strengen *Kantischen* Sinne drückt also immer ein Sollen aus, das für alle Menschen gleichermaßen verpflichtend ist. Hieraus ergeben sich bei *Kant* drei Anwendungsbedingungen des Rechts, die jede äußere Gesetzgebung beachten muss: Recht muss erstens die freiheitliche Koexistenz einer Vielzahl von Menschen regeln; zweitens muss dies mittels des universalisierbaren Kriteriums der Handlungsfreiheit geschehen; und drittens muss es unabhängig von materiellen oder empirischen Bedingungen sein.[872] Im Zentrum von *Kants* Rechtsphilosophie steht die wechselseitig gewährleistete Handlungsfreiheit,[873] wie er in seinem „Allgemeinen Rechtsprinzip"[874] nochmals verdeutlicht:

> „Eine jede Handlung ist recht, die oder nach deren Maxime die Freiheit der Willkür eines jeden mit jedermanns Freiheit nach einem allgemeinen Gesetze zusammen bestehen kann."[875]

Damit ist bei *Kant* auch im Hinblick auf das äußere Verhältnis der Menschen zueinander ein rein formelles Kriterium maßgeblich. In diesem Sinne fährt er bei der Formulierung seines *kategorischen Rechtsimperativs*, des allgemeinen Rechtsgesetzes, fort:

> „[H]andle äußerlich so, daß der freie Gebrauch deiner Willkür mit der Freiheit von jedermann nach einem allgemeinen Gesetze zusammen bestehen könne […]"[876].

Kants Rechtsbegriff ist keinen materiellen Erwägungen zugänglich, sondern rein formell, wie es der *kategorische Imperativ* als Moralgesetz ist. Sein Rechtsbegriff ist zudem strikt, weil der Bestimmungsgrund der Rechtsbefolgung nur ein äußerer sein könne, nämlich Zwang.[877] Recht ist dabei untrennbar mit Zwang verbunden: *Kant* meint, jedes subjektive Recht enthielte eine entsprechende Zwangsbefugnis zur Durchsetzung.[878] Recht ohne Zwang sei Billigkeit und erfüllt seinen strikten Rechtsbegriff

871 Ebenda, Einleitung in die Rechtslehre, § B S. 230.
872 Vgl. ebenda, Einleitung in die Rechtslehre, § B S. 230.
873 Vgl. ebenda, Einleitung in die Rechtslehre, § E S. 232.
874 Ebenda, Einleitung in die Rechtslehre, § C S. 230.
875 Ebenda, Einleitung in die Rechtslehre, § C S. 230.
876 Ebenda, Einleitung in die Rechtslehre, § C S. 231.
877 Ebenda, Einleitung in die Rechtslehre, § Df. S. 231 f. Zum *ius strictum* s. auch ebenda, Einleitung in die Rechtslehre, Anhang, S. 233 a. E.
878 Ebenda, Einleitung in die Rechtslehre, § D S. 231, Anhang, S. 233 a. E.

damit nicht.[879] Eine richterliche Entscheidung, beispielsweise mittels Abwägung, hält *Kant* in diesem Fall für unmöglich. Für ihn kann eine Partei in einem Rechtsstreit Billigkeit lediglich walten lassen, indem sie bei ihrer Forderung nachgibt.[880] Ferner verneint *Kant* die Existenz eines Notrechts – der Befugnis zur Anwendung von Zwang ohne entsprechendes Recht.[881] Dabei adressiert *Kant* die Konstellation des Aggressivnotstands, nämlich den Eingriff in die Freiheitssphäre eines Dritten, der mit der Notlage nichts zu tun hat, aus der sich der Eingreifende durch den Eingriff zu retten sucht.[882] Ein solcher Eingriff kann für *Kant* rechtlich nicht legitimiert sein, sondern widerspricht seinem Rechtsbegriff:

> „Der Sinnspruch des Nothrechts heißt: ‚Noth hat kein Gebot (necessitas non habet legem)'; und gleichwohl kann es keine Noth geben, welche, was unrecht ist, gesetzmäßig machte." [883]

Für die Eingriffstat gibt es bei *Kant* keine Rechtfertigung (die Tat sei nicht „unsträflich"[884]), wie man sie heute aus dem deutschen Strafrecht kennt.[885] Allerdings sieht er zumindest einen subjektiven Strafausschluss auf Ebene der Schuld vor.[886] Er spricht insofern von einer „unstrafbaren"[887] Tat. Für *Kant* ist hier ein spezialpräventiver Gedanke ausschlaggebend und nicht etwa ein entschuldigender Notstand.[888] Sein Strafzweck

---

879 Vgl. ebenda, Einleitung in die Rechtslehre, Anhang, S. 234. *Höffe,* in: ders. (Hrsg.), Immanuel Kant: Metaphysische Anfangsgründe der Rechtslehre, 1999, S. 41–62, 59 spricht der Billigkeit und dem Notrecht „halben Rechtscharakter" zu. *Kant* erkennt auch ein Recht im weiteren Sinne im Naturzustand an, nämlich den „provisorisch rechtliche[n] Besitz" (*Kant,* AA VI, MdS, 1968, Rechtslehre, § 9 S. 257; hierzu auch *Frank,* ARSP 2011, S. 305–321, 310).

880 *Höffe,* in: ders. (Hrsg.), Immanuel Kant: Metaphysische Anfangsgründe der Rechtslehre, 1999, S. 41–62, 59.

881 Vgl. *Kant,* AA VI, MdS, 1968, Einleitung in die Rechtslehre, Anhang, S. 235 f.

882 Vgl. ebenda, Einleitung in die Rechtslehre, Anhang, S. 235.

883 Ebenda, Einleitung in die Rechtslehre, Anhang, S. 236.

884 Ebenda, Einleitung in die Rechtslehre, Anhang, S. 236.

885 Vgl. § 34 StGB.

886 Vgl. ebenda, Einleitung in die Rechtslehre, Anhang, S. 236.

887 Ebenda, Einleitung in die Rechtslehre, Anhang, S. 236.

888 Vgl. ebenda, Einleitung in die Rechtslehre, Anhang, S. 236; *Höffe,* in: ders. (Hrsg.), Immanuel Kant: Metaphysische Anfangsgründe der Rechtslehre, 1999, S. 41–62, 61. Zustimmend *Bittner,* in: Bleisch/Strub (Hrsg.), Pazifismus, 2006, S. 265–275, 271.

der Vergeltung[889] kommt dabei nicht zum Tragen. Anders als beim Notstand beurteilt *Kant* das Verteidigungsrecht in einer Notwehrkonstellation. Notwehr stellt für ihn als Ausübung von Zwang die Kehrseite des zu verteidigenden Rechts dar.[890]

Der Befolgungsmodus des Rechts in Form des (äußeren) Zwangs impliziert einen erheblichen Unterschied zur Moral, deren Befolgung über den *kategorischen Imperativ* einem inneren autonomen Prozess unterliegt. Hieraus ergibt sich, dass die Beweggründe einer Handlung einzig bei der Frage nach ihrer Moralität eine Rolle spielen können. Die Frage der Legalität unterliegt hingegen einer rein äußeren Betrachtung.[891] *Kants* Ethik kann als materiell (wenn auch im Sinne eines formellen Materialismus) bezeichnet werden, während die Rechtslehre (und damit auch Politik) sich bei ihm nur auf die formellen Bedingungen der äußeren Freiheit richten kann. *Kant* nimmt damit eine Differenzierung zwischen innen und außen vor und verfolgt insofern eine strikte Trennung von Recht und Moral.[892]

Die Tatsache, dass er die Freiheit des Menschen als sein angeborenes Recht beschreibt,[893] könnte trotz dieser Trennung für eine naturrechtliche Haltung *Kants* sprechen. Zudem weist sein *kategorischer Imperativ* als übergeordnetes Maß aller Maximen einen gewissen naturrechtlichen Charakter auf.[894] Gleichwohl könnte man *Kants* Sichtweise insbesondere aufgrund seines strikten Rechtsbegriffs gleichfalls dem Rechtspositivismus

889 Genauer gesagt der Wiedervergeltung (*ius talionis*, s. *Kant,* AA VI, MdS, 1968, Rechtslehre, § 49 S. 332). Hierzu näher *Höffe,* in: ders. (Hrsg.), Immanuel Kant: Metaphysische Anfangsgründe der Rechtslehre, 1999, S. 213–233, insb. S. 214.

890 *Kants* Ablehnung des Notrechts nicht auf das Notwehrrecht (*ius inculpatae tutelae*) beziehend *Pawlik,* Der rechtfertigende Notstand, 2002, S. 19 mit Hinweis auf *Kant,* AA VI, MdS, 1968, Einleitung in die Rechtslehre, Anhang, S. 235 und *ders.,* AA XIX, Reflexionen zur Moralphilosophie, 1971, Reflexion Nr. 7195, S. 269; ähnlich *Merkel,* in: Meggle (Hrsg.), Humanitäre Interventionsethik, 2004, S. 107–132, 113, Fn. 10.

891 Vgl. *Kant,* AA V, Kritik der praktischen Vernunft, 1968, S. 71 ff.

892 *Kaulbach,* Kant-Studien 67 (1976), S. 390–408, 390; *Adam,* Despotie der Vernunft?, 1999, S. 150. *Klemme,* Immanuel Kant, 2004, S. 94 legt dar, dass die Trennung von innen und außen ein Novum in der „Rechtslehre" im Verhältnis zur „Kritik der praktischen Vernunft" darstelle. Darüber hinaus sind *Kants* Moral- und Rechtsphilosophie unmittelbar miteinander verknüpft.

893 Vgl. *Kant,* AA VI, MdS, 1968, Einleitung in die Rechtslehre, Anhang, S. 237.

894 Vgl. *Adam,* Despotie der Vernunft?, 1999, S. 156.

zuordnen.[895] Mit Blick auf die gängigen Naturrechtslehren in der Zeit bis zu seinem Wirken kann das *Kantische* Freiheitsrecht jedenfalls nicht als Naturrecht im originären Sinne bezeichnet werden, da es seinen Geltungsgrund nicht in der empirischen Welt der Natur hat, sondern in der apriorischen Vernunftwelt.[896] *Ernst Bloch* spricht insofern von einem „Naturrecht ohne Natur"[897]. *Kant* steigt damit auf der Leiter der Abstraktion eine Sprosse höher. Sein konzeptioneller Schritt von der Natur zur Vernunft wird von *Bloch* weiter als „Deduktion des Deduktionsprinzips"[898] bezeichnet. *Adam* meint, dass *Kant* sich vom Naturrecht verabschiede „um es zu retten"[899]. *Kant* gibt den empirischen Teil des Naturrechts auf, während er seinen „universell-universalistische[n] Kern"[900] dadurch mit neuem Leben füllt.[901] Er bejaht damit die Existenz vorstaatlichen Rechts, eines Naturrechts im weiteren Sinne, das keinen Autor hat, sondern auf den Prinzipien der reinen Vernunft beruht.[902]

Darüber hinaus kennt auch *Kant* einen vorstaatlichen Zustand im Sinne eines Naturzustands à la *Hobbes* und *Locke*.[903] Im Naturzustand bzw. „nicht-rechtlichen Zustand"[904] herrsche das von *Kant* so bezeichnete „Privatrecht" als vorstaatliches Vernunftrecht.[905] Letzteres bestimmt die apriorischen Rechte sowie die Rechtspflichten von Personen. Dabei geht es *Kant* um die Befugnis zum Rechtserwerb und die wechselseitigen Ver-

---

895 In diese Richtung tendierend *Arntzen,* Journal of the History of Philosophy 34 (1996), S. 409–424, 420, der auf *Kants* Differenzierung von Recht und gerechtem Recht in der Einleitung seiner „Rechtslehre" hinweist (*Kant,* AA VI, MdS, 1968, Einleitung in die Rechtslehre, § B S. 229).

896 *Welzel,* Naturrecht und materiale Gerechtigkeit, 1962, S. 167, der darauf hinweist, dass *Kant* damit die „größte Schwäche der naturrechtlichen Position" treffe; *Peters,* Widerstandsrecht und humanitäre Intervention, 2005, S. 79.

897 *Bloch,* Naturrecht, Bd. 6, 1985, S. 81.

898 Ebenda, S. 83.

899 *Adam,* Despotie der Vernunft?, 1999, S. 156.

900 Ebenda, S. 156.

901 Vgl. *Klemme,* Immanuel Kant, 2004, S. 98, der eine Ähnlichkeit zwischen *Kants* privatrechtlichem Vernunftrecht und den neuzeitlichen Naturrechtstheorien sieht.

902 Vgl. nur *Kant,* AA VI, MdS, 1968, Einleitung in die Rechtslehre, Anhang, S. 237; *Adam,* Despotie der Vernunft?, 1999, S. 157. A. A. *Flickschuh,* Philosophy & Public Affairs 36 (2008)., 382.

903 *Kant* spricht selbst gar vom „natürlichen Zustande" (*Kant,* AA VI, MdS, 1968, Rechtslehre, § 41 f. S. 306 f.).

904 Ebenda, Rechtslehre, § 44 S. 312.

905 Ebenda, Rechtslehre, § 1 ff. S. 245 ff.

pflichtungen, die hierfür eingegangen werden.[906] Im *Kantischen* Naturzustand kann es also durchaus eine Gesellschaft geben, nur keine bürgerliche.[907] Hier ergibt sich der erste Unterschied zu *Hobbes*' Modell vom Naturzustand, in dem keine Gesellschaft denkbar ist. Zudem wird *Kants* Naturzustand nicht von einem empirischen Selbsterhaltungsinteresse der Menschen beherrscht. Er widmet sich in seinen Betrachtungen des fiktiven Naturzustands – wie sollte es anders ein? – einzig den Prinzipien der Vernunft. Über den Weg dieser Abstraktion gelangt *Kant* zu einem Ergebnis, das eine Analogie[908] zum *Hobbes'schen* darstellt: Im Naturzustand könnten „[...] vereinzelte Menschen, Völker und Staaten niemals vor Gewaltthätigkeit gegen einander sicher sein [...]"[909]. Jeder habe dort nach Maßgabe des angeborenen Freiheitsrechts ein Recht zu tun, „[...] was ihm recht und gut dünkt [...]"[910]. Damit könne im Naturzustand niemand einem anderen Unrecht tun.[911] Der Naturzustand ist kein Zustand der Ungerechtigkeit, vielmehr der Rechtlosigkeit im Sinne des *Kantischen* Rechtsbegriffs.[912] Die Menschen stünden sich also, solange sie sich nicht in einer bürgerlichen Gesellschaft befänden, einander als gleiche und freie Individuen gegenüber.[913] Allerdings vermag sich ihre Freiheit in diesem Zustand nicht zu entfalten, da dies, wie oben erwähnt, laut *Kant* nur möglich ist, wenn die „Unabhängigkeit von eines Anderen nöthigender Willkür"[914] garantiert ist. Das Freiheitsrecht könne erst dann zur Geltung kommen, wenn man sich in einen rechtlichen Zustand begebe und den Naturzustand verlassee.[915] Da das angeborene Freiheitsrecht vernunftbedingt verwirklicht werden müsse, bestehe die Pflicht, in den einzigen Zustand einzutreten, der seine Verwirklichung ermögliche: den Rechtszustand.[916] Dieser

906 *Klemme,* Immanuel Kant, 2004, S. 97.

907 Vgl. *Kant,* AA VI, MdS, 1968, Rechtslehre, § 41 S. 306.

908 Es kann sich hier allenfalls um eine Analogie handeln, da die Ergebnisse auf unterschiedlichen argumentativen Ebenen (bei *Hobbes* faktisch und bei *Kant* vernunfttheoretisch) erlangt werden.

909 Ebenda, Rechtslehre, § 44 S. 312.

910 Ebenda, Rechtslehre, § 44 S. 312.

911 Ebenda, Rechtslehre, § 42 S. 307.

912 Vgl. ebenda, Rechtslehre, § 44 S. 312.

913 Ebenda, Einleitung in die Rechtslehre, Anhang, S. 237.

914 Ebenda, Einleitung in die Rechtslehre, Anhang, S. 237.

915 Ebenda, Rechtslehre, § 44 S. 312.

916 Ebenda, Rechtslehre, § 42 S. 307 f., § 44 S. 312; *Klemme,* Immanuel Kant, 2004, S. 96. *Adam,* Despotie der Vernunft?, 1999, S. 200 bezeichnet den *Kantischen* Rechtszustand daher als die „institutionalisierte[ ] Vernunft".

moralischen Pflicht nicht nachzukommen, sei die einzige im Naturzustand denkbare Ungerechtigkeit.[917] Hieran wird deutlich, dass der Naturzustand in *Kants* Modell nicht existieren soll bzw. kann. Der Verstand lässt ihn zwar denken, er darf allerdings der Vernunft wegen nicht erlebt werden.[918] *Kant* entwirft das Modell des Naturzustands nicht, um argumentativ aufzuzeigen, weshalb er verlassen werden muss bzw. nicht zu ihm zurückgekehrt werden sollte, wie *Hobbes* oder *Locke* es tun, sondern um die vernunftbedingte Pflicht, die mit der Existenz des Rechtszustandes erfüllt wird, aufzuzeigen. Es handelt sich beim *Kantischen* Naturzustand um ein „rechtstheoretisches Konstrukt“[919]. *Kant* statuiert hier den Geltungsgrund des Rechts: Als vernunftbegabtes Wesen hat man gleichermaßen das Mittel sowie die Pflicht, die Freiheitssphäre rechtlich zu bestimmen.[920] Diese apriorische Pflicht ist sowohl moralischer als auch rechtlicher Natur: Inhalt der moralischen Pflicht ist es, sich nicht zum Mittel der Willkür anderer zu machen – Inhalt der Rechtspflicht hingegen, dass man andere nicht zum Mittel seiner Willkür gebrauchen darf.[921] Zentraler Gegenstand von *Kants* „Rechtslehre“ sind damit eher Rechts*pflichten* denn subjektive, positive Rechte.[922]

---

917 *Kant,* AA VI, MdS, 1968, Rechtslehre, § 42 S. 308 Fn. 1.

918 Es ist laut *Kant* hochgradig unvernünftig, wenn man den Naturzustand und die „wirkliche Feindseligkeit“ zunächst empirisch durchlaufen müsste, um dann „[…] durch Schaden klug zu werden […]“ (ebenda, Rechtslehre, § 42 S. 307).

919 *Eggers,* Die Naturzustandstheorie des Thomas Hobbes, 2008, S. 129 mit Blick auf *Kant,* AA XIX, Reflexionen zur Moralphilosophie, 1971, Reflexion Nr. 6592, S. 99 f.

920 Vgl. *ders.,* AA VI, MdS, 1968, Rechtslehre, § 42 S. 307 f., § 44 S. 312. So *Klemme,* Immanuel Kant, 2004, S. 95; *ders.,* in: Altenhain/Willenberg (Hrsg.), Die Geschichte der Folter seit ihrer Abschaffung, 2011, S. 39–54, 47. Dazu, dass erst die Vernunft den Eintritt in den Rechtszustand ermöglicht ebenda, S. 46.

921 *Ders.,* Immanuel Kant, 2004, S. 96. Vgl. zur moralischen Pflicht *ders.,* in: Altenhain/Willenberg (Hrsg.), Die Geschichte der Folter seit ihrer Abschaffung, 2011, S. 39–54, 44 a. E.; zur Rechtspflicht ebenda, S. 45. A. A. tendenziell *Arntzen,* Journal of the History of Philosophy 34 (1996), S. 409–424, 411 ff., der darlegt, dass eine Pflicht gegen sich selbst (eine solche ist die Pflicht zum rechtlichen Dasein) keine Rechtspflicht sein könne, weil sie keine äußeren Auswirkungen habe.

922 *Klemme,* in: Altenhain/Willenberg (Hrsg.), Die Geschichte der Folter seit ihrer Abschaffung, 2011, S. 39–54, 46 mit Hinweis auf die a. A. von *Byrd/Hruschka,* Kant's Doctrine of Right, 2011 (2010), S. 1 f.

b) Staatslehre im engeren Sinne

Kants Rechtslehre geht nahtlos in seine Staatslehre über. In deren Fokus steht der aus der Idee der Vernunft folgende Rechtsstaat.

aa) Zweck und Entstehung des Staates

Für *Kant* kann der Zweck der Staatsgründung nur mit den Mitteln der Metaphysik, der Verkörperung der Vernunftideen, ermittelt werden.[923] Andere, äußere Zwecke, wie das Wohl oder Glück der Menschen, sind *Kant* zufolge allesamt irrelevant.[924] Damit steigt die normative Kraft der Staatslegitimation bei *Kant* laut *Adam* im Verhältnis zu den herkömmlichen Vertragstheorien ungemein an.[925] Zweck und Aufgabe des Staats ist die Verwirklichung der äußeren Handlungsfreiheit für jedermann, was dem Geltungsgrund des Rechts bei *Kant* entspricht. Dies stellt die hinreichende Bedingung der Legitimation seines Staats dar. Weil diese Bedingung der Welt der Vernunft entstammt und lediglich den Staat in dieser Welt adressiert, ist sie im theoretischen Modell *Kants* stets erfüllt. Der Staat ist in seiner alleinigen Funktion also Gesetzgeber, der den äußeren Rahmen bestimmt, innerhalb dessen die Menschen ihre Freiheit autonom entfalten können. Im Staat, d. h. im bürgerlichen Zustand, findet die *Kantische* Rechtsverwirklichung statt.[926] Erst hier kann das „angeborene Freiheitsrecht"[927] zur Geltung kommen.[928] Damit verfolgt *Kant* einen im Verhältnis zu Vertragstheoretikern wie *Hobbes* und *Locke* konträren Gedanken – denn diese setzen für den Eintritt in den bürgerlichen Zustand einen (ver-

---

923 Vgl. *Kant,* AA VI, MdS, 1968, Einleitung in die Metaphysik der Sitten, S. 215 ff.; *Peters,* Widerstandsrecht und humanitäre Intervention, 2005, S. 79.

924 *Kant,* AA VIII, Gemeinspruch, 1968; S. 289 f.; *ders.,* AA VI, MdS, 1968, Einleitung in die Metaphysik der Sitten, S. 215 ff.; vgl. *Llanque,* Geschichte der politischen Ideen, 2012, S. 67, 69.

925 *Adam,* Despotie der Vernunft?, 1999, S. 191. *Höffe,* in: ders. (Hrsg.), Immanuel Kant: Metaphysische Anfangsgründe der Rechtslehre, 1999, S. 279–291, 282 misst der Allgemeinheit der Rechtsordnung vor dem Hintergrund der Globalisierung aus gegenwärtiger Perspektive einen besonders hohen legitimierenden Wert bei.

926 *Adam,* Despotie der Vernunft?, 1999, S. 191.

927 *Kant,* AA VI, MdS, 1968, Einleitung in die Rechtslehre, Anhang, S. 237.

928 *Klemme,* in: Altenhain/Willenberg (Hrsg.), Die Geschichte der Folter seit ihrer Abschaffung, 2011, S. 39–54, 45.

traglichen) Rechtsverzicht voraus.[929] Bei *Kant* ist die Staatsgründung, wie oben angedeutet, „[…] durch einen kategorischen Imperativ verbindlich […]“[930]; und zwar absolut und universell verbindlich.[931] Damit ist die Pflicht, ein rechtlicher Mensch zu sein („suum cuique tribue“[932]), die zentrale „Pflicht gegen sich selbst“[933] in *Kants* Rechts- bzw. Staatslehre. Der Mensch muss deshalb stetig zur Verbesserung der Rechtsverhältnisse, in denen er sich befindet, beitragen.[934] *Heiner F. Klemme* bringt die Rechts- und Staatslehre Kants wie folgt auf den Punkt:

> „Um mich vor der Willkür der Anderen zu schützen, adressiert mich die Vernunft in der Sprache desjenigen Mediums, das sich dazu qualifiziert, mich als Vernunftwesen zu erhalten. Und das ist das Medium des Rechts.“[935]

So wundert es nicht, dass *Kant* das Recht als das „Heiligste, was Gott auf Erden hat“[936] bezeichnet. Der Staat, der bürgerliche Zustand, ist für ihn nur denkbar und legitim als (institutionalisierter)[937] Rechtszustand. Der Rechtszustand beschränkt sich in *Kants* Welt der Vernunft nicht auf die rein einzelstaatliche Dimension, sondern müsse im Modus des Völkerrechts auch zwischen den Staaten herrschen.[938] Für *Kant* gilt nach Maßgabe der Vernunft schließlich, dass die Existenz des bürgerlichen Zustands die Gewalt zwischen den Vernunftsubjekten, die im Naturzustand erdacht werden kann, verhindert. Entsprechend vermag das Völkerrecht bei *Kant* den Krieg zwischen den Staaten zu verhüten, indem es sie in einen rechtli-

---

929 *Adam,* Despotie der Vernunft?, 1999, S. 190 f. mit Blick auf *Kant,* AA VI, MdS, 1968, Rechtslehre, § 42 S. 307 f., § 44 S. 312, § 47 S. 315 f. Zu *Hobbes* und *Locke* s. o., S. 68 ff. und 113 ff.

930 *Kant,* AA VI, MdS, 1968, Rechtslehre, § 44 S. 312, § 49 S. 318. Vgl. ebenda, Einleitung in die Rechtslehre, § C S. 231.

931 Gar bis zum Untergang der Welt (*Llanque,* Politische Ideengeschichte, 2008, S. 301 a. E. mit Blick auf *Kant,* AA VIII, ZeF, 1968, S. 378).

932 *Ders.,* AA VI, MdS, 1968, Einleitung in die Rechtslehre, Anhang, S. 237.

933 Hierzu s. o. S. 170.

934 *Klemme,* Immanuel Kant, 2004, S. 100.

935 *Ders.,* in: Altenhain/Willenberg (Hrsg.), Die Geschichte der Folter seit ihrer Abschaffung, 2011, S. 39–54, 46.

936 *Kant,* AA VIII, ZeF, 1968, S. 353, Fn. 1, ähnlich S. 380.

937 *Adam,* Despotie der Vernunft?, 1999, S. 205.

938 *Kant,* AA VIII, ZeF, 1968, S. 354 ff.;*Ders.,* AA VI, MdS, 1968, Rechtslehre, § 54 S. 344. Vgl. zur dritten Ebene neben dem Staats- und Völkerrecht, dem Weltbürgerrecht *ders.,* AA VIII, ZeF, 1968, S. 357 ff.; *ders.,* AA VI, MdS, 1968, Rechtslehre, § 62 S. 352 ff.

chen Zustand versetzt.[939] Recht ist bei *Kant* die Negation von Gewalt und Krieg:

> „Aus dem Privatrecht im natürlichen Zustande geht nun das Postulat des öffentlichen Rechts hervor: du sollst [...] in einen rechtlichen Zustand [...] übergehen. Der Grund davon läßt sich analytisch aus dem Begriffe des Rechts im äußeren Verhältniß im Gegensatz der Gewalt (violentia) entwickeln."[940]

Dies folgt unmittelbar aus seinen moral- und rechtsphilosophischen Prämissen, in deren Fokus das dem Menschen kraft seiner Menschheit zustehende Freiheitsrecht steht.[941] Da Gewalt und Krieg das Gegenteil von Freiheit, von der „Unabhängigkeit eines anderen nöthigender Willkür"[942] sind, schließen Gewalt und Recht sich – wie Krieg und Frieden – aus.[943] Der Frieden ist bei *Kant* wie – besser: als – Recht das höchste moralische Gut.[944] Krieg bezeichnet er als die „Geißel des menschlichen Geschlechts"[945]. *B. Sharon Byrd* und *Joachim Hruschka* sehen in der Schaffung bzw. Sicherung von anhaltendem Frieden daher das Ziel von *Kants* Rechtslehre.[946]

Im Rechtszustand nennt *Kant* das Recht, das einen staatlichen Gesetzgeber hat, „öffentliches Recht"[947]. Wer dieses positive Recht verletzt, verstößt gegen die ihm kraft seines Menschseins zukommende Pflicht gegen sich selbst und degradiert sich und andere damit zu einem Objekt.[948] Wie dem *Kantischen* Privatrecht wohnt auch dem öffentlichen Recht eine

---

939 Vgl. ebenda, Rechtslehre, § 57 S. 347.

940 Ebenda, Rechtslehre, § 42 S. 307.

941 Zum Freiheitsrecht ebenda, Einleitung in die Rechtslehre, S. 237. *Klemme* weist zu Recht darauf hin, dass das „Recht der Menschheit in unserer eigenen Person" bei *Kant* den zentralen Begriff des positiven Rechts bilde und damit gerade nicht derjenige der Menschenwürde (*Klemme,* Immanuel Kant, 2004, S. 100; *ders.,* in: Altenhain/Willenberg (Hrsg.), Die Geschichte der Folter seit ihrer Abschaffung, 2011, S. 39–54).

942 *Kant,* AA VI, MdS, 1968, Einleitung in die Rechtslehre, Anhang, S. 237.

943 Vgl. zum Friedenszustand ebenda, Rechtslehre, § 61 S. 350.

944 Vgl. ebenda, Rechtslehre, § 62 S. 354.

945 *Ders.,* AA VI, Religion, 1968, S. 34, Fn 1.

946 Vgl. *Byrd/Hruschka,* Kant's Doctrine of Right, 2011 (2010), S. 1 im Hinblick auf *Kant,* AA VI, MdS, 1968, Rechtslehre, § 62 S. 355.

947 Ebenda, Rechtslehre, § 43 S. 311.

948 *Klemme,* in: Altenhain/Willenberg (Hrsg.), Die Geschichte der Folter seit ihrer Abschaffung, 2011, S. 39–54, 45.

Zwangsbefugnis inne,[949] die im bürgerlichen Zustand allerdings der Staatsgewalt zukommt.[950] Dies unterscheidet den Rechtszustand vom Naturzustand, in dem jeder Einzelne über Gewalt und Zwang verfügen kann.[951] Zwang stellt bei *Kant* einen unerlässlichen Teil der Rechtsordnung bzw. Freiheitsverwirklichung dar.[952] Konsequenterweise beschränkt Zwang die Freiheit in seiner Lehre also nicht, sondern ist sogar notwendig für ihre Entfaltung.

Fraglich ist, wie die staatliche Rechtsordnung bei *Kant* entsteht. Zunächst ist zu betrachten, ob es hierzu überhaupt es überhaupt eines Geburtsaktes bedarf. Bei *Kant* sind der Eintritt in den Rechtszustand und damit die Staatsgründung schließlich a priori zwingend.[953] Es gibt bei ihm keinen Übergang vom Natur- in den Rechtszustand.[954] Damit kann er auf eine vertragstheoretische Staatsgründung mittels Willensaktes à la *Hobbes* und *Locke* verzichten.[955] Dennoch gibt es bei *Kant* den *contractus originarius*, den Urvertrag der Staatsgründung.[956] Dieser ist eine apriorische Idee der Vernunft, keineswegs ein empirisch-historisches Ereignis.[957] Das Wesen von *Kants* politischer Philosophie besteht in der Begründung der Herr-

949 Vgl. die allgemeine Formulierung in *Kant,* AA VI, MdS, 1968, Einleitung in die Rechtslehre, § D S. 231 a. E.

950 *Ders.,* AA VIII, Gemeinspruch, 1968, S. 299. Vgl. *Köhler,* Die Lehre vom Widerstandsrecht in der deutschen konstitutionellen Staatsrechtstheorie der ersten Hälfte des 19. Jahrhunderts, 1973, S. 41.

951 Vgl. *Kant,* AA VI, MdS, 1968, Rechtslehre, § 42 S. 307.

952 Ebenda, Rechtslehre, § 47 S. 315 f.; *Haensel,* in: Pan-Verlag Rolf Heise (Hrsg.), Kant-Studien, Ergänzungsheft Nr. 60, 1926, S. 19 f.

953 Vgl. *Kant,* AA VIII, Gemeinspruch, 1968, S. 322; *ders.,* AA VI, MdS, 1968, Rechtslehre, § 42 S. 307, § 44 S. 312. Hierzu *Köhler,* Die Lehre vom Widerstandsrecht in der deutschen konstitutionellen Staatsrechtstheorie der ersten Hälfte des 19. Jahrhunderts, 1973, S. 40; *Adam,* Despotie der Vernunft?, 1999, S. 164 f., 190 f.; *Peters,* Widerstandsrecht und humanitäre Intervention, 2005, S. 77.

954 *Adam,* Despotie der Vernunft?, 1999, S. 63. Das gilt für das Staats- ebenso wie für das Völker- und Weltbürgerecht (*Kant,* AA VI, MdS, 1968, Rechtslehre, § 43 S. 311). Alle drei sind notwendige Glieder des Rechtszustandes.

955 *Adam,* Despotie der Vernunft?, 1999, S. 64, 191.

956 Vgl. *Kant,* AA VIII, Gemeinspruch, 1968, S. 297; s. auch die Bezeichnung „pactum sociale“ (ebenda, S. 289). Dieser unterscheidet sich bedeutend von den Verträgen des *Kantischen* Privatrechts (vgl. *ders.,* AA VI, MdS, 1968, Rechtslehre, § 36 f. S. 296 ff.).

957 Vgl. *ders.,* AA VIII, Gemeinspruch, 1968, S. 297.

schaft aus der Vernunft heraus.[958] *Adam* spricht pointiert vom „theoretischen Selbstvollzug der nackten Vernunft“[959].

Nicht nur die Notwendigkeit, sondern auch der Inhalt des Urvertrags entstammt bei *Kant* der Vernunft.[960] Jener müsse von der legislativen Staatsmacht stets beachtet werden.[961] Es handelt sich bei diesem Vertrag nicht um eine konstituierende Verfassung. Vielmehr müsse eine Staatsverfassung ihrerseits den Prinzipien des apriorischen Urvertrags genügen.[962] Laut *Kersting* bildet dieser *Kants* „staatsrechtliches Gegenstück zum kategorischen Imperativ“[963]. Darin ist ein Negativkriterium zur Überprüfung der Rechtswidrigkeit der positiven Gesetzgebung statuiert.[964] Wenn ein Gesetz diesen Anforderungen entspricht, muss es laut *Kant* für gerecht gehalten werden – dabei sei das Urteil des Gesetzgebers maßgeblich.[965] Gesetze müssten der Idee der Vernunft nach so entstehen, …

> „[…] als sie aus dem vereinigten Willen eines ganzen Volks haben entspringen können, und jeden Unterthan, so fern er Bürger sein will, so anzusehen, als ob er zu einem solchen Willen mit zusammen gestimmt habe.“[966]

bb) Ausgestaltung des Staatswesens

Die gesetzgebende Gewalt geht in *Kants* Staat vom vereinigten Volkswillen aus.[967] Hier nimmt er auf einen gemeinschaftlichen, öffentlichen Wil-

---

958 Vgl. *Adam,* Despotie der Vernunft?, 1999, S. 190. Bei *Kant* entfällt damit das Problem der Bindung zukünftiger Generationen an diesen Vertrag, das insbesondere *Locke* einen hohen Begründungsaufwand gekostet hat (vgl. *Locke,* Zweite Abhandlung, 1967, §§ 118 ff. S. 279 ff.; hierzu s. o., S. 114, Fn. 500). *Peters,* Widerstandsrecht und humanitäre Intervention, 2005, S. 78 spricht insofern von einem „Kunstgriff“ *Kants.*

959 *Adam,* Despotie der Vernunft?, 1999, S. 64.

960 Vgl. *Kant,* AA VIII, Gemeinspruch, 1968, S. 289.

961 Ebenda, S. 297, vgl. auch die Kritik *Kants* an *Hobbes*, S. 303 f.

962 Ebenda, S. 297; vgl. *ders.,* AA VI, MdS, 1968, Rechtslehre, § 45 S. 313.

963 *Kersting,* Wohlgeordnete Freiheit, 2007, S. 274 f.; ähnlich *Adam,* Despotie der Vernunft?, 1999, S. 201. Vgl. *Kants* eigene Formulierung (*Kant,* AA VI, MdS, 1968, Rechtslehre, § 49 S. 318).

964 *Kant* nennt es den „Probirstein der Rechtmäßigkeit“ (*ders.,* AA VIII, Gemeinspruch, 1968, S. 297); *Kersting,* Wohlgeordnete Freiheit, 2007, S. 275.

965 *Kant,* AA VIII, Gemeinspruch, 1968, S. 297.

966 Ebenda, S. 297.

967 Vgl. *ders.,* AA VI, MdS, 1968, Rechtslehre, § 46 S. 313 f.

len Bezug, also nicht – wie in seiner Moralphilosophie – auf den privaten Willen, der für die Maximen gesetzgebend wirkt.[968] Das Volk werde hierzu in seinem Oberhaupt vereinigt.[969] Zum genauen Modus der Mitbestimmung bezieht *Kant* keine Stellung.[970] Fest steht nach der Idee der Vernunft indessen, dass ausschließlich das vereinigte Volk (d. h. seine Organe, wie z. B. eine Volksversammlung) die legislative Gewalt ausüben kann.[971] *Kants* Rechtsstaat ist im Idealfall eine von ihm so bezeichnete „Republik"[972], d. h. ein repräsentatives System, das mit einer Gewaltenteilung versehen ist. Der allgemeine, gemeinschaftliche Wille untergliedere sich dabei in drei Gewalten: die Herrschergewalt, die vollziehende sowie die rechtsprechende Gewalt.[973] *Kant* erwähnt dabei, dass die Souveränität von Ersterer ausgehe.[974] Der Inhaber der Herrschergewalt könne nicht zugleich Regent sein, sondern verpflichte Letzteren vielmehr.[975] *Kant* lehnt die von ihm als „despotisch" bezeichnete Herrschaft, in der Legislative und Exekutive nicht getrennt seien, daher ausdrücklich ab.[976] Allerdings besteht der Rechtszustand, der dem Naturzustand vorzuziehen ist, für *Kant* selbst im Staat eines despotischen Herrschers.[977] Darin existiere aber stets eine moralische Verpflichtung der Machthaber, durch Reformen auf die

968 Vgl. ebenda, Einleitung in die Metaphysik der Sitten, S. 226.

969 Ebenda, Rechtslehre, § 47 S. 315, § 51 S. 338.

970 *Kant* spricht lediglich davon, dass die Staatsbürger bei der Gesetzgebung „mitwirken" bzw. „stimmen" müssten (ebenda, Rechtslehre, § 46 S. 315). *Berkemann,* Studien zu Kants Haltung zum Widerstandsrecht, 1972, S. 159 schließt aus dem Fehlen einer „[…] systematischen Ausarbeitung einer Verwirklichung der *volonté générale* […]", dass *Kant* „wenig […] daran gelegen war, den ‚vereinigten Willen des Volkes' politisch zu effektuieren."

971 *Von der Pfordten,* Menschenwürde, Recht und Staat bei Kant, 2009, S. 86.

972 *Kant,* AA VIII, ZeF, 1968, S. 349 ff.; *ders.,* AA VI, MdS, 1968, Rechtslehre, § 52 S. 341.

973 Ebenda, Rechtslehre, § 45 S. 313, § 49 S. 318.

974 Ebenda, Rechtslehre, § 45 S. 313, § 52 S. 341, vgl. auch § 49 S. 317.

975 Ebenda, Rechtslehre, § 49 S. 317.

976 *Ders.,* AA VIII, ZeF, 1968, S. 352; *ders.,* AA VI, MdS, 1968, Rechtslehre, § 49 S. 316 ff.

977 *Spaemann,* in: Batscha (Hrsg.), Materialien zu Kants Rechtsphilosophie, 1976, S. 347–358, 348; *Unruh,* Die Herrschaft der Vernunft, 1993, S. 201 sowie *Geismann,* Kant und kein Ende, Bd. 3, 2012, S. 141 ff. unterscheiden insofern zwischen „rechtmäßigem" (nur bei der republikanischen Herrschaftsform) und „rechtlichem Zustand" (liegt bei jedweder öffentlichen Gewalt vor) bei *Kant.*

Entwicklung einer republikanischen Staatsverfassung hinzuwirken.[978] *Kant* betont außerdem, dass der Wert einer Regierungsform nicht danach bemessen werden könne, ob die Bürger darin glücklich lebten, sondern danach, ob ihre Rechte darin bestmöglich gewährleistet würden.[979] In der *Kantischen* Rechtsordnung müssten die Mitglieder der Gesellschaft als Menschen ihre Freiheit, als Untertanen ihre Gleichheit und als Bürger ihre Selbstständigkeit genießen können; so lauteten die apriorischen Bedingungen.[980]

Die Idee der Volksvertretung, der Gewaltenteilung und Rechtsstaatlichkeit sowie der Gedanke des Menschen mit seiner Vernunft als Selbstzweck (worin mindestens eine Verwandtschaft mit dem modernen Gedanken der Menschenwürde gesehen werden kann)[981] lassen den *Kantischen* Staat zunächst als demokratischen, menschenrechtlich orientierten Verfassungsstaat erscheinen. *Kants* Republik ist allerdings schon aus einem Grund – einem modernen Verständnis nach – nicht demokratisch: Er macht, wie auch *Locke*,[982] starke Einschränkungen im Hinblick auf den Personenkreis, dem überhaupt die Staatsbürgereigenschaft und damit ein gewisses Mitbestimmungsrecht zukommt. Aus diesem Kreis der Berechtigten schieden alle Frauen sowie Hausbedienstete, Tagelöhner, Handwerksgesellen und alle andere Menschen ohne höhere Bildung, Eigentum bzw. selbstständiges Einkommen aus.[983] Darüber hinaus ist fraglich, wie die Mitbestimmung des Volks bei *Kant* überhaupt verwirklicht werden soll und wie hoch der Grad der demokratischen Legitimation der Staatsgewalt überhaupt ist. Trotz all der Differenzen, die die Republik bei *Kant* mit dem gegenwärtigen Verständnis eines demokratischen Verfassungs-

---

978 *Kant,* AA VI, MdS, 1968, Rechtslehre, § 52 S. 340 f., vgl. auch § 49 S. 321 f.; *Unruh,* Die Herrschaft der Vernunft, 1993, S. 203 f.; *Flügel-Martinsen,* in: Heil/Hetzel/Hommrich (Hrsg.), Unbedingte Demokratie, 2011, S. 141–149, 145, 148; *Geismann,* Kant und kein Ende, Bd. 3, 2012, S. 142 f.

979 *Kant,* AA XXIII, Vorarbeiten MdS, 1969, S. 257.

980 *Ders.,* AA VIII, Gemeinspruch, 1968, S. 290.

981 Dazu, dass *Kant* die Menschenwürde im gegenwärtigen Sinne zumindest begrifflich nicht zum Maßstab seiner Rechtslehre macht *Klemme,* Immanuel Kant, 2004, S. 100; *ders.,* in: Altenhain/Willenberg (Hrsg.), Die Geschichte der Folter seit ihrer Abschaffung, 2011, S. 39–54, 40. Von Würde spricht *Kant* nur vereinzelt (z. B. hier: *Kant,* AA V, Kritik der praktischen Vernunft, 1968, S. 73).

982 Hierzu s. o., S. 119.

983 *Kant,* AA VIII, Gemeinspruch, 1968, S. 295; *ders.,* AA VI, MdS, 1968, Rechtslehre, § 46 S. 314. *Kants* Begründung hierzu ebenda, Rechtslehre, § 46 S. 315.

staats aufweist, ist der demokratische Grundgedanke der Volkssouveränität dort bereits von herausragender Bedeutung. *Kants* Staatslehre hat damit zum gegenwärtigen Demokratieverständnis beigetragen.

Bemerkenswert ist dabei, dass er diesen demokratischen Gedanken zwar indirekt aus dem der Menschenwürde ähnelnden, angeborenen Freiheitsrecht des Menschen abgeleitet hat, dies allerdings auf eine Art und Weise erfolgt, die dem gegenwärtigen menschenrechtlichen Verständnis überhaupt nicht entspricht: Sein Begründungsweg führt ihn über die Statuierung von *Pflichten*, die aus der Vernunft in Kombination mit dem angeborenen Freiheitsrecht folgen. Er appelliert an die Pflichten gegen einen selbst und stellt damit die anspruchsbegründende und schutzberechtigende Seite eines Freiheitsrechts (etwa gegen die Staatsmacht) in den Schatten. Die Gewährleistung der Menschenwürde und der Menschenrechte findet bei *Kant* über die apriorischen Vernunftpflichten statt. Ein Menschenrechtskatalog wäre in diesem Modell überflüssig und würde darin einen Fremdkörper darstellen.

Kant meint schließlich, dass „der Herrscher im Staat […] gegen den Unterthan lauter Rechte und keine (Zwangs-)Pflichten“[984] habe. Dazu gehört auch die Anwendung staatlicher Zwangsgewalt – so hält *Kant* auch die Todesstrafe für legitim.[985] Darin liegen weitere bedeutende Unterschiede im Hinblick auf das gegenwärtige Verständnis des Staats als einer den Menschenrechten verpflichteten Entität. *Kersting* hält die *Kantische* Republik für eine absolutistische.[986] Im Gegensatz zu *Hobbes*‘ Absolutismus besteht bei *Kant* die Bindung des Gesetzgebers an den Allgemeinwillen und die Gewaltenteilung.[987] Eine Gemeinsamkeit mit dem *Hobbes'schen* Staatsmodell besteht in der Unwiderstehlichkeit der Souveränität und damit der strikten Bindung an die positiven Gesetze im Rechtszustand. „Der rechtliche Zustand ist der Leviathan der Staatsphilosophie Kants“[988], so befindet *Kersting*. In diesem Sinne ist auch *Kants* Widerstandslehre eine ablehnende, wie sogleich gezeigt wird.[989]

---

984 Ebenda, Rechtslehre, § 49 S. 319.

985 Vgl. nur ebenda, Rechtslehre, § 49 S. 336 f.

986 *Kersting,* Wohlgeordnete Freiheit, 2007, S. 361, Fn. 220. Ähnlich *Adam,* Despotie der Vernunft?, 1999, S. 198, 202, 204 f. A. A. *von der Pfordten,* Menschenwürde, Recht und Staat bei Kant, 2009, S. 100, Fn. 100.

987 Vgl. ebenda, S. 100, Fn. 100.

988 *Kersting,* Wohlgeordnete Freiheit, 2007, S. 379.

989 Vgl. *Unruh,* Die Herrschaft der Vernunft, 1993, S. 196, der meint, *Kant* verfolge den von *Hobbes* eingeschlagenen Weg weiter.

3. Widerstandslehre

Kant geht davon aus, dass sich Rechtszustand und absolute Gehorsamspflicht bedingen und sich Rechtszustand und Widerstandsrecht somit ausschließen. Seiner politischen Philosophie wohnt damit ein absolutes Widerstandsverbot inne. Im Folgenden werden seine Argumente hierfür zunächst eingehend betrachtet und mithilfe der einschlägigen Rezeptionsliteratur bewertet.[990] Anschließend wird analysiert, ob es Fälle gibt, die gänzlich außerhalb dieses absoluten Widerstandsverbots gelagert und somit nicht davon betroffen sind. Zu denken ist dabei an bestimmte Arten von Widerstand oder bestimmte Herrschaftssysteme, in denen das Widerstandsverbot nicht zum Tragen kommen könnte. Abschließend folgt die Betrachtung einiger kritischer Auseinandersetzungen mit *Kants* Widerstandslehre in ihrer Gesamtheit.

a) Absolutes Widerstandsverbot

Kant spricht in „Über den Gemeinspruch" davon, dass „[…] aller Aufstand, der in Rebellion ausbricht, das höchste und strafbarste Verbrechen im gemeinen Wesen ist: weil es dessen Grundfeste zerstört."[991] Hier eröffnet sich ein Bild, das konträr zu *Lockes* Position ist: Während dieser den Tyrannen noch als den eigentlichen Rebellen betrachtet,[992] stellt die Rebellion für *Kant* ein Kapitalverbrechen dar.[993] Sein radikales Widerstandsverbot folgt aus mehreren Argumenten, die sich gegenseitig bedingen und ihre Wurzeln in den dargestellten Prämissen seiner moral- und staatsphilosophischen Lehre haben. Insbesondere *Kants* strikter Rechtsbegriff, *kategorischer Rechtsimperativ* und sein dadurch bedingtes Verständnis der Legitimation und Notwendigkeit des Staats führen ihn zu der soeben zitierten Auffassung, wie sich nachfolgend zeigen wird.

---

990 Die Bezeichnung der Argumente und die Wahl der folgenden Argumentgruppen sind keineswegs zwingend. Letztlich ergeben sich alle Argumente aus *Kants* bereits dargestellter Staatslehre. Vgl. zu einer detaillierten Aufgliederung und weiteren Bezeichnungsmöglichkeiten ebenda, S. 199 ff.

991 *Kant,* AA VIII, Gemeinspruch, 1968, S. 299.

992 *Locke,* Zweite Abhandlung, 1967, § 226 S. 353.

993 Vgl. *Peters,* Widerstandsrecht und humanitäre Intervention, 2005, S. 82. Zu *Lockes* Position s. o., S. 126.

aa) Logikargument: Kein Recht zum Rechtsbruch

> „Denn um zu demselben [dem Widerstand, Anm. d. Verf.] befugt zu sein, müßte ein öffentliches Gesetz vorhanden sein, welches diesen Widerstand des Volks erlaubte, d. i. die oberste Gesetzgebung enthielte eine Bestimmung in sich, nicht die oberste zu sein, und das Volk, als Unterthan, in einem und demselben Urtheile zum Souverän über den zu machen, dem es unterthänig ist; welches sich widerspricht […]"[994]

Im Fokus von *Kants* Widerstandslehre steht sein Logikargument, wonach das Widerstandsrecht in sich bereits einen Widerspruch enthielte.[995] Denklogisch bzw. rechtstheoretisch ist die Existenz eines Widerstandsrechts als ein Recht zum Rechtsbruch bei *Kant* unmöglich. In seinem Staatskonzept kann keine rechtliche Bestimmung existieren, die zur Verletzung des äußeren Rechts befugt, weil hierdurch zugleich das innere Recht der Menschheit und die daraus folgenden Rechtspflichten verletzt würden. Davon wäre das Wesen des Rechts an sich betroffen.[996] Diese rechtstheoretische Unvereinbarkeit mit *Kants* Rechtsbegriff schließt jedes vorstaatliche sowie jedes positive Widerstandsrecht aus.[997] Gemäß dem Eingangszitat ergibt sich die Unmöglichkeit des positiven Widerstandsrechts ferner aus *Kants* Souveränitätsverständnis, nämlich aus der Unteilbarkeit der Souveränität bzw. der positiven Rechtsetzungsbefugnis.[998] Ein Widerstandsrecht würde als solches die unteilbare Souveränität in *Kants* funktioneller Gewaltenteilung aufheben und könnte damit mangels Gesetzgeber keine Vorschrift des *Kantischen* öffentlichen Rechts sein.[999] Ein Wider-

994 *Kant,* AA VI, MdS, 1968, Rechtslehre, § 49 S. 320.

995 *Peters,* Widerstandsrecht und humanitäre Intervention, 2005, S. 82.

996 Vgl. *Klemme,* in: Altenhain/Willenberg (Hrsg.), Die Geschichte der Folter seit ihrer Abschaffung, 2011, S. 39–54, 45.

997 Zur Unmöglichkeit eines positiven Widerstandsrechts *Kant,* AA VI, MdS, 1968, Rechtslehre, § 49 S. 319.

998 Vgl. *ders.,* AA VIII, Gemeinspruch, 1968, S. 299 f.; *Arntzen,* Journal of the History of Philosophy 34 (1996), S. 409–424, 409 f.; *Rauscher,* Kant's Social and Political Philosophy, 2012. *Flickschuh,* Philosophy & Public Affairs 36 (2008)., 381 f. zufolge handelt es sich dabei vielmehr um ein moralisches denn um ein juristisch-logisches Argument.

999 Vgl. *Unruh,* Die Herrschaft der Vernunft, 1993, S. 199. Zur funktionellen Gewaltenteilung *Kant,* AA VI, MdS, 1968, Rechtslehre, Anhang, S. 372.

standsrecht kann damit nicht widerspruchsfrei zu den Kompetenzbestimmungen einer republikanischen Verfassung gedacht werden.[1000]

Ebenso wenig kann ein Widerstandsrecht bei *Kant* als Notrecht bestehen – etwa bei körperlichen Angriffen seitens des Staats. Zum einen sei das Notrecht in diesem spezifischen Fall ohnehin nur ein vermeintliches Recht, weil es keinen entsprechenden „casu necessitatis"[1001] geben könne.[1002] Zum anderen müsste eine Rechtfertigung der Untertanen zwangsläufig auch für den Herrscher gelten, denn dieser sei zur zwangsweisen Durchsetzung des unbedingten Gehorsams befugt.[1003] Nur ihm als Souverän käme bei der Reklamation eines vermeintlichen Notrechts durch die Untertanen daher die richterliche Entscheidungskompetenz zu.[1004] Auch ein Widerstandsrecht als moralisches Recht passt nicht zu *Kants* Philosophie.[1005] So kann es sich als Widerspruch zum Rechtsbegriff nicht an der Universalitätsmaxime des *kategorischen Imperativs* messen lassen.

Kants Logikargument ist als solches im Hinblick auf seine Prämissen, insbesondere seinen Rechtsbegriff, konsequent. Allerdings überzeugt die strikte Ablehnung von Notrechten nicht – zumindest insoweit, als Notsituationen denkbar sind, in denen sich die Staatsmacht des Machtmittels des Gesetzes (Recht und Zwang) bedient und dadurch eine Herrschaft etabliert, die nicht das Ziel der optimalen Freiheitsverwirklichung der Untertanen verfolgt. Nach *Kants* Kategorisierung würde damit zwar ein rechtlicher Zustand aufrechterhalten, die Herrscher würden jedoch das Recht als

---

1000 *Berkemann,* Studien zu Kants Haltung zum Widerstandsrecht, 1972, S. 152, der daher zu dem Schluss kommt, dass *Kant* die Bestimmung des Art. 20 Abs. 4 GG als verfassungswidriges Verfassungsrecht ablehnen würde.

1001 *Kant,* AA VIII, Gemeinspruch, 1968, S. 300, Fn. 1.

1002 Ebenda, S. 300; ähnlich *ders.,* AA VI, MdS, 1968, Rechtslehre, § 49 S. 321 Fn. 1.

1003 *Ders.,* AA VIII, Gemeinspruch, 1968, S. 300; ähnlich *ders.,* AA VI, MdS, 1968, Rechtslehre, § 49 S. 321 Fn. 1.

1004 *Ders.,* AA VIII, Gemeinspruch, 1968, S. 300.

1005 *Smith,* Philosophy & Public Affairs 36 (2008), S. 405–440, 417. A. A. *Hill,* The Journal of Value Inquiry 36 (2002), S. 283–298, der *Kants* Position zur Französischen Revolution zum Ausgangspunkt seiner Analyse macht. *Hill* statuiert dabei eine Revolutions-Maxime, die er im Sinne des *kategorischen Imperativs* für universell hält und *Kants* Konzept von der Selbstzweckhaftigkeit des Menschen seiner Ansicht nach gerecht wird (ebenda, S. 295 f). Dem grundsätzlich zustimmend, aber hierfür die Notwendigkeit einer Neuinterpretation des *kategorischen Imperativs* betonend *Davis,* The Journal of Value Inquiry 38 (2004), S. 561–568.

solches konterkarieren. In einer solchen Situation kann ein Notwehrrecht gegenüber dem Staat gegeben sein; zumal *Kant* das Notrecht in Gestalt des Notwehrrechts nicht ablehnt, sondern lediglich das Notstandsrecht.[1006] Dass eine empirische Ausnahmesituation mittels des Rechts reguliert und nicht sich selbst überlassen wird, könnte außerdem sogar in *Kants* Sinne sein. Ein Notrecht, das präzise Tatbestandsmerkmale aufweist und nur als Ultima Ratio zum Tragen kommt, negiert nicht jegliche Rechtsgeltung, sondern stellt einen realitätsnahen Einsatz des Rechts dar.

Kant stellt sich gegen die Annahme eines solchen Notrechts, weil dies als vermeintliches Recht zum Rechtsbruch an der Absolutheit jeder Rechtsmaxime nage. Ein System von ausschließlich absoluten Gesetzen wird der staatlichen Realität unter Umständen nicht gerecht, sondern lässt die Bürger gegenüber der mit fehlbaren Vernunftwesen besetzten Staatsmacht möglicherweise im Stich.[1007] Dies kann den Rechtszustand mindestens ebenso infrage stellen wie die Annahme eines Widerstandsrechts in *Kants* Modell. Ein Widerstandsrecht muss zum Wohle der Rechtsgeltung als rechtliches Instrument existieren. Es ist trotz Relativierung der einfachen Gesetze Ausdruck einer absolut geltenden Normenhierarchie – mögen die übergeordneten Normen als positive oberste Verfassungsprinzipien auftreten oder als überstaatliches (Vernunft-)Recht gelten. Dabei kann es sich also um die *Kantische* Pflicht zur Durchsetzung des Freiheitsrechts handeln. Diese verdient als solche Vorrang gegenüber einem empirischen, verfassten Staat, in dem die Freiheitsräume der Menschen durch das Recht übertrieben eingeschränkt oder nicht erst eröffnet werden. Ein Recht, diesen Staat anzugreifen, wäre mit der Vernichtung des *Kantischen* Rechtszu-

---

1006 Hierzu s. o., S. 174, Fn. 890.

1007 Dagegen *Geismann,* Kant und kein Ende, Bd. 3, 2012, S. 146 ff., der mit *Kersting,* Wohlgeordnete Freiheit, 2007, S. 375 ff. meint, dass *Kant* nicht das Widerstandsrecht gegen eine rechtsvernichtende Herrschaftsmacht ausschließe, weil hier schon gar kein Rechtszustand (mehr) bestünde. Dementsprechend hätte *Kant* aktiven Widerstand gegen das nationalsozialistische Regime des Dritten Reiches nicht abgelehnt (*Geismann,* Kant und kein Ende, Bd. 3, 2012, S. 148 ff.). Dieser Deutung liegt ein anderes Verständnis von *Kants* Modell des Natur- und Rechtszustandes zugrunde. Ein Widerstandsrecht kann als solches nur ein Produkt des Rechtszustandes sein. Im Naturzustand bleibt von einem Widerstands*recht* nichts übrig. Es ist vielmehr nur im Staat, also im Rechtszustand, sinnvoll (dies einräumend ebenda, S. 146). Die Verschiebung der Anerkennung eines Widerstandsrechts in den Naturzustand stellt daher keine hilfreiche Deutung *Kants* dar.

standes verbunden. Möglicherweise könnte man zu dem Ergebnis gelangen, dass zuvor bereits die empirische tyrannische Staatsregierung mit ihrem Handeln den Rechtszustand angetastet hat. Die rechtliche Anerkennung einer solchen Notsituation (für den Rechtszustand) würde als eine Entscheidung des Rechts ein gewisses Maß an Rechtsfrieden wahren, auf das durch diese Entscheidung kontinuierlich Verlass wäre. Mit einer solchen Normierung wäre also keineswegs die Aufhebung allen Rechts verbunden, sondern vielmehr die Wahrung des Rechts in seinem absoluten Kernbestand.

Auch *Kants* Konzept der unteilbaren Souveränität des Legislativorgans überzeugt nicht. Aus dem Grundgedanken, dass die unteilbare und absolute Souveränität dem vereinigten Volkswillen zukommt, konstruiert *Kant* ein Staatsmodell, in dem sich bei funktioneller Dreiteilung der Gewalten eine kaum kontrollierbare Machtakkumulation bei der legislativen Gewalt ergibt. Exekutive und Judikative profitieren hiervon ausschließlich, sodass sie im Missbrauchsfalle nicht zwangsläufig eine effektive Kontrolle ausüben können.[1008] Es stellt damit keineswegs ein vielfältiges System von *checks and balances* dar, wie man es etwa aus der modernen Gewaltenteilungslehre kennt. Ein Schritt in diese Richtung würde erfolgen, wenn *Kant* letztrichterliche Kompetenzen jenseits der legislativen Gewalt anerkennen würde.[1009] Die Annahme, dass die Souveränität ihre Wurzeln im Volk hat, führt *Kant* im Ergebnis paradoxerweise dazu, dass sich das Volk einem staatlichen Machtapparat entgegengesetzt sieht, auf den es keinerlei Einfluss mehr hat.[1010] Löste sich *Kant* von diesem Konzept und von der Prämisse der Absolutheit jeden Rechts, stellte das Widerstandsrecht keinen logischen Widerspruch in sich mehr dar. Das Logikargument funktioniert daher ausschließlich im Rahmen der *Kantischen* Konzeption und unter Annahme ihrer Prämissen.

1008 Vgl. zur Exekutive *Mandt,* Tyrannislehre und Widerstandsrecht, 1974, S. 127.

1009 Zu *Kants* entsprechender Auffassung s. sogleich, S. 192 ff.

1010 *Mandt,* Tyrannislehre und Widerstandsrecht, 1974, S. 127 ff. kommt daher zum Ergebnis, *Kant* relativiere sein Prinzip der Volkssouveränität gleich in doppelter Hinsicht (politisch und praktisch).

bb) Argument der praktischen Unmöglichkeit: Quis judicabit?

Dem Widerspruch im Rahmen des Logikarguments folgt ein …

> „[…] Widerspruch [, der] durch die Frage alsbald in die Augen fällt: wer denn in diesem Streit zwischen Volk und Souverän Richter sein sollte (denn es sind rechtlich betrachtet doch immer zwei verschiedene moralische Personen); wo sich dann zeigt, daß das erstere es in seiner eigenen Sache sein will."[1011]

Kant stellt, wie *Hobbes* und *Locke* zuvor,[1012] die Frage nach dem Richter in einem potenziellen Widerstandsfall – „Quis judicabit?". Aus *Kants* Sicht gibt es drei Antwortmöglichkeiten, die er alle verwirft und die ihn daher zu dem Schluss bringen, dass ein Widerstandsrecht praktisch unmöglich ist.[1013]

Eine Antwortmöglichkeit liegt darin, *das Volk* zum Richter über den Widerstandsfall zu ernennen. Hiergegen wendet *Kant* im Eingangszitat ein, dass es „Richter in eigener Sache" wäre, was bereits ein hinreichendes Ausschlusskriterium sei.[1014] Die Entscheidungskompetenz beim Volk zu verzeichnen, hieße für *Kant* außerdem, Ersterem wieder seine private Gewalt aus dem Naturzustand zuzusprechen. Hiermit würde der Rechtszustand verlassen bzw. nicht erst geschaffen. Ein privates Entscheidungsmonopol widerspreche dem Rechtsfrieden des Rechtszustandes. Das Volk könne aufgrund seiner Stellung als Untertan außerdem ohnehin nicht über eine Frage wie den Eintritt eines Widerstandsfalles richten, da Letztere den Souverän betreffe.[1015]

Als weitere Antwortmöglichkeit kommt eine *dritte Instanz* als Richter in Betracht – jenseits von Volk und Souverän. Diese richtende Instanz müsste notwendigerweise dem Souverän übergeordnet sein, da es über seine Entscheidungen richten sollte. Damit wäre diese Instanz laut *Kant* ein „Oberhaupt über dem Oberhaupte"[1016]. Dies ist gemäß *Kants* Konzept von

---

1011 *Kant,* AA VI, MdS, 1968, Rechtslehre, § 49 S. 320. *Unruh,* Die Herrschaft der Vernunft, 1993, S. 199 sieht darin den Kern des Logikarguments.

1012 Vgl. *Hobbes,* Leviathan, 1984, Kap. XVIII, S. 137; *Locke,* Zweite Abhandlung, 1967, § 240 S. 365 f.

1013 Vgl. *Kant,* AA VIII, Gemeinspruch, 1968, S. 300; *ders.,* AA VI, MdS, 1968, Rechtslehre, § 49 S. 320 f.; *Peters,* Widerstandsrecht und humanitäre Intervention, 2005, S. 97.

1014 *Kant,* AA VIII, Gemeinspruch, 1968, S. 300.

1015 *Ders.,* AA VI, MdS, 1968, Rechtslehre, § 49 S. 320.

1016 *Ders.,* AA VIII, Gemeinspruch, 1968, S. 300.

der unteilbaren Souveränität nicht möglich, sondern wäre höchst widersprüchlich.[1017] Daher lehnt er diese Lösung ebenfalls ab.

Schließlich könnte man *den Souverän* – also den obersten Gesetzgeber – zum Richter über den Widerstandsfall erklären. Im „Gemeinspruch" führt *Kant* hiergegen an, dass auch der Souverän dann Richter in eigener Sache wäre und daher als Richter nicht infrage komme.[1018] In der „Rechtslehre" nimmt er an, dass nur der Souverän über Veränderungen (Reformen) entscheiden könne.[1019] Dies folgt aus seiner Rechtsetzungs- und höchsten Entscheidungskompetenz, die ihm als Repräsentant des vereinten Volkswillen bereits aus dem Urvertrag zukommt.[1020] Darin ist kein Richten in eigener Sache zu sehen, wenn man hierunter nur Fälle subsumiert, in denen formell eine der beiden Streitparteien zugleich Richter ist. Der Souverän streitet hier nicht mit dem Volk, sondern nimmt vielmehr seine übliche Aufgabe als vernünftiger, reformverpflichteter Souverän wahr. An späterer Stelle im „Gemeinspruch" erklärt *Kant* allerdings allein den Souverän für befugt, über ein vermeintliches Notrecht der Untertanen gegen ihn zu richten.[1021] Dies könnte auch im engen formellen Verständnis ein Richten in eigener Sache im Streitfalle darstellen. *Kant* könnte sich damit letztlich selbst widersprechen – denn dann würde er ein solches Richten anerkennen und könnte daraus kein Argument gegen das Widerstandsrecht mehr fruchtbar machen.[1022] Allerdings handelt es sich bei dieser Aussage nicht um ein Argument gegen das Widerstandsrecht, sondern *Kant* hat die Existenz eines solchen Rechtes zum Zeitpunkt dieser Aussage bereits abgelehnt. Er führt sodann aus, dass die Entscheidung über die Behandlung der Untertanen, die sich auf dieses nicht bestehende Recht beriefen und damit rechtswidrig gegen den Souverän handelten, nur Letzterem zukommen könne. Legt man diese Interpretation zugrunde, ergibt sich kein Wi-

---

1017 Vgl. ebenda, S. 300.

1018 Ebenda, S. 300.

1019 *Ders.,* AA VI, MdS, 1968, Rechtslehre, § 49 S. 321 f.

1020 *Adam,* Despotie der Vernunft?, 1999, S. 202, Fn. 137.

1021 Vgl. *Kant,* AA VIII, Gemeinspruch, 1968, S. 300 Z. 15 f.

1022 Weil er dann mit dem Souverän einen potenziellen Richter hätte. Außerdem fiele ihm das Argument weg, weshalb das Volk kein Richter sein könne. Dass nämlich nur der Souverän in eigener Sache richten dürfe, diese Kompetenz dem Volk aber ohne weitere Begründung abgesprochen würde, überzeuge nicht (so *Köhler,* Die Lehre vom Widerstandsrecht in der deutschen konstitutionellen Staatsrechtstheorie der ersten Hälfte des 19. Jahrhunderts, 1973, S. 42 f.).

derspruch im Hinblick auf das Argument, dass Volk oder Souverän nicht Richter gegen sich selbst sein könnten.

Einen Richter über den Widerstandsfall kann es für *Kant* damit nicht geben. Dieser Mangel an Entscheidungskompetenz führte im vermeintlichen Widerstandsfall zu einem „unauflöslichen Konflikt“[1023] zwischen Volk und Souverän. Die Frage nach dem Richter führt *Kant* also zum Argument der praktischen – genauer: juristisch-pragmatischen – Unmöglichkeit des Widerstandsrechts.[1024] Unterzieht man das Argument der praktischen Unmöglichkeit einer kritischen Würdigung, kommt man zu dem Ergebnis, dass die Ablehnung einer übergeordneten richtenden Instanz in potenziellen Fragen eines Widerstandsrechts vor dem Hintergrund von *Kants* Souveränitätsverständnis nur konsequent ist. Allerdings kann dieses Verständnis hinterfragt werden. Zudem ist zweifelhaft, wieso der Mangel eines Richters unbedingt die Unmöglichkeit des Widerstandsrechts begründen muss.

Erstens wird *Kants* Souveränitätsverständnis daher kritisch betrachtet. Die Betonung der alleinigen Entscheidungskompetenz des Souveräns in Fragen der Notwendigkeit von Veränderungen macht diesen faktisch-materiell zum Richter in eigener Sache – denn bei der Frage nach Veränderungen der Staatsverfassung geht es um die Beurteilung der eigenen Verbesserungswürdigkeit.[1025] Es liegt insofern nahe, zumindest zusätzlich andere Instanzen mit dieser Beurteilungsaufgabe zu betrauen. Am ehesten kann das Volk als eine solche Instanz infrage kommen, da sein Wille im legislativen Souverän vereinigt wird, der sonst kein solcher wäre.[1026] Dies wäre in *Kants* Konzept aber mit der Auflösung des Rechtszustandes verbunden. Obgleich dem Volk in diesem Sinne keine Entscheidungskompetenz zukommen soll, bleiben weitere Möglichkeiten bestehen, um Entscheidungsträger zu bestimmen. Im Zuge eines im Dienste einer Verfassung stehenden Gewaltenteilungsmodells, das mehr gegenseitige Kontroll- und Eingriffsbefugnisse vorsieht als das *Kantische* Modell, könnte bei-

---

1023 *Unruh,* Die Herrschaft der Vernunft, 1993, S. 199.

1024 Die Bezeichnung „iuridisch-pragmatisch“ stammt von *Adam,* Despotie der Vernunft?, 1999, S. 197.

1025 Vgl. ebenda, S. 202.

1026 So *Cummiskey,* in: Muchnik (Hrsg.), Rethinking Kant, 2008, S. 217–240, 235 ff., der ein Widerstandsrecht annimmt, wenn der empirische Staat die Bedingungen der Vernunftidee eines Staats nicht im Geringsten erfülle. Diese Beurteilung überlässt er den Menschen, da diese eine Pflicht gegen sich selbst hätten, in einem entsprechenden Rechtszustand zu leben (ebenda, S. 240).

spielsweise eine Verfassungsgerichtsbarkeit eingeführt werden, die über den Widerstandsfall zu richten hätte. Im Hinblick auf ein völkerrechtliches Widerstandsrecht gegen eine Staatsregierung ginge das Problem einer übergeordneten Instanz zudem in einer Normenhierarchie und einer Art vertikalen Gewaltenteilung auf.

Zweitens wird die Abhängigkeit von Widerstandsrecht und richterlicher Überprüfbarkeit kritisch beleuchtet. Aus dem Fehlen eines Richters muss im Fall des Widerstandsrechts nicht zwangsläufig auf seine Unmöglichkeit geschlossen werden. Grundsätzlich setzt die Geltung eines Rechts seine (gerichtliche) Durchsetzbarkeit voraus. Im Fall des Widerstandsrechts könnte hiervon insofern eine Ausnahme gemacht werden, als es selbst ein Durchsetzungsinstrument für andere Rechtsnormen darstellt. Widerstand ist Rechtsvollzug und bedarf selbst in rechtlicher Form – zumindest ex ante – keiner gerichtlichen Erlaubnis. Eine richterliche Überprüfung seiner Ausübung ex post muss im Rechtsstaat möglich sein. Im Hinblick hierauf käme *Kants* Argument des fehlenden Richters zum Tragen. Allerdings schließt *Kant* die Überprüfbarkeit ex post bei einer besonders intensiven Form des Widerstands aus, wenn diese erfolgreich war, nämlich im Fall einer Revolution. Eine durch Revolution etablierte Staatsverfassung dürfe nicht in ihrer Legitimität angezweifelt werden.[1027] Es darf in diesem Fall also, mit *Kant,* überhaupt keinen Richter geben.

cc) Rückfallargument: Vorrang des Rechtszustandes

> „Der Grund der Pflicht des Volks einen, selbst den für unerträglich ausgegebenen Mißbrauch der obersten Gewalt dennoch zu ertragen liegt darin: daß sein Widerstand wider die höchste Gesetzgebung selbst niemals anders als gesetzwidrig, ja als die ganze gesetzliche Verfassung zernichtend gedacht werden muß."[1028]

Das Rückfallargument basiert auf der theoretischen Annahme, dass jede Ausübung von Widerstand – in Weiterführung des Logikarguments gilt das ebenso für die bloße Existenz eines vermeintlichen Wider-

1027 *Kant,* AA VI, MdS, 1968, Rechtslehre, § 49 S. 322 f. *Sitter-Liver,* Der Einspruch der Geisteswissenschaften, 2002, S. 221 Fn. 17 spricht von einem „Restitutionsverbot".

1028 *Kant,* AA VI, MdS, 1968, Rechtslehre, § 49 S. 320.

stands*rechts*[1029] – den Rechtszustand auflöse („zernichtete" im Sinne des Eingangszitates) und einen Rückfall in den Naturzustand bedeute.[1030] Die Legitimität und die Notwendigkeit des Staats und der Existenz der bürgerlichen Gesellschaft sind unmittelbar an den Bestand des Rechtszustandes gekoppelt,[1031] sodass im Fall von Widerstand mit dem Rechtszustand auch Staat und Gesellschaft – damit das menschliche Dasein – zugrunde gingen. *Adam* ordnet *Kant* daher im Gegensatz zu *Hobbes* einem *„juridischen Existenzialismus"*[1032] zu.

Das Rückfallargument ergibt sich unmittelbar aus *Kants* Staatslehre und seinem Rechtsbegriff,[1033] da er eine staatlich monopolisierte Zwangsbefugnis zur Gewährleistung der Freiheitsverwirklichung für erforderlich hält.[1034] Dies unterscheidet den Rechtszustand vom Naturzustand, in dem jeder Einzelne über Gewalt und Zwang verfügen kann.[1035] Recht und Zwang sind gemäß *Kants* striktem Rechtsbegriff schließlich untrennbar miteinander verbunden. Das staatliche Zwangsmonopol sichert die vollständige Rechtsunterwerfung und den uneingeschränkten Rechtsgehorsam der Bürger. Es ist nicht nur Staatsaufgabe, dieses innezuhaben, sondern es begründet mit der freiheitsverwirklichenden Wirkung auch die Notwendigkeit des Staats. Bei der Ausübung von Widerstand nimmt das Individuum die Gewalt wieder in seine Hände, und es entsteht ein Souveränitätsvakuum, sodass der Staat nicht mehr bestehen kann, der Rechtszustand sich

---

1029 Vgl. *Klemme,* in: Altenhain/Willenberg (Hrsg.), Die Geschichte der Folter seit ihrer Abschaffung, 2011, S. 39–54, 50, der darlegt, dass der Eintritt in den Rechtszustand für *Kant* ohnehin ausscheide, wenn es ein Widerstandsrecht gebe.

1030 Vgl. *Kant,* AA VIII, Gemeinspruch, 1968, S. 29, wo er davon spricht, dass Widerstand die „Grundfeste zerstört".

1031 *Adam,* Despotie der Vernunft?, 1999, S. 197.

1032 Ebenda, S. 198 (*Hervorhebungen ebenda*): Bei *Hobbes*' Rückfallargument komme ein biologischer Existenzialismus zum Tragen, da *Hobbes* den Naturzustand als Kriegszustand aller gegen alle sieht. *Kants* Konzeption sei diesem pragmatischen Argument nicht zugänglich, da das Wohlergehen der Menschen bei ihm keine Rolle spiele.

1033 Zur Abhängigkeit vom Rechtsbegriff ebenda, S. 205; *Ludwig,* in: Höffe (Hrsg.), Immanuel Kant: Metaphysische Anfangsgründe der Rechtslehre, 1999, S. 173–194, 191.

1034 Vgl.*Kant,* AA VIII, Gemeinspruch, 1968, S. 297 f.; *ders.,* AA VI, MdS, 1968, Rechtslehre, § 49 S. 320; *Köhler,* Die Lehre vom Widerstandsrecht in der deutschen konstitutionellen Staatsrechtstheorie der ersten Hälfte des 19. Jahrhunderts, 1973, S. 40 f.

1035 Vgl. *Kant,* AA VI, MdS, 1968, Rechtslehre, § 42 S. 307.

auflöst und der Naturzustand herrscht;[1036] mit Letzterem lebt auch wieder die Pflicht auf, in den Rechtszustand einzutreten.

Bei *Kant* ist der uneingeschränkte Vorrang des Rechtszustandes vor dem Naturzustand, der sich im Eingangszitat wiederfindet, in der Vernunft selbst angelegt. Damit sind auch kurze, regierungslose Übergangsphasen nach einer Revolution für *Kant* gegenüber einer noch so schrecklichen, langwierigen Regierungsperiode nicht vorzugswürdig. Die Entwicklung eines rechtlich verfassten Staats, der despotisch ist und in dem die politische Macht missbraucht wird, hin zu einem republikanischen Staat muss sich für *Kants* daher immer im Wege einer Reform vollziehen und nicht per Revolution.[1037] Hierin besteht ein wesentlicher Unterschied zu *Hobbes*, bei dem die Gehorsamspflicht nicht zum Tragen kommt, wenn der Staat kein Mindestmaß an Sicherheit mehr zu garantieren vermag.[1038]

An *Kants* Rückfallargument sind zwei Aspekte der Kritik zugänglich. Zum einen überzeugt die Prämisse nicht, dass jeder Widerstand die rechtliche Verfassung eines Staats und damit den gesamten Staat angriffe. Es gibt derartig viele unterschiedliche Erscheinungsformen von Widerstand,[1039] dass diese pauschale Aussage nicht zutreffen kann. Zwar relativiert *Kant* diese Aussage, indem er später einzelne Fälle von der Gehorsamspflicht ausnimmt,[1040] jedoch trifft er sie letztlich für das Gros aller aktiven Widerstandsformen.[1041] Hingegen sind milde Formen von Wider-

1036 Zu *Kants* Furcht vor einem Souveränitätsvakuum *Unruh,* Die Herrschaft der Vernunft, 1993, S. 197.

1037 Vgl. *Kant,* AA VI, MdS, 1968, Rechtslehre, § 49 S. 321 f.; § 52 S. 340 f.; *Unruh,* Die Herrschaft der Vernunft, 1993, S. 203 f.; *Flügel-Martinsen,* in: Heil/Hetzel/Hommrich (Hrsg.), Unbedingte Demokratie, 2011, S. 141–149, 145, 148; *Geismann,* Kant und kein Ende, Bd. 3, 2012, S. 142 f. Die Unterscheidung zwischen „rechtmäßigem" (nur bei der republikanischen Herrschaftsform) und „rechtlichem Zustand" (liegt bei jedweder öffentlichen Gewalt vor, auch bei Despotismus) ist zu finden bei *Spaemann,* in: Batscha (Hrsg.), Materialien zu Kants Rechtsphilosophie, 1976, S. 347–358, 348; *Unruh,* Die Herrschaft der Vernunft, 1993, S. 201 sowie *Geismann,* Kant und kein Ende, Bd. 3, 2012, S. 141 ff.

1038 Zur Ansicht *Hobbes'* s. o., S. 80 ff.

1039 Hierzu s. o., S. 36 ff.

1040 Zur Reichweite von *Kants* Widerstandsverbot und zulässigen Formen des Widerstands s. u., S. 208 ff.

1041 A. A. *Unruh,* Die Herrschaft der Vernunft, 1993, S. 195, der *Kants* Widerstandsverbot vor allem als gegen die Erscheinungsform der Revolution gerichtet betrachtet. Dies überzeugt wegen *Kants* weiter Formulierung, „Widersätzlichkeit in Worten oder Werken" (*Kant,* AA VIII, Gemeinspruch, 1968, S. 302) sei verboten, nicht.

stand denkbar (individuelle Maßnahmen oder kollektive, gewaltlose Maßnahmen wie friedliche Proteste), in denen die Souveränität der Regierung und die Staatsexistenz nicht annährend betroffen sind. Widerstand kann beispielsweise nur auf einen Austausch der Amtsinhaber abzielen. Die Staatsverfassung wird hier nicht angegriffen.

Zum anderen kann die Prämisse des Vorrangs vom Rechtszustand kritisiert werden. Die Konsequenz von *Kants* Konzept der praktischen Vernunft, die ihn zu dieser Prämisse führt, ist nicht von der Hand zu weisen und zeichnet sein theoretisches Konstrukt aus. Bereits ein Seitenblick auf die Empirie weckt gleichwohl Zweifel an dieser Prämisse. Es gab in der Geschichte bislang schon diverse staatliche Erscheinungsformen, die einem Naturzustand gegenüber nicht vorzugswürdig sind. Bei der Frage des Widerstandsrechts als Frage der praktischen Philosophie muss ein solcher Seitenblick ins Empirische erlaubt sein, denn eine politische Philosophie ohne jeglichen Bezug zur Praxis bleibt – bei allem Positiven, was ein ausgiebiges Deduktionsbestreben ausmacht – reine Theorie und damit auch reine Utopie.[1042]

Selbst innerhalb *Kants* theoretischer Welt kann man zum Ergebnis gelangen, dass der Vorrang des Rechtszustands vor dem Naturzustand in einem Fall eingeschränkt werden muss; nämlich im „[…] Staat, der sich des Mediums des positiven Rechts bedient, um das Recht durch Negation seines Wesensgehalts zu vernichten“[1043], wie *Klemme* formuliert.

Gemeint ist die „Entrechtlichung“[1044] des Menschen durch die Herrschaftsmacht, etwa – in der empirischen Sphäre – in einem totalitären Staat, der Genozid betreibt. Stellt das öffentliche Recht – abseits der To-

---

1042 Vgl. *Merkel,* JZ 2012, S. 1137–1145, 1143; *Holmes,* Limited Relevance of Analytical Ethics, 2013, insb. S. 57. Insofern könnte man dafür plädieren, dass *Kants* erkenntnistheoretisches Zusammenspiel von Empirie und Vernunft (s. o., S. 166 ff.) zumindest an dieser Stelle seiner metaphysischen Überlegungen ausnahmsweise zum Tragen kommen sollte.

1043 *Klemme,* in: Altenhain/Willenberg (Hrsg.), Die Geschichte der Folter seit ihrer Abschaffung, 2011, S. 39–54, 53. Dem würden *Kersting,* Wohlgeordnete Freiheit, 2007, S. 377, 388, Fn. 268 und *Geismann,* Kant und kein Ende, Bd. 3, 2012, S. 146 widersprechen, die einen solchen Zustand nicht mehr unter den *Kantischen* Rechtszustand subsumierten und daher das Widerstandsverbot bei der Entrechtlichung für nicht einschlägig erachteten. Ähnlich *Scheffel,* in: Brandt (Hrsg.), Rechtsphilosophie der Aufklärung, 1982, S. 178–217, 203.

1044 *Klemme,* in: Altenhain/Willenberg (Hrsg.), Die Geschichte der Folter seit ihrer Abschaffung, 2011, S. 39–54, 53.

desstrafe nach dem Talionsprinzip[1045] – die Grundlage für die Lebensbedrohung von Bürgern dar, ist darin das Gegenteil der Freiheitsrechtsverwirklichung zu sehen. Vielmehr findet dann die Zerstörung jeder Aussicht auf die zukünftige Verwirklichung des Freiheitsrechts statt. Hier ist kein Platz mehr für die Hoffnung auf Reform, auf die Rückkehr zur Vernunft.[1046] Man möge sich erinnern: Selbst der Mensch kann in *Kants* Moralphilosophie im äußersten Fall seine Würde verwirken, wenn er „unnatürliche“[1047] Akte begangen hat und daher nichts übrig bleibt, als ihn der Gesellschaft zu verweisen.[1048] Ebenso verwirkt auch der rechtlich verfasste Staat seine Staatswürde und damit jede Hoffnung auf Entwicklung zu einer Republik, wenn er eine derartige Entrechtlichung betreibt.[1049] Ein solcher – wenn auch positiv-rechtlich fundierter – Zustand verdient keineswegs Vorrang vor einem Naturzustand, bei dem die Aussicht auf Rechtsverwirklichung im Gegensatz hierzu noch besteht. Hier kann mit *Hobbes* argumentiert werden, der annimmt, dass man lieber den Kampf (im Naturzustand) als den sicheren Tod (bei einem Angriff durch den Staat im bürgerlichen Zustand) wählen sollte.[1050] So ist es freiheitsfördernder, wenn man im Naturzustand um seine empirischen Freiheitsräume kämpft – auch wenn diese nur ein sehr schlechtes, eben empirisches, Abbild der äußeren Freiheitsräume darstellen, die sich im Rechtszustand verwirklichen lassen –, als einen Staat zu erdulden, der die Freiheitsräume derart gestaltet, dass sie in der Empirie[1051] noch weiter hinter diesem Abbild zurückbleiben. Gewiss passt dieses Argument nicht in die Vernunftwelt eines *Kant* mit ihren Imperativen. Um es aus der Perspektive einer – wenn auch unreinen – Vernunft zu sagen: Die Verwirklichung des Frei-

1045 Diese Konstellation mag – wenn auch sehr fragwürdig – noch das konsequente Ergebnis der von *Kant* vertretenen Strafzwecktheorie sein. Hierzu eingängig *Byrd,* Law and Philosophy 8 (1989), S. 151–200.

1046 Zur Reform *Kant,* AA VI, MdS, 1968, Rechtslehre, § 49 S. 321 f., § 52 S. 340.

1047 Ebenda, Tugendlehre, S. 363.

1048 Vgl. ebenda, Tugendlehre, S. 363; *Klemme,* in: Altenhain/Willenberg (Hrsg.), Die Geschichte der Folter seit ihrer Abschaffung, 2011, S. 39–54, 43 f.

1049 Ebenda, S. 53.

1050 Hierzu s. o., S. 83.

1051 Dies kann nur für die empirische Betrachtung gelten, da *Kant* auf der theoretischen Ebene nur das öffentliche Recht wegen seiner Qualität als äußeres Recht als freiheitsverwirklichend bezeichnen würde; empirisch erkämpfte Freiheitsräume interessieren ihn nicht. Er würde sicherlich bereits die Vergleichbarkeit zwischen theoretischer und praktischer Freiheit negieren.

heitsrechts in die Abhängigkeit von einer Rechtsordnung zu stellen, mag vernünftigerweise geboten sein. Erstere in die Abhängigkeit von einer tyrannischen Staatsmacht zu stellen, deren Akte man nur um ihrer selbst willen uneingeschränkt hinnimmt – dieser Umstand vermag sich dem vernünftigen Verstande zu entziehen.

dd) Repräsentationsargument: volenti non fit iniuria

> „Die gesetzgebende Gewalt kann nur dem vereinigten Willen des Volkes zukommen. Denn da von ihr alles Recht ausgehen soll, so muß sie durch ihr Gesetz schlechterdings niemand unrecht thun können. Nun ist es, wenn jemand etwas gegen einen Anderen verfügt, immer möglich, daß er ihm dadurch unrecht thue, nie aber in dem, was er über sich selbst beschließt (denn volenti non fit iniuria). Also kann nur der übereinstimmende und vereinigte Wille Aller, so fern ein jeder über Alle und Alle über einen jeden ebendasselbe beschließen, mithin nur der allgemein vereinigte Volkswille gesetzgebend sein."[1052]

Ein weiteres Argument gegen das Widerstandsrecht ergibt sich aus der Repräsentation des „vereinigten Volkswillens"[1053] in der obersten Gesetzgebung (dem Souverän), die in diesem Eingangszitat deutlich wird. Während aus *Kants* Erörterung der Frage „Quis judicabit?" hervorgeht, dass das Volk keineswegs über das Vorgehen des Souveräns entscheiden dürfe, ergibt sich ferner aus dem Repräsentationsargument, dass das Volk logisch nicht anders entscheiden kann als der Souverän.[1054] Der Wille, den der Souverän ausübt, ist schließlich der vereinigte Wille des Volks.[1055] Dieser Wille wird erst im Souverän konstituiert.[1056] Er ist damit nicht von einzelnen Bürgern einsehbar – es handelt sich nämlich um einen öffentlichen im Gegensatz zu einem privaten Willen.[1057] Dennoch kann in *Kants*

1052 *Kant,* AA VI, MdS, 1968, Rechtslehre, § 46 S. 313 f.

1053 Ebenda, Rechtslehre, § 46 S. 313 f.

1054 Vgl. ebenda, Rechtslehre, § 49 S. 318. In der Theorie wird die Frage „Quis judicabit?" durch das Repräsentationsargument überflüssig. *Kant* stellt die Frage allerdings, um über Letzteres hinaus die praktische Unmöglichkeit darzulegen (s. o., S. 192 ff.).

1055 Vgl. *Kant,* AA VI, MdS, 1968, Rechtslehre, § 43 S. 311, § 49 S. 320.

1056 *Ludwig,* in: Höffe (Hrsg.), Immanuel Kant: Metaphysische Anfangsgründe der Rechtslehre, 1999, S. 173–194, 190; *von der Pfordten,* Menschenwürde, Recht und Staat bei Kant, 2009, S. 89.

1057 *Flickschuh,* Philosophy & Public Affairs 36 (2008)., 394.

Modell eine Differenzierung zwischen dem Volkswillen (zumindest in Gestalt eines empirischen Mehrheitswillens) und der Ausübung der Gesetzgebung gedacht werden, denn dies ist der Repräsentation immanent.[1058] Deutlich wird das im Urvertrag, in dem *Kant* den Gesetzgeber mit dem Erfordernis gerechter Gesetzgebung adressiert.[1059] Dies wäre bei vollständiger Identität überflüssig. Das Statut des Urvertrags zielt auf die vollständige Identifikation von vereinigtem Volkswillen und dem Willen des Souveräns.[1060] Da Souverän und Volk im *Kantischen* Idealfall somit denselben Willen ausweisen, wäre Widerstand des Volks gegen den Souverän widersprüchlich. Ein Widerstandsrecht ist in *Kants* Modell also unnötig. Die oberste Gesetzgebung ist bei *Kant* „untadelig“[1061], denn der vereinigte Volkswille kann sich selbst gegenüber kein Unrecht verursachen – „volenti non fit iniuria“, wie *Kant* im Eingangszitat erwähnt.

Diese Begründung ähnelt dem *Hobbes'schen* Konzept der Autorisierung des Souveräns.[1062] Der Autorisierungsgedanke bei den Vertragstheorien ist einerseits der stärkste Anknüpfungspunkt für ein Widerstandsrecht (so bei *Locke*), kann andererseits auch gegen ein Widerstandsrecht eingewendet werden (wie bei *Hobbes*).[1063] Da es bei *Kant* keinen Autorisierungsakt gibt, sondern die Staatsgründung aus der Idee der Vernunft heraus erfolgt, hat *Kants* Repräsentationsargument eine darüber hinausgehende Wirkung: Widerstand stellt demnach nicht bloß, wie bei *Hobbes,* einen persönlichen Widerspruch mit sich selbst dar, sondern vernichtet – wider jede Vernunft – die gesamte *Kantische* Staatsverfassung.[1064] Aus diesem Grunde lehnt *Kant* zudem das bloße Nachdenken über die Legitimität des Souveräns durch die Untertanen ab.[1065] Der Repräsentationsgedanke begründet in seiner Staatslehre auch bei einer rein rechtstheoretischen Betrachtung die Unmöglichkeit eines Widerstandsrechts: Denn

1058 *Adam,* Despotie der Vernunft?, 1999, S. 201 f.; *von der Pfordten,* Menschenwürde, Recht und Staat bei Kant, 2009, S. 89.

1059 *Adam,* Despotie der Vernunft?, 1999, S. 201 f.

1060 Ebenda, S. 202.

1061 Ebenda, S. 200 f. mit Blick auf *Kant,* AA VI, MdS, 1968, Rechtslehre, § 48 S. 316, § 46 S. 313, insb. § 49 S. 319 („tadelfrei“) und *ders.,* AA VIII, Gemeinspruch, 1968, S. 299.

1062 *Adam,* Despotie der Vernunft?, 1999, S. 62; vgl. *Flickschuh,* Philosophy & Public Affairs 36 (2008)., 382. Zum Argument von *Hobbes* s. o., S. 72, 77.

1063 Vgl. *Adam,* Despotie der Vernunft?, 1999, S. 62.

1064 Ebenda, S. 63 f., 197.

1065 Vgl. *Kant,* AA VI, MdS, 1968, Rechtslehre, § 49 S. 318.

einem solchen Recht fehlte das Rechtssubjekt. Das Volk entsteht als Rechtssubjekt nämlich erst durch den Souverän.[1066] Ein Recht gegen Letzteren kann dem Volk daher nicht zukommen, weil es sich mit dessen Ausübung gleichsam als Rechtssubjekt zerstörte.[1067]

Ein weiterer Aspekt, der der *Kantischen* Repräsentation von *Jörg Berkemann* zugewiesen wurde und gegen das Widerstandsrecht spricht, ist abzulehnen. Er betrifft die vermeintliche Repräsentation Gottes durch den Souverän. Bei *Kant* ist folgender Satz zu finden: „Alle Obrigkeit ist von Gott“[1068]. *Berkemann* kommt zu dem Schluss, dass hierin ein weiteres Argument gegen das Widerstandsrecht liegt: „Denn gegen ‚Gott‘ selbst kann es keinen Widerstand geben.“[1069] Widerstand gegen staatliche Gesetze bedeute bei *Kant* also Widerstand gegen Gott.[1070] *Berkemann* selbst räumt sein Erstaunen über diese von ihm interpretierte Ansicht des religionskritischen *Kants* ein.[1071] Das Zitat ist mit *Bernd Ludwig* allerdings anders zu verstehen. Es handelt nur vom Bereich des individuellen Ungehorsams bei unsittlichen staatlichen Befehlen.[1072] Liegt ein solcher Fall vor, kann das Individuum auf Geheiß seiner moralischen Urteilskraft, dem göttlichen Sittengesetz, den Gehorsam verweigern und sich damit in die Hände Gottes begeben, der – im Sinne des *Locke'schen* „Appells an den Himmel“[1073] – über die Auseinandersetzung richten wird.[1074]

Dessen ungeachtet ist *Kants* Repräsentationsargument der Kritik zugänglich. Möglicherweise liegt hierin gar die größte Unstimmigkeit in seiner ablehnenden Widerstandslehre. Der Souverän existiert bei *Kant* zwar qua Vernunftgebot, was der Repräsentation eine erhöhte normative Legitimation beschert.[1075] Allerdings ist nicht ersichtlich, wieso die Idee der Re-

1066 Vgl. *ders.,* AA VIII, Gemeinspruch, 1968, S. 302.

1067 Vgl. *Adam,* Despotie der Vernunft?, 1999, S. 196, wonach ein Einzelner durch Beanspruchen des Widerstandsrechts vogelfrei werde. Vgl. *Kant* selbst (*Kant,* AA VI, MdS, 1968, Rechtslehre, § 49 S. 319).

1068 Ebenda, Rechtslehre, § 49 S. 319.

1069 *Berkemann,* Studien zu Kants Haltung zum Widerstandsrecht, 1972, S. 147.

1070 Ebenda, S. 147.

1071 Vgl. ebenda, S. 146 f.

1072 *Ludwig,* in: Höffe (Hrsg.), Immanuel Kant: Metaphysische Anfangsgründe der Rechtslehre, 1999, S. 173–194, 190. Zum Individualwiderstand s. u., S. 211 ff.

1073 *Locke,* Zweite Abhandlung, 1967, § 21 S. 213 f.

1074 *Ludwig,* in: Höffe (Hrsg.), Immanuel Kant: Metaphysische Anfangsgründe der Rechtslehre, 1999, S. 173–194, 190; ebenso *Peters,* Widerstandsrecht und humanitäre Intervention, 2005, S. 83.

1075 *Adam,* Despotie der Vernunft?, 1999, S. 197.

präsentation durch den Souverän mit der empirischen Repräsentation durch einen oder mehrere natürliche Personen gleichzusetzen ist.[1076] Problematisch ist insofern, dass *Kant* im Hinblick auf die „oberste Gesetzgebung“[1077] nicht zwischen den Gesetzen und dem Gesetzgeber differenziert.[1078] In jedem Fall überzeugt es nicht, das Ideal der Repräsentation auf den amtierenden Gesetzgeber außerhalb der Idee der Vernunft anzuwenden, weil der Wille des Volks – wenn er überhaupt der Vereinigung zugänglich ist – nicht zwangsläufig in allen Facetten mit dem des empirischen Gesetzgebers übereinstimmt. Es ist fraglich, ob dieser Modus der Repräsentation überhaupt notwendig ist. Wichtiger ist vor dem Hintergrund des *Kantischen* Rechtsimperativs die Etablierung der Rechtsordnung an sich. Eine Repräsentation in dieser Rechtsordnung in einer Verfassung, der gegenüber auch der (empirische) Gesetzgeber verpflichtet ist, erscheint als stabilstes Fundament zur Verwirklichung des angeborenen Freiheitsrechts. Insofern ist es nicht zwingend, dass ein Volk erst durch den Gesetzgeber als Rechtssubjekt entsteht. Bei der Annahme einer Repräsentation allein in der Rechtsordnung wäre es konsequent, ein Widerstandsverbot nur gegenüber dieser Rechtsordnung (im Sinne der Verfassungsrechtsordnung) anzunehmen. Gegenüber den Machthabern wäre das Verbot nicht mehr zwingend. Letztlich würde der rechtlich-verfasste Zustand auf diese Weise am effektivsten geschützt und konserviert. Ein solcher Zustand wäre allerdings nicht mehr mit dem *Kantischen* Rechtszustand identisch, denn dieser impliziert gleichermaßen Gehorsam gegenüber dem Recht und dem Souverän, weil diese qua Vernunft untrennbar miteinander verbunden sind.[1079]

1076 Ähnliche Kritik klingt an bei *Berkemann,* Studien zu Kants Haltung zum Widerstandsrecht, 1972, S. 157 f.; *Cummiskey,* in: Muchnik (Hrsg.), Rethinking Kant, 2008, S. 217–240, 228.

1077 Vgl. *Kant,* AA VIII, Gemeinspruch, 1968, S. 299; *ders.,* AA VI, MdS, 1968, Rechtslehre, § 49 S. 319.

1078 *Berkemann,* Studien zu Kants Haltung zum Widerstandsrecht, 1972, S. 157 f.

1079 Vgl. *Kant,* AA VI, MdS, 1968, Rechtslehre, § 49 S. 319 („Wider das gesetzgebende Oberhaupt des Staats giebt es also keinen rechtmäßigen Widerstand des Volks; denn nur durch Unterwerfung unter einen allgemein-gesetzgebenden Willen ist ein rechtlicher Zustand möglich“).

ee) Argument aus der Konzeption des Urvertrags und des öffentlichen Rechts: Idee der Vernunft

> „Hier ist nun ein ursprünglicher Contract, auf den allein eine bürgerliche, mithin durchgängig rechtliche Verfassung unter Menschen gegründet und ein gemeines Wesen errichtet werden kann. – Allein dieser Vertrag (contractus originarius oder pactum sociale genannt), als Coalition jedes besondern und Privatwillens in einem Volk zu einem gemeinschaftlichen und öffentlichen Willen (zum Behuf einer bloß rechtlichen Gesetzgebung), ist keinesweges als ein Factum vorauszusetzen nöthig (ja als ein solches gar nicht möglich); [...] Sondern es ist eine bloße Idee der Vernunft, die aber ihre unbezweifelte (praktische) Realität hat: nämlich jeden Gesetzgeber zu verbinden, daß er seine Gesetze so gebe, als sie aus dem vereinigten Willen eines ganzen Volks haben entspringen können, und jeden Unterthan, so fern er Bürger sein will, so anzusehen, als ob er zu einem solchen Willen mit zusammen gestimmt habe."[1080]

Kants stärkstes Argument für sein Widerstandsverbot besteht im Gesamtkonzept seiner Staatslehre, die den Prinzipien der Vernunft folgt. Am deutlichsten wird dies daran, dass kein Gründungsakt erforderlich ist, sondern der Staat denknotwendig existiert. *Kant* geht zwar von einem Urvertrag zur Vereinigung des Volkswillens aus, doch existiert dieser nur als Vernunftidee, wie im Eingangszitat deutlich wird. Sein Staat respektive Rechtszustand ist „institutionalisierte Vernunft"[1081]. Wenn also, wie man an den Argumenten sehen kann, ein im Dienste der Vernunft stehender, „tadelfreier"[1082] Souverän den Untertanen bei der Ausübung der Souveränität keinen Grund zum Widerstand liefern kann, existiert erst recht kein staatsrechtlicher Maßstab zu einer derartigen Beurteilung. Der Urvertrag bietet hierfür laut *Kant* keine Rechtsgrundlage, weil er nicht als Realvertrag existiert und auch nicht als solcher interpretiert werden darf.[1083] Es

1080 *Ders.*, AA VIII, Gemeinspruch, 1968, S. 297.

1081 *Adam*, Despotie der Vernunft?, 1999, S. 200, der außerdem formuliert, die oberste Staatsgewalt verbürge den rechtlichen Zustand überhaupt (ebenda, S. 198).

1082 *Kant*, AA VI, MdS, 1968, Rechtslehre, § 49 S. 319.

1083 *Ders.*, AA VIII, Gemeinspruch, 1968, S. 302; *Adam*, Despotie der Vernunft?, 1999, S. 195, der hierin eine „einzigartige Deutung des Sozialkontraktes" sieht; *Rauscher*, Kant's Social and Political Philosophy, 2012. Der empirische Ursprung einer Staatsherrschaft spiele für ihre Legitimität nicht die mindeste Rolle und solle daher nicht zum Gegenstand des politischen Denken des Volkes werden (*Kant*, AA VI, MdS, 1968, Rechtslehre, § 49 S. 318; *Adam*, Despotie der Vernunft?, 1999, S. 195).

gibt weder einen vermeintlichen Vertragszweck noch ein von den Untertanen zurückbehaltenes Recht, auf das sie sich zur Ausübung von Widerstand berufen können;[1084] vollwertige Rechte kann es in *Kants* Konzeption ohnehin erst im bürgerlichen Zustand geben.

Wenn die staatliche Herrschaft aus der Vernunft heraus begründet wird, gilt: „[D]er Herrscher im Staat hat gegen den Unterthan lauter Rechte und keine (Zwangs-)Pflichten.“[1085] Im Staat wird die Idee der Vernunft nämlich im öffentlichen Recht fortgeführt. Der „Primat des öffentlichen Rechts“[1086] ist darin angelegt. Die öffentlichen Gesetze entspringen damit ebenso der Vernunft wie der Urvertrag und beanspruchen deshalb absolute Geltung und absoluten Gehorsam. Die Verletzung des öffentlichen Rechts ist schließlich gleichbedeutend mit einem Verstoß gegen die aus dem Recht der Menschheit folgenden Rechtspflichten.[1087]

Die *Kantische* Vertragskonzeption und seine ablehnende Haltung gegenüber dem Widerstandsrecht sind unmittelbar miteinander verbunden, wie bei *Hobbes*.[1088] *Adam* stellt aber fest, dass der Urvertrag bei *Kant* ein reines Gerechtigkeitskriterium und nicht – wie bei *Hobbes* – ein Legitimationskriterium liefere.[1089] Dies – oder zumindest die Wirkung dieser Differenzierung – kann angezweifelt werden. In der Vernunftidee des Urvertrages, dem von *Kersting* so bezeichneten „staatsrechtlichem Gegenstück zum Kategorischen Imperativ“[1090], findet sich durchaus ein Kriterium zur Beurteilung der Rechtmäßigkeit positiver Gesetze – wenn auch in Gestalt eines Gerechtigkeitsprinzips.[1091] Letztlich kommt auch *Adam* zu diesem Ergebnis:

1084 Ebenda, S. 195; *Rauscher*, Kant's Social and Political Philosophy, 2012.

1085 *Kant*, AA VI, MdS, 1968, Rechtslehre, § 49 S. 319.

1086 *Bielefeldt*, Neuzeitliches Freiheitsrecht und politische Gerechtigkeit, 1990, S. 117; zustimmend *Luf*, in: Bielefeldt/Brugger/Dicke (Hrsg.), Würde und Recht des Menschen, 1992, S. 93–110, 100.

1087 *Klemme*, in: Altenhain/Willenberg (Hrsg.), Die Geschichte der Folter seit ihrer Abschaffung, 2011, S. 39–54, 45.

1088 *Adam*, Despotie der Vernunft?, 1999, S. 199.

1089 Ebenda, S. 198 a. E.

1090 *Kersting*, Wohlgeordnete Freiheit, 2007, S. 275. *Adam*, Despotie der Vernunft?, 1999, S. 201 bezeichnet den Urvertrag als die „[…] Formulierung des ‚kategorischen Imperativs‘ in der Sprache der avanciertesten Politischen Philosophie.“

1091 *Kersting*, Wohlgeordnete Freiheit, 2007, S. 275.

> „[I]ndem Kant das Vertragsargument als Kriterium rechtmäßiger Gesetzgebung bestimmt, als den ‚Probierstein', den die praktische Vernunft bereitstellt, bestimmt er unter der Hand ein Legitimitätskriterium."[1092]

Allerdings ist dieser „Probierstein" als rein formales Kriterium (das Prinzip der allgemeinen Zustimmungswürdigkeit von Gesetzen)[1093], das frei von jeglichen materiellen Gerechtigkeitserwägungen ist, ohne weitere Argumentationsbemühungen im Einzelfall nicht die beste Grundlage für ein Widerstandsrecht.[1094] Da davon auszugehen ist, dass *Kant* gegen Anhaltspunkte für ein Widerstandsrecht protestieren würde, könnte ihm auch unterstellt werden, dass er jegliche Verbindung zwischen der Legitimität des Staats und einem Widerstandsrecht ablehnt.[1095] Man darf seinen Urvertrag nicht mit einer historischen Übereinkunft verwechseln, woraus Rechte der Bürger gegen die politische Gewalt erwachsen. Ersterer verbürgt zwar das maßgebliche Kriterium gerechter Gesetzgebung, jedoch schwebt dieses als Idee in der Sphäre der Vernunft. Aus ihr heraus prägt es den Gesetzgeber im Staat, entzieht sich aber jeglicher einfachbürgerlichen Beurteilungskompetenz. Da das Kriterium nach der allgemeinen Zustimmungswürdigkeit von Gesetzen fragt, kann seine Einhaltung nur vom Souverän, der den vereinigten Willen konstitutiv repräsentiert, verlässlich beurteilt werden.

Adam meint, dass der *Kantische* Urvertrag als Vernunftidee die Untadeligkeit der staatlichen Gesetzgebung fordere und diese entsprechend legitimiere, wobei die Legitimation nur soweit reichen könne, wie die Gesetzgebung mit der Idee der Vernunft übereinstimme.[1096] So besteht neben dem formalen Kriterium des Urvertrags noch ein anderer, vernunftrechtlicher Bereich, der vom Staat nicht einschränkbar ist. Es handelt sich um das Privatrecht, das als apriorische vorstaatliche Rechtsordnung nur Personen als solche betrifft.[1097] Das öffentliche (Staats-)Recht spielt sich gerade

---

1092 *Adam,* Despotie der Vernunft?, 1999, S. 199 im Hinblick *Kant,* AA VIII, Gemeinspruch, 1968, S. 297.

1093 Vgl. *ders.,* AA VI, MdS, 1968, Rechtslehre, § 49 S. 319; hierzu s. o., S. 183.

1094 *Adam,* Despotie der Vernunft?, 1999, S. 199.

1095 So ebenda, S. 199.

1096 Ebenda, S. 199 a. E.

1097 *Klemme,* Immanuel Kant, 2004, S. 99. Vgl. *Köhler,* Die Lehre vom Widerstandsrecht in der deutschen konstitutionellen Staatsrechtstheorie der ersten Hälfte des 19. Jahrhunderts, 1973, S. 56 f. und *Dulckeit,* Naturrecht und positives Recht bei Kant, 1932, S. 56, die das Vernunftrecht bei *Kant* auch als höherrangig ansehen, was jener jedoch durch sein Widerstandsverbot selbst wirkungslos mache.

in dieser Rechtsordnung ab und legitimiert sich als „institutionalisierte Vernunft“[1098] nur im Modus der Gewährleistung und Entfaltung der apriorischen Vernunftrechtsordnung.[1099] In der Welt der Vernunft kann es zu keinem Widerspruch zwischen privatem und öffentlichem Recht kommen. Praktisch kann demgegenüber eine unrechtmäßige bzw. ungerechte öffentliche Gesetzgebung vorkommen.[1100] Diesen Praxisfall berücksichtigt *Kant* in seiner Theorie nicht – zumindest nicht im Hinblick auf ein umfassendes Widerstandsrecht. Er stellt den Bürgern hierfür ein Beschwerderecht zur Verfügung.[1101] Die Ablehnung *Kants* zielt dabei laut *Adam* auf die Theorie eines Widerstandsrechts, die mit der Theorie in der Welt der Vernunft nicht in Einklang gebracht werden kann.[1102] Empirische Abweichungen hiervon spielen dabei keine Rolle. Da die Welt des Rechts die Welt der Vernunft und damit der Theorie ist, kann für *Kant* selbst bei empirischen Abweichungen von den Vernunftideen (etwa im Fall des Missbrauchs der Staatsgewalt) niemals ein Widerstands*recht* bestehen.

ff) Glückseligkeitsargument

> „In Ansehung der ersteren (der Glückseligkeit) kann gar kein allgemein gültiger Grundsatz für Gesetze gegeben werden. Denn sowohl die Zeitumstände, als auch der sehr einander widerstreitende und dabei immer veränderliche Wahn, worin jemand seine Glückseligkeit setzt (worin er sie aber setzen soll, kann ihm niemand vorschreiben), macht alle feste Grundsätze unmöglich und zum Princip der Gesetzgebung für sich allein untauglich.“[1103]

Für *Kant* ergibt sich ein letztes Argument gegen das Widerstandsrecht daraus, dass jeder Bürger, der Widerstand ausübt, seine Glückseligkeit zum Maßstab seines Handelns mache. Dies widerspricht bei *Kant* bereits dem Moralgesetz, denn Glückseligkeit ist der Universalisierbarkeit nicht zugänglich. Erstere kann niemals Gegenstand einer moralischen Maxime sein; ebenso wenig kann sie zum Gegenstand bzw. Maßstab des Rechts

---

1098 *Adam,* Despotie der Vernunft?, 1999, S. 200.

1099 Vgl. *Klemme,* Immanuel Kant, 2004, S. 99.

1100 Vgl. *Adam,* Despotie der Vernunft?, 1999, S. 195.

1101 Vgl. *Kant,* AA VIII, Gemeinspruch, 1968, S. 297 f., Fn. 1. Zum Beschwerderecht s. u., S. 209 ff.

1102 *Adam,* Despotie der Vernunft?, 1999, S. 200.

1103 *Kant,* AA VIII, Gemeinspruch, 1968, S. 298.

werden. Damit vermöge sie keineswegs ein Widerstandsrecht zu begründen, wie *Kant* im Eingangszitat zum Ausdruck bringt.

Dieses Argument, das *Kant* in seiner „Rechtslehre“ schließlich selbst aufgibt, ist nicht überzeugend. Es ist nicht ersichtlich, wieso das Motiv jedes Widerstandskämpfers zwangsläufig in seiner Glückseligkeit liegt. Einzig der Kern des Arguments – der Aspekt, dass Widerstandskämpfer mit einem empirischen Maß messen, das nicht der Vernunft und damit schon gar nicht dem Recht entspringt – ist insofern treffend, als er sich nahtlos in *Kants* Staatslehre einfügt. Das Argument bleibt eine – wenn auch konsequente – Behauptung aus seiner Lehre heraus und ist als solches schwach.

Ein rechtstheoretischer Gedanke, der darin angelegt ist, erweist sich als interessant: Aus der Passage „[…] macht alle festen Grundsätze unmöglich […]“ kann abgelesen werden, dass Widerstand als Manifestation des unmoralischen und rechtswidrigen Handelns zwangsläufig auf Kosten der Maximen des Staats geht. Dies passiert in der *Kantischen* Welt nämlich, indem Widerstand die Normgeltung des öffentlichen Rechts offenkundig infrage stellt und das Recht damit nicht nur tatbestandlich verletzt (dies geht bereits mit einer Verletzung des Menschheitsrechts einher), sondern auch seine Geltung lädiert.

b) Reichweite des Widerstandsverbots

Kants Widerstandsverbot gilt absolut. Wenn eine Handlung im *Kantischen* Sinne als Widerstand eingeordnet werden kann, muss sie daher verboten sein. Im Folgenden werden Fälle erörtert, die den Tatbestand von Widerstand nicht erfüllen und damit von *Kant* auch nicht mit der Rechtsfolge des absoluten Verbotes sanktioniert werden. Daraus ergibt sich die Reichweite seines Widerstandsverbotes.

aa) Differenzierung nach Art und Modus der Widerstandshandlung

Wie angedeutet, betrifft *Kants* absolutes Widerstandsverbot nicht das Beschwerderecht der Bürger. Im Folgenden werden dies und weitere mögliche Erscheinungsformen von Widerstand erörtert, die sich dem *Kantischen* Widerstandsbegriff und damit seinem absoluten Verbot entziehen.

(1) Beschwerderecht

Kant zufolge behält auch im Rechtszustand „[…] jeder Mensch doch seine unverlierbaren Rechte […], die er nicht einmal aufgeben kann, wenn er auch wollte, und über die er selbst zu urtheilen befugt ist“[1104]. Dennoch führen ihn die oben erörterten Argumente zur Annahme eines absoluten Widerstandsverbots gegen die oberste Gesetzgebung. Dabei unterstellt *Kant* nicht, dass der Gesetzgeber diese Rechte in der empirischen Welt womöglich nie verletzten wird (für die Welt der Vernunft gilt schließlich *volenti non fit iniuria*). Er hält den Gesetzgeber durchaus für fehlbar: Sogar der empirische Gesetzgeber in einer von ihm favorisierten republikanischen Herrschaftsform sei menschlich und deshalb nicht „[…] mit himmlischen Eingebungen begnadigt […]“[1105], sondern könne Irrtümern oder schlichter Unwissenheit erliegen.[1106] Auch *Kant* erscheint es möglich, dass der Gesetzgeber aus einer irrtümlichen Lage heraus legislative Akte unternimmt, die die Bürger in den eingangs erwähnten „unverlierbaren Rechten“ verletzen könnten. Damit will er sich ausdrücklich von *Hobbes* distanzieren, der jedwede Verursachung von Unrecht durch den Souverän ausschließt.[1107] Eine willentliche Rechtsverletzung seitens der Staatsgewalt soll sich der Untertan laut *Kant* allerdings nicht vorstellen können.[1108] Die unverlierbaren Rechten denkt sich *Kant* ausnahmsweise nicht als Zwangsrechte, denn Zwang gehört im Rechtszustand nur zum öffentlichen Recht.[1109] Deshalb berechtigten diese Rechte nicht zur „Widersetzlichkeit in Worten oder Werken“[1110]. Allerdings gibt es für *Kant* die Möglichkeit der individuellen Beschwerde.[1111] Der Bürger könne seine „Freiheit der Feder“[1112] dafür nutzen, den Inhaber der Staatsgewalt über die Fakten aufzuklären, die jener irrtümlicherweise nicht berücksichtigt habe.

Die Beschwerde des Bürgers ist keine wörtliche Widersetzlichkeit, weil sie im Rahmen der Rechtsordnung erfolgt. Ihr haftet nichts Revolutionä-

1104 Ebenda, S. 304.
1105 Ebenda, S. 304.
1106 Ebenda, S. 304.
1107 Vgl. ebenda, S. 304; *ders.*, AA XXIII, Vorarbeiten Gemeinspruch, 1969, S. 141.
1108 *Ders.*, AA VIII, Gemeinspruch, 1968, S. 304; *Adam*, Despotie der Vernunft?, 1999, S. 203 f.
1109 Vgl. *Kant*, AA VIII, Gemeinspruch, 1968, S. 303 f.
1110 Ebenda, S. 302.
1111 Vgl. ebenda, S. 304; *ders.*, AA VI, MdS, 1968, Rechtslehre, § 49 S. 319.
1112 *Ders.*, AA VIII, Gemeinspruch, 1968, S. 304.

res, nichts Forderndes, an. Während man die „Freiheit der Feder" in *Kants* entsprechenden Ausführungen im „Gemeinspruch" noch als Meinungs- und Pressefreiheit interpretieren kann,[1113] benennt er in der „Rechtslehre" und im „Streit der Facultäten" das Beschwerderecht, das einzige politische Recht, das er den Staatsbürgern überhaupt zugesteht,[1114] lediglich noch nach dem alten reichsrechtlichen Institut der „gravamina"[1115]. Beschwerden seien, wie es bereits im „Gemeinspruch" anklingt, in respektvoller Untertänigkeit abzufassen.[1116] Damit bleibt die *Kantische* Beschwerde hinter jeder Rüge zurück und verdient ihre Bezeichnung kaum. Sie dient nicht der individuellen Freiheitsverwirklichung, sondern dem Schutz des Gesetzgebers vor seiner eigenen Unwissenheit und damit der „normative[n] Optimierung der Souveränität"[1117], wie *Adam* befindet. Eine rechtmäßige Beschwerde kann der Staatsgewalt Anstoß zu Reflexion und Reform geben. *Kant* stellt sich durch die Ablehnung von darüber hinausgehendem Widerstand also keineswegs gegen die staatsrechtliche Entwicklung. Aber, so formuliert *Peter Unruh* treffend: „Die vernunftrechtliche Entwicklung muss sich in den Bahnen des positiven Rechts vollziehen."[1118] Grundlage hierfür ist bei ihm die öffentliche Aufklärung, der „Appell an den einsichtsfähigen Herrscher durch eine informierte Öffentlichkeit"[1119] und nicht die Revolution.

1113 Vgl. ebenda, S. 304; *Adam,* Despotie der Vernunft?, 1999, S. 202. Ähnlich interpretierbar ist auch *Kant*s Kritik an staatlicher Zensur im „Streit der Facultäten" (vgl. *Kant,* AA VII, Streit der Facultäten, 1917, S. 89).

1114 *Adam,* Despotie der Vernunft?, 1999, S. 204.

1115 *Kant,* AA VI, MdS, 1968, Rechtslehre, § 49 S. 319; *ders.,* AA VII, Streit der Facultäten, 1917, S. 89, wobei er sich hier auf die kollektive Beschwerde des ganzen Volkes (*gravamen*) bezieht. *Adam,* Despotie der Vernunft?, 1999, S. 204, Fn. 142 deutet diese begriffliche Entwicklung als „einen Paradigmenwechsel von der westeuropäischen Aufklärung zum alten deutschen Reichsrecht" und hält die Verbindung von *gravamina* und dem *Kantischen* Republikanismus für „[…] jedenfalls terminologisch höchst problematisch".

1116 *Kant,* AA VIII, Gemeinspruch, 1968, S. 304.

1117 *Adam,* Despotie der Vernunft?, 1999, S. 204.

1118 *Unruh,* Die Herrschaft der Vernunft, 1993, S. 201.

1119 *Klemme,* in: Altenhain/Willenberg (Hrsg.), Die Geschichte der Folter seit ihrer Abschaffung, 2011, S. 39–54, 51.

(2) Individuelle Gehorsamsverweigerung und Auswanderungsrecht

Über das Beschwerderecht hinaus betrifft das absolute Widerstandsverbot die Fälle der individuellen Gehorsamsverweigerung bei unsittlichen staatlichen Befehlen nicht. Die uneingeschränkte Gehorsamspflicht, die sich aus den oben genannten Argumenten gegen ein Widerstandsrecht ergibt, kann sich nicht auf den Bereich erstrecken, der sich der souveränen Rechtsetzungskompetenz entzieht – den Bereich des „inneren Moralischen“[1120].[1121] Dies ist vor dem Hintergrund von *Kants* Trennung von Recht und Moral[1122] weder erstaunlich noch neuartig – so vertrat *Hobbes* eine ähnliche Ansicht bereits weit über ein Jahrhundert vor *Kant.*[1123] Der Bereich des inneren Moralischen ist in *Kants* Druckschriften nicht näher erläutert.[1124] Er erwähnt lediglich in einer Reflexion, dass dieser Bereich bei Religionszwang und „Zwang zu unnatürlichen Sünden“[1125] wie Meuchelmord betroffen sei.

Allerdings führt *Kant* nirgendwo näher aus, wie ein Untertan auf einen solchen staatlichen Befehl reagieren darf. *Kants* Staatslehre spricht dafür, dass die Befugnis zum bürgerlichen Widersetzen in diesem Fall sehr restriktiv zu verstehen ist. In einer anderen Reflexion *Kants* heißt es, die Untertanen könnten die Ausführung eines solchen Befehls verweigern.[1126] Darüber hinaus müssten sie alles erdulden. Insofern kommt dem Bereich des inneren Moralischen keinesfalls eine Zwangsbefugnis zu. Es bleibt nur der passive Widerstand[1127] – Ungehorsam als politisch-moralisches Instrument, nicht als Recht im Sinne des strikten *Kantischen* Rechtsbegriffs.

1120 *Kant,* AA VI, MdS, 1968, Rechtslehre, Anhang, S. 371.

1121 Vgl. ebenda, Rechtslehre, Anhang, S. 371; *ders.,* AA VI, Religion, 1968, S. 99, Fn. 1.; *ders.,* AA XIX, Reflexionen zur Rechtsphilosophie, 1971, Reflexion Nr. 8051, S. 594 f.

1122 Hierzu s. o., S. 175.

1123 Zum Vergleich mit *Hobbes Ludwig,* in: Höffe (Hrsg.), Immanuel Kant: Metaphysische Anfangsgründe der Rechtslehre, 1999, S. 173–194, 189 f. im Hinblick auf *Hobbes,* Leviathan, 1984, Kap. XXVI, S. 219 f.

1124 *Rauscher,* Kant's Social and Political Philosophy, 2012.

1125 *Kant,* AA XIX, Reflexionen zur Rechtsphilosophie, 1971, Reflexion Nr. 8051, S. 594 f.

1126 Vgl. ebenda, Reflexion Nr. 7680, S. 487.

1127 *Unruh,* Die Herrschaft der Vernunft, 1993, S. 205; *Schmidt,* ARSP 1985, S. 295–318, 309; *Rauscher,* Kant's Social and Political Philosophy, 2012. *Berkemann,* Studien zu Kants Haltung zum Widerstandsrecht, 1972, S. 159 f. wählt die Bezeichnung des „passiven Widerstands“ demgegenüber für die sogleich zu

Georg Geismann nimmt an, dass gar eine Rechtspflicht zum Ungehorsam bestehe, weil mit dem staatlichen Befehl etwas rechtlich Unmögliches gefordert werde.[1128] Dieser Befehl beziehe sich ausschließlich auf den moralischen und nicht auf den rechtlichen Bereich. Die Rechtspflicht, etwas rechtlich Unmögliches nicht auszuführen, überlagert laut *Geismann* die allgemeine rechtliche Gehorsamspflicht.[1129] Es mag sich hier um eine Pflicht handeln, jedoch kann diese mangels Zwangsbefugnis keineswegs mit aktiven Mitteln erfüllt werden.

In seiner erstgenannten Reflexion ist zudem *Kants* Skepsis gegenüber jeglichem Ungehorsam zu erkennen. Er erwähnt, dass der Rechtszustand bei einer Gehorsamsverweigerung aufgelöst werde und dem Untertanen daher nur die Wahl zwischen der Duldung und der Auswanderung bleibe.[1130] Es ist unklar, ob er an dieser Stelle bereits den Bereich des inneren Moralischen in seine Betrachtung einbezieht und damit in Fällen von unsittlichen Befehlen faktisch nur noch das Auswanderungsrecht[1131] des Untertanen bliebe. Dagegen kann eingewendet werden, dass er erst an späterer Stelle von Fällen spricht, die „[…] gar nicht in die unionem civile kommen können […]“[1132] und denen das Volk sich daher widersetzen könne.[1133] Dies spricht dafür, dass sich die Gehorsamsverweigerung in diesen Fällen außerhalb des Rechtszustandes abspielt und diesen damit nicht antastet. Das zuvor erwähnte Auswanderungsrecht ist dann so zu verstehen, dass es von den Bürgern auch in anderen Fällen ausgeübt werden kann; nämlich auch in einem Rechtszustand, wenn Widerstand und Ungehorsam absolut verboten sind. Dem entspricht *Kants* Darlegung in der „Rechtslehre“, der zufolge ein Auswanderungsrecht immer bestehen muss, weil der Staat kein Eigentum über seine Bürger haben kann.[1134]

---

beleuchtende Konstellation des negativen legislativen Widerstands (s. u., S. 214 f.).

1128 *Geismann,* Der Staat 1982, S. 161–189, 186; *ders.,* Kant und kein Ende, Bd. 3, 2012, S. 143, Fn. 614.

1129 Ebenda, S. 143, Fn. 614.

1130 *Kant,* AA XIX, Reflexionen zur Rechtsphilosophie, 1971, Reflexion Nr. 8051, S. 594 Z. 23 f.; vgl. *Unruh,* Die Herrschaft der Vernunft, 1993, S. 205.

1131 Auch dieses ist kein Recht im *Kantischen* Sinne.

1132 *Kant,* AA XIX, Reflexionen zur Rechtsphilosophie, 1971, Reflexion Nr. 8051, S. 595 Z. 1.

1133 Ebenda, Reflexion Nr. 8051, S. 594 Z. 34.

1134 *Ders.,* AA VI, MdS, 1968, Rechtslehre, § 50 S. 338.

Abzulehnen ist eine von *Dieter Henrich* (gleichfalls nur) erwogene Interpretation der soeben angesprochenen *Kantischen* Reflexion, nach der im Bereich des inneren Moralischen auch aktiver, gewaltsamer Widerstand zulässig sei, da sich dieser außerhalb des Rechtszustandes abspiele.[1135] *Kant* kommt in der Reflexion, deren Inhalt als bloße Reflexion ohnehin nicht zwangsläufig seine gefestigte Meinung widerspiegeln muss,[1136] durchaus auf Gewalt zu sprechen.[1137] Er formuliert, dass diese unrechtmäßig sei, und schließt daher jegliche Widersetzlichkeit mit Ausnahme des Falls der unsittlichen Befehle aus.[1138] Hieraus den Umkehrschluss zu ziehen, dass gewaltsames Vorgehen bei unsittlichen Befehlen erlaubt sei, überzeugt nicht, da durch die aktive, insbesondere gewaltsame Handlung die Gesetze des öffentlichen Rechts verletzt würden. Es würde also die hier skizzierte Differenzierung zwischen dem Bereich der Moral und des Rechts aufgehoben.

Unruh wendet gegen die *Kantische* Konzeption der individuellen Gehorsamsverweigerung ein, dass hier auch das Argument der praktischen Unmöglichkeit („Quis judicabit?“)[1139] angeführt werden könne.[1140] Es ist berechtigt, zu fragen, wer darüber entscheidet, ob der Fall eines unsittlichen Befehls gegeben ist oder nicht. *Kants* Trennung von Recht und Moral könnte zum einen so gedeutet werden, dass ein Fall, der den Bereich des inneren Moralischen tangiert, unzweifelhaft erkennbar und nicht bestreitbar ist. Zum anderen kann hier in *Kants* Konzept nur eine Instanz die letzte Entscheidungskompetenz tragen, nämlich diejenige, aus welcher das Sittengesetz entspringt: Gott. Der Untertan begibt sich bei entsprechendem

---

1135 *Henrich,* in: Blumenberg/Habermas/Henrich u. a. (Hrsg.), Kant, Gentz, Rehberg, 1967, S. 7–36, S. 31 mit Blick auf *Kant,* AA XIX, Reflexionen zur Rechtsphilosophie, 1971, Reflexion Nr. 8051, S. 594.

1136 *Henrich,* in: Blumenberg/Habermas/Henrich u. a. (Hrsg.), Kant, Gentz, Rehberg, 1967, S. 7–36, S. 31 räumt selbst ein, dass *Kant* sich später von diesem Gedanken verabschiedet. Vgl. zur Aussagekraft von Reflexionen auch *von der Pfordten,* Menschenwürde, Recht und Staat bei Kant, 2009, S. 83.

1137 *Kant,* AA XIX, Reflexionen zur Rechtsphilosophie, 1971, Reflexion Nr. 8051, S. 594.

1138 Ebenda, Reflexion Nr. 8051, S. 594 f.

1139 Hierzu s. o., S. 192 ff.

1140 *Unruh,* Die Herrschaft der Vernunft, 1993, S. 211.

Ungehorsam in die Hände Gottes, der über die Auseinandersetzung richten wird.[1141]

(3) Legislativer negativer Widerstand

Kant gestattet in seiner Staatslehre eine weitere Form von Widerstand, die jedoch kaum noch als solcher bezeichnet werden kann. Zwar richtet sich das Handeln gegen Staatsorgane, sodass die Widerstandsdefinition dem hiesigen Verständnis nach erfüllt ist;[1142] allerdings wird das Handeln auch von solchen ausgeführt. *Kant* selbst spricht von „negativem Widerstand"[1143]. Er versteht hierunter die

> „[…] Weigerung des Volks (im Parlament), […], jener [der ausübenden Gewalt, Anm. d. Verf.] in den Forderungen, die sie zur Staatsverwaltung nöthig zu haben vorgiebt, nicht immer zu willfahren"[1144].

Negativer Widerstand ist damit ein Element der Gewaltenteilung.[1145] *Kant* weist den Volksrepräsentanten im Rahmen einer republikanischen, „eingeschränkte[n] Verfassung"[1146] die Kompetenz zu, sich der ausübenden Gewalt zu widerstehen.[1147] Es handelt sich hierbei um ein gesetzesförmiges Widerstehen.[1148] Die legislative Gewalt kann sich im Rahmen der rechtlichen Ordnung weigern, Unternehmungen der Exekutive (finanziell) zu unterstützen; allerdings kann sie dieser keine Handlungen diktieren.[1149] Dies würde, *Kants* Verständnis nach, zu einer Despotie führen.[1150] Exekutive Handlungen dürfen in einer republikanischen Staatsverfassung nur von der

---

1141 *Ludwig,* in: Höffe (Hrsg.), Immanuel Kant: Metaphysische Anfangsgründe der Rechtslehre, 1999, S. 173–194, 190; *Peters,* Widerstandsrecht und humanitäre Intervention, 2005, S. 83.

1142 Zur Begriffsbestimmung von Widerstand s. o., S. 35.

1143 *Kant,* AA VI, MdS, 1968, Rechtslehre, § 49 S. 322.

1144 Ebenda, Rechtslehre, § 49 S. 322.

1145 *Berkemann,* Studien zu Kants Haltung zum Widerstandsrecht, 1972, S. 150 kommt daher richtigerweise zu dem Schluss: „Der Bereich der Widerstandsthematik ist damit in Wahrheit verlassen."

1146 *Kant,* AA VI, MdS, 1968, Rechtslehre, § 49 S. 322.

1147 *Berkemann,* Studien zu Kants Haltung zum Widerstandsrecht, 1972, S. 160 i. V. m. S. 278, Fn. 120.

1148 *Von der Pfordten,* Menschenwürde, Recht und Staat bei Kant, 2009, S. 86.

1149 *Rauscher,* Kant's Social and Political Philosophy, 2012.

1150 Vgl. *Kant,* AA VIII, ZeF, 1968, S. 352; *ders.,* AA VI, MdS, 1968, Rechtslehre, § 49 S. 316 ff.

Exekutive selbst vorgenommen werden.[1151] Erlaubt ist daher nicht das Bestrafen des Regenten, aber das Absetzen desselben.[1152] *Berkemann* fragt zu Recht, wieso das Absetzen für sich keinen exekutiven Akt darstellen solle und zweifelt daher an *Kants* Differenzierung von exekutiven und legislativen Handlungen.[1153] Er weist darauf hin, dass *Kants* Gewaltenteilungsmodell noch nicht ausgereift sei.[1154] Dem ist mit Blick darauf zuzustimmen, dass *Kant* hier zwar einen Kontrollmechanismus der Legislative gegenüber der Exekutive vorsieht, aber gerade keine Kontrolle der – dem Volk gegenüber absolut herrschenden – Legislative.

bb) Differenzierung nach dem Adressaten des Widerstands

Kant formuliert an der Stelle in seiner „Rechtslehre", in der er seine ablehnende Haltung gegenüber dem Widerstandsrecht zusammenfasst: Gegen „die höchste Gesetzgebung" bzw. „das gesetzgebende Oberhaupt"[1155] könne es kein Widerstandsrecht geben. Die Verwendung dieser Ausdrücke könnte dafür sprechen, dass sich das *Kantische* Verbot nur auf Widerstand gegenüber der legislativen Gewalt bezieht. Diese Ansicht vertritt *Dietmar von der Pfordten.*[1156] Er führt über diese Formulierung hinaus an, dass das *Kantische* Repräsentationsargument nur im Hinblick auf den Widerstand gegen die Legislative zum Tragen komme.[1157] Nur der Widerstand gegen die gesetzgebende Gewalt sei ein Widerstand des Volks „gegen sich selbst"[1158] und damit sowohl „[…] ethisch als auch rechtlich-konstitutionell widersprüchlich"[1159]. Das Repräsentationsargument lässt diesen Schluss zwar zu; allerdings nur für den Fall, dass es – wie in *Kants* Idealvorstellung einer Republik – tatsächlich eine Gewaltenteilung gibt. Dem Ergebnis einer Differenzierung der Zulässigkeit von Widerstand nach den

---

1151 Vgl. ebenda, Rechtslehre, § 49 S. 316 f.

1152 Ebenda, Rechtslehre, § 49 S. 317.

1153 Vgl. *Berkemann,* Studien zu Kants Haltung zum Widerstandsrecht, 1972, S. 150.

1154 Ebenda, S. 150.

1155 *Kant,* AA VI, MdS, 1968, Rechtslehre, § 49 S. 320.

1156 Vgl. *von der Pfordten,* Menschenwürde, Recht und Staat bei Kant, 2009, S. 84 ff.

1157 Ebenda, S. 89.

1158 Ebenda, S. 89.

1159 Ebenda, S. 88.

Staatsgewalten als Adressaten muss also nicht zwangsläufig zugestimmt werden.

Wenn man sich das Argument der praktischen Unmöglichkeit nochmals vor Augen führt, so kommt auch dieses nur im Hinblick auf den gesetzgebenden Souverän in Betracht: Über die Rechtmäßigkeit einer exekutiven Instanz kann die Legislative als Souverän richten – es sei nur an die Kompetenzen der Legislative im Rahmen von negativem Widerstand[1160] erinnert. Das Argument der praktischen Unmöglichkeit impliziert damit nicht, dass Widerstand gegen die Exekutive vom Widerstandsverbot ausgeschlossen ist. Vielmehr wird aus der expliziten Rechtmäßigkeit des negativen Widerstands deutlich, dass nur die Legislative über die Exekutive zu richten befugt ist und damit nicht das Volk.

Fraglich ist zudem, ob das Rückfallargument[1161] speziell im Hinblick auf ein Widerstandsrecht gegen das gesetzgebende Oberhaupt fruchtbar gemacht werden kann. Dies hängt davon ab, ob Widerstand gegen Akte der exekutiven Gewalt in *Kants* Konzept den Rechtszustand auflöst. Zum einen spricht dagegen, dass exekutive Akte nicht den *Kantischen* Rechtsbegriff erfüllen – darin ist kein öffentliches Recht zu sehen, sondern nur die Ausführung dieses Rechts, also der Zwang selbst. Widerstand gegen die Exekutive wendet sich also zumindest auf den ersten Blick nicht gegen das Recht, sondern vielmehr gegen seine zwangsweise Ausführung. Dies allein bedroht den Rechtszustand – denn wer sich gegen die Zwangsbefugnis des Rechts wendet, wendet sich nach dem strikten *Kantischen* Rechtsbegriff auch unmittelbar gegen das Recht selbst. Insofern kann das Rückfallargument nicht dafür angeführt werden, dass bei *Kants* Widerstandsverbot zwischen Legislative und Exekutive differenziert werden muss, sondern es kommt in beiden Szenarien gleichermaßen zum Tragen.

Zum anderen kann eine Textpassage aus *Kants* Rechtslehre gegen diese Differenzierung angeführt werden. Dort heißt es: Das Volk „[…] kann und darf nicht anders urteilen, als das gegenwärtige Staatsoberhaupt […] es will."[1162] Unter dem „Staatsoberhaupt" ist eher der Regent als das gesetzgebende Oberhaupt zu verstehen.[1163] *Kant* macht auch an anderen Stellen

---

1160 Hierzu s. o., S. 214 f.

1161 Hierzu s. o., S. 195 ff.

1162 *Kant,* AA VI, MdS, 1968, Rechtslehre, § 49 S. 318.

1163 A. A. *von der Pfordten,* Menschenwürde, Recht und Staat bei Kant, 2009, S. 88, 95 mit Blick auf *Kant,* AA VI, MdS, 1968, Rechtslehre, § 43 S. 311, § 45 S. 313 und *ders.,* AA VIII, Gemeinspruch, 1968, S. 300 Z. 15.

seines Werks nicht deutlich, dass insofern zwischen den Gewalten zu unterscheiden ist. Er thematisiert und verbietet sowohl den Widerstand gegen die Legislative als auch denjenigen gegen die Exekutive.[1164] *Von der Pfordten* lehnt dies ab und interpretiert *Kants* Widerstandsverbot so, dass dessen Reichweite mit der Reichweite der gesetzgebenden Gewalt übereinstimmt.[1165] Gleichwohl kommt *von der Pfordten* auf Umwegen zu dem Ergebnis, dass in *Kants* republikanischer Staatsverfassung auch kein Widerstand gegen die legislativ ermächtigte Exekutive infrage kommt.[1166]

Kant erwähnt die Judikative als möglichen Adressat von Widerstand hingegen mit keinem Wort. *Berkemann* erklärt dies damit, dass der „Gedanke der Pervertierung des Rechtes im Richterspruch noch nicht aufkomm[t].“[1167] Aus der Nichterwähnung der Judikative kann also kein Argument für oder wider eine adressatenbezogene Differenzierung des Widerstandsverbots abgeleitet werden.

cc) Differenzierung nach dem Herrschaftssystem

Darüber hinaus kann erwogen werden, ob sich das Widerstandsverbot nur auf bestimmte Herrschaftssysteme erstreckt. Eine dahingehende Untersuchung findet sich abermals bei *von der Pfordten.* Er vertritt die These, dass das absolute Widerstandsverbot bei *Kant* nur im Fall eines repräsentativen politischen Herrschaftssystems gelte.[1168] Außerhalb dessen sei Widerstand – mit gewissen Einschränkungen – auch *Kants* Ansicht nach erlaubt.[1169] Er kommt damit zu dem Ergebnis, *Kant* stehe „Locke [...] viel näher als Hobbes.“[1170]

Von der Pfordten begründet dieses Ergebnis zunächst mit seiner oben erörterten These, das Widerstandsverbot umfasse primär nur Widerstand gegen die Legislative. Das Repräsentationsargument, das dabei essenziell

---

1164 *Berkemann,* Studien zu Kants Haltung zum Widerstandsrecht, 1972, S. 149 ff.

1165 Vgl. *von der Pfordten,* Menschenwürde, Recht und Staat bei Kant, 2009, S. 89. Er stützt seine These außerdem noch auf die *Kantische* Befürwortung der Französischen Revolution (ebenda, S. 91).

1166 Vgl. ebenda, S. 91.

1167 *Berkemann,* Studien zu Kants Haltung zum Widerstandsrecht, 1972, S. 154.

1168 *Von der Pfordten,* Menschenwürde, Recht und Staat bei Kant, 2009, S. 81–102.

1169 *Von der Pfordten,* Menschenwürde, Recht und Staat bei Kant, 2009, S. 93 ff. für die Fälle der despotischen Regierung bzw. tyrannischen Diktatur.

1170 Ebenda, S. 102.

sei, könne schließlich nur zum Tragen kommen, wenn es sich um ein repräsentatives politisches System handle.[1171] Darüber hinaus nimmt *von der Pfordten* Rekurs auf den Wortlaut in *Kants* veröffentlichen Werken.[1172] Hieraus sei abzulesen, dass sich die ausdrückliche Ablehnung des Widerstandsrechts nicht auf „tyrannische, despotische und exekutiv-ungesetzliche Formen politischer Herrschaft"[1173] beziehe. *Unruh* meint demgegenüber, dass *Kant* das Widerstandsverbot gerade nicht für den Fall der republikanischen Staatsverfassung erörtere, da sich seine Geltung im Fall der „respublica phaenomenon"[1174] von selbst ergebe.[1175] Ein Widerstandsrecht würde nur für den Fall des Machtmissbrauchs relevant sein, also jenseits der *Kantischen* Republik. Laut *Unruh* diskutiert *Kant* nur diese Szenarien.[1176]

Von der Pfordtens Interpretation ist derjenigen von *Unruh* damit diametral entgegengesetzt. Ersterer hält das absolute Widerstandsverbot in einem repräsentativen politischen System mit Gewaltenteilung (Republik) auch im Hinblick auf den Widerstand gegenüber der Exekutive für sachgerecht, weil es in einem solchen System den negativen Widerstand der Legislative gegenüber der Exekutive und das Beschwerderecht[1177] gebe.[1178] So macht *Kant* laut *von der Pfordten* die Trennung von Exekutive und Legislative durch das Repräsentationsargument zur Voraussetzung

1171 Ebenda, S. 87 f.

1172 Vgl. ebenda, S. 82,84 ff. mit Blick auf *Kant,* AA VI, MdS, 1968, Rechtslehre, § 49 S. 320 Z. 11, 23 f., S. 322 Z. 2; *ders.,* AA VIII, Gemeinspruch, 1968, S. 299 Z. 11, Z. 22, S. 302 Z. 20, S. 305 Z. 12; *ders.,* AA VII, Streit der Facultäten, 1917, S. 86, Fn. 1.

1173 *Von der Pfordten,* Menschenwürde, Recht und Staat bei Kant, 2009, S. 82.

1174 *Kant,* AA VII, Streit der Facultäten, 1917, S. 91. *Unruh,* Die Herrschaft der Vernunft, 1993, S. 201 sieht in dieser den rechtmäßigen im Gegensatz zum bloß rechtlichen Zustand. *Kant* erörtere demnach nur das Widerstandsrecht im bloß rechtlichen Zustand. Die *respublica phaenomenon* hat ihre Idee in der *respublica noumenon* (*Kant,* AA VII, Streit der Facultäten, 1917, S. 91). Dass im Hinblick auf Letztere kein Widerstand zulässig sein kann, ist für *Geismann* „[…] ebenso trivial, wie es für den geschichtlichen Menschen auch nicht sonderlich interessant ist, da er in einem solchen Staat nicht lebt." (*Geismann,* Kant und kein Ende, Bd. 3, 2012, S. 140 f.).

1175 *Unruh,* Die Herrschaft der Vernunft, 1993, S. 195.

1176 Ebenda, S. 195. A. A. *Sitter,* in: Saladin/Sitter (Hrsg.), Widerstand im Rechtsstaat, 1988, S. 15–26, der darauf hinweist, dass *Kant* das Widerstandsverbot gegenüber jedwedem Staat diskutiere (ebenda, S. 16 a. E.).

1177 Hierzu s. o. S. 209 ff.

1178 *Von der Pfordten,* Menschenwürde, Recht und Staat bei Kant, 2009, S. 92 f.

des Widerstandsverbots.[1179] In einem repräsentativen Staatssystem ohne Gewaltenteilung könne das Widerstandsverbot nur für den Widerstand gegenüber der Legislative gelten,[1180] in nicht-repräsentativen Systemen wie einer Tyrannei bzw. Diktatur dagegen überhaupt nicht.[1181] Auch wenn diese Interpretation von *Kants* Lehre sicherlich viele ihrer Kritiker versöhnlich stimmen könnte, überzeugt sie nicht, da allein der *Kantische* Repräsentationsgedanke zum Anknüpfungspunkt einer derart umfassenden Beschneidung der Reichweite des *Kantischen* Widerstandsverbots wird.[1182] Die anderen *Kantischen* Argumente zum Widerstandsverbot bestehen fort, und diesen ist keine Differenzierung nach einem Herrschaftssystem immanent. Vielmehr sprechen sie dafür, dass *Kant* ein Widerstandsrecht im Rechtszustand generell – mithin in jedem staatlichen Zustand – ausschließt.

Von der Pfordten begründet seine These zudem mit einem Rekurs auf die unveröffentlichten Schriften *Kants*. Er interpretiert bestimmte *Kantische* Reflexionen und Vorarbeiten dahingehend, dass sie eine ausdrückliche Bejahung des Widerstandsrechts enthielten.[1183] Dabei räumt *von der Pfordten* selbst ein, dass die interpretatorische Bedeutung von Vorbereitungsschriften grundsätzlich und insbesondere bei *Kant* sehr begrenzt sei.[1184] Wenn sich darin eine Bejahung des Widerstandsrechts findet, so kann das Weglassen dieser Ansicht in *Kants* Druckschriften außerdem für eine Aufgabe der Befürwortung sprechen.[1185] Bei inhaltlicher Durchsicht der Schriften, die *von der Pfordten* benennt, ist zudem keine Textpassage

---

1179 Ebenda, S. 93 mit Blick auf *Kant,* AA VI, MdS, 1968, Rechtslehre, § 49 S. 319.

1180 *Von der Pfordten,* Menschenwürde, Recht und Staat bei Kant, 2009, S. 93 mit Blick auf *Kant,* AA VI, MdS, 1968, Rechtslehre, § 49 S. 319.

1181 *Von der Pfordten,* Menschenwürde, Recht und Staat bei Kant, 2009, S. 94.

1182 Zu den Kritikern von *Kants* Lehre s. u., S. 221 ff.

1183 Vgl. ebenda, S. 82, 98 ff. mit Blick auf *Kant,* AA XIX, Reflexionen zur Rechtsphilosophie, 1971, Reflexion Nr. 7952, S. 563, Reflexion Nr. 7969, S. 567, Reflexion Nr. 7810, S. 523, Reflexion Nr. 7985, S. 573, Reflexion Nr. 7953 f., S. 563, Reflexion Nr. 7989, S. 574, Reflexion Nr. 7992, S. 575; *ders.,* AA XXIII, Vorarbeiten MdS, 1969, S. 351; *ders.,* AA XXIII, Vorarbeiten Gemeinspruch, 1969, S. 130 f., 134, 141; *ders.,* AA XXIII, Vorarbeiten ZeF, 1969, S. 159; *ders.,* AA XXIII, Vorarbeiten Streit der Facultäten, 1969, S. 433.

1184 *Von der Pfordten,* Menschenwürde, Recht und Staat bei Kant, 2009, S. 83. Vgl. *Henrich,* in: Blumenberg/Habermas/Henrich u. a. (Hrsg.), Kant, Gentz, Rehberg, 1967, S. 7–36, S. 27, 31.

1185 Ebenda, S. 27 f.; *Kersting,* Wohlgeordnete Freiheit, 2007, S. 358 f. im Hinblick auf *Kant,* AA XIX, Reflexionen zur Rechtsphilosophie, 1971, Reflexion

ersichtlich, in der *Kant* sich überhaupt ausdrücklich für ein Widerstandsrecht im Rechtszustand ausspricht.[1186] Am ehesten könnte hierfür folgende angeführt werden:

> „Die höchste obligation ist gegen das corpus civile. Wenn der Monarch in seinen Handlungen dasselbe nicht mehr repräsentirt, so hat das Volk ein Recht gegen ihn, wenn es ein corpus civile ohne ihn ausmachte. Da in einer souverainen Regirung dieses nicht ist, so hat die multitudo gar kein Recht und jeder einzelne thut dem Volke unrecht, den Grund der unionis civilis anzufechten."[1187]

Hier wird deutlich, dass Widerstand jedenfalls in einem repräsentativen Herrschaftssystem ausgeschlossen ist.[1188] Ein Widerstandsrecht in anderen Herrschaftssystemen wird aber nicht ausdrücklich befürwortet. Es könnte lediglich ein Umkehrschluss gezogen werden, wenn man die „souveraine Regierung"[1189] ausschließlich als repräsentatives Herrschaftssystem begreife. Die Zusammenschau mit dem ersten Satz („nicht mehr repräsentirt") könnte hierfür sprechen. Demgegenüber wird die Aussage wegen *Kants* Betonung des „corpus civile" bzw. der „unionis civile" hier so gedeutet, dass der Widerstand allgemein (und ausschließlich) im bürgerlichen Zustand, im Rechtszustand, ausgeschlossen ist. Man gelangt zu demselben Ergebnis wie bei der argumentativen Analyse von *Kants* Druckschriften.

Abschließend überzeugt allein der Befund, dass das Widerstandsverbot nur für den Rechtszustand gilt. Eine Differenzierung danach, ob ein Rechtszustand vorliegt oder nicht, wäre damit die einzig schlüssige, gleichwohl überflüssig. Zum einen kann es in *Kants* Staatslehre schließ-

---

Nr. 8043, S. 590 f. Zustimmend *Unruh,* Die Herrschaft der Vernunft, 1993, S. 196.

1186 A. A. *Henrich,* in: Blumenberg/Habermas/Henrich u. a. (Hrsg.), Kant, Gentz, Rehberg, 1967, S. 7–36, S. 27; *Sandermann,* Die Moral der Vernunft, 1989, S. 322; *Kersting,* Wohlgeordnete Freiheit, 2007, S. 358 f.; *Unruh,* Die Herrschaft der Vernunft, 1993, S. 196.

1187 *Kant,* AA XIX, Reflexionen zur Rechtsphilosophie, 1971, Reflexion Nr. 7810, S. 523.

1188 So *Unruh,* Die Herrschaft der Vernunft, 1993, S. 196 f., der die Bejahung eines Widerstandsrecht in den Reflexionen *Kants* ebenso wie *von der Pfordten* annimmt, aber enge Voraussetzungen daran geknüpft sieht. Widerstand dürfe z. B. nicht in Form von Aufruhr erfolgen (*Unruh* blickt dabei auf *Kant,* AA XIX, Reflexionen zur Rechtsphilosophie, 1971, Reflexion Nr. 8046, S. 591).

1189 Ebenda, Reflexion Nr. 7810, S. 523.

lich nur den Rechtszustand geben.[1190] Fälle im Naturzustand können vom Widerstandsverbot also ohnehin nicht erfasst sein. Zum anderen ist ein Widerstandsrecht überhaupt nur im Staat, d. h. im Rechtszustand, sinnvoll.[1191]

c) Kritik an Kants Widerstandslehre

Wie erwähnt, ist *Kants* ablehnende Haltung, die nach der soeben erfolgten Erörterung auch eine ausgedehnte Reichweite aufweist, in seiner Rezeptionsgeschichte vielfach kritisiert worden. Die wesentlichen Kritikpunkte wurden im Hinblick auf die einzelnen Argumente von *Kants* Widerstandslehre angesprochen. Nachfolgend werden diese im Rahmen einer Gesamtwürdigung mit Rekurs auf die Rezeptionsliteratur näher beleuchtet.

Kants Widerstandsverbot geht einher mit seinem Vertrauen auf Reform durch den vernunftbegabten absoluten Gesetzgeber. Bei Missständen im empirischen Staat verweist *Kant* die Staatsbürger auf das Instrument der „gravamina"[1192]. Er gewährt der Rechtssicherheit Vorrang vor jeglichen materiellen Gerechtigkeitserwägungen, weil bei ihm Gerechtigkeit nur formell erlangt werden kann – durch die Existenz des Rechts selbst. Dieser Vorrang ergibt sich aus seiner Staatstheorie der Vernunft; er gilt bei *Kant* mangels Differenzierung auch im empirischen Staat. Gleichwohl erkennt *Kant* an, dass der empirische Gesetzgeber im Gegensatz zu demjenigen der Vernunftwelt fehlbar ist. Dies ergibt sich bereits aus der Existenz seines Beschwerderechts.[1193] Er räumt ein, dass das gesetzgebende Oberhaupt des Staats in der Praxis ein Mensch oder mehrere Menschen sind. Diese können als fehlbare Vernunftwesen nicht nur Irrtümern erliegen, sondern in ihnen ist auch das genuin Böse angelegt, wie *Kant* selbst

---

1190 Hierzu s. o., S. 180. *Geismann,* Kant und kein Ende, Bd. 3, 2012, S. 145 f. meint, dass es den Naturzustand in der Realität sehr wohl geben könne, z. B. beim damaligen nationalsozialistischem Regime des Dritten Reiches. Hier hätte seiner Ansicht nach auch *Kant* nichts gegen ein Widerstandsrecht eingewandt. Kritik zu dieser Beurteilung s. o., S. 190, Fn. 1007.

1191 *Kersting,* Wohlgeordnete Freiheit, 2007, S. 377, 388, Fn. 268; zustimmend *Geismann,* Kant und kein Ende, Bd. 3, 2012, S. 146.

1192 *Kant,* AA VI, MdS, 1968, Rechtslehre, § 49 S. 319; *ders.,* AA VII, Streit der Facultäten, 1917, S. 89.

1193 *Adam,* Despotie der Vernunft?, 1999, S. 204.

weiß:[1194] Er weist im Rahmen seiner Moralphilosophie einerseits darauf hin, dass Menschen als vernunftbegabte Wesen die Fähigkeit haben, die reine Vernunft praktisch in die Außenwelt umzusetzen. Andererseits erkennt er, dass das nicht zwangsläufig allen Menschen gelingt, sondern die Überwindung der empirischen Neigungen vielmehr Erziehung erfordern kann und selbst diese nicht in allen Fällen zum Erfolg führt. Zudem statuiert er ein Strafrecht unter dem Talionsprinzip, das bei Unfehlbarkeit der vernünftigen Wesen nicht erforderlich wäre.

Den Menschen, die in der Praxis die Aufgabe der obersten Gesetzgebung im Sinne *Kants* wahrnehmen, verleiht *Kant* durch sein Widerstandsverbot eine absolute Herrschaftsmacht, weil sein Gesetzgeber normativ zwangsläufig untadelig ist.[1195] Dass diese Macht in der Praxis missbraucht werden kann, liegt auf der Hand. „Denn es gibt keine Garantie dafür, dass der Tyrann sich dem Vernunftgesetz beugt“[1196], wie *Berkemann* zutreffend feststellt. Die Macht der absoluten Rechtsetzungsbefugnis kann empirisch wider jede Vernunft gebraucht werden. Während die Menschen im Naturzustand durch die Willkürfreiheit der anderen verletzbar sind,[1197] sind sie im Rechtszustand durch die Willkürfreiheit des Machthabers verletzbar und insofern schutzwürdig. Es überzeugt nicht, den schutzwürdigen Bürgern für den Fall des Missbrauchs nur ein – geradezu staatsbürgerliche Schüchternheit erforderndes –[1198] Beschwerderecht an die Hand zu geben. Darüber hinaus stellt sich die Frage, was geschieht, wenn der Souverän das Beschwerderecht selbst beschneidet.[1199] Kann das absolute Widerstandsverbot ferner in einem totalitären, Genozid betreibenden Staat,

1194 Vgl. *Kant,* AA VI, Religion, 1968, S. 32 ff.; *ders.,* AA VIII, Gemeinspruch, 1968, S. 304; *ders.,* AA VIII, ZeF, 1968, S. 379.

1195 Vgl. *Adam,* Despotie der Vernunft?, 1999, S. 203 f.

1196 *Berkemann,* Studien zu Kants Haltung zum Widerstandsrecht, 1972, S. 159.

1197 *Klemme,* in: Altenhain/Willenberg (Hrsg.), Die Geschichte der Folter seit ihrer Abschaffung, 2011, S. 39–54, 45.

1198 Weil es mit „Hochachtung und Liebe für die Verfassung“ (*Kant,* AA VIII, Gemeinspruch, 1968, S. 304) ausgeübt werden muss.

1199 *Unruh,* Die Herrschaft der Vernunft, 1993, S. 211 stellt fest, dass *Kant* die Beschränkung des Beschwerderechts nicht ergründet, obwohl er bei der seiner „Religionsschrift“ selbst vergleichbare Erfahrungen gemacht habe. *Scheffel,* in: Brandt (Hrsg.), Rechtsphilosophie der Aufklärung, 1982, S. 178–217, S. 203 f. bezeichnet das Szenario, in dem ein solches Beschwerderecht staatlich unterdrückt werde, als einen *„nichtrechtlichen,* gleichwohl gesetzlichen Zustand“. *Arntzen,* Journal of the History of Philosophy 34 (1996), S. 409–424, 422 ff. meint, dass die Bürger bei Einschränkungen des Beschwerderechts bzw. der

der unter dem Deckmantel des Rechts das Gegenteil von Freiheitsrechtsverwirklichung betreibt, überzeugen?[1200] In *Kants* Rechtslehre ist bereits der beabsichtigte Mord rechtswidrig.[1201] Wieso soll der staatlich angeordnete und ungerechtfertigte Mord ungestraft bleiben und höchstens Gegenstand einer Beschwerde sein?

Das Aufkeimen dieser Fragen verwundert umso mehr, als *Kant* den Staat mit dem Ziel der Freiheitsverwirklichung versieht. Auch aus der Sicht einer modernen liberalen Staatstheorie überzeugt es gewiss, dass sich Freiheitsverwirklichung optimal und ausschließlich durch Recht erreichen lässt. Dieser *Kantische* Gedanke ist für sich eine derart wichtige Errungenschaft seiner Lehre – und zwar sowohl für jede politische Philosophie als auch für das Staats- und Völkerrecht –, dass all die nachfolgende Kritik die Bedeutung dieser Lehre kaum zu schmählern vermag. Freiheitsverwirklichung erfordert Recht. Aus diesem Ergebnis kann aber nicht gefolgert werden, dass sie gleichfalls den (jeweiligen empirischen) Staat benötigt. Die Untrennbarkeit von Recht und Staat bei der Gleichsetzung von theoretischer Staatsidee und praktischem Staatssystem ist, insbesondere dem gegenwärtigen menschenrechtlichen Verständnis nach, eine Schwachstelle der *Kantischen* Staatslehre.

Hierauf zielt die Kritik vieler Rezipienten ab. Zahlreiche unter ihnen werfen *Kant* Inkonsistenz vor.[1202] So verstößt *Kant* laut *Niklas Luhmann* gegen seine eigenen Grundsätze; man müsse seine Rechtslehre „mit Kant gegen Kant“[1203] lesen. *Gerhard Dulckeit* meint, vor dem Hintergrund des *kategorischen Imperativs* und des Rechtsimperativs sei es widersprüchlich, ein Vernunftgesetz anzunehmen, das eine Gehorsamspflicht auch für

---

Meinungsfreiheit ein passives Widerstandsrecht hätten, das mit *Kants* negativem Widerstand vergleichbar sei.

1200 *Klemme,* in: Altenhain/Willenberg (Hrsg.), Die Geschichte der Folter seit ihrer Abschaffung, 2011, S. 39–54, 53.

1201 *Ders.,* Immanuel Kant, 2004, S. 95.

1202 S. nur die Kritik bei *Haensel,* in: Pan-Verlag Rolf Heise (Hrsg.), Kant-Studien, Ergänzungsheft Nr. 60, 1926, S. 56 f., 73 mit Erklärungsversuchen auf S. 74 ff.; *Dulckeit,* Naturrecht und positives Recht bei Kant, 1932, S. 56 f.; *Berkemann,* Studien zu Kants Haltung zum Widerstandsrecht, 1972, S. 158 f.; *Köhler,* Die Lehre vom Widerstandsrecht in der deutschen konstitutionellen Staatsrechtstheorie der ersten Hälfte des 19. Jahrhunderts, 1973, S. 42 f.; *Sandermann,* Die Moral der Vernunft, 1989, S. 323 ff.; *Luhmann,* Das Recht des Gesellschaft, 1993, S. 521 f.

1203 Ebenda, S. 521, insb. Fn. 61.

jenes positive Recht statuiere, das der Rechtsidee unverkennbar widerspreche.[1204] Auch *Adam* wirft *Kant* einen „argumentative[n] salto mortale“[1205] vor, indem dieser das Recht nicht bloß auf das Fundament der Vernunft, sondern auf das des allgemeinen Willens stelle, das nicht aus derselben Bausubstanz sei. Einen anderen methodischen Ansatzpunkt für die Kritik der Inkonsistenz liefert *David Cummiskey*, der aus *Kants* Konzept der Pflicht gegen sich selbst, in einer bürgerlichen Gesellschaft zu leben, die Notwendigkeit eines Widerstandsrechts für Fälle ableitet, in denen der empirische Staat die vernunfttheoretischen Grundbedingungen eines Staats nicht im Geringsten erfülle.[1206] Die entsprechende Beurteilung stellt *Cummiskey* den Menschen als Adressaten dieser Pflicht anheim.[1207]

Sven Arntzen wirft den Kritikern mit dem Einwand der Inkonsistenz vor, dass der *Kantische* bürgerliche Zustand von ihnen falsch verstanden werde.[1208] Der essenzielle Unterschied zum Naturzustand bestehe darin, dass nicht jeder Richter in eigener Sache sein könne, sondern jedermann der Vernunft willen unter den Entscheidungen des Souveräns lebe.[1209] Dies sei in keinem Fall mit einem Widerstandsrecht vereinbar, sodass auch keine Inkonsistenz in der Verneinung des Widerstandsrechts liege.[1210] Andernfalls könne der Naturzustand niemals überwunden werden.[1211]

Mittlerweile erheben die Kritiker von *Kants* Widerstandslehre nicht mehr primär den Einwand der Inkonsistenz, sondern, wie *Unruh* feststellt, den der „Ignoranz gegenüber konkret-individuellen politischen Entscheidungssituation[en]“[1212]. Diese Ignoranz begründet allerdings ebenfalls eine Inkonsistenz in *Kants* Gesamtwerk. Schließlich legt er in seiner Er-

---

1204 *Dulckeit,* Naturrecht und positives Recht bei Kant, 1932, S. 56 f.

1205 *Adam,* Despotie der Vernunft?, 1999, S. 206 f.

1206 *Cummiskey,* in: Muchnik (Hrsg.), Rethinking Kant, 2008, S. 217–240, 235 ff.

1207 Vgl. ebenda, S. 240.

1208 *Arntzen,* Journal of the History of Philosophy 34 (1996), S. 409–424, 421 mit Hinweis auf *Kersting,* Wohlgeordnete Freiheit, 2007, S. 267. Ähnlich *Flickschuh,* Philosophy & Public Affairs 36 (2008)., 394 ff., 403, die jedoch das Hauptaugenmerk auf den Unterschied zwischen der öffentlichen und privaten Vernunft (bzw. dem jeweiligen Willen) legt.

1209 *Arntzen,* Journal of the History of Philosophy 34 (1996), S. 409–424, 421.

1210 Ebenda, S. 421, der aber ein moralisches Widerstandsrecht in *Kants* Konzept für möglich hält.

1211 Ebenda, S. 421 mit Hinweis auf *Kersting,* Wohlgeordnete Freiheit, 2007, S. 267.

1212 *Unruh,* Die Herrschaft der Vernunft, 1993, S. 209.

kenntnistheorie dar, dass sich Empirie und Erkenntnis bedingen können. Dies lässt er bei seiner Widerstandslehre außer Acht, indem er die Staatslehre ohne Vorbehalt dem Bereich des Apriorischen zuordnet. Er vernachlässigt dabei das Praktische einer Staatslehre als praktischer Philosophie und wird damit seinen eigenen erkenntnistheoretischen Prämissen nicht gerecht. In diesem Sinne formuliert auch *Adam* in seiner Kritik an *Kants* Widerstandslehre: „[D]ie Theorie ist blind für die Praxis"[1213]. Mit seiner lediglich theoretischen Ablehnung des Widerstandsrechts sagt *Kant* laut *Adam* erstaunlicherweise nichts über das praktische Problem des Widerstands aus.[1214] *Adam* stellt fest:

> „Der kalte Wind der Vernunft und das scharfe Messer der Logik entleiben die politische, die praktische Philosophie. Mit ihren Knochen spielt eine Metaphysik der Sitten, die den Tod der Praxis verwaltet."[1215]

Ottfried Höffe kritisiert weniger scharf *Kants* Gleichstellung von *phaenomenalem* und *noumenalem* Gesetzgeber.[1216] Auch *Beat Sitter* und *Berkemann* werfen *Kant* eine Verwechslung von Idee und geschichtlicher Wirklichkeit vor.[1217] *Berkemann* bezeichnet *Kants* Rechtslehre mit Rekurs auf *Hanns Kurz* als „reine Buchkonstruktion"[1218]. Das Widerstandsthema habe *Kant* ausschließlich als Fragestellung des angewandten Staatsrechts be-

1213 *Adam,* Despotie der Vernunft?, 1999, S. 206.

1214 Ebenda, S. 206 f. mit Blick auf *Mandt,* Tyrannislehre und Widerstandsrecht, 1974; vgl. insb. ebenda, S. 127 ff., 147 ff.

1215 *Adam,* Despotie der Vernunft?, 1999, S. 207.

1216 Vgl. *Höffe,* in: ders. (Hrsg.), Immanuel Kant: Metaphysische Anfangsgründe der Rechtslehre, 1999, S. 279–291, S. 284 ff.

1217 Vgl. *Sitter,* in: Saladin/Sitter (Hrsg.), Widerstand im Rechtsstaat, 1988, S. 15–26; *Berkemann,* Studien zu Kants Haltung zum Widerstandsrecht, 1972, S. 158 f. Ähnlich *Borries,* Kant als Politiker, 1973 (1928), S. 171 f.; *Mandt,* Tyrannislehre und Widerstandsrecht, 1974, S. 127 ff., 147 ff.; *Peters,* Widerstandsrecht und humanitäre Intervention, 2005, S. 88.

1218 *Berkemann,* Studien zu Kants Haltung zum Widerstandsrecht, 1972, S. 159 mit Hinweis auf *Kurz,* Volkssouveränität und Volksrepräsentation, 1965, S. 274, Fn. 156, der bemerkt, dass dies *Kant* selbst aufgefallen sein müsse, da dieser einst schrieb: „Daß Könige philosophiren oder Philosophen Könige würden, ist nicht zu erwarten, aber auch nicht zu wünschen: weil der Besitz der Gewalt das freie Urtheil der Vernunft unvermeidlich verdirbt." (*Kant,* AA VIII, ZeF, 1968, S. 369).

griffen.[1219] *Berkemann* wirft *Kant* insofern also keine Inkonsistenz vor. Auch *Kurt Borries* gibt sich als zuvorkommender Kritiker, indem er meint, dass *Kant* den Widerspruch zwischen Idee und Empirie nicht als solchen empfunden habe, was anhand seiner Ablehnung von *Hobbes'* Haltung deutlich werde.[1220] *Kant* biete den Bürgern schließlich ein Instrument für den Fortschritt, nämlich die Aufklärung.[1221]

Diese Interpretation erklärt auch *Kants* positive Sicht auf die Französische Revolution, die auf den ersten Blick den Befund der Inkonsistenz seiner Staatslehre unterstützt.[1222] So erhebt *Kant* keine Einwände gegen dieses Ereignis seiner Zeit.[1223] Manche Autoren bezeichnen *Kants* Sicht auf diese Revolution gar als enthusiastisch.[1224] Besonders beeindruckt war *Kant* durch die Reaktion der Menschen auf den Fortschritt, der durch diese Revolution erzielt wurde.[1225] Er schließt ein Widerstandsrecht in der Theorie also aus, erkennt aber an, dass die Natur sich des Mediums der Revolution als Appell an die Menschen bedienen kann, um Entwicklungen

---

1219 *Berkemann,* Studien zu Kants Haltung zum Widerstandsrecht, 1972, S. 144 f. Hierfür spricht auch folgende Passage aus *Kants* Vorarbeiten: *Kant,* AA XXIII, Vorarbeiten Gemeinspruch, 1969, S. 130.

1220 *Borries,* Kant als Politiker, 1973 (1928), S. 172 f. zustimmend *Peters,* Widerstandsrecht und humanitäre Intervention, 2005, S. 88.

1221 *Borries,* Kant als Politiker, 1973 (1928), S. 175. So auch *Unruh,* Die Herrschaft der Vernunft, 1993, S. 211 f.

1222 Eine ausführliche Erörterung des Verhältnisses von *Kants* Ansicht zur Französischen Revolution und seinem Widerstandsverbot findet sich bei *Axinn,* JHI 32 (1971), S. 423–432. Im Ergebnis noch immer von einer Inkonsistenz ausgehend *Beck,* JHI 32 (1971), S. 411–422.

1223 Vgl. *Kant,* AA VII, Streit der Facultäten, 1917, S. 85 ff.; *ders.,* AA VI, MdS, 1968, Rechtslehre, § 49 S. 321, § 52 S. 341 f. Der einzige Einwand bezieht sich auf die justizförmig erscheinende Hinrichtung von *Ludwig XVI* (ebenda, Rechtslehre, § 49 S. 321, Fn. 1.; dazu eingängig *Unruh,* Die Herrschaft der Vernunft, 1993, S. 207).

1224 *Beck,* JHI 32 (1971), S. 411–422, 411, 413, 420; *Flügel-Martinsen,* in: Heil/Hetzel/Hommrich (Hrsg.), Unbedingte Demokratie, 2011, S. 141–149, 143, der *Kants* grundsätzlich skeptische Position gegenüber Revolutionen als nicht planbare Ereignisse herausstellt. Laut *Rauscher,* Kant's Social and Political Philosophy, 2012 hat *Kant* die Revolution für legitim gehalten. *Unruh,* Die Herrschaft der Vernunft, 1993, S. 207 stellt überzeugend dar, dass es sich dabei nicht um Widerstand im *Kantischen* Sinne gehandelt habe, weil die Umwälzung nach der Machtübernahme der Nationalversammlung erfolgte und insofern in einem staatlichen Zustand.

1225 *Rauscher,* Kant's Social and Political Philosophy, 2012.

voranzutreiben.[1226] Vor diesem Hintergrund ist auch das *Kantische* „Restitutionsverbot“[1227] sinnvoll, wonach Widerstand auch gegen eine durch Revolution etablierte Staatsmacht unzulässig sei.[1228] Dieses Verbot lässt sich allerdings bereits mit dem Rückfallargument erklären. Der Vorrang des Rechtszustandes gilt unabhängig davon, wie ein Staat und damit der Rechtszustand etabliert wurden.

Eine wenig kritikhaltige Interpretation *Kants* findet sich auch bei *von der Pfordten*, der die Reichweite von *Kants* Widerstandsverbot erheblich einschränkt und sich hiervon grundsätzlich überzeugt zeigt.[1229] Dennoch moniert auch er einen von *Kant* vernachlässigten Aspekt, nämlich die Bedeutung vorstaatlicher Menschenrechte.[1230] Diese müssten auch in einem repräsentativen System aktiven Widerstand gegen eine Gesetzgebung rechtfertigen, da die empirische Gesetzgebung im besten Fall eine Mehrheitsrepräsentation und keinen vereinigten Volkswillen darstellen könne.[1231] Auch hier klingt die Kritik des Mangels an Differenzierung zwischen normativer Theorie und politischer Praxis an. Problematisch ist, dass der „Architekt der Vernunft“[1232] seine Rechtslehre zwar auf dem Fundament des angeborenen Freiheitsrechts der Menschen[1233] aufbaut, sein Bauwerk erweist sich aber als „ein ehernes Gehäuse, aus dem keine Flucht möglich ist“[1234]. Einen strikten und auch in der Realität unumstößlichen Absolutismus in einer Staatslehre zu finden, bei der es an anderer Stelle heißt, die „heiligsten Menschenrechte“[1235] zu verletzten sei etwas genuin Böses, ist selbst bei aller Überzeugung vom Rechtsstaat und steti-

---

1226 *Spaemann,* in: Batscha (Hrsg.), Materialien zu Kants Rechtsphilosophie, 1976, S. 347–358, 351; *Schmidt,* ARSP 1985, S. 295–318, 309; *Unruh,* Die Herrschaft der Vernunft, 1993, S. 195; *Flickschuh,* Philosophy & Public Affairs 36 (2008)., 396.

1227 *Sitter-Liver,* Der Einspruch der Geisteswissenschaften, 2002, S. 221 Fn. 17.

1228 *Kant,* AA VIII, ZeF, 1968, S. 372 f.; *ders.,* AA VI, MdS, 1968, Rechtslehre, § 49 S. 322 f.

1229 Zu *von der Pfordtens* Interpretation s. o., S. 217 ff.

1230 Vgl. *von der Pfordten,* Menschenwürde, Recht und Staat bei Kant, 2009, S. 89.

1231 Ebenda, S. 89. Ähnlich *Cummiskey,* in: Muchnik (Hrsg.), Rethinking Kant, 2008, S. 217–240, 228.

1232 *Flügel-Martinsen,* in: Heil/Hetzel/Hommrich (Hrsg.), Unbedingte Demokratie, 2011, S. 141–149, 147 a. E.

1233 Vgl. *Kant,* AA VI, MdS, 1968, Einleitung in die Rechtslehre, Anhang, S. 237.

1234 *Adam,* Despotie der Vernunft?, 1999 S. 205.

1235 *Kant,* AA VIII, Gemeinspruch, 1968, S. 307.

gem Rechtsfortschritt „erstaunlich“[1236], um es mit *Adam* milde auszudrücken; zumal es bei *Kant* vorstaatliches Naturrecht gibt.[1237] Ähnlich kritisiert auch *Klemme*, dass *Kant* keineswegs deutlich mache, wie grobe Menschenrechtsverletzungen, die Menschen unter einem tyrannischen Herrscher erlitten, mittels eines zukünftig fortgeschrittenen Rechts kompensiert werden sollten, von dem – wenn überhaupt – erst spätere Generationen profitierten.[1238] *Klemme* beschreibt eingängig:

> „*Kant* opfert die *Locke'sche* Menschenrechtsidee auf dem Altar der *Hobbes'schen* Souveränitätsidee in der Hoffnung auf eine glückliche, aber eben unsichere Versöhnung zwischen ihnen im weiteren Gang der Geschichte.“[1239]

Kant war damit keineswegs ein Revolutionär, vielmehr ein Idealist mit einem fast grenzenlosen Vertrauen in die Vernunft. Bei aller berechtigten Kritik an seiner Staats- und Widerstandslehre zeichnet *Kant* mit seiner deduktiven Methode ein Bild von einem republikanischem Staat, der – wenn auch nur als theoretisches Konstrukt – zumindest einen Anhaltspunkt für ein erstrebenswertes Ideal und damit Anreiz zu Reformen in der Praxis geben kann. Ein Versuch der Versöhnung der *Kantischen* Staatslehre mit dem Nutzen von praktischer Philosophie mag darin liegen, hierin einen ersten Entwurf einer *ideal theory* im Gegensatz zu einer *nonideal theory* zu sehen – die Unterscheidung dieser normativen Sphären wurde später entscheidend von *John Rawls* geprägt.[1240] Auch im nicht-idealen Zustand könnte der Staat als solcher vernunftrechtlich gerechtfertigt sein, da er „[…] die Fähigkeit besitzt, sich dem Ideal des Vernunftrechts anzunähern.“[1241] Je nach verbleibender Entfernung von diesem Ideal dürfte ein Widerstandsrecht nicht von vornherein absolut ausgeschlossen werden.

1236 Vgl. *Adam,* Despotie der Vernunft?, 1999 S. 204: „Kants Absolutismus ist wohl der erstaunlichste – und vielleicht jener, der unserer politischen Wirklichkeit der nächste ist.“

1237 Hierzu s. o., S. 175 ff.

1238 *Klemme,* in: Altenhain/Willenberg (Hrsg.), Die Geschichte der Folter seit ihrer Abschaffung, 2011, S. 39–54, 50 f.

1239 Ebenda, S. 51 (*Hervorhebungen ebenda*).

1240 Hierzu s. u., S. 597 ff.

1241 *Klemme,* in: Altenhain/Willenberg (Hrsg.), Die Geschichte der Folter seit ihrer Abschaffung, 2011, S. 52, der dabei keine Analogie zu *Rawls* vornimmt. Vgl. zu *Kants* Staatslehre als *ideal theory* die Untersuchung seiner anthropologischen Prämissen bei *Williams Holtman,* Ethics 110 (1999), S. 32–58.

4. Zusammenfassende Bemerkungen

a) Zusammenfassung von Kants Staats- und Widerstandslehre

In seiner politischen Philosophie nimmt *Kant* gegenüber dem Widerstandsrecht eine uneingeschränkt ablehnende Position ein. Sein absolutes Widerstandsverbot berührt ein Beschwerderecht der Bürger gleichwohl ebenso wenig wie die individuelle Gehorsamsverweigerung bei unsittlichen Befehlen (insbesondere ein Auswanderungsrecht) und den Widerstand der Legislative gegenüber der Exekutive im Rahmen seines Gewaltenteilungsmodells. *Kant* lehnt nicht nur jegliches Widerstandsrecht ab, sondern empfindet bereits das Nachforschen der Staatsbürger über die Legitimation der aktuellen Herrschaftsverhältnisse als Unrecht. Seine radikal ablehnende Position basiert auf seinen moralphilosophischen Prämissen.[1242] Er sieht, entgegen der moralphilosophischen Tradition seiner Zeit, allein die Freiheit im Sinne von Autonomie – für ihn die Selbstgesetzgebung des vernünftigen Willens – als Quelle jeglicher Handlungsnorm. Dies führt ihn zur Formulierung seines *kategorischen Imperativs*. Diese Autonomie findet den Höhepunkt ihrer Verwirklichung bei *Kant* im rechtlichen Zustand, d. h. im Staat. In seinem Konzept gebietet die Vernunft diese Verwirklichung. Er statuiert damit also auch einen *kategorischen Rechtsimperativ*: Die Staatsgründung, der Eintritt in den Rechtszustand, ist bei *Kant* zwingend.

Dieser Eintritt stellt, anders als bei den Vertragstheorien von *Hobbes* und *Locke*, keinerlei Rechtsverzicht dar, sondern den einzigen Weg der Rechtsverwirklichung. *Kant* geht von einem strikten Rechtsbegriff aus, wonach Recht untrennbar mit Zwang verbunden ist: Jedes subjektive Recht enthält eine entsprechende Zwangsbefugnis zu seiner Durchsetzung. Letztere obliegt im Rechtszustand gerade der Staatsgewalt. Darin liegt die Begründung der Gehorsamspflicht der Staatsbürger – sie ist notwendige Bedingung für den Rechtszustand. Ein Widerstandsrecht steht somit in eklatantem Widerspruch zu *Kants* statuierter Legitimität und Notwendigkeit des Staates. Die daraus folgende Ablehnung des Widerstandsrechts weist auf die existenzielle Bedeutung des Staats in Form eines absoluten Rechtsstaats hin.[1243] Beschäftigt man sich mit *Kants* politischer Philoso-

---

1242 Vgl. *Peters,* Widerstandsrecht und humanitäre Intervention, 2005, S. 76.
1243 *Adam,* Despotie der Vernunft?, 1999, S. 198.

phie, so muss man sich ihr Spezifikum vergegenwärtigen. *Adam* beschreibt das Alleinstellungsmerkmal des *Kantischen* Modells wie folgt: „Kant wird die Frage nach der Gerechtigkeit, die klassische Frage der praktischen Philosophie, ganz und gar in die Frage nach dem Recht aufgehen lassen."[1244]

b) Anwendbarkeit auf ein völkerrechtliches Widerstandsrecht

Bei der Analyse nach der Anwendbarkeit des *Kantischen* Gedankenguts auf ein völkerrechtliches Widerstandsrecht offenbart sich zunächst die Frage, ob seine radikale Ablehnung hier übernommen werden muss und sich die weitere Untersuchung eines völkerrechtlichen Widerstandsrechts damit erübrigt. *Kant* war ein Befürworter des Völkerrechts, sodass sich das Widerstandsverbot in seiner Lehre sicherlich nicht dadurch umgehen ließe, dass die Frage nach dem Widerstandsrecht vom öffentlichen ins Völkerrecht umgesiedelt würde. Zum einen kann jedoch eine – auch noch so bedeutsame – philosophische Lehre nicht ohne Weiteres zur Doktrin für das Völkerrecht werden. Zum anderen ist *Kants* ablehnende Haltung der Kritik zugänglich, wie dargestellt wurde.[1245] An dieser Stelle werden zwei wesentliche Kritikpunkte aufgegriffen, die bei der Erörterung des völkerrechtlichen Widerstandsrechts eine bedeutsame Rolle spielen müssen.

Erstens wird die Vernachlässigung der menschenrechtlichen Wertungen in *Kants* Lehre nochmals betont. Das menschenrechtliche Gedankengut, das *Kant* mit seiner Idee vom angeborenen Freiheitsrecht geprägt hat, ist Anhaltspunkt für ein völkerrechtliches Widerstandsrecht. Im Hinblick auf ein solches ist diskutabel, welche Art und Intensität von Menschenrechtsverletzungen ein Widerstandsrecht begründen könnten. In *Kants* Welt gibt es keinen materiellen Menschenrechtskatalog, sodass ihm aufgrund der Vernachlässigung der Menschenrechte in seiner Widerstandslehre auf den ersten Blick kein methodischer Vorwurf gemacht werden kann. Allerdings gibt es einen Kern von Menschenrechtsverletzungen, die auch in der Welt *Kants* eine Rolle für die Rechtssphäre der Bürger spielen müssen. Es geht

---

1244 Ebenda, S. 142.

1245 Zur jeweiligen Kritik an *Kants* Argumenten s. o., S. 187 ff. Für eine kritische Gesamtwürdigung durch verschiedene Stimmen aus dem Schrifttum s. o., S. 221 ff.

um gravierende staatliche Einschnitte in das Leben der Bürger, die eine Entrechtlichung nach sich ziehen, wie das Verbrechen des Völkermords. Zumindest in solchen Fällen überzeugt das *Kantische* Widerstandsverbot bereits methodisch nicht.[1246] Er geht selbst davon aus, dass sich Recht und Gewalt ausschließen, hält für derartige Fälle staatlicher Gewaltausübung gleichwohl kein Verteidigungsrecht parat.

Zweitens werden die Zweifel an *Kants* logischer Verneinung eines Widerstandsrechts erneut aufgezeigt. Wenn Staatsorgane unter Bezug auf ein Widerstandsrecht angegriffen werden, geht dies gewiss mit einem Verlust an Rechtsfrieden einher. Ein Widerstandsrecht als Verteidigungsrecht gegen den Staat setzt der Geltung des Rechts aber nicht zwangsläufig ein Ende. Ein solches Verteidigungsrecht ist kein Recht zum Rechtsbruch, sondern schlicht ein *Recht*. Die tatbestandliche Anerkennung einer Notsituation im Rahmen eines Verteidigungsrechts und die darin bestimmte Rechtsfolge stellen eine rechtsförmige Lösung von Konfliktfällen dar. Es wird also eine faktische Unsicherheit, die in der Praxis bei einer Notsituation zwangsläufig auftritt, durch das Mittel des Rechts beseitigt, indem darin die Entscheidung zugunsten des angegriffenen Rechtsguts normiert wird. Durch diese Entscheidung impliziert ein Widerstandsrecht in Form eines Verteidigungsrechts sogar einen gewissen Kern an Rechtssicherheit. Dass seine schiere Existenz einen Rückfall in den Naturzustand bedeuten würde, kann daher keineswegs angenommen werden.

Das *Kantische* Widerstandsverbot kann man im Ergebnis nicht in eine völkerrechtliche Widerstandslehre übernehmen. Nichtsdestotrotz formuliert *Kant* in seiner politischen Philosophie einige Gedanken, die auch im Rahmen einer völkerrechtlichen Widerstandslehre eine zentrale Rolle spielen könnten. Hervorzuheben ist *Kants* radikale Ablehnung von Gewalt bzw. sein Bemühen um ewigen Frieden als „höchste[s] politische[s] Gut“[1247]. Er avisiert hier zwar den Frieden zwischen den Staaten – das Gegenteil des Kriegs als „Geißel des menschlichen Geschlechts“[1248] –, aller-

---

1246 A. A. *Kersting,* Wohlgeordnete Freiheit, 2007, S. 377, 388, Fn. 268 und *Geismann,* Kant und kein Ende, Bd. 3, 2012, S. 146, die diese Fälle aus der Reichweite des Widerstandsverbots herausnehmen, indem sie sie dem Naturzustand zuweisen. Bei ihrer Lösung ergibt sich in solchen Fällen also von vornherein kein Argument gegen ein völkerrechtliches Widerstandsrecht. Es ist zweifelhaft, dass *Kant* dieser Lösung zugestimmt hätte. Zur Kritik an dieser Beurteilung, s. o., S. 190, Fn. 1007.

1247 *Kant,* AA VI, MdS, 1968, Rechtslehre, § 62 S. 355 a. E.

1248 *Ders.,* AA VI, Religion, 1968, S. 34, Fn. 1.

dings ist (innerstaatlicher) Frieden durch eine Revolution in Form eines blutigen Bürgerkriegs ebenso hinfällig. *Kants* Gegenüberstellung von Recht und Gewalt, von Frieden und Krieg, führt ihn schließlich zur Ablehnung eines Widerstandsrechts, das eine Befugnis zur Gewaltanwendung enthielte. Er vernachlässigt das praktische Szenario, in dem eine tyrannische Regierung den Frieden ebenso bedrohen kann. Davon abgesehen wird deutlich, dass ein Widerstandsrecht in jedem Fall weit reichende Schranken aufweisen muss. Die Frage der Legitimität von gewaltsamen Mitteln ist vor dem Hintergrund der Gegenüberstellung von Recht und Gewalt zu erörtern. Dabei ist nicht die Gewalt gegenüber den Staatsorganen gemeint – wenn die Staatsmacht nämlich zuvor gravierend missbraucht wird, ist darin die eigentliche Gewaltanwendung zu betrachten, der man mittels des Widerstandsrechts beikommen kann. Vielmehr ist die Gewalt gegenüber anderen Bürgern oder Dritten gemeint, die Opfer der Willkür der gewaltsamen Widerstandskämpfer werden. In *Kants* Sprache ist sodann das angeborene Freiheitsrecht (das Recht der Menschheit) betroffen. Trotz all der Kritik an *Kants* ablehnender Haltung spricht dieser Befund in jedem Fall dafür, ein gewaltsames Widerstandsrecht erheblich einzuschränken oder gar ganz abzulehnen. Berücksichtigt man diese möglichen Auswirkungen von Widerstand, tritt ein eklatanter Vorteil von Beschwerden und Reformen bzw. rechtsförmigen Rechtsentwicklungen zutage. Der Gedanke des unbedingten Vorrangs der Evolution vor der Revolution[1249] wird in der folgenden völkerrechtlichen Betrachtung berücksichtigt.

V. Zusammenfassende Bemerkungen

Lässt man die soeben dargestellten politischen Philosophien Revue passieren, stellt man fest, dass die drei neuzeitlichen Konzepte zwar genuin verschieden sind, sich jedoch über sie hinweg eine gewisse Entwicklung vollzieht. Während *Hobbes* den ersten Ansatz für eine politische Philosophie formuliert, die zur Legitimation des Staates das Individuum fokussiert und dennoch einen absolut herrschenden *Leviathan* zum Inhaber der Staatsgewalt ernennt, ist die Regierung bei *Locke* stets von der Einschätzung ihrer

1249 Zu diesem Vorrang *Cummiskey,* in: Muchnik (Hrsg.), Rethinking Kant, 2008, S. 217–240, 230.

Bürger abhängig. *Locke* setzt dem Staatsapparat das Volk als Souverän entgegen, indem er diesem mit dem Widerstandsrecht die politische Letztentscheidung überlässt. Dank *Locke* kommt der Gedanke der unverletzlichen Menschenrechte zum ersten Mal auf die politisch-philosophische Agenda. Er sieht im Gegensatz zu *Hobbes* zwar eine Gewaltenteilung vor, doch fehlt in seiner Lehre eine gegenseitige Kontrolle der Gewalten. Diese Kontrolle übt vielmehr das Volk mittels seines Widerstandsrechts aus.[1250] *Kant* hingegen statuiert in seinem Rechtsstaat eine Gewaltenkontrolle – wenngleich diese auch nicht sehr ausgereift ist. Er spricht dem Volk wiederum jedwede Kontrollmöglichkeit ab. Dabei ist *Kant* durchaus um Frieden (wie *Hobbes*) und Freiheit (wie *Locke*) der Menschen bemüht. Diese lassen sich bei ihm aber nur mittels absoluten Rechts verwirklichen.

Den philosophischen Widerstandslehren liegt die Frage nach der (moralischen) Pflicht zum Rechtsgehorsam zugrunde. Dabei geht es darum, ob man Rechtssicherheit höher bewertet als materielle Gerechtigkeitserwägungen, die bei einem Missbrauch der Staatsmacht verletzt werden.[1251] Die unterschiedlichen Ansichten hierzu gehen Hand in Hand mit der Antwort auf die Frage nach der Geltung und dem Wesen des Rechts. Eine völkerrechtliche Widerstandslehre muss die Frage nach der Pflicht zum Rechtsgehorsam berücksichtigen, wenn sie die Rechtsethik nicht gänzlich ignorieren will. Eine weitere Herausforderung für eine völkerrechtliche Widerstandslehre, die sich bei der rechtsphilosophischen Analyse herauskristallisiert hat, ist die Frage nach der Legitimität von gewaltsamem Widerstand. Problematisch ist hier nicht nur – wie eine menschenrechtliche Betrachtungsweise nahelegt –, dass die Anwendung von Gewalt einen Eingriff in das Lebens- und körperliche Unversehrtheitsrecht zahlreicher Menschen darstellen könnte, sondern, dass Gewaltanwendung mit der Negation des Rechts einhergeht, wie insbesondere die Lehren *Hobbes*‘ und *Kants* gezeigt haben. Insofern besteht ein erhöhtes Legitimationsbedürfnis von Gewaltbefugnissen.

Für die folgende völkerrechtliche Betrachtung sind aus der politischen Philosophie der Neuzeit zudem folgende Aspekte von Bedeutung: der Gedanke der Aufklärung, der Vorrang friedlicher Lösung von Konflikten sowie die Perspektive des Individuums im Hinblick auf die Legitimität des Staates. Wird die nachfolgende völkerrechtliche Widerstandslehre vor-

---

1250 *Höntzsch,* in: Salzborn (Hrsg.), Der Staat des Liberalismus, 2010, S. 165–184, 175 f.

1251 *Peters,* Widerstandsrecht und humanitäre Intervention, 2005, S. 83.

nehmlich vom menschenrechtlichen Gedanken getragen, stellt dies eine Fortführung der Grundgedanken von *Hobbes*, *Locke* und *Kant* dar. Während die drei Philosophen das Grundgerüst für den Schutz des Individuums erbaut haben, ist die moderne Menschenrechtslehre nur noch für die konkrete Ausgestaltung dieses Schutzes zuständig. Die Menschenrechtslehre ist dabei gleichermaßen Teil der politischen Philosophie und des Völkerrechts.

C. Zweites Kapitel: Das Widerstandsrecht im bestehenden Völkerrecht

I. Einleitung

Der Schutz der Menschenrechte ist mittlerweile unzweifelhaft ein wichtiges Anliegen des Völkerrechts. Daraus kann allerdings noch nicht die Existenz eines völkerrechtlichen Widerstandsrechts im Dienste der Menschenrechte gefolgert werden. Die Völkerrechtswissenschaft, die das Thema des Widerstandsrechts bislang beinahe vernachlässigt hat,[1252] ist sich im Hinblick auf dieses Recht nicht ansatzweise einig.[1253] Die vertretenen Meinungen reichen von der kaum begründeten Bejahung eines Widerstandsrechts[1254] bis hin zu dem Befund, die Aussichten eines völkerrechtlichen Widerstandsrechts seien „düster"[1255]. Wenn man sich die Tatsache vergegenwärtigt, dass ein Widerstandsrecht den Widerstand gegen die Staatsgewalt legalisiert, mag man den Blick ins Völkerrecht schon deshalb für düster halten, weil das Völkerrecht primär von den Staaten selbst beschlossen wird. Es ist zweifelhaft, dass die Staaten jemals ein Mittel zur

---

1252 Ähnlich *Chemillier-Gendreau,* in: UNESCO (Hrsg.), Critique de la politique, 2004, S. 135–153, 136; *ders.,* Right to Resistance, International Protection, 2007, Rn. 1. Viele Lehrbücher des Völkerrechts lassen die Frage nach dem Widerstandsrecht völlig außer Acht bzw. widmen sich ihr nur flüchtig (vgl. nur *Verdross/Simma,* Universelles Völkerrecht, 1984; *Dahm/Delbrück/Wolfrum,* Völkerrecht, Bd. I/1, 1989; *ders.,* Völkerrecht, Bd. I/2, 2002; *ders.,* Völkerrecht, Bd. I/3, 2002; *Stein/von Buttlar,* Völkerrecht, 2012; *Graf Vitzthum/Proelß* (Hrsg.), Völkerrecht, 2016; *Ipsen* (Hrsg.), Völkerrecht, Ein Studienbuch, 2014; vgl. im Hinblick auf die englischsprachige Völkerrechtsliteratur *Marsavelski,* CJIL 28 (2013), S. 241–295, 277 m. w. N.).

1253 Ähnlich *Razmetaeva,* Jurisprudence 2014, S. 758–784, 760.

1254 So *Paust,* Emory Law Journal 32 (1983), S. 545–581; *Tomuschat,* in: UNESCO (Hrsg.), Violations of human rights: possible rights of recourse and forms of resistance, 1984, S. 13–33; *ders.,* in: Albach (Hrsg.), Über die Pflicht zum Ungehorsam gegenüber dem Staat, 2007, S. 60–95, 78 ff.; *ders.,* in: Beestermöller (Hrsg.), Libyen: Missbrauch der Responsibility to Protect?, 2014, S. 13–29, 22 f.; *Glendon,* JIHR 2 (2004), S. 2–19, 4; *Oman,* CJLJ XXII (2009), S. 355–380, 360; *Dobos,* Insurrection and Intervention, 2012.

1255 *Dunér,* IJHR 9 (2005), S. 247–269, Abstract a. E., S. 248 (Übersetzung d. Verf.). Ähnlich ablehnend *Keenan,* ICLR 2011, S. 5–29, 6.

Auflehnung gegen ihre eigenen nationalen Akte beschließen werden. Indessen haben die Staaten mit der Anerkennung der Menschenrechte begonnen, ihre eigene Macht im Verhältnis zu den ihrer Jurisdiktion unterstehenden Menschen zu begrenzten – zumindest auf dem Papier. Dem Völkerrecht liegt damit möglicherweise ein ähnliches Verständnis von der Funktion und Legitimation eines Staats zugrunde, wie es *Locke* im Sinn hatte. Dieses Verständnis könnte mit der Existenz eines Widerstandsrechts einhergehen.

In diesem Kapitel werden diverse Bestimmungen des Völkerrechts auf Anhaltspunkte einer solchen möglichen Existenz hin untersucht. Es wird damit zu einer Spurensuche. In induktiver Weise werden Ausschnitte des geschriebenen und ungeschriebenen Rechts (auch des *soft law*) analysiert. Ziel der Analyse ist es, Spuren zur Existenz und Ausgestaltung eines völkerrechtlichen Widerstandsrechts zusammenzutragen. Möglicherweise lässt sich aus den einzelnen Normen zwar nicht de lege lata ein Widerstandsrecht ableiten, aber zumindest Argumente für die Schaffung eines völkerrechtlichen Widerstandsrechts aus der Perspektive de lege ferenda.

Die Analyse wird kein regionales Völkerrecht umfassen, da sich die Frage des Widerstandsrechts auf globaler Ebene des Völkerrechts stellt. Zunächst werden bei der Spurensuche völkerrechtliche Bestimmungen betrachtet, die ein mögliches Widerstandsrecht enthalten: die Präambel der Allgemeinen Erklärung der Menschenrechte, das Selbstbestimmungsrecht der Völker und die politischen Teilhaberechte im Rahmen des Menschenrechtsschutzes. Anschließend wird ebendieser in seiner Gesamtheit untersucht. Zudem wird untersucht, ob aus den Selbsthilferechten und aus Art. 33 Rom-Statut ein Widerstandsrecht abgeleitet werden kann. Diesen Erörterungen wird eine Analyse völkerrechtlicher Regeln folgen, die nicht auf den ersten Blick mit einem Widerstandsrecht in Verbindung stehen, möglicherweise dennoch wichtige Spuren hierzu enthalten: das humanitäre Völkerrecht sowie das Gewalt- und das Interventionsverbot. Nach der Untersuchung dieser Vorschriften, die mehrheitlich (zumindest auch) zum Völkervertragsrecht gehören, wird diskutiert, ob das Widerstandsrecht als Völkergewohnheitsrecht oder als allgemeiner Rechtsgrundsatz existiert.

Es versteht sich von selbst, dass die zu untersuchenden Regeln nur mit dem sehr präzisen Blick, den eine Spurensuche mit sich bringt, betrachtet werden können. Nachfolgend geht es nicht um eine umfassende Darstellung all ihrer Facetten, sondern nur um die möglichen Spuren, die die Normen im Hinblick auf ein Widerstandsrecht aufweisen könnten. Methodik dieser Spurensuche ist die Auslegung des geltenden Völkerrechts. Dabei wird auch auf historische Aspekte Rücksicht genommen. Im Fokus steht gleichwohl eine objektive, teleologische Auslegung der völkerrechtlichen Bestimmungen, die unabhängig von den Erwägungen ihrer historischen Schöpfer ist.[1256] Im Rahmen dieser teleologischen Auslegung können auch Überlegungen der Rechtsphilosophie eine Rolle spielen. Die grundlegenden Prinzipien des Völkerrechts – Menschenrechte und Gewaltverbot – entstammen schließlich der Philosophie. Wenn die Dogmatik des Völkerrechts also an einer Stelle nicht mehr weiterhilft, wird die Rechtsphilosophie im Rahmen einer teleologisch-rechtsphilosophischen Auslegung zu Rate gezogen.[1257]

II. Die Präambel der Allgemeinen Erklärung der Menschenrechte

In der Präambel der „Allgemeinen Erklärung der Menschenrechte", einer Resolution der UN-Generalversammlung, die Ende des Jahres 1948 verabschiedet wurde, heißt es:

> „[...] [D]*a* es notwendig ist, die Menschenrechte durch die Herrschaft des Rechtes zu schützen, damit der Mensch nicht gezwungen wird, als letztes Mittel zum Aufstand gegen Tyrannei und Unterdrückung zu greifen, [...] verkündet die Generalversammlung diese Allgemeine Erklärung der Menschenrechte [...]"[1258].

Hierin ist – so viel sei zu Beginn der Spurensuche im Völkerrecht vorweggenommen – die deutlichste Berufung des geschriebenen Völkerrechts auf ein Widerstandsrecht zu finden. Bereits jetzt wird der unbekehrbare Rechtspositivist enttäuscht sein und erahnen, dass die weitere völkerrechtliche Analyse nicht unbedingt seinem Gusto entsprechen wird; schließlich handelt es sich bei der hier zitierten Passage um Eingangsworte zu einem allgemein als unverbindlich anerkannten Dokument des Völkerrechts (welches daher allenfalls mit dem paradoxen Prädikat des *soft law* zu ver-

---

1256 Zu einer derart dynamischen Auslegung *Ipsen,* in: ders. (Hrsg.), Völkerrecht, Ein Studienbuch, 2014, S. 819–860, § 36 Rn. 38. Vgl. *Bryde,* Der Staat 2003, S. 61–75, 66 f.; *Heintschel von Heinegg,* in: Ipsen (Hrsg.), Völkerrecht, Ein Studienbuch, 2014, S. 390–469, § 12 Rn. 21.

1257 Vgl. *Merkel,* ZIS 2011, S. 771–783, 774, Fn. 14. Ähnlich *Tomuschat,* in: Beestermöller (Hrsg.), Libyen: Missbrauch der Responsibility to Protect?, 2014, S. 13–29, 13, der gerade bei normativen Grenzfragen eine „moralische Rückendeckung" des Rechts annimmt.

1258 A/RES/217 A (III) (10.12.1948) (*Hervorhebung ebenda*).

sehen ist).[1259] Allerdings besteht mittlerweile Einigkeit darüber, dass die AEMR (unverbindliche) menschenrechtliche Standards für das Völkerrecht bestimmt.[1260]

Die Präambel der AEMR ist Dreh- und Angelpunkt der völkerrechtswissenschaftlichen Diskussion des Widerstandsrechts. Sie fehlt in nahezu keiner der völkerrechtlichen Abhandlungen zum Widerstandsrecht seit ihrer Verabschiedung. Viele Stimmen in der anglo-amerikanischen Völkerrechtsliteratur betrachten diese Klausel als Ausdruck der eindeutigen völkerrechtlichen Anerkennung eines Widerstandsrechts, und auch aktiv gewordene Widerstandskämpfer haben die Legitimität ihrer Rebellion in dieser Textpassage zu finden gesucht.[1261] Der deutsche Völkerrechtswis-

---

1259 Die allgemein anerkannte unverbindliche Wirkung der AEMR als GA-Resolution wird z. B. erwähnt bei *Volger,* Grundlagen und Strukturen der Vereinten Nationen, 2007, S. 165 und *Fassbender,* APuZ 2008 (Heft 46), S. 3–8, 4. Zweifel an dieser rechtlichen Einordnung entstehen durch die in Abs. 8 der Präambel gebrauchte Formulierung, die AEMR sei ein „von allen Völkern und Nationen zu erreichende[s] gemeinsame[s] Ideal". Laut *Kau,* in: Graf Vitzthum/Proelß (Hrsg.), Völkerrecht, 2016, S. 133–246, Abschn. 3 Rn. 235 ist die Verbindlichkeit der AEMR umstritten. Er benennt lediglich Befürworter von Völkergewohnheitsrecht bzw. *ius cogens,* nicht solche, die die AEMR als genuine Rechtsquelle anerkennen. Demgegenüber geht *Humphrey,* in: Ramcharan (Hrsg.), Human Rights: Thirty years after the Universal Declaration, 1979, S. 21–43, 28 f. davon aus, dass die AEMR mittlerweile als internationaler Maßstab Rechtsqualität aufweist. *Reisman,* in: Fox/Roth (Hrsg.), Democratic Governance and International Law, 2000, S. 239–258, 240 sieht sie als in Papierform gegossenes Völkergewohnheitsrecht. *Thürer,* in: ders. (Hrsg.), Völkerrecht als Fortschritt und Chance, Bd. II, 2009, S. 607–611, 607 f. befürwortet die Kategorisierung als Völkergewohnheitsrecht ebenfalls, wobei er zudem zur Annahme allgemeiner Rechtsprinzipien tendiert.

1260 *Holmes,* in: Bleisch/Strub (Hrsg.), Pazifismus, 2006, S. 145–161, 146; *Fassbender,* APuZ 2008 (Heft 46), S. 3–8, 4; ähnlich *Geistlinger,* Revolution und Völkerrecht, 1991, S. 366; *Partsch,* in: Simma u. a., UN Charta, 1991, Art. 55(c) Rn. 33; *Missling,* Widerstand und Menschenrechte, 1999, S. 33; *Kau,* in: Graf Vitzthum/Proelß (Hrsg.), Völkerrecht, 2016, S. 133–246, Abschn. 3 Rn. 235. Diese Bedeutung zeigt sich auch in der Bezugnahme in zahlreichen völkerrechtlichen Dokumenten auf die AEMR, wie die in der Präambel der EMRK oder der Amerikanischen Menschenrechtskonvention von 1969.

1261 Zu den Bezügen aus der Praxis *Dunér,* IJHR 9 (2005), S. 247–269, 253. Für die Ableitung eines Widerstandsrechts aus der Präambel der AEMR *Sumida,* in: Barker (Hrsg.), Power and Law, 1970, S. 130–167, 135; *Bassiouni,* in: ders. (Hrsg.), International Terrorism and Political Crimes, 1975, S. v–xxii, xii, xxi; *Lippmann,* 8 (1989-1990), S. 349–374, 357; *Kopel/Gallant/Eisen,* Notre Dame Law Review 81 (2005-2006), S. 1275–1346, 1277, 1325; *Chemillier-Gendreau,*

senschaftler *Christian Tomuschat* sieht darin, moderater, „das Widerstandsrecht auf den Plan“ [1262] der völkerrechtlichen Agenda gerufen.[1263]

Dass mit dieser Klausel wirklich ein Widerstandsrecht normiert wird, ist schon mit Blick auf die Rechtsnatur der AEMR und ihren Charakter als Teil einer Präambel zweifelhaft. So mögen einige Autoren einwenden, darin komme die Anerkennung eines überpositiv bzw. als allgemeiner Rechtsgrundsatz im Sinne von Art. 38 lit. c) IGH-Statut bestehenden Widerstandsrechts zum Ausdruck, sodass die Klausel ohnehin nur eine deklaratorische Funktion erfülle; diese jedoch umso intensiver, da die AEMR (und damit auch der zitierte Passus in der Präambel) immerhin von 48 Staaten im Rahmen der Generalversammlung befürwortet und von keinem abgelehnt wurde.[1264] Es ist möglich, dass sich im *soft law* die Rechtsüberzeugung der Staaten widerspiegelt und somit ein Anknüpfungspunkt für Völkergewohnheitsrecht oder für einen allgemeinen Rechtsgrundsatz des Völkerrechts besteht.[1265] Nun sollen im Dienste einer umfassenden akademischen Würdigung die Zweifel aufgrund der Unverbindlichkeit des Passus‘ einstweilen zurückgestellt und anhand der üblichen juristischen Auslegungsmethoden betrachtet werden, was diese Bestimmung zu deklarie-

---

Right to Resistance, International Protection, 2007, Rn. 6, 16. Zurückhaltender hierzu *Paust,* Emory Law Journal 32 (1983), S. 545–581, 560 ff.; *ders.,* ILJ 46 (2013), S. 1–19, 1 ff.; *Klug,* in: Hill (Hrsg.), Widerstand und Staatsgewalt, 1984, S. 11–23, 18; *Mégret,* Revue Études internationales 39 (2008), S. 39–62, 49.

1262 *Tomuschat,* in: Albach (Hrsg.), Über die Pflicht zum Ungehorsam gegenüber dem Staat, 2007, S. 60–95, 61.

1263 *Klug,* in: Hill (Hrsg.), Widerstand und Staatsgewalt, 1984, S. 11–23, 18 sieht darin einen „[…] deutliche[n] Hinweis auf die Entstehung eines Widerstandsrechts.“

1264 Für den Ausdruck eines überpositiven Rechts(grund-)satzes plädierend *Geistlinger,* Revolution und Völkerrecht, 1991, S. 366; *Missling,* Widerstand und Menschenrechte, 1999, s. nur S. 126; *Marsavelski,* CJIL 28 (2013), S. 241–295, 275. Zur Abstimmung über die AEMR in der Generalversammlung *United Nations Organization,* Yearbook of the United Nations 1948/1949, S. 535.

1265 *Schreuer,* GYIL 20 (1977), S. 103–118, 109 f.; IGH, Nuclear Weapons, 8. Juli 1996, I.C.J. Reports 1996, S. 226 ff., Rn. 70; *Knauff,* Der Regelungsverbund, 2010, S. 233; *Graf Vitzthum,* in: ders./Proelß (Hrsg.), Völkerrecht, 2016, S. 1–60, Abschn. 1 Rn. 150 erkennt Beschlüsse Internationaler Organisationen zumindest als Hilfsmittel zur Ermittlung einer *opinio iuris* an.

ren vermag.[1266] Möglicherweise führt dies zu einem anderen Ergebnis im Hinblick auf ihre Tauglichkeit zum völkerrechtlichen Widerstandsrecht.

1. Wortlautauslegung

Bereits der Blick auf den Wortlaut weckt Zweifel an der Statuierung eines Widerstandsrechts in dieser Textpassage. Es bestehen zwei Interpretationsmöglichkeiten – daran ändert im Übrigen auch der Blick auf die englisch-[1267] und französischsprachige[1268] Fassung nichts:[1269] Zum einen kann man den Passus so verstehen, dass es notwendig sei, durch die Herrschaft des Rechts die Menschenrechte zu schützen, um illegale Widerstandshandlungen zu verhindern.[1270] Die AEMR würde in dieser Konzeption jedwedem Widerstand funktional entgegengesetzt; die Vermeidung von Widerstand würde danach einen bedeutsamen Zweck der AEMR darstellen. Herrschaft des Rechts und Widerstand stünden sich nach diesem Verständnis diametral gegenüber. Ein Widerstandsrecht aus der AEMR bzw. seiner Präambel abzuleiten, würde ihrem Zweck widersprechen.

Zum anderen kann der Wortlaut auch so interpretiert werden, dass es keineswegs wünschenswert sei, zum Mittel des Aufstandes zu greifen und die Herrschaft des Rechts in Form der AEMR dies bestmöglich verhindern

1266 Die juristischen Auslegungsmethoden werden üblicherweise angewendet, um zu ermitteln, ob ein konkreter Sachverhalt unter eine Norm subsumiert werden kann. Vorliegend geht es demgegenüber um die abstraktere Frage nach der Zulässigkeit von Widerstand. Die Auslegungsmethoden mögen hier nicht so hilfreich sein wie bei einer konkreten juristischen Subsumtionsfrage (das wird sich spätestens bei der teleologischen Auslegung zeigen). Allerdings sollen bei der bedeutsamsten möglichen völkerrechtlichen Verankerung des Widerstandsrechts alle juristisch-argumentativen Hilfsmittel ausgeschöpft werden, um Spuren des Widerstandsrechts ausfindig zu machen.

1267 „*Whereas* it is essential, if man is not to be compelled to have recourse, as a last resort, to rebellion against tyranny and oppression, that human rights should be protected by the rule of law, […]" (*Hervorhebung ebenda*).

1268 „Considérant qu'il est essentiel que les droits de l'homme soient protégés par un régime de droit pour que l'homme ne soit pas contraint, en suprême recours, à la révolte contre la tyrannie et l'oppression, […]".

1269 Die folgenden beiden Interpretationsmöglichkeiten aufzeigend *Missling*, Widerstand und Menschenrechte, 1999, S. 121.

1270 So wohl die Deutung von *Mårtenson*, in: Eide u. a., UDHR, 1992, Preamble, S. 19.

solle. Wenn jene versage, könne Widerstand als allerdings letztes Mittel ausgeübt werden.[1271] Die Betonung liegt bei dieser Deutung auf den Worten „als letztes Mittel", wobei hiermit eine Rangfolge der Rechtsinstrumente gegen Tyrannei und Unterdrückung statuiert wird – Widerstand könnte nach der Annahme der AEMR dann nämlich nur noch Ultima Ratio sein. Der Ultima-Ratio-Begriff spielt bei der ersten Auslegungsmöglichkeit demgegenüber nur eine untergeordnete Rolle. Seine Nutzung ist dort rein deskriptiv und würde bedeuten, dass vor der Statuierung der AEMR Widerstand nur Ultima Ratio gewesen sein könne, wohingegen Widerstand nach ihrer Verlautbarung keinerlei Ratio mehr aufweise. Dass die Formulierung „als letztes Mittel" in diesem letzteren Sinne rein deskriptiv zu verstehen sein soll, überzeugt nicht. Die Verwendung dieses Begriffs spricht für die zweite Deutungsmöglichkeit und damit zugunsten des Widerstandsrechts. Demgegenüber spricht die negativ-finale Formulierung[1272] eher für die erste Interpretationsmöglichkeit, nämlich für die Formulierung der funktionalen Notwendigkeit der AEMR als Gegenmittel zu stets illegitimem Widerstand – mag er in der Vergangenheit auch noch so zurückhaltend (eben als Ultima Ratio) ausgeübt worden sein.

Damit sind beide Deutungsmöglichkeiten gut vertretbar. Der Wortlaut lässt keine zweifelsfreien Schlüsse zu.[1273] Im Hinblick auf ein Widerstandsrecht sollte eine eindeutige, das Bestimmtheitsgebot erfüllende Wortlautinterpretation aber möglich sein, zumal ein Widerstandsrecht auch die Anwendung von Gewalt legitimieren würde.[1274] Die mangelnde

---

1271 So *Tomuschat,* in: Albach (Hrsg.), Über die Pflicht zum Ungehorsam gegenüber dem Staat, 2007, S. 60–95, 61; *Keenan,* ICLR 2011, S. 5–29, 20; *Marsavelski,* CJIL 28 (2013), S. 241–295, 275.

1272 „[D]amit […] nicht", „if […] not"; besonders stark die französischsprachige Fassung: „pour que […] ne soit pas".

1273 Dies für belanglos erachtend, weil jedenfalls ein Alternativverhältnis zwischen der Herrschaft des Rechts und der Tyrannei bzw. Unterdrückung herrsche *Missling,* Widerstand und Menschenrechte, 1999, S. 122, der verkennt, dass es bedeutsam ist, dass die Herrschaft des Rechts in der ersten Deutungsmöglichkeit auch dem Widerstand entgegengesetzt wird. Ähnlich *Cohn,* Revue des Droits de l'Homme/Human Rights Journal 1968, S. 491–517, 510 f., der darauf hinweist, dass der Präambel ohnehin keine Rechtsqualität zukomme und dass die Schöpfer der AEMR davon ausgegangen seien, dass es nie wieder zu Tyrannei oder Unterdrückung kommen würde.

1274 So liest *Keenan,* ICLR 2011, S. 5–29, 19 den Passus als Ermächtigung zur Gewaltanwendung. Dazu, dass die deutsche Übersetzung insbesondere an dieser Stelle („zum Aufstand […] greifen") „etwas holprig" sei *Tomuschat,* in: Albach

Bestimmtheit, die in den aufgeworfenen Fragen um die Deutung zutage tritt, spricht per se gegen eine bestimmte Deutung, nämlich derer zugunsten des Widerstandsrechts. Schließlich ist ein Widerstandsrecht ein derart intensives Rechtsinstrument, dass seine Regelung ein Mindestmaß an Eindeutigkeit aufweisen muss.

2. Historisch-genetische Auslegung

Gewiss weist der Wortlaut in völkerrechtlichen Texten im Allgemeinen Eigenheiten auf. Formulierungen sind immer als Ergebnis eines politischen Prozesses, als Kompromiss zu sehen; manchmal sind sie gar so vage, dass sie ohne Blick auf ihre Entstehungsgeschichte schlicht nichtssagend sind. Wenn man also im Hinblick auf die Anforderungen an die Bestimmtheit aufgrund dieser völkerrechtlichen Besonderheit wohlwollend ist, legt man die Deutungsmöglichkeit zugunsten des Widerstandsrechts noch nicht beiseite, sondern sucht im Rahmen einer umfassenden Auslegung nach weiteren Argumenten. Man muss sich dabei bewusst machen, dass diese Argumente der historisch-genetischen Auslegung im Ergebnis nur sehr schwacher Natur sein können, weil im Völkerrecht eine „dynamische Auslegung“[1275] bevorzugt wird, die eine Loslösung des Völkerrechts vom ursprünglichen subjektiven Willen seines historischen Gesetzgebers erlaubt. Dies soll die Mühe bei der hiesigen Auslegung jedoch nicht schmählern. Zunächst wird den Entstehungsprozess der in Rede stehenden Passage betrachtet und sodann die Frage aufgeworfen, wie sich dieser auf ihre Auslegung auswirkt.

Die Geschichte der AEMR beginnt mit der Einsetzung der Menschenrechtskommission[1276] durch den Wirtschafts- und Sozialrat der Vereinten Nationen als eine seiner ersten Amtshandlungen überhaupt im Jahre 1946. Letzterer beauftragte die Kommission damit, einen Vorschlag für eine

---

(Hrsg.), Über die Pflicht zum Ungehorsam gegenüber dem Staat, 2007, S. 60–95, 61.

1275 *Ipsen,* in: ders. (Hrsg.), Völkerrecht, Ein Studienbuch, 2014, S. 819–860, § 36 Rn. 38; *Heintschel von Heinegg,* in: Ipsen (Hrsg.), Völkerrecht, Ein Studienbuch, 2014, S. 390–469, § 12 Rn. 21.

1276 Mittlerweile wurde die Menschenrechtskommission vom Menschenrechtsrat abgelöst (vgl. A/RES/60/251 (15.03.2006); A/HRC/RES/5/1 (18.06.2007)).

„Bill of Rights" zu entwerfen.[1277] Diese Erklärung sollte die in der UN-Charta enthaltene grundlegende Verpflichtung zu den Menschenrechten konkretisieren.[1278] Der Entstehungsprozess dieses Entwurfes dauerte fast zwei Jahre (Februar 1947 bis Dezember 1948), und währenddessen nahm auch die Erwähnung von Widerstand unterschiedliche Gestalt an. In frühen Entwürfen der Kommission bzw. in privaten Entwürfen der Repräsentanten in dem von der Kommission beauftragen *Drafting Committee*[1279] sind gar eigenständige Artikel über ein *right to resist* im jeweils operativen Teil – jenseits der Präambel – der Erklärungen zu finden. In Art. 29 des „Draft Outline of International Bill of Rights" des UN-Sekretariats, welches das Ausgangsdokument aller weiteren Beratungen des *Drafting Committee* bildete, heißt es: „Every one has the right, either individually or with others, to resist oppression and tyranny."[1280]

Etwas restriktiver formuliert – nämlich an die Voraussetzung der gravierenden oder systematischen Verletzung fundamentaler Menschenrechte geknüpft – ist das Widerstandsrecht in Art. 26 des Entwurfes des französischen Repräsentanten *René Cassin*.[1281] Ähnlich liest sich auch Art. 25 des maßgeblich von *Cassin* verfassten, ersten Arbeitsentwurfes des *Drafting Committee*,[1282] welcher der Menschenrechtskommission vorgelegt wurde. Bereits im letztgenannten Entwurf ist die Anmerkung zu finden, dass diese Vorschrift nach einer beträchtlichen Meinung innerhalb des Komitees lieber in der Präambel Platz finden solle.[1283] Die Zweifel am Art. 25 wurden allerdings nicht offiziell in einem Bericht oder Protokoll des *Drafting Committee* festgehalten.[1284] Dennoch überstand Art. 25 des Arbeitsent-

1277 *United Nations Organization,* Yearbook of the United Nations 1946/47, S. 523; *ders.,* Yearbook on Human Rights for 1947, 1949, S. 422.

1278 *Tomuschat,* in: Albach (Hrsg.), Über die Pflicht zum Ungehorsam gegenüber dem Staat, 2007, S. 60–95, 60.

1279 Zur Beauftragung *United Nations Organization,* Yearbook of the United Nations 1946/47, S. 524 f.

1280 E/CN.4/AC.1/3 (04.06.1947).

1281 E/CN.4/21 (English, 01.07.1947), Annex D, S. 59.

1282 E/CN.4/21 (English, 01.07.1947), Annex F, S. 79 (ebenso zu finden in: *United Nations Organization,* Yearbook on Human Rights for 1947, 1949, S. 502).

1283 E/CN.4/21 (English, 01.07.1947), Annex F, S. 79.

1284 *Verdoodt,* Naissance et Signification de la Déclaration universelle des Droits de l'homme, 1964, S. 305. Vgl. E/CN.4/AC.1/11 (12.06.1947), S. 33. Allerdings fällt es auf, dass das Widerstandsrecht z. B. innerhalb des Entwurfs des Vereinigten Königreiches keinerlei Erwähnung findet (vgl. E/CN.4/AC.1/4 (05.06.1947)).

wurfes die Abstimmung in der Menschenrechtskommission nicht, sondern wurde mit dem Vorschlag versehen, ihn in die Präambel zu verschieben.[1285] So wurde das ursprünglich insbesondere vom kommunistisch geprägten Staatenlager (Kuba und Ostblock-Staaten) ersehnte Widerstandsrecht aus dem operativen Teils des Entwurfs entfernt.[1286]

Damit das Widerstandsrecht seinen Umzug in die Präambel antreten konnte, bedurfte es eines expliziten Antrages des sowjetischen Repräsentanten *Alexander E. Bogomolov* zur Formulierung einer entsprechenden Textpassage in der Präambel.[1287] Wer dabei an die eingangs zitierte Passage der Präambel denkt, liegt allerdings falsch. Der Entwurf für die Allgemeine Erklärung der Menschenrechte, der mittlerweile seinen Weg in die UN-Generalversammlung gefunden hatte, wurde dort im dritten Komitee nämlich noch mehrfach geändert. Aufhänger für die Änderungsvorschläge für den dritten Absatz der Präambel war insbesondere die Formulierung „Herrschaft des Rechts", wie sie in der deutschen Übersetzung der Endfassung lautet. Die entsprechende Bezeichnung in den französischsprachigen Entwürfen wandelte sich mehrmals, im englischsprachigen Entwurf wurde aus „régime of law" die Formulierung „rule of law".[1288] Damit wünschte insbesondere der britische Delegierte *Ernest Davies* zum Ausdruck zu bringen, dass die Gewährung der grundlegenden Freiheiten der Quelle allen Rechts entspringe.[1289] Zudem erreichten die Entsandten von Chile und Kuba, dass aus dem Begriff „Menschheit" („humanité" bzw. „mankind") die Formulierung „Mensch" („homme" bzw. „man") wurde.[1290] Hiermit

---

1285 *Wirtschafts- und Sozialrat der Vereinten Nationen,* E/600 (1948), S. 19.

1286 Im Entwurfs der zweiten Sitzung des *Drafting Committee* ist kein Widerstandsrecht mehr zu finden (vgl. E/CN.4/95 (21.05.1948), Annex A, S. 5 ff.). Zur Initiative Kubas im Hinblick auf das Widerstandsrecht *Verdoodt,* Naissance et Signification de la Déclaration universelle des Droits de l'homme, 1964, S. 304; *Dunér,* IJHR 9 (2005), S. 247–269, 253.

1287 *Verdoodt,* Naissance et Signification de la Déclaration universelle des Droits de l'homme, 1964, 305.

1288 Vgl. Hierzu den Änderungsvorschlag des Vereinigten Königreiches (A/C.3/253 (11.10.1948)). Zum Verhältnis vom englischen *rule of law* und dem deutschen Rechtsstaatsbegriff *Neumann,* Die Herrschaft des Gesetzes, 1980, S. 203 ff.

1289 *De la Chapelle,* La Déclaration universelle des droits de l'homme et le catholicisme, 1967, S. 62 f.; *Verdoodt,* Naissance et Signification de la Déclaration universelle des Droits de l'homme, 1964, 312; *Missling,* Widerstand und Menschenrechte, 1999, S. 111.

1290 *Verdoodt,* Naissance et Signification de la Déclaration universelle des Droits de l'homme, 1964, S. 312 f.; *de la Chapelle,* La Déclaration universelle des droits

sollte ihrer Ansicht nach der Charakter des Widerstandsrechts als Individualrecht unterstrichen werden.[1291] Außerdem wurde ihr mit Frankreich gemeinsam vorgetragener Vorschlag angenommen, nach dem im französischsprachigen Entwurf die Formulierung „als letztes Mittel“[1292] („en dernier ressort“) durch „als äußerster Ausweg“[1293] („en suprême recours“) ersetzt wurde, während der englische Wortlaut („last resort“) gleich blieb.[1294] Dadurch sollte der absolute Ausnahmecharakter des Widerstandsrechts verdeutlicht werden.[1295] Nach diesen Änderungen blieb die Textpassage im dritten Absatz der Präambel unverändert und wurde im Plenum der UN-Generalversammlung am 10. Dezember 1948 einstimmig angenommen.[1296]

Nach dieser kurzen und – der Übersichtlichkeit halber – vereinfachten Darstellung des Entstehungsprozesses der hier zu inspizierenden Textpassage stellt sich die Frage nach seiner Bedeutung für ihre juristische Auslegung. Zwei Aspekte kommen besonders zum Tragen: zunächst die Veränderung des Standortes und damit des gesamten Charakters der Bestimmung – von einem Menschenrecht im Rahmen der Erklärung zu einem Passus in der Präambel. Sicherlich spielten die aufeinanderprallenden Wertevorstellungen von Ost und West hier eine Rolle. Die kommunistisch

---

de l'homme et le catholicisme, 1967, S. 63; *Missling,* Widerstand und Menschenrechte, 1999, S. 112. Vgl. den Änderungsvorschlag Kubas und Chiles (A/C.3/314/Rev. 1/Add. 1 (29.11.1948)), dem sich später Frankreich anschloss (A/C.3/382 (30.11.1948)).

1291 *Verdoodt,* Naissance et Signification de la Déclaration universelle des Droits de l'homme, 1964, S. 312; *de la Chapelle,* La Déclaration universelle des droits de l'homme et le catholicisme, 1967, S. 63; *Missling,* Widerstand und Menschenrechte, 1999, S. 112

1292 Übersetzung d. Verf.

1293 Übersetzung d. Verf.

1294 Vgl. den Änderungsvorschlag von Kuba, Chile und Frankreich (A/C.3/382 (30.11.1948)) sowie den Entwurf vor den Arbeiten des dritten Komitees (*Wirtschafts- und Sozialrat der Vereinten Nationen,* E/800 (28.06.1948), S. 10 [frz. und eng.]) mit der Endfassung der AEMR (A/RES/217 A (III) (10.12.1948)).

1295 *Verdoodt,* Naissance et Signification de la Déclaration universelle des Droits de l'homme, 1964, S. 312 f.; *de la Chapelle,* La Déclaration universelle des droits de l'homme et le catholicisme, 1967, S. 63; *Missling,* Widerstand und Menschenrechte, 1999, S. 112.

1296 Es gab 45 Pro-Stimmen für diesen Absatz der Präambel und 9 Enthaltungen (*United Nations Organization,* Yearbook of the United Nations 1948/1949, S. 534). Die AEMR als gesamtes Dokument wurde einstimmig mit 48 Pro-Stimmen und 8 Enthaltungen angenommen (ebenda, S. 535).

geprägten Staaten hatten mitunter ein Rebellionsrecht gegen den Kapitalismus im Sinn, als sie das Widerstandsrecht in einer Menschenrechtserklärung befürworteten, und die westlichen Mächte wollten genau dies vermeiden.[1297] Möchte man den Schritt vom operativen Teil (einer rechtlich ohnehin unverbindlichen Erklärung) in die Präambel möglichst frei von politischen Ideologien deuten, so spricht dieser gegen jedwede Schöpfung eines Widerstandsrechts der Textpassage in der Präambel. Hätte man ein Widerstandsrecht statuieren wollen, dann hätte man es bei einem eigenen Artikel im operativen Teil der Erklärung belassen können und es nicht in der Präambel – den Ort der politischen Absichtserklärungen – platzieren müssen. Selbst die Formulierung, die dank der von Kuba, Chile sowie Frankreich vorgeschlagenen Änderung des letzten Entwurfes beim Leser immerhin für einen kurzen Moment den Gedanken an ein Individualrecht hervorruft, vermag nichts an dieser Beurteilung zu ändern.

Es könnte eingewendet werden, dass die Umstellung in die Präambel nicht als Herabstufung der Bedeutung des Widerstandsrechts, sondern eher als Aufwertung ausgelegt werden könne – im Sinne eines Rechts, das gleichsam über allen Rechten im operativen Teil der AEMR schwebt. Zugunsten dieses systematischen Arguments kann auch die bereits dargestellte Änderung des Begriffs „régime of law“ zu „rule of law“ verstanden werden, um die der britische Repräsentant *Davies* bemüht war.[1298] Allerdings hätte man diese Intention besser verfolgen können, indem man das Widerstandsrecht an den Beginn des operativen Teils der AEMR gestellt hätte. Die Aufzählung von Rechten entspricht zwar grundsätzlich nicht dem Rang ihrer Wichtigkeit; jedoch ist es üblich, dass besonders wichtige Rechte zu Beginn einer Aufzählung genannt werden.[1299] Das Widerstandsrecht war selbst in den frühen Entwürfen, in dem es dem operativen Teil angehörte, lediglich in der Mitte der aufgezählten Menschenrechte platziert (in einem Entwurf z. B. Art. 29 von insgesamt 48 Artikeln). Die Umstellung in die Präambel spricht gegen die Deutung der Stellung des

1297 Zur kommunistischen Ideologie hinter dem Widerstandsrecht in den Debatten um einen Entwurf *Sandmeier,* Rund um die Universale Erklärung der Menschenrechte der Vereinten Nationen, 1963, S. 18 ff.; *Dunér,* IJHR 9 (2005), S. 247–269, 253.

1298 S. o., S. 244.

1299 So werden schließlich in der AEMR selbst die Menschenwürde und das Recht auf Leben – niemand wird die hohe Bedeutung dieser beiden Bestimmungen bestreiten – in Art. 1 und 3 genannt. Ähnlich in der EMRK und im GG.

Widerstandsrechts in der Präambel als ein herausragendes Recht. Sie ist vielmehr Ausdruck einer Herabstufung der rechtlichen Bedeutung, die das Produkt politischer Differenzen (insbesondere in der Anfangsphase des Kalten Kriegs) darstellt. Man kommt nicht umhin, in der Umstellung einen diplomatischen Kompromiss zu sehen, wie es letztlich die gesamte AEMR und gewissermaßen jede Resolution der UN-Generalversammlung ist.[1300] Dieser Kompromiss reichte im Fall des Widerstandsrechts nicht einmal bis zur Kodifikation als individuelles Menschenrecht. Er kann daher kaum als Statuierung eines solchen interpretiert werden.

Darüber hinaus könnte beachtlich sein, dass der Passus bei der Entstehung der AEMR immerhin Gegenstand besonderer Aufmerksamkeit war. Die zahlreichen Änderungen im präzisen Wortlaut könnten insofern für eine besondere Wichtigkeit dieser Textstelle sprechen und damit zugunsten eines Widerstandsrechts ausgelegt werden. Die Vielzahl der Änderungsvorschläge ist allerdings im Rahmen der Entstehung von UN-Dokumenten üblich – ebenso wie bei nationalstaatlicher Gesetzgebung. Auch wenn dies von Bedeutung der Textpassage zeugt, weil die Beteiligten ihr nicht gleichgültig oder übereinstimmend gegenüberstanden, darf dieser Umstand keinesfalls überinterpretiert werden. Gewiss kommt der AEMR und auch ihrer Präambel eine hohe Bedeutung zu.[1301] Dessen waren sich die Mitgliedstaaten bei ihrer Schaffung bewusst. Dass ihr dritter Absatz in den Entwürfen häufig Gegenstand von Änderungswünschen war, kann lediglich als Indiz für die politischen Differenzen, die sich um den Widerstandsgedanken rankten, gewertet werden und nicht für seine rechtsverbindliche Wirkung. Die historisch-genetische Auslegung ergibt schlussendlich ein Argument gegen die Interpretation der Präambel der AEMR zugunsten eines Widerstandsrechtes.[1302] Dieses Argument ist als historisch-genetisches per se jedoch ein schwaches.

1300 Zum Kompromisscharakter der AEMR *United Nations Organization,* Yearbook of the United Nations 1948/1949, S. 531; *Dunér,* IJHR 9 (2005), S. 247–269, 254; *Volger,* Grundlagen und Strukturen der Vereinten Nationen, 2007, S. 165.

1301 Vgl. *United Nations Organization,* Yearbook of the United Nations 1948/1949, S. 530 ff.

1302 A. A. *Morsink,* The Universal Declaration of Human Rights, 1999, S. 308 ff.; *Kopel/Gallant/Eisen,* Notre Dame Law Review 81 (2005-2006), S. 1275–1346, 1325.

3. Systematische Auslegung

Damit lohnt sich der Blick auf die Systematik der Bestimmung umso mehr. Betrachtet man ihre Einbettung und ihr Verhältnis zu den anderen Absätzen in der Präambel, so führt dies zurück zu einer historischen Überlegung: In Zusammenschau mit den zwei vorgehenden Absätzen lässt sich nämlich sagen, dass das Widerstandsrecht im dritten Absatz eine Antwort[1303] auf das historische Unrecht darstellen könnte, das im zweiten Absatz mit „Akten der Barbarei" bezeichnet wird. Die ersten drei Absätze der Präambel weisen einen logischen Zusammenhang auf:[1304] Zunächst wird im ersten Absatz ein unantastbares Prinzip statuiert, indem dort auf Menschenwürde, unveräußerliche Rechte, Freiheit, Gerechtigkeit und Frieden Rekurs genommen wird. Im zweiten Absatz folgt der Hinweis, dass dieses unantastbare Prinzip historisch in gravierender Weise angegriffen wurde, während der dritte Absatz die Mittel benennt, mit denen in Zukunft gegen solche „Akte der Barbarei" vorgegangen werden könne: die Herrschaft des Rechts, also die AEMR selbst, sowie – als letztes Mittel – der Aufstand.[1305]

Der Zusammenhang des zweiten und dritten Absatzes ergibt sich zudem aus dem Gedanken, dass die in Abs. 2 skizzierte Welt der Freiheit von Furcht und Not, der Rede- und Glaubensfreiheit eine Welt jenseits von Tyrannei und Unterdrückung ist, wie sie in Abs. 3 erwähnt wird.[1306] Tyrannei und Unterdrückung widersprechen ihrerseits dem im ersten Absatz statuieren unantastbaren Prinzip der Menschenwürde und -rechte.[1307] Diese zusammenhängende Struktur der Präambel überzeugt als Ansatzpunkt zugunsten eines Widerstandsrechts. Sie impliziert ein historisches Element: die juristische Reaktion auf die barbarischen Vorkommnisse vor und während des Zweiten Weltkriegs. Wie viel Bedeutung der Erwähnung

---

1303 Es stellt, wenn überhaupt, eine nur subsidiäre Antwort dar. Die primäre Antwort auf das vergangene Unrecht ist nämlich die AEMR selbst.

1304 Wie folgend *Verdoodt,* Naissance et Signification de la Déclaration universelle des Droits de l'homme, 1964, 305, S. 307; *Mårtenson*, in: Eide u. a., UDHR, 1992, The Preamble, S. 19; *Missling,* Widerstand und Menschenrechte, 1999, S. 122 ff.

1305 Diese letzte Schlussfolgerung ist nicht zwingend (vgl. hierzu die Wortlautauslegung mit den verschiedenen Deutungsmöglichkeiten des dritten Absatzes, S. 240 f.).

1306 Ebenda, S. 123.

1307 Ebenda, S. 123.

von Widerstand dabei im Vergleich mit der Herrschaft des Rechts zukommt, bleibt unklar. Mehr als ein Indiz zugunsten eines Widerstandsrechts liefert diese systematische Interpretation also nicht.

Darüber hinaus wird von *Bertil Dunér* angeführt, dass Art. 29 Abs. 1 AEMR gegen die Annahme eines Widerstandsrechts in der Präambel sprechen könnte.[1308] *Dunér* gibt zu bedenken, dass die AEMR insbesondere in dieser Vorschrift den Pflichten eines jeden Menschen gegenüber der Gemeinschaft übergeordnete Bedeutung zukommen lässt. Es ist allerdings nicht ersichtlich, dass die angesprochenen Pflichten einem Widerstandsrecht gänzlich entgegenstehen. Der Zusammenhang zum Widerstandsrecht scheint vielmehr weit hergeholt. Wenn man das von *Dunér* erwogene Argument weiterführt, müsste Art. 29 Abs. 1 AEMR zudem gegen alle Rechte in der AEMR sprechen. Art. 29 Abs. 1 AEMR ist vielmehr als ein Hinweis auf die Beschränkung (z. B. im Sinne praktischer Konkordanz, die aus der deutschen Verfassungsdogmatik bekannt ist)[1309] der in der AEMR gewährten Menschenrechte zu verstehen, gegebenenfalls auch eines Widerstandsrechts. Eine gänzliche Versagung von Rechten lässt sich daraus nicht ableiten.

Ein überzeugenderes Argument gegen die Normierung eines Widerstandsrechts in der Präambel lässt sich vielmehr in der Struktur der Textpassage finden. Sie ist zum einen nicht wie die anderen Rechte der AEMR formuliert; so fehlt es an den Eingangsworten „Jeder hat …“, die den Charakter der darin befindlichen Individualrechte hervorheben. Hiergegen ist der Einwand berechtigt, dass in der Präambel ein kollektives Recht statuiert worden sein könnte. Zum anderen spricht die nur sehr allgemeine Formulierung des Tatbestands sowie der Rechtsfolge eines etwaigen Widerstandsrechts gegen seine Kodifizierung. Als Tatbestand kämen nur die sehr unbestimmten Begriffe der Tyrannei und Unterdrückung infrage. Eine mögliche Rechtsfolge scheint die Anwendung von (Waffen-)Gewalt zu sein.[1310] Mit Ausnahme der Hürde des „letzten Mittels“ sind jedoch keine Beschränkungen der Gewaltanwendung erwähnt. In dieser unbestimmten Form könnte man unter Ausdehnung des Begriffs der Unterdrückung auch den bewaffneten Aufstand bzw. Bürgerkrieg gegen eine Regierung, die ihren Bürgern einzig die Meinungsfreiheit versagt, als letztes

---

1308 *Dunér,* IJHR 9 (2005), S. 247–269, 254.

1309 Hierzu *Hesse,* Grundzüge des Verfassungsrechts der Bundesrepublik Deutschland, 1995, Rn. 72, 317 f.

1310 Hierzu s. o., S. 241.

Mittel für zulässig erachten. Die Unbestimmtheit könnte damit gegen die Auslegung zugunsten eines kodifizierten Widerstandsrechts sprechen. Allerdings sucht man bestimmte und präzise Formulierungen in der gesamten AEMR vergeblich.[1311] Weite Auslegungsmöglichkeiten sind insbesondere bei den negativen Freiheitsrechten notwendig. Keines der Freiheitsrechte in der AEMR weist eine wirklich präzise Formulierung des Tatbestandes bzw. Schutzbereiches auf – von einer Rechtsfolge bei deren Verletzung ganz zu schweigen.[1312] Auch die Formulierung von quasi-anspruchsbegründenden Rechten in der AEMR (z. B. Art. 8) lassen den Umfang etwaiger Ansprüche konturenlos erscheinen. Eine unbestimmte Formulierung spricht also in der AEMR nicht per se gegen die Annahme eines (Widerstands-)Rechts. *Michael Geistlinger* und *Missling* halten die präzise Formulierung von Zulässigkeitsvoraussetzungen außerdem für überflüssig, weil sie der Bestimmung der Präambel die Funktion einer Sanktion zusprechen: Wenn eine Regierung nicht die Herrschaft des Rechts im Sinne der AEMR walten ließe, würde dies im Zweifel durch den Aufstand ihres Volks sanktioniert.[1313] Diesen Gedanken kann man in die Textpassage hineinlesen. Dadurch wird sie allerdings nicht zur Quelle eines etwaigen Rechts – was *Geistlinger* und *Missling* im Übrigen auch nicht voraussetzen. Für sie hat die Bestimmung lediglich eine deklaratorische Wirkung.[1314] Die Existenz eines Widerstandsrechts erschöpft sich also auch nach dieser Ansicht nicht in der Textpassage der Präambel der AEMR, sondern bedarf weiterer Begründung.

Ungeachtet der Unbestimmtheit des Passus weist die Textpassage noch eine weitere systematische Besonderheit auf, die im Rahmen der historisch-genetischen Auslegung Beachtung gefunden hat: Es handelt sich dabei um die bloße Verortung in der Präambel. Für *Geistlinger* und *Missling* spiegelt sich in dieser außerordentlichen Stellung die außerordentliche Bedeutung des (deklaratorisch wirkenden) Widerstandsrechts wider.[1315] Das

1311 Zu den ungenauen Formulierungen in der AEMR *Dunér,* IJHR 9 (2005), S. 247–269, 254.

1312 Der Schutzbereich der Freiheitsrechte ist insofern gleichermaßen Tatbestand (Inhalt) und Rechtsfolge (Schutz dieses Inhalts).

1313 *Geistlinger,* Revolution und Völkerrecht, 1991, S. 362, 371 f.; *Missling,* Widerstand und Menschenrechte, 1999, S. 120 f., 124 f.

1314 *Geistlinger,* Revolution und Völkerrecht, 1991, S. 366, 371 f.; *Missling,* Widerstand und Menschenrechte, 1999, S. 126 f.

1315 *Geistlinger,* Revolution und Völkerrecht, 1991, S. 364, 366 f.; *Missling,* Widerstand und Menschenrechte, 1999, S. 126 f.

Widerstandsrecht als Sanktion wird von ihnen schließlich als ein den Menschenrechten übergeordnetes Recht betrachtet.[1316] Wie soeben angedeutet, ist das Konzept des übergeordneten Widerstandsprinzips für sich genommen nicht unattraktiv, und die vorangestellte Erwähnung in der Präambel könnte in der Tat zugunsten dieses Konzepts verstanden werden. Voraussetzung wäre dann – wie bei *Geistlinger* und *Missling* – die Annahme einer bloß deklaratorischen Wirkung der Vorschrift. Darüber hinaus ist es äußerst unüblich – wenn nicht noch niemals vorgekommen –, dass in einer Präambel Recht konstituiert wird. Präambeln sind der Ort der politischen Absichtserklärungen,[1317] welche bei der Auslegung der folgenden Regelungen zwar zu berücksichtigen sind, jedoch nicht der Ort der eigentlichen Rechtsetzung. Dass gerade die Präambel der AEMR eine Ausnahme hierzu darstellen sollte, ist mit Blick auf die historisch-genetischen Überlegungen (Kompromiss der Herabstufung des Widerstandsrechts durch Platzierung in der Präambel) entscheidend zu verneinen.[1318]

4. Teleologische Auslegung

Gerade weil einer Präambel der soeben erwähnte Charakter einer Absichtserklärung zukommt, ist es schwierig, ihrem Inhalt ein eigenes Telos zuzusprechen. Denn die Formulierungen einer Präambel haben den einzigen Sinn, die rechtspolitische Notwendigkeit und die Intentionen der kommenden rechtlichen Bestimmungen darzulegen. Wenn man der teleologischen Auslegung dennoch eine Chance bei der Gewinnung neuer Erkenntnisse zu besagter Textpassage geben will, kann man annehmen, dass auch dieser Passage ein eigener konkreter Sinn bei der Begründung der Notwendigkeit der in dem Dokument nachfolgenden Bestimmungen zukommt. Ebendieser besondere Sinn kann dann als sein Telos im Sinne der Auslegungsmethode erfasst werden. Im Hinblick auf den hier diskutieren Absatz in der Präambel wurde genau dieser Sinn zu Anfang der Erörterungen im Rahmen der Wortlautauslegung erfasst und erwogen: Die AEMR soll dem Recht zur Herrschaft verhelfen und damit auch Aufstände über-

---

1316 Ähnlich, wie es der britische Repräsentant *Davies* beabsichtigte (hierzu s. o., S. 244)

1317 So für die Präambel der AEMR *Robinson,* The Universal Declaration of Human Rights, 1958, S. 36.

1318 Zu der historisch-genetischen Auslegung s. o., S. 242 ff.

flüssig machen.[1319] Das ist Kernaussage und damit Sinn und Zweck dieser Textpassage und nicht etwa die Normierung eines Widerstandsrechts.

5. Zusammenfassende Bemerkungen

Mittels der vorliegend angewendeten Auslegungsmethoden ließen sich nur sehr wenige Argumente finden, die dafür sprechen, direkt aus Abs. 3 der Präambel der AEMR ein Widerstandsrecht abzuleiten. Sicherlich sind die Formulierung selbst und die Tatsache, dass die Bestimmung eine juristische Reaktion auf eine historische Periode der humanen Grausamkeit darstellt, die stärksten Argumente pro Widerstandsrecht. Allerdings wiegen die gegenläufigen Argumente sehr stark – insbesondere die Stellung in der Präambel und die Unbestimmtheit der Textpassage. Ihr kann keinesfalls rechtskonstitutive Wirkung zukommen, wie es manche der eingangs erwähnten Völkerrechtler annehmen. Dem dritten Absatz eine „klärend[e]“[1320] Wirkung im Hinblick auf das Widerstandsrecht zuzusprechen – wie *Shing-I Liu* –, erscheint angesichts der zahlreichen Fragen, die dieser offenlässt, geradezu als interpretatorische Überhöhung. Sicherlich kommen in dieser Textpassage einige tragende Gedanken zu Widerstand und Widerstandsrecht zum Ausdruck, jedoch keineswegs in abschließender, klärender Art und Weise und schon gar nicht mit rechtskonstitutiver Wirkung.

Erstens ist der Bestimmung die Tendenz zu entnehmen, dass ein Widerstandsrecht ein überpositives Element aufweist, da es als letztes Schutzinstrument für die normierten Rechte dient.[1321] *Aleksandar Marsavelski* sieht darin „[p]erhaps the most important evidence of acceptance of the right of revolution as a general principle of law […]“[1322]. Allein die Präambel der AEMR vermag aber keine ausreichende Begründung für einen allgemeinen Rechtsgrundsatz im Sinne von Art. 38 Abs. 1 lit. c) IGH-Sta-

---

1319 Hierzu s. o., S. 240.

1320 *Liu,* Archiv für Rechts- und Sozialphilosophie Beiheft 41 1990, S. 35–42, 37 mit Hinweis auf *Klug,* in: Hill (Hrsg.), Widerstand und Staatsgewalt, 1984, S. 11–23, S. 17 f.

1321 *Liu,* Archiv für Rechts- und Sozialphilosophie Beiheft 41 1990, S. 35–42, 37; *Geistlinger,* Revolution und Völkerrecht, 1991, S. 366, 371; *Missling,* Widerstand und Menschenrechte, 1999, S. 126.

1322 *Marsavelski,* CJIL 28 (2013), S. 241–295, 275.

tut zu sein.[1323] Vielmehr kann nur die Idee eines Widerstandsrechts in der Präambel gefunden werden, die höchstens ein Indiz für die Annahme eines entsprechenden Rechtsgrundsatzes darstellt. Darin kommt außerdem zum Ausdruck, dass der übrige Inhalt der AEMR und insbesondere die in Abs. 1 der Präambel formulierte Grundlage von Freiheit, Gerechtigkeit und Frieden in der Welt ein globales Ziel und einen entsprechenden Maßstab statuiert, zu dessen Durchsetzung als letztes Mittel Widerstand in Betracht kommen kann.[1324]

Zweitens tritt in Abs. 3 der Präambel der AEMR die Verurteilung von Tyrannei und Unterdrückung als einer der Leitgedanken der AEMR zutage.[1325] Diese beiden Begriffe sind seit Langem Gegenstand rechtsphilosophischer Auseinandersetzungen mit dem Widerstandsrecht und weisen zudem eine lange Gebrauchstradition in den historischen Revolutionen auf, insbesondere in Frankreich und den Vereinigten Staaten.[1326] Im Fokus bei deren Bekämpfung steht laut dieses Absatzes in der Präambel der AEMR allerdings nicht der Widerstand („letztes Mittel“), sondern die Herrschaft des Rechts, dessen genaue Bezeichnung bei der Entstehung des endgültigen Textes der Präambel von großem Interesse war.[1327]

1323 Nach einer Ansicht sind solche allgemeinen Rechtsgrundsätze ohnehin lediglich im nationalem Recht zu suchen, nicht im Völkerrecht selbst (zu dieser Diskussion s. u., S. 493 ff.).

1324 *Fassbender,* APuZ 2008 (Heft 46), S. 3–8, 4 hält die AEMR für einen „common standard of achievement“. Von einer „universellen Moralordnung der Gegenwart“ sprechend, deren Garant das Widerstandsrecht sei *Geistlinger,* Revolution und Völkerrecht, 1991, S. 366. Ähnlich *Partsch,* in: Simma u. a., UN Charta, 1991, Art. 55(c) Rn. 33; *Missling,* Widerstand und Menschenrechte, 1999, S. 33; *Holmes,* in: Bleisch/Strub (Hrsg.), Pazifismus, 2006, S. 145–161, 146; *Kreuter-Kirchhof,* AVR 48 (2010), S. 338–382, 357; *Kau,* in: Graf Vitzthum/Proelß (Hrsg.), Völkerrecht, 2016, S. 133–246, Abschn. 3 Rn. 235.

1325 Demgegenüber betonen *Paust,* Emory Law Journal 32 (1983), S. 545–581, S. 562 und *Lippmann,* 8 (1989-1990), S. 349–374, 357 f., dass die materielle Voraussetzung eines Widerstandsrechts im Sinne der Bestimmung vor allem in Mängeln der politischen Teilhaberechte zu sehen sei.

1326 Hierzu näher *Missling,* Widerstand und Menschenrechte, 1999, S. 114. S. auch *Wolzendorff,* Staatsrecht und Naturrecht in der Lehre vom Widerstandsrecht des Volkes gegen rechtswidrige Ausübung der Staatsgewalt, 1961 (1916), S. 359, 369 f.; *Geistlinger,* Revolution und Völkerrecht, 1991, S. 368 ff.

1327 *Missling,* Widerstand und Menschenrechte, 1999, S. 120 sieht darin ein Indiz für den umfassenden Wirkungsbereich der Herrschaft des Rechts.

Auch wenn die AEMR mitunter als „Bibel des internationalen Menschenrechtsschutzes“[1328] bezeichnet wird, ist in ihrer Präambel nicht die Statuierung eines Widerstandsrechts intendiert gewesen, und es lässt sich hieraus auch im Wege einer dynamischen Auslegung keines ableiten. Ungeachtet der Unbestimmtheit des Passus ist es fragwürdig, dass in der Praxis und in der Völkerrechtswissenschaft mitunter eine mittlerweile weit mehr als 60 Jahre alte politische Absichtserklärung *ohne weitere Begründung* mit normativ verbindlichem Inhalt gefüllt wird.[1329]

III. Das Selbstbestimmungsrecht der Völker

Viele Autoren, die sich zur Begründung eines völkerrechtlichen Widerstandsrechts auf die Präambel der AEMR berufen, stützen ihre These zudem auf das Selbstbestimmungsrecht der Völker (nachfolgend „Selbstbestimmungsrecht“).[1330] Dabei nehmen sie vornehmlich Rekurs auf die Formulierung des Selbstbestimmungsrechts im gemeinsamen Art. 1 Abs. 1 des IPbpR und IPwskR, in dem es heißt:

> „Alle Völker haben das Recht auf Selbstbestimmung. Kraft dieses Rechts entscheiden sie frei über ihren politischen Status und gestalten in Freiheit ihre wirtschaftliche, soziale und kulturelle Entwicklung.“

Die dort erwähnte Entscheidungsfreiheit im Hinblick auf den politischen Status könnte auf den ersten Blick einen deutlichen Hinweis auf ein Widerstandsrecht implizieren. Das Konzept der politischen Selbstbestimmung der Völker gehört seit der Französischen Revolution zum Repertoire der menschenrechtlich geprägten politischen Grundsätze.[1331] Politische Selbstbestimmung ist schließlich das grundlegende Prinzip, das einen Teil

---

1328 *Kinkel,* in: Letzgus/Hill/Kleinert u. a. (Hrsg.), Für Recht und Staat, 1994, S. 245–254, 249; *Missling,* Widerstand und Menschenrechte, 1999, S. 33.

1329 *Dunér,* IJHR 9 (2005), S. 247–269, 254.

1330 So *Paust,* Emory Law Journal 32 (1983), S. 545–581, 547 f.; *Liu,* Archiv für Rechts- und Sozialphilosophie Beiheft 41 1990, S. 35–42, 41; ähnlich *Tomuschat,* in: UNESCO (Hrsg.), Violations of human rights: possible rights of recourse and forms of resistance, 1984, S. 13–33, 14, 20 f.; *ders.,* in: Albach (Hrsg.), Über die Pflicht zum Ungehorsam gegenüber dem Staat, 2007, S. 60–95, 88; *Rosas,* in: Eide u. a., UDHR, 1992, Art. 21, S. 308, 312; *Marsavelski,* CJIL 28 (2013), S. 241–295, S. 276.

1331 *Kersting,* in: Merkel (Hrsg.), Der Kosovo-Krieg und das Völkerrecht, 2000, S. 187–231, 199.

des Fundaments von *Lockes* Widerstandslehre darstellt. Hat ein solches Verständnis von Selbstbestimmung und Widerstand in der soeben zitierten Stelle also Eingang in das positive Völkerrecht gefunden? Zunächst möchte man auf diese Frage mit dem im ersten Kapitel erarbeiteten rechtsphilosophischen Verständnis des Widerstandsrechts positiv antworten.

Indessen gelang dem Selbstbestimmungsrecht sein Durchbruch in der modernen Völkerrechtspraxis vielmehr als Entkolonialisierungsrecht sowie als Argument in Debatten um territoriale Bestrebungen von Minderheiten in einem Staat. Bereits in dieser Gegenüberstellung zeigt sich der Facettenreichtum des Selbstbestimmungsrechts. Facettenreichtum bedeutet aber auch, dass der Begriff in der internationalen Politik mit beliebigem Inhalt gefüllt und zur Untermauerung von politischen Zielen verwendet werden kann. *Doehring* bezeichnet das Selbstbestimmungsrecht daher als „Kampfbegriff"[1332]. Auf die sehr wechselhafte Interpretation dieses Rechts weist auch *Oeter* hin, der zudem darlegt, dass es den Völkerrechtler vor zahlreiche Fragen stelle und ihn mangels klarer Strukturen und Konturen bei deren Beantwortung allein lasse.[1333] Bekundungen von Verständnisschwierigkeiten sind daher auch in zahllosen Abhandlungen weiterer Völkerrechtler über das Selbstbestimmungsrecht zu finden.[1334] Dies ist keineswegs mit einer Kapitulation vor der inhaltlichen Erfassung des Selbstbestimmungsrechts zu verwechseln. Im Gegenteil: Die Literatur rund um das Selbstbestimmungsrecht weist eine kaum zu überragende Fülle auf, die es mit den völkerrechtlichen Herausforderungen des Selbstbestimmungsrechts aufzunehmen versucht.[1335] Leider hat dies bisher

1332 *Doehring,* in: Deutsche Gesellschaft für Völkerrecht (Hrsg.), Das Selbstbestimmungsrecht der Völker als Grundsatz des Völkerrechts, 1974, S. 7–56, 7, 37 (These 1). *Scheuner*, in: Deutsche Gesellschaft für Völkerrecht (Hrsg.), Das Selbstbestimmungsrecht der Völker als Grundsatz des Völkerrechts, 1974, S. 57–94, 52 spricht demgegenüber zurückhaltender von einem „Prinzip der Legitimation von Veränderungen".

1333 *Oeter,* ZaöRV 1992, S. 741–780, 743 ff., 748 f.

1334 Vgl. nur *Thürer,* AVR 22 (1984), S. 113–137, 113; *Koskenniemi,* ICLQ 43 (1994), S. 241–269, 241; *Schnebel,* ARSP 2010, S. 77–86, 81. Zurückhaltend zum Verständnis des Selbstbestimmungsrecht bei der Entkolonialisierung auch *Richter Petrén* im „West Sahara Fall" des IGH („[...] not yet a complete body of doctrine and practice.", s. IGH, Western Sahara, 16. Oktober 1975, I.C.J. Reports 1975, S. 104 ff., 110).

1335 Ähnlich *Doehring,* in: Deutsche Gesellschaft für Völkerrecht (Hrsg.), Das Selbstbestimmungsrecht der Völker als Grundsatz des Völkerrechts, 1974, S. 7–56, 7, Fn. 1.

kaum zu einem konsensfähigen Verständnis des Selbstbestimmungsrechts beigetragen.[1336] Vielmehr werden immer mehr Unklarheiten aufgedeckt. Sowohl seine Rechtsnatur als auch sein Inhalt, seine Voraussetzungen und sein Rechtsträger bleiben stark umstritten.[1337]

In jedem Fall kann das Selbstbestimmungsrecht, das „[…] zu den am schwächsten konturierten Prinzipien des internationalen Rechts“[1338] zählt, nicht ohne eingehende Erörterung zur Begründung eines Widerstandsrechts herangezogen werden. Es bedarf einer präzisen Analyse des Selbstbestimmungsrechts im Hinblick auf seine Aussagekraft über ein völkerrechtliches Widerstandsrecht.[1339] Diese Analyse soll im Folgenden induktiv, also mit Blick auf geltende Rechtssätze und Prinzipien des Völkerrechts erfolgen. Wo diese Methode ihre Grenzen bei der Auslegung des Selbstbestimmungsrechts aufweist, dürfen und müssen auch Erwägungen der Rechtsphilosophie eine Rolle spielen.

1. Rechtsnatur

Wie angedeutet, herrscht bereits Uneinigkeit bei der Frage der Rechtsnatur des Selbstbestimmungsrechts. Diesbezüglich werden alle denkbaren Positionen vertreten – so stellt das Selbstbestimmungsrecht für einige Autoren eine politische oder moralische Zielbestimmung dar, für andere wiederum eine verbindliche Vorschrift des Völkerrechts, zum Teil gar mit Wirkung *erga omnes* oder als *ius cogens*. Nach der klassischen völkerrechtlichen Rechtsquellenlehre ist methodisch zu prüfen, ob das Selbstbestimmungsrecht einer der drei Rechtsquellen aus Art. 38 Abs. 1 lit. a) bis c) IGH-Statut entspringt, um zu erfahren, ob es völkerrechtliche Verbindlichkeit aufweist. Der Prüfungsrahmen für die Beantwortung der Frage nach der Rechtsnatur ist daher klar vorgegeben. In diesem Schema finden jedoch

---

1336 Ähnlich ebenda, S. 7, Fn. 1; *Koskenniemi,* ICLQ 43 (1994), S. 241–269, 244.

1337 Vgl. zum Befund von Unklarheiten *Miehsler,* in: Rabl (Hrsg.), Ausgewählte Gegenwartsfragen zum Problem der Verwirklichung des Selbstbestimmungsrechts der Völker, 1965, S. 98–132, 108; *Thürer,* AVR 22 (1984), S. 113–137, 119; *Ermacora,* in: Riedl/Veiter (Hrsg.), Föderalismus, Regionalismus und Volksgruppenrecht in Europa, 1989, S. 116–122.

1338 *Gusy,* AVR 30 (1992), S. 385–410, 385.

1339 Dass dabei nicht alle Fragen, die das Selbstbestimmungsrecht aufwirft, erörtert werden können, versteht sich angesichts des hiesigen Untersuchungsgegenstandes von selbst.

nicht alle Ansätze der Lehre zum Selbstbestimmungsrecht ihren Platz. Dies wird durch die zusätzlichen Unklarheiten bezüglich des Inhalts des Selbstbestimmungsrechts bedingt. Wie angedeutet, gibt es schließlich nicht *das* Selbstbestimmungsrecht mit einem schlechthin bekannten Inhalt, um dessen Rechtsverbindlichkeit es geht. Daher ist es möglich, dass ihm in einem inhaltlichen Aspekt völkergewohnheitsrechtliche Verbindlichkeit zukommt, während es in anderen Belangen bisher nur politisches Leitprinzip ist. Dies wird bei der Darstellung des Inhalts des Selbstbestimmungsrechts aufgegriffen.

Zunächst zur – wenn auch oberflächlichen – Betrachtung der drei Völkerrechtsquellen. Völkervertragsrechtlich finden sich Ausführungen zum Selbstbestimmungsrecht in der UN-Charta (Art. 1 Abs. 2, 55, 73 lit. b), 76 lit. b)) und in den Menschenrechtspakten von 1966 (gemeinsamer Art. 1 Abs. 1 und 3 des IPbpR und des IPwskR). Zudem findet es Erwähnung in zahlreichen Resolutionen der UN-Generalversammlung. Am bedeutsamsten sind die Resolutionen zum Entkolonialisierungsprozess[1340] und die *Friendly Relations Declaration*[1341]. Für die UN-Mitgliedstaaten und die Vertragspartner der Menschenrechtspakte entfaltet das Selbstbestimmungsrecht also auf den ersten Blick die verbindliche Wirkung von Völkervertragsrecht. Zweifel hieran ergeben sich allerdings aus dem apodiktischen Charakter[1342] der Formulierung, insbesondere in der UN-Charta. Es wird einzig auf den „Grundsatz der [...] Selbstbestimmung der Völker" verwiesen – ohne weitere Anhaltspunkte zum Inhalt dieses möglichen Rechts. *Geistlinger* geht dementsprechend davon aus, dass die Charta das Selbstbestimmungsrecht als präexistent voraussetzt.[1343]

Die Betitelung als „Grundsatz" könnte eher dafür sprechen, die Selbstbestimmung der Völker als programmatische Zielvorgabe der Charta zu begreifen und nicht als rechtsverbindliches Institut.[1344] Allerdings kommt in der UN-Charta auch Grundsätzen Rechtsverbindlichkeit zu, so etwa in

---

1340 A/RES/1514 (XV) (14.12.1960).

1341 A/RES/2625 (XXV) (24.10.1970).

1342 *Geistlinger,* Revolution und Völkerrecht, 1991, 385; *Gusy,* AVR 30 (1992), S. 385–410, 387. Ähnlich *Thürer,* AVR 22 (1984), S. 113–137, 132; *Thürer/ Burri,* Self-Determination, 2008, Rn. 8.

1343 *Geistlinger,* Revolution und Völkerrecht, 1991, 374.

1344 So etwa *Miehsler,* in: Rabl (Hrsg.), Ausgewählte Gegenwartsfragen zum Problem der Verwirklichung des Selbstbestimmungsrechts der Völker, 1965, S. 98–132, 108 und *Schnebel,* ARSP 2010, S. 77–86, 81 (mit Einschränkung für das Entkolonialisierungsrecht).

Art. 2 UN-Charta. *Doehring* spricht Grundsätzen innerhalb der UN-Charta daher im Zweifel gar einen hohen hierarchischen Rang unter ihren verbindlichen Rechtssätzen zu.[1345] Seiner Ansicht im Jahre 1974 nach wird jede Debatte über die Rechtsnormqualität des Selbstbestimmungsrechts nach Inkrafttreten der Menschenrechtspakte ohnehin überflüssig.[1346] Mittlerweile sind die Pakte hierzu von genügend Staaten ratifiziert worden.[1347] Dies führt, so man *Doehrings* Wegweiser folgt, zurück zur ersten Feststellung: dass dem Selbstbestimmungsrecht für die entsprechenden Vertragspartner völkervertragsrechtliche Geltung zukommt.

Auch wenn in den Menschenrechtspakten ein paar Sätze mehr zum Selbstbestimmungsrecht zu lesen sind, bleibt es bei mannigfachen Interpretationsmöglichkeiten dieses Grundsatzes. *Daniel Thürer* zufolge hat Art. 1 IPbpR bzw. IPwskR deshalb keinen absoluten Charakter und somit auch keine Rechtsverbindlichkeit.[1348] Art. 1 ist aber nicht merklich anders formuliert als die Vielzahl der weiteren Rechte, die in den Pakten verbürgt werden; auch diese bedürfen weiterer Interpretation, um ihren genauen Schutzbereich ausfindig zu machen. Nun wird sich beispielsweise beim Recht auf Leben schneller eine Idee zum Schutzbereich finden lassen, als man einen möglichen Inhalt des Selbstbestimmungsrechts formulieren kann. Näherer Ausführungen bedürfen insoweit alle im IPbpR und IPwskR verbürgten Rechte. Darin ist per se noch kein Grund zu sehen, ein namentlich benanntes Recht für unverbindlich zu erklären. Bereits hier bleibt festzuhalten, dass der Begriff der Selbstbestimmung ein ausschließlich normativer Begriff ist, der sich insofern von vielen anderen Verbürgungen mit faktischem Bezug unterscheidet. Zum Inhalt und zur Reichweite der rechtlichen Geltung schweigt das Völkervertragsrecht. *Christoph Gusy* formuliert treffend: „[…] es wird mehr vorausgesetzt als begründet."[1349]

Zahlreiche Stimmen in der Völkerrechtswissenschaft sprechen sich ungeachtet einer völkervertragsrechtlichen Wirkung für die Einordnung des

1345 *Doehring,* in: Deutsche Gesellschaft für Völkerrecht (Hrsg.), Das Selbstbestimmungsrecht der Völker als Grundsatz des Völkerrechts, 1974, S. 7–56, 16, 48 (These 6).

1346 Ebenda, S. 18.

1347 Vgl. *UN Treaty Collection,* Chapter IV, Human Rights, 4. International Covenant on Civil and Political Rights, 2015 und *ders.,* Chapter IV, Human Rights, 3. International Covenant on Economic, Social and Cultural Rights, 2015.

1348 *Thürer/Burri,* Self-Determination, 2008, Rn. 45.

1349 *Gusy,* AVR 30 (1992), S. 385–410, 387.

Selbstbestimmungsrechts als Völkergewohnheitsrecht aus.[1350] Eine entsprechende Rechtsüberzeugung ist insbesondere der Rechtsprechung des Internationalen Gerichtshofes sowie zahlreicher Resolutionen der UN-Generalversammlung zu entnehmen.[1351] Demgegenüber ist die Ansicht, dass das Selbstbestimmungsrecht ein allgemeiner Rechtsgrundsatz im Sinne von Art. 38 Abs. 1 lit. c) IGH-Statut sei, weniger prominent.[1352] Diese Rechtsquelle des Völkerrechts ist ohnehin sehr umstritten.[1353] *Doehring* lehnt die Rechtseigenschaft des allgemeinen Rechtsgrundsatzes mangels entsprechender nationaler Rechtspraxis ab.[1354] *Aureliu Cristescu* hält dieses Institut gegenüber den anderen Völkerrechtsquellen für subsidiär.[1355] An anderer Stelle hält er das Selbstbestimmungsrecht, neben anderen, gleichwohl für einen (Rechts-)Grundsatz.[1356] Ob damit die Anerkennung

---

1350 So etwa *Doehring,* in: Deutsche Gesellschaft für Völkerrecht (Hrsg.), Das Selbstbestimmungsrecht der Völker als Grundsatz des Völkerrechts, 1974, S. 7–56, 14 f., 47 (These 4); *Geistlinger,* Revolution und Völkerrecht, 1991, 381 f.; *Shaw,* in: Fastenrath/Geiger/Khan u. a. (Hrsg.), From Bilateralism to Community Interest, 2011, S. 590–608, 599; *Kau,* in: Graf Vitzthum/Proelß (Hrsg.), Völkerrecht, 2016, S. 133–246, Abschn. 3 Rn. 125; *Herdegen,* Völkerrecht, 2016, § 36 Rn. 3. Von einem „Satz des allgemeinen Völkerrechts" sprechend*Ermacora,* in: Riedl/Veiter (Hrsg.), Föderalismus, Regionalismus und Volksgruppenrecht in Europa, 1989, S. 116–122, 116. A. A. *Thürer,* Das Selbstbestimmungsrecht der Völker, 1976, S. 125, 150, der nur das Entkolonialisierungsrecht für Völkergewohnheitsrecht hält.

1351 Vgl. nur IGH, Namibia, 21. Juni 1971, I.C.J. Reports 1971, S. 16 ff., Rn. 52 f.; IGH, Western Sahara, 16. Oktober 1975, I.C.J. Reports 1975, S. 12 ff., Rn. 54 ff., insb. Rn. 59; IGH, East Timor (Portugal vs. Australia), 30. Juni 1995, I.C.J. Reports 1995, S. 90 ff., Rn. 29; A/RES/1514 (XV) (14.12.1960); A/RES/2627 (XXV) (24.10.1970), Rn. 6; A/RES/2625 (XXV) (24.10.1970), Grundsatz 5; A/RES/2708 (XXV) (14.12.1970); A/RES/2734 (XXV) (16.12.1970), Rn. 2.

1352 So aber *Wolfrum,* General International Law (Principles, Rules, and Standards), 2010, Rn. 47.

1353 Hierzu s. u., S. 483 ff.

1354 *Doehring,* in: Deutsche Gesellschaft für Völkerrecht (Hrsg.), Das Selbstbestimmungsrecht der Völker als Grundsatz des Völkerrechts, 1974, S. 7–56, 19 f., 48 (These 7). Zur methodischen Ableitung allgemeiner Rechtsgrundsätze s. u., S. 483 ff.

1355 *Cristescu,* E/CN.4/Sub.2/404/Rev. 1, Study: The Right to Self-Determination, 1981, S. 23 Rn. 153.

1356 Ebenda, S. 17, Rn. 88, 92 spricht von einem „principle". Ähnlich *Oeter,* ZaöRV 1992, S. 741–780, 757, der von einem „elementaren Rechtsgrundsatz mit universeller Gültigkeit" spricht. Zurückhaltender von „allgemeine[m] universalen Völkerrecht" sprechend BVerfGE 77, 137, 162.

als allgemeiner Rechtsgrundsatz im Sinne der Völkerrechtsquellenlehre gemeint ist, bleibt unklar. Es könnte ebenso die Einordnung als Naturrecht gemeint sein, wie sie beispielsweise *Peters* für das Selbstbestimmungsrecht vornimmt.[1357] Nach einer Ansicht, die die allgemeinen Rechtsgrundsätze für das Einfallstor von Naturrecht in das Völkerrecht hält, ist insofern nicht erst zu differenzieren.[1358]

Zudem wird dem Selbstbestimmungsrecht mitunter vom Internationalen Gerichtshof eine Wirkung *erga omnes* zugeschrieben.[1359] Zum Tragen kommt dies etwa bei der Frage nach der Anerkennung einer völkerrechtlich illegalen Besatzung.[1360] Darüber hinaus wird es von einer Ansicht in der Völkerrechtswissenschaft zum *ius cogens* (vgl. Art. 53 S. 2 WVK) gezählt.[1361] Demgegenüber zweifeln andere Autoren gänzlich an der Rechts-

---

1357 *Peters,* Widerstandsrecht und humanitäre Intervention, 2005, S. 304. In diese Richtung tendierend auch *Gusy,* AVR 30 (1992), S. 385–410, 386, der das Selbstbestimmungsrecht (allerdings unzutreffend unumstritten) für einen Bestandteil des Völkerrechts mit universaler Geltung erachtet.

1358 Die naturrechtliche Ansicht findet sich bei *Spiropoulos,* Die allgemeinen Rechtsgrundsätze im Völkerrecht, 1928, S. 63 ff.; *Schwarzenberger,* Foreword, 1994, S. xi; *Verdross,* Völkerrecht, 1964, 23 f.; *Dahm/Delbrück/Wolfrum,* Völkerrecht, Bd. I/1, 1989, S. 65; *Marsavelski,* CJIL 28 (2013), S. 241–295, 277; *Lauterpacht,* International Bill of the Rights of Man, 2013, S. 42; in diese Richtung tendierend *Malanczuk,* Akehurst's Modern Introduction to International Law, 1997, S. 49.

1359 IGH, East Timor (Portugal vs. Australia), 30. Juni 1995, I.C.J. Reports 1995, S. 90 ff., 102 Rn. 29; ders., Wall in the Occupied Palestinian Territory, 9. Juli 2004, I.C.J. Reports 2004, S. 136 ff., 199 Rn. 155. Vgl. *Brandt Ahrens,* Columbia Journal of Transnational Law 42 (2003-2004), S. 575–615, 591 f.; ähnlich *Oeter,* ZaöRV 1992, S. 741–780, 757 („universelle Gültigkeit“); *Gusy,* AVR 30 (1992), S. 385–410, 386 („universale Geltung“); vgl. sogar A/RES/2649 (XXV) (30.11.1990), die von der „importance of the universal realization“ spricht. Grundlegend zur Wirkung *erga omnes* IGH, Barcelona Traction, 5. Februar 1970, I.C.J. Reports 1970, S. 3 ff., Rn. 33. Gegen eine Wirkung *erga omnes Summers,* Finnish Yearbook of International Law, S. 271–293, 291 f.

1360 Vgl. *Thürer/Burri,* Self-Determination, 2008, Rn. 25 mit Hinweis auf IGH, Wall in the Occupied Palestinian Territory, 9. Juli 2004, I.C.J. Reports 2004, S. 136 ff., S. 184 Rn. 122).

1361 *Gros Espiell,* in: Cassese (Hrsg.), UN-Law/Fundamental Rights, 1979, S. 167–174, 168; *ders.,* E/CN.4/Sub.2/405/Rev. 1, Study: The Right to Self-Determination, 1980, Rn. 69 ff., Rn. 86 f.; *Ermacora,* Der Minderheitenschutz im Rahmen der Vereinten Nationen, 1988, S. 72, Rn. 86; *ders.,* in: Riedl/Veiter (Hrsg.), Föderalismus, Regionalismus und Volksgruppenrecht in Europa, 1989, S. 116–122; vgl. *Cassese,* in: Henkin (Hrsg.), The International Bill of Rights, 1981,

verbindlichkeit des Selbstbestimmungsrechts.[1362] So wird es vielfach als politisches Programm gesehen.[1363] Interessant ist insofern die differenzierende Auffassung von *Thürer*, wonach das Selbstbestimmungsrecht sich zwar über die UN-Charta, die Menschenrechtspakte und die bisherige internationale Praxis zu Völkerrecht verdichtet habe, allerdings nur im Hinblick auf das Gebot der Entkolonialisierung und auf seine allgemeinen Formulierungen.[1364] Darüber hinaus komme dem Selbstbestimmungsrecht derzeit keine rechtsverbindliche Wirkung zu; vielmehr sei es nur politisches und moralisches Grund- und Leitprinzip für die Auslegung und insbesondere Entwicklung des Völkerrechts.[1365] Hierin sieht *Thürer* die grundlegende Funktion des Selbstbestimmungsrechts, dem insofern eine tragende Rolle in einer weltweiten Verfassungsordnung zukomme.[1366] Diesem Verständnis folgend, könnte das Selbstbestimmungsrecht ungeachtet der präzisen Bestimmung der Reichweite seiner Rechtsverbindlichkeit zur Entwicklung eines völkerrechtlichen Widerstandsrechts herangezogen werden.

2. Bestimmung des Inhalts

Wie angedeutet, gibt es keinen völkerrechtlichen Konsens über den Inhalt des Selbstbestimmungsrechts. Dies ist in erster Linie den nur spärlichen

---

S. 92–113, 111; *Shaw,* Title to Territory in Africa, 1986, S. 91; nur bzgl. der Entkolonialisierungskomponente befürwortend *Thiele,* Selbstbestimmungsrecht und Minderheitenschutz in Estland, 1999. A. A *Summers,* Finnish Yearbook of International Law, S. 271–293, 287 f. Gem. *Cristescu,* E/CN.4/Sub.2/404/ Rev. 1, Study: The Right to Self-Determination, 1981, S. 23 f. Rn. 154 kann innerhalb der UN-Institutionen keine Zuordnung zum *ius cogens* erfolgen. Zum Streit um die Qualität als *ius cogens Geistlinger,* Revolution und Völkerrecht, 1991, 375, Fn. 941 m. w. N.

1362 *Berber,* Lehrbuch des Völkerrechts, Bd. I, 1960, S. 75.

1363 Zahlreiche w. N. hierzu finden sich bei *Klein,* in: ders./Kloss/Meissner u. a. (Hrsg.), Beiträge zu einem System des Selbstbestimmungsrechts, 1970, S. 6–27.

1364 *Thürer,* AVR 22 (1984), S. 113–137, 123, 125.

1365 Ebenda, S. 119 f., 132 ff.; *Thürer/Burri,* Self-Determination, 2008, Rn. 8, 28 ff. Ähnlich *Schnebel,* ARSP 2010, S. 77–86, 81 f.; *Oeter,* ZaöRV 1992, S. 741–780, 763 f., der z. B. das innere Selbstbestimmungsrecht (hierzu s. u., S. 266 ff.) nur als politisches Prinzip versteht.

1366 *Thürer/Burri,* Self-Determination, 2008, Rn. 26, 45.

Formulierungen im positiven Völkerrecht zu verdanken.[1367] Auch eine Einbettung in die Zusammenhänge der grundlegenden Prinzipien des Völkerrechts gestaltet sich als schwierig bis unmöglich, sodass sich hieraus keine klaren Aussagen über den Inhalt des Selbstbestimmungsrechts ableiten lassen.[1368] Darüber hinaus ist auch das Subjekt des Selbstbestimmungsrechts zweifelhaft, sodass sein Inhalt entsprechend variieren könnte.[1369] Diese Probleme vorangestellt, wird dennoch versucht, mithilfe der völkerrechtlichen Literatur eine grobe Skizze über den Inhalt des Selbstbestimmungsrechts zu erstellen, die zu weiteren Spuren eines völkerrechtlichen Widerstandsrechts führen könnte.

a) Entkolonialisierungsrecht

Dem positiven Völkerrecht lässt sich entnehmen, dass das Selbstbestimmungsrecht – gemäß seinem prominenten Standort in Art. 1 UN-Charta– der Friedenserhaltung dienen soll.[1370] Was hieraus nicht per se deutlich wird, ist der Zusammenhang des Selbstbestimmungsrechts mit der Entkolonialisierung.[1371] Dieser ist heute dennoch weitgehend anerkannt und gehört jedenfalls zum verbindlichen Teil des Selbstbestimmungsrechts. Das Konzept der Selbstbestimmung durch Entkolonialisierung hat sich im Laufe der Praxis der Vereinten Nationen seit ihrer Gründung erst entwickeln müssen.[1372] Grundlegend war dabei die Resolution 1514 der Generalversammlung im Jahre 1960.[1373] Die Entkolonialisierung findet ihre Grundlagen zudem in Kap. 11–13 UN-Charta. Seit der Resolution 1514 wird sie aber unter der Flagge des Selbstbestimmungsrechts betrieben.[1374]

1367 *Geistlinger,* Revolution und Völkerrecht, 1991, S. 385.

1368 Vgl. *Doehring,* in: Deutsche Gesellschaft für Völkerrecht (Hrsg.), Das Selbstbestimmungsrecht der Völker als Grundsatz des Völkerrechts, 1974, S. 7–56, 9; *Gusy,* AVR 30 (1992), S. 385–410, 385, 387; *Oeter,* ZaöRV 1992, S. 741–780, 748.

1369 So *Gusy,* AVR 30 (1992), S. 385–410, 389 f., der die Frage der Trägerschaft daher vor diejenige nach dem Inhalt stellt.

1370 *Thürer,* AVR 22 (1984), S. 113–137, 119.

1371 Ebenda, S. 121.

1372 Ebenda, S. 121.

1373 *Gusy,* AVR 30 (1992), S. 385–410, 385, 387; vgl. A/RES/1514 (XV) (14.12.1960).

1374 Vgl. hierzu auch später A/RES/2625 (XXV) (24.10.1970), Grundsatz 5.

So verwundert es nicht, dass es später eine Forderung der Länder der Dritten Welt war, auch das Selbstbestimmungsrecht in die Menschenrechtspakte aufzunehmen.[1375] Das Selbstbestimmungsrecht umfasst im Modus des Entkolonialisierungsrechts das Recht auf Loslösung von der Kolonialherrschaft und auf einen eigenen politischen Status.[1376] Dabei ist es unerheblich, ob sich die Kolonialherrschaft über ihre Eigenschaft als solche hinweg als Unterdrücker geriert. Vielmehr genügt der Modus der kolonialen Herrschaftsform selbst, der per se mit der Verwehrung politischer Teilhaberechte einhergeht, um das Selbstbestimmungsrecht zu aktivieren.[1377] Ob zur Befreiung gewaltsame Mittel zum Einsatz kommen dürfen, ist umstritten.[1378]

b) Äußeres und inneres Selbstbestimmungsrecht

Der Selbstbestimmungsgrundsatz hat mit der Entkolonialisierung erstmals an Bedeutung gewonnen.[1379] Wenn sich sein Inhalt aber in einem Entkolonialisierungsrecht hätte erschöpfen sollen, hätte man vorzugsweise einen anderen Begriff hierfür wählen können.[1380] Der Wortlaut der „Selbstbestimmung der Völker" hat zunächst schließlich keinen direkten Bezug zur Entkolonialisierung. In diesem Zusammenhang muss zunächst gefragt werden, was der Begriff der Selbstbestimmung überhaupt bedeutet. *Kersting* hat hierzu eingängig formuliert:

1375 Vgl. *Fassbender,* APuZ 2008 (Heft 46), S. 3–8, 7.

1376 *Thürer,* AVR 22 (1984), S. 113–137, 128; *Kau,* in: Graf Vitzthum/Proelß (Hrsg.), Völkerrecht, 2016, S. 133–246, Abschn. 3 Rn. 127.

1377 Vgl. *Marsavelski,* CJIL 28 (2013), S. 241–295, 290.

1378 Hierzu s. u., S. 281 ff.

1379 *Kersting,* in: Merkel (Hrsg.), Der Kosovo-Krieg und das Völkerrecht, 2000, S. 187–231, 199, Fn. 5; vgl. *Geistlinger,* Revolution und Völkerrecht, 1991, S. 383 („historisch dominante Form").

1380 *Doehring,* in: Deutsche Gesellschaft für Völkerrecht (Hrsg.), Das Selbstbestimmungsrecht der Völker als Grundsatz des Völkerrechts, 1974, S. 7–56, 8 f. Auch *Thürer/Burri,* Self-Determination, 2008, Rn. 34 meinen, dass das Selbstbestimmungsrecht außerhalb der Entkolonialisierung eine Rolle spiele, und verweisen auf die entsprechende (unter den Staaten umstrittene) Praxis der UN-Generalversammlung in den Resolutionen zu Palästina und Südafrika und die Anschauung des IGH (s. nur A/RES/3236 (XXIX) (22.11.1974); A/RES/2202 (XXI) (16.12.1966); A/RES/2671 (XXV) (8.12.1970); IGH, Wall in the Occupied Palestinian Territory, 9. Juli 2004, I.C.J. Reports 2004, S. 136 ff., Rn. 118).

> „Selbstbestimmung ist ein Begriff, der den semantischen Kontrast zur Fremdbestimmung benötigt, um Verständlichkeit zu gewinnen. Das heißt: Im Begriff der Selbstbestimmung ist zuallererst die Abwesenheit der Fremdbestimmung anzutreffen. Selbstbestimmung liegt dann vor, wenn keine Fremdbestimmung vorliegt.“ [1381]

Damit wird ein Bezug zum Herrschaftsmodus (nämlich fremdherrschaftlich) deutlich, der auf einen kolonialherrschaftlichen Staat zutrifft, sich jedoch keineswegs in dieser Bedeutung erschöpft. Auch wenn man zusätzlich in den Begriff des Volks einen territorialen Zusammenhang hineinliest, ergibt sich die Beziehung zur Entkolonialisierung keineswegs ohne weitere Begründung. Es bedarf also eher einer genauen Begründung, hierin überhaupt ein Entkolonialisierungsrecht zu sehen, als es nicht als antikoloniales Sonderrecht aufzufassen.[1382] Sein Gehalt muss zwangsläufig über diesen Sonderfall hinausreichen. In diesem Sinne hat das Selbstbestimmungsrecht historisch sowie völkerrechtlich betrachtet zahlreiche Erscheinungsformen angenommen.[1383]

Über die Anwendungsfälle außerhalb der Entkolonialisierung herrscht in der Völkerrechtswissenschaft entsprechende Uneinigkeit.[1384] Nähere Anhaltspunkte zum Grundsatz der Selbstbestimmung der Völker finden sich in der *Friendly Relations Declaration* der UN-Generalversammlung[1385]. Diesem Dokument kommt zwar keine Rechtsverbindlichkeit zu, allerdings kann es als Ausdruck einer Rechtsüberzeugung gesehen werden. Deutlich wird darin, dass es zwei Dimensionen des Selbstbestimmungsgrundsatzes gibt: Zum einen wird im Staat perspektivisch nach innen geblickt. Dabei wird nämlich die Entscheidungsfreiheit über den eigenen politischen Status ebenso postuliert wie die Gestaltungsfreiheit hinsichtlich der wirtschaftlichen, sozialen und kulturellen Entwicklungen.[1386]

1381 *Kersting,* in: Merkel (Hrsg.), Der Kosovo-Krieg und das Völkerrecht, 2000, S. 187–231, 200.

1382 Vgl. *Oeter,* ZaöRV 1992, S. 741–780, 757.

1383 Vgl. die nicht abschließende Aufzählung bei *Doehring,* in: Deutsche Gesellschaft für Völkerrecht (Hrsg.), Das Selbstbestimmungsrecht der Völker als Grundsatz des Völkerrechts, 1974, S. 7–56, 9. Übersichtlich zur ideellen Entwicklung des Selbstbestimmungsrechts *Thürer,* AVR 22 (1984), S. 113–137, 114 ff.

1384 Vgl. *Thürer/Burri,* Self-Determination, 2008, Rn. 34.

1385 A/RES/2625 (XXV) (24.10.1970).

1386 A/RES/2625 (XXV) (24.10.1970), Grundsatz 5, Abs. 1. Ebenso Art. 1 Abs. 1 S. 2 IPbpR und IPwskR.

Außerdem wird auf die Menschenrechte verwiesen,[1387] die ebenso das innere Verhältnis von Bürger zum Staat betreffen. Zum anderen wird die Perspektive nach außen eingenommen – so wird die Souveränität und (territoriale) Unabhängigkeit der Staaten im Verhältnis zueinander impliziert.[1388] Diese zwei Dimensionen entsprechen der Struktur der Erwähnungen des Selbstbestimmungsrechts bzw. -grundsatzes in der UN-Charta. Art. 1 Abs. 2 UN-Charta spricht mit Blick auf die friedenswahrende Zielsetzung die „Beziehungen zwischen den Nationen" an,[1389] während in Art. 55 lit. c) UN-Charta die Menschenrechte erwähnt werden und damit eine binnenstaatliche Perspektive eingenommen wird.[1390] In Anlehnung an diese beiden Betrachtungsweisen wird in der Völkerrechtslehre zwischen dem inneren und dem äußeren Selbstbestimmungsrecht unterschieden.[1391] Eine genaue Abgrenzung ist schwierig und strittig. Beide Aspekte stehen in einem Wechselverhältnis zueinander.[1392] Von der Mehrheit der Staaten wird das innere Selbstbestimmungsrecht bzw. seine Rechtsverbindlichkeit jedoch abgelehnt.[1393]

Daher wird zunächst ein kurzer Blick auf das äußere Selbstbestimmungsrecht geworfen. Es betrifft das Verhältnis der Staaten zu dritten Staaten und zu Internationalen Organisationen.[1394] Dabei umfasst es das Recht auf einen eigenen Staat bzw. einen eigenen politischen Status.[1395] Das äußere Selbstbestimmungsrecht für bestehende Staaten erschöpft sich nahezu im Grundsatz der souveränen Gleichheit der Staaten (Art. 2 Abs. 1 UN-Charta) bzw. dem Interventionsverbot (Art. 2 Abs. 7 UN-Charta), indem es als Abwehrrecht vor ausländischer bzw. internationaler Fremdbe-

---

1387 A/RES/2625 (XXV) (24.10.1970), Grundsatz 5, Abs. 3.

1388 A/RES/2625 (XXV) (24.10.1970), Grundsatz 5, Abs. 4 ff.

1389 Zum Verhältnis von Friedenswahrung und Selbstbestimmung eingehend *Oeter,* in: Malowitz/Münkler (Hrsg.), Humanitäre Intervention, 2009, S. 29–64, 32.

1390 Vgl. *Gusy,* AVR 30 (1992), S. 385–410, 387 f. *Thürer,* AVR 22 (1984), S. 113–137, 121 sieht den Weg des Selbstbestimmungsrechts in die Menschenrechtspakte als einen in Art. 55 lit. c) vorgezeichneten.

1391 S. nur *Kau,* in: Graf Vitzthum/Proelß (Hrsg.), Völkerrecht, 2016, S. 133–246, Abschn. 3 Rn. 126.

1392 *Schnebel,* ARSP 2010, S. 77–86, 83; vgl. *Buchheit,* Secession, 1950, 16.

1393 *Oeter,* ZaöRV 1992, S. 741–780, 760.

1394 *Gusy,* AVR 30 (1992), S. 385–410, 398.

1395 Ebenda, S. 398; *Kau,* in: Graf Vitzthum/Proelß (Hrsg.), Völkerrecht, 2016, S. 133–246, Abschn. 3 Rn. 127.

stimmung schützt.[1396] Als solches ist das äußere Selbstbestimmungsrecht von fundamentaler Bedeutung für die Völkerrechtsordnung, denn diese enthält zu einem großen Anteil zwischenstaatliche rechtliche Regelungen. Die Geltung dieses Rechts hängt davon ab, dass sich die Staaten als gleichwertige Rechtssubjekte anerkennen.[1397] Darüber hinaus könnte das äußere Selbstbestimmungsrecht auch das Recht auf Staatsgründung durch ein Volk im Sinne einer Teilmenge des Staatsvolks implizieren. Auf dieses virulente Thema des Sezessionsrechtes wird später eingegangen.[1398]

Karin Schnebel setzt das äußere Selbstbestimmungsrecht mit dem Prozess der *Identitätswahrung* gleich.[1399] Die Bildung dieser zu wahrenden Identität erfolge in Ausübung des inneren Selbstbestimmungsrechts.[1400] Nach traditioneller völkerrechtlicher Ansicht erfüllt ein Staat bereits dann alle Anforderungen des Selbstbestimmungsgrundsatzes, wenn die Kriterien des äußeren Selbstbestimmungsrechts auf ihn zutreffen.[1401] Die *Identitätsbildung* könnte man wegen des (äußeren) Selbstbestimmungsrechts als Teil des *domaine réservé* der Staaten betrachten.[1402] In neueren Diskussionen um das Selbstbestimmungsrecht wird dieses Verständnis hinterfragt und sein Gehalt jenseits des Selbstbestimmungsrechts der *Staaten* gesucht. Immer öfter ist in den wissenschaftlichen Analysen daher die Rede vom inneren Selbstbestimmungsrecht.[1403] Für ein solches spricht bereits der ausdrückliche Bezug auf die „Völker" (nicht die Staaten) als Träger des Selbstbestimmungsrechts im gemeinsamen Art. 1 Abs. 1 IPbpR und IPwskR. Zudem würde das Selbstbestimmungsrecht ohne diese weitergehende Interpretation neben dem Entkolonialisierungsrecht kaum über den Grund-

---

1396 Vgl. *Gusy,* AVR 30 (1992), S. 385–410, 398 f.; *Thürer/Burri,* Self-Determination, 2008, Rn. 17; *Kersting,* in: Merkel (Hrsg.), Der Kosovo-Krieg und das Völkerrecht, 2000, S. 187–231, 196, der staatliche Souveränität als staatliche Selbstbestimmung begreift.

1397 Vgl. *Preuß,* in: Lutz (Hrsg.), Der Kosovo-Krieg, 1999/2000, S. 37–51, 43.

1398 S. u., S. 277 ff.

1399 *Schnebel,* ARSP 2010, S. 77–86, 83.

1400 Ebenda, S. 83.

1401 *Gusy,* AVR 30 (1992), S. 385–410, 408.

1402 Vgl. ebenda, S. 408.

1403 S. nur *Oeter,* ZaöRV 1992, S. 741–780, 753 ff.; *Schnebel,* ARSP 2010, S. 77–86, 81 ff.; *Heintze,* in: Ipsen (Hrsg.), Völkerrecht, Ein Studienbuch, 2014, S. 316–376, § 8 Rn. 56 ff.

satz der gleichen Souveränität und das Interventionsverbot hinausgehen.[1404] Dieser Blick auf das Selbstbestimmungsrecht ist im Kern also seit Entstehung der UN-Charta im Völkervertragsrecht angelegt, für das Völkerrecht laut *Oeter* jedoch „[…] nahezu so umstürzend wie der Gedanke der Volkssouveränität es für die spätabsolutistischen Staaten des ausgehenden 18. und beginnenden 19. Jahrhunderts war“[1405].

Dem Verhältnis von einem nach außen hin selbstbestimmten Staat zu seinen Bürgern einen völkerrechtlichen Prüfungsmaßstab für die Frage nach der Selbstbestimmung zu geben, ist in der Tat wenig selbsterklärend und schon gar nicht selbstverständlich. Da die völkerrechtlich verbürgten Menschenrechte bereits das Verhältnis von Staat und Bürger bestimmen, erscheint dieser Gedanke heute nicht mehr derart umwälzend. Allerdings unterscheidet sich der Grundsatz der inneren Selbstbestimmung von der Gewährleistung der Menschenrechte.[1406] Das Gebot der Differenzierung zwischen Menschenrechten und Selbstbestimmungsrecht wird durch die Abwesenheit des Selbstbestimmungsrechts in der AEMR genauso deutlich wie durch die Stellung und Formulierung desselben im gemeinsamen Art. 1 der Menschenrechtspakte.[1407]

Wie sich das Verhältnis vom Menschenrechtsschutz zum Selbstbestimmungsrecht gestaltet, ist umstritten. Vorzugswürdig ist die Ansicht, dass Selbstbestimmung die Prämisse für den Genuss der Menschenrechte darstellt.[1408] Nur ein selbstbestimmtes Volk kann sich selbst um die Durch-

---

1404 Es würde nur dann darüber hinausgehen, wenn das äußere Selbstbestimmungsrecht zudem ein Recht auf Neugründung eines Staats durch ein Volk (Sezessionsrecht) enthielte. Dies ist keine ausschließliche Frage des äußeren Selbstbestimmungsrechts, wie sogleich dargelegt wird (S. 275 ff.).

1405 *Oeter,* ZaöRV 1992, S. 741–780, 760.

1406 *Doehring,* in: Deutsche Gesellschaft für Völkerrecht (Hrsg.), Das Selbstbestimmungsrecht der Völker als Grundsatz des Völkerrechts, 1974, S. 7–56, 26.

1407 Vgl. *Thürer,* AVR 22 (1984), S. 113–137, 122, Fn. 23. Zum Streit, ob das Selbstbestimmungsrecht überhaupt Eingang in die Menschenrechtspakte finden sollte ebenda, S. 121 f.

1408 So *ders.,* Das Selbstbestimmungsrecht der Völker, 1976, S. 110; *ders.,* AVR 22 (1984), S. 113–137, 122, Fn. 23; *Thürer/Burri,* Self-Determination, 2008, Rn. 10; *Cassese,* in: Henkin (Hrsg.), The International Bill of Rights, 1981, S. 92–113, 101 (vgl. auch ebenda, S. 97); *Gusy,* AVR 30 (1992), S. 385–410, 397, 405; A/RES/637 (16.12.1952), Präambel. Ähnlich *Aurajo,* Fordham Journal of International Law 24 (2000-2001), S. 1477–1532, 1492, der das Selbstbestimmungsrecht als Bindeglied zwischen Volkssouveränität und Menschenrechten sieht. Ein umgekehrtes Verständnis dieses Verhältnisses liegt noch der UNsetzung der Menschenrechte kümmern.[1409] (Innere) Selbstbestimmung stellt damit die Grundlage der menschenrechtlichen Bindung dar.[1410] Ein entsprechender Ansatz findet sich bereits bei *Kant*, der die autonome Selbstgesetzgebung zu Bedingung der Freiheitsverwirklichung erklärt.[1411] Es ist daher nicht verwunderlich, dass die Diskussion um das innere Selbstbestimmungsrecht mit der Entwicklung des völkerrechtlichen Menschenrechtsstandards auf die völkerrechtliche Agenda gekommen ist. Verwunderlich ist vielmehr, dass diese Diskussion erst in den letzten beiden Jahrzehnten Fahrt aufgenommen hat und die Entwicklung des inneren Selbstbestimmungsrechts weit hinter der menschenrechtlichen Entwicklung zurückgeblieben ist.[1412] Auch dies ist aber dem Umstand geschuldet, dass der Inhalt des inneren Selbstbestimmungsrechts schwierig zu bestimmen ist. Es bedarf *Oeter* zufolge insbesondere weiterer Ausfüllung durch politische Akteure. Er hält das innere Selbstbestimmungsrecht für ein lediglich politisches Prinzip – selbst in Europa, wo das Prinzip inhaltlich anerkannt wird.[1413]

Es ist fraglich, was das Völkerrecht zum Inhalt dieses Prinzips oder Rechtssatzes sagt. Anhaltspunkte hierzu liefert der gemeinsame Art. 1 Abs. 1 der Menschenrechtspakte.[1414] So gehören hierzu die oben zitierten Entscheidungs- und Gestaltungsfreiheiten hinsichtlich wirtschaftlicher, so-

---

Charta zugrunde (hierzu *Thürer,* AVR 22 (1984), S. 113–137, 122; *Gusy,* AVR 30 (1992), S. 385–410, 388). A. A. *Cristescu,* E/CN.4/Sub.2/404/Rev. 1, Study: The Right to Self-Determination, 1981, 30 ff. und *Wengler,* Das Selbstbestimmungsrecht der Völker als Menschenrecht, 1986, die das Selbstbestimmungsrecht für ein Menschenrecht halten; ähnlich *Quaritsch,* in: Isensee/Kirchhof (Hrsg.), Handbuch des Staatsrechts, Band XI, 2013, S. 111–192, Rn. 25. Vermittelnd *Chou-Young,* Das Selbstbestimmungsrecht als eine Vorbedingung des völligen Genusses aller Menschenrechte, 1973, insb. S. 242, der das Selbstbestimmungsrecht zwar selbst formell für ein Menschenrecht hält, es aber materiell zur Vorbedingung für den Genuss der übrigen Menschenrechte erklärt. Zum Ganzen *Kühnhardt,* Die Universalität der Menschenrechte, 1991, S. 248 f.

1409 *Eide,* in: UNESCO (Hrsg.), Violations of human rights: possible rights of recourse and forms of resistance, 1984, S. 34–66, 42; *Gusy,* AVR 30 (1992), S. 385–410, 405.

1410 Ebenda, S. 406.

1411 S. o., S. 168.

1412 Diese Entwicklung als „Wandel des Selbstbestimmungsrechts" bezeichnend ebenda (Titel), und *Oeter,* ZaöRV 1992, S. 741–780.

1413 Ebenda, S. 763 f.

1414 *Gusy,* AVR 30 (1992), S. 385–410, 405.

zialer, kultureller Entwicklung und hinsichtlich des politischen Status'.[1415] Diese Regelung ist mittlerweile laut *Thürer* zur „klassischen Legaldefinition des Selbstbestimmungsrechts"[1416] geworden, wie die Wiederholungen unter anderem in der *Friendly Relations Declaration*[1417] und in der *Helsinki-Schlussakte* von 1945[1418] zeigen.[1419] Wie beim äußeren spielt also auch beim inneren Selbstbestimmungsrecht der politische Status eine tragende Rolle, diesmal jedoch im binnenstaatlichen Verhältnis.[1420] Dieses politische Selbstbestimmungsrecht umfasst die Entscheidungsfreiheit eines Volks im Hinblick auf seine Staats- und Regierungsform.[1421] Entscheidungsfreiheit impliziert dabei die Freiheit von Zwang seitens anderer Staaten oder Völker.[1422] Ein solcher Inhalt kann aber im weiteren Sinne auch noch dem äußeren Selbstbestimmungsrecht entnommen werden. Fraglich ist, wie es sich mit der Freiheit von internem Zwang verhält; etwa im Fall einer unterdrückenden Herrschaft, die keinen internationalen Bezug hat. In diesem Szenario geht es ausschließlich um das Verhältnis des Staatsvolks bzw. eines Teils hiervon zur Staatsregierung. Wenn ein solches vom Selbstbestimmungsrecht umfasst wäre, könnte darin der entscheidende Ansatzpunkt für ein Widerstandsrecht liegen. Dafür spricht, dass das politische Selbstbestimmungsrecht, das im gemeinsamen Art. 1

1415 *Kau,* in: Graf Vitzthum/Proelß (Hrsg.), Völkerrecht, 2016, S. 133–246, Abschn. 3 Rn. 126.

1416 *Thürer,* AVR 22 (1984), S. 113–137, 122.

1417 A/RES/2625 (XXV) (24.10.1970).

1418 Abschnitt 1. a) VIII. der Schlussakte der Konferenz über Sicherheit und Zusammenarbeit in Europa, KSZE (seit 1995 Organisation für Sicherheit und Zusammenarbeit in Europa, OSZE), vom 1. August 1995.

1419 *Thürer,* AVR 22 (1984), S. 113–137, 122.

1420 *Thürer/Burri,* Self-Determination, 2008, Rn. 34 sprechen dem Selbstbestimmungsrecht insofern eine „'constitutional' dimension" zu. *Gusy,* AVR 30 (1992), S. 385–410, 405, Fn. 78 hält die anderen Modalitäten des Selbstbestimmungsrechts für Konkretisierungen der Entscheidungsfreiheit über den politischen Status. *Doehring,* in: Deutsche Gesellschaft für Völkerrecht (Hrsg.), Das Selbstbestimmungsrecht der Völker als Grundsatz des Völkerrechts, 1974, S. 7–56, 27, 49 (These 13) hält die freie Wahl der Regierungsform im Zusammenhang mit dem Selbstbestimmungsrecht demgegenüber für unbedeutend.

1421 *Pomerance,* Self-Determination in Law and Practice, 1982, S. 37; *Doehring*, in: Simma u. a., UN Charta, 1991, nach Art. 1 Rn. 32; *Gusy,* AVR 30 (1992), S. 385–410, 405; *Thürer/Burri,* Self-Determination, 2008, Rn. 15.

1422 Vgl. *Pomerance,* Self-Determination in Law and Practice, 1982, S. 37; *Doehring*, in: Simma u. a., UN Charta, 1991, nach Art. 1 Rn. 32; *Gusy,* AVR 30 (1992), S. 385–410, 405.

Abs. 1 der Menschenrechtspakte zu finden ist, wegen seiner Verbindung zu den Menschenrechten im Zweifel weit ausgelegt werden muss – *in dubio pro libertate*, wie es in der deutschen Verfassungsrechtslehre heißt und prinzipiell auch für die völkerrechtliche Menschenrechtslehre gelten muss.[1423] Nichtsdestotrotz findet diese Interpretation sicherlich kaum eine Stütze in der staatlichen Rechtsüberzeugung. Staatsregierungen würden sich bei der Zustimmung zu einer solchen völkerrechtlichen Norm schließlich einem völkerrechtlichen Prüfungsmaßstab unterordnen.[1424]

Allerdings soll hier eine objektive Auslegung des Selbstbestimmungsrechts vorgenommen werden. Im Wortlaut des gemeinsamen Art. 1 der Menschenrechtspakte findet sich keine Beschränkung des Selbstbestimmungsrechts auf das Verhältnis „zwischen den Nationen“, wie sie noch in Art. 1 Abs. 2 und Art. 55 UN-Charta zu finden ist.[1425] Von dieser Beschränkung ist auch in der *Friendly Relations Declaration* kaum mehr etwas zu lesen. Lediglich die Formulierung „ohne Einmischung von außen“ in Grundsatz 5, Abs. 1 könnte so ausgelegt werden. In Abs. 7 findet sich demgegenüber eine binnenstaatliche Perspektive:

> „Die vorstehenden Absätze sind nicht so auszulegen, als ermächtigten oder ermunterten sie zu Maßnahmen, welche die territoriale Unversehrtheit oder die politische Einheit souveräner und unabhängiger Staaten, die sich gemäß dem oben beschriebenen Grundsatz der Gleichberechtigung und Selbstbestimmung der Völker verhalten und die daher eine Regierung besitzen, welche die gesamte Bevölkerung des Gebiets ohne Unterschied der Rasse, des Glaubens oder der Hautfarbe vertritt, ganz oder teilweise auflösen oder beeinträchtigen würden.“[1426]

Der letzte Halbsatz geht auf die Repräsentation des Volks durch die Regierung ein. Im Umkehrschluss hierzu kann die Aussage getroffen werden, dass es eine Verletzung des Selbstbestimmungsrechts darstellte, wenn die Regierung ein Volk in diskriminierender Weise nicht repräsentierte.[1427] Dieser Passus bringt zahlreiche neue Unklarheiten im Hinblick auf das Selbstbestimmungsrecht mit sich. Allen voran die Frage, welchen Anfor-

---

1423 Zu diesem Auslegungsgrundsatz im deutschen Verfassungsrecht s. nur *Schneider,* in: Caemmerer/Friesenhahn/Lange (Hrsg.), Hundert Jahre deutsches Rechtsleben, 1960, S. 263–290.

1424 Vgl. *Schnebel,* ARSP 2010, S. 77–86, 82.

1425 Vgl. *Thürer,* AVR 22 (1984), S. 113–137, 122, der in der UN-Charta noch eine geografische und politische Beschränkung des Selbstbestimmungsrechts sieht.

1426 A/RES/2625 (XXV) (24.10.1970), Grundsatz 5, Abs. 7.

1427 *Geistlinger,* Revolution und Völkerrecht, 1991, S. 386.

derungen eine Repräsentation in diesem Sinne genügen muss und was die Folge ist, wenn diesen Anforderungen nicht genüge getan wurde (vor allem hinsichtlich der Frage nach einem Sezessionsrecht)[1428]. Deutlich wird darin aber, dass das Selbstbestimmungsrecht – wenn auch möglicherweise noch nicht in allgemein anerkannter rechtsverbindlicher Form – grundsätzlich eine *rein* innere Dimension aufweist.[1429] Hier kann also ein Argument für ein Widerstandsrecht ansetzen, das auch auf ausschließlich innerstaatliche Sachverhalte zutreffen würde.

Gleichwohl könnte der Gedanke der inneren Selbstbestimmung auch gegen die Annahme eines Widerstandsrechts zur Durchsetzung einer bestimmten Regierungsform sprechen – so ist diese Gegenstand des Selbstbestimmungsrechts und darf völkerrechtlich nicht vorgegeben werden.[1430] Dies könnte den Widerstand zur Durchsetzung von Demokratie aus dem Anwendungsbereich eines möglichen Widerstandsrechts fallen lassen. Dagegen spricht, dass der vom Volk ausgeübte Widerstand zugunsten einer bestimmten Regierungsform Ausdruck von dessen Selbstbestimmung ist und ein offener Widerstandstatbestand daher keine fremdbestimmende Einmischung durch die internationale Gemeinschaft in Form des Völkerrechts bedeuten würde.[1431]

Darüber hinaus besteht die Ansicht, dass das Selbstbestimmungsrecht (vor allem in seiner ausschließlich inneren Variante) ein demokratisches Moment aufweist.[1432] Das Repräsentationserfordernis in Grundsatz 5

1428 Hierzu s. u., S. 277 ff.

1429 Diesbezüglich keine völkerrechtliche Verbindlichkeit anerkennend *Wengler,* Völkerrecht, Bd. II, 1964, S. 1033; *Doehring,* in: Deutsche Gesellschaft für Völkerrecht (Hrsg.), Das Selbstbestimmungsrecht der Völker als Grundsatz des Völkerrechts, 1974, S. 7–56, 27 f., 49 (These 13); *ders.,* in: Blumenwitz/Meissner (Hrsg.), Das Selbstbestimmungsrecht der Völker und die deutsche Frage, 1984, S. 61–71, 61, der die freie Wahl der Regierungsform bereits vom Interventionsverbot gesichert sieht. Ähnlich *Thürer,* AVR 22 (1984), S. 113–137, 127; *Thürer/Burri,* Self-Determination, 2008, Rn. 17.

1430 Zum Gedanken des Selbstbestimmungsrechts als Einschränkung, etwa als äußerste Grenze des internationalen Menschenrechtsschutzes *Fassbender,* APuZ 2008 (Heft 46), S. 3–8, 7.

1431 Zum Verhältnis von Widerstands- und Selbstbestimmungsrecht s. u., S. 292 ff.

1432 So *Berber,* Lehrbuch des Völkerrechts, Bd. I, 1960, S. 75; *Chou-Young,* Das Selbstbestimmungsrecht als eine Vorbedingung des völligen Genusses aller Menschenrechte, 1973, S. 262; *Thürer,* Das Selbstbestimmungsrecht der Völker, 1976, S. 40 f.; *Cassese,* in: Henkin (Hrsg.), The International Bill of Rights, 1981, S. 92–113, 97 f.; *Paust,* Emory Law Journal 32 (1983), S. 545–581, 562 f.;

Abs. 7 der *Friendly Relations Declaration* lässt sich in diesem Sinne möglicherweise als demokratisch legitimierte Vertretung interpretieren. In der Tat kann man das Recht, frei über den politischen Status zu entscheiden (aus Abs. 1 sowie aus Art. 1 Abs. 1 IPbpR bzw. IPwskR), als Recht auf demokratische Teilhabe verstehen, denn dort tritt der Gedanke der Volkssouveränität zutage.[1433] *Thürer* warnt davor, den Text der *Friendly Relations Declaration* zu ausgiebig zu interpretieren.[1434] Aussagekraft komme eher den Punkten zu, die in der Erklärung nicht erwähnt würden, über die also noch kein Konsens herrsche.[1435] Die Generalversammlung spricht sich in der Erklärung nicht ausdrücklich für das Prinzip einer demokratischen Regierungsform aus, sondern lediglich zugunsten der politischen Mitwirkung von Völkern. Zwar impliziert diese eine demokratische Methode, jedoch kann ein Mindestmaß an Mitwirkung (und damit an Repräsentation) auch in einem nicht-demokratischen Staat gewährleistet sein.[1436] Die demokratische Staatsform wird im Völkerrecht trotz mannigfacher Betonung der Bedeutung von Demokratie in politischen Absichtserklärungen keines-

---

Tomuschat, in: UNESCO (Hrsg.), Violations of human rights: possible rights of recourse and forms of resistance, 1984, S. 13–33, 14; *ders.,* in: Albach (Hrsg.), Über die Pflicht zum Ungehorsam gegenüber dem Staat, 2007, S. 60–95, 88; *Franck,* AJIL 86 (1992), S. 46–91, insb. S. 52 ff.; *Rosas,* in: Eide u. a., UDHR, 1992, Art. 21, S. 308; *Fulda,* Demokratie und pacta sunt servanda, 2002, S. 25; *Kokott,* ZaöRV 2004, S. 517–533, 527. Demgegenüber lediglich von einem Recht, ernstgenommen zu werden, sprechend *Klabbers,* Human Rights Quarterly 28 (2006), S. 186–206.

1433 Vgl. *Eide,* in: UNESCO (Hrsg.), Violations of human rights: possible rights of recourse and forms of resistance, 1984, S. 34–66, 43; *Aurajo,* Fordham Journal of International Law 24 (2000-2001), S. 1477–1532, 1492, der das Selbstbestimmungsrecht als Bindeglied zwischen Volkssouveränität und Menschenrechten sieht. Zum Verhältnis von Nationalismus und Volkssouveränität eingehend *Lagerspetz,* Michigan Journal of International Law 25 (2003-2004), S. 1299–1317, 1301 f.

1434 *Thürer,* AVR 22 (1984), S. 113–137, 129.

1435 Ebenda, S. 124.

1436 *Oeter,* ZaöRV 1992, S. 741–780, 760. Vgl. zum demokratischen Maßstab des Selbstbestimmungsrechts *Kokott,* ZaöRV 2004, S. 517–533, 527. *Gusy,* AVR 30 (1992), S. 385–410, 406 geht davon aus, dass auch nicht-demokratische Staaten völkerrechtlich legitim sind und ihr Volk in irgendeiner Weise vertreten; eine andere Ansicht käme demokratischem Radikalismus gleich. Ähnlich ohne Bezug zur *Friendly Relations Declaration* *Cohen,* in: Sypnowich (Hrsg.), The Egalitarian Conscience, 2006, S. 226–250, 233.

wegs vorgeschrieben.[1437] Dies ist schon mit Blick auf die Staatenpraxis überzeugend – so weisen längst nicht alle Staaten eine demokratische Regierungsform auf.[1438] Indessen eröffnet Art. 25 IPbpR einen neuen Blickwinkel auf die Frage nach einer völkerrechtlichen Verbürgung von grundlegenden demokratischen Gewährleistungen.[1439] In der Praxis kam es vor, dass Regierungen nur dann von anderen Staaten anerkannt wurden, wenn sie vom Staatsvolk gewählt wurden.[1440] Das Prinzip demokratischer Legitimation kann insofern eine gewisse Rechtsüberzeugung für sich geltend machen.[1441] Sein Zusammenhang mit dem Selbstbestimmungsrecht wird beispielsweise auch von den Regionen propagiert, die Autonomiebestrebungen verfolgen.[1442] Beim inneren Selbstbestimmungsrecht geht es um die Gewährleistung minimaler politischer Teilhabe, um den demokratischen Grundgedanken,[1443] der nicht mit einem Recht auf demokratische Herrschaftsform verwechselt werden darf. Dieses Mindestmaß an Volkssouveränität kann auch durch Selbstverwaltungsrechte oder Föderalismus in einem heterogenen Staat umgesetzt werden.[1444] Ein darüber hinausgehendes völkerrechtliches Repräsentationserfordernis des Selbstbestimmungsrechts kann derzeit nicht vorausgesetzt werden.

Im Vordergrund steht beim inneren Selbstbestimmungsrecht nämlich die Anknüpfung an Fremdbestimmung durch ein anderes Volk in demsel-

---

1437 Zur Erwähnung von Demokratie vgl. nur das *Moskauer Dokument* der KSZE (heute OSZE) vom 3. Oktober 1991 (Originaltitel „Dokument des Moskauer Treffens der Konferenz über die menschliche Dimension der KSZE"); A/RES/55/96 (28.02.2001), 3. Erwägungsgrund; A/RES/60/1 (24.10.2005), Rn. 119, 135 ff.; E/CN.4/1999/167 (March-April 1999), S. 194.

1438 So wohl *Thürer,* AVR 22 (1984), S. 113–137, 126; *Thürer/Burri,* Self-Determination, 2008, Rn. 17. Demgegenüber ist die Anzahl der Demokratien laut *Gurr* mittlerweile höher als diejenige von Autokratien (*Gurr,* Political Rebellion, 2015, S. 131). Laut einer Studie der Organisation „Freedom House" wiesen im Jahre 2014 125 Staaten eine demokratisch gewählte Regierung auf (*Freedom House,* Freedom in the World, 2015, S. 6). Das sind ca. 64 % der analysierten 195 Staaten.

1439 Vgl. auch Art. 21 AEMR.

1440 *Thürer/Burri,* Self-Determination, 2008, Rn. 37 weisen dabei auf die Fälle Rhodesien/Simbawe und Banustan/Südafrika hin.

1441 Weiter zur Frage nach einem (etwa völkergewohnheitsrechtlichen) Recht auf Demokratie s. u., S. 302 ff.

1442 *Schnebel,* ARSP 2010, S. 77–86, 82 für Katalonien, Quebec und Flandern.

1443 *Fulda,* Demokratie und pacta sunt servanda, 2002, S. 25.

1444 *Oeter,* ZaöRV 1992, S. 741–780. 773; *Thürer/Burri,* Self-Determination, 2008, Rn. 38 f.; *Schnebel,* ARSP 2010, S. 77–86, 85 f.

ben Staat. Seine Verletzung umfasst also keineswegs sämtliche Konstellationen, in denen die politische Teilhabe der Staatsbürger – etwa großflächig – eingeschränkt oder überhaupt nicht vorhanden ist. Dem Selbstbestimmungsrecht wird schließlich immer noch die Voraussetzung einer ethnischen oder geografischen Verbindung von Menschen zu einer Gruppe zugeschrieben, die es vor Unterdrückung schützen soll.[1445] *Marcel Kau* sieht die demokratische Komponente des Selbstbestimmungsrechts darin, einem Volk das Recht auf die Wahrung und Pflege seiner Gruppeneigenheiten zuzusprechen, und betont damit seine ethnische Komponente.[1446] Sezessionsbestrebungen einer solchen Gruppe setzt das Selbstbestimmungsrecht zunächst – im Sinne *John Stuart Mills* – das Recht aller Gruppen auf politische Repräsentation entgegen.[1447] Darüber hinaus trägt es mit dem Gedanken der Volkssouveränität zum grundlegenden völkerrechtlichen Verständnis staatlicher Souveränität bei. Es wird deutlich, dass der Staat kein Selbstzweck ist, sondern die Staatsgewalt im Interesse des Volks auszuüben ist.[1448] Selbstbestimmungsrecht und Volkssouveränität sind „siamesische Zwillinge“[1449], wie *Oeter* eingängig formuliert. Dies wird anhand des inneren Selbstbestimmungsrechts um ein Vielfaches deutlicher als bei einem rein äußeren Verständnis desselben. Auch das äußere Selbstbestimmungsrecht ist Ausfluss der Volkssouveränität, die auf dieser Ebene in Form des Prinzips der souveränen Gleichheit der Staaten in Erscheinung tritt. Der demokratische Grundgedanke ist damit dem inneren sowie dem äußeren Selbstbestimmungsrecht immanent.[1450]

1445 Vgl. *Arzinger,* Das Selbstbestimmungsrecht im allgemeinen Völkerrecht der Gegenwart, 1966, S. 252; *Doehring,* in: Deutsche Gesellschaft für Völkerrecht (Hrsg.), Das Selbstbestimmungsrecht der Völker als Grundsatz des Völkerrechts, 1974, S. 7–56, 23; *Thürer,* AVR 22 (1984), S. 113–137, 127.

1446 *Kau,* in: Graf Vitzthum/Proelß (Hrsg.), Völkerrecht, 2016, S. 133–246, Abschn. 3 Rn. 126.

1447 *Schnebel,* ARSP 2010, S. 77–86, 85 mit Hinweis auf *Mill,* Representative Government, 1993, S. 246 ff. Zur Frage, inwieweit das Selbstbestimmungsrecht Sezessionen zulässt sogleich, S. 275 ff.

1448 *Thürer,* AVR 22 (1984), S. 113–137, 127, 135; *Eide,* in: UNESCO (Hrsg.), Violations of human rights: possible rights of recourse and forms of resistance, 1984, S. 34–66, 43. Hierzu *Oeter,* ZaöRV 1992, S. 741–780, 752 f., 760; *Peters,* Widerstandsrecht und humanitäre Intervention, 2005, S. 305.

1449 *Oeter,* ZaöRV 1992, S. 741–780, 744.

1450 Den eindeutigen Zusammenhang zwischen politischem Selbstbestimmungsrecht und Demokratie befürwortet mit einem rechtsphilosophischen Hinweis auf die Vertragstheorie *Kersting,* in: Merkel (Hrsg.), Der Kosovo-Krieg und das Völ-

Dies mag in der Welt des Völkerrechts nicht unbedingt der allgemeinen Rechtsüberzeugung entsprechen. *Oeter* stellt zu Recht fest:

> „Die Mehrheit der Staaten dieser Welt beruht auf bürokratischen, autoritären oder diktatorischen Herrschaftsmodellen, die der Volkssouveränität allenfalls als rhetorische Floskel ihren Tribut zollen.“[1451]

Allerdings handelt es sich beim Selbstbestimmungsrecht in Verbindung mit dem Menschenrechtsschutz um einen fundamentalen Grundsatz des Völkerrechts, der zudem positivrechtlich verankert ist und insofern in seiner Rechtsgeltung nicht anzuzweifeln ist. Deutlich wird dies insbesondere, wenn man sich die rechtsphilosophischen Wurzeln des Selbstbestimmungsrechts vor Augen führt, die für diesen Grundsatz von großer Bedeutung sind.[1452] Selbstbestimmung ist Teil der politischen Philosophie der Aufklärung, welche die Ideen der Volkssouveränität, Demokratie und Verfassungsstaatlichkeit vereint.[1453] So spielt sie eine tragende Rolle in den Staatslehren von *Hobbes*, *Locke* und *Kant*, die im ersten Kapitel dargestellt wurden. Der Feind der Selbstbestimmung ist die Fremdbestimmung, wie *Kersting* dargelegt hat.[1454] Die Forderung nach politischer Selbstbestimmung ist nur bei politischer Fremdbestimmung sinnvoll, und die Wahrung der Selbstbestimmung dient der Verhinderung von Fremdbestimmung. Denkbar sind zwei Feinde der politischen Selbstbestimmung:

---

kerrecht, 2000, S. 187–231, 199. Deshalb ist auch die Ansicht vorzugswürdig, die in dem Selbstbestimmungsrecht kein einmaliges Recht sieht, das mit einer Wahl oder einem Staatsgründungsakt verbraucht wäre (*Klein,* in: Blumenwitz/ Meissner (Hrsg.), Das Selbstbestimmungsrecht der Völker und die deutsche Frage, 1984, S. 107–122; *Oeter,* ZaöRV 1992, S. 741–780, 756 mit einer Beispielskonstellation auf S. 755 f.; *Peters,* Widerstandsrecht und humanitäre Intervention, 2005, S. 304 f. Ebenfalls kritisch zum Verbrauch des Selbstbestimmungsrechts *Pomerance,* Self-Determination in Law and Practice, 1982, S. 74 („*continuum* of rights“ [*Hervorhebung* ebenda]); *Cassese,* in: Henkin (Hrsg.), The International Bill of Rights, 1981, S. 92–113, 98; *Thürer,* AVR 22 (1984), S. 113–137, 136).

1451 *Oeter,* ZaöRV 1992, S. 741–780, 774.

1452 *Thürer,* AVR 22 (1984), S. 113–137, 114.

1453 *Oeter,* ZaöRV 1992, S. 741–780, 774; vgl. *Thürer,* AVR 22 (1984), S. 113–137, 135.

1454 *Kersting,* in: Merkel (Hrsg.), Der Kosovo-Krieg und das Völkerrecht, 2000, S. 187–231, 200; ähnlich *Geistlinger,* Revolution und Völkerrecht, 1991, S. 383.

andere Staaten und der eigene Staat.[1455] Dies entspricht dem Konzept des äußeren und inneren Selbstbestimmungsrechts. Der eigene Staat als Feind kann die Selbstbestimmung dabei durch innere Unterdrückung verhindern.[1456]

Der Gedanke der Repräsentation, der in Grundsatz 5 Abs. 7 der *Friendly Relations Declaration* formuliert ist, stellt also die ausdrückliche Formulierung dieses wichtigen rechtsphilosophischen Befundes dar. Dies spricht dafür, dass sich dieser Grundsatz im Völkerrecht im Ansatz durchgesetzt hat. Aufgrund des zusätzlichen Nachweises als rechtsphilosophisches Gedankengut, das für das Völkerrecht auch von Bedeutung ist, stellt dies keine „Überinterpretation"[1457] der unverbindlichen Erklärung dar. Vielmehr ist darin eine (rechtsphilosophische) Auslegung des in der verbindlichen UN-Charta und den Menschenrechtspakten verbürgten Selbstbestimmungsgrundsatzes zu sehen. Diese Auslegung findet eine wichtige Stütze in der Formulierung der *Friendly Relations Declaration*. Das Argument reicht nur so weit, wie die dortige ausdrückliche Befürwortung des rechtsphilosophischen Gedankens. *Kersting* hält eine Unterdrückung bei „nahezu alle[n] innenpolitischen Defizienzformen"[1458] für präsent. Der Text in der *Friendly Relations Declaration* beschränkt sich auf drei spezifische Formen der Diskriminierung. Das völkerrechtliche Verständnis von innerer Selbstbestimmung hinkt dem rechtsphilosophischen damit hinterher. Dies ist überzeugend, wenn man bedenkt, dass das weite rechtsphilosophische Verständnis im Duktus der Aufklärung eine enge Verbindung zur demokratischen Regierungsform impliziert,[1459] die im Völkerrecht keineswegs vorausgesetzt wird.

1455 *Kersting,* in: Merkel (Hrsg.), Der Kosovo-Krieg und das Völkerrecht, 2000, S. 187–231, 201 f., der hierin einen Unterschied zur individuellen Selbstbestimmung sieht („doppelte Gefahr").

1456 Ebenda, S. 201.

1457 Hierzu *Thürer,* AVR 22 (1984), S. 113–137, 129.

1458 *Kersting,* in: Merkel (Hrsg.), Der Kosovo-Krieg und das Völkerrecht, 2000, S. 187–231, 201.

1459 Ebenda, S. 200 zählt den Begriff der Selbstbestimmung zum „demokratiemythologischen Grundvokabular".

c) Sezessionsrecht

Die konkreten zulässigen Ausübungsmodi des Selbstbestimmungsrechts sind unklar und entsprechend umstritten. Allen voran stellt sich die Frage nach einem Recht auf Sezession. Die meisten Staaten lehnen jegliches Recht auf Staatsgründung außerhalb des Entkolonialisierungsrechts ab.[1460] Die Frage nach dem Sezessionsrecht berührt das äußere und innere Selbstbestimmungsrecht gleichermaßen.[1461] So wird im Fall einer Sezession ein neuer, eigener Staat gegründet, was im Verhältnis zu anderen Staaten die Wahrnehmung des äußeren Selbstbestimmungsrechts bedeutet. In diesem Fall wird zudem die Souveränität des vorherigen Heimatstaats (bzw. das äußere Selbstbestimmungsrecht des Staatsvolks) tangiert. Hier wird deutlich, dass es bei der Frage der Sezession immer um die Kollision der Souveränität des ursprünglichen Heimatstaats und des Selbstbestimmungsrechts der Gruppe mit Sezessionsbestrebungen geht. Hieraus ergibt sich, dass eine Sezession dann möglich sein muss, wenn die Souveränität des ursprünglichen Heimatstaats nicht besteht, d. h., wenn diese Staatsherrschaft völkerrechtswidrig erlangt wurde, es also keinen völkerrechtlich legitimen territorialen Titel gibt.[1462] *Oeter* nennt diese Konstellation „unechte Sezession“[1463]. Hier kollidiert lediglich der Bestandsschutz mit dem Selbstbestimmungsrecht – wie in den Fällen der Kolonialherrschaft. Auch wenn das Effektivitätsprinzip im Völkerrecht verbreitet und der Bestandsschutz damit nicht unbedeutend ist,[1464] gebührt dem Selbstbestimmungsrecht hier der Vorrang.[1465] Etwas anderes könnte sich aus Grundsatz 5 Abs. 7 der *Friendly Relations Declaration* ergeben. Die dortige Formulie-

1460 *Thürer,* AVR 22 (1984), S. 113–137, 130.

1461 Dagegen ordnet *Gusy,* AVR 30 (1992), S. 385–410, 406 die Frage nach dem Sezessionsrecht dem inneren Selbstbestimmungsrecht zu; Supreme Court of Canada, Reference re Secession of Quebec, 20. August 1998, 1998, 2 Supreme Court Reports, S. 217 ff., Rn. 126 wiederum dem äußeren Selbstbestimmungsrecht.

1462 *Gusy,* AVR 30 (1992), S. 385–410, 407.

1463 *Oeter,* ZaöRV 1992, S. 741–780, 750.

1464 Zum Effektivitätsprinzip *Krieger,* Das Effektivitätsprinzip im Völkerrecht, 2000; *Doehring,* Völkerrecht, 2004, Rn. 111 ff., 129; *Frowein,* Recognition, 2010, Rn. 5; *Stein/von Buttlar,* Völkerrecht, 2012, Rn. 273; *Taki,* Effectiveness, 2013, Rn. 5 ff.

1465 Zumindest bis zu dem Zeitpunkt, an dem sich unter der ursprünglich völkerrechtswidrig erlangten Herrschaft ein neues, eigenes und im Mindestmaße zusammengehöriges Staatsvolk gebildet hat, das diese Herrschaft mittlerweile als eigene anerkennt. Es dürfte sich regelmäßig um eine Zeitspanne von mehreren

rung legt nahe, dass ein Sezessionsrecht jedenfalls ausgeschlossen ist, wenn die Regierung die Bevölkerung ohne Diskriminierung vertritt – ungeachtet des Umstandes, wie diese Regierung ihre Macht erlangt hat. Die Bestimmung nimmt allerdings Bezug auf „souveräne und unabhängige Staaten". Dieser Tatbestand ist im Fall einer völkerrechtswidrigen Herrschaftserlangung nicht erfüllt. Die Textpassage steht dem hiesigen Verständnis damit nicht entgegen.

Problematischer ist der Fall, den die soeben zitierte Stelle der *Friendly Relations Declaration* fokussiert – wenn ein legitimer völkerrechtlicher Territorialtitel besteht („echte Sezession"[1466]). Danach scheint eine Sezession in solchen Fällen zunächst ausgeschlossen. Dieses Ergebnis gibt nicht nur diese unverbindliche Bestimmung vor, sondern bereits folgende Überlegung: Die Kollision der Souveränität des Staates (äußeres Selbstbestimmungsrecht des Staatsvolks) und des äußeren Selbstbestimmungsrechts des Volks mit den Sezessionsbestrebungen wird zugunsten des Ersteren aufgelöst. Es ist ohnehin fraglich, ob Letzteres in dieser Konstellation überhaupt besteht. Es gibt allerdings eine Konstellation, in der dieses äußere Selbstbestimmungsrecht eines Volks bestehen und sich gegen das des Staatsvolks durchsetzen könnte. Diese ist im Vorbehalt des Grundsatzes 5 Abs. 7 der *Friendly Relations Declaration* als „Schranken-Schranke"[1467] angelegt. Danach könne es ein Sezessionsrecht geben, wenn eine Staatsregierung nicht „[…] die gesamte Bevölkerung des Gebiets ohne Unterschied der Rasse, des Glaubens oder der Hautfarbe vertritt […]". Hierin könnte ein Kriterium für die rechtmäßige Ausübung von Herrschaft liegen. Die Nichtbeachtung dieser Anforderungen würde das Sezessionsrecht eines diskriminierten Volks nach sich ziehen. Die unverbindliche *Friendly Relations Declaration* darf auch in diesem Zusammenhang nicht überbewertet werden.[1468] Für diese Textstelle gilt dies umso mehr, als in der Erklärung wiederholt die Grundsätze der staatlichen Souveränität und territorialen Integrität betont werden und die Klausel im niedergeschriebenen Völkerrecht – im Gegensatz zum Souveränitätsgrundsatz – zudem einzigartig ist.[1469] Ein Sezessionsrecht wird zudem in der Praxis von vielen Staa-

---

Generationen handeln, bedarf aber einer Einzelfallbetrachtung und kann entsprechend auch ausgeschlossen sein.

1466 *Oeter,* ZaöRV 1992, S. 741–780, 753.

1467 Ebenda, S. 757.

1468 Vgl. *Thürer,* AVR 22 (1984), S. 113–137, 129.

1469 Ebenda, S. 129.

ten und den Vereinten Nationen abgelehnt, sodass es keineswegs zum Völkergewohnheitsrecht zählt.[1470] Allerdings entspricht das Repräsentationserfordernis insbesondere mit Blick auf die rechtsphilosophische Bedeutung von Selbstbestimmung den „elementare[n] Legitimationsgrundlagen moderner Staatlichkeit."[1471] So formuliert es *Oeter*, der dieser Bestimmung daher richtigerweise eine von der Rechtsüberzeugung der Staaten unabhängige universelle Geltung zuschreibt.[1472]

Der apriorische Ausschluss von Gruppen bzw. Völkern von der politischen Willensbildung führt zur gänzlichen Negierung ihrer Rechtsmündigkeit und damit ihres inneren Selbstbestimmungsrechts. Das unterdrückte Volk kann auf die Wahrung und Anerkennung der Menschenrechte, auf die das innere Selbstbestimmungsrecht abzielt,[1473] keinerlei Einfluss nehmen. Der Staat verwirkt einem solchen Volk gegenüber seinen Treueanspruch[1474] und damit sein Souveränitätsrecht. Hier kann das innere Selbstbestimmungsrecht des betroffenen Volks das äußere des gesamten Staatsvolks überwiegen. Die Kollision wird im extremsten Fall so aufgelöst, dass das innere Selbstbestimmungsrecht des betroffenen Volks durch die Geltendmachung seines äußeren Selbstbestimmungsrechts ausgeübt wird: durch die Gründung eines eigenen Staates. Ein kategorischer Ausschluss des Sezessionsrechts kann nach dieser Überlegung nicht überzeugen, sofern man den Mindestgehalt des inneren Selbstbestimmungsrechts ernst nehmen möchte.[1475] Zumeist wird eine staatliche Unterdrückung mit mas-

---

1470 Ebenda, S. 129; *Heintze,* in: Ipsen (Hrsg.), Völkerrecht, Ein Studienbuch, 2014, S. 316–376, § 8 Rn. 51. Anders im Fall Bangladesch (ehemals Ostpakistan), wo die Staatsgründung durch die Aufnahme des neuen Staats in die Vereinten Nationen implizit gebilligt wurde (*Klein,* in: Blumenwitz/Meissner (Hrsg.), Das Selbstbestimmungsrecht der Völker und die deutsche Frage, 1984, S. 107–122, 114).

1471 *Oeter,* ZaöRV 1992, S. 741–780, 757 f.

1472 Ebenda, S. 757.

1473 *Gusy,* AVR 30 (1992), S. 385–410, 405.

1474 *Oeter,* ZaöRV 1992, S. 741–780, 758; vgl. *Doehring,* in: Deutsche Gesellschaft für Völkerrecht (Hrsg.), Das Selbstbestimmungsrecht der Völker als Grundsatz des Völkerrechts, 1974, S. 7–56, 32.

1475 *Oeter,* ZaöRV 1992, S. 741–780, 756. So im Ergebnis wohl auch *Doehring,* in: Simma u. a., UN Charta, 1991, nach Art. 1 Rn. 37 ff.; *Doehring,* in: Deutsche Gesellschaft für Völkerrecht (Hrsg.), Das Selbstbestimmungsrecht der Völker als Grundsatz des Völkerrechts, 1974, S. 7–56, 31 f.; *Murswiek,* AVR 31 (1993), S. 307–332, 314, 330; Supreme Court of Canada, Reference re Secession of Quebec, 20. August 1998, 1998, 2 Supreme Court Reports, S. 217 ff., Rn. 126;

siven Menschenrechtsverletzungen und militärischer Repression einhergehen.[1476] Im äußersten Notfall kann gar die Existenz des Volks vom Verbleiben im Staat bedroht sein. Solche Not- und Ausnahmesituationen sind es, die zur Sezession berechtigen können. Ebendiese kann wegen ihrer einschneidenden Wirkung für die Souveränität des ursprünglichen Staats aber nur Ultima Ratio sein.[1477]

Welche Voraussetzungen an die Notlage zu stellen sind, ist schwierig zu beurteilen. Jedenfalls ist mehr als der bloße Mangel an demokratischer Teilhabe erforderlich. Insofern ist das Repräsentationserfordernis der *Friendly Relations Declaration* missverständlich. *Doehring* will ausschließlich in Fällen überzeugender Evidenz ein Sezessionsrecht gewähren.[1478] Er versucht sich dennoch an der Formulierung von Voraussetzungen für Regelbeispiele solcher Evidenzfälle.[1479] Gravierende Menschenrechtsverletzungen seitens einer Regierung fallen für ihn nicht hierunter, da dies eine Frage der Rechtmäßigkeit humanitärer Interventionen sei und keine Berührungspunkte mit dem Selbstbestimmungsrecht bestünden.[1480] Viel-

---

Sauer/Wagner, AVR 75 (2007), S. 53–83, 57 f.; *Tomuschat,* in: Albach (Hrsg.), Über die Pflicht zum Ungehorsam gegenüber dem Staat, 2007, S. 60–95, 88; *Schnebel,* ARSP 2010, S. 77–86, 80; *Kau,* in: Graf Vitzthum/Proelß (Hrsg.), Völkerrecht, 2016, S. 133–246, Abschn. 3 Rn. 129; *Herdegen,* Völkerrecht, 2016, § 36 Rn. 7; *Heintze,* Selbstbestimmungsrecht und Minderheitsrechte im Völkerrecht, 1994, S. 88. So auch *Schaller,* Sezession und Anerkennung, 2009, S. 17, der aber an der Existenz eines entsprechenden Völkergewohnheitsrechts zweifelt. A. A. *Gusy,* AVR 30 (1992), S. 385–410, 407, der diese Konstellation im völkerrechtlichen Menschenrechtsschutz geregelt sieht.

1476 Vgl. *Doehring,* in: Deutsche Gesellschaft für Völkerrecht (Hrsg.), Das Selbstbestimmungsrecht der Völker als Grundsatz des Völkerrechts, 1974, S. 7–56, 31; *Oeter,* ZaöRV 1992, S. 741–780, 758.

1477 *Thürer,* AVR 22 (1984), S. 113–137, 127 f.; *Oeter,* ZaöRV 1992, S. 741–780, 764; *Sauer/Wagner,* AVR 75 (2007), S. 53–83, 59; *Kau,* in: Graf Vitzthum/Proelß (Hrsg.), Völkerrecht, 2016, S. 133–246, Abschn. 3 Rn. 129. Vorrangige Mittel können jegliche Formen der Selbstverwaltung bis hin zur Autonomiegewährung sein (*Thürer,* AVR 22 (1984), S. 113–137, 127 f.; *Oeter,* ZaöRV 1992, S. 741–780, 764 f.; *Murswiek,* AVR 31 (1993), S. 307–332, 332; *ders.,* in: Tomuschat (Hrsg.), Modern Law of Self-Determination, 1993, S. 21–40, 38 f.; *Kau,* in: Graf Vitzthum/Proelß (Hrsg.), Völkerrecht, 2016, S. 133–246, Abschn. 3 Rn. 129).

1478 *Doehring,* in: Deutsche Gesellschaft für Völkerrecht (Hrsg.), Das Selbstbestimmungsrecht der Völker als Grundsatz des Völkerrechts, 1974, S. 7–56, 32.

1479 Ebenda, S. 32 f.

1480 Ebenda, S. 29; vgl. *ders.*, in: Simma u. a., UN Charta, 1991, nach Art. 1 Rn. 40, 56.

mehr müsse eine nicht mehr zumutbare Diskriminierung der Gruppe aufgrund von Gruppeneigenheiten vorliegen.[1481] Der Gruppe komme insofern im Verhältnis zu den ihr zugehörigen Individuen, die gleichzeitig in ihren Individualrechten verletzt sein können, eine eigenständige Schutzwürdigkeit zu.[1482] Ähnlich bezieht sich *Thürer* auf die Betroffenheit der Gruppe als solche.[1483] Er setzt hierfür voraus, dass sich Menschenrechtsverletzungen gegen die Gruppe richten.[1484] Eine Kombination beider Ansichten erscheint sinnvoll. Danach kann sich eine nicht mehr zumutbare Diskriminierung in Menschenrechtverletzungen aufgrund von Gruppenmerkmalen äußern, aber auch in anderer Weise. Es ist eine wertende Betrachtung im Einzelfall erforderlich, wobei aufgrund des Ausnahmecharakters einer solchen Situation in einem begrenzten Territorium regelmäßig Evidenz vorliegen dürfte.

Das Sezessionsrecht kann also nur in äußersten Notfällen zum Tragen kommen.[1485] Der Eingriff von außen bleibt auch dann wegen des äußeren Selbstbestimmungsrechts des von der Sezession betroffenen Staats illegitim.[1486] Umstritten ist darüber hinaus, ob die Anhänger der Sezessionsbewegung zur Durchsetzung ihres Ziels Gewalt anwenden dürfen. Eine entsprechende Diskussion ist bei der Frage der Zulässigkeit von Befreiungskriegen von Kolonialvölkern prominent geworden. Im Ergebnis kann es keinen Unterschied machen, ob der Befreiungskampf gegen koloniale oder staatsinterne Fremdherrschaft geführt wird. In jedem Fall handelt es sich aus Perspektive des bedrohten Volks um ein volksfremdes Herrschaftssystem. Gegen das Recht zur gewaltsamen Sezession oder Befreiung von der Kolonialmacht kann in erster Linie das völkerrechtliche Gewaltverbot ins Feld geführt werden.[1487] Fraglich ist zunächst, ob es im Fall eines innerstaatlichen Befreiungskriegs überhaupt zum Tragen kommt. Das Gewalt-

---

1481 *Doehring,* in: Deutsche Gesellschaft für Völkerrecht (Hrsg.), Das Selbstbestimmungsrecht der Völker als Grundsatz des Völkerrechts, 1974, S. 7–56, 32 f., 49 (These 18).

1482 Ebenda, S. 33.

1483 *Thürer,* AVR 22 (1984), S. 113–137, 127.

1484 Ebenda, S. 127.

1485 So weist ebenda, S. 129 darauf hin, dass es kein allgemeines Sezessionsrecht gebe.

1486 *Oeter,* ZaöRV 1992, S. 741–780, 758; *Kau,* in: Graf Vitzthum/Proelß (Hrsg.), Völkerrecht, 2016, S. 133–246, Abschn. 3 Rn. 129. Ferner ist der Eingriff wegen des Gewaltverbots unzulässig.

1487 Näheres zum Gewaltverbot, s. u., S. 482 ff.

verbot gem. Art. 2 Abs. 4 UN-Charta gilt seinem Wortlaut nach nur für die „internationalen Beziehungen“. Allerdings handelt es sich bei einem Befreiungskrieg immer um eine Konstellation mit internationalem Bezug. In der einen Konstellation ist die Loslösung vom Kolonialstaat gewünscht; bei der Sezession geht es um die Gründung eines neuen Staats.[1488] Zudem kann bereits die Verletzung des völkerrechtlich bedeutsamen Selbstbestimmungsgrundsatzes als solches nicht als innere Angelegenheit abgetan werden.[1489] Es müsste also eine Ausnahme vom Gewaltverbot oder eine Rechtfertigung für seinen Bruch vorliegen. Nach einer weitverbreiteten Ansicht ist dies nicht der Fall, sodass die gewaltsame Sezession oder Entkolonialisierung hiernach völkerrechtswidrig ist.[1490] Diese Ansicht beruft sich auf die Staatenpraxis und eine entsprechende Rechtsüberzeugung.[1491]

Demgegenüber ist die UN-Generalversammlung im Hinblick auf die Mittel zur Befreiung von Kolonialherrschaft immer nachsichtiger geworden. Während sie in ihren Resolutionen zunächst nur die Fremdherrschaft verurteilte,[1492] billigte sie den Kolonialvölkern später zu, „[...] to exercise their right to self-determination and independence by all necessary means at their disposal [...]“[1493]. Diese offene Formulierung lässt die Anwendung von gewaltsamen Mitteln für legitim erscheinen, kann aber auch anders ausgelegt werden.[1494] Ebenso verhält es sich mit der Aggressionsdefi-

---

1488 *Thürer,* AVR 22 (1984), S. 113–137, 130; vgl. *Klein,* ZaöRV 1976, S. 618–653, 645.

1489 So – in anderem Zusammenhang – *Eide,* in: UNESCO (Hrsg.), Violations of human rights: possible rights of recourse and forms of resistance, 1984, S. 34–66, 43.

1490 *Klein,* ZaöRV 1976, S. 618–653, 648 ff.; *Thürer,* AVR 22 (1984), S. 113–137, 128 f., 130 f.; *Randelzhofer/Dörr,* in: Simma u. a., UN Charter, Vol. 1, 2012, Art. 2(4), Rn. 62.

1491 *Thürer,* AVR 22 (1984), S. 113–137, 128 f., 130 f.; ebenda, S. 128 f., 130 f.; *Randelzhofer/Dörr,* in: Simma u. a., UN Charter, Vol. 1, 2012, Art. 2 (4) Rn. 63. Vgl. zur Rechtsüberzeugung auch *Ginther,* Österreichische Zeitschrift für öffentliches Recht und Völkerrecht 32 (1982), S. 131–157, 148 ff.; *Bothe,* in: Graf Vitzthum/Proelß (Hrsg.), Völkerrecht, 2016, S. 591–682, Abschn. 8 Rn. 20; *Kau,* in: Graf Vitzthum/Proelß (Hrsg.), Völkerrecht, 2016, S. 133–246, Abschn. 3 Rn. 129.

1492 Allgemein A/RES/1514 (XV) (14.12.1960). Für Tibet A/RES/2105 (XX) (20.12.1965). Für Südafrika A/RES/2202 (XXI) (16.12.1966).

1493 A/RES/2708 (XXV) (14.12.1970), Rn. 5. Ähnlich A/RES/2671 (XXV) (8.12.1970), Abschnitt F, Rn. 2.

1494 *Tomuschat,* in: Albach (Hrsg.), Über die Pflicht zum Ungehorsam gegenüber dem Staat, 2007, S. 60–95, 84 f. *Chemillier-Gendreau,* in: UNESCO (Hrsg.),

nition der Generalversammlung. Dort heißt es in Art. 7: „Nothing in this definition […] could in any way prejudice […] the right of these peoples [under colonial and racist régime or other forms of alien domination, Anm. d. Verf.] to *struggle* to that end […]"[1495]. „Struggle" bzw. „kämpfen" kann noch eher im Sinne eines gewaltsamen Vorgehens verstanden werden als die vorherige Bezeichnung „all necessary means".[1496] Die Aggressionsdefinition wurde zwar unter dem Eindruck der immerwährenden Konflikte des Kolonialismus formuliert;[1497] bereits ein Blick in zeitlich vorgelagerte Resolutionen im Zusammenhang mit der Verurteilung der Apartheid zeigt jedoch, dass zum Kampf („struggle") auch der bewaffnete Kampf („armed struggle") gehört.[1498] Durch den Bezug auf „racist régime or other forms of alien domination" wird deutlich, dass sich das Recht auf gewaltsame Befreiung damit nicht nur auf die Befreiung von einer Kolonialmacht beschränkt, sondern auch bei rassistischen Regimen zum Tragen kommt.

Auch wenn man in Anlehnung an die Generalversammlung ein Recht zum gewaltsamen Befreiungskampf von Kolonialmacht und rassistischem Regime im Völkerrecht befürwortet,[1499] so heißt dies noch nicht, dass eine gewaltsame Befreiung über die Fälle des Kolonialismus hinaus bei Sezessionsbestrebungen legitim sein könnte. Die Unterschiede der beiden Konstellationen wurden bereits angesprochen: In der einen gibt es keinen legitimen völkerrechtlichen territorialen Titel, also auch kein äußeres Selbstbestimmungsrecht, das über den Bestandsschutz hinausreicht; in der ande-

---

Critique de la politique, 2004, S. 135–153, 149 f. interpretiert die GA-Resolution zugunsten eines gewaltsamen Befreiungsrechts. Allerdings weist sie darauf hin, dass dieses Recht mittlerweile nicht mehr anerkannt sei, weil die Kolonialisierung als überwunden gelte obgleich es neue Fälle der Fremdherrschaft gebe.

1495 A/RES/3314 (14.12.1974), Annex (*Hervorhebungen d. Verf.*). In der deutschen Übersetzung wird der Begriff „kämpfen" verwendet.

1496 So *Klein,* ZaöRV 1976, S. 618–653, 25. A. A. *Randelzhofer/Dörr*, in: Simma u. a., UN Charter, Vol. 1, 2012, Art. 2 (4) Rn. 63 mit Blick auf die Diskussionen bei der Entstehung der Resolution.

1497 *Kau,* in: Graf Vitzthum/Proelß (Hrsg.), Völkerrecht, 2016, S. 133–246, Abschn. 3 Rn. 129.

1498 Vgl. A/RES/3246 (29.11.1974), Rn. 3; A/RES/3103 (12.12.1973).

1499 *Tomuschat,* in: UNESCO (Hrsg.), Violations of human rights: possible rights of recourse and forms of resistance, 1984, S. 13–33, 18, 27 zufolge entspricht dies der überwiegenden Ansicht. Ähnlich *Eide,* in: UNESCO (Hrsg.), Violations of human rights: possible rights of recourse and forms of resistance, 1984, S. 34–66, 58 im Fall der Entkolonialisierung.

ren gibt es ein solches sehr wohl. Die Bedenken hinsichtlich des jeweils kollidierenden Rechts des Staats wurden oben aus dem Wege geräumt. In Ausnahmesituationen kann ein Sezessionsrecht bestehen, wie gezeigt wurde. Bei der Frage der Gewaltanwendung geht es in beiden Fällen vielmehr um die Kollision mit dem Gewaltverbot. Wird in der einen Konstellation eine Ausnahme oder ein Rechtfertigungstatbestand anerkannt, so muss dies zwangsläufig auch für die andere Konstellation gelten. Zu einem anderen Ergebnis käme man nur, wenn man hinsichtlich des Adressaten der Gewalt differenzieren könnte. Dies tut etwa Art. 51 UN-Charta, der eine Gewaltanwendung gegenüber Angreifern zulässt. In Anlehnung an den Sinn und Zweck dieser Norm könnte Gewalt gegenüber dem in einen Staat eingefallenen Kolonialherrscher (Angreifer) als legitim erachtet werden. Führt man den Gedanken weiter, könnte dagegen die Gewalt gegenüber einem lediglich unterdrückenden, nicht-fremden Regierungsinhaber unzulässig sein, da dieser mangels Invasion keinen staatsübergreifenden Angriff vorgenommen hat. Nimmt man eine andere Perspektive ein, so überzeugt diese Differenzierung aber nicht mehr: Auch der Unterdrücker greift an – nämlich das innere Selbstbestimmungsrecht eines Volks.[1500] Daher nimmt auch die Generalversammlung ein Recht zur Gewaltanwendung gegenüber einer nicht-kolonialistischen, jedoch rassistisch-unterdrückenden Regierung an.

Die Ansicht, welche die Zulässigkeit der Anwendung von Gewalt befürwortet, hat im Laufe der Zeit immer mehr Anhänger außerhalb der Generalversammlung gewonnen.[1501] Selbst in Art. 1 Abs. 4 ZP I werden kriegsrechtliche Vorkehrungen für den Fall getroffen, dass es zu einem ge-

---

1500 Vgl. *Tomuschat,* in: Albach (Hrsg.), Über die Pflicht zum Ungehorsam gegenüber dem Staat, 2007, S. 60–95, 85, der eine Besatzungsherrschaft und ein Regime der Unterdrückung für gleichwertige Gegner bei der Umsetzung des Selbstbestimmungsrechts hält.

1501 *Verdross/Simma,* Universelles Völkerrecht, 1984, § 410; *Eide,* in: UNESCO (Hrsg.), Violations of human rights: possible rights of recourse and forms of resistance, 1984, S. 34–66, 58; *Doehring,* in: Simma u. a., UN Charta, 1991, nach Art. 1 Rn. 40, 56; *Malanczuk,* Akehurst's Modern Introduction to International Law, 1997, S. 306 ff.; *Dunér,* IJHR 9 (2005), S. 247–269, 250, der jedoch auf die Schwankungen bei dieser Diskussion hinweist. So z. B. *Doehring,* in: Deutsche Gesellschaft für Völkerrecht (Hrsg.), Das Selbstbestimmungsrecht der Völker als Grundsatz des Völkerrechts, 1974, S. 7–56, 34 f.; *Tomuschat,* in: UNESCO (Hrsg.), Violations of human rights: possible rights of recourse and forms of resistance, 1984, S. 13–33, 26 f.; *Keenan,* ICLR 2011, S. 5–29, 22.

waltsamen Befreiungskampf kommt. Gewiss lässt sich aus diesem *ius in bello* kein *ius ad bellum*, also kein Recht zur Gewaltanwendung, ableiten. Zudem ist mit den Erfahrungen der Befreiungskämpfe von Kolonialmächten ebenso die Einsicht gewachsen, dass friedliche die wirksamsten Mittel im Kampf gegen eine koloniale Fremdherrschaft darstellten.[1502] Bei der Ausübung des Selbstbestimmungsrechts geht es um die Durchsetzung der Volkssouveränität. Ein vorzugswürdiges Mittel hierfür ist daher das Referendum.[1503] Selbst dies stellt aber kein Allheilmittel für territoriale Konflikte dar. Sogar die Abhaltung eines Referendums kann politische Instabilität in einem Staat verursachen – etwa, wenn nicht klar ist, wer zum Kreis der Wahlberechtigten zählt.[1504] Gewaltanwendung führt allerdings in jedem Fall zu – zumindest kurzfristiger – Instabilität.[1505] Auch diejenigen, die gewaltsame Befreiungsbewegungen für zulässig erachten, verlangen für die Gewaltanwendung die Einhaltung bestimmter Kriterien wie der Verhältnismäßigkeit, des Übermaßverbots und der Erforderlichkeit.[1506]

1502 *Tomuschat,* in: Albach (Hrsg.), Über die Pflicht zum Ungehorsam gegenüber dem Staat, 2007, S. 60–95, 85.

1503 *Thürer/Burri,* Self-Determination, 2008, Rn. 22.

1504 Ebenda, Rn. 21. Dieses Problem berührt die Frage nach der Rechtsträgerschaft des Selbstbestimmungsrechts (dazu sogleich, S. 286 ff.).

1505 Vgl. darüber hinaus zur Gefahr des Missbrauchs eines gewaltsamen Selbstbestimmungsrechts *Friedlander,* Case Western Reserve Journal of International Law 13 (1981), S. 281–289, 287 f.

1506 *Doehring,* in: Deutsche Gesellschaft für Völkerrecht (Hrsg.), Das Selbstbestimmungsrecht der Völker als Grundsatz des Völkerrechts, 1974, S. 7–56, 34 f.; *Tomuschat,* in: UNESCO (Hrsg.), Violations of human rights: possible rights of recourse and forms of resistance, 1984, S. 13–33, 26 f. Genauere Kriterien werden allerdings nicht genannt, sondern es wird auf eine Einzelfallbetrachtung verwiesen. *Doehring,* in: Deutsche Gesellschaft für Völkerrecht (Hrsg.), Das Selbstbestimmungsrecht der Völker als Grundsatz des Völkerrechts, 1974, S. 7–56, 35, 38 f., 50 (These 22) verweist lediglich darauf, dass die Anwendung von Gewalt legitim sein muss, wenn eine Konstellation vorliegt, bei der auch eine humanitäre Intervention gerechtfertigt wäre. *Eide,* in: UNESCO (Hrsg.), Violations of human rights: possible rights of recourse and forms of resistance, 1984, S. 34–66, 58 nennt demgegenüber neben dem Ultima-Ratio-Prinzip die Voraussetzung, dass Gewalt von einer Befreiungsbewegung nur zur Verteidigung gegenüber gewaltsamem Vorgehen der Kolonialmacht ausgeübt werden und die Zivilgesellschaft hiervon nicht betroffen sein darf.

Die Gewaltanwendung dürfte in vielen Fällen ohnehin an diesen Hürden scheitern.[1507]

3. Bestimmung des Rechtssubjektes

Nachdem nun festgestellt wurde, dass das Selbstbestimmungsrecht inhaltlich ein Entkolonialisierungsrecht, ein äußeres und ein inneres Selbstbestimmungsrecht mit jeweils zahlreichen Erscheinungsformen sowie – im Notfall – ein Sezessionsrecht umfasst, stellt sich die Frage, wer dieses Recht für sich geltend machen kann. Problematisch ist der Aspekt der Rechtsträgerschaft in doppelter Hinsicht. Zum einen wird diskutiert, wer mit dem Begriff Volk gemeint ist; zum anderen stellt sich die Frage, ob die Mitglieder eines Volks das Selbstbestimmungsrecht nur kollektiv oder auch individuell ausüben können.

a) Volksbegriff

Zunächst zum Volksbegriff: Zu seiner genauen Definition lassen sich weder in der UN-Charta noch in anderen völkerrechtlichen Dokumenten Anhaltspunkte finden.[1508] Es kommen zwei Antwortmöglichkeiten auf die Frage nach der Volksdefinition in Betracht: Entweder man sieht darin nur das „Staatsvolk“[1509] oder auch ein Volk im ethnischen

---

1507 Zur Zulässigkeit der Gewaltanwendung soll an dieser Stelle nicht mehr gesagt werden. Verwiesen wird zu ihrer Legitimität im Allgemeinen auf den Abschnitt zum Gewaltverbot (S. 482 ff.); zur Legitimität von Gewalt bei der Ausübung eines Widerstandsrechts s. u., S. 557 ff., 663 ff.

1508 *Thürer/Burri*, Self-Determination, 2008, Rn. 8.

1509 So *Eide*, E/CN.4/Sub.2/1993/34 (10.08.1993), Rn. 82. Dies halten *Gusy*, AVR 30 (1992), S. 385–410, 397 und *Köhler*, in: Beestermöller (Hrsg.), Die humanitäre Intervention – Imperativ der Menschenrechtsidee?, 2003, S. 75–100, 92 f. nach geltendem Völkerrecht für die bislang einzig berechtigte Entität aus dem Selbstbestimmungsrecht.

Sinne[1510].[1511] Gegen die erstgenannte Möglichkeit könnten die Argumente angeführt werden, die zugunsten eines inneren Selbstbestimmungsrechts angeführt wurden. Insofern könnte angenommen werden, dass das Selbstbestimmungsrecht bei einer Beschränkung des Rechtssubjekts auf das Staatsvolk nur in seiner äußeren Dimension bestehen kann. Es ist aber ein inneres Selbstbestimmungsrecht denkbar, das nur dem Staatsvolk zukommt. Nicht nur fremde Staaten können Feind der Selbstbestimmung eines Staatsvolkes sein, sondern auch der eigene. Ein Staatsvolk kann daher auch gegenüber seinen (diktatorischen) Machthabern das Recht haben, seine Regierungsform zu wählen sowie die wirtschaftlichen, kulturellen und sozialen Entwicklungen mitzubestimmen. Dies kann nicht, wie erwähnt wurde, zugunsten eines Rechts auf Demokratie interpretiert werden,[1512] jedoch zumindest als Abwehrrecht gegen eine umfassende Diktatur, das dem gesamten Staatsvolk zukommt. Die Argumente zugunsten eines inneren Selbstbestimmungsrechts widersprechen der Beschränkung des Rechtssubjekts auf das Staatsvolk daher keineswegs.

Gegen diese beschränkende Ansicht sprechen diejenigen Erwägungen, die zugunsten eines Sezessionsrechts zum Tragen gekommen sind. Wenn

1510 So *Doehring,* in: Deutsche Gesellschaft für Völkerrecht (Hrsg.), Das Selbstbestimmungsrecht der Völker als Grundsatz des Völkerrechts, 1974, S. 7–56, 22, 48 (These 9); *ders.*, in: Simma u. a., UN Charta, 1991, nach Art. 1 Rn. 29 ff.; *Cassese,* in: Henkin (Hrsg.), The International Bill of Rights, 1981, S. 92–113, 95; *Murswiek,* Der Staat 1984, S. 523–548, 532; *Heintze,* Selbstbestimmungsrecht und Minderheitsrechte im Völkerrecht, 1994, S. 42 ff.; *ders.,* in: Ipsen (Hrsg.), Völkerrecht, Ein Studienbuch, 2014, S. 316–376, § 8 Rn. 29 ff.; *Thiele,* Selbstbestimmungsrecht und Minderheitenschutz in Estland, 1999, 29 f.; *Dahm/Delbrück/Wolfrum,* Völkerrecht, Bd. I/2, 2002, S. 13 ff.; *Clark,* Chicago Journal of International Law 5 (2004-2005), S. 737–752, 739 ff.; so wohl auch *Weiler,* Vietnam, 1973, S. 151. *Veiter,* in: Kipp/Mayer/Steinkamm (Hrsg.), Um Recht und Freiheit, 1977, S. 675–702 will ausschließlich Völkern in diesem Sinne das Selbstbestimmungsrecht zusprechen.

1511 Eingehender zu dieser Diskussion ebenda, S. 683 ff.; *Rumpf,* in: Blumenwitz/Meissner (Hrsg.), Das Selbstbestimmungsrecht der Völker und die deutsche Frage, 1984, S. 47–59, 48 ff.; *Murswiek,* Der Staat 1984, S. 523–548; *Shaw,* Title to Territory in Africa, 1986, S. 98 ff. Ebenso *Gusy,* AVR 30 (1992), S. 385–410, 389 ff., der zudem eine dritte Ansicht benennt, die das Selbstbestimmungsrecht als Menschenrecht sieht (*Wengler,* Das Selbstbestimmungsrecht der Völker als Menschenrecht, 1986). Letztere stellt vielmehr eine Antwortmöglichkeit auf die Frage nach der kollektiven oder individuellen Dimension des Selbstbestimmungsrechts dar.

1512 Hierzu s. o., S. 271 ff.

ausschließlich das Staatsvolk Rechtsträger des Selbstbestimmungsrechts wäre, bliebe für das Sezessionsrecht eines Teils dieses Staatsvolks im Fall seiner Unterdrückung kein Raum. In der Konstellation der Unterdrückung, wie sie in Grundsatz 5, Abs. 7 der *Friendly Relations Declaration* bedacht wird, könnte also nur das gesamte Staatsvolk gegen seine Regierung aufgebracht werden.

Es würde dabei nicht um die Anzweiflung ihres Herrschaftsanspruches für ein abgrenzbares Territorium gehen, sondern um die Anzweiflung der Legitimität ihres vollumfänglichen Herrschaftsanspruchs. Das Besondere am Selbstbestimmungsrecht ist nach dem gängigen Verständnis im Völkerrecht, dass es einen territorialen Bezug aufweist.[1513] So kam es zu seiner prominentesten Erscheinungsform, dem Entkolonialisierungsrecht, und so ist auch der Repräsentationspassus in der *Friendly Relations Declaration* zu verstehen – dieser Vorbehalt bezieht sich auf die Wahrung der „*territoriale*[n] Unversehrtheit" bzw. „politische[n] *Einheit*"[1514]. Die darin formulierte Rechtsfolge bei der Unterdrückung kann aber – wenn überhaupt – nur für einen Teil der Bevölkerung zum Tragen kommen. Vorzugswürdig ist daher die Ansicht, dass das Selbstbestimmungsrecht neben dem Staatsvolk weiteren Gruppen innerhalb eines Staats zukommt, wobei für beide Rechtssubjekte eine unterschiedliche inhaltliche Reichweite des Selbstbestimmungsrechts besteht (Sezession als Maßnahme der Ausübung steht nur Letzteren zu). Hierfür spricht auch die in englischen Formulierungen des Selbstbestimmungsrechts zu findende Aufzählung „peoples and nations"[1515]. Fraglich ist, wie „people" (ein Volk) im Unterschied zur „nation" (Staatsvolk) zu bestimmen ist. In erster Linie sind ethnische und/oder politisch-kulturelle Gemeinsamkeiten seiner Anhänger zu fordern.[1516] Darüber hinaus muss eine territoriale Abgrenzbarkeit dieser Gruppe feststellbar sein.[1517] Es gibt zahlreiche Definitionsversuche für ein Volk in diesem Sinne (hier verkürzt „Volk im ethnischen Sinne"), die

1513 Vgl. *Schnebel,* ARSP 2010, S. 77–86, 82; *Heintze,* in: Ipsen (Hrsg.), Völkerrecht, Ein Studienbuch, 2014, S. 316–376, § 8 Rn. 12.

1514 *Hervorhebungen d. Verf.*

1515 Vgl. nur den Titel von A/RES/637 (16.12.1952).

1516 *Arzinger,* Das Selbstbestimmungsrecht im allgemeinen Völkerrecht der Gegenwart, 1966, S. 252; *Doehring,* in: Deutsche Gesellschaft für Völkerrecht (Hrsg.), Das Selbstbestimmungsrecht der Völker als Grundsatz des Völkerrechts, 1974, S. 7–56, 23; *Thürer,* AVR 22 (1984), S. 113–137, 127.

1517 *Doehring,* in: Deutsche Gesellschaft für Völkerrecht (Hrsg.), Das Selbstbestimmungsrecht der Völker als Grundsatz des Völkerrechts, 1974, S. 7–56, 23; *Thü-*

nicht zur abschließenden Klärung dieses Problems geführt haben und an dieser Stelle daher nicht näher erörtert werden.[1518] *Thürer* weist darauf hin, dass es in der Praxis kaum vorkommt, dass die Behauptung einer Menschengruppe, ein Volk zu sein, abgestritten würde.[1519] So kommt auch *Oeter* zu dem Ergebnis, dass es sich dabei um eine faktische Frage handelt und die Beurteilung nach einer präexistenten Gesellschaftsaufgliederung wichtiger sei als eine normative Betrachtung mittels eines völkerrechtlichen Volksbegriffs.[1520]

b) Ausübungsmodus: kollektiv oder auch individuell?

Fraglich bleibt, ob die Individuen des Staatsvolks bzw. eines Volks im ethnischen Sinne das Selbstbestimmungsrecht nur kollektiv mit anderen Volksmitgliedern ausüben können oder ob sie es auch individuell wahrnehmen können. Die überwiegende Ansicht in der Völkerrechtswissenschaft geht davon aus, dass das Selbstbestimmungsrecht ein ausschließlich kollektives Recht ist.[1521] Was genau das bedeutet und vor allem bis zu

---

rer, AVR 22 (1984), S. 113–137, 127; vgl. *Wengler,* Völkerrecht, Bd. II, 1964, S. 1031.

1518 Vgl. nur die verschiedenen Definitionen bei *Chou-Young,* Das Selbstbestimmungsrecht als eine Vorbedingung des völligen Genusses aller Menschenrechte, 1973, 246 ff.; *Kiss,* HRLJ 7 (1986), S. 165–175, 173; *Doehring,* in: Simma u. a., UN Charta, 1991, nach Art. 1 Rn. 29. Vgl. zur Schwierigkeit einer Definitionsfindung *Jennings,* The Approach to Self-Government, 1956, S. 56 („[...] the people cannot decide until somebody decides who are the people"); *Nowak,* CCPR-Kommentar, 1989, Art. 1 Rn. 27 ff.; *Clark,* Chicago Journal of International Law 5 (2004-2005), S. 737–752, 739 ff.; *Heintze,* in: Ipsen (Hrsg.), Völkerrecht, Ein Studienbuch, 2014, S. 316–376, § 8 Rn. 31 f.

1519 *Thürer/Burri,* Self-Determination, 2008, Rn. 19.

1520 *Oeter,* ZaöRV 1992, S. 741–780, 761. A. A. *Shaw,* Title to Territory in Africa, 1986, S. 100 f.

1521 Dieser Ansicht sind *Wengler,* Völkerrecht, Bd. II, 1964, S. 1031 f.; *Doehring,* in: Deutsche Gesellschaft für Völkerrecht (Hrsg.), Das Selbstbestimmungsrecht der Völker als Grundsatz des Völkerrechts, 1974, S. 7–56, 25, 48 (These 12; für das Sezessionsrecht s. S. 31); *Cristescu,* E/CN.4/Sub.2/404/Rev. 1, Study: The Right to Self-Determination, 1981, S. 30, Rn. 213 f.; *Ermacora,* Der Minderheitenschutz im Rahmen der Vereinten Nationen, 1988, S. 72, Rn 86; *Gusy,* AVR 30 (1992), S. 385–410, 390, 405; *Heintze,* Selbstbestimmungsrecht und Minderheitsrechte im Völkerrecht, 1994, S. 47; *Nowak,* CCPR-Kommentar, 1989, Art. 1 Rn. 15, 17; so wohl auch *Missling,* Widerstand und Menschenrechte,

welchem Grade der Rest des Volks an der Ausübung beteiligt sein muss, bleiben dabei offene Fragen. Die Grenze zwischen Individualität und Kollektivität verläuft hier fließend. Das Selbstbestimmungsrecht ist gewiss kein typisches Individualrecht, von dessen Verletzung im Einzelfall nur ein Individuum betroffen sein kann, wie z. B. beim Menschenrecht auf Leben. Zudem ist es schwer vorstellbar, dass nur ein einziges Individuum dieses Recht in einem Verfahren geltend machen könnte.[1522]

Wer aber, wenn nicht das individuelle Mitglied eines Volks, soll zur Ausübung des Selbstbestimmungsrechts handeln? Die Ausübung kann keineswegs davon abhängig gemacht werden, dass alle anderen Mitglieder des Volks sich aktiv daran beteiligen. Es ist schwierig zu beurteilen, wann ein Volk als solches, als Kollektiv, aktiv wird. Fraglich ist, ob dafür die Zustimmung aller Mitglieder und die Handlung (etwa das Aussprechen von Aufforderungen an die Kolonialmacht) nur eines einzigen Mitglieds genügt. *Doehring*, der sich für die Eigenschaft des Selbstbestimmungsrechts als Kollektivrecht ausspricht, räumt ein, dass das Selbstbestimmungsrecht auch Individualrechte schützen kann und das Individuum an der Ausübung des Selbstbestimmungsrechts teilhat.[1523] So weist er darauf hin, dass beispielsweise bei einem Referendum über eine Staatsneugründung nur dem Individuum das Wahlrecht zusteht und nicht einem Kollektiv.[1524]

Eine andere Ansicht billigt dem Selbstbestimmungsrecht aufgrund dieser Differenzierungsschwierigkeiten zugleich einen kollektiven und einen

---

1999, S. 79, Fn. 279; *Fulda,* Demokratie und pacta sunt servanda, 2002, S. 25; *Thürer/Burri,* Self-Determination, 2008, Rn. 19.

1522 Zu denken wäre dabei an das Individualbeschwerdeverfahren gem. des 1. Fakultativprotokolls zum IPbpR vom 19.12.1966. Ob in einem solchen Verfahren eine Verletzung des Selbstbestimmungsrechts gerügt werden darf, ist fragwürdig (dagegen *Nowak,* CCPR-Kommentar, 1989, Art. 1 Rn. 17). Insbesondere Art. 7 dieses Protokolls ist insofern missverständlich und lässt sich sowohl hierfür (weite Auslegung: keinerlei Einschränkungen erwünscht) als auch hiergegen (Tatsache, dass das Selbstbestimmungsrecht vom Protokoll nicht erfasst wird, soll nicht auf Petitionsmöglichkeiten im Rahmen der Entkolonialisierung übertragen werden) anführen.

1523 *Doehring,* in: Deutsche Gesellschaft für Völkerrecht (Hrsg.), Das Selbstbestimmungsrecht der Völker als Grundsatz des Völkerrechts, 1974, S. 7–56, 25, 48 (These 12).

1524 Ebenda, S. 25, 48 (These 12).

individuellen Charakter zu.[1525] Gewiss werden sich solche Schwierigkeiten bei Kollektivrechten regelmäßig ergeben. Sie sind hier dem Umstand geschuldet, dass sich das Selbstbestimmungsrecht mit all seinen Erscheinungsformen aus dem Gedanken der individuellen Selbstbestimmung ableitet.[1526] Selbstbestimmung – auch politische Selbstbestimmung der Staaten – weist immer einen individuellen Bezug auf. Eine Analogie von politischer und individueller Selbstbestimmung ist schwierig zu begründen, da keine Identität von Herrscher und Beherrschten gegeben ist.[1527] Es wird deutlich, dass die politische Selbstbestimmung daher eine dominierende kollektive Komponente innehat. Indessen ist fraglich, inwiefern das Individuum überhaupt autonom ist und nicht bei der individuellen Selbstbestimmung Wechselwirkungen mit anderen Individuen oder der Gesellschaft bestehen.[1528] Es bedarf keiner derart tief greifenden anthropologischen Diskussion, um den Individualbezug des Selbstbestimmungsrechts offenzulegen. Ein gewisser Bezug zum Individuum besteht bei den meisten kollektiven Rechten. Historisch betrachtet sind viele individuelle Rechte aus kollektiven erwachsen; Individualrechte können die Bildung von Kollektiven unter Umständen auch erst ermöglichen (so z. B. das Versammlungsrecht).[1529] Darüber hinaus besteht beim Selbstbestimmungsrecht ein besonderer Bezug zu den (individuellen) Menschenrechten. Es dient ihrer Verwirklichung. *Schnebel* befindet daher: „Jedes Kollektiv kann nur dann einen legitimen Anspruch auf Selbstbestimmung einfordern, wenn damit auch die individuelle Freiheit gewährleistet ist."[1530]

1525 *Gros Espiell,* E/CN.4/Sub.2/405/Rev. 1, Study: The Right to Self-Determination, 1980, S. 9 f., Rn. 55 ff.; *Schnebel,* ARSP 2010, S. 77–86, 80 f.

1526 Ebenda, S. 77. Zur Wechselbeziehung von kollektiver und individueller Selbstbestimmung im Zusammenhang mit dem völkerrechtlichen Ziel der Friedenssicherung eingehend *Oeter,* in: Malowitz/Münkler (Hrsg.), Humanitäre Intervention, 2009, S. 29–64, 32.

1527 Vgl. *Kersting,* in: Merkel (Hrsg.), Der Kosovo-Krieg und das Völkerrecht, 2000, S. 187–231, 200 f., der daher davon ausgeht, dass Selbstbestimmung „[…] notwendigerweise nur im Modus der Mitbürgerlichkeit aller Mitglieder des Staatsvolkes geschehen kann" (ebenda, S. 202).

1528 Dies hängt von anthropologischen Prämissen ab. Vgl. zu den unterschiedlichen Konzepten von *Kant, Rawls, Charles Taylor, Herder* und *Hegel* die Gegenüberstellung bei *Schnebel,* ARSP 2010, S. 77–86, 77 ff.

1529 Ebenda, S. 80.

1530 Ebenda, S. 80.

4. Zusammenfassende Bemerkungen

Nach den vorangegangenen Darstellungen lässt sich der derzeitige Gehalt des völkerrechtlichen Selbstbestimmungsrechts wie folgt zusammenfassen:

Erscheinungsform des SBR / Rechtssubjekt	**Entkolonialisierungsrecht**	**Äußeres SBR (Souveränität ggü. Drittstaaten/Int. Org.)**	**Inneres SBR (pol., kult., wirtschaftl., soz.; ggü. Staatsregierung)**
Staatsvolk	(+)	(+)	(+), bei Verletzung keine konkreten Durchsetzungsmaßnahmen vorgesehen **(*)**
Volk im ethnischen Sinne	(-)	i. d. R. (-) nur Sezessionsrecht	(+), bei Verletzung (Unterdrückung) Sezessionsrecht (Übergang in äußeres SBR)

Abbildung: Schematische Darstellung des Gehalts des Selbstbestimmungsrechts (SBR)

(+) = vorhanden, (-) = nicht vorhanden

Es stellt sich nun im Hinblick auf die vorliegende Untersuchung die Frage, ob darin Anhaltspunkte für ein Widerstandsrecht zu finden sind. Das Selbstbestimmungsrecht wird von einigen Befürwortern des völkerrechtlichen Widerstandsrechts als ein zentrales Argument für ihre Ansicht genannt.[1531] Bereits bei der Erörterung des Inhalts des Selbstbestimmungsrechts ist aufgefallen, dass das innere Selbstbestimmungsrecht mindestens Parallelen zu einem Widerstandsrecht aufweist. Das Selbstbestimmungsrecht nimmt die Beziehung von Staatsregierung und Staatsvolk ins Visier. Dies ist die Konstellation, in der sich auch Widerstand abspielt.

1531 Dies ist nirgendwo der einzige Beleg, der angeführt wird. Viele Befürworter nehmen zudem Rekurs auf die AEMR (so *Paust,* Emory Law Journal 32 (1983), S. 545–581, 560 ff.) oder auf weitere, im Fortgang dieses Kapitels zu erörternde Bereiche des Völkerrechts.

Das Widerstandsrecht sieht für das Volk bzw. die betroffenen Bürger (insofern differenziert es nicht so genau wie das Selbstbestimmungsrecht) stets eine Handlungsbefugnis vor. Ein völkerrechtliches Widerstandsrecht könnte damit die Lücke in der Durchsetzung füllen, die in der obigen Abbildung markiert ist (*). Dabei geht es um die Konstellation, in denen das gesamte Staatsvolk seine politische, kulturelle, wirtschaftliche oder soziale Entscheidungsfreiheit gegenüber seiner Regierung geltend machen will. Das Selbstbestimmungsrecht verbürgt an dieser Stelle nach dem aktuellen Stand des Völkerrechts eher ein materielles Recht denn eine Handlungsermächtigung. Es ist möglich, sämtliche Maßnahmen der politischen Mitbestimmung als hierin verbürgt zu sehen. Wenn diese allerdings keine Wirkung zeigen, sieht das Selbstbestimmungsrecht keine weiteren Durchsetzungsmittel vor. An dieser Stelle besteht also eine Inkongruenz zum inneren Selbstbestimmungsrecht eines Volks im ethnischen Sinne, denn dieses kann als letzte Möglichkeit zur Waffe der Sezession greifen. Ein Staatsvolk kann sich mittels des Selbstbestimmungsrechts nicht von einem tyrannischen Machthaber, der aus der Mitte des Volks selbst kommt, befreien. Hierin bestünde der eigenständige Anwendungsbereich eines Widerstandsrechts. Das Selbstbestimmungsrecht richtet sich schließlich nur gegen volksfremde Herrschaft, wobei der Begriff des Volks hier wohl das Staatsvolk als auch ein Volk im ethnischen Sinne umfasst.

Im Recht auf Sezession und im Entkolonialisierungsrecht manifestiert sich der Gedanke der Selbsthilfe.[1532] Genauer genommen kann man hier sogar die Zulässigkeit von Selbsthilfe zugunsten der Verwirklichung von Menschenrechten erblicken, da das Selbstbestimmungsrecht ihrer Verwirklichung dient.[1533] Selbsthilfe und Durchsetzung von Menschenrechten sind wiederum zwei zentrale Aspekte von Widerstand.[1534] Beide spielen in *Lockes* Widerstandslehre eine Rolle, Ersterer auch in *Hobbes*‘ Ausnahme vom Widerstandsverbot.[1535] Ihre Kombination im Selbstbestimmungsrecht zu finden, kann daher als Indiz für die Existenz eines völkerrechtlichen

---

1532 *Oeter,* ZaöRV 1992, S. 741–780, 765; vgl. *Doehring*, in: Simma u. a., UN Charta, 1991, nach Art. 1 Rn. 40.

1533 A. A. tendenziell *Gusy,* AVR 30 (1992), S. 385–410, 407.

1534 Vgl. *Eide,* in: UNESCO (Hrsg.), Violations of human rights: possible rights of recourse and forms of resistance, 1984, S. 34–66, insb. S. 54.

1535 Zur Verbindung von Selbsthilfe und Widerstand bei *Hobbes* S. 80 ff.; bei *Locke* S. 124 f. Der menschenrechtliche Gedanke tritt bei *Locke* vor allem in seinem Tyranneibegriff zutage (s. o., S. 134 ff.).

Widerstandsrechts gewertet werden. Sezessions- und Entkolonialisierungsrecht kommen darüber hinaus sogar einem (speziellen) Widerstandsrecht gleich.[1536] So implizieren sie das Recht eines Volks, sich einer Fremdherrschaft entgegenzusetzen, nämlich für ein Volk im ethnischen Sinne im äußersten Fall im Modus der Sezession und für ein Staatsvolk mit jedem möglichen Mittel der Befreiung von der Kolonialherrschaft. Hier tritt der Widerstandsgedanke im Völkerrecht eindeutig zutage.[1537] Allerdings sind die Unterdrückung eines Volks im ethnischen Sinne und die koloniale Fremdherrschaft nur zwei Fälle unter einer Vielzahl denkbarer Konstellationen, in denen ein Widerstandsrecht zum Tragen kommen könnte. Es wäre daher falsch, im Selbstbestimmungsrecht die Anerkennung eines umfassenden völkerrechtlichen Widerstandsrechts zu erblicken.[1538]

Viele der Autoren, die das Selbstbestimmungsrecht als einen Beleg für das Widerstandsrecht nennen, nehmen Rekurs auf einen weiteren Gedanken, der für beide Rechtsinstitute gleichermaßen wichtig ist: die Volkssouveränität.[1539] So taucht auch dieser Aspekt bereits bei *Locke* auf, insbesondere in seinem Einwilligungsargument[1540]. Der Kerngedanke der Volkssouveränität zeigt zwar die enge Verbindung des Selbstbestimmungsrechts zum Widerstandsrecht auf; allerdings vermag dieser alleine nicht die Ableitung eines Widerstandsrechts mit seinen darüber hinausreichenden Facetten aus dem Selbstbestimmungsrecht zu begründen. Das Selbstbestimmungsrecht, wie es derzeit im Völkerrecht gilt, normiert nur den Ausschnitt eines möglichen Widerstandsrechts, nämlich das Recht zum Wi-

1536 *Tomuschat,* in: Albach (Hrsg.), Über die Pflicht zum Ungehorsam gegenüber dem Staat, 2007, S. 60–95, 88. Für das Entkolonialisierungsrecht *Eide,* in: UNESCO (Hrsg.), Violations of human rights: possible rights of recourse and forms of resistance, 1984, S. 34–66, 57.

1537 Vgl. *Chemillier-Gendreau,* in: UNESCO (Hrsg.), Critique de la politique, 2004, S. 135–153, 137. Zum Zusammenhang von Widerstand und Sezession *Strub,* in: Leiner/Neubert/Schacht u. a. (Hrsg.), Gott mehr gehorchen als den Menschen, 2005, 296. Zum Widerstand im Falle der Besatzung *Paech,* Zeitschrift für internationale Politik 65 (2009), S. 77–87, 83.

1538 Im Ergebnis ähnlich *Razmetaeva,* Jurisprudence 2014, S. 758–784, 763, 778.

1539 So *Paust,* Emory Law Journal 32 (1983), S. 545–581, 547 f., 562 und *Marsavelski,* CJIL 28 (2013), S. 241–295, 276, die das Recht auf politische Teilhabe ins Selbstbestimmungsrecht hineinlesen. Vgl. *Tomuschat,* in: UNESCO (Hrsg.), Violations of human rights: possible rights of recourse and forms of resistance, 1984, S. 13–33, 14, 22.

1540 Dazu s. o., S. 120 ff., s. auch S. 156.

derstand gegen die Fremdherrschaft durch eine Kolonialmacht oder durch eine diskriminierend-unterdrückende Staatsregierung. Die Abgrenzung von Fremd- und Selbstherrschaft erfolgt beim Selbstbestimmungsrecht über eine territoriale bzw. ethnische Zuordnung und ist damit nicht an materiellen, etwa menschenrechtlichen, Kriterien orientiert, wie sie beim Widerstandsrecht zum Tragen kommen.

Selbst wer dies in einer extensiven Auslegung des völkerrechtlichen Selbstbestimmungsbegriffs anders betrachtet und in der lückenhaften Konstellation (*) des Selbstbestimmungsrechts ein umfassendes inneres Selbstbestimmungsrecht mit entsprechenden Durchsetzungsmitteln erblickt, kommt zu dem Ergebnis, dass das Selbstbestimmungsrecht der *Völker* als Widerstandsrecht nur die Fälle der Fremdherrschaft erfasst. Dazu müsste im Übrigen auch die territoriale Komponente des Selbstbestimmungsrechts der *Völker* gänzlich ignoriert werden. Nur bei einer solchen Betrachtung fielen z. B. auch Fälle der Unterdrückung ethnischer Gruppen, die geografisch verstreut in dem Staat leben,[1541] in den Anwendungsbereich des Selbstbestimmungsrechts. Widerstand gegen staatliche Tyrannei, die das gesamte Staatsvolk oder einen Teil seiner Mitglieder – ungeachtet eines gemeinsamen geografischen Standorts – betrifft, wird auch bei dieser Auslegung des Selbstbestimmungsrechts nicht legitimiert, solange es sich nicht um einen Fall von Fremdherrschaft handelt. Es könnte wiederum argumentiert werden, dass diese Fälle nicht gravierend genug seien, um Widerstand zu legitimieren.

Wer dieser Einschränkung nicht folgt, muss eine weitere Begründung dafür liefern, wieso dem Selbstbestimmungsrecht der Hinweis auf ein insofern weitergehendes Widerstandsrecht zu entnehmen sei. Bei *Tomuschat* klingt die Bildung einer Analogie zum Entkolonialisierungsrecht an: Ein Terrorregime verhindere die innere Selbstbestimmung in demselben Maße wie eine Besatzungsherrschaft.[1542] Sicherlich überzeugt dieser Vergleich der Interessenlagen. Diese Begründung bietet nur den Ansatzpunkt für

1541 Das Problem des Selbstbestimmungsrecht bei territorial diffusen Völkern ansprechend *Gusy,* AVR 30 (1992), S. 385–410, 394. Hierzu auch *Miehsler,* in: Rabl (Hrsg.), Ausgewählte Gegenwartsfragen zum Problem der Verwirklichung des Selbstbestimmungsrechts der Völker, 1965, S. 98–132.

1542 *Tomuschat,* in: Albach (Hrsg.), Über die Pflicht zum Ungehorsam gegenüber dem Staat, 2007, S. 60–95, 88 mit Hinweis auf A/RES/2625 (XXV) (24.10.1970).

eine (weiter zu begründende) Analogie und keine direkte Ableitung eines Widerstandsrechts aus dem Selbstbestimmungsrecht.

Damit gelangt man zum Ergebnis, dass das Widerstandsrecht im Gewand des Selbstbestimmungsrechts teilweise völkerrechtlich zutage tritt und dass insofern eine enge Verbindung zwischen diesen Rechtsinstituten besteht. Beide wachsen auf einem gemeinsamen philosophisch-ideellen Nährboden.[1543] Dennoch grenzt *Geistlinger* politisches Selbstbestimmungsrecht und Widerstandsrecht voneinander ab. Seiner Ansicht nach richtet sich ein Widerstandsrecht gegen eine bestimmte Herrschafts*form*, das Selbstbestimmungsrecht jedoch gegen den jeweiligen Herrschafts*träger*.[1544] Das Widerstandsrecht habe zudem den Rechtscharakter einer Sanktion, sei also omnipräsentes Strukturelement völkerrechtlicher Normen, aber selbst keine Norm wie etwa das Selbstbestimmungsrecht.[1545] Allerdings erkennt auch *Geistlinger* Verbindungen an. Er stellt mit Blick auf die *Friendly Relations Declaration* fest, dass sich das Selbstbestimmungsrecht auch gegen eine Herrschaftsform richten kann, nämlich die Unterdrückung.[1546] Letztlich sieht er im (politischen) Selbstbestimmungsrecht den „*positivierte*[n] *Teil des universellen Widerstandsrechts*“[1547]. Damit regelt das Selbstbestimmungsrecht einen spezifischen Fall von legitimem Widerstand.[1548] Das Widerstandsrecht könnte also eine lex generalis des Selbstbestimmungsrechts darstellen. Dies wird dem Verhältnis möglicherweise gerechter, als wenn man lediglich von einer gemeinsamen Schnittmenge der beiden Rechtsinstitute ausgeht.[1549] Das konkrete Verhältnis hängt von der Ausgestaltung des Widerstandsrechts ab. *Geistlinger* befindet diesbezüglich im Allgemeinen:

> „Unterdrückung durch ein volksfremdes Herrschaftssystem ist Teil von Unterdrückung schlechthin, Widerstand gegen diese Unterdrückung in Form der

---

1543 *Calogeropoulos-Stratis,* Le droit des peuples à disposer d'eux-mêmes, 1973, S. 33 ff., vgl. auch S. 15 ff.; *Geistlinger,* Revolution und Völkerrecht, 1991, S. 374; *Marsavelski,* CJIL 28 (2013), S. 241–295, 290; vgl. auch die historische Darstellung bei *Heidelmeyer,* Das Selbstbestimmungsrecht der Völker, 1973, S. 9 ff.

1544 *Geistlinger,* Revolution und Völkerrecht, 1991, S. 384.

1545 Ebenda, S. 382.

1546 Ebenda, S. 386.

1547 Ebenda, S. 386 (*Hervorhebungen ebenda*).

1548 Ebenda, S. 387.

1549 A. A. *Marsavelski,* CJIL 28 (2013), S. 241–295, 290, der das Widerstandsrecht gegenüber dem Selbstbestimmungsrecht als Recht *sui generis* betrachtet.

> Ausübung des Rechts auf politische Selbstbestimmung ist Teil von Widerstand schlechthin.“[1550]

Folgt man der Annahme, dass das im Völkerrecht positiv verankerte Selbstbestimmungsrecht lex specialis eines nicht explizit normierten Widerstandsrechts ist, spräche dies im Umkehrschluss grundsätzlich dagegen, dem Völkerrecht ein darüber hinausgehendes Widerstandsrecht zu entnehmen. Wenn nur ein Sonderfall rechtlich geregelt ist, soll das Recht für weitere Fälle prinzipiell nicht zum Tragen kommen. Trotzdem wird die Suche nach den völkerrechtlichen Spuren des Widerstandsrechts hiermit nicht beendet. Von diesem Grundsatz gibt es nämlich eine Ausnahme, wenn der Generalfall bei der Statuierung des Spezialfalles übersehen wurde. In einem solchen Fall ist eine Analogiebildung möglich, wie sie *Tomuschat* angedacht hat. Außerdem könnte das Selbstbestimmungsrecht einen bedeutenden Anhaltspunkt für die Schaffung eines allgemeinen Rechtsgrundsatzes des Widerstandsrechts darstellen. Dies wird an späterer Stelle erörtert – wenn alle Hinweise auf ein Widerstandsrecht im Völkerrecht vorliegen.[1551]

Darüber hinaus lässt sich auch ein anderer Umkehrschluss zugunsten eines Widerstandsrechts formulieren: Im Selbstbestimmungsrecht sind Widerstandsfälle angelegt, die aus der Perspektive der Betroffenen im Einzelfall weniger einschneidend empfunden werden könnten als andere, nicht geregelte Fälle. Es sind beispielsweise nicht alle Konstellationen umfasst, in denen Handlungen der Staatsmacht den Tatbestand des Verbrechens gegen die Menschlichkeit erfüllen könnten. Dieser erschöpft sich nicht in Maßnahmen eines Unterdrückungsregimes. Mit einem *argumentum a maiore ad minus* müsste man, wenn man Widerstand (also die Durchsetzung des Selbstbestimmungsrechts) im weniger schlimmen Szenario zulässt, auch im anderen Szenario (Verbrechen gegen die Menschlichkeit) Widerstand für legitim erachten.

Wie auch immer man das Verhältnis eines potenziellen Widerstandsrechts zum Selbstbestimmungsrecht beschreiben möchte – sicher ist, dass beide Rechtsinstitute grundlegende Gemeinsamkeiten aufweisen. Es wird deutlich, dass ein Widerstandsrecht zumindest unter anderem im Dienste

---

1550 *Geistlinger,* Revolution und Völkerrecht, 1991, S. 386. A. A. *Marsavelski,* CJIL 28 (2013), S. 241–295, 290.

1551 S. u., S. 513 ff.

der Selbstbestimmung stehen müsste.[1552] Die Hoffnungen auf ein völkerrechtliches Widerstandsrecht dürften an dieser Stelle der vorliegenden Analyse auf ihrem bisherigen Höhepunkt sein. Sollte es beim Blick auf die anderen, noch zu untersuchenden Rechtssätze des Völkerrechts auffindbar sein, müsste man sich die Verwandtschaft zum Selbstbestimmungsrecht erneut vergegenwärtigen. Es dürfte dann bei der genauen Erörterung der Voraussetzungen und Beschränkungen des Widerstandsrechts von Nutzen sein. Die Fragen nach einem konkreten Inhalt des Widerstandsrechts, nach der Anwendung von Gewalt sowie nach dem Rechtssubjekt eines Widerstandsrechts werden möglicherweise an die in diesem Abschnitt diskutierten erinnern.

IV. Das Recht auf Demokratie

Während soeben festgestellt wurde, dass der Gedanke der Volkssouveränität am Selbstbestimmungsrecht im Hinblick auf ein Widerstandsrecht besonders interessant ist, wird nun ein Blick darauf geworfen, wie es im Völkerrecht um das Recht auf Demokratie steht. Bekanntlich wurde das verbindende Band zwischen Volkssouveränität und Widerstandsrecht durch *Lockes* Einwilligungsargument geknüpft.[1553] In einem potenziellen Recht auf Demokratie tritt der Gedanke der Volkssouveränität noch eindeutiger zutage als im Selbstbestimmungsrecht. Möglicherweise lassen sich aus einem Demokratierecht also weitergehende Aussagen für ein völkerrechtliches Widerstandsrecht treffen. So befindet *Tomuschat* als Verfechter des Widerstandsrechts: „Es gehört zu den demokratischen Freiheiten eines jeden Volks, sich aus den Fesseln der Knechtschaft zu befreien und einen Gewaltherrscher zu stürzen."[1554]

1552 Vgl. *Liu,* Archiv für Rechts- und Sozialphilosophie Beiheft 41 1990, S. 35–42, 41; *Keenan,* ICLR 2011, S. 5–29, 6, 16 f., 19, 26.

1553 Hierzu s. o., S. 120. Zu dieser Verbindung auch *Chemillier-Gendreau,* in: UNESCO (Hrsg.), Critique de la politique, 2004, S. 135–153, 137.

1554 *Tomuschat,* in: Beestermöller (Hrsg.), Libyen: Missbrauch der Responsibility to Protect?, 2014, S. 13–29, 22.

1. Art. 21 AEMR und Art. 25 IPbpR

Tomuschat hatte bei seiner Aussage die Bestimmungen in Art. 21 Abs. 3 AEMR und Art. 25 IPbpR im Blick.[1555] Es fragt sich, ob sie ein völkerrechtliches (Menschen-)Recht auf Demokratie enthalten. Sie sprechen jedenfalls nicht ausdrücklich von Demokratie.[1556] Die Beantwortung der Frage hängt vom zugrunde gelegten Demokratiebegriff ab, der entweder von einem formellen oder einem materiellen Verständnis geprägt sein kann.[1557] Betrachtet man beide Bestimmungen näher, so verbürgen sie formell-demokratische Elemente und hier vor allem das Wahlrecht (Art. 21 Abs. 3 AEMR, Art. 25 lit. b) IPbpR).[1558] In diesen Vorschriften ist ein noch darüber hinausgehendes Recht auf Teilhabe an der politische Willensbildung verbürgt (Teilnahme an öffentlichen Angelegenheiten, gleiche Ämterzugänglichkeit).[1559] Damit enthält insbesondere der für die Vertragspartner des IPbpR verbindliche Art. 25 ein politisches Recht, das im Gegensatz zu den bürgerlichen Abwehrrechten positive Garantien (Teilhabe) verbürgt.[1560] Bei der Umsetzung haben die Vertragsstaaten einen entsprechend weiten Gestaltungsspielraum.[1561]

Tomuschat zufolge sind in Art. 25 IPbpR alle demokratischen Freiheiten verankert.[1562] Das Wahlrecht stellt zwar den Kern einer Demokratie dar,[1563] allerdings gehören möglicherweise noch mehr Aspekte hierzu als lediglich die formelle Gewährleistung der politischen Teilhabe. Das Wahlrecht umfasst kein Recht auf eine demokratische Regierungsform.[1564] Was unter einem Recht auf Demokratie zu verstehen wäre, spielt für die Frage, welche Spuren eines Widerstandsrechts in Art. 21 AEMR und Art. 25 IPbpR zu finden sind, zunächst keine Rolle.

1555 Ebenda, S. 22 f.; ähnlich *Rosas*, in: Eide u. a., UDHR, 1992, Art. 21, S. 308.

1556 Vgl. *Tomuschat,* Human Rights, 2014, S. 155.

1557 Näher zum Demokratiebegriff s. u., S. 304 f.

1558 *Fox,* Democracy, Right to, International Protection, 2008, Rn. 9 sieht in den Vorschriften einen formellen Mindeststandard.

1559 *Nowak,* CCPR-Kommentar, 1989, Art. 25 Rn. 2.

1560 Ebenda, Art. 25 Rn. 1.

1561 Ebenda, Art. 25 Rn. 9; *Rosas*, in: Eide u. a., UDHR, 1992, Art. 21, S. 306.

1562 *Tomuschat,* in: Beestermöller (Hrsg.), Libyen: Missbrauch der Responsibility to Protect?, 2014, S. 13–29, 23; zuvor zurückhaltender *ders.,* Human Rights, 2014, S. 155.

1563 *Fox,* Democracy, Right to, International Protection, 2008, Rn. 3.

1564 So *Petersen,* Elections, Right to Participate in, International Protection, 2012, Rn. 4.

Ein Widerstandsrecht direkt aus diesen Normen abzuleiten, liegt dennoch fern, da sich der deutlich formulierte Gewährleistungsbereich auf formelle politische Teilhabe beschränkt. Es geht um Einfluss auf die Staatsgewalt und nicht darum, sich ihr entgegenzusetzen. *Jordan Paust* interpretiert insbesondere Art. 21 AEMR anders, denn dieser verdeutliche (jedenfalls gemeinsam mit dem Selbstbestimmungsrecht und der Präambel der AEMR) …

> „[…] that the people of a given community have the right to alter, abolish, or overthrow any form of government that becomes destructive of the process of self-determination and the right of individual participation."[1565]

Für *Paust* kommt darin der Gedanke der Volkssouveränität zum Tragen, deren Verwehrung ein „treason against humanity"[1566] darstelle. Dass in Art. 21 AEMR – ebenso wie in Art. 25 IPbpR – der Grundsatz der Volkssouveränität verankert ist, ist korrekt.[1567] Insofern deckt sich der Befund für die Suche nach einem Widerstandsrecht mit dem der Analyse des Selbstbestimmungsrechts. Teilhaberechte schaffen zumindest erste Möglichkeiten, mit denen Bürger einen Missbrauch der Staatsmacht rügen können.[1568] Insofern weisen sie eine Ähnlichkeit zum Widerstandsrecht auf. Allerdings geht *Paust* noch einen interpretatorischen Schritt weiter, um zum Widerstandsrecht zu gelangen. Er will die Verwehrung der Volkssouveränität mit Widerstand sanktionieren. Dieser Schritt ist keineswegs zwingend und wird auch von *Paust* lediglich mit dem Verweis auf das Selbstbestimmungsrecht und die Präambel der AEMR erklärt. Aus Art. 21 AEMR (und Art. 25 IPbpR) ergibt sich nicht ohne Weiteres, dass die Verwehrung der Volkssouveränität sanktioniert werden muss. Dies mag im Ergebnis zwar wünschenswert sein, lässt sich dem Recht auf politische Teilhabe aber nicht unmittelbar entnehmen. Eine Begründung müsste vielmehr im Duktus des *Locke'schen* Einwilligungsarguments erfolgen. Die Artikel formulieren schließlich fundamentale Bedingungen der Exis-

---

1565 *Paust,* Emory Law Journal 32 (1983), S. 545–581, 566.

1566 Ebenda, S. 567.

1567 Vgl. *Eide,* in: UNESCO (Hrsg.), Violations of human rights: possible rights of recourse and forms of resistance, 1984, S. 34–66, 42; *Kokott,* ZaöRV 2004, S. 517–533, 528; *Fox,* Democracy, Right to, International Protection, 2008, Rn. 14 für Art. 21 AEMR.

1568 *Mégret,* Revue Études internationales 39 (2008), S. 39–62, 49.

tenz und Legitimation von Staatsgewalt.[1569] Das Wahlrecht in Art. 21 Abs. 3 AEMR und Art. 25 lit. b) IPbpR ist deshalb von herausragender Bedeutung im Menschenrechtsschutz, weil es über den Schutz der Menschen vor Eingriffen des Staats hinausgeht und damit den *domaine réservé* der Staaten nochmals deutlich einschränkt. *Michael W. Reisman* zufolge wird der Souverän durch Art. 21 Abs. 3 AEMR völkerrechtlich gar entthront („dethroned“[1570]). Er formuliert: „International law still protects sovereignty, but – not surprisingly – it it's the people's sovereignty rather than the sovereign's sovereignty.“[1571]

Es wird deutlich, dass das Recht auf politische Teilhabe eine größere Bedeutung hat, als nur die formell-demokratische Mitwirkung in den Vertragsstaaten des IPbpR (bzw. wenn es als Völkergewohnheitsrecht gesehen wird: in allen Staaten)[1572] zu etablieren und gewährleisten. Es gilt nicht nur, die Mehrheitsregel durchzusetzen, sondern es geht um das Zugeständnis des fundamentalen Mitwirkungsrechts für jeden einzelnen Staatsbürger.[1573] Das Völkerrecht kann undemokratische Vorgänge innerhalb von Staaten nicht mehr gänzlich ignorieren.[1574] Wie das Recht auf politische Teilhabe umgesetzt werden muss, ist völkerrechtlich nicht vorgegeben.[1575]

Eine Möglichkeit der Umsetzung bestünde darin, ein Widerstandsrecht zu gewähren, wenn das Recht auf politische Teilhabe nicht gewährleistet wird. Dies entspräche dem Ergebnis von *Paust.*[1576] Allerdings würde ein Recht auf Widerstand dann nicht aus dem Recht auf politische Teilhabe abgeleitet, sondern die Verletzung dieses vielmehr zu einer Voraussetzung

---

1569 *Eide,* in: UNESCO (Hrsg.), Violations of human rights: possible rights of recourse and forms of resistance, 1984, S. 34–66, 41 und *Fox,* Democracy, Right to, International Protection, 2008, Rn. 14 für Art. 21.

1570 *Reisman,* in: Fox/Roth (Hrsg.), Democratic Governance and International Law, 2000, S. 239–258, 241.

1571 Ebenda, S. 243.

1572 So etwa *Pippan,* in: Happold (Hrsg.), International Law in a Multipolar World, 2012, S. 203–223, 223.

1573 *Crawford,* in: Fox/Roth (Hrsg.), Democratic Governance and International Law, 2000, S. 91–122, 92; vgl. *Thürer/MacLaren,* in: Thürer (Hrsg.), Völkerrecht als Fortschritt und Chance, Bd. II, 2009, S. 953–976, 958.

1574 *Kokott,* ZaöRV 2004, S. 517–533, 528.

1575 Vgl. *Nowak,* CCPR-Kommentar, 1989, Art. 25 Rn. 9.

1576 So für zivilen Ungehorsam auch *Mégret,* The Canadian Yearbook of International Law 2008, S. 143–192, 184.

jenes Rechts erklärt.[1577] In Art. 21 AEMR und Art. 25 IPbpR wurden also neben dem Gedanken der Volkssouveränität Anhaltspunkte für denkbare Voraussetzungen eines völkerrechtlichen Widerstandsrechts gefunden.

2. Weitergehendes (Menschen-)Recht auf Demokratie

Es bleibt zu erörtern, ob möglicherweise ein über Art. 21 AEMR, Art. 25 IPbpR hinausgehendes Recht auf Demokratie besteht und welche Hinweise hieraus für ein Widerstandsrecht gewonnen werden können. *Gregory Fox* ist der Auffassung, dass die Bestimmungen nur Elemente der Demokratie gewährleisten, jedoch nicht Demokratie als solche.[1578] So findet der Ausdruck „Demokratie" in diesen Vorschriften nicht einmal Erwähnung. Demgegenüber erwähnen und befürworten zahlreiche Dokumente des *soft law* ausdrücklich die Demokratie. Es ist nur ein Blick in die Erklärung der Wiener Menschenrechtskonferenz vom Juni 1993 zu werfen, wo es unter anderem heißt:

> „Democracy, development and respect for human rights and fundamental freedoms are interdependent and mutually reinforcing. […] The international community should support the strengthening and promoting of democracy, development and respect for human rights and fundamental freedoms in the entire world."[1579]

Die Generalversammlung nahm die Gedanken aus dieser Erklärung im Februar 2001 in ihrer Resolution mit dem Titel „Promoting and consolidating democracy" auf,[1580] die nur eine von vielen GA-Resolutionen mit einem ausdrücklichen Bezug zur Demokratie darstellt.[1581] Ebenso betont auch die Menschenrechtskommission der Vereinten Nationen immer wieder die Bedeutung von Demokratie, spricht in einer Resolution gar von

---

1577 A. A. *Geistlinger,* Revolution und Völkerrecht, 1991, s. nur S. 382 und *Missling,* Widerstand und Menschenrechte, 1999, s. nur S. 231 f., die das Widerstandsrecht als Normstrukturelement sehen und daher keine weitere Rechtsgrundlage für notwendig erachten.

1578 *Fox,* Democracy, Right to, International Protection, 2008, Rn. 1.

1579 Erklärung der Wiener Menschenrechtskonferenz (zu finden in: A/CONF.157/24 (Part I, 13.10.1993), Kap. 3, S. 20 ff.), Rn. 8.

1580 A/RES/55/96 (28.02.2001), 3. Erwägungsgrund.

1581 S. nur A/RES/48/122 (20.12.1993), Rn. 1; A/RES/60/1 (24.10.2005), Rn. 119, 135 ff.; A/RES/62/7 (13.12.2007); A/67/L.25 (21.11.2012).

einem „Recht auf Demokratie“[1582]. Der ehemalige UN-Generalsekretär *Boutros Boutros-Ghali* verfasste sogar „An Agenda for Democratization“[1583]. Außerdem wird z. B. im „Moskauer Dokument“ der KSZE (heute: OSZE) vom 3. Oktober 1991[1584] mehrfach Bezug auf Demokratie genommen. In der Erklärung des Weltgipfels von 2005 heißt es: „[...] democracy is a universal value [...]“[1585].

Es ist fraglich, ob die zahlreichen bejahenden Erwähnungen von Demokratie Ausdruck einer Rechtsüberzeugung sind, die auf ein völkergewohnheitsrechtliches Recht auf Demokratie schließen lässt. Ein Blick auf die Praxis der UN könnte die These einer völkergewohnheitsrechtlichen Geltung stützen. Zahlreiche Maßnahmen des Sicherheitsrates lassen sich als Demokratieförderung verstehen.[1586] *Fox* spricht von einem „[...] clear commitment to democratic governance in the UN system.“[1587] Dagegen weisen längst nicht alle Staaten demokratische Strukturen auf.[1588] Insbesondere in den Staaten Asiens und des Mittleren Ostens sucht man Ansätze der Umsetzung eines demokratischen Prinzips häufig vergeblich.[1589]

Einer Ansicht nach besteht ein Recht auf Demokratie, das als Recht auf eine demokratische Regierungsform verstanden wird, daher bislang nur als

---

1582 Titel der Resolution (E/CN.4/1999/167 (March-April 1999), S. 194).

1583 *Boutros-Ghali,* An Agenda for Democratization, 1996.

1584 Originaltitel „Dokument des Moskauer Treffens der Konferenz über die menschliche Dimension der KSZE“, Schlussdokument der 3. Konferenz über die menschliche Dimension der KSZE.

1585 A/RES/60/1 (24.10.2005), Rn. 135; ebenso A/67/L.25 (21.11.2012), 4. Erwägungsgrund.

1586 Herausragend dürfte der Beschluss von Zwangsmaßnahmen zur Wiedereinsetzung der demokratisch legitimierten Regierung Haitis gegen das damalige Militärregime sein (vgl. S/RES/940 (31.07.1994)). Ein Überblick zu den UN-Maßnahmen ist zu finden bei *Fox,* Democracy, Right to, International Protection, 2008, Rn. 15 ff. Eingehend beschrieben auch bei *Franck,* AJIL 86 (1992), S. 46–91, 52 ff.; *ders.,* in: Fox/Roth (Hrsg.), Democratic Governance and International Law, 2000, S. 25–47, 35 ff.

1587 *Fox,* Democracy, Right to, International Protection, 2008, Rn. 37.

1588 Laut einer Studie der Organisation „Freedom House“ wiesen im Jahre 2014 125 Staaten eine demokratisch gewählte Regierung auf (*Freedom House,* Freedom in the World, 2015, S. 6). Das sind ca. 64 % der analysierten 195 Staaten. *Gurr,* Political Rebellion, 2015, S. 131 zufolge hat die Anzahl der Demokratien von 1964 bis 2000 stark zugenommen. Es existierten mittlerweile mehr Demokratien als autokratische Regierungen.

1589 *Fox,* Democracy, Right to, International Protection, 2008, Rn. 36.

regionales (europäisches) Völkergewohnheitsrecht.[1590] Einer anderen Ansicht zufolge ist diese Norm seit den 1990er-Jahren zu universalem Völkergewohnheitsrecht erstarkt.[1591] Eine dritte Ansicht in der Völkerrechtswissenschaft spricht dem Recht auf Demokratie immerhin den Status einer Zielbestimmung zu.[1592] Mitunter wird diese Zielbestimmung nur als unverbindliches Prinzip der *good governance* dargestellt.[1593] Ein bedeutsamer Faktor, der – wenn überhaupt – für die moderaten letzten zwei Ansichten spricht, ist der Mangel eines einheitlichen Verständnisses von Demokratie. In der Praxis existiert beispielsweise ein reiches Spektrum an Umsetzungsmodellen für eine demokratische Regierung.[1594] Es könnte angenommen werden, dass ein gewohnheitsrechtliches Demokratierecht nur einen absoluten Mindeststandard umfasst.[1595] Allerdings kann bereits fragwürdig sein, was überhaupt zu einem solchen Mindeststandard gehört.

Es herrscht schließlich keineswegs Einigkeit in der theoretischen Definition von Demokratie.[1596] Der unbestrittene Kern des Demokratiebegriffs

---

1590 So *Wheatley,* ICLQ 51 (2002), S. 225–248.

1591 So *Franck,* AJIL 86 (1992), S. 46–91; *ders.,* in: Fox/Roth (Hrsg.), Democratic Governance and International Law, 2000, S. 25–47; *Fox,* in: ders./Roth (Hrsg.), Democratic Governance and International Law, 2000, S. 48–90; *Sicilianos,* L'ONU et la démocratisation de l'état, systèmes régionaux et ordre juridique universel, 2000; *Fulda,* Demokratie und pacta sunt servanda, 2002, s. nur S. 68; *Kokoroko,* Revue Québécoise de Droit International 16 (2003), S. 37–60; *Kokott,* ZaöRV 2004, S. 517–533, 526; *d'Aspremont,* EJIL 22 (2011), S. 549–570 , der dem Ergebnis kommt, dass ein völkerrechtliches Demokratierecht in den letzten Jahren wieder an Akzeptanz verloren habe. *Thürer/MacLaren,* in: Thürer (Hrsg.), Völkerrecht als Fortschritt und Chance, Bd. II, 2009, S. 241–261 weisen das Demokratierecht der von ihnen vertretenen Kategorie des *Common Law* zu, die eine eigene Rechtsquelle des Völkerrechts darstelle.

1592 So *Murphy,* in: Fox/Roth (Hrsg.), Democratic Governance and International Law, 2000, S. 123–154, 153 f.; *Rich,* Journal of Democracy 12 (2001, Heft 3), S. 20–34, 33, der das Erstarken zu Völkergewohnheitsrecht sogar für bevorstehend hält; *Petersen,* Elections, Right to Participate in, International Protection, 2012, Rn. 22, der die Verpflichtung der Staaten betont, sich demokratisch zu entwickeln; ähnlich *Beutz,* Harvard International Law Journal 44 (2003), S. 387–432, 396, die darin gar eine Verpflichtung *erga omnes* sieht.

1593 *Pippan,* in: Happold (Hrsg.), International Law in a Multipolar World, 2012, S. 203–223, 223.

1594 *Fox,* Democracy, Right to, International Protection, 2008, Rn. 36.

1595 Vgl. *ders.,* in: ders./Roth (Hrsg.), Democratic Governance and International Law, 2000, S. 48–90, 90; *Kokott,* ZaöRV 2004, S. 517–533, 527.

1596 Zum Streit *Fox,* Democracy, Right to, International Protection, 2008, Rn. 8 ff.

besteht im Wahlrecht.[1597] Eine Ansicht stellt dieses formelle Selektionskriterium in den Vordergrund der Demokratiedefinition.[1598] Gleichwohl gilt: „Mehrheiten alleine machen noch keine Demokratien aus“, wie es im Volksmund heißt.[1599] Zu einer demokratischen Staatsform gehören außerdem Freiheitsrechte, etwa die Meinungs-, Informations-, Vereinigungs- und Versammlungsfreiheit, die gar Teil des Völkervertragsrechts sind (vgl. Art. 19, 21 und 22 IPbpR), denn sie ermöglichen die politische Willensbildung erst.[1600] Wer den Demokratiebegriff damit für ausgefüllt betrachtet, mag zum Ergebnis kommen, dass es bereits ein Recht auf Demokratie im Völkerrecht gibt. Gehört zur Demokratie – insbesondere zu einer demokratischen Regierungsform – nicht noch mehr als ein bestimmter Modus der Ernennung von Regierenden und der öffentlichen Willensbildung? Muss nicht auch das permanente Verhältnis der Regierung zu den Bürgern eine Rolle spielen? Betrachtet man diese Fragen aus der Perspektive der politischen Philosophie, so findet man eine eingängige Differenzierung bei *Höffe.* Er bezeichnet die Mehrheitsregel nur als demokratisches Ordnungsprinzip.[1601] Darüber hinaus habe Demokratie auch eine radikal-demokratische „Tiefendimension“[1602]: Demokratisch …

> „[…] ist eine Rechtsgemeinschaft, deren Gewalt vom Volke ausgeht und deren Regeln sich nach Regeln höherer Stufe richten, nach Rechtsprinzipien, die die Zustimmung aller Betroffenen verdienen und daher Menschenrechte heißen.“[1603]

Für *Höffe* stellen Volkssouveränität und Menschenrechte ein Zwillingspaar dar.[1604] Diese Ansicht ist auch in der Völkerrechtswissenschaft zu

---

1597 Ebenda, Rn. 3.

1598 *Schumpeter,* Capitalism, Socialism, and Democracy, 1947, S. 269; Human Rights Committee, in: HRI/GEN/1/Rev. 9 (Vol. I, 27.05.2008), General Comment Nr. 25, Rn. 1, S. 217; *Fox,* in: ders./Roth (Hrsg.), Democratic Governance and International Law, 2000, S. 48–90, 90.

1599 Vgl. *Bielefeldt,* Zum Ethos der menschenrechtlichen Demokratie, 1991, S. 90.

1600 *Nowak,* CCPR-Kommentar, 1989, Art. 25 Rn. 2; *Crawford,* in: Fox/Roth (Hrsg.), Democratic Governance and International Law, 2000, S. 91–122, 95; *Thürer/MacLaren,* in: Thürer (Hrsg.), Völkerrecht als Fortschritt und Chance, Bd. II, 2009, S. 953–976, 965.

1601 *Höffe,* in: Merkel/Wittmann (Hrsg.), Zum ewigen Frieden: Grundlagen, Aktualität und Aussichten einer Idee von Immanuel Kant, 1996, S. 154–171, 160.

1602 Ebenda, S. 160.

1603 Ebenda, S. 160.

1604 Ebenda, S. 160.

finden. Einem materiellen Verständnis nach gehört zur Demokratie nämlich auch die Etablierung rechtsstaatlicher Standards und der Menschenrechte.[1605] *Dinah Shelton* sagte in einem von der UN-Menschenrechtskommission veranstalteten Expertentreffen zum Thema Demokratie und Rechtsstaat im Jahre 2005:

> „[...] [D]emocracy without human rights and the rule of law was oppression, human rights without democracy and rule of law was anarchy, and rule of law without democracy and human rights was tyranny."[1606]

Dieses Zitat legt die untrennbare Verbindung zwischen Menschenrechten, Demokratie und Rechtsstaatlichkeit dar und impliziert drei Säulen, zwischen denen möglicherweise ein Widerstandsrecht Platz finden könnte. Legt man ein solch materielles Verständnis von Demokratie zugrunde, so mag sich ein Recht auf Demokratie aus dem Menschenrechtssystem ergeben. Die Uneinigkeit über das Verständnis spricht dagegen, dass es bereits zu Gewohnheitsrecht erstarkt ist.[1607]

Es bliebe die Möglichkeit der Existenz eines allgemeinen Rechtsgrundsatzes, sofern die Ableitung eines solchen aus dem Völkerrecht selbst überhaupt möglich ist.[1608] Greift man das menschenrechtliche Verständnis auf, so findet sich also in der Tat ein gewichtiges Argument zugunsten eines (zu schaffenden) Demokratierechts.[1609] Aus menschenrechtlicher Perspektive ist eine demokratische Regierungsform nämlich uneingeschränkt vor allen anderen zu präferieren.[1610] Spätestens an dieser Stelle muss man den Einwand des insofern ambivalenten Selbstbestimmungsrechts erheben. Dieses besagt, dass völkerrechtlich keine Regierungsform vorge-

---

1605 *Mehr Khan-Williams, Freny Ginwala* und *Dinah Shelton*, zitiert in: *Menschenrechtskommission der Vereinten Nationen; Sekretariat der Vereinten Nationen,* E/CN.4/2005/58 (18.03.2005), Rn. 5–8; *Franck,* AJIL 86 (1992), S. 46–91, 87 ff.; *Kokott,* ZaöRV 2004, S. 517–533, 525 f.; vgl. *Phillips,* Engendering Democracy, 1991; *ders.,* Democracy & Difference, 1993.

1606 *Menschenrechtskommission der Vereinten Nationen; Sekretariat der Vereinten Nationen,* E/CN.4/2005/58 (18.03.2005), Rn. 8.

1607 Ähnlich*Miller,* National Responsibility and Global Justice, 2007, 170, Fn. 9.

1608 Zu dieser Diskussion s. u., S. 493 ff.

1609 *Fulda,* Demokratie und pacta sunt servanda, 2002, S. 24; *Kokott,* ZaöRV 2004, S. 517–533, 526.

1610 *Kersting,* in: Merkel (Hrsg.), Der Kosovo-Krieg und das Völkerrecht, 2000, S. 187–231, 210; *Kokott,* ZaöRV 2004, S. 517–533, 525. Vgl. auch zur positiven empirischen Wirkung von Demokratie auf die Verwirklichung von Minderheitsrechten *Gurr,* Political Rebellion, 2015, S. 130.

schrieben werden kann.[1611] Die Ambivalenz ergibt sich daraus, dass dem Selbstbestimmungsrecht das Prinzip der Volkssouveränität innewohnt, das dem Demokratieprinzip zugrunde liegt. Selbstbestimmung ist allerdings Voraussetzung für die Etablierung von Demokratie.[1612] Das Prinzip der Selbstbestimmung besagt, dass das Staatsvolk seinen Weg zur demokratischen Regierungsform nur selbst einschlagen kann. Von außen kann dies nicht erzwungen werden.[1613] Die demokratische Regierungsform darf völkerrechtlich wegen des inneren Selbstbestimmungsrechts daher nicht oktroyiert werden. Wenn sie eigens vom Staatsvolk gewünscht wird, darf das Völkerrecht diesem ein Mittel an die Hand geben, um diese Regierungsform *selbst* durchzusetzen. Diese Durchsetzung innerhalb eines Staats stellt keine Intervention von außen dar, die das Selbstbestimmungsrecht des Staats bzw. seines Volks verletzen würde. Sie ist vielmehr Ausübung des Selbstbestimmungsrechts.

Es bleibt die Frage, ob ein Widerstandsrecht dann nur der Durchsetzung einer demokratischen Regierungsform und nicht auch anderer Regierungsformen dienen könnte. Dafür spricht die menschenrechtliche Perspektive, die der demokratischen Regierungsform eindeutige Präferenz einräumt. Demokratie wird somit nicht als Selbstzweck gesehen, sondern dient innerhalb eines Staates der Förderung des völkerrechtlichen Ziels der Achtung der Menschenrechte. Daher kann man Demokratie mit *Susan Marks* als eine „idea of potentially universal pertinence“[1614] betrachten.

Die Universalität der Menschenrechtsidee wird demgegenüber von Kulturrelativisten angezweifelt.[1615] Es gibt möglicherweise ein weiteres völkerrechtliches Ziel, das unangefochten als universal angesehen wird und mit einem Recht auf Demokratie (bzw. einem Widerstandsrecht zugunsten der Durchsetzung von Demokratie) gefördert werden könnte. Die Rede ist

---

1611 *Fox,* Democracy, Right to, International Protection, 2008, Rn. 6.

1612 *Eide,* in: UNESCO (Hrsg.), Violations of human rights: possible rights of recourse and forms of resistance, 1984, S. 34–66, 43; vgl. *Kokott,* ZaöRV 2004, S. 517–533, 527, die das Selbstbestimmungsrecht als Säule des Demokratiegebots betrachtet.

1613 *Oeter,* in: Malowitz/Münkler (Hrsg.), Humanitäre Intervention, 2009, S. 29–64, 48 mit Hinweis auf *Walzer,* Just and Unjust Wars, 2000 (1977), S. 87 ff. (insbesondere S. 88).

1614 *Marks,* in: Fox/Roth (Hrsg.), Democratic Governance and International Law, 2000, S. 532–566, 533.

1615 Hierzu s. u., S. 361 ff.

vom Friedensgebot.[1616] Der Zusammenhang zwischen Demokratie und Frieden wird in der Völkerrechtswissenschaft ebenso wie in der politischen Philosophie diskutiert.[1617] Die diskutierte These geht zurück auf eine Behauptung von *Kant* in seinem Konzept „Zum ewigen Frieden“[1618]. Dieser erhob die von ihm bezeichnete „republikanische“ Regierungsform in seinem „Erste[n] Definitivartikel zum ewigen Frieden“ zur notwendigen Bedingung für die Wahrung ewigen internationalen Friedens.[1619] Eine republikanische Staatsform setzt für *Kant* ein repräsentatives System voraus, das mit einer Gewaltenteilung versehen ist.[1620] Die Souveränität liege darin bei der legislativen Gewalt.[1621] Hier treten also der Gedanke der Volkssouveränität und damit der Bezug zur heute als demokratisch bezeichneten Staatsform zutage.[1622] *Kant* sieht den Zusammenhang von republikanischer Verfassung und Frieden darin begründet, dass sich der allgemeine Volkswille grundsätzlich gegen das Führen von Kriegen richte, da das Volk die Lasten und Drangsale des Kriegs selbst tragen müsse.[1623] Kriege scheinen sich dann nur noch auf den Verteidigungsfall zu begrenzen. Führt man *Kants* Gedanken fort, dürfe es zwangsläufig keine (Angriffs- und damit auch keine notwendigen Verteidigungs-)Kriege mehr geben, wenn alle Staaten eine republikanische Verfassung aufwiesen.

Eine gewisse Stringenz ist dieser Argumentation nicht abzusprechen. So fand das sogenannte *democratic peace theorem* auch Eingang in die

---

1616 Mitunter wird stattdessen die Verbindung zum *right to peace* gezogen (*Dunér,* IJHR 9 (2005), S. 247–269, 260). Dieses Recht findet immer mehr Beachtung im *soft law* (vgl. A/RES/33/73 (18.12.1978); A/RES/39/11 (18.12.1984); A/HRC/20/L.16 (29.06.2012)) und in der Völkerrechtswissenschaft. Allerdings existiert es allenfalls als konturenlose Zielvorgabe (*Fassbender,* APuZ 2008 (Heft 46), S. 3–8, 6).

1617 Hierzu *Merkel,* in: ders./Grimm (Hrsg.), War and Democratization, 2009, S. 31–52, 32 ff.

1618 *Kant,* AA VIII, ZeF, 1968. Dazu näher *Geismann,* Kant und kein Ende, Bd. 3, 2012, S. 172-217.

1619 *Kant,* AA VIII, ZeF, 1968, S. 349.

1620 Hierzu o., S. 184 f.

1621 *Ders.,* AA VI, MdS, 1968, Rechtslehre, § 45 S. 313, § 52 S. 341, vgl. § 49 S. 317.

1622 *Kant* selbst grenzte die republikanische und die demokratische Verfassung strikt voneinander ab (*ders.,* AA VIII, ZeF, 1968, S. 349, S. 351 f.).

1623 Ebenda, S. 351.

Völkerrechtswissenschaft und -praxis.[1624] Zudem hat die Argumentation auch eine praktische Untermauerung gefunden: Untereinander führen Demokratien in der Regel keinen Krieg.[1625] Demokratie steigert außerdem empirisch die Akzeptanz friedlicher Mittel zur Lösung von Konflikten.[1626] Mitunter wird das Theorem daher auf die innerstaatliche Dimension übertragen.[1627] Allerdings sind Demokratien nicht zwangsläufig friedliebend, wie sich in der historischen Vergangenheit gezeigt hat. Sie sind ebenso in Kriege involviert wie Staaten mit nicht-demokratischen Regierungsformen.[1628] Bis zum heutigen Tage bieten sich ihnen diese Staaten als Kriegsgegner. Da Demokratien dabei auch als Angreifer agierten (man denke nur an den Irakkrieg der USA und ihrer „Koalition der Willigen“[1629] im Jahre 2003), konnte sich *Kants* Argument in der Praxis nicht als uneingeschränkt haltbar erweisen.[1630] So lässt sich bereits aus *Kants* Argument ableiten, dass Demokratien in der Praxis durchaus Kriege führen können, wenn von diesen im Inland keinerlei Drangsale zu spüren sind. Im Ergebnis mag die Verbreitung der Demokratie die Wahrung des internationalen Friedens zwar fördern, jedoch kann bislang keinesfalls von einem feststellbaren Bedingungs- bzw. Kausalzusammenhang gesprochen werden. In diesem Sinne bezeichnet auch *Kant* die republikanische Staatsverfassung nicht als hinreichende Bedingung, sondern benennt weitere, kumulative Bedingungen für den ewigen Frieden.

1624 S. nur 3. Erwägungsgrund in der Charta der Organisation Amerikanischer Staaten; „Moskauer Dokument“ der KSZE vom 3. Oktober 1991, 6. Erwägungsgrund; *Franck,* AJIL 86 (1992), S. 46–91, 87 ff.; *Boutros-Ghali,* An Agenda for Democratization, 1996, S. 6, Rn. 17; *Beutz,* Harvard International Law Journal 44 (2003), S. 387–432, 395 f., 402 f.; *Kokott,* ZaöRV 2004, S. 517–533, 525. Vgl. *Rawls,* The Law of Peoples, 1999, S. 10, 44 ff., 90 ff.; ebenda, S. 44 ff. Dagegen aus politikwissenschaftlicher Sicht *Kinsella,* American Political Science Review 99 (2005), S. 453–457.

1625 *Franck,* AJIL 86 (1992), S. 46–91, 88, der dies für die vorherigen 150 Jahre uneingeschränkt ansieht; zurückhaltender *Mearsheimer,* The Atlantic Monthly 1990, August, S. 35–50, 45 ff.

1626 *Gurr,* Political Rebellion, 2015, S. 130.

1627 So aus politikwissenschaftlicher Sicht ebenda, S. 131.

1628 *Dunér,* IJHR 9 (2005), S. 247–269, 256.

1629 *Hacke,* APuZ 2003 (Heft B 24-25), S. 8–16, 8. Viele der beteiligten Staaten haben eine demokratische Regierungsform.

1630 Es sei angemerkt, dass die USA im Fall des Irak-Kriegs die Kriegführung ihren Bürgern gegenüber u. a. zumindest als Verteidigungshandlung zu legitimieren suchte.

Friedensförderung mag also ein Argument zugunsten der Demokratieförderung sein. Aus dem Friedensgebot ein subjektives (Menschen-)Recht auf Demokratie abzuleiten, ist nicht möglich. Vielmehr spricht auch dieser Befund für die Ansicht, die das Demokratiegebot zur Zielbestimmung erhebt – ob als verbindlicher allgemeiner Rechtsgrundsatz oder unverbindliches Prinzip der *good governance*. Auch ein Blick in die politische Philosophie gibt keine eindeutigen Aufschlüsse über ein (Menschen-)Recht auf Demokratie: Die Verfolger eines minimalistischen Menschenrechtskonzepts sprechen sich gegen ein Menschenrecht auf Demokratie (mitunter sogar gegen ein Menschenrecht auf politische Teilhabe) aus – so etwa *Rawls*.[1631] Demgegenüber finden sich in der politischen Philosophie auch Voten zugunsten eines solchen Rechts,[1632] denn hier ist die Annahme eines Menschenrechts auf Demokratie keineswegs zwingend. Dies ist mit den unterschiedlichen Menschenrechtsbegriffen verbunden.[1633] Der Gedanke des Demokratiegebots im Sinne einer Zielbestimmung ist auch in der politischen Philosophie prominent.[1634] Selbst *Rawls*' Gerechtigkeitstheorie ist ein demokratisches Regierungssystem immanent, nur ist es dort nicht menschenrechtlich garantiert.[1635]

Es spricht somit viel dafür, zumindest ein Demokratiegebot als völkerrechtlich verankerten allgemeinen Rechtsgrundsatz oder als unverbindli-

---

1631 Dies ergibt sich aus dem Umkehrschluss, dass er den Menschenrechtsstandard von „decent peoples" für ausreichend erachtet (*Rawls,* The Law of Peoples, 1999, S. 80 i. V. m. S. 62 ff.). Vgl. *ders.,* Law of Peoples, 1999, S. 552 zum Minimalismus. Zustimmend *Bernstein,* in: Martin/Reidy (Hrsg.), Rawls's Law of Peoples, 2006, S. 278–298; *Cohen,* in: Sypnowich (Hrsg.), The Egalitarian Conscience, 2006, S. 226–250.

1632 *Grimm,* Verpflichten Menschenrechte zur Demokratie?, 2004; *Christiano,* Philosophy & Public Affairs 39 (2011), S. 142–176; *Benhabib,* in: Corradetti (Hrsg.), Philosophical Dimensions of Human Rights, 2012, S. 191–213.

1633 Zu einer Differenzierung der Ansichten um einen menschenrechtlichen Minimalismus eingehend *Cohen,* The Journal of Political Philosophy 12 (2004), S. 190–213, 192

1634 Vgl. *Sen,* Journal of Democracy 10 (2003, Heft 3), S. 3–17; ähnlich *Habermas,* Faktizität und Geltung, 1992, S. 162 ff., der hieraus wiederum einzelne Grundrechte ableitet.

1635 So bezeichnet er Gesellschaften mit demokratischen Standards als „reasonable liberal peoples", die Teil seiner *ideal theory* sind (*Rawls,* The Law of Peoples, 1999, Part I). Vgl. seine Liste von Menschenrechten, die ohne solche Rechte auskommt (ebenda, S. 78-81).

che Zielbestimmung anzunehmen.[1636] Im Ergebnis ist die Existenz eines Demokratierechts bzw. -gebots im Völkerrecht noch zweifelhaft. Ein Widerstandsrecht kann aus einem derart zweifelhaften Recht bzw. einer solchen Zielbestimmung jedenfalls nicht abgeleitet werden. Es bleibt beim Fazit, das auch der Blick auf Art. 21 AEMR, Art. 25 IPbpR und auf das Selbstbestimmungsrecht ergeben hat: Das Völkerrecht stützt in Recht und Praxis die Volkssouveränität und gewährt den Menschen so ein rechtliches Mindestmaß an politischer Mitsprache.

V. Der Schutz der Menschenrechte

Die drei bis hierhin betrachteten Bestimmungen des Völkerrechts haben eine Gemeinsamkeit: Sie werden dem Rechtsgebiet des Menschenrechtsschutzes zugeordnet. Dabei nehmen alle drei eine Sonderstellung in Bezug auf das Widerstandsrecht ein, und so gebührte ihnen jeweils ein eigener Abschnitt. Nun wird die Methodik der Analyse konkreter Normen verlassen und die Vogelperspektive auf das Rechtsgebiet des Menschenrechtsschutzes eingenommen. Möglicherweise können aus diesem Blickwinkel weitere Erkenntnisse für ein Widerstandsrecht gewonnen werden. Der Menschenrechtsschutz ist schließlich das Anliegen, das überhaupt erst zur Spurensuche bezüglich eines Widerstandsrechts bewogen hat. Ein Widerstandsrecht müsste im Dienste von Menschenrechten und ihrer Durchsetzung stehen. Dies hat – ohne die Menschenrechte als solche zu betiteln – bereits *Locke* dargelegt, indem er dem Bürger eine vom Staat unantastbare Sphäre gewährt hat.

Im Folgenden wird untersucht, ob dem Menschenrechtssystem überhaupt die Notwendigkeit eines Widerstandsrechts (de lege ferenda) zu entnehmen ist und, falls ja, ob darin möglicherweise gleichzeitig die Begründung eines Widerstandsrechts – etwa als Annex des Menschenrechtsschutzes – zu finden ist (damit würden die Überlegungen zu solchen de lege lata). Auf diese Weise könnte die Untersuchung des völkerrechtlichen Menschenrechtsschutzes Aufschluss über die Rechtsnatur und Voraussetzungen eines Widerstandsrechtes geben.

1636 Dieses Gebot gilt zudem nicht nur für die Staaten, sondern auch für das Völkerrecht selbst (*Bryde,* Der Staat 2003, S. 61–75, 64 f.).

Vor der Untersuchung stellt sich zunächst die Frage, was ein weiter aufgezogener Fokus auf das Gebiet der Menschenrechte ergibt. Was gehört zum völkerrechtlichen Menschenrechtsschutz? Das Gebiet ist unübersichtlich und erstreckt sich über alle Quellen des Völkerrechts. Einen ersten Anhaltspunkt zur Bedeutung der Menschenrechte im Völkerrecht gewährt ein Blick in die UN-Charta: Art. 1 Abs. 3 und Art. 55 lit. c) verdeutlichen, dass die Achtung der Menschenrechte zu den Zielen der Tätigkeit der Vereinten Nationen gehört. Die Organisation ist zumindest rechtlich die treibende Kraft des Menschenrechtsschutzes.[1637] So entstammen die wichtigsten Dokumente des Menschenrechtsschutzes auch ihrer Feder, nämlich die AEMR und die beiden Menschenrechtspakte (IPbpR und IPwskR) sowie die Faktultativprotokolle hierzu. Die Pakte stellen eine Weiterentwicklung der AEMR dar und entfalten als Völkervertragsrecht verbindliche Wirkung für die Vertragsstaaten.[1638] Darüber hinaus sind unter der Schirmherrschaft der UNO zudem diverse Menschenrechtsabkommen mit spezifischem Inhalt entstanden.[1639] Ferner finden sich auf regionaler und internationaler Ebene zahlreiche menschenrechtliche Verträge, die hier keine nähere Beachtung finden.[1640] Hinzu kommen zahlreiche Resolutionen aus dem Hause der Vereinten Nationen, die dem Menschenrechtsschutz gewidmet sind. Außerdem werden einige menschenrechtliche Garantien mittlerweile für einen Teil des Völkergewohnheitsrechts[1641] sowie für *ius cogens*[1642] bzw. für universelle Grundsätze[1643] gehalten. Mitunter wird einigen Menschenrechten eine Wirkung *erga omnes* zugeschrieben.[1644] Auch über einen etwaigen entsprechenden Kerngehalt des Menschen-

1637 *Ipsen,* in: ders. (Hrsg.), Völkerrecht, Ein Studienbuch, 2014, S. 819–860, § 36 Rn. 38.

1638 Vgl. zur Weiterentwicklung *Thürer,* in: ders. (Hrsg.), Völkerrecht als Fortschritt und Chance, Bd. II, 2009, S. 607–611, 608.

1639 So z. B. das Übereinkommen über die Rechte von Menschen mit Behinderungen oder das Übereinkommen über die Rechte des Kindes.

1640 S. nur die Charta der Organisation der Amerikanischen Staaten oder die EMRK. Einen Überblick über die regionalen Abkommen findet sich bei *Ipsen,* in: ders. (Hrsg.), Völkerrecht, Ein Studienbuch, 2014, S. 819–860, § 36 Rn. 3 ff.

1641 So *Doehring,* Völkerrecht, 2004, Rn. 976; *Kreuter-Kirchhof,* AVR 48 (2010), S. 338–382, 353.

1642 So etwa *Doehring,* Völkerrecht, 2004, Rn. 986 f.

1643 Bzgl. des Schutzes von Leib und Leben in diese Richtung tendierend *Ipsen,* in: ders. (Hrsg.), Völkerrecht, Ein Studienbuch, 2014, S. 819–860, § 36 Rn. 2.

1644 So IGH, Barcelona Traction, 5. Februar 1970, I.C.J. Reports 1970, S. 3 ff., Rn. 33 f.

rechtsschutzes hinaus hat der Schutz der Menschenrechte im Völkerrecht des letzten Jahrhunderts massiv an Bedeutung gewonnen. Mittlerweile verbreitet sich sogar die Einsicht, dass es die wachsende Regelungsdichte des völkerrechtlichen Menschenrechtsschutzes selbst Fachkundigen erschwert, einen Überblick über seine zahlreichen Dokumente und Bestimmungen zu behalten.[1645] Im Folgenden wird daher ein Schwerpunkt auf der Analyse der Grundidee des Menschenrechtsschutzes, seines Geltungsgrunds und seiner Bedeutung im Völkerrecht liegen, wobei Ausflüge in die Rechtsphilosophie unvermeidlich sein werden. Zunächst wird allerdings beleuchtet, inwiefern den bestehenden, völkerrechtlich vorgesehenen Instrumenten zur Durchsetzung von Menschenrechten Hinweise auf ein Widerstandsrecht entnommen werden können.

1. Bestehende Instrumente zur Durchsetzung der Menschenrechte

Zu den bestehenden Instrumenten der Durchsetzung von Menschenrechten zählen völkervertragsrechtlich die in den Menschenrechtspakten bzw. ihren Fakultativprotokollen vorgesehenen Maßnahmen.[1646] Darüber hinaus wird ein Recht auf humanitäre Intervention erwogen, das den fundamentalen Menschenrechten zur Durchsetzung verhelfen soll. Diese bestehenden Mechanismen könnten die Notwendigkeit und Begründung eines völkerrechtlichen Widerstandsrechts gänzlich ausschließen, sofern sie normativ als abschließend zu verstehen wären und sich tatsächlich als wirksam erwiesen. Falls ein entsprechendes Analyseurteil aber negativ ausfällt, könnten die Instrumente Anhaltspunkte für die Voraussetzungen eines Widerstandsrechts bieten.

a) Instrumente der Menschenrechtspakte

Der IPbpR sieht in Art. 41 Abs. 1 die Möglichkeit einer Staatenbeschwerde zur Rüge von Verletzungen der im Pakt statuierten Menschenrechte vor. Außerdem findet sich im 1. Fakultativprotokoll zum IPbpR die Mög-

---

1645 *Fassbender,* APuZ 2008 (Heft 46), S. 3–8, 7 f.; *Bielefeldt,* in: Deutsche Kommission Justitia et Pax (Hrsg.), Menschenwürde, 2013, S. 28–63, 44.

1646 Vgl. außerdem zur Förderung der Menschenrechte in der Arbeit der Organe der UNO *Buergenthal,* Human Rights, 2007, Rn. 19 f.

lichkeit der Individualbeschwerde vor dem UN-Menschenrechtsausschuss. Diese ermöglicht es natürlichen Personen, die Menschenrechtsverletzungen eines Vertragsstaates formell zu rügen. Darüber hinaus statuiert Art. 40 Abs. 1 IPbpR (wie auch Art. 16 Abs. 1 IPwskR) eine periodische Berichtsverpflichtung der Vertragsstaaten (*Universal Periodic Review*).[1647] Diese Maßnahmen könnten zumindest im Hinblick auf die Durchsetzung der in den Pakten aufgezählten Menschenrechte und für die Mitgliedstaaten als abschließend zu betrachten sein und ein Widerstandsrecht damit in den einschlägigen Konstellationen ausschließen. Insbesondere die Existenz des Individualbeschwerdeverfahrens könnte gegen das Bestehen und die Notwendigkeit eines (Individual-)Rechts auf Widerstand sprechen. Zunächst ist festzustellen, dass das 1. Fakultativprotokoll zum IPbpR nicht von allen Vertragsstaaten des IPbpR unterzeichnet bzw. ratifiziert worden ist.[1648] Außerdem haben die Vertragsstaaten des IPbpR diverse Vorbehalte zum IPbpR und zum Fakultativprotokoll geäußert.[1649] Von einem umfassenden Durchsetzungsmechanismus kann daher keineswegs die Rede sein. Dem Wortlaut oder der Systematik des 1. Fakultativprotokolls zum IPbpR ist ebenso wenig zu entnehmen, dass sämtliche andere Mittel zur Durchsetzung der Menschenrechte ausgeschlossen sein sollen. Seinem Zweck nach soll es die Durchsetzungsmöglichkeiten bei individuellen Verletzungen zudem erweitern und nicht einschränken.

Ein Blick in die Realität zeigt außerdem, dass die Anzahl und die Intensität von Menschenrechtsverletzungen seit Einführung der Beschwerdemöglichkeiten und der Berichtspflicht keineswegs abgenommen haben. 80 % aller Staaten sind mittlerweile Vertragsparteien der Menschenrechtspakte. Dies stellt für das Völkerrecht eine sehr erfolgreiche Entwicklung dar.[1650] Allerdings, so meint *Knut Ipsen*, seien gerade die Staaten, in de-

---

1647 Hierzu *Tomuschat,* in: Fastenrath/Geiger/Khan u. a. (Hrsg.), From Bilateralism to Community Interest, 2011, S. 609–628.

1648 *Ipsen,* in: ders. (Hrsg.), Völkerrecht, Ein Studienbuch, 2014, S. 819–860, § 36 Rn. 52 zufolge haben immerhin mehr als zwei Drittel der Vertragsstaaten das Fakultativprotokoll ratifiziert. Vgl. auch *UN Treaty Collection,* Chapter IV, Human Rights, 5. Optional Protocol to the International Covenant on Civil and Political Rights, 2015.

1649 Vgl. *ders.,* Chapter IV, Human Rights, 4. International Covenant on Civil and Political Rights, 2015 und *ders.,* Chapter IV, Human Rights, 5. Optional Protocol to the International Covenant on Civil and Political Rights, 2015.

1650 *Ipsen,* in: ders. (Hrsg.), Völkerrecht, Ein Studienbuch, 2014, S. 819–860, § 36 Rn. 56.

nen besonders gravierende Menschenrechtsverletzungen stattfänden, keine Vertragsparteien.[1651] Selbst in nationalen Verfassungen von Vertragsstaaten finden sich häufig gar keine Menschenrechte.[1652] Die Rechtsauffassungen und politischen Souveränitätsvorstellungen differieren in der Staatengemeinschaft immer noch stark und lassen die Bilanz der Effektivität der Menschenrechtspakte bislang als düster bezeichnen.[1653] Auch das Individualbeschwerdeverfahren zeigt sich als wenig effektiv.[1654] Der Menschenrechtsschutz, der völkerrechtlich auf dem Papier erreicht wurde, befindet sich aus einer realen, rechtssoziologischen Perspektive noch in sehr weiter Ferne.[1655] Laut *Ipsen* ist der (geringe) tatsächliche Fortschritt der Durchsetzung der Menschenrechte in der Realität zudem keineswegs der normativen Verankerung der Menschenrechte zu verdanken:

> „Das dynamische Moment, das dieser Bewegung [Kampf der Menschenrechte, Anm. d. Verf.] Kraft und Richtung verleiht, ist eine Minderheit (wirklich) engagierter Staaten, sind aber vor allem NGOs sowie ad hoc organisierte Menschengruppen bis hin zu Volksbewegungen, deren gelegentliche Unberechenbarkeit gerade die vielen immer noch menschenrechtsscheuen Staaten womöglich irgendwann vor die Wahl zwischen existenzbedrohendem Chaos und natioaladäquater (Menschen-) Rechtsstaatlichkeit stellen könnte."[1656]

In dieser Beschreibung findet sich eine historisch neue, zweite Dimension der Gefahr für die Menschenrechte. In diesem Sinne stellen derzeit nicht nur diktatorische oder totalitäre Staatsregierungen eine Bedrohung für die Menschenrechte der im Staat lebenden Menschen dar, sondern auch die Anarchie in manchen Gebieten dieser Erde, in denen sich keine Staatsmacht etabliert hat.[1657] *Thürer* formuliert:

1651 Vgl. ebenda, § 36 Rn. 56.

1652 *Eide,* in: UNESCO (Hrsg.), Violations of human rights: possible rights of recourse and forms of resistance, 1984, S. 34–66, 45 f.

1653 So z. B. für das Folterverbot *Kau,* in: Graf Vitzthum/Proelß (Hrsg.), Völkerrecht, 2016, S. 133–246, Abschn. 3 Rn. 229b. Vgl. *Thürer,* in: ders. (Hrsg.), Völkerrecht als Fortschritt und Chance, Bd. II, 2009, S. 585–606, 605.

1654 *Missling,* Widerstand und Menschenrechte, 1999, S. 95.

1655 Im Hinblick auf die Verhütung von Völkermord gar das Scheitern der internationalen Gemeinschaft erklärend *Kopel/Gallant/Eisen,* Notre Dame Law Review 81 (2005-2006), S. 1275–1346, insb. S. 1276.

1656 *Ipsen,* in: ders. (Hrsg.), Völkerrecht, Ein Studienbuch, 2014, S. 819–860, § 36 Rn. 56 a. E.

1657 Vgl. *Eide,* in: UNESCO (Hrsg.), Violations of human rights: possible rights of recourse and forms of resistance, 1984, S. 34–66, 34.

> „Symptomatischer für die heutige Situation aber ist […] der Zerfall von Staaten in Chaos und Gesetzlosigkeit, die Privatisierung oder in vielen Fällen Kriminalisierung der Staatsmacht durch Banden und Splittergruppen von Armeen und staatlichen Bürokratien, die eigenmächtig handeln und öffentliche und private Güter ausbeuten."[1658]

Menschenrechte bedürfen zu ihrer Achtung eines staatlichen Gewaltmonopols.[1659] Dieses Prinzip kann in der politischen Philosophie bis zu *Hobbes* zurückverfolgt werden. Das staatliche Gewaltmonopol kann wiederum Verletzungen der Menschenrechte verursachen. Sie müssen daher effektiv vor dem Missbrauch der Staatsgewalt schützen. In diesem Zusammenhang ist die Durchsetzung der Menschenrechte gegen gewaltsame Akte aus der Bevölkerung heraus besonders wichtig. Die von den Menschenrechtspakten vorgesehenen Instrumente schließen die Notwendigkeit eines Widerstandsrechts damit keineswegs aus. Vielmehr zeigt die reale Entwicklung, dass ein effektiver Menschenrechtsschutz trotz der Existenz dieser Instrumente nach wie vor dringlich ist.

b) Das Recht der humanitären Intervention

Aufgrund der anhaltenden Dringlichkeit eines effektiven Menschenrechtsschutzes nahm die Diskussion um das Recht auf humanitäre Interventionen an Fahrt auf. Während humanitäre Interventionen in der Frühzeit des klassischen Völkerrechts im Dienste der Menschlichkeit standen, verbarg sich hinter diesem Begriff im 19. Jahrhundert ein Instrument expansiver Großmachtpolitik.[1660] Die gegenwärtige Diskussion um das Recht der humanitären Intervention steht demgegenüber im Kontext des Menschenrechtsschutzes. Es geht dabei um die Frage der Zulässigkeit einer militärischen Intervention von außen (entweder im Rahmen des kollektiven Friedenssicherungssystems der Vereinten Nationen oder uni- bzw. multilateral ohne Ermächtigung durch den UN-Sicherheitsrat) zum Schutz der Menschenrechte in einen Staat, der Menschenrechte ächtet.[1661]

1658 *Thürer*, in: ders. (Hrsg.), Völkerrecht als Fortschritt und Chance, Bd. II, 2009, S. 607–611, 610.

1659 Ebenda, S. 611.

1660 *Kimminich*, AVR 33 (1995)., 432.

1661 Die Bezeichnung humanitäre Intervention wird hier in einem weiten Sinne verwendet und schließt solche militärischen Interventionen nicht aus, die mit Ermächtigung des UN-Sicherheitsrates durchgeführt und in der Völkerrechtswis-

aa) Modelle der Begründung eines Rechts auf humanitäre Intervention

Die Probleme im Rahmen der Diskussion um ein Recht auf humanitäre Intervention sind sowohl aus völkerrechtlicher als auch aus rechtsethischer Perspektive kaum lösbar.[1662] Letztlich dient dieses Recht der Legitimation eines Kriegs im Zeichen der Menschenrechte. Das Dilemma ist damit vorgezeichnet.[1663] Die Versuche der Völkerrechtslehre, dieses aus der Perspektive des Völkerrechts aufzulösen, sind mannigfaltig. Tangiert werden von einer humanitären Intervention vor allem das völkerrechtliche Gewalt- und Interventionsverbot. Das Ziel der Befürworter des Rechts auf humanitäre Intervention ist es, den Staatsregierungen, welche die Menschenrechte geradezu verachten, den Einwand und damit den rechtlichen Schutz dieser Prinzipien zu verwehren.[1664]

Dem Einwand des Interventionsverbotes wird mit der Feststellung begegnet, dass ein betroffener Staat seine äußere Souveränität verloren habe, wenn er schwerwiegende Menschenrechtsverletzungen zu verantworten hätte.[1665] Über Qualität, Umfang und Intensität dieser Verletzungen kann

---

senschaft gemeinhin unter dem Stichwort *Responsibility to Protect* diskutiert werden (vgl. *Herdegen,* Völkerrecht, 2016, § 5 Rn. 12; § 41 Rn. 28). So auch *Denecke,* Die Humanitäre Intervention und ihr Verhältnis zum Rechtschutzsystem der Europäischen Menschenrechtskonvention, 1972, S. 34 ff.; *Pauer,* Die humanitäre Intervention, 1985, S. 23; *Endemann,* Kollektive Zwangsmaßnahmen zur Durchsetzung humanitärer Normen, 1996, S. 7; *Herdegen,* Völkerrecht, 2016, § 34 Rn. 35 ff. Zudem richten sich die folgenden Betrachtungen ausschließlich auf humanitäre Interventionen zugunsten fremder Staatsangehöriger (zur Diskussion um die Zulässigkeit von humanitären Interventionen zur Rettung eigener Staatsangehöriger s. nur *Westerdiek,* AVR 21 (1983), S. 383–401 sowie u., S. 439 f.), die mit militärisch-gewaltsamen Mitteln erfolgen (*Holmes,* in: Bleisch/Strub (Hrsg.), Pazifismus, 2006, S. 145–161, 159 zufolge können humanitäre Interventionen theoretisch auch gewaltfrei erfolgen).

1662 Vgl. *Kersting,* in: Merkel (Hrsg.), Der Kosovo-Krieg und das Völkerrecht, 2000, S. 187–231, 190.

1663 Von einem „Dilemma" sprechend *Delbrück,* Die Friedens-Warte 74 (1999), S. 139–158, 145; *International Commission on Intervention and State Sovereignty,* The Responsibility to Protect, 2001, S. 1; *Peters,* Widerstandsrecht und humanitäre Intervention, 2005, S. 276; *Oeter,* in: Malowitz/Münkler (Hrsg.), Humanitäre Intervention, 2009, S. 29–64, 54; *Tomuschat,* in: Beestermöller (Hrsg.), Libyen: Missbrauch der Responsibility to Protect?, 2014, S. 13–29, 27.

1664 Vgl. *Doehring,* Völkerrecht, 2004, § 20 Rn. 1009.

1665 So *Merkel,* ZIS 2011, S. 771–783, 778; vgl. *Ipsen,* in: Steinkamm/Ipsen (Hrsg.), Wehrrecht und Friedenssicherung, 1999, S. 103–120, 112, der den Gedanken

wiederum gestritten werden. Prominent geworden ist dabei die Anknüpfung an die Tatbestände des Völkerstrafrechts.[1666] Dem Einwand des Gewaltverbots begegnen einige Völkerrechtler mit der Begründung einer teleologischen Reduktion[1667] oder einer Ausnahme von diesem fundamentalen Verbot – ob mit einer eigenständigen überpositiven Ausnahme[1668], einer solchen des Völkergewohnheitsrechts[1669], in (analoger) Anwendung von Art. 51 UN-Charta als Nothilfe[1670] oder mit einer eigenen Notwehrnorm[1671].[1672] Andere wiederum sprechen sich de lege ferenda für das

---

der Verwirkung anklingen lässt; *Köhler,* in: Beestermöller (Hrsg.), Die humanitäre Intervention – Imperativ der Menschenrechtsidee?, 2003, S. 75–100, 95, der bei einer innerstaatlichen Negation der Rechtsverhältnisse auch das Völkerrecht für verletzt hält. *Tomuschat,* in: Albach (Hrsg.), Über die Pflicht zum Ungehorsam gegenüber dem Staat, 2007, S. 60–95 möchte eine Abwägung vornehmen.

1666 So *ders.*, Die Friedens-Warte 74 (1999)., 34; A/RES/60/1 (24.10.2005), S. 30, Rn. 138 f.; *Oeter,* in: Malowitz/Münkler (Hrsg.), Humanitäre Intervention, 2009, S. 29–64, 40; *Merkel,* ZIS 2011, S. 771–783, 778. Zur Durchsetzung dieser Kriterien in der EU *Wouters/De Man/Vincent,* The Responsibility to Protect and Regional Organisations, S. 6.

1667 So *Reisman/MacDougal,* in: Lillich (Hrsg.), Humanitarian Intervention and the United Nations, 1973, S. 167–195, 177; *Lillich,* in: ders./Hannum (Hrsg.), International Human Rights, 1995, S. 631–641, 634 ff.; *Ipsen,* in: Steinkamm/Ipsen (Hrsg.), Wehrrecht und Friedenssicherung, 1999, S. 103–120, 115; *Doehring,* Völkerrecht, 2004, § 20 Rn. 1013.

1668 So *Peters,* Widerstandsrecht und humanitäre Intervention, 2005, S. 301

1669 Vgl. *Dreist,* Humanitäres Völkerrecht Informationsschriften 2002, S. 64–77, 72. Dagegen *Randelzhofer/Dörr*, in: Simma u. a., UN Charter, Vol. 1, 2012, Art. 2 (4) Rn. 55 ff., die jedoch einräumen, dass sich ein solches Völkergewohnheitsrecht entwickeln könnte (ebenda, Rn. 57).

1670 So *Delbrück,* Die Friedens-Warte 74 (1999), S. 139–158, 154; *Doehring*, in: Simma u. a., UN Charta, 1991, nach Art. 1 Rn. 40; *ders.*, in: Deutsche Gesellschaft für Völkerrecht (Hrsg.), Aktuelle Probleme des Menschenrechtsschutzes, 1994, S. 277–309, 277 ff.; *Doehring,* Völkerrecht, 2004, § 14 Rn. 766, § 20 Rn. 1015; *Schilling,* AVR 35 (1997), S. 430–458, 443; *Merkel,* in: Meggle (Hrsg.), Humanitäre Interventionsethik, 2004, S. 107–132, 114, 121; in diese Richtung tendierend *Cassese,* EJIL 10 (1999), S. 23–30, 29; *Kreß,* NJW 1999, S. 3077–3084 3081 f.; *Peters,* Widerstandsrecht und humanitäre Intervention, 2005, S. 301; *Biermann,* ZeFKo 3 (2014), S. 6–42, 22.

1671 *Kokott,* in: Ress/Stein (Hrsg.), Der diplomatische Schutz im Völker- und Europarecht, 1996, S. 45–62, 49 f. begründet ein Notwehrrecht, indem sie den Menschenrechten eine Wirkung *erga omnes* zuschreibt.

1672 Weitergehende Darstellung der Begründungsansätze bei *Randelzhofer/Dörr*, in: Simma u. a., UN Charter, Vol. 1, 2012, Art. 2 (4) Rn. 52 ff.

Recht auf humanitäre Intervention aus bzw. sehen eine bevorstehende Entwicklung der Norm zu Völkergewohnheitsrecht.[1673]

bb) Erfordernis eines Sicherheitsratsmandats und Gewaltverbot

Für viele Völkerrechtler ergeben sich die Einwände des Interventions- und Gewaltverbots nicht oder in abgeschwächter Form, wenn im Rahmen einer Ermächtigung des UN-Sicherheitsrats nach Kap. 7 UN-Charta gehandelt wird.[1674] Dies ergibt sich daraus, dass die internationale Gemeinschaft und der Sicherheitsrat als ihr Repräsentant eine *Responsibility to Protect* haben, d. h. die Verantwortung, Menschen auf der ganzen Welt vor gravierenden Menschenrechtsverletzungen zu schützen.[1675] Im Fokus stehen dabei Maßnahmen der Prävention.[1676] Ausnahmsweise, d. h. im Notfall und als letztes Mittel, kann diese Schutzverantwortung auch die

---

1673 So *Pauer,* Die humanitäre Intervention, 1985, S. 131 ff., 154 f.; *Kühne,* in: Lutz (Hrsg.), Der Kosovo-Krieg, 1999/2000, S. 73–99, 81 ff.; *Cassese,* EJIL 10 (1999), S. 23–30, 29; *Simma,* in: Merkel (Hrsg.), Der Kosovo-Krieg und das Völkerrecht, 2000, S. 9–50, 38 ff.; *Höffe,* in: Merkel (Hrsg.), Der Kosovo-Krieg und das Völkerrecht, 2000, S. 167–186, 84. *Dörr,* APuZ 2004 (Heft B43), S. 14–20, 18 hält die humanitäre Intervention für eine in der Entwicklung befindliche gewohnheitsrechtliche Ausnahme vom Gewaltverbot. Ähnlich, wenn auch zurückhaltend *Randelzhofer/Dörr,* in: Simma u. a., UN Charter, Vol. 1, 2012, Art. 2 (4) Rn. 57.

1674 Vgl. *Verdross/Simma,* Universelles Völkerrecht, 1984, §§ 473, 1208; *Bryde,* in: Deutsche Gesellschaft für Völkerrecht (Hrsg.), Aktuelle Probleme des Menschenrechtsschutzes, 1994, S. 165–190, 185; *Kimminich,* AVR 33 (1995)., 437, 455; *Deiseroth,* NJW 1999, S. 3084–3088, 3085; *Randelzhofer/Dörr,* in: Simma u. a., UN Charter, Vol. 1, 2012, Art. 2 (4) Rn. 56 f.; *Bothe,* in: Graf Vitzthum/ Proelß (Hrsg.), Völkerrecht, 2016, S. 591–682, Abschn. 8 Rn. 22. *Cassese,* EJIL 10 (1999), S. 23–30, 25 und *Ipsen,* in: Steinkamm/Ipsen (Hrsg.), Wehrrecht und Friedenssicherung, 1999, S. 103–120, 105 sprechen von der „Büchse der Pandora" sobald Gewalt ohne Sicherheitsratsermächtigung ausgeübt wird. *Tomuschat,* in: Malowitz/Münkler (Hrsg.), Humanitäre Intervention, 2009, S. 65–88, 73 und *Biermann,* ZeFKo 3 (2014), S. 6–42, 16 meinen, dass das Recht auf humanitäre Intervention durch den UN-Sicherheitsrat heute „völlig unbestritten" sei.

1675 Hierzu eingehend *International Commission on Intervention and State Sovereignty,* The Responsibility to Protect, 2001.

1676 Ebenda, S. 19 Rn. 3.1 ff.; *Rudolf,* Schutzverantwortung und humanitäre Intervention, 2013, S. 14; *Brozus/Schaller,* Über die Responsibility to Protect zum Regimewechsel, 2013, S. 9 sprechen vom „Hauptaugenmerk" der Prävention.

Durchführung militärischer Maßnahmen erfordern.[1677] Selbst der Sicherheitsrat kann solche Maßnahmen jedoch nicht willkürlich beschließen. Vielmehr verrät ein Blick in Art. 39 i. V. m. 42 UN-Charta, dass hierfür eine Bedrohung oder der Bruch des Friedens vorliegen muss. Dabei muss es sich um eine Angelegenheit des Weltfriedens bzw. der internationalen Sicherheit handeln.

Die Begründung einer solchen internationalen Bedrohung – ohnehin kein einfaches Unterfangen –[1678] ergibt sich für den Fall von innerstaatlichen Menschenrechtsverletzungen nicht ohne eingehende Auslegung dieses Tatbestandsmerkmals. Ein entsprechender Auslegungsversuch geschieht durch die Erweiterung des Friedensbegriffs (zum sogenannten „positiven Friedensbegriff"[1679]). Dies stellt allerdings nichts anderes als eine Scheinbegründung dar, da hiermit in der Sache immer noch nicht geklärt ist, weshalb Menschenrechtsverletzungen eine Friedensbedrohung oder einen Friedensbruch darstellen.[1680] Hierauf hat auch der Sicherheitsrat keinen Rekurs genommen. Das Vorgehen des Sicherheitsrates ist indessen nicht überzeugender. Er hat in solchen Konstellationen früher auf Flüchtlingsströme verwiesen, um den internationalen Charakter des Konfliktes zu erklären.[1681] Mittlerweile verweist er nur noch pauschal auf die Notwendigkeit humanitärer Unterstützung.[1682] Humanitäre Unterstützung zum Schutz der Menschenrechte ist grundsätzlich eine völkerrechtliche

1677 *International Commission on Intervention and State Sovereignty,* The Responsibility to Protect, 2001, S. 31 Rn. 4.10 ff.

1678 *Merkel,* ZIS 2011, S. 771–783, 774.

1679 Hierzu etwa *Randelzhofer,* in: Delbrück (Hrsg.), Völkerrecht und Kriegsverhütung, 1979, S. 13–39, S. 26 ff.; *Wolfrum,* in: Simma u. a., UN Charter, Vol. 1, 2012, Art. 1 Rn. 8 ff.

1680 *Merkel,* ZIS 2011, S. 771–783, 776. Ebenso wenig eignet sich zur Begründung der Verweis auf die Erga-omnes-Wirkung mancher Menschenrechte (vgl. *Kokott,* in: Ress/Stein (Hrsg.), Der diplomatische Schutz im Völker- und Europarecht, 1996, S. 45–62, 48 ff.), denn der Bruch einer völkerrechtlichen Norm mit Wirkung *erga omnes* mag zwar alle Staaten betreffen und somit die internationalen Charakter von Art. 39 UN-Charta erfüllen, stellt normativ – für sich genommen – aber keinen Friedensbruch oder eine -bedrohung dar (vgl. *Köhler,* in: Beestermöller (Hrsg.), Die humanitäre Intervention – Imperativ der Menschenrechtsidee?, 2003, S. 75–100, 82, der zwischen Allgemeinverbindlichkeit und Durchsetzungsmodus differenziert).

1681 S. nur S/RES/688 (05.04.1991), 3. Erwägungsgrund. Diese Art der Begründung als „geradezu kläglich" bezeichnend *Merkel,* ZIS 2011, S. 771–783, 776, Fn. 28.

1682 S/RES/794 (03.12.1992); S/RES/940 (31.07.1994).

und damit auch eine internationale Angelegenheit. So löblich dieser humanitäre Zweck einer militärischen Intervention auch sein mag – die Erfüllung des Tatbestandes von Art. 39 UN-Charta ist damit noch nicht begründet. Ferner gestalten sich die Formulierungen des Sicherheitsrates bei der Feststellung einer Friedensbedrohung nach Art. 39 UN-Charta in den letzten Jahren als geradezu „phrasenhaft“[1683]. *Oeter* befindet zu Recht, dass Art. 39 UN-Charta zu einer Art „black box“ geworden ist und der Sicherheitsrat „[...] sich mittlerweile fast vollständig allen Anforderungen diskursiver Rechtfertigung“ entzieht.[1684] Das Ergebnis der Zulässigkeit humanitärer Interventionen könnte ethisch und politisch begrüßenswert sein. Es vermag mit einigem Begründungsaufwand sogar unter Art. 39 UN-Charta zu rechtfertigen zu sein –[1685] wenn es auch ehrlicher und rechtssicherer wäre, diesen um ein Tatbestandsmerkmal der humanitären Notsituation zu erweitern.[1686] Das Vorgehen des Sicherheitsrates – die „kriterienlose[ ] Ausdehnung der völkerrechtlichen Gewaltbefugnisse“[1687] – grenzt allerdings an Ignoranz der Erfordernisse des Art. 39 UN-Charta und damit an eine Ignoranz des Gewaltverbots.[1688] Diese suggeriert zudem in irreführender Weise die rechtskonstituierende Wirkung der Sicherheitsratsbeschlüsse bei der Legitimation von Gewalt.[1689]

1683 *Oeter,* in: Malowitz/Münkler (Hrsg.), Humanitäre Intervention, 2009, S. 29–64, 39.

1684 Ebenda, S. 40.

1685 Hierzu sogleich.

1686 Für eine solche normative Klärung *Merkel,* ZIS 2011, S. 771–783, 776; *Biermann,* ZeFKo 3 (2014), S. 6–42, 10.

1687 *Merkel,* ZIS 2011, S. 771–783, 775.

1688 Ironischerweise ist dieses inakzeptable Vorgehen in der vorwiegend positivistisch geprägten Völkerrechtswissenschaft auf breite Akzeptanz gestoßen. Sofern in dieser Akzeptanz mehr als eine bloße intellektuelle Kapitulation gegenüber der Allmacht des Sicherheitsrats zu sehen ist, könnte man annehmen, dass in der Völkerrechtslehre mitunter der Positivismus dem bloßen Realismus gewichen ist. Damit wurde die Erosion des Gewaltverbots eingeläutet, die sonst nur dem (potenziellen) Vorgehen von Intervenienten ohne Sicherheitsratsmandat zugeschrieben wird (so *Delbrück,* Die Friedens-Warte 74 (1999), S. 139–158, 157; ähnlich *Merkel,* FAZ, 22.03.2011, Völkerrecht contra Bürgerkrieg: Die Militärintervention gegen Gaddafi ist illegitim).

1689 *Ders.,* in: Meggle (Hrsg.), Humanitäre Interventionsethik, 2004, S. 107–132, 112. Dem Sicherheitsrat kommt in Bezug auf den jeweiligen Sachverhalt vielmehr eine verbindliche feststellende Wirkung zu sowie eine ermächtigende Wirkung im Hinblick auf die beschlossenen Maßnahmen. Er dürfte mit einer solchen Feststellung bereits ausreichend beschäftigt sein, denn jenseits von Evi-

Das rechtstheoretische Dogma „Gewaltbefugnisse sind Ausnahmeerlaubnisse“[1690], gilt jedoch, wie *Reinhard Merkel* darlegt, auch für den Sicherheitsrat. Dieser hat nämlich kein umfassendes Gewaltmonopol inne, das dem eines Staates gleichkommt.[1691] Insofern lassen sich die Vorschriften in der UN-Charta missverständlich interpretieren. Vergleicht man den Wortlaut der Art. 39 i. V. m. Art. 42 UN-Charta mit demjenigen des Art. 51 UN-Charta (die einzige Ausnahmeerlaubnis der Gewaltanwendung für einzelne Staaten), stellt man fest: Die Differenzierung zwischen „Angriffshandlungen“ und „Friedensbedrohung“ bzw. „-bruch“ in Art. 39 UN-Charta deutet darauf hin, dass die letzten beiden Tatbestandsalternativen in Konstellationen erfüllt sein können, die außerhalb des Tatbestandes von Art. 51 UN-Charta liegen. Diese Vorschrift bezieht sich nur auf „Angriffshandlungen“. Dem Wortlaut nach ist eine „Angriffshandlung“ (Art. 51 UN-Charta) eine Teilmenge von „Gewaltanwendung“ bzw. „-androhung“ (Art. 2 Abs. 4 UN-Charta) und diese wiederum eine Form von „Friedensbedrohung“ bzw. „-bruch“ (Art. 39 UN-Charta).[1692] Wenn man dieses Spezialitätsverhältnis annehmen möchte, kann man schlussfolgern, dass die legitime Anwendung von Gewalt für einzelne Staaten wesentlich begrenzter ist als für die internationale Gemeinschaft. Demnach könnten einzelne Staaten nur auf einige wenige (extreme) Formen von Gewalt ihrerseits mit Gewalt reagieren. Die internationale Gemeinschaft bzw. der Sicherheitsrat könnte aber auch auf Akte, die nicht einmal den Gewaltbegriff erfüllen, mit Gewalt reagieren. An diesem streng positivistischen Modell wäre der Unterschied im Hinblick auf die Rechtfertigung humanitärer In-

---

denzfällen ist die Klärung eines Sachverhalts innerstaatlicher Menschenrechtsverletzungen für sich eine Aufgabe von größter Schwierigkeit (entsprechend für die Fälle im Kosovo und in Libyen *Biermann,* ZeFKo 3 (2014), S. 6–42, 21).

1690 *Merkel,* ZIS 2011, S. 771–783, 773.

1691 *Preuß,* in: Lutz (Hrsg.), Der Kosovo-Krieg, 1999/2000, S. 37–51, 39 f.; *Merkel,* ZIS 2011, S. 771–783, 774. Gleichwohl von einem Gewaltmonopol des Sicherheitsrates sprechend *Ipsen,* Die Friedens-Warte 74 (1999), S. 19–23, 22; *Doehring,* Völkerrecht, 2004, § 20 Rn. 1009.

1692 Zum Verhältnis von Art. 51 UN-Charta und dem Gewaltbegriff *Oeter,* in: Malowitz/Münkler (Hrsg.), Humanitäre Intervention, 2009, S. 29–64, 42; *Schmidl,* The Changing Nature of Self-Defence in International Law, 2009, 39; *Herdegen,* Völkerrecht, 2016, § 34 Rn. 22; *Bothe,* in: Graf Vitzthum/Proelß (Hrsg.), Völkerrecht, 2016, S. 591–682, Abschn. 8 Rn. 10, 19. Entsprechend zum Verhältnis von Art. 39 und 51 UN-Charta *Oeter,* in: Malowitz/Münkler (Hrsg.), Humanitäre Intervention, 2009, S. 29–64, 35; *Bothe,* in: Graf Vitzthum/Proelß (Hrsg.), Völkerrecht, 2016, S. 591–682, Abschn. 8 Rn. 43.

terventionen zu erklären. Hierin liegt der Anknüpfungspunkt für ein etwaiges Gewaltmonopol des Sicherheitsrates. Das Konzept des Gewaltmonopols einer staatlichen Ordnung lässt sich keineswegs analog auf die Völkerrechtsordnung übertragen.[1693] Im Völkerrecht handeln vielmehr nur gleichrangige Rechtssubjekte,[1694] die sich zur Anwendung von Gewalt untereinander, ebenso wie die Rechtssubjekte innerhalb eines Staats, nur auf Ausnahmeerlaubnisse in Form von Notrechten berufen können.[1695] Eine solche Ausnahmebefugnis findet sich in Art. 39 UN-Charta. Daher müssen alle dortigen Tatbestandsalternativen Formen der Gewaltanwendung beschreiben. Am soeben erwogenen Spezialitätsverhältnis von Art. 39 und Art. 2 Abs. 4 UN-Charta ist somit nicht festzuhalten. Art. 39 UN-Charta dient der Aufrechterhaltung des Gewaltverbots, und in diesem Verbot liegt der Grund, weshalb selbst Befürworter einer naturrechtlichen Völkerrechtslehre den Sicherheitsrat bei der Subsumtion zur Wortlauttreue ermahnen müssen. Das Gewaltverbot impliziert die restriktive Handhabe seiner Ausnahmen.[1696]

Das Gewaltverbot aus Art. 2 Abs. 4 UN-Charta adressiert nur die Mitgliedstaaten, nicht die internationale Gemeinschaft als solche oder ihren Repräsentanten, den UN-Sicherheitsrat. Von unbekehrbaren Positivisten könnte gar die Vermutung aufgestellt werden, dass die internationale Gemeinschaft bzw. der Sicherheitsrat gar keine Gewalt ausüben, sondern nur militärische „Maßnahmen" (Art. 42 S. 1 UN-Charta) ergreifen kann. Militärische Maßnahmen erfüllen zweifellos den Gewaltbegriff (etwa von Art. 2 Abs. 4 UN-Charta). Prima facie hängt die Subsumtion einer Handlung unter den Gewaltbegriff nicht davon ab, ob sie unilateral, multilateral oder im Rahmen eines kollektiven Friedenssicherungssystems ausgeübt wird. Zudem gilt das Gewaltverbot heute universell auch als *ius cogens*.[1697] Materiell muss für die Legitimität von humanitären Interventionen mit oder ohne UN-Sicherheitsratsmandat daher dieselbe Voraussetzung gelten, nämlich die Rechtfertigung der Verletzung des Gewaltverbots. Ob Gewalt legitim ausgeübt wird, kann nicht bzw. nicht ausschließlich davon abhängen, wer sie ausübt. Vielmehr muss der Grund der Aus-

---

1693 *Merkel,* ZIS 2011, S. 771–783, 775.

1694 Ebenda, S. 775 spricht insofern von einem „Orchester ohne Dirigenten".

1695 Ebenda, S. 774 f.

1696 Vgl. ebenda, S. 773 f.

1697 Ebenda, S. 774, der Art. 39 i. V. m. 42 UN-Charta als Ausnahme vom Gewaltverbot gem. Art. 2 Abs. 4 UN-Charta deutet.

übung ausschlaggebend sein. Dieser spielt bei humanitären Interventionen mit Sicherheitsratsmandat, wie dargelegt wurde, noch keine ausreichende Rolle.

Demgegenüber wird nachfolgend der Grund entsprechender Sicherheitsratsermächtigungen diskutiert. Selbst zwischen den positivistischen Zeilen des kollektiven Friedenssystems der UN-Charta ist zu lesen, dass Gewalt – und auch militärische „Maßnahmen" nach Art. 42 S. 1 UN-Charta stellen Gewalt dar – nur in einer Notsituation als Antwort auf die Anwendung oder Androhung von Gewalt ausgeübt werden darf. Dies ist die Wertung aus Art. 39 i. V. m. 42 UN-Charta, die sich ebenso in Art. 51 wiederfinden lässt.[1698] In diesen Vorschriften konkretisieren sich die Voraussetzungen der Ausnahmen vom Gewaltverbot, die in ihm selbst angelegt sind. Nur bei Vorliegen der Ausnahmevoraussetzungen entspricht faktische Gewalt nicht *normativer* Gewalt, sondern dient dem Erhalt des Gewaltverbots und damit der Aufrechterhaltung des Rechtszustandes.[1699] Ausnahmen vom Gewaltverbot können nur dem Erhalt desselben dienen.[1700] In einer solchen normativ-abstrakten Gesamtschau ist kein rechtfertigungsrelevanter Unterschied zwischen humanitären Interventionen mit und ohne UN-Sicherheitsratsmandat zu erkennen. Sie kann nur als Reaktion auf international relevante Gewalt gerechtfertigt sein. Es muss also dargelegt werden, weshalb die innerstaatlichen Menschenrechtsverletzungen Gewalt darstellen,[1701] die den universellen Rechtszustand bedroht.

Damit wird sich schließlich dem Zusammenhang von gravierenden Menschenrechtsverletzungen und internationaler Gewalt gewidmet. Wegweisend sind hierzu die Ausführungen *Merkels*, die auf die Begründung der Friedensbedrohung nach Art. 39 UN-Charta abzielen: *Merkel* stellt darauf ab, dass ein Staat bei „systematischen und flächendeckenden Menschenrechtsverletzungen" eine Grundnorm antastet, nämlich das „elemen-

---

1698 Vgl. *Doehring,* Völkerrecht, 2004, § 20 Rn. 1014; ähnlich ohne Blick auf die UN-Charta *Kersting,* in: Merkel (Hrsg.), Der Kosovo-Krieg und das Völkerrecht, 2000, S. 187–231, 214.

1699 Vgl. unter Heranziehung der *Kantischen* Dichotomie von Recht und Gewalt *Merkel,* ZIS 2011, S. 771–783, 774.

1700 Ebenda, S. 774. Vgl. für Ausnahmebefugnisse im Allgemeinen *ders.,* JZ 62 (2007), S. 373–385, 378.

1701 Einen Schritt in diese Richtung unternimmt *Doehring,* Völkerrecht, 2004, § 20 Rn. 1014, der zumindest überhaupt feststellt, dass Völkermord und schwerwiegende Menschenrechtsverletzung Gewalt darstellten, wobei eine genaue Begründung dieser These fehlt.

tare Recht auf Sicherheit".[1702] Die Gewährleistung dieses Rechts stellt seit *Hobbes* das Fundament für die legitime Ausübung staatlicher Zwangsgewalt dar.[1703] Im Fall einer Verletzung dieser universellen Grundnorm ergibt sich die Zuständigkeit der internationalen Gemeinschaft daraus, dass Erstere den Beginn der Erosion der universellen Geltung dieser Grundnorm nach sich zieht.[1704] *Merkel* verweist in diesem Zusammenhang auf *Kant,* der darlegt, „[...] daß die Rechtsverletzung an einem Platz der Erde an allen gefühlt wird [...]"[1705].[1706] Auf diese Weise wird die universelle Betroffenheit, die Art. 39 UN-Charta fordert, begründet.

Darüber hinaus muss dargelegt werden, dass diese Betroffenheit sich aus einer Gewaltanwendung ergibt. Die Anwendung von Gewalt im Rahmen einer humanitären Intervention kann schließlich nur gerechtfertigt sein, wenn sie die Verteidigung gegen eine vorherige Gewaltanwendung darstellt – dann stellt Erstere normativ keine Gewalt dar. Um dies zu begründen, muss man *Merkels* Überlegungen weiterführen: Die Verletzung der universellen Grundnorm kann – ebenso in Anlehnung an *Kant*[1707] – als Angriff auf den universellen Rechtszustand und damit per se als universelle Gewalt verstanden werden. In diesem Sinne formuliert auch *Merkel* später:

> „Ein friedensbrechender Staat greift das Grundprinzip allen Rechts an: das Gewaltverbot. Und er tut dies in der globalen Sphäre der Staatenwelt. Damit macht er alle Staaten zu normativ Verletzten. Denn er erschüttert das normative Fundament, auf dem die rechtlich gesicherte Existenz jedes Einzelnen von ihnen beruht. Und deshalb ist es die Sache aller, diese unrechtliche Gewalt mit legitimer Gegengewalt zu brechen oder zu verhindern. Dass in einem analogen Sinn auch der staatsinterne Friedensbruch zur Verletzung und damit zur Sache aller werden kann, wenn er die Grundnorm jeder legitimen staatlichen Existenz im Verhältnis zu den eigenen Bürgern verletzt, haben wir oben gese-

---

1702 *Merkel,* ZIS 2011, S. 771–783, 776. In anderem Zusammenhang erwähnt *Preuß,* in: Lutz (Hrsg.), Der Kosovo-Krieg, 1999/2000, S. 37–51, 42, dass der „Schutz der in ihm lebenden Menschen und die Wahrung eines minimalen Rechtszustandes" dem „zivilisatorischen Auftrag des Staates" entsprächen.

1703 *Merkel,* JZ 62 (2007), S. 373–385, 375.

1704 Vgl. *Kelsen,* Reine Rechtslehre, 1983 (1960), S. 215 ff. und *ders.,* Allgemeine Theorie der Normen, 1979, S. 112 f., 215, der eine minimale Wirksamkeit zur Bedingung rechtlicher Normgeltung erhebt.

1705 *Kant,* AA VIII, Gemeinspruch, 1968, 360.

1706 Vgl. *Merkel,* ZIS 2011, S. 771–783, 777.

1707 Die Gegenüberstellung von Recht und Gewalt findet sich bereits bei *Hobbes* (s. o., S. 72).

> hen. Das ist das Prinzip einer richtig verstandenen Responsibility to Protect. Daher schützt die Weltgemeinschaft unter diesem Titel mit den betroffenen und bedrohten Menschen stets auch sich selbst: das normative Fundament ihrer rechtlichen Verfasstheit in Staaten."[1708]

Derartige Gewalt tangiert in der Welt des Rechts jedes Rechtssubjekt.[1709] Selbst – oder: insbesondere – der Sicherheitsrat und die internationale Gemeinschaft sind hiervon betroffen. Die Aufgabe der Erhaltung des Rechtszustandes kommt in einer Rechtsgemeinschaft mit einem kollektiven Friedenssicherungssystem qua positiven Gesetzes dem Kollektiv zu. Man könnte schlussfolgern, die Staaten hätten sich durch ihren Beitritt zu diesem System selbst ihrer Ausnahmebefugnis zur verteidigenden Anwendung von Gewalt begeben. Hierin fände sich ein tragendes Argument für die ausschließliche Zuständigkeit des Sicherheitsrates für humanitäre Interventionen. Es ist jedoch abzulehnen, dass die Staaten sich ihrer Ausnahmebefugnisse überhaupt begeben können. Bei solchen handelt es sich um *Selbst*hilferechte.[1710] Die Ausübung derartiger Rechte kann schon rechtslogisch nicht von der Entscheidung einer höherrangigen Instanz abhängig gemacht werden.[1711] Art. 51 UN-Charta spricht in diesem Sinne von einem „naturgegebene[n] Recht" zur Selbstverteidigung. Hierbei handelt es sich nicht um einen naturrechtlichen Befund, sondern um einen rechtslogischen.

Mit der Erschaffung des kollektiven Friedenssicherungssystems haben sich die Staaten lediglich auf ein Rechtsverfahren zur Durchsetzung des Gewaltverbots geeinigt. Diesem gegenüber ist das ihnen bleibende Selbsthilferecht subsidiär.[1712] Das heißt für den Fall einer humanitären Interven-

---

1708 *Merkel,* ZIS 2011, S. 771–783, S. 783.

1709 Ähnlich *Zanetti,* in: Kohler/Marti (Hrsg.), Konturen der neuen Welt(un)ordnung, 2003, S. 253–265, 260 f.; *ders.,* BI.Research 2007 (Nr. 30), S. 78–81, 81 mit Hinweis auf *Erhard,* Über das Recht, 1970, S. 50. Vgl. auch *Köhler,* in: Beestermöller (Hrsg.), Die humanitäre Intervention – Imperativ der Menschenrechtsidee?, 2003, S. 75–100, der mit einer derartigen Negation der Rechtsverhältnisse auch die Ausnahme vom Interventionsverbot begründet.

1710 *Merkel,* in: Meggle (Hrsg.), Humanitäre Interventionsethik, 2004, S. 107–132, 110.

1711 Dies wäre eine „contradicto in adiecto" (ebenda, S. 110).

1712 Ebenda, S. 112. Vgl. *Höffe,* in: Merkel (Hrsg.), Der Kosovo-Krieg und das Völkerrecht, 2000, S. 167–186, 178: „jede Privatjustiz ist Unrecht." *Köhler,* in: Beestermöller (Hrsg.), Die humanitäre Intervention – Imperativ der Menschenrechtsidee?, 2003, S. 75–100, 99 sieht ein Regel-Ausnahme-Verhältnis von humanitärer Intervention mit bzw. ohne Sicherheitsratsmandat.

tion, dass die Einholung einer Ermächtigung durch den Sicherheitsrat versucht werden muss, sofern dies zeitlich möglich ist.[1713] Wird die Notlage nicht auf Anordnung des Sicherheitsrats – des „Treuhänders“[1714] des Gewaltverbots – beseitigt, steht es den Staaten frei, sich selbst gegen den friedensbrechenden Staat zu wehren.[1715] Solange das Friedenssicherungssystem weiterhin die defizitäre Struktur im Sicherheitsrat aufweist, die es den Vetomächten erlaubt, politischen Opportunitäten Vorrang vor den Grundprinzipien des Völkerrechts einzuräumen, dürfte der Raum für uni- und multilaterales Handeln jenseits des Kollektivs daher großzügig bemessen sein.[1716] *Doehring* formuliert in diesem Zusammenhang: „Es wäre auch absurd, wollte man annehmen, daß die Charta der Vereinten Natio-

---

1713 *Merkel,* in: Meggle (Hrsg.), Humanitäre Interventionsethik, 2004, S. 107–132, 112. Ggf. muss nach vergeblichem Anrufen des Sicherheitsrates die Generalversammlung mit der Sache betraut werden, sofern auch dies noch zeitlich möglich ist. Dies legt die sogenannte Uniting-for-peace-Resolution der Generalversammlung nahe, in der sich die Generalversammlung subsidiär zur Wahrnehmerin der Aufgaben des Sicherheitsrates erklärte (*Preuß,* in: Lutz (Hrsg.), Der Kosovo-Krieg, 1999/2000, S. 37–51, 47; vgl. A/RES/377 (03.11.1953), Rn. 1).

1714 *Merkel,* ZIS 2011, S. 771–783, 781

1715 So im Ergebnis *Herdegen,* Völkerrecht, 2016, § 34 Rn. 38. *Oeter,* in: Malowitz/Münkler (Hrsg.), Humanitäre Intervention, 2009, S. 29–64, 42 spricht in diesem Zusammenhang in Anlehnung an das Gefahrenabwehrrecht von einer „Ersatzvornahme“.

1716 Von einer „in Teilen durchaus defizitären Struktur des Friedenssicherungssystems“ und „politischer Opportunität“ spricht ebenda, S. 55, 57. Vgl. in diesem Zusammenhang auch *Bothe,* in: Graf Vitzthum/Proelß (Hrsg.), Völkerrecht, 2016, S. 591–682, Abschn. 8 Rn. 39. *Graf Kielmansegg,* AVR 50 (2012), S. 285–317 legt diese Defizite ausgiebig dar. *Höffe,* in: Merkel (Hrsg.), Der Kosovo-Krieg und das Völkerrecht, 2000, S. 167–186, 179 spricht insofern von einem „Geburtsfehler“ der Vereinten Nationen. *Doehring,* Völkerrecht, 2004, § 11 Rn. 571 zufolge ist nicht auszuschließen, dass der Sicherheitsrat selbst Völkerrecht verletzt. Es sollte für ihn allerdings oberstes Gebot sein, dass dies nicht passiert. Auch *Wolfrum,* in: Simma u. a., UN Charter, Vol. 1, 2012, Preamble Rn. 9, Art. 1 Rn. 21 verweist darauf, dass die Vereinten Nationen nicht als politische Organisation konzipiert sind, sondern sich der Achtung des Völkerrechts verpflichtet haben. Ähnlich *Preuß,* in: Lutz (Hrsg.), Der Kosovo-Krieg, 1999/2000, S. 37–51, 39). Vgl. auch *Kopel/Gallant/Eisen,* Notre Dame Law Review 81 (2005-2006), S. 1275–1346, die annehmen, dass eine Resolution des Sicherheitsrates, die *ius cogens* missachtet, nichtig sei. Eingehend zu möglichen indirekten Erfordernissen eines Sicherheitsratsmandats *Dobos,* Insurrection and Intervention, 2012, S. 185 ff.

nen es verbietet, Menschenleben zu retten, wenn der Sicherheitsrat das nicht vermag.“[1717]

Im Kern ist diese Aussage richtig. Es darf nicht vergessen werden, dass bei einer humanitären Intervention nicht nur Menschenleben gerettet, sondern auch zerstört werden. Trotz seines positiven Klangs betitelt der Begriff „humanitäre Intervention“ das Phänomen eines Kriegs.[1718] Obgleich dieser mit einer guten Intention geführt wird, ist nicht ausgeschlossen, dass auch er mit all den schlimmen und tragischen Nebenwirkungen verbunden ist, die ein Krieg zwangsläufig mit sich bringt. Darin liegt das eingangs bezeichnete Dilemma des Rechts auf humanitäre Intervention. Die daraus erwachsene Verantwortung ist jedweder humanitäre Intervenient zu tragen verpflichtet.

cc) Voraussetzungen humanitärer Interventionen

Zur Wahrnehmung dieser Verantwortung gehört die Einhaltung strenger Kriterien bei den Entscheidungen des *Ob* und *Wie* einer Intervention. Unter den Befürwortern der humanitären Intervention haben sich – ungeachtet des soeben diskutierten Erfordernisses eines Sicherheitsratsmandats – die folgenden Voraussetzungen zu ihrer Zulässigkeit herauskristallisiert,[1719] die von der *International Commission on Intervention and State Authority* (ICISS), einer von der kanadischen Regierung eingesetzten Kommission, in ihrem Bericht „The Responsibility to Protect“ aus dem Jahre 2001 formuliert wurden:[1720]

- „Threshold criteria, just cause“[1721]: „large scale loss of life“ oder „large scale ethnic cleansing“[1722]

1717 *Doehring,* Völkerrecht, 2004, § 20 Rn. 1015.

1718 Kritik am Attribut „humanitär“ äußert auch *Holmes,* in: Bleisch/Strub (Hrsg.), Pazifismus, 2006, S. 145–161, 160.

1719 Vgl. *Europäisches Parlament,* Entschließung zum Recht auf Interventionen aus humanitären Gründen von 1994 (BT-Drucks. 12/7513, vom 10.05.1994); *Delbrück,* Die Friedens-Warte 74 (1999), S. 139–158, 152 f.; *Merkel,* ZIS 2011, S. 771–783, 779; *Biermann,* ZeFKo 3 (2014), S. 6–42, 11 ff., 19 f.

1720 Überblick bei *International Commission on Intervention and State Sovereignty,* The Responsibility to Protect, 2001, S. XII f.

1721 Ebenda, S. 32 ff.

1722 Ebenda, S. 32 Rn. 4.18 ff.

- „Other precautionary criteria“[1723] (kumulativ einzuhalten):
  - „Right intention“[1724]
  - „Last resort“[1725]
  - „Proportional means“[1726]
  - „Reasonable prospects“[1727]
- Einhaltung von „operational principles“[1728] während der Intervention

Diese Voraussetzungen ähneln den Richtlinien, nach denen der Sicherheitsrat gemäß dem Bericht des *United Nations Secretary-General's High-level Panel on Threats, Challenges and Change* Maßnahmen nach Kap. 7 UN-Charta beschließt („seriousness of threat“, „proper purpose“, „last resort“, „proportional means“ sowie „balance of consequences“).[1729] Darin spiegeln sich die Grundzüge der bereits in der Antike bestehenden *Theorie des gerechten Krieges* wider.[1730] Diese Theorie betitelt ihr eigenes rechtliches und moralisches Dilemma. Das „Revival“[1731] dieser Lehre im Recht der humanitären Intervention als modernes *ius ad bellum* ist daher nicht ohne Kritik geblieben. *Skadi Krause* meint beispielsweise:

> „Es erscheint fraglich, ob die von der ICISS entwickelten Vorschläge wirklich geeignet sind, die Schwierigkeiten und Mängel der gegenwärtigen Praxis humanitärer Interventionen zu beseitigen, oder ob sie nicht vielmehr dazu bei-

---

1723 Ebenda, S. 35 ff.

1724 Ebenda, S. 35 Rn. 4.33 ff. Kritisch zur Voraussetzung einer moralischen Gesinnung *Kersting,* in: Merkel (Hrsg.), Der Kosovo-Krieg und das Völkerrecht, 2000, S. 187–231, 228. Zu den Problemen der humanitären Motivation *Biermann,* ZeFKo 3 (2014), S. 6–42, 22 f.

1725 *International Commission on Intervention and State Sovereignty,* The Responsibility to Protect, 2001, S. 36 Rn. 4.37 ff.

1726 Ebenda, S. 37 Rn. 4.39 f.

1727 Ebenda, S. 37 Rn. 4.41 ff.

1728 Ebenda, S. XIII, 57 ff.

1729 Vgl. *United Nations Secretary-General's High-level Panel on Threats,* A more secure world: Our shared responsibility (Report, UN-Doc A/59/565, 2 December 2004) , S. 67 Rn. 207.

1730 Vgl. *Strub,* in: Leiner/Neubert/Schacht u. a. (Hrsg.), Gott mehr gehorchen als den Menschen, 2005, 304 ff.; *Biermann,* ZeFKo 3 (2014), S. 6–42, 11. Zur *Theorie des gerechten Krieges* eingehend *Krause,* in: Malowitz/Münkler (Hrsg.), Humanitäre Intervention, 2009, S. 113–142, der diese in der Diskussion um die humanitäre Intervention als auferstanden sieht. Eingehend zur Lehre auch die Beiträge in: *Evans* (Hrsg.), Just War Theory, 2005. S. auch *Rudolf,* Zur Ethik militärischer Gewalt, 2014, S. 8 ff.

1731 *Strub,* in: Leiner/Neubert/Schacht u. a. (Hrsg.), Gott mehr gehorchen als den Menschen, 2005, 304.

> tragen werden, das ohnehin schwache Fundament des Völkerrechts weiter auszuhöhlen. Die drei tragenden Säulen der gegenwärtigen Völkerrechtsordnung – die Souveränität der Staaten, das Gebot der Nichtintervention und das Verbot der Androhung oder Anwendung militärischer Gewalt – lassen sich mit den Prinzipien der Lehre vom gerechten Krieg nur schwer vereinbaren."[1732]

Diese Lehre hat auch keineswegs Eingang in das System der UN-Charta gefunden, denn darin wird der Angriffskrieg ungeachtet seines (etwa gerechten) Zwecks geächtet.[1733] Heute kommt es zur Begründung militärischer Maßnahmen nicht auf Gerechtigkeitserwägungen an, sondern auf eine rechtliche Befugnis.[1734] Krieg kann daher auch nicht mehr als Sanktion für vorangegangenes Unrecht betrachtet werden, wie es etwa in der *Thomanischen Theorie des gerechten Krieges* angedacht war.[1735]

Legt man die moralischen und rechtlichen Bedenken für einen Moment beiseite, leuchten die über Jahrhunderte in der Praxis bewährten und mittlerweile in ihrer Interpretation weiterentwickelten Kriterien der gerechten Kriegsführung als Begrenzung von Gewaltbefugnissen auf den ersten Blick dennoch ein. Durch die mehrmaligen Filter in den *threshold* und *precautionary criteria* sowie bei den *operational principles* ist ein (humanitärer) Krieg nur im äußersten Fall und unter Inkaufnahme der geringstmöglichen Opferzahl gerechtfertigt.

Allerdings gibt ein näherer Blick auf die Kriterien Aufschluss darüber, dass ihre Anwendung im Einzelfall erhebliche praktische Probleme bereiten kann – bereits bei der *Last-resort*-Voraussetzung sind Prognoseentscheidungen über die Wirksamkeit milderer Mittel notwendig.[1736] Ebenso schwierig sind die weiteren Anwendungsanforderungen zu bewältigen, die den Intervenienten das Verhältnismäßigkeitsprinzip auferlegt.[1737] Nicht minder herausfordernd dürfte die Subsumtion einer konkreten Konstellati-

---

1732 *Krause,* in: Malowitz/Münkler (Hrsg.), Humanitäre Intervention, 2009, S. 113–142, 139.

1733 *Preuß,* in: Lutz (Hrsg.), Der Kosovo-Krieg, 1999/2000, S. 37–51, 38 f.

1734 Ebenda, S. 40.

1735 Ebenda, S. 38 f.

1736 *Biermann,* ZeFKo 3 (2014), S. 6–42, 25 f. zudem mit konkretem Bezug auf den Kosovo- und Libyen-Einsatz.

1737 Ebenda, S. 28. Das Verhältnismäßigkeitserfordernis berührt auch das *ius in bello* und damit die problematische Inkaufnahme von ZivilopfeRn. Ein gravierendes Problem stellt sich in diesem Zusammenhang bei der Legitimation von Luftangriffen (ebenda, S. 29; vgl. *Merkel,* in: Meggle (Hrsg.), Humanitäre Interventionsethik, 2004, S. 107–132, 130; *ders.,* JZ 2012, S. 1137–1145, 1145).

on und einer geplanten Kriegsführung unter das Merkmal der *reasonable prospects* aus einer Ex-ante-Perspektive sein.[1738] All diese pragmatischen Probleme haben Auswirkungen auf das normative Fundament des Voraussetzungskatalogs, da sie keine Einzelerscheinungen bei dessen Anwendung darstellen werden, sondern in ihm angelegt sind. Diese Kriterien sind jedoch notwendig, weil überhaupt Kriterien notwendig sind. Sie stellen als „Kondensat eines jahrhundertelangen Nachdenkens über die Grenzfragen von Krieg und Frieden“[1739] die bestmöglichen Prüfpunkte bei der Entscheidung über Krieg und Frieden dar.[1740] Man muss sich also damit zufriedengeben, sofern man ein Recht auf humanitäre Intervention annimmt und nicht – fernab der Realität des Völkerrechts und der internationalen Politik – den völligen Pazifismus propagieren will.

Führt man sich zudem vor Augen, was die *just cause* für eine humanitäre Intervention darstellt, dürfte eine pazifistische Einstellung ohnehin auf die härteste Bewährungsprobe gestellt werden. Es handelt sich um derart gravierende Situationen, dass ein gewaltsames Eingreifen möglicherweise sogar moralisch verpflichtend ist.[1741] *Richard Lillich* fordert „gross and persistent human rights violations that shock the world's conscience.“[1742] Die Beschränkung der ICISS auf *large scale loss of life* sowie *large scale ethnic cleansing* zeigt, dass nur die Verletzung weniger fundamentaler Menschenrechte in einem sehr großen Ausmaß zu einer humanitären Intervention berechtigen kann. Wie oben gezeigt wurde, müssen die Menschenrechtsverletzungen von derartiger Intensität sein, dass sie als Gewaltakt überall auf der Welt spürbar sind. *Merkel* sprach von der Verletzung des „elementaren Rechts auf Sicherheit“[1743]. Ein solches Recht wird vom

---

1738 *Biermann,* ZeFKo 3 (2014), S. 6–42, 30, der selbst eine Betrachtung ex post für schwierig hält. *Biermann* verweist zudem auf das Phänomen der Spill-over-Effekte, das bei einer Folgenabschätzung kaum angemessen berücksichtigt werden kann (ebenda, S. 33).

1739 Ebenda, S. 34.

1740 Vgl. *Evans,* in: ders. (Hrsg.), Just War Theory, 2005, S. 203–222, 222. Aus rechtsethischer Perspektive favorisiert auch *Beestermöller,* in: ders. (Hrsg.), Die humanitäre Intervention – Imperativ der Menschenrechtsidee?, 2003, S. 141–170 die Anlehnung an die *Thomanische Theorie des gerechten Krieges* gegenüber der *Kantischen* Position.

1741 Zur Debatte um die Pflicht zur humanitären Intervention *Dobos,* Insurrection and Intervention, 2012, S. 132 ff.

1742 *Lillich,* ZaöRV 53 (1993), S. 557–575, 572.

1743 *Merkel,* ZIS 2011, S. 771–783, 774.

Staat verletzt, wenn sich die Staatsmacht eines der im Rom-Statut beschriebenen völkerrechtlichen Verbrechen schuldig macht, nämlich des Völkermordes, der Verbrechen gegen die Menschlichkeit sowie der Kriegsverbrechen (Art. 6–8 Rom-Statut). Diese Verbrechen finden daher im Rahmen der Darstellung der *just cause* im ICISS-Bericht Erwähnung.[1744] Bei deren Begehung, so zeigt es auch die Normierung im Rom-Statut, wird „[…] die gesamte Menschheit zur Jurisdiktion zuständig […].“[1745] Insbesondere der Völkermord bzw. genozidgleiche Akte werden mittlerweile unter ihren Befürwortern allgemein als *just cause* einer humanitären Intervention betrachtet.[1746] In einem Atemzug mit dem Völkermord wird zumeist die zynisch als solche bezeichnete ethnische Säuberung genannt – so bereits im ICISS-Bericht.[1747] In der völkerstrafrechtlichen Lehre ist umstritten, ob sie vom Tatbestand des Völkermordes umfasst ist oder ein Aliud hierzu darstellt, weil es bei der ethnischen Säuberung nicht um die physische Zerstörung einer Menschengruppe, sondern um ihre sonstige Auflösung, primär durch Vertreibung, geht.[1748] Auf diese Diskussion kommt es für die Frage nach der Zulässigkeit einer humanitären Intervention aber nicht an.[1749]

Der Verweis des Rechts der humanitären Intervention auf die völkerstrafrechtlichen Tatbestände hat nicht nur aus materiellen Gründen großen Anklang in der Völkerrechtswissenschaft gefunden.[1750] Die konkretisier-

1744 *International Commission on Intervention and State Sovereignty,* The Responsibility to Protect, 2001, S. 33 Rn. 4.20 ohne Hinweis auf das Rom-Statut, das damals noch nicht in Kraft getreten war.

1745 *Merkel,* ZIS 2011, S. 771–783, 779, Fn. 41.

1746 S. nur *Delbrück,* Die Friedens-Warte 74 (1999), S. 139–158, 152. *Oeter,* in: Malowitz/Münkler (Hrsg.), Humanitäre Intervention, 2009, S. 29–64, 52, 57 möchte man beinahe so verstehen, als sei das Recht auf humanitäre Intervention nur auf Evidenzfälle des Völkermordes begrenzt, wobei er bemerkt, dass „[…] selbst der Völkermordtatbestand erhebliche begriffliche Unklarheiten aufweist […]“.

1747 *International Commission on Intervention and State Sovereignty,* The Responsibility to Protect, 2001, S. 32 f. Rn. 4.19 ff.

1748 Hierzu *Werle/Jeßberger,* Principles of International Criminal Law, 2014, Rn. 824 f.; *Jeßberger,* in: Gaeta (Hrsg.), The UN Genocide Convention: A Commentary, 2009, S. 87–111, 103 f.; *Kreuter-Kirchhof,* AVR 48 (2010), S. 338–382, 354 f.

1749 So jedenfalls für die *Responsibility to Protect* ebenda, S. 355.

1750 Ein solcher Anklang ist zu finden bei *Tomuschat,* Die Friedens-Warte 74 (1999)., 34; A/RES/60/1 (24.10.2005), S. 30, Rn. 138 f.; *Doehring,* Völkerrecht, 2004, § 20 Rn. 1014; *Merkel,* ZIS 2011, S. 771–783, 778. Zur Durchsetzung dieten und bereits bekannten Tatbestände bieten durch ihre ausdifferenzierte Formulierung nämlich zudem handhabbare Kriterien, die für die eine Entschließung zum Kriege dringend notwendig sind.[1751] *Oeter* zählt die Unwerturteile, die Tatbeständen der Völkerrechtsverbrechen zugrunde liegen, zu den Grundwerten der Staatengemeinschaft.[1752] Sie dienen in konsensfähiger Weise der Konkretisierung der unbestimmten Formel der „Bedrohung […] der internationalen Sicherheit" in Art. 39 UN-Charta.[1753] *Gerhard Werle* und *Florian Jeßberger* begründen die internationale Dimension der völkerstrafrechtlichen Tatbestände sogar damit, dass sie jeweils in Zusammenhang mit einem Friedensbruch oder einer -bedrohung stünden.[1754]

dd) Erkenntnisse für ein völkerrechtliches Widerstandsrecht

(1) Auswirkungen auf die Notwendigkeit eines Widerstandsrechts

Bevor man in diesen Voraussetzungen etwa Anhaltspunkte für die Zulässigkeit eines Bürgerkriegs im Rahmen einer völkerrechtlichen Widerstandslehre sieht, muss man sich fragen, ob die humanitäre Intervention als Maßnahme zur Durchsetzung von Menschenrechten gegen die rechtliche bzw. tatsächliche Notwendigkeit eines Widerstandsrechts spricht. Dies wäre der Fall, wenn damit ein effektives und abschließendes Mittel zur Durchsetzung der Menschenrechte gegeben wäre, das beinahe einem Durchsetzungsmechanismus gleichkäme. Das setzt in rechtlicher Hinsicht voraus, dass das Recht auf humanitäre Intervention verbindlich gälte.

---

ser Kriterien in der EU *Wouters/De Man/Vincent,* The Responsibility to Protect and Regional Organisations, S. 6. *Biermann,* ZeFKo 3 (2014), S. 6–42, 19 weist auf einen entsprechenden Konsens im Sicherheitsrat hin. Bemerkenswert ist in diesem Zusammenhang außerdem, dass Art. 4 lit. h) *Constitutive Act of African Union* vom 11. Juli 2000 bei ebendiesen völkerrechtlichen Verbrechen ausdrücklich eine Interventionserlaubnis vorsieht.

1751 *Merkel,* ZIS 2011, S. 771–783, 778; vgl. *Kreuter-Kirchhof,* AVR 48 (2010), S. 338–382, 355. Insbesondere zur Konkretisierung der Verbrechen gegen die Menschlichkeit in Art. 7 Rom-Statut *Kaul,* International Criminal Court (ICC), 2010, Rn. 43.

1752 Vgl. *Oeter,* in: Malowitz/Münkler (Hrsg.), Humanitäre Intervention, 2009, S. 29–64, 40.

1753 *Merkel,* ZIS 2011, S. 771–783, 779.

1754 *Werle/Jeßberger,* Principles of International Criminal Law, 2014, Rn. 105.

Wenngleich die entsprechende Praxis des UN-Sicherheitsrates mittlerweile von der internationalen Gemeinschaft anerkannt wird[1755] und die Anzahl der Befürworter eines Rechts auf humanitäre Intervention bzw. des Konzepts der *Responsibility to Protect*[1756] zunimmt, haben diese bislang noch nicht Eingang ins geltende Völkerrecht gefunden.[1757] Für die Annahme von Gewohnheitsrecht fehlt es jedenfalls an einer einheitlichen Rechtsüberzeugung.[1758] Der Sicherheitsrat stützte sich bei der Ermächtigung zu

---

1755 *Doehring,* Völkerrecht, 2004, § 20 Rn. 1010; *Peters,* Widerstandsrecht und humanitäre Intervention, 2005, S. 240. Vgl. etwa A/RES/60/1 (24.10.2005), Rn. 138 f.; *United Nations Secretary-General's High-level Panel on Threats,* A more secure world: Our shared responsibility (Report, UN-Doc A/59/565, 2 December 2004) , Rn. 203. Dazu kritisch aus der Völkerrechtswissenschaft *Henkin,* AJIL 93 (1999), S. 824–828, 824, 828. Vgl. zur Auslegung des Art. 39 UN-Charta in der Praxis des Sicherheitsrates *Oeter,* in: Malowitz/Münkler (Hrsg.), Humanitäre Intervention, 2009, S. 29–64, 34 ff.

1756 Von einer „breite[n] internationale[n] Zustimmung" zur Schutzverantwortung sprechend *Rudolf,* Schutzverantwortung und humanitäre Intervention, 2013, S. 13.

1757 *Kimminich,* AVR 33 (1995)., 437, 455; *Kreuter-Kirchhof,* AVR 48 (2010), S. 338–382, 378; *Merkel,* ZIS 2011, S. 771–783, 775; *Keenan,* ICLR 2011, S. 5–29, 26; *Randelzhofer,* in: Simma u. a., UN Charter, Vol. 1, 2012, Art. 2 (4) Rn. 52 ff.; *Klein/Schmahl,* in: Graf Vitzthum/Proelß (Hrsg.), Völkerrecht, 2016, S. 247–359, Abschn. 4 Rn. 22; *Hobe,* Einführung in das Völkerrecht, 2014, S. 281. Es sprachen sich bei dem sogenannten Südgipfel im Frühjahr 2000 die damals 77 teilnehmenden Staaten in einer förmlichen Erklärung zudem gegen die völkerrechtliche Geltung eines Rechts auf humanitäre Intervention aus (*Group of 77 South Summit,* Declaration of the South Summit, Havanna, Cuba, 10.-14. April 2000, Rn. 54). *Herdegen,* Völkerrecht, 2016, § 34 Rn. 37, 41 meint, es habe im Hinblick auf das Recht zur humanitären Intervention mittlerweile ein Stimmungswandel in der Völkerrechtslehre stattgefunden. *Tomuschat,* in: Malowitz/Münkler (Hrsg.), Humanitäre Intervention, 2009, S. 65–88, 73 und *Biermann,* ZeFKo 3 (2014), S. 6–42, 16 zufolge ist das Recht auf humanitäre Intervention durch den UN-Sicherheitsrat heute „völlig unbestritten". Zweifel hieran ergeben sich aufgrund des oben skizzierten Problems der Begründung im Zusammenhang mit Art. 39 UN-Charta.

1758 *O'Connell,* Columbia Journal of Transnational Law 36 (1997), S. 473–492, 477; *Bothe,* in: Steinkamm/Ipsen (Hrsg.), Wehrrecht und Friedenssicherung, 1999, S. 13–29, 15 f.; *ders.,* in: Graf Vitzthum/Proelß (Hrsg.), Völkerrecht, 2016, S. 591–682, Abschn. 8 Rn. 22; *Neuhold,* Max Planck Yearbook of United Nations Law 2000, S. 73–106, 101; *Oeter,* in: Malowitz/Münkler (Hrsg.), Humanitäre Intervention, 2009, S. 29–64, 46; *Lowe/Tzanakopoulos,* Humanitarian Intervention, 2011, Rn. 24, 29; *Randelzhofer/Dörr,* in: Simma u. a., UN Charter, Vol. 1, 2012, Art. 2(4) Rn. 55. *Tomuschat,* Die Friedens-Warte 74 (1999)., 34

humanitären Interventionen auch nicht auf diese Rechtsinstitute.[1759] Ebenso wenig wurde jedes Mal, wenn die Voraussetzungen für eine humanitäre Intervention vorlagen, gehandelt.[1760] An einer entsprechenden Praxis mangelt es damit auch. Darüber hinaus lehnen einige Völkerrechtswissenschaftler die Zulässigkeit aller Formen humanitärer Interventionen nach wie vor kategorisch ab.[1761]

Selbst wenn die Lehre von der *Responsibility to Protect* mittlerweile Eingang ins geltende Völkerrecht gefunden hätte, wäre ihre Existenz noch kein Garant für einen effektiven, zumindest elementaren, Menschenrechtsschutz: Das Entscheidungsmonopol für ein derartiges Vorgehen läge auch weiterhin beim Sicherheitsrat, der im Hinblick auf die Anordnung von Maßnahmen nach Kap. 7 UN-Charta einen erheblichen Beurteilungs- und Ermessensspielraum hat, der im Einzelfall (jedenfalls mitunter) mit machtpolitischen Überlegungen gefüllt würde und nicht zwangsläufig zur Entscheidung pro militärischer Schutzmaßnahme führte, wenngleich eine solche völkerrechtlich möglicherweise geboten wäre.[1762] Letztlich wäre dieses Instrument zur Durchsetzung der Menschenrechte – wie es auch jetzt der Fall ist – abhängig von politischen Erwägungen der ständigen Mitglie-

---

hält jedenfalls zum damaligen Zeitpunkt auch eine ausreichend geschlossene Rechtspraxis für fehlend.

1759 Lediglich eine Erwähnung der *Responsibility to Protect* findet sich in S/RES/1674 (28.04.2006), Rn. 4. In seiner „Libyen-Resolution" ließ der UN-Sicherheitsrat die Schutzverantwortung zwar anklingen (S/RES/1970 (26.02.2011), 9. Erwägungsgrund), wobei diese hier nur im Hinblick auf die libysche Regierung erwähnt wird, nicht als Verantwortung der Staatengemeinschaft; ebenso in S/RES/1973 (17.03.2011), 4. Erwägungsgrund.

1760 Man denke nur an den Völkermord in Ruanda im Jahre 1994.

1761 *Ellen Frey-Wouters*, zitiert in: Lillich (Hrsg.), Humanitarian Intervention and the United Nations, 1973, S. 75–138, 107; *Brownlie,* in: Lillich (Hrsg.), Humanitarian Intervention and the United Nations, 1973, S. 139–148, 144; *Henkin,* AJIL 93 (1999), S. 824–828, 824, 828. Da diese Ansichten mitunter älter sind, könnte das Recht auf humanitäre Intervention durch den UN-Sicherheitsrat heute auch als allgemein anerkannt betrachtet werden (so *Tomuschat,* in: Malowitz/Münkler (Hrsg.), Humanitäre Intervention, 2009, S. 65–88, 73; *Biermann,* ZeFKo 3 (2014), S. 6–42, 16). Materiell-rechtliche Zweifel hieran wurden bereits angemeldet (s. Fn. 1757).

1762 Vgl. zum Spielraum des Sicherheitsrates *Herdegen,* Völkerrecht, 2016, § 41 Rn. 3, 19, 21.

der des Sicherheitsrates.[1763] Von einem effektiven Durchsetzungs*mechanismus* der Menschenrechte kann nicht gesprochen werden.

Man betrachte darüber hinaus das Eingreifen von Staaten zum Schutz der Menschenrechte ohne Sicherheitsratsbeschluss: Selbst, wenn dies völkerrechtlich zulässig wäre, läge hierin ebenso wenig ein Automatismus. Militärische Interventionen erfordern den Einsatz hoher materieller und personeller Kosten,[1764] die nicht jeder Staat aufzubringen vermag und die er vor seinen eigenen Bürgern rechtfertigen muss.[1765] Ob hierfür die lediglich humanitäre Motivation auszureichen vermag, ist fraglich. Viel eher ist davon auszugehen, dass solch hohe Kosten von einer Regierung nur bei einer zusätzlichen politischen Motivation (sei es im wünschenswertesten Fall der Druck von der eigenen Bevölkerung, den notleidenden Menschen Hilfe zu leisten) akzeptiert werden. Diese Art der Durchsetzung unterliegt also ebenso politischen Einflüssen wie die Ausübung der Sicherheitsratsbefugnisse.

Verließe man sich zur Durchsetzung der Menschenrechte auf das Mittel der humanitären Intervention, stünde der Schutz derer, die von den Menschenrechtsverletzungen betroffenen sind, in Abhängigkeit zu rechtlich sachfremden politischen Interessen. Selbst bei Annahme einer völkerrechtlichen Verbindlichkeit des Rechts auf humanitäre Intervention verhülfe dies dem Menschenrechtsschutz also nicht zuverlässig zur Effektivität.[1766] Damit wäre es rechtlich keineswegs als abschließendes Durchsetzungsmittel zu verstehen.

1763 *Schaber,* ARSP 2006, S. 295–303, 302; vgl. *Merkel,* in: Meggle (Hrsg.), Humanitäre Interventionsethik, 2004, S. 107–132, 112 Fn. 8; *Peters,* Widerstandsrecht und humanitäre Intervention, 2005, S. 312. Vgl. im Hinblick auf die Praxis des Sicherheitsrates *Doehring,* Völkerrecht, 2004, § 20 Rn. 1010.

1764 Vgl. *Dobos,* Insurrection and Intervention, 2012, S. 64 f., der den immensen logistischen Aufwand, der im Rahmen diverser militärischen Interventionen betrieben wurde, eingehend beschreibt und auf die These *Alan Kupermans* hinweist, nach dem eine im Jahre 1994 erwünschte US-Intervention in Ruanda den dortigen Völkermord damals schon aus zeitlich-logistischen Gründen nicht hätte verhindern können (vgl. *Kuperman,* The limits of humanitarian intervention, 2001, S. 109).

1765 Eingehend zu dem Verhältnis von humanitären Interventionen und nationalen Interessen *Dobos,* Insurrection and Intervention, 2012, S. 127 ff.

1766 Vgl. *Marsavelski,* CJIL 28 (2013), S. 241–295, 281 Fn. 239.

Darüber hinaus ist selbst die Wirksamkeit rechtzeitigen militärischen Eingreifens zugunsten des Schutzes der Menschenrechte zweifelhaft:[1767] Die humanitären Interventionen, die nach den Resolutionen des Sicherheitsrates in Somalia und Haiti in den Jahren 1992–1993 bzw. 1994–1995 unternommen wurden, waren nicht von besonderem Erfolg gekrönt. Die eingesetzten Streitkräfte haben in diesen beiden Staaten nicht für Frieden und dauerhafte Stabilität sowie für die nachhaltige Etablierung menschenrechtlicher Mindeststandards sorgen können.[1768] Es zeigt sich, dass andere Staaten bzw. die Staatengemeinschaft die menschenrechtliche Entwicklung in einem Zielstaat selbst militärisch nur bedingt beeinflussen können. Die humanitäre Intervention hat als Mittel zur Durchsetzung der Menschenrechte an sich praktische Grenzen. Der Notwendigkeit eines Widerstandsrechts steht das Instrument der humanitären Intervention daher weder in rechtlicher noch in tatsächlicher Hinsicht im Wege.

Im Gegenteil: Die Probleme bei der Effektivität von humanitären Interventionen zeigen, dass es zweckdienlich sein könnte, die Durchsetzung der Menschenrechte in die Hände der Betroffenen zu legen. Diese Art der Durchsetzung ist nicht von politischen Interessen anderer Staaten abhängig. Ferner käme der Wunsch der Durchsetzung im Staat von innen – was nicht nur vor dem Hintergrund des Selbstbestimmungsrechts rechtlich wünschenswert, sondern auch in tatsächlicher Hinsicht nachhaltiger zur Achtung der Menschenrechte führen könnte.[1769] Hieraus ergibt sich ein Grund für die Notwendigkeit eines Widerstandsrechts.

1767 Die zahlreichen realpolitischen Probleme humanitärer Interventionen aufzeigend *Kuperman,* The limits of humanitarian intervention, 2001, insb. S. 109 ff. Die Erfolgsbilanz humanitärer Interventionen als „ernüchternd" bezeichnend *Krause,* in: Malowitz/Münkler (Hrsg.), Humanitäre Intervention, 2009, S. 113–142, 136.

1768 Im Hinblick auf Somalia vgl. *Herdegen,* Völkerrecht, 2016, § 41 Rn. 13; in Bezug auf Haiti vgl. den Bericht des unabhängigen Menschenrechtsexperten *Gustavo Gallón* von 2014 in: A/HRC/25/71 (07.02.2014) sowie die Befunde in: A/HRC/25/L.42 (27.03.2014).

1769 Vgl. *Mégret,* The Canadian Yearbook of International Law 2008, S. 143–192, 182 im Hinblick auf zivilen Ungehorsam als Form des Widerstands.

(2) Argumentum a maiore ad minus

Darüber hinaus ließe sich argumentieren, dass aus der (teilweisen) Anerkennung des Rechts auf humanitäre Intervention – *a maiore ad minus* – ein Widerstandsrecht abgeleitet werden könne.[1770] Um ein solches Argument fruchtbar zu machen, müsste die humanitäre Intervention im Verhältnis zum Widerstand ein Mehr aufweisen.[1771] Zudem müsste es bei beiden Rechtsinstituten in der Sache um dasselbe gehen.[1772] Letzteres ist anzunehmen, denn es wird ein Widerstandsrecht zum Schutz von Menschenrechten erwogen. Ebendiesem Schutz dient (wenn auch auf die Menschenrechtsverletzungen, die in den Tatbeständen der völkerrechtlichen Verbrechen zum Ausdruck kommen, beschränkt) auch jede humanitäre Intervention.[1773] Damit ist beiden Konstellationen zudem das Moment der Selbsthilfe inhärent.

Wenn man ferner an die tatsächlichen Konsequenzen von humanitären Interventionen und von Widerstand denkt, könnte selbst beim Vergleich mit gewaltsamem Widerstand vertreten werden, dass die humanitäre Intervention das größere Übel und somit ein Mehr darstellt, weil es sich dabei immer um die Anwendung militärischer Gewalt handelt.[1774] Außerdem ergibt sich bei humanitären Interventionen immer das praktische Problem des möglichen Akzeptanzmangels unter den zu Beschützten, da ihnen der Schutz von außen oktroyiert wird. So nobel das Unterfangen also aus Sicht der Intervenienten und der Staatengemeinschaft auch sein mag – das gesamte Vorhaben kann an einem Akzeptanzmangel scheitern und einen Staat nach einer Intervention in einen schlimmeren Zustand versetzen als zuvor. Interne Konflikte verschärfen sich grundsätzlich, wenn äußere Akteure sich gewaltsam in diese einmischen.[1775]

1770 So erwägt es *Marsavelski,* CJIL 28 (2013), S. 241–295, 276.

1771 Vgl. *Schneider/Schnapp,* Logik für Juristen, 2016, § 36 S. 157 („vom Größeren auf das Kleinere").

1772 Ebenda, § 36 S. 158 fordert insofern dieselbe Prämisse.

1773 *Keenan,* ICLR 2011, S. 5–29, 25.

1774 *Peters,* Widerstandsrecht und humanitäre Intervention, 2005, S. 311 meint, dass eine humanitäre Intervention im Gegensatz zum Widerstand (im Generellen, nicht nur in gewaltsamer Ausübung) immer mit dem Tode unbeteiligter Dritter verbunden sei.

1775 *Tomuschat,* in: Albach (Hrsg.), Über die Pflicht zum Ungehorsam gegenüber dem Staat, 2007, S. 60–95, 90.

Auch in rechtstheoretischer Hinsicht lässt sich ein Verhältnis von mehr und weniger zwischen einer humanitären Intervention und der Ausübung von Widerstand begründen: So entspricht der Widerstand eines in seinen Menschenrechten verletzten bzw. bedrohten Individuums oder Kollektivs gegenüber der Staatsmacht einer Notwehrkonstellation, während man annehmen könnte, dass Dritte bei einer humanitären Intervention Nothilfe zugunsten der (unmittelbar bevorstehenden) Opfer von Menschenrechtsverletzungen ausüben. Von einem solchen Verhältnis von Notwehr und -hilfe geht etwa *Doehring* aus: Er begründet das Notwehrrecht der Individuen damit, dass diese heutzutage im Völkerrecht als Rechtssubjekte anerkannt sind.[1776] Der Schutz der Menschenrechte sei ein Grundwert des Völkerrechts, der wegen der Anerkennung von Notwehr und -hilfe als allgemeine Rechtsgrundsätze zum Gegenstand von Selbsthilfe werden könne.[1777] *Merkel* zieht eine ähnliche Parallele zu Art. 51 UN-Charta: Wenn das Selbstverteidigungsrecht nur für Staaten bestünde und nicht auch analog für Individuen im Hinblick auf ihre subjektiven Fundamentalrechte (die Menschenrechte) gelte, würde das Völkerrecht in den Individuen lediglich Rechtssubjekte zweiter Klasse erblicken.[1778] Das *argumentum a maiore ad minus* findet sich umgekehrt auch bei *Peters*, der das Recht zur humanitären Intervention für eine besondere Ausprägung des Widerstandsrechts hält.[1779]

Wenn man die Einordnung von humanitärer Intervention und Widerstand als Notwehr und -hilfe für korrekt hält, kann man zu dem Ergebnis kommen, dass eine Bejahung der Zulässigkeit von humanitären Interventionen eine Bejahung der Zulässigkeit von (gewaltsamem) Widerstand impliziert – zumindest für die Konstellationen von gravierenden Menschenrechtsverletzungen, wie sie für humanitäre Interventionen gefordert wer-

---

1776 *Doehring*, in: Deutsche Gesellschaft für Völkerrecht (Hrsg.), Aktuelle Probleme des Menschenrechtsschutzes, 1994, S. 277–309, 277 f.; *Doehring*, Völkerrecht, 2004, § 14 Rn. 766, § 20 Rn. 1015.

1777 *Doehring*, in: Simma u. a., UN Charta, 1991, nach Art. 1 Rn. 40; *Doehring*, Völkerrecht, 2004, § 20 Rn. 1015.

1778 *Merkel*, in: Meggle (Hrsg.), Humanitäre Interventionsethik, 2004, S. 107–132, 114. Kritisch zur Analogiebildung im Völkerrecht *Bleckmann*, Die Aufgaben einer Methodenlehre des Völkerrechts, 1978, S. 26, der darauf abstellt, dass eine Analogie in einer einheitlichen Rechtsordnung dem Gleichheitsgrundsatz zur Geltung verhelfen soll. Unklar bleibt, ob *Bleckmann* – wie *Merkel* – die Gleichbehandlung verschiedener Völkerrechtssubjekte für notwendig erachtet.

1779 *Peters*, Widerstandsrecht und humanitäre Intervention, 2005, S. 301 ff.

den. In diesem Zusammenhang mutet es gar paradox an, dass ein humanitäres Widerstandsrecht im Völkerrecht kaum diskutiert wird, während man mit der Fachliteratur zum Themenkomplex der humanitären Intervention mittlerweile Bibliotheken füllen könnte.[1780] In diesem Sinne dürfte man *Thomas Keenans* Einwand verstehen, dass es absurd sei, ein (Dritt-)Recht auf humanitäre Intervention anzuerkennen, aber kein Widerstandsrecht des Einzelnen.[1781]

Die Ableitung eines Widerstandsrechts de lege lata ließe sich aus dem Recht auf humanitäre Intervention nur vornehmen, wenn man ein solches bereits für geltendes Völkerrecht hielte. Einerseits sind die Argumentationen zugunsten eines de lege lata existenten Rechts auf humanitäre Intervention durchaus überzeugend. Zudem ist die Einordnung von Widerstand als Notwehr zumindest nicht auf den ersten Blick fragwürdig. Andererseits gibt es im Hinblick auf das Recht auf humanitäre Intervention noch viele ungeklärte Fragen, wie z. B. die genaue juristische Einordnung in das Regime der UN-Charta, die Frage nach einer Pflicht zur Intervention sowie die Frage des *ius post bellum* – der Rechtslage nach Beendigung der Menschenrechtsverletzungen in dem Staat. Nicht ohne Grund ist die humanitäre Intervention ohne Mandat des Sicherheitsrates nach wie vor ein sehr umstrittenes Feld des völkerrechtlichen Menschenrechtsschutzes. Ein Widerstandsrecht soll sein existenzielles Fundament, soweit möglich, nicht in einem derart umstrittenen Rechtsgebilde finden, sondern als eindeutig bestehendes Recht von den Individuen ausgeübt werden können. Die Ableitung *a maiore ad minus* brächte die Herausforderung mit sich, das Widerstandsrecht gegen alle Einwände verteidigen zu müssen, die gegen das Recht auf humanitäre Intervention vorgebracht werden. Selbst wenn dies womöglich in der Sache gelingen mag, so ist es methodisch sicherlich nicht der überzeugendste Weg, um ein völkerrechtliches Widerstandsrecht zu begründen. Vielmehr muss – im Sinne des rechtstheoretischen Verhältnisses von Notwehr und -hilfe – begründet werden, wieso bzw. in welchem Fall ein Notwehrrecht besteht.[1782] Das Recht auf Nothilfe – wenn die humanitäre Intervention überhaupt eine solche darstellt –[1783]

1780 Vgl. *Kreß,* JZ 2014, S. 365–373, 371, der dafür plädiert, dass ein *ius ad bellum internum*, ein humanitäres Widerstandsrecht, vor der Frage der humanitären Intervention hätte diskutiert werden sollen.

1781 *Keenan,* ICLR 2011, S. 5–29, 25.

1782 Vgl. *Kreß,* JZ 2014, S. 365–373, 371.

1783 Es wird sich zeigen, dass diese Einordnung nicht zwingend ist (s. u., S. 700 f.).

folgt dem Notwehrrecht erst,[1784] es kann für das Notwehrrecht nicht konstituierend wirken.

(3) Abschließende Erkenntnisse für ein Widerstandsrecht

Es fragt sich, welche Erkenntnisse im Hinblick auf das Widerstandsrecht dennoch aus dem Recht der humanitären Intervention zu gewinnen sind. Es konnte weder die Notwendigkeit eines Widerstandsrechts ausgeschlossen noch seine Existenz begründet werden. Allerdings wurden bedeutende Spuren für ein Widerstandsrecht gefunden, da es erhebliche Gemeinsamkeiten zwischen humanitären Interventionen und Widerstand gibt. *Jean-Daniel Strub* zählt fünf Parallelen auf, die ihn zu dem Ergebnis kommen lassen, dass die Überlegungen zur Rechtfertigung von Gewalt bei humanitären Interventionen auch zur Rechtfertigung von Gewalt bei der Ausübung von Widerstand herangezogen werden können:[1785] Bei der humanitären Intervention werde erstens das Gewaltverbot tangiert, während es beim gewaltsamen Widerstand das Gewaltmonopol des Staates sei. Zweitens zielten beide auf die Durchsetzung grundlegender Prinzipien ab und nicht etwa primär auf die Absetzung einer Regierung. Drittens handle es sich beim Gegner immer um einen Staat, der seinen Bürgern gegenüber jedwede Legitimität verloren habe. Viertens sei das Vorgehen jeweils nur per Notrecht zu legitimieren, d. h. durch Inkaufnahme eines Rechtsbruchs zugunsten eines höheren Gutes. Schließlich nähmen sowohl das humanitäre Interventionsrecht als auch das Widerstandsrecht die Verletzung von fundamentalen Rechten als zentrales Legitimationsmoment in Anspruch.

Die Ähnlichkeiten deuten darauf hin, dass die Voraussetzungen, die für eine humanitäre Intervention gelten – soweit man diese überhaupt befürwortet –, entsprechend für ein gewaltsames Widerstandsrecht gelten könnten.[1786] Da eine humanitäre Intervention, wie gezeigt wurde, nicht von der Erteilung eines Sicherheitsratsmandates abhängig ist, kann es gewaltsamer Widerstand genauso wenig sein. Im Hinblick auf innerstaatlichen Wider-

---

1784 Zur Akzessorietät der Nothilfe für das deutsche Strafrecht s. nur *Engländer*, Grund und Grenzen der Nothilfe, 2008, S. 99 ff.

1785 *Strub*, in: Leiner/Neubert/Schacht u. a. (Hrsg.), Gott mehr gehorchen als den Menschen, 2005, 303 f.

1786 Vgl. *Marsavelski*, CJIL 28 (2013), S. 241–295, 282, der diese Analogie vornimmt.

stand würde kaum jemand dieses Erfordernis statuieren; z. B. bei der Erweiterung des völkerrechtlichen Gewaltverbots auf innerstaatliche Gewalt ließe es sich jedoch vertreten.[1787]

Aus den Gemeinsamkeiten lässt sich zudem schließen, dass die Argumente, die zur Begründung des Rechts auf humanitäre Intervention genannt werden, auch bei der Begründung eines Widerstandsrechts eine Rolle spielen. Allen voran diejenigen, die das Spannungsfeld zwischen Menschenrechtsschutz und Gewaltverbot unter Rückgriff auf Notrechte auflösen. Diese Argumente werden auch in der folgenden Erörterung der entsprechenden völkerrechtlichen Themenfelder thematisiert. Dass sie in der Völkerrechtswissenschaft zumindest teilweise auf Akzeptanz stoßen, lässt auch auf Akzeptanz eines Widerstandsrechts – zumindest de lege ferenda – hoffen. So befindet *Tomuschat* bereits de lege lata: „Durch die Möglichkeit des Eingreifens Dritter wächst das völkerrechtliche Widerstandsrecht in die Qualität eines echten Rechts.“[1788]

In jedem Fall gibt es eine Verwandtschaft von humanitärem Interventionsrecht und Widerstandsrecht. Aus der Begründung eines völkerrechtlichen Widerstandsrechts de lege lata könnten sich daher auch bedeutsame Rückschlüsse für die Existenz eines Rechts auf humanitäre Intervention ergeben. Mit diesen Aussichten wird die Untersuchung des geltenden Völkerrechts im Hinblick auf ein Widerstandsrecht fortgeführt.

2. Grundidee des Menschenrechtsschutzes

Zunächst wird sich dem völkerrechtlichen System des Menschenrechtsschutzes als solchem gewidmet. Es stellt sich im Hinblick auf die Notwendigkeit eines Widerstandsrechts als Durchsetzungsinstrument für Menschenrechte die Frage, weshalb ihre Durchsetzung überhaupt zwingend sein soll. Dabei ist zu erörtern, welche philosophischen Grundideen sich hinter dem Menschenrechtsschutz verbergen und was diese über seinen Stellenwert im Völkerrecht und die Begründung eines weiteren Durchsetzungsinstrumentes aussagen.

Dafür ist der Geltungsgrund von Menschenrechten zu erörtern. Hierzu gibt es zahlreiche verschiedene Konzeptionen. Im Folgenden kann keines-

1787 Zur innerstaatlichen Dimension des Gewaltverbots s. u., S. 444 ff.

1788 *Tomuschat,* in: Albach (Hrsg.), Über die Pflicht zum Ungehorsam gegenüber dem Staat, 2007, S. 60–95, 90.

wegs auf alle Richtungen der Philosophie der Menschenrechte eingegangen werden. In der Menschenrechtsphilosophie treffen Fragen der Anthropologie auf diejenige nach dem Verhältnis von Moral, Recht und Politik.[1789] So hat sich bislang weder eine einheitliche Kategorisierung der verschiedenen Konzepte[1790] und damit keines der Konzepte überhaupt durchsetzen können. Vielmehr wird die Philosophie der Menschenrechte auch in Zukunft ein umstrittenes Feld der Rechtsphilosophie bleiben.

Nachfolgend werden die bedeutendsten Positionen kurz dargestellt, zu deren Auswahl der naturrechtliche bzw. vernunfttheoretische, der interessenorientierte bzw. vertragstheoretische und der historische Ansatz gehören. Die Aufzählung ist keineswegs abschließend, und auch die dargestellten Konzepte verstehen sich nur als beispielhaft ausgewählt. Kulturrelativistische Ansätze werden erst bei der Diskussion um die universelle Geltung der Menschenrechte Beachtung finden, die in jüngerer Zeit im Zusammenhang mit der Verbreitung des Rechts der humanitären Interventionen aufgekommen ist. Zunächst werden die Charakteristika und Funktionen von Menschenrechten betrachtet, um dem Begriff der Menschenrechte Kontur zu verleihen.

a) Charakteristika und völkerrechtliche Funktionen von Menschenrechten

Bereits in puncto Charakteristika der Menschenrechte gehen in der rechtsphilosophischen Literatur die Meinungen auseinander. Um überhaupt eine Vorstellung zu erlangen, was Menschenrechte sind, empfiehlt sich die Zusammenfassung von *Heiner Bielefeldt.* Er fasst die Charakteristika von Menschenrechten komprimiert zusammen, indem er drei Aspekte herausarbeitet, die seiner Meinung nach das „spezifische[ ] Profil von Menschenrechten“[1791] bilden: Zunächst formulierten sie einen universalen Anspruch, so wie er in der UN-Charta zu finden sei.[1792] Hinzu komme ihr emanzipatorisches Moment, das – in Anlehnung an die Forderung im Zu-

1789 *Lohmann/Gosepath,* in: Gosepath/Lohmann (Hrsg.), Philosophie der Menschenrechte, 1999, S. 7–28, 13.

1790 Vgl. nur die Kategorien, die ebenda, S. 12 f. nennt mit denen von *Alexy,* DZPhil 52 (2004), S. 15–24, 17 ff. oder *Dembour,* Human Rights Quarterly 32 (2010), S. 1–20.

1791 *Bielefeldt,* in: ders./Brugger/Dicke (Hrsg.), Würde und Recht des Menschen, 1992, S. 143–160, 146.

1792 Ebenda, S. 146 f. So auch *Alexy,* DZPhil 52 (2004), S. 15–24, 16.

ge der Französischen Revolution – der Verwirklichung von Gleichheit, Freiheit und Solidarität (Brüderlichkeit) diene.[1793] Abschließend sei in der Umsetzung der Menschenrechtsidee spätestens seit dem Erlass der *Habeas-Corpus-Akte* von 1679 die Tendenz zur rechtlichen Normierung zu erblicken.[1794]

Menschenrechtliche Grundsätze regeln das Verhältnis des Staates zu seinen Bürgern. Dabei werden die Menschen erstens vor dem Staat geschützt, zweitens wird die politische Teilhabe im Staat ermöglicht sowie drittens eine soziale Absicherung garantiert, die eine politische Teilhabe überhaupt erst ermöglicht.[1795] Dies entspricht den von *Georg Jellinek* dargelegten Kategorien „negativer Status“ (negative Freiheitsrechte), „aktiver Status“ (positive Freiheitsrechte in Form politischer Teilhaberechte) sowie „positiver Status“ (positive Freiheitsrechte in Form sozialer Teilhaberechte).[1796] Inwieweit die Gewährung all dieser Rechte zumindest im Kontext des Menschenrechtsschutzes moralisch notwendig ist, ist zwar umstritten, ist allerdings unerheblich dafür, ob es ein Widerstandsrecht gibt bzw. geben sollte.[1797] In den zentralen völkerrechtlichen Dokumenten des Menschenrechtsschutzes – der AEMR, dem IPbpR und dem IPwskR – finden sich zudem ohnehin Menschenrechte aus allen drei Kategorien. Ob sie darüber hinaus angeborene, vorstaatliche Rechte darstellen, hängt davon ab, ob man Menschenrechte als moralische oder juridische Rechte versteht.[1798] Im Duktus des naturrechtlichen Menschenrechtsverständnisses sind sie nicht abhängig von ihrer positiven Normierung. Sie stehen im

---

1793 *Bielefeldt,* in: ders./Brugger/Dicke (Hrsg.), Würde und Recht des Menschen, 1992, S. 143–160, 147 f.

1794 Ebenda, S. 150.

1795 *Grimm,* Verpflichten Menschenrechte zur Demokratie?, 2004, S. 3.

1796 Vgl. *Jellinek,* System der subjektiven öffentlichen Rechte, 1964 (1919), S. 87. Die Bezeichnungen in den Klammern sind zu finden bei *Grimm,* Verpflichten Menschenrechte zur Demokratie?, 2004, S. 15 ff.

1797 Zum menschenrechtlichen Minimalismus s. u., S. 371 f.

1798 *Lohmann,* in: Gosepath/Lohmann (Hrsg.), Philosophie der Menschenrechte, 1999, S. 62–95, 65. Für die Qualität als moralische Rechte u. a. *Tugendhat,* Vorlesungen über Ethik, 1994, S. 346 ff.; *Alexy,* DZPhil 52 (2004), S. 15–24, 16. Für die Qualität als juridische Rechte u. a. *Rawls,* Eine Theorie der Gerechtigkeit, 1991 (1979, Orig. v. 1971), S. 231; *Habermas,* in: Brunkhorst/Köhler/Lutz-Bachmann (Hrsg.), Recht auf Menschenrechte, 1999, S. 216–227, 216; *Arendt,* Elemente und Ursprünge totaler Herrschaft, 1998 (Orig. v. 1951), S. 607 f., 613 f., die die Qualität von moralischen Menschenrechten jedenfalls partiell ablehnt.

Spannungsfeld zwischen Recht und Moral,[1799] sodass es nicht verwundern wird, wenn die Rechtsphilosophie auf der Bühne der nachfolgenden Erörterungen die Hauptrolle übernehmen wird. *Höffe* zählt die Menschenrechte…

> „[…] wegen ihres Anspruchscharakters zur Moral dessen, was die Menschen einander schulden; nicht erst zum verdienstlichen Mehr, zur Tugendmoral, zählen sie, sondern zur Moral des einander Geschuldeten, zur Rechtsmoral.“[1800]

Das Besondere an den Menschenrechten ist, wie ihr Name verrät, dass sie dem immer noch führenden Verständnis nach den Menschen lediglich aufgrund ihres Menschseins zukommen.[1801] Komprimiert kann man Menschenrechte auch mit den Attributen universell, egalitär und kategorisch versehen.[1802]

Menschenrechte rücken das Individuum in den Fokus der rechtlichen Betrachtung.[1803] Funktionell haben sie durch die Aufnahme ins Völkerrecht das Individuum damit zum Völkerrechtssubjekt erhoben und den *domaine réservé* der Staaten in erheblichem Umfang verkleinert.[1804] Das System des Menschenrechtsschutzes hat den Weg des Völkerrechts vom

---

1799 *Deinhammer,* ARSP 96 (2010), S. 51–63, 52. Eine interessante Einordung der Menschenrechte zwischen die Kategorie des Rechts und der Moral findet sich bei *Lohmann,* in: Gosepath/Lohmann (Hrsg.), Philosophie der Menschenrechte, 1999, S. 62–95.

1800 *Höffe,* in: Gosepath/Lohmann (Hrsg.), Philosophie der Menschenrechte, 1999, S. 29–47, 35.

1801 *Donnelly,* Human Rights Quarterly 4 (1982), S. 391–405, 397; *Deinhammer,* ARSP 96 (2010), S. 51–63, 52.

1802 *Lohmann,* in: Gosepath/Lohmann (Hrsg.), Philosophie der Menschenrechte, 1999, S. 62–95, 63; *von Harbou,* Empathie als Element einer rekonstruktiven Theorie der Menschenrechte, 2014, S. 259. Vgl. auch heute noch zu religiösen (v. a. buddhistischen) Einflüssen auf den Menschenwürdebegriff und die Menschenrechtstheorie und -entwicklung im Allgemeinen *Kittel,* IJHR 15 (2011), S. 905–925, insb. S. 906.

1803 *Bryde,* Der Staat 2003, S. 61–75, 64; *Emmerich-Fritsche,* Vom Völkerrecht zum Weltrecht, 2007, S. 338 f., 914; *Mégret,* The Canadian Yearbook of International Law 2008, S. 143–192, 178; *Menke/Pollmann,* Philosophie der Menschenrechte, 2012, S. 105. Eine eingehende Analyse hierzu findet sich bei *Peters,* Jenseits der Menschenrechte, 2014, S. 361 ff., 387 ff. Vgl. auch *Fassbender,* APuZ 2004 (Heft B43), S. 7–13, 10.

1804 Vgl. *Reisman,* in: Fox/Roth (Hrsg.), Democratic Governance and International Law, 2000, S. 239–258, 243.

zwischenstaatlichen zum kosmopolitischen Recht geebnet.[1805] Aus der Perspektive der Völkerrechtsgeschichte kann man diesbezüglich mit *Bardo Fassbender* von einem „Paradigmenwechsel"[1806] sprechen. Die Wirkung menschenrechtlicher Erklärungen ist eher quasi-legislativer Natur als diejenige herkömmlicher zwischenstaatlicher Verträge.[1807] Erstere spiegeln ein Gemeininteresse der Menschheit wider.[1808] Damit beeinflussen die Menschenrechte das Völkerrecht heute weit über die Grenzen ihres Rechtsgebietes hinaus.[1809]

Aus dem Menschenrechtssystem des Völkerrechts lässt sich zudem ein bestimmtes völkerrechtliches Verständnis von legitimer Staatlichkeit ableiten.[1810] Es wird deutlich, dass der Staat auch aus völkerrechtlicher Sicht keinen Selbstzweck mehr darstellt.[1811] *Tomuschat* bezeichnet die Menschen daher als die eigentlichen Protagonisten („real protagonists"[1812]) des Völkerrechts. In jedem Fall bestimmen die Menschenrechte die Grenzen staatlicher Machtausübung.[1813] Das Völkerrecht statuiert damit eine Verantwortung des Staates für die in ihm lebenden Menschen.[1814]

1805 *Mégret,* The Canadian Yearbook of International Law 2008, S. 143–192, 178 f.

1806 *Fassbender,* APuZ 2008 (Heft 46), S. 3–8, 7.

1807 *Bryde,* Der Staat 2003, S. 61–75, 64.

1808 Ebenda, S. 63 f.

1809 *Reisman,* in: Fox/Roth (Hrsg.), Democratic Governance and International Law, 2000, S. 239–258, 250.

1810 *Eide,* in: UNESCO (Hrsg.), Violations of human rights: possible rights of recourse and forms of resistance, 1984, S. 34–66, 39, 41.

1811 Vgl. *Tomuschat,* in: UNESCO (Hrsg.), Violations of human rights: possible rights of recourse and forms of resistance, 1984, S. 13–33, 16.

1812 Ebenda, S. 17. Ähnlich *Fassbender,* APuZ 2004 (Heft B43), S. 7–13, 10. *Emmerich-Fritsche,* Vom Völkerrecht zum Weltrecht, 2007, S. 914 verschärft diese Aussage noch: „So wird teilweise erkannt, daß in jeder Rechtsordnung letztlich nur der Mensch Rechtssubjekt sein kann […]".

1813 *Peters,* Widerstandsrecht und humanitäre Intervention, 2005, S. 289 f.

1814 *Scheuner,* ZaöRV 1950, S. 556–614, 558.; *Bryde,* Der Staat 2003, S. 61–75, 624; *Peters,* Widerstandsrecht und humanitäre Intervention, 2005, S. 226.

b) Geltungsgrund der Menschenrechte

aa) Naturrechtliche und vernunfttheoretische Positionen

Die naturrechtliche Philosophie der Menschenrechte hat ihre Wurzeln in der antiken Philosophie der *Stoa* sowie in der christlichen Tradition.[1815] Im Vordergrund steht die Begründung der besonderen menschlichen Würde. Während diese in der Konzeption des Christentums noch aus der Gottesebenbildlichkeit des Menschen abgeleitet wurde,[1816] finden sich in den säkularisierten Positionen der Aufklärung metaphysische Postulate dieser Würde.[1817] Jedem Menschen komme als solchem ein absoluter Wert zu.[1818] Damit gingen notwendigerweise absolute Rechte einher, und zwar – und das war die bedeutsamste Weiterentwicklung der Aufklärung – die Rechte des Einzelnen gegenüber der Staatsmacht.[1819]

Das naturrechtliche Konzept der Menschenrechte wurde entscheidend von *Hobbes*‘ und *Lockes* politischer Philosophie geprägt. Bei *Hobbes* gibt es ein Recht, dessen sich die Menschen auch im Staat nicht begeben könnten – das Selbsterhaltungsrecht, worauf sich das *Hobbes'sche* Selbstverteidigungsrecht der Bürger gegen staatliche Angriffe auf ihr Leben oder ihre Gesundheit gründet.[1820] Dies ist in *Hobbes*‘ Staatslehre allerdings kein Recht im eigentlichen Sinne. Rechte können bei *Hobbes* nur vom soge-

---

1815 Vgl. *Mineau,* Archiv für Rechts- und Sozialphilosophie Beiheft 41 1990, S. 43–49, 44; *Lohmann,* in: Gosepath/Lohmann (Hrsg.), Philosophie der Menschenrechte, 1999, S. 62–95, 77; *Deinhammer,* ARSP 96 (2010), S. 51–63, 51 f.

1816 Zur Gottesebenbildlichkeit des Menschen *bibel-online.net,* Die Bibel, Einheitsübersetzung., Genesis (1. Buch Mose), Kap. 1, S. 27.

1817 S. nur *Spaemann,* in: Böckenförde/Spaemann (Hrsg.), Menschenrechte und Menschenwürde, 1987, S. 295–313; *Mineau,* Archiv für Rechts- und Sozialphilosophie Beiheft 41 1990, S. 43–49, 44 f.; *Seelmann,* in: Angehr/Baertschi (Hrsg.), Menschenwürde, 2004, S. 141–158; *Tiedemann,* Menschenwürde als Rechtsbegriff: eine philosophische Klärung, 2010, S. 30.

1818 *Mineau,* Archiv für Rechts- und Sozialphilosophie Beiheft 41 1990, S. 43–49, 44f.; *Tiedemann,* Menschenwürde als Rechtsbegriff: eine philosophische Klärung, 2010, S. 30; *Bielefeldt,* in: Deutsche Kommission Justitia et Pax (Hrsg.), Menschenwürde, 2013, S. 28–63, 36.

1819 *Mineau,* Archiv für Rechts- und Sozialphilosophie Beiheft 41 1990, S. 43–49, 44f.; *Tiedemann,* Menschenwürde als Rechtsbegriff: eine philosophische Klärung, 2010, S. 30; *Bielefeldt,* in: Deutsche Kommission Justitia et Pax (Hrsg.), Menschenwürde, 2013, S. 28–63, 36.

1820 Vgl. *Hobbes,* Vom Bürger, 1966, Kap. II, Abs. 18, S. 94 f.; *ders.,* Leviathan, 1984, Kap. XIV, S. 101, 107, Kap. XXI, S. 168 f.

nannten *Leviathan* statuiert werden. Insofern kann *Hobbes* nicht der Naturrechtslehre im engeren Sinne zugeordnet werden. Ein gegenteiliges Konzept findet sich bei *Locke*. Ihm zufolge werden die ureigenen Rechte der Menschen im Gesellschaftszustand schon von vornherein nicht abgetreten.[1821] Er versteht diese Grundrechte als Abwehrrechte gegen den Staat, der Eingriffe in diese Positionen nicht willkürlich vornehmen dürfe. Von „Menschenrechten" oder „Menschenwürde" spricht auch *Locke* nicht.

Der Begriff der Menschenwürde taucht in der Rechtsphilosophie indessen bereits zu *Lockes* Lebzeiten auf, nämlich bei *Samuel Pufendorf*:

> „The Dignity of Man and his Excellency above all the other parts of the Animal World, made it requisite that his Actions should be squar'd by some Rule; without which no Order, no Decorum, no Beauty should be conceiv'd. Hence it is, his greatest Honour that he has obtain'd an Immortal Soul, [...] with the Light of Understanding, with the Faculties of judging and of chusing things, and with an admirable Capacity for Arts and Knowledge."[1822]

Während *Pufendorf* zur Begründung der menschlichen Würde mitunter von einem Vergleich des Menschen mit dem Tier ausging, finden sich in zeitgenössischen naturrechtlichen Konzepten absolute Ansätze. Ihre Vertreter fokussieren das bloße Menschsein. *Bielefeldt* etwa setzt die Menschenwürde mit einem Achtungsanspruch jedes Menschen gleich;[1823] *Robert Deinhammer* in diskurstheoretischer Manier mit einem „Recht auf Rechtfertigung"[1824]. Sie berufen sich auch darauf, dass der Mensch ein Zweck an sich selbst sei.[1825] Dies geht auf die *Kantische* Konzeption zurück. Insofern vermischen sich heute die traditionell naturrechtlichen Positionen mit der *Kantischen* Vernunfttheorie.[1826]

1821 Hierzu s. o., S. 120 ff.

1822 *Pufendorf,* Of the Laws of Nature and Nations, 1703 (Orig. v. 1690), Buch 2, Kap. 1, Abs. 5, S. 76.

1823 Vgl. *Bielefeldt,* in: Deutsche Kommission Justitia et Pax (Hrsg.), Menschenwürde, 2013, S. 28–63, 36.

1824 *Deinhammer,* ARSP 96 (2010), S. 51–63, insb. S. 54 mit Hinweis auf *Forst,* in: Brunkhorst/Köhler/Lutz-Bachmann (Hrsg.), Recht auf Menschenrechte, 1999, S. 66–105.

1825 *Deinhammer,* ARSP 96 (2010), S. 51–63, 54; *Bielefeldt,* in: Deutsche Kommission Justitia et Pax (Hrsg.), Menschenwürde, 2013, S. 28–63, 41.

1826 Vgl. zur diskurstheoretischen Entwicklung von *Kants* Vernunfttheorie *Habermas,* in: ders. (Hrsg.), Moralbewußtsein und kommunikatives Handeln, 1992, S. 53–125.

Kant nimmt bei der Begründung von Menschenrechten im Unterschied zur klassischen naturrechtlichen Lehre keine anthropologische Perspektive ein.[1827] Dennoch findet er eine absolute Begründung: Er orientiert sich zwar nicht an der Natur des Menschen, dafür an dessen Vernunft.[1828] Ihretwegen sei der Mensch ein „Zweck an sich selbst“[1829]. Damit entwickelt *Kant* im Gegensatz zu *Pufendorf* ein neues Konzept der Menschenwürde. Ohne den Begriff des Menschenrechts zu verwenden, behauptet *Kant*, dass es ein (einziges) „angeborenes Recht“ jedes Menschen gebe, das Letzterem „kraft seiner Menschheit“ zukomme.[1830] Es handelt sich dabei um das Freiheitsrecht – bei *Kant* das Recht der Selbstgesetzgebung.[1831] Hiervon ließen sich weitere Rechte wie das auf Gleichheit ableiten.[1832]

Sowohl im naturrechtlichen als auch im vernunfttheoretischen Konzept stellen die Menschenrechte damit vorstaatliche, moralische Rechte dar.[1833] Die naturrechtliche bzw. vernunfttheoretische Begründung der Menschenrechte erfreut sich auch heute noch großer Beliebtheit. Absatz 1 der Präambel der AEMR, der zahlreiche weitere völkerrechtliche Dokumente des Menschenrechtsschutzes beeinflusst hat, lässt sich beispielsweise zugunsten dieser Philosophie der Menschenrechte deuten.[1834] Dennoch ist insbesondere das naturrechtliche Konzept nicht ohne Kritik geblieben. Kritisiert werden an ihm vor allem Speziesismus und ein naturalistischer Fehlschluss.[1835] Zudem kann eine vernunfttheoretische Begründung der Menschenrechte zu Zweifeln an deren Universalität führen, da sie auch in

1827 Vgl. *Kant,* AA IV, Grundlegung zur MdS, 1968, S. 425 f.

1828 S. nur *ders.,* AA III, Kritik der reinen Vernunft (2. Aufl.), 1968, S. 10.

1829 *Ders.,* AA IV, Grundlegung zur MdS, 1968, S. 428 f.

1830 *Ders.,* AA VI, MdS, 1968, Einleitung in die Rechtslehre, Anhang, S. 237.

1831 S. nur ebenda, Einleitung in die Metaphysik der Sitten, S. 213 f.

1832 Ebenda, Einleitung in die Rechtslehre, Anhang, S. 237 f.

1833 Es sei darauf hingewiesen, dass etwas anderes gilt, wenn man *Habermas*‘ diskurstheoretisches Konzept als vernunfttheoretisches versteht (Vernunft in Form des Diskurses). Bei ihm sind die Menschenrechte juridische, staatlich gewährte Rechte (*Habermas,* Faktizität und Geltung, 1992, S. 135). Ein Überblick über seine Ansicht findet sich bei *Lohmann,* in: Gosepath/Lohmann (Hrsg.), Philosophie der Menschenrechte, 1999, S. 62–95, 71 ff.

1834 *Bielefeldt,* in: Deutsche Kommission Justitia et Pax (Hrsg.), Menschenwürde, 2013, S. 28–63, 43.

1835 So *Lohmann,* in: Gosepath/Lohmann (Hrsg.), Philosophie der Menschenrechte, 1999, S. 62–95, 77; *Ladwig,* ZPTh 1 (2010), S. 51–69, 53.

einem nicht inklusiven Sinne ausgelegt werden kann.[1836] Theologische Begründungen sind angreifbar, weil sie übernatürliche Eigenschaften des Menschen statuieren, die nicht allgemein anerkannt sind.[1837] Eine ähnliche Kritik wird auch an den naturalistischen Ansichten geübt: So besteht ihr „Fehlschluss" laut *Bernd Ladwig* in der „[…] Bestimmung moralischen Wertes in naturwissenschaftlichen Begriffen, deren moralische Bedeutsamkeit erst zu beweisen wäre."[1838]

Gegen die metaphysische Annahme des absoluten Wertes des Menschen führt *Georg Lohmann* an, dass sie – ebenso wie die theologische – nicht allgemein anerkannt werde.[1839] In der Tat kann das Postulat der Menschenwürde in der Metaphysik, wie in der Theologie, nichts anderes als ein Axiom sein, zu dessen Aufrechterhaltung man gewillt sein muss.[1840] Auch *Bielefeldt*, ein Verfechter der Menschenwürde, gibt zu, dass es nicht möglich sei, die Menschenwürde weiter zu begründen, sondern eine Menschenrechtsphilosophie, die auf dem Fundament der Menschenwürde aufgebaut werde, letztlich auf einem Bekenntnis stehe.[1841] Es sei allerdings „eine ganz eigene Art von Bekenntnis"[1842], eines zur Verantwortungsfähigkeit des Menschen.[1843] Oft wird der Menschenwürdebe-

1836 Vgl. *von Harbou,* Empathie als Element einer rekonstruktiven Theorie der Menschenrechte, 2014, S. 291 f., 303.

1837 Vgl. *Ladwig,* ZPTh 1 (2010), S. 51–69, 53.

1838 Ebenda, S. 53.

1839 *Lohmann,* in: Gosepath/Lohmann (Hrsg.), Philosophie der Menschenrechte, 1999, S. 62–95, 77.

1840 *AG „Menschenwürde und Menschenrechte" der Deutschen Kommission Justitia et Pax,* in: Deutsche Kommission Justitia et Pax (Hrsg.), Menschenwürde, 2013, S. 12–27, 16 f., 26; *von Harbou,* Empathie als Element einer rekonstruktiven Theorie der Menschenrechte, 2014, S. 289.

1841 *Bielefeldt,* in: Deutsche Kommission Justitia et Pax (Hrsg.), Menschenwürde, 2013, S. 28–63, 40.

1842 Ebenda, S. 40.

1843 Ebenda, S. 40 f.

griff dennoch als irrational bezeichnet.[1844] Er weist darüber hinaus auch als Rechtsbegriff ein hohes Maß an Unbestimmtheit auf.[1845]

bb) Interessenorientierte und vertragstheoretische Positionen

Kersting kritisiert die soeben dargestellten, an der Menschenwürde orientierten Positionen mit besonderer Vehemenz:

> „Ich weiß nicht, was diese auratischen Selbstbeschreibungen unabhängig von bestimmten und fraglos nicht allgemeingültigen metaphysischen, personenphilosophischen und theologischen Kontexten meinen könnten. Als Begründungskonzepte halte ich sie darum für unbrauchbar, da ihre eigene Explikationsbedürftigkeit die des durch sie begründungstheoretisch zu sichernden Konzepts bei weitem übersteigt."[1846]

Diese Kritik führt *Kersting* aber nicht zu einer Abkehr vom naturalistischen Gedanken und schon gar nicht zu einer Ablehnung der Menschenrechtsidee als solcher, sondern zu einer anthropologischen Begründung. *Kersting* schlägt eine „Naturalisierung des Menschen"[1847] vor. Er betrachtet den Menschen in seiner biologischen Gattung als Homo sapiens und befindet, dass der Mensch ein „endliches, sterbliches, verwundbares und leidensfähiges Wesen"[1848] ist. Der anthropologisch-biologische Ansatz impliziert bei *Kersting* ein Gleichheitsdogma, das sich in den Menschenrechten normativ widerspiegelt.[1849] Die Begründung für den menschenrechtlichen Schutz ergebe sich aus der …

1844 So *Birnbacher,* Aufklärung und Kritik 1995 (Sonderheft 1), S. 4–13, 4; *Poscher,* JZ 2004, S. 756–762, 760; *Hossenfelder,* in: Angehr/Baertschi (Hrsg.), Menschenwürde, 2004, S. 17–34, 21 („reines Wertprädikat"), S. 32. *Baertschi,* in: Angehr/Baertschi (Hrsg.), Menschenwürde, 2004, S. 211–227, 222 ff. kritisiert zudem den Idealismus, der dem vernunfttheoretischen Menschenwürdebegriff innewohnt.

1845 *Deinhammer,* ARSP 96 (2010), S. 51–63, 54, der daraus jedoch ein (Grund-)Recht auf Rechtfertigung ableitet und so Praktikabilität erzeugen möchte. Ähnlich *Hoerster,* JuS 1983, S. 93–96, 95 in Anlehnung an *Arthur Schopenhauer* (ebenda, S. 93, Eingangszitat); *ders.,* Ethik des Embryonenschutzes, 2002, S. 28 f.

1846 *Kersting,* Plädoyer für einen nüchternen Universalismus, 2001, Abs. 26.

1847 *Ders.,* in: Merkel (Hrsg.), Der Kosovo-Krieg und das Völkerrecht, 2000, S. 187–231, 212.

1848 Ebenda, S. 211 f.

1849 Vgl. ebenda, S. 212.

> „[…] schlichte[n] Evidenz menschlicher Verletzlichkeit zum einen und […] [der] nicht minder evidente[n] Vorzugswürdigkeit eines Zustands der Abwesenheit von Schmerz, Gewalt, von Folter, Not und Hunger, von Unterdrückung und Ausbeutung zum anderen.“[1850]

Aus diesen anthropologischen Prämissen leitet er menschliche Bedürfnisse und damit drei grundlegende Menscheninteressen ab: das Existenzinteresse (bzw. Lebensinteresse), das Subsistenzinteresse (bzw. Erhaltungsinteresse) und das Entwicklungsinteresse.[1851] *Kersting* geht von der Konvergenz der Menschenrechte und -interessen aus.[1852] Da die Interessen bei ihm nur die grundlegenden Bedürfnisse der Menschen abdecken und seiner Ansicht nach mit den Bedürfnissen übereinstimmen, die ein sinnvolles Leben erst ermöglichen, tritt er für einen menschenrechtlichen Minimalismus ein. Das Anknüpfen an das biologische, vorkulturelle Menschsein und die ebenso vorkulturellen Interessen begründet notwendig die (nüchterne) Universalität der Menschenrechte in *Kerstings* Konzept. Dieses ist eingebettet in eine liberale Ordnungstheorie, die sich an den *Hobbes'schen* Prämissen orientiert.[1853] *Kersting* hält die Menschenrechte deshalb für bedeutsam, weil sie als Rechte eine Respektordnung schafften, eine „Ordnung normativer Wechselseitigkeit“[1854]. Es zeichnet sich hier also das Moment der Vertragstheorie ab, das auch in anderen menschenrechtlichen Begründungskonzepten eine tragende Rolle spielt.

So etwa in den Konzepten von *Rawls* und *Höffe*. Beide verstehen die Menschenrechte als Ergebnis eines kontraktualistischen Prozesses. Insofern unterscheiden sich diese Ansichten von den naturrechtlichen bzw. vernunfttheoretischen Ansätzen, deren Staatslehren auch Vertragstheorien darstellen. Bei *Rawls* stellen die Menschenrechte Bedingung der fairen Kooperation der Menschen dar, bei *Höffe* ergeben sich die Menschenrechte aus einem transzendentalen Tausch.[1855] Der *Rawls'sche* Vertragsschluss findet in einem Gedankenexperiment, das aus seinem Werk „Theorie der Gerechtigkeit“[1856] bekannt ist, statt – hinter dem „Schleier des Nichtwis-

---

1850 Ebenda, S. 212.

1851 Vgl. *ders.*, Plädoyer für einen nüchternen Universalismus, 2001, Abs. 21 ff.

1852 Vgl. ebenda, Abs. 21, 25.

1853 Vgl. ebenda, Abs. 16.

1854 Ebenda, Abs. 16.

1855 *Kesselring*, in: Mastronardi (Hrsg.), Das Recht im Spannungsfeld utilitaristischer und deontologischer Ethik, 2004, S. 85–96, 95.

1856 Nachfolgend zitiert aus der deutschsprachigen Übersetzung von *Hermann Vetter*: *Rawls*, Eine Theorie der Gerechtigkeit, 1991 (1979, Orig. v. 1971).

sens“[1857]. In dieser fiktiven Situation, die *Rawls* „Urzustand“[1858] nennt, wüssten die Menschen nichts über ihre Herkunft, ihre gesellschaftliche oder ethnologische Zugehörigkeit, ihre Fähigkeiten, ihr Alter, ihren eigenen Lebensentwurf oder ihre Neigungen.[1859] Ebenso wenig wüssten sie um die Eigenheiten der Gesellschaft, in der sie lebten. [1860] Sie wüssten lediglich um die Existenz von Grundgütern und würden vor die Aufgabe gestellt, eine zukünftige Gesellschaftsordnung und damit die Verteilung dieser Güter zu bestimmen.[1861] *Rawls* zufolge entscheiden die Menschen sich als rationale Nutzenmaximierer für ein faires System der Kooperation.[1862] Hierzu zähle unter anderem, dass jedermann ein Recht auf das umfangreichste System gleicher Grundfreiheiten habe.[1863] Die Grundfreiheiten werden in *Rawls*‘ Theorie als juridische Rechte verwirklicht, nicht als moralische.[1864] In seiner Monografie „Das Recht der Völker“ dehnt *Rawls* die in der „Theorie der Gerechtigkeit“ begründeten Menschenrechte auf den Bereich zwischen den Gesellschaften aus und statuiert damit die äußerste Grenze des binnenstaatlichen Rechts.[1865] Wie aus seiner Aufzählung dieser Menschenrechte[1866] deutlich wird, vertritt *Rawls* einen menschenrechtlichen Minimalismus.[1867] Deshalb sind die Menschenrechte in seiner Lehre universalisierbar.[1868]

Demgegenüber stellen die Menschenrechte bei *Höffe* moralische Rechte dar, die vorstaatliche Geltung beanspruchen.[1869] Zu ihrer Legitimation setzt *Höffe* bei einer anthropologischen Minimalbetrachtung an, die im Gegensatz zu *Rawls*‘ Theorie nicht Aufschluss darüber geben soll, was der (nutzenmaximierende) Mensch will, sondern was er braucht, um als

---

1857 Ebenda, S. 159.
1858 Ebenda, S. 140.
1859 Ebenda, S. 160, 163.
1860 Ebenda, S. 160.
1861 Ebenda, S. 140 ff.
1862 Ebenda, S. 174 ff.
1863 Ebenda, S. 174 ff.
1864 Vgl. ebenda, S. 231.
1865 *Kirchschläger,* Wie können Menschenrechte begründet werden?, 2013, 188; vgl. *Rawls,* The Law of Peoples, 1999, S. 78 ff.
1866 Ebenda, S. 80.
1867 *Kirchschläger,* Wie können Menschenrechte begründet werden?, 2013, 185 f.
1868 Vgl. *Rawls,* The Law of Peoples, 1999, S. 79 f.
1869 Vgl. *Höffe,* in: Gosepath/Lohmann (Hrsg.), Philosophie der Menschenrechte, 1999, S. 29–47, 31, 34 a. E.

Mensch überhaupt möglich zu sein.[1870] Insofern ähneln sich die Konzepte von *Kersting* und *Höffe*. Letzterer nennt die „Bedingungen der Möglichkeit“ der menschlichen Handlungsfähigkeit – in Anlehnung an *Kant* – „transzendentale Interessen“.[1871] Aus diesen Interessen werden in der Konzeption *Höffes* subjektive Rechte, da ihm zufolge ein moralischer Anspruch auf die Beachtung dieser angeborenen Interessen besteht.[1872] Ein solcher Anspruch ergebe sich aus der notwendigen Reziprozität der Menschenrechtsgewährung in sozialer Interaktion.[1873] Die menschenrechtliche Gewährung werde nur unter der Bedingung geleistet, dass ein Anspruch auf dieselbe Leistung korrespondierend anerkannt wird.[1874] Dies ist der von *Höffe* so bezeichnete „transzendentale Tausch“[1875]. Da sich die transzendentalen Interessen nur durch diesen Tausch realisieren ließen, sei dieser Tausch unentbehrlich.[1876] Das Tauschkonzept erinnert an *Kants* vernunftbedingten Freiheitsverzicht.[1877] Das Gerechtigkeitsmoment in *Höffes* Theorie wird demgegenüber lediglich von der Tauschgerechtigkeit dargestellt, die für ihn eine moralische „bemerkenswerte Anspruchslosigkeit“ aufwiese, nämlich die sogenannten *Goldene Regel.*[1878]

Die Konzepte von *Kersting*, *Rawls* und *Höffe* weisen grundlegende Unterschiede auf, haben aber alle einen anthropologisch-interessensorientierten Charakter. Sie bieten im Gegensatz zu den naturrechtlichen bzw. vernunfttheoretischen Konzepten den Vorteil, dass sie ohne das Axiom der Menschenwürde auskommen. Die rein anthropologische Begründung, die etwa *Kersting* vornimmt, ist auf den ersten Blick eingängiger als eine naturrechtliche: Die Evidenz der Verletzlichkeit des Menschen wird kaum jemand bestreiten können. Daraus egalitäre Rechte abzuleiten, ist indessen nicht zwingend. Vielmehr könnte eine anthropologisch-biologische Betrachtung à la *Charles Darwin* ebenso den Schluss zulassen, dass das Recht des Stärkeren gelte. *Kerstings* Ableitung eines normativen Egalitarismus aus der biologischen Klassifikationsgleichheit ist also lediglich

1870 Vgl. ebenda, S. 34.
1871 Ebenda, S. 34.
1872 Ebenda, S. 34 f.
1873 Ebenda, S. 36 f.
1874 Ebenda, S. 37.
1875 Ebenda (Titel).
1876 Ebenda, S. 37.
1877 *Grimm*, Verpflichten Menschenrechte zur Demokratie?, 2004, S. 4.
1878 *Höffe*, in: Gosepath/Lohmann (Hrsg.), Philosophie der Menschenrechte, 1999, S. 29–47, 37.

eine Behauptung, die – ebenso wie diejenige der Menschenwürde – einer weiteren Begründung bedarf. Wenn diese nicht möglich ist, müsste auch diese Ableitung axiomatisch angenommen werden. Konsequent würde die Schlussfolgerung *Kerstings* auch für andere biologische Spezies gelten, sodass beispielsweise alle Insekten gleiche Insektenrechte innehaben müssten. Ihre Verletzlichkeit ist schließlich ebenso evident wie die menschliche. Wollte man die Rechtsableitung und das Gleichheitsdogma auf die menschliche Spezies beschränken, müssten zusätzliche Gründe aufgeführt werden. Hier wären erkenntnistheoretische, soziologische oder psychologische Erwägungen angebracht, sofern man nicht auf die naheliegende Idee der Menschenwürde zurückgreifen möchte.

Darüber hinaus impliziert der interessenorientierte Ansatz eine Abkehr vom deontologischen und birgt die Gefahr der Relativierung der Menschenrechte und des Konsequentialismus, wonach Interessen verrechnet werden können. In diesem Zusammenhang formuliert *Ladwig*, der ebenfalls einen interessensorientierten Ansatz verfolgt: „Und wenn das Leben jedes Einzelnen zählt, so sind die vielen Leben doch wohl zählbar."[1879] Dies ist aus *Ladwigs* Sicht ein Vorteil der interessensorientierten Betrachtungsweise, da rechtsethisch problematische Szenarien – statt mit dem Argument der Menschenwürde gänzlich abgetan zu sein – tiefer diskutiert werden könnten.[1880] Dieser Bewertung wird in der vorliegenden Arbeit nicht gefolgt.

Auch an den vertragstheoretischen Ansätzen der Begründung der Menschenrechte kann man Kritik üben. Sie setzen historisch entwickelte oder naturrechtlich geltende Menschenrechte wie Gleichheitsrechte, Selbstbestimmung und Fairness voraus. Letzteres verwundert schon deshalb nicht, da die vertragstheoretischen Konzepte an die naturrechtlichen Menschenrechtsphilosophien der Vertragstheoretiker *Hobbes* und *Locke* anknüpfen. Zudem basieren die vertragstheoretischen Ansätze auf der Geltung des Grundsatzes *pacta sunt servanda*, der axiomatisch statuiert wird.[1881] Ein weiterer Kritikpunkt kann darin gesehen werden, dass Menschenrechte als Ergebnis eines kontraktualistischen Prozesses den Eindruck ihrer Disponibilität erweckten und damit weder universelle noch absolute Geltung beanspruchen könnten. Wie gezeigt wurde, sind *Kersting*, *Rawls* und *Höffe*

1879 *Ladwig,* ZPTh 1 (2010), S. 51–69, 66.

1880 Ebenda, S. 65.

1881 Vgl. *von Harbou,* Empathie als Element einer rekonstruktiven Theorie der Menschenrechte, 2014, S. 283 f.

zumindest um die Begründung einer universellen Geltung der Menschenrechte bemüht. Während *Höffe* durch seinen transzendentalen Ansatz versucht, die absolute Geltung der Menschenrechte zu begründen, wohnt den Konzepten von *Kersting* und *Rawls* ein Moment der Relativität inne.[1882]

cc) Historische Positionen

Als relativ erweisen sich historische Ansätze zur Begründung der Menschenrechte. Ein solcher Ansatz besteht darin, in den Unrechtserfahrungen der vergangenen Jahrhunderte den ausschlaggebenden Grund für die Notwendigkeit und rechtliche Geltung der Menschenrechte zu erblicken.[1883] Ein anderer knüpft nicht an die Unrechtserfahrungen selbst an, sondern an historische Proteste und Übereinkünfte.[1884] Die Universalität der Menschenrechte kann sich diesen Ansätzen nach – wenn überhaupt – nur daraus ergeben, dass die historischen Erfahrungen als gemeinsame Menschheitserfahrungen gewertet werden.[1885]

Ob es eine derart gemeinsame, interkulturelle Menschheitsgeschichte gibt, ist zweifelhaft. Mit Blick auf die Völkerrechtsgeschichte ist allerdings nicht bestreitbar, dass die Unrechtserfahrungen zumindest im Völkerrecht das Thema der Menschenrechte erst auf die Agenda riefen. Dies verrät bereits ein Blick in die Präambel der AEMR. Diese avisiert die Unrechtserfahrungen der ersten Hälfte des 20. Jahrhunderts, das mit zwei Weltkriegen und der Herrschaft von Nationalsozialismus und Kommunismus eine mehr als grausame Periode der menschlichen Geschichte bildet.

1882 Auch *Kersting* kennt einen absoluten Kern von Menschenrechten, die er als „transzendentale Menschenrechte“ bezeichnet (*Kersting,* in: Merkel (Hrsg.), Der Kosovo-Krieg und das Völkerrecht, 2000, S. 187–231, 218 f.).

1883 So *Kühnhardt,* Die Universalität der Menschenrechte, 1991, S. 238; *Bielefeldt,* in: ders./Brugger/Dicke (Hrsg.), Würde und Recht des Menschen, 1992, S. 143–160, 160; *ders.,* Philosophie der Menschenrechte, 1998, S. 25 ff., 202, der dennoch einen naturrechtlichen Ansatz in seine Philosophie der Menschenrechte einfließen lässt (vgl. *ders.,* in: Deutsche Kommission Justitia et Pax (Hrsg.), Menschenwürde, 2013, S. 28–63); zustimmend *Peters,* Widerstandsrecht und humanitäre Intervention, 2005, S. 263 ff.

1884 So *Ignatieff,* in: ders. (Hrsg.), Human Rights as Politics and Idolatry, 2001, S. 53–100, s. nur S. 95; *Baxi,* The Future of Human Rights, 2006; *Stammers,* Human Rights and Social Movements, 2009.

1885 Vgl. *Bielefeldt,* in: ders./Brugger/Dicke (Hrsg.), Würde und Recht des Menschen, 1992, S. 143–160, 160.

Hieran wird deutlich, wie Recht – wenn auch mit gewissem zeitlichen Abstand – von der historischen Wirklichkeit beeinflusst wird.[1886] Der Kampf um Menschenrechte begann bereits in den Revolutionen des 18. Jahrhunderts.[1887] Ihre Ideengeschichte reicht gar in die Antike zurück. Erst die tragischen Ereignisse des 20. Jahrhunderts zwangen die internationale Politik und damit die Völkerrechtswissenschaft jedoch zur Bekennung zu den Menschenrechten.[1888] In der Völkerrechtsgeschichte findet sich damit nur ein geringer Anhaltspunkt für ein historisches Verständnis der Menschenrechte.

dd) Zusammenfassende Bemerkungen

Soeben wurde ein Einblick in verschiedenste Positionen zur Begründung von Menschenrechten gewährt. Die Darstellung von Konzepten könnte gewiss fortgesetzt werden und weit mehr als den Umfang dieser Arbeit füllen. Der bruchstückhafte Überblick, der hier geboten werden konnte, genügt jedoch, um den kleinsten gemeinsamen Nenner der Positionen zu bestimmen: die Einigkeit darüber, dass Menschenrechte überhaupt existieren. Zwar werden Inhalt und Umfang der Menschenrechte je nach Begründungsansatz stark differieren, aber sie stellen alle gemeinsam das Gegenstück zur nihilistischen Position dar, die die Existenz und Begründungsmöglichkeit von Menschenrechten leugnet.[1889] Diese Ansicht ist jedoch – zumindest aus völkerrechtlicher Perspektive – schon wegen der völkerrechtlichen Positivierung der Menschenrechte nicht überzeugend, die jedenfalls zugunsten der historischen Ansicht spricht.[1890] Die Umsetzung

---

1886 *Peters,* Widerstandsrecht und humanitäre Intervention, 2005, S. 296 mit Hinweis auf *Becker von Pelet-Narbonne,* Rechtliche Probleme der Revolution der Gegenwart, 1970, S. 72 („Recht und Wirklichkeit stehen in einem gegenseitigen funktionellen Verhältnis. Das Recht bestimmt normativ die Wirklichkeit; aber auch die Wirklichkeit gestaltet sich ihr Recht.").

1887 *Bielefeldt,* Philosophie der Menschenrechte, 1998, S. 202.

1888 Vgl. *Buergenthal,* Human Rights, 2007, Rn. 8.

1889 Eine nihilistische Position ist zu finden bei *Bentham,* Anarchial Fallacies, 1843, der meint, „Natural Rights is […] nonsense upon stilts" (ebenda, S. 501); *MacIntyre,* Der Verlust der Tugend, 1987 (Orig. v. 2. Aufl. 1984), S. 99; zurückhaltend *Mutua,* Human Rights, 2002; *Speed,* Rights in Rebellion, 2008, S. 181, die Menschenrechte nur als Sprache eines globalen Diskurses versteht.

1890 Dagegen aus politologisch-realistischer Perspektive *Brown,* The South Atlantic Quarterly 103 (2004), S. 451–463.

der Menschenrechtsidee darf nicht mit derselben gleichgesetzt werden,[1891] sofern man nicht einem rein pragmatischen Positivismus folgen möchte. Ein derartiger Positivismus wäre in einem Rechtsgebiet jedoch unangebracht, das traditionell naturrechtlich geprägt ist und dessen Prägung selbst Positivisten in der AEMR (Präambel und Art. 1) und den Menschenrechtspakten (Präambeln sowie, u. a., Art. 10 Abs. 1 IPbpR) erkennen müssten. Dort findet sich schließlich ein Rekurs auf die Würde des Menschen.

Das Festhalten an dem Postulat der Menschenwürde, das von einem intrinsischen Wert des Menschen ausgeht, ist wichtig, da sich hieraus der absolute Charakter der Menschenrechte ableiten lässt. Der Einwand mancher Kritiker, der Menschenwürdebegriff sei irrational, ist nur bis zu einem gewissen Grade berechtigt. Sofern man kein transzendentes Axiom annehmen möchte, kann auch von einem empirisch-psychologischen Standpunkt aus argumentiert werden: Der Mensch besitzt die Fähigkeit zur Empathie.[1892] Er kann nicht nur Objekt, sondern auch Subjekt von Mitgefühl und Nächstenliebe sein. Dieser empirische Befund lässt sich auch ins Apriorische übersetzen. Menschen sind damit nicht nur Vernunft-, sondern auch Gefühlswesen. Mit dem Begriff des Gefühlswesens wird hier nicht auf die menschliche Fähigkeit abgestellt, sich von jeglichen Emotionen leiten zu lassen, sondern auf die apriorische Fähigkeit zur

---

1891 *Llanque,* Geschichte der politischen Ideen, 2012, S. 115.

1892 Der Ansatz einer solchen Begründung findet sich bei *Mineau,* Archiv für Rechts- und Sozialphilosophie Beiheft 41 1990, S. 43–49, 46 f. Sich eingehend dem Verhältnis von Menschenrechten und Empathie widmend *von Harbou,* ARSP 2013; *ders.,* Empathie als Element einer rekonstruktiven Theorie der Menschenrechte, 2014. Er kommt zum Ergebnis, dass Empathie ein bedeutsamer Aspekt – wenn auch nicht der einzige – bei der Begründung der Menschenrechte darstellt (ebenda, S. 357 f.). Von zentraler Bedeutung ist die Empathie für *von Harbou* bei der Erklärung des Willens zur Anerkennung von Menschenrechten (*ders.,* ARSP 2013, 149; *ders.,* Empathie als Element einer rekonstruktiven Theorie der Menschenrechte, 2014, S. 304). Hier wird demgegenüber nicht nur dafür plädiert, dass der Mensch, der Empathie aufbringen kann, zur Gewährung der Rechte anderer Menschen gewillt ist. Vielmehr soll jedem Menschen wegen seiner apriorischen Fähigkeit zur Empathie ein besonderer Wert (Menschenwürde) zukommen, an den die Menschenrechte geknüpft sind. Es geht hier also nicht primär um die Anerkennung, sondern um die Herleitung der Menschenrechte.

(Nächsten-)Liebe.[1893] Eine derartige Begründung der Menschenwürde weist eine Nähe zur christlichen Sichtweise auf.[1894] Auch die buddhistische Philosophie, in der Mitgefühl eine der Grundmaximen darstellt, wird hier gestreift.[1895]

Gewiss sind die Grenzen zwischen Empirie und Transzendenz sowie zwischen Wissenschaft und Arationalität an dieser Stelle fließend. Aus wissenschaftlicher Perspektive mag der Rekurs auf Empathie, auf reine (Nächsten-)Liebe und Mitgefühl per se falsch sein. Zum einen lässt sich Empathie mittlerweile jedoch neurowissenschaftlich und entwicklungspsychologisch nachweisen.[1896] Zum anderen ist hier möglicherweise die Grenze der Wissenschaft, des Beweisbaren erreicht und es muss Rekurs auf Weisheit und Theologie genommen werden, wenn Normativität auf Gefühl, Ratio auf Herz trifft. Vielleicht ist es kein Zufall, dass einer der bedeutendsten aktiven Verfechter der Menschenrechte tief religiös war und heute weltweit als einer der weisesten Menschen der Geschichte gilt: *Mahatma Gandhi*. Ähnlich verhält es sich mit einem der größten zeitgenössischen Weisen, dem *XIV. Dalai Lama*. Dieser hat sein Konzept des Mitgefühls sogar zu einer religionsneutralen, weltanschaulichen Philosophie weiterentwickelt.[1897]

In diesem Zusammenhang ist auch der Ansatz von *Laura Kittel* erwägenswert, die den Kernanliegen der Lehre des *Engaged Buddhism* eine fundamentale Rolle bei der langfristigen Umsetzung von Menschenrechten zuspricht.[1898] Sie plädiert für eine Abkehr von der rein rationalen Sichtweise und für die Niederlegung der strikten Trennung von Herz und Verstand. Der Ansatz hierfür sei kein gesamtgesellschaftlicher, sondern

---

1893 Diese apriorische Fähigkeit wird aufgrund der empirisch-psychologischen Erfahrung postuliert. Es darf dennoch nicht auf die tatsächliche Fähigkeit der Menschen abgestellt werden, da dies die Gefahr der willkürlichen Versagung von Menschenrechten und damit ihrer Relativierung in sich trüge.

1894 Vgl. ebenda, S. 50 ff.

1895 Vgl. ebenda, S. 44 ff., der mittels eines Zitates des *XIV. Dalai Lamas* darstellt, dass nach dieser Philosophie unterschiedliche Stufen des Mitgefühls erreicht werden können. Die höchste impliziere „ein alles übersteigendes Verantwortungsgefühl“ für andere Lebewesen, das „Große Mitgefühl“ (*Seine Heiligkeit der XIV. Dalai Lama,* Das Buch der Menschlichkeit, 2000 (Orig. v. 1999), S. 138).

1896 Hierzu näher *von Harbou,* ARSP 2013, 141 ff.

1897 *Kittel,* IJHR 15 (2011), S. 905–925, 919. Vgl. *Seine Heiligkeit der XIV. Dalai Lama,* Das Buch der Menschlichkeit, 2000 (Orig. v. 1999).

1898 *Kittel,* IJHR 15 (2011), S. 905–925.

ein individueller.[1899] Jedes Individuum trage durch die Kultivierung eines moralischen Charakters hierzu bei.[1900] Durch eine entsprechende spirituelle Praxis würde für den Einzelnen erkennbar, was das Menschsein wirklich ausmache.[1901] Die Interdependenz mit allen anderen Wesen und ein entsprechend ureigenes Interesse am Wohlbefinden der anderen träten zutage.[1902] Dementsprechend ist *Kittels* Ansatz zwar individuell, jedoch nicht selbstzentriert.[1903] Ihm wohnt der Wert der Empathie inne. Dieses praktische Konzept ist eher für die Umsetzung der Menschenrechte bedeutsam als für ihre Begründung. Die Existenz von Menschenrechten kann und soll demgegenüber nicht von tatsächlichen Emotionen abhängen.[1904] Die abstrakte menschliche Fähigkeit zu Empathie als Mitgefühl lässt sich sowohl empirisch als auch transzendental begründen. Eine Erklärung des Menschenwürdebegriffs, die an Empathie anknüpft, ist daher überzeugend. Sie mag als arational bezeichnet werden – in keinem Fall jedoch ist sie irrational.[1905]

Zur Menschenwürde soll an dieser Stelle nicht viel mehr gesagt werden. Es wird nur eine bedeutsame Konsequenz aufgezeigt, die aus einer Menschenrechtsphilosophie folgt, welche die Selbstzweckhaftigkeit des Menschen postuliert: die Rechtssubjektivität des Menschen und die Unabdingbarkeit ihrer Ausübung, also des Lebens im Recht, wie *Kant* es bereits begründet hat. „Die Menschenrechte tragen somit den Kern des Rechtsgedankens in sich […]"[1906] befindet *Thürer*. Darin liegt der Minimalgehalt der Menschenrechte. Für *Hannah Arendt* ist das Recht, Rechte zu haben gar das einzige vorstaatliche Menschenrecht.[1907] Selbst wenn darin, entge-

1899 Ebenda, S. 910.

1900 Ebenda, S. 908, 912.

1901 Ebenda, S. 907.

1902 Ebenda, S. 910, 912 a. E.

1903 Ebenda, S. 912.

1904 *Von Harbou,* ARSP 2013, 150.

1905 Zur Differenzierung arational und irrational – in anderem Zusammenhang – *Hoerster,* JZ 1982, S. 265–272, 267 a. E.

1906 *Thürer,* in: ders. (Hrsg.), Völkerrecht als Fortschritt und Chance, Bd. II, 2009, S. 607–611, 609

1907 *Arendt,* Elemente und Ursprünge totaler Herrschaft, 1998 (Orig. v. 1951), S. 607 f., 613 f. – wenn man *Arendt* überhaupt so verstehen kann, dass sie darin ein vorstaatliches Recht anerkennt, das jedoch nur im Staat realisiert werden kann (so *Benhabib,* The Rights of Others, 2004, S. 59; *von Harbou,* Empathie als Element einer rekonstruktiven Theorie der Menschenrechte, 2014, S. 262 f.). *Benhabib* kritisiert an anderer Stelle, dass *Arendts* Theorie inkonsistent sei

gen ihrer Ansicht, möglicherweise nicht das einzige Menschenrecht zu sehen ist, müssen alle Menschenrechte dem Rechtsgedanken dienen und können daher nur existenzielle Bereiche des tatsächlichen, rechtlichen und politischen Lebens der Menschen regeln.[1908] Wichtig ist die Umsetzung eines menschenrechtlichen Minimalismus‘. „Der größte Feind des Menschenrechts ist es selbst […]"[1909], wie *Kersting* feststellt. Er spielt auf eine Art Inflation der Menschenrechte in der völkerrechtlichen Praxis an.[1910] Menschenrechte sollten sich nur auf die präkulturellen Bedingungen menschlicher Koexistenz beziehen, um nicht ihre eigene universelle Rechtgeltung in Zweifel zu ziehen.[1911]

c) Universalität der Menschenrechte

aa) Einwand des Kulturrelativismus

Die soeben angesprochene universelle Geltung der Menschenrechte wird von einer partikularistischen bzw. kulturrelativistischen[1912] Ansicht angezweifelt. Die kulturrelative Theorie der Menschenrechte besagt – knapp zusammengefasst –, dass die Bildung moralischer Werte und Normen, und darunter die Menschenrechte, nur innerhalb eines speziellen Kulturkreises möglich sei.[1913] Hierdurch wird das Konzept der Menschenrechte gänzlich

---

(*Benhabib,* Hannah Arendt, 1998 (Orig. v. 1996), S. 302); ähnlich *von Harbou,* Empathie als Element einer rekonstruktiven Theorie der Menschenrechte, 2014, S. 263.

1908 Ähnlich *Höffe,* in: Lutz-Bachmann/Bohmann (Hrsg.), Weltstaat oder Staatenwelt?, 2002, S. 8–31, 23 f., der darin das „systematisch primäre Recht" erblickt.

1909 *Kersting,* in: Merkel (Hrsg.), Der Kosovo-Krieg und das Völkerrecht, 2000, S. 187–231, 210.

1910 Ebenda, S. 210. Zu einer solchen Inflation ebenso kritisch *Koller,* in: Gosepath/Lohmann (Hrsg.), Philosophie der Menschenrechte, 1999, S. 96–123, 96 f.; *Fassbender,* APuZ 2008 (Heft 46), S. 3–8, 7 f.; *Thürer,* in: ders. (Hrsg.), Völkerrecht als Fortschritt und Chance, Bd. II, 2009, S. 607–611, 609.

1911 *Kersting,* in: Merkel (Hrsg.), Der Kosovo-Krieg und das Völkerrecht, 2000, S. 187–231, 210 f.

1912 Vgl. zu weiteren Ausprägungen des Relativismus *Perry,* Human Rights Quarterly 19 (1997), S. 461–509.

1913 Vgl. *Brown,* IJHR 1 (1997), S. 41–65, der die soziologische Komponente betont. Zu den Fragen der Vereinbarkeit von Interkulturalität und Universalität der Menschenrechte eingehend *Göller,* in: Paul/Göller/Lenk u. a. (Hrsg.), Humanität, Interkulturalität und Menschenrecht, 2001, S. 9–12; *ders.,* in: Paul/Göller/

infrage gestellt, da diesem die universelle Geltung der Menschenrechte innewohnt. Zur Erinnerung: Oben wurde das Besondere an den Menschenrechten darin erblickt, dass sie allen Menschen kraft ihres Menschseins zukommen. Ein solches Ergebnis lassen kulturrelativistische Annahmen nicht zu. Die Menschenrechtsidee sei danach ein Produkt des Abendlandes, das sich nicht auf andere Kulturkreise ausdehnen lasse.[1914]

Die Debatte um die Universalität der Menschenrechte findet nicht mehr nur in der Rechtsphilosophie statt, sondern hat längst ihren Weg in die Völkerrechtswissenschaft gefunden.[1915] Dort wird sie im Zusammenhang mit der Frage nach dem Recht auf humanitäre Interventionen virulent. Eine solche Intervention findet schließlich zur Durchsetzung der Menschenrechte statt. Wenn Letztere in der Kultur des Zielstaats also keine Geltung beanspruchten, könnte eine solche Intervention als Kulturimperialismus, als moderner „Kreuzzug"[1916] betrachtet werden, in dem die westlich-liberalen Werte der Menschenrechte fremden Kulturen oktroyiert würden.

Besinnt man sich auf das Anliegen der vorliegenden Arbeit, die Suche nach einem völkerrechtlichen Widerstandsrecht, zurück, so fällt schnell auf, dass man der Ausübung von innerstaatlichem Widerstand kaum je das Siegel des Kulturimperialismus anheften wird. Hier treten die Menschen selbstbestimmt für die Durchsetzung der Menschenrechte innerhalb ihres

---

Lenk u. a. (Hrsg.), Humanität, Interkulturalität und Menschenrecht, 2001, S. 13–38; *Roetz,* in: Paul/Göller/Lenk u. a. (Hrsg.), Humanität, Interkulturalität und Menschenrecht, 2001, S. 39–49.

1914 So *Pollis/Schwab,* in: ders. (Hrsg.), Human Rights, 1979, S. 1–18 (später zurückhaltender, s. *Pollis,* in: ders./Schwab (Hrsg.), Human Rights, 2000, S. 9–30); *Rorty,* in: Shute/Hurley (Hrsg.), On Human Rights, 1993, S. 111–134, 116; *Dicke,* in: ders./Edinger/Lembcke (Hrsg.), Menschenrechte und Entwicklung, 1997, S. 57–76, 61; *Ordentlicher,* in: Ignatieff (Hrsg.), Human Rights as Politics and Idolatry, 2001, S. 141–158, 141. *Khushalani,* HRLJ 4 (1983), S. 403–442, 404 f. meint zwar, dass die Menschenrechtsidee in allen Kulturen wiederzufinden sei, es aber kein universelles Verständnis ihrer Bedeutung gebe.

1915 Nachfolgend können nur einige Aspekte dieser Debatte beleuchtet werden. Zur Universalität der Menschenrechte eingehend die Studie von *Kühnhardt,* Die Universalität der Menschenrechte, 1991. S. auch *Donnelly,* Universal Human Rights in Theory and Practice, 2013.

1916 Vgl. *Beestermöller,* in: ders. (Hrsg.), Die humanitäre Intervention – Imperativ der Menschenrechtsidee?, 2003, S. 141–170.

Kulturraumes ein.[1917] Die Frage nach der Universalität der Menschenrechte ist im Hinblick auf ein Widerstandsrecht dennoch wichtig, weil das kulturrelativistische Konzept die Geltung der Menschenrechte überhaupt anzweifelt, wie gezeigt wurde. Überraschend ist insofern, dass selbst *Doehring*, ein Verfechter des Rechts auf humanitäre Intervention, im Hinblick auf die Geltung des Völkerrechts und damit auch der Menschenrechte eine kulturrelativistische Position einnimmt.[1918] Ihm zufolge ist die universale Geltung von Völkerrecht utopisch, da die Menschen nicht uniform sind; beispielsweise ließen sich weder das Gleichheitsgebot noch das Recht auf Leben vereinheitlichen.[1919]

Hinter der Frage nach universeller Rechtsgeltung kann ein rechtstheoretisches Problem erblickt werden, nämlich die Frage nach der Konzeption allen Rechts als universal-abstrakt oder partikular-konkret.[1920] Kulturrelativisten vermengen ihre entsprechende rechtstheoretische Positionierung mit ethnologischen, empirischen oder soziologischen Erwägungen.[1921] Die Prämissen des Kulturrelativismus sind per se fragwürdig, das hat *Deinhammer* überzeugend dargestellt:[1922] Bereits die empirische Annahme der Geschlossenheit einer Kultur ist, insbesondere im globalisierten Zeitalter, fragwürdig. Allein aus einer kulturellen Tradition (moralische) Normen abzuleiten, ist noch zweifelhafter.

bb) Argumente für eine universelle Geltung

Darüber hinaus lassen sich gewichtige Argumente dafür finden, dass den Menschenrechten universale Geltung zukommt. Dass kulturelle Besonder-

---

1917 Dies kann sich ändern, wenn der Widerstand erst durch Staaten fremder Kulturen angeheizt wird. Selbst in einem solchen Fall kann jedoch eingewandt werden, dass es letztlich der Widerstand der Menschen in dem betroffenen Staat ist und somit die Äußerung ihres selbstbestimmten Wunsches nach der Durchsetzung der Menschenrechte.

1918 Zu *Doehrings* Begründung eines Rechts auf humanitäre Intervention s. o., S. 339.

1919 *Doehring,* Völkerrecht, 2004, § 1 Rn. 12.

1920 Hierzu *Shue,* in: Gosepath/Lohmann (Hrsg.), Philosophie der Menschenrechte, 1999, S. 343–377.

1921 So etwa *Brown,* IJHR 1 (1997), S. 41–65.

1922 Vgl. *Deinhammer,* ARSP 96 (2010), S. 51–63, 56 f. Zur Ablehnung der kulturrelativistischen Position auch eingehend *Donnelly,* Human Rights Quarterly 6 (1983), S. 400–419, 402 ff.

heiten sich auch dann noch berücksichtigen lassen, wird damit zudem nicht abgestritten. Vielmehr existieren Ansätze zur Bewältigung der empirischen Herausforderungen, die der globale Pluralismus an das transzendentale Konzept der universellen Menschenrechtsgeltung stellt, wie abschließend aufgezeigt wird. Argumente für die universelle Geltung finden sich sowohl in der praktischen und theoretischen Welt des Völkerrechts als auch in der kulturell-weltanschaulichen Geschichte. Darüber hinaus implizieren die erörterten philosophischen Begründungskonzepte der Menschenrechte entscheidende Argumente für die Universalität der Menschenrechte.

(1) Aus dem Völkerrecht

Um aus der Perspektive des Völkerrechts die Universalität der Menschenrechte zu begründen, reicht ein Blick in die UN-Charta, welche die Achtung der Menschenrechte zum Ziel der Vereinten Nationen erhebt. Jede dieser Nationen hat mit ihrer Zustimmung zur Charta auch dieses Ziel anerkannt – unabhängig von ihrer kulturellen Zugehörigkeit.[1923] Einigen Menschenrechten wird im Völkerrecht zudem eine Wirkung *erga omnes* zugeschrieben, sodass zumindest diese aus der Sicht des Völkerrechts universelle Geltung beanspruchen können.[1924] Darüber hinaus werden die menschenrechtlichen Verbürgungen der AEMR in der Völkerrechtswissenschaft mittlerweile als universales Wertesystem verstanden.[1925] Hier kann eingewendet werden, dass die AEMR ein Produkt abendländischen Kulturgutes sei und insofern keinen kulturrelativistischen Einwand zu entkräften vermag. Sicherlich dominierte während der Beratungen zur AEMR ein okzidentaler Einfluss.[1926] In der AEMR finden sich aber ebenso Hin-

1923 *Höffe,* in: Merkel (Hrsg.), Der Kosovo-Krieg und das Völkerrecht, 2000, S. 167–186, 175.

1924 IGH, Barcelona Traction, 5. Februar 1970, I.C.J. Reports 1970, S. 3 ff. Rn. 34.

1925 So *Geistlinger,* Revolution und Völkerrecht, 1991, S. 366; *Partsch,* in: Simma u. a., UN Charta, 1991, Art. 55(c) Rn. 33; *Missling,* Widerstand und Menschenrechte, 1999, S. 33; *Holmes,* in: Bleisch/Strub (Hrsg.), Pazifismus, 2006, S. 145–161, 146; *Fassbender,* APuZ 2008 (Heft 46), S. 3–8, 3 f.; *Kreuter-Kirchhof,* AVR 48 (2010), S. 338–382, 357; *Kau,* in: Graf Vitzthum/Proelß (Hrsg.), Völkerrecht, 2016, S. 133–246, Abschn. 3 Rn. 235.

1926 *Missling,* Widerstand und Menschenrechte, 1999, S. 113.

weise auf andere geistesgeschichtliche Konzepte.[1927] Außerdem wurde die AEMR immerhin einstimmig von der UN-Generalversammlung und damit von Vertretern nahezu aller Kulturen angenommen. Ferner zeigt die Entwicklung seitdem laut *Tomuschat*, dass die Menschenrechte „allgemeinen menschlichen Bedürfnissen“ entsprechen und in der AEMR nicht ausschließlich „[…] ein Bild des ‚westlichen‘ Menschen rechtlich verfestigt“ wurde.[1928]

Darüber hinaus haben zahlreiche nicht-westliche Staaten die Menschenrechtspakte ratifiziert. Natürlich hinkt die Umsetzung menschenrechtlicher Standards in vielen dieser Staaten, insbesondere in asiatischen und islamisch-arabischen, deren juristischen Bekenntnissen weit hinterher.[1929] Ein praktischer universaler Konsens über Auslegung, Reichweite und Umfang von Menschenrechten liegt zudem in weiter Ferne.[1930] Dies lässt sich schon anhand der zahlreichen Vorbehalte der Vertragsstaaten ablesen.[1931] In der Völkerrechtspraxis ist, wie *Fassbender* feststellt, …

> „[…] das Spannungsverhältnis zwischen universalen Menschenrechten und der Autonomie nationaler, regionaler oder religiös bestimmter (Rechts-)Kulturen bis heute ungelöst.“[1932]

Betrachtet man die Pakte unabhängig von der Realität, so finden sich darin juristische Einschränkungsmöglichkeiten der Menschenrechte (s. nur die Gesetzesvorbehalte in Art. 6 Abs. 2, Art. 9 Abs. 1 S. 2 Hs. 2, Art. 18 Abs. 3 IPbpR). Es ist davon auszugehen, dass diese Einschränkungsmöglichkeiten abschließenden Charakter aufweisen und eine darüber hinausreichende, etwa kulturell bedingte Relativierung der Menschenrechte unzulässig ist.[1933] Schließlich zeigt die Entwicklung des Völkerstrafrechts, dass die

---

1927 Ebenda, S. 122.

1928 *Tomuschat,* in: ders. (Hrsg.), Menschenrechte, 2002, S. 13–32, S. 15.

1929 Vgl. *Eide,* in: UNESCO (Hrsg.), Violations of human rights: possible rights of recourse and forms of resistance, 1984, S. 34–66, 45 f.; *Hillgruber,* AVR 40 (2002), S. 1–16, 10; *Fassbender,* APuZ 2008 (Heft 46), S. 3–8, 7; *Thürer,* in: ders. (Hrsg.), Völkerrecht als Fortschritt und Chance, Bd. II, 2009, S. 585–606, 605; *Kau,* in: Graf Vitzthum/Proelß (Hrsg.), Völkerrecht, 2016, S. 133–246, Abschn. 3 Rn. 229b.

1930 *Bielefeldt,* in: ders./Brugger/Dicke (Hrsg.), Würde und Recht des Menschen, 1992, S. 143–160, 144; *Hillgruber,* AVR 40 (2002), S. 1–16, 10 f.

1931 *Fassbender,* APuZ 2008 (Heft 46), S. 3–8, 6.

1932 Ebenda, S. 6.

1933 *Kinkel,* in: Letzgus/Hill/Kleinert u. a. (Hrsg.), Für Recht und Staat, 1994, S. 245–254, 251.

Weltgemeinschaft bei bestimmtem Unrecht universell normativ betroffen ist.[1934] Nicht zufällig besteht das Unrecht der meisten völkerrechtlichen Verbrechen in erheblichen Menschenrechtsverletzungen.

(2) Aus der kulturell-weltanschaulichen Historie

Die Idee der Menschenrechte verzeichnete ihren Durchbruch ohne Zweifel im Westen;[1935] die liberale Kultur des Westens kommt mittlerweile ohne den Menschenrechtsgedanken nicht mehr aus. Dies bedeutet jedoch nicht, dass er anderen Kulturen nicht zugänglich ist. Die Idee der Menschenrechte musste selbst im Westen erst ihren Durchbruch erreichen: Die Menschenrechte mussten auch hier historisch erkämpft werden.[1936] Sie gehörten also keineswegs seit jeher zum Repertoire des politischen Lebens im Westen.[1937] Sie sind keine genuin liberale Idee und damit nicht etwa eine ausschließliche Errungenschaft der liberal-westlichen Tradition.[1938] So finden sich zahlreiche Spuren der Menschenrechtsidee in diversen Kulturen, wie *Jeanne Hersch* und *Bielefeldt* eingängig darstellen.[1939] Nicht nur verschiedene Kulturen beanspruchten Menschenrechte für sich, sondern auch verschiedene Religionen. Laut *Bielefeldt* lässt sich ebenso im Koran

---

1934 Vgl. *Höffe,* in: Merkel (Hrsg.), Der Kosovo-Krieg und das Völkerrecht, 2000, S. 167–186, 175; *Merkel,* ZIS 2011, S. 771–783, 779, Fn. 41.

1935 *Bielefeldt,* in: ders./Brugger/Dicke (Hrsg.), Würde und Recht des Menschen, 1992, S. 143–160, 156; vgl. *Kühnhardt,* Die Universalität der Menschenrechte, 1991, S. 304.

1936 Ebenda, S. 304; *Bielefeldt,* in: ders./Brugger/Dicke (Hrsg.), Würde und Recht des Menschen, 1992, S. 143–160, 156; *Missling,* Widerstand und Menschenrechte, 1999, S. 113.

1937 *Kühnhardt,* Die Universalität der Menschenrechte, 1991, S. 304; *Bielefeldt,* in: ders./Brugger/Dicke (Hrsg.), Würde und Recht des Menschen, 1992, S. 143–160, 160; *ders.,* Philosophie der Menschenrechte, 1998, S. 203 ff.

1938 *Khushalani,* HRLJ 4 (1983), S. 403–442, 404; *Kühnhardt,* Die Universalität der Menschenrechte, 1991, S. 304; *Bielefeldt,* in: ders./Brugger/Dicke (Hrsg.), Würde und Recht des Menschen, 1992, S. 143–160, 160; *ders.,* Philosophie der Menschenrechte, 1998, S. 203 ff.

1939 Vgl. *Hersch* (Hrsg.), Das Recht ein Mensch zu sein, 1990; *Bielefeldt,* in: ders./Brugger/Dicke (Hrsg.), Würde und Recht des Menschen, 1992, S. 143–160, 151 ff. A. A. *Dicke,* in: ders./Edinger/Lembcke (Hrsg.), Menschenrechte und Entwicklung, 1997, S. 57–76, 61.

wie in der Bibel eine Begründung für die Menschenwürde ausfindig machen.[1940]

Darüber hinaus hat selbst das Widerstandsrecht in der außer-westlichen Geschichte in Afrika und im klassisch-chinesischen Gedankengut eine Rolle gespielt.[1941] Aktiver Widerstand gegen staatliches Unrecht war es schließlich, der erst in der westlichen Wirklichkeit die Menschenrechte auf den Plan rief.[1942] Im Völkerrecht war es die Reaktion auf das Unrecht des 20. Jahrhunderts, wie oben dargelegt wurde. Darin könnte man, wie es historischen Positionen tun, gemeinsame Unrechtserfahrungen der Menschheit erblicken.[1943] Selbst historische Menschenrechtskonzepte wie das von *Bielefeldt* schließen die Universalität der Menschenrechte also nicht zwangsläufig aus:

> „Menschenrechte sind daher nicht etwa ein gleichsam ‚logisches' Produkt abendländischer Geschichte und noch weniger ein bloßes Moment westlich-modernen Fortschritts, sondern ein aus der Not geborener Versuch, fundamentale geistige und gesellschaftliche Krisen durch ein neuartiges politisch-rechtlich wirksames Freiheitsethos human zu bewältigen."[1944]

Wenn Menschenrechte Lösungen für Krisen im Westen geboten hätten, könnten sie dies ebenso für Krisen außerhalb des Westens.[1945] Solche Krisen gibt es leider in diversen Kulturkreisen. Es handelt sich um Gräueltaten, welche die Menschheit universell in Schrecken versetzen. Man denke dabei nicht nur an das Hitler-Regime, sondern, mit *Peters*, genauso an den Völkermord in Ruanda, den Bürgerkrieg in Sierra Leone sowie die zynisch sogenannte ethnische Säuberung von Muslimen im Sudan im Jahre 2004.[1946] *Kersting* behauptet zu Recht: „Das Massengrab hat keine kultu-

1940 Vgl. *Bielefeldt,* in: ders./Brugger/Dicke (Hrsg.), Würde und Recht des Menschen, 1992, S. 143–160, 154 f.

1941 Ebenda, S. 155. Zu Afrika *Nguéma,* EuGRZ 1990, S. 301–305; *Kodjo,* EuGRZ 1990, S. 306–311; *Kühnhardt,* Die Universalität der Menschenrechte, 1991, S. 212 ff. Zu China ebenda, S. 193 ff.; *Liu,* Archiv für Rechts- und Sozialphilosophie Beiheft 41 1990, S. 35–42, 38 ff.; *Gangjian/Gang,* in: Davis (Hrsg.), Human Rights and Chinese Values, 1995, S. 35–56.

1942 *Bielefeldt,* in: ders./Brugger/Dicke (Hrsg.), Würde und Recht des Menschen, 1992, S. 143–160, 156; *Missling,* Widerstand und Menschenrechte, 1999, S. 113.

1943 Vgl. *Bielefeldt,* in: ders./Brugger/Dicke (Hrsg.), Würde und Recht des Menschen, 1992, S. 143–160, 160.

1944 Ebenda, S. 157.

1945 Ebenda, S. 159.

1946 *Peters,* Widerstandsrecht und humanitäre Intervention, 2005, S. 297 ff.

relle Grammatik, die nach diffiziler Hermeneutik verlangte; das, was es bedeutet, zeigt es selbst.“[1947]

Auch *Höffe* sieht in schwersten Menschenrechtsverletzungen ein interkulturelles, universelles Unrecht.[1948] Er merkt zudem an, dass es bestimmte Grundwerte gibt – wie Leben, Leib und Eigentum –, deren Schutz in allen Strafgesetzbüchern der Welt seinen Niederschlag gefunden habe.[1949] Die abstrakte Notwendigkeit dieses Schutzes kann somit kaum von kulturellen Gegebenheiten abhängig sein; vielmehr können kulturelle Belange nur bei der konkreten Anwendung des Rechts eine Rolle spielen.

(3) Aus der Rechtsphilosophie

An dieser Stelle wird kurz auf die übrigen, bereits erörterten Begründungskonzepte der Menschenrechte zurückgeblickt und es werden ihre bedeutsamsten Argumente für die Universalität erneut vergegenwärtigt. Am überzeugendsten ist hierzu eine naturrechtliche Konzeption der Menschenrechte – ob sie klassisch auf naturalistischen oder, wie bei *Kant*, auf transzendentalen Annahmen beruht. Sie geht auf die *Stoische* Idee zurück, nach der es eine Vernunftnatur außerhalb des Menschen gibt.[1950] *Ulrich Scheuner* gibt eine Begründung der Notwendigkeit von Naturrecht, die auch für das Völkerrecht gilt:

> „In Anerkennung des außerhalb des menschlichen Bewußtseins gegebenen idealen Seins der Werte, ihrer absoluten Existenz im Unterschied zu ihrer historischen, notwendig unvollkommenen Realisierung im Rahmen der Rechtsordnung, liegt der Ausgangspunkt für die Erkenntnis bestehender oberster Prinzipien des Rechts, auf die sich das veränderliche positive Recht zurückführt. Das Verhältnis dieser obersten Grundsätze des Rechts zum positiven Recht ist das einer dialektischen Spannung und Ergänzung. Die höheren Prinzipien stellen Grundlage und Grenze der positiven Satzung dar.“[1951]

Das Naturrecht kennt keine kulturellen Differenzierungen. Dass hierzu auch die Menschenrechte gehören, kann mit dem Postulat der Menschen-

---

1947 *Kersting,* in: Merkel (Hrsg.), Der Kosovo-Krieg und das Völkerrecht, 2000, S. 187–231, 207.

1948 *Höffe,* in: Merkel (Hrsg.), Der Kosovo-Krieg und das Völkerrecht, 2000, S. 167–186, 172.

1949 Ebenda, S. 172.

1950 *Llanque,* Geschichte der politischen Ideen, 2012, S. 124.

1951 *Scheuner,* ZaöRV 1950, S. 556–614, 595.

würde und mit der sich daraus ergebenden Notwendigkeit der Begrenzung staatlicher Macht begründet werden.[1952] *Hermann Weinkauff* etwa will demgegenüber auf eine formal-logische Begründung verzichten und meint im Hinblick auf eine menschenrechtliche Naturrechtsordnung:

> „[...] [J]eder unverbildete Mensch kann sie, wenn er nur unbefangen den Antrieben seiner Vernunft und seines Gewissens folgt, mit großer intuitiver Sicherheit in ihren Grundzügen ergreifen."[1953]

Man mag den Gedanken einer angeborenen, interkulturellen Intuition der Menschen für zweifelhaft halten. Vorzugswürdig ist eine metaphysische Begründung der Menschenwürde. Intuition allein vermag keine Rechtsgeltung zu begründen (ansonsten könnte alles und nichts zur Norm erhoben werden). Allerdings ließe sich bei der Annahme einer urmenschlichen Intuition zumindest empirisch erklären, *dass* bestimmte Grundwerte, wie soeben gezeigt wurde, in diversen Kulturen (straf-)rechtlich geschützt werden. Dies erklärt aber nicht, *weshalb* sie geschützt werden. Hierzu müsste z. B. wiederum auf die Selbstzweckhaftigkeit des Menschen oder auf die Ermöglichung menschlicher Koexistenz Rekurs genommen werden.

Ein weiterer Gedanke der oben dargestellten Begründungskonzepte ist essenziell für die Verteidigung der Universalität der Menschenrechte. Es handelt sich um das Anknüpfen an den Menschen schlechthin – sei es an den biologischen Menschen oder an das Vernunftwesen. Beide Varianten statuieren ein Universalität stiftendes Gleichheitsdogma. Man könnte – in kulturimperialistischer Manier – meinen, das Menschenrechtskonzept zeichne ein westlich-individualistisches Menschenbild. Das Menschenrechtssystem statuiert allerdings eine „normative Ordnung purer Zwischenmenschlichkeit"[1954], wie *Kersting* beschreibt.[1955] Menschenrechte ermöglichen primär Freiheit und damit sowohl die Vergemeinschaftung als auch den Individualismus.[1956] Das Menschenbild, das der Menschen-

1952 Vgl. *Kühnhardt,* Die Universalität der Menschenrechte, 1991, S. 304.

1953 *Weinkauff,* Über das Widerstandsrecht, 1956, S. 13.

1954 *Kersting,* in: Merkel (Hrsg.), Der Kosovo-Krieg und das Völkerrecht, 2000, S. 187–231, 212.

1955 Ähnlich *Fassbender,* APuZ 2008 (Heft 46), S. 3–8, 3, der die Menschenrechte als „ein System grundlegender Prinzipien des menschlichen Zusammenlebens" bezeichnet.

1956 *Bielefeldt,* Philosophie der Menschenrechte, 1998, S. 204.

rechtsidee zugrunde liegt, ist ebenso universalistisch wie die Idee selbst.[1957]

cc) Vermittelnde Ansätze

Im Ergebnis ist festzuhalten: „Jeder Mensch hat Menschenrechte."[1958] Kulturrelativistische Einwände vermögen in der Theorie nicht zu überzeugen.[1959] Dennoch ist nicht von der Hand zu weisen, dass den Menschenrechten in der Praxis nicht-westlicher Kulturkreise mitunter eine nur geringe oder gar keine Bedeutung zukommt.[1960] Die praktische universelle Akzeptanz ist nicht mit der theoretischen Begründung der Universalität zu vermengen. In der Praxis ist die Durchsetzung der universellen Akzeptanz und Achtung der Menschenrechte selbstverständlich eine Mammutaufgabe, die nicht nur auf den Widerwillen von Staatsoberhäuptern, sondern oft auch auf Unverständnis von Bevölkerungsgruppen stößt. Wo Menschenrechte widerwillig von außen in einen Staat getragen werden, ist es ein natürliches Phänomen, dass sie als fremde, oktroyierte Werte deklariert werden, die zu akzeptieren man nicht gewillt ist. Wer die Menschenrechte ernst nimmt, darf sie nicht zum Gegenstand von Hegemonie machen und sich keiner moralisierenden Menschenrechtsrhetorik bedienen.[1961] Dies gilt für die gewaltsame Durchsetzung von Menschenrechten ebenso wie für die Menschenrechtsbildung.[1962] Der selbstbestimmte Wunsch einer Bevölkerung nach Menschenrechten und der entsprechende Ruf nach fremder Unterstützung zum Schutz der Menschenrechte werden aber spätestens dann erfolgen, wenn diese Bevölkerung Gräueltaten erfahren muss.

1957 Vgl. *Deinhammer,* ARSP 96 (2010), S. 51–63, 52.

1958 Ebenda, S. 52.

1959 So im Ergebnis *Donnelly,* Human Rights Quarterly 6 (1983), S. 400–419; *ders.,* Universal Human Rights in Theory and Practice, 2013; *Kersting,* in: Merkel (Hrsg.), Der Kosovo-Krieg und das Völkerrecht, 2000, S. 187–231; *Grimm,* Verpflichten Menschenrechte zur Demokratie?, 2004, S. 3 f.; *Peters,* Widerstandsrecht und humanitäre Intervention, 2005, S. 268; *Cohen,* in: Sypnowich (Hrsg.), The Egalitarian Conscience, 2006, S. 226–250, 229.

1960 Es soll an dieser Stelle nicht suggeriert werden, dass die Staaten des westlichen Kulturkreises menschenrechtlich betrachtet fehlerfrei seien. Ein menschenrechtliches Ideal erfüllen auch sie keineswegs – man denke nur an die US-amerikanische Folterpraxis im Gefangenenlager Guantanamo.

1961 Vgl. *Deinhammer,* ARSP 96 (2010), S. 51–63, 58.

1962 Zur Menschenrechtsbildung in Afrika *Seck,* EuGRZ 1990, S. 311–318.

Der Völkerrechtsverbrecher, der größte Feind der Menschenrechte, nährt in der Praxis ironischerweise also ihre universelle Akzeptanz.

Das Menschenrecht hat, wie *Kersting* es formuliert hat, noch einen weiteren Feind – „es selbst“[1963]. Seine Forderung nach einem menschenrechtlichen Minimalismus ist im Hinblick auf die Spannung zwischen der menschenrechtlichen Universalität und der praktischen globalen Pluralität von fundamentaler Bedeutung.[1964] Die Idee der universellen Geltung geht einher mit der Bedingung, den Menschenrechtsbegriff möglichst eng zu fassen.[1965] In der Praxis ist der menschenrechtliche Minimalismus die einzige Chance, um sich der universellen Akzeptanz der Menschenrechte zumindest irgendwann asymptotisch anzunähern. Nur ein puristisches Menschenrechtsverständnis ermöglicht interkulturelle Begrifflichkeiten.[1966] Somit bedingen menschenrechtlicher Minimalismus und Universalismus einander.[1967]

Ein dem Minimalismus ähnlicher Ansatz findet sich bei *Lohmann*.[1968] Er spricht sich für einen schwachen Universalismus aus und möchte so eine Kombination des menschenrechtlichen Universalismus mit kulturellen Besonderheiten erreichen. *Lohmann* schlägt vor, Menschenrechte mit negativen Pflichten (z. B. das Folterverbot) als absolut zu betrachten, während bei solchen mit positiven Pflichten (v. a. Leistungsrechte) relative Interpretationen unter der Berücksichtigung kultureller Besonderheiten möglich seien. Für Kontextsensibilität im Bereich des menschenrechtlichen Universalismus plädiert zudem *Deinhammer*.[1969] Er leitet aus der Menschenwürde das universelle Recht auf Rechtfertigung ab, d. h. den Anspruch eines jeden Menschen, dass ihm nicht grundlos Schaden zugefügt

1963 *Kersting,* in: Merkel (Hrsg.), Der Kosovo-Krieg und das Völkerrecht, 2000, S. 187–231, 210. Hierzu s. o., S. 361.

1964 *Kühnhardt,* Die Universalität der Menschenrechte, 1991, S. 304.

1965 Ebenda, S. 304; *Kersting,* in: Merkel (Hrsg.), Der Kosovo-Krieg und das Völkerrecht, 2000, S. 187–231, 211; *ders.*, Plädoyer für einen nüchternen Universalismus, 2001. Vgl. *Peters,* Widerstandsrecht und humanitäre Intervention, 2005, S. 308 ff.; *Cohen,* in: Sypnowich (Hrsg.), The Egalitarian Conscience, 2006, S. 226–250, 230 f., der andernorts explizit auf „substantive minimalism“ abstellt (*ders.*, The Journal of Political Philosophy 12 (2004), S. 190–213, 192).

1966 *Llanque,* Geschichte der politischen Ideen, 2012, 122.

1967 Vgl. *Kersting,* Plädoyer für einen nüchternen Universalismus, 2001.

1968 Vgl. *Lohmann,* Universelle Menschenrechte und kulturelle Besonderheiten, 12.09.2009.

1969 Vgl. *Deinhammer,* ARSP 96 (2010), S. 51–63, 58.

wird; davor sollten die Menschenrechte die Menschen bewahren.[1970] Bei der Bestimmung eines Schadens, also der genauen Auslegung der Menschenrechte, seien die kulturellen Bedingungen zu berücksichtigen.[1971] Diese beiden beispielhaft gewählten Ansätze zeigen, dass es möglich ist, kulturrelativistische Bedenken mit dem menschenrechtlichen Universalismus zu versöhnen.[1972]

d) Erkenntnisse für ein völkerrechtliches Widerstandsrecht

Der Menschenrechtsschutz im Völkerrecht stellte den Anlass für die Überlegungen zum Widerstandsrecht im Rahmen dieser Arbeit dar. Die Notwendigkeit eines Widerstandsrechts setzt voraus, dass es notwendig ist, die Menschenrechte durchzusetzen. Neben einer praktischen Notwendigkeit muss den Menschenrechten eine normative Bedeutsamkeit zukommen. Eine solche konnte im gegenwärtigen Abschnitt begründet werden. Es wurde gezeigt, dass die Idee der Menschenrechte in der Rechtsphilosophie auf fundamentalen Werten wie der Menschenwürde beruht. Außerdem trägt diese Idee, unabhängig von ihrer konkreten philosophischen Begründung, den Kern des Rechtsgedankens in sich. Menschenrechte stellen damit einen Grundpfeiler der rechtlichen Ordnung dar. Sie beanspruchen universelle, absolute und vorstaatliche Geltung und sind anderen Rechten damit erhaben. Damit bieten sie den Rahmen, innerhalb dessen sich staatliche Souveränität erst denken lässt.[1973]

Dieses philosophische Konzept der Begrenzung der staatlichen Souveränität hat mit den Menschenrechten Eingang ins geltende Völkerrecht gefunden.[1974] Dies nicht nur am Rande: Das Völkerrecht misst den Menschenrechten eine hohe Bedeutung zu, wie sich bereits an der UN-Charta

---

1970 Ebenda, S. 60 f.

1971 Ebenda, S. 60 f.

1972 Vgl. die weitergehenden Überlegungen bei *Kühnhardt,* Die Universalität der Menschenrechte, 1991, S. 239 ff. oder den Ansatz bei *Pollis,* in: ders./Schwab (Hrsg.), Human Rights, 2000, S. 9–30 oder *Sloane,* Vanderbilt Journal of Transnational Law 34 (2001), S. 527–595.

1973 *Peters,* Widerstandsrecht und humanitäre Intervention, 2005, S. 292; weitere Ausführungen hierzu ebenda, S. 293 ff.

1974 *Eide,* in: UNESCO (Hrsg.), Violations of human rights: possible rights of recourse and forms of resistance, 1984, S. 34–66, 35, 39.

ablesen lässt.[1975] Die Menschenrechte haben das Völkerrecht wesentlich beeinflusst[1976] und führten dazu, dass das Individuum mittlerweile völkerrechtlichen Schutz genießt. Dieser Schutz ist bislang rein rechtlicher Natur: In der Praxis kann sich die Geltung der Menschenrechte häufig nicht entfalten. Wie gezeigt wurde, reichen bisherige Mechanismen zur Durchsetzung der Menschenrechte nicht aus.

In der Staatslehre *Lockes* findet eine Durchsetzung der fundamentalen Rechte der Staatsbürger auf letztem Wege über das Widerstandsrecht statt. Fundamentale Rechte können bei *Locke* nicht ohne Widerstandsrecht gedacht werden und vice versa. Auch historisch betrachtet gehen Menschenrechte und Widerstand Hand in Hand: Die gegenwärtige rechtliche Verbürgung von Menschenrechten ist ein Ergebnis vieler Widerstandskämpfe. Es ist daher fast widersprüchlich, fundamentale, subjektive Menschenrechte zu gewähren, aber kein Mittel zu ihrer Verteidigung. Wieso endet der völkerrechtliche Schutz der Individuen – von den wenig wirksamen, bestehenden Durchsetzungsmechanismen abgesehen – auf dem Papier der Menschenrechtsdokumente? Diese Frage stellt sich schon im Hinblick auf die Rechtsgeltung der völkerrechtlichen Menschenrechte. Die Inkongruenz zwischen Statut und Durchsetzung nagt daran in erheblichem Maße[1977] – insbesondere in Zeiten, in denen die Bedrohung der Menschenrechte nicht mehr nur von staatlichen Akteuren ausgeht, sondern auch von privaten. Illegitime Bürgerkriege etwa bedrohen die elementaren Rechte der Menschen in einem Staat genauso wie ein diktatorisches Regime.

Die Frage nach dem „Urrecht aller Rechte"[1978], wie *Arthur Kaufmann* das Widerstandsrecht bezeichnet, drängt sich geradezu auf, da sich nur danach bestimmen lässt, ob ein Bürgerkrieg legitim ist – bzw. es überhaupt sein kann. Insofern soll das Widerstandsrecht in doppelter Hinsicht dem Schutz der Menschenrechte dienen: zum einen als rechtlicher Maßstab für die Ausübung von Gewalt im Zeichen der Menschenrechte (Beschränkung) und zum anderen als Verteidigungsrecht gegenüber staatlichen Menschenrechtsverletzungen (Befugnis). Es gibt – und dies ist einer der

---

1975 Vgl. *Kau,* in: Graf Vitzthum/Proelß (Hrsg.), Völkerrecht, 2016, S. 133–246, Abschn. 3 Rn. 229b.

1976 Ebenda, S. Abschn. 3 Rn. 230.

1977 *Dunér,* IJHR 9 (2005), S. 247–269, 251. Im Hinblick auf das Recht auf humanitäre Intervention mit dem drohenden Verlust der Rechtsgeltung argumentierend *Kotzur,* AVR 42 (2004), S. 353–388, 377.

1978 *Kaufmann,* 1984, S. 256.

wenigen Punkte, der sich in der praktischen Umsetzung des Völkerrechts mit Sicherheit feststellen lässt – kein zuverlässiges Mittel, um überall auf der Welt die Menschenrechte durchzusetzen. Allerdings gebietet es die völkerrechtliche und rechtsphilosophische Bedeutung der Menschenrechte, alle Möglichkeiten zu ihrer Durchsetzung zumindest zu erwägen – auch das Widerstandsrecht.

Es verwundert daher nicht, dass eine Ansicht von der Existenz des völkerrechtlichen Menschenrechtsschutzes auf die Existenz eines Widerstandsrechts schließt.[1979] Man kann ebenso als Verfechter einer naturrechtlichen Ansicht behaupten, dass das Naturrecht dieses Widerstandsrecht vorsieht.[1980] Zu Beginn dieses Kapitels wurde aber festgelegt, dass nur im Völkerrecht selbst nach einem Widerstandsrecht gesucht werden soll.[1981] Mit den Menschenrechten wurde dort ein positivierter Anknüpfungspunkt für das Widerstandsrecht gefunden, der insofern keinen Rekurs mehr auf das Naturrecht fordert.[1982] In diesem Sinne halten *Geistlinger* und *Missling* das Widerstandsrecht für einen Annex jeder menschenrechtlichen Norm.[1983] Diese Ansicht geht zu Recht von der Annahme aus, dass Menschenrechte subjektive Rechte verbürgen. *Doehring* stellt bei seiner Begründung eines Rechts auf humanitäre Intervention dar, dass dies schon aus dem Vergleich mit dem völkerrechtlichen Fremdenrecht folgen müsse – man hätte es dabei belassen können, wenn man einen Individualschutz ohne subjektive Rechte gewollt hätte.[1984]

Doch aus subjektiven Rechten allein kann die Existenz eines Durchsetzungsrechts noch nicht abgeleitet werden. Vielmehr bedarf es eines Zwischenschritts, nämlich der Begründung eines Selbsthilferechts, dessen Ge-

---

1979 So *Eide,* in: UNESCO (Hrsg.), Violations of human rights: possible rights of recourse and forms of resistance, 1984, S. 34–66; *Liu,* Archiv für Rechts- und Sozialphilosophie Beiheft 41 1990, S. 35–42, 36; *Missling,* Widerstand und Menschenrechte, 1999, S. 106 ff., 234; vgl. *Klug,* in: Hill (Hrsg.), Widerstand und Staatsgewalt, 1984, S. 11–23, 14 f.

1980 Vgl. *Liu,* Archiv für Rechts- und Sozialphilosophie Beiheft 41 1990, S. 35–42, 36.

1981 S. o., S. 236.

1982 Vgl. *Eide,* in: UNESCO (Hrsg.), Violations of human rights: possible rights of recourse and forms of resistance, 1984, S. 34–66, 39.

1983 *Geistlinger,* Revolution und Völkerrecht, 1991, S. 371, 382; *Missling,* Widerstand und Menschenrechte, 1999, S. 120 ff.

1984 *Doehring*, in: Deutsche Gesellschaft für Völkerrecht (Hrsg.), Aktuelle Probleme des Menschenrechtsschutzes, 1994, S. 277–309, 277.

genstand die Verteidigung dieser subjektiven Rechte werden kann. Auch *Missling* geht an anderer Stelle von einem allgemeinen, völkerrechtlichen Selbsthilfegrundsatz (in Form eines individuellen Notwehrrechts) aus.[1985] Er sieht darin aber eine zusätzliche Quelle des Widerstandsrechts.[1986] *Missling* begnügt sich – wie *Geistlinger* – also bereits mit dem völkerrechtlichen Menschenrechtssystem und dem Verbot der Tyrannei und der Unterdrückung aus der Präambel der AEMR, um ein Widerstandsrecht de lege lata als Sanktion bzw. Normstrukturelement zu begründen.[1987] Dem wird hier nicht gefolgt. Bislang hat die Erörterung des völkerrechtlichen Menschenrechtsschutzes ergeben, dass ein Widerstandsrecht de lege ferenda völkerrechtlich notwendig ist. Der Menschenrechtsschutz und die rechtsphilosophischen Ideen, die damit ins Völkerrecht Eingang gefunden haben, stellten bislang also nur eine – wenn auch vielleicht die wichtigste – Spur des Widerstandsrechts im geltenden Völkerrecht dar.

3. Kategorisierung von Menschenrechten

Eine zusätzliche Spur für Inhalt und Umfang eines möglichen Widerstandsrechts könnte sich aus den völkerrechtlichen Kategorisierungen der menschenrechtlichen Verbürgungen ergeben. Dem ist zu entnehmen, welche Rechte zum Kernbestand des völkerrechtlichen Menschenrechtsschutzes gehören und zum Gegenstand eines Widerstandsrechts werden könnten. Gängig ist eine Einteilung der Rechte in drei Generationen.[1988] Es lässt sich demgegenüber auch eine Einteilung nach völkerrechtlicher Geltung (*ius cogens*, *erga omnes*) vornehmen. Darüber hinaus könnten andere Normen des Völkerrechts Aufschluss über eine Rangordnung der Menschenrechte geben. Zu denken ist dabei an Art. 4 Abs. 2 IPbpR und an das Fremdenrecht.

1985 *Missling,* Widerstand und Menschenrechte, 1999, S. 137 ff., 153.

1986 Ebenda, S. 154, 232 ff.

1987 Vgl. *Geistlinger,* Revolution und Völkerrecht, 1991, 362, 371 f., 381; *Missling,* Widerstand und Menschenrechte, 1999, S. 82, 231.

1988 Eine andere Bezeichnung lautet „Dimensionen" (vgl. *Ipsen,* in: ders. (Hrsg.), Völkerrecht, Ein Studienbuch, 2014, S. 819–860, § 36 Rn. 39).

a) Drei Generationen

Die Menschenrechte werden in der Völkerrechtslehre häufig in drei Generationen eingeteilt.[1989] Dies erinnert an die von *Jellinek* entworfene Einteilung in negativen, aktiven und positiven Status.[1990] Jedoch ist *Jellineks* Einteilung mit dem Modell der Generationen nicht identisch. Zur ersten Generation zählen Abwehrrechte des Bürgers gegenüber dem Staat, also an den Staat gerichtete Verbote und außerdem einige Anspruchsrechte gegenüber dem Staat, vor allem die politischen Teilhaberechte.[1991] Die erste Generation stellt also die bürgerlichen und politischen Freiheitsrechte dar, die sich unter anderem im IPbpR finden lassen.[1992] Das entspricht sowohl dem negativen als auch dem aktiven Status bei *Jellinek*. Zur zweiten Generation zählen an den Staat gerichtete Gebote, wie sie sich vorwiegend im IPwskR finden lassen.[1993] Diese Rechte statuieren einen menschenwürdigen Lebensstandard.[1994] Sie stellen in *Jellineks* Einteilung den positiven Status dar. Die Unterscheidung der ersten beiden Generationen basiert auf den Unterschieden zwischen der westlich-liberalen und der kommunistisch-marxistisch Menschenrechtstradition.[1995]

Auf die Forderung von Entwicklungsländern wird mittlerweile eine dritte Generation von Menschenrechten diskutiert. Es handelt sich dabei nicht um typische Individualrechte, wie missverständlich angenommen werden könnte, sondern eher um kollektive Rechte.[1996] Hierzu gehört etwa das Recht auf Frieden, Entwicklung[1997] oder auf eine lebenswerte Um-

---

1989 S. nur *Herdegen*, in: Maunz/Dürig, GG, 2016, Art. 1 Abs. 2 Rn. 28.

1990 Vgl. *Jellinek*, System der subjektiven öffentlichen Rechte, 1964 (1919), S. 87.

1991 *Sukopp,* Menschenrechte: Anspruch und Wirklichkeit, 2003, S. 25; *Ipsen,* in: ders. (Hrsg.), Völkerrecht, Ein Studienbuch, 2014, S. 819–860, § 36 Rn. 39.

1992 Ebenda, § 36 Rn. 39.

1993 *Missling,* Widerstand und Menschenrechte, 1999, S. 43; *Ipsen,* in: ders. (Hrsg.), Völkerrecht, Ein Studienbuch, 2014, S. 819–860, § 36 Rn. 39.

1994 Ebenda, § 36 Rn. 39.

1995 *Sukopp,* Menschenrechte: Anspruch und Wirklichkeit, 2003, S. 25.

1996 *Ipsen,* in: ders. (Hrsg.), Völkerrecht, Ein Studienbuch, 2014, S. 819–860, § 36 Rn. 39. *Ders.* weist aber darauf hin, dass diese Rechte aufgrund der missverständlichen Formulierung als Individualrechte umstritten seien (ebenda, § 36 Rn. 40).

1997 Hierzu A/RES/36/133 (14.12.1981); *Nuscheler,* in: Dicke/Edinger/Lembcke (Hrsg.), Menschenrechte und Entwicklung, 1997, S. 77–95.

welt.[1998] Die Einzelheiten hierzu sind umstritten.[1999] Nach einer Ansicht sind darin nicht mehr als Zielbestimmungen der internationalen Staatengemeinschaft zu finden.[2000] *Stephan Hobe* spricht sich demgegenüber für eine Einzelfallbetrachtung aus.[2001]

Es ist unschwer zu erkennen, dass die Kategorisierung der Menschenrechte nach Generationen funktioneller Natur ist.[2002] Sie vermag daher zunächst keinen Aufschluss über eine Rangfolge oder einen Ausschluss bestimmter Rechte für ein Widerstandsrecht zu geben.[2003] Hierfür müssten weitergehende normative Differenzen zwischen den Generationen aufgezeigt werden. Im Hinblick auf die Menschenrechte der dritten Generation lässt sich ein Ausschluss erwägen. Es kann nicht mit ausreichender Bestimmtheit gesagt werden, wann Verletzungen dieser Menschenrechte vorliegen. Vielmehr ist fraglich, ob diese als Kollektivrechte überhaupt verletzt werden können. Zudem besteht bei deren Umsetzung ein großer Gestaltungsspielraum. Es spricht vieles dafür, die Umsetzung dieser Menschenrechte (besser: „Ziele der Menschheit") zur Frage der nationalen und internationalen Politik statt zum möglichen Gegenstand von Widerstand zu erklären.

b) Unterschiedliche völkerrechtliche Geltung

Gleichwohl könnte sich eine Rangfolge über die Einteilung nach der völkerrechtlichen Geltung der Menschenrechte ergeben. Damit sind die Einordnung als *ius cogens* und die Zuschreibung einer Wirkung *erga omnes* gemeint. Zum *ius cogens* (vgl. Art. 53 S. 2 WVK) werden mittlerweile das Verbot des Völkermords, der Folter, der Sklaverei sowie der Rassendiskri-

---

1998 *Ipsen,* in: ders. (Hrsg.), Völkerrecht, Ein Studienbuch, 2014, S. 819–860, § 36 Rn. 39. Zu ersten beiden *Riedel,* EuGRZ 1989, S. 9–21, 13 f., 16 f.

1999 Insbesondere die Rechtsqualität (ebenda, S. 17 ff.).

2000 *Fassbender,* APuZ 2008 (Heft 46), S. 3–8, 6; vgl. *Tomuschat,* Human Rights, 2014, S. 149 ff.

2001 *Hobe,* Einführung in das Völkerrecht, 2014, S. 405 a. E.

2002 *Missling,* Widerstand und Menschenrechte, 1999, S. 44; *Ipsen,* in: Ipsen (Hrsg.), Völkerrecht, Ein Studienbuch, 2014, S. 819–860, § 36 Rn. 39.

2003 *Missling,* Widerstand und Menschenrechte, 1999, S. 44; *Ipsen,* in: ders. (Hrsg.), Völkerrecht, Ein Studienbuch, 2014, S. 819–860, § 36 Rn. 39. Vgl. auch *Meron,* AJIL 80 (1986), S. 1–23, der jegliche Hierarchie der Menschenrechte ablehnt.

minierung gezählt;[2004] mitunter ebenso das Recht auf Leben, körperliche Unversehrtheit und die Religionsfreiheit.[2005] Allgemeine Einigkeit über diese Kategorisierung herrscht also nicht.[2006] Die Anerkennung als *ius cogens* gibt mit Blick auf Art. 53 WVK Aufschluss darüber, dass diese menschenrechtlichen Garantien für Staaten nicht disponibel sind. Rechtstheoretisch könnte hieraus ein Argument für die Begrenzung eines etwaigen Widerstandsrechts auf diese Rechte gewonnen werden.[2007] In diesem Sinne gilt die *Hobbes'sche* Ausnahme von der Gehorsamspflicht nur für das indisponible natürliche Selbstverteidigungsrecht.[2008] Die völkerrechtliche Einordnung als *ius cogens* hängt allerdings von der subjektiven Anerkennung innerhalb der internationalen Gemeinschaft ab.[2009] Das Kriterium der (In-)Disponibilität wird hierdurch rechtstheoretisch aufgeweicht. Es überzeugt nicht, dass das Widerstandsrecht auf bestimmte, von den Staaten als indisponibel *anerkannte* Rechte beschränkt sein soll. Die Wahrung der zum *ius cogens* zählenden Rechte weist materiell sicherlich besondere Dringlichkeit auf. Die formelle Einordnung als *ius cogens* allein besagt aber nichts über deren materielle Besonderheit und taugt daher nicht im Hinblick auf die Differenzierung im Rahmen eines Widerstandsrechts. Entsprechend kann auch die *gewohnheitsrechtliche Anerkennung* bestimmter Menschenrechte kein taugliches Differenzierungskriterium bieten.

Ähnlich kann man auch im Hinblick auf die Zuschreibung von Menschenrechten als Normen mit einer Wirkung *erga omnes* argumentieren. Hierzu zählen, ebenso wie zum *ius cogens*, das Verbot des Völkermordes,

---

2004 So *Herdegen,* Völkerrecht, 2016, § 5 Rn. 9; § 16 Rn. 14; *Generalversammlung der Vereinten Nationen,* Report of the International Law Commission (UN-Doc. A/56/10), 2001, Kommentar zu Art. 40, S. 283 Rn. 4; *Kreuter-Kirchhof,* AVR 48 (2010), S. 338–382, 358; *Frowein,* Ius Cogens, 2013, Rn. 6 f.; *Heintschel von Heinegg,* in: Ipsen (Hrsg.), Völkerrecht, Ein Studienbuch, 2014, S. 390–469, § 16 Rn. 51.

2005 So *Doehring,* Allgemeine Staatslehre, 2004, Rn. 600, der außerdem den Eigentumsschutz bzgl. einer Existenzgrundlage und die Freiheit der Familiengründung dazuzählt. Vgl. auch *Hannikainen,* Peremptory Norms (Jus Cogens) in International Law, 1988, S. 717 f.

2006 *Whiteman,* Georgia Journal of International and Comparative Law 7 (1977), S. 605–626, 625 zählt – aus dem Kreis der hier den zuvor erwähnten Rechte – nur das Verbot des Völkermordes und der Sklaverei dazu.

2007 So etwa *Missling,* Widerstand und Menschenrechte, 1999, S. 71 ff.

2008 Hierzu s. o., S. 80 ff.

2009 *Missling,* Widerstand und Menschenrechte, 1999, S. 66.

der Sklaverei und Rassendiskriminierung.[2010] Der IGH weist außerdem „basic rights of the human person"[2011] eine Wirkung *erga omnes* zu. Es ist fraglich, welche konkreten Rechte hierunter fallen. Davon abgesehen, dass das Kriterium der Wirkung *erga omnes* damit keine eindeutige Kategorisierung erlaubt, hängt auch die Zuweisung der objektiven Wirkung *erga omnes* von der subjektiven Rechtsauffassung innerhalb der internationalen Gemeinschaft ab.

c) Anhaltspunkte anderer völkerrechtlicher Normen

Darüber hinaus ließe sich möglicherweise in Art. 4 Abs. 2 IPbpR eine Normenhierarchie der Menschenrechte ableiten. In der Tat wird dort festgelegt, dass bestimmte Menschenrechte notstandsfest und damit nicht derogierbar sind.[2012] Im Gegensatz zur Kategorisierung anhand der völkerrechtlichen Geltung sind die Rechte hier präzise benannt. Es handelt sich um das Recht auf Leben, das Folter- und Sklavereiverbot, die Gedanken-, Gewissens- und Religionsfreiheit sowie einige Rechtsschutzgarantien. *Tomuschat* zufolge haben diese Rechte eine „privileged position"[2013]. Dieses Privileg der Rechte ist jedoch formeller Natur und vermag keine materielle Differenzierung zwischen den Rechten zu erklären.[2014] Wollte man ein formelles Kriterium der Kategorisierung von Menschenrechten für ausreichend erachten, so wäre die Differenzierung nach Art. 4 Abs. 2 IPbpR wegen ihrer Bestimmtheit gegenüber derjenigen nach der völkerrechtlichen Geltung vorzugswürdig. Materiell betrachtet richtet sich die Unabdingbarkeit der Menschenrechte aus dem IPbpR nach dem Tatbestand des Verbrechens gegen die Menschlichkeit.[2015] Die Menschenrechte können auch im Notfall nur soweit außer Kraft gesetzt werden, dass ausnahmsweise zuläs-

---

2010 IGH, Barcelona Traction, 5. Februar 1970, I.C.J. Reports 1970, S. 3 ff., Rn. 33 f.; *Kokott,* in: Ress/Stein (Hrsg.), Der diplomatische Schutz im Völker- und Europarecht, 1996, S. 45–62, 48; *Kreuter-Kirchhof,* AVR 48 (2010), S. 338–382, 357.

2011 IGH, Barcelona Traction, 5. Februar 1970, I.C.J. Reports 1970, S. 3 ff., Rn. 34.

2012 *Missling,* Widerstand und Menschenrechte, 1999, S. 238; *Hofmann/Boldt,* Internationaler Bürgerrechtspakt, 2005, Art. 4 Rn. 3.

2013 *Tomuschat,* in: UNESCO (Hrsg.), Violations of human rights: possible rights of recourse and forms of resistance, 1984, S. 13–33, 25.

2014 Vgl. *Missling,* Widerstand und Menschenrechte, 1999, S. 35.

2015 *Hofmann/Boldt,* Internationaler Bürgerrechtspakt, 2005, Art. 4 Rn. 3.

sige Verletzungshandlungen diesen Tatbestand noch nicht erfüllen. Insofern gibt es eine Verbindung zum Völkerstrafrecht, das für die Bestimmungen der Voraussetzungen der humanitären Intervention herangezogen wird, wie gezeigt wurde. Auf den ersten Blick ist nicht ersichtlich, dass ein Widerstandsrecht ausschließlich bei der Verletzung dieser notstandsfesten Menschenrechte infrage kommen kann. Art. 4 Abs. 2 IPbpR liefert hierfür keine Begründung.

Möglicherweise findet sich im völkerrechtlichen Fremden- und Flüchtlingsrecht ein entsprechend relevanter Anhaltspunkt auf die Differenzierung von Menschenrechten. Im Rahmen zwischenstaatlicher Verträge bzw. eines völkergewohnheitsrechtlichen Mindeststandards haben sich bestimmte Menschenrechte durchgesetzt.[2016] Hierzu zählen das allgemeine Recht auf Rechtssubjektivität, das Recht auf die Teilnahme am Wirtschaftsleben, das Recht auf Leben, auf körperliche Unversehrtheit und auf Sicherheit der Person, auf Gleichheit vor dem Gesetz und vor Gericht sowie das Recht auf ein geordnetes Verfahren.[2017] Dies lässt, wie auch die Differenzierungen vorher, auf eine hohe Bedeutung dieser Rechte schließen. Man kann daraus aber nicht ableiten, dass ein Widerstandsrecht auf diese Rechte begrenzt werden sollte. Vereinzelt findet sich in diesem Zusammenhang die Ansicht, dass gerade im Flüchtlingsrecht ein bedeutsamer Anhaltspunkt für die Existenz eines völkerrechtlichen Widerstandsrechts besteht.[2018]

Im Zuge dessen wird außerdem kurz auf das Rechtsinstitut der Auslieferungsausnahme bei politischen Delikten eingegangen. *Missling* etwa sieht hierin eine bedeutsame Spur des Widerstandsrechts.[2019] Dieses Institut weist auf die Bedeutsamkeit menschenrechtlicher Mindeststandards

2016 Vgl. *Kau,* in: Graf Vitzthum/Proelß (Hrsg.), Völkerrecht, 2016, S. 133–246, Abschn. 3 Rn. 235, 280; *Ipsen,* in: ders. (Hrsg.), Völkerrecht, Ein Studienbuch, 2014, S. 819–860, § 38 Rn. 1 f.

2017 *Kau,* in: Graf Vitzthum/Proelß (Hrsg.), Völkerrecht, 2016, S. 133–246, Abschn. 3 Rn. 289; *Ipsen,* in: ders. (Hrsg.), Völkerrecht, Ein Studienbuch, 2014, S. 819–860, § 38 Rn. 6; vgl. *Motomura,* Tulsa Journal of Comparative and International Law 15 (2007/2008), S. 139–153.

2018 *Missling,* Widerstand und Menschenrechte, 1999, S. 194; *Kälin/Künzli,* International Journal of Refugee Law 12 (2000), S. 46–78, 50 ff.; *Mégret,* Revue Études internationales 39 (2008), S. 39–62, 50.

2019 Vgl. *Missling,* Widerstand und Menschenrechte, 1999, S. 194.

hin.[2020] Außerdem wohnt dem Schutz des politischen Delinquenten ein Moment der Legitimität von Widerstand inne.[2021] Allerdings ist es bislang noch kein geltendes universelles Völkerrecht, sondern kommt nur im Rahmen zwischenstaatlicher Abkommen zur Geltung.[2022] Darüber hinaus verbirgt sich hinter dieser Ausnahme unter anderem der Grundsatz des fairen Verfahrens, der in solchen Fällen regelmäßig verletzt zu werden droht.[2023] Dieser Aspekt ist nicht unmittelbar an den Widerstandsgedanken gekoppelt. Eine Spur des Widerstandsrechts ist hierin also nicht zu finden. Indessen könnte eine Auslieferungsausnahme für legitimierte Widerstandskämpfer im Rahmen einer völkerrechtlichen Widerstandslehre erwogen werden.

Vage – und daher im Hinblick auf ein Widerstandsrecht ungeeignet – sind auch Kategorisierungen von Menschenrechten nach der Frage, ob sie zum völkerrechtlich noch nicht verbindlichen Prinzip der good governance (verantwortungsvolle Regierungsführung)[2024] oder etwa zum – nicht unproblematischen –[2025] positiven Friedensbegriff[2026] gehören.

2020 Folgende Autoren weisen diesem Rechtsinstitut vorwiegend humanitäre Bedeutung zu: *García-Mora,* Virginia Law Review 48 (1962), S. 1226–1257; *Bassiouni,* International Extradition and World Public Order, 1974, S. 425; *Wijngaert,* The political offence exception to extradition, 1980, S. 89; *Stein,* Die Auslieferungsausnahme bei politischen Delikten, 1983, S. 58 ff., 356.

2021 Vgl. *Missling,* Widerstand und Menschenrechte, 1999, S. 194; *Kälin/Künzli,* International Journal of Refugee Law 12 (2000), S. 46–78, 64 ff.; *Mégret,* Revue Études internationales 39 (2008), S. 39–62, 50; *ders.,* in: Stahn/Easterday/Iverson (Hrsg.), Jus Post Bellum, 2014, S. 519–541, 538.

2022 *Wijngaert,* The political offence exception to extradition, 1980, S. 48; *Kau,* in: Graf Vitzthum/Proelß (Hrsg.), Völkerrecht, 2016, S. 133–246, Abschn. 3 Rn. 318 ff.; vgl. *Stein,* Die Auslieferungsausnahme bei politischen Delikten, 1983, S. 27, 32, 356.

2023 *Doehring,* Allgemeine Staatslehre, 2004, Rn. 616.

2024 Vgl. *Kommission der Europäischen Gemeinschaften,* Bulletin der Europäischen Gemeinschaften, Nr. 11/1991, S. 128, Rn. 5; Abkommen von Cotonou vom 23. Juni 2000, Abs. 5 Präambel, Art. 9 Abs. 3; *Tomuschat,* Human Rights, 2014, S. 158 f.; *Herdegen,* Völkerrecht, 2016, § 4 Rn. 17.

2025 Vgl. zum Problem im Rahmen der Auslegung von Art. 39 UN-Charta *Merkel,* ZIS 2011, S. 771–783, 774 f.

2026 Hierzu *Randelzhofer,* in: Delbrück (Hrsg.), Völkerrecht und Kriegsverhütung, 1979, S. 13–39, S. 26 ff.; *Wolfrum,* in: Simma u. a., UN Charter, Vol. 1, 2012, Art. 1 Rn. 8 ff.

4. Zusammenfassende Bemerkungen

Die Untersuchung des völkerrechtlichen Menschenrechtsschutzes hat gezeigt, dass ein Widerstandsrecht de lege ferenda in jedem Fall zu befürworten ist. Es könnte eine wirksame Ergänzung der bislang unbefriedigenden Durchsetzungsmittel der Menschenrechte darstellen. Was den Kreis möglicher, durch ein Widerstandsrecht abgesicherter Menschenrechte anbelangt, ließen sich aus den gängigen Kategorisierungen von Menschenrechten in der Völkerrechtswissenschaft kaum Schlussfolgerungen ableiten. Lediglich die Menschenrechte der dritten Generation dürften von einem Widerstandsrecht nicht umfasst sein. Alle anderen völkerrechtlich verbürgten Menschenrechte sind bislang potenzieller Gegenstand eines Widerstandsrechts. Im Rahmen einer Widerstandslehre muss daher erörtert werden, wie der menschenrechtliche Minimalismus bei der Statuierung von Voraussetzungen eines Widerstandsrechts umgesetzt werden kann. Zur Frage der Legitimität gewaltsamen Widerstands könnten die Argumente aus der Diskussion um ein Recht auf humanitäre Intervention hinzugezogen werden. Insbesondere die dort statuierten Voraussetzungen könnten entsprechend auf ein gewaltsames Widerstandsrecht angewandt werden.

Das Menschenrechtssystem als solches verkörpert ein grundlegendes (begrenzendes) Staatskonzept der Rechtsphilosophie, das Eingang ins Völkerrecht gefunden hat. Es impliziert damit auch einen wesentlichen Anhaltspunkt für die mögliche Existenz eines Widerstandsrechts de lege lata. Es könnte insofern notwendige, jedoch keinesfalls hinreichende Bedingung sein.

VI. Die allgemeinen Grundsätze der Selbsthilferechte in Notsituationen

Eine weitere notwendige Bedingung für die Existenz eines völkerrechtlichen Widerstandsrechts könnte – neben dem soeben erörterten Menschenrechtsschutz – in der völkerrechtlichen Anerkennung der Grundsätze der Selbsthilferechte liegen. Dies wird im folgenden Abschnitt geprüft. Dabei werden zunächst grundlegende Betrachtungen von Selbsthilferechten erfolgen und sodann die Existenz eines Notwehr- und Notstandsrechts untersucht.

1. Selbsthilferechte im Allgemeinen

Selbsthilferechte sind Notrechte, die Rechtssubjekten subsidiär zum Zweck der Gefahrenabwehr zur Verfügung stehen.[2027] Ihre Subsidiarität ergibt sich im Verhältnis zu rechtsförmigen Verfahren. Es handelt sich bei den innerstaatlichen Selbsthilferechten um Ausnahmen vom staatlichen Gewaltmonopol, die eine Art Ersatzvornahme durch den Bürger selbst vorsehen.[2028] In einer Notsituation wird Letzterem nicht zugemutet, seine Rechte zugunsten des Gewaltmonopols aufzuopfern.[2029] Vielmehr erhält der Bürger mit den Notrechten im Einzelfall eine Handlungsermächtigung.[2030] Selbsthilfe kommt damit in der Regel nur zwischen gleichrangigen Rechtssubjekten infrage, nicht zwischen Staat und Bürger.[2031] Etwas anderes kann nur dann gelten, wenn der Staat selbst zur erheblichen Gefahrenquelle für den Bürger wird und seine hoheitliche Legitimität damit eingebüßt hat.[2032]

Notrechte sind ein Mittel der überpositiven Rechtsdurchsetzung.[2033] Ihnen wohnt somit ein naturrechtliches Moment inne.[2034] Man kann sie daher aus rechtsphilosophischer bzw. -theoretischer Sicht als universelle Rechtsprinzipien beschreiben.[2035] Dies gilt laut *Merkel* jedenfalls für das Notwehrrecht.[2036] *Oeter* zufolge bietet praktisch jede Rechtsordnung ein Notwehrrecht.[2037] Bereits *Hobbes* und *Locke* beriefen sich auf das grund-

---

2027 *Merkel,* in: Meggle (Hrsg.), Humanitäre Interventionsethik, 2004, S. 107–132, 110.

2028 *Oeter,* in: Malowitz/Münkler (Hrsg.), Humanitäre Intervention, 2009, S. 29–64, 47; zur Ersatzvornahme vgl. – in anderem Zusammenhang – Ebenda, S. 42.

2029 Ebenda, S. 47.

2030 *Honig,* in: Jescheck/Lüttger (Hrsg.), Festschrift für Eduard Dreher zum 70. Geburtstag, 1977, S. 39–52, 46 a. E.

2031 *Merkel,* in: Meggle (Hrsg.), Humanitäre Interventionsethik, 2004, S. 107–132, 110.

2032 So im Ergebnis auch ebenda, S. 114, 121.

2033 Ebenda, S. 110.

2034 Ebenda, S. 113.

2035 So ebenda, S. 110.

2036 Ebenda, S. 113, Fn. 10. So auch *Missling,* Widerstand und Menschenrechte, 1999, S. 138. *Merkel,* JZ 62 (2007), S. 373–385, 378 dehnt diese Aussage auch auf die Prinzipien hinter den anderen grundlegenden strafrechtlichen Rechtfertigungsgründen aus.

2037 *Oeter,* in: Malowitz/Münkler (Hrsg.), Humanitäre Intervention, 2009, S. 29–64, 47. Ähnlich *Missling,* Widerstand und Menschenrechte, 1999, S. 138; *Doehring,*

legende menschliche Prinzip der Selbsterhaltung. Selbst *Kant*, der dem Notstand gegenüber negativ gesonnen war, erkannte ein Notwehrrecht an.[2038] Im Folgenden wird erörtert, inwiefern die Prinzipien der Notwehr und des Notstands Eingang in das geltende Völkerrecht gefunden haben.

2. Das Notwehrrecht

Im geltenden Völkerrecht lassen sich zunächst Notwehrregelungen zugunsten von Staaten finden. Dies zeigt bereits Art. 51 UN-Charta, dessen Regelung ebenso völkergewohnheitsrechtlich gilt.[2039] Zudem existiert der Gedanke der Notwehr von Staaten im Recht der Staatenverantwortlichkeit (Art. 21 ILC-Entwurf zur Staatenverantwortlichkeit von 2001[2040]). Ein kodifiziertes Notwehrrecht zugunsten des Einzelnen lässt sich demgegenüber nur im Völkerstrafrecht finden – in Form der Regelung des Art. 31 Abs. 1 lit. c) Rom-Statut.[2041] Darüber hinaus werden völkerrechtliche Erwägungen der Notwehr des Einzelnen zur Verteidigung von Menschenrechten im Rahmen der Begründung des Rechts auf humanitäre Interventionen angestellt – vor allem im Rahmen der Ansicht, nach welcher das Recht auf humanitäre Intervention ein Instrument der Nothilfe sei. Hierin liegt ein wichtiger Ansatz für ein völkerrechtliches Widerstandsrecht. Allerdings ist die Annahme eines völkerrechtlichen Notwehrrechts des Einzelnen (etwa zur Verteidigung der Menschenrechte) in der bisherigen Analyse lediglich als These der Völkerrechtswissenschaft aufgetreten. Im Folgenden wird erörtert, ob diese These möglicherweise geltendes Völkerrecht darstellt und insofern einen Hinweis auf die Existenz eines Widerstandsrechts bietet.

Völkerrecht, 2004, § 20 Rn. 1015; *Bittner,* in: Bleisch/Strub (Hrsg.), Pazifismus, 2006, S. 265–275, 266, 272.

2038 Vgl. *Kant,* AA VI, MdS, 1968, Einleitung in die Rechtslehre, Anhang, S. 236; ebenda, Einleitung in die Rechtslehre, Anhang, S. 235; *ders.,* AA XIX, Reflexionen zur Moralphilosophie, 1971, Reflexion Nr. 7195, S. 269.

2039 *Greenwood,* Self-Defence, 2011, Rn. 1.

2040 Dieser Kodifikation kommt zwar keine völkervertragsrechtliche Geltung zu; sie stellt aber einen Versuch dar, das geltende Völkergewohnheitsrecht zu kodifizieren, und weist in diesem Zusammenhang – gerade beim Notwehrrecht – eine verbindliche Wirkung auf.

2041 Hierzu s. nur *Ambos,* Internationales Strafrecht, 2014, § 7 Rn. 82 m. w. N.

Mangels völkervertragsrechtlicher Regelung und Völkergewohnheitsrecht wäre dies der Fall, wenn das Notwehrrecht (des Einzelnen) als allgemeiner Rechtsgrundsatz des Völkerrechts gem. Art. 38 Abs. 1 lit. c) IGH-Statut existieren würde. Wie genau sich allgemeine Rechtsgrundsätze gem. Art. 38 Abs. 1 lit. c) IGH-Statut ermitteln lassen, ist in der Völkerrechtswissenschaft umstritten.[2042] Zum einen wird die Ansicht vertreten, sie könnten nur im Wege der Rechtsvergleichung aus den Gemeinsamkeiten der nationalen Rechtsordnungen bzw. der bedeutsamsten Rechtskreise abgeleitet werden.[2043] Zum anderen wird zusätzlich auf die international anerkannten Grundsätze Rekurs genommen.[2044] Im Folgenden werden beide Ansätze berücksichtigt.[2045]

2042 Vgl. *Oeter,* in: Malowitz/Münkler (Hrsg.), Humanitäre Intervention, 2009, S. 29–64, 46, der darauf hinweist, dass lediglich darüber Einigkeit bestehe, dass allgemeine Rechtsgrundsätze existierten.

2043 *Schwarzenberger,* Foreword, 1994, S. xii; *Berber,* Lehrbuch des Völkerrechts, Bd. I, 1960, S. 69 f.; *Cavaré,* Le droit international public positif, 1967, S. 241; *Graf Vitzthum,* in: ders./Proelß (Hrsg.), Völkerrecht, 2016, S. 1–60, Abschn. 1 Rn. 143; in diese Richtung tendierend *Cheng,* General Principles, 1994, S. 24, 390; *Malanczuk,* Akehurst's Modern Introduction to International Law, 1997, S. 48 f., der auch internationale Prinzipien hierzu zählt, die jedoch keine eigenständige Rechtsquelle darstellten, sondern die Rechtsmethodik zur Auslegung des Völkerrechts beträfen; *Hailbronner,* ZaöRV 36 (1976), S. 190–226, S. 205 ff., der betont, dass die „[…] allgemeinen Rechtsgrundsätze ihren Geltungsgrund im Völkerrecht selbst haben […]" (ebenda, S. 207).

2044 So *Anzilotti,* Cours de droit international, Vol. I, 1929, S. 117; *Jaenicke,* in: Strupp/Schlochauer (Hrsg.), Wörterbuch des Völkerrechts, Bd. III, 1962, S. 766–775, S. 770 f.; *Wengler,* Völkerrecht, Bd. I, 1964, S. 367 f.; *Zemanek,* The Year Book of World Affairs 1965, S. 199–222, 208; *Mosler,* ZaöRV 36 (1976), S. 6–49, 44; *Rousseau,* Droit International Public, Tome I, 1970, S. 372, 379, 389; *Lammers,* in: Kalshoven/Kuyper/Lammers (Hrsg.), Essays on the Development of the International Legal Order, 1980, S. 53–76, 59; *Verdross/Simma,* Universelles Völkerrecht, 1984, § 606; *Dahm/Delbrück/Wolfrum,* Völkerrecht, Bd. I/1, 1989, S. 66; *Malanczuk,* Akehurst's Modern Introduction to International Law, 1997, S. 49; *Weiß,* AVR 39 (2001), S. 394–431, 399 ff., 403; *Wolfrum,* General International Law (Principles, Rules, and Standards), 2010, Rn. 20; IGH, Pulp Mills on the River Uruguay, I.C.J. Reports 2010, 135 ff., Rn. 48; *Rentsch,* in: Fassbender/Siehr (Hrsg.), Suprastaatliche Konstitutionalisierung, 2012, S. 101–134, 112; *Gaja,* General Principles of Law, 2013, Rn. 17 ff.

2045 Näheres zur Diskussion um den Ursprung allgemeiner Rechtsgrundsätze s. u., S. 493 ff.

a) Vergleich nationaler Rechtsordnungen

Die Methodik der Rechtsvergleichung setzt die Studie der wichtigsten Rechtskreise im Hinblick auf eine gemeinsame *ratio legis* voraus.[2046] In dieser Arbeit wird diesbezüglich auf bereits durchgeführte Studien verwiesen; insbesondere auf die von *Albin Eser* und *George P. Flechter* herausgegebene.[2047] In den dortigen Beiträgen finden sich Nachweise, dass der strafrechtliche Rechtfertigungsgrund der Notwehr bzw. seine zivilrechtlichen Entsprechungen in den Rechtsordnungen von Schweden, Norwegen, Polen, Finnland, Dänemark, im damaligen sowjetischen Raum, in Spanien, Italien, Portugal, Japan, Südkorea sowie China existieren.[2048]

Zudem lassen sich Normen der Notwehr auch im angloamerikanischen Rechtsraum finden.[2049] Darüber hinaus bestehen sie laut *Missling* auch in der Jurisdiktion der Schweiz, Österreichs, Frankreichs, Griechenlands,

2046 *Drobnig,* in: Caemmerer/Mentschikoff/Zweigert (Hrsg.), Ius Privatum Gentium, 1969, S. 221–234, 222 f.; *Hailbronner,* ZaöRV 36 (1976), S. 190–226, 207.

2047 Vgl. *Eser/Fletcher* (Hrsg.), Rechtfertigung und Entschuldigung, Bd. I, 1987.

2048 Vgl. *Jareborg,* in: Eser/Fletcher (Hrsg.), Rechtfertigung und Entschuldigung, Bd. I, 1987, S. 411–436, 420 (Schweden); *Andenaes,* in: Eser/Fletcher (Hrsg.), Rechtfertigung und Entschuldigung, Bd. I, 1987, S. 437–451, 443 ff. (Norwegen); *Spotowski,* in: Eser/Fletcher (Hrsg.), Rechtfertigung und Entschuldigung, Bd. I, 1987, S. 550–572, 552 ff. (Polen); *Utrianien,* in: Eser/Fletcher (Hrsg.), Rechtfertigung und Entschuldigung, Bd. I, 1987, S. 611–643, 638 ff.; (Finnland) *Garde,* in: Eser/Fletcher (Hrsg.), Rechtfertigung und Entschuldigung, Bd. II, 1987, S. 1393–1413, 1398 ff. (Dänemark); *Kelina,* in: Eser/Fletcher (Hrsg.), Rechtfertigung und Entschuldigung, Bd. I, 1987, S. 453–465, 459 ff. (ehemalige Sowjetunion); *Schroeder,* in: Eser/Fletcher (Hrsg.), Rechtfertigung und Entschuldigung, Bd. I, 1987, S. 523–547, 531 ff. (ehemalige Sowjetunion); *Gimbernaut Ordeig,* in: Eser/Fletcher (Hrsg.), Rechtfertigung und Entschuldigung, Bd. III, 1987, S. 71–78 (Spanien); *Romano,* in: Eser/Fletcher (Hrsg.), Rechtfertigung und Entschuldigung, Bd. III, 1987, S. 117–137, 121 f. (Italien); *Marinucci,* in: Eser/Fletcher (Hrsg.), Rechtfertigung und Entschuldigung, Bd. III, 1987, S. 55–70 (Italien); *Munoz Conde,* in: Eser/Fletcher (Hrsg.), Rechtfertigung und Entschuldigung, Bd. III, 1987, S. 375–381, 381 (Portugal); *Takahashi,* in: Eser/Fletcher (Hrsg.), Rechtfertigung und Entschuldigung, Bd. IV, 1987, S. 179–186 (Japan); *Kim,* in: Eser/Fletcher (Hrsg.), Rechtfertigung und Entschuldigung, Bd. IV, 1987, S. 113–142 (Südkorea); *Wang,* in: Eser/Fletcher (Hrsg.), Rechtfertigung und Entschuldigung, Bd. IV, 1987, S. 107–110, 109 a. E. (China).

2049 Zu England und den USA *Helmrich,* Die Berufung gewerblicher Sicherheitskräfte auf Notwehr und Nothilfe, 2008, S. 69 ff.; vgl. *Oetker,* in: Birkmeyer/Calker/Frank u. a. (Hrsg.), Vergleichende Darstellung des Deutschen und Ausländischen Strafrechts, Bd. AT/II, 1908, S. 255–401, 299 ff.

Belgiens und der Niederlande.[2050] Ebenso finden sie sich im pakistanischen Strafrecht – überhaupt existiert Notwehr im islamischen Recht.[2051] Verankert ist das Notwehrrecht auch in der deutschen Rechtsordnung (§ 32 StGB, § 227 BGB). Betrachtet man die Rechtsgeschichte der deutschen Notwehrnormen, so lässt sich der Notwehrgedanke bis ins Römische Recht zurückverfolgen und ist seitdem Teil der bedeutsamsten Rechtssatzungen, die das deutsche Recht geprägt haben.[2052]

Unterschiede für das Notwehrrecht liegen bei den verschiedenen nationalen Rechtsordnungen in den geschützten Rechtsgütern und in dem Erfordernis einer normativen Abwägung.[2053] Wie anhand der aufgezählten Staaten zu sehen ist, ist das Notwehrrecht nicht nur ein Teil westlicher Rechtsordnungen, sondern tritt auch in asiatischen und ehemals sowjetischen Rechtsordnungen auf. Notwehr findet sich damit in allen Rechtskreisen: im Rechtskreis des *Common Law*, im römisch-zentraleuropäisch-germanischen Rechtskreis und im asiatischen, islamischen und marxistisch-sozialistischen Rechtskreis.[2054]

Der rechtsvergleichende Ansatz spricht dafür, dass der Grundsatz eines Individual-Notwehrrechts zur Verteidigung von fundamentalen subjektiven Rechten universell existiert.[2055] *Weinkauff* formuliert, dass Notwehr ein „elementare[r], jeder Rechtsordnung zugrunde liegende[r] Rechtsgedanke“[2056] ist, und seine These hält einer gegenwärtigen Praxisprüfung stand. Die Ansicht, welche die nationalen Rechtsordnungen zur Bestimmung von allgemeinen Rechtsgrundsätzen des Völkerrechts zurate zieht,

---

2050 *Missling,* Widerstand und Menschenrechte, 1999, S. 140. Zu Frankreich auch *Oetker,* in: Birkmeyer/Calker/Frank u. a. (Hrsg.), Vergleichende Darstellung des Deutschen und Ausländischen Strafrechts, Bd. AT/II, 1908, S. 255–401, 303 ff.; *Helmrich,* Die Berufung gewerblicher Sicherheitskräfte auf Notwehr und Nothilfe, 2008, S. 67 ff.

2051 *Weilert,* Grundlagen und Grenzen des Folterverbotes in verschiedenen Rechtskreisen, 2008, 382 f., 346 f.

2052 Vgl. *Helmrich,* Die Berufung gewerblicher Sicherheitskräfte auf Notwehr und Nothilfe, 2008, S. 24 ff.

2053 *Missling,* Widerstand und Menschenrechte, 1999, S. 141; vgl. *Oetker,* in: Birkmeyer/Calker/Frank u. a. (Hrsg.), Vergleichende Darstellung des Deutschen und Ausländischen Strafrechts, Bd. AT/II, 1908, S. 255–401, 298.

2054 Näheres zur Einteilung der Rechtskreise s. u., S. 500 ff.

2055 *Missling,* Widerstand und Menschenrechte, 1999, S. 141; vgl. *Doehring,* Völkerrecht, 2004, § 20 Rn. 1015.

2056 *Weinkauff,* Die Militäropposition gegen Hitler und das Widerstandsrecht, 1954, S. 14.

käme also zum Ergebnis, dass ein individuelles Notwehrrecht zu diesen allgemeinen Rechtsgrundsätzen gehört.[2057] Über den Umfang dieses Rechts herrscht noch Unsicherheit. Im Hinblick auf die vorherige Analyse des Menschenrechtsschutzes liegt es nah, dass zumindest grundlegende Menschenrechte Gegenstand von Notwehr sein können.[2058]

b) Betrachtung des Völkerrechts

Wie eingangs erwähnt, kennt das Völkerrecht Notwehr zugunsten von Staaten (Art. 51 UN-Charta, Art. 21 ILC-Entwurf zur Staatenverantwortlichkeit von 2001) und – in sehr begrenztem Umfang – auch zugunsten des Einzelnen (Art. 31 Abs. 1 lit. c) Rom-Statut)[2059]. Dass ein Notwehrrecht als ein allgemeiner Rechtsgrundsatz existiert, kann schon aufgrund der Bezeichnung in Art. 51 UN-Charta als „naturgegebene[s] Recht" angenommen werden. Diesbezüglich könnte angenommen werden, dass es nur auf Staaten beschränkt sei. Ein solches staatliches Notwehrrecht kann in jedem Fall als allgemeiner Rechtsgrundsatz aus dem Völkerrecht selbst abgeleitet werden.[2060] Allerdings liegt es nahe, den Rechtsgrundsatz nicht auf einen bestimmten Typus von Völkerrechtssubjekten zu beschränken. Allgemeine Rechtsgrundsätze sind keine konkretisierten Rechtsnormen, sondern weisen eher eine abstrakte Normstruktur auf.[2061] Damit ist bereits ein rechtslogisches Argument dafür gefunden, dass der völkerrechtliche Grundsatz des Notwehrrechts nicht auf Staaten beschränkt ist.

Dieser Befund ergibt sich auch aus materiellen Überlegungen: Das Recht auf Selbsthilfe in Notsituationen stellt ein abstraktes Prinzip dar, dessen Anwendbarkeit nicht auf ein bestimmtes Rechtssubjekt beschränkt ist. Im Völkerrecht sind die Staaten die traditionellen (geborenen) Völker-

---

2057 *Graf Vitzthum,* in: ders./Proelß (Hrsg.), Völkerrecht, 2016, S. 1–60, Abschn. 1 Rn. 142, Fn. 355.

2058 So im Ergebnis *Doehring*, in: Simma u. a., UN Charta, 1991, nach Art. 1 Rn. 40; *ders.*, in: Deutsche Gesellschaft für Völkerrecht (Hrsg.), Aktuelle Probleme des Menschenrechtsschutzes, 1994, S. 277–309, 277 ff.; *Doehring,* Völkerrecht, 2004, § 14 Rn. 766, § 20 Rn. 1015.

2059 Hierzu s. nur *Werle/Jeßberger,* Völkerstrafrecht, 2016, Rn. 652 ff.

2060 Vgl. *Schilling,* AVR 35 (1997), S. 430–458, 438; *Ipsen,* Die Friedens-Warte 74 (1999), S. 19–23, 22; *Missling,* Widerstand und Menschenrechte, 1999, S. 140; *Doehring,* Völkerrecht, 2004, § 14 Rn. 757.

2061 *Berber,* Lehrbuch des Völkerrechts, Bd. I, 1960, S. 70.

rechtssubjekte.[2062] Mittlerweile werden aber auch die Individuen als voll rechtsfähige Rechtssubjekte anerkannt.[2063] Insbesondere in den Bereichen, in denen ihnen völkerrechtliche subjektive Rechte zustehen, müssen sie sich daher ebenso verteidigen können wie Staaten im Fall eines Angriffes.[2064] Wenn dies nicht gälte, statuierte man „Völkerrechtssubjekte zweiter Klasse“[2065], wie es *Merkel* treffend ausdrückt. Das Ergebnis ist auch mit Blick auf den völkerrechtlichen Menschenrechtsschutz und andere individualschützende Rechtsinstitute (wie z. B. die Auslieferungsausnahme bei politischen Delikten oder den diplomatischen Schutz) überzeugend.[2066] Wie gezeigt wurde, kann ein Notwehrrecht nicht per se aus dem Menschenrechtssystem abgeleitet werden – etwa als Annex zu einzelnen Menschenrechten. Die Existenz dieses Rechtsgebietes zeigt, dass die Schutzbedürftigkeit von Individuen keinesfalls hinter derjenigen der Staaten zurückbleibt. Dieses Ergebnis wird durch das den Selbsthilferechten zugrunde liegende Prinzip der Selbsterhaltung weiter gestützt.[2067] Der Selbsterhaltungstrieb wohnt nicht (nur) den Staaten inne, sondern (auch) den Menschen, wie bereits *Hobbes* und *Locke* erkannten.

Das Notwehrrecht (des Einzelnen) wird völkervertragsrechtlich auch in Art. 21 der *Convention on the Safety of United Nations and Associated Personnel* vom 12. Dezember 1994 statuiert.[2068] Ebenso wurde das Individualnotwehrrecht bereits in der internationalen Schiedsgerichtsbarkeit im

---

2062 S. nur *Schilling,* AVR 35 (1997), S. 430–458, 439; *Kau,* in: Graf Vitzthum/Proelß (Hrsg.), Völkerrecht, 2016, S. 133–246, Abschn. 3 Rn. 8.

2063 S. nur ebenda, S. Abschn. 3 Rn. 14 ff.

2064 *Schilling,* AVR 35 (1997), S. 430–458, 439; vgl. *Bassiouni,* DePaul Law Review 19 (1969), S. 217–265, 255.

2065 *Merkel,* in: Meggle (Hrsg.), Humanitäre Interventionsethik, 2004, S. 107–132, 114.

2066 Vgl. *Bassiouni,* DePaul Law Review 19 (1969), S. 217–265, 255; *Missling,* Widerstand und Menschenrechte, 1999, S. 154 ff.

2067 Zum Selbsterhaltungsprinzip *Oetker,* in: Birkmeyer/Calker/Frank u. a. (Hrsg.), Vergleichende Darstellung des Deutschen und Ausländischen Strafrechts, Bd. AT/II, 1908, S. 255–401, 298 („Trieb des Selbstschutzes“); *Berber,* Lehrbuch des Völkerrechts, Bd. I, 1960, S. 71; insofern kritisch *Brierly,* Grundlagen des Völkerrechts, 1948 (Orig. v. 3. Aufl. 1942), S. 216, der Selbsterhaltung als Instinkt und nicht als Recht betrachtet. Kritisch zum Selbsterhaltungsrecht von Staaten *Sauer,* Völkerrecht und Weltfrieden, 1948, S. 100, der aber ein Grundrecht auf Selbsterhaltung der Völker bejaht.

2068 Vgl. *Arsanjani,* Introductory Note on the Convention on the Safety of United Nations and Associated Personnel, 2009, englische PDF-Version, S. 5.

Fall *Naulilaa* anerkannt.[2069] Außerdem findet sich der Gedanke der Notwehr im Selbstbestimmungsrecht.[2070] Das Prinzip der Notwehr stellt damit auch aus völkerrechtsinterner Perspektive einen allgemeinen Rechtsgrundsatz dar.[2071]

c) Umfang und Probleme

Der Umfang der einzelstaatlichen Notwehrregelungen variiert. Es stellt sich die Frage, wie derjenige des völkerrechtlichen allgemeinen Grundsatzes des Notwehrrechts zu bestimmen ist. Allgemeine Rechtsgrundsätze besitzen nur eine abstrakte Normstruktur, und so ist es Aufgabe der Völkerrechtswissenschaft, ihnen Konturen zu verleihen. Für das Notwehrrecht kann dies hier nicht vollumfänglich geschehen. Nachfolgend werden nur solche Problembereiche des Notwehrrechts angesprochen, die im Hinblick auf ein Widerstandsrecht bedeutsam werden könnten.

Beim Notwehrrecht gelten die Schranken der Erforderlichkeit und Verhältnismäßigkeit[2072] – insbesondere für gezielte Tötungen, die im Rahmen der Notwehr vorgenommen werden. Mit Blick auf ein Widerstandsrecht kann fraglich sein, ob gezielte Tötungen von Staatsoberhäuptern bzw. Staatsmitgliedern gerechtfertigt werden können. Im Hinblick auf die Verteidigung gegen Verbrechen gegen die Menschlichkeit (insbesondere einen Angriff auf die Zivilbevölkerung) meint *Marsavelski*, dass eine Tötung nur dann gerechtfertigt sein könne, wenn ein unmittelbar bevorstehender Angriff dadurch verhindert oder ein andauernder Angriff durch

---

2069 Vgl. International Arbitration Awards, 31. Juli 1928, R.I.A.A., Volume II, S. 1011 ff.; ders., 30. Juni 1930, R.I.A.A., Volume II, S. 1035 ff.; ders., 16. Februar 1933, R.I.A.A., Volume III, S. 1371 ff. Hierzu *Pfeil,* Naulilaa Arbitration (Portugal v Germany), 2007.

2070 Hierzu s. o., S. 293 f.

2071 So im Ergebnis auch *Schilling,* AVR 35 (1997), S. 430–458, 439; *Ipsen,* Die Friedens-Warte 74 (1999), S. 19–23, 22; *Missling,* Widerstand und Menschenrechte, 1999, S. 141, 146 f., 153. In diese Richtung zu verstehen *Tomuschat,* in: UNESCO (Hrsg.), Violations of human rights: possible rights of recourse and forms of resistance, 1984, S. 13–33, 22.

2072 IGH, Nuclear Weapons, 8. Juli 1996, I.C.J. Reports 1996, S. 226 ff., Rn. 41; *Greenwood,* Self-Defence, 2011, Rn. 25 ff.; *Randelzhofer/Dörr,* in: Simma u. a., UN Charter, Vol. 2, 2012, Art. 51 Rn. 6, 57 ff. für die Notwehr von Staaten, wenngleich diese Beschränkung nicht im Wortlaut des Art. 51 UN-Charta angelegt ist.

diese Tötung beendet werden könne.[2073] An dieser Stelle treten die Probleme der praktischen Anwendung des Notwehrrechts (und eines Widerstandsrechts) zutage. Insbesondere die Subsumtion eines Sachverhalts unter das Erforderlichkeitskriterium dürfte ob des Prognosecharakters dieses Merkmals gemeinhin Schwierigkeiten bereiten. Im Fall eines derart gravierenden Angriffes sind aber keine allzu hohen Anforderungen an die Träger eines Notwehrrechts zu stellen. Genaueres bestimmt im Einzelfall die strafrechtliche Irrtumslehre.

Deutlich wird an dieser Stelle die *Mikroperspektive*, die bei der Einzelfallbeurteilung einer individuellen Notwehrhandlung eingenommen wird. Eine solche Perspektive ist auch bei der Beurteilung der Legitimität von Widerstand bedeutsam. Die Fragen, die im Zusammenhang mit der Ausübung eines Widerstandsrechtes einhergehen, betreffen zudem eine *Makroperspektive*, da Widerstand gleichfalls kollektiv ausgeübt werden kann. Ein Widerstandsrecht geht damit über ein individuelles Notwehrrecht hinaus.

In diesem Zusammenhang lässt sich auch ein viel diskutiertes Problem des Selbstverteidigungsrechts gem. Art. 51 UN-Charta verorten, nämlich dasjenige der zeitlichen Grenzen des Notwehrrechts. Insbesondere die Zulässigkeit von präventiver bzw. antizipierter Selbstverteidigung ist im Rahmen von Art. 51 UN-Charta ein viel diskutiertes Phänomen.[2074] Relevant geworden ist es insbesondere in Zusammenhang mit der sogenannten *Bush-Doktrin*[2075] der *National Security Strategy* von 2002, mit welcher die USA ihren Kriegszug gegen den Irak im Jahre 2003 zu rechtfertigen suchten.[2076] Danach genüge bereits eine abstrakte Gefahr, die von einem

---

2073 *Marsavelski,* CJIL 28 (2013), S. 241–295, 286 f.

2074 Dafür etwa *McDougal,* AJIL 57 (1963), S. 597–604, 601; *Sofaer,* EJIL 14 (2003), S. 209–226; *Marsavelski,* CJIL 28 (2013), S. 241–295, 286, der u. a. mit dem strafrechtlichen Versuchsbegriff argumentiert. Dagegen etwa IGH, Nicaragua vs. USA, 27. Juni 1986, I.C.J. Reports 1986, S. 14 ff., 105 Rn. 199; *Cassese,* International Law, 2005, S. 362; *Schwehm,* AVR 46 (2008), S. 368–406; *Bothe,* in: Graf Vitzthum/Proelß (Hrsg.), Völkerrecht, 2016, S. 591–682, Abschn. 8 Rn. 19.

2075 *Dörr,* APuZ 2004 (Heft B43), S. 14–20, 16; *Randelzhofer/Nolte*, in: Simma u. a., UN Charter, Vol. 2, 2012, Art. 51 Rn. 51.

2076 Hierzu *Wedgwood,* AJIL 97 (2003), S. 576–585, 582 ff.

Schurkenstaat ausgehe, um das Selbstverteidigungsrecht auszulösen.[2077] Diese Doktrin hat in der Völkerrechtswissenschaft keinen Anklang gefunden.[2078] Eine abstrakte Gefahr genügt für das Selbstverteidigungsrecht nach Art. 51 UN-Charta keineswegs. Nicht zuletzt angesichts der heute verfügbaren ABC-Waffen und ihres hohen Vernichtungspotenzials muss aber ein Mindestmaß an präventiver Selbstverteidigung bei einer konkreten Gefahr zulässig sein.[2079] Hierzu muss im Einzelfall betrachtet werden, welches Ausmaß der drohende Schaden annehmen könnte und ob Verteidigungschancen bei zeitlichem Abwarten möglicherweise auf null reduziert werden.[2080] Dies kommt dem Erfordernis des unmittelbar bevorstehenden Angriffs des individuellen Notwehrrechts aus der deutschen Strafrechtsdogmatik gleich.

Auch für ein individuelles Notwehrrecht dürften nahezu dieselben zeitlichen Grenzen gelten, die aus dem deutschen Strafrecht bekannt sind:[2081] Ein Angriff muss also unmittelbar bevorstehen oder gerade stattfinden.[2082] Das Problem der Auslegung des Kriteriums „unmittelbar bevorstehen" könnte bei der Ausübung von Widerstand als einer Art kollektiver Notwehr ebenso Probleme bereiten wie bei der staatlichen Selbstverteidigung. *Marsavelski* spricht sich dafür aus, Sachverhalte mit präventivem Bezug unter ein Notstandsrecht („Dauergefahr") zu subsumieren.[2083] Die Existenz eines solchen Rechtes im Völkerrecht muss sogleich noch erörtert

---

2077 *Seal of the President of the United States,* The National Security Strategy of the United States of America, September 2002, S. 15; zustimmend *Sofaer,* EJIL 14 (2003), S. 209–226.

2078 *Randelzhofer/Nolte*, in: Simma u. a., UN Charter, Vol. 2, 2012, Art. 51 Rn. 52.

2079 *Tomuschat,* Jahrbuch Menschenrechte 2004/2005, S. 121–130, 127; *Dörr,* APuZ 2004 (Heft B43), S. 14–20, 17; *Herdegen,* Völkerrecht, 2016, § 34 Rn. 29; *Randelzhofer/Nolte*, in: Simma u. a., UN Charter, Vol. 2, 2012, Art. 51 Rn. 53.

2080 *Yoo,* AJIL 97 (2003), S. 563–576, 573 f.; *Dörr,* APuZ 2004 (Heft B43), S. 14–20, 17.

2081 So weist z. B. Art. 31 Abs. 1 lit. c) Rom-Statut viele Gemeinsamkeiten mit § 32 StGB auf (s. *Ambos,* Internationales Strafrecht, 2014, § 7 Rn. 82). Ablehnend im Hinblick auf die Gegenwärtigkeit eines Angriffs *Weigend*, in: MüKo StGB, 2011-2015, § 2 VStGB Rn. 18, der zeitlich engere Grenzen als bei § 32 StGB ansetzt.

2082 S. nur *Erb*, in: MüKo StGB, 2017, § 32 Rn. 104. Etwas allgemeiner zur Anforderung der Gegenwärtigkeit *Bittner,* in: Bleisch/Strub (Hrsg.), Pazifismus, 2006, S. 265–275, 265.

2083 *Marsavelski,* CJIL 28 (2013), S. 241–295, 288.

werden.[2084] *Marsavelski* räumt außerdem ein, dass das Kriterium der Dauergefahr im Völkerrecht noch nicht derart anerkannt ist wie z. B. im deutschen Strafrecht.[2085] Darüber hinaus entstehen z. B. bei der Rechtfertigung von Tötungen oder körperlichen Verletzungen – selbst im Rahmen des Defensivnotstands bei einer Dauergefahr[2086] – Probleme der Verhältnismäßigkeit.[2087] Eine solche Konstellation wird in der deutschen Fachliteratur unter anderem in den so bezeichneten Fällen der Familientyrannen diskutiert.[2088] *Marsavelski* zufolge ist hier eine Rechtfertigung möglich.[2089] Dies ist mit Blick auf die Nähe zwischen Defensivnotstand und Notwehr vertretbar, aber nicht zwingend. In jedem Fall ist der Vergleich zwischen dem Familien- und dem Staatstyrannen interessant, den *Marsavelski* mit Blick auf den *Aristotelischen* Vergleich von Staat und Familie zieht.[2090] Der Vergleich verdeutlicht ferner, wie bedeutsam Erwägungen der Strafrechtswissenschaft im Hinblick auf ein Widerstandsrecht sein können. Zu beachten ist auch hier der Unterschied zwischen Mikro- und Makroebene bei individueller Notwehr bzw. individuellem Notstand und kollektivem Widerstand.

d) Zusammenfassende Bemerkungen

Nach hiesiger Analyse ist die Existenz des allgemeinen Grundsatzes des Notwehrrechts im Völkerrecht zu bejahen. Zudem wurden bereits Parallelen und Unterschiede zum Widerstandsrecht dargestellt. Notwehr und Widerstand entstammen beide dem Prinzip der Selbsterhaltung – *Locke* wür-

---

2084 S. u., S. 396 ff.

2085 *Marsavelski,* CJIL 28 (2013), S. 241–295, S. 288.

2086 Zum Notstand bei Dauergefahr s. nur *Roxin,* Strafrecht Allgemeiner Teil, Bd. I, 2006, § 22 Rn. 17.

2087 Zur Zulässigkeit von Tötungen beim Defensivnotstand *Sinn,* in: Heinrich/Jäger/Schünemann (Hrsg.), Strafrecht als Scientia Universalis, 2011, S. 673–688, 680 f. Dafür *Merkel,* JZ 62 (2007), S. 373–385, 384. Dagegen *Roxin,* Strafrecht Allgemeiner Teil, Bd. I, 2006, § 16 Rn. 78 ff.; *Perron,* in: Schönke/Schröder, StGB, 2014, § 34 Rn. 30 (mit Ausnahmen).

2088 S. nur *Kühl,* Strafrecht Allgemeiner Teil, 2012, § 8 Rn. 138. Gegen die Rechtfertigung einer Tötung über § 34 StGB *Otto,* NStZ 2004, S. 142–144, 143; *Erb,* in: MüKo StGB, 2017, § 34 Rn. 157 f.

2089 *Marsavelski,* CJIL 28 (2013), S. 241–295, 288.

2090 Vgl. ebenda, S. 288.

de sagen: dem „Selbstverteidigungsrecht im Kriegszustand“[2091]; ähnlich *Hobbes*.[2092] Das Notwehrrecht als allgemeiner Rechtsgrundsatz berechtigt die Individuen zu Verteidigungshandlungen in Situationen menschenrechtlicher Not.[2093] Hier berechtigt also das Völkerrecht bereits zu seiner dezentralen Durchsetzung.[2094] Das führt auf eine bedeutsame Spur eines Widerstandsrecht: Individuelle Notwehr gegenüber einem staatlichen Angriff stellt nach der weiten Widerstandsdefinition[2095] immer zugleich Widerstand dar. *Missling* setzt dafür im Fall gravierender Menschenrechtsverletzungen auch keine spezifische rebellische Intention beim Verteidiger voraus. Die persönliche Verteidigung des Lebens gegen einen staatlichen Angriff stelle immer eine Bekämpfung der Rechtsordnung dar und damit auch immer Widerstand, der auf deren Überwindung abziele.[2096] Die Kategorisierung einer Verteidigungshandlung als Widerstand erfordert daher immer die Einnahme einer politischen bzw. staatstheoretischen Perspektive, während Notwehr schlicht rechtstheoretisch (insbesondere strafrechtlich) betrachtet werden kann. Ein Widerstandsrecht geht aber in anderer Hinsicht über das Notwehrrecht hinaus. Es hat einen staatstheoretischen Hintergrund, den das Notwehrrecht per se nicht aufweist, da es nicht zwischen staatlichen und privaten Angriffen differenziert. Das Widerstandsrecht kann, wie mehrfach erwähnt, nur Ultima Ratio sein und muss sich daher auf Menschenrechtsverletzungen von bestimmter Qualität und Quantität beschränken. Notwehr- und Widerstandsrecht sind also verwandt, jedoch keineswegs identisch.[2097]

Wenn es zu kollektivem militärischem Handeln kommt, ergeben sich zudem Differenzen zwischen dem Kriegsvölkerrecht und der herkömmli-

---

2091 Hierzu s. o., S. 124 ff.

2092 Ebenda, S. 285; vgl. *Berber,* Lehrbuch des Völkerrechts, Bd. I, 1960, S. 71; *Weber,* Die Bedeutung völkerrechtlicher Notrechte beim Einsatz atomarer Kriegsmittel, 1960, S. 42. Zum *Hobbes'schen* Selbstverteidigungsrecht s. o., S. 80 ff.

2093 *Missling,* Widerstand und Menschenrechte, 1999, S. 153, der richtigerweise sowohl die Verteidigung gegen staatliche als auch gegen private Rechtsbeeinträchtigungen hierunter fasst. Ähnlich *Klug,* in: Hill (Hrsg.), Widerstand und Staatsgewalt, 1984, S. 11–23, 12.

2094 *Mégret,* The Canadian Yearbook of International Law 2008, S. 143–192, 181.

2095 S. o., S. 214.

2096 *Missling,* Widerstand und Menschenrechte, 1999, S. 154.

2097 *Weinkauff,* Die Militäropposition gegen Hitler und das Widerstandsrecht, 1954, S. 14 f.; *Razmetaeva,* Jurisprudence 2014, S. 758–784, 771.

chen Notwehrdogmatik. Aus dem Kriegsvölkerrecht lassen sich zwei Aspekte von Notwehr herausarbeiten: zum einen die Entscheidung, überhaupt militärisch gegen den Angreifer vorzugehen (*ius ad bellum*, Makroperspektive), und zum anderen die einzelnen Maßnahmen im Rahmen der Umsetzung dieser Entscheidung (*ius in bello*, Mikroperspektive).[2098] Das Notwehrrecht vereint mit seinen Anforderungen an die Notwehrlage und -handlung beide Aspekte. Allerdings sieht es nicht vor, dass die einzelnen Verteidigungshandlungen nach einem anderen Recht als dem Notwehrrecht selbst beurteilt werden können. Es ist immer sein eigener Maßstab. Dies ist beim *ius ad bellum* und *ius in bello* anders. Diese Trennung birgt die Gefahr, dass die Bestimmungen des *ius in bello* gänzlich ignoriert werden. Wie ein *ius ad bellum* nach Art. 51 UN-Charta, stellt das Bestehen einer Notwehrlage keine *carte blanche* für jedwedes Handeln dar, das der Verteidigung dienlich sein kann.

Die Vereinigung von ob und wie im Notwehrrecht impliziert einen bedeutsamen Unterschied zwischen der Notwehrdogmatik, die dem Notwehrrecht als allgemeinem Rechtsprinzip anhaftet, und der Ausgestaltung des völkerrechtlichen Kriegsrechts. Wenn man nun bedenkt, dass möglicherweise auch im Rahmen eines Widerstandsrechts militärische Gewalt gerechtfertigt sein kann, muss erwogen werden, die pragmatische Lösung der Differenzierung zwischen *ius ad bellum* und *ius in bello* für ein gewaltsames Widerstandsrecht zu übernehmen. Allerdings müsste hiernach jede einzelne Handlung eines kollektiven, militärischen Widerstands die Anforderungen erfüllen, die an eine individuelle Verteidigungshandlung zu stellen sind. Es liegt nahe, dass bei der Ausübung militärischen Widerstands neben der (abstrakten) Erforderlichkeit einer Verteidigungshandlung auch die weiteren Anforderungen, die an eine humanitäre Intervention zu stellen sind, erfüllt sein müssten. Dies gilt insbesondere für die Voraussetzung der *reasonable prospects*. Beim militärischen Vorgehen muss eine vernünftige Erfolgsaussicht für jede einzelne Maßnahme – auf Mikroebene – bestehen und nicht nur – auf Makroebene – für das Vorhaben als Ganzes. Die Rechtswidrigkeit einer Einzelmaßnahme kann vielmehr Einfluss auf die Zulässigkeit des Gesamtvorhabens nehmen: Wenn sich lediglich rechtswidrige Einzelmaßnahmen ausführen lassen, kann das Vorhaben als Ganzes nicht rechtmäßig sein. Es bleiben nur mildere Gesamtvor-

2098 Vgl. zu den Perspektiven des *ius ad bellum* und des *ius in bello Randelzhofer/Nolte*, in: Simma u. a., UN Charter, Vol. 2, 2012, Art. 51 Rn. 62.

haben zur Verteidigung. Die strengeren Anforderungen an militärisches Vorgehen ergeben sich daraus, dass es meistens noch ein anderes Prinzip der Selbsthilfe tangiert, nämlich das des (Aggressiv-)Notstands. Von kriegerisch-gewaltsamen, insbesondere militärischen Handlungen sind nämlich auch Dritte betroffen, die zu keiner der Konfliktparteien gehören und deren Zwangsopfer etwa als „Kollateralschäden" bezeichnet werden.[2099] Nachfolgend muss in diesem Sinne das Notstandsrecht erörtert werden.

3. Das Notstandsrecht

a) Betrachtung des Völkerrechts und nationaler Rechtsordnungen

Nach einem Notstandsrecht muss man im Völkerrecht gründlicher suchen als nach einem Notwehrrecht; zu finden ist es im Völkerstrafrecht: Laut Rom-Statut Art. 31 Abs. 1 lit. d) kommt der Notstand als Strafausschließungsgrund des Einzelnen infrage.[2100] Diese Regelung ist bemerkenswert, wenn man bedenkt, auf welche Straftaten sich dieser Ausschließungsgrund bezieht;[2101] allerdings bleibt sie einer von nur sehr wenigen Anhaltspunkten für einen allgemeinen Grundsatz des Notstandsrechts. Ein Notstandsrecht der Staaten ist völkervertragsrechtlich nicht geregelt. Ansätze hierzu finden sich in Art. 25 des ILC-Entwurfs zur Staatenverantwortlichkeit von 2001. Es bleibt mangels rechtlicher Verbindlichkeit dieser Bestimmung umstritten, ob die Staaten ein Notstandsrecht haben und wie weit ein solches reicht.[2102] Damit mangelt es auch an der

---

2099 Vgl. *Merkel*, JZ 2012, S. 1137–1145.

2100 Hierzu s nur *Werle/Jeßberger*, Völkerstrafrecht, 2016, Rn. 663 ff.

2101 Zu den Problemen und zur Debatte um die Strafausschließungsgründe im Völkerstrafrecht *Eser*, Israel Yearbook on Human Rights 24 (1995), S. 201–222; *Zimmermann*, ZaöRV 58 (1998), S. 47–108, 83.

2102 Für ein Notstandsrecht etwa *Strupp*, Grundzüge des positiven Völkerrechts, 1932, S. 194 f.; *Ross*, Lehrbuch des Völkerrechts, 1951, S. 234 ff.; *Oppenheim/Lauterpacht*, International Law, Vol. I, 1955, S. 298 f.; *Weber*, Die Bedeutung völkerrechtlicher Notrechte beim Einsatz atomarer Kriegsmittel, 1960, 45 ff.; *Doehring*, Völkerrecht, 2004, § 14 Rn. 769; *Green*, Self-Preservation, 2009, Rn. 13. Dagegen *Strisower*, Der Krieg und die Völkerrechtsordnung, 1919, S. 90, 97; *Guggenheim*, Lehrbuch des Völkerrechts, Bd. II, 1951, S. 565 (jedenfalls für das positive Völkerrecht).

einheitlichen Rechtsüberzeugung für entsprechendes Völkergewohnheitsrecht.

Zu finden ist das Notstandsprinzip demgegenüber in Art. 4 Abs. 1 IPbpR. Diese Bestimmung lässt die Suspendierung der im Pakt verbürgten Rechte (mit Ausnahmen der in Abs. 2 genannten Rechte) zu, wenn im Staat öffentlicher Notstand herrscht. Nur dieser Artikel genügt nicht, um auf einen allgemeinen Grundsatz des Notstandsrechts schließen zu können. Gleichwohl stellt die Norm, gemeinsam mit den zuvor genannten, zumindest einen Hinweis auf ein Notstandsrecht dar. Im Hinblick auf ein Widerstandsrecht könnte diese Norm zudem eine andere Rolle spielen: Möglicherweise widerspricht die dortige Regelung der Existenz eines völkerrechtlichen Widerstandsrechts.[2103] Der Vorschrift könnte nämlich die Wertung zu entnehmen sein, dass die Aufrechterhaltung des Staatskörpers im Zweifelsfall von größerer Bedeutung ist als die Einhaltung der (im IPbpR verbürgten) Menschenrechte. Zum einen handelt es sich bei Art. 4 Abs. 1 IPbpR aber um einfaches Völkervertragsrecht, das keinerlei Einfluss auf ein andernorts verbürgtes Widerstandsrecht haben muss. Zum anderen ist die Klausel – so wie ein Widerstandsrecht – zwar für eine Notfallsituation gedacht, jedoch beziehen sich Art. 4 Abs. 1 IPbpR und ein Widerstandsrecht auf unterschiedliche Notfälle. Jener betrifft den Staat, dieses den Staatsbürger. Im Fall eines öffentlichen Notstands gem. Art. 4 Abs. 1 IPbpR hält sich der Vertragsstaat außerdem grundsätzlich an die Menschenrechte. Ein etwaiges Widerstandsrecht greift demgegenüber nur, wenn diese durch den Staat systematisch verletzt werden. Eine Ausnahme könnte erwogen werden, wenn die Menschenrechte aufgrund des öffentlichen Notstands verletzt werden. Zu beachten sind dann aber auch die notstandsfesten Rechte aus Art. 4 Abs. 2 IPbpR,[2104] zu deren Gunsten Widerstand in jedem Fall zulässig ist.

Nun wird sich wieder der Suche nach einem allgemeinen Grundsatz des Notstandsrechts zugewendet, die sich bislang als vergeblich gestaltet hat. Nicht nur das Völkerrecht ist zurückhaltend im Hinblick auf ein Notstandsrecht;[2105] auch in der Rechtsphilosophie findet sich ein dem Notstandsrecht gegenüber verschlossener Ansatz: Wie eingangs gezeigt wur-

---

2103 So *Dunér,* IJHR 9 (2005), S. 247–269, 255.

2104 Hierzu *Hofmann/Boldt,* Internationaler Bürgerrechtspakt, 2005, Art. 4 Rn. 3.

2105 A. A. wohl *Ipsen,* Die Friedens-Warte 74 (1999), S. 19–23, 22, der das Notstandsrecht für einen allgemeinen Rechtsgrundsatz i. S. v. Art. 38 Abs. 1 lit. c) IGH-Statut hält.

de, lehnt *Kant* dieses gänzlich ab.[2106] Wenn man den Blick zurück ins geltende Recht – auf nationale Rechtsordnungen – richtet, wird man aber an vielen Stellen ein Notstandsrecht finden, wie z. B. in § 34 StGB.[2107] *Ipsen* behauptet gar, dass es in allen entwickelten staatlichen Rechtsordnungen als Rechtfertigungs- oder Entschuldigungsgrund zumindest übergesetzlich verankert sei.[2108] Dies soll hier nicht genauer rechtsvergleichend untersucht werden. Stattdessen wird im Folgenden auf das rechtstheoretische Prinzip des Notstands eingegangen werden.

b) Rechtstheoretisches Prinzip des Notstandes

Im Hinblick auf die Anwendung von Gewalt, wie sie auch bei der Ausübung eines Widerstandsrechts denkbar ist, ist von maßgeblicher Bedeutung, dass ein rechtstheoretischer Unterschied zwischen Notwehr (bzw. Defensivnotstand) und Aggressivnotstand besteht. Dieser rechtstheoretische Unterschied gilt auch im Völkerrecht[2109] – ob als allgemeiner Rechtsgrundsatz, sei hier dahingestellt. In jedem Fall kann das Prinzip des Aggressivnotstands die Anwendung von Gewalt – wenn überhaupt – nur in sehr begrenztem Maße rechtfertigen. Derjenige, der einwendet, dass im Völkerrecht gar kein Notstandsrecht (etwa in Form eines allgemeinen Rechtsgrundsatzes) bestehe, muss die Anwendung von Gewalt noch viel stärker eingrenzen, als es das Notstandsprinzip tut. Ein Recht auf Aggressivnotstand erweitert den rechtlichen Handlungskreis des sich auf Notstand berufenden Rechtssubjekts erst. Wenn es nicht besteht, ist der Kreis der rechtlichen Handlungsmöglichkeiten in jedem Fall noch begrenzter.

2106 Hierzu s. o., S. 174.

2107 Im deutschen Recht ist zudem an § 904 BGB zu denken.

2108 Ebenda, S. 22; ähnlich *Oeter,* in: Malowitz/Münkler (Hrsg.), Humanitäre Intervention, 2009, S. 29–64, 48.

2109 Vgl. *Merkel,* in: Meggle (Hrsg.), Humanitäre Interventionsethik, 2004, S. 107–132, 124, der – in anderem Zusammenhang – von einem „universalen[n] Prinzip des Rechts überhaupt" und an anderer Stelle von einem „fundamentalen Rechtsgrundsatz" spricht (*ders.,* JZ 2012, S. 1137–1145, 1143; ähnlich *ders.,* JZ 62 (2007), S. 373–385, 378).

aa) Zwangssolidarität und Grenzen von Notstandshandlungen

Der normative Unterschied zum Notwehrprinzip, der für eine Widerstandshandlung rechtlich so bedeutsam sein kann, ergibt sich aus dem Aspekt der Zwangssolidarität.[2110] Diese wohnt einem Recht auf Aggressivnotstand ebenso inne wie etwa dem Delikt der unterlassenen Hilfeleistung, das im Übrigen nicht jede nationale Rechtsordnung kennt[2111] – schon gar nicht die internationale.[2112] Im Fall des Notstands erfolgt ein gerechtfertigter Eingriff in die Rechte eines unbeteiligten Dritten.[2113] *Kant* lehnte eine derartige Eingriffsermächtigung ab.[2114] Diese Ansicht hat sich allerdings nicht durchgesetzt.[2115] Eingriffe ins Eigentum oder leichte Eingriffe in die körperliche Unversehrtheit des Dritten können im Fall einer Notlage – je nach Abwägung – aufgrund des Notstandsprinzips legitimiert werden. Begründung der Solidarität, die das Notstandsrecht einfordert, mag – wie *Merkel* erwägt – im Rahmen des innerstaatlichen Rechts ein Band der Staatsbürger sein; auf internationaler Ebene etwa eine universelle Verbindung der Menschheit und Menschlichkeit.[2116] *Wolfgang Frisch* begründet die Solidarität mit dem Prinzip der vernünftigen Selbstverpflichtung.[2117] Wer dieses oder jenes in der Völkerrechtsordnung nicht anerkennt, kann dort gar keine Solidarität und damit keine Opferung gewisser Rechtsgüter von Dritten fordern. In diesem Sinne kommt ein Gedanke *Kants* beim Notstandsrecht zum Tragen: die untrennbare Verbindung von Recht und Zwang.[2118] Ein Notstandsrecht impliziert aufgrund seines Zwangsmomentes die Duldungspflicht des Opfers.[2119]

2110 Hierzu eingehend *ders.*, JZ 2012, S. 1137–1145, 1142 f.; vgl. *ders.*, ZIS 2011, S. 771–783, 779.

2111 Ein Beispiel hierfür ist das schwedische Strafrecht.

2112 Vgl. *Doehring*, Völkerrecht, 2004, § 14 Rn. 774.

2113 *Merkel*, in: Meggle (Hrsg.), Humanitäre Interventionsethik, 2004, S. 107–132, 113, Fn. 10.

2114 Hierzu s. o., S. 174.

2115 *Bittner*, in: Bleisch/Strub (Hrsg.), Pazifismus, 2006, S. 265–275, 271 als einer ihrer wenigen Vertreter.

2116 *Merkel*, JZ 2012, S. 1137–1145, 1143.

2117 *Frisch*, in: Paeffgen/Böse/Kindhäuser u. a. (Hrsg.), Strafrechtswissenschaft als Analyse und Konstruktion, 2011, S. 425–450, 439 f.

2118 Hierzu s. o., S. 173.

2119 *Merkel*, in: Meggle (Hrsg.), Humanitäre Interventionsethik, 2004, S. 107–132, 125, Fn. 30; *ders.*, JZ 2012, S. 1137–1145, 1138. A. A. *Zimmermann*, JZ 2014, S. 388–391, 390 f.

Selbst bei der Annahme einer solidarischen Pflicht jedes Menschen gegenüber jedem anderen Menschen unterliegt diese Pflicht strikten Grenzen. Im deutschen Strafrecht (§ 34 StGB) gilt: Die Gefahr darf nicht anders als mit der Notstandshandlung abwendbar sein; bei der Abwägung der widerstreitenden Interessen muss das geschützte Interesse das beeinträchtigte wesentlich überwiegen, und die Notstandshandlung muss angemessen sein. Besonders problematisch ist in diesem Zusammenhang die starke körperliche Beeinträchtigung (etwa in Form einer schweren Körperverletzung, vgl. § 226 StGB) oder gar die Tötung des Opfers. Bereits auf den ersten Blick wird man annehmen, dass eine Tötung nicht durch Zwangssolidarität gerechtfertigt sein kann – weder über das Band der Staatsbürgerschaft oder Menschheit noch per Selbstverpflichtung. Während im deutschen Strafrecht häufig darauf Rekurs genommen wird, dass eine Tötung nicht durch ein (Aggressiv-)Notstandsrecht gerechtfertigt sein kann, weil „Leben nicht gegen Leben abgewogen werden kann“[2120], lässt sich dieses Ergebnis viel eingängiger mit der hier angedeuteten rechtstheoretischen Überlegung begründen: Das Notstandsrecht des einen korrespondiert mit einer Opferungs- bzw. Duldungspflicht des anderen.[2121] Dies folgt aus der normenlogischen Einheit von Recht und Pflicht,[2122] die aus *Kants* Einheit von Recht und Zwang bekannt ist. Im Fall einer Tötung hieße dies, eine Opferungspflicht des Lebens zulasten des Dritten zu statuieren. Eine solche Pflicht implizierte immerhin nicht, dass die Betroffenen alle Versuche unterlassen müssten, sich der Tötung zu entziehen.[2123] Allerdings bestünde für sie kein Notwehrrecht. Zudem könnte den Tötenden

---

2120 In diesem Sinne etwa *Erb*, in: MüKo StGB, 2017, § 34 Rn. 116. Zu den Mängeln dieses Dogmas *Merkel,* JZ 62 (2007), S. 373–385, 380 f.

2121 *Ders.,* in: Meggle (Hrsg.), Humanitäre Interventionsethik, 2004, S. 107–132, 125, Fn. 30; *ders.,* JZ 2012, S. 1137–1145, 1138. A. A. *Zimmermann,* JZ 2014, S. 388–391, 390 f.

2122 *Merkel,* in: Meggle (Hrsg.), Humanitäre Interventionsethik, 2004, S. 107–132, 125, Fn. 30; *ders.,* JZ 2012, S. 1137–1145, 1138. A. A. *Zimmermann,* JZ 2014, S. 388–391, 390 f., der jedenfalls für die Ethik und das Völkerrecht eine derartige Normenlogik nicht annimmt.

2123 *Merkel,* JZ 2012, S. 1137–1145, 1138, Fn. 9.

kein Vorwurf gemacht werden.[2124] Eine derartige Opferungspflicht ist, um es mit *Merkels* Worten auszudrücken, „schlechterdings unerfindlich“[2125].

Diese Überlegung lässt sich auf die rechtsethische Betrachtung der Ausübung von Widerstand übertragen. Als Nebenfolgen einer kriegerisch-gewaltsamen Widerstandshandlung können gravierende körperliche Verletzungen oder Tötungen auftreten. Fraglich ist, ob die Grenzen einer möglichen Rechtfertigung nach dem Notstandsprinzip dabei überhaupt eingehalten werden können. Wenn man den Gedanken der Korrespondenz von Recht und Pflicht anwendet, kommt man in diesem konkreten Fall zu dem gleichen Ergebnis wie *Merkel* zuvor auf abstrakter Ebene. Der ein oder andere mag zum Märtyrertum bereit sein und z. B. als Zivilist sein Leben im Rahmen eines Bürgerkriegs gegen ein diktatorisches Regime opfern wollen. Verallgemeinerbar ist dies jedoch keineswegs; das Lebensopfer kann damit weder Gegenstand einer moralischen und schon gar nicht einer rechtlichen Pflicht sein.[2126] Die Grenzen der Zwangssolidarität sind jedenfalls dort erreicht, wo das Märtyrertum beginnt. Weiter kann ein Notstandsrecht nicht wirken – selbst, wenn ein Handelnder eine militärische Maßnahme im Kampf gegen einen stattfindenden Völkermord unternimmt. In einem solchen Fall kann zwar eine strafrechtliche Entschuldigung des Einzelnen erwogen werden, seine Handlung kann jedoch nicht zu einer gerechtfertigten Widerstandshandlung erklärt werden.

Wo die Grenze zwischen rechtlich erzwingbarer und nicht-erzwingbarer Solidarität liegt, ist schwierig zu bestimmen. Mit dem Eingriff ins Leben ist sie jedenfalls überschritten. Man kann dies damit begründen, dass dieser Eingriff ein *singuläres Rechtsgut* betrifft – denn ein jeder hat nun mal nur ein einziges Leben[2127]. Muss ein Mensch dann z. B. ein Opfer des rechten kleinen Fingers hinnehmen, weil ihm noch der linke kleine Finger erhalten bliebe? In diesem Szenario liegt keine (eindeutige) Singularität des zu opfernden Gutes vor. Dafür ist hier – ebenso wie bei einer Tötung – die *Irreversibilität* des Verletzungserfolgs gegeben. Letzteres ließe sich

---

2124 Ebenda, S. 1138, Fn. 9.

2125 *Ders.,* in: Meggle (Hrsg.), Humanitäre Interventionsethik, 2004, S. 107–132, 126; *ders.,* JZ 2012, S. 1137–1145, 1138. Im Ergebnis ebenso *Rudolf,* Schutzverantwortung und humanitäre Intervention, 2013, S. 24.

2126 *Merkel,* in: Meggle (Hrsg.), Humanitäre Interventionsethik, 2004, S. 107–132, 125 f.

2127 Vgl. ebenda, S. 126; *ders.,* JZ 2012, S. 1137–1145, 1138 mit Hinweis auf *Nozick,* Anarchy, State, and Utopia, 1974, S. 33.

für den rechten kleinen Finger nur mit dem Verweis auf die Möglichkeit einer medizinischen Prothese bestreiten. Auch das Kriterium der Irreversibilität ist aus dieser Perspektive zur Grenzbestimmung also nicht problemlos geeignet. Etwas anderes könnte sich ergeben, wenn man das Attribut des *Körperlichen* bzw. des *Gesundheitlichen* hinzunimmt. Bei einer körperlich bzw. gesundheitlich irreversiblen Schädigung könnte also die Grenze der erzwingbaren Solidarität liegen. Fraglich ist hier wiederum, ob medizinische Maßnahmen zur Eindämmung der Schäden Berücksichtigung finden können. Dies könnte der Fall sein, wenn diese Maßnahmen tatsächlich (innerhalb angemessener Zeit und ohne weiteren körperlichen Eingriff) den körperlichen bzw. gesundheitlichen Zustand vor der Schädigung wiederherstellen könnten. In diesem Sinne könnten etwa die Wirkungen von Arzneimitteln, die eine vollständige Heilung ermöglichen, berücksichtigt werden – im Gegensatz zur Möglichkeit eines Protheseneinsatzes.[2128]

Wenn diese Heilungsmöglichkeiten Berücksichtigung finden würden, wäre die soeben statuierte Eingriffsgrenze des körperlich-gesundheitlich Irreversiblen in Wahrheit wieder dahin, da sie keine absolute Grenze mehr darstellte, sondern körperliche bzw. gesundheitliche Eingriffe der Folgenabwägung zugänglich würden. Im Kern stellt sich damit die Frage nach einer absoluten oder relativen Bewertung. Eine strikt absolute Grenze bei körperlichen Eingriffen ist ohnehin abzulehnen, da sich hier am Kriterium der Irreversibilität orientiert wird. Dies impliziert eine relative Betrachtungsweise. Es werden zudem Aspekte beider Betrachtungsweisen vereint – so unvereinbar sie auf den ersten Blick erscheinen. Zum absoluten Wert wird der dauerhaft[2129] unbeeinträchtigte Zustand von Körper und Gesundheit. Die absolute Sichtweise wird also um das Zeitmoment ergänzt. Damit ist unweigerlich ihr Aufweichen verbunden. Führt man sich einige Beispiele vor Augen, ist dies dennoch verallgemeinerbar: Man wird von jemandem solidarisch fordern, eine leichte, schnell heilende Schnittwunde hinzunehmen, wenn dadurch ein anderer sein Leben retten kann. Konsequentialisten würden dies gegebenenfalls auch für die Opferung des kleinen Fingers annehmen. Hier ist, der hiesigen Sichtweise nach, jedoch die

2128 Die Einzelfallbetrachtung mag sich hier nicht einfach gestalten und oftmals eine eingehende medizinwissenschaftliche Beurteilung erfordern, die möglicherweise bis zur atomaren Ebene reicht.

2129 Die Dauer darf eine mittelfristige Zeitspanne keinesfalls überschreiten. Näheres bedarf der Einzelfallbetrachtung.

absolute Grenze dessen überschritten, was solidarisch gefordert werden kann. Die Opferung des kleinen rechten Fingers kann ebenso wenig rechtlich verlangt werden wie diejenige eines Beines, des durchgängigen Rückenmarkkanals oder der Sehkraft. Ebenso wenig kann ein Notstandsrecht den Einsatz biologischer Waffen durch Widerstandskämpfer in einem Bürgerkrieg rechtfertigen, der bei einem Zivilisten eine lebenslange chronische Infektionskrankheit verursacht. Es wird also keine Folgenabwägung vorgenommen, in der zu befinden wäre, dass das Opfer gewisse körperliche oder gesundheitliche Einschränkungen für sein gesamtes weiteres Leben (oder einen mittel- bis langfristigen Zeitraum) hinnehmen muss, weil dadurch jemand anderes sein Leben oder das Leben einer ganzen vom Völkermord bedrohten Bevölkerungsgruppe retten konnte. Auf der Zeitachse wird Körper und Gesundheit also ein absoluter Wert beigemessen.

Das Notstandsprinzip ist für ein Widerstandsrecht von großer Bedeutung, wenn ein solches Recht auch Ausübungsmodi von Widerstand umfasst, die nicht nur die Verursacher der Widerstandslage betreffen, sondern auch Dritte – also kriegerisch-gewaltsamen Widerstand. Hier kommen die legitimatorischen Begrenzungen des Prinzips des Aggressivnotstands zum Tragen. Dies gilt umso mehr, als es im Einzelfall sehr schwierig sein kann, die Betroffenen der Widerstandshandlung eindeutig zu den Verursachern der Widerstandslage oder zum Kreis dritter Personen zuzuordnen.[2130] Man denke nur an Mitglieder der Staatsverwaltung – mittelbar tragen sie zu jeglichem Staatshandeln bei; auch in einem Staat, der Völkermord betreibt. Gleichwohl geht von ihnen kein unmittelbarer Angriff auf die Opfer des Völkermordes aus.

bb) Weitere Ansätze zur rechtlichen Bewertung von Tötungen in Notstandslagen

Bei der Ausübung von Widerstand stellen Eingriffe in Rechte Dritter in der Regel nur Nebenfolgen des Handelns dar – so wie kollaterale Tötungen im Krieg auch immer nur Nebenfolge einer Kriegshandlung sind. Primär richten sich die Handlungen gegen den Staat und damit gegen den Verursacher der Widerstandslage. Insofern ergibt sich möglicherweise ein

---

2130 Vgl. *Goertzel,* Terrorism: An International Journal 11 (1988), S. 1–12, 10.

Unterschied zu den üblichen, strafrechtlich relevanten Fällen des (Aggressiv-)Notstandes. Im Kriegsvölkerrecht wird unter anderem versucht, die *Doktrin der Doppelwirkung* zur Rechtfertigung von tödlichen Nebenfolgen zu bemühen. Diese überzeugt allerdings nicht, weil sie zur Rechtfertigung lediglich auf die Aspekte der Gesinnung und Verhältnismäßigkeit abstellt.[2131]

Unterschieden werden könnte allerdings nach der Wahrscheinlichkeit bzw. Vorhersehbarkeit der Nebenfolgen. Dementsprechend lässt man im deutschen Strafrecht den Zurechnungszusammenhang entfallen, wenn sich in einem Erfolg ein erlaubtes Risiko verwirklicht hat oder wenn sein Eintritt außerhalb des weiteren Verlaufs lag, der nach der Lebenserfahrung auf die vom Täter vorgenommene Handlung folgen würde.[2132] In diesen Fällen wird ein (rechtswidriger) Erfolg der (rechtmäßigen) Handlung eines Täters nicht zugerechnet. Auf eine Rechtfertigung kommt es also nicht mehr an. In Anwendung dieser Zurechnungsgrundsätze lässt sich vertreten, dass einem Widerstandskämpfer unvorhersehbare oder sehr unwahrscheinliche Folgen seiner Widerstandshandlung nicht zugerechnet werden, sofern er sich an alle weiteren Vorgaben eines potenziellen Widerstandsrechts gehalten hat. Allerdings werden die letalen Nebenfolgen einer kriegerisch-gewaltsamen Widerstandshandlung in aller Regel vorhersehbar oder ihr Eintreten mit einem derartigen Risiko behaftet sein, sodass nicht mehr von einem erlaubten (sehr geringen, bagatellarischen)[2133] Risiko gesprochen werden kann. Wenn es sich um militärische Widerstandshandlungen im Rahmen eines Bürgerkriegs handelt, kann keineswegs Rekurs auf diese Aspekte der Zurechnungsdurchbrechung genommen werden.[2134]

Daher wird nun noch ein letzter Blick auf das Notstandsrecht selbst geworfen. Wenn ein solches also nicht zur Rechtfertigung von Tötungen oder irreversiblen körperlichen Eingriffen bemüht werden kann, so möglicherweise zu deren Entschuldigung. Das deutsche Strafrecht kennt den Notstand nämlich ebenso als Entschuldigungsgrund (§ 35 StGB und über-

2131 Vgl. *Merkel,* JZ 2012, S. 1137–1145, 1141 f. Näheres hierzu s. u., S. 575 ff.

2132 Zu den Konstellationen s. nur *Roxin,* Strafrecht Allgemeiner Teil, Bd. I, 2006, § 11 Rn. 65 ff.; Rn. 69 ff.

2133 Vgl. *Merkel,* JZ 2012, S. 1137–1145, 1141.

2134 So im Ergebnis für militärische Kriegshandlungen ebenda, S. 1141. Näheres hierzu s. u., S. 582 ff.

gesetzlicher Notstand)[2135].[2136] Die Unterscheidung zwischen Rechtfertigungs- und Entschuldigungsebene ist im Völkerrecht, wie auch im *Common Law*, nicht üblich.[2137] Daher spricht auch das Rom-Statut allgemein nur von „Gründen für den Ausschluss der strafrechtlichen Verantwortlichkeit" und zählt zum Notstand gem. Art. 31 Abs. 1 lit. d) auch den Nötigungsnotstand.[2138] Dieser entfaltet im deutschen Strafrecht einer Ansicht nach nur entschuldigende, nicht aber rechtfertigende Wirkung.[2139]

Dennoch bleibt die Unterscheidung zwischen Rechtfertigung und Entschuldigung für ein Widerstandsrecht von großer Bedeutung. Ein Widerstands*recht* kann für eine Handlung nur rechtfertigend, nicht entschuldigend wirken. Nur so wird deutlich, welche Handlungen legal und welche illegal sind. Denkbar ist zudem ein separater Strafausschließungsgrund, der die besondere Zwangslage eines Widerstandskämpfers bei Überschreitung des etwaigen Widerstandsrechts berücksichtigt und damit wie ein Entschuldigungsgrund wirkt. Hieran müssten strenge Voraussetzungen gebunden sein (naheliegend ist die Begrenzung auf Fälle, in denen der Staat völkerrechtliche Verbrechen verübt). Die entschuldigende Wirkung tritt dann auch im Hinblick auf nationales Strafrecht ein – wie die rechtfertigende Wirkung eines Widerstandsrechts. Zudem ist der Rückgriff auf gängige Entschuldigungs- bzw. Strafausschließungsgründe möglich. Darüber hinaus könnte ein völkerstrafrechtlicher Tatbestand des illegitimen Widerstands (z. B. Verbrechen der nicht-internationalen Aggression) geschaffen werden, auf den sich die Rechtfertigung durch das Widerstandsrecht und die potenziellen Entschuldigungsgründe beziehen könnten.

2135 Hierzu s. nur *Neumann*, in: NK StGB, 2013, § 35, insb. Rn. 54 ff.

2136 Dies erwägt für Tötungen im Krieg (nicht jedoch im Rahmen einer humanitären Intervention) *Merkel*, in: Meggle (Hrsg.), Humanitäre Interventionsethik, 2004, S. 107–132, 127. Eine Entschuldigung für Widerstandskämpfer ohne Rechtfertigungsgrund in Betracht ziehend *Marsavelski*, CJIL 28 (2013), S. 241–295, 280.

2137 *Doehring*, Völkerrecht, 2004, § 14 Rn. 771. *Ambos*, Internationales Strafrecht, 2014, § 7 Rn. 95, Fn. 465 weist auf eine moderne Ansicht im angloamerikanischen Recht hin, die eine Unterscheidung von rechtfertigender und entschuldigender Wirkung des Notstands und des Nötigungsnotstands vornimmt. *Doehring*, Völkerrecht, 2004, § 14 Rn. 771. Zur Unterscheidung zwischen Rechtfertigung und Entschuldigung im Völkerrecht allgemein *Cassese*, International Criminal Law, 2013, S. 209 ff.

2138 *Ambos*, Internationales Strafrecht, 2014, § 7 Rn. 92.

2139 Hierzu *Perron*, in: Schönke/Schröder, StGB, 2014, § 34 Rn. 41b.

In diesem Zusammenhang ist darauf hinzuweisen, dass Aspekte der Zurechnungsdurchbrechung und der Entschuldigung nur individuelle Widerstandshandlungen (Mikroperspektive) betreffen können. Keineswegs kann kollektives Vorgehen (z. B. ein Bürgerkrieg aus der Makroperspektive) pauschal entschuldigt werden.[2140] Eine Entschuldigung setzt den Mangel an individueller Verantwortlichkeit für eine Tat voraus und impliziert, dass keine spezial- oder generalpräventiven Gründe für eine Strafe einschlägig sind. Denkbar ist also, dass ein Widerstandskämpfer bei einem individuellen Anschlag entschuldigt ist, während er wegen weitergehender Beteiligung an einem rechtswidrigen Bürgerkrieg strafbar sein kann. Es kommt hier auf die Umstände des Einzelfalls und die genaue Ausgestaltung der Strafvorschriften an. Kollektives Handeln kann nach Maßstab eines Widerstandsrechts nur rechtmäßig oder rechtswidrig sein. Die Fragen der Strafbarkeit und der Entschuldigung betreffen allein die Individuen, die sich hieran beteiligen.

c) Zusammenfassende Bemerkungen

Das Notstandsprinzip impliziert Grenzen für Selbsthilfehandlungen, die das Notwehrrecht nicht kennt. Dies muss auch im Rahmen einer völkerrechtlichen Widerstandslehre beachtet werden. Es wurde vorliegend nicht festgestellt, ob das Notstandsrecht überhaupt einen allgemeinen Rechtsgrundsatz des Völkerrechts darstellt. Dies war jedoch nicht notwendig, da das Prinzip des Notstands mit seinen Begrenzungen als rechtstheoretisches Prinzip auch für das Völkerrecht gilt (nach einer Ansicht wäre es bereits deshalb ein allgemeiner Rechtsgrundsatz des Völkerrechts)[2141].

Irreversible körperliche und gesundheitliche Beeinträchtigungen und insbesondere Tötungen lassen sich über das Notstandsrecht nicht rechtfer-

---

2140 In eine andere Richtung tendiert *Oeter,* in: Malowitz/Münkler (Hrsg.), Humanitäre Intervention, 2009, S. 29–64, 49 f., der das „Dilemma der Entscheidungssituation“ vor einer humanitären Intervention im Fall des Völkermordes mit demjenigen der „Pflichtenkollision bzw. des übergesetzlichen Notstandes“ gleichstellt und erwägt, eine humanitäre Intervention in ihren Rechtsfolgen als entschuldigt zu betrachten und den Staaten bzw. ihren handelnden Befehlshabern eine strafrechtliche Entlastung in Aussicht stellt. A. A. *Merkel,* in: Meggle (Hrsg.), Humanitäre Interventionsethik, 2004, S. 107–132, 127 f.

2141 Vgl. *Mosler,* ZaöRV 36 (1976), S. 6–49, 42; *Wolfrum,* General International Law (Principles, Rules, and Standards), 2010, Rn. 29 ff.

tigen – jedenfalls nicht in der Konstellation des Aggressivnotstands. Eine solche liegt bei kriegerisch-gewaltsamen Widerstandshandlungen vor. Ein Widerstandsrecht müsste die Rechtfertigung solcher Eingriffe implizieren oder sie für rechtswidrig erklären. Das Notstandsprinzip mit dem Gedanken der begrenzten Zwangssolidarität vermag diese nicht zu rechtfertigen. Für das Kriegsvölkerrecht existiert entsprechend die Vorschrift des Art. 51 Abs. 5 ZP I, die im Umkehrschluss eine – wenn auch fragwürdige – rechtfertigende Wirkung im Hinblick auf die Tötung von Zivilisten im Krieg entfaltet.[2142] Der Gedanke der begrenzten Zwangssolidarität spricht eher dafür, dass gewaltsamer Widerstand grundsätzlich zu unterlassen ist, wenn die Verletzung bzw. Tötung Dritter vorhersehbare Nebenfolge der Gewaltanwendung ist. Es kommt allenfalls eine Entschuldigung solcher Handlungen infrage, die an enge Voraussetzungen geknüpft sein muss.

VII. Das Handeln auf Anordnung (Art. 33 Rom-Statut)

In der bisherigen Analyse wurden einige Regelungen aus dem Rechtsgebiet des Völkerstrafrechts thematisiert, die für das Bestehen und die Voraussetzungen eines völkerrechtlichen Widerstandsrechts von Bedeutung sein könnten: die Verbrechenstatbestände und Strafausschließungsgründe. Nachfolgend wird sich einer letzten Vorschrift des Völkerstrafrechts gewidmet, die einen Hinweis auf ein Widerstandsrecht bieten könnte: Art. 33 Rom-Statut, der das Handeln auf Anordnungen Vorgesetzter und gesetzlicher Vorschriften regelt.

Art. 33 Abs. 1 Rom-Statut besagt, dass es für den Täter eines völkerrechtlichen Verbrechens grundsätzlich nicht strafausschließend wirkt, wenn er seine Tat in Ausführung der Anordnung einer Regierung oder eines militärischen oder zivilen Vorgesetzten begangen hat. Infolgedessen ist jeder Staatsdiener, der etwa totalitären Gesetzen oder den Anordnungen ihrer Ausführenden Folge leistet, strafrechtlich genauso verantwortlich wie die obersten Regierungsmitglieder eines solchen Staates.[2143] Damit wird dem Prinzip der Individualschuld und der vollen Haftbarkeit eines Angestifteten Rechnung getragen, das auch im Rahmen hierarchischer

2142 Hierzu *Merkel,* JZ 2012, S. 1137–1145, 1139 f., 1144. Näheres s. u., S. 561 f.

2143 Ähnlich – ohne Bezug zu Art. 33 Rom-Statut – *Cohn,* Revue des Droits de l'Homme/Human Rights Journal 1968, S. 491–517, 514.

Staatsstrukturen gilt, wie Art. 86 Abs. 2 ZP I zeigt.[2144] Eine ähnliche Regelung findet sich zudem in Art. 8 der Nürnberg-Charta, dem Statut für den Internationalen Militärgerichtshof vom 8. August 1945[2145] und in Art. 6 der Charta des Internationalen Militärgerichtshofes für den Fernen Osten vom 19. Januar 1949. Diese Regelungen kannten keinen Ausnahmetatbestand, wie er in Art. 33 Abs. 1 Hs. 2 Rom-Statut bestimmt ist. Solche Ausnahmen fehlen auch in den entsprechenden Regeln der Statuten des ICTY[2146] (Art. 7 Abs. 4) und ICTR[2147] (Art. 6 Abs. 4). Diesen ist zu entnehmen, dass auch der UN-Sicherheitsrat als Schöpfer der Ad-hoc-Gerichte dem Strafausschluss wegen Handelns auf Anordnung ablehnend gegenübersteht, allerdings die Möglichkeit einer Strafmilderung anerkennt. Eine ähnliche Regelung findet sich in Art. 2 Abs. 3 der Antifolter-Konvention vom 10. Dezember 1984.[2148] Der Grundsatz, der in Art. 33 Rom-Statut geregelt ist, ist im Völkerrecht also verbreitet.

Wie in den anderen aufgezählten Bestimmungen kann ein Handeln auf Anordnung auch nach dem Rom-Statut strafmildernd wirken. Dies lässt sich zwar nicht aus Art. 33 Rom-Statut ableiten, kann aber im Rahmen der Strafzumessung nach Art. 78 Rom-Statut berücksichtigt werden.[2149] Ein Novum in Art. 33 Rom-Statut stellt die Ausnahmeregelung im zweiten Halbsatz des ersten Absatzes dar. Diese ist laut *Missling* darauf zurückzuführen, dass die ausnahmslose Ablehnung der Strafausschließung nicht im Einklang mit der Rechtsüberzeugung bzw. Rechtsordnung vieler Staaten steht, die beim Handeln auf Anordnung zumindest einen Entschuldigungsgrund anerkennen.[2150]

Diese Ausnahmeregelung zunächst außer Acht lassend, könnte der völkerrechtliche Grundsatz der Ablehnung des Strafausschlusses wegen Handelns auf Anordnung auf die Existenz eines Widerstandsrechts hinweisen. Die Verbindung zum Widerstandsrecht ergibt sich, wenn man darin eine Weisungsverweigerungspflicht erblickte, wie es *Peter Pernthaler* und

2144 Vgl. *Missling,* Widerstand und Menschenrechte, 1999, S. 213.

2145 Zu finden im Anhang des Londoner Viermächte-Abkommens.

2146 S/RES/827 (25.05.1993) in Verbindung mit S/25704 (03.05.1993), Annex.

2147 S/RES/955 (08.11.1994), Annex.

2148 Vgl. A/RES/39/46 (10.12.1984), Annex.

2149 *Missling,* Widerstand und Menschenrechte, 1999, S. 223; *Werle/Jeßberger,* Völkerstrafrecht, 2016, Rn. 700. Vgl. zur Strafzumessung *Ambos,* Internationales Strafrecht, 2014, § 7 Rn. 287.

2150 *Missling,* Widerstand und Menschenrechte, 1999, S. 203 ff.; vgl. *Ambos,* Internationales Strafrecht, 2014, § 7 Rn. 88.

Missling tun.[2151] Art. 33 Rom-Statut fordert mit strafrechtlicher Sanktionierung, dass ein jeder sich einem staatlichen Befehl widersetzt, dessen Ausführung mit der Erfüllung eines der im Rom-Statut festgelegten Verbrechenstatbestände einhergeht. Es ist zweifelhaft, ob daraus wirklich eine Weisungsverweigerungspflicht abgeleitet werden kann, die einem Widerstandsrecht – genauer gesagt: einer Widerstandspflicht – ähnelt. Im Gegensatz zu *Pernthaler*, der eine vollumfängliche Pflicht zum Widerstand annimmt,[2152] schränkt *Missling* sein Ergebnis ein. Laut *Missling* besteht eine solche Verweigerungspflicht noch nicht als völkerrechtliche Norm.[2153] Er begründet dies im Jahre 1999 allerdings damit, dass das Rom-Statut noch nicht in Kraft getreten ist. Da das Statut im Juli 2002 in Kraft getreten ist, müsste *Missling* seine Meinung mittlerweile geändert haben. Zudem befindet er bereits 1999, dass „[…] eine Pflicht, rechtswidrigen, menschenverachtenden Befehlen zu widerstehen, faktisch existiert […]“[2154]. Was auch immer mit der „faktischen“ Existenz einer solchen Pflicht gemeint ist, kann aufgrund der mittlerweile rechtlichen Existenz dahinstehen. In der Tat nimmt Art. 33 Rom-Statut eine strafrechtliche Beurteilung von Taten vor, die Ergebnis eines blinden Rechtsgehorsams sind.[2155] Darin kommt zum Ausdruck, dass eine strafrechtlich relevante Diskrepanz zwischen einer staatlichen Rechtsordnung und grundlegenden Werten des Völkerrechts existieren kann.[2156] Die rechtliche Auflösung dieser Kollision erfolgt auf der Ebene des Völkerrechts zugunsten desselben. Im Ergebnis überzeugt dies – andernfalls müsste man annehmen, dass eine nationale Anordnung den Bruch internationalen Rechts legitimiert.[2157] Dennoch trifft das Völkerrecht bislang keine ausdrückliche Regelung, die den Einzelnen auf der Ebene des nationalen Rechts von seiner Gehorsamspflicht entbindet. Zu einem anderen Ergebnis gelangt man nur,

---

2151 Vgl. *Pernthaler,* Allgemeine Staatslehre und Verfassungslehre, 1996, S. 255; *Missling,* Widerstand und Menschenrechte, 1999, S. 227. Ähnlich *Takemura,* Peace Review 18 (2006), S. 533–541; *Mégret,* Revue Études internationales 39 (2008), S. 39–62, 49.

2152 *Pernthaler,* Allgemeine Staatslehre und Verfassungslehre, 1996, S. 255.

2153 *Missling,* Widerstand und Menschenrechte, 1999, S. 199, 226.

2154 Ebenda, S. 228 mit Hinweis auf *Cohn,* Revue des Droits de l'Homme/Human Rights Journal 1968, S. 491–517, 515.

2155 *Missling,* Widerstand und Menschenrechte, 1999, S. 228.

2156 Ähnlich – in anderem völkerstrafrechtlichem Zusammenhang – *Nill-Theobald/ Scholz,* Schweizerische Zeitschrift für Strafrecht 1997, S. 291–311, 301.

2157 *Ambos,* Internationales Strafrecht, 2014, § 7 Rn. 86.

wenn man Art. 33 Rom-Statut weit auslegt und insofern für durchgreifend erachtet.

Selbst dann könnte es jedoch bei einer Zwangslage des Anordnungsempfängers bleiben: Die Sanktionen des innerstaatlichen Rechts könnten ihn bei der Anordnungsverweigerung jedenfalls faktisch treffen – auch wenn man davon ausginge, dass sie rechtlich wegen Art. 33 Rom-Statut keinen Bestand hätten.[2158] Die Durchsetzung von nationalem Recht, das zur Begehung völkerrechtlicher Verbrechen animiert, ignoriert mit großer Wahrscheinlichkeit auch eine durchgreifende rechtliche Wirkung des Art. 33 Rom-Statuts. Sogar in demokratischen Rechtsordnungen, die ein innerstaatliches Recht zur Anordnungsverweigerung enthalten, können an eine Verweigerung weitere rechtliche und tatsächliche Konsequenzen geknüpft sein (z. B. Disziplinarverfahren mit entsprechenden Sanktionen).[2159]

Diese Zwangslage markiert im Übrigen den speziellen Unterschied zur generellen Regelung des allgemeinen Strafrechts, dass jeder Angestiftete für seine Tat vollumfänglich und individuell verantwortlich ist. Hinzu kommt das Moment des Irrtums, das beim Handeln auf Anordnung möglicherweise gegeben sein könnte. Art. 33 erklärt einen solchen Irrtum aber zu einem unbeachtlichen Verbotsirrtum. Die Vorschrift ist zwischen Notstand und Irrtumsregelung angesiedelt.[2160] Der dortige Irrtumsausschluss wird durch den Ausnahmetatbestand in Art. 33 Abs. 1 Hs. 2 Rom-Statut abgemildert, wobei Abs. 2 diesen für Fälle des Völkermordes und von Verbrechen gegen die Menschlichkeit uneingeschränkt aufrechterhält. Andere Straffreistellungsgründe – und damit auch der (Nötigungs-)Notstand – bleiben von der Regelung unberührt.[2161] Besteht also eine faktische Zwangslage für den Anordnungsempfänger, könnte diese zu einem Notstandsrecht führen. Es ist fraglich, ob ein solches zu derart grausamen Taten wie Völkermord berechtigen kann.[2162] Hier käme nach deutscher Strafrechtsdogmatik allenfalls eine Entschuldigung infrage. Allerdings

---

2158 Vgl. zu dieser Zwangslage *Dahm/Delbrück/Wolfrum,* Völkerrecht, Bd. I/3, 2002, S. 1126.

2159 Vgl. *Pernthaler,* Allgemeine Staatslehre und Verfassungslehre, 1996, S. 258.

2160 *Ambos,* Internationales Strafrecht, 2014, § 7 Rn. 85.

2161 *Pernthaler,* Allgemeine Staatslehre und Verfassungslehre, 1996, S. 255; *Ambos,* Internationales Strafrecht, 2014, § 7 Rn. 85; *Werle/Jeßberger,* Völkerstrafrecht, 2016, Rn. 698.

2162 Zum Aspekt der Zwangssolidarität beim Notstandsprinzip s. o., S. 398 ff.

stellt Notstand gem. Art. 31 Abs. 1 lit. d) Rom-Statut einen Strafausschließungsgrund dar und differenziert nicht zwischen rechtfertigender und entschuldigender Wirkung.[2163]

Denkt man sich darüber hinaus eine zu Art. 33 Rom-Statut gegenteilige Bestimmung – das Handeln auf Befehl als Rechtfertigungsgrund –, so würde der Anordnungsempfänger bei Ausführung einen sehr weitreichenden Schutz genießen, weil seine Handlungen ohne strafrechtliche Konsequenzen blieben.[2164] Der Zwang (und damit auch jeglicher Anreiz), einem totalitären oder unterdrückenden Regime den Gehorsam zu verweigern, würde damit aufgehoben.[2165] Es ist fraglich, ob man eine derartige politische Nuance in die Regelung hineinlesen darf. Ihre Rechtsnatur als grundsätzlicher Ausschluss eines Strafausschließungsgrundes spricht per se gegen eine Wirkung, die über die bloß individuelle Anwendung bei der Bestimmung von Strafbarkeit hinausgeht. Der Norm liegt durchaus eine politische Entscheidung zugrunde, und sie setzt die völkerrechtliche Nichtigkeit von bestimmten staatlichen Anordnungen voraus. Zwar betrifft die Regelung zunächst nur einzelne Anordnungen, nicht die einzelstaatliche Rechtsordnung als solche.[2166] Indessen sind diese Anordnungen in aller Regel Teil eines staatlichen Gesamtauftrags, der die Begehung völkerrechtlicher Verbrechen impliziert. Die rechtliche Versagung eines entsprechenden Strafausschließungsgrundes richtet sich damit indirekt gegen die gesamte Rechtsordnung des Anordnungsstaats.

Vom Einzelnen wird nicht nur erwartet, sich gegen den Tatvorschlag irgendeines Anstifters zu entscheiden, sondern sich gezielt gegen einen staatshierarchisch Vorgesetzten zu wenden. Damit ist in dieser Vorschrift auch der Gedanke einer Widerstandspflicht angelegt. Wo eine solche Pflicht zutage tritt, wird ein korrespondierendes Recht vorausgesetzt.[2167] Ein entsprechendes Widerstandsrecht ist auf die Fälle der Erfüllung der Tatbestände des Rom-Statuts und durch Art. 33 Abs. 1 Hs. 2 Rom-Statut begrenzt. Diese Begrenzung ist weitreichend. Zwar sind gem. Art. 33 Abs. 2 Rom-Statut Völkermord und Verbrechen gegen die Menschlichkeit von der Ausnahme ausgenommen; doch setzt die Begrenzung ansonsten

---

2163 Hierzu *Gerson,* ZIS 2015, S. 67–78, 69.

2164 Vgl. – ohne Bezug zu Art. 33 Rom-Statut – *Fuhrmann,* Der höhere Befehl als Rechtfertigung im Völkerrecht, 1963, S. 14.

2165 *Missling,* Widerstand und Menschenrechte, 1999, S. 227.

2166 Ebenda, S. 196.

2167 Ebenda, S. 259 f.

voraus, dass der Täter gesetzlich verpflichtet war, den Anordnungen Folge zu leisten, er nicht wusste, dass die Anordnung (völker-)rechtswidrig war, und diese Rechtswidrigkeit nicht offensichtlich war.[2168] Insbesondere das subjektive Erfordernis aus Art. 33 Abs. 1 lit. b) (Irrtum über die Rechtmäßigkeit) dürfte bei indoktrinierten Staatsdienern, wie sie in totalitären Staaten häufig vorkommen, häufig gegeben sein.[2169]

Art. 33 Rom-Statut ist daher weit davon entfernt, selbst ein umfassendes Widerstandsrecht bzw. eine entsprechende Pflicht zu statuieren. Die Bestimmung adressiert nur Empfänger von Anordnungen, nicht jedermann.[2170] Sogar im Hinblick auf die begrenzten Fälle, in denen eine Verweigerung der Anordnungsausführung aufgrund dieser Vorschrift strafrechtlich erzwungen wird, musste eine solche Pflicht erst im Wege einer extensiven Auslegung abgeleitet werden. Einen offensichtlichen Hinweis auf ein Widerstandsrecht erhält man bei einem bloßen Blick in die Vorschrift nicht. *Missling* differenziert zudem nach der Perspektive eines Verweigerungsrechts (Herleitung aus Art. 33 Rom-Statut) und eines Widerstandsrechts: Ersteres richte sich an eine zum Täter bestimmte Person, Letzteres an eine zum Opfer bestimmte Person.[2171] Allerdings ist diese Differenzierung nicht ergiebig. Der Widerstandskämpfer kann zum strafrechtlichen (tatbestandlichen) Täter werden, der jedoch in seinem Handeln gerechtfertigt ist, wenn er sich an alle Vorgaben eines Widerstandsrechts hält. Auf dieser Mikroebene kann die Frage nach der strafrechtlichen Täter- oder Opfereigenschaft unabhängig von der Differenzierung nach Verweigerungs- und Widerstandsrecht gestellt werden. Auf einer völker- bzw. staatsrechtlichen Ebene wiederum kann der Widerstandskämpfer als Opfer einer tyrannischen oder unterdrückenden Staatsregierung erscheinen. Er muss zunächst die Eigenschaft eines solchen Opfers aufweisen, um überhaupt zum Täter werden zu können – wie jeder Notwehrübende, der sich gegen einen Angriff verteidigt. Widerstand impliziert zudem den Zweck einer Änderung, während die Verweigerung einer Anordnung neutral sein

---

2168 Ebenda, S. 224 ff. geht irrtümlicherweise davon aus, dass die Tatbestände unter den drei Buchstaben alternativ anwendbar sind. Dagegen spricht, dass die Regelung in lit. a), wenn sie allein angewendet würde, das Ziel in Abs. 1 unterlaufen würde. Zudem spricht der klare Wortlaut der Norm („und"-Aufzählung) dagegen.

2169 Ebenda, S. 196; ähnlich – ohne Bezug auf Art. 33 Rom-Statut *Cohn,* Revue des Droits de l'Homme/Human Rights Journal 1968, S. 491–517, 514.

2170 *Mégret,* The Canadian Yearbook of International Law 2008, S. 143–192, 175.

2171 *Missling,* Widerstand und Menschenrechte, 1999, S. 196.

kann. Durch Art. 33 wird schließlich ein Anreiz zu dieser Verweigerung geschaffen. Mit einem eigenen politischen Ziel ist eine Verweigerung dadurch also noch weniger verbunden, sofern sich aus den Umständen nichts Gegenteiliges ergibt. Vielmehr wird zu unterstellen sein, dass der Wunsch nach Vermeidung von Strafbarkeit jedes politische Ziel überwiegt.

Zusammenfassend lässt sich sagen, dass Art. 33 Rom-Statut zumindest bei eingehender Betrachtung der Konsequenzen seiner Anwendung – in sehr begrenztem Umfang – ein Widerstandsrecht voraussetzt. Zum einen findet sich darin die Möglichkeit, dass eine staatliche Rechtsordnung ein Verhalten ihrer Mitglieder fordert, das fundamentalen völkerrechtlichen Vorgaben widerspricht. Zum anderen verlangt die Regel für diesen Fall ein widersetzendes Verhalten des ansonsten völkerstrafrechtlich Verantwortlichen.[2172] Ohne ein Recht zu einem derart widersetzlichen Verhalten kann es auch keine Pflicht geben, die Art. 33 Rom-Statut dem Anordnungsempfänger auferlegt.[2173] Wie eingangs erwähnt, ist diese Pflicht nicht nur in dieser Bestimmung zu finden, sondern wurde auch vom UN-Sicherheitsrat statuiert und im Rahmen der Nürnberger Prozesse, die zur Gründungszeit der modernen Völkerrechtsordnung stattfanden, angewendet. Es ist daher davon auszugehen, dass es sich bei dem Ausschluss des Einwands des Handelns auf Anordnung um eine universelle Norm des Völkerrechts handelt und nicht nur um einen Einzelfall von Völkervertragsrecht in Art. 33 Rom-Statut.

VIII. Das humanitäre Völkerrecht des nicht-internationalen bewaffneten Konfliktes

Das humanitäre Völkerrecht regelt zwar primär das Kriegsvölkerrecht im internationalen bewaffneten Konflikt, jedoch gibt es auf diesem Rechtsgebiet auch Bestimmungen für innerstaatliche Konflikte. Diese werden im Folgenden näher betrachtet, und es wird gefragt, ob man hieraus einen Schluss im Hinblick auf Existenz oder Voraussetzungen eines Widerstandsrechts ziehen kann.

2172 *Peters,* Widerstandsrecht und humanitäre Intervention, 2005, S. 305 f.

2173 Vgl. *Scheuner,* ZaöRV 1950, S. 556–614, 614; *Peters,* Widerstandsrecht und humanitäre Intervention, 2005, S. 306.

1. Gemeinsamer Art. 3 der Genfer Konventionen vom 12. August 1949

Aus der Perspektive des klassischen Völkerrechts stellte der Bürgerkrieg eine innerstaatliche Angelegenheit dar, die zum *domaine réservé* der Staaten gehört.[2174] Dieses Verständnis der Völkerrechtswissenschaft hat seit der Schaffung des humanitären Völkerrechts eine Wandlung vollzogen.[2175] Zunächst wurde im Jahre 1949 im gemeinsamen Art. 3 der vier Genfer Konventionen eine Regelung beschlossen. Er sich widmet dem „bewaffneten Konflikt, der keinen internationalen Charakter aufweist", wie der Bürgerkrieg dort bezeichnet wird.[2176] Die Regelung betrifft Konflikte, bei denen entweder eine staatliche und eine nicht-staatliche Gruppe oder zwei nicht-staatliche Gruppen gegeneinander kämpfen.[2177] Der gemeinsame Art. 3 Abs. 1 GK statuiert ein Minimum an Regeln zum Schutz der zivilen Opfer eines solchen Konfliktes.[2178] In Abs. 3 wird zudem gefordert, dass sich die am Konflikt Beteiligten bemühen, den übrigen Vorschriften der Genfer Konventionen durch eine jeweilige Vereinbarung Geltung zu verschaffen. Hiervon ist die nachfolgende Rechtspraxis weit entfernt gewesen; mitunter weigerten sich Staaten, in deren Territorium ein entsprechender Konflikt stattfand, überhaupt zuzugeben, dass sie sich in einer solchen Situation befanden.[2179]

2. Zusatzprotokolle vom 8. Juni 1977 zu den Genfer Konventionen

Der insofern unbefriedigende gemeinsame Art. 3 der Genfer Konventionen wurde 1977 durch zwei Zusatzprotokolle ergänzt, von welchen das zweite den „Schutz der Opfer nicht internationaler bewaffneter Konflikte"

2174 *Doehring,* Völkerrecht, 2004, § 11 Rn. 639, 641 mit Blick auf A/RES/2625 (XXV) (24.10.1970), Grundsatz 1, Abs. 9; *Kreß,* JZ 2014, S. 365–373, 365.

2175 Hierzu eingehend ebenda. *Bothe,* in: Graf Vitzthum/Proelß (Hrsg.), Völkerrecht, 2016, S. 591–682, Abschn. 8 Rn. 121 meint, dass diese Entwicklung nur schleppend erfolgt sei.

2176 *Kreß,* JZ 2014, S. 365–373, 366.

2177 *Matthews,* IJHR 17 (2013), S. 633–645, 634; vgl. *Sivakumaran,* The Law of Non-International Armed Conflict, 2012, S. 569 f.

2178 *Bothe,* in: Graf Vitzthum/Proelß (Hrsg.), Völkerrecht, 2016, S. 591–682, Abschn. 8 Rn. 121.

2179 Ebenda, S. Abschn. 8 Rn. 121.

näher regelt.[2180] Ein Fortschritt des ZP II besteht darin, dass mehr menschenrechtliche Gewährleistungen in seine – wenn auch sehr übersichtlichen –[2181] Regelungen Eingang gefunden haben.[2182] So widmen sich fast alle Artikel im ZP II dem Schutz von Wehrlosen, während dieser im gemeinsamen Art. 3 GK nur fragmentarischen Charakter aufweist.[2183] Darüber hinaus findet sich in Art. 6 Abs. 5 ZP II die Zielbestimmung einer Amnestiegewährung für die am Konflikt Beteiligten im Anschluss an einen Konflikt. Diese Regelung soll die Beteiligten in den Genuss eines bedeutenden Privilegs des Kombattantenstatus bringen, der nur für die an einem internationalen bewaffneten Konflikt beteiligten Streitkräfte anerkannt ist.[2184] *Oeter* spricht insofern von einem „Surrogat"[2185] für den fehlenden Kombattantenstatus. Allerdings ist die Gewährung von Amnestie laut ZP II keineswegs verpflichtend.[2186] Damit weisen das Protokoll und der gemeinsamen Art. 3 GK im Vergleich mit dem Recht des internationalen bewaffneten Konfliktes weiterhin Regelungslücken auf.[2187]

Darüber hinaus findet sich auch im ZP I die Regelung einer vormals als „national" bezeichneten Kategorie von Konflikten: Gemäß Art. 1 Abs. 4 findet es Anwendung auf …

> „[…] bewaffnete Konflikte, in denen Völker gegen Kolonialherrschaft und fremde Besetzung sowie gegen rassistische Regimes in Ausübung ihres Rechts auf Selbstbestimmung kämpfen […]".

Der nationale Befreiungskampf ist nach humanitärem Völkerrecht also ein internationaler Konflikt.[2188] Dies überzeugt bereits ob der völkerrechtli-

---

2180 Zu weiteren völkervertragsrechtlichen Quellen des Rechts des nicht-internationalen bewaffneten Konfliktes *Sivakumaran,* The Law of Non-International Armed Conflict, 2012, S. 101 f.

2181 *Schaller,* Humanitäres Völkerrecht und nicht-staatliche Gewaltakteure, 2007, S. 11; *Kreß,* JZ 2014, S. 365–373, 366.

2182 *Bothe,* in: Graf Vitzthum/Proelß (Hrsg.), Völkerrecht, 2016, S. 591–682, Abschn. 8 Rn. 125.

2183 Ebenda, S. Abschn. 8 Rn. 125.

2184 Vgl. Art. 43 Abs. 3 ZP I und GK III.

2185 *Oeter,* Max Planck Yearbook of United Nations Law 1 (1997), S. 195–229, 209.

2186 *Mégret,* in: Stahn/Easterday/Iverson (Hrsg.), Jus Post Bellum, 2014, S. 519–541, 522 f., der Art. 6 Abs. 5 ZP II als einen „normativen Trick" zur Schaffung eines Kompromisses bei der damaligen Staatenkonferenz bezeichnet (ebenda, S. 523).

2187 *Bothe,* in: Graf Vitzthum/Proelß (Hrsg.), Völkerrecht, 2016, S. 591–682, Abschn. 8 Rn. 122. Zu den Lücken *Sivakumaran,* The Law of Non-International Armed Conflict, 2012, S. 569.

2188 *Kreß,* JZ 2014, S. 365–373, 366.

chen Wichtigkeit des Selbstbestimmungsrechts,[2189] welches dabei ausgeübt wird. Ferner agiert im Fall der Kolonialherrschaft ein fremder Staat auf dem Territorium des beherrschten. Eine Ausnahme hiervon kann bestehen, wenn es sich um den ebenso benannten Fall handelt, in dem gegen ein rassistisches Regime gekämpft wird. Hier liegt die Einstufung als internationaler Konflikt keineswegs auf der Hand. Auch die anderen, in Art. 1 Abs. 4 ZP I beschriebenen Konstellationen des Befreiungskampfes stellen spezielle Formen des Bürgerkriegs dar und damit nach klassischer völkerrechtlicher Betrachtung Formen eines nicht-internationalen bewaffneten Konfliktes.[2190] Die Einordnung war in den Beratungen um die Zusatzprotokolle noch umstritten und ist insofern ein besonderes Novum.[2191] Interessant ist daran im Hinblick auf die hier angestrengte Analyse, dass zumindest eine widerstandsähnliche Konstellation[2192] Berücksichtigung im humanitären Völkervertragsrecht für internationale Konflikte gefunden hat. Regeln für andere Konstellationen von gewaltsamem Widerstand lassen sich im humanitären Völkervertragsrecht bislang nur dem gemeinsamen Art. 3 GK und dem ZP II entnehmen. Es besteht daher nach wie vor eine deutliche Asymmetrie zwischen der Regelung von Kriegen (internationalen Konflikten) und Bürgerkriegen (nicht-internationalen bewaffneten Konflikten).[2193]

3. Völkergewohnheitsrechtliche Entwicklung

Eine humanitär-rechtliche Annäherung der beiden Kriegsformen hat allerdings mittlerweile im Völkergewohnheitsrecht stattgefunden. Wegweisend war in diesem Zusammenhang die Analyse von *Antonio Cassese* in der Entscheidung des ICTY zum *Tadic-Fall* vom 2. Oktober 1995.[2194] In Betrachtung der Bürgerkriegspraxis seit 1936 arbeitet *Cassese* dort die Gesamttendenz heraus, dass von den Kampfparteien Regeln anerkannt worden seien, die – wie die des humanitären Völkervertragsrechts – auf den

2189 Hierzu s. o., S. 254 ff.

2190 *Kreß,* JZ 2014, S. 365–373, S. 366.

2191 Ebenda, S. 366; vgl. *Oeter,* ZaöRV 49 (1989), S. 445–486, 456 („compromise").

2192 Zum Verhältnis von Widerstands- und Selbstbestimmungsrecht s. o., S. 292 ff.

2193 Zu diesem Problem eingehend *Kreß,* JZ 2014, S. 365–373.

2194 Ebenda, S. 366; vgl. ICTY, Prosecutor vs. Tadic, 2. Oktober 1995, IT-94-1-AR72, Rn. 96 ff. Hierzu eingängig *Kreß,* EuGRZ 1996, S. 638–647.

Individualschutz abzielten.[2195] Seiner Ansicht nach verliert die Asymmetrie zwischen dem ausführlichen Kriegsrecht und dem fragmentarischen Bürgerkriegsrecht im völkerrechtlichen Zeitalter der Menschenrechte zunehmend an Bedeutung.[2196] Im humanitären Völkervertragsrecht spiegele sich nämlich noch die – mittlerweile überholte – souveränitätsorientierte Perspektive des klassischen Völkerrechts wider.[2197] In der Tat ist es aus der Perspektive des Individuums nicht überzeugend, bei Schutzbestimmungen zwischen Kriegen und Bürgerkriegen zu differenzieren.[2198] Vielmehr müssen die Regeln zum Schutz von Zivilisten für sämtliche Parteien von bewaffneten Konflikten gelten. Insbesondere rebellische Kämpfer beachten die Regeln des humanitären Völkerrechts jedoch häufig nicht und greifen aus taktischen Gründen gar gezielt Zivilisten an.[2199] Diese sind in nicht-internationalen Konflikten also besonders schutzwürdig.

Demgegenüber existiert die Auffassung, dass eine Annäherung des Rechts im internationalen und im nicht-internationalen bewaffneten Konflikt kontraproduktiv sein könne.[2200] So sei insbesondere zu befürchten, dass nicht-staatliche Kampfgruppen nicht in der Lage sein könnten, sich an die Bedingungen des Rechts des internationalen bewaffneten Konfliktes zu halten und im Fall ihrer verbindlichen Geltung praktisch keine Erfolgschancen mehr hätten.[2201] Demgegenüber setzte sich auch in der Völkerrechtswissenschaft langsam die Beurteilung *Casseses* durch.[2202] Damit geht die allmähliche gewohnheitsrechtliche Schließung der Lücken einher, die zwischen den Regeln des internationalen und des nicht-internationalen bewaffneten Konfliktes klaffen.[2203] Mittlerweile herrscht zudem Einigkeit

---

2195 ICTY, Prosecutor vs. Tadic, 2. Oktober 1995, IT-94-1-AR72, Rn. 97.

2196 Ebenda, Rn. 97.

2197 Ebenda, Rn. 96.

2198 Ebenda, Rn. 96 f.; *Kreß,* JZ 2014, S. 365–373, 366.

2199 *Doehring,* Völkerrecht, 2004, § 11 Rn. 642; *Dunér,* IJHR 9 (2005), S. 247–269, 262; *Dobos,* Insurrection and Intervention, 2012, S. 103.

2200 *Gross,* Moral Dilemmas of Modern War, 2010, S. 198 ff. für Guerilla-Kämpfer.

2201 Ebenda, S. 198 ff.; vgl. *Walzer,* Just and Unjust Wars, 2000 (1977), 245; *Buchanan,* Philosophy & Public Affairs 41 (2013), S. 291–323, 296.

2202 S. nur die zweibändige Studie des IKRK: *Henckaerts u. a.* (Hrsg.), Customary International Humanitarian Law, Volume I, 2009 (2005) und *ders.,* Customary International Humanitarian Law, Volume II, 2005.

2203 *Ders.,* Customary International Humanitarian Law, Volume I, 2009 (2005); *ders.,* Customary International Humanitarian Law, Volume II, 2005; *Bothe,* in: Graf Vitzthum/Proelß (Hrsg.), Völkerrecht, 2016, S. 591–682, Abschn. 8 Rn. 125.

darüber, dass die Strafbarkeit wegen Kriegsverbrechen auch für nichtstaatliche Kämpfer infrage kommt.[2204] Die Entwicklung der Annäherung geht aber nur langsam voran. Zu einer überfälligen flächendeckenden rechtlichen Kongruenz zwischen dem Recht des internationalen und des nicht-internationalen bewaffneten Konflikts bedarf es einer Reform des humanitären Völkervertragsrechts, bei der die Frage nach der Ausdehnung des Kombattantenstatus auf Beteiligte, die keiner staatlichen organisierten Streitmacht angehören, im Fokus stehen muss.[2205]

4. Bedeutung des humanitären Völkerrechts und menschenrechtliche Einflüsse

Wie angedeutet, spielten bei der gewohnheitsrechtlichen Annäherung der Regeln von Krieg und Bürgerkrieg das Aufkommen des Menschenrechtsregimes und die damit einhergehenden Wandlung des Verständnisses des Völkerrechts eine entscheidende Rolle. Dabei sei angemerkt, dass das Kriegsvölkerrecht ohnehin seit jeher dem Individualschutz und damit menschenrechtlichen Grundwerten dient – nicht von ungefähr kommt seine Bezeichnung als „humanitäres Völkerrecht". Diese Bezeichnung ist misslich – schließlich regelt es eines der inhumansten Szenarien, die vorstellbar sind: den Krieg. Es impliziert den letzten normativen Funken Hoffnung auf Humanität in einem realen Szenario, das sich jenseits von Humanität abspielt. Das ist das Dilemma des humanitären Völkerrechts, das unabhängig davon gilt, ob es sich bei diesem Krieg um einen solchen im herkömmlichen Sinne handelt oder um einen Bürgerkrieg. Das humanitäre Völkerrecht hält eine pragmatische Notordnung für die Wirklichkeit parat, in der das Friedenssicherungsrecht versagt hat.[2206] Gewiss lässt das Friedenssicherungsrecht eine Form des Kriegs zu, nämlich den Verteidigungskrieg (Art. 51 UN-Charta). Dieser kann für einen Staat jedoch nur dann legitim sein, wenn zuvor ein anderer Staat das Aggressionsverbot gebrochen hat. Insofern geht jedem rechtmäßigen Verteidigungskrieg eine

---

2204 *Schabas,* Fordham Journal of International Law 26 (2002-2003), S. 907–933, 919 ff.; *Mégret,* in: Stahn/Easterday/Iverson (Hrsg.), Jus Post Bellum, 2014, S. 519–541, 519.

2205 Vgl. *Sivakumaran,* The Law of Non-International Armed Conflict, 2012, S. 569; *Kreß,* JZ 2014, S. 365–373.

2206 Vgl. *Merkel,* JZ 2012, S. 1137–1145, 1137; *Kreß,* JZ 2014, S. 365–373, 370.

Aggression – gegebenenfalls ein rechtswidriger Aggressionskrieg – vor, und das humanitäre Völkerrecht muss seine Geltung bereits bei dieser Aggression entfalten. Selbst wer annimmt, dass das humanitäre Völkerrecht nur Regelungen für den legitimen Verteidigungskrieg treffe, kommt zu dem Ergebnis, dass es eine minimalistische, rein realistische Perspektive einnimmt, nach welcher auch der legitime Krieg nur mit Mitteln jenseits der Menschenrechtsordnung geführt werden kann, sofern eine Aussicht auf Erfolg bestehen soll.[2207]

Frédéric Mégret möchte die Spannung zwischen Friedenssicherungsrecht und humanitärem Völkerrecht insoweit mildern, als er die Gewährung des Kombattantenprivilegs (insbesondere für nicht-internationale bewaffnete Konflikte) an die Voraussetzung des *ius ad bellum* knüpfen will.[2208] *Claus Kreß* sieht demgegenüber die Durchsetzung des Friedenssicherungsrechts mit dem Völkerstrafrecht (Aggressionsverbrechen) als abgegolten an.[2209] Er macht für den Bruch des *ius ad bellum* also nur die Spitze einer Kampfmacht verantwortlich, so wie es das Recht des internationalen bewaffneten Konfliktes und das Völkerstrafrecht derzeit vorsehen. *Mégret* hingegen will diese Verantwortlichkeit durch die Verknüpfung mit den Kombattantenprivilegien auf alle Kämpfenden ausdehnen.

Nach diesem Einblick in das Konzept des humanitären Völkerrechts nun noch einige Worte zum Humanitären an diesem Recht: Kampfhandlungen, die mit dem humanitären Völkerrecht konform sind, implizieren insbesondere Verletzungen der Menschenrechte auf Leben und Freiheit. Es ist fraglich, ob diese insofern vom humanitären Völkerrecht überlagert werden.[2210] Das Verhältnis zwischen Menschenrechtsregime und humanitärem Völkerrecht ist umstritten.[2211] An dieser Stelle soll dies nicht näher erörtert, sondern lediglich festgehalten werden, dass die Menschenrechtsordnung bei der Ausdehnung der Regelungen des nicht-internationalen be-

---

2207 Ebenda, S. 368.

2208 *Mégret,* in: Stahn/Easterday/Iverson (Hrsg.), Jus Post Bellum, 2014, S. 519–541, 534 f., 537 f.

2209 *Kreß,* JZ 2014, S. 365–373, 370 f.

2210 In diese Richtung tendierend IGH, Nuclear Weapons, 8. Juli 1996, I.C.J. Reports 1996, S. 226 ff., S. 240, Rn. 25 („lex specialis“); *Kreß,* JZ 2014, S. 365–373, 368.

2211 Hierzu s. nur *Kretzmer,* Israel Law Review 42 (2009), S. 8–45; *Kolb,* Human Rights and Humanitarian Law, 2013 oder *Matthews,* IJHR 17 (2013), S. 633–645, die sich für eine kumulative Anwendung ausspricht.

waffneten Konfliktes eine herausragende Rolle spielt.[2212] Problematisch ist, dass die menschenrechtlichen Normen eine nicht-staatliche Streitmacht rechtlich nicht binden.[2213] Darüber hinaus sieht z. B. der IPbpR vor, dass wichtige Rechte, die im Fall eines bewaffneten Konfliktes zum Tragen kommen könnten – wie Garantien im Rahmen eines Freiheitsentzugs – im öffentlichen Notstandsfall außer Kraft gesetzt werden können (Art. 4 Abs. 2 IPbpR schließt die Suspendierung von Art. 10 IPbpR nicht aus).[2214] Das Menschenrechtsregime, das im humanitären Völkerrecht ohnehin nur eingeschränkt zum Tragen kommen kann, reicht also in keinem Fall aus, um das Recht des nicht-internationalen bewaffneten Konfliktes derart umfassend zu ergänzen, dass die Asymmetrie zum Recht des internationalen bewaffneten Konfliktes ausgeglichen würde.[2215]

5. Probleme des humanitären Völkerrechts für nicht-internationale Konflikte

Im Folgenden werden zwei wichtige Probleme der derzeit herrschenden Regeln zum nicht-internationalen bewaffneten Konflikt angerissen. Es handelt sich zum einen um die Anwendungsbereiche des gemeinsamen Art. 3 GK und des ZP II und zum anderen um die umstrittene Frage des Kombattantenstatus nicht-staatlicher Kämpfer. Zunächst zur Frage der Anwendung des Rechts des nicht-internationalen Konfliktes: Erstens muss die Abgrenzung zum internationalen Konflikt erfolgen, die im Einzelfall schwierig sein kann. Wenn eine nicht-staatliche Kampfgruppe um die Einmischung dritter Staaten in den bewaffneten Konflikt wirbt, kann aus einem nicht-internationalen Konflikt zudem schnell ein internationaler Konflikt werden.[2216] Auch aus dieser Perspektive stellt sich die Frage, ob für die Wandlung des anwendbaren Rechts die bloße Erweiterung auf eine dritte Partei einen legitimen Grund darstellt oder ob die Differenzierung

---

2212 *Sivakumaran,* The Law of Non-International Armed Conflict, 2012, S. 569, 83 ff. (für das Menschenrechtsregime), S. 77 ff. (für das Völkerstrafrecht).

2213 *Bothe,* in: Graf Vitzthum/Proelß (Hrsg.), Völkerrecht, 2016, S. 591–682, Abschn. 8 Rn. 122.

2214 Ebenda, S. Abschn. 8 Rn. 122.

2215 Ebenda, S. Abschn. 8 Rn. 122; vgl. *Kreß,* JZ 2014, S. 365–373, 368.

2216 Vgl. *Bothe,* in: Graf Vitzthum/Proelß (Hrsg.), Völkerrecht, 2016, S. 591–682, Abschn. 8 Rn. 127.

zwischen international und nicht-international im Einzelfall willkürlich sein kann.[2217]

Zweitens ist danach abzugrenzen, ob die Gewalt in einem Staat die Schwelle zum bewaffneten Konflikt überschritten hat. Es kommt auf die Definition dieses Begriffs an.[2218] In einer nicht-internationalen Konstellation ist es für die Annahme eines bewaffneten Konfliktes entscheidend, dass die bewaffnete Gewalt über einen lang anhaltenden Zeitraum ausgeübt wird und die nicht-staatliche Gruppe einen gewissen Organisationsgrad aufweist.[2219] Hier ist eine Einzelfallbetrachtung vorzunehmen. Wenn die Gewaltanwendung unterhalb dieser Schwelle einzuordnen ist, so darf der Staat gegen die rebellische Gruppe nur mit den Mitteln des Polizeirechts vorgehen und nicht militärisch (nach den Regeln des humanitären Völkerrechts).[2220] Darüber hinaus kommt dort auch das innerstaatliche Strafrecht zum Tragen.[2221]

Drittens ist zwischen den Anwendungsbereichen des gemeinsamen Art. 3 GK und ZP II zu differenzieren. Der Anwendungsbereich des ZP II ist weder deckungsgleich noch weiter als der gemeinsame Art. 3 GK.[2222] Letzterer adressiert jeden „Falle eines bewaffneten Konflikts, der keinen internationalen Charakter aufweist". Ersterer ist gem. Art. 1 Abs. 1 ZP II eröffnet, wenn zwischen den Streitkräften eines Vertragsstaats …

> „[…] und abtrünnigen Streitkräften oder anderen organisierten bewaffneten Gruppen [Konflikte] stattfinden, die unter einer verantwortlichen Führung eine solche Kontrolle über einen Teil des Hoheitsgebiets der Hohen Vertragspartei ausüben, dass sie anhaltende, koordinierte Kampfhandlungen durchführen und dieses Protokoll anzuwenden vermögen"

2217 Vgl. *Mégret,* in: Stahn/Easterday/Iverson (Hrsg.), Jus Post Bellum, 2014, S. 519–541, 520.

2218 *Bothe,* in: Graf Vitzthum/Proelß (Hrsg.), Völkerrecht, 2016, S. 591–682, Abschn. 8 Rn. 124.

2219 ICTY, Prosecutor vs. Tadic, 2. Oktober 1995, IT-94-1-AR72, Rn. 70; *Schaller,* Humanitäres Völkerrecht und nicht-staatliche Gewaltakteure, 2007, S. 12; *Bothe,* in: Graf Vitzthum/Proelß (Hrsg.), Völkerrecht, 2016, S. 591–682, Abschn. 8 Rn. 124. Eingängig hierzu *Oeter,* ZaöRV 49 (1989), S. 445–486, 465 ff.

2220 Vgl. *ders.,* in: Fischer-Lescano/Gasser/Marauhn u. a. (Hrsg.), Frieden in Freiheit, 2008, S. 503–522, 511 ff. Zum Vergleich mit dem Polizeirecht *Waechter,* JZ 5, S. 61–68.

2221 *Dunér,* IJHR 9 (2005), S. 247–269, 261.

2222 *Matthews,* IJHR 17 (2013), S. 633–645, 634; *Bothe,* in: Graf Vitzthum/Proelß (Hrsg.), Völkerrecht, 2016, S. 591–682, Abschn. 8 Rn. 122.

… und die Intensität der Kampfhandlungen über die in Art. 1 Abs. 2 ZP II beschriebenen Gewaltakte hinausgeht. Das ZP II regelt also lediglich Situationen, in denen der innerstaatliche Konflikt einen (bürger-)kriegsähnlichen Zustand erreicht hat und die nicht-staatliche Kombattantenpartei (noch) keine territoriale Kontrolle ausübt.[2223] Das ZP II erfordert damit einen wesentlich höheren Organisationsgrad der nicht-staatlichen Kampfgruppe als der gemeinsame Art. 3 GK, der keine weiteren Anwendungserfordernisse statuiert.[2224] Damit bestehen sie als zwei unterschiedliche Regelwerke nebeneinander.[2225]

Für beide ergibt sich die Frage, ob nicht-staatliche Kampfgruppen als Kombattanten (entsprechend Art. 43 ff. ZP I) eingestuft werden bzw. in den Genuss der entsprechenden Privilegien kommen können. Zwischen Kombattanten und Zivilisten wird nur im Recht des internationalen bewaffneten Konfliktes differenziert. Allerdings bewirken die Vorgaben des ZP II, wie erwähnt, eine Annäherung an das Kombattantenprivileg für Kämpfer im nicht-internationalen Konflikt. Art. 6 Abs. 5 ZP II fordert aber nur Bemühungen um eine Amnestiegewährung nach einem Konflikt und sieht keineswegs vor, dass den zuvor Kämpfenden hinterher zwingend Amnestie gewährt werden muss. Diese Vorschrift hinkt der völkergewohnheitsrechtlichen Regel der Amnestiegewährung für Kombattanten im Fall eines internationalen bewaffneten Konfliktes erheblich hinterher.[2226] Das ZP II sieht auch weitere Privilegien von Kombattanten nicht vor, wie z. B. Rechte während der Kriegsgefangenschaft. *Cassese* und *Kreß*, die sich für die Übertragung dieser Privilegien auf die Kämpfenden im nicht-internationalen Konflikt aussprechen, bemühen ein zentrales Argument: Dies sei die einzige Möglichkeit, den Kämpfenden einen Anreiz für die Einhaltung der Voraussetzungen der Kampfführung und damit zum Schutz von Zivilisten zu bieten.[2227] Wenn die Kämpfenden lediglich Aussicht darauf hätten, dass sie nach dem Konflikt in jedem Fall bestraft würden (solange sie nicht gewinnen würden), gäbe es für sie keine Motivati-

2223 *Dunér,* IJHR 9 (2005), S. 247–269, 261 mit entspr. Abbildung.

2224 *Bothe,* in: Graf Vitzthum/Proelß (Hrsg.), Völkerrecht, 2016, S. 591–682, Abschn. 8 Rn. 124.

2225 Ebenda, S. Abschn. 8 Rn. 124.

2226 Vgl. zum völkergewohnheitsrechtlichen Kombattantenprivileg ebenda, S. Abschn. 8, Rn. 67, 80.

2227 *Crawford,* The Treatment of Combatants and Insurgents under the Law of Armed Conflict, 2010, s. nur S. 168 f.; *Cassese,* in: ders. (Hrsg.), Realizing Utopia, 2012, S. 519–524, 520 f.; zustimmend *Kreß,* JZ 2014, S. 365–373, 370.

on, von Kriegsverbrechen abzusehen und sich an die Regeln zum Schutz der Zivilbevölkerung zu halten. Auch die Kämpfer im nicht-internationalen Konflikt müssten als solche erkennbar sein, um in den Genuss des Kombattantenprivilegs zu kommen.[2228]

Mégret bestreitet den psychologischen Anreiz, der insbesondere vom Privileg der Amnestiegewährung ausgehen soll.[2229] Das Kombattantenprivileg wird von ihm als solches kritisiert. *Mégret* zufolge gibt es hierfür keine humanitären Gründe. Eine Annäherung oder Analogie zum Recht des internationalen bewaffneten Konfliktes lehnt er als Begründung des Kombattantenprivilegs im nicht-internationalen bewaffneten Konflikt kategorisch ab.[2230] Insofern erkennt er – ähnlich wie *Cassese* und *Kreß* – allerdings an, dass im Hinblick auf das Kombattantenprivileg keine Differenzierung zwischen internationalen und nicht-internationalen Konflikten infrage kommt.[2231] *Nils Melzer* hingegen spricht sich für die unterschiedliche rechtliche Behandlung von staatlichen und nicht-staatlichen Kampfgruppen aus.[2232] Für Erstere bestünden zumindest theoretisch disziplinarische oder andere Verfahren, mittels derer Rechtsverletzungen üblicherweise geahndet würden.[2233] Das Kombattantenprivileg erstreckt sich auch auf diese innerstaatlichen Verfahren, sofern sich die Angehörigen der staatlichen Kampfgruppe an die Vorschriften des humanitären Völkerrechts halten.[2234] Der Anreiz hierzu ist für diese Gruppe laut *Melzer* also besonders hoch.[2235] Nicht-staatliche Kampfgruppen könnten sich durch ein derartiges Privileg seiner Ansicht nach zum Kampf ermutigt fühlen.[2236] Die Hemmschwelle sei zumindest so lange herabgesenkt, wie das Recht noch nicht parallel ein *ius ad bellum* bzw. *ius contra bellum* für den nicht-internationalen Konflikt statuiere.[2237] *Mégret* ist sich mit *Melzer* darüber einig, dass insbesondere eine zu sichere Amnestiegewährung nach Beendigung eines Konflikts möglicherweise den kontraproduktiven An-

---

2228 *Cassese,* in: ders. (Hrsg.), Realizing Utopia, 2012, S. 519–524, 523 f.

2229 *Mégret,* in: Stahn/Easterday/Iverson (Hrsg.), Jus Post Bellum, 2014, S. 519–541, 527 ff.

2230 Ebenda, S. 523, 533 f.

2231 Ebenda, S. 523 ff.

2232 *Melzer,* in: Cassese (Hrsg.), Realizing Utopia, 2012, S. 508–518, 514.

2233 Ebenda, S. 514.

2234 Ebenda, S. 514.

2235 Ebenda, S. 514.

2236 Ebenda, S. 516.

2237 Ebenda, S. 516.

reiz zur Entfachung eines Konflikts geben könnte.[2238] Darüber hinaus spielt das *ius ad bellum* auch in *Mégrets* Konzept eine tragende Rolle. Ihm zufolge kann die einzige überzeugende Begründung für die Gewährung der Kombattantenprivilegien darin liegen, dass sie nur denjenigen gewährt werden, die rechtmäßig am Krieg teilgenommen und sich darin rechtmäßig verhalten haben:[2239]

> „The recognition of a privilege of belligerency in international or, by analogy, non-international armed conflicts [...] is only so strong as a society's concept of *jus ad bellum* is weak."[2240]

Mégret verknüpft also Kombattantenprivileg und *ius ad bellum*.[2241] Er kommt wie *Melzer* zu dem Ergebnis, dass Letzteres bei der Frage des Kombattantenprivilegs maßgeblich ist. Allerdings hält nur *Mégret* dieses für ausschlaggebend. *Melzer* will durch ein *ius ad bellum* das Kombattantenprivileg im nicht-internationalen Konflikt nicht bedingen, sondern beschränken, indem er den Verstoß gegen ein zu statuierendes *ius contra bellum internum* von jeglicher Amnestiegewährung ausnimmt und insofern die strafrechtliche Ahndung von nicht-staatlichen Kämpfern zulässt.[2242]

In diese Richtung geht auch das Konzept von *Kreß*, der dem Kombattantenprivileg im nicht-internationalen Konflikt gegenüber jedoch grundsätzlich wohlwollend gesonnen ist. Ähnlich wie *Melzer* schlägt er vor, dass ein *ius contra bellum internum* ausgearbeitet werden solle, nach dem sich die Strafbarkeit für die Entfachung eines nicht-internationalen bewaffneten Konfliktes richten solle.[2243] Im Unterschied zu *Melzer* möchte er diese Strafbarkeit auf die Führungsebene der nicht-staatlichen Kampfgruppen beschränken.[2244] Dieses Konzept entspricht der Handhabung im internationalen Konflikt, bei dem das Völkerstrafrecht (Aggressionsverbrechen) nur die Staatsführung adressiert, um bewaffnete Konflikte über-

---

2238 Vgl. *Mégret,* in: Stahn/Easterday/Iverson (Hrsg.), Jus Post Bellum, 2014, S. 519–541, 540.

2239 Ebenda, S. 535, 539 f. Auf ethischer Ebene entsprechend differenzierend *McMahan,* Kann Töten gerecht sein?, 2010 (Orig. v. 2009), 14 ff., der nur die Tötung der ungerechten Kombattanten für legitim hält.

2240 *Mégret,* in: Stahn/Easterday/Iverson (Hrsg.), Jus Post Bellum, 2014, S. 519–541, 534 (*Hervorhebungen ebenda*).

2241 Ebenda, S. insb. S. 534 ff.

2242 *Melzer,* in: Cassese (Hrsg.), Realizing Utopia, 2012, S. 508–518, 517.

2243 Vgl. *Kreß,* JZ 2014, S. 365–373, 371.

2244 Ebenda, S. 371.

haupt zu verhüten.[2245] Im Fall des ausgebrochenen Konfliktes sieht *Kreß* das Kombattantenprivileg wegen dessen Anreizfunktion auch für die Soldaten des aggressiven Staats vor. Er plädiert für eine völlige Symmetrie des Rechts des internationalen und nicht-internationalen Konflikts.

Kreß betont deshalb die Notwendigkeit der Schaffung eines *ius contra bellum internum* als Kehrseite eines gewaltsamen Widerstandsrechts.[2246] Trotz eines solchen würden die einzelnen Widerstandskämpfer auch nicht wegen der Beteiligung an einem illegalen Bürgerkrieg bestraft, da sie in den vollen Genuss des Kombattantenprivilegs kämen.[2247] Nur dann erhöhe sich nämlich ihre Normbefolgungsbereitschaft spürbar, sodass der größtmögliche rechtliche Schutz der Zivilisten gewährleistet werden könne.[2248] Lediglich ihre Anführer könnten strafrechtlich zur Verantwortung gezogen werden. An dieser Stelle ergäben sich Abgrenzungsprobleme, die es bei der Bestimmung der Führung einer staatlichen Streitmacht in dieser Form nicht gibt. *Kreß* räumt diese Probleme selbst ein.[2249] Sie sprechen gegen seine Lösung und für das vermittelnde Konzept *Melzers*. In diesem mangelt es allerdings an Anreizen zur Einhaltung der Vorschriften des humanitären Völkerrechts – den illegalen Widerstandskämpfern droht in *Melzers* Konzept in jedem Fall eine Strafe. Es wird deutlich, dass die Frage nach dem Kombattantenprivileg für nicht-staatliche Kämpfer keineswegs leicht zu beantworten ist.

Sie stellt sich auch in umgekehrter Weise: Können Kämpfer einer nichtstaatlichen Gruppe Zivilisten sein bzw. zwischen dem Kombattanten- und dem Zivilistenstatus wechseln (sogenannter „Drehtüreffekt“[2250])?[2251] Ebenso ist fraglich, welche Mitglieder des Staatsapparates unter welchen Voraussetzungen als Zivilisten betrachtet werden können. Wo würde bei der kriegerisch-gewaltsamen Ausübung eines Widerstandsrechts etwa bei einem Regierungsmitglied der Status als Zivilist anfangen?[2252] Diesen Fragen soll hier nicht nachgegangen werden. Vielmehr wird an dieser

---

2245 *Ders.*, EJIL 20 (2009), S. 1129–1146, 1133 ff.; *ders.*, JZ 2014, S. 365–373, 370.

2246 Ebenda, S. 372 f.

2247 Ebenda, S. 372.

2248 Ebenda, S. 372.

2249 Vgl. ebenda, S. 372 a. E.

2250 *Graf Kielmansegg*, JZ 2014, S. 373–381, 373.

2251 Dafür etwa *Oeter*, in: Fischer-Lescano/Gasser/Marauhn u. a. (Hrsg.), Frieden in Freiheit, 2008, S. 503–522; dagegen etwa *Graf Kielmansegg*, JZ 2014, S. 373–381

2252 Vgl. *Goertzel*, Terrorism: An International Journal 11 (1988), S. 1–12, 10.

Stelle festgehalten werden, dass das humanitäre Völkerrecht nicht-internationale Konflikte bereits regelt. Die dortigen bedenklichen Regelungslücken müssen im Zuge der Entwicklung einer völkerrechtlichen Widerstandslehre geschlossen werden.

6. Zusammenfassende Bemerkungen

Damit offenbarten sich bedeutsame Berührungspunkte zwischen Widerstandsrecht und humanitärem Völkerrecht. Die rechtlichen Asymmetrien des humanitären Völkerrechts zeigen, dass zumindest rechtspolitisch die Notwendigkeit einer völkerrechtlichen Widerstandslehre besteht. Diese wird durch die tatsächliche Dimension noch virulenter: Bürgerkriege stellen eines der häufigsten und schlimmsten Übel des gegenwärtigen Zeitalters dar.[2253] Die rechtliche Asymmetrie des Rechts des internationalen und des nicht-internationalen bewaffneten Konfliktes spiegeln längst nicht mehr die faktische Asymmetrie von Kampfparteien wider; vielmehr stellen sich die Bedrohungen aus Sicht der Zivilbevölkerung als gleichwertig dar.[2254] Dieser Symmetrie muss das humanitäre Völkerrecht Rechnung tragen.

Aus der Existenz des humanitären Völkerrechts für den nicht-internationalen Konflikt kann kein Widerstandsrecht abgeleitet werden – ebenso wenig kann hieraus auf die völkerrechtliche Anerkennung desselben geschlossen werden.[2255] Dies ergibt sich aus der Rolle des *ius in bello*, das lediglich pragmatischen Belangen gerecht wird. Aus dem humanitären Völkerrecht selbst kann nicht die Befugnis zur Gewaltanwendung abgeleitet werden – weder für den internationalen bewaffneten Konflikt (hier muss z. B. auf Art. 51 UN-Charta zurückgegriffen werden) noch für den nicht-internationalen. Hierfür wäre ein Widerstandsrecht ausschlaggebend. Das Regelungsziel des humanitären Völkerrechts macht keineswegs Halt vor innerstaatlichem gewaltsamem Widerstand. Zur Beseitigung von sinn-

---

2253 *Sivakumaran,* The Law of Non-International Armed Conflict, 2012, S. 570.

2254 Zu ethischen Gemeinsamkeiten von Krieg und Bürgerkrieg s. *Goertzel,* Terrorism: An International Journal 11 (1988), S. 1–12.

2255 A. A. wohl *Mégret,* Revue Études internationales 39 (2008), S. 39–62, 50, der aus dem humanitären Völkerrecht die Legitimität mancher nicht-staatlicher Konfliktbeteiligungen ableiten möchte.

losen rechtlichen Asymmetrien kann das Widerstandsrecht einen gewichtigen Beitrag leisten.

Sinnvoller ist jedoch der umgekehrte Blick: Zunächst muss über ein (gewaltsames) Widerstandsrecht im Sinne eines *ius ad* bzw. *contra bellum internum* nachgedacht werden, und anschließend müssen rechtliche Rahmenbedingungen für die Realität der Gewaltanwendung (*ius in bello interno*) geschaffen werden. Die Reform des humanitären Völkerrechts ist also eine Aufgabe, die sich der Etablierung einer völkerrechtlichen Widerstandslehre anschließen müsste. Vor diesem Hintergrund mutet es seltsam an, dass in der Völkerrechtswissenschaft mittlerweile Einigkeit über den Reformbedarf des humanitären Völkerrechts besteht,[2256] die Frage des Widerstandsrechts indessen kaum eruiert wird. Es bleibt festzuhalten, dass die normativen Fundamente eines gewaltsamen Widerstandsrechts nicht im humanitären Völkerrecht zu finden sind. Diesbezüglich kann das völkerrechtliche Gewaltverbot, das sogleich betrachtet wird, möglicherweise Auskunft geben.[2257].

IX. Das Gewaltverbot

In der vorangegangenen völkerrechtlichen Analyse ist das Gewaltverbot schon mehrfach thematisiert worden: zunächst bei der Diskussion um die Zulässigkeit eines gewaltsamen Befreiungskampfes in Ausübung des Selbstbestimmungsrechts und anschließend bei der Betrachtung des Rechts der humanitären Intervention, das nur als Ausnahme vom Gewaltverbot existieren kann. Zudem wurde eine weitere Ausnahme des Gewaltverbots dargestellt: das Selbstverteidigungsrecht gem. Art. 51 UN-Charta. Im Rahmen dieser Erörterungen wurden die wichtigsten Aspekte des Gewaltverbots in Hinblick auf ein Widerstandsrecht bereits erwähnt. Nachfolgend wird dargestellt, ob diese Aspekte als Spuren eines Widerstandsrechts gedeutet werden können.

Eingangs stellt sich angesichts des Gewaltverbots die Frage, ob gewaltsamer Widerstand überhaupt zulässig sein kann. Dagegen könnte ein innerstaatliches Gewaltverbot sprechen. Da das völkerrechtliche Gewaltverbot üblicherweise als zwischenstaatlich verstanden wird, müsste ein sol-

2256 *Sivakumaran,* The Law of Non-International Armed Conflict, 2012, S. 568.
2257 Vgl. *Kreß,* JZ 2014, S. 365–373, 371.

ches innerstaatliches Gewaltverbot allerdings zunächst sorgfältig begründet werden. Das Widerstandsrecht könnte eine Ausnahme hierzu darstellen. Da damit ein bedeutsamer Hinweis auf die Existenz eines Widerstandsrechts gewonnen werden konnte, wird die Frage des innerstaatlichen Gewaltverbots nachfolgend eingehend erörtert. Hierzu werden zunächst das zwischenstaatliche Gewaltverbot und seine Ausnahmen erläutert. In einem weiteren Schritt wird dargestellt, ob ein Widerstandsrecht eine Ausnahme zu einem innerstaatlichen Gewaltverbot darstellen könnte.

1. Das Verbot zwischenstaatlicher Gewalt

a) Rechtsquellen und Umfang

Das Gewaltverbot gilt als fundamentale Regelung des Völkerrechts.[2258] Dies spiegelt sich in der UN-Charta wider, die nicht nur in Art. 1 Abs. 1 UN-Charta das Friedensgebot zur obersten Zielbestimmung der Vereinten Nationen statuiert, sondern auch in Art. 2 Abs. 4 UN-Charta das Gewaltverbot normiert:

> „Alle Mitglieder unterlassen in ihren internationalen Beziehungen jede gegen die territoriale Unversehrtheit oder die politische Unabhängigkeit eines Staates gerichtete oder sonst mit den Zielen der Vereinten Nationen unvereinbare Androhung oder Anwendung von Gewalt."

Das Gewaltverbot ist eine Errungenschaft des Chartaregimes. Es wird heute auch zum *ius cogens*[2259] und zum Völkergewohnheitsrecht[2260] gezählt. Dabei handelt es sich um einen besonderen Fall von Völkergewohnheitsrecht; dies ergibt sich vorwiegend aus der Rechtsüberzeugung, da es

---

2258 *Dörr,* APuZ 2004 (Heft B43), S. 14–20; *Merkel,* FAZ, 22.03.2011, Völkerrecht contra Bürgerkrieg: Die Militärintervention gegen Gaddafi ist illegitim spricht von einer „Grundnorm des Völkerrechts".

2259 So *Kadelbach,* Zwingendes Völkerrecht, 1992, S. 226 ff.; *Doehring,* Völkerrecht, 2004, Rn. 571; *Dörr,* APuZ 2004 (Heft B43), S. 14–20, 14; *Peters,* Widerstandsrecht und humanitäre Intervention, 2005, S. 231; *Bothe,* in: Graf Vitzthum/Proelß (Hrsg.), Völkerrecht, 2016, S. 591–682, Abschn. 8 Rn. 23.

2260 So IGH, Nicaragua vs. USA, 27. Juni 1986, I.C.J. Reports 1986, S. 14 ff., Rn. 188 ff.; *Kadelbach,* Zwingendes Völkerrecht, 1992, S. 228 f.; *Dörr,* APuZ 2004 (Heft B43), S. 14–20; *Bothe,* in: Graf Vitzthum/Proelß (Hrsg.), Völkerrecht, 2016, S. 591–682, Abschn. 8 Rn. 8.

bis in die Gegenwart an einer entsprechenden Staatenpraxis mangelt.[2261] Immer wieder kommt es im zwischenstaatlichen Bereich nämlich zu Gewaltandrohungen und -anwendungen. Von den Staaten wird allerdings stets versucht, diese im Einklang mit dem Gewaltverbot bzw. seinen Ausnahmen zu rechtfertigen.[2262] Die Geltung des Gewaltverbots zweifeln sie nicht an.[2263] Eine entsprechende Rechtsüberzeugung findet sich zudem in vielen Resolutionen der UN-Generalversammlung sowie des UN-Sicherheitsrates.[2264]

Das Gewaltverbot in Art. 2 Abs. 4 UN-Charta richtet sich nur an die Mitglieder der Organisation der Vereinten Nationen, mithin an Staaten, und bezieht sich auf ihre „internationalen Beziehungen". Damit verbietet es dem Wortlaut nach nur zwischenstaatliche Gewalt.[2265] Zu innerstaatlicher Gewalt äußert es sich nicht – weder zur privater noch zu staatlicher Gewaltanwendung[2266] und ebenso wenig zu privater internationaler Gewaltanwendung (etwa in Form transnationalen Terrorismus).[2267] *Albrecht Randelzhofer* und *Oliver Dörr* kommen außerdem zu dem Ergebnis, dass auch das gewohnheitsrechtliche Gewaltverbot keine nicht-staatlichen, privaten Akteure adressiert.[2268]

Dass das völkerrechtliche Gewaltverbot ausdrücklich keine innerstaatliche Gewalt umfasst, rührt von der traditionellen Vorstellung her, dass in-

2261 Ebenda, S. Abschn. 8 Rn. 8.

2262 Ebenda, S. Abschn. 8 Rn. 8.

2263 Ebenda, S. Abschn. 8 Rn. 8.

2264 S. nur A/RES/2625 (XXV) (24.10.1970), Grundsatz 1; A/RES/3314 (14.12.1974).

2265 *Tomuschat,* Jahrbuch Menschenrechte 2004/2005, S. 121–130, 127; *Paech,* Blätter für deutsche und internationale Politik 9/2012, S. 91–99, 92.

2266 *Verdross/Simma,* Universelles Völkerrecht, 1984, § 468; *Peters,* Widerstandsrecht und humanitäre Intervention, 2005, S. 232; *Bothe,* in: Graf Vitzthum/Proelß (Hrsg.), Völkerrecht, 2016, S. 591–682, Abschn. 8 Rn. 11; *Heintschel von Heinegg,* in: Ipsen (Hrsg.), Völkerrecht, Ein Studienbuch, 2014, S. 1055–1117, § 51 Rn. 35; vgl. *Randelzhofer/Dörr,* in: Simma u. a., UN Charter, Vol. 1, 2012, Art. 2 (4) Rn. 31.

2267 *Bothe,* in: Graf Vitzthum/Proelß (Hrsg.), Völkerrecht, 2016, S. 591–682, Abschn. 8 Rn. 11 f. Neuere Ansätze zur Einbeziehung von Terrorismus im Hinblick auf Art. 51 UN-Charta finden sich bei S/RES/1368 (12.09.2001); *Kotzur,* AVR 40 (2002), S. 454–479, 469 ff.; *Bruha,* AVR 40 (2002), S. 422–453; *Krajewski,* AVR 40 (2002), S. 183–214, 188 ff.; *Heintschel von Heinegg/Gries,* AVR 40 (2002), S. 145–182, 153 ff.

2268 Vgl. *Randelzhofer/Dörr,* in: Simma u. a., UN Charter, Vol. 1, 2012, Art. 2 (4) Rn. 31.

nerhalb der Staaten das staatliche Gewaltmonopol den Einsatz von Gewalt diktiere und lediglich staatliche Akteure zu internationaler Gewalt fähig seien. Herausgefordert wurde dieses Verständnis im *Nicaragua*-Fall des IGH.[2269] Dort kam der Gerichtshof zu dem Ergebnis, dass das Gewaltverbot auch dann verletzt werde, wenn ein Staat den Ausübenden privater bewaffneter Gewalt in einem anderen Staat Unterstützung zukommen ließe, wie die USA es im zu entscheidenden Fall für die *Contras* in Nicaragua getan hatten.[2270] Der IGH statuierte allerdings das Erfordernis, dass der unterstützende Staat in gewissem Umfang in die privaten gewaltsamen Maßnahmen eingebunden sein müsse.[2271] Die bloße finanzielle Förderung reiche nicht aus.[2272]

Wenn es sich um staatliche Gewalt handelt, so verbietet Art. 2 Abs. 4 UN-Charta nach allgemeiner Auffassung jegliche Androhung oder Anwendung militärischer Gewalt.[2273] Der Begriff „Gewalt" geht dabei weiter als der der „Angriffshandlung" aus der Aggressionsdefinition.[2274] Davon umfasst sind also auch bewaffnete Konflikte geringeren Umfangs. Es ist davon auszugehen, dass Art. 2 Abs. 4 UN-Charta eine Bagatellschwelle impliziert, diese allerdings sehr niedrig ist.[2275] So fällt auch die Drohung mit einer Gewaltanwendung bereits unter den Tatbestand des Art. 2 Abs. 4 UN-Charta.[2276] Die bloße Verletzung von Menschenrechten genügt nicht, um „Gewalt" im Sinne des völkerrechtlichen Gewaltverbots anzunehmen, während diese der Völkerrechtswissenschaft mitunter bereits genügt, um einen „Friedensbruch" im Sinne von Art. 39 UN-Charta anzunehmen.[2277] Ebenso wenig reicht allein wirtschaftlicher Druck aus, um eine Anwen-

2269 Vgl. IGH, Nicaragua vs. USA, 27. Juni 1986, I.C.J. Reports 1986, S. 14 ff.

2270 Ebenda, Rn. 195.

2271 Ebenda, Rn. 115, 228.

2272 Ebenda, Rn. 228.

2273 *Dörr,* APuZ 2004 (Heft B43), S. 14–20; *Bothe,* in: Graf Vitzthum/Proelß (Hrsg.), Völkerrecht, 2016, S. 591–682, Abschn. 8 Rn. 10.

2274 Ebenda, S. Abschn. 8 Rn. 9; vgl. *Herdegen,* Völkerrecht, 2016, § 34 Rn. 25.

2275 *Bothe,* in: Graf Vitzthum/Proelß (Hrsg.), Völkerrecht, 2016, S. 591–682, Abschn. 8 Rn. 10.

2276 Hierzu *Sadurska,* AJIL 82 (1988), S. 239–263; *Stürchler,* The Threat of Force in International Law, 2007; *Wood,* Use of Force, Prohibition of Threat, 2013; *Bothe,* in: Graf Vitzthum/Proelß (Hrsg.), Völkerrecht, 2016, S. 591–682, Abschn. 8 Rn. 16.

2277 Ebenda, S. Abschn. 8 Rn. 15. Zur Begründung der Verletzung des Gewaltverbots bei massiven Menschenrechtsverletzungen in Form der völkerrechtlichen Verbrechen s. o., S. 324.

dung von Gewalt anzunehmen.[2278] Nach einer jungen Ansicht kann auch das sogenannte *cyber warfare* unter den Gewaltbegriff fallen.[2279] So hat der IGH entschieden, dass selbst die Annahme eines bewaffneten Angriffs nach Art. 51 UN-Charta nicht die Beschränkung auf den klassischen Waffeneinsatz impliziere.[2280] Computer können in diesem modernen Sinne ebenfalls als Waffe verwendet werden, wenn hierdurch die essenzielle Infrastruktur eines Staats angegriffen wird und erhebliche Personenschäden in der Zivilbevölkerung entstehen (z. B. durch die Programmierung einer atomaren Katastrophe).[2281] *Cyber warfare* kann damit im Einzelfall also sogar als Waffengewalt eingestuft werden.

Das Gewaltverbot stellt eine der bedeutsamsten Errungenschaften des Völkerrechts des 20. Jahrhunderts dar.[2282] Es stärkt gleichermaßen die Souveränität der Staaten (Schutz vor Gewalt anderer Staaten),[2283] wie es diese einschränkt (Beschränkung eines Kriegsrechts). Dieser Befund erinnert an den *Kantischen* Rechtsgedanken, wonach sich Freiheit nur im Recht, also durch Beschränkungen realisieren lässt.[2284] Letztlich stellt das Gewaltverbot die „zwingende Voraussetzung jeder rechtlichen Koexistenz von Staaten“[2285] dar, wie *Merkel* darlegt. Die Etablierung dieser Verbotsnorm war nicht ohne Hintergedanken ein entscheidendes Ziel der Schöpfer der UN-Charta.[2286] Es fungiert im Völkerrecht als *ius contra bellum* – eine Bezeichnung, die *Robert Kolb* und *Michael Bothe* der geläufigen als *ius*

2278 *Herdegen,* Völkerrecht, 2016, § 34 Rn. 17.

2279 *International Group of Experts at the Invitation of the NATO Cooperative Cyber Defence Centre of Excellence,* Tallinn Manual on the International Law Applicable to Cyber Warfare, 2013, S. 42 ff.; *Herdegen,* Völkerrecht, 2016, § 34 Rn. 23; *Bothe,* in: Graf Vitzthum/Proelß (Hrsg.), Völkerrecht, 2016, S. 591–682, Abschn. 8 Rn. 10.

2280 Vgl. IGH, Nuclear Weapons, 8. Juli 1996, I.C.J. Reports 1996, S. 226 ff., Rn. 39.

2281 *International Group of Experts at the Invitation of the NATO Cooperative Cyber Defence Centre of Excellence,* Tallinn Manual on the International Law Applicable to Cyber Warfare, 2013, S. 42; *Herdegen,* Völkerrecht, 2016, § 34 Rn. 23.

2282 *Dörr,* APuZ 2004 (Heft B43), S. 14–20, 20; *Peters,* Widerstandsrecht und humanitäre Intervention, 2005, S. 198, 229.

2283 *Oeter,* in: Malowitz/Münkler (Hrsg.), Humanitäre Intervention, 2009, S. 29–64, 48.

2284 Hierzu s. o., S. 177.

2285 *Merkel,* in: ders. (Hrsg.), Der Kosovo-Krieg und das Völkerrecht, 2000, S. 66–98, 66.

2286 Vgl. *Doehring,* Völkerrecht, 2004, Rn. 1008.

ad bellum vorziehen.[2287] Ein *ius ad bellum* kann man höchstens in den Ausnahmen vom Gewaltverbot erblicken. Da es sich dabei um Notrechte handelt, wie sogleich gezeigt wird, ist die Bezeichnung als *ius ad bellum* missverständlich. Es besteht kein immerwährendes Recht zum Krieg bzw. zur Gewaltanwendung. Vielmehr ist das Gewaltverbot auch vor dem Hintergrund seiner historischen Genese – als Reaktion auf das Unrecht zweier Weltkriege – extensiv auszulegen, und seine Ausnahmen sind entsprechend restriktiv.[2288]

b) Ausnahmen

Um welche Ausnahmen es sich dabei handelt, wird nun erörtert. In der UN-Charta selbst sind zwei Ausnahmen angelegt, nämlich das Selbstverteidigungsrecht gem. Art. 51 und die gewaltsamen Maßnahmen, die der UN-Sicherheitsrat gem. Kap. 7 beschließen kann. Darüber hinaus werden von Völkerrechtlern weitere Ausnahmen erwogen, wovon die meist diskutierte das Recht auf humanitäre Intervention ist.

aa) Ausnahmen im Rahmen der UN-Charta

Die Bestimmung des Art. 51 UN-Charta wurde im Rahmen der vorherigen völkerrechtlichen Analyse bereits mehrfach angesprochen. Das darin normierte Selbstverteidigungsrecht wurde beispielsweise als ein Beleg für den allgemeinen Grundsatz des Notwehrrechts im Völkerrecht angeführt. Nun wird die Vorschrift aus der Perspektive des Gewaltverbots betrachtet. Aus dieser Perspektive stellt Art. 51 UN-Charta eine Ausnahmeregelung dar.[2289] Das dort positiv normierte „naturgegebene Recht" zur Selbstverteidigung statuiert das Erfordernis eines „bewaffneten Angriffs". Wie gezeigt wurde, können darunter sogar Attacken im Rahmen von *cyber war-*

2287 *Kolb,* Ius contra bellum, 2003; *Bothe,* in: Graf Vitzthum/Proelß (Hrsg.), Völkerrecht, 2016, S. 591–682, Abschn. 8 Rn. 2; vgl. *Kreß,* NJW 1999, S. 3077–3084, 3078.

2288 Vgl. *Peters,* Widerstandsrecht und humanitäre Intervention, 2005, S. 230; *Kreß,* NJW 1999, S. 3077–3084, 3078 („rigoroses ius contra bellum").

2289 *Dörr,* APuZ 2004 (Heft B43), S. 14–20, 15; *Peters,* Widerstandsrecht und humanitäre Intervention, 2005, S. 231.

fare verstanden werden.[2290] Die Erfüllung des Kriteriums des „bewaffneten Angriffs“ erfordert insofern, dass der erlittene Schaden in einem Staat, seiner Tragweite und seinen Auswirkungen nach dem eines militärischen Angriffs gleicht.[2291] Hieran wird deutlich, dass nicht jeder Bruch des Gewaltverbots ein Selbstverteidigungsrecht auslöst.[2292] Auf die Anwendung von Gewalt, die unterhalb der Schwelle des „bewaffneten Angriffs“ im Sinne von Art. 51 UN-Charta verbleibt, darf also nicht mit Gewalt reagiert werden. Der Ausnahmetatbestand des Art. 51 UN-Charta wäre in diesem Fall nicht erfüllt, sodass eine gewaltsame Reaktion ihrerseits eine Verletzung des Gewaltverbots darstellt.[2293]

Der Gewaltbegriff des Art. 51 UN-Charta ist damit deutlich enger als derjenige des Art. 2 Abs. 4 UN-Charta.[2294] Zur Abgrenzung kann vor allem auf die Aggressionsdefinition der Generalversammlung zurückgegriffen werden. In Art. 3 der entsprechenden Resolution[2295] findet sich ein Katalog von Regelbeispielen bewaffneter Angriffe. Eine im Vordringen befindliche Ansicht betrachtet schwere und systematische Menschenrechtsverletzungen als Äquivalent zum „bewaffneten Angriff“ und will so in Anlehnung an Art. 51 UN-Charta ein Recht auf humanitäre Intervention begründen.[2296]

2290 S. o., S. 431.

2291 IGH, Nicaragua vs. USA, 27. Juni 1986, I.C.J. Reports 1986, S. 14 ff., Rn. 195; *Dörr,* APuZ 2004 (Heft B43), S. 14–20, 15.

2292 Vgl. *Oeter,* in: Malowitz/Münkler (Hrsg.), Humanitäre Intervention, 2009, S. 29–64, 42; *Schmidl,* The Changing Nature of Self-Defence in International Law, 2009, 39; *Herdegen,* Völkerrecht, 2016, § 34 Rn. 25; *Bothe,* in: Graf Vitzthum/Proelß (Hrsg.), Völkerrecht, 2016, S. 591–682, Abschn. 8 Rn. 10, 19.

2293 *Herdegen,* Völkerrecht, 2016, § 34 Rn. 25.

2294 *Oeter,* in: Malowitz/Münkler (Hrsg.), Humanitäre Intervention, 2009, S. 29–64, 42; *Schmidl,* The Changing Nature of Self-Defence in International Law, 2009, 39; *Randelzhofer/Nolte*, in: Simma u. a., UN Charter, Vol. 2, 2012, Art. 51 Rn. 6; *Herdegen,* Völkerrecht, 2016, § 34 Rn. 25; *Bothe,* in: Graf Vitzthum/Proelß (Hrsg.), Völkerrecht, 2016, S. 591–682, Abschn. 8 Rn. 10, 19.

2295 A/RES/3314 (14.12.1974).

2296 *Delbrück,* Die Friedens-Warte 74 (1999), S. 139–158, 154; *Doehring*, in: Deutsche Gesellschaft für Völkerrecht (Hrsg.), Aktuelle Probleme des Menschenrechtsschutzes, 1994, S. 277–309, 277 ff.; *Doehring,* Völkerrecht, 2004, § 14 Rn. 766, § 20 Rn. 1015; *Schilling,* AVR 35 (1997), S. 430–458, 443; *Merkel,* in: Meggle (Hrsg.), Humanitäre Interventionsethik, 2004, S. 107–132, 114, 121; in diese Richtung tendierend *Cassese,* EJIL 10 (1999), S. 23–30, 29; *Kreß,* NJW 1999, S. 3077–3084 3081 f.; *Peters,* Widerstandsrecht und humanitäre Intervention, 2005, S. 301; *Biermann,* ZeFKo 3 (2014), S. 6–42, 22. A. A. *Bothe,* in:

Nach allgemeiner Auffassung muss ein bewaffneter Angriff im Sinne von Art. 51 UN-Charta zudem von staatlicher Seite erfolgt oder einem Staat zuzurechnen sein.[2297] Die Ausnahme regelt – wie Art. 2 Abs. 4 UN-Charta – nur zwischenstaatliche Gewalt. Zu solcher zählt auch das staatliche Entsenden nicht-staatlicher bewaffneter Truppen in einen anderen Staat, wie Art. 3 lit. g) der Aggressionsdefinition zeigt.[2298] Dies kann nicht zwangsläufig bei der Unterstützung privater bewaffneter Truppen, die in einem anderen Staat gegen die staatliche Streitmacht kämpfen, angenommen werden. Wie der IGH im *Nicaragua*-Fall befunden hat, sei hierzu vielmehr die „effective control of the military or paramilitary operations"[2299] seitens des vermeintlichen Angreiferstaates erforderlich.

Im Rahmen der Betrachtung des allgemeinen Grundsatzes des Notwehrrechts ist deutlich geworden, dass Art. 51 UN-Charta, wie nationale Notwehrregelungen, Grenzen des Selbstverteidigungsrechts kennt. Zwar sind diese nicht im Wortlaut des Art. 51 UN-Charta angelegt, dennoch als völkergewohnheitsrechtliche Beschränkungen anerkannt.[2300] Es handelt sich dabei um die Kriterien der Erforderlichkeit und Verhältnismäßigkeit.[2301] Darüber hinaus existieren zeitliche Grenzen des Selbstverteidigungsrechts. Vergeltungsschläge können beispielsweise nicht im Rahmen des Selbstverteidigungsrechts ausgeführt werden.[2302] In diesem Zusam-

---

Graf Vitzthum/Proelß (Hrsg.), Völkerrecht, 2016, S. 591–682, Abschn. 8 Rn. 19. Zum Ganzen s. o., S. 316 ff. sowie u., S. 437 f.

2297 IGH, Wall in the Occupied Palestinian Territory, 9. Juli 2004, I.C.J. Reports 2004, S. 136 ff., Rn. 139; *Peters,* Widerstandsrecht und humanitäre Intervention, 2005, S. 231; *Heintschel von Heinegg/Gries,* AVR 40 (2002), S. 145–182, 155, die bei mangelnder Zurechnung das naturgegebene Selbstverteidigungsrecht bemühen wollen. Für eine weitere Interpretation *Krajewski,* AVR 40 (2002), S. 183–214, 199 f. Vgl. *Randelzhofer/Nolte*, in: Simma u. a., UN Charter, Vol. 2, 2012, Art. 51, Rn. 31; *Randelzhofer/Dörr*, in: Simma u. a., UN Charter, Vol. 1, 2012, Art. 2 (4) Rn. 23 ff.

2298 Vgl. A/RES/3314 (14.12.1974).

2299 IGH, Nicaragua vs. USA, 27. Juni 1986, I.C.J. Reports 1986, S. 14 ff., Rn. 115 a. E.

2300 Vgl. (ebenda, Rn. 176; ders., Nuclear Weapons, 8. Juli 1996, I.C.J. Reports 1996, S. 226 ff., Rn. 41.

2301 Ebenda, Rn. 41; *Greenwood,* Self-Defence, 2011, Rn. 25 ff.; *Randelzhofer/Dörr*, in: Simma u. a., UN Charter, Vol. 2, 2012, Art. 51 Rn. 6, 57 ff.

2302 *Dörr,* APuZ 2004 (Heft B43), S. 14–20, 17.

menhang stellt sich auch die Frage nach der Zulässigkeit präventiver Selbstverteidigung, auf die in dieser Arbeit eingegangen wurde.[2303]

Als zweite Ausnahme vom Gewaltverbot sieht die UN-Charta gem. Art. 39 i. V. m. Art. 42 das Handeln auf Anordnung des Sicherheitsrates vor. Die Charta statuiert zur Durchsetzung des Gewaltverbots ein kollektives Friedenssicherungssystem, bei dem der Sicherheitsrat das Entscheidungsmonopol innehat.[2304] Er trägt gem. Art. 24 Abs. 1 UN-Charta „[…] die Hauptverantwortung für die Wahrung des Weltfriedens und der internationalen Sicherheit […]". Der Sicherheitsrat entscheidet bindend über mögliche Zwangsmaßnahmen, wenn ein Bruch des Gewaltverbots vorliegt.[2305] Gem. Art. 42 UN-Charta angeordnete gewaltsame Maßnahmen stellen eine zulässige Gewaltanwendung dar und unterfallen damit nicht dem Gewaltverbot des Art. 2 Abs. 4 UN-Charta.[2306] Solche Maßnahmen stellen dennoch Gewalt dar, die dem Gewaltverbot des *ius cogens* unterfällt. Die Ermächtigungsnormen der Charta zugunsten des Sicherheitsrats stellen hierzu eine Ausnahme dar. Die Voraussetzung für die Anordnung gewaltsamer Maßnahmen durch den Sicherheitsrat besteht gem. Art. 39 UN-Charta darin, dass eine Bedrohung oder ein Bruch des Friedens oder eine Angriffshandlung vorliegt. Der Anwendungsbereich des Art. 39 ist mit den Tatbestandsmerkmalen des Friedensbruches und der -bedrohung deutlicher weiter als derjenige des Art. 51 UN-Charta, der individuelles Vorgehen nur bei einer Angriffshandlung gestattet.[2307]

Kollektives Vorgehen nach Art. 39 i. V. m. Art. 42 UN-Charta setzt – ebenso wie Art. 51 UN-Charta – eine internationale Komponente der Gewalt voraus. Art. 39 UN-Charta erwähnt schließlich den „Weltfrieden" und die „internationale Sicherheit". Ihrem ursprünglichen Zweck nach regeln Art. 39 i. V. m. Art. 42 UN-Charta also die Reaktion auf zwischenstaatliche Gewalt.[2308] Das Verständnis des Anwendungsbereiches von

---

2303 S. o., S. 391 f.

2304 *Dörr,* APuZ 2004 (Heft B43), S. 14–20, S. 19.

2305 Auf die Problematik der Bindungswirkung von Entscheidungen des Sicherheitsrates hinweisend *Doehring,* Völkerrecht, 2004, § 11 Rn. 571 m. w. N. (insb. in Fn. 8).

2306 *Bothe,* in: Graf Vitzthum/Proelß (Hrsg.), Völkerrecht, 2016, S. 591–682, Abschn. 8 Rn. 24.

2307 Ebenda, S. Abschn. 8 Rn. 43.

2308 *Kreß,* NJW 1999, S. 3077–3084, 3087; *Peters,* Widerstandsrecht und humanitäre Intervention, 2005, S. 232; vgl. *Frowein,* in: Simma u. a., UN Charta, 1991, Art. 39 Rn. 9, 20 f.

Art. 39 UN-Charta unterlag in der Vergangenheit jedoch einem Wandel. In der Debatte um das Recht auf humanitäre Intervention und die damit einhergehende Entwicklung der Lehre von der *Responsibility to Protect* wurden nunmehr auch innerstaatliche Sachverhalte, namentlich gravierende Menschenrechtsverletzungen, unter den Begriff der internationalen Friedensbedrohung oder des Friedensbruchs subsumiert. Das dynamische Verständnis des Friedensbegriffs setzte sich auch in der Praxis des Sicherheitsrates durch.[2309] Der Sicherheitsrat hat bei der rechtlichen Würdigung eines Sachverhalts im Hinblick auf Art. 39 UN-Charta und bei der Entscheidung über die Anordnung adäquater Maßnahmen einen weiten Spielraum.[2310] *Matthias Herdegen* spricht insofern von einer „*offene*[n] Ermächtigungsnorm“[2311]. Allerdings betont er zu Recht, dass dieser Spielraum keineswegs unbegrenzt sei.[2312] Laut *Herdegen* erfordert die Bejahung einer Friedensbedrohung die Feststellung einer Gewaltanwendung oder zumindest der massiven Gefährdung für Leib oder Leben Einzelner.[2313] Dass die Subsumtion von Menschenrechtsverletzungen unter den Tatbestand des Art. 39 UN-Charta und das entsprechende Vorgehen des Sicherheitsrates keineswegs unproblematisch sind, wurde festgestellt.[2314]

Darüber hinaus hat der Sicherheitsrat bei der Anordnung von Maßnahmen laut einem Bericht des *United Nations Secretary-General's High-level Panel on Threats, Challenges and Change* auch bestimmte Schwellenkriterien („threshold criteria“) zu beachten („seriousness of threat“, „proper purpose“, „last resort“, „proportional means“ sowie „balance of consequences“).[2315] In der Praxis bleibt der Sicherheitsrat jedoch hinter diesen Anforderungen zurück.[2316] Hinzu kommt, dass das Friedenssicherungssystem der UN-Charta niemals vollständig umgesetzt wurde.[2317] So wurden

2309 *Herdegen,* Völkerrecht, 2016, § 41 Rn. 10.

2310 Ebenda, § 41 Rn. 3, 19.

2311 Ebenda, § 41 Rn. 8 (*Hervorhebung* ebenda).

2312 Ebenda, § 41 Rn. 19. Zu einer entsprechend Kritik s. o. S. 319 ff.

2313 *Herdegen,* Völkerrecht, 2016, § 41 Rn. 19.

2314 S. o., S. 319 ff.

2315 Vgl. *United Nations Secretary-General's High-level Panel on Threats,* A more secure world: Our shared responsibility (Report, UN-Doc A/59/565, 2 December 2004) , S. 67, Rn. 207.

2316 Vgl. nur zur „Libyen-Resolution“ (S/RES/1973 (17.03.2011)) die Kritik von *Merkel,* ZIS 2011, S. 771–783.

2317 *Bothe,* in: Graf Vitzthum/Proelß (Hrsg.), Völkerrecht, 2016, S. 591–682, Abschn. 8 Rn. 31.

bislang keine Abkommen gem. Art. 43 UN-Charta geschlossen. Die kollektiven Gewaltbefugnisse sind rechtlich beim Sicherheitsrat zentriert; ihm fehlen jedoch die kollektiven Mittel zur Gewaltanwendung.[2318] Diese befinden sich weiterhin bei den Staaten, und damit verbleibt ihnen ein nicht unerheblicher Rest an militärischem Machtpotenzial.[2319] Die Ermächtigung einzelner Staaten ist in Art. 42 UN-Charta nicht vorgesehen.[2320] Zwar kann man diese Kompetenz dem Sicherheitsrat als *implied power* zuschreiben,[2321] allerdings werden Sinn und Zweck des kollektiven Sicherheitssystems der UN-Charta damit zumindest infrage gestellt.[2322]

bb) Weitere diskutierte Ausnahmen

Die Ausnahmen des Gewaltverbots im Rahmen der UN-Charta weisen rechtliche und praktische Probleme auf, von denen einige hier aufgezeigt wurden. Es verwundert daher nicht, dass in der Völkerrechtswissenschaft weitere Ausnahmen diskutiert werden – allen voran das Recht auf *humanitäre Intervention*. Da ein solches Recht eingehend betrachtet wurde, werden hier lediglich noch einmal die wichtigsten Aspekte der entsprechenden Diskussion dargelegt.[2323] Zunächst stellt sich die Frage, wie der Sicherheitsrat eine humanitäre Intervention als Maßnahme gem. Art. 39 i. V. m. Art. 42 UN-Charta beschließen und Menschenrechtsverletzungen dabei unter die Merkmale der „Friedensbedrohung“ oder des „-bruches“ subsumieren kann. Ferner ist problematisch, ob ein Recht auf humanitäre Intervention auch unabhängig von einem Sicherheitsratsmandat besteht. Da es sich bei einem solchen Recht um ein Notrecht, ein Selbsthilferecht, handelt, darf es nicht von der Entscheidung bestimmter Instanzen abhängig sein, wie festgestellt wurde. Außerdem ist umstritten, wie ein Recht auf humanitäre Intervention völkerrechtlich begründet werden kann. Wesentlich weniger umstritten sind demgegenüber die Voraussetzungen dieses möglichen Interventionsrechts.

2318 *Graf Kielmansegg,* AVR 50 (2012), S. 285–317, 288.

2319 Ebenda, S. 288.

2320 *Bothe,* in: Graf Vitzthum/Proelß (Hrsg.), Völkerrecht, 2016, S. 591–682, Abschn. 8 Rn. 49 f.

2321 Ebenda, S. Abschn. 8 Rn. 50.

2322 Ebenda, S. Abschn. 8 Rn. 50.

2323 Näheres s. o., S. 316 ff.

Eine zweite erwogene Ausnahme vom Gewaltverbot stellen *Befreiungskriege* in Ausübung des Selbstbestimmungsrechts dar. Die Diskussion um diese Ausnahme wurde bereits betrachtet.[2324] Neu ist demgegenüber die diskutierte Ausnahme vom Gewaltverbot zum Schutz eigener Staatsangehöriger, die in einem anderen Staat bedroht werden und zu deren Gunsten dieser Staat keinen Minimalschutz mehr gewährleisten kann oder möchte.[2325] Mitunter wird auch diese Konstellation als humanitäre Intervention bezeichnet.[2326] Die militärische *Rettung eigener Staatsangehöriger* hat mit der militärischen Rettung fremder Staatsangehöriger (diese Konstellation wurde oben mit der Bezeichnung humanitäre Intervention versehen) den humanitären Zweck und die militärischen Mittel gemein.[2327] Ein Unterschied besteht jedoch darin, dass der rettende Staat hier nicht als „Weltpolizist“[2328] handelt, der den Missstand in einem anderen Staat beheben muss, sondern ein ureigenes staatliches Interesse wahrnimmt, nämlich den Schutz des Lebens seiner eigenen Angehörigen. Die Diskussion um ein Recht auf die Rettung eigener Staatsangehöriger fand einen ihrer Höhepunkte nach den Geschehnissen der israelischen Geiselbefreiung im ugandischen Entebbe im Jahre 1976.[2329] Pro-palästinensische Terroristen hatten ein in Athen gestartetes Flugzeug entführt und in Entebbe gelandet. Dort drohten sie der israelischen Regierung damit, nahezu einhundert jüdische Passagiere zu töten, wenn die in Israel, Frankreich, Deutschland und der Schweiz inhaftierten Mitglieder der Palästinensischen Befreiungsorganisation nicht aus ihrer Haft entlassen würden. Israelische Luftkräfte schritten auf ugandischem Herrschaftsgebiet ein, griffen die ugandischen Sicherheitskräfte an, die den Ort der Geiselnahme hermetisch abriegelten, töteten die pro-palästinensischen Geiselnehmer und schafften es so, die Geiseln zu befreien. Es stellte sich die Frage nach der rechtlichen Zulässigkeit dieser Befreiungsaktion.

2324 S. o., S. 281 ff.

2325 Zur Konstellation *Hailbronner,* in: Deutsche Gesellschaft für Völkerrecht (Hrsg.), Die Grenzen des völkerrechtlichen Gewaltverbots, 1986, S. 49–109, 100 f. Für eine solche Ausnahme *Dörr,* APuZ 2004 (Heft B43), S. 14–20, 17.

2326 So etwa bei *Westerdiek,* AVR 21 (1983), S. 383–401.

2327 Vgl. *Hailbronner,* in: Deutsche Gesellschaft für Völkerrecht (Hrsg.), Die Grenzen des völkerrechtlichen Gewaltverbots, 1986, S. 49–109, 101.

2328 Ebenda, S. 101.

2329 Hierzu eingehend *Beyerlin,* ZaöRV 37 (1977), S. 213–243, auf dessen Ausführungen die nachfolgenden Schilderungen des Sachverhalts basieren.

Zur Begründung der Rettung eigener Staatsangehöriger als Ausnahme vom Gewaltverbot werden ähnliche Argumente wie beim Recht der humanitären Intervention erwogen – etwa die Ausübung des naturgegebenen Selbstverteidigungsrechts, das in Art. 51 UN-Charta erwähnt wird.[2330] Fraglich ist, ob ein solches Recht neben Art. 51 UN-Charta überhaupt noch bestehen kann.[2331] Dagegen spricht seine tatbestandliche Begrenzung auf „bewaffnete Angriffe".[2332] Eine andere Ansicht versucht eine Rechtfertigung über eine Abwägung von Gewaltverbot und der Pflicht zum Menschenrechtsschutz.[2333] Darüber hinaus wird für eine völkergewohnheitsrechtliche Ausnahme plädiert.[2334] Für die Annahme von Völkergewohnheitsrecht mangelt es jedoch sowohl an einer einheitlichen Rechtsüberzeugung als auch an einer entsprechenden Staatenpraxis.[2335] So meint etwa *Bothe*, dass solche Rettungsaktionen nach derzeitigem Völkerrecht nur mit Zustimmung des betroffenen Staats zulässig seien.

Dies führt zum nächsten diskutierten Ausnahmetatbestand vom Gewaltverbot, der *Intervention auf Einladung*[2336]. Problematisch ist in diesem Zusammenhang, dass das Gewaltverbot als Teil des *ius cogens* nicht dis-

2330 *Schröder,* JZ 1977, S. 420–426, 423 ff.; *Kipp,* in: Conrad/Jahrreiß/Mikat u. a. (Hrsg.), Gedächtnisschrift Hans Peters, 1967, S. 393–433, 428.

2331 Dafür *Dahm,* in: Forschungsstelle für Völkerrecht und ausländisches öffentliches Recht der Universität Hamburg (Hrsg.), Festschrift für Rudolf Laun zu seinem achtzigsten Geburtstag, 1962, S. 48–72, 52 f.; *Wengler,* Das völkerrechtliche Gewaltverbot, 1967, S. 13; *Wildhaber,* in: Schaumann (Hrsg.), Völkerrechtliches Gewaltverbot und Friedenssicherung, 1971, S. 147–174, 153; *Seidl-Hohenveldern,* Völkerrecht, 1992, Rn. 1787; *Oppenheim/Lauterpacht,* International Law, A Treatise, Vol. II, 1952, S. 156; *Kelsen,* The Law of the United Nations, 1951, S. 269, 792. Dagegen *Franzke,* Österreichische Zeitschrift für öffentliches Recht und Völkerrecht 16 (1966), S. 128–175, 146 f.; *Bowett,* Self-Defense in International Law, 1958, S. 188; *Stone,* Legal Controls of International Conflict, 1954, S. 244; *Waldock,* Recueil des Cours 81 (1952), S. 455–515, 496 f.; *Fitzmaurice,* Recueil des Cours 92 (1957), S. 5–227, 171.

2332 Eingehend zur Frage *Beyerlin,* ZaöRV 37 (1977), S. 213–243, 222 ff.

2333 In diese Richtung tendierend etwa *Schweisfurth,* GYIL 23 (1980), S. 159–180, vgl. insb. S. 179.

2334 Hiervon ausgehend etwa *Dörr,* APuZ 2004 (Heft B43), S. 14–20, 17.

2335 *Hailbronner,* in: Deutsche Gesellschaft für Völkerrecht (Hrsg.), Die Grenzen des völkerrechtlichen Gewaltverbots, 1986, S. 49–109, 102 ff.; *Beyerlin,* ZaöRV 37 (1977), S. 213–243, 239; *Bothe,* in: Graf Vitzthum/Proelß (Hrsg.), Völkerrecht, 2016, S. 591–682, Abschn. 8 Rn. 21.

2336 Diesen Begriff verwendend ebenda, S. Abschn. 8 Rn. 23 Überschrift. Zu dieser Ausnahme eingehend *Nolte,* Eingreifen auf Einladung, 1999, insb. S. 208 ff.

ponibel ist.[2337] Es herrscht jedoch weitgehend die Auffassung, dass es überhaupt nicht betroffen sei, wenn ein Staat in einem anderen Staat mit dessen Zustimmung Gewalt ausübte.[2338] Dann würde nämlich keine Gewalt *gegen* einen anderen Staat angewandt.[2339] Die bedeutsamste Konstellation in diesem Zusammenhang dürfte das Eingreifen auf Einladung im Fall des Bürgerkriegs darstellen.[2340] Dann ist allerdings zu prüfen, ob die Regierung, welche die Zustimmung zur Gewaltanwendung erteilt, aus völkerrechtlicher Sicht noch eine legitime Regierung darstellt oder ob sich die Regierungsverhältnisse aufgrund des Bürgerkriegs bereits verändert haben.[2341]

Schließlich wird die Ausnahme des *Notstandes* erwogen. Danach soll Gewaltanwendung rechtmäßig sein, wenn nur dadurch eine drohende Gefahr für einen Staat abgewendet werden kann.[2342] Wie die anderen diskutierten Ausnahmen ist auch diese umstritten und keineswegs bereits geltendes Völkerrecht. Im Zusammenhang mit einem Notstandsrecht stellt sich bei dessen Ausübung zudem häufig das Problem der Verhältnismäßigkeit beim Aggressivnotstand. Wenn überhaupt, kann ein gewaltsames Notstandsrecht nur auf sehr wenige Fälle akuter und erheblicher Gefahren begrenzt sein. Dabei müssten die Effekte der Gewaltanwendung zur Abwendung der Gefahren jedenfalls geringer als die Auswirkungen der drohenden Gefahr sein. Die Legitimation des Einsatzes kriegerischer Gewalt ist in diesem Zusammenhang kaum denkbar.

cc) Zusammenfassende Bemerkungen

Die Ausnahmen vom Gewaltverbot, die in der UN-Charta angelegt sind, weisen Gemeinsamkeiten mit der diskutierten Ausnahme des Rechts auf

---

2337 *Bothe,* in: Graf Vitzthum/Proelß (Hrsg.), Völkerrecht, 2016, S. 591–682, Abschn. 8 Rn. 23.

2338 Ebenda, S. Abschn. 8 Rn. 23. Im Ergebnis ebenso *Doehring,* Völkerrecht, 2004, § 11 Rn. 642.

2339 *Bothe,* in: Graf Vitzthum/Proelß (Hrsg.), Völkerrecht, 2016, S. 591–682, Abschn. 8 Rn. 23.

2340 Vgl. *Herdegen,* Völkerrecht, 2016, § 34 Rn. 18; *Bothe,* in: Graf Vitzthum/Proelß (Hrsg.), Völkerrecht, 2016, S. 591–682, Abschn. 8 Rn. 23.

2341 *Herdegen,* Völkerrecht, 2016, § 34 Rn. 18; *Bothe,* in: Graf Vitzthum/Proelß (Hrsg.), Völkerrecht, 2016, S. 591–682, Abschn. 8 Rn. 23.

2342 *Herdegen,* Völkerrecht, 2016, § 34 Rn. 33 f.

humanitäre Intervention auf. All diese Ausnahmen implizieren das Moment eines Notrechts und dienen schließlich der Durchsetzung des Gewaltverbots.[2343] Dies entspricht den fundamentalen Rechtsprinzipien, die sich hinter den Selbsthilferechten der gängigen strafrechtlichen Rechtfertigungsformen verbergen. *Merkel* formuliert hierzu:

> „Das Recht ist, seinem abstraktesten Grundsatz nach, die verbindliche Ordnung der Bedingungen, Formen und Grenzen gleicher und größtmöglicher äußerer Handlungsfreiheit aller Personen. Deshalb sind Erlaubnisse zum Eingriff in diese äußere Rechtssphäre anderer ersichtlich nur die Kehrseite des rechtlichen Primärprinzips: dass ein solcher Eingriff grundsätzlich Unrecht sei. Als Ausnahmen haben sie teil an der Bedeutung des Prinzips. Wie dieses selbst gehören sie daher zum Fundament allen Rechts."[2344]

Dieser Befund gilt auch für die Ausnahmen vom Gewaltverbot. Seine Durchsetzung kann ihr einziger Sinn und Zweck sein. Daher können die Ausnahmen vom Gewaltverbot nur zur Reaktion auf einen vorherigen Bruch des Gewaltverbots berechtigen. Da das Gewaltverbot das Fundament allen Rechts darstellt,[2345] dienen seine Ausnahmen unmittelbar der Erhaltung bzw. Herstellung des Rechtszustandes. Sie dürfen nur zur Aufrechterhaltung bzw. Wiederherstellung des Friedens und damit des Rechts im Gegensatz zur Gewalt eingesetzt werden.

Dies ist das Telos von Art. 51 und 39 i. V. m. Art. 42 UN-Charta und weiteren potenziellen Ausnahmen vom Gewaltverbot. Für den Fall der gewaltsamen Durchsetzung des Selbstbestimmungsrechts wurde in der vorliegenden Arbeit festgestellt, dass ein solches nur zulässig sein kann, wenn sich eine nicht mehr zumutbare Diskriminierung in Menschenrechtverletzungen aufgrund von Gruppenmerkmalen äußert und die Lage sich zu einem äußersten Notfall verdichtet hat.[2346] Das Moment des Notrechts ist hier also gegeben. Zudem dient diese Ausnahme der (Wieder-)Herstellung des Rechtszustandes: Die diskriminierten und bedrohten Menschen leben in einer solchen Situation nämlich nicht im Recht, da sie aufgrund der Diskriminierung nicht als rechtsmündige Personen behandelt werden. Der Staat erfüllt ihnen gegenüber damit nicht seine grundlegende Schutzaufgabe, sondern verwandelt sich für sie stattdessen in eine Bedrohung.

2343 Vgl. *Merkel,* ZIS 2011, S. 771–783, 774.
2344 *Ders.,* JZ 62 (2007), S. 373–385, 378.
2345 *Ders.,* ZIS 2011, S. 771–783, 783.
2346 S. o., S. 281 ff.

Auch der Schutz eigener Staatsangehöriger kann nur soweit gehen, wie man zu ihren Gunsten ein Verteidigungsrecht gegenüber dem dritten Staat annehmen kann. In dieser Konstellation tritt das Moment der Not ebenso zutage wie bei den bereits erwähnten Ausnahmekonstellationen. Die Not muss ein gewisses Maß erreicht haben, um die Anwendung internationaler Gewalt zu rechtfertigen. Sie muss das Gewaltverbot tangieren. Diese Ausnahme vom Gewaltverbot muss entsprechend restriktiv gehandhabt werden. In diesem Zusammenhang spielt die grundlegende Aufgabe eines jeden Staates zudem eine bedeutsame Rolle. Bei der Rettung seiner Angehörigen nimmt der intervenierende Staat diese Aufgabe wahr. Entfiele die Rettung, so ginge dies mit einem (punktuellen) Versagen des Staates einher. Durch dieses Versagen könnte das Gewaltverbot wiederum betroffen sein. Wenn dies unmittelbar bevorsteht, kann bereits Gewalt angewandt werden. Erforderlich ist hierfür eine massive Bedrohung des staatlichen Schutzauftrags. Es ist davon auszugehen, dass die Intervention in der Regel eher eine Reaktion auf den Bruch des Gewaltverbots durch den dritten Staat darstellt.

Wendet man diese Kriterien auf die diskutierte Ausnahme der Intervention auf Einladung an, so erkennt man, dass eine solche nur zulässig sein kann, wenn der einladende Staat sich in einer Notsituation befindet, die ihrerseits das Gewaltverbot betrifft. In dieser Stelle wird die Schwelle zur Diskussion um ein innerstaatliches Gewaltverbot überschritten, die sogleich zu führen ist.[2347] Betrachtet wird zunächst das diskutierte Notstandsrecht. Diesbezüglich liegt das Vorliegen des Notfallerfordernisses auf der Hand. Letztlich müssen darüber hinaus die Wertungen, die im Rahmen des Aggressivnotstands gelten, für alle Ausnahmen vom Gewaltverbot berücksichtigt werden, wenn es um den Einsatz kriegerischer Gewalt geht. Bei einem solchen Einsatz wird es immer zivile Betroffene geben, denen die Opferung von Leib, Leben und Eigentum zugunsten der Herstellung von Frieden und Recht abverlangt wird. Selbst wenn dies rechtlich legitim sein mag, weil es um die Herstellung der Grundbedingung des Rechts geht, beginnt hier jedenfalls die Sphäre eines moralischen Dilemmas.[2348] Es wird ersichtlich, dass Ausnahmen vom Gewaltverbot nur restriktiv angenommen und angewendet werden können. Dieses Erfor-

2347 S. u., S. 444 ff.
2348 Hierzu s. u., S. 557 ff.

dernis ergibt sich nicht nur aus moralischer Perspektive, sondern bereits aus rechtstheoretischer.

Als problematisch stellt sich insofern die Tendenz zur Relativierung des Gewaltverbots dar, die Einkehr in die völkerrechtliche Praxis und Lehre hält. Praktische Beispiele hierfür stellen der NATO-Einsatz gegen Serbien zum Schutz der albanischen Zivilbevölkerung im Frühjahr 1999 und der Irakkrieg der USA mit ihrer „Koalition der Willigen“[2349] im Jahre 2003 dar. In der Völkerrechtswissenschaft wurde zum Teil versucht, diese Einsätze rechtlich zu legitimieren. Durch derartige Begründungsversuche verdichtet sich die Gefahr, dass das Gewaltverbot nicht mehr als unbedingte Verbotsregel wahrgenommen wird. Diese Gefahr ist in der Formulierung von Art. 2 Abs. 4 UN-Charta angelegt: Man könnte beim Lesen dieser Bestimmung zu dem Schluss kommen, dass die Gewaltanwendung mit guter Absicht (d. h. einer Absicht, die in Einklang mit den Zielen der Vereinten Nationen steht) zulässig sei. Diese Interpretationsmöglichkeit hat in der Völkerrechtslehre glücklicherweise keinen Anklang gefunden. Allerdings tritt die Tendenz der Relativierung dennoch durch die Hintertür des völkerrechtlichen Friedenssicherungsrechts ein, nämlich mit der Diskussion der Ausnahmen vom Gewaltverbot und mit Vorschlägen zu teleologischen Reduktionen. Letzteres wird mitunter im Hinblick auf *failed states* erwogen, in denen faktisch keine staatliche Ordnung mehr herrscht.[2350] Ähnlich wird mitunter im Hinblick auf das Recht zur humanitären Intervention argumentiert.[2351] Im Rahmen der Diskussion um dieses Recht trägt zudem die Gleichstellung des Gewaltverbots und des Menschenrechtsschutzes zur Relativierung des Gewaltverbots bei.[2352] Somit müssen die Ausnahmen vom Gewaltverbot primär seinem Erhalt dienen. Menschenrechtliche Belange können erst nachrangig berücksichtigt werden.

Das relative Verständnis des Gewaltverbots wächst in der Völkerrechtslehre ferner, indem die Verbotsregel dort vermehrt Abwägungen zugäng-

---

2349 *Hacke,* APuZ 2003 (Heft B 24-25), S. 8–16, 8.

2350 So wurde die Militärintervention der ECOWAS-Staaten in Liberia, das sich in einem erschütternden Bürgerkrieg befand, im Jahre 1992 vom UN-Sicherheitsrat gebilligt (vgl. S/RES/788 (19.11.1992)).

2351 So *Reisman/MacDougal,* in: Lillich (Hrsg.), Humanitarian Intervention and the United Nations, 1973, S. 167–195, 177; *Lillich,* in: ders./Hannum (Hrsg.), International Human Rights, 1995, S. 631–641, 634 ff.; *Ipsen,* in: Steinkamm/Ipsen (Hrsg.), Wehrrecht und Friedenssicherung, 1999, S. 103–120, 115; *Doehring,* Völkerrecht, 2004, § 20 Rn. 1013.

2352 Vgl. *Herdegen,* Völkerrecht, 2016, § 34 Rn. 4 f.

lich gemacht wird. Diese Methodik folgt einem Wertordnungsdenken.[2353] In diesem Zusammenhang entwickelt sich eine neue völkerrechtliche Gattung, das *constructive international law*. Es ist von einer wertenden Abwägung völkerrechtlicher Grundsätze und einer entsprechend dynamischen Fortentwicklung des Völkerrechts gekennzeichnet.[2354] So ist *Dörr* der Meinung, dass …

> „[…] sich das Gewaltverbot, um weiterhin vom Konsens der souveränen Staaten getragen zu sein, den veränderten Bedrohungen der Gegenwart anpassen [muss]. Die dafür erforderliche Flexibilität erhält die Norm durch ein – in Grenzen – dynamisches System von Ausnahmen […]“.[2355]

Abwägungen bergen im Völkerrecht nicht nur das methodische Problem, dass die Grenzen zwischen Auslegung geltenden Rechts und Rechtsfortbildung verschwimmen.[2356] Darüber hinaus nährt diese Vorgehensweise im Hinblick auf das Gewaltverbot den Boden für seine (schleichende) Erosion und damit für die Erosion allen (Völker-)Rechts.[2357] Angelegt ist dieses Problem in der UN-Charta selbst, die „[…] nach ihrem Wortlaut die Grundwerte der Völkerrechtsordnung asymmetrisch ab[sichert]“[2358], wie *Herdegen* eingängig feststellt.

Die Asymmetrie resultiert daraus, dass die Charta dem Grundwert der souveränen Gleichheit der Staaten gegenüber dem Gewaltverbot Vorrang einräumt.[2359] Diese Priorisierung ist, wie jegliche Tendenzen der Relativierung des Gewaltverbots, zweifelhaft.

2. Das Verbot innerstaatlicher Gewalt

Fraglich ist, ob das Gewaltverbot auch innerstaatlich gilt und ob es damit gegen die Zulässigkeit gewaltsamen Widerstands sprechen könnte. Dies wäre nur der Fall, wenn ein innerstaatliches Gewaltverbot ausnahmslos

---

2353 Ebenda, § 5 Rn. 12, 14.

2354 Ebenda, § 5 Rn. 17.

2355 *Dörr,* APuZ 2004 (Heft B43), S. 14–20, 20.

2356 *Herdegen,* Völkerrecht, 2016, § 5 Rn. 17.

2357 Vgl. *Bothe,* in: Graf Vitzthum/Proelß (Hrsg.), Völkerrecht, 2016, S. 591–682, Abschn. 8 Rn. 30; *Merkel,* FAZ, 22.03.2011, Völkerrecht contra Bürgerkrieg: Die Militärintervention gegen Gaddafi ist illegitim, der die Geltung des Gewaltverbots zur Bedingung der Geltung des Völkerrechts erklärt.

2358 *Herdegen,* Völkerrecht, 2016, § 34 Rn. 9.

2359 Ebenda, § 34 Rn. 9.

gelten würde. Es wurde allerdings soeben gezeigt, dass das Gewaltverbot in seiner zwischenstaatlichen Ausprägung Ausnahmen zulässt – solche, die seinem Geltungserhalt dienen. Ähnliches könnte für eine innerstaatliche Komponente des Gewaltverbots gelten. Das gewaltsame Widerstandsrecht müsste dann eine solche Ausnahme darstellen.

a) Existenz eines völkerrechtlichen innerstaatlichen Gewaltverbots

Die intensivste Form innerstaatlicher, nicht-staatlicher Gewalt stellt der Bürgerkrieg dar. Auf den ersten Blick erscheinen Bürgerkriege nicht als typische Sachverhalte mit Bezug zum Völkerrecht.[2360] Letzteres regelt schließlich die zwischenstaatlichen Beziehungen. Ein Bürgerkrieg ist ein innerstaatliches Phänomen, das damit prima facie zum *domaine réservé* des Staats gehört, in dem er stattfindet. Deshalb stellt auch die Einmischung in einen Bürgerkrieg grundsätzlich eine unzulässige Intervention dar.[2361] Innerstaatliche Gewalt fällt damit in den Bereich „völkerrechtliche[r] Windstille"[2362], wie *Kersting* formuliert.[2363] So befürchtet auch *Kreß*, der sich für die Entwicklung eines *ius contra bellum internum* ausspricht, den …

> „[…] ganz grundsätzlichen Einwand […], mit einem an nicht-staatliche Akteure gerichteten grundsätzlichen Verbot quasi-militärischer Gewaltanwendung überhöbe sich das Völkerrecht in seiner Regelungsambition."[2364]

Nun wird sich diesem Einwand gestellt und der Antwort auf die Frage nach der Existenz eines innerstaatlichen Gewaltverbots im Völkerrecht nachgegangen. Zudem gibt es bereits einen Bereich innerstaatlicher Gewalt, den auch das Völkerrecht nicht unberücksichtigt lässt: das Völkerstrafrecht. Insbesondere von staatlichen Akteuren begangene völkerrechtliche Verbrechen können als Gewalt aufgefasst werden, die vom Völkerstrafrecht streng sanktioniert wird. Dies scheint zunächst dem traditionellen Verständnis, wonach der Staat das Gewaltmonopol innehat, zu wider-

---

2360 *Doehring,* Völkerrecht, 2004, § 11 Rn. 639.

2361 Ebenda, § 11 Rn. 639, 641 mit Blick auf A/RES/2625 (XXV) (24.10.1970), Grundsatz 3, Abs. 2.

2362 *Kersting,* in: Merkel (Hrsg.), Der Kosovo-Krieg und das Völkerrecht, 2000, S. 187–231, 187.

2363 Ähnlich *Oeter,* AVR 40 (2002), S. 422–453, 432.

2364 *Kreß,* JZ 2014, S. 365–373, 373.

sprechen. Wie die rechtsphilosophische Untersuchung im ersten Kapitel gezeigt hat, besteht ein solches Gewaltmonopol jedoch nicht grenzenlos, sondern ist zumindest in seinem Zweck an weitergehende Erwägungen gebunden – bei *Hobbes* an die Sicherheit und den Frieden, bei *Locke* zudem an die Zustimmung der Staatsbürger, und bei *Kant* geht es mit der Etablierung des Rechts einher.

An dieser Stelle wird untersucht, inwieweit dieses rechtsphilosophische Verständnis auch dem völkerrechtlichen Gewaltverbot zugrunde liegt, indem es auch innerstaatliche Gewalt umfasst. Es liegt auf der Hand, dass ein innerstaatliches Gewaltverbot nur auf zwei Wegen abgeleitet werden kann: entweder durch eine umfassende Auslegung des bestehenden (bislang nur als zwischenstaatlich bekanntem) völkerrechtlichen Gewaltverbots oder durch eine Analogie hierzu. Das traditionelle Verständnis in der Völkerrechtslehre geht zwar von einem unbegrenzten Gewaltmonopol der souveränen Staaten aus und hält die völkerrechtliche Stellungnahme zu innerstaatlicher Gewalt daher für unzulässig. Dieses Verständnis ist im Anschluss an die kommenden Erwägungen zu überdenken.

aa) Wortlautauslegung des Art. 2 Abs. 4 UN-Charta

Betrachtet man den Wortlaut von Art. 2 Abs. 4 UN-Charta, spricht dieser zunächst gegen die Annahme eines innerstaatlichen Gewaltverbots, denn dort wird nur auf die Gewalt in „internationalen Beziehungen" Rekurs genommen. Dies dürfte für innerstaatliche Gewalt kaum anzunehmen sein. Zwar kann sich z. B. der Bürgerkrieg in einem Staat auf seine internationalen Beziehungen auswirken, doch sind diese Beziehungen deshalb nicht zwangsläufig von Gewalt geprägt. Darüber hinaus adressiert Art. 2 Abs. 4 UN-Charta ausschließlich die Mitglieder der Vereinten Nationen, richtet sich also nicht gegen nicht-staatliche Gewaltanwendung. Nicht-staatliche Akteure sind gleichwohl ein bedeutsamer möglicher Urheber innerstaatlicher Gewalt. Dem Wortlaut des positiv normierten Gewaltverbots in Art. 2 Abs. 4 UN-Charta nach wird derartige innerstaatliche Gewalt hiervon nicht erfasst. Dies führt einige Völkerrechtswissenschaftler zu dem

Schluss, innerstaatliche Gewalt tangiere das völkerrechtliche Gewaltverbot nicht.[2365]

Fraglich bleibt weiterhin, ob innerstaatliche Gewalt damit per se völkerrechtlich legitim sei. *Keenan* legt dar, dass das Völkerrecht zum grundsätzlichen Verbot innerstaatlicher Gewalt schweige, den ausnahmsweise legitimen Gewalteinsatz jedoch ausdrücklich auf den Zweck der Wahrung des internationalen Friedens beschränke.[2366] Andere Autoren schließen aus dem Schweigen des Völkerrechts, dass Gewalt innerhalb staatlicher Grenzen völkerrechtlich erlaubt und am Maßstab des nationalen Rechts und des völkerrechtlichen Menschenrechtsschutzes zu messen sei.[2367] Der Wortlaut des Art. 2 Abs. 4 UN-Charta kann bei der Beantwortung der Frage nach einem innerstaatlichen Gewaltverbot letztendlich nur ein Indiz darstellen. Zum einen ist der Umkehrschluss, dass die nicht erwähnte innerstaatliche Gewalt zulässig sei, nicht zwingend. Zum anderen existiert das Gewaltverbot zusätzlich als gewohnheitsrechtliche Norm des *ius cogens*, die einer Wortlautauslegung nicht zugänglich ist.

bb) Historische und teleologische Auslegung des völkerrechtlichen Gewaltverbots

Bedeutsamer ist daher die Betrachtung von Sinn und Zweck des völkerrechtlichen Gewaltverbots. Bereits ein Blick auf die Umstände der Schaffung der UN-Charta lässt vermuten, dass die Schöpfer des Art. 2 Abs. 4 UN-Charta ein umfassendes Gewaltverbot intendiert haben.[2368] Das parallel entstandene völkergewohnheitsrechtliche Gewaltverbot dürfte nicht minder umfassend sein. Gewiss bezieht sich dieser möglichst breite Umfang des Gewaltverbots zunächst auf seine absolute Geltung, also seinen horizontalen Umfang. Damit ist nicht zwangsläufig auch ein großer verti-

---

2365 So *Verdross/Simma,* Universelles Völkerrecht, 1984, § 468; *Pauer,* Die humanitäre Intervention, 1985, S. 143; *Heintschel von Heinegg,* in: Ipsen (Hrsg.), Völkerrecht, Ein Studienbuch, 2014, S. 1055–1117, § 51 Rn. 35.

2366 *Keenan,* ICLR 2011, S. 5–29, 15, 29.

2367 *Paech,* Blätter für deutsche und internationale Politik 9/2012, S. 91–99, 92; vgl. *Peters,* Widerstandsrecht und humanitäre Intervention, 2005, S. 232; *Tomuschat,* Jahrbuch Menschenrechte 2004/2005, S. 121–130, 127.

2368 *Kreß,* NJW 1999, S. 3077–3084, 3078; *Simma,* in: Merkel (Hrsg.), Der Kosovo-Krieg und das Völkerrecht, 2000, S. 9–50, 11; *Peters,* Widerstandsrecht und humanitäre Intervention, 2005, S. 230.

kaler Umfang intendiert gewesen, der ein innerstaatliches Gewaltverbot implizieren würde. Dies gilt umso mehr, als es den Schöpfern der UN-Charta um die Gewährleistung des internationalen Friedens ging und nicht den innerstaatlichen Frieden.[2369] *Doehring* zufolge konnten sich die Schöpfer der UN-Charta nicht vorstellen, dass sowohl staatliche als auch nicht-staatliche innerstaatliche Gewalt ein Ausmaß annehmen könnte, das einem zwischenstaatlichen Krieg entspräche.[2370] Dies ist mehr als zweifelhaft – so kannten die Schöpfer der Charta schließlich allesamt die grausamen Umstände des Völkermordes an den Juden unter der nationalsozialistischen Herrschaft in Deutschland sowie etwa die Umstände des Spanischen Bürgerkriegs.[2371] Dichtet man den Schöpfern dennoch einen entsprechenden Mangel an Vorstellungskraft an oder stellt man sich auf den Standpunkt, dass man die Norm des Gewaltverbots objektiv auslegen will, so muss man einen Blick auf das objektive Telos des Gewaltverbots werfen, um herauszufinden, ob es auch innerstaatliche Geltung beansprucht.

Zunächst hat das Gewaltverbot eine menschenrechtliche Perspektive. Es will in faktischer Hinsicht das Leiden der Menschen, das Gewalt mit sich bringt, vermeiden. Diese Dimension kommt dem Gewaltverbot auch historisch zu, da es primär die rechtliche Reaktion auf das Leiden zweier Weltkriege darstellte.[2372] Friedenssicherung impliziert jedoch nicht nur eine tatsächliche Gewährleistung menschenrechtlicher Garantien. Zudem findet sich im Gewaltverbot die rechtliche Normierung eines fundamentalen Werturteils wieder, nämlich der weltgesellschaftlichen Ablehnung militärischer Gewaltanwendung.[2373] Es leistet laut *Bothe* insofern einen Beitrag zur „*Kongruenz von Recht und Moral*"[2374]. Aus diesem Grund befindet sich mittlerweile eine Ansicht im Vordringen, nach der auch nichtstaatlich ausgeübte militärische Gewalt vom Gewaltverbot erfasst wird.[2375]

2369 *Nolte,* Eingreifen auf Einladung, 1999, S. 65, 197; *Peters,* Widerstandsrecht und humanitäre Intervention, 2005, S. 233.

2370 *Doehring,* Völkerrecht, 2004, Rn. 1008.

2371 Im Hinblick auf den Spanischen Bürgerkrieg *Nolte,* Eingreifen auf Einladung, 1999, S. 197.

2372 *Bothe,* in: Graf Vitzthum/Proelß (Hrsg.), Völkerrecht, 2016, S. 591–682, Abschn. 8 Rn. 30.

2373 Ebenda, S. Abschn. 8 Rn. 30.

2374 Ebenda, S. Abschn. 8 Rn. 30 (*Hervorhebungen ebenda*).

2375 Vgl. *Mégret,* The Canadian Yearbook of International Law 2008, S. 143–192, 166; im Hinblick auf den Tatbestand von Art. 51 UN-Charta *Kotzur,* AVR 40

Hinter dem völkerrechtlichen Gewaltverbot verbirgt sich darüber hinaus das Konzept, demnach Recht das Mittel der Gewaltverhinderung ist.[2376] Es impliziert weit mehr als das Verbot militärischer Gewalt, nämlich die Verbannung von Gewalt als rechtsfreiem Zustand aus der Realität und damit die Herstellung und Aufrechterhaltung des Rechtszustandes. „Deshalb beginnt alles Recht erst mit einem prinzipiellen [...] Gewaltverbot"[2377] – so formuliert es *Merkel* eingängig. Der Rechtszustand kann von zwischen- sowie innerstaatlicher Gewalt gleichermaßen tangiert werden. Auch eine Differenzierung nach internationaler und nationaler Gewalt ist insofern nicht ergiebig.[2378] Die Unterscheidungen sind für die Annahme von Gewalt als Gegensatz zum Recht unerheblich. Bereits *Kant* befand, „[...] daß die Rechtsverletzung an einem Platz der Erde an allen gefühlt wird [...]"[2379]. Rechtsverletzung kann in diesem Sinne mit Gewaltanwendung gleichgestellt werden. Der Endzweck von *Kants* Rechtslehre besteht daher in der Friedensschaffung und -wahrung.[2380] In diesem Sinne zwingt das *Kantische* Moralgesetz zu einem Freiheitsgebrauch, der die Selbstzweckhaftigkeit aller Menschen gewährt und schützt.[2381] Jene wird im Krieg geradezu torpediert, weswegen *Kant* insofern von der „Geißel des menschlichen Geschlechts"[2382] spricht.[2383]

Folgt man dieser Betrachtung, kann es keinen Unterschied machen, wer in welcher Rechtsordnung die *Kantische* Rechtsverletzung begeht. Es darf

---

(2002), S. 454–479, 469 ff.; *Bruha,* AVR 40 (2002), S. 422–453; *Krajewski,* AVR 40 (2002), S. 183–214, 188 ff. und *Heintschel von Heinegg/Gries,* AVR 40 (2002), S. 145–182, 153 ff.

2376 Vgl. *Bothe,* in: Graf Vitzthum/Proelß (Hrsg.), Völkerrecht, 2016, S. 591–682, Abschn. 8 Rn. 29.

2377 *Merkel,* ZIS 2011, S. 771–783, 774. So bereits *Hobbes* (s. o., S. 72) und *Kant* (s. o., S. 180).

2378 „Internationale" Gewalt geht begrifflich weiter als „zwischenstaatliche", da Letztere nur den Staat als Gewaltakteur impliziert. Erstere umfasst grenzüberschreitende Gewalt, die von privaten Akteuren ausgeübt wird, wie z. B. internationalen Terrorismus.

2379 *Kant,* AA VIII, Gemeinspruch, 1968, 360. Dies zitierend *Merkel,* ZIS 2011, S. 771–783, 777. Ähnlich *Zanetti,* in: Kohler/Marti (Hrsg.), Konturen der neuen Welt(un)ordnung, 2003, S. 253–265, 260 f.; *ders.,* BI.Research 2007 (Nr. 30), S. 78–81, 81 mit Hinweis auf *Erhard,* Über das Recht, 1970, S. 50.

2380 *Klemme,* Immanuel Kant, 2004, S. 100.

2381 Ebenda, S. 100.

2382 *Kant,* AA VI, Religion, 1968, S. 34, Fn 1. Ähnlich *Hobbes,* Vom Körper, 1967, Kap. I, Abs. 7, S. 10 („Wurzel [...] alles Unglücks").

2383 *Klemme,* Immanuel Kant, 2004, S. 100.

insofern nicht darauf ankommen, ob staatliche oder nicht-staatliche Akteure Gewalt ausüben. Dies gilt sowohl für die internationale als auch für die nationale Perspektive. Bürgerkrieg, gravierende Menschenrechtsverletzungen im Modus völkerrechtlicher Verbrechen und internationaler Terrorismus wirken für den Rechtszustand ebenso bedrohend wie ein Angriffskrieg. Maßgeblich sind diesbezüglich nicht Akteur und Adressat der Gewaltanwendung, sondern die Gewaltanwendung als solche. Sie tastet normativ den Rechtszustand an. Das Gewaltverbot als Garant dieses Zustands muss sich zwangsläufig gegen alle denkbaren Szenarien seiner Bedrohung richten.

Auch in tatsächlicher Hinsicht besteht kein Unterschied im Hinblick auf das Leiden, das durch die Gewalt verursacht wird. Dies zeigt insbesondere der Vergleich von Bürgerkriegen und zwischenstaatlichen Kriegen. Wer den Krieg zwischen Staaten ächtet, muss daher auch den innerstaatlichen Bürgerkrieg ächten.[2384] Das Völkerrecht tut Ersteres in intensivem Maße, Letzteres jedoch bislang nicht ausdrücklich. Es wurde von Staaten für Staaten geschaffen. Sein oberstes Ziel bestand in der Wahrung der staatlichen Souveränität. Daher wird in der Völkerrechtswissenschaft bislang angenommen, dass sich nicht nur Art. 2 Abs. 4 UN-Charta, sondern auch das gewohnheitsrechtliche Gewaltverbot nicht gegen nicht-staatliche, private Gewalt richten.[2385] Mittlerweile hat sich das Völkerrecht aber grundlegend gewandelt.[2386] Das moderne Völkerrecht ist Friedenssicherungsrecht.[2387] Frieden dient nicht ausschließlich dem Schutz der staatlichen Souveränität. Diese ist kein Selbstzweck, wie man anhand der Staatstheorien im ersten Kapitel dieser Arbeit sehen kann. Sie leitet sich wiederum aus der Selbstbestimmung der Staatsbürger ab und steht im Dienste ihres Schutzes und ihrer Sicherheit. Dies gilt mittelbar auch für das Völkerrecht. Darüber

---

2384 So im Ergebnis ICTY, Prosecutor vs. Tadic, 2. Oktober 1995, IT-94-1-AR72, Rn. 96 f.

2385 So *Randelzhofer/Dörr*, in: Simma u. a., UN Charter, Vol. 1, 2012, Art. 2 (4) Rn. 31.

2386 Vgl. hierzu *Frowein,* in: Deutsche Gesellschaft für Völkerrecht (Hrsg.), Völkerrecht und Internationales Privatrecht in einem sich globalisierenden internationalen System, 2000, S. 427–448; *Bryde,* Der Staat 2003, S. 61–75; *Fassbender,* APuZ 2004 (Heft B43), S. 7–13, 10; *Emmerich-Fritsche,* Vom Völkerrecht zum Weltrecht, 2007, S. 338 f., 914; *Thürer/MacLaren,* in: Thürer (Hrsg.), Völkerrecht als Fortschritt und Chance, Bd. II, 2009, S. 241–261, 245, 257.

2387 *Kersting,* in: Merkel (Hrsg.), Der Kosovo-Krieg und das Völkerrecht, 2000, S. 187–231, 187.

hinaus finden sich mittlerweile auch im Völkerrecht selbst individualschützende Normen, allen voran die Menschenrechte. Diese muss das Völkerrecht zugunsten der Individuen im Einzelfall auch gegen die Staaten durchsetzen. In der Praxis werden die Menschenrechte mitunter leider weder von Staaten noch von oppositionellen, kämpferischen Gruppen beachtet.[2388] Zumindest der erste Fall hat mit der Diskussion um das Recht auf humanitäre Intervention mittlerweile Beachtung im Völkerrecht gefunden. Hier wird eine Ausnahme vom Gewaltverbot erwogen. Verfolgt man diesen Ansatz konsequent weiter, muss dies auch für die Bedrohung der Menschenrechte durch vermeintliche Widerstandskämpfer gelten. Dort muss daher das innerstaatlich wirkende Gewaltverbot herrschen, das völkerstrafrechtlich abgesichert werden muss.

cc) Systematische Auslegung des Art. 2 Abs. 4 UN-Charta

Im Zusammenhang mit der soeben erwähnten Diskussion um das Recht auf humanitäre Intervention legt *Ipsen* Art. 2 Abs. 4 UN-Charta im Lichte der anderen Zielbestimmungen der UN-Charta aus – eine anerkannte Methodik der Interpretation von Vertragsnormen, die zudem vom Wortlaut des Art. 2 Abs. 4 UN-Charta selbst gestützt wird:

> „Ein Staat, der in bezug auf ein Volk oder eine Volksgruppe dem Ziel der Menschenrechtsachtung dadurch diametral zuwiderhandelt, daß er den Menschen mitsamt seiner Rechtspersönlichkeit ‚beseitigt', kann vor dem Hintergrund der systematisch zusammenhängenden Ziellogik des Art. 1 UN-Charta nicht mehr für sich in Anspruch nehmen, der Friedens- und Sicherheitswahrung gerecht zu werden."[2389]

Ipsen will derartige Staaten daher nicht in den Genuss des Schutzes des Gewaltverbots kommen lassen.[2390] Er argumentiert mit einer Einengung des Schutzbereiches und lässt gewaltsame Reaktionen auf eine solche Staatspraxis daher nicht dem Gewaltverbot unterfallen. Gegenüber einer solchen teleologischen Reduktion des Art. 2 Abs. 4 UN-Charta ist allerdings die Fortführung des Regel-Ausnahme-Verhältnisses vorzugswürdig,

---

2388 *Eide,* in: UNESCO (Hrsg.), Violations of human rights: possible rights of recourse and forms of resistance, 1984, S. 34–66, 34.

2389 *Ipsen,* in: Steinkamm/Ipsen (Hrsg.), Wehrrecht und Friedenssicherung, 1999, S. 103–120, 112.

2390 Ebenda, S. 112.

das Art. 2 Abs. 4, Art. 51, 39 i. V. m. Art. 42 UN-Charta statuiert. Die Methodik der Auslegung des Gewaltverbots im Lichte des Art. 1 UN-Charta kann zur Anerkennung der innerstaatlichen Wirkung des Gewaltverbots gleichwohl fruchtbar gemacht werden.

Darüber hinaus kann ein systematisches Argument aus dem Präventionsprinzip des Friedenssicherungssystems der UN-Charta gewonnen werden.[2391] Die Charta gebietet die Prävention von internationalen Konflikten, die eine Friedensbedrohung darstellen könnten. Da sich aus einem innerstaatlichen Gewaltkonflikt auch immer ein internationaler Konflikt und damit eine entsprechende Friedensbedrohung entwickeln können, gebietet die Prävention Letzterer das Verbot innerstaatlicher Gewalt.

dd) Vergleichbare Interessenlage und Analogie

Die Auslegung des völkerrechtlichen Gewaltverbots hat überzeugende Argumente zugunsten der Annahme eines innerstaatlichen Gewaltverbots hervorgebracht. Wer sich dennoch unter Zugrundelegung eines traditionellen Verständnisses gegen eine solche Auslegung des Gewaltverbots entscheiden möchte, der sei angesichts der dann verbleibenden Regelungslücke auf eine Analogie verwiesen, die sich ebenso gut begründen lässt:[2392]

Der Vergleich von Krieg und Bürgerkrieg zeigt, dass für potenzielle Opfer in beiden Szenarien eine vergleichbare Interessenlage besteht. Es gibt keine sinnvolle Erklärung dafür, potenzielle Opfer eines zwischenstaatlichen Kriegs mittels des Verbots in Art. 2 Abs. 4 UN-Charta vermeiden zu wollen und gleichzeitig mögliche Opfer von Bürgerkriegen gänzlich unberücksichtigt zu lassen. Alle Opfer sind in ihren grundlegenden Menschenrechten betroffen, die es, dort wie hier, zu wahren und schützen gilt.[2393] Ansätze hierzu finden sich im humanitären Völkerrecht, das in Annäherung an die Regeln zum internationalen bewaffneten Konflikt auch

2391 Zur Prävention durch den Sicherheitsrat *Krisch*, in: Simma u. a., UN Charter, Vol. 2, 2012, vor Art. 39 Rn. 26, Art. 39 Rn. 13.

2392 Zu den Voraussetzungen einer Analogie *Schneider/Schnapp*, Logik für Juristen, 2016, § 34, S. 149 ff.

2393 In diesem Zusammenhang spricht sich *Zimmermann*, JZ 2014, S. 388–391, 391 für die Pönalisierung innerstaatlicher Gewalt aus.

im nicht-internationalen Konflikt einen Mindestbestand an Schutz für die Zivilbevölkerung durchzusetzen versucht.[2394]

Darüber hinaus lässt sich eine weitere Ebene der Abstraktion erklimmen, wenn man das Telos des Gewaltverbots ergründet: Stellt man auf die Funktion der Wahrung des Rechtszustandes ab, erkennt man schnell, dass dieser gleichermaßen vor inner- und zwischenstaatlicher Gewalt geschützt werden muss. Die Wahrung des Rechtszustandes ist nicht nur im Fall des zwischen- oder innerstaatlichen Kriegs kaum mehr möglich, sondern auch bei der Begehung völkerstrafrechtlicher Verbrechen durch staatliche Akteure. Stellt man auf die rechtserhaltende Funktion des Gewaltverbots ab, lässt sich die Planwidrigkeit der Regelungslücke für den Modus innerstaatlicher Gewaltanwendung nicht bestreiten. Jene ergibt sich zudem aus dem mittlerweile etablierten völkerrechtlichen Menschenrechtsschutz. Danach ist eine Beschränkung des völkerrechtlichen Gewaltverbots auf zwischenstaatliche Vorkommnisse jedenfalls nicht mehr zeitgemäß. Einer Analogie zur Begründung der innerstaatlichen Dimension des Gewaltverbots stehen damit keine Bedenken mehr im Wege.

ee) Umfang des innerstaatlichen Gewaltverbots

Nach hiesiger Auffassung umfasst das völkerrechtliche Gewaltverbot im Wege der Auslegung innerstaatliche Gewalt. Fraglich ist, ob davon nur der Bürgerkrieg und völkerrechtliche Verbrechen als intensivste Form innerstaatlicher, privat (nicht-staatlich) und staatlich ausgeübter Gewalt erfasst sind. Es wäre schließlich befremdlich, wenn jede innerstaatliche Verletzung oder Tötung von Menschen dem völkerrechtlichen Gewaltverbot unterfallen würde. Deren Beurteilung richtet sich nach dem innerstaatlichen Straf- oder Gefahrenabwehrrecht. Der Anwendungsbereich des Gewaltverbots ist erst dann berührt, wenn die innerstaatliche Rechtsordnung als solche bedroht wird. Dabei genießen nicht etwa die konkreten Gesetze eines Staats umfassenden Schutz; vielmehr muss auf das Funktionieren des rechtlich verfassten Staats abgestellt werden. Der Staat muss seiner elementarer Sicherungs- und Schutzaufgabe nachkommen. Wird das staatliche Gewaltmonopol jenseits der Erfüllung dieser Aufgabe eingesetzt, handelt es sich um eine illegitime Gewaltanwendung, die den Bestand der

---

2394 Hierzu s. o., S. 413 ff.

Rechtsordnung bedroht oder Letztere gar vernichtet. Dieser Maßstab bestimmt den Umfang des innerstaatlichen Gewaltverbots, das sich direkt an den Staat richtet.

Die Bedrohung oder Vernichtung der Rechtsordnung kann im Einzelfall auch von privater Seite ausgehen; z. B. von einem kollektiven, gewaltsamen Aufstand, der die Schwelle zum Bürgerkrieg noch nicht überschritten hat,[2395] oder bereits bei punktuellen terroristischen Guerilla-Attacken. Zudem haben solche gewaltsamen Ereignisse erhebliches Potenzial, sich zu einem Bürgerkrieg zu entwickeln. Vor diesem Hintergrund ist das Gewaltverbot in seiner innerstaatlichen Ausprägung ebenso umfassend wie in seiner zwischenstaatlichen. Jede Form von staatlicher oder privater kriegerischer Gewalt ist untersagt.

Die völkerstrafrechtliche Sanktion der Missachtung der innerstaatlichen Dimension des Gewaltverbots ergibt sich bereits durch die Tatbestände des Völkermords, der Verbrechen gegen die Menschlichkeit und der Kriegsverbrechen. Dies gilt sowohl für private als auch für staatliche Akteure. Die Geltung des zwischenstaatlichen Gewaltverbots wird zudem durch die Strafnorm des Aggressionsverbrechens gewährleistet, die lediglich staatliche Machthaber adressiert.[2396] Ein analoger Tatbestand für den Bruch der innerstaatlichen Dimension des Gewaltverbots fehlt demgegenüber noch. Als normativer Garant dieser Dimension des Gewaltverbots ist ein völkerstrafrechtlich relevantes *ius contra bellum internum* zu schaffen. Dabei müssen insbesondere private Akteure adressiert werden.

b) Das Widerstandsrecht als Ausnahme

Das innerstaatlich wirkende Gewaltverbot schließt prima facie die Zulässigkeit jeder Form gewaltsamen innerstaatlichen Widerstands aus; allen voran den Bürgerkrieg. Etwas anderes gilt, sofern das Widerstandsrecht als Ausnahme zum innerstaatlichen Gewaltverbot besteht. Fraglich ist, ob

---

2395 Wo die Schwelle zum Bürgerkrieg liegt, ist nicht einfach zu bestimmen. Dies soll nicht Thema dieser Arbeit sein, da es hier um die Erfassung aller Fälle geht.

2396 Dies gilt nur für die wenigen Vertragsstaaten, die die Änderungen von Art. 8bis Rom-Statut bislang ratifiziert haben. Zu erwägen wäre langfristig, das internationale Aggressionsverbrechen auch auf private Akteure auszuweiten. Entsprechend findet bereits die Subsumtion privater Handlungen unter das Merkmal des „bewaffneten Angriffs“ in Art. 51 UN-Charta statt (vgl. *Heintschel von Heinegg/Gries,* AVR 40 (2002), S. 145–182, 155).

ein Widerstandsrecht eine derart rechtfertigende Funktion innehaben kann. Allein der Zweck des gewaltsamen Widerstands, der im Schutz der Menschenrechte bestehen kann, genügt nicht, um die Gewaltanwendung zu rechtfertigten. Innerstaatliche Gewalt hat dasselbe zerstörerische Potenzial wie ein zwischenstaatlicher Krieg, weshalb sie grundsätzlich verboten ist. Schon der IGH befand 1986 im sogenannten *Nicaragua*-Fall, dass Gewalt nicht das angemessene Mittel zur Durchsetzung der Menschenrechte sei.[2397] Dies gilt für zwischen- und innerstaatliche Gewalt gleichermaßen. Gleichwohl kennt das Gewaltverbot in seiner zwischenstaatlichen Ausprägung andere Ausnahmen. Diese dienen seiner ureigenen Umsetzung.[2398] Ihr Ausnahmecharakter stärkt die Geltung des Gewaltverbots. Ein Widerstandsrecht kann daher die tatbestandliche Verletzung des innerstaatlichen Gewaltverbots durch private Akteure rechtfertigen, wenn ersteres seinem Erhalt dient. Die Voraussetzung einer derartigen Ausnahmebefugnis müsste also darin besteht, dass das Gewaltverbot von staatlicher Seite verletzt wurde.

Hierfür genügt es nicht, wenn die Regierung eines Staats als Unrechtsregierung zu qualifizieren ist. Bloßes Unrecht darf nicht mit Gewalt bekämpft werden, sondern nur Gewalt selbst.[2399] Ersteres liegt beispielsweise vor, wenn eine Regierung ihren Staatsbürgern lediglich jegliche politische Teilhabe versagt. Ein bewaffneter Aufstand zur Etablierung von Demokratie ist in diesem Szenario also nicht legitimierbar.[2400] Gewaltsamer Widerstand kann nur zulässig sein, wenn die Regierung zu einem todbringenden Feind der Bevölkerung bzw. von Teilen der Bevölkerung geworden ist. Die Grundnorm des „elementare[n] Recht[s] auf Sicherheit“[2401] der Menschen in dem Staat muss also angetastet worden sein. Dies kann

---

2397 IGH, Nicaragua vs. USA, 27. Juni 1986, I.C.J. Reports 1986, S. 14 ff., Rn. 268; zustimmend *Simma,* in: Merkel (Hrsg.), Der Kosovo-Krieg und das Völkerrecht, 2000, S. 9–50, 16.

2398 S. o., S. 324.

2399 Zur Unterscheidung von Gewalt und Unrecht in Anlehnung an *Kant* eingehend *Kersting,* in: Merkel (Hrsg.), Der Kosovo-Krieg und das Völkerrecht, 2000, S. 187–231, 213 ff.

2400 *Kreß,* JZ 2014, S. 365–373, 371.

2401 *Merkel,* ZIS 2011, S. 771–783, 776. Ähnlich *ders.*, JZ 62 (2007), S. 373–385, 375. In anderem Zusammenhang erwähnt *Preuß,* in: Lutz (Hrsg.), Der Kosovo-Krieg, 1999/2000, S. 37–51, 42, dass der „Schutz der in ihm lebenden Menschen und die Wahrung eines minimalen Rechtszustandes“ dem „zivilisatorischen Auftrag des Staates“ entsprächen.

beispielsweise angenommen werden, wenn eine Regierung auf ihrem Staatsgebiet systematisch bestimmte Bevölkerungsgruppen vernichtet. In einem solchen Fall illegitimer staatlicher Gewalt kann von einer Bevölkerung nicht erwartet werden, sich ihrerseits an das Gewaltverbot zu halten.[2402] Vielmehr kann Gewalt als Mittel gegen eine solche gewaltsame Regierung eingesetzt werden, um den Rechtszustand aufrechtzuerhalten bzw. wiederherzustellen. Ein solches gewaltsames Widerstandsrecht ist also ein „Recht zur Sicherung des Friedens"[2403], wie *Peters* richtig befindet. Dieser Zweck kann in der Praxis nicht jedem Bürgerkrieg attestiert werden – zahlreiche Bürgerkriege dürften daher unzulässig sein. Bei der Ausübung gewaltsamen Widerstands sind zudem strikte Begrenzungen zu beachten.[2404] Prinzipiell zulässiger gewaltsamer Widerstand kann ansonsten im konkreten Fall unzulässig sein und seinerseits den Rechtszustand antasten.

Ein Widerstandsrecht begrenzt daher in doppeltem Maße: Zum einen dient es als Maßstab der Identifizierung staatlicher Gewalt und begrenzt damit die staatliche Souveränität. Es gibt den Menschen gegen ihre tyrannische Regierung ein Verteidigungsrecht als rechtliche Waffe an die Hand. Zum anderen begrenzt ein Widerstandsrecht die Gewaltbefugnisse potenzieller Widerstandskämpfer. Mittels seiner Kriterien kann völkerrechtlich bewertet werden, ob eine Widerstandsbewegung ihrerseits zu illegalen Mitteln greift und sich damit ihrer Regierung, ihren Mitbürgern und der internationalen Gemeinschaft gegenüber tyrannisch verhält. Auf diese Weise kann Terrorismus von legitimem Widerstand abgegrenzt werden. Terrorismus stellt seinerseits schließlich eine gravierende Verletzung des Gewaltverbots durch private Akteure dar.[2405]

2402 *Kreß,* JZ 2014, S. 365–373, 371.

2403 *Peters,* Widerstandsrecht und humanitäre Intervention, 2005, S. 310.

2404 Vgl. *Liu,* Archiv für Rechts- und Sozialphilosophie Beiheft 41 1990, S. 35–42, 41.

2405 *Oeter,* AVR 40 (2002), S. 422–453, 431 ordnet eine derartige Gewaltanwendung, wenn davon unschuldige Dritte betroffen sind, gar als Verbrechen gegen die Menschlichkeit ein. Sofern der Angriff auf die Zivilbevölkerung als terroristische Taktik intendiert ist, ist diese Subsumtion überzeugend. Wenn Kollateralschäden innerhalb der Zivilbevölkerung jedoch nur den Nebeneffekt einer vermeintlichen Widerstandshandlung darstellen, greift dieser Tatbestand nicht. Hier wäre Raum für den zu schaffenden völkerstrafrechtlichen Tatbestand des Verbrechens der nicht-internationalen Aggression.

Hierzu bedarf es in hohem Maße der Rechtsklarheit[2406], woran es den Ausnahmen zur zwischenstaatlichen Dimension des Gewaltverbots zuweilen mangelt.[2407] Notwendig ist eine transparente völkerrechtliche Positionierung zur Existenz und zu den Voraussetzungen eines gewaltsamen Widerstandsrechts. Dadurch wird die Beurteilung der Legitimität von Widerstandsbewegungen ermöglicht, bei denen die Grenze zwischen rechtmäßigem Freiheitskampf und rechtswidrigem Terrorismus schwer zu ziehen ist.[2408] Nur so können die zahlreichen „kollateralen" Opfer, die innerstaatliche Aufstände oftmals fordern, rechtlich als – wenn überhaupt möglich – legitim oder als illegitim bezeichnet und im Zuge dessen mit entsprechenden Sanktionsmöglichkeiten möglicherweise vermieden oder auf ein absolutes Minimum begrenzt werden. Nur der entsprechenden Rechtssicherheit lässt sich zudem die Erosion des Grundprinzips jeden Rechts, so auch des Völkerrechts, vermeiden, namentlich des Gewaltverbots selbst.[2409] Vor diesem Hintergrund ist es erforderlich, präzise Voraussetzungen für ein gewaltsames Widerstandsrecht zu formulieren. Diesbezüglich ist ein Rückgriff auf die Tatbestände des Völkerrechts materiell und formell sinnvoll.

Fraglich ist, ob zur gewaltsamen Ausübung von Widerstand eine Konsultation des Sicherheitsrates notwendig ist. Eine entsprechende Frage stellte sich bei der Erörterung des Rechts auf humanitäre Intervention. Im Zusammenhang mit einem gewaltsamen Widerstandsrecht könnte der Einwand erhoben werden, die Gewaltausübung fordere die Zustimmung des Sicherheitsrates, da dieser mit Inkrafttreten der UN-Charta zum Friedenshüter erklärt worden sei. Es kann bereits bestritten werden, dass der Sicherheitsrat für Fälle der innerstaatlichen Gewaltanwendung zuständig ist.

2406 Dabei soll jegliches Ausweichen auf einen vermeintlich rechtsfreien Raum, wie er manchmal von Kriegsvölkerrechtlern angenommen wird (hierzu *Merkel,* JZ 2012, S. 1137–1145, 1138, Fn. 5), ebenso entschieden vermieden werden wie der Rekurs auf die (Rechts-)Figur des Ausnahmezustands (hierzu *Kotzur,* AVR 42 (2004), S. 353–388 m. w. N.).

2407 Vgl. nur die Diskussion um das Recht auf humanitäre Intervention (s. o., S. 316 ff.).

2408 Vgl. zur schwierigen Begriffsbestimmung von Terrorismus *Kolb,* Revue Hellénique de droit international 50 (1997), S. 43–88, 50 ff., 67; *Dunér,* IJHR 9 (2005), S. 247–269, 265; eingehend *Kotzur,* AVR 40 (2002), S. 454–479, 456 ff.

2409 Das Gewaltverbot als „Grundnorm" des Völkerrechts bezeichnend *Merkel,* FAZ, 22.03.2011, Völkerrecht contra Bürgerkrieg: Die Militärintervention gegen Gaddafi ist illegitim.

Vielmehr muss angenommen werden, dass der Sicherheitsrat seine Monopolstellung selbst bei der erweiterten Auslegung des Gewaltverbots weiterhin nur im System der kollektiven Friedenssicherung innehat, das lediglich die zwischenstaatliche Ebene betrifft. Wer dem nicht zustimmt muss gleichwohl zu dem Ergebnis kommen, dass die Gewaltanwendung im Rahmen eines Widerstandsrechts keineswegs von der Zustimmung des Sicherheitsrates abhängig gemacht werden kann. Der Grund dafür liegt darin, dass es sich beim Widerstandsrecht, wie beim Recht auf humanitäre Intervention, um ein Notrecht handelt. Ein solches kann bereits rechtslogisch nicht von der Entscheidung einer anderen Instanz abhängig gemacht werden.[2410] Es könnte allerdings ein Rechtsverfahren zur Feststellung und Sanktion innerstaatlicher Gewalt geschaffen werden, bei dem der Sicherheitsrat die entscheidende Position einnehmen würde. Dieses Verfahren wahrzunehmen, wäre dann die erste zulässige Reaktion auf Fälle innerstaatlicher Gewalt (seitens des Staats oder der Bürger). Wenn seine Wahrnehmung jedoch keine (rechtzeitige) Abhilfe verspräche, dürften die Bürger das subsidiäre Widerstandsrecht direkt ausüben. Darüber hinaus bliebe die Praxis des Sicherheitsrates auch im Hinblick auf Entscheidungen über innerstaatliche Sachverhalte der Willkür zugänglich.[2411] Die soeben geforderte Rechtssicherheit würde hierunter erheblich leiden. Wenn also im Zusammenhang mit der weiten Auslegung des Gewaltverbots ein neues Entscheidungsverfahren im Völkerrecht etabliert werden sollte, wäre es wünschenswert, dass das entscheidende Gremium die Unabhängigkeit eines Gerichts aufwiese.

3. Zusammenfassende Bemerkungen

Im Ergebnis lässt sich aus dem völkerrechtlichen Gewaltverbot zwar ein innerstaatliches Gewaltverbot ableiten, jedoch liegt darin kein Argument gegen ein (gewaltsames) Widerstandsrecht. Im Gegenteil: Ein völkerrechtliches Widerstandsrecht dient dem Erhalt des Gewaltverbots. Ersteres wird dadurch gerade notwendig. In diesem Zusammenhang ist die Bestimmtheit der rechtlichen Reglementierung des Widerstandsrechts von herausragender Bedeutung. Hinter dem Erfordernis der Bestimmtheit bleiben biswei-

---

2410 Hierzu s. o., S. 326.

2411 Zu den problematischen Vetobefugnissen im Sicherheitsrat und einer entsprechend zweifelhaften Praxis s. o., S. 327.

len auch die Ausnahmen zur zwischenstaatlichen Dimension des Gewaltverbots zurück: In der Völkerrechtswissenschaft herrscht zum Umfang der positivierten Ausnahmen ebenso Uneinigkeit wie über die Existenz und den Umfang weiterer, ungeschriebener Ausnahmen. Ein Widerstandsrecht sollte daher von Anfang an unter dem Gesichtspunkt der größtmöglichen Rechtssicherheit völkerrechtlich normiert werden – selbst wenn man ein solches de lege lata als ungeschriebenes Recht bereits für existent hält. Es richtet sich an Individuen und bedarf insofern besonderer Transparenz. Dabei muss vor allem seinem Ausnahmecharakter Rechnung getragen werden. Die Funktion des Widerstandsrechts besteht aus der Perspektive des Gewaltverbots darin, den innerstaatlichen Frieden zu sichern oder wiederherzustellen. Damit geht das Widerstandsrecht funktionell weit über ein bloßes Durchsetzungsmittel zugunsten von Menschenrechten hinaus. Es dient dem Frieden, dem „überragende[n] Ziel der Völkerrechtsordnung“[2412], wie *Otto Kimminich* ihn richtigerweise bezeichnet.

X. Das Interventionsverbot

Als weiterer Einwand gegen ein völkerrechtliches Widerstandsrecht könnte das Interventionsverbot fungieren. Es findet sich in Art. 2 Abs. 7 UN-Charta, der die Einflussnahme in innere Angelegenheiten eines Staats indirekt verbietet. Das Interventionsverbot findet sich auch als 3. Grundsatz der *Friendly Relations Declaration*[2413] und ist mittlerweile Teil des Völkergewohnheitsrechts.[2414] Aus dem Interventionsverbot könnte sich ableiten lassen, dass ein Widerstandsrecht, das den Menschen in einem Staat zivilen Ungehorsam oder gar die Gewaltanwendung gegen die Machthaber gestattete, nicht völkerrechtlich geregelt werden dürfe. Darin läge schließlich die Regelung eines rein innerstaatlichen Sachverhalts. In seiner Entscheidung zum *Nicaragua*-Fall hat der IGH beispielsweise dargelegt, dass die Unterstützung von Aufständischen in einem anderen Staat gegen das Interventionsverbot verstößt.[2415] Selbst die bloße Anerkennung von Aufständischen stellt nach geltendem Völkerrecht einen Bruch des Inter-

2412 *Kimminich,* Einführung in das Völkerrecht, 1990, S. 108.

2413 A/RES/2625 (XXV) (24.10.1970).

2414 *Herdegen,* Völkerrecht, 2016, § 35 Rn. 1.

2415 IGH, Nicaragua vs. USA, 27. Juni 1986, I.C.J. Reports 1986, S. 14 ff., Rn. 242.

ventionsverbots dar.[2416] Der Aufstand in einem Staat ist damit primär innere Angelegenheit eines Staates.[2417]

Es liegt daher nahe, anzunehmen, dass ein Widerstandsrecht auch zu den inneren Angelegenheiten eines Staates gehört. Allerdings setzt das Widerstandsrecht nicht erst während eines Aufstandes an, sondern gibt bereits vorher Auskunft über dessen Legitimität. Es regelt keine Konstellation, in der sich andere Staaten in einen Aufstand einmischen. Es mischt sich selbst, als (internationales) Recht, in diese Angelegenheiten ein – genauso wie der völkerrechtliche Menschenrechtsschutz als solcher. Seitdem dieser im Völkerrecht errichtet wurde, befindet sich der *domaine réservé* der Staaten ohnehin im Schwinden.[2418] Die Beachtung der Menschenrechte wird heute nicht mehr zu den inneren Angelegenheiten eines Staates gezählt.[2419] Auch die Ermahnung zur Beachtung der Menschenrechte stellt keine verbotene Intervention dar.[2420] Die Bedeutung des völkerrechtlichen Begriffs der Souveränität unterlag im letzten Jahrhundert einem beachtlichen Wandel.[2421] Mit dem Menschenrechtssystem geben die Staaten als Schöpfer des Völkerrechts den Individuen Rechte an die Hand, die Letztere im Zweifel gegen die Rechtsetzer selbst richten können.[2422] Ebenso verhielte es sich bei einem Widerstandsrecht zu ihrer Durchsetzung. Schon hieraus ergibt sich, dass das Interventionsverbot einem Widerstandsrecht zur Durchsetzung der Menschenrechte nicht entgegensteht. Eine Grenze zur Verletzung könnte allerdings dort überschritten sein, wo ein Widerstandsrecht nur zugunsten eines bestimmten politischen Konzepts ausgeübt werden darf. Dies könnte die Souveränität eines Staats und das Selbstbestimmungsrecht seines Volks betreffen.[2423]

2416 *Doehring,* Völkerrecht, 2004, § 11 Rn. 641.

2417 Vgl. *ders.,* Allgemeine Staatslehre, 2004, § 10 Rn. 243.

2418 *Stein/von Buttlar,* Völkerrecht, 2012, Rn. 661; *Herdegen,* Völkerrecht, 2016, § 35 Rn. 4.

2419 Vgl. ebenda, § 34 Rn. 37.

2420 *Verdross/Simma,* Universelles Völkerrecht, 1984, § 494; *Preuß,* in: Lutz (Hrsg.), Der Kosovo-Krieg, 1999/2000, S. 37–51, 43.

2421 *Fassbender,* APuZ 2004 (Heft B43), S. 7–13.

2422 *Herdegen* spricht gar davon, dass es aus traditioneller völkerrechtlicher Sicht „geradezu revolutionäre Züge“ habe, dass das Völkerrecht mittlerweile (wenn auch noch in begrenztem Umfang) Einfluss auf staatliche Binnenstrukturen nehme (*Herdegen,* Völkerrecht, 2016, § 4 Rn. 16).

2423 Zum Selbstbestimmungsrecht s. o., S. 254 ff.

Darüber hinaus muss berücksichtigt werden, dass das Interventionsverbot nicht alle Arten der Einflussnahme erfasst. In jedem Fall erfüllt Gewaltanwendung den Tatbestand einer unzulässigen Intervention.[2424] Im Hinblick auf ein gewaltsames Widerstandsrecht könnte angenommen werden, dieses sei insofern eine unzulässige Einflussnahme. Wie bei der Erörterung des Gewaltverbots gezeigt wurde, besteht grundsätzlich kein normativer Unterschied zwischen zwischenstaatlicher und innerstaatlicher sowie zwischen staatlicher und privater Gewalt.[2425] Allerdings stellt die völkerrechtliche Etablierung eines Widerstandsrechts per se keinen Gewaltakt dar, sondern einen Rechtsakt. Die Einmischung erfolgt seitens der internationalen Gemeinschaft nicht mit Gewalt, sondern auf dem Wege des Rechts. Selbst wenn dieses Recht im Einzelfall ein Recht zur Gewalt[2426] sein kann, bleibt es bei einer lediglich (völker-)rechtlichen Einmischung. Das Interventionsverbot richtet sich nicht gegen das Völkerrecht als solches. Es untersagt damit nicht, dass das Völkerrecht einen innerstaatlichen Sachverhalt mit einem rechtlichen Prädikat versieht, etwa dem der Illegalität. Dies käme gleichermaßen zum Tragen, wenn das Widerstandsrecht mit der Schaffung eines internationalen Gremiums einherginge, das über die Rechtmäßigkeit von (gewaltsamem) Widerstand entschiede. Das Völkerrecht kennt zahlreiche Regelungen innerstaatlicher Sachverhalte, wie im Laufe dieser Analyse herausgearbeitet wurde. Ferner kennt es Befugnisse zur Entscheidung über die Anwendung dieser Regelungen. Es wird als höherrangiges Rechtssystem anerkannt.[2427] Damit besteht im Völkerrecht Raum für ein Widerstandsrecht. Das Interventionsverbot steht diesem nicht im Wege. Dies gilt umso mehr, wenn man die Wurzeln des Interventionsverbots betrachtet. Diese reichen bis zum Grundsatz der staatlichen Souveränität zurück. Diese staatliche Selbstbestimmung wiederum leitet sich aus der Selbstbestimmung des Staatsvolks ab.[2428] Der Verwirk-

---

2424 *Stein/von Buttlar,* Völkerrecht, 2012, Rn. 642; *Herdegen,* Völkerrecht, 2016, § 35 Rn. 3.

2425 S. o. S. 445 ff.

2426 Ob überhaupt von Gewalt gesprochen kann, ist fragwürdig. Dementsprechend kann dies dann nur Gewalt im faktischen Sinne sein, die sich in der Bekämpfung einer eigentlichen Gewaltquelle im Rechtssinne erschöpft.

2427 *Bryde,* Der Staat 2003, S. 61–75, 62; *Peters,* Widerstandsrecht und humanitäre Intervention, 2005, S. 226, 306. Im Ansatz bereits bei *Mosler,* The International Society as a Legal Community, 1980, S. 15 f.

2428 *Oeter,* in: Malowitz/Münkler (Hrsg.), Humanitäre Intervention, 2009, S. 29–64, 32.

lichung dieser Selbstbestimmung dient unter anderem das Widerstandsrecht.

Das Interventionsverbot wäre nur dann zu beachten, wenn aus einem Widerstandsrecht ein Nothilferecht dritter Staaten abgeleitet würde, wenn dritte Staaten diejenigen unterstützten, die ihr Widerstandsrecht legitim ausübten. Hier könnte das Verdikt des IGH zum Tragen kommen, wonach eine Unterstützung Aufständischer gegen das Interventionsverbot verstößt.[2429] Ein solches Nothilferecht wird als Recht zur humanitären Intervention erwogen. Dieses beschränkt sich aber auf Konstellationen, in denen der Staat nach außen hin seine Souveränität verloren hat und sich damit nicht mehr auf das Interventionsverbot berufen kann. Im Zusammenhang mit der Etablierung eines Widerstandsrechts würde sich darüber hinaus die Frage ergeben, ob der Verlust der äußeren Souveränität nicht mit dem Verlust der inneren Souveränität beginnt. Bereits in diesem Fall greife ein Widerstandsrecht, das der Sphäre des Völkerrechts entspränge. Das Völkerrecht widmete sich der Beurteilung der inneren Souveränität. Damit könnte die Schwelle für ein etwaiges Nothilferecht Dritter herabgesenkt werden.

XI. Das Widerstandsrecht als Norm des Völkergewohnheitsrechts

An dieser Stelle endet die Suche nach den Spuren eines Widerstandsrechts im niedergeschriebenen Völkerrecht. Es wurden zwar zahlreiche Hinweise gefunden, die auf eine Anerkennung eines Widerstandsrechts hindeuten, jedoch wäre ein solches Widerstandsrecht jedenfalls nicht Teil des kodifizierten Völkerrechts. Diese Hinweise lassen indessen vermuten, dass sich ein Blick ins ungeschriebene Völkerrecht insofern lohnen könnte. Zunächst wird daher untersucht, ob ein Widerstandsrecht als völkergewohnheitsrechtliche Norm existiert. Im Anschluss wird ein Widerstandsrecht als allgemeiner Rechtsgrundsatz erwogen.

Völkergewohnheitsrecht ist gem. Art. 38 Abs. 1 lit. b) IGH-Statut „Ausdruck einer allgemeinen, als Recht anerkannten Übung". Die Voraussetzungen für die Existenz von Völkergewohnheitsrecht sind damit eine entsprechende internationale Praxis der Völkerrechtssubjekte und eine allgemeine Rechtsüberzeugung im Hinblick auf die Rechtsverbindlichkeit der

---

2429 So *Dunér,* IJHR 9 (2005), S. 247–269, 258.

Norm, die diese Übung trägt.[2430] Die Übung muss grundsätzlich einheitlich sein.[2431] Ausnahmen schließen die Annahme einer Übung nicht aus.[2432] Von Bedeutung ist lediglich ein Regel-Ausnahme-Verhältnis zugunsten der abzuleitenden Norm.[2433] Es ist umstritten, ob diese Übung konstitutive Wirkung hat oder lediglich eine Bestätigung des Gewohnheitsrechts darstellt.[2434] Nachfolgend wird erörtert, ob diese zwei Elemente im Hinblick auf ein Widerstandsrecht vorliegen.

1. Widerstand in der internationalen Praxis

Zunächst zum objektiven Erfordernis der völkergewohnheitsrechtlichen Norm, der Übung. Im Hinblick auf ein Widerstandsrecht finden sich internationale Geschehnisse am ehesten im geschichtlichen Zusammenhang mit Widerstandsbewegungen, aber auch in der Unterstützung von Aufständischen. Die intensivste Form der tatsächlichen Unterstützung stellten gewaltsame Interventionen mit erstrebten Regierungswechseln dar.

a) Widerstandsbewegungen in der neuzeitlichen Geschichte

Peters konstatiert nach einer rechtsgeschichtlichen Analyse, dass die positivrechtliche Anerkennung eines Widerstandsrechts häufig im Anschluss an die Ausübung von Widerstand erfolgt ist.[2435] So könnte sich auch die Übung für ein völkergewohnheitsrechtliches Widerstandsrecht aus historischen Widerstandsbewegungen ergeben.[2436] In der neuzeitlichen Ge-

---

2430 S. nur *Graf Vitzthum,* in: ders./Proelß (Hrsg.), Völkerrecht, 2016, S. 1–60, Abschn. 1 Rn. 131. Vgl. zu Problemen bei der Feststellung von Völkergewohnheitsrecht eingehend *Bleckmann,* Virginia Law Review 37 (1977), S. 504–529, 504 ff.

2431 *Weiß,* AVR 39 (2001), S. 394–431, 397; *Graf Vitzthum,* in: ders./Proelß (Hrsg.), Völkerrecht, 2016, S. 1–60, Abschn. 1 Fn. 321.

2432 *Weiß,* AVR 39 (2001), S. 394–431, 397.

2433 Ebenda, S. 397.

2434 *Graf Vitzthum,* in: ders./Proelß (Hrsg.), Völkerrecht, 2016, S. 1–60, Abschn. 1 Rn. 132 m. w. N. zu den beiden Ansichten.

2435 *Peters,* Widerstandsrecht und humanitäre Intervention, 2005, S. 123.

2436 In diese Richtung tendierend *Marsavelski,* CJIL 28 (2013), S. 241–295, 277.

schichte finden sich zahlreiche Ereignisse des Widerstands.[2437] Hervorzuheben sind die Amerikanische und Französische Revolution im 18. Jahrhundert. Während der Amerikanischen Revolution kämpften die Amerikaner für ihre Unabhängigkeit von der britischen Kolonialmacht.[2438] Der Kampf mündete in einen Unabhängigkeitskrieg, der von 1775 bis 1783 andauerte. Bereits am 4. Juli 1776 erklärten die Amerikaner in einem historischen Dokument ihre Unabhängigkeit. In dieser Unabhängigkeitserklärung nehmen sie nicht nur Rekurs auf fundamentale Menschenrechte, sondern statuieren auch ein Widerstandsrecht.[2439] Die Französische Revolution zielte auf die Beendigung der absoluten Monarchie ab.[2440] Die Geschehnisse während dieser Revolution entwickelten sich Ende des 18. Jahrhunderts rasch von bloßen politischen Protesten zu unkontrollierten Gewaltausbrüchen.[2441] 1789 proklamierten die französischen Widerstandskämpfer die Erklärung der Menschen- und Bürgerrechte, die – wie die Amerikanische Unabhängigkeitserklärung – in Anlehnung an die Lehren *Lockes* und *Rousseaus* Menschenrechte und ein Widerstandsrecht statuierte.[2442]

Das gegenwärtige Frankreich und die Vereinigten Staaten von Amerika wurden durch diese Widerstandsbewegungen entscheidend geprägt. Die nachfolgende Existenz der beiden Staaten gründete auf dem Ergebnis dieser Revolutionen. Ferner wurde das heutige Südafrika durch den erfolgreichen Widerstand gegen das Apartheidsregime während des 20. Jahrhunderts entscheidend beeinflusst. Zudem hat die indische Unabhängigkeitsbewegung unter Führung *Gandhis* die Befreiung von der britischen Kolonialmacht und damit eine entscheidende Umwälzung des indischen Staats (und zudem eine Teilung des Staats)[2443] bewirkt. Ähnliche Wirkung zeigte der Widerstand gegen den Kommunismus in der ehemaligen DDR und Sowjetunion. Demgegenüber waren andere geschichtliche Widerstandsbewegungen nicht auf derart umfassende Änderungen ihrer Staaten gerichtet; insbesondere die friedliche Bürgerrechtsbewegung in den Südstaaten

---

2437 Eine übersichtliche Darstellung der vor-neuzeitlichen Widerstandsgeschichte findet sich bei *Peters,* Widerstandsrecht und humanitäre Intervention, 2005, S. 125 ff.

2438 Eingehend zur Amerikanischen Revolution ebenda, S. 132 ff. m. w. N.

2439 Ebenda, S. 152.

2440 Eingehend zur Französischen Revolution ebenda, S. 153 ff. m. w. N.

2441 Ebenda, S. 153.

2442 Ebenda, S. 153.

2443 Hierzu *Mann,* Die Teilung Britisch-Indiens 1947, 07.04.2014.

der USA während der 1950er- und 1960er-Jahre. Sie richtete sich erfolgreich nur gegen die Gesetze zur Segregation in den Südstaaten, nicht gegen die damaligen US-amerikanischen Regierungen oder den Staat als solchen.

Wenn man nun auf diejenigen Staaten abstellt, die im Zuge von Widerstandsbewegungen entstanden sind und heute noch bestehen, ist zu fragen, ob daraus eine ausreichende Übung für die Bildung von Völkergewohnheitsrecht abgeleitet werden kann.[2444] Problematisch ist hierbei, dass die Staaten selbst nicht gehandelt haben, sondern dem Widerstand schlicht ihre gegenwärtige Existenz verdanken. Existenz an sich kann keine ausreichende Praxis und damit Übung für Völkergewohnheitsrecht darstellen. Diese Staaten gehören heute immerhin zu den Gesetzgebern des Völkerrechts. Damit ist allerdings kein Argument dafür gegeben, dass sie jedes Verhalten, das kausal für ihre konkrete Existenz war, für rechtens erachten würden. Zudem sind sie erst aus den Widerstandsbewegungen heraus entstanden. Eine Übung im Hinblick auf diese Bewegungen haben sie damit nicht selbst begründet.

Infrage kommt hier nur die Übung einer anderen Gattung von Völkerrechtssubjekten als die Staaten, nämlich die Individuen selbst. Sie blicken auf eine langjährige Widerstandspraxis zurück – zumal sich neben den erwähnten noch unzählige weitere Fälle von Widerstand ereignet haben.[2445] Es ist zweifelhaft, ob diese Praxis zur Annahme der zur Bildung von Gewohnheitsrecht notwendigen Übung ausreicht. Diese Übung erfordert, dass die in Rede stehende Norm in denjenigen Sachverhalten, die sie re-

---

2444 In diese Richtung tendiert im Ergebnis *Marsavelski,* CJIL 28 (2013), S. 241–295, 277, der annimmt, dass das Widerstandsrecht als allgemeiner Rechtsgrundsatz existiert und die Erörterung von Völkergewohnheitsrecht insofern für obsolet hält.

2445 Man denke noch an den Widerstand während des Dritten Reiches in Deutschland (hierzu *Peters,* Widerstandsrecht und humanitäre Intervention, 2005, S. 175 ff.) oder an den Widerstand der Tutsi gegen den stattfindenden Völkermord in Ruanda (*Mégret,* Revue Études internationales 39 (2008), S. 39–62, 47). Zahlreiche Praxisbeispiele von Widerstand in Form zivilen Ungehorsams finden sich bei *ders.,* The Canadian Yearbook of International Law 2008, S. 143–192, 149 ff. *Stern,* Das Staatsrecht der Bundesrepublik Deutschland, Bd. II, 1980, § 57 S. 1489 bezeichnet das Widerstandsrecht gar als „historischer Topos“ in der Geschichte der okzidentalen Völker seit der Antike. *Peters,* Widerstandsrecht und humanitäre Intervention, 2005, S. 123 weist darauf hin, dass dies nicht nur für den Okzident gelte, sondern auch in der Geschichte Chinas, Indiens und im islamischen Kulturkreis Widerstandsereignisse zu finden sei.

geln soll, mehrheitlich befolgt wird.[2446] Den Praxisfällen von Widerstand ist gemein, dass sie dann eingetreten sind, wenn gravierende Menschenrechtsverletzungen von den Staaten ausgegangen sind. Insofern weisen die Fälle einen gemeinsamen Sachverhalt auf, den ein gewohnheitsrechtliches Widerstandsrecht tatbestandlich erfassen könnte. Allerdings kommt es längst nicht in allen Fällen von gravierenden Menschenrechtsverletzungen zur Ausübung von Widerstand. Es könnte damit für die Annahme einer Übung am Erfordernis der mehrheitlichen Befolgung der Regel mangeln. Darüber hinaus ist fraglich, ob die Individuen als erst jüngst anerkanntes Völkerrechtssubjekt überhaupt zur Bildung von Völkergewohnheitsrecht beitragen können. Traditionell besteht die Übung, die für Gewohnheitsrecht erforderlich ist, in der Staatenpraxis.[2447] Es ist allerdings anerkannt, dass nicht nur Staaten zur Bildung von Völkergewohnheitsrecht beitragen können, sondern auch Organe internationaler Organisationen oder internationale Gerichte.[2448] Zudem leitete *Cassese* völkergewohnheitsrechtliche Regeln des humanitären Völkerrechts aus dem Verhalten der Akteure in nicht-internationalen bewaffneten Konflikten ab, wozu nicht nur Staaten gehören.[2449] *Wolfgang Graf Vitzthum* zufolge ist entscheidend, dass „relevante[] Subjekte und Organe"[2450] die Übung ausführen.[2451] Dazu könnten auch Individuen zählen, die heute als Völkerrechtssubjekt angesehen sind.[2452] Die Entwicklung des modernen Völkerrechts, in dem die Individuen in den Fokus rücken und die Staaten allmählich als wichtigste Rechtsentität ablösen,[2453] spricht dafür, konsequenterweise auch Individu-

---

2446 *Wengler,* Völkerrecht, Bd. I, 1964, S. 175.

2447 Vgl. ebenda, S. 175; *Doehring,* Völkerrecht, 2004, Rn. 287; *Stein/von Buttlar,* Völkerrecht, 2012, Rn. 126; *Herdegen,* Völkerrecht, 2016, § 16 Rn. 1 f.

2448 Vgl. *Wengler,* Völkerrecht, Bd. I, 1964, S. 175 f.

2449 Hierzu s. o., S. 416.

2450 *Graf Vitzthum,* in: ders./Proelß (Hrsg.), Völkerrecht, 2016, S. 1–60, Abschn. 1 Rn. 131.

2451 Ähnlich *Dahm/Delbrück/Wolfrum,* Völkerrecht, Bd. I/1, 1989, S. 56 („zur Rechtssetzung befugte Völkerrechtssubjekte"). Allerdings benennt er später (ebenda, S. 63) nur die Staaten als derart befugte Rechtssubjekte.

2452 Vgl. nur *Kau,* in: Graf Vitzthum/Proelß (Hrsg.), Völkerrecht, 2016, S. 133–246, Abschn. 3 Rn. 14 ff.

2453 *Tomuschat,* in: UNESCO (Hrsg.), Violations of human rights: possible rights of recourse and forms of resistance, 1984, S. 13–33, 17; *Fassbender,* APuZ 2004 (Heft B43), S. 7–13, 10; *Emmerich-Fritsche,* Vom Völkerrecht zum Weltrecht, 2007, S. 338 f., 914.

en die Fähigkeit zuzusprechen, zur Bildung von Völkergewohnheitsrecht beizutragen.

Problematisch ist insofern, dass lediglich ein Einzelner mit seinen Handlungen nicht dazu beitragen kann. Es kann schließlich nicht jeder Mensch Gesetzgeber sein – weder national noch international. Andernfalls würde auf staatlicher Ebene ein anarchischer Zustand herrschen. Gesetzgebung muss ein zentrales, repräsentatives – und nach gegenwärtigem Verständnis zumindest in Ansätzen demokratisches – Moment innehaben. Für das deutlich dezentralere Völkerrecht muss dies in entsprechender Weise gelten. Es kann nicht auf das Verhalten jedes Einzelnen abgestellt werden. Möglich ist höchstens das Anknüpfen an das Verhalten großer Gruppen von Individuen, wie sie bei Widerstandsbewegungen typischerweise anzutreffen sind. Wo die Grenzen zwischen einem derart relevanten Kollektiv und einer unbeachtlichen kleinen Gruppe Einzelner zu ziehen sind, ist sehr schwierig zu bestimmen.

In der Völkerrechtswissenschaft stellte es jedenfalls ein Novum dar, dem Verhalten von Individuen bzw. gesellschaftlichen Kollektiven überhaupt Bedeutung im Hinblick auf die Bildung von Völkergewohnheitsrecht zuzusprechen.[2454] Die Widerstandsbewegungen der Menschen haben das Völkerrecht mitgestaltet, da als Reaktion hierauf völkerrechtlichen Normen seitens der internationalen Gemeinschaft festgelegt wurden – so z. B. das Dekolonialisierungsgebot des Selbstbestimmungsrechts als Reaktion auf die indische Unabhängigkeitsbewegung.[2455] Widerstandsbewegungen erwiesen sich als Vorreiter und effektivste Verteidiger von Menschenrechten – so z. B. die Bürgerrechtsbewegung unter *Martin Luther King, Jr.*, die stattfand, als der völkerrechtliche Schutz der Menschenrechte noch in seinen Kinderschuhen steckte.[2456] Dass es einen unerlässlichen Beitrag der Individuen zur Schaffung und Durchsetzung grundlegender

2454 Diese Frage wird aufgeworfen bei *Mendelson,* Recueil des Cours 272 (1998), S. 155–410, 203 und *Heinsch,* Die Weiterentwicklung des humanitären Völkerrechts durch die Strafgerichtshöfe für das ehemalige Jugoslawien und Ruanda, 2007, S. 150 f. Beide weisen darauf hin, dass nicht-staatliche Völkerrechtssubjekte nach derzeitigem Stand der Völkerrechtswissenschaft nur mittelbar auf die Bildung von Völkergewohnheitsrecht einwirken könnten.

2455 *Mégret,* The Canadian Yearbook of International Law 2008, S. 143–192, 161, 163.

2456 *Ders.,* Revue Études internationales 39 (2008), S. 39–62, 47.

völkerrechtlicher Normen gibt, ist nicht zu bestreiten.[2457] Ob die Individuen (gegebenenfalls auch als gesellschaftliche Kollektive) zur Etablierung von Völkergewohnheitsrecht beitragen können, ist eine bislang unerörterte Frage der völkerrechtlichen Rechtsquellenlehre. Eine entsprechende Diskussion kann im Rahmen dieser Arbeit nicht erfolgen. Bislang kann in den geschichtlichen Widerstandsbewegungen jedoch keine Übung zur Bildung von Völkergewohnheitsrecht gesehen werden. Selbst wenn hierfür plädiert würde, so dürfte diese Übung für ein Widerstandsrecht nicht einheitlich genug sein.

b) Internationale Unterstützung von Widerstandsbewegungen

In der internationalen Praxis sind mannigfaltige Arten der Unterstützung von Widerstandsbewegungen praktiziert worden. Diese reichen von der moralischen über eine finanzielle Unterstützung bis hin zur Lieferung von Waffen und der völkerrechtlichen Anerkennungen von Aufständischen als Völkerrechtssubjekt oder als neue Staatsregierung.

Mégret hält insbesondere die finanzielle Unterstützung von friedlichen Widerstandsbewegungen für eine übliche Praxis, allerdings noch nicht ausreichend für die Annahme von Gewohnheitsrecht.[2458] Auch die Versorgung von Widerstandsbewegungen mit Waffen und anderem militärischem Material, wie sie seitens der USA zugunsten der *Contras* in Nicaragua erfolge, tritt immer häufiger auf.[2459] Allerdings ist hier keineswegs eine einheitliche Praxis zu erkennen, die bei einer bestimmten Widerstandskonstellation regelmäßig zum Tragen käme. Vielmehr fanden Waffenlieferungen auch zugunsten von Widerstandsbewegungen statt, deren

---

2457 Vgl. ebenda, S. 48. *Ders.*, The Canadian Yearbook of International Law 2008, S. 143–192, 163 spricht im Hinblick auf die zahlreichen Bewegungen des zivilen Ungehorsams von einer „versteckten Schuld" (Übersetzung d. Verf.) des Völkerrechts.

2458 *Ders.*, Revue Études internationales 39 (2008), S. 39–62, 50.

2459 Zum Fall in Nicaragua IGH, Nicaragua vs. USA, 27. Juni 1986, I.C.J. Reports 1986, S. 14 ff., Rn. 242. In neuerer Zeit prominent geworden sind die Waffenlieferungen an die syrischen Rebellen seitens der USA und Saudi-Arabiens (*Salloum,* Spiegel Online, 29.06.2013, Neue Lieferungen: Syriens Rebellen bekommen bessere Waffen; *Die Welt Online,* Bürgerkrieg: USA liefern Waffen an moderate syrische Rebellen, 28.01.2014; vgl. *Paech,* Blätter für deutsche und internationale Politik 9/2012, S. 91–99, 95 f. auch zur finanziellen Unterstützung).

Legitimität selbst bei der Existenz eines Widerstandsrechts bezweifelt werden könnte. Ein Beispiel hierfür stellen die Waffenlieferungen an die Rebellen im aktuellen syrischen Bürgerkrieg dar. Diese könnten nicht durch ein Widerstandsrecht gerechtfertigt sein: Selbst, wenn man annähme, dass für sie eine Widerstandslage bestünde (dies ist zweifelhaft), hätten sie in jedem Fall die Grenzen der Verhältnismäßigkeit einer Widerstandshandlung überschritten.[2460]

Darüber hinaus hat die internationale Gemeinschaft Widerstandsbewegungen in der Vergangenheit auch auf subtilere Weise – moralisch – unterstützt. Herausragend war diese Art der Unterstützung im Fall der Bekämpfung des Apartheidregimes in Südafrika. Die UN-Generalversammlung und der UN-Sicherheitsrat verurteilten diese Politik bereits 1950 bzw. 1960.[2461] Viele Staaten boykottierten auf Anraten der Generalversammlung später die Handelsbeziehungen mit Südafrika.[2462] Der Sicherheitsrat ordnete 1977 gar ein Waffenembargo gegen Südafrika an.[2463] Die Generalversammlung rief zudem zum Boykott der kulturellen Beziehungen mit Südafrika auf.[2464] Sie etablierte ferner ein Spezialkomitee zur Beobachtung des Apartheidregimes.[2465] Unter der Schirmherrschaft der Vereinten Nationen fanden ferner zahlreiche internationale Veranstaltungen statt, die den Blick der weltweiten Öffentlichkeit auf das Regime in Südafrika lenken sollten.[2466] Die Generalversammlung rief die Staaten bereits 1968 dazu auf, die moralische, politische und materielle Unterstützung der

---

2460 Es ist hier nur an die zeitliche Dauer des Bürgerkriegs und die horrenden Opferzahl zu denken (vgl. *Zeit Online,* Bürgerkrieg: UN zählen die Toten in Syrien nicht mehr, 07.01.2014; *Bundeszentrale für politische Bildung,* Innerstaatliche Konflikte/Syrien, 17.11.2015; *taz.de,* Opferzahlen zum Syrien-Konflikt: 220.000 Tote, 17.04.2015).

2461 Vgl. A/RES/395 (02.12.1950); S/RES/134 (01.04.1960).

2462 Vgl. A/RES/1761 (06.11.1962), Rn. 4 lit. d). Besonders engagiert war Großbritannien, wo eine organisierte Boykottbewegung entstand (vgl. *Lissoni,* The South African liberation movements in exile, 2008, S. 69 ff.).

2463 S/RES/418 (04.11.1977), Rn. 2; vgl. S/RES/181 (07.08.1963), Rn. 3 (hier noch unverbindlich).

2464 A/RES/2396 (02.12.1968), Rn 12.

2465 A/RES/1761 (06.11.1962), Rn. 5.

2466 Eine Liste dieser Veranstaltungen findet sich hier: *African National Congress,* Main Conferences and Seminars on Apartheid Organised or Co-sponsored by the United Nations.

südafrikanischen Freiheitsbewegung zu intensivieren.[2467] Auch der Sicherheitsrat leistete später ausdrücklich moralischen Beistand:

> „*The Security Council* […] *Expresses* its support for, and solidarity with, all those struggling for the elimination of *apartheid* and racial discrimination and all victims of violence and repression by the South African racist régime“[2468].

Er erklärte außerdem die rassistische Verfassung von Südafrika aus dem Jahre 1983 für nichtig[2469] und beschloss im Jahre 1992, kurz vor Beendigung des Regimes, die Entsendung einer *peace-keeping* Mission, der *United Nations Observer Mission in South Africa*, die den Ausbruch gewaltsamer Unruhen verhindern sollte. Die Mission wurde im Juni 1995 erfolgreich beendet.[2470] Den Höhepunkt der rechtlichen Unterstützung stellt zudem der Beschluss der „International Convention on the Suppression and Punishment of the Crime of *Apartheid*“[2471] durch die Generalversammlung am 30. November 1973 dar. Darin wurde die Politik der Apartheid als völkerrechtliches Verbrechen normiert. Die Konvention trat am 18. Juli 1976 in Kraft.[2472]

Dies stellt nur einen Ausschnitt des internationalen Beistandes für die südafrikanische Widerstandsbewegung dar. Allerdings gab es auch Staaten, die das Apartheidsregime unterstützten; z. B. pflegte die Bundesrepublik Deutschland noch lange Zeit wirtschaftliche Beziehungen mit Südafrika und exportierte sogar Rüstungsmaterial dorthin.[2473] Hieran lässt sich erkennen, dass die Staatenpraxis insofern keineswegs einheitlich war. Wenn überhaupt, kann eine einheitliche Übung nur in der Praxis der UN-Organe erblickt werden. Sie haben im Hinblick auf andere Widerstandsbewegungen allerdings nicht annährend dasselbe Maß an Engagement aufgebracht. Es liegt daher nahe, eine unterstützende Praxis nur für Fälle von

---

2467 A/RES/2396 (02.12.1968), Rn. 7.

2468 S/RES/417 (31.10.1977), Rn. 2 (*Hervorhebungen ebenda*).

2469 S/RES/554 (17.08.1984), Rn. 2.

2470 S/RES/772 (17.08.1992), Rn. 4. Näher hierzu *Ndulo,* African Yearbook of International Law 3 (1995), S. 205–238, 207 ff.

2471 A/RES/3068 (30.11.1973), Annex (*Hervorhebung* ebenda).

2472 *Dugard,* Convention on the Suppression and Punishment of the Crime of Apartheid.

2473 *Rock,* Macht, Märkte und Moral, 2010, S. 135 ff., 180; vgl. *Siegfried,* Sozial.Geschichte Online 8 (2012), S. 47–64, 53. Vgl. zum Abstimmungsverhalten der Bundesrepublik Deutschland im Hinblick auf die Resolutionen der Generalversammlung zur Apartheidpolitik Südafrikas *Wenzel,* Südafrika-Politik der Bundesrepublik Deutschland 1982 – 1992, 1994, S. 114 f.

Widerstand gegen Apartheid anzunehmen. Ein weiteres Beispiel hierfür ist die moralische Unterstützung der palästinensischen Befreiungsbewegung.[2474] Die Generalversammlung hatte den israelischen Zionismus, gegen welchen diese Bewegung unter anderem kämpft, bereits im Jahre 1975 als Form der Rassendiskriminierung betrachtet.[2475] Die Verhältnisse in den von Israel besetzten Gebieten wurden vom UN-Berichterstatter *Richard Falk* zudem erst jüngst als solche eines Apartheidregimes bezeichnet.[2476] Darüber hinaus ist festzuhalten, dass die meisten Unternehmungen der UN-Organe und der Staaten primär darauf gerichtet waren, das Apartheidsregime zu beenden, und nicht etwa darauf, den *African National Congress* zu unterstützen. Erstere verfolgten damit dasselbe Ziel wie der *African National Congress* und unterstützten ihn damit jedenfalls indirekt. Im Hinblick darauf, dass hier nach einem Anknüpfungspunkt für die Übung hinsichtlich eines völkergewohnheitsrechtlichen Widerstandsrechts gesucht wird, ist diese Differenzierung von großer Bedeutung. Fraglich ist insofern, ob dieses Verhalten von der Überzeugung der Verbindlichkeit eines Widerstandsrechts getragen war, wie unten zu erörtern ist.[2477]

Eine andere Form der Unterstützung stellt die völkerrechtliche Anerkennung von Widerstandsbewegungen als Völkerrechtssubjekt dar. In der Vergangenheit hat die UN-Generalversammlung z. B. einige afrikanische Widerstandsbewegungen und die *Palestine Liberation Organization* als Befreiungsbewegungen in Ausübung ihres Selbstbestimmungsrechts klassifiziert und ihnen im Zuge dessen einen Beobachterstatus in der Versammlung zugesprochen.[2478] Dies impliziert die Anerkennung einer zumindest partiellen Völkerrechtssubjektivität.[2479] Die Generalversammlung verfährt allerdings nur so, wenn eine Befreiungsbewegung ein gewisses Mindestmaß an Organisation und Effektivität aufweist.[2480] Zudem muss

---

2474 S. nur A/RES/69/165 (10.02.2015).

2475 A/RES/3379 (10.11.1975), 6. Erwägungsgrund.

2476 *Falk*, A/HRC/25/67 (13.01.2014), Summary.

2477 S. u., S. 479 f.

2478 Für Mitglieder der *Organization of African Unity*, wie z. B. den *African National Congress* und den *Pan Africanist Congress* A/RES/3280 (12.12.1974). Für *die Palestine Liberation Organization* und die *South West Africa People's Organization* A/RES/43/160 (09.12.1988), Teil A.

2479 Vgl. *Breutz*, Der Protest im Völkerrecht, 1997, S. 49. Vgl. zu den Rechten A/RES/43/160 (09.12.1988), Teil B.

2480 *Kau*, in: Graf Vitzthum/Proelß (Hrsg.), Völkerrecht, 2016, S. 133–246, Abschn. 3 Rn. 38.

sie von Regionalorganisationen als legitimer Repräsentant ihres Volks anerkannt sein.[2481] Insofern geht die Generalversammlung selektiv vor. Nicht jede Bewegung, die für die Ausübung des Selbstverteidigungsrechts kämpft, wird als Völkerrechtssubjekt anerkannt; damit erst recht nicht jede Widerstandsbewegung. Im Hinblick auf ein völkergewohnheitsrechtliches Widerstandsrecht, das über das Selbstbestimmungsrecht hinausgeht, liegt daher keine ausreichende Übung vor.

Auch die Anerkennung von Aufständischen als Konfliktpartei im Sinne der Genfer Konventionen verleiht partielle Völkerrechtssubjektivität (im Hinblick auf die Regelungen der GK und ihrer Zusatzprotokolle). Eine solche Anerkennung erfolgt praktisch kaum seitens der Staaten, innerhalb derer sich der Konflikt abspielt.[2482] Die rechtliche Anerkennung ist zudem erst dann möglich, wenn die Aufständischen in einem Teil des Staatsgebiets effektive Herrschaft ausüben.[2483] Die Grenze zur Anerkennung eines Staats bzw. einer Regierung ist hier fließend.[2484] In der Praxis findet diese Anerkennung Aufständischer auch seitens Drittstaaten kaum noch statt.[2485] Viel eher ereignen sich Fälle der *politischen* Anerkennung von Oppositionsbewegungen. In jüngster Zeit wurde beispielsweise die *Syrian Opposition Coalition* von zahlreichen Staaten politisch als legitime Vertretung des Syrischen Volks anerkannt, z. B. von den USA, Frankreich und Großbritannien sowie von der Arabischen Liga.[2486] Eine solche politische Anerkennung geht zwar mit der Aufnahme politischer Beziehungen und gegebenenfalls mit finanziellen Unterstützungen einher, jedoch hat

2481 Ebenda, S. Abschn. 3 Rn. 38.

2482 Vgl. *Bothe,* in: Graf Vitzthum/Proelß (Hrsg.), Völkerrecht, 2016, S. 591–682, Abschn. 8 Rn. 121.

2483 *Kau,* in: Graf Vitzthum/Proelß (Hrsg.), Völkerrecht, 2016, S. 133–246, Abschn. 3 Rn. 37.

2484 Vgl. *Dahm/Delbrück/Wolfrum,* Völkerrecht, Bd. I/2, 2002, S. 303.

2485 *Stein/von Buttlar,* Völkerrecht, 2012, Rn. 489.

2486 *Brozus/Schaller,* Über die Responsibility to Protect zum Regimewechsel, 2013, S. 16; vgl. *Die Welt Online,* USA erkennen Rebellen als Vertretung Syriens an, 12.12.12 (USA); *Süddeutsche Online,* Bürgerkrieg gegen Assad-Regime: Frankreich erkennt syrisches Oppositionsbündnis an, 13.11.2012 (Frankreich); *N-TV Online,* Syrische Opposition anerkannt, 20.11.2012 (Großbritannien); *Der Tagesspiegel Online,* Diplomatische Anerkennung: Syrische Opposition erhält Syriens Sitz bei Arabischer Liga, 25.03.2013 (Arabische Liga). *Stein/von Buttlar,* Völkerrecht, 2012, Rn. 489 ordnet dies aber als Fall einer Anerkennung von Aufständischen ein.

diese keine völkerrechtlichen Auswirkungen.[2487] Sie unterliegt dem Ermessen des anerkennenden Staats und wird in der Praxis dementsprechend selektiv und opportun ausgeübt. Dass sich in dieser uneinheitlichen Praxis die Übung zugunsten eines völkerrechtlichen Widerstandsrechts manifestiert, ist daher nicht anzunehmen.

Möglicherweise findet sich eine solche Übung in den rechtlichen Anerkennungen von Regierungen von Staaten, die durch inneren Widerstand entstanden oder stark geprägt worden sind.[2488] Dazu gehören z. B. die USA und Frankreich, die ihre gegenwärtige Existenz zumindest mittelbar dem Widerstand in der Amerikanischen und Französischen Revolution zu verdanken haben.[2489] So hat Großbritannien nach der Amerikanischen Revolution beispielsweise lange die Anerkennung der USA als Staat verweigert. Jedoch berief sich Frankreich bei der Anerkennung der unabhängigen USA auf das Prinzip der effektiven Ausübung von Staatsgewalt, das im 19. Jahrhundert zu einem völkerrechtlichen Grundsatz wurde.[2490] Dieses Prinzip ist auch heute vorherrschend, wenn sogenannte befriedete *De-facto-Regime* anerkannt werden.[2491] Auch diese üben auf einem Teil des Staatsgebietes effektive Staatsgewalt aus, haben deshalb völkerrechtliche Pflichten und können daher auch von anderen Staaten anerkannt werden.[2492] Beispiele für solche Anerkennungen bleiben jedoch rar und selektiv.[2493] Vielmehr bleibt der Rechtsstatus von (vermeintlichen) *De-facto-Regimen* in der Staatengemeinschaft in der Regel umstritten, wie man an

---

2487 *Brozus/Schaller,* Über die Responsibility to Protect zum Regimewechsel, 2013, S. 16; *Talmon,* Recognition of Opposition Groups as the Legitimate Representative of a People, 2013, S. 12.

2488 In diese Richtung tendierend für die Anerkennung Aufständischer *Marek,* Identity and Continuity of States in Public International Law, 1968, S. 57; *Marsavelski,* CJIL 28 (2013), S. 241–295, 276.

2489 Hierzu s. o., S. 463.

2490 *Frowein,* Recognition, 2010, Rn. 3. Zum Effektivitätsprinzip eingehend *Krieger,* Das Effektivitätsprinzip im Völkerrecht, 2000.

2491 Zu *De-facto-Regimen Frowein,* De Facto Regime, 2013.

2492 Zu den Pflichten von *De-facto-Regimen ebenda,* Rn. 4 ff. Insbesondere zur Geltung des Gewaltverbots *Randelzhofer/Dörr,* in: Simma u. a., UN Charter, Vol. 1, 2012, Art. 2 (4) Rn 29; *Heintschel von Heinegg,* in: Ipsen (Hrsg.), Völkerrecht, Ein Studienbuch, 2014, S. 1055–1117, § 51 Rn. 30; *Bothe,* in: Graf Vitzthum/Proelß (Hrsg.), Völkerrecht, 2016, S. 591–682, Abschn. 8 Rn. 14. Zur Anerkennung *Frowein,* Das de facto-Regime im Völkerrecht, 1968, S. 9 ff.

2493 Vgl. die Fallstudien bei *Turmanidze,* Status of the De Facto State in Public International Law, 2010, S. 109 ff.

den Beispielen der Republik China, der Republik Abchasien oder der Türkischen Republik Nordzypern sehen kann.[2494] Diese Probleme stellen sich bei international anerkannten Staaten nicht, die einst durch eine Widerstandsbewegung entstanden oder stark geprägt worden sind. In dieser Anerkennung eine Übung für die Begründung eines völkergewohnheitsrechtlichen Widerstandsrechts zu betrachten, setzt voraus, dass die Staaten durch ihre Anerkennung eines Ergebnisses auch die Mittel als legal anerkennen, die hierzu geführt haben.[2495] Dies ist eine Frage, die sogleich im Rahmen des Kriteriums der Rechtsüberzeugung zu erörtern ist.

c) UN-Missionen und Interventionen mit intendiertem Regierungswechsel

Schließlich könnte die Übung zugunsten eines völkergewohnheitsrechtlichen Widerstandsrechts in diversen UN-Missionen und internationalen militärischen Interventionen erblickt werden. In einigen dieser Unternehmungen wurde ein Wechsel der Staatsregierung erstrebt. Darin könnte wiederum die Unterstützung dortiger Widerstandsbewegungen gesehen werden. Zu derartigen Unternehmungen zählen zahlreiche *nation-building* bzw. *peace-keeping* Operationen der UN, so z. B. die vom Sicherheitsrat beschlossenen Missionen in Namibia 1989–1990, Nicaragua 1990, El Salvador 1991–1995, Kambodscha 1991–1993, Südafrika 1992–1995, in Bosnien 1995, im Kosovo seit 1999, im Kongo seit 1999, in Osttimor 2002–2005 und Afghanistan seit 2006.[2496] Die meisten dieser Missionen erfolgten als Reaktionen auf gravierende interne Krisen und waren primär auf die Etablierung oder Stabilisierung von Frieden gerichtet. Dies war bei den Missionen in Nicaragua, Afghanistan im Kosovo und im Kongo der Fall. Andere dienten demgegenüber vorwiegend der Etablierung einer Regierung und rechtsstaatlicher Standards, z. B. die Missionen in Osttimor,

---

2494 Hierzu jeweils Ebenda, S. 109 ff., 221 ff., 132 ff.

2495 In diese Richtung tendierend *Marek*, Identity and Continuity of States in Public International Law, 1968, S. 57; *Marsavelski*, CJIL 28 (2013), S. 241–295, 276.

2496 Beschlüsse zu diesen Missionen: S/RES/632 (16.02.1989) (Namibia); S/RES/644 (07.11.1989) i. V. m. S/RES/656 (08.06.1990) (Nicaragua); S/RES/693 (20.05.1991) (El Salvador); S/RES/718 (31.10.1991) (Kambodscha); S/RES/772 (17.08.1992) (Südafrika); S/RES/1035 (21.12.1995) (Bosnien); S/RES/1244 (10.06.1999) (Kosovo); S/RES/2348 (31.03.2017) (Kongo); S/RES/1410 (17.05.2002) (Osttimor); S/RES/2344 (17.03.2017) (Afghanistan).

Südafrika und Namibia. Die Mission in Bosnien hatte beide Anliegen gleichermaßen zum Ziel. Fast allen Missionen ist allerdings gemein, dass sie im Fall innerstaatlicher Zerrissenheit den Gedanken der Neutralität verkörperten und das oberste Ziel von Frieden, Sicherheit und Stabilität verfolgten, anstatt sich auf die Seite einer bestimmten Konfliktpartei zu stellen. Daher kann darin kaum die Übung zugunsten eines Widerstandsrechts gesehen werden. Im Fall von Nicaragua war die Mission sogar unter anderem darauf gerichtet, die Widerstandskämpfer zu demobilisieren.[2497] Sie richtete sich also gegen den innerstaatlichen Widerstand. Das bedeutet nicht, dass darin ein Argument gegen ein Widerstandsrecht liegt – denn es ist vorstellbar, dass die Widerstandskämpfer jenseits eines eventuell bestehenden Rechts gehandelt hatten und deshalb von der internationalen Gemeinschaft gestoppt wurden. Allerdings kann darin auch keine Praxis gesehen werden, die unmissverständlich zugunsten eines völkergewohnheitsrechtlichen Widerstandsrechts interpretiert werden kann.

Ähnlich gelagert sind die zwei besonderen Fälle von Haiti im Jahre 1994 und Sierra Leone im Jahre 1998. Im Hinblick auf Haiti beschloss der Sicherheitsrat militärisches Vorgehen mit dem Ziel, der durch einen Militärputsch gestürzten Regierung, die zuvor demokratisch legitimiert worden war, wieder zur Macht zu verhelfen.[2498] In Sierra Leone war eine gewählte Regierung ebenfalls durch die dortige Militärjunta abgesetzt worden. Der Sicherheitsrat beschloss ein Vorgehen zur Wiedereinsetzung der gewählten Regierungen. Militärische Maßnahmen billigte er hier erst im Nachhinein.[2499] Auch diese beiden Missionen richteten sich indirekt gegen Widerstandsbewegungen. Allerdings waren diese Bewegungen zur Zeit der Missionen schon keine Bewegungen mehr, sondern hatten sich bereits die Regierungsmacht verschafft. Die Missionen stellen ihrerseits vielmehr Widerstand gegen diese illegal etablierten Regierungen dar – jedoch keinen Widerstand in Ausübung des hier in Rede stehenden Widerstandsrechts, sondern der Befugnisse aus Kap. 7 UN-Charta.

Es gab in der Vergangenheit weitere militärische Interventionen mit dem Ziel eines Regierungswechsels; insbesondere die Interventionen in Panama 1989, in Afghanistan 2001 und im Irak 2003. Diese Interventionen wurden allesamt von den USA initiiert. In Panama marschierten im

---

2497 Vgl. S/RES/656 (08.06.1990).

2498 Vgl. zur Mission S/RES/940 (31.07.1994).

2499 *Pippan,* Demokratie aus dem Kanonenrohr?, 2003, S. 4. Vgl. zur Mission S/RES/1181 (13.07.1998).

Jahre 1989 US-Truppen ohne internationale Verstärkung ein.[2500] Offiziell diente diese Intervention dem Schutz der US-Bürger in Panama. Notwendig sei dazu die Beseitigung des dortigen Unrechtsregimes gewesen. Das eigentliche Ziel war die Ergreifung des damaligen Diktators *Manuel Noriega*, der den USA zum Feind geworden war. Von der UN-Generalversammlung wurde diese militärische Operation als völkerrechtswidrig verurteilt.[2501] Bei ihrem Einfall in Afghanistan im Jahre 2001 wurden die USA von Großbritannien unterstützt. Die Invasion wurde von den Staaten in Anlehnung an zwei Sicherheitsratsresolutionen[2502] als Verteidigungskrieg gem. Art. 51 UN-Charta gerechtfertigt. Die NATO hatte die Situation der USA nach den Terroranschlägen vom 11. September 2001 zuvor als ihren ersten und bislang einzigen Bündnisfall deklariert.[2503] Die Invasion blieb in der Völkerrechtswissenschaft dennoch nicht ohne Kritik.[2504] Sie diente dem Kampf gegen die Terrororganisation *al-Qaida*, insbesondere der Ergreifung ihres Führers *Osama bin Laden* und dem Sturz des Talibanregimes. Im Jahre 2003 bezweckten die USA mit ihrem Angriff auf den Irak einen Regimewechsel, vor allem die Ergreifung des Despoten *Saddam Hussein*. Sie wurden dabei insbesondere von Großbritannien, nach eigenen Angaben auch von einer sogenannten *Koalition der Willigen* von mehr als dreißig Staaten unterstützt.[2505] Auch dieser Einmarsch wurde von Völkerrechtlern kritisiert.[2506] Allein wegen der uneinheitlichen Be-

---

2500 Zu den Geschehnissen *Lutteroth,* Spiegel Online, 19.12.2014, US-Operation gegen Diktator Noriega: „Ich habe Bush an den Eiern", auf deren Bericht die nachfolgenden Schilderungen beruhen.

2501 A/RES/44/240 (29.12.1989).

2502 S/RES/1368 (12.09.2001); S/RES/1373 (28.09.2001).

2503 *FAZ.net,* Nato: Erstmals Bündnisfall ausgerufen, 02.10.2001.

2504 Die Kritik richtete sich allerdings auf die konkrete Subsumtion und Ausführung des Selbstverteidigungsrechts, nicht auf die neue, erweiterte Interpretation von Art. 51 UN-Charta (vgl. *Francis Boyle*, in: Spiegel Online, US-Völkerrechtler: „Dieser Krieg ist illegal", 31.10.2001; *Krajewski,* AVR 40 (2002), S. 183–214, 202 f.; weitere Probleme benennt *Beyer,* Die Strategie der Vereinigten Staaten im „War of Terror", 2006, S. 52 f.). A. A. *Heintschel von Heinegg/Gries,* AVR 40 (2002), S. 145–182.

2505 Zum Ziel des Regimewechsels *Pippan,* Demokratie aus dem Kanonenrohr?, 2003, S. 1. Zur „Koalition der Willigen" *FAZ.net,* Irak-Krise: Einmarsch kommt auf jeden Fall, 18.03.2003.

2506 S. nur *Zanetti,* Der Irak-Krieg und die völkerrechtliche Lage.; *Pippan,* Demokratie aus dem Kanonenrohr?, 2003, S. 6; *Kotzur,* AVR 42 (2004), S. 353–388, 375 ff.

wertung ist es zweifelhaft, ob ein solches Verhalten wirklich von der Rechtsüberzeugung getragen wurde, den jeweiligen innerstaatlichen Oppositionsbewegungen bei der Ausübung ihres Widerstandsrechts zu helfen. Näheres wird sogleich im entsprechenden Abschnitt erörtert.

Schließlich hat es in jüngster Zeit auch eine militärische Intervention gegeben, die der Sicherheitsrat zum Schutz der dortigen Zivilbevölkerung autorisiert hat.[2507] Die Rede ist von der Intervention in den libyschen Bürgerkrieg im Jahre 2011. Kurz nach Beschluss der entsprechenden Resolution trat das primäre Ziel der Intervenienten zutage: die Abschaffung des libyschen Regimes unter der Führung von *Muammar al-Gaddafi*.[2508] Damit nahmen sie im Rahmen des libyschen Bürgerkriegs direkt Stellung. Man könnte das Vorgehen insofern mit einem Widerstandsrecht in Verbindung bringen. Allerdings war auch hier das primäre Ziel der Regimewechsel an sich und nicht der Beistand für die Widerstandskämpfer im Bürgerkrieg. Darüber hinaus sind starke Zweifel an der Legitimität des libyschen Widerstands anzumelden – sogar bei der Annahme eines geltenden Widerstandsrechts.[2509] Zudem existierte gar keine homogene Widerstandsbewegung mit einheitlichen liberalen Zielen.[2510] Ferner ist bereits die Zulässigkeit des Regimewechsels als Ziel einer (humanitären) internationalen Intervention in der Völkerrechtswissenschaft umstritten,[2511] das Mittel der Unterstützung von Widerstandskämpfern nicht minder.[2512] Dieses Problem wird dadurch verschärft, dass ein von außen erzwungener Regierungswechsel nur sehr schwierig durchzusetzen ist.[2513] Selbst wenn diese normativen und faktischen Zweifel zunächst außer Acht bleiben, ist die Intervention in Libyen bislang ein einmaliges Ereignis in der Ge-

2507 Vgl. S/RES/1973 (17.03.2011).

2508 *Merkel,* ZIS 2011, S. 771–783, 772.

2509 Zu diesen Zweifeln *ders.,* FAZ, 22.03.2011, Völkerrecht contra Bürgerkrieg: Die Militärintervention gegen Gaddafi ist illegitim; *ders.,* ZIS 2011, S. 771–783, 771. A. A. *Tomuschat,* in: Beestermöller (Hrsg.), Libyen: Missbrauch der Responsibility to Protect?, 2014, S. 13–29, 22.

2510 *Merkel,* FAZ, 22.03.2011, Völkerrecht contra Bürgerkrieg: Die Militärintervention gegen Gaddafi ist illegitim.

2511 Hierzu *Brozus/Schaller,* Über die Responsibility to Protect zum Regimewechsel, 2013, S. 14 f.

2512 Hierzu ebenda, S. 14 f.

2513 Hierzu eingehend *Merkel,* FAZ, 22.03.2011, Völkerrecht contra Bürgerkrieg: Die Militärintervention gegen Gaddafi ist illegitim.

schichte der Vereinten Nationen geblieben und insofern nicht als Anknüpfungspunkt für eine völkerrechtliche Übung geeignet.

2. Rechtsüberzeugung hinsichtlich eines völkerrechtlichen Widerstandsrechts

Die meisten betrachteten Arten internationaler Praxis reichen für sich genommen nicht aus, um eine Übung anzunehmen, die ein erstes Indiz für die Annahme einer völkergewohnheitsrechtlichen Widerstandsnorm darstellen könnte. Dies gilt insbesondere für die Anerkennungen von Befreiungsbewegungen oder die politische Anerkennung von Widerstandsbewegungen. Diese erfolgen sehr selektiv. Diese Selektivität schließt die Annahme von Völkergewohnheitsrecht nicht aus, sofern eine entsprechende Rechtsüberzeugung nachgewiesen werden kann. Bei der Anerkennung von Befreiungs- und Widerstandsbewegungen kommt allerdings primär das Effektivitätsprinzip zum Tragen. Dieses spielt auch bei der Anerkennung von Staaten, die ihre Existenz geschichtlich einer Widerstandsbewegung zu verdanken haben, die entscheidende Rolle.[2514] Es geht um die Befriedung des beherrschten Gebietes und die effektive Ausübung völkerrechtlicher Beziehungen. Dass in den Fällen der Anerkennung darüber hinaus die Überzeugung von einem Widerstandsrecht eine Rolle gespielt hat, kann nicht nachgewiesen werden.

Selbst, wenn eine Gesamtschau mit den anderen soeben erörterten Praxisfällen der Unterstützung von Widerstand vorgenommen wird, muss man annehmen, dass die begleitende Rechtsüberzeugung regelmäßig davon geprägt war, die elementaren Ziele vom Frieden und Sicherheit durchzusetzen. Den Akteuren war vorrangig daran gelegen, den Primärnormen des Völkerrechts Geltung zu verschaffen und nicht ein neues Durchsetzungsinstrument (das Widerstandsrecht) anzuwenden oder seine Anwendung zu unterstützen. Dies gilt nicht nur im Hinblick auf die genannten UN-Missionen, sondern auch während der angesprochenen Interventionen mit dem Ziel des Regierungswechsels. Dort ging es um die Wiederherstellung innerstaatlichen Friedens, die Geltung der Menschenrechte und – je nach Standpunkt in der völkerrechtlichen Debatte um den Afghanistan-

2514 Vgl. *Frowein,* Recognition, 2010, Rn. 5.

und Irakkrieg – um die Ausübung des Selbstverteidigungsrechts gem. Art. 51 UN-Charta.

Dass die Durchsetzung dieser Primärnormen zum Teil im Modus der Unterstützung von Widerstandsbewegungen erfolgte, zeigt einerseits, dass das Völkerrecht diesen Bewegungen gegenüber aufgeschlossen ist. Dies genügt andererseits noch nicht, um eine entsprechende völkergewohnheitsrechtliche Norm zu begründen. Beim Völkergewohnheitsrecht ist insofern streng zwischen einer Norm im Entstehen und einer existierenden Norm zu differenzieren.[2515] Darüber hinaus ist auch bei einer Gesamtschau der verschiedenen Praxisarten keine regelmäßige, einheitliche Übung zu erkennen, da die Verhaltensweisen sehr unterschiedlich waren.

Eine Ausnahme lässt sich höchstens für ein bestimmtes Anwendungsfeld bilden, nämlich im Hinblick auf die Unterstützung von Befreiungsbewegungen und Widerstand gegen ein Apartheidsregime. Möglicherweise sind diese bestimmten Anwendungsfälle von Widerstand mittlerweile zu einer Norm des Völkergewohnheitsrechts erstarkt. Oben wurde gezeigt, dass das Recht auf Selbstbestimmung nach geltendem Völker-(vertrags-)recht bereits ein solches teilweises Widerstandsrecht für die Befreiung von Fremdherrschaft umfasst.[2516] Das Selbstbestimmungsrecht legitimiert nicht nur Befreiungsbewegungen gegenüber einer Kolonialherrschaft, sondern auch Widerstand gegen Apartheidpolitik, sofern dadurch ein Volk im ethnischen Sinne diskriminiert wird. Es ist gut vorstellbar, dass das Erfordernis des Volksbegriffs im Fall von Apartheidpolitik erfüllt ist, denn hierzu gehört nach der Konvention zur Bekämpfung der Apartheid das Tatbestandsmerkmal der Rassendiskriminierung.[2517] Es ist denkbar, dass eine nach der Apartheidpolitik festgelegte „Rasse" in einem Staat ein Volk im ethnischen Sinne als Träger des Selbstbestimmungsrechts darstellt. Allerdings kann diese Subsumtion scheitern, wenn die sogenannte „Rasse" geografisch über das Staatsgebiet verteilt ist. Dieser Fall bildete einen Anwendungsbereich, in dem ausschließlich ein völkergewohnheitsrechtliches Widerstandsrecht gegen Apartheidsregime zum Tragen käme und nicht das Selbstbestimmungsrecht. Die Praxis der internationalen Gemeinschaft, allen voran der UN-Organe, deutet auf ein solches Recht hin. In den zahlreichen Resolutionen zur Bekämpfung der Apartheid findet

---

2515 *Graf Vitzthum,* in: ders./Proelß (Hrsg.), Völkerrecht, 2016, S. 1–60, Abschn. 1 Rn. 132.

2516 S. o., S. 292 ff.

2517 Die Konvention ist zu finden bei A/RES/3068 (30.11.1973), Annex.

sich zudem ein Anhaltspunkt für eine entsprechende Rechtsüberzeugung. Dass sich diese nicht nur gegen die Apartheidpolitik richtet, sondern auch für den Widerstand plädiert, wird an einzelnen Stellen deutlich, an denen der Widerstand ausdrücklich erwähnt wird.[2518] So heißt es beispielsweise in einer Resolution, die Generalversammlung …

> „[…] *[r]eaffirms* the legitimacy of the struggle of the South African people for the total eradication of apartheid and for the establishment of a united, non-racial and democratic society in which all the people of South Africa, irrespective of race, colour or creed, enjoy the same fundamental freedoms and human rights“[2519].

Dies stellt einen Beleg für die Überzeugung der internationalen Gemeinschaft dar, dass ein Recht besteht, einem Apartheidsregime mit Widerstand zu begegnen. Von dieser Überzeugung wird das unterstützende Verhalten der internationalen Gemeinschaft getragen. Damit kann für diesen spezifischen Fall von Widerstand von einem völkergewohnheitsrechtlichen Widerstandsrecht ausgegangen werden.[2520] Dieses Recht dürfte sich in vielen Fällen mit dem völkervertragsrechtlich und auch völkergewohnheitsrechtlich geltenden Selbstbestimmungsrecht überschneiden.[2521]

Eine darüber hinausgehende Rechtsüberzeugung, die sich noch nicht in der Praxis manifestiert hat, könnte in der vehementen Terrorismusverurteilung der Staatengemeinschaft und der Organe der Vereinten Nationen zu sehen sein. Die Verurteilung von Terrorismus wird laut *Oeter* durch das Menschenrechtssystem normativ erzwungen.[2522] Entsprechend findet sie sich in zahlreichen Dokumenten des *soft laws* und insbesondere in der Resolution 1373 des Sicherheitsrats vom 28. September 2001, in der er trans-

---

2518 Vgl. A/RES/3068 (30.11.1973), Rn. 6; S/RES/417 (31.10.1977), Rn. 2.

2519 A/RES/44/27 (22.11.1989), A, Rn. 1 (*Hervorhebung* ebenda).

2520 Vgl. *Eide,* in: UNESCO (Hrsg.), Violations of human rights: possible rights of recourse and forms of resistance, 1984, S. 34–66, 58, der ein Widerstandsrecht gegen Apartheid für unbestritten („uncontroversial“) hält, ohne seine Rechtsquelle zu benennen; ähnlich *Razmetaeva,* Jurisprudence 2014, S. 758–784, 765. Wie hier im Ergebnis auch für die Ausübung des Selbstbestimmungsrechts *Mégret,* Revue Études internationales 39 (2008), S. 39–62, 49, 51 f.; *ders.,* The Canadian Yearbook of International Law 2008, S. 143–192, 173; *ders.,* in: Stahn/Easterday/Iverson (Hrsg.), Jus Post Bellum, 2014, S. 519–541, 538.

2521 Eine Hierarchie herrscht zwischen den Rechtsquellen des Völkervertrags- und Völkergewohnheitsrechts nicht (IGH, Nicaragua vs. USA, 27. Juni 1986, I.C.J. Reports 1986, S. 14 ff., Rn. 177 ff.).

2522 *Oeter,* AVR 40 (2002), S. 422–453, 431.

nationalen Terrorismus als Bedrohung des internationalen Friedens ansieht.[2523] Einerseits könnte die ausdrücklich formulierte, scharfe Verurteilung von Terrorismus gegen die Annahme eines Widerstandsrechts sprechen, da Terrorismus auch eine Form von Widerstand ist.[2524] Andererseits stellt Terrorismus eine bestimmte Form von Widerstand dar, und selbst wenn die Definition von Terrorismus sehr schwierig ist, umfasst er definitiv nicht alle denkbaren Konstellationen von Widerstand.[2525] Aus seiner Verurteilung kann nicht die Verurteilung jedweden Widerstands (insbesondere von Widerstand mit friedlichen Mitteln) abgeleitet werden.

Im Gegenteil: Die scharfe Verurteilung von Terrorismus und das daraus resultierende Bedürfnis der Kriminalisierung desselben erfordern einen rechtlichen Maßstab zur Abgrenzung von Terrorismus und legalem Widerstand. Ein Widerstandsrecht kann daher bei der Verurteilung und Kriminalisierung von Nutzen sein. Die Rechtsüberzeugung hinsichtlich der Illegalität von Terrorismus spricht damit nicht gegen ein Widerstandsrecht. Aus ihr kann auch keine Rechtsüberzeugung für ein völkergewohnheitsrechtliches Widerstandsrecht abgeleitet werden. Dazu ist die Verbindung von Terrorismusverurteilung und Widerstandsrecht zu mittelbar. Allerdings ist hierin wiederum eine Spur des Widerstandsrechts zu sehen.

Ferner findet sich in einer Gerichtsentscheidung älteren Datums ein Anhaltspunkt für eine Rechtsüberzeugung zugunsten eines Widerstandsrechts, und zwar im sogenannten *Tinoco*-Schiedsgerichtsfall.[2526] Dort erwähnte der Schiedsrichter *Wilhelm Taft*:

> „To hold that a government which establishes itself and maintains a peaceful administration, with the acquiescence of the people for a substantial period of time, does not become a de facto government unless it conforms to a previous constitution would be to hold that within the rules of international law a revolution contrary to the fundamental law of the existing government cannot establish a new government. This cannot be, and is not, true.“[2527]

Hieraus könnte man ablesen, dass es völkerrechtlich keine illegale Revolution geben könne und es im Umkehrschluss ein Widerstandsrecht geben

---

2523 Die Resolution des Sicherheitsrates findet sich hier: S/RES/1373 (28.09.2001). Weitere Beispiele, in denen die Verurteilung des Terrorismus erwähnt wird: A/RES/48/122 (20.12.1993); E/CN.4/1998/48 (24.12.1997); S/RES/1530 (11.03.2004).

2524 In diese Richtung tendierend *Dunér,* IJHR 9 (2005), S. 247–269, 255.

2525 Zu den Schwierigkeiten der Definition s. o., S. 48.

2526 Die Entscheidung ist abgedruckt in: *Taft,* AJIL 18 (1924), S. 147–174.

2527 Ebenda, S. 154.

müsse – so tun es *Krystyna Marek* und *Marsavelski*.[2528] Diese Interpretation ist zum einen nicht zwingend. Zum anderen ist diese Darlegung im völkerrechtlichen *Case Law* ein Einzelfall geblieben. Eine allgemeine Rechtsüberzeugung im Hinblick auf ein Widerstandsrecht kann man hieraus keineswegs ableiten.

Schließlich könnte sich eine solche Überzeugung in der Erwähnung eines Widerstandsrechts in zahlreichen nationalen Verfassungen manifestieren, z. B. in den Verfassungen von Deutschland, Griechenland und Argentinien.[2529] Allerdings sind die Regelungen nicht einheitlich.[2530] Aus der nationalen Normierung eines Rechts kann zudem nicht die Überzeugung eines Staats abgelesen werden, dass dieses Recht auch völkerrechtlich gelten müsse. Darüber hinaus handelt es sich – wenn überhaupt – um punktuelle, individuelle Rechtsüberzeugungen und nicht um eine mehrheitliche Überzeugung der Staatengemeinschaft.[2531]

Im Ergebnis existiert grundsätzlich kein völkergewohnheitsrechtliches Widerstandsrecht.[2532] Eine Ausnahme besteht in den Fällen des Widerstands gegen ein Apartheidsregime. Genaue Voraussetzungen und Grenzen eines solchen Widerstandsrechts sind noch nicht festgelegt. Dies bedarf der Erörterung der Völkerrechtswissenschaft. Darüber hinaus muss diese diskutieren, ob für andere Konstellationen auch ein völkerrechtliches Widerstandsrecht existiert.

XII. Das Widerstandsrecht als allgemeiner Rechtsgrundsatz

Im Völkervertrags- und Völkergewohnheitsrecht konnte ein Widerstandsrecht bislang nur für die Fälle der Ausübung des Selbstbestimmungsrechts

---

2528 *Marek,* Identity and Continuity of States in Public International Law, 1968, S. 56; *Marsavelski,* CJIL 28 (2013), S. 241–295, S. 276.

2529 Näheres zu einem Widerstandsrecht in nationalen Verfassungen s. u., S. 500 ff.

2530 Hierzu s. u., S. 500 ff.

2531 Näheres hierzu s. u., S. 497 ff.

2532 So im Ergebnis ausnahmslos *Schaller,* Der Bürgerkrieg in Syrien, der Giftgas-Einsatz und das Völkerrecht, 2013, S. 4. A. A. *Missling,* Widerstand und Menschenrechte, 1999, S. 232 ff.; mit Bezug zur anglo-amerikanischen Rechtstradition *Kopel/Gallant/Eisen,* Notre Dame Law Review 81 (2005-2006), S. 1275–1346, 1277, 1326; in diese gegenteilige Richtung tendierend *UNESCO,* in: ders. (Hrsg.), Violations of human rights: possible rights of recourse and forms of resistance, 1984, S. 221–227, 222 („[…] might be found in custom").

und der Bekämpfung von Apartheid nachgewiesen werden. Darüber hinaus haben sich zahlreiche Spuren eines umfassenderen völkerrechtlichen Widerstandsrechts gefunden, nur nicht die Existenz desselben. Im Hinblick auf die völkerrechtliche Rechtsquellenlehre bleibt also noch zu erörtern, ob ein solches Widerstandsrecht als allgemeiner Rechtsgrundsatz des Völkerrechts besteht.

1. Die allgemeinen Rechtsgrundsätze als Völkerrechtsquelle

Zunächst wird der Blick auf Charakteristika, Funktionen und Ursprünge dieser Völkerrechtsquelle gerichtet. An dieser Stelle sei bereits darauf hingewiesen, dass ebendiese Aspekte in der Völkerrechtslehre umstritten sind.[2533] In der Literatur herrscht rund um die allgemeinen Rechtsgrundsätze wenig Einigkeit.[2534] Gleichwohl werden sie angesichts der durch die Globalisierung bedingten, zunehmenden Regelungsdichte des Völkerrechts in jüngster Zeit vermehrt bemüht.[2535] Sie stellen schließlich eine flexible Rechtsquelle des Völkerrechts dar.[2536] Möglicherweise können sie also auch ein völkerrechtliches Widerstandsrecht hervorbringen. Nachfolgend wird daher versucht, die problematischen Punkte dieser Rechtsquelle aufzuzeigen und im Hinblick auf die weitere Analyse eine plausible Lösung derselben zu finden.

2533 Vgl. *Kiss,* Revue internationale de droit comparé 24 (1972), S. 5–12, 8; *Hailbronner,* ZaöRV 36 (1976), S. 190–226, 205; *Bleckmann,* Die Aufgaben einer Methodenlehre des Völkerrechts, 1978, S. 26; *Lammers,* in: Kalshoven/Kuyper/Lammers (Hrsg.), Essays on the Development of the International Legal Order, 1980, S. 53–76, 53 mit zahlreichen Hinweisen auf die Vertreter der verschiedenen Ansichten; *Malanczuk,* Akehurst's Modern Introduction to International Law, 1997, S. 48.

2534 Ebenda, S. 48.

2535 *Weiß,* AVR 39 (2001), S. 394–431, 430; *Wolfrum,* General International Law (Principles, Rules, and Standards), 2010, Rn. 59.

2536 Ebenda, Rn. 60.

a) Charakteristika und völkerrechtliche Funktionen allgemeiner Rechtsgrundsätze

In Art. 38 Abs. 1 lit. c) IGH-Statut werden „die von den Kulturvölkern anerkannten allgemeinen Rechtsgrundsätze" zum möglichen Maßstab einer Entscheidung des Internationalen Gerichtshofes gemacht. Art. 38 Abs. 1 IGH-Statut erwähnt in lit. a) und b) außerdem das Völkervertrags- und das Völkergewohnheitsrecht. Diese Vorschrift wird mittlerweile als kompakte Zusammenfassung der völkerrechtlichen Rechtsquellenlehre anerkannt.[2537] Die Rechtsquelle der allgemeinen Rechtsgrundsätze wird auch in anderen völkerrechtlichen Übereinkommen erwähnt, so z. B. in Art. 21 Abs. 1 lit. b) und c) Rom-Statut, Art. 15 Abs. 2 IPbpR und auf regionaler Ebene beispielsweise in Art. 7 Abs. 2 EMRK. Damit ist die Existenz allgemeiner Rechtsgrundsätze im Völkerrecht losgelöst von Art. 38 Abs. 1 lit. c) IGH-Statut anerkannt. Gleichwohl dient diese Bestimmung in den meisten Abhandlungen als Ausgangspunkt der Erörterung der allgemeinen Rechtsgrundsätze. Sie hat keine eigene Entstehungsgeschichte, da sie lediglich die Übernahme von Art. 38 Abs. 3 des Statuts des Ständigen Internationalen Gerichtshofes darstellt.[2538] Die Intention der damaligen Schöpfer der Statuten im Hinblick auf die jeweilige Normierung von Art. 38 lag darin, ein *non liquet* bei den Entscheidungen der Gerichtshöfe zu vermeiden.[2539] Dieser Umstand prägt das völkerrechtliche Verständnis von den allgemeinen Rechtsgrundsätzen bis heute: In ihnen sehen viele Völkerrechtler vor allem ein Instrumentarium der rechtlichen Lückenfüllung.[2540]

Manche unter ihnen sprechen den allgemeinen Rechtsgrundsätzen dabei nicht einmal eine Rechtsverbindlichkeit zu. Diese Ansicht vertrat insbesondere die frühere sowjetische Völkerrechtslehre.[2541] Bereits die Syste-

---

2537 *Weiß,* AVR 39 (2001), S. 394–431, 395.

2538 *Wolfrum,* General International Law (Principles, Rules, and Standards), 2010, Rn. 26.

2539 *Anzilotti,* Cours de droit international, Vol. I, 1929, S. 117.

2540 Vgl. *Wengler,* Völkerrecht, Bd. I, 1964, S. 363 ff.; *Lammers,* in: Kalshoven/Kuyper/Lammers (Hrsg.), Essays on the Development of the International Legal Order, 1980, S. 53–76, 64, 69; *Weiß,* AVR 39 (2001), S. 394–431, 411; *Wolfrum,* General International Law (Principles, Rules, and Standards), 2010, Rn. 7; *Gaja,* General Principles of Law, 2013, Rn. 21; *Graf Vitzthum,* in: ders./Proelß (Hrsg.), Völkerrecht, 2016, S. 1–60, Abschn. 1 Rn. 142.

2541 So *Tunkin,* Theory of International Law, 1974, S. 202 (ebenda, S. 195 ff. für weitere sowjetische Ansichten).

matik von Art. 38 Abs. 1 lit. c) IGH-Statut spricht gegen eine derart restriktive Ansicht, sodass diese heute zu Recht als obsolet betrachtet wird.[2542] Eine andere beschränkende Ansicht, die vor allem von *Michael Akehurst* und *Peter Malanczuk* vertreten wird, spricht den allgemeinen Rechtsgrundsätzen in erster Linie eine Funktion als Auslegungs- und Anwendungshilfe für das Recht zu, das aus den anderen beiden Völkerrechtsquellen stammt.[2543] Mitunter erfüllen die allgemeinen Rechtsgrundsätzen die Funktion einer Interpretationshilfe;[2544] allerdings verrät erneut ein Blick in Art. 38 Abs. 1 IGH-Statut, dass darin nicht die einzige Daseinsberechtigung für allgemeine Rechtsgrundsätze liegt: In lit. d) wird dem Gericht gestattet, „[…] richterliche Entscheidungen und die Lehrmeinung der fähigsten Völkerrechtler der verschiedenen Nationen *als Hilfsmittel* zur Feststellung von Rechtsnormen“[2545] anzuwenden. Im Umkehrschluss können die allgemeinen Rechtsgrundsätze also nicht lediglich als derartiges Hilfsmittel konzipiert sein.[2546] Die Zurückhaltung von *Akehurst* und *Malanczuk* mag daher rühren, dass die allgemeinen Rechtsgrundsätze nur als Grundsätze bezeichnet werden; in der englischen Völkerrechtswissenschaft „principles“. Selbst der IGH misst dem Begriff „principles“ in seiner Spruchpraxis verschiedenste Bedeutungen zu: Zum einen meint er damit Interpretationshilfen, zum anderen eine eigene Rechtsquelle.[2547] Eine genaue Differenzierung in seinen Entscheidungen ist nicht nur schwierig, sondern schlicht unmöglich.[2548] In jedem Fall gibt es allgemeine Rechts-

---

2542 Vgl. nur *Lammers,* in: Kalshoven/Kuyper/Lammers (Hrsg.), Essays on the Development of the International Legal Order, 1980, S. 53–76, 55; *Wolfrum,* General International Law (Principles, Rules, and Standards), 2010, Rn. 22.

2543 Vgl. *Malanczuk,* Akehurst's Modern Introduction to International Law, 1997, S. 48; *Akehurst,* A Modern Introduction to International Law, 1977, S. 40 sieht für die allgemeinen Rechtsgrundsätze darin die Hauptfunktion; ähnlich *Jaenicke,* in: Strupp/Schlochauer (Hrsg.), Wörterbuch des Völkerrechts, Bd. III, 1962, S. 766–775, 770 f.; in diese Richtung tendierend *Graf Vitzthum,* in: ders./ Proelß (Hrsg.), Völkerrecht, 2016, S. 1–60, Abschn. 1 Rn. 142.

2544 So *Lammers,* in: Kalshoven/Kuyper/Lammers (Hrsg.), Essays on the Development of the International Legal Order, 1980, S. 53–76, 64, 69; *Weiß,* AVR 39 (2001), S. 394–431, 413; *Wolfrum,* General International Law (Principles, Rules, and Standards), 2010, Rn. 7.

2545 *Hervorhebungen d. Verf.*

2546 *Weiß,* AVR 39 (2001), S. 394–431, 395.

2547 *Wolfrum,* General International Law (Principles, Rules, and Standards), 2010, Rn. 20 f.

2548 Ebenda, Rn. 20 f.

grundsätze, die aus sich heraus eine unmittelbare und verbindliche Rechtswirkung entfalten.[2549] Dass die Bezeichnung als Grundsätze dem im Wege stehen solle, kann schon wegen der in Art. 2 UN-Charta normierten Grundsätze (im Englischen: „principles") nicht angenommen werden.[2550] Ihrer Rechtsverbindlichkeit steht ihr Charakter als – wenn auch völkervertragsrechtlicher – Grundsatz nicht entgegen. Dies wird im Völkerrecht niemand anzweifeln. Die allgemeinen Rechtsgrundsätze stehen als Rechtsquelle damit gleichrangig neben dem Vertrags- und Gewohnheitsrecht.[2551] In diesem Sinne ist es keineswegs ausgeschlossen, dass sich aus einem allgemeinen Rechtsgrundsatz beispielsweise *ius cogens* entwickeln kann, das das Vertragsrecht beschränkt.[2552] Eine Hierarchie zwischen den Rechtsquellen existiert insofern nicht.[2553]

Eine Ausnahme hierzu statuiert Art. 21 Abs. 1 Rom-Statut. Diese Regelung normiert allerdings lediglich den Vorrang von lex specialis. Allgemeine Rechtsgrundsätze sind schließlich nur abstrakte, vage Normen, die oft nur Umrisse eines vorgeschriebenen Verhaltens zeichnen.[2554] *Wolfgang Weiß* bezeichnet sie als „allgemeine Wahrheiten"[2555]. Sie stellen keine technischen Rechtsregeln mit einem Tatbestand und einer Rechtsfolge dar wie etwa das Gewohnheitsrecht.[2556] So ist anzunehmen, dass allgemeine Rechtsgrundsätze im Einzelfall – wegen ihrer Natur – gegenüber einer konkreteren Regelung des Vertrags- oder Gewohnheitsrechts subsidiär

---

2549 *Lammers,* in: Kalshoven/Kuyper/Lammers (Hrsg.), Essays on the Development of the International Legal Order, 1980, S. 53–76, 64 ff.; *Weiß,* AVR 39 (2001), S. 394–431, 411.

2550 *Wolfrum,* General International Law (Principles, Rules, and Standards), 2010, Rn. 7.

2551 *Doehring,* in: Deutsche Gesellschaft für Völkerrecht (Hrsg.), Das Selbstbestimmungsrecht der Völker als Grundsatz des Völkerrechts, 1974, S. 7–56, 19; *Dahm/Delbrück/Wolfrum,* Völkerrecht, Bd. I/1, 1989, S. 62 f.

2552 *Doehring,* in: Deutsche Gesellschaft für Völkerrecht (Hrsg.), Das Selbstbestimmungsrecht der Völker als Grundsatz des Völkerrechts, 1974, S. 7–56, 19.

2553 *Weiß,* AVR 39 (2001), S. 394–431, 412 f. A. A. wohl IGH, Right of Passage, 12. April 1960, I.C.J. Reports 1970, S. 88 ff., 90.

2554 *Berber,* Lehrbuch des Völkerrechts, Bd. I, 1960, S. 70; *Rentsch,* in: Fassbender/Siehr (Hrsg.), Suprastaatliche Konstitutionalisierung, 2012, S. 101–134, 110.

2555 *Weiß,* AVR 39 (2001), S. 394–431, 411.

2556 *Berber,* Lehrbuch des Völkerrechts, Bd. I, 1960, S. 70. Ähnlich *Rentsch,* in: Fassbender/Siehr (Hrsg.), Suprastaatliche Konstitutionalisierung, 2012, S. 101–134, 110.

sein können.[2557] Denkbar ist auch, dass ein allgemeiner Rechtsgrundsatz vor einer Norm des Völkergewohnheitsrechts entsteht – so erfordert jener im Gegensatz zu dieser nämlich keine Übung.[2558]

Fragwürdig ist das Erfordernis der Anerkennung allgemeiner Rechtsgrundsätze. Dieses wird in Art. 38 Abs. 1 lit. c) IGH-Statut gefordert. Dementsprechend könnte eine Anerkennung für allgemeine Rechtsgrundsätze als konstitutiv und daher notwendig betrachtet werden.[2559] Dafür spricht auch, dass das Völkerrecht traditionell Konsensrecht ist, d. h. von der Zustimmung der Staaten abhängt.[2560] Dies wird aus einem Vergleich mit den beiden anderen Rechtsquellen des Völkerrechts deutlich. Ein solches Verständnis des Völkerrechts ergibt sich auch im Hinblick auf den Grundsatz der Gleichheit der Staaten: Hieraus folgt, dass die Bindung an eine Norm die Zustimmung des Gebundenen erfordert.[2561] Dies muss im Hinblick auf den hier in Rede stehenden allgemeinen Grundsatz des Widerstandsrechts eher eine untergeordnete Rolle spielen, denn diese Norm adressiert primär die Individuen und nicht die Staaten. *Hermann Mosler* meint zudem – bereits im Jahre 1976 –, dass es allgemeine Rechtsgrundsätze gebe, die keiner Anerkennung bedürften.[2562] Sie seien dem Völkerrecht „eingeprägt“[2563]. Heute verbreitet sich darüber hinaus ein neues kos-

---

2557 Für Subsidiarität *Oppenheim/Lauterpacht,* International Law, Vol. I, 1955, S. 30; *Berber,* Lehrbuch des Völkerrechts, Bd. I, 1960, S. 71; *Wengler,* Völkerrecht, Bd. I, 1964, S. 363, 366 ff.; *Lammers,* in: Kalshoven/Kuyper/Lammers (Hrsg.), Essays on the Development of the International Legal Order, 1980, S. 53–76, 66; *Cristescu,* E/CN.4/Sub.2/404/Rev. 1, Study: The Right to Self-Determination, 1981, S. 23 Rn. 153; *Weiß,* AVR 39 (2001), S. 394–431, 412; *Graf Vitzthum,* in: ders./Proelß (Hrsg.), Völkerrecht, 2016, S. 1–60, Abschn. 1 Rn. 142. *Gaja,* General Principles of Law, 2013, Rn. 21 weist ausdrücklich darauf hin, dass allgemeine Rechtsgrundsätze nicht zwangsläufig subsidiär seien.

2558 *Berber,* Lehrbuch des Völkerrechts, Bd. I, 1960, S. 70; *Graf Vitzthum,* in: ders./ Proelß (Hrsg.), Völkerrecht, 2016, S. 1–60, Abschn. 1 Rn. 145.

2559 So etwa *Wolfrum,* General International Law (Principles, Rules, and Standards), 2010, Rn. 55.

2560 Vgl. *Bleckmann,* Grundprobleme und Methoden des Völkerrechts, 1982, S. 140; *Weiß,* AVR 39 (2001), S. 394–431, 404, 409. *Bleckmann,* Die Aufgaben einer Methodenlehre des Völkerrechts, 1978, S. 46 vergleicht es daher mit dem Privatrecht.

2561 *Brownlie,* Principles of Public International Law, 2008, S. 289, der dies explizit nur für das Völkervertrags- und -gewohnheitsrecht annimmt.

2562 *Mosler,* ZaöRV 36 (1976), S. 6–49, 42.

2563 Ebenda, S. 42.

mopolitisches, konstitutionelles Verständnis des Völkerrechts.[2564] *Thürer* bezeichnet die staatszentrierte Rechtsquellenlehre daher als „[…] inadequate to contemporary international life.“[2565] Fordert man dennoch eine Anerkennung, muss es im Hinblick auf dieses moderne Verständnis des Völkerrechts genügen, dass sie sich bereits aus der Einprägung einer Norm im Völkerrecht selbst ergibt. Es genügt also für die Anerkennung einer Norm, wenn ihre Spuren im Völkerrecht zu finden sind. Insofern lässt sich *Moslers* Position mit dem Erfordernis einer Anerkennung vereinen. Eine Anerkennungspraxis der einzelnen Staaten ist dann nicht erforderlich.[2566] Diese Anforderung würde außerdem die Grenze zum Gewohnheitsrecht auflösen.[2567]

Im Unterschied zum Gewohnheitsrecht bieten allgemeine Rechtsgrundsätze zudem als flexibleres und abstrakteres Recht die Basis für neue und insbesondere schnellere Entwicklungen im Völkerrecht.[2568] Dabei können allgemeine Rechtsgrundsätze unterschiedliche Arten rechtlicher Regelungen darstellen – sowohl materielle als auch formelle und rechtsstrukturelle.[2569] Nach einer Ansicht kommt den Grundsätzen dabei unter anderem

---

2564 *von Bernstorff/Venzke,* Ethos, Ethics, and Morality in International Relations, 2011, Rn. 17. So *Bryde,* in: Deutsche Gesellschaft für Völkerrecht (Hrsg.), Aktuelle Probleme des Menschenrechtsschutzes, 1994, S. 165–190; *ders.,* Der Staat 2003, S. 61–75; *Frowein,* in: Deutsche Gesellschaft für Völkerrecht (Hrsg.), Völkerrecht und Internationales Privatrecht in einem sich globalisierenden internationalen System, 2000, S. 427–448; *Thürer/MacLaren,* in: Thürer (Hrsg.), Völkerrecht als Fortschritt und Chance, Bd. II, 2009, S. 241–261, 245, 257; *Rentsch,* in: Fassbender/Siehr (Hrsg.), Suprastaatliche Konstitutionalisierung, 2012, S. 101–134; *Roth-Isigkeit,* in: Fassbender/Siehr (Hrsg.), Suprastaatliche Konstitutionalisierung, 2012, S. 185–211; zurückhaltender *Knauff,* ZaöRV 2008, S. 453–490, 470 f.

2565 *Thürer/MacLaren,* in: Thürer (Hrsg.), Völkerrecht als Fortschritt und Chance, Bd. II, 2009, S. 241–261, 257.

2566 Ebenso wenig ein rechtlicher Anerkennungsakt (IGH, South-West Africa, 18. Juli 1966, I.C.J. Reports 1966, S. 250 ff., 299).

2567 *Weiß,* AVR 39 (2001), S. 394–431, 403.

2568 *Lammers,* in: Kalshoven/Kuyper/Lammers (Hrsg.), Essays on the Development of the International Legal Order, 1980, S. 53–76, 65; *Weiß,* AVR 39 (2001), S. 394–431, 413; *Wolfrum,* General International Law (Principles, Rules, and Standards), 2010, Rn. 7, 60; *Rentsch,* in: Fassbender/Siehr (Hrsg.), Suprastaatliche Konstitutionalisierung, 2012, S. 101–134, 110 f.

2569 *Graf Vitzthum,* in: ders./Proelß (Hrsg.), Völkerrecht, 2016, S. 1–60, Abschn. 1 Rn. 143.

eine korrektive Funktion zu.[2570] Dieser Ansicht zufolge dienen die Grundsätze als höherer Maßstab für das Völkervertrags- und Gewohnheitsrecht. Dies geht einher mit einem naturrechtlichen Verständnis dieser Rechtsquelle. Danach seien die allgemeinen Rechtsgrundsätze Einfallstor des Naturrechts in das Völkerrecht.[2571] Diesem Verständnis folgend, könnte das Widerstandsrecht als allgemeiner Rechtsgrundsatz dem *Locke'schen* Konzept des Naturrechts entsprechen.[2572] Allerdings ist dies nur ein mögliches Verständnis der allgemeinen Rechtsgrundsätze. Bevor ein Widerstandsrecht als Naturrecht im Völkerrecht angenommen wird und damit die fundamentale rechtsphilosophische Diskussion um die Geltung allen Rechts tangiert wird, soll überprüft werden, ob sich ein Widerstandsrecht nicht auch aus den in der Lehre gängig diskutierten Quellen der allgemeinen Rechtsgrundsätze empirisch ableiten lässt.[2573] Wenn sich ein – möglicherweise im Ursprung naturrechtliches – Widerstandsrecht im geltenden Recht zumindest in Ansätzen niedergeschlagen hat, so ist ein Rekurs auf das Naturrecht nicht mehr notwendig, obgleich dieser wohl erfolgreich sein könnte.

2570 So *Schwarzenberger,* Foreword, 1994, S. xi; *Dahm/Delbrück/Wolfrum,* Völkerrecht, Bd. I/1, 1989, S. 69; *Marsavelski,* CJIL 28 (2013), S. 241–295, 277; in diese Richtung tendierend *Verdross,* Völkerrecht, 1964, 151 („Die allgemeinen Rechtsgrundsätze durchleuchten somit die ganze Völkerrechtsordnung.“); *Lauterpacht,* International Bill of the Rights of Man, 2013, S. 42 („International law is thus indirectly under an obligation [...]“). Dagegen *Lammers,* in: Kalshoven/Kuyper/Lammers (Hrsg.), Essays on the Development of the International Legal Order, 1980, S. 53–76, 65, 69.

2571 *Spiropoulos,* Die allgemeinen Rechtsgrundsätze im Völkerrecht, 1928, S. 63 ff.; *Schwarzenberger,* Foreword, 1994, S. xi; *Verdross,* Völkerrecht, 1964, S. 23 f.; *Dahm/Delbrück/Wolfrum,* Völkerrecht, Bd. I/1, 1989, S. 65; *Marsavelski,* CJIL 28 (2013), S. 241–295, 277; *Lauterpacht,* International Bill of the Rights of Man, 2013, S. 42; in diese Richtung tendierend *Malanczuk,* Akehurst's Modern Introduction to International Law, 1997, S. 49.

2572 Zu *Lockes* Naturrechtslehre s. o., S. 103 ff.

2573 Die Notwendigkeit einer empirischen Recherche betont *Lammers,* in: Kalshoven/Kuyper/Lammers (Hrsg.), Essays on the Development of the International Legal Order, 1980, S. 53–76, 56, der den naturrechtlichen Ansatz gänzlich ablehnt.

b) Ursprünge allgemeiner Rechtsgrundsätze

Für allgemeine Rechtsgrundsätze kommen primär zwei Ursprungsquellen in Betracht: nationale Rechtsordnungen und die internationale Rechtsordnung. Erstere wird allgemein anerkannt,[2574] Letztere ist umstritten. Außerdem können allgemeine Rechtsgrundsätze aus der Rechtstheorie abgeleitet werden. Es ist fraglich, ob darin eine eigene Erkenntnisquelle gesehen werden kann oder ob jene vielmehr in den beiden anderen möglichen Ursprungsquellen aufgeht.

aa) Nationale Rechtsordnungen

Die Ermittlung allgemeiner Rechtsgrundsätze aus nationalen Rechtsordnungen setzt eine Rechtsvergleichung voraus.[2575] Ein Grundsatz muss nicht in jeder nationalen Rechtsordnung, sondern in den wichtigsten Rechtskreisen aufzufinden sein.[2576] Dieses Erfordernis ähnelt Art. 9 IGH-Statut: Notwendig sei danach bei der Besetzung der Richterposten des IGH die Vertretung aller Rechtssysteme der Welt, nicht jedes einzelnen Staats.[2577] Bereits die Bestimmung der Rechtskreise und der zugehörigen Staaten ist schwierig. Zur Aufstellung dieses Vergleichsmaßstabs gibt es keine allgemein anerkannte Regel.[2578] So werden in diesem Zusammen-

---

2574 *Mosler,* ZaöRV 36 (1976), S. 6–49, 42; *Lammers,* in: Kalshoven/Kuyper/Lammers (Hrsg.), Essays on the Development of the International Legal Order, 1980, S. 53–76, 59; *Hailbronner,* ZaöRV 36 (1976), S. 190–226, 206.

2575 *Lammers,* in: Kalshoven/Kuyper/Lammers (Hrsg.), Essays on the Development of the International Legal Order, 1980, S. 53–76, 62.

2576 IGH, South-West Africa, 18. Juli 1966, I.C.J. Reports 1966, S. 250 ff., 299; *Drobnig,* in: Caemmerer/Mentschikoff/Zweigert (Hrsg.), Ius Privatum Gentium, 1969, S. 221–234, 222 f.; *Hailbronner,* ZaöRV 36 (1976), S. 190–226, 207; *Lammers,* in: Kalshoven/Kuyper/Lammers (Hrsg.), Essays on the Development of the International Legal Order, 1980, S. 53–76, 62; *Weiß,* AVR 39 (2001), S. 394–431, 408; *Wolfrum,* General International Law (Principles, Rules, and Standards), 2010, Rn. 31; *Graf Vitzthum,* in: ders./Proelß (Hrsg.), Völkerrecht, 2016, S. 1–60, Abschn. 1 Rn. 143.

2577 Vgl. *Weiß,* AVR 39 (2001), S. 394–431, 408.

2578 Vgl. für die Zuordnung der Staaten *Bassiouni,* MJIL 11 (1989-1990), S. 768–818, 812.

hang unterschiedliche Modelle vertreten.[2579] Das Problem rührt daher, dass die Methodik der Rechtsvergleichung typischerweise im Zivilrecht angewendet wird. Die Rechtskreise und die zugehörigen Staaten werden dabei erst anhand der Ergebnisse der Rechtsvergleichung bestimmt.[2580] Die Besonderheit der Rechtsvergleichung zur Bestimmung allgemeiner Rechtsgrundsätze des Völkerrechts ergibt sich daraus, dass sie hier die Erkenntnisquelle für geltendes Recht einer übergeordneten Rechtsordnung darstellt.[2581] Die Rechtskreise müssen somit a priori festgelegt sein, damit im Zuge der vergleichenden Analyse die Frage beantwortet werden kann, ob sich Übereinstimmungen in allen Rechtskreisen nachweisen lassen.

Für die Auswahl der zu vergleichenden Rechtsordnungen spielt das in Art. 38 Abs. 1 lit. c) IGH-Statut erwähnte Merkmal der „civilized nations" (in der deutschen Übersetzung „Kulturvölker") im gegenwärtigen post-kolonialen Zeitalter keine Rolle mehr.[2582] Dies ergibt sich bereits aus Art. 2 Abs. 1 UN-Charta. Auch die Formulierung in Art. 15 Abs. 2 IPbpR („Völkergemeinschaft") belegt insofern einen Gesinnungswandel.[2583] Einige Autoren interpretieren den Begriff „civilized nations" noch so, dass die nationale Rechtsordnung ein gewisses Maß an Entwicklung aufweisen müsse.[2584] Dieses Erfordernis ergibt sich bereits aus der anerkannten Methode der Rechtsvergleichung: Der Vergleich von Rechtsordnungen ist nur möglich, wenn es sich dabei um minimal entwickelte Rechtsordnungen handelt.

Beim konkreten Vergleich ergibt sich eine weitere Schwierigkeit im Hinblick auf den Grad der Übereinstimmung. Es stellt sich die Frage, wie hoch dieser sein muss. Da es um die Ermittlung *allgemeiner* Rechtsgrundsätze geht, muss die *ratio legis* der jeweiligen Bestimmungen verglichen

2579 Vgl. nur die unterschiedliche Einteilung bei *David/Grasmann* (Hrsg.), Einführung in die großen Rechtssysteme der Gegenwart, 1988; *Bassiouni,* MJIL 11 (1989-1990), S. 768–818, 812; *Zweigert/Kötz,* Einführung in die Rechtsvergleichung, 1996; *Hertel,* Notarius International 2009, S. 157–170.

2580 Vgl. nur ebenda.

2581 *Hailbronner,* ZaöRV 36 (1976), S. 190–226, 193, 205.

2582 *Weiß,* AVR 39 (2001), S. 394–431, 405 f.; *Graf Vitzthum,* in: ders./Proelß (Hrsg.), Völkerrecht, 2016, S. 1–60, Abschn. 1 Rn. 143. Zum Problem um dieses vermeintliche Tatbestandsmerkmal *Gaja,* General Principles of Law, 2013, Rn. 2.

2583 *Weiß,* AVR 39 (2001), S. 394–431, 406.

2584 Ebenda, S. 406; ähnlich *Hailbronner,* ZaöRV 36 (1976), S. 190–226, 208.

werden.[2585] Nur das Prinzip hinter den Regelungen kann ins Völkerrecht übernommen werden, nicht die konkreten rechtlichen Ausgestaltungen.[2586] Hierauf muss die, insofern *generalisierende* Rechtsvergleichung gerichtet sein.[2587] Die ermittelten Prinzipien müssen gleichwohl ein hohes Maß an Ähnlichkeit aufweisen.[2588] Der IGH stellt laut *Johan Lammers* beispielsweise hohe Anforderungen an die Übereinstimmung und nimmt daher im Zweifel nur regionale Rechtsgrundsätze an.[2589]

Es können außerdem nur solche Grundsätze zum Völkerrecht gehören, die auch in dieser internationalen Rechtsordnung anwendbar sind.[2590] Die allgemeinen Rechtsgrundsätze stellen schließlich ebensolche des Völkerrechts dar. Auch wenn die Erkenntnis über den Weg der nationalen Rechtsvergleichung führt, haben sie ihren Geltungsgrund ausschließlich im Völkerrecht.[2591] Während einige Autoren ihnen dabei eine Wirkung *sui generis* zuschreiben, da es sich um eine eigenständige Rechtsquelle handle,[2592] versuchen andere die rechtliche Bindungswirkung für das Völkerrecht über die Konstruktion einer Analogie[2593], die Anerkennung seitens der Staaten[2594] oder über den Beleg von Gerechtigkeitsregeln, insb. den

2585 *Drobnig,* in: Caemmerer/Mentschikoff/Zweigert (Hrsg.), Ius Privatum Gentium, 1969, S. 221–234, 222 f.; *Hailbronner,* ZaöRV 36 (1976), S. 190–226, 194, 207; *Lammers,* in: Kalshoven/Kuyper/Lammers (Hrsg.), Essays on the Development of the International Legal Order, 1980, S. 53–76, 62.

2586 *Weiß,* AVR 39 (2001), S. 394–431, 407; *Hailbronner,* ZaöRV 36 (1976), S. 190–226, 207; vgl. *Hobe,* Einführung in das Völkerrecht, 2014, S. 217.

2587 Für das Erfordernis einer generalisierenden Rechtsvergleichung *Wolfrum,* General International Law (Principles, Rules, and Standards), 2010, Rn. 33.

2588 *Lammers,* in: Kalshoven/Kuyper/Lammers (Hrsg.), Essays on the Development of the International Legal Order, 1980, S. 53–76, 62.

2589 Ebenda, S. 63.

2590 *Hailbronner,* ZaöRV 36 (1976), S. 190–226, 212; *Weiß,* AVR 39 (2001), S. 394–431, 408.

2591 *Hailbronner,* ZaöRV 36 (1976), S. 190–226, 207.

2592 *Verdross/Simma,* Universelles Völkerrecht, 1984, § 613.

2593 *Anzilotti,* Cours de droit international, Vol. I, 1929, S. 117; *Guggenheim,* Lehrbuch des Völkerrechts, Bd. I, 1948, S. 143.

2594 *Wolfrum,* General International Law (Principles, Rules, and Standards), 2010, Rn. 36.

Grundsatz *venire contra factum proprium,*[2595] zu begründen. In jedem Fall wird die rechtliche Verbindlichkeit anerkannt.[2596]

bb) Internationale Rechtsordnung

Als zweite Erkenntnisquelle für allgemeine Rechtsgrundsätze kommt die Völkerrechtsordnung selbst in Betracht. Diese wird von einigen Völkerrechtlern nicht anerkannt.[2597] Indessen stehen andere Völkerrechtler der Ableitung allgemeiner Rechtsgrundsätze aus der internationalen Rechtsordnung positiv gegenüber.[2598] *Alfred Verdross* und *Bruno Simma* gehen davon aus, dass solche Rechtsgrundsätze in den Resolutionen der UN-Generalversammlung zu finden seien, da sich darin eine Anerkennung seitens der internationalen Gemeinschaft finden lasse.[2599] *Mosler* zählt zu den all-

2595 *Bleckmann,* Die Aufgaben einer Methodenlehre des Völkerrechts, 1978, S. 28; *Weiß,* AVR 39 (2001), S. 394–431, 398.

2596 Zur früheren sowjetischen Ansicht und zur Ansicht *Kelsens*, die hierzu eine Ausnahme bilden, s. o., S. 484.

2597 So *Schwarzenberger,* Foreword, 1994, S. xii; *Berber,* Lehrbuch des Völkerrechts, Bd. I, 1960, S. 69 f.; *Waldock,* Recueil des Cours 106 (1962), S. 1–251, 54 ff., 68; *Cavaré,* Le droit international public positif, 1967, S. 241; *Hailbronner,* ZaöRV 36 (1976), S. 190–226, 205 ff.; *Thirlway,* BYIL 1990, S. 1–133, 114; *Graf Vitzthum,* in: ders./Proelß (Hrsg.), Völkerrecht, 2016, S. 1–60, Abschn. 1 Rn. 143; *Hobe,* Einführung in das Völkerrecht, 2014, S. 216 f. in dieser Richtung tendierend *Cheng,* General Principles, 1994, S. 24, 390.

2598 So *Anzilotti,* Cours de droit international, Vol. I, 1929, S. 117; *Jaenicke,* in: Strupp/Schlochauer (Hrsg.), Wörterbuch des Völkerrechts, Bd. III, 1962, S. 766–775, S. 771; *Wengler,* Völkerrecht, Bd. I, 1964, S. 367 f.; *Zemanek,* The Year Book of World Affairs 1965, S. 199–222, 208; *Mosler,* ZaöRV 36 (1976), S. 6–49, 44; *Rousseau,* Droit International Public, Tome I, 1970, S. 372, 379, 389; *Lammers,* in: Kalshoven/Kuyper/Lammers (Hrsg.), Essays on the Development of the International Legal Order, 1980, S. 53–76, 59; *Verdross/Simma,* Universelles Völkerrecht, 1984, § 606; *Dahm/Delbrück/Wolfrum,* Völkerrecht, Bd. I/1, 1989, S. 65; *Malanczuk,* Akehurst's Modern Introduction to International Law, 1997, S. 49; *Weiß,* AVR 39 (2001), S. 394–431, 399 ff., 403; *Wolfrum,* General International Law (Principles, Rules, and Standards), 2010, Rn. 20; IGH, Pulp Mills on the River Uruguay, I.C.J. Reports 2010, 135 ff., Rn. 48; *Rentsch,* in: Fassbender/Siehr (Hrsg.), Suprastaatliche Konstitutionalisierung, 2012, S. 101–134, 112; *Gaja,* General Principles of Law, 2013, Rn. 17 ff.

2599 *Verdross/Simma,* Universelles Völkerrecht, 1984, § 606. Ähnlich *Kopel/Gallant/Eisen,* Notre Dame Law Review 81 (2005-2006), S. 1275–1346, 1326; für einstimmig angenommene Resolutionen *Zemanek,* The Year Book of World

gemeinen Rechtsgrundsätzen, die nur dem Völkerrecht entsprängen, Grundsätze,

> „[…] die nicht im normalen Rechtserzeugungsvorgang entwickelt werden konnten, weil keine ausreichende Zeit für eine kontinuierliche Praxis zur Verfügung steht, die aber gelten müssen, wenn die internationale Gesellschaft sich nicht selbst negieren will. […] Immer dann, wenn eine Handlung geeignet ist, die Rechtsgemeinschaft als solche zu negieren, muß die Rechtsordnung eine Norm enthalten, die sie verbietet."[2600]

Dieser Gedanke impliziert eine Begründung dafür, dass es vorzugswürdig ist, nicht nur die nationalen Rechtsordnungen als möglichen Ursprung allgemeiner Rechtsgrundsätze anzuerkennen.

Weitere Argumente hierfür können auch im Wege der Auslegung des Art. 38 Abs. 1 lit. c) IGH-Statut gefunden werden.[2601] Die Historie dieser Bestimmung spricht nicht gegen eine weite Auslegung.[2602] So lässt sich bereits dem Vorgänger dieses Artikels, Art. 38 Abs. 3 des Statuts des Ständigen Internationalen Gerichtshofes, die Akzeptanz der Rechtsqualität allgemeiner Rechtsgrundsätze ablesen – ungeachtet ihres Ursprunges.[2603] Eine Eingrenzung ergibt sich möglicherweise aus dem Wortlaut der Vorschrift, der spezifisch auf die „von den Kulturvölkern anerkannten" Grundsätze verweist. Wenn man unter „Kulturvölkern" nur die Nationen bzw. Staaten versteht, so ließe sich die Eingrenzung auf die Erkenntnisquelle der nationalen Rechtsordnungen auf den ersten Blick vertreten. Auf den zweiten Blick kann es ebenso genügen, dass die „Kulturvölker" die allgemeinen Rechtsgrundsätze im Rahmen der internationalen Rechtsordnung anerkannt haben.[2604] Dem Wortlaut nach genügt allein eine Anerkennung durch die Kulturvölker – im Rahmen welcher Rechtsordnung

---

Affairs 1965, S. 199–222, 208. Dagegen *Graf Vitzthum,* in: ders./Proelß (Hrsg.), Völkerrecht, 2016, S. 1–60, Abschn. 1 Rn. 146, der in der Abstimmung der Generalversammlung einen politischen und keinen rechtsverbindlichen Akt sieht.

2600 *Mosler,* ZaöRV 36 (1976), S. 6–49, 44.

2601 *Wolfrum,* General International Law (Principles, Rules, and Standards), 2010, Rn. 28.

2602 *Lammers,* in: Kalshoven/Kuyper/Lammers (Hrsg.), Essays on the Development of the International Legal Order, 1980, S. 53–76, 67; *Wolfrum,* General International Law (Principles, Rules, and Standards), 2010, Rn. 28.

2603 Vgl. ebenda, Rn. 25 f.

2604 *Lammers,* in: Kalshoven/Kuyper/Lammers (Hrsg.), Essays on the Development of the International Legal Order, 1980, S. 53–76, 67; *Weiß,* AVR 39 (2001), S. 394–431, 400.

diese geschieht, wird nicht näher definiert.[2605] Der Wortlaut ist insofern offen und spricht keineswegs dagegen, auch die internationale Rechtsordnung als möglichen Ursprung allgemeiner Rechtsgrundsätze anzuerkennen.[2606] Darüber hinaus kann auch der Begriff der Rechtsgrundsätze bzw. (in der englischen Fassung) „principles“ insofern weit ausgelegt werden. Hierunter fallen nicht nur solche Grundsätze, die präzisen innerstaatlichen Rechtssätzen abgelesen werden können, sondern es könnten auch solche der Rechtsphilosophie und -theorie hierunter gefasst werden, die im geltenden Völkerrecht bereits Niederschlag gefunden haben.[2607]

Schließlich sei an den Sinn und Zweck von Art. 38 Abs. 1 lit. c) IGH-Statut erinnert, der eingangs kurz umrissen wurde. Aus historischer Perspektive sollte damit vor allem vermieden werden, dass aufgrund eines *non liquets* nicht entschieden werden könnte.[2608] Die Lückenfüllerfunktion, die die allgemeinen Rechtsgrundsätze damit unter anderem wahrnehmen, spricht für eine weite Interpretation:[2609] Es ist nicht ersichtlich, weshalb die Lückenfüllung nur mit solchen Rechtsgrundsätzen erfolgen sollte, die nationalen Rechtsordnungen zu entnehmen sind.[2610] Damit spricht das Telos der Bestimmung ebenfalls für die Annahme, dass allgemeine Rechtsgrundsätze ihren Ursprung auch im Völkerrecht selbst haben können.[2611]

Sei es im Zuge dieser Auslegung oder anderen Überlegungen folgend: Auch der IGH grenzt die Ursprungsquelle der allgemeinen Rechtsgrundsätze nicht auf das nationale Recht ein.[2612] Seine Spruchpraxis im Hinblick auf die „general principles“ ist, wie bereits erwähnt, zwar nicht immer eindeutig; allerdings sind solche Prinzipien aus Sicht des Gerichts dadurch gekennzeichnet, dass sie „elementary considerations of humani-

---

2605 Ebenda, S. 400.

2606 *Lammers,* in: Kalshoven/Kuyper/Lammers (Hrsg.), Essays on the Development of the International Legal Order, 1980, S. 53–76, 67; *Weiß,* AVR 39 (2001), S. 394–431, 400; *Wolfrum,* General International Law (Principles, Rules, and Standards), 2010, Rn. 28.

2607 Vgl. ebenda, Rn. 6.

2608 *Anzilotti,* Cours de droit international, Vol. I, 1929, S. 117.

2609 Zu dieser Funktion s. o., S. 484.

2610 *Lammers,* in: Kalshoven/Kuyper/Lammers (Hrsg.), Essays on the Development of the International Legal Order, 1980, S. 53–76, 67.

2611 *Wolfrum,* General International Law (Principles, Rules, and Standards), 2010, Rn. 28.

2612 *Weiß,* AVR 39 (2001), S. 394–431, 402.

ty“[2613] darstellten. Außerdem hat der IGH beispielsweise aus dem Völkervertragsrecht abgeleitet, dass das Selbstbestimmungsrecht der Völker ein allgemeiner Rechtsgrundsatz sei.[2614]

Darüber hinaus spricht auch die Tendenz zur Konstitutionalisierung der Völkerrechtsordnung[2615] für die Ableitung von Rechtsgrundsätzen aus dieser Ordnung selbst. Die Lehre von der Konstitutionalisierung des Völkerrechts wendet sich von der herkömmlichen, staats-zentrischen Sichtweise des Völkerrechts mit horizontaler Wirkung ab.[2616] Sie sieht in der Völkerrechtsordnung eine den nationalen Rechtsordnungen übergeordnete Instanz mit eigenen Verfassungsprinzipien.[2617] Diese Ansicht ähnelt dem Gedanken der objektiven Werteordnung, wie ihn etwa *Herdegen* verfolgt.[2618] Die Werte dieser Ordnung bzw. die Verfassungsprinzipien des Völkerrechts könnten allgemeinen Rechtsgrundsätzen entsprechen und bestünden in dieser Konstellation losgelöst von innerstaatlichen Rechtsordnungen; sie wären Letzteren sogar zwangsläufig übergeordnet.

Schließlich lässt ein Blick in Art. 21 Abs. 1 lit. b) Rom-Statut die Ansicht, die allgemeine Rechtsgrundsätze nur durch Vergleichung nationalen Rechts ermitteln möchte, überholt erscheinen.[2619] Dort werden die Grundsätze des internationalen Rechts des bewaffneten Konflikts ausdrücklich zu den Grundsätzen des Völkerrechts gezählt.

All diese Argumente unterstützen das weite Verständnis der Ursprünge von allgemeinen Rechtsgrundsätzen des Völkerrechts nicht nur, sondern sie fordern es geradezu. Bei der Gewinnung allgemeiner Rechtsgrundsätze aus der internationalen Rechtsordnung besteht die Methodik auch in einer Rechtsvergleichung: Normen der Völkerrechtsordnung müssen im Hin-

---

2613 IGH, Corfu Channel, 9. April 1949, I.C.J. Reports 1949, S. 4 ff., 22.

2614 Ders., Western Sahara, 16. Oktober 1975, I.C.J. Reports 1975, S. 12 ff., Rn. 54 ff., insb. Rn. 59.

2615 Hierzu *Bryde,* Der Staat 2003, S. 61–75, 61 ff.; *Rentsch,* in: Fassbender/Siehr (Hrsg.), Suprastaatliche Konstitutionalisierung, 2012, S. 101–134; *Roth-Isigkeit,* in: Fassbender/Siehr (Hrsg.), Suprastaatliche Konstitutionalisierung, 2012, S. 185–211; *Emmerich-Fritsche,* Vom Völkerrecht zum Weltrecht, 2007, S. 459 ff.

2616 *Bryde,* Der Staat 2003, S. 61–75, 62.

2617 So etwa ebenda, S. 62.

2618 Vgl. *Herdegen,* Völkerrecht, 2016, § 5 Rn. 8 ff. Zumindest teilweise eine solche Werteordnung anerkennend *Oeter,* in: Malowitz/Münkler (Hrsg.), Humanitäre Intervention, 2009, S. 29–64.

2619 *Wolfrum,* General International Law (Principles, Rules, and Standards), 2010, Rn. 28.

blick auf ihre Essenz bzw. ihre Kernprinzipien analysiert und generalisiert werden. Ergeben sich ähnliche Kernaussagen bei unterschiedlichen Regelungen, so kann hieraus mit dieser induktiven Methode ein allgemeiner Rechtsgrundsatz generiert werden.

cc) Rechtstheorie

Darüber hinaus wird, unter anderem von *Mosler,* noch eine weitere Kategorie allgemeiner Rechtsgrundsätze benannt: solche, die als „allgemeine Gestaltungsgrundsätze jeder Rechtsordnung“[2620] innewohnten bzw. Ergebnisse der Rechtslogik seien. Hierzu gehöre beispielsweise der Grundsatz von Treu und Glauben oder der Satz *lex specialis derogat legi generali.*[2621] Dass solche Grundsätze inhaltlich zu den allgemeinen Rechtsgrundsätzen zu zählen sind, ist anzunehmen.[2622] Die Einteilung solcher Grundsätze zu ihrer Ursprungsquelle erfolgt auf verschiedene Art. Während *Mosler* darin eine eigene Kategorie erblickt, ordnet *Lammers* diese den allgemeinen Rechtsgrundsätzen aus nationalen Rechtsordnung zu[2623] und *Wolfgang Weiß* denjenigen mit einem internationalen Ursprung[2624]. Sicherlich lassen sich diese Grundsätze sowohl in nationalen Rechtsordnungen als auch im Völkerrecht finden. Schließlich ist die Rechtstheorie und -logik Bestandteil jeder Rechtsordnung. Will man rechtstheoretische allgemeine Rechtsgrundsätze für das Völkerrecht ableiten, ist es überzeugend, diese als solche mit einem völkerrechtlichen Ursprung anzusehen.

2. Ableitung aus nationalen Rechtsordnungen

Die Suche nach einem völkerrechtlichen Widerstandsrecht führt an dieser Stelle ins nationale Recht. Zwar findet sich der Gedanke des Widerstands-

---

2620 *Mosler,* ZaöRV 36 (1976), S. 6–49, 42; zustimmend *Wolfrum,* General International Law (Principles, Rules, and Standards), 2010, Rn. 29 ff.

2621 *Mosler,* ZaöRV 36 (1976), S. 6–49, 44, 46.

2622 Vgl. etwa *Graf Vitzthum,* in: ders./Proelß (Hrsg.), Völkerrecht, 2016, S. 1–60, Abschn. 1 Rn. 142, der Grundsätze hierzuzählt, die das Funktionieren der Rechtsordnung bedingen.

2623 *Lammers,* in: Kalshoven/Kuyper/Lammers (Hrsg.), Essays on the Development of the International Legal Order, 1980, S. 53–76, 74.

2624 *Weiß,* AVR 39 (2001), S. 394–431, 399.

rechts in unterschiedlichen philosophischen Traditionen – nicht nur spätestens seit *Locke* in Europa und Amerika, sondern z. B. auch in der konfuzianischen Philosophie Chinas.[2625] Nachfolgend wird ermittelt, ob sich dieses philosophische Gedankengut in den nationalen Rechtsordnungen niedergeschlagen hat und insofern ein Widerstandsrecht als allgemeiner Rechtsgrundsatz existiert. Eine umfassende rechtsvergleichende Analyse kann hier nicht vorgenommen werden. In der Geschichte des Widerstands kann eine Tradition der Konstitutionalisierung des Widerstandsrechts erblickt werden – man denke nur an die Amerikanische Unabhängigkeitserklärung von 1776 und an die französische *Déclaration des Droits de l'Homme et du Citoyen* von 1789.[2626] Daher soll die hiesige Recherche lediglich die niedergeschriebenen Verfassungen einer Auswahl an Staaten umfassen. Die Auswahl setzt sich aus den bedeutsamsten und weiteren, stichprobenartig gewählten Staaten zusammen. Es wird aufgezeigt, in welchen Verfassungen sich ein Widerstandsrecht finden lässt, welche Kerngedanken sich hinter der jeweiligen Kodifizierung befinden und ob insofern rechtliche Übereinstimmungen existieren, die sich ins Völkerrecht übertragen lassen.

a) Bestimmung der wichtigsten Rechtskreise

Zunächst muss der Vergleichsmaßstab bestimmt werden. Wie erwähnt, handelt es sich bei diesem im Rahmen der Ermittlung allgemeiner Rechtsgrundsätze aus nationalen Rechtsordnungen um die wichtigsten Rechtskreise. Über deren Einteilung herrscht in der rechtsvergleichenden Lehre keine Einigkeit. Im Zivilrecht findet diese Einordnung erst im Wege der Rechtsvergleichung statt, während sie hier im Völkerrecht vor der Rechtsvergleichung als Vergleichsmaßstab festgesetzt werden muss.[2627]

2625 *Liu,* Archiv für Rechts- und Sozialphilosophie Beiheft 41 1990, S. 35–42, 37 ff.; *Kälin/Künzli,* International Journal of Refugee Law 12 (2000), S. 46–78, 47, der die Idee in Europa sogar bis zur Antike zurückverfolgt und für die konfuzianische Philosophie auf *Gangjian/Gang,* in: Davis (Hrsg.), Human Rights and Chinese Values, 1995, S. 35–56 verweist. Ähnlich *Daase,* APuZ 2014 (Heft 27), S. 3–9, 4, der darlegt, dass der Gedanke des Widerstandsrechts bereits in der Antike zu finden ist.

2626 *Mégret,* Revue Études internationales 39 (2008), S. 39–62, 54.

2627 Hierzu s. o., S. 491.

Eine Einteilung der Rechtskreise findet sich in der völkerrechtlichen Literatur bei *Mahmoud Cherif Bassiouni.*[2628] Er bezieht sich allerdings auf den vor allem zivilrechtlichen Rechtsvergleicher *René David.*[2629] Für die Bestimmung der Rechtskreise kann also auch aus der Perspektive des Völkerrechts auf die zivilrechtlichen Ergebnisse von Rechtsvergleichungen zurückgegriffen werden.[2630] *Bassiouni* differenziert zwischen folgenden Rechtskreisen: dem römisch-zentraleuropäisch-germanischen Rechtskreis, dem des *Common Law*, dem islamischen, asiatischen und marxistisch-sozialistischem Rechtskreis.[2631] Die Bedeutung des Letzteren nimmt laut *Weiß* seit dem Zusammenbruch des Ostblocks ab.[2632] So zählt *Christian Hertel* den kommunistischen Rechtskreis mitunter zum römisch-zentraleuropäisch-germanischen.[2633] Er differenziert insofern zwischen vier Untergruppen dieses Rechtskreises (Rechtskreis des *Code Napoléon*, dem deutschen, dem kommunistischen Rechtskreis und dem sonstiger römisch-germanischer Rechtsfamilien, insbesondere in Ostasien).[2634] *Konrad Zweigert* und *Hein Kötz* teilen die Rechtskreise in den romanischen, deutschen, anglo-amerikanischen, nordischen, den des Fernen Ostens und den religiös geprägten ein.[2635] Ähnlich gehen auch *David* und *Günther Grasmann* vor, die zwischen dem römisch-germanischen, dem sozialistischen, dem Rechtskreis des *Common Law* sowie dem des Fernen Ostens, Indiens, des Islam sowie Afrikas mit ihren Stammestraditionen differenzieren.[2636] Diese unterschiedlichen Einteilungen der Rechtskreise weisen zahlreiche Parallelen auf. Daher soll hier nicht ausführlich darüber diskutiert werden.

Die nachfolgende Analyse wird sich vielmehr auf die Einteilung *Bassiounis* stützen, da seine Perspektive eine völkerrechtliche ist. Bei der Zuordnung der Staaten zu den Rechtskreisen werden die anderen Einteilungen und insbesondere eine Abhandlung *Hertels*[2637] sowie die detaillierte Darstellung der Rechtssysteme auf der Homepage der *Juristischen Fakul-*

2628 *Bassiouni,* MJIL 11 (1989-1990), S. 768–818, 812.
2629 Vgl. ebenda, S. 812, Fn. 203.
2630 *Hailbronner,* ZaöRV 36 (1976), S. 190–226, 193.
2631 *Bassiouni,* MJIL 11 (1989-1990), S. 768–818, 812.
2632 *Weiß,* AVR 39 (2001), S. 394–431, 408, Fn. 70.
2633 *Hertel,* Notarius International 2009, S. 157–170, 158.
2634 Ebenda, S. 157.
2635 *Zweigert/Kötz,* Einführung in die Rechtsvergleichung, 1996.
2636 Vgl. *David/Grasmann* (Hrsg.), Einführung in die großen Rechtssysteme der Gegenwart, 1988.
2637 *Hertel,* Notarius International 2009, S. 157–170.

tät der University of Ottawa[2638] als Hilfsmittel dienen. Für diese Zuordnung gibt es in manchen Fällen verschiedene Möglichkeiten. Die nachfolgende Einteilung ist daher als grob zu verstehen. Es wird schnell deutlich, dass die Ableitung eines Widerstandsrechts als allgemeiner Rechtsgrundsatz aus den nationalen Rechtsordnungen nicht von einer bestimmten Zuordnung abhängt und ein unpräzises Vorgehen daher für die hiesige Analyse ausreichend ist.

b) Kodifikationen eines Widerstandsrechts in nationalen Verfassungen

aa) Römisch-zentraleuropäisch-germanischer Rechtskreis

Der weite römisch-zentraleuropäisch-germanische Rechtskreis wird der Einfachheit halber – in Anlehnung an *Grasmann* und *Hertel* –[2639] in den germanischen Rechtskreis, die Rechtsfamilie des *Code Napoléon*, den skandinavischen und die sonstigen Rechtsfamilien dieses Rechtskreises (insbesondere Ostasien) unterteilt.

(1) Germanischer Rechtskreis

Zählt man nur die deutschsprachigen Rechtsordnungen zum germanischen Rechtskreis – dies ist im Zivilrecht nicht zwingend, da das deutsche BGB in vielen teilweise fernen Staaten übernommen wurde[2640] –, sucht man in den Verfassungen der direkt-demokratisch geprägten *Schweizerischen Eidgenossenschaft* und der *Republik Österreich* vergeblich nach einem Widerstandsrecht. Ein solches findet sich lediglich in Art. 20 Abs. 4 des *deutschen* Grundgesetzes.[2641] Diese Bestimmung stellt in der deutschen Rechtsgeschichte die erstmalige bundesdeutsche Positivierung eines Widerstandsrechts dar.[2642] Sie wurde dem Grundgesetz erst im Jahre 1968 als

2638 *University of Ottawa,* JuriGlobe.

2639 *Grasmann,* in: David/Grasmann (Hrsg.), Einführung in die großen Rechtssysteme der Gegenwart, 1988, S. 125–154, 129; *Hertel,* Notarius International 2009, S. 157–170, 157.

2640 Vgl. ebenda, S. 164.

2641 Ausführlich zu Art. 20 Abs. 4 GG *Isensee,* Das legalisierte Widerstandsrecht, 1969.

2642 *Peters,* Widerstandsrecht und humanitäre Intervention, 2005, S. 173.

Teil der Notstandsverfassung hinzugefügt.[2643] Vorher existierten ähnliche Regelungen bereits in einigen Landesverfassungen, z. B. in Art. 147 Abs. 1 der Hessischen Verfassung von 1946.

Art. 20 Abs. 4 GG dient dem Verfassungsschutz.[2644] Es verleiht ein subjektives, grundrechtsgleiches[2645] Recht gegen jeden, der die verfassungsmäßige Ordnung zu beseitigen sucht.[2646] Damit betrifft es nicht nur das Verhältnis zwischen Staat und Bürger, sondern auch dasjenige zwischen den Bürgern.[2647] Die Kodifikation umfasst also kein klassisches Widerstandsrecht im *Locke'schen* Sinne, das sich gegen die tyrannische Staatsgewalt richtet.[2648] Hier steht nicht der Schutz des Individuums im Vordergrund, sondern der Erhalt der Verfassungsordnung.[2649] Die Vorschrift ist primär eine der Staatsnothilfe.[2650] Das Widerstandsrecht kommt insofern nur Staatsbürgern und den in Art. 116 Abs. 1 GG genannten Personen zugute.[2651] *Klaus Stern* bezeichnet es als „prostaatlich", während das klassische Widerstandsrecht „antistaatlich" sei.[2652] *Peters* spricht davon, dass das Widerstandsrecht damit in sein Gegenteil verkehrt wurde.[2653] *Kaufmann* bezeichnet Art. 20 Abs. 4 GG gar als „Karikatur des Widerstandsrechts"[2654]. Man kann die Grundrechte als individualschützende Rechte zwar zur verfassungsmäßigen Ordnung, die Art. 20 Abs. 4 GG schützt, zählen,[2655] dennoch nehmen die deutschen Verfassungsrechtler

2643 *Grzeszick*, in: Maunz/Dürig, GG, 2016, Art. 20 Abs. 4 Rn. 1.

2644 Ebenda, Art. 20 Abs. 4 Rn. 2.

2645 Vgl. Art. 93 Abs. 1 Nr. 4a GG. *Stern,* Das Staatsrecht der Bundesrepublik Deutschland, Bd. II, 1980, § 57 S. 1510 zieht daraus jedoch den Schluss, dass es gerade nicht als menschenrechtliches Widerstandsrecht im Sinne eines Abwehrrechts konzipiert sei.

2646 *Kälin/Künzli,* International Journal of Refugee Law 12 (2000), S. 46–78, 49; *Grzeszick*, in: Maunz/Dürig, GG, 2016, Art. 20 Abs. 4 Rn. 1, 18 ff.

2647 Ebenda, Art. 20 Abs. 4 Rn. 1.

2648 Vgl. *Doehring,* Allgemeine Staatslehre, 2004, Rn. 246; *Daase,* APuZ 2014 (Heft 27), S. 3–9, 7.

2649 *Missling,* Widerstand und Menschenrechte, 1999, S. 262; *Doehring,* Allgemeine Staatslehre, 2004, Rn. 246; *Peters,* Widerstandsrecht und humanitäre Intervention, 2005, S. 194.

2650 *Doehring,* Allgemeine Staatslehre, 2004, Rn. 247.

2651 Ebenda, Rn. 247.

2652 *Stern,* Das Staatsrecht der Bundesrepublik Deutschland, Bd. II, 1980, § 57 S. 1508.

2653 *Peters,* Widerstandsrecht und humanitäre Intervention, 2005, 187.

2654 *Kaufmann,* in: ders./Backmann (Hrsg.), Widerstandsrecht, 1972, S. IX–XIV, XI.

2655 *Peters,* Widerstandsrecht und humanitäre Intervention, 2005, S. 194.

zusätzlich ein überpositives Widerstandsrecht jenseits des Art. 20 Abs. 4 GG an, nach dessen Maßgabe Widerstand gegen Menschenrechtsverletzungen zulässig sei.[2656]

Gleichwohl nimmt *Marsavelski* an, dass die Tötung eines tyrannischen Staatsoberhaupts gem. Art. 20 Abs. 4 GG gerechtfertigt werden kann.[2657] Einer Ansicht nach sind sogar die mit einem Angriff auf das Staatsoberhaupt einhergehenden „kollateralen" Tötungen Unschuldiger durch diese Norm legitimiert.[2658] Dem Widerstandsrecht in Art. 20 Abs. 4 GG kommt tatsächlich eine rechtfertigende Wirkung zu.[2659] Dabei gelten allerdings die Grundsätze der Subsidiarität und Verhältnismäßigkeit.[2660] Darüber hinaus ist umstritten, ob Handlungen gerechtfertigt werden können, die Eingriffe in Grundrechte Dritter darstellen.[2661] Der Tatbestand der Norm ist sehr vage, und eine Subsumtion kann im Einzelfall Schwierigkeiten bereiten.[2662] Als typische Beispiele für Konstellationen, die Art. 20 Abs. 4 GG zu regeln sucht, nennt *Peters* die Abschaffung des Wahlrechts oder des Mehrparteiensystems sowie die ersatzlose Beseitigung der rechtsprechenden Gewalt.[2663] Damit spiegelt Art. 20 Abs. 4 GG – zumindest seinem primären Zweck nach – nicht die Art von Widerstandsrecht wider, die hier ins Völkerrecht übertragen werden soll.

(2) Rechtsfamilie des Code Napoléon

In der Rechtsfamilie des *Code Napoléon* lassen sich mehr Kodifizierungen eines Widerstandsrechts finden als im germanischen Rechtskreis. Zunächst kennt die Verfassung *Frankreichs* von 1958 durch den Verweis auf

---

2656 So *Stern,* Das Staatsrecht der Bundesrepublik Deutschland, Bd. II, 1980, § 57 S. 1507; *Klug,* in: Hill (Hrsg.), Widerstand und Staatsgewalt, 1984, S. 11–23, 14 ff.; *Peters,* Widerstandsrecht und humanitäre Intervention, 2005, 190 m. w. N.

2657 *Marsavelski,* CJIL 28 (2013), S. 241–295, 278.

2658 Vgl. *Ladiges,* JuS 2011, S. 879–884, 882; *Zimmermann,* JZ 2014, S. 388–391, 390.

2659 *Jakobs,* Strafrecht Allgemeiner Teil, 1993, Abschn. 15 Rn. 1; *Grzeszick,* in: Maunz/Dürig, GG, 2016, Art. 20 Abs. 4 Rn. 26.

2660 Ebenda, Art. 20 Abs. 4 Rn. 23, 25.

2661 Hierzu ebenda, Art. 20 Abs. 4 Rn. 27.

2662 *Peters,* Widerstandsrecht und humanitäre Intervention, 2005, 185.

2663 Ebenda, 186 f. m. w. N.

die *Déclaration des Droits de l'Homme et du Citoyen* von 1789 ein Widerstandsrecht gegen Unterdrückung, das dort in Art. 2 S. 2 kodifiziert ist.[2664] Ferner findet sich in den Verfassungen einiger lateinamerikanischer Staaten ein Widerstandsrecht – in *Argentinien* (Art. 36 Abs. 4 der Verfassung von 1994), *Peru* (Art. 46 der Verfassung von 1993), *Paraguay* (Art. 138 Abs. 1 der Verfassung von 1992) und *Honduras* (Art. 3 der Verfassung von 1982). Die Vorschriften in den Verfassungen Perus und Honduras' betonen, dass Akten einer Staatsgewalt, die durch Usurpation erlangt wurde, kein Gehorsam geschuldet sei. Ihnen zufolge musste auch Anordnungen, die die verfassungsmäßige Ordnung verletzten, kein Gehorsam geleistet werden. In Argentinien und Paraguay wird dieses Recht als positives Recht formuliert.

Außerdem findet sich ein Widerstandsrecht in Art. 21 der *portugiesischen* Verfassung von 1976. Dieses kommt seinem Wortlaut nach bei Verletzungen fundamentaler Rechte zum Tragen. Ähnlich liest sich Art. 32 der *slowakischen* Verfassung von 1992. Auch Art. 23 der *tschechischen* Deklaration der Grundrechte und -freiheiten von 1992 nimmt Rekurs auf die Verletzung von Menschenrechten. Allerdings steht auch hier die verfassungsmäßige Ordnung im Vordergrund.[2665] Diese stellt beim Widerstandsrecht in der *griechischen* Verfassung (Art. 120 Abs. 4 der Verfassung von 1975) wiederum das einzige Schutzobjekt des Widerstandsrechtes dar.

Schließlich findet sich in Abs. 6 der Präambel der Verfassung der *Republik Kongo* von 2001 ein Hinweis auf die Verurteilung tyrannischer Staatsherrschaft. Darin könnte ein Ansatz für ein Widerstandsrecht liegen. Staatsstreiche („coup[s] d'État") werden dort gleichfalls verurteilt. Das spricht gegen die Annahme eines Widerstandsrechts – ebenso der Umstand der Normierung in der Präambel. Wirft man darüber hinaus einen Blick in die vorherige Verfassung der Republik Kongo von 1992, findet man dort in Art. 17 ein Widerstandsrecht. In der Präambel zu dieser Verfassung wird zwar auch der gewaltsame „coup d'État" verurteilt, doch das Recht auf zivilen Ungehorsam betont. Die Abkehr hiervon in der Verfas-

2664 Dieses Widerstandsrecht sollte nicht überbewertet werden, weil es bewusst nicht in das gegenwärtige Hauptdokument der Verfassung übernommen wurde (vgl. *Chemillier-Gendreau,* in: UNESCO (Hrsg.), Critique de la politique, 2004, S. 135–153, 146).

2665 Vgl. *Kälin/Künzli,* International Journal of Refugee Law 12 (2000), S. 46–78, 49.

sung von 2001 legt die Annahme nahe, dass der Hinweis in der Präambel dieser Verfassung daher kein Widerstandsrecht umfasst. Außerdem fand sich im Rahmen der Recherche kein Widerstandsrecht in den Verfassungen *Italiens*, *Brasiliens*, der *Türkei*, *Mexikos* und *Albaniens*. In 28 Abs. 4 der türkischen Verfassung wird zudem festgelegt, dass die Veröffentlichung von Artikeln, die zu Aufständen ermutigen, nicht von der Pressefreiheit umfasst sind.

(3) Skandinavischer Rechtskreis

Im skandinavischen Rechtskreis existiert kein konstitutionell kodifiziertes Widerstandsrecht. Bei der Recherche wurden die Verfassungen *Dänemarks*, *Finnlands* und *Norwegens* beachtet sowie die diversen Rechtsakte, die zur Verfassung von *Schweden* gehören. Der schwedischen verfassungsrechtliche *Freedom of Press Act* betrachtet die Ermunterung zu Aufstand oder Ungehorsam durch die Presse in Art. 4 Nr. 6 und 10 gar als Verletzung der Pressefreiheit.

(4) Sonstige Rechtsfamilien des Rechtskreises, insbesondere die ostasiatische

Die Recherche in Verfassungen sonstiger Staaten, die zum römisch-zentraleuropäisch-germanischen Rechtskreis gehören, ergab, dass in der Verfassung *Osttimors* aus dem Jahre 2002 ein Widerstandsrecht verankert ist. Dort wird in Art. 28 Abs. 1 der Ungehorsam gegenüber illegalen Anordnungen oder solchen Anordnungen, die mit der Verletzung fundamentaler Recht einhergingen, für zulässig erachtet. Zudem enthält Abs. 2 einen Hinweis auf das Selbstverteidigungsrecht in derartigen Situationen. In den Verfassungen der *Niederlande*, *Kroatiens* und *Japans* wurde demgegenüber kein Widerstandsrecht niedergelegt.

bb) Common Law

Im Rechtskreis des *Common Law* findet sich ein kodifiziertes Widerstandsrecht zunächst in den Verfassungen einiger Bundesstaaten der *USA*. In Art. 1, Section 2 der Verfassung des Staats *Tennessee* von 1870 sowie in Art. 10 der *Bill of Rights* von *New Hampshire* von 1784 wird erklärt: „The doctrine of nonresistance against arbitrary power, and oppression, is absurd, slavish, and destructive of the good and happiness of mankind.“ Im Umkehrschluss kann hieraus ein Widerstandsrecht bei Unterdrückung abgeleitet werden. Darüber hinaus wurde in den Verfassungen weiterer Staaten die Befugnis des Volks verankert, jederzeit die Regierung absetzen zu können, wenn dies für die Sicherheit oder das Glück des Volks notwendig sei – so in Art. 1, Section 3 der Verfassung von *North Carolina* von 1776, Art. 1, Section 2 der Verfassung von *Texas* von 1876, Art. 1, Section 2 der Verfassung von *Pennsylvania* von 1968 sowie Section 4 der *Bill of Rights* von *Kentucky* von 1784. In den Verfassungen anderer Staaten der USA finden sich demgegenüber keine Hinweise auf ein Widerstandsrecht, so z. B. in *Georgia, Kalifornien, Alaska, Kansas, Florida* und *New York*. Darüber hinaus ist zweifelhaft, wie bedeutsam die Regelungen in den alten Verfassungen der genannten Bundesstaaten überhaupt noch sind. *Bernd Grzeszick* zufolge sollten damit zur Zeit ihrer Schaffung während der Amerikanischen Revolution die damaligen Umwälzungen legitimiert werden.[2666] In diesem Zusammenhang wurde ein Widerstandsrecht zudem in der Präambel der Amerikanischen Unabhängigkeitserklärung von 1776 verankert. Diese stellt heute noch ein wichtiges Rechtsdokument der USA dar, die zumindest als verfassungsähnliches Rechtsdokument gewertet werden kann.

Auch in zwei afrikanischen Staaten, die zum Rechtskreis des *Common Law* gezählt werden, ist ein Widerstandsrecht verfassungsrechtlich normiert: Art. 3 Abs. 4 der Verfassung *Ghanas* von 1992 umfasst das Recht zum Widerstand zur Verteidigung der Verfassung; ebenso Art. 3 Abs. 4 der Verfassung von *Uganda* aus dem Jahre 1995. In zahlreichen Staaten des Rechtskreises ist ein Widerstandsrecht nicht verfassungsrechtlich kodifiziert worden, z. B. im *Vereinigten Königreich*, in *Irland, Australien, Kanada, Südafrika* und *Kenia*.

cc) Islamischer Rechtskreis und Israel

Für den islamischen Rechtskreis ergaben die Untersuchungen der Verfassungen von *Saudi-Arabien, Katar, Marokko* und dem *Libanon*, dass dort

2666 *Grzeszick*, in: Maunz/Dürig, GG, 2016, Art. 20 Abs. 4 Rn. 5.

kein Widerstandsrecht verfassungsrechtlich verankert ist. In der Präambel der *afghanischen* Verfassung von 2004 werden die „Opfer [...] gerechten Widerstands aller Völker Afghanistans [...]“[2667] zwar begrüßt, jedoch ist darin kein Widerstandsrecht kodifiziert. Zudem konnte in *Israel* kein verfassungsrechtliches normiertes Widerstandsrecht gefunden werden. Dieser Staat kann zwar aus naheliegenden Gründen nicht dem islamischen Rechtskreis zugeordnet werden; in dieser Analyse wird Israel vereinfachend zu diesem Rechtskreis gezählt, da dort wie hier religiöses Recht eine gewichtige Rolle spielt.

dd) Asiatischer Rechtskreis

Ähnlich erfolglos wie beim islamischen Rechtskreis verlief die Untersuchung der Verfassungen von *Indien*, der *Mongolei* und *Indonesien* im Hinblick auf ein Widerstandsrecht. Während die *thailändische* Verfassung von 2007 in Sec. 69 noch ein Widerstandsrecht zum Schutz der verfassungsmäßigen Ordnung enthielt, existiert in der geltenden Interimsverfassung von 2014 kein Widerstandsrecht mehr.

ee) Marxistisch-Sozialistischer Rechtskreis

Etwas erfolgreicher war die Recherche in den Verfassungen von Staaten der ehemaligen Sowjetunion. Dementsprechend findet sich in der *litauischen* (Art. 3 S. 2) und *estnischen* (Art. 54 S. 2) Verfassung von 1992 ein Recht zum Widerstand gegen fremde Besatzung und zum Schutz der Verfassungsordnung. Dagegen erwähnen beispielsweise die Verfassungen *Chinas, Vietnams* und *Kubas* die Bedeutung der historischen Revolutionen, die sich in diesen Staaten ereignet haben, jedoch findet sich darin kein positives Widerstandsrecht. Ferner ist ein solches in den Verfassungen *Russlands*, *Weißrusslands* und *Südkoreas* nicht auffindbar.

2667 Übersetzung d. Verf.

c) Ergebnis

Die Ergebnisse der Untersuchung werden in der nachfolgenden Tabelle schematisch dargestellt. Zum einen wird dabei die Differenzierung der Bundesstaaten der USA berücksichtigt; zum anderen werden die Ergebnisse auch unabhängig von dieser Differenzierung dargelegt („USA = 1“). Im letzten Fall wurde – aufgrund des Widerstandsrechts in der Amerikanischen Unabhängigkeitserklärung von 1776 – angenommen, dass das Widerstandsrecht in den Vereinigten Staaten als verfassungsrechtlich kodifiziert gilt. Am Gesamtergebnis der rechtsvergleichenden Analyse vermag diese Annahme ohnehin nichts zu ändern.

Tabellarische Zusammenfassung: Rechtsvergleichung nationaler Verfassungen im Hinblick auf ein kodifiziertes Widerstandsrecht

WR = Widerstandsrecht, (+) = vorhanden

Rechtskreis	**Staat**	**WR mit Schwerpunkt des Verfassungsschutzes**	**WR mit Schwerpunkt der Durchsetzung von Menschenrechten**	**Kein WR**
Römisch-zentral-europäisch-germanisch	Schweiz			(+)
	Österreich			(+)
	Deutschland	(+)		
	Frankreich		(+)	
	Argentinien	(+)		
	Peru	(+)		
	Paraguay	(+)		
	Honduras	(+)		
	Portugal		(+)	
	Slowakei		(+)	
	Tschechien	(+)		
	Griechenland	(+)		
	Republik Kongo			(+)
	Italien			(+)

Rechtskreis	**Staat**	**WR mit Schwerpunkt des Verfassungsschutzes**	**WR mit Schwerpunkt der Durchsetzung von Menschenrechten**	**Kein WR**
	Brasilien			(+)
	Türkei			(+)
	Mexiko			(+)
	Albanien			(+)
	Dänemark			(+)
	Finnland			(+)
	Norwegen			(+)
	Schweden			(+)
	Osttimor		(+)	
	Niederlande			(+)
	Kroatien			(+)
	Japan			(+)
Zwischensumme	26	7	4	15
Common Law	Tennessee (USA)		(+)	
	New Hampshire (USA)		(+)	
	North Carolina (USA)		(+)	
	Texas (USA)		(+)	
	Pennsylvania (USA)		(+)	
	Kentucky (USA)		(+)	
	Georgia (USA)			(+)
	Kalifornien (USA)			(+)
	Alaska (USA)			(+)
	Kansas (USA)			(+)

Rechtskreis	Staat	WR mit Schwerpunkt des Verfassungsschutzes	WR mit Schwerpunkt der Durchsetzung von Menschenrechten	Kein WR
	Florida (USA)			(+)
	New York (USA)			(+)
	Ghana	(+)		
	Uganda	(+)		
	Vereinigtes Königreich			(+)
	Irland			(+)
	Australien			(+)
	Kanada			(+)
	Südafrika			(+)
	Kenia			(+)
Zwischensumme	20	2	6	12
USA = 1	9	2	1 (USA)	6
Islamischer und Israel	Saudi-Arabien			(+)
	Katar			(+)
	Marokko			(+)
	Libanon			(+)
	Afghanistan			(+)
	Israel			(+)
Zwischensumme	6	0	0	6
Asiatischer	Indien			(+)
	Mongolei			(+)
	Indonesien			(+)
	Thailand			(+)
Zwischensumme	4	0	0	4

Rechtskreis	Staat	WR mit Schwerpunkt des Verfassungsschutzes	WR mit Schwerpunkt der Durchsetzung von Menschenrechten	Kein WR
Marxistisch-sozialistischer	Litauen	(+)		
	Estland	(+)		
	China			(+)
	Vietnam			(+)
	Kuba			(+)
	Russlands			(+)
	Weißrussland			(+)
	Südkorea			(+)
Zwischensumme	8	2	0	6
Endsumme	64	11	10	43
USA = 1	53	11	5	37

Die tabellarische Zusammenfassung der Rechercheergebnisse verdeutlicht, dass weder in der Mehrheit der Rechtskreise noch in der Mehrheit der untersuchten Staaten überhaupt ein kodifiziertes Widerstandsrecht nachgewiesen werden konnte.[2668] Es kann dafür nicht gegen die Annahme des allgemeinen Grundsatzes des Widerstandsrechts gewertet werden, dass ein Widerstandsrecht in den anderen Verfassungen überhaupt nicht normiert wurde. Hierzu müssten vielmehr Regelungen gefunden werden, die sich explizit gegen ein solches Recht richten.[2669] Dies war jedoch nicht Gegenstand der hiesigen Untersuchung. Daher ist – wohlwollend – eine neutrale Position der Staaten anzunehmen, in denen kein positives verfassungsrechtliches Widerstandsrecht existiert. Diese neutrale Position kann gleichwohl nicht zugunsten eines Grundsatzes gewertet werden.

2668 So – ohne vorangehende Untersuchung – im Ergebnis *Chemillier-Gendreau,* in: UNESCO (Hrsg.), Critique de la politique, 2004, S. 135–153, 136.

2669 Vgl. *Hailbronner,* ZaöRV 36 (1976), S. 190–226, 208, der bereits dann die Annahme eines allgemeinen Rechtsgrundsatzes ablehnt, wenn sich nur in einer Minderheit von Staaten eine gegensätzliche Regelung findet.

Ein kodifiziertes Widerstandsrecht findet sich nur in einem Drittel der Staaten und ein entsprechender Rechtsgrundsatz – wenn überhaupt – nur in zwei von fünf Rechtskreisen: im römisch-zentraleuropäisch-germanischen und in dem des *Common Law*. An diesen Ergebnissen ändert auch eine andere Einteilung der Rechtskreise nichts. Selbst, wenn der skandinavische Rechtskreis als eigener gezählt würde, wie beispielsweise bei *Zweigert* und *Kötz*,[2670] wäre dies nach dieser Analyse des positiven Verfassungsrechts kein Rechtskreis, in dem das Widerstandsrecht als allgemeiner Rechtsgrundsatz gälte. Am Ergebnis änderte sich zudem nichts, wenn man statt der Differenzierung nach einem islamischen und einem asiatischen Rechtskreis eine Unterscheidung zwischen einem religiös geprägten Rechtskreis (mit den vom islamischen, hinduistischen und jüdischen Recht geprägten Rechtsordnungen) und einem Rechtskreis des Fernen Ostens wählt. Die unterschiedliche Staatenzuordnung führt nicht dazu, dass in einem dieser Rechtskreise der Grundsatz eines Widerstandsrechts nachgewiesen werden könnte, weil in keinem Staat dieser oder jener Rechtskreise ein verfassungsrechtlich normiertes Widerstandsrecht gefunden wurde.

Insofern bleibt nur die Möglichkeit, dass ein Widerstandsrecht im römisch-zentraleuropäisch-germanischen Rechtskreis und im *Common Law* als Rechtsgrundsatz angenommen werden kann. Dies genügt für die Annahme eines allgemeinen Rechtsgrundsatzes des Völkerrechts jedoch nicht. Selbst, wenn es sich bei den Rechtskreisen um diejenigen handelt, die das Völkerrecht am meisten geprägt haben, genügt das Vorliegen eines Rechtsgrundsatzes nur in diesen Rechtskreisen nicht, um einen *allgemeinen* Rechtsgrundsatz abzuleiten. Es kommt lediglich die Existenz eines regionalen Rechtsgrundsatzes in Betracht. Bereits daran bestehen für das Widerstandsrecht in zweierlei Hinsicht Zweifel. Zum einen ist ein positives Widerstandsrecht nur in wenigen – wenn auch zum Teil sehr wichtigen – Staaten der jeweiligen Rechtskreise zu finden. Auch wenn man es genügen lässt, dass nur die wichtigsten Staaten eines Rechtskreises einen Rechtsgrundsatz kennen, um einen solchen im (regionalen) Völkerrecht anzunehmen,[2671] ist fragwürdig, ob dieses Erfordernis überhaupt erfüllt ist. Zwar kennen die USA im *Common Law* nach hiesiger Annahme ein verfassungsrechtliches Widerstandsrecht, beispielsweise nicht jedoch das

2670 *Zweigert/Kötz,* Einführung in die Rechtsvergleichung, 1996, § 19 S. 270 ff.
2671 So *Hailbronner,* ZaöRV 36 (1976), S. 190–226, 208.

Vereinigte Königreich, Australien und Kanada. Im römisch-zentraleuropäisch-germanischen Rechtskreis ließ sich in den Verfassungen Deutschlands, Frankreichs und Argentiniens ein Widerstandsrecht finden, jedoch nicht in Italien, Brasilien, der Türkei, Mexiko und Japan. Zum anderen variieren die Ideen hinter den kodifizierten Widerstandsrechten in erheblichem Maße. Die Mehrheit der Staaten mit einem verfassungsrechtlichen Widerstandsrecht hat ein solches zur Verteidigung der Verfassung normiert, nicht primär zum Schutz vor Menschenrechtsverletzungen (oder zur Verteidigung gegen Gewalt). Zwischen diesen beiden Konzepten ergeben sich zwar Überschneidungen; allerdings ist es insofern schwierig, hier einen eindeutigen Rechtsgrundsatz herauszufiltern. Daher existiert bislang nicht einmal ein regionaler Grundsatz des Widerstandsrechts.

Ein allgemeiner Grundsatz vom Widerstandsrecht konnte damit erst recht nicht aus den nationalen Rechtsordnungen abgeleitet werden. Hier wäre es zudem schwierig, ein Widerstandsrecht anzuerkennen, das primär den Schutz der Menschenrechte bezweckt, da dieses Konzept nur in den wenigsten Staaten mit einem kodifizierten Widerstandsrecht zu finden ist. Eine Möglichkeit bestünde lediglich darin, den häufiger vertretenen Gedanken des Widerstands zur Verteidigung der Verfassung derart ins Völkerrecht zu übertragen, dass ein Widerstandsrecht im Völkerrecht zur Verteidigung der völkerrechtlichen Verfassungsordnung zum Tragen käme. Zu dieser Verfassungsordnung müsste man – was wohl allgemein akzeptiert würde – den Menschenrechtsschutz zählen. Demzufolge könnten (gravierende) Menschenrechtsverletzungen auch ein solches Widerstandsrecht begründen, da damit die völkerrechtliche Verfassungsordnung angegriffen würde.

Dennoch kann nach der Untersuchung der Verfassungen im Völkerrecht kein allgemeiner Grundsatz des Widerstandsrechts angenommen werden. Selbst, wenn man den Blick von einzelstaatlichen Verfassungen abwendet und auf regionale Menschenrechtskonventionen lenkt, ändert sich nichts an diesem Ergebnis: Weder in der EMRK noch in der Europäischen Grundrechte-Charta, der *Banjul-Charta* von 1981, der *Arab Charter on Human Rights* von 1994, der *American Declaration of the Rights and Duties of Man* von 1948, der *American Convention on Human Rights* von 1969 oder in der *Human Rights Declaration* der *Association of Southeast Asian Nation* von 2012 lässt sich ein kodifiziertes Widerstandsrecht finden. Das Schweigen des regionalen Völkerrechts zum Widerstandsrecht stützt somit den negativen Befund des nationalen Verfassungsrechtsvergleichs. Nachfolgend wird erörtert, ob ein allgemeiner Grundsatz des Widerstandsrechts demgegenüber im universellen Völkerrecht nachgewiesen werden kann.

3. Ableitung aus dem Völkerrecht

„[...] [T]he right of a people to revolt against tyranny is now a recognized principle of international law.“[2672] Dies hat *Ellery Stowell* bereits im Jahre 1921 apodiktisch behauptet. Er hatte damals kein individuelles Widerstandsrecht im Blick, sondern lediglich ein kollektives. Die These vertrat er im Rahmen der Frage nach der Zulässigkeit der Unterstützung Aufständischer durch einen dritten Staat. Seine Perspektive auf das Widerstandsrecht war damit zwar eine andere als die hier verfolgte, dennoch dürfte seine Behauptung auch heute noch als gewagt gelten. Im Rahmen der vorangegangenen Analyse konnte de lege lata schließlich noch kein vollständiges Widerstandsrecht im Völkerrecht nachgewiesen werden. *Stowell* spricht allerdings von einem „principle“[2673] des Völkerrechts. Möglicherweise betrachtete er das Widerstandsrecht als allgemeinen Rechtsgrundsatz, der sich aus dem Völkerrecht selbst ableiten lässt. Diese Möglichkeit des Nachweises eines völkerrechtlichen Widerstandsrechts wird nachfolgend erörtert. Über die genaue Bedeutung des Begriffs „principle“[2674] klärt *Stowell* den Leser nicht auf. Zudem findet sich bei ihm keine eingehende Begründung seiner These. Wenn er den allgemeinen Rechtsgrundsatz des Widerstandsrechts aus dem Völkerrecht selbst abgeleitet hat, würde die Begründung ohnehin anders aussehen als die nun folgende Analyse – schließlich hat sich das geltende Völkerrecht seit *Stowells* Behauptung erheblich verändert.

Dieses gegenwärtige Völkerrecht gilt es im Folgenden zu analysieren, um einen allgemeinen Rechtsgrundsatz völkerrechtlichen Ursprungs zu ermitteln. Die Ableitung setzt – wie zuvor die Vergleichung der nationalen Rechtsordnungen – eine empirische Recherche voraus, allerdings im Völkerrecht selbst. Dabei müssen Normen des Völkerrechts im Hinblick auf ihre Kernaussagen reduziert und verglichen werden. Eine solche Analyse völkerrechtlicher Bestimmungen findet sich im gesamten vorherigen Teil des gegenwärtigen Kapitels. Auf die jeweiligen Ergebnisse wird nun zu-

---

2672 *Stowell,* Intervention in International Law, 1921, S. 354.
2673 Ebenda, S. 354.
2674 Ebenda, S. 354.

rückgekommen. An dieser Stelle findet die Zusammenführung der induktiv gesammelten Spuren des Widerstandsrechts statt. Es wird zu prüfen sein, ob diese sich zu einem Gesamtbild des allgemeinen Grundsatzes vom Widerstandsrecht zusammenfügen lassen. Zum Wesen eines allgemeinen Rechtsgrundsatzes gehört es, dass er sich an diversen Stellen einer Rechtsordnung niederschlägt (*top-down approach*). In der nachfolgenden Erörterung wird versucht, diesen Prozess für das Widerstandsrecht aus der umgekehrten Richtung (*bottom-up approach*) nachzuvollziehen. Sofern dies gelingt, wäre damit de lege lata die Existenz eines völkerrechtlichen Widerstandsrechts als allgemeiner Rechtsgrundsatz nachgewiesen.

a) Notwendigkeit des allgemeinen Grundsatzes des Widerstandsrechts im Völkerrecht

Zunächst wird dargelegt, dass das Völkerrecht nach vorangegangener Analyse die Notwendigkeit eines Widerstandsrechts impliziert. Zum einen soll die Notwendigkeit einer rechtlichen Regelung generell dargelegt werden, zum anderen eine solche des Völkerrechts. Das Erfordernis einer rechtlichen Regelung ergibt sich für den Fall eines Rechts zum gewaltsamen Widerstand zunächst aus dem Gewaltverbot selbst. Die Ausnahmen von diesem Verbot können nur sehr restriktiv sein. Außerdem müssen es solche des Rechts sein, da sie sonst selbst verbotene Gewalt darstellten. Freiheit braucht Recht, wie *Kant* bereits aufgezeigt hat. Recht stellt das Gegenteil von Gewalt dar. Das Gewaltverbot steht damit am Anfang allen Rechts und aller Freiheit.[2675] Wenn Widerstand eine Freiheitsausübung darstellt, muss er also rechtlich begrenzt werden. Diese Grenzen sichern die Freiheit (anderer Rechtssubjekte). An dieser Stelle kommt der beschränkende Gedanke des Notstandsrechts zum Tragen, das auch im Völkerrecht als Prinzip existiert. Bei der legalen Anwendung von Gewalt können unbeteiligten Menschen nur begrenzt Opfer abverlangt werden. Damit diese Grenzen ihre volle Geltung erhalten, müssen sie rechtlich normiert werden.

Wenn keine rechtliche Regelung existiert, bleibt nur noch die Moral als Maßstab für die tatsächliche Ausübung gewaltsamen Widerstands, den es

---

2675 Im Hinblick auf das Recht *Merkel,* ZIS 2011, S. 771–783, 774. So bereits *Hobbes* (s. o., S. 72) und *Kant* (s. o., S. 180).

in der Geschichte immer gegeben hat. *Ulrich Preuß* befindet im Hinblick auf das Verhältnis von Völkerrecht und Moral:

> „Auch in den internationalen Beziehungen gilt, daß die gesetzlose Moral in der Regel mehr Unheil stiftet als das – vermeintlich – morallose Gesetz. Daher besteht die Moral der internationalen Beziehungen in ihrer Legalität. Der gerechte Krieg ist der legale Krieg."[2676]

Genauso kann nur der legale Bürgerkrieg aus völkerrechtlicher Perspektive ein gerechter sein. Das Widerstandsrecht hat die Aufgabe, diesem Gerechtigkeitsideal zur Geltung zu verhelfen; ebenso den, mittlerweile zum modernen Gerechtigkeitsideal erkorenen, Menschenrechten[2677]. Gewaltsamer Widerstand, der unter Berufung auf ein vermeintliches Widerstandsrecht im Dienste der Menschenrechte ausgeübt wird, führt zu einer Erosion der Normgeltung des Gewaltverbots und der Menschenrechte selbst.

Indessen wird diese Erosion ebenso von Staatsregierungen verursacht, die jene Normen permanent missachten. In der Realität steht es um die Geltung der Menschenrechte nicht annähernd so gut, wie es die Fülle an menschenrechtlichen Konventionen zu suggerieren vermag. Das Völkerrecht und die internationale politische Gemeinschaft haben viele innerstaatliche Konflikte nicht vermeiden können.[2678] Hierzu zählen Völkermorde ebenso wie blutige Bürgerkriege. Beide Phänomene stellen die schlimmsten des gegenwärtigen Zeitalters dar. Es handelt sich dabei nicht mehr um rein innerstaatliche Angelegenheiten. Diese schrecklichen Ereignisse der Vergangenheit und Gegenwart sind aus der Perspektive des Völkerrechts gravierend zu verurteilen. Angesichts der Realität muss die internationale (Rechts-)Gemeinschaft ihrer menschenrechtlichen Verantwortung gerecht werden und reagieren. Sie darf nicht zögern, den Menschen ein eigenes rechtliches Mittel an die Hand zu geben, Gewalt zu bekämpfen und ihre Menschenrechte durchzusetzen – zumal ein solcher Rechtsgrundsatz im Völkerrecht womöglich schon lange existiert, wie die folgende Darstellung zeigen wird.

Die Menschen vor Ort können ihre Situation regelmäßig besser und schneller einschätzen als internationale Akteure.[2679] Damit können sie im Fall einer Bedrohung ihrer Menschenrechte am schnellsten und effizien-

---

2676 *Preuß,* in: Lutz (Hrsg.), Der Kosovo-Krieg, 1999/2000, S. 37–51, 51.

2677 *Thürer,* in: ders. (Hrsg.), Völkerrecht als Fortschritt und Chance, Bd. II, 2009, S. 607–611, 607

2678 *Mégret,* Revue Études internationales 39 (2008), S. 39–62, 55.

2679 Ebenda, S. 55.

testen reagieren.[2680] Ihr Einschreiten wird so lange erforderlich sein, wie es der internationalen Gemeinschaft an effektiven Mitteln der Durchsetzung des Gewaltverbots und der Menschenrechte mangelt.[2681] Das Widerstandsrecht ist damit als rechtliches Instrument notwendig, um das Missverhältnis zwischen Recht und Wirklichkeit im Bereich des Menschenrechtsschutzes ein wenig mehr in Richtung einer Balance zu justieren und damit das Recht vor seiner Unglaubwürdigkeit zu bewahren. Schließlich gilt:

> „Recht und Wirklichkeit stehen in einem gegenseitigen funktionellen Verhältnis: Das Recht bestimmt zwar normativ die Wirklichkeit, aber auch die Wirklichkeit gestaltet sich ihr Recht."[2682]

In der Rechtsphilosophie wird indessen bestritten, dass das Widerstandsrecht überhaupt ein Recht sein kann. Problematisch ist insofern, dass es das Recht in sein Gegenteil verkehren könnte, weil es die Möglichkeit des Ungehorsams gegenüber dem Recht impliziert.[2683] Darüber hinaus könnte jede positiv-rechtliche Regelung des Widerstandsrechts dasselbe unnötig beschränken. Der geschickte Tyrann könnte durch die Normierung eines sehr begrenzten Widerstandsrechts seine Tyrannei legalisieren.[2684] Dies hat bereits *Locke* berücksichtigt, der das Widerstandsrecht daher als ein vorstaatliches Recht betrachtete.[2685] Auch ein Blick in die Rechtsgeschichte zeigt, dass das Widerstandsrecht eher eine politische Forderung denn ein positives Gesetz gewesen ist.[2686] Das gilt insbesondere für die Amerikanische und Französische Revolution. In den sich hieraus entwickelnden konstitutionellen Dokumenten wurde das Widerstandsrecht zwar

---

2680 Ebenda, S. 55.

2681 *Krittie,* Case Western Reserve Journal of International Law 13 (1981), S. 291–305, 305.

2682 *Peters,* Widerstandsrecht und humanitäre Intervention, 2005, S. 296 mit Hinweis auf *Becker von Pelet-Narbonne,* Rechtliche Probleme der Revolution der Gegenwart, 1970, S. 72.

2683 Eine solche Kritik klingt an bei *Doehring,* Allgemeine Staatslehre, 2004, Rn. 250. So bereits *Kant* (s. o., S. 187 ff.). Vgl. *Krüger,* Allgemeine Staatslehre, 1966, S. 938 („Der Widerstand selbst läßt sich in den Staat nicht einbauen").

2684 *Chemillier-Gendreau,* in: UNESCO (Hrsg.), Critique de la politique, 2004, S. 135–153, 145.

2685 Hierzu s. o., S. 120 ff.

2686 *Chemillier-Gendreau,* in: UNESCO (Hrsg.), Critique de la politique, 2004, S. 135–153, S. 147.

normiert, jedoch existierten diese Normierungen zum Zeitpunkt der Ausübung des Widerstands noch nicht.

Das erstgenannte Problem tritt insbesondere im Rahmen *einer* Rechtsordnung auf. Ein Widerstandsrecht impliziert nämlich einen rechtlichen Maßstab für die jeweilige Rechtsordnung und damit seine Höherrangigkeit.[2687] Es ist daher zweifelhaft, ob ein Widerstandsrecht im Rahmen dieser Ordnung überhaupt existieren kann.[2688] Damit stellt sich zudem die Frage, ob es überhaupt existieren kann. Dieses Problem führt zur grundlegenden Debatte um den Geltungsgrund des Rechts zwischen Positivisten und Naturrechtlern.[2689] Im Rahmen einer staatlichen Rechtsordnung könnten sich die Positivisten gegen die Existenz eines Widerstandsrechts aussprechen, da dieses immer einen übergeordneten Charakter hat. Aus gutem Grund vertrat *Locke* eine naturrechtliche Position.[2690] Auch der Völker- und Naturrechtler *de Vattel* kam daher bereits im Jahre 1758 ohne Rekurs auf positives Recht zu folgendem Schluss: „Werden ‚Souveräne' zur Geißel und zum Schrecken der Menschheit, so kann mit Recht jeder beherzte Mann eine solche Bestie aus der Welt schaffen."[2691]

Die Wirkung von Normenhierarchie und die Bedeutung höherrangigen Rechts werden selbst von Positivisten anerkannt.[2692] Daher können auch sie sich nicht kategorisch gegen ein Widerstandsrecht aussprechen, das zwar Maßstab für eine innerstaatliche Rechtsordnung ist, selbst jedoch einer überstaatlichen positiven Rechtsordnung entstammt, die insofern Vorrang genießt. Als überstaatliche positive Rechtsordnung taugt die Völkerrechtsordnung hervorragend zur Herberge des Widerstandsrechts.[2693]

2687 *Klug,* in: Hill (Hrsg.), Widerstand und Staatsgewalt, 1984, S. 11–23, 22; *Peters,* Widerstandsrecht und humanitäre Intervention, 2005, 301.

2688 Insofern ablehnend *Krüger,* Allgemeine Staatslehre, 1966, S. 948; *Doehring,* Allgemeine Staatslehre, 2004, Rn. 250.

2689 *Ders.,* Der Staat 1969, S. 429–439, 429; *Chemillier-Gendreau,* in: UNESCO (Hrsg.), Critique de la politique, 2004, S. 135–153, 140 a. E.; *Mégret,* The Canadian Yearbook of International Law 2008, S. 143–192, 167 nur im Hinblick auf das Recht zum zivilen Ungehorsam.

2690 Hierzu s. o., S. 103 ff.

2691 *De Vattel,* Völkerrecht, 1959, S. 211.

2692 Vgl. *Klug,* in: Hill (Hrsg.), Widerstand und Staatsgewalt, 1984, S. 11–23, 22; *Mégret,* The Canadian Yearbook of International Law 2008, S. 143–192, 170.

2693 *Missling,* Widerstand und Menschenrechte, 1999, S. 5. Vgl. *Doehring,* Allgemeine Staatslehre, 2004, Rn. 257; *Chemillier-Gendreau,* Right to Resistance, International Protection, 2007, Rn. 7; *Mégret,* The Canadian Yearbook of International Law 2008, S. 143–192, 169 nur im Hinblick auf das Recht zum zivilen

Ein völkerrechtliches Widerstandsrecht versöhnt insofern die Gemüter von Positivisten und Naturrechtlern. Daran ändert auch der Umstand nichts, dass es sich nur um einen allgemeinen Rechtsgrundsatz handeln könnte, denn dieser wird lediglich aus dem positiven Völkerrecht abgeleitet. Er hat seine Wurzeln damit im positiven Recht und entspricht somit auch den rechtspositivistischen Anforderungen an Recht.

Dieses Ergebnis kann nicht allein den Grund für die Notwendigkeit eines *völkerrechtlichen* Widerstandsrechts darstellen. Die Möglichkeit der Vernachlässigung der Grundsatzdiskussion um den Geltungsgrund des Rechts stellt lediglich einen positiven Nebeneffekt der völkerrechtlichen Zuständigkeit für ein Widerstandsrecht dar. Zudem muss die Kompetenz des Völkerrechts begründet werden. Zum einen ist diese gegeben, weil die Staaten ein Widerstandsrecht nicht problemlos selbst regeln können. Indem sie die Voraussetzungen und Grenzen eines Widerstandsrechts selbst statuierten, hätten sie die Möglichkeit, einen nationalen Rechtsraum für staatlichen Machtmissbrauch zu schaffen. Menschenrechtliche Erwägungen haben bei der nationalen Rechtsetzung und -anwendung schließlich nicht zwangsläufig einen hohen Stellenwert.[2694] Viel wichtiger ist zum anderen, dass sich die Notwendigkeit eines Widerstandsrechts aus dem völkerrechtlichen Gewaltverbot und dem Menschenrechtssystem selbst ergibt – zwei Kernanliegen des modernen Völkerrechts. Dieser Notwendigkeit folgt die Zuständigkeit des Völkerrechts. Es fragt sich, wer, wenn nicht das Völkerrecht, die Menschen vor der normativen Inkompetenz ihrer Regierungen schützen kann.[2695]

Ungehorsam. In diese Richtung tendierend *Smith,* Philosophy & Public Affairs 36 (2008), S. 405–440, der allerdings nicht auf das Völkerrecht an sich abstellt, sondern auf die Regeln eines dezentralen, globalen Souveräns, der seiner Ansicht nach neben dem nationalstaatlichen bestehen soll. Gewiss gilt der hiesige Befund nur für ein Recht zum innerstaatlichen Widerstand. Bei der Frage nach einem Recht auf Widerstand gegen Akte des Völkerrechts selbst würde diese Debatte erneut zum Tragen kommen (hierzu s. u., S. 703).

2694 *Eide,* in: UNESCO (Hrsg.), Violations of human rights: possible rights of recourse and forms of resistance, 1984, S. 34–66, 34.

2695 Eine ähnliche Frage stellte – in anderem Zusammenhang – *Merkel,* in: ders. (Hrsg.), Der Kosovo-Krieg und das Völkerrecht, 2000, S. 66–98, 75.

b) Gewaltverbot, Menschenrechtsschutz und Selbsthilfe

Nachdem sich die Notwendigkeit und Zuständigkeit des Völkerrechts aus dem Gewaltverbot und dem System des Menschenrechtsschutzes ergeben hat, könnten diese auch die primären Anknüpfungspunkte für die Begründung eines allgemeinen Grundsatzes des Widerstandsrechts darstellen. Es wurde gezeigt, dass das völkerrechtliche Gewaltverbot auch eine innerstaatliche Komponente aufweist. Aus dieser ergibt sich, dass innerstaatliche Gewalt nicht grenzenlos zulässig, sondern primär unzulässig ist. Dieses Verbot impliziert indessen seine eigene Ausnahme, wenn es von einer Staatsregierung missachtet wird. Im Hinblick auf die internationale Dimension des Gewaltverbots existiert insofern Art. 51 UN-Charta. Diese Befugnis zur Gewaltanwendung dient nicht nur der tatsächlichen Verteidigung der staatlichen Existenz gegen einen Angreifer, sondern auch der normativen Verteidigung des Gewaltverbots selbst. Verbindet man diesen Gedanken des Selbsthilferechts mit der innerstaatlichen Komponente des Gewaltverbots, kommt man zu dem Ergebnis, dass es auch hier ein Verteidigungsrecht geben muss. Es handelt sich dabei um das gewaltsame Widerstandsrecht,[2696] das also vom Gewaltverbot vorausgesetzt wird. Damit bestimmt Letzteres auch die Voraussetzungen des gewaltsamen Widerstandsrechts. Ein solches kann nur zum Tragen kommen, wenn der Staat das „elementare Recht auf Sicherheit“[2697] seiner Bürger negiert. Dies ist insbesondere beim Völkermord, der ethnischen Säuberung und den Verbrechen gegen die Menschlichkeit der Fall.

In den Fällen völkerrechtlicher Verbrechen ergeben sich Parallelen zum menschenrechtlichen Bedürfnis nach einem Widerstandsrecht, da es hier auch dem Schutz der Menschenrechte dient. Insofern stellt das völkerrechtliche System des Menschenrechtsschutzes eine zweite begründungstheoretische Säule für einen allgemeinen Grundsatz des Widerstandsrechts dar.[2698] Der Menschenrechtsschutz muss dabei im Zusammenhang mit den

---

2696 *Mégret,* in: Stahn/Easterday/Iverson (Hrsg.), Jus Post Bellum, 2014, S. 519–541, 538 nimmt insofern eine Analogie zum zwischenstaatlichen *ius ad bellum* an.

2697 *Merkel,* ZIS 2011, S. 771–783, 776. In anderem Zusammenhang erwähnt *Preuß,* in: Lutz (Hrsg.), Der Kosovo-Krieg, 1999/2000, S. 37–51, 42, dass der „Schutz der in ihm lebenden Menschen und die Wahrung eines minimalen Rechtszustandes“ dem „zivilisatorischen Auftrag des Staates“ entspreche.

2698 Ein Widerstandsrecht im Ergebnis auch aus dem völkerrechtlichen Menschenrechtsschutz ableitend *Bassiouni,* in: ders. (Hrsg.), International Terrorism and Political Crimes, 1975, S. v–xxii, xxi; *Klug,* in: Hill (Hrsg.), Widerstand und

Grundsätzen der Selbsthilferechte gesehen werden. Die kumulative Existenz von Menschenrechten und dem allgemeinen Grundsatz des Notwehrrechts impliziert unweigerlich die Anerkennung eines Widerstandsrechts zur Verteidigung von Menschenrechten im Völkerrecht. Ohne ein solches würde den Menschen eine Pflicht zur Duldung der Verletzung ihrer Menschenrechte auferlegt. Der Grundidee des Menschenrechtsschutzes zufolge stellen Menschenrechte eine fundamentale Voraussetzung für das Funktionieren von Recht überhaupt dar. Sie stellt das Individuum in den Fokus der Betrachtung staatlicher Legitimität. Aus dieser Grundidee ergibt sich, dass eine Pflicht zur Duldung von Menschenrechtsverletzungen nicht bestehen kann. Menschenrechte müssen daher notwehrfähig sein.[2699] Genau dieses besondere Notwehrrecht im Fall gravierender Verletzungen stellt eine weitere Ausprägung des Widerstandsrechts dar.[2700]

Das Gewaltverbot und die Menschenrechte sind eng verwobene Grundwerte der Völkerrechtsordnung, deren Durchsetzung im äußersten Fall auch von den Menschen selbst versucht werden kann. Die Geltung dieser Normen wird, im Sinne *Hans Kelsens*, durch ihre Wirksamkeit und Durchsetzung bedingt[2701] – im Mindesten durch die Manifestation des Durchsetzungsversuches. Als letzte Instanz sind sowohl die faktisch in ihren fundamentalen Rechten Betroffenen als auch die ausschließlich durch den Beginn der Erosion ihrer Normgeltung Betroffenen hierfür zu-

---

Staatsgewalt, 1984, S. 11–23, 22; *Tomuschat,* in: UNESCO (Hrsg.), Violations of human rights: possible rights of recourse and forms of resistance, 1984, S. 13–33, 24; *UNESCO,* in: UNESCO (Hrsg.), Violations of human rights: possible rights of recourse and forms of resistance, 1984, S. 221–227, 226; *Liu,* Archiv für Rechts- und Sozialphilosophie Beiheft 41 1990, S. 35–42; *Missling,* Widerstand und Menschenrechte, 1999, s. nur S. 134; *Chemillier-Gendreau,* in: UNESCO (Hrsg.), Critique de la politique, 2004, S. 135–153, s. nur S. 153; *Kopel/Gallant/Eisen,* Notre Dame Law Review 81 (2005-2006), S. 1275–1346, 1277, 1324 f.; *Marsavelski,* CJIL 28 (2013), S. 241–295, 276.

2699 *Doehring*, in: Simma u. a., UN Charta, 1991, nach Art. 1 Rn. 40; *Doehring,* Völkerrecht, 2004, § 14 Rn. 766, § 20 Rn. 1015.

2700 Ähnlich *Missling,* Widerstand und Menschenrechte, 1999, S. 137 ff.

2701 *Kelsen,* Allgemeine Theorie der Normen, 1979, S. 112 f., 215; *ders.,* Reine Rechtslehre, 1983 (1960), S. 215 ff. Vgl. für die Menschenrechte *Kotzur,* AVR 42 (2004), S. 353–388, 377. A. A., wonach Zwangsgewalt bzw. Durchsetzung kein zwingendes Element von Recht sei, klingt an bei *Dahm,* Völkerrecht, Bd. I, 1958, S. 14; *Doehring,* in: Deutsche Gesellschaft für Völkerrecht (Hrsg.), Das Selbstbestimmungsrecht der Völker als Grundsatz des Völkerrechts, 1974, S. 7–56, 20 f.

ständig. Letztere sind jedoch nur dann selbst betroffen, wenn die Rechtsverletzungen seitens einer Staatsregierung derart gravierend sind, dass die Normerosion unmittelbar bevorsteht. Diese *normative Betroffenheit* liegt lediglich bei der Verletzung des Gewaltverbots vor. Vorher, d. h. bei weniger gravierenden Menschenrechtsverletzungen, können Dritte nur im Wege der Nothilfe für die *faktisch betroffenen* Menschen aktiv werden.

Ein Widerstandsrecht, das im Dienste der Durchsetzung des Gewaltverbots und der Menschenrechte steht, fungiert wie ein „Recht, Rechte zu haben"[2702].[2703] Dies erinnert an die *Kaufmann'sche* Einordnung als „Urrecht aller Rechte"[2704]. Als solches existiert es im Völkerrecht als allgemeiner Rechtsgrundsatz. Dies lässt sich insbesondere aus dem Menschenrechtsschutz ableiten.[2705] Dabei muss beachtet werden, dass das Widerstandsrecht zugunsten eines menschenrechtlichen Universalismus auch dem Minimalismus gerecht werden muss. Auch als Ausnahme zum Gewaltverbot kann es nur mit restriktiven Voraussetzungen und umfassenden Beschränkungen existieren.

c) Weitere Spuren des allgemeinen Grundsatzes des Widerstandsrechts

Dass der allgemeine Rechtsgrundsatz des Widerstandsrechts im Völkerrecht existiert, zeigen bereits die Normen des Gewaltverbots und der Menschenrechte in Kombination mit den Selbsthilfegrundsätzen. Die Verbindung aus Menschenrechten und Notwehr tritt zudem eindeutig im Selbstbestimmungsrecht zutage. In diesem Recht, einem „elementare[n] Ordnungsprinzip des modernen Völkerrechts"[2706], manifestiert sich der Grundsatz des Widerstandsrechts also ebenso.[2707] Dies gilt umso mehr, als das Selbstbestimmungsrecht per se einem (beschränkten) Widerstandsrecht gleichkommt. Es verwundert daher nicht, dass Ersteres seine Grund-

---

2702 Diesen Begriff – ungeachtet seiner Bedeutung für das Widerstandsrecht – prägend *Arendt,* Elemente und Ursprünge totaler Herrschaft, 1998 (Orig. v. 1951), S. 607 f., 613 f.

2703 *Chemillier-Gendreau,* in: UNESCO (Hrsg.), Critique de la politique, 2004, S. 135–153, 135 in Anlehnung an *Tassin,* Un monde commun, 2003, S. 175.

2704 *Kaufmann,* 1984, S. 256.

2705 Für einen derart engen Zusammenhang zwischen Menschenrechtsschutz und Widerstandsrecht *Razmetaeva,* Jurisprudence 2014, S. 758–784, 778.

2706 *Oeter,* ZaöRV 1992, S. 741–780, 768.

2707 So *Marsavelski,* CJIL 28 (2013), S. 241–295, 276.

konzeption mit dem Grundsatz des Widerstandsrechts gemein hat. Sie basiert auf der staatsphilosophischen Idee, dass die Menschen den eigentlichen Souverän darstellen und selbst eine demokratisch legitimierte Staatsmacht nicht unumstößlich ist.[2708] Dieses Prinzip der Volkssouveränität existiert bereits in *Lockes* Widerstandslehre – es schlägt sich in seinem Einwilligungsargument nieder.[2709] Das Prinzip ist im Völkerrecht fest verwurzelt. Das belegen zudem die politischen Teilhaberechte in Art. 21 AEMR und Art. 25 IPbpR sowie das unverbindliche Demokratiegebot.

Der allgemeine Rechtsgrundsatz des Widerstandsrechts hat zudem im dritten Absatz der Präambel der AEMR seinen Niederschlag gefunden. *Marsavelski* hält die Textpassage in der Präambel für den wichtigsten Beweis des allgemeinen Rechtsgrundsatzes.[2710] Allein die Präambel der AEMR kann nicht für die Begründung eines allgemeinen Rechtsgrundsatzes im Sinne von Art. 38 Abs. 1 lit. c) IGH-Statut ausreichen, denn die AEMR und insbesondere ihre Präambel stellen nur unverbindliches *soft law* dar. Diese Rechtsnatur ist hier allerdings irrelevant, da es sich beim Widerstandsrecht ohnehin um einen allgemeinen Rechtsgrundsatz handelt.[2711] Die Erwähnung des Widerstandsrechts in der Präambel kann als ein Beleg für diesen allgemeinen Rechtsgrundsatz gewertet werden, da hierfür die bloße Anerkennung, eine *opinio iuris*, im Völkerrecht genügt. Es ist keine Übung erforderlich wie beim Völkergewohnheitsrecht. Eine *opinio iuris* kann sich auch im *soft law* manifestieren.[2712] Gewiss ist hierzu mehr als die einmalige dortige Erwähnung erforderlich.[2713] Der Wortlaut des dritten Absatzes der Präambel der AEMR ist im Völkerrecht zwar einmalig geblieben; allerdings wurden weitere Nachweise des Grundsatzes des Widerstandsrechts bereits im verbindlichen Völkerrecht gefunden. Die

---

2708 So für das Widerstandsrecht *Chemillier-Gendreau,* in: UNESCO (Hrsg.), Critique de la politique, 2004, S. 135–153, 138; *ders.,* Right to Resistance, International Protection, 2007, Rn. 24.

2709 Hierzu s. o., S. 120 ff., S. 156.

2710 Vgl. *Marsavelski,* CJIL 28 (2013), S. 241–295, 275.

2711 Vgl. *Geistlinger,* Revolution und Völkerrecht, 1991, S. 372; *Missling,* Widerstand und Menschenrechte, 1999, S. 126 f.

2712 *Schreuer,* GYIL 20 (1977), S. 103–118, 109 f.; IGH, Nuclear Weapons, 8. Juli 1996, I.C.J. Reports 1996, S. 226 ff., Rn. 70; *Knauff,* Der Regelungsverbund, 2010, S. 233; *Graf Vitzthum,* in: ders./Proelß (Hrsg.), Völkerrecht, 2016, S. 1–60, Abschn. 1 Rn. 150 erkennt Beschlüsse Internationaler Organisationen zumindest als Hilfsmittel zur Ermittlung einer *opinio iuris* an.

2713 *Knauff,* Der Regelungsverbund, 2010, S. 233.

Präambel stellt damit einen Beleg unter mehreren für das Widerstandsrecht dar – keineswegs den entscheidenden. Entsprechend können die unterstützenden Worte zugunsten von Widerstandsbewegungen in zahlreichen Resolutionen von UN-Organen und die dortige Verurteilung von Terrorismus gewertet werden.

Ähnlich verhält es sich mit Art. 33 Rom-Statut und den anderen völkerrechtlichen Vorschriften, die den Rechtfertigungsgrund der Berufung auf eine höhere Anordnung ausschließen. Der Bezug dieser Normen zum Widerstandsrecht ergibt sich nicht so augenscheinlich wie z. B. die Textpassage in der Präambel der AEMR. Der Wortlaut von Art. 33 Rom-Statut ist schließlich weit von der Statuierung eines Widerstandsrechts entfernt. Die teleologische Auslegung ergab allerdings, dass diese Vorschrift eine Pflicht zum Widerstand impliziert und ein entsprechendes Recht – zumindest in begrenztem Umfang – voraussetzt. Darüber hinaus wird anhand dieser Vorschrift deutlich, dass eine staatliche Rechtsordnung von ihren Mitgliedern ein Verhalten fordern kann, das fundamentalen völkerrechtlichen Vorgaben widerspricht. Die Konstellation einer Widerstandslage wird von dieser Norm erfasst und zugunsten eines Widerstandsrechts (nämlich einer entsprechenden -pflicht) geregelt. Der allgemeine Grundsatz des Widerstandsrechts hat also auch dort seinen Niederschlag gefunden.

d) Bedeutung des Völkerrechts

Schließlich ergibt sich der allgemeine Grundsatz des Widerstandsrechts aus der modernen Bedeutung des Völkerrechts selbst. Die Gesamtheit der Völkerrechtsordnung umfasst nicht nur grundlegende materielle Werte wie das Gewaltverbot, die Menschenrechte und das Selbstbestimmungsrecht.[2714] Das Völkerrecht ist auch funktionell für deren Durchsetzung verantwortlich. Im Bereich des Menschenrechtsschutzes wird deutlich, dass diese Funktion den Schutz des Individuums bezweckt. Das Völkerrecht stellt somit keine horizontale, zwischenstaatliche Rechtsordnung mehr dar, sondern eine vertikale, die der innerstaatlichen Allmacht Gren-

2714 Zu den objektiven Werten *Herdegen*, Völkerrecht, 2016, § 5 Rn. 9 ff.

zen setzt.[2715] Aus dieser materiellen und funktionellen Überordnung des Völkerrechts gegenüber dem nationalen Recht ergibt sich die Ermächtigung der hierdurch geschützten Individuen, diesen rechtlichen Schutz im äußersten Fall selbst durchzusetzen. Es sei an *Tomuschats* Feststellung erinnert: Die Menschen sind die eigentlichen Protagonisten des Völkerrechts.[2716]

Das Völkerrecht stellt als internationale Normenordnung das einzige Mittel dar, mit dem sich langfristige Stabilität innerhalb der komplexen globalen Staatenwelt etablieren lässt.[2717] Es ist den realpolitischen Werkzeugen der Macht, Drohung und Gewalt insofern überlegen.[2718] Seinem konstitutionellen Verständnis nach hat das Völkerrecht gleichwohl einen politischen Charakter.[2719] Es statuiert schließlich verbindliche Vorgaben für die Ausgestaltung der nationalen Rechtsordnungen. Deshalb harmoniert die Völkerrechtsordnung funktionell hervorragend mit dem allgemeinen Grundsatz des Widerstandsrechts.[2720] Ferner scheinen die allgemeinen Rechtsgrundsätze eine passende Rechtsquelle des Widerstandsrechts zu sein, da man in ihnen ein Einfallstor für naturrechtliche Erwägungen erblicken kann[2721] und das Widerstandsrecht in seinen rechtsphilosophischen Wurzeln typischerweise einen naturrechtlichen Charakter aufweist. Nichtsdestotrotz bleibt festzuhalten, dass sich der allgemeine Grundsatz des Widerstandsrechts hier im positiven Völkerrecht nachweisen ließ. Raum für Kritik an einer naturrechtlichen Ableitung besteht insofern nicht. Im Ergebnis stellte sich das Völkerrecht in der bisherigen Analyse mit den Worten *Mégrets* dar „[…] as a dynamic and open system that is more rife with normative potentialities than its dominant positivist-formalist-technicist reading suggests."[2722]

2715 *Bryde,* Der Staat 2003, S. 61–75, 62; *Peters,* Widerstandsrecht und humanitäre Intervention, 2005, S. 226. Diese Entwicklung des Völkerrechts antizipierend *Scheuner,* ZaöRV 1950, S. 556–614, 558.

2716 *Tomuschat,* in: UNESCO (Hrsg.), Violations of human rights: possible rights of recourse and forms of resistance, 1984, S. 13–33, 17.

2717 Vgl. *Merkel,* FAZ, 02.08.2013, Syrien: Der Westen ist schuldig.

2718 Vgl. ebenda.

2719 Für einen politischen Charakter des Völkerrechts *Hailbronner,* ZaöRV 36 (1976), S. 190–226, 198.

2720 *Mégret,* Revue Études internationales 39 (2008), S. 39–62, 53.

2721 Für entsprechende Belege s. Fn. 2571.

2722 *Ders.,* in: Stahn/Easterday/Iverson (Hrsg.), Jus Post Bellum, 2014, S. 519–541, 520.

e) Ergebnis

Auch wenn das Widerstandsrecht keineswegs zum Standardrepertoire der Völkerrechtswissenschaft gehört und einige Völkerrechtler die Existenz eines völkerrechtlichen Widerstandsrechts ablehnen,[2723] hat diese Analyse ergeben, dass es als allgemeiner Rechtsgrundsatz im Völkerrecht de lege lata existiert. *Missling, Marsavelski* sowie *David B. Kopel, Paul Gallant* und *Joanne D. Eisen* kommen zum selben Ergebnis,[2724] Letztere jedoch nur im Hinblick auf ein Widerstandsrecht gegen Völkermord. *Tomuschat* und *Mégret* meinen demgegenüber, dass das Widerstandsrecht an einigen Stellen im Völkerrecht nachweisbar sei, ziehen hieraus allerdings nicht den konsequenten Schluss, dass es als allgemeiner Rechtsgrundsatz existiert.[2725] Während *Tomuschat* es ohne Bestimmung seiner Rechtsnatur für existent erachtet,[2726] glaubt *Mégret*, dass es de lege lata noch nicht rechtsverbindlich existiert.[2727] Er spricht sich de lege ferenda für ein völkerrechtliches Widerstandsrecht aus.[2728] *Mégrets* Ansicht nach mangelt es für die Rechtsverbindlichkeit des Widerstandsrechts an einer ausgereiften völkerrechtlichen Widerstandslehre.[2729] Der Durchbruch eines völkerrechtli-

---

2723 So etwa *Dunér,* IJHR 9 (2005), S. 247–269, Abstract und S. 266; *Keenan,* ICLR 2011, S. 5–29, 26.

2724 *Missling,* Widerstand und Menschenrechte, 1999, s. nur S. 258; *Marsavelski,* CJIL 28 (2013), S. 241–295, 277; *Kopel/Gallant/Eisen,* Notre Dame Law Review 81 (2005-2006), S. 1275–1346, 1277, 1326 f.

2725 Vgl. *Tomuschat,* in: UNESCO (Hrsg.), Violations of human rights: possible rights of recourse and forms of resistance, 1984, S. 13–33; *ders.,* in: Albach (Hrsg.), Über die Pflicht zum Ungehorsam gegenüber dem Staat, 2007, S. 60–95, 78 ff., der davon ausgeht, dass das Widerstandsrecht „[…] an der Grenze zwischen Recht und Moral verortet“ sei (ebenda, S. 90); *ders.,* in: Beestermöller (Hrsg.), Libyen: Missbrauch der Responsibility to Protect?, 2014, S. 13–29, 22 f.; *Mégret,* Revue Études internationales 39 (2008), S. 39–62, 49.

2726 Vgl. *Tomuschat,* in: UNESCO (Hrsg.), Violations of human rights: possible rights of recourse and forms of resistance, 1984, S. 13–33; *ders.,* in: Albach (Hrsg.), Über die Pflicht zum Ungehorsam gegenüber dem Staat, 2007, S. 60–95, 78 ff. mit Ausnahme eines gewaltsamen Widerstandsrechts (ebenda, S. 87); *ders.,* in: Beestermöller (Hrsg.), Libyen: Missbrauch der Responsibility to Protect?, 2014, S. 13–29, 22 f.

2727 *Mégret,* Revue Études internationales 39 (2008), S. 39–62, insb. S. 43.

2728 Ebenda, S. insb. S. 43.

2729 Ebenda, S. 49.

chen Widerstandsrechts erfordere zudem eine „überstrukturelle Metamorphose“[2730] des Völkerrechts.

Ein Durchbruch des Widerstandsrechts wird das Völkerrecht sicherlich vor zahlreiche Herausforderungen stellen, von denen einige im Ausblick dieser Arbeit kurz angesprochen werden. Richtigerweise erfordert das Widerstandsrecht zudem eine völkerrechtliche Widerstandslehre, die dem allgemeinen Rechtsgrundsatz Konturen verleiht. Die Konturen des Rechtsgrundsatzes sind in ihm selbst angelegt. Eine entsprechende völkerrechtliche Widerstandslehre wird im folgenden Kapitel entwickelt. Wünschenswert ist darüber hinaus eine ausdrückliche Normierung des Widerstandsrechts unter Beachtung der sich herausbildenden Lehre – etwa in einem weiteren Protokoll zu den Menschenrechtspakten. Dort wären die Voraussetzungen und Beschränkungen des Widerstandsrechts ablesbar. Damit würde bestimmbar, ob ein Verhalten den Anforderungen des Widerstandsrechts entspräche. Es könnte im Einzelfall z. B. eindeutig als illegal eingeordnet werden. In diesem Zusammenhang ist auch eine völkerstrafrechtliche Normierung illegalen kriegerisch-gewaltsamen Widerstands notwendig. Mit der Bestimmbarkeit dieser Normierungen entfalteten die rechtlichen Beschränkungen des Widerstandsrechts ihre volle Geltung. Dies diente der Rechtssicherheit und damit dem Erhalt der Normen, die das Widerstandsrecht zu verteidigen sucht. Das Erfordernis einer konkretisierenden Widerstandslehre schließt jedoch nicht aus, dass das Widerstandsrecht als allgemeiner Rechtsgrundsatz de lege lata im Völkerrecht existiert. Es gehört zum Wesen der allgemeinen Rechtsgrundsätze, dass sie der Konkretisierung bedürfen. An ihrer Rechtsverbindlichkeit ist deshalb nicht zu zweifeln.

XIII. Zusammenfassende Bemerkungen

Das Völkerrecht, die rechtliche Ordnung der internationalen Staatengemeinschaft, ist Garant des Weltfriedens sowie Quelle und Hüter der Menschenrechte. Es darf sich seiner Verantwortlichkeit im Hinblick auf die Frage nach der Legitimität von innerstaatlichem Widerstand gegen staatliche Gewalt und Menschenrechtsverletzungen nicht entziehen. Dies tut es auch nicht, wie das Ergebnis der Analyse diverser völkerrechtlicher Nor-

---

2730 Ebenda, S. 44 (Übersetzung d. Verf.).

men im gegenwärtigen Kapitel zeigt. Zunächst konnte in der Präambel der Allgemeinen Erklärung der Menschenrechte, dem Selbstbestimmungsrecht der Völker und den politischen Teilhaberechten allerdings kein umfangreiches völkerrechtliches Widerstandsrecht ausfindig gemacht werden. Es zeigte sich, dass im Völkervertragsrecht lediglich mit dem Selbstbestimmungsrecht bereits ein beschränktes Widerstandsrecht existiert. Darüber ist das Prinzip der Volkssouveränität, das ein tragendes Prinzip des rechtsphilosophischen Widerstandsrechts ist, im Völkervertragsrecht verankert. Zudem konnten Anhaltspunkte für Notwendigkeit, Existenz, Voraussetzungen und Umfang eines Widerstandsrechts im System des Menschenrechtsschutzes, den allgemeinen Grundsätzen der Selbsthilferechte in Notsituationen, Art. 33 Rom-Statut, dem humanitärem Völkerrecht und dem Gewaltverbot ausfindig gemacht werden. Ferner bot das Interventionsverbot kein Argument gegen die Existenz eines völkerrechtlichen Widerstandsrechts. Allerdings konnte nur ein stark begrenztes Widerstandsrecht als Norm des Völkergewohnheitsrechts aus einer Übung mit entsprechender Rechtsüberzeugung abgeleitet werden. Es regelt ausschließlich Fälle von Apartheidpolitik und Rassendiskriminierung. In einigen der dabei betrachteten Dokumente des *soft law* ergaben sich gleichwohl Anhaltspunkte für die Anerkennung eines weitergehenden Widerstandsrechts im Völkerrecht. Ein solches existiert schließlich als allgemeiner Rechtsgrundsatz des Völkerrechts.

Der allgemeine Grundsatz des Widerstandsrechts konnte aus einer vergleichenden Gesamtschau der zuvor erörterten Bestimmungen des Völkerrechts gewonnen werden. In diesen Normen hat der Rechtsgrundsatz seine Spuren hinterlassen, die im Rahmen der Analyse bis zu seiner Existenz zurückverfolgt wurden. Das System des Menschenrechtsschutzes und das Gewaltverbot spielten dabei in Kombination mit den Rechtsgrundsätzen von Notwehr und Notstand eine tragende Rolle. Bereits am Zusammenspiel dieser Bestimmungen lässt sich im Völkerrecht der allgemeine Grundsatz des Widerstandsrechts erkennen. Die Normen, in denen das Widerstandsrecht seine Spuren hinterlassen hat, enthalten außerdem wichtige Hinweise auf seine Voraussetzungen und Beschränkungen. Um diesen Aspekten weitere Konturen zu verleihen, wird im folgenden Kapitel eine völkerrechtliche Widerstandslehre entwickelt. Dabei wird weiterhin ein konstitutionelles Verständnis des Völkerrechts zugrunde gelegt, das nicht mehr primär im Dienste der Staaten steht, sondern das Individuum zum Protagonisten erklärt. Wer das moderne Völkerrecht nicht so verstehen möchte, dem soll folgende rechtsphilosophische Überlegung *Kerstings* entgegnet werden:

> „Andererseits gilt aber auch, daß aus neuzeitlicher rechtsphilosophischer Perspektive das Völkerrecht ein Derivat des Staatsrechts und das Staatsrecht ein Derivat des Menschenrechts ist.“[2731]

2731 *Kersting,* in: Merkel (Hrsg.), Der Kosovo-Krieg und das Völkerrecht, 2000, S. 187–231, 193.

D. Drittes Kapitel: Eigene völkerrechtliche Widerstandslehre

I. Einleitung

In diesem letzten Kapitel wird eine Konkretisierung des allgemeinen Grundsatzes des Widerstandsrechts ausgearbeitet. Im vorherigen Kapitel wurden zahlreiche Hinweise auf Voraussetzungen und Beschränkungen des Widerstandsrechts gefunden, die hier genauer herausgearbeitet werden. Als allgemeiner Rechtsgrundsatz enthält das Widerstandsrecht nämlich per se nicht viele Informationen zu seiner Anwendung im praktischen Einzelfall. Hierzu müssen dem Widerstandsrecht genauere Konturen verliehen werden. Idealerweise sollte die Norm des Widerstandsrechts zudem – wenn auch mit deklaratorischer Wirkung – Eingang ins Völkervertragsrecht finden. Ein entsprechender Normierungsvorschlag wird im Ausblick dieser Arbeit formuliert.

Die Präzisierung des Widerstandsrechts ist deshalb so bedeutsam, weil sie in zweierlei Hinsicht begrenzend wirkt. Zum einen spiegelt der Tatbestand der Widerstandslage die Grenzen der Staatsmacht wider. Unklarheiten über diese Grenzen bergen die Gefahr von Machtmissbrauch, und diesem soll mittels des Widerstandsrechts gerade entgegengewirkt werden.[2732] Es verleiht der Geltung des Gewaltverbots und der Menschenrechte damit Nachdruck. Ähnlich, wie in der deutschen Rechtfertigungsnorm der Notwehr (§ 32 StGB) ein gewisser generalpräventiver Gedanke zutage tritt,[2733] könnte auch ein Widerstandsrecht eine abschreckende Wirkung auf Machthaber haben. Eine solche schrieb bereits *Locke* dem – wenn auch ungeschriebenen – Widerstandsrecht zu.[2734]

Zum anderen legen die rechtlichen Beschränkungen der Widerstandshandlung die faktischen Grenzen bei der Ausübung von Widerstand fest.

2732 Vgl. zur Gefahr dieser Unklarheiten *Rauschning,* in: Pfister/Hildmann (Hrsg.), Widerstandsrecht und Grenzen der Staatsgewalt, 1955, S. 132–142, 138.

2733 *Roxin,* Strafrecht Allgemeiner Teil, Bd. I, 2006, § 15 Rn. 2 im Hinblick auf die Gesetzesbegründung BT-Drucks. IV/650, vom 04.10.1962, S. 157; a. A. *von der Pfordten,* in: Amelung/Beulke/Lilie u. a. (Hrsg.), Strafrecht, Biorecht, Rechtsphilosophie, 2003, S. 359–373, 361.

2734 S. o., S. 126.

Diese Beschränkungen sind von herausragender Bedeutung, da die Feststellung einer Widerstandslage sonst eine Art *carte blanche* darstellte und zu jeder vorstellbaren Widerstandshandlung ermächtigte.[2735] Je bestimmter die Beschränkungen dargelegt werden, desto intensiver wird ihre Wirkung in der Rechtsrealität. Eine präzise Normierung dient der Rechtssicherheit. An einer solchen Präzision mangelt es der abstrakten Regelung des allgemeinen Grundsatzes des Widerstandsrechts noch. Ein Rechtsgrundsatz ist mannigfacher Interpretation zugänglich. Wenngleich sich bei seiner Ableitung aus dem Völkerrecht bereits deutliche Auslegungsschranken ergeben, birgt eine Handlungsbefugnis im Gewand eines abstrakten Rechtsgrundsatzes stets die Gefahr ihres Missbrauchs. Entgegen der Ansicht *Mégrets* ist daher eine detaillierte Normierung des Widerstandsrechts erforderlich.[2736] Solange dies noch nicht in Form des Völkervertragsrechts geschehen ist, kann eine Eingrenzung zunächst durch die Völkerrechtswissenschaft erfolgen. Nachfolgend wird ein erster entsprechender Versuch unternommen. Naturgemäß kann dabei nur eine abstrakte Regelung des Widerstandsrechts vorgeschlagen werden. Auf einzelne Szenarien kann nicht eingegangen werden. Mit dem Einzelfall beschäftigt sich schließlich die Rechtsanwendung. *Missling* behauptet in Anlehnung an *Liu*, dass die Kriterien des Widerstandsrechts sich erst anhand des Einzelfalles sinnvoll darstellen ließen.[2737] Diese Ansicht überzeugt nicht. Wie sogleich gezeigt wird, können durchaus abstrakte Voraussetzungen und Beschränkungen des Widerstandsrechts formuliert werden. Für den besonderen Fall des kriegerisch-gewaltsamen Widerstands wird darüber hinaus versucht, zusätzliche Richtlinien zur Anwendung dieser Kriterien zu formulieren.

Das kriegerisch-gewaltsame Widerstandsrecht wird nämlich bereits zuvor, bei der rechtsethischen Betrachtung des Widerstandsrechts, eine herausragende Rolle spielen. Eine solche Betrachtung wird dem Vorschlag einer konkreten Ausgestaltung des Widerstandsrechts hier vorangehen, da es grundlegende rechtsethische Aspekte berührt (Pflicht zum Rechtsgehor-

---

2735 Diese Bedeutung anerkennend *Eide,* in: UNESCO (Hrsg.), Violations of human rights: possible rights of recourse and forms of resistance, 1984, S. 34–66, 34.

2736 Vgl. *Mégret,* Revue Études internationales 39 (2008), S. 39–62, 61. An anderer Stelle spricht er sich aber selbst für die Bestimmung allgemeiner Parameter aus (vgl. *ders.,* The Canadian Yearbook of International Law 2008, S. 143–192, 187).

2737 *Missling,* Widerstand und Menschenrechte, 1999, S. 237, Fn. 815 mit Hinweis auf *Liu,* Archiv für Rechts- und Sozialphilosophie Beiheft 41 1990, S. 35–42, 42.

sam sowie Ethik von Krieg und Frieden). Die Entwicklung einer eigenen Widerstandslehre geht mit der Verantwortung einher, diese grundlegenden (rechts-)ethischen Belange zu berücksichtigen. Der erste Teil der Widerstandslehre besteht daher in ihrer Erörterung. Die Ergebnisse dieser Diskussion werden im zweiten Teil, im Rahmen des Vorschlags für die konkrete Ausgestaltung des Widerstandsrechts, Beachtung finden.

II. Rechtsethische Legitimation von Widerstand

Zunächst wird darauf eingegangen, aus welchen Perspektiven Widerstand überhaupt rechtsethisch legitimationsbedürftig ist. In einem zweiten Schritt werden die rechtsethischen Probleme näher beleuchtet und entsprechende Lösungsansätze diskutiert.

1. Perspektiven der Legitimationsbedürftigkeit von Widerstand

a) Differenzierung nach Makro- und Mikroebene

Zunächst ist bei der Entwicklung einer Widerstandslehre zu berücksichtigen, dass sich beim Widerstandsrecht oftmals zwischen einer Makro- und einer Mikroebene der Betrachtung differenzieren lässt. Dies beruht zum einen auf der Tatsache, dass das Widerstandsrecht eine kollektive und eine individuelle Dimension aufweist. Zum anderen schließt dies die Differenzierung von Widerstandslage und -handlung ein. Auf der *Makroebene* wird die Frage nach der Legitimität von Widerstand als solchem sowie vom kollektiven Ausüben eines Widerstandsrechts beantwortet, also z. B. nach der Zulässigkeit eines Bürgerkriegs als Gesamtvorhaben. Es geht um die Widerstandslage, die überhaupt zum Handeln berechtigt – um die Zulässigkeit des bloßen Tätigwerdens (im Rahmen eines kollektiven oder individuellen Widerstandsrechts). Auf der *Mikroebene* wird das konkrete, individuelle Tätigwerden auf seine Zulässigkeit überprüft. Es können dabei eine Handlung als Teil einer kollektiven Widerstandsbewegung oder der Einzelakt eines Individuums betrachtet werden.

Die Differenzierung von rechtfertigender Lage und gerechtfertigter Handlung findet sich nicht nur im deutschen Strafrecht im Rahmen des Notwehr- und Notstandsrechts. Auch im Völkerrecht wird bei der Gewaltanwendung zwischen *ius ad bellum* (oder: *ius contra bellum*) und *ius in bello* unterschieden.[2738] Wenn beispielsweise ein „bewaffneter Angriff" im Sinne von Art. 51 UN-Charta vorliegt, ist die Gewaltanwendung des angegriffenen Staats gegen den Angreifer grundsätzlich erlaubt. Gleichwohl ist damit keine *carte blanche* für jedwede Ausübung von Gewalt gegeben. Die konkreten Gewaltakte müssen vielmehr den Maßstäben des humanitären Völkerrechts genügen.[2739] Aus der Makroperspektive kann die Legitimität der Entscheidung, überhaupt militärisch gegenüber dem Angreifer vorzugehen, beurteilt werden. Die einzelnen Maßnahmen im Rahmen der Umsetzung dieser Entscheidung werden aus der Mikroperspektive betrachtet. Das Notwehr- und Notstandsrecht des StGB trennen die Makro- und Mikroebene nicht durch unterschiedliche Normen bzw. Regelungswerke, wie es im Völkerrecht für das *ius ad bellum* und *ius in bello* geschieht. Sie vereinen die Beurteilungsmaßstäbe beider Ebenen jeweils in einer einzigen Rechtsvorschrift.

Auf beiden Ebenen gelten dieselben Rechtsprinzipien.[2740] Dabei besteht ein bedeutsamer Unterschied: Sofern eine *Rechtfertigung* durch das Widerstandsrecht ausscheidet, kann eine (strafrechtliche) *Entschuldigung* nur auf der Mikroebene eine Rolle spielen. Ein Vorhaben aus der Makroperspektive kann nur rechtmäßig oder rechtswidrig sein. Eine individuelle Handlung kann darüber hinaus im Einzelfall strafrechtlich entschuldigt werden. Die Unterscheidung zwischen Rechtfertigungs- und Entschuldigungsebene ist im Völkerrecht wie auch im *Common Law* zwar nicht üblich.[2741] Auch im deutschen Strafrecht ist diese Differenzierung umstritten geblieben.[2742] So hält *Stephan Stübinger* diese Unterscheidung beim Not-

---

2738 *Bothe,* in: Graf Vitzthum/Proelß (Hrsg.), Völkerrecht, 2016, S. 591–682, Abschn. 8 Rn. 2.

2739 *Steiger/Bäumler,* AVR 48 (2010), S. 189–225, 219 f.

2740 In diese Richtung tendierend *Merkel,* in: Meggle (Hrsg.), Humanitäre Interventionsethik, 2004, S. 107–132, 123 f., nach dem das Notstandsprinzip gleichermaßen im (Mikro-)Bereich individueller strafrechtlicher Verantwortlichkeit wie in der Makrosphäre der internationalen Politik gelte.

2741 *Doehring,* Völkerrecht, 2004, § 14 Rn. 771. *Ambos,* Internationales Strafrecht, 2014, § 7 Rn. 95, Fn. 465 weist auf eine moderne Ansicht im angloamerikanischen Recht hin, die eine Unterscheidung von rechtfertigender und entschuldigender Wirkung des Notstands und des Nötigungsnotstands vornimmt. Zur Unterscheidung zwischen Rechtfertigung und Entschuldigung im Völkerrecht allgemein *Cassese,* International Criminal Law, 2013, S. 209 ff.

2742 Ein Überblick zu dieser Diskussion findet sich bei *Stübinger,* ZStW 123 (2011), S. 403–446, 405 f.

stand für problematisch.[2743] Die Unterscheidung ist für ein Widerstandsrecht aber von großer Bedeutung. Ein Widerstands*recht* kann für eine Handlung nur rechtfertigend, nicht entschuldigend wirken. Anhand des Widerstandsrechts wird also deutlich, welche Handlungen rechtmäßig und welche rechtswidrig sind, wobei mögliche Entschuldigungen gänzlich unberücksichtigt bleiben. Eine Widerstandslage beschreibt eine Notsituation, in der das individuelle Überschreiten der Grenzen des Widerstandsrechts im Hinblick auf das Selbsterhaltungsprinzip gleichwohl nachvollziehbar sein kann. Es kann jemandem im Einzelfall nicht zugemutet werden, die Realisierung einer unmittelbaren Gefahr für Leib oder Leben zu erdulden, weil dies die Grenzen des Widerstandsrechts einfordern. Der Einzelne befindet sich „[...] in einer Zwangslage, in der ihm Gehorsam vor dem Tötungsverbot nicht mehr zugemutet [...] werden kann."[2744] Mit diesen Worten beschreibt *Merkel* die Situation, in der eine Entschuldigung in Betracht kommt. Rechtswidrige Widerstandshandlungen könnten im Einzelfall also strafrechtlich entschuldigt sein. Nicht jede rechtswidrige Widerstandshandlung ist daher zwangsläufig mit einem individuellen strafrechtlichen Vorwurf verbunden.

Die Differenzierung zwischen Rechtfertigung und Entschuldigung wenden einige Völkerrechtler bereits auf die Fälle völkerrechtlich relevanter Gewaltanwendung an. *Oeter* tendiert dazu, die Vorwerfbarkeit für Gewaltanwendungen im Rahmen humanitärer Interventionen – ähnlich der Rechtsfigur des „überpositiven Notstands" – zu verneinen.[2745] Er differenziert hier allerdings nicht zwischen Makro- und Mikroebene. Ähnliche Ausführungen sind bei *Marsavelski* zu finden. Bei der Aufstellung von Kriterien zur Gewaltanwendung, die keineswegs nur Einzelhandlungen betreffen müssen, sondern kollektive Geltung beanspruchen können, greift jener auf Argumente aus der individuellen Ebene der Entschuldigung zurück.[2746] Er hält die Entschuldigung von Handlungen einzelner Widerstandskämpfer für möglich,[2747] differenziert dabei ebenfalls nicht zwischen Mikro- und Makroebene. Auch *Dobos* zieht die Entschuldigung von

2743 Vgl. ebenda, S. 406.

2744 *Merkel,* in: Meggle (Hrsg.), Humanitäre Interventionsethik, 2004, S. 107–132, 127.

2745 *Oeter,* in: Malowitz/Münkler (Hrsg.), Humanitäre Intervention, 2009, S. 29–64, 49 f.

2746 Vgl. *Marsavelski,* CJIL 28 (2013), S. 241–295, 279, 282 f.

2747 Ebenda, S. 280.

individuellen Widerstandshandlungen zunächst in Betracht und nimmt an, dass eine humanitäre Intervention, die dasselbe Ziel wie die Widerstandsbewegung verfolgen würde, nicht entschuldigt werden könnte, sondern insofern anderen Maßstäben unterliege.[2748] Hier klingt die Differenzierung zwischen Mikro- und Makroebene an. Allerdings argumentiert *Dobos* nicht hiermit, sondern stellt darauf ab, dass in einer Konstellation der Entschuldigung kein Nothilferecht bestünde. Zudem lehnt er es letztlich ab, dass Widerstandskämpfer bloß entschuldigt würden.[2749] Ihn überzeuge diese Lösung nicht, da sich die Opfer von lediglich entschuldigten Widerstandshandlungen rechtmäßig verteidigen könnten und eine Entschuldigung impliziere, dass die Widerstandkämpfer rechtswidrig gehandelt hätten und reumütig sein müssten.[2750] In der Tat können Handlungen, die lediglich entschuldigt sind, rechtfertigende Verteidigungen entgegengesetzt werden. Sie stellen Unrecht dar.[2751] Allerdings ist die Möglichkeit der Entschuldigung deshalb nicht per se auszuschließen. Vielmehr müssen Entschuldigungsgründe im Einzelfall das Widerstandsrecht ergänzen, wenn seine Grenzen aufgrund einer persönlichen Zwangslage oder eines erheblichen Irrtums überschritten wurden.[2752]

Dies könnte insbesondere dann relevant werden, wenn eine gewaltsame Widerstandshandlung nicht nur zur Verletzung oder zum Tode von Mitgliedern des grausamen Staatsregimes führt, sondern auch Zivilisten verletzt oder getötet werden. Die einen sind Verursacher der Widerstandslage, die anderen sind unbeteiligte Dritte. Es besteht also eine unterschiedliche Beziehung zwischen den Widerstandskämpfern und den verschiedenen Opfern. Bei Ersterer handelt es sich um eine Notwehrkonstellation bzw. um defensiven Notstand; Letztere hingegen stellt eine Situation von Aggressivnotstand dar. Die Rechtfertigung einer Tötung oder Verletzung in jener Konstellation ist nicht mittels Notstandsrechts möglich, wie oben festgestellt wurde.[2753] Ein kollektives Widerstandsvorhaben wie ein Bür-

---

2748 *Dobos,* Insurrection and Intervention, 2012, S. 86.

2749 Ebenda, S. 87.

2750 Ebenda, S. 87.

2751 Vgl. *Stübinger,* ZStW 123 (2011), S. 403–446, 405 f.

2752 Im Ergebnis ebenso *Merkel,* in: Meggle (Hrsg.), Humanitäre Interventionsethik, 2004, S. 107–132, 127. *Bittner,* in: Bleisch/Strub (Hrsg.), Pazifismus, 2006, S. 265–275, 273 f. lehnt in Anlehnung an *Kant* eine Entschuldigung bei Eingriffen aufgrund substanzieller Notlage ab. Er präferiert eine Straflosigkeit aus dem Grunde, dass eine Strafandrohung keine Aussicht auf Wirkung hätte.

2753 S. o., S. 400 f.

gerkrieg kann nach Maßgabe des Widerstandsrechts auf der Makroebene gerechtfertigt sein, wenn eine Widerstandslage besteht und wenn der Bürgerkrieg als abstraktes Mittel geeignet, erforderlich und angemessen ist, um diese Notlage zu beseitigen und seine Erfolgsaussichten hoch sind. Allerdings können die individuellen Handlungen unter Umständen nur entschuldigt sein, wenn sie den Tod von Zivilisten verursachen. Die Rechtfertigung des Gesamtvorhabens impliziert nicht die Rechtfertigung aller Einzelakte. Vielmehr ist davon auszugehen, dass auch das Gesamtvorhaben rechtswidrig ist, wenn von vornherein feststeht, dass es ausschließlich mit rechtswidrigen (wenn auch entschuldigten) Einzelakten realisiert werden kann. In dem Fall wird es regelmäßig bereits an einer oder mehreren Voraussetzungen (insb. der Angemessenheit) für das kollektive Widerstandsrecht mangeln. Der Unterschied im Hinblick auf die Entschuldbarkeit ergibt sich daraus, dass das Zwangsmoment der Notlage nur auf der Mikroebene zum Tragen kommen kann. Sofern ein völkerrechtlicher Straftatbestand geschaffen werden sollte, der auf innerstaatlicher Ebene dem Aggressionsverbot entspricht (etwa Verbrechen der nicht-internationalen Aggression), ist eine Entschuldigung des Kollektivs abstrakt nicht denkbar – höchstens eine Rechtfertigung über das Widerstandsrecht. Eine Entschuldigung kann hier nur im Rahmen einer Einzelfallbetrachtung für den jeweiligen Täter erwogen werden. Darüber hinaus können die einzelnen Tötungs- und Körperverletzungsdelikte im Rahmen dieses illegalen Bürgerkriegs entschuldigt sein. Als Entschuldigungsgründe kommen insbesondere die strafrechtlich bekannten infrage (vor allem der übergesetzliche Notstand). Falls darüber hinaus ein neuer Entschuldigungsgrund mit besonders engen Voraussetzungen geschaffen werden sollte, wirkt dieser auch im nationalen Strafrecht – wie die Rechtfertigung des Widerstandsrechts.

b) Differenzierung nach Intensität und Betroffenen der Widerstandshandlung

Bei der rechtsethischen Legitimität und der völkerrechtlichen Ausgestaltung eines Widerstandsrechts spielt es zudem eine Rolle, dass die Intensität der Widerstandshandlungen sehr unterschiedliche Grade aufweisen kann und davon verschiedene Akteure betroffen sein können. Zur Differenzierung der Intensität einer Widerstandshandlung wurden in der Einleitung dieser Arbeit verschiedene Kriterien genannt (subjektive Verteidigung/objektive Opposition, passiv/aktiv, gewaltfrei/gewaltsam, individuell/kollektiv).[2754] Am aussagekräftigsten ist die Abgrenzung der Intensität von Widerstandshandlungen nach dem Kriterium der Gewaltanwendung.[2755] Gewalt ist hier in einem engen Sinne so zu verstehen, dass andere Menschen im Zuge der Ausführung der Widerstandshandlung Eingriffe in ihr Eigentum, ihre körperliche Integrität, Gesundheit oder gar ihr Leben erleiden.[2756] Die Unterscheidung als gewaltsamer und -freier Widerstand besagt per se noch nichts über seine Rechtmäßigkeit. Diese Frage ist – wenn es nicht schon an einer Widerstandslage mangelt – vielmehr im Rahmen der Verhältnismäßigkeitsprüfung der Widerstandshandlung zu klären. Gewaltsame Handlungen können wegen ihrer Intensität eher unverhältnismäßig sein als gewaltfreie. Letztlich kommt es auf eine konkrete Abwägung mit den Interessen und Gütern der Betroffenen an.

aa) Gewaltfreier Widerstand

Gewaltfreier Widerstand kann in diversen Formen ausgeübt werden – z. B. tätlich oder lediglich mündlich. *Sharp* nennt nahezu 200 Formen von gewaltfreiem Widerstand.[2757] Eine bedeutsame Form gewaltfreien Widerstands stellt der zivile Ungehorsam dar. Dort wird zwar zu friedlichen, jedoch – nach Maßstab der innerstaatlichen Rechtsordnung – zu illegalen Mitteln gegriffen. Die Zulässigkeit zivilen Ungehorsams ist in der politischen Philosophie daher umstritten. Insbesondere in Staaten, die die Kriterien eines Rechtsstaats erfüllen, wird bezweifelt, ob dort illegale Widerstandshandlungen legitim sein können. Hier wird die bedeutsame rechtsphilosophische Frage nach einer Pflicht zum Rechtsgehorsam berührt.

2754 S. o., S. 36 ff.

2755 Dem ähnliche Bedeutung beimessend *Eide,* in: UNESCO (Hrsg.), Violations of human rights: possible rights of recourse and forms of resistance, 1984, S. 34–66, 53.

2756 Der Gewaltbegriff ist hier also anders zu verstehen als nach überwiegender Auffassung im Rahmen von §§ 234 ff., 240 StGB, wo vorwiegend auf ein (körperlich wirkendes) Zwangselement abgestellt wird (vgl. hierzu nur *Eser/Eisele*, in: Schönke/Schröder, StGB, 2014, vor §§ 234 ff. Rn. 6 ff. und den ehemals vergeistigten Gewaltbegriff des Bundesverfassungsgerichts im „Sitzblockaden-Urteil“, BVerfGE 73, 206, 242 ff.). A. A. *Morreall,* in: Bedau (Hrsg.), Civil Disobedience in focus, 1991, S. 130–143, 135.

2757 *Sharp,* The Politics of Nonviolent Action, 1973, S. 117 ff.

Von den illegalen Akten ist der Staat als solcher betroffen, da seine Legitimität zumindest auf den ersten Blick angezweifelt wird. Widerstand gefährdet außerdem den Rechtsfrieden, den selbst ein ungerechter Staat zu gewährleisten vermag.[2758]

Darüber hinaus können auch unbeteiligte Dritte vorübergehend von gewaltfreien Widerstandshandlungen betroffen sein, z. B. ein Eigentümer bei der Besetzung seines Grundstückes.[2759] Die Frage der Rechtmäßigkeit einer solchen Widerstandshandlung richtet sich im Einzelfall nach der Verhältnismäßigkeit, insbesondere der Angemessenheit. Grundsätzlich müssen die Menschenrechte unbeteiligter Personen bei der Ausübung von Widerstand beachtet werden.[2760] Im Einzelfall kann es jedoch angemessen sein, wenn Dritte kurzzeitige Einbußen hinnehmen müssen. Dies richtet sich insbesondere nach dem Ausmaß der Notlage, der Effektivität der jeweiligen Widerstandshandlung und der konkreten Intensität der Beeinträchtigung. Mit der Fortentwicklung der Informations- und Kommunikationstechnologie (über Blogs, Videoplattformen, soziale Netzwerke) ergeben sich zahlreiche moderne Möglichkeiten für Anhänger des Widerstands, ihren Protest gewaltfrei und öffentlichkeitswirksam zu gestalten, ohne dass Dritte davon betroffen sind. Dies ist im Rahmen der Erforderlichkeitsprüfung zu berücksichtigen. In der Praxis können diese Möglichkeiten durch staatliche Überwachung jedoch stark beschnitten werden.

bb) Gewaltsamer Widerstand

Auch gewaltsamer Widerstand kennt zahlreiche Erscheinungsformen: gemeingefährliche Attentate, Anschläge, gewaltsame Staatsstreiche und Aufstände sowie Bürgerkrieg – um nur einige zu nennen. Sie verstoßen allesamt gegen das innerstaatliche Gewaltverbot, wenn sie nicht nach dem Maßstab des Widerstandsrechts ausgeübt werden.[2761] Dabei sind zwei Arten Betroffener vorstellbar, gegenüber welchen ein Widerstandsrecht die

---

2758 *Radbruch,* in: Kaufmann/Backmann (Hrsg.), Widerstandsrecht, 1972, S. 349–361, 356; *Isensee,* in: Müller/Rhinow/Schmid u. a. (Hrsg.), Staatsorganisation und Staatsfunktionen im Wandel, 1982, S. 23–40, 33.

2759 Zur Kategorisierung einer Grundstücksbesetzung als gewaltfrei s. o., S. 41 f.

2760 *Eide,* in: UNESCO (Hrsg.), Violations of human rights: possible rights of recourse and forms of resistance, 1984, S. 34–66, 55.

2761 Zur innerstaatlichen Dimension des Gewaltverbots s. o., S. 445 ff.

Gewaltanwendung legitimieren können muss: die Verursacher der Widerstandslage, also die politischen Machthaber und ihre Gehilfen, sowie unbeteiligte Dritte.

(1) Gegenüber politischen Machthabern und Gehilfen

Wird Gewalt gegenüber den politischen Machthabern und ihren Gehilfen ausgeübt, so richtet sich die Gewaltanwendung im Rahmen der Ausübung des Widerstandsrechts gegen die Verursacher die Widerstandslage. Dieses Szenario entspricht einer Verteidigungskonstellation. Bereits nach dem Prinzip des *Notwehrrechts* lässt sich die Gewaltanwendung also legitimieren, wenn seitens der Betroffenen zuvor ein gewaltsamer Angriff auf die Verteidigenden erfolgt ist.[2762] Hierfür genügt gewiss nicht jede Menschenrechtsverletzung. Der staatliche Angriff darf zudem nicht anders abwendbar sein als mit Gewalt.

Problematisch ist in diesem Zusammenhang, wer alles zu den Verursachern der Widerstandslage gezählt wird. Mittelbar sind die staatlichen Menschenrechtsverletzungen allen Mitgliedern des Staatsapparates zuzurechnen, so auch der bloßen Staatsverwaltung. Fraglich ist, ob beispielsweise ein Gebäude der staatlichen Finanzverwaltung legitimes Ziel eines militärischen Angriffs im Rahmen eines Bürgerkriegs gegen einen Staat, der Völkermord betreibt, sein könnte. Im Einzelfall muss genau geprüft werden, ob eine derartige Maßnahme wirklich erforderlich ist, um den Genozid zu stoppen. Andere räumliche Ziele, in denen sich die am Genozid direkt (strafrechtlich) Beteiligten befinden, könnten zur Verteidigung deutlich sinnvoller sein. Schließlich ist zweifelhaft, ob von den Verwaltungsmitarbeitern wirklich ein Angriff auf die Menschenrechte der Bevölkerung ausgeht. Dies muss in der Regel abgelehnt werden. Dazu ist viel-

2762 Zu den Problemen der ethischen Rechtfertigung von Notwehr *Bittner,* in: Bleisch/Strub (Hrsg.), Pazifismus, 2006, S. 265–275, der diese im Ergebnis gar verneint. Eine überzeugende Begründung der Legitimation von Notwehr findet sich demgegenüber bei *Merkel,* JZ 62 (2007), S. 373–385, 377 f.

mehr eine Beteiligung ihrerseits am Angriff erforderlich.[2763] Die genaue rechtliche Subsumtion ist Frage des Einzelfalles.[2764]

Durch die Anwendung von Gewalt gegenüber politischen Machthabern und ihren Gehilfen werden ferner die staatliche Souveränität und das staatliche Gewaltmonopol infrage gestellt. Zudem wird hier die rechtsphilosophische Frage nach einer Pflicht zum Rechtsgehorsam tangiert. Nach den rechtsphilosophischen Betrachtungen des ersten Kapitels und der völkerrechtlichen Analyse im zweiten Kapitel lässt sich schlussfolgern, dass Souveränität aus beiden Perspektiven bedingt ist, insbesondere durch die Einhaltung fundamentaler Menschenrechte. Fraglich ist, ob es in bestimmten Staatsformen daher per se ein Widerstandsrecht geben könnte, so z. B. in einem Unrechtsstaat (als Gegenteil von einem Rechtsstaat). Es gibt diverse Möglichkeiten, um Staaten zu kategorisieren.[2765] Hier soll kein neuer Vorschlag für eine Einordnung unterbreitet werden, die für die Zulässigkeit von Widerstand verbindlich gälte. Zum einen erlaubt eine solche Kategorisierung immer nur pauschale Aussagen über die Situation in einem Staat. Im Einzelfall kann es womöglich bedeutsame Unterschiede zwischen zwei Staaten geben, die derselben Kategorie zugeordnet werden. Zum anderen hängt die Subsumtion unter den Tatbestand der Widerstandslage ohnehin ausschließlich von den Menschenrechtsverletzungen bzw. der Gewalt in einem Staat ab. Die formale Einstufung in eine bestimmte Kategorie von Staat oder Herrschaftsform (z. B. totalitärer Staat oder Militärdiktatur) könnte also ohnehin nur ein Indiz für die noch festzustellenden Menschenrechtsverletzungen repräsentieren. Sie ist für das Widerstandsrecht damit kaum von Belang.[2766]

2763 In diese Richtung tendierend *Bittner,* in: Meggle (Hrsg.), Humanitäre Interventionsethik, 2004, S. 99–106, 105 a. E., der insofern einen weiteren Beteiligungsbegriff vertritt als es den klassischen Kombattantenbegriff des humanitären Völkerrechts.

2764 Zur Schwierigkeit der Bildung entsprechender Kriterien *Schaller/Rudolf,* „Targeted Killing“, 2012, S. 26 f.

2765 Etwa die Einteilung bei *Rawls* in „reasonable liberal peoples“, „decent peoples“ „outlaw states“, „burdened societes“ und „benevolent absolutisms“ (*Rawls,* The Law of Peoples, 1999, s. nur S. 4, 89 f.) oder die Kategorisierung „Unterdrückung“ und „Tyrannei“ von *Geistlinger,* Revolution und Völkerrecht, 1991 in Anlehnung an die Präambel der AEMR.

2766 Sich gegen derartige Kategorisierungen aussprechend *Kaufmann,* in: Rill/Scholz (Hrsg.), Der Rechtsstaat und seine Feinde, 1986, S. 57–69, 64 f.

(2) Gegenüber unbeteiligten Dritten

Von gewaltsamen Widerstandshandlungen können schließlich auch Dritte betroffen sein; insbesondere bei der Anwendung von Waffengewalt im Rahmen eines Bürgerkriegs. Selbst wenn das eigentliche Ziel im Rahmen einer gewaltsamen Maßnahme eine Person aus dem Kreis der politischen Machthaber sein mag, können unbeteiligte Dritte, die sich zur falschen Zeit am falschen Ort befinden, durch die gemeingefährliche Gewaltanwendung ebenso in ihrem Leib oder Leben betroffen sein. Im humanitären Völkerrecht gilt daher das Verbot unterschiedsloser Angriffe (Art. 51 Abs. 4 ZP I). Die Tötung von Zivilisten kann gem. Art. 51 Abs. 5 lit. b) ZP I nur dann als sogenannter Kollateralschaden sanktionslos bleiben, wenn sie verhältnismäßig ist. Diese Norm ist ethisch zwar äußerst zweifelhaft,[2767] jedoch verdeutlicht sie, dass Opfer unbeteiligter Dritte nicht ohne Weiteres legal oder gar legitim sind. Die Einordnung von Personen nach dem humanitär-rechtlichem Unterscheidungsgebot ist nicht immer problemlos möglich.[2768] Ferner kann auch diese Unterscheidung für die ethische Bewertung nur ein Anhaltspunkt sein. Die Bestimmung der Personen, die ein ethisch legitimes oder illegitimes Ziel von Angriffshandlungen sind, deckt sich nicht zwangsläufig mit den Ergebnissen des humanitären Völkerrechts.[2769] An der Legitimationsbedürftigkeit eines kriegerisch-gewaltsamen Widerstandsrechts vermögen diese schwierigen Abgrenzungsfragen darüber hinaus nichts zu ändern. Diese ergibt sich bereits daraus, dass es jedenfalls einen Kreis gänzlich unbeteiligter Personen gibt, die mit der Gewaltanwendung weder von staatlicher noch von rebellischer Seite her in Verbindung stehen und womöglich weder mit den Zielen der einen noch der anderen Partei sympathisieren. Von ihnen können viele aufgrund der Ausübung des Widerstandsrechts ihr Leben verlieren. Es ist fraglich, ob bzw. wie sich solche Kollateralschäden ethisch legitimieren lassen. Hier besteht inhaltlich kein Unterschied zur ethischen Debatte um die Zulässigkeit solcher Tötungen im zwischenstaatlichen Krieg. Letztlich

---

2767 Hierzu eingehend *Merkel,* JZ 2012, S. 1137–1145. Zur Problematik der „kollateralen" Tötungen s. u., S. 557 ff.

2768 *Rudolf,* Schutzverantwortung und humanitäre Intervention, 2013, S. 27.

2769 *Lefkowitz,* in: May (Hrsg.), War, 2008, S. 145–164, 146. *McMahan,* Kann Töten gerecht sein?, 2010 (Orig. v. 2009), s. nur S. 30 ff., 35 zieht z. B. das Kriterium der Haftung zurate (hierzu kritisch *Lazar,* Philosophy & Public Affairs 38 (2010), S. 180–213, 181).

handelt es sich um die Konstellation des Aggressivnotstands: Den Betroffenen wird ihr letales Opfer aufgezwungen. Insofern ist zweifelhaft, ob solche Handlungen ihnen gegenüber überhaupt ethisch oder rechtlich legitimierbar sind.

cc) Zusammenfassende Bemerkungen

Widerstandshandlungen können in ihrer Intensität stark variieren und ihre Auswirkungen entweder den Staat als solchen, einzelne politische Machthaber, deren Gehilfen oder unbeteiligte Dritte treffen. Die Zulässigkeit einer bestimmten Handlung mit ihrer konkreten Intensität ist Frage des Einzelfalles. Das Widerstandsrecht muss in seiner Ausgestaltung also eine abstrakte Regelung darstellen, die in ihren Rechtsfolgen dynamisch und flexibel ist und es erlaubt, angemessen auf den jeweiligen Grad der Not der Widerstandslage zu reagieren. Die Legitimation körperlicher Verletzungen oder Tötungen variiert je nach den Betroffenen. Die Schwelle zur Legitimation einer Widerstandshandlung, die die Verletzung oder Tötung unbeteiligter Dritter nach sich zieht, muss deutlich höher sein als bei der Verteidigung gegenüber Verursachern der Widerstandslage – sofern die Legitimation überhaupt möglich ist.

2. Rechtsethische Legitimität eines völkerrechtlichen Widerstandsrechts

Ein Widerstandsrecht ist in mehrfacher Hinsicht legitimationsbedürftig. Wie festgestellt wurde, hängt seine rechtsphilosophische Befürwortung unmittelbar mit der Frage nach einer Pflicht zum Rechtsgehorsam zusammen. Darüber hinaus wirft die Ausübung von gewaltsamem Widerstand die rechtsethische Frage der Legitimität von Zwangsopfern (Eigentum, Leib und Leben) unbeteiligter Dritter auf.

a) Legitimität von Ungehorsam

aa) Pflicht zum Rechtsgehorsam

Im ersten Kapitel dieser Arbeit wurden drei staatstheoretische Konzepte betrachtet, die unterschiedliche Ansätze zur Beantwortung der Frage nach einer (moralischen)[2770] Pflicht zum Rechtsgehorsam aufwiesen. Eine solche Pflicht findet sich bei *Hobbes* und *Kant*. Während *Hobbes* die absolute Pflicht zum Rechtsgehorsam konsequentialistisch begründet, liefert *Kant* eine deontologische Begründung. Die Idee der Pflicht zum Rechtsgehorsam reicht in der Philosophie sogar bis zu *Platon* zurück. In seinem Dialog „Kriton“ legt *Sokrates* gegenüber *Kriton* dar, dass es gerechter sei, dem eigenen Todesurteil Gehorsam zu leisten, als ihm durch Flucht zu entgehen.[2771] *Platon* geht dabei davon aus, dass die Rechtsordnung des *Vater*landes die Existenz eines jeden Bürger bedinge.[2772] Erst sie ermögliche Geburt, Erziehung und Leben ihrer Bürger.[2773] Man könne sie entweder als Ganzes akzeptieren oder müsse den Ort ihrer Geltung verlassen.[2774] Das Verweilen an dem Ort, welcher der Rechtsordnung untersteht, setzt *Platon* mit einem Einverständnis gegenüber jener gleich.[2775] Wenn ein Bürger ein Gesetz für ungerecht hielte, habe er stets die Möglichkeit, den Gesetzgeber umzustimmen.[2776] Ungehorsam ist für *Platon* ausgeschlossen: Dieser greife die Rechtsordnung als Ganzes an, führe gar zu ihrer Zerrüttung.[2777] So müsse jedes Gerichts- und damit auch Todesurteil akzeptiert werden[2778] – umso mehr, wenn man sich in einem Strafprozess zuvor nicht auf die alternative Strafe der Verbannung eingelassen habe.[2779] Der Gerechtigkeit wegen bevorzugt *Platons Sokrates* es, den Schierlingsbecher zu trinken statt zu flüchten – „[…] stelle […] nicht das Leben, stelle nichts höher als das Gerechte […]“[2780], so lautet seine Devise. *Platon* geht also von einem vertragstheoretischen Konzept getreu dem Motto „ganz oder gar nicht“ aus, dem die Pflicht zum Rechtsgehorsam in-

2770 Eine rechtliche Pflicht wäre sinnlos, da sie sich als Rechtsvorschrift nur auf alle anderen Vorschriften beziehen kann. Sie selbst kann von der Pflicht nicht umfasst sein, daher höhlte sie sich selbst aus.

2771 *Platon,* Kriton, 1986, S. 45 ff.

2772 Ebenda, S. 47.

2773 Ebenda, S. 47.

2774 Ebenda, S. 47 f.

2775 Vgl. ebenda, S. 48.

2776 Ebenda, S. 48.

2777 Ebenda, S. 46.

2778 Ebenda, S. 46.

2779 Ebenda, S. 49.

2780 Ebenda, S. 51.

newohnt:[2781] Entweder, man stimmt der Rechtsordnung als Ganzes zu, oder man muss den geografischen Bereich ihrer Geltung verlassen. Fühlt sich ein Bürger in der Rechtsordnung ungerecht behandelt, bleibt ihm vor der Auswanderung nur noch seine eigene Überzeugungskraft, um eine legale Änderung zu seinen Gunsten zu bewirken.[2782] Die Begründung der Pflicht zum Rechtsgehorsam beruht also auf einer sehr konsequenten – geradezu unerbittlichen – Vertragstheorie. Dass der Gesetzgeber fehlbar sein oder seine Macht missbrauchen kann, wird hier nicht berücksichtigt bzw. zur reinen Angelegenheit des Bürgers gemacht, dem es jederzeit freistehe, die Jurisdiktion zu verlassen. Im „Kriton" wird beschrieben, dass die Menschen die Wahl hätten, in einem Staat zu leben. Diese Prämisse ist in der politischen Wirklichkeit zweifelhaft – so gibt es schließlich Staaten, die eine Auswanderung unterbinden (z. B. zu ihrer Zeit die DDR). Verbleiben die Menschen bei *Platon* in einem Staat, müssen sie sich gänzlich mit diesem Staat abfinden. Wenn man *Platon* fragte: „Was war zuerst? Der Staat oder der Mensch?", so würde er antworten, dass zunächst der Staat existiert habe. Der Mensch muss für sich entscheiden, wie er mit diesem Staat als vollendeter Tatsache umgeht. Dass der Staat in seiner Legitimation abhängig von den Menschen sein könnte, ist ein Gedanke, der seiner Staatslehre sehr fern ist.

Dieser Gedanke hat erst mit *Hobbes* Eingang in die politische Philosophie gefunden. Die Perspektive auf die Frage nach einer Pflicht zum Rechtsgehorsam hat sich seitdem grundlegend gewandelt. *Hobbes* sieht den Sinn und Zweck des Staates – der Übertragung von Souveränität auf den Souverän – darin, den Naturzustand und damit die Unsicherheit, die in diesem herrscht, zu beseitigen.[2783] Auch er spricht sich daher für eine Pflicht zum Rechtsgehorsam aus. Er stellt den Staat nicht über das Leben der Bürger, wie es *Platon* tat. *Hobbes* erkennt ein individuelles Verteidigungsrecht des Bürgers gegen staatliche Akte an, die einen Angriff auf seinen Leib oder sein Leben darstellen.[2784] Für *Hobbes* endet die Pflicht der Staatsbürger zum Rechtsgehorsam außerdem, wenn der Souverän nicht mehr in der Lage ist, ein Mindestmaß an Sicherheit zu garantieren,

---

2781 Zum vertragstheoretischen Moment *Unruh,* Sokrates und die Pflicht zum Rechtsgehorsam, 2000, 145 ff., der einen Vergleich zwischen *Platon* bzw. *Sokrates* und *Locke* anstellt.

2782 Ebenda, S. 166.

2783 Hierzu s. o., S. 66 f.

2784 Hierzu s. o., S. 80 ff.

da dies in seinem Konzept den Vorteil des Staats gegenüber dem Naturzustand darstellt.[2785] *Hobbes*‘ Absolutismus ist also kein Selbstzweck. Er dient nicht der Legitimation der Position jedwedes machthungrigen Monarchen. Seine Annahmen sind im Hinblick auf die politische Realität allerdings nicht überzeugend. Eine absolute Staatsmacht verleitet zu ihrem Missbrauch, der sich für die Bürger letztlich als ebenso gewaltsam gestalten kann wie der Naturzustand. Auch *Hobbes* erkennt dies und verweist in diesem Zusammenhang auf das natürliche Selbstverteidigungsrecht der Menschen, das ihnen auch gegenüber dem absoluten Souverän erhalten bleibt.[2786] Die Gehorsamspflicht wird also bereits von *Hobbes* in gewisse Schranken gewiesen.

Bei *Kant* lassen sich solche Schranken nur für den Bereich des „inneren Moralischen“[2787] finden: Er gestattet die individuelle Gehorsamsverweigerung ausschließlich bei unsittlichen staatlichen Befehlen.[2788] Da sich das innere Moralische ohnehin dem Recht entzieht, stellt dies auch keine Ausnahme von der absoluten Pflicht zum *Rechts*gehorsam dar, die *Kant* in seiner Staatslehre statuiert. Gegenüber dem Widerstandsrecht nimmt *Kant* indessen eine uneingeschränkt ablehnende Position ein.[2789] Der Eintritt in den Rechtszustand, d. h. in das Leben im Staat, ist für *Kant* vernunftrechtlich zwingend.[2790] Die Autonomie findet dort gleichfalls den Höhepunkt und die einzige Möglichkeit ihrer Verwirklichung.[2791] Im Rechtszustand obliegt die Zwangsbefugnis zur Durchsetzung des Rechts der Staatsgewalt.[2792] Die Staatsbürger sind damit zum Gehorsam verpflichtet; er wird zur notwendigen Bedingung des Rechtszustandes. *Kant* vertraut auf den vernunftbegabten absoluten Gesetzgeber und darauf, dass dieser Missstände in seiner Rechtsordnung durch Reformen auflöst.[2793] Er räumt ein, dass das gesetzgebende Oberhaupt des Staats in der Praxis ein oder mehrere

---

2785 Vgl. *Hobbes,* Leviathan, 1984, Kap. XXI, S. 171.

2786 Hierzu s. o., S. 80 ff.

2787 *Kant,* AA VI, MdS, 1968, Rechtslehre, Anhang, S. 371.

2788 Vgl. ebenda, Anhang zur Rechtslehre, S. 371; *ders.,* AA VI, Religion, 1968, S. 99, Fn. 1; *ders.,* AA XIX, Reflexionen zur Rechtsphilosophie, 1971, Reflexion Nr. 8051, S. 594 f.

2789 Hierzu s. o., S. 187 ff.

2790 Vgl. *ders.,* AA VI, MdS, 1968, Rechtslehre, § 42 S. 307 f., § 44 S. 312.

2791 Vgl. ebenda, Rechtslehre, § 44 S. 312.

2792 Vgl. *ders.,* AA VIII, Gemeinspruch, 1968, S. 299.

2793 Vgl. *ders.,* AA VI, MdS, 1968, Rechtslehre, § 52 S. 340 f., vgl. § 49 S. 321 f.

Menschen, also fehlbare Vernunftwesen sind.[2794] Die empirische Möglichkeit des Machtgebrauchs jenseits der Vernunft ist in dieser Konzeption also angelegt. Dennoch bleibt *Kant* bei seiner absoluten Gehorsamspflicht. Ein Widerstands*recht* passt nicht in den *Kantischen* Staat, da es nicht anders als „[…] die ganze gesetzliche Verfassung zernichtend gedacht werden muß."[2795] *Kant* trennt nicht zwischen Recht und (empirischem) Staat. Er stellt die Aufrechterhaltung des Staats, den Gehorsam, damit – ebenso wie *Platons Sokrates* – im praktischen Zweifelsfall über das Leben der Menschen.

Anders verfährt sein Vorgänger *Locke*. Dieser kennt keine uneingeschränkte Pflicht zum Rechtsgehorsam. In seinem Konzept bleibt die Souveränität bei den Staatsbürgern.[2796] Diese haben das Recht zum Ungehorsam, zum Widerstand, wenn der Staat nicht mehr im Rahmen seiner ursprünglichen Ermächtigung handelt.[2797] Politische Legitimation und Reichweite der Pflicht zum Rechtsgehorsam werden vertragstheoretisch miteinander verknüpft. Damit geht *Locke* wesentlich weiter als *Hobbes*, der Ungehorsam gegenüber dem Staat in Gestalt des natürlichen Selbstverteidigungsrechts nur anerkennt, wenn ein Bürger sich in seinem Leben bedroht sieht.

Darüber hinaus herrscht auch im *Locke'schen* Staat eine grundsätzliche (relative) Gehorsamspflicht. Nur durch den generellen Rechtsgehorsam können Rechtssicherheit sowie -frieden und damit eine staatliche Ordnung etabliert werden. Während *Kant* den Rechtsfrieden zum obersten Gut erklärt, lässt *Locke* diesen im Fall des Machtmissbrauchs hinter materielle Ungerechtigkeiten zurücktreten. Widerstandsrecht und Rechtsfrieden stehen in einem Spannungsverhältnis zueinander. Hierbei handelt es sich um ein grundlegendes Problem der politischen Philosophie, das *Franz Neumann* wie folgt formuliert: „Das Problem der politischen Philosophie und ihr Dilemma ist die Versöhnung von Freiheit und Zwang."[2798] Das dort angesprochene Dilemma mündet unter anderem in der Frage nach der Pflicht zum Rechtsgehorsam. Rechtsfrieden und -sicherheit können sogar

2794 Vgl. *ders.,* AA VI, Religion, 1968, S. 32 ff.; *ders.,* AA VIII, Gemeinspruch, 1968, S. 304; *ders.,* AA VIII, ZeF, 1968, S. 379.

2795 *Ders.,* AA VI, MdS, 1968, Rechtslehre, § 49 S. 320.

2796 Vgl. *Lockes* Annahme, das Volk habe stets die höchste Gewalt (*Locke,* Zweite Abhandlung, 1967, § 149 a. E. S. 302).

2797 Hierzu s. o., S. 120 ff.

2798 *Neumann,* Grenzen des berechtigten Ungehorsams, 1967, S. 201.

vom ungerechten Staat garantiert werden.[2799] Rechtssicherheit stellt wiederum einen Aspekt von Gerechtigkeit dar. *Gustav Radbruch* hält den Konflikt zwischen Gerechtigkeit und Rechtssicherheit daher für einen „Konflikt der Gerechtigkeit mit sich selbst“[2800]. Für *Rupert Scholz* stellt die Aufrechterhaltung von Rechtsfrieden einen der höchsten ethischen Staatszwecke dar.[2801] Keineswegs darf jede Ungerechtigkeit den Rechtsfrieden gefährden. Deshalb kann auch nicht jede Ungerechtigkeit zu Ungehorsam berechtigen. Grundsätzlich gilt die Gehorsamspflicht. *Radbruch* zufolge überwiegt die Gerechtigkeit die Rechtssicherheit nur, wenn „[…] der Widerspruch des positiven Gesetzes zur Gerechtigkeit ein so unerträgliches Maß erreicht, daß das Gesetz als ‚unrichtiges Recht‘ der Gerechtigkeit zu weichen hat.“[2802] Darüber hinaus gilt ihm zufolge:

> „[W]o Gerechtigkeit nicht einmal erstrebt wird, wo die Gleichheit, die den Kern der Gerechtigkeit ausmacht, bei der Setzung des positiven Rechts bewußt verleugnet wurde, da ist das Gesetz nicht etwa nur ‚unrichtiges Recht‘, vielmehr entbehrt es überhaupt der Rechtsnatur.“[2803]

Recht kann nicht Selbstzweck sein. Selbst *Kant*, der an einer absoluten Pflicht zum Rechtsgehorsam festhält, misst dem Recht Zweck und Funktion der Freiheitsverwirklichung der Menschen zu.[2804] *Kaufmann* weist dem Recht eine genuin naturrechtliche Bedeutung zu und verneint die uneingeschränkte Pflicht zum Rechtsgehorsam: „Das Wesen des Rechts ist Widerstand gegen das Unrecht.“[2805] Recht und Staat sind nach seinem Verständnis damit nicht gleichzustellen, wie es *Kant* tut.

Eine Parallele zwischen Recht und Staat muss allerdings bestehen: Ebenso wie das Recht kann auch der Staat keinen Selbstzweck darstellen. Dieser Gedanke tritt auch im modernen Völkerrecht zutage, in welches das *Locke'sche* Konzept in Gestalt der modernen Menschenrechtslehre Eingang gefunden hat. Auch das Völkerrecht schützt – zum Wohl der

2799 *Radbruch,* in: Kaufmann/Backmann (Hrsg.), Widerstandsrecht, 1972, S. 349–361, 356; vgl. *Isensee,* in: Müller/Rhinow/Schmid u. a. (Hrsg.), Staatsorganisation und Staatsfunktionen im Wandel, 1982, S. 23–40, 33.

2800 *Radbruch,* in: Kaufmann/Backmann (Hrsg.), Widerstandsrecht, 1972, S. 349–361, 356.

2801 Vgl. *Scholz,* NJW 1969, S. 705–712, 705.

2802 *Radbruch,* in: Kaufmann/Backmann (Hrsg.), Widerstandsrecht, 1972, S. 349–361, 356.

2803 Ebenda, S., 356.

2804 Vgl. *Kant,* AA VI, MdS, 1968, Rechtslehre, § 44 S. 312.

2805 *Kaufmann,* 1984, S. 256.

Menschenrechte – stabile Staatlichkeit;[2806] jedoch nicht auf Kosten der Menschenrechte. Darüber hinaus kennt es mit der innerstaatlichen Dimension des Gewaltverbots eine Verbotskategorie, die sich auch gegen den Staat richtet und dabei die unwiderlegbare Schwelle jeder legitimen Staatlichkeit markiert.

Neben dem menschenrechtlichen Moment von *Lockes* Lehre wurde auch sein Einwilligungsargument zugunsten des Widerstandsrechts und gegen eine absolute Gehorsamspflicht von der modernen politischen Philosophie weiterentwickelt. Im Ergänzung zu *Locke* statuieren die modernen *consent theorists* ein zusätzliches Erfordernis für die staatliche Legitimation: die liberale Demokratie.[2807] Von ihnen wird dieses Erfordernis zur Vorbedingung der Gehorsamspflicht gemacht. Ob die Pflicht zum Rechtsgehorsam derart eingeschränkt ist, kann bezweifelt werden und wird sogleich erörtert. Grundsätzlich besteht die Pflicht zum Rechtsgehorsam innerhalb einer staatlichen Rechtsordnung. Allerdings kann sie keineswegs eine absolute moralische Pflicht sein. Dies zeigen Erwägungen der politischen Philosophie, allen voran die Verknüpfung von staatlicher Legitimität und dem Willen der Staatsbürger. Außerdem spiegelt sich dieses rechtsphilosophische Verständnis im modernen Völkerrecht wider. Menschenrechte und Gewaltverbot flankieren die staatliche Macht und damit auch ihren Gehorsamsanspruch.

bb) Legitimität von zivilem Ungehorsam

Fraglich bleibt, ob die Pflicht zum Rechtsgehorsam selbst in einem liberalen, demokratischen Rechtsstaat nur eine relative ist. Diese Frage stellt sich vor allem im Zusammenhang mit einer prominenten Erscheinungsform von Widerstand: dem zivilen Ungehorsam.[2808] Zur Erinnerung: Die

---

2806 Vgl. *Mégret,* The Canadian Yearbook of International Law 2008, S. 143–192, 180 f.

2807 S. nur *Rawls,* Eine Theorie der Gerechtigkeit, 1991 (1979, Orig. v. 1971), S. 251 ff., 379, 390, der das Prinzip der Fairness insofern zur Voraussetzung erklärt; ähnlich *Habermas,* in: Glotz (Hrsg.), Ziviler Ungehorsam im Rechtsstaat, 1983, S. 29–53, 37. Hierzu *Dobos,* Insurrection and Intervention, 2012, S. 9 ff.

2808 Zum Zusammenhang zwischen zivilem Ungehorsam und der Pflicht zum Rechtsgehorsam *Mégret,* The Canadian Yearbook of International Law 2008, S. 143–192, 145.

Definition von zivilem Ungehorsam ist umstritten,[2809] ebenso seine Rechtfertigung. Von besonderer Bedeutung ist, dass der Ungehorsam den Bruch von Gesetzen impliziert. Im Rahmen des zivilen Ungehorsams werden Rechtsnormen vorsätzlich verletzt. Die verletzte Norm kann – muss aber nicht –[2810] mit derjenigen identisch sein, die für ungerecht gehalten wird. Insofern kann man zwischen unmittelbarem und mittelbarem zivilen Ungehorsam differenzieren.[2811] In jedem Fall wird beim zivilen Ungehorsam der Boden der Illegalität betreten. Fraglich ist, ob sich dies in einem freiheitlich-demokratischen Rechtsstaat überhaupt rechtfertigen lässt.

Einige Autoren meinen, dass in einem solchen Staat gar keine Form von Widerstand legitim sein könne, so auch der zivile Ungehorsam nicht. *Kurt Wolzendorff*, der den Rechtsschutz im modernen Staat ausschließlich bei diesem monopolisiert sieht,[2812] meint:

> „[D]er völlige Ausbau des Staatsrechts, genauer des Rechtsstaats und zwar des Rechtsstaats auf konstitutioneller Grundlage, hat den inneren Rechtsgedanken, der der Lehre vom Widerstandsrecht zu Grunde lag, den Gedanken des Rechtsschutzes menschlicher Freiheit im Staat, zu prinzipieller Verwirklichung und sie selbst damit zur Erledigung gebracht."[2813]

Das Bedürfnis nach Widerstand kann in einem freiheitlich-demokratischen Rechtsstaat deutlich geringer sein als in Staaten, deren Machthaber gegenüber ihren Bürgern evidente Menschenrechtsverstöße begehen.[2814] In Ersterem stellen die Menschenrechte nämlich eine tragende Säule der staatlichen Verfassung dar. Außerdem sind Gesetze und ihre Ausführung dort demokratisch legitimiert. Ungehorsam seitens des Volks erscheint daher widersprüchlich. Das gesellschaftliche Bedürfnis nach Widerstand erlischt im freiheitlich-demokratischen Rechtsstaat nicht zwangsläufig. Dies zeigt sich u. a. bereits im politischen Alltag der Bundesrepublik seit den 1970er-Jahren. Man denke nur an die teils illegalen Aktivitäten von Protestgruppen gegen Atomkraft in den 1970er- und 1980er-Jahren oder zugunsten

---

2809 S. o., S. 43 f.

2810 *Rawls,* Eine Theorie der Gerechtigkeit, 1991 (1979, Orig. v. 1971), 401 mit Hinweis auf *Cohen,* The Massachusetts Review 10 (1969), S. 211–226, 224.

2811 *Dreier,* in: Glotz (Hrsg.), Ziviler Ungehorsam im Rechtsstaat, 1983, S. 54–75, 61.

2812 *Wolzendorff,* Staatsrecht und Naturrecht in der Lehre vom Widerstandsrecht des Volkes gegen rechtswidrige Ausübung der Staatsgewalt, 1961 (1916), S. 462.

2813 Ebenda, S. 533 f.

2814 Vgl. *Tomuschat,* in: Albach (Hrsg.), Über die Pflicht zum Ungehorsam gegenüber dem Staat, 2007, S. 60–95, 91.

von Umwelt- und Tierschutz.[2815] Darüber hinaus belegen auch die Musterbeispiele von zivilem Ungehorsam, die Bürgerrechtsbewegung um *Martin Luther King, Jr.* und die indische Befreiungsbewegung unter *Gandhi,* die Existenz eines Bedürfnisses nach Widerstand in einem (minimalen)[2816] Rechtsstaat. Neben der grundsätzlichen Einhaltung der Menschenrechte bietet ein Rechtsstaat spezifische Mittel, um auf Ungerechtigkeiten hinzuweisen oder diese gar zu beseitigen. Zumeist bestehen zahlreiche Verfahrens- und Beschwerdemöglichkeiten. Zudem bieten demokratische Staaten mitunter weite direktdemokratische Entscheidungsverfahren, die wie ein präventives Mittel gegen das Aufkeimen jedes Bedürfnisses nach Ungehorsam wirken können. Ziviler Ungehorsam als Widerstand im Rechtsstaat in Form von illegalen Akten kann also nur Ultima Ratio sein.[2817]

Dass ziviler Ungehorsam nur in absoluten Ausnahmefällen legitim sein kann, nehmen auch zwei seiner prominenten Verfechter an: *Henry David Thoreau* und *Rawls*.[2818] Erstgenannter kann als Begründer des Begriffs des zivilen Ungehorsams betrachtet werden.[2819] Er lehnte eine umfassende Pflicht zum Rechtsgehorsam auch in den liberalen[2820] Vereinigten Staaten des 19. Jahrhunderts ab: „Nur eine einzige Verpflichtung bin ich berechtigt einzugehen, und das ist, jederzeit zu tun, was mir recht scheint“[2821] – das ist die feste Überzeugung *Thoreaus*. Er begann die Entwicklung seiner

2815 Ob dies Fälle von legitimem Widerstand oder zivilem Ungehorsam darstellten, sei hier dahingestellt. Es geht nur um die Darlegung des faktisch-sozialen Bedürfnisses nach Widerstand.

2816 Mit *Ladwig,* in: MenschenRechtsZentrum der Universität Potsdam (Hrsg.), Recht auf Widerstand?, 2006, S. 55–84, 60 ist davon auszugehen, dass es genügt, wenn die Ungehorsamen „[…] die Verfassungsordnung im Ganzen als legitimen Rahmen ihres Handelns […]“ akzeptieren. Dabei kann auf den Teil der Rechtsordnung, der nicht von der massiven Diskriminierung bestimmt ist, abgestellt werden.

2817 Vgl. *Gandhi,* Non-Violent Resistance (Satyagraha), 1961 (Orig. v. 1950), S. 4; *Zashin,* Civil Disobedience and Democracy, 1972, S. 128; *Ebert,* Gewaltfreier Aufstand, 1980, S. 208; *Laker,* Ziviler Ungehorsam, 1986, S. 184.

2818 *Pabst,* APuZ 2012 (Heft 25-26), S. 23–29, 25.

2819 Vgl. *Laker,* Ziviler Ungehorsam, 1986, 16.

2820 Hier wird der Begriff liberal nur in einem minimalen Sinne verstanden (grundsätzliches Bekenntnis zu und minimale Anwendung von Menschenrechten). An einer umfassenden Einhaltung der Menschenrechte hat es damals gewiss gemangelt.

2821 *Thoreau,* Über die Pflicht zum Ungehorsam gegen den Staat, 1967 (Orig. v. 1849), S. 14.

Lehre vom zivilen Ungehorsam mit der Begründung der Zulässigkeit von individuellem Ungehorsam in Form der Verweigerung von Steuerzahlungen.[2822] Diese theoretische Lehre entwickelte er in Zusammenhang mit dem historischen Kontext seiner Zeit. Er selbst verweigerte im Jahre 1846 die Begleichung von Steuerschulden, da er die Zahlung mit einer Beteiligung an der Sklaverei im Lande und am damaligen Krieg gegen Mexiko gleichstellte.[2823] Der Preis für *Thoreaus* Ungehorsam bestand in einem eintägigen Gefängnisaufenthalt.[2824] Später entwickelte *Thoreau* seine Lehre zu einem Recht auf kollektiven zivilen Ungehorsam weiter.[2825] *Thoreaus* Konzept vom zivilen Ungehorsam hatte einen erheblichen Einfluss auf zahlreiche folgende Theorien hierzu,[2826] so auch auf diejenige von *Rawls*. Da seine profunde Theorie mittlerweile zur gängigen Referenz von Diskussionen über zivilen Ungehorsam geworden ist,[2827] wird diese hier kurz erörtert.

(1) Rawls' Theorie vom zivilen Ungehorsam

Im Fokus von *Rawls'* Theorie vom zivilen Ungehorsam steht der Gedanke, dass der Ungehorsam, der unter den von ihm statuierten Bedingungen ausgeübt wird, die grundsätzliche Gesetzes- und Verfassungstreue der Ungehorsamen widerspiegelt. Illegale Akte können in diesem Konzept zum Wohl der Rechtsordnung ausnahmsweise notwendig sein. Fraglich ist, wie *Rawls* zu dieser These gelangt. Diese Frage stellt sich vor allem, da er zunächst eine Pflicht zum Rechtsgehorsam statuiert. Diese Pflicht stellt bei *Rawls* eine „natürliche Pflicht“[2828] zur Gerechtigkeit dar. Als solche gelte

2822 *Laker,* Ziviler Ungehorsam, 1986, S. 24; *Remele,* Ziviler Ungehorsam, 1992, S. 83 f.

2823 *Laker,* Ziviler Ungehorsam, 1986, S. 19; *Remele,* Ziviler Ungehorsam, 1992, S. 83 f.

2824 *Laker,* Ziviler Ungehorsam, 1986, S. 19.

2825 Ebenda, S. 26.

2826 *Remele,* Ziviler Ungehorsam, 1992, S. 87.

2827 *Forst,* in: Höffe (Hrsg.), John Rawls, Eine Theorie der Gerechtigkeit, 2006, S. 187–208, 203. Vgl. *Höffe,* in: ders. (Hrsg.), Sittlich-politische Diskurse, 1981, S. 160–170, 160; *Habermas,* in: Glotz (Hrsg.), Ziviler Ungehorsam im Rechtsstaat, 1983, S. 29–53, 34 ff.

2828 *Rawls,* Eine Theorie der Gerechtigkeit, 1991 (1979, Orig. v. 1971), S. 368 ff., 135 ff.

sie zwischen allen Menschen als „gleichen moralischen Subjekten."[2829] Sie ist laut *Rawls* nicht abhängig von freiwilligen Zustimmungsakten.[2830] Die Pflicht umfasse die „[…] Erhaltung und Förderung gerechter Institutionen."[2831] Sie ist notwendige Bedingung für das sichere Funktionieren der Institutionen und damit für die Fairness. Daher würden die Parteien im Urzustand unter dem Schleier des Nichtwissens eine solche moralische Pflicht bejahen.[2832]

Es soll erörtert werden, wie dies damit vereinbar ist, dass *Rawls* gleichzeitig zivilen Ungehorsam für gerechtfertigt hält. Zunächst erkennt er an, dass es auch in einer Gesellschaft, die sich der Verfahrensgerechtigkeit verschrieben hat, zu ungerechten Beschlüssen kommen kann.[2833] Selbst in einer nur „fast gerechten Gesellschaft"[2834] müssten die Bürger aufgrund ihrer natürlichen Pflicht zur Unterstützung der gerechten Institutionen auch ungerechten Gesetzen Gehorsam leisten.[2835] Für *Rawls* stellt bereits das Zustandekommen in einem formellen Gesetzgebungsverfahren einen hinreichenden Grund dar, ein Gesetz einzuhalten.[2836] Es gebe eine …

> „[…] natürliche Bürgerpflicht, die Fehler der gesellschaftlichen Regelungen nicht leichtfertig zur Entschuldigung von Ungehorsam heranzuziehen und unvermeidliche Lücken in den Regeln nicht für unsere Interessen auszuschlachten."[2837]

Allerdings gelte diese nur, solange die gesetzlichen Regelungen einen gewissen Grad der Ungerechtigkeit nicht überschreiten.[2838] Hier beginnt *Rawls*' Lehre vom zivilen Ungehorsam als Teil seiner *nonideal theory* für die unreine Wirklichkeit.[2839] Er stellt das Szenario des zivilen Ungehorsams als Pflichtenkollision dar: Zum einen fordere die Gerechtigkeitspflicht, auch ungerechten Gesetzen Folge zu leisten; zum anderen dürften

---

2829 Ebenda, S. 136.
2830 Ebenda, S. 136.
2831 Ebenda, S. 368 a. E.
2832 Zum *Rawls'schen* Urzustand s. o., S. 352.
2833 Vgl. *Rawls,* Eine Theorie der Gerechtigkeit, 1991 (1979, Orig. v. 1971), S. 386 ff., 421.
2834 S. nur ebenda, S. 388, 399.
2835 Ebenda, S. 387.
2836 Ebenda, S. 387.
2837 Ebenda, S. 391 f.
2838 Ebenda, S. 392.
2839 Vgl. ebenda, S. 25, 429; *Simmons,* Philosophy & Public Affairs 38 (2010), S. 5–36, 10. Näheres zur *nonideal theory* s. u., S. 597 ff.

– unter anderem um der Gerechtigkeitspflicht willen selbst – schwerwiegende Ungerechtigkeiten nicht hingenommen werden.[2840] *Rawls* fragt sich, wann die Schwelle erreicht ist, bei welcher diese Kollision ausnahmsweise zugunsten der letzten Pflicht aufzulösen ist:[2841] Wann muss einem Gesetz, das der Feder der Mehrheit entsprungen ist, nicht mehr Folge geleistet werden? Das Szenario des zivilen Ungehorsams stellt sich bei *Rawls* als „Prüfstein für jede Theorie der moralischen Grundlage der Demokratie“[2842] dar.

Seine Theorie des zivilen Ungehorsams leitet er ein mit …

> „[…] der Definition des zivilen Ungehorsams als einer öffentlichen, gewaltlosen, gewissensbestimmten, aber politisch gesetzwidrigen Handlung, die gewöhnlich eine Änderung der Gesetze oder der Regierungspolitik herbeiführen soll.“[2843]

Die Kriterien in dieser Definition bedingen die *Rawls'sche* Rechtfertigung von zivilem Ungehorsam. Der Umstand der Öffentlichkeit solle sicherstellen, dass Ungehorsam nicht heimlich stattfinde, sondern die Wirkung einer öffentlichen Rede mit Appellcharakter erzielen könne.[2844] Der Appellcharakter habe auch beim Kriterium der Gewaltlosigkeit eine große Bedeutung. Die Anwendung von Gewalt führe zur Beeinträchtigung der bürgerlichen Freiheiten anderer Menschen – dies sei mit diesem Appellcharakter des zivilen Ungehorsams unvereinbar.[2845] Vielmehr demonstriere jegliche Form von Gewalt, dass ihre Anwender Appelle gemeinhin für sinnlos hielten.[2846] Zudem drücke sich in der Wahl der gewaltlosen Mittel die prinzipielle Gesetzestreue der ausnahmsweise Ungehorsamen aus.[2847] Jene

---

2840 *Rawls,* Eine Theorie der Gerechtigkeit, 1991 (1979, Orig. v. 1971), S. 400.

2841 Vgl. ebenda, S. 400.

2842 Ebenda, S. 400.

2843 Ebenda in Anlehnung an *Bedau,* The Journal of Philosophy 58 (1961), S. 653–665, 661 („Anyone commits an act of civil disobedience if and only if he acts illegally, publicly, nonviolently, and conscientiously with the intent to frustrate (one of) the laws, policies, or decisions of his government.“).

2844 *Rawls,* Eine Theorie der Gerechtigkeit, 1991 (1979, Orig. v. 1971), S. 403.

2845 Ebenda, S. 403. *Rawls* lehnt gewaltsamen Widerstand damit nicht gänzlich ab (vgl. ebenda, S. 25; *Simmons,* Philosophy & Public Affairs 38 (2010), S. 5–36, 16). In einer fast gerechten Gesellschaft kann es für ihn jedoch nur zivilen Ungehorsam geben. In einer Gesellschaft mit tiefer greifenden Ungerechtigkeiten würde auch er im Rahmen seiner *nonideal theory* gewaltsamen Widerstand zulassen.

2846 *Rawls,* Eine Theorie der Gerechtigkeit, 1991 (1979, Orig. v. 1971), S. 403.

2847 Ebenda, S. 403.

kommt darüber hinaus im Tatbestandsmerkmal der Gewissenhaftigkeit zum Ausdruck. Dieses Merkmal gewährleistet, dass die Ungehorsamen eingehend geprüft haben, ob es sich bei dem angeprangerten Gesetz bzw. seiner Ausübung um einen ungerechten Akt handelt. Maßstab der Ungerechtigkeit ist bei *Rawls* nicht etwa das individuelle Interesse, sondern „[…] die gemeinsame Gerechtigkeitsvorstellung, die der politischen Ordnung zugrunde liegt.“[2848] Ziviler Ungehorsam soll also darauf aufmerksam machen, dass Gesetze oder Regelungen nicht mit den gemeinhin gültigen Gerechtigkeitsgrundsätzen konform sind.[2849] Hierin kommt die „‚tiefere‘ Gesetzestreue“[2850] zum Ausdruck, wie *Rainer Forst* feststellt. Sie manifestiert sich *Rawls* zufolge auch in der Hinnahme von Sanktionen der illegalen Handlungen.[2851] Nur wer die Sanktion in Kauf nehme, habe sich eingehend mit einer Regel beschäftigt, die er im Rahmen einer illegalen Handlung als ungerecht anprangere.[2852] Eine solche Handlung ist gemäß *Rawls* „[…] jene Form der Nonkonformität, die an der Grenze der Gesetzestreue steht.“[2853]

Die moralische Rechtfertigung dieser Handlung geht für *Rawls* mit drei Bedingungen einher.[2854] Die erste beschreibt die Schwelle der Ungerechtigkeit, die vorliegen muss, damit die Pflicht zum Gehorsam nicht mehr besteht. Ziviler Ungehorsam kann sich laut *Rawls* nur gegen Fälle „wesentlicher und eindeutiger Ungerechtigkeit“[2855] richten. Er präzisiert dies, indem er es zur Bedingung erklärt, dass entweder der *Grundsatz der gleichen Freiheit* (*Rawls*‘ erster Gerechtigkeitsgrundsatz) oder das *Prinzip der fairen Chancengleichheit* (zweiter Teil von *Rawls*‘ zweitem Gerechtigkeitsgrundsatz) schwer verletzt worden seien.[2856] Solche Ungerechtigkeiten bestünden z. B. darin, einer Minderheit das Wahlrecht zu entziehen, oder in der Unterdrückung von Mitgliedern bestimmter Religionsgemeinschaften.[2857] Verletzungen des *Differenzprinzips* (der erste Teil von

---

2848 Ebenda, S. 402

2849 *Forst,* in: Höffe (Hrsg.), John Rawls, Eine Theorie der Gerechtigkeit, 2006, S. 187–208, 202.

2850 Ebenda, S. 202.

2851 *Rawls,* Eine Theorie der Gerechtigkeit, 1991 (1979, Orig. v. 1971), S. 403.

2852 Ebenda, S. 404.

2853 Ebenda, S. 404.

2854 Vgl. ebenda, S. 409 ff.

2855 Ebenda, S. 409.

2856 Ebenda, S. 409. Zu den Gerechtigkeitsgrundsätzen ebenda, S. 336 f.

2857 Ebenda, S. 409.

Rawls' zweitem Gerechtigkeitsgrundsatz) böten demgegenüber keine Grundlage für zivilen Ungehorsam, da sie objektiv kaum feststellbar seien.[2858]

Rawls' zweite Bedingung der Rechtfertigung zivilen Ungehorsams ist die Einhaltung des Subsidiaritätsprinzips und damit seine Erforderlichkeit.[2859] Alle Korrekturmöglichkeiten, die im Rahmen der geltenden Rechtsordnung bestünden, müssten ausgeschöpft werden, sofern es sich nicht um eine gravierende Verletzung der erwähnten Gerechtigkeitsprinzipien handele.[2860] In Extremfällen, z. B. dem gänzlichen Verbot einer Religion, könne bereits vorher das Mittel des zivilen Ungehorsams gewählt werden.[2861] Hier wird deutlich, dass auch dem *Rawls'schen* Widerstand ein gewisses Verteidigungsmoment innewohnt.

Schließlich besteht *Rawls'* dritte Bedingung in der Folgenberücksichtigung. Insbesondere, wenn mehrere Minderheiten gleichzeitig zivilen Ungehorsam ausüben, könnte hieraus eine unverhältnismäßige Destabilisierung der Ordnung resultieren.[2862] Ziviler Ungehorsam kann bei *Rawls* nur zum Wohl und zur Verbesserung der Ordnung eingesetzt werden. Im Zweifel müssten verschiedene Minderheiten, die alle von den Ungerechtigkeiten betroffen seien, politisch zusammenarbeiten, um eine destabilisierende Wirkung des Ungehorsams auf die Ordnung zu vermeiden.[2863] Auch die potenziellen Schädigungen Dritter müssten bei der Ausübung zivilen Ungehorsams berücksichtigt werden.[2864]

In *Rawls* Konzept stellt ziviler Ungehorsam das Gegenteil von Destabilisierung dar. Er kann dort nur als ein Pfeiler der stabilen, wohlgeordneten oder fast gerechten Gesellschaft fungieren.[2865] Letztlich drückt ziviler Ungehorsam eine besondere Gesetzestreue aus – insofern, als die Ungehorsamen ihre Loyalität gegenüber den Gerechtigkeitsgrundsätzen kundtun. Diese Grundsätze stellen bei *Rawls* die Basis für das gemeinsame politi-

2858 Ebenda, S. 410. Zum Differenzprinzip ebenda, S. 95 ff.
2859 Vgl. ebenda, S. 410 f.
2860 Ebenda, S. 411.
2861 Ebenda, S. 411.
2862 Ebenda, S. 411.
2863 Ebenda, S. 412.
2864 Ebenda, S. 413.
2865 Ebenda, S. 421.

sche Projekt einer Gesellschaft dar.[2866] Aus der Verantwortung gegenüber diesem Projekt und den Gerechtigkeitsgrundsätzen folgt die Pflicht zum Gehorsam, also auch das Recht zum Ungehorsam.[2867] *Rawls* zufolge ist dabei jeder für seine eigene Auslegung der Gerechtigkeitsgrundsätze und für sein Handeln verantwortlich.[2868] „Letzte Instanz ist weder das Gericht noch die ausführende oder gesetzgebende Gewalt, sondern die ganze Wählerschaft“[2869], so befindet *Rawls*. Die Prämisse der Volkssouveränität wohne dem Instrument des zivilen Ungehorsams inne.[2870] Jenes erfüllt bei *Rawls* in einer fast gerechten, demokratischen Gesellschaft eine eigene Funktion in Ergänzung zur demokratischen Mehrheitsregel.[2871] Ziviler Ungehorsam hat bei ihm vor allem symbolischen Charakter und trägt auf diese Weise zur Verhütung oder Korrektur von Gerechtigkeitsverletzungen bei.[2872]

Rawls löst das Spannungsverhältnis zwischen Rechtsgehorsam und Widerstandsrecht als Recht zum zivilen Ungehorsam in seiner Theorie konsequent auf. Nichtsdestoweniger bietet sie Angriffsfläche für Kritik. Insbesondere die Beschränkung der ersten Rechtfertigungsbedingung auf zwei Gerechtigkeitsgrundsätze ist der Kritik zugänglich.[2873] Darüber hinaus ist der Gewaltbegriff problematisch.[2874] *Rawls* macht die Gewaltfreiheit zum Tatbestandsmerkmal zivilen Ungehorsams. Je nach Auslegung dieses Begriffs können unterschiedliche Handlungen als ziviler Ungehorsam infrage kommen.[2875]

2866 Vgl. ebenda, S. 336 („Gerechtigkeitsgrundsätze für Institutionen“); *Forst,* in: Höffe (Hrsg.), John Rawls, Eine Theorie der Gerechtigkeit, 2006, S. 187–208, 207.

2867 Ebenda, S. 207.

2868 *Rawls,* Eine Theorie der Gerechtigkeit, 1991 (1979, Orig. v. 1971), S. 428.

2869 Ebenda, S. 428 f.

2870 Ebenda, S. 429.

2871 Vgl. ebenda, 420 f.; *Daase,* APuZ 2014 (Heft 27), S. 3–9, 7.

2872 Vgl. *Rawls,* Eine Theorie der Gerechtigkeit, 1991 (1979, Orig. v. 1971), S. 421.

2873 Vgl. entsprechende Kritik bei *Forst,* in: Höffe (Hrsg.), John Rawls, Eine Theorie der Gerechtigkeit, 2006, S. 187–208, 204.

2874 Hierzu s. o., S. 41, Fn. 70. Vgl. Kritik bei *Forst,* in: Höffe (Hrsg.), John Rawls, Eine Theorie der Gerechtigkeit, 2006, S. 187–208, S. 203. Zur Problematik der Gewaltlosigkeit beim zivilen Ungehorsam *Frankenberg,* JZ 1984, S. 266–275, 269 f.

2875 Hierzu s. o., S. 43 ff.

(2) Wichtigste Aspekte der Legitimität

In der politischen Philosophie finden sich zahlreiche weitere Ansätze zur Begründung der Rechtfertigung zivilen Ungehorsams. Viele weisen Gemeinsamkeiten mit den zentralen Aspekten von *Rawls*' Theorie auf – z. B. bei der Bedeutung des symbolischen Charakters.[2876] Darüber hinaus ist der rechtfertigende Umstand von Bedeutung, dass ziviler Ungehorsam der Durchsetzung höherer (Gerechtigkeits-)Ideale dient.[2877] *Mégret* zufolge trägt eine politische Theorie vom zivilen Ungehorsam daher den Menschenrechtsgedanken in sich.[2878] Er weist dabei auf die Verteidigungskonstellation beim zivilen Ungehorsam hin. Die Ideale, die durch Anwendung von zivilem Ungehorsam verteidigt würden, seien „profoundly human"[2879]. Damit weise ziviler Ungehorsam ein starkes emanzipatorisches Moment auf.[2880] Wie bei *Rawls* zeigt sich der Gedanke der Volkssouveränität, der bereits bei der *Locke'schen* Begründung eines Widerstandsrechts eine tragende Rolle spielte; so auch in der Theorie von *Habermas*, der dem zivilen Ungehorsam ein direkt-demokratisches Moment zuschreibt.[2881]

In all diesen Begründungen fordert ziviler Ungehorsam ein Opfer – die Hinnahme der Sanktion des Rechtsbruchs zum Wohl höherer Werte. *Rawls'* Theorie zeigt – wie die Praxis von *Martin Luther King, Jr.* –, dass der Rechtsbruch als appellierende Provokation notwendig ist.[2882] In diesem Kontext haben Gerichte gegebenenfalls die erste Gelegenheit, eine Ungerechtigkeit zu beseitigen, indem sie bei den individuellen (Straf-)Prozessen gegen Ungehorsame die angeprangerten Regelungen nicht anwen-

2876 Vgl. nur *Hagen,* Widerstand und ziviler Ungehorsam, 1987, S. 132; *Seifert,* in: Tatz (Hrsg.), Gewaltfreier Widerstand gegen Massenvernichtungsmittel, 1984, S. 99–103, 100.

2877 So z. B. bei *Zashin,* Civil Disobedience and Democracy, 1972, S. 127 f.; *Habermas,* in: Glotz (Hrsg.), Ziviler Ungehorsam im Rechtsstaat, 1983, S. 29–53, 37, 39.

2878 *Mégret,* The Canadian Yearbook of International Law 2008, S. 143–192, 164.

2879 Ebenda, S. 164.

2880 Ebenda, S. 164.

2881 *Habermas,* in: Glotz (Hrsg.), Ziviler Ungehorsam im Rechtsstaat, 1983, S. 29–53, 39.

2882 So auch *Mégret,* The Canadian Yearbook of International Law 2008, S. 143–192, 171.

den oder für unwirksam erklären.[2883] Auf eine derart wohlwollende Haltung der Gerichte darf und kann der Ungehorsame sich jedoch nicht verlassen. Er muss bereit sein, die Sanktion für seinen Rechtsbruch hinzunehmen. Hierin drückt sich seine Loyalität gegenüber dem politischen System als solchem aus. Er ist ein „homo politicus"[2884], kein Anarchist. Seine Handlungen erfüllen hohe moralische Standards.[2885] Er handelt zum Wohl der Allgemeinheit und stellt damit keine Bedrohung des Rechtsfriedens dar.[2886] Dabei erkennt er, dass die politische und rechtliche Ordnung nicht in erster Linie von Ruhe und Rechtsgehorsam abhängt, sondern von übergeordneten (Gerechtigkeits-)Erwägungen.

b) Legitimität von „Kollateralschäden"

aa) Einleitung: das Dilemma

> „What difference does it make to the dead, the orphans and the homeless, whether the mad destruction is wrought under the name of totalotarianism or the holy name of liberty or democracy? I assert in all humanity, but with all the strength at my command, that liberty and democracy become unholy when their hands are dyed red with innocent blood."[2887]

Dieses Zitat von *Gandhi* eröffnet den Blickwinkel der Menschen, die unschuldige Opfer von Gewaltanwendungen werden. Er weist darauf hin, dass es aus ihrer Sicht keinen Unterschied macht, ob die Gewalt Mittel zur Erreichung eines vermeintlich guten Zwecks war, wie der Erlangung von Freiheit oder Demokratie. *Gandhi* vertrat bekanntermaßen einen streng pazifistischen Standpunkt, nach dem sich Gewaltanwendung überhaupt nicht legitimieren lässt. Ob man im Rahmen einer völkerrechtlichen Widerstandslehre an einer solchen pazifistischen Ansicht festhalten sollte, ist

---

2883 Vgl. den Ansatz, zivilen Ungehorsam strafrechtlich mittels Notstands zu rechtfertigen (so etwa *Bauer/Eckerstrom,* Stanford Law Review 39 (1986-1987), S. 1173–1200).

2884 *Mégret,* The Canadian Yearbook of International Law 2008, S. 143–192, 164. *Habermas,* in: Glotz (Hrsg.), Ziviler Ungehorsam im Rechtsstaat, 1983, S. 29–53, 41 spricht gar davon, dass der demokratische Rechtsstaat in letzter Instanz auf den ungehorsamen Bürger angewiesen sei.

2885 *Daase,* APuZ 2014 (Heft 27), S. 3–9, 6.

2886 *Habermas,* in: Glotz (Hrsg.), Ziviler Ungehorsam im Rechtsstaat, 1983, S. 29–53, 41.

2887 *Gandhi,* Non-Violence in Peace & War, Vol. I, 1948, S. 357.

fraglich. Aus der Perspektive des Rechts wurde deutlich, dass Gewaltanwendung zur Verteidigung gegen Gewalt – zumindest in einem begrenzten Maße – zulässig sein muss. Ein strenger ethischer Pazifismus würde in der Realität in einem Spannungsverhältnis zu diesem Recht stehen. Gewaltsamer Widerstand ordnete sich dann in die Reihe der ethisch illegitimen Verhaltensweisen ein, die rechtlich zulässig, also legal sind. Aus der Legalität einer Handlung kann kein Argument für ihre ethische Legitimität gewonnen werden. Ethik und Recht dürfen allerdings nicht gänzlich getrennt betrachtet werden. Insbesondere, wenn es um die *Entwicklung* einer (Widerstands-) Rechtslehre geht, bleibt nicht nur Raum für ethische Aspekte, die in diese Lehre einfließen können. Vielmehr gebietet die prekäre Frage der Legalität von gewaltsamen – im äußersten Fall militärischen – Mitteln, dass ethische Grundfragen von Krieg und Frieden Berücksichtigung finden müssen. Im Folgenden wird daher auf die fundamentale Frage eingegangen, ob – bzw. wie – sich „Kollateralschäden“ bei kriegerisch-gewaltsamen Widerstandshandlungen ethisch rechtfertigen lassen. Damit wird diskutiert, ob eine Norm des kriegerisch-gewaltsamen Widerstandsrechts rechtsethisch zu begründen ist.

Kriegerisch-gewaltsamer Widerstand darf nur mit dem Ziel ausgeübt werden, das Gewaltverbot bzw. die Menschenrechte zu verteidigen und im Zweifel um Menschenleben zu retten, die seitens des Staats bedroht werden. Daher lässt sich die Frage nach der Legitimität von Kollateralschäden bei der Ausübung von Widerstand banal zuspitzen: Darf man Menschenleben opfern, um Menschenleben zu retten? Dieses moralische Dilemma ist insbesondere aus der ethischen Betrachtung von humanitären Interventionen bekannt; die Frage stellt sich gleichermaßen bei Verteidigungskriegen. Das (absolute) Tötungsverbot macht es der deontologischen Ethik schwierig, Kollateralschäden zu rechtfertigen. Unter Kollateralschäden sind vorrangig Tötungen Unbeteiligter, also Zivilisten zu verstehen. Ferner können irreversible körperliche oder gesundheitliche Schädigungen sowie Existenzbedrohungen durch die Beschädigung von Wohnung, Nahrung oder die Tötung von Sorgepflichtigen als solche bezeichnet werden. *Gandhi* spricht im Eingangszitat daher nicht nur von den „Toten“, sondern auch von den „Waisen“ und „Obdachlosen“ – auch sie sehen sich existenziellen Bedrohungen ausgesetzt. Zudem wurde der körperlichen bzw. gesundheitlichen Integrität in dieser Arbeit ein absoluter Wert zugemessen.[2888] Auch

---

2888 S. o., S. 402 f.

von körperlich schwer geschädigten Menschen werden Zwangsopfer gefordert, die ebenso irreversibel sein können wie der Tod. Diese Bewertung ist bestreitbar. Die irreversible Wirkung einer Tötung wird indessen niemand abstreiten. Daher wird es im Folgenden – der Einfachheit halber – nur um „kollaterale" Tötungen gehen. Die Begründung ihrer Legitimität stellt ethisch die größte Herausforderung dar. Zudem genießt der Lebensschutz nicht nur in der Ethik, sondern auch im Recht (im Strafrecht oder im Rahmen des Menschenrechtsschutzes) einen besonders hohen – wenn nicht gar den höchsten – Stellenwert.

Was aus *Gandhis* Zitat für die ethische Betrachtung beibehalten wird, ist die Perspektive der einzelnen Opfer. Die Ethik beschäftigt sich schließlich mit „Wohl und Wehe jedes Einzelnen"[2889]. Dem einzelnen Unbeteiligten gegenüber muss seine Tötung daher ethisch zu rechtfertigen sein. Es kann sehr schwierig sein, zwischen Unbeteiligten und Beteiligten zu unterscheiden. Hier ist nicht die Differenzierung zwischen Zivilisten und Kombattanten gefragt, wie sie im humanitären Völkerrecht stattfindet und dort bereits Probleme bereitet.[2890] Zusätzlich kommt es auf die Zurechnung der Handlungen an, die überhaupt eine Widerstandslage begründen. In diesem Sinne können auch solche Personen beteiligt sein, die nach außen hin nicht als Kombattanten im Sinne des humanitären Völkerrechts auftreten. Die Frage der trennscharfen Differenzierung von Beteiligten und Unbeteiligten soll hier nicht näher betrachtet werden. Für die ethische Bewertung genügt es, dass es jedenfalls einen Kreis an Personen gibt, die an der Verursachung einer Widerstandslage eindeutig unbeteiligt sind. Wird im Rahmen von Widerstand auf kriegerische Gewalt zurückgegriffen, ist es nahezu unvermeidlich und vorhersehbar, dass auch derart Unbeteiligte zu Tode kommen.[2891] Kriegerische Gewalt, die sich zur Verteidigung primär gegen einen bestimmten Angreifer (etwa auf fundamentale Menschenrechte) richtet, lässt sich daher nicht nur mit einem Verweis auf

2889 *Merkel,* JZ 2012, S. 1137–1145, 1142, Fn. 23. Ähnlich für eine „mikroskopische" Ethik plädierend *Holmes,* On War and Morality, 1989, S. 260, der betont, dass „[…] any plausible moral theory must have at its center a concern for the lives and well-being of persons." (ebenda, S. 24).

2890 Vgl. *Rudolf,* Schutzverantwortung und humanitäre Intervention, 2013, S. 27.

2891 Entsprechend für militärische Gewalt im Rahmen von humanitären Interventionen *Meyer,* ARSP 2011, S. 18–32, 18.

das Notwehrprinzip rechtfertigen.[2892] Schließlich werden damit auch kollaterale Tötungen verursacht. Diese werden ohne Zustimmung der Opfer vorgenommen. Es gibt nur dann ein Recht zu solchen Tötungen, wenn den Opfern insofern eine Duldungspflicht zukommt.[2893] In diesem Zusammenhang sei an die *Kantische* Einheit von Recht und Zwang bzw. Pflicht erinnert.[2894] Recht wie Pflicht im Zusammenhang mit kollateralen Tötungen ethisch zu begründen, stellt eine immense Herausforderung dar. Das Recht erlangt seine Daseinsberechtigung als solches jedenfalls seit *Kant* schließlich daraus, dass es willkürliche Verletzungshandlungen verhindert.[2895] Ein Recht auf kollaterale Tötungen bzw. eine korrespondierende Pflicht (in Form eines kriegerisch-gewaltsamen Widerstandsrechts) müssen – im Duktus von *Kant* und *Rawls* – zudem verallgemeinerbar sein. Das heißt, dass selbst die kollateral Getöteten in einem fiktiven Diskurs der Statuierung eines kriegerisch-gewaltsamen Widerstandsrechts hätten zustimmen müssen.[2896] Im Folgenden werden verschiedene ethische Ansätze zur Begründung einer solchen Rechtfertigung kollateraler Tötungen diskutiert. Es wird sich zeigen, dass der Weg der folgenden Erörterung mitunter bis zum Fundament der Rechtsethik führt. Dabei versteht sich von selbst, dass das moralphilosophische Problem der Normbegründung hier nicht ausgiebig diskutiert werden kann.[2897] Die nachfolgende Betrachtung beschränkt sich auf die Legitimität kollateraler Tötungen und die diesbezüglich meist diskutierten Begründungsmodelle konsequentialistischer bzw. realpolitischer und deontologischen Positionen.

bb) Konsequentialistische Ansätze und realpolitische Erwägungen

Konsequentialistische Begründungsansätze haben kaum Probleme, kollaterale Tötungen als sogenannte Rettungstötungen zu legitimieren. Ihre Rechtfertigung läuft im Einzelfall meistens auf eine Kosten-Nutzen-Rech-

---

2892 So für Verteidigungskriege argumentierend *McMahan,* Kann Töten gerecht sein?, 2010 (Orig. v. 2009), S. 30 ff., 139 ff. Kritisch hierzu *Pawlik,* ZIS 2013, S. 78–79.

2893 *Merkel,* JZ 2012, S. 1137–1145, 1142.

2894 Hierzu s. o., S. 173.

2895 *Merkel,* JZ 2012, S. 1137–1145, S. 1140, Fn. 16.

2896 Vgl. ebenda, S. 1142.

2897 *Hoerster,* JZ 1982, S. 265–272, 265 legt dar, dass die Literatur zu diesem Problem ganze Bibliotheken füllen könnte.

nung hinaus. „Zur Abwehr eines großen wird ein kleines Übel in Kauf genommen.“[2898] – so fasst es *Egbert Jahn* zusammen. Mitunter wird darauf verwiesen, dass der Tod Unschuldiger ohnehin akzeptiert würde – ob man zur Rettung bzw. Verteidigung einschreite oder nicht.[2899] Im Folgenden werden derartige Begründungsansätze Beachtung finden. Ferner werden realpolitische bzw. rechtspositivistische Aspekte für die Zulässigkeit kollateraler Tötungen erwogen. Abschließend wird auf eine relative (interessenorientierte) Betrachtungsweise eingegangen, die nur noch in einem weiteren Sinne dem Konsequentialismus (Utilitarismus) zugerechnet werden kann.

(1) Art. 51 Abs. 5 lit. b) ZP I

In der völkerrechtlichen Diskussion wird aus der Einhaltung der Anforderungen des *ius in bello* oftmals auf die Rechtfertigung von Kollateralschäden geschlossen. Bereits auf rechtlicher Ebene ist dies zweifelhaft, wie sich sogleich zeigen wird. Mit einer ethisch brauchbaren Rechtfertigung hat das humanitäre Völkerrecht nichts zu tun. Es kann höchstens im Umkehrschluss aus Art. 51 Abs. 5 lit. b) ZP I abgelesen werden, dass militärische Angriffe, die im Hinblick auf den intendierten Vorteil verhältnismäßig sind, auch rechtmäßig sind.[2900] Die Norm suggeriert, dass verhältnismäßige kollaterale Tötungen legitim seien.[2901] Eine derartige Interpretation ist zum einen jedoch nicht zwingend.[2902] Zum anderen ergäben sich daraus Folgeprobleme.

Die Vorschrift fordert ausschließlich eine Ex-ante-Prognose der Verhältnismäßigkeit. Dass selbst bei einer positiven Prognose das Maß des Verhältnismäßigen ex post weit überschritten worden sein kann, wird hier nicht berücksichtigt.[2903] Zudem ist problematisch, was überhaupt als ver-

---

2898 *Jahn,* in: ders. (Hrsg.), Politische Streitfragen, Band 3, 2012, S. 57–73, 61.

2899 So argumentiert etwa *Schaber,* ARSP 2006, S. 295–303, 299, der dennoch versucht, eine deontologische Position einzunehmen.

2900 Vgl. *Merkel,* JZ 2012, S. 1137–1145, 1138 ff. So etwa *Rudolf,* Zur Ethik militärischer Gewalt, 2014, S. 31, der der militärischen Notwendigkeit – wenn auch kritisch – eine privilegierte Stellung zuweist.

2901 Vgl. *Merkel,* JZ 2012, S. 1137–1145, 1139.

2902 Ebenda, S. 1137 f.

2903 Ebenda, S. 1138.

hältnismäßig in diesem Sinne aufzufassen ist.[2904] Eine solche Interpretation impliziert außerdem, dass die militärisch Handelnden aufgrund dieser Verhältnismäßigkeit ein Recht zur Tötung der unbeteiligten Zivilisten hätten. Lässt man normenlogische Konsequenz walten, so hätten die betroffenen Zivilisten deshalb im Gegenzug die Pflicht, ihre Tötung zu dulden.[2905] Dies spricht gegen eine derartige Auslegung der Norm: *Merkel* kommt richterweise zu dem Ergebnis, dass eine solche Rechtspflicht in keiner innerstaatlichen Rechtsordnung gelte. Bei entsprechender Interpretation von Art. 51 Abs. 5 lit. b) ZP I würde diese Pflicht somit „[…] aus dem normativen Nichts deduziert […]“[2906]. Eine solche Pflicht kollidiert außerdem mit dem Fundament des Rechts überhaupt, das nur als Instrument der Koexistenz (*Hobbes*) und freiheitlichen Verwirklichung (*Kant*) gedacht werden kann.[2907] Das Recht kann damit denklogisch keine Pflicht zur Duldung der eigenen Tötung enthalten, die nur durch die zufällige Tatsache begründet ist, dass man sich in Reichweite eines militärischen Ziels befindet.

Befürworter einer derartigen Auslegung können jedoch die Funktion des humanitären Völkerrechts für sich ins Feld führen. Das pragmatische Recht dient unter Einnahme einer realistischen Perspektive ausschließlich der Eindämmung militärischer Gewalt und der Etablierung menschenrechtlicher Minimalstandards in der Sphäre des Kriegs.[2908] Es repräsentiert damit keine ideale Normenordnung.[2909] Eine Orientierung am humanitären Völkerrecht taugt daher in keinem Fall für eine ethische Legitimation kollateraler Tötungen.[2910] Die Berufung auf Art. 51 Abs. 5 lit. b) ZP I kann allenfalls Ausdruck einer realpolitischen Betrachtungsweise sein, die ihre Ansicht durch Rekurs auf das positive Recht normativ zu untermauern versucht.

2904 Darauf weist ebenda, S. 1138, Fn. 8, hin. Vgl. hierzu *Watkin,* YHL 8 (2005), S. 3–53; *Stein,* in: Dicke/Hobe/Meyn u. a. (Hrsg.), Weltinnenrecht, 2005, S. 727–738, S. 735.

2905 *Merkel,* JZ 2012, S. 1137–1145, 1138 f.

2906 Ebenda, S. 1140.

2907 Ebenda, S. 1140. Zu den Konzepten der beiden Philosophen s. o., S. 61 ff., 165 ff.

2908 Hierzu s. o., S. 418.

2909 *Merkel,* JZ 2012, S. 1137–1145, S. 1137.

2910 So im Ergebnis ebenda, S. 1140; *Zimmermann,* JZ 2014, S. 388–391, 388.

(2) Verhältnismäßigkeitsprinzip

Als für die ethische Rechtfertigung ähnlich ungeeignet erweist sich ein bedeutsames normatives Grundprinzip, das in Art. 51 Abs. 5 lit. b) ZP I zum Ausdruck kommt: das Prinzip der Verhältnismäßigkeit. Es ist fraglich, was dieses konsequentialistische Prinzip genau besagt.[2911] *Merkel* liefert eine eingängige Definition:

> „Verhältnismäßig ist ein Zwangseingriff dann, wenn sein anderweitig legitimiertes Ziel mit seinen ‚Kosten', also mit den Belastungen aller von ihm Betroffenen durch seine Mittel und seine absehbaren Nebenfolgen, ‚ins richtige Verhältnis gesetzt', nämlich einem Prozess komplexer Abwägungen unterzogen wird, die seine Folgen empirisch wie normativ als vorteilhaft erweisen."[2912]

Er fragt sich sodann: „Wie wird man verhältnismäßig getötet?"[2913] Seine Antwort lautet: „überhaupt nicht."[2914] Weshalb ist das Prinzip der Verhältnismäßigkeit nicht zur Legitimation von kollateralen Tötungen geeignet? Dafür gibt es zwei Gründe. Erstens erfordert die Verhältnismäßigkeitsprüfung eine positiv ausfallende Kosten-Nutzen-Analyse. Der Nutzen für das statuierte Ziel muss höher sein als seine Kosten. Im Fall kollateraler Tötungen wird ein jeder schnell erkennen: Dieser Nutzen kann sich nach dem irreversiblen Eingriff in das Leben von bestimmten Menschen nicht mehr zu ihren Gunsten entfalten.[2915] Der positive Gesamtsaldo wirkt sich nur für die Überlebenden positiv aus.[2916] An dieser Stelle sei auf das obige Zitat von *Gandhi* verwiesen sowie auf das Ziel, die ethische Begründung gerade gegenüber den Getöteten zu erbringen. Das Ergebnis der Verhältnismäßigkeitsprüfung stellt sich für sie allerdings als negatives dar. Fremder Nutzen kann ethisch keine hinreichende Bedingung sein, um die eigene Tötung erdulden zu müssen.[2917] Das Prinzip der Verhältnismäßigkeit ist

---

2911 Für die konsequentialistische Eigenschaft *Merkel,* JZ 2012, S. 1137–1145, 1139. A. A. *Lefkowitz,* in: May (Hrsg.), War, 2008, S. 145–164, 155, dem zufolge es nicht nur rein konsequentialistisch verstanden werden kann.

2912 *Merkel,* JZ 2012, S. 1137–1145, 1139.

2913 *Ders.,* JZ 62 (2007), S. 373–385, 375; *ders.,* JZ 2012, S. 1137–1145, 1139.

2914 *Ders.,* JZ 62 (2007), S. 373–385, 375; *ders.,* JZ 2012, S. 1137–1145, 1139.

2915 *Ders.,* JZ 62 (2007), S. 373–385, 375; *ders.,* JZ 2012, S. 1137–1145, 1139.

2916 Ebenda, S. 1139.

2917 Ebenda, S. 1139; *ders.,* JZ 62 (2007), S. 373–385, 375.

„[…] a limine nicht zur Rechtfertigung“[2918] gegenüber dem Getöteten geeignet.

Zweitens resultiert die legitimatorische Unzulänglichkeit des Verhältnismäßigkeitsprinzips aus seiner Eigenschaft als lediglich sekundärem Begrenzungsprinzip.[2919] Das Erfordernis der Verhältnismäßigkeit kann niemals mehr als eine notwendige Bedingung der Rechtfertigung einer kollateralen Tötung darstellen.[2920] Der primäre Grund der Legitimation muss einer anderen Quelle entspringen.[2921] Dies übersehen die Realisten und Rechtspositivisten. Auch im *ius in bello* bleibt dies unberücksichtigt: Art. 51 Abs. 5 lit. b) ZP I nennt keinen weiteren Grund für die vermeintliche rechtliche Tötungsbefugnis als die – schwierig zu bestimmende – Verhältnismäßigkeit.[2922] Ebenso wenig erkennen dies Utilitaristen, die lediglich auf einen Gesamtsaldo abstellen, ohne die Perspektive eines kollateralen Opfers einzunehmen. *Merkel* bringt es auf den Punkt: „[…] nirgends wird die moralische Überforderung der Pflichtsubjekte so deutlich wie in konsequentialistischen Kalkülen einer transpersonalen Verrechnung von Menschenleben“[2923].

(3) Ius ad bellum und Theorie des gerechten Krieges

Ein weiterer Begründungsversuch von Realisten oder Rechtspositivisten könnte lauten, dass sich die Rechtfertigung kollateraler Tötungen im Rahmen von Kriegen direkt aus der Rechtmäßigkeit der Kriege ergebe. Damit würde die Legitimität von der Erfüllung der Kriterien des völkerrechtlichen *ius ad bellum* bzw. der ethischen *Theorie des gerechten Krieges* abhängig gemacht.[2924] Für ein Widerstandsrecht könnte entsprechend eine Abhängigkeit der Kriterien der Rechtmäßigkeit von Widerstand (als *ius ad bellum internum*) statuiert werden. Oben wurde festgestellt, dass aus einer rechtlichen Regelung keine ethischen Schlussfolgerungen abgeleitet wer-

---

2918 *Ders.*, JZ 2012, S. 1137–1145, 1139.

2919 Ebenda, S. 1139.

2920 Ebenda, S. 1139; insofern zustimmend *Zimmermann*, JZ 2014, S. 388–391, 388.

2921 *Merkel*, JZ 62 (2007), S. 373–385, 376; *ders.*, JZ 2012, S. 1137–1145, 1139.

2922 Ebenda, S. 1139.

2923 Ebenda, S. 1139; insofern zustimmend *Zimmermann*, JZ 2014, S. 388–391, 388.

2924 *Hurka*, in: May (Hrsg.), War, 2008, S. 127–144, 127 ordnet die *Theorie des gerechten Krieges* als deontologisch ein. Nur aus einer solchen Einordnung ergibt sich jedoch noch keine deontologische Rechtfertigung kollateraler Tötungen.

den können.[2925] Selbst wenn man sich also nicht auf das Recht bezieht, sondern auf die *Theorie des gerechten Krieges*, die eine ethische Perspektive auf die Frage des *ius ad bellum* (und ebenso auf das *ius in bello*) wirft, findet sich ein entscheidender Grund gegen die Akzessorietät der Legitimation kollateraler Tötungen. Es ist abwegig, dass die Legitimität aller Einzelakte logisch aus der (rechtlichen oder ethischen) Legitimität ihres Gesamtvorhabens folgt. Dies zeigte sich bei der Differenzierung zwischen Mikro- und Makroebene. Eine positive Subsumtion unter die Voraussetzungen für das Makrovorhaben stellt keine *carte blanche* für jegliches Handeln auf der Mikroebene dar. Hieran ändert sich nichts, wenn man als Grund zum Einschreiten auf Makroperspektive fundamentale Belange wie die die Verteidigung von Menschenrechten[2926] oder des Gewaltverbots[2927] angibt. Selbst eine wirksame Verteidigung des Gewaltverbots, d. h. die Erhaltung des Rechtszustandes, nützt dem Getöteten nichts mehr. Der irreversible Entzug seines Lebens macht es ihm unmöglich, jemals wieder in den Genuss des Rechtszustandes zu kommen. Daher dürfte auch niemand – etwa hinter einem „Schleier des Nichtwissens"[2928] – für eine allgemeine Norm plädieren, die Tötungen zugunsten der Erhaltung oder Wiederherstellung des Rechtszustandes zulässt.[2929] Selbst das fundamentale Anliegen des Rechts genügt für eine ethische Rechtfertigung gegenüber dem willkürlich Getöteten nicht. Was ihm passiert, konterkariert dieses Anliegen schließlich.

Die Ablehnung einer Akzessorietät der Legitimität von Makrovorhaben und Mikrohandlungen ist bereits in der *Theorie des gerechten Krieges* zu finden, deren Wurzeln nicht nur bis zu *Thomas von Aquin* zu finden sind,

---

2925 S. o., S. 558.

2926 A. A. *Luban,* Philosophy & Public Affairs 9 (1980), S. 161–180, 175.

2927 Hierzu s. o., S. 454 ff., 519 ff.

2928 Dieser Ausdruck entstammt *Rawls,* Eine Theorie der Gerechtigkeit, 1991 (1979, Orig. v. 1971), S. 159.

2929 Dieser Maßstab zur Gewinnung ethischer Normen wurde *Merkel,* JZ 2012, S. 1137–1145, 1142 entnommen. Er entstammt ursprünglich der Gerechtigkeitstheorie *Rawls'* (s. nur *Rawls,* Eine Theorie der Gerechtigkeit, 1991 (1979, Orig. v. 1971), S. 159) und dem *kategorischen Imperativ Kants* (s. nur *Kant,* AA IV, Grundlegung zur MdS, 1968, S. 421). A. A. *Fritze,* Die Tötung Unschuldiger, 2004, S. 40, der zwar nicht auf das Gewaltverbot abstellt, jedoch eine Norm zur Zulässigkeit von Rettungstötungen hinter dem Schleier des Nichtwissens für zustimmungsfähig erachtet.

sondern gar bis in die griechische Antike zurückreichen.[2930] In dieser Theorie werden neben der Voraussetzung des gerechten Grundes auch die konsequentialistischen, begrenzenden Kriterien der Verhältnismäßigkeit und der vernünftigen Erfolgsaussichten statuiert.[2931] In ihr ist damit nicht nur das *ius ad bellum* – das heute nicht mehr den Maßstab der Gerechtigkeit impliziert –, sondern auch das *ius in bello* angelegt.[2932] Die *Theorie des gerechten Krieges* verfolgt damit, wie das *ius in bello*, das Ziel der Eingrenzung von Gewalt.[2933] *Peter Rudolf* betont die Bedeutung der Bewertung der Handlungen auf Mikroebene nach der Theorie, indem er darauf hinweist, dass der Gewalteinsatz Gegenstand permanenter kritischer moralischer Reflexionen sein müsse.[2934] Eine ethische Legitimation kollateraler Tötungen bietet diese Theorie indessen nicht.

(4) Interessenorientierte Betrachtung

Ein Ansatz in der Ethik, der im weiteren Sinne dem Utilitarismus und damit dem Konsequentialismus zugerechnet werden kann, ist die interessenorientierte Betrachtung (bzw. der Präferenzutilitarismus). Eine solche ethische Position wird im deutschsprachigen Raum vor allem von *Norbert Hoerster* vertreten.[2935] Für die Begründung von kollateralen Tötungen hat *Till Zimmermann Hoersters* Ansatz weiterentwickelt.[2936] Beide gehen davon aus, dass Ethik nicht deontologisch bestimmt werden könne, weil es keine objektiv-absoluten Werte gebe, sondern schlagen als Maßstab der

---

2930 Vgl. *Krause,* in: Malowitz/Münkler (Hrsg.), Humanitäre Intervention, 2009, S. 113–142, 115, 119; *Beestermöller,* Thomas von Aquin und der gerechte Krieg, 1990; *Peters,* Widerstandsrecht und humanitäre Intervention, 2005, S. 199.

2931 *Frank,* ARSP 2011, S. 305–321, 317. Zu den Kriterien der *Theorie des gerechten Krieges Strub,* in: Leiner/Neubert/Schacht u. a. (Hrsg.), Gott mehr gehorchen als den Menschen, 2005, 305 f.

2932 Vgl. *Krause,* in: Malowitz/Münkler (Hrsg.), Humanitäre Intervention, 2009, S. 113–142, 133 f.

2933 *Frank,* ARSP 2011, S. 305–321, 313 f.; *Rudolf,* Zur Ethik militärischer Gewalt, 2014, S. 13.

2934 Ebenda, S. 14.

2935 Vgl. *Hoerster,* JZ 1982, S. 265–272; *ders.,* JZ 1982, S. 714–716; *ders.,* Ethik des Embryonenschutzes, 2002.

2936 Vgl. *Zimmermann,* Rettungstötungen, 2008, S. 76 ff.; *ders.,* JZ 2014, S. 388–391.

Ethik die subjektiven Interessen („Wünsche, Bedürfnisse, Interessen und Ideale“[2937], insb. die „*aufgeklärte*[n] Wünsche“[2938]) des Einzelnen vor. Sie wollen die Geltung von Normen intersubjektiv anhand der individuellen Interessen begründen. Eine Norm sei dann ethisch begründbar, wenn ihre Anhänger sich von ihr einen Vorteil erhofften.[2939] Normen lassen sich damit nicht objektiv-absolut bestimmen, sondern ausschließlich subjektiv-relativ.

Hoerster entwickelt seinen intersubjektiven Ansatz der Rechtsethik vor allem als neuen Vorschlag im Gegensatz zu den deontologischen Moralkonzeptionen. Diese betrachtet er als gescheitert.[2940] Objektive Werte und Normen sind nicht sinnlich wahrnehmbar. Darauf beruft sich *Hoerster*.[2941] Er räumt ein, dass damit noch kein Argument gegen eine objektive Rechtsethik gewonnen sei.[2942] Normen stellten allerdings als Handlungsanweisungen notwendigerweise einen Ausdruck des Wollens irgendeines Subjektes dar.[2943] Da verschiedene Subjekte verschiedene normative Prämissen hätten, stünden die Normen zwingend in Abhängigkeit zum Standpunkt des Subjektes.[2944] Eine Norm könne damit für Subjekt A ethisch gerechtfertigt sein, jedoch nicht für Subjekt B.[2945]

Dies schließt für *Hoerster* nicht die Bildung genereller Normen aus. In Anlehnung an das *Hobbes'sche* Modell vom gegenseitigen Freiheitsverzicht könne es generelle Normen geben, z. B. das Tötungsverbot (als Verbot willkürlicher Tötungen).[2946] Ein solches liege im Interesse der Mehrheit der Menschen.[2947] *Hoerster* lehnt allerdings die Figur eines gegenseitigen Vertrages von *Hobbes* ebenso ab wie den *kategorischen Imperativ Kants*.[2948] Die Mehrheit der Menschen in einer Gesellschaft könne gleich-

---

2937 *Hoerster,* JZ 1982, S. 265–272, 266.

2938 *Ders.,* Wie lässt sich Moral begründen?, 2014, S. 96 (*Hervorhebung* ebenda).

2939 *Zimmermann,* JZ 2014, S. 388–391, 389.

2940 Vgl. *Hoerster,* Wie lässt sich Moral begründen?, 2014, S. 23 ff., 30 ff., 94.

2941 Vgl. *ders.,* JZ 1982, S. 265–272, 265.

2942 Ebenda, S. 265.

2943 Ebenda, S. 266.

2944 Ebenda, S. 268.

2945 Ebenda, S. 268.

2946 Ebenda, S. 269 ff.

2947 Ebenda, S. 270.

2948 Zum Vertragsgedanken von *Hobbes ders.,* JZ 1982, S. 714–716, 715. Zum *Kantischen kategorischen Imperativ* Ebenda, S. 715; *ders.,* Wie lässt sich Moral begründen?, 2014, S. 43 ff.

wohl einen hypothetischen Imperativ befolgen, wonach es für eine gesellschaftliche Koexistenz erforderlich sei, sich des *kategorischen Imperativs* zu bedienen.[2949] Er bezeichnet diesen *kategorischen Imperativ* als „Kunstgriff"[2950], der keine apriorische Geltung beanspruche, sondern lediglich den Interessen der Menschen diene. Daneben könne es Menschen geben, deren Interessen von denen der Mehrheit abwichen und daher z. B. nicht mit einem gegenseitigen Freiheitsverzicht in Einklang stünden.[2951] Solchen „Außenseitern"[2952] könne die Befolgung der Normen durch die Mehrheit mit dem Mittel der Macht aufgezwungen werden – obgleich diese Normen für den Außenseiter ethisch nicht begründet seien.[2953] Für die Mehrheit wiederum gestalte es sich als ethisch legitim, dieser Norm zur Durchsetzung zu verhelfen. Eine Rechtsordnung könne für *Hoerster* auf nichts anderem als auf Macht gegründet werden:

> „Eine Rechtsordnung, die in ihren Fundamenten praktisch den Interessen jedes einzelnen dient und auf der Macht jedes einzelnen beruht, ist so gut begründet, wie im Bereich der Praxis und des Normativen nur irgendetwas begründet sein kann."[2954]

Auf dem Fundament dieses Konzepts der ethischen Normbegründung baut *Zimmermann* nun seine These auf, dass sich kollaterale Tötungen im Krieg ethisch legitimieren ließen. Selbst eine ideale ethische Theorie bedürfe keines Rekurses auf objektiv-absolute Werte.[2955] Er geht davon aus, dass ethische Konsensnormen, z. B. ein gegenseitiges Schädigungsverbot, im Interesse des Durchschnittsmenschen lägen und grundsätzlich von niemandem ein Sonderopfer fordern könnten, das unzumutbar sei.[2956] So sei auch das Gewaltverbot rational-ethisch zu begründen.[2957] In Ausnahmefällen könne beispielsweise ein gegenseitiges Schädigungsverbot jedoch nicht mehr intersubjektiv begründet werden.[2958] So etwa, wenn eine Bedrohung für fundamentale Interessen im Notfall nur noch durch die Beeinträchtigung entsprechender Interessen anderer abgewendet werden kön-

2949 *Ders.*, JZ 1982, S. 714–716, 715.
2950 Ebenda, S. 715.
2951 *Ders.*, JZ 1982, S. 265–272, 270.
2952 Ebenda, S. 270.
2953 Ebenda, S. 270, 272.
2954 Ebenda, S. 271.
2955 *Zimmermann*, JZ 2014, S. 388–391, 389.
2956 *Ders.*, Rettungstötungen, 2008, S. 66 ff.; *ders.*, JZ 2014, S. 388–391, 389.
2957 Ebenda, S. 389.
2958 Ebenda, S. 389.

ne.[2959] Ein Interessenausgleich – oder auch: „fairer Kompromiss“[2960] – sei in einer solchen Situation unmöglich. Die Norm, die im Interesse der Existenz der gravierenden Mehrheit der Menschen die Beeinträchtigung existenzieller Interessen einer Minderheit gestattet, könne dann intersubjektiv begründet sein.[2961] *Zimmermann* spricht insofern von einer „unfair exkludierenden Norm“[2962]. Dementsprechend könnten nicht nur Kollateraltötungen im zwischenstaatlichen Krieg legitim sein, sondern auch kollaterale Tötungen bei der Ausübung von gewaltsamem Widerstand.[2963] Das Gewaltverbot ende dort, wo man angegriffen werde – ob vom Tyrannen oder vom fremden staatlichen Aggressor.[2964] Die Gewaltopfer würden dabei im Interesse der Mehrheit aus der Normengesellschaft exkludiert, indem ihr Lebensrecht aufgehoben würde.[2965] *Zimmermann* räumt ein, dass dies „unfair“ sei, jedoch mangels objektiver Normenordnung keinesfalls „objektiv unethisch“.[2966]

Wo einerseits eine ethische Legitimation behauptet wird, andererseits von einem unfairen Ergebnis gesprochen wird, da gibt es einen „dunklen Rest“[2967] – das gesteht auch *Zimmermann* ein. Seine relative Betrachtungsweise führt zu dem paradoxen Ergebnis, dass dem Tötenden kein moralischer Vorwurf gemacht werden kann, die Tötung aus der Sicht des kollateralen Opfers gleichwohl ethisch illegitim war.[2968] Paradox ist dies nur einem absoluten Verständnis nach. Aus relativer Perspektive ist dieses Ergebnis konsequent. Darin offenbart sich indessen die Schwäche und Unzulänglichkeit der relativen, interessenorientierten Moralkonzeption. Die intersubjektive Begründung kann niemals eine Normbegründung für jeden Normunterworfenen abgeben.[2969] Sie erhebt diesen Anspruch nicht einmal. Jeder Mensch, der eine Norm ursprünglich akzeptiert hat, da sie sei-

---

2959 Ebenda, S. 389.
2960 Ebenda, S. 389.
2961 Ebenda, S. 389.
2962 Ebenda, S. 389; vgl. *ders.*, Rettungstötungen, 2008, S. 87 ff.
2963 *Ders.*, JZ 2014, S. 388–391, 389 f.
2964 Ebenda, S. 390, der die ethische Legitimation kollateraler Tötungen im Krieg also auf den Verteidiger im Verteidigungskrieg beschränkt.
2965 Ebenda, S. 389.
2966 Ebenda, S. 389.
2967 Ebenda, S. 390.
2968 Vgl. ebenda, S. 390.
2969 *Joerden*, JZ 1982, S. 670–674, 672.

nen Interessen entsprach, kann nach dieser Rechtsethik seine Befolgungsbereitschaft jederzeit „über Bord“[2970] werfen, wie *Jan Joerden* feststellt.

Die Rechtsethik muss abstrakt-generelle Normen begründen können.[2971] Das würden *Hoerster* und *Zimmermann* nicht bestreiten.[2972] *Generell* ist eine Norm entgegen ihrer Ansicht allerdings nicht, wenn ihre Legitimität und damit die Notwendigkeit ihrer Befolgung für das Rechtssubjekt von seinen zufälligen Interessen abhängen. Gewiss kann eine Norm auch Ausnahmen haben, jedoch müssen solche innerhalb des Normsystems festgelegt und ebenso verallgemeinerbar sein.[2973] Wenn rechtliche Normen nicht verallgemeinerungsfähig sind, verliert das Recht seine legitimierende Funktion; denn dann stellt es weder eine Überwindung der Gewalt des machtbestimmten Naturzustands dar, noch kann die Rechtsordnung als solche ihren Subjekten ausreichenden Schutz gewährleisten. Dass nur darin die Legitimation von Staat und Recht liegen kann, wird seit – dem selbst interessenorientierten – *Hobbes* in der abendländischen Philosophie anerkannt.[2974] *Hobbes*‘ konsequentialistisches Modell ist vor seinem historischen Hintergrund noch nachvollziehbar. Es rückte den Einzelnen überhaupt erst als Gegenspieler zum Staat in den Fokus der Betrachtung und bot so in seinen faktischen Konsequenzen sicherlich eine Verbesserung gegenüber den historischen Herrschaftsmodellen. Eine Rechtsethik, die sich den willkürlichen Interessen der einzelnen Menschen verschreibt und darin einen Grund erblickt, einzelne Mitglieder einer gesellschaftlichen Rechtsordnung zu exkludieren, ist nicht nur unfair, sondern absurd.

Es lässt sich einwenden, dass die Interessen der Menschen auch bei den objektiv-absoluten Ansätzen der Rechtsethik eine Rolle spielten. Die Einhaltung (vermeintlich) objektiver Werte dient schließlich zumindest faktisch den Interessen der Menschen – man denke nur an den Höchstwert der Menschenwürde. Bedeutet dies umgekehrt, dass nur die Interessen der Menschen den Maßstab für die Normenfindung darstellen können? Gewiss nicht. Wenn man das Kriterium der Verallgemeinerbarkeit im *Rawls'schen* Gedankenexperiment hinter dem „Schleier des Nichtwis-

---

2970 Ebenda, S. 672.

2971 Ebenda, S. 671.

2972 Vgl. *Zimmermann,* JZ 2014, S. 388–391, 389 f., Fn. 23, der Reziprozität zur Voraussetzung von Normen erklärt.

2973 *Joerden,* JZ 1982, S. 670–674, 671.

2974 *Merkel,* JZ 2012, S. 1137–1145, 1139.

sens“[2975] zum Maßstab für die Gewinnung ethischer Normen macht, werden nicht die partikularen Interessen der an dem Experiment beteiligten Personen die Normen begründen, denen sie zustimmen. *Rawls* statuiert rational-psychologische Prinzipien der Entscheidungsfindung, die durchaus mit (egoistischen) Interessen der Menschen in Verbindung gebracht werden können.[2976] Sein Konzept vom Schleier des Nichtwissens sorgt dafür, dass nicht sämtliche Partikularinteressen zum Maßstab der Ethik werden. Wenn also ein Interesse überhaupt Einfluss auf ethische Normen hat, dann handelt es sich dabei um das Allgemeininteresse, das Gemeinwohl. Selbst wenn man einwenden mag, dass dies wiederum nur Ergebnis der individuellen Interessen der am Entscheidungsprozess beteiligten Personen ist (weil die Förderung des Gemeinwohls ihnen im schlimmsten Fall ihrer gesellschaftlichen Stellung den größtmöglichen Nutzen bringt), entstehen in diesem Prozess dennoch allgemeingültige Normen, deren ethische Bewertung nicht von subjektiven Gegebenheiten abhängig ist. Normen müssen das Zusammenleben regeln, und sie können nur einem Interesse dienen: dem Gemeinwohl.

Wenn man die ethische Begründung von Normen relativiert und das Spannungsverhältnis zwischen den konkurrierenden ethischen Betrachtungsweisen einzig durch das Faktum der Macht aufzulösen sucht, opfert man die Rechtsethik letztlich zugunsten der Faktizität. Anders: Wenn die interessensorientierte Betrachtung kollaterale Tötungen gestattet, den Getöteten gegenüber jedoch nicht zur ethischen Rechtfertigung taugt – was taugt sie dann überhaupt? *Hoersters* Ziel ist ein „allgemeiner, individueller Interessenschutz“[2977]. Die einzige Begründung dafür, dass die Interessen einiger zum Wohl der Interessen anderer auf der Strecke bleiben, liegt bei ihm im Machtargument der Mehrheit. Das Faktische löst das Normative damit vollständig ab.

Zudem negiert die Statuierung relativer Normen – relativer Rechte und Befugnisse – einen Aspekt der Normenlogik: die Korrespondenz von Recht und Pflicht.[2978] *Hoerster* und *Zimmermann* lehnen diese ausdrück-

2975 *Rawls,* Eine Theorie der Gerechtigkeit, 1991 (1979, Orig. v. 1971), S. 159.

2976 Vgl. *Rawls*‘ Gerechtigkeitsgrundsätze (ebenda, S. 336 f.). Obwohl der Utilitarismus *Rawls'* Hauptgegner ist, fließt auch in seine Theorie ein rational-psychologisches Maximierungsinteresse ein (vgl. *Höffe,* in: ders. (Hrsg.), John Rawls, Eine Theorie der Gerechtigkeit, 2006, S. 3–26, 10).

2977 *Hoerster,* JZ 1982, S. 265–272, 271.

2978 Hierzu s. o., S. 400.

lich ab.[2979] Letzterer nimmt daher an, dass das Recht zur kollateralen Tötung keineswegs mit einer Duldungspflicht des zu Tötenden einhergehe.[2980] Dies sei nur unter Zugrundelegung eines bestimmten Erlaubnisbegriffs zwangsläufig, dem man nicht folgen müsse.[2981] Er führt allerdings nicht näher aus, welche andere Deutung des Erlaubnisbegriffs er befürwortet und weshalb dieses Prinzip der Normenlogik nicht anzuwenden ist.[2982] Diese Ausführungen sind in seiner Argumentation auch nicht erforderlich, da er sodann behauptet, dass selbst ein „entsprechend anspruchsvolle[r] Erlaubnisbegriff"[2983] paradoxe Erlaubnisse – beispielsweise ein Tötungsrecht und ein korrespondierendes Verteidigungsrecht statt einer Duldungspflicht – nicht ausschließe. Dies gelte insbesondere im Bereich der Ethik, die – anders als ein rechtliches Normsystem – kein in sich geschlossenes Normensystem und daher nicht auf Kohärenz und Einheitlichkeit ausgerichtet sei.[2984] In der Ethik herrsche kein Zwang zur Ordnung, wie im innerstaatlichen Recht, das den Dualismus von Recht und Pflicht impliziere.[2985] Paradoxe rechtliche Befugnisse führten grundsätzlich zu Chaos.[2986] Das Recht muss verbindlich über Recht und Unrecht entscheiden – das erkennt *Zimmermann* für das innerstaatliche Recht mit vertikaler Machtverteilung an.[2987] Da es in der Ethik an einer solchen Ordnung mangele, seien dort paradoxe Befugnisse möglich;[2988] ebenso im internationalen Recht.[2989] Gerade im Kriegsvölkerrecht gebe es solche paradoxen, sich gegenüberstehenden Tötungsbefugnisse.[2990] *Zimmermann* behauptet, das Völkerrecht verhalte sich hier neutral.[2991]

Es ist fraglich, wie sich Recht neutral verhalten kann. Entweder es besteht ein Recht oder nicht. Die Durchsetzung bei einer vermeintlichen

---

2979 Vgl. *Hoerster,* JZ 1982, S. 265–272, S. 270; *Zimmermann,* JZ 2014, S. 388–391, 390.

2980 Ebenda, S. 390.

2981 Ebenda, S. 390.

2982 Stattdessen verweist er ausschließlich auf *Engländer,* Grund und Grenzen der Nothilfe, 2008, S. 181 ff.

2983 *Zimmermann,* JZ 2014, S. 388–391, 390.

2984 Ebenda, S. 390.

2985 Ebenda, S. 390.

2986 Ebenda, S. 390; ebenso *Roxin,* JuS 1988, S. 425–433, 430.

2987 Vgl. *Zimmermann,* JZ 2014, S. 388–391, 390.

2988 Ebenda, S. 390.

2989 Ebenda, S. 390.

2990 Ebenda, S. 390.

2991 Ebenda, S. 390.

Kollision paradoxer Rechte wäre von den faktischen Verhältnissen abhängig und führte insofern zum Recht des Stärkeren. Genau dies zu vermeiden, ist jedoch Funktion des Rechts – und zwar des nationalen wie des internationalen. Die gegenteilige Ansicht führt zum rechtsfreien Raum.[2992] Sie kann damit nicht als *Rechts*ethik begriffen werden. Vor der Frage nach dem richtigen Recht muss schließlich diejenige nach der Existenz und dem Bedürfnis von Recht überhaupt gestellt werden. Wer die erstrangige Frage bei der Antwort auf die zweitrangige außer Acht lässt oder sogar konterkariert, verkennt die Basis jeder Rechtsethik. Die normenlogische Korrespondenz von Recht und Pflicht muss gerade in der Rechtsethik gelten. Sie verdeutlicht die Legitimationsbedürftigkeit von Normen – nämlich ausschließlich den Verpflichteten gegenüber. Rechtsnormen müssen verlässliche, geordnete Verhältnisse schaffen. Wenn die Rechtsethik dies negiert, entzieht sie sich ihrer legitimatorischen Aufgabe.

(5) Zusammenfassende Bemerkungen

Die erörterten konsequentialistischen und realpolitischen Ansätze zur ethischen Legitimation kollateraler Tötungen bei der Ausübung von kriegerisch-gewaltsamem Widerstand (bzw. im Rahmen von Kriegen) vermochten nicht zu überzeugen. Es ist vielmehr abwegig, dass die Kosten-Nutzen-Rechnung eines militärischen Angriffs ausschlaggebend für die ethische Legitimation der durch ihn verursachten Kollateralschäden sein soll.[2993] Die Rettung vieler Menschenleben mag zwar ein löbliches Ziel sein; jedoch kann dieses nicht um den Preis der Vernichtung anderer (weniger) Menschenleben erreicht werden – zumindest nicht ohne weitergehende Begründung. Der Hinweis auf den positiven Effekt der Rettung nutzt den Geopferten zum einen nichts. Zum anderen ignoriert diese Kalkulation den Unterschied zwischen Tun und Unterlassen.[2994] Denn wenn

---

2992 Zur Lehre vom rechtsfreien Raum kritisch *Merkel,* JZ 2012, S. 1137–1145, 1138, Fn. 5, S. 1140. Vgl. *Roxin,* JuS 1988, S. 425–433, 430.

2993 Besonders deutlich wird dies, wenn man das ethische Problem vom Krieg auf das Feld der Transplantationsmedizin überträgt – so darf kein Patient getötet werden, um mit seiner Organspende einer Handvoll anderer Patienten das Leben zu retten (hierzu *Bittner,* in: Meggle (Hrsg.), Humanitäre Interventionsethik, 2004, S. 99–106, 101; *Merkel,* JZ 2012, S. 1137–1145, 1143).

2994 *Rudolf,* Schutzverantwortung und humanitäre Intervention, 2013, S. 6, 27. Vgl. hierzu auch *Meyer,* ARSP 2011, S. 18–32, 35 f.

jemand kollaterale Tötungen aktiv vornimmt, ist der Rechtfertigungsaufwand hierfür bedeutend höher, als wenn er die Rettung von Menschen, die von jemand anderem bedroht werden, unterlässt. Wenn diese mangels seines Einschreitens getötet werden, so ist ihm diese Tötung nämlich zumindest nicht unmittelbar zuzurechnen.

Denkt man außerdem die konsequentialistische Kosten-Nutzen-Argumentation mit *Merkel* rational weiter, so entzieht diese sich selbst ihre Grundlage:

> „Denn welche Konsequenzen hätte es wohl für das grundlegende Lebensgefühl aller Menschen, wenn sie stets damit rechnen müssten, zum Nutzen vieler anderer nicht bloß *irgendwelche* Notstandsopfer, sondern immer auch das ihres eigenen Lebens erbringen zu müssen? Welcher Utilitarist möchte denn in einer Welt leben, in der jederzeit gegen seinen Willen [...] zur Eliminierung der verbrecherischen Politik von Diktatoren, für die er nichts kann, Bomben auf sein Haus, seine Familie, sein Leben geworfen werden dürften? Eine Welt, in der die Unterscheidung deutlich bleibt zwischen dem, was man verhindern darf, und dem, was als noch so bitteres Schicksal [...] hingenommen werden muss, weil es nicht *legitim* verhindert werden kann, dürfte – ganz utilitaristisch – bei weitem die bessere sein."[2995]

Auch der Hinweis auf geltendes Völkerrecht – *in bello* oder *ad bellum* – ersetzt keine ethische Begründung der Zulässigkeit kollateraler Tötungen. Wesentlich fundierter ist der Versuch *Zimmermanns*, *Hoersters* intersubjektive Rechtsethik für Rettungstötungen weiterzuentwickeln. Allerdings führt dieses interessensorientierte Konzept zur Herrschaft der Macht, nicht zur Herrschaft des Rechts. Eine ethische Begründung gegenüber dem geopferten Einzelnen bezweckt dieser Ansatz nicht zu geben. Indessen ist gerade diese erforderlich. Die rechtliche Ordnung bezieht ihre Legitimation aus ihrer Schutzfunktion für die subjektiven Rechte der Menschen.[2996] Die *rechts*ethische Legitimation von Normen muss diesem Schutzgedanken also gerecht werden. Der Grund der normativen Verpflichtung muss allgemein akzeptabel sein – theoretisch auch für einen kollateral Getöteten. Nach den bisherigen Betrachtungen kann man ihm noch keine einleuchtende ethische Erklärung für sein irreversibles Zwangsopfer bieten.

2995 *Merkel,* in: Meggle (Hrsg.), Humanitäre Interventionsethik, 2004, S. 107–132, 126 (*Hervorhebungen ebenda*).

2996 *Ders.*, JZ 2012, S. 1137–1145, 1138.

cc) Deontologische Ansätze

Nachfolgend werden die deontologischen Ansätzen zur ethischen Legitimität kollateraler Tötungen betrachtet. Aus deontologischer Perspektive stellt sich das Problem kollateraler Tötungen als Dilemma dar, wie in der Einleitung dargelegt wurde. Das Tötungsverbot könnte aus deontologischer Perspektive absolut gelten. Gewisse Einschränkungen erfährt es im Fall der Selbstverteidigung. Hier kann dem Angreifenden sein eigener Tod allerdings selbst zugerechnet werden.[2997] Er hatte es in der Hand, seinen Angriff und damit gleichzeitig auch die Nötigung des Angegriffenen, zu einer effektiven (tödlichen) Verteidigung zu greifen, jederzeit zu beenden.[2998] Das Verbot willkürlicher Tötungen ist eine vollkommene, d. h. negative Pflicht im *Kantischen* Sinne.[2999] Ausnahmen hiervon müssten aus deontologischer Perspektive daher sorgfältig begründet werden.[3000] Die Voraussetzungen einer solchen Ausnahme könnten nur sehr eng sein und müssten der Verallgemeinerung zugänglich sein.[3001] Dies gilt nicht nur für das intendierte Töten, sondern auch für das wissentliche, unbeabsichtigte Töten wie im Fall der Verursachung von Kollateralschäden. Nachfolgend wird insbesondere die *Doktrin der Doppelwirkung* erörtert, die versucht, das Dilemma kollateraler Tötungen deontologisch aufzulösen. Des Weiteren wird kurz auf die Legitimationsprinzipien des erlaubten Risikos und des Notstands eingegangen. Abschließend wird die strikt pazifistische Ansicht, die aus dem deontologischen Dilemma resultiert, dargestellt.

(1) Doktrin der Doppelwirkung

Das Fundament für die *Doktrin der Doppelwirkung* legte *Thomas von Aquin* bei seiner Rechtfertigung von Tötungen im Rahmen von Not-

---

2997 *Ders.,* JZ 62 (2007), S. 373–385, 377 f., 384.

2998 Ebenda, S. 377 f., 384.

2999 Zu den vollkommenen Pflichten *Kant,* AA VI, MdS, 1968, Einleitung zur Tugendlehre, S. 385 ff., 398; Tugendlehre, § 5 S. 421.

3000 *Schaller/Rudolf,* „Targeted Killing“, 2012, S. 24.

3001 Ebenda, S. 24.

wehr.[3002] Er hält das Töten in Notwehr für legitim, weil es nicht intendiert sei.[3003] Der Effekt der Tötung ergänze nur den eigentlich beabsichtigten Zweck, nämlich die Rettung des eigenen Lebens.[3004] Da dieser Zweck nicht unrecht sein könne, könnten auch die Handlung und ihre Nebenfolge nicht unrecht sein.[3005] Obgleich *Thomas* seiner Argumentation die Konstellation der Notwehr zugrunde legte, wird der Kern seiner These heute in der politischen Ethik auch für diverse Konstellationen kollateraler Tötungen fruchtbar gemacht. Sofern es um Rettungstötungen geht, ist immer eine Bedrohungs- und oftmals eine Verteidigungssituation gegeben – insbesondere bei einer humanitären Intervention und bei der Ausübung von gewaltsamem oder militärischem Widerstand. Allerdings wird die *Thomanische* Argumentation nicht genutzt, um die Tötung des Angreifers zu rechtfertigen, sondern diejenige Unbeteiligter.

In der Literatur lassen sich zahlreiche verschiedene Formulierungen der Voraussetzungen der *Doktrin der Doppelwirkung* finden. Die Mehrheit lässt sich auf die Kernaussagen von *Thomas* reduzieren. Schwerpunkt bildet die Differenzierung nach dem Zweck der Handlung und damit der Absicht ihres Erfolges.[3006] Stelle die Tötung Unbeteiligter im Fall einer kriegerisch-gewaltsamen Handlung nur eine unbeabsichtigte, aber vorhersehbare Nebenfolge der Handlung dar, die zu einem anderen, positiven Primärzweck unternommen worden sei, so kann diese Tötung laut der Doktrin legitim sein, wenn die Folgen der Handlung insgesamt verhältnismäßig zum erstrebten Primärzweck seien.[3007] Die *Doktrin der Doppelwir-*

3002 *McIntyre,* Doctrine of Double Effect, 2004; *Merkel,* in: ders. (Hrsg.), Der Kosovo-Krieg und das Völkerrecht, 2000, S. 66–98, 73; *ders.,* JZ 2012, S. 1137–1145, 1141; *Fiala,* Pacifism, 2006; *Meyer,* ARSP 2011, S. 18–32, 23.

3003 *von Aquin,* Summa Theologica, Part II/2, 1920, Frage 64, Art. 7.

3004 Ebenda, Frage 64, Art. 7.

3005 Ebenda, Frage 64, Art. 7.

3006 *McIntyre,* Doctrine of Double Effect, 2004.

3007 Die Doktrin wird vertreten von *Connell,* in: The Catholic University of America (Hrsg.), New Catholic Encyclopedia, Vol. IV, 1967, S. 1020–1022; *Quinn,* Philosophy & Public Affairs 18 (1989), S. 334–351; *Walzer,* Just and Unjust Wars, 2000 (1977), S. 152 ff.; *Anscombe,* in: Woordward (Hrsg.), The Doctrine of Double Effect, 2001, S. 247–260; *ders.,* in: Woordward (Hrsg.), The Doctrine of Double Effect, 2001, S. 50–66; *Schaber,* ARSP 2006, S. 295–303; *Regan,* Just War, 2013, S. 96 ff.; *Meyer,* ARSP 2011, S. 18–32 (mit Einschränkungen). Eine ähnliche Zusammenfassung der *Doktrin der Doppelwirkung* findet sich bei *Merkel,* in: ders. (Hrsg.), Der Kosovo-Krieg und das Völkerrecht, 2000, S. 66–98, 73; *Rudolf,* Zur Ethik militärischer Gewalt, 2014, S. 31.

kung statuiert damit vier Bedingungen der Rechtfertigung kollateraler Tötungen:[3008]

- Legitimität des Primärzwecks bzw. Sittlichkeit der Handlung an sich
- Kategorisierung der Tötung als Nebenfolge, nicht als Mittel der Zweckerreichung
- Gute Absicht des Handelnden (lediglich auf den Primärzweck gerichtet; Nebenfolgen werden in Kauf genommen)
- Verhältnismäßigkeit der Handlung und ihrer Folgen

Zur Rechtfertigung zieht die *Doktrin der Doppelwirkung* also vor allem die gute Absicht sowie die Verhältnismäßigkeit heran.[3009] Auch wenn die Verhältnismäßigkeit ein konsequentialistisches Kriterium ist, verbirgt sich hinter der *Doktrin der Doppelwirkung* ein deontologischer Ansatz, da sie zweckmäßige Tötungen nicht rechtfertigen kann bzw. will und das Tötungsverbot aufrechterhält.[3010] Dennoch bereiten die beiden Bedingungen, die den Kern der Rechtfertigung ausmachen, aus deontologischer Perspektive Probleme.

Zunächst zum Kriterium der guten Absicht. Für die Rechtfertigung ist es dabei von herausragender Bedeutung, dass diese Absicht auf etwas anderes gerichtet war als auf die Tötung. Letztere muss unbeabsichtigt gewesen sein. Vorhersehbarkeit schadet insofern nicht. Das Kriterium der guten Absicht geht somit fließend in die Kategorisierung der Tötung als Nebenfolge über. Der Vorsatzgrad wird zur notwendigen Bedingung der Rechtfertigung.[3011] Es ist allerdings schwierig, Intention und Motivation einer Handlung im Einzelfall wirklich eindeutig zu bestimmen.[3012]

Noch bedeutsamer ist die weitere Frage: Begründet es einen moralischen Unterschied, ob eine Tötung mit Absicht oder mit Wissentlichkeit bzw. Eventualvorsatz vorgenommen wurde? *Rüdiger Bittner* verneint

---

3008 So bereits in der katholischen Tradition der Doktrin (vgl. *Uniacke,* The Thomist: a Speculative Quarterly Review 48 (1984), S. 188–218, 192 f.; *McIntyre,* Doctrine of Double Effect, 2004). *Meyer,* ARSP 2011, S. 18–32, 19 aggregiert die vier Bedingungen für das Szenario der humanitären Intervention auf zwei. Die folgenden Voraussetzungen benennend *Merkel,* JZ 2012, S. 1137–1145, 1141. Vgl. im Einzelnen *Knauer,* Handlungsnetze, 2002, S. 35 ff.

3009 *Lefkowitz,* in: May (Hrsg.), War, 2008, S. 145–164, 149; *Meyer,* ARSP 2011, S. 18–32, 19 f.; *Merkel,* JZ 2012, S. 1137–1145, 1141.

3010 Vgl. *Meyer,* ARSP 2011, S. 18–32, 20.

3011 *Bittner,* in: Meggle (Hrsg.), Humanitäre Interventionsethik, 2004, S. 99–106, 100.

3012 *Holmes,* in: Bleisch/Strub (Hrsg.), Pazifismus, 2006, S. 145–161, 149.

dies.[3013] Im einen wie im anderen Fall „verheizt"[3014] man die Menschen im Dienste des Primärzwecks. Eine lediglich bedingt vorsätzliche oder wissentliche Tötung ist dem Handelnden ebenso zuzurechnen wie eine absichtliche.[3015] *Kirsten Meyer* weist darauf hin, dass allein dieser Befund *Bittners* noch keine Aussage über die Möglichkeit einer moralischen Differenzierung zulasse.[3016] Sie hält, ebenso wie *Peter Schaber*, nicht primär den Vorsatzgrad für ausschlaggebend, sondern die Differenzierung nach der Kategorisierung als Nebenwirkung.[3017] Dieser kommt zwar im Vorsatzgrad zum Ausdruck,[3018] doch schlägt *Meyer* aufgrund der Probleme, die eine Differenzierung nach dem Vorsatzgrad birgt, vor, die Kategorisierung objektiv als eine Frage des Kausalverlaufes zu betrachten.[3019] Wenn der Primärzweck gedanklich auch dann erreicht worden wäre, wenn die kollaterale Tötung weggefallen wäre, sei diese als Nebeneffekt zu kategorisieren.[3020] *Bittner* hält diese Kategorisierung für ebenso unbedeutend wie den Vorsatzgrad. An einer Instrumentalisierung der Getöteten ändere die Einordnung als Nebeneffekt oder Primärziel nichts.[3021]

Letztlich erkennt auch *Schaber* dies, indem ein weiteres Argument nennt, das die *Doktrin der Doppelwirkung* nicht tangiert: Er hält eine Norm, die kollaterale Tötungen zulässt, im Fall humanitärer Interventionen für zustimmungswürdig und verallgemeinerbar. Wenn auch inhaltlich falsch,[3022] lässt sich *Bittners* Instrumentalisierungsvorwurf nur auf diesem

---

3013 *Bittner,* in: Meggle (Hrsg.), Humanitäre Interventionsethik, 2004, S. 99–106, 100; zustimmend *Meyer,* ARSP 2011, S. 18–32, 21. Ähnlich *Holmes,* On War and Morality, 1989, S. 196 ff.

3014 *Bittner,* in: Meggle (Hrsg.), Humanitäre Interventionsethik, 2004, S. 99–106, 100; zustimmend *Meyer,* ARSP 2011, S. 18–32, 21.

3015 Ebenda, S. 22.

3016 Ebenda, S. 22.

3017 Vgl. *Schaber,* ARSP 2006, S. 295–303, 299 f.; *Meyer,* ARSP 2011, S. 18–32, 20.

3018 Vgl. *Schaber,* ARSP 2006, S. 295–303, 299 f.; *Meyer,* ARSP 2011, S. 18–32, 20.

3019 Vgl. ebenda, S. 20 f.

3020 Ebenda, S. 21.

3021 *Bittner,* in: Meggle (Hrsg.), Humanitäre Interventionsethik, 2004, S. 99–106, 100; A. A. wohl *Meyer,* ARSP 2011, S. 18–32, 22, die darauf hinweist, dass Vertreter der Doktrin die Differenzierung von Zweck und Nebeneffekt als Einwand gegen den Instrumentalisierungsvorwurf betrachten. Sie selbst verweist zudem auf das Erfordernis der Verhältnismäßigkeit.

3022 Hierzu s. u., S. 584 ff. An dieser Stelle soll bereits erwähnt werden: „[…] [E]ine Maxime, Unschuldige zu retten, indem man Unschuldige tötet, zerstört

methodischen Wege von der Hand weisen.[3023] Ebenso könnte nur auf diese Weise eine Pflicht der Opfer begründet werden, ihre Tötung zu dulden. Der Verweis auf eine gute Absicht ist hierfür nicht nur unzureichend, sondern irrelevant.[3024] In der Ethik spielt die Reinheit der Absicht eine Rolle für die Bewertung einer Handlung – anders als im Recht.[3025] Allerdings taugt sie nicht zur primären ethischen Rechtfertigung.[3026] Die Frage der reinen Gesinnung stellt sich nur sekundär.[3027] Zunächst müssen die objektiven Bedingungen der Legitimation erfüllt sein.[3028]

Als derartige Bedingung könnte im Rahmen der *Doktrin der Doppelwirkung* das Kriterium der Verhältnismäßigkeit fungieren. Wie gezeigt wurde, kann das konsequentialistische Verhältnismäßigkeitsprinzip immer nur sekundäre Begrenzung sein und niemals eine primäre Begründung für Eingriffsbefugnisse bieten.[3029] *Meyer* versucht, die Bedingung der Verhältnismäßigkeit im Rahmen der *Doktrin der Doppelwirkung* einer deontologischen Auslegung zugänglich zu machen.[3030] Sie will darin nicht nur eine Kosten-Nutzen-Rechnung sehen,[3031] sondern auch zwei weitere Aspekte einfließen lassen, womit die deontologische Interpretation allerdings noch nicht abgeschlossen sei.[3032] Zunächst verweist sie auf die Differenzierung zwischen Tun und Unterlassen, die ethisch eine Rolle spielt, wie dargelegt wurde.[3033] Diesen Unterschied ignoriert *Schaber*, der sogar für eine Pflicht zur humanitären Interventionen (und damit auch zu kollateralen Tötungen) plädiert. Wie *Meyer* erkennt, argumentiert *Schaber* insofern

---

sich offenkundig selbst." (*Merkel,* in: ders. (Hrsg.), Der Kosovo-Krieg und das Völkerrecht, 2000, S. 66–98, 73).

3023 A. A. wohl *Meyer,* ARSP 2011, S. 18–32, 22 (vgl. Fn. 3021).

3024 *Merkel,* JZ 2012, S. 1137–1145, 1141.

3025 Ebenda, S. 1141 f.

3026 Ebenda, S. 1141 f. Vgl. auch *Lefkowitz,* in: May (Hrsg.), War, 2008, S. 145–164, 149 ff., der darstellt, dass nach der Doktrin auch terroristische Akte gerechtfertigt werden könnten.

3027 *Merkel,* JZ 2012, S. 1137–1145, 1142.

3028 Ebenda, S. 1142.

3029 Hierzu s. o., S. 563 f.

3030 *Meyer,* ARSP 2011, S. 18–32, 25 ff.

3031 So wird das Kriterium herkömmlicherweise interpretiert (s. nur *McIntyre,* Doctrine of Double Effect, 2004 oder die Rechenbeispiele „Case 2" und „Case 3" bei *Sterba,* in: Bleisch/Strub (Hrsg.), Pazifismus, 2006, S. 193–203, 197 f., 200 f.).

3032 *Meyer,* ARSP 2011, S. 18–32, 25.

3033 Vgl. ebenda, S. 25 f. Hierzu s. o., S. 573.

widersprüchlich.[3034] Zum einen meint er, dass Unschuldige nicht ihrem Todesschicksal überlassen werden dürften und humanitäre Interventionen daher moralisch geboten seien; zum anderen hält er die aktive Tötung von Unschuldigen im Rahmen solcher Interventionen für legitim.[3035] *Meyer* tendiert dazu, das Verhältnismäßigkeitskriterium derart auszulegen, dass aktive kollaterale Tötungen im Gegensatz zu Unterlassungen kaum ethisch zu rechtfertigen seien.[3036] Damit wird der Anwendungsbereich der ethischen Rechtfertigung allerdings derart eingegrenzt, dass die Doktrin kaum mehr die Legitimation kollateraler Tötungen im hiesigen Sinne ermöglicht. Es geht dabei schließlich begrifflich um kriegerisch-gewaltsame Akte, die ein Tun implizieren und dadurch aktiv die Tötungen Unbeteiligter – wenn auch als Nebeneffekt – hervorrufen.

Darüber hinaus plädiert *Meyer* dafür, im Rahmen der Verhältnismäßigkeitsprüfung den Wahrscheinlichkeitsgrad der tödlichen Folgen zu berücksichtigen.[3037] Hiermit höbe sich die Verhältnismäßigkeitsprüfung endgültig vom Konsequentialismus ab.[3038] *Meyer* weist darauf hin, dass es insofern bereits bei der Interpretation der ursprünglichen *Thomanischen* Doktrin unterschiedliche Strömungen gebe.[3039] Eine „schwächere Version"[3040] lehne die Möglichkeit einer Rechtfertigung bei *Thomas* ab, wenn der Nebeneffekt als sicher vorausgesehen werden könne.[3041] *Meyer* selbst versteht *Thomas* anders und vertritt somit grundsätzlich eine „stärkere Version"[3042] der Doktrin.[3043] Andernfalls sei eine ethische Rechtfertigung militärischen Handelns (etwa im Rahmen einer humanitären Intervention) schlicht unmöglich.[3044] Damit hält sie auch die Rechtfertigung von Maßnahmen, die mit Sicherheit tödliche Folgen für Unbeteiligte haben, für

---

3034 Vgl. *Meyer,* ARSP 2011, S. 18–32, S. 25.

3035 *Schaber,* ARSP 2006, S. 295–303, 299 f.

3036 *Meyer,* ARSP 2011, S. 18–32, 26.

3037 Vgl. ebenda, S. 26 ff.

3038 Ebenda, S. 26.

3039 Ebenda, S. 26.

3040 Ebenda, S. 26 mit Hinweis auf *Sullivan,* The Thomist: a Speculative Quarterly Review 64 (2000), S. 423–448.

3041 *Meyer,* ARSP 2011, S. 18–32, 26 f.

3042 Ebenda, S. 27.

3043 So etwa *Boyle,* The Thomist: a Speculative Quarterly Review 42 (1978), S. 649–665.

3044 *Meyer,* ARSP 2011, S. 18–32, 28.

möglich und plädiert insofern für einen „Überlegensspielraum“[3045]. Sie räumt gleichzeitig ein, dass es kaum möglich sei, eine solche Maßnahme aus deontologischer Perspektive zu legitimieren. Im Gegensatz zu Konsequentialisten, die laut *Meyer* auch sichere Nebenfolgen ohne Bedenken im Rahmen einer Kosten-Nutzen-Rechnung als verhältnismäßig und legitimiert betrachten können, können Deontologen die sichere Tötung Unbeteiligter nicht für angemessen halten und damit auch kaum als Nebenfolge rechtfertigen.[3046] Eine eindeutige Position bezieht *Meyer* nicht. Vielmehr ist es widersprüchlich, dass sie einerseits für eine deontologische Ausgestaltung der Verhältnismäßigkeitsprüfung plädiert, andererseits nicht die stärkere Version der *Doktrin der Doppelwirkung* ablehnt, sondern selbst vertritt. Sie räumt ein, dass sie der pazifistischen Position *Bittners* im Ergebnis nahekommt, spricht sich jedoch gegen einen rigorosen Pazifismus aus und hält insofern an der *Doktrin der Doppelwirkung* fest.[3047]

Es fragt sich, wieviel nach ihrer deontologischen Auslegung vom Gehalt der Doktrin übrigbleibt, an dem sie festhalten könnte. Sie selbst stellt in Bezug auf das Kriterium der Verhältnismäßigkeit die Frage: „Doch wie kann bestimmt werden, ob das Gute und das Schlechte in einem angemessenen Verhältnis stehen?“[3048] Dies erinnert entfernt an die von *Merkel* formulierte rhetorische Frage nach der Möglichkeit des verhältnismäßigen Tötens.[3049] Es ist verwunderlich, dass *Meyer* nicht zu demselben Ergebnis kommt wie *Merkel*: „überhaupt nicht“[3050]; zumal sie selbst fordert, dass die Tötung niemand geringerem gegenüber zu legitimieren ist als gegenüber dem Getöteten selbst.[3051]

Eines steht außer Frage: Das Verhältnismäßigkeitsprinzip kann diese legitimatorische Begründung nicht leisten – weder im Gewand einer deontologischen Interpretation, noch etwa unter Berücksichtigung der durch *Michael Walzer* prominent gewordenen Ansicht, dass Verhältnismäßigkeit einer Kriegshandlung nur dann angenommen werden könne, wenn auf der Seite des Handelnden eigene Risiken eingegangen und Verluste in Kauf

3045 Ebenda, S. 28.

3046 Ebenda, S. 28.

3047 Ebenda, S. 22, 28 f.

3048 Ebenda, S. 24.

3049 „Wie wird man verhältnismäßig getötet?“ (*Merkel,* JZ 62 (2007), S. 373–385, 375; *ders.,* JZ 2012, S. 1137–1145, 1139). Hierzu s. o., S. 563).

3050 *Merkel,* JZ 62 (2007), S. 373–385, 375; *ders.,* JZ 2012, S. 1137–1145, 1139.

3051 *Meyer,* ARSP 2011, S. 18–32, 30 („Es geht also ganz entscheidend um unser Verhältnis zu denen, die von unserem Handeln betroffen sind.“).

genommen würden.[3052] Von der – wie auch immer näher zu bestimmenden – vermeintlichen Verhältnismäßigkeit seiner Tötung hat ein Getöteter genauso wenig wie von einer guten Absicht des Handelnden.[3053] Die *Doktrin der Doppelwirkung*, die diese Kriterien zur Begründung der Rechtfertigung erhebt, vermag bei der Legitimation kollateraler Tötungen schon deshalb nicht zu überzeugen.[3054]

(2) Prinzip des erlaubten Risikos

Ein weiterer Versuch der deontologischen Bewertung kollateraler Tötungen könnte mittels des Prinzips des erlaubten Risikos unternommen werden. Dies ist als Begrenzungsprinzip der objektiven Erfolgszurechnung aus dem deutschen Strafrecht bekannt.[3055] Merkmale der objektiven Zurechnung sind universelle Prinzipien der Rechtstheorie und somit (zumindest auf den zweiten Blick) in allen entwickelten Rechtsordnungen zu finden.[3056] Die Begrenzungen der objektiven Zurechnung implizieren, dass eine kausale Verursachung allein keine hinreichende Bedingung für die normative Zurechnung eines Erfolges ist.[3057] Möglicherweise kann das Prinzip des erlaubten Risikos als eines der Begrenzungsprinzipien der objektiven Zurechnung auch für die ethische Zurechnungsbegrenzung zurate gezogen werden. Es besagt, dass ein Erfolg dann nicht zugerechnet werden kann, wenn es an der Schaffung einer rechtlich relevanten Erfolgsge-

---

3052 Vgl. *Walzer,* Just and Unjust Wars, 2000 (1977), S. 152 ff., 158 f.; zustimmend *Rudolf,* Schutzverantwortung und humanitäre Intervention, 2013, S. 6, 28.

3053 *Merkel,* JZ 2012, S. 1137–1145, 1141.

3054 Ebenda, S. 1141. So im Ergebnis *Lefkowitz,* in: May (Hrsg.), War, 2008, S. 145–164, 159; *Zimmermann,* JZ 2014, S. 388–391, 388. Weitere Kritikpunkte sind zu finden bei *Norman,* Ethics, Killing and War, 1995, S. 84 ff. Zum möglichen Einwand des Missbrauchs anhand des Beispiels des Atomwaffeneinsatzes eine Befürworterin der Doktrin selbst *Anscombe,* in: Woordward (Hrsg.), The Doctrine of Double Effect, 2001, S. 247–260, 257. Fragwürdig ist zudem die Praxistauglichkeit der Doktrin für Kollateralschäden im Krieg (*Downes,* IS 30 (2006), S. 152–195, 152 stellt dar, das ca. 60 % aller Kriegsopfer der letzten 100 Jahre Non-Kombattanten waren).

3055 Hierzu s. nur *Roxin,* Strafrecht Allgemeiner Teil, Bd. I, 2006, § 11 Rn. 65 ff.; Rn. 69 ff.

3056 *Merkel,* JZ 2012, S. 1137–1145, 1140.

3057 *Puppe,* in: Küper/Welp (Hrsg.), Beiträge zur Rechtswissenschaft, 1993, S. 183–201, 184 f.; *Merkel,* JZ 2012, S. 1137–1145, 1140.

fahr mangelt.[3058] Die Gefahr, die mit der Handlung geschaffen wurde, entspricht hier nämlich der Sozialadäquanz bzw. den allgemeinen Sorgfaltspflichten. Das riskante Verhalten ist sozialadäquat, weil es zum einen nur ein sehr geringes abstraktes Risiko der Erfolgsherbeiführung in sich trägt und zum anderen in einer liberalen Gesellschaft der Realisierung der Handlungsfreiheit oder dem Gemeinwohl dient.[3059] Hinter diesem Prinzip verbirgt sich eine gesamtgesellschaftliche Abwägung zwischen Handlungsfreiheit bzw. Gemeinwohl und Rechtsgüterschutz.[3060] Musterbeispiel eines erlaubt riskanten Verhaltens, das der Verwirklichung der Handlungsfreiheit dient, ist die ordnungsgemäße Teilnahme am Straßenverkehr.[3061] Ein Verhalten, das für das Gemeinwohl förderlich ist und daher dem Bereich des erlaubten Risikos zugeordnet wird, ist dasjenige von öffentlichen Rettungsdiensten (z. B. der Feuerwehr).

Es fragt sich, wie das Prinzip des erlaubten Risikos kollaterale Tötungen z. B. im Bürgerkrieg legitimieren könnte. Letztlich rechtfertigt es eine Tötung nicht – weder im Straßenverkehr noch im Bürgerkrieg. Es trennt den verursachten Erfolg (z. B. den Tod eines Fußgängers F, der durch das ordnungsgemäße Verhalten eines Autofahrers A verursacht wurde) von der Handlung ab. Die Handlung des A war im Beispiel sozialadäquat und rechtmäßig. Die Tötung des F war ihm damit allerdings nicht erlaubt.[3062] A hatte die Befugnis, sich riskant zu verhalten, jedoch nicht die Befugnis zum Töten.[3063] F war es damit z. B. gestattet, seinen Tod im Wege des Defensivnotstands zu verhindern. Eine Duldungspflicht hatte er insofern nicht. A wird indessen nicht für den Todeserfolg verantwortlich gemacht. Der Tod des F gestaltet sich – auch aus seiner eigenen Perspektive – als (äußerst tragischer) Unfall. Der Unfall ist Nebenfolge eines sozialadäquaten Verhaltens, dessen Risiko auch F als Mitglied der Gesellschaft zu tragen bereit gewesen ist – so muss es ihm unterstellt werden. Die ordnungsgemäße Teilnahme am Straßenverkehr ist ethisch nicht zu beanstanden.

3058 Vgl. *Eisele*, in: Schönke/Schröder, StGB, 2014, vor §§ 13 ff. Rn. 70c.

3059 *Merkel*, JZ 2012, S. 1137–1145, 1140 f. für die Verwirklichung der Handlungsfreiheit; vgl. *Roxin*, Strafrecht Allgemeiner Teil, Bd. I, 2006, § 11 Rn. 66 („Globalabwägung").

3060 *Eisele*, in: Schönke/Schröder, StGB, 2014, vor §§ 13 ff. Rn. 93; vgl. *Merkel*, JZ 2012, S. 1137–1145, 1140.

3061 *Eisele*, in: Schönke/Schröder, StGB, 2014, vor §§ 13 ff. Rn. 93; *Merkel*, JZ 2012, S. 1137–1145, 1140.

3062 Vgl. ebenda, S. 1140.

3063 Vgl. ebenda, S. 1140

Trotz der bekannten Risiken ist eine entsprechende Norm wegen der erheblichen gesamtgesellschaftlichen Vorteile zustimmungswürdig und verallgemeinerungsfähig. Die Unfälle, die bei der praktischen Umsetzung dieser Norm passieren, sind ethisch daher auch nicht zu beanstanden.

Angewendet auf kollaterale Tötungen im Krieg, Bürgerkrieg oder vergleichbaren Szenarien könnte also eine Norm angenommen werden, die dieses kollaterale Töten aufgrund der Verwirklichung eines erlaubten Risikos als Unfall – als tragische Nebenfolge eines ethisch einwandfreien Verhaltens – darstellt und so die Rechtfertigung der Tötung hinfällig macht. Dies erscheint bereits auf den ersten Blick zweifelhaft. In der Literatur wird eine solche Norm für das Szenario von Rettungstötungen vereinzelt verteidigt. So meint *Lothar Fritze*, dass hinter einem *Rawls'schen* Schleier des Nichtwissens folgende Norm beschlossen würde:[3064]

> „Jeder, der eine hinreichend große gegenwärtige Gefahr für das Leben von Menschen wahrnimmt, ist auch dann berechtigt, diese Gefahr zu beseitigen, wenn dabei eine vergleichsweise geringe Anzahl Unschuldiger zu Tode kommen kann, aber keine andere Möglichkeit der Gefahrenabwehr besteht."[3065]

Er bezieht sich bei dieser Norm unter anderem auf den Anwendungsfall des Widerstandsrechts.[3066] Zur Begründung führt er an, dass die beschließenden Personen das Risiko, Opfer einer solchen Rettungshandlung zu werden, für deutlich geringer hielten als das Risiko, nicht gerettet zu werden.[3067] Obwohl er nicht ausdrücklich auf das Prinzip des erlaubten Risikos hinweist, finden sich also Ansätze des Prinzips in seiner Argumentation.

Auf ähnliche Weise befürwortet *Schaber* eine Rettungsnorm der Zulässigkeit humanitärer Interventionen.[3068] Er hält diese für zustimmungswürdig, weil alle Menschen von ihr profitierten: Jeder habe ein Interesse daran, vor den Untaten, die die internationale Gemeinschaft zum Einschreiten befugten, geschützt zu werden.[3069] Das ist in der Sache sicherlich richtig. Über die ethische Legitimation des Mittels zum wünschenswerten Schutz besagt dies jedoch nichts. Für den Fall der humanitären Interventi-

3064 *Fritze,* Die Tötung Unschuldiger, 2004, 31 ff., 36 f.

3065 *Ders.,* DZPhil 51 (2003), S. 213–231, 215; *ders.,* Die Tötung Unschuldiger, 2004, S. 30.

3066 Vgl. *ders.,* DZPhil 51 (2003), S. 213–231, 215.

3067 Ebenda, S. 217; *ders.,* Die Tötung Unschuldiger, 2004, S. 39 f.

3068 Vgl. *Schaber,* ARSP 2006, S. 295–303, 298 f.

3069 Ebenda, S. 298.

on behauptet *Schaber*, dass es nicht einmal erforderlich sei, sich zur Normbildung hinter den Schleier des Nichtwissens zu begeben.[3070] Kein Mensch auf dieser Welt könne ausschließen, einmal derart schutzbedürftig zu werden; daher habe jeder ein Interesse an der von ihm statuierten Norm zur Zulässigkeit solcher Interventionen.[3071] Laut *Schaber* trägt jeder das Risiko, Opfer einer militärischen Aktion im Rahmen einer humanitären Intervention zu werden.[3072] Er hält die Norm daher nur unter der Bedingung für zustimmungswürdig, dass dieses Risiko akzeptabel ist.[3073] Insofern ergibt sich an dieser Stelle seiner Argumentation der Zusammenhang mit dem Prinzip des erlaubten Risikos. *Schaber* führt allerdings weder näher aus, wann ein Risiko akzeptabel ist, noch ergänzt er seine Norm ausdrücklich um die Bedingung des akzeptablen Risikos. Darauf weist er später lediglich hin.[3074] Dabei vergleicht er seine Norm zur Zulässigkeit von humanitären Interventionen mit der allgemeingültigen Norm der Zulässigkeit von Rettungsaktionen der Feuerwehr. *Schaber* zufolge besteht für jeden gleichermaßen das Risiko, kollaterales Opfer von Löschaktionen der Feuerwehr zu werden. Selbst entsprechende Opfer sprächen sich nicht für die Abschaffung der Feuerwehr aus.[3075]

Schabers Vergleich von Feuerwehr und humanitären Rettern hinkt allerdings – im Hinblick auf die Mittel, die bei humanitären Interventionen und bei Rettungsaktionen durch die Feuerwehr verwendet werden. Es ist fragwürdig, wie *Schaber* insofern von vergleichbaren Risiken ausgehen kann. Die einzige mögliche Erklärung hierfür könnte ein Vergleich des allgemeinen *statistischen Risikos* sein. Es sei in diesem Sinne hier (wenn auch in der Sache zweifelhaft) unterstellt, dass die Zahlen kollateraler Opfer von Rettungsaktionen der Feuerwehr und von humanitären Intervenienten – etwa im Verhältnis zur Weltbevölkerungszahl – vergleichbar sind. Möglicherweise ist das entsprechend geringe statistische Risiko in beiden Fällen akzeptabel. Wenn man dieses Risiko zum Maßstab der Zustimmungswürdigkeit der beiden Normen macht, übersieht man jedoch den grundlegenden Unterschied zwischen Mikro- und Makroperspektive. *Universell* betrachtet, könnten die am Beschluss der Norm beteiligten Perso-

---

3070 Ebenda, S. 298.
3071 Ebenda, S. 298.
3072 Ebenda, S. 299.
3073 Vgl. ebenda, S. 299.
3074 Vgl. ebenda, S. 299.
3075 Ebenda, S. 299.

nen das Risiko von humanitären Interventionen für ihr Leben minimal und akzeptabel halten. Diese Makroperspektive ist für die Bewertung der Akzeptabilität des Risikos irrelevant. Eine Rolle spielt vielmehr, ob das Risiko im Eintritt des Rettungsfalles bei der Vornahme der konkreten Rettung – also auf Mikroebene – akzeptabel ist. In diesem Sinne besagt auch die *Rawls'sche* „Maximin-Regel",[3076] dass es auf die Zustimmungswürdigkeit einer Norm in der schlechtest möglichen Lage ankomme. Aus der Mikroperspektive ergibt sich ein deutlicher Unterschied zwischen Rettungsaktionen der Feuerwehr und humanitären Interventionen. Wenn sich die Personen, die am fiktiven Beschluss der Norm beteiligt sind, vorstellen, dass sie sich im konkreten Umfeld der jeweiligen Rettungsaktion befinden, unterscheidet sich das *konkrete Risiko*, dass sie dabei zu Tode kommen, deutlich vom zuvor angesprochenen statistischen (universellen) Risiko. Während bei Feuerwehreinsätzen das konkrete Risiko gegenüber dem statistischen Risiko erhöht sein wird, entspricht es bei einer militärischen Aktion im Rahmen einer humanitären Intervention einer an Sicherheit grenzenden Wahrscheinlichkeit. Entsprechendes gilt für Widerstand mit kriegerisch-gewaltsamen Mitteln. Anders als bei den Handlungen, die im Rahmen eines Feuerwehreinsatzes vorgenommen werden, grenzt das konkrete Risiko, Opfer einer kollateralen Tötung zu werden, beim kriegerisch-gewaltsamen Handeln also an Sicherheit. Dieses Risiko wird niemand einzugehen bereit sein. Die von *Schaber* behauptete Norm ist daher nicht zustimmungswürdig; nicht hinter dem Schleier des Nichtwissens und schon gar nicht vor diesem Schleier – wie *Schaber* behauptet –, denn dort wird es eine Vielzahl von Menschen geben, die sich der Verwirklichung des konkreten Risikos ausgesetzt sehen. *Schabers* und *Fritzes* Argumentationen führen zur Berechnung eines universellen Gesamtsaldos und überschreiten damit die Grenze zum Konsequentialismus. Insofern ist *Zimmermanns* Kritik an *Fritzes* Ansicht zuzustimmen, der jene für „russisch Roulette"[3077] hält.

Die Schwäche von *Schabers* Argumentation zeigt sich auch, wenn man annimmt, dass sich humanitäre Interventionen ebenso häufig ereignen wie Feuerwehrlöschaktionen. Dadurch kann ein fairer Vergleich des statistischen, universellen Tötungsrisikos erfolgen, das er im Blick hat. *Schabers*

3076 *Rawls,* Eine Theorie der Gerechtigkeit, 1991 (1979, Orig. v. 1971) S. 177 f.; vgl. *Zimmermann,* Rettungstötungen, 2008, S. 95 mit entsprechender Kritik an *Fritze*.

3077 Ebenda, S. 94.

Argumentation würde diesem Vergleich offensichtlich nicht mehr standhalten, da das Risiko bei humanitären Interventionen deutlich höher wäre als bei Feuerwehreinsätzen. Humanitäre Intervenienten haben mit der Feuerwehr zwar das rettende Ziel gemein; darüber hinaus weisen die rettenden Szenarien jedoch grundlegende Unterschiede auf. Diese Unterschiede sind für das Prinzip des erlaubten Risikos von essenzieller Bedeutung. Zu ihrer Verdeutlichung wird das Beispiel der ordnungsgemäßen Teilnahme am Straßenverkehr bemüht. Zum einen muss das konkrete Risiko der kollateralen Nebenfolgen der erlaubt-riskanten Handlung unterhalb einer Bagatellschwelle liegen.[3078] Was den Straßenverkehr anbelangt, so entspricht es beinahe dem statistischen Risiko (zumindest in geografischen Regionen mit ausgebauter Verkehrsinfrastruktur), da sich die Menschen nahezu permanent im Umfeld des Straßenverkehrs bewegen. Nur wenn es, wie beim ordnungsgemäßen Straßenverkehr, extrem unwahrscheinlich ist, dass eine Handlung einen Tötungserfolg herbeiführt, kann normativ von der Zurechnung eines solchen Ausnahmeerfolgs abgesehen werden. Das Prinzip des erlaubten Risikos stellt ersichtlich immer auf eine konkrete Handlung und ihr Risiko ab. Eine kriegerisch-gewaltsame Handlung ist in keinem Einzelfalle mit nur bagatellarischen Risiken verbunden. Vielmehr dürfte in vielen Fällen der kollaterale Tötungserfolg sicher vorhersehbar sein. Schon aus diesem Grunde können kollaterale Tötungserfolge im (Bürger-)Krieg oder in vergleichbaren Situationen nach dem Prinzip des erlaubten Risikos nicht von der Zurechnung zur Tötungshandlung ausgeschlossen werden.[3079]

Zum anderen betrifft das Prinzip des erlaubten Risikos Handlungen, die soziale Normalität widerspiegeln, wie *Merkel* darlegt.[3080] Dies trifft für die ordnungsgemäße Teilnahme am Straßenverkehr ebenso zu wie für das Agieren der Feuerwehr. Krieg und kriegerisch-gewaltsamer Widerstand gehören in einem verfassten Staat, in dem das Prinzip des erlaubten Risikos seine Geltung entfalten kann, keineswegs zur sozialen Normalität. Damit können Kriegs- und kriegerisch-gewaltsame Widerstandshandlungen niemals zum Bereich des Sozialadäquaten gezählt werden.[3081] Auch aus diesem Grunde können die dadurch verursachten Tötungen Unbeteiligter

3078 *Merkel,* JZ 2012, S. 1137–1145, 1141.

3079 Ebenda, S. 1141. So auch für humanitäre Interventionen *Bittner,* in: Meggle (Hrsg.), Humanitäre Interventionsethik, 2004, S. 99–106, 103.

3080 *Merkel,* JZ 2012, S. 1137–1145, 1141.

3081 Für das Szenario des Kriegs ebenda, S. 1141.

normativ nicht als Verwirklichung eines erlaubten Risikos betrachtet werden. Es handelt sich bei kollateralen Tötungen nicht etwa nur um tragische Unfälle, sondern um die Folgen aktiver Angriffe. Die Notwendigkeit ihrer ethischen Rechtfertigung wird durch das Prinzip des erlaubten Risikos also nicht hinfällig.[3082]

(3) Prinzip des Aggressivnotstands

Eine letzte Möglichkeit der ethischen Legitimation von Kollateralschäden bei der Ausübung gewaltsamen oder militärischen Widerstands bietet der Rekurs auf das Prinzip des Notstandes. Dies ist bereits aus der völkerrechtlichen Betrachtung bekannt.[3083] Daher wird hier nicht mehr ausführlich darauf eingegangen, sondern die wichtigsten Aspekte einer Notstandsrechtfertigung aufgegriffen und auf den Fall kollateraler Tötungen angewendet.

Zunächst ist das Notstandsprinzip deutlich vom Notwehrprinzip zu unterscheiden. Genauer gesagt: Es ist zwischen Aggressivnotstand und Notwehr bzw. Defensivnotstand zu differenzieren. Die Konstellation von kollateralen Tötungen entspricht derjenigen des Aggressivnotstands: Zur Abwendung einer Gefahr wird in die Güter eines unbeteiligten Dritten eingegriffen. Im Fall kollateraler Tötungen wird zur Erreichung des Widerstandsziels in das Leben Unbeteiligter eingegriffen. In einem Notwehrszenario (bzw. beim Defensivnotstand) wird allerdings in die Güter desjenigen eingegriffen, von dem der Angriff oder die Gefahr ausgeht.[3084] Ein solcher Eingriff lässt sich rechtfertigen, indem der Angreifer bzw. Gefahrverursacher selbst zum Verantwortlichen des Eingriffes erklärt wird.[3085] Im Zweifel wird ihm bei der Notwehr sein eigener Tod zugerechnet.[3086]

3082 So im Ergebnis ebenda, S. 1141; *Zimmermann,* JZ 2014, S. 388–391, 388.

3083 S. o., S. 398 ff.

3084 *Merkel,* JZ 62 (2007), S. 373–385, 377.

3085 Ebenda, S. 377 f. Ähnlich *Kretschmer,* NStZ 2012, S. 177–184, 178, der den Angriff als eigenverantwortliche Selbstgefährdung qualifiziert. So verstehen könnte man auch *Bittner,* in: Meggle (Hrsg.), Humanitäre Interventionsethik, 2004, S. 99–106, 104 f., der aber später ausdrücklich eine a. A. vertritt (*ders.,* in: Bleisch/Strub (Hrsg.), Pazifismus, 2006, S. 265–275, 271 f.). Beim Defensivnotstand kann auf die tragische schicksalhafte Verbindung mit dem Gefahrenherd abgestellt werden (hierzu eingehend *Merkel,* JZ 62 (2007), S. 373–385, 384).

3086 Ebenda, S. 377.

Dies ist beim Aggressivnotstand nicht möglich. Vielmehr muss dargelegt werden, wieso der Unbeteiligte den Eingriff dulden muss. Damit stellt sich die Kernfrage der hiesigen Betrachtung nach der ethischen Begründung einer Duldungspflicht der Opfer kollateraler Tötungen. *Ulrich Steinvorth* umgeht diese Frage bei Rettungstötungen, indem er einzig an das Zurechnungsprinzip der Notwehr anknüpft.[3087] Er rechnet die Tötungen letztlich dem ursprünglichen Angreifer zu und hält sie deshalb – aus seiner Perspektive – für nicht legitimierbar.[3088] Zurechnung bedeutet laut *Merkel*: „„Das ist *in toto* deine Sache!"“[3089] Dies wird man bei kollateralen Tötungen durch eine autonom ausgeführte militärische Maßnahme im Verteidigungskrieg oder in einer humanitären Intervention ebenso wenig annehmen können wie bei einer autonomen kriegerisch-gewaltsamen Widerstandshandlung. Die Anwender der kriegerischen Gewalt tragen mindestens einen erheblichen Anteil an der Verantwortung dieser Tötungen. Ihr Tötungsakt stellt einen eigenständigen Eingriff dar, der losgelöst von der ursprünglichen Bedrohung betrachtet und damit den unmittelbar Handelnden zugerechnet werden kann.

Neben der Verantwortlichkeit des Eingriffsadressaten für sein eigenes Angreiferhandeln (Notwehr) existiert als weiterer Modus der Legitimation eines Eingriffs die Solidarität des Eingriffsadressaten mit dem Eingreifenden.[3090] Dies ist das legitimatorische Konzept des Aggressivnotstands.[3091] Die Legitimation von Zwangsopfern Unbeteiligter ist also – wenn überhaupt – nur über das Prinzip des Aggressivnotstands möglich.[3092] Nur dieses Prinzip statuiert Pflichten Unbeteiligter, die ihnen gegenüber zur Legitimation ihres Zwangsopfers angeführt werden können.[3093] *Merkel* stellt

---

3087 Vgl. *Steinvorth,* in: Meggle (Hrsg.), Humanitäre Interventionsethik, 2004, S. 19–29, 24, Fn. 20.

3088 Vgl. ebenda, S. 24, Fn. 20.

3089 *Merkel,* JZ 62 (2007), S. 373–385, 378 (*Hervorhebungen ebenda*).

3090 Ebenda, S. 384; jedenfalls für das Notwehrprinzip zustimmend *Ladiges,* JuS 2011, S. 879–884, 880.

3091 Vgl. *Merkel,* JZ 2012, S. 1137–1145, 1142 f. Aus strafrechtlicher Perspektive *Puppe,* in: Küper/Welp (Hrsg.), Beiträge zur Rechtswissenschaft, 1993, S. 183–201, 185; *Erb,* in: MüKo StGB, 2017, § 34 Rn. 11 ff.; *Kühl,* Strafrecht Allgemeiner Teil, 2012, § 8 Rn. 9 f.; *Neumann,* in: NK StGB, 2013, § 34 Rn. 9.

3092 *Merkel,* ZIS 2011, S. 771–783, 779; *ders.,* JZ 2012, S. 1137–1145, 1142.

3093 Ebenda, S. 1142 („Damit sind wir erst bei der wirklichen sedes materiae.“).

fest: „Und allein um [...] Zwangssolidarität, geht es in der Sache, wenn nach der Rechtfertigung kollateraler Tötungen im Krieg gefragt wird."[3094]

Wie bereits dargelegt, lehnt *Kant* das Konzept des Aggressivnotstands ab.[3095] Dennoch hat es sich als Ausprägung des Solidaritätsprinzips durchgesetzt. Es bleibt fraglich, weshalb eine derartige Solidaritätspflicht überhaupt gilt. *Merkel* schlägt für die Begründung auf nationaler Ebene ein Band der Staatsbürgerschaft vor und auf internationaler Ebene eine Genossenschaft der Menschlichkeit.[3096] Diese von ihm genannten Aspekte vermögen die Solidaritätspflicht aus einer altruistischen Perspektive zu erklären. Präferiert man eine rational-strategische Begründung, so ist der Ansatz von *Wolfgang Frisch* überzeugend: Er geht davon aus, dass die autonome Verpflichtung zur Solidarität vernünftig ist, sofern sie wechselseitig erfolgt.[3097]

Es liegt auf der Hand, dass diese vernunftbegründete Solidaritätspflicht enge Grenzen hat.[3098] Sie kann sich nur auf die Opferung „begrenzter, reparabler, ersetzbarer Güter"[3099] beziehen. Körperliche Eingriffe könnten hiervon gerade noch umfasst sein, sofern sie reversibel oder wegen Geringfügigkeit hinnehmbar sind.[3100] Die wechselseitige Solidaritätspflicht kann keineswegs die Eingehung einer Lebensgefahr oder die Duldung der eigenen Tötung umfassen.[3101] Dies ergibt sich aus der Irreversibilität des Lebenseingriffs.[3102] Eine so weitreichende Pflicht zur Solidarität wäre nicht rational und keineswegs verallgemeinerbar. Wie oben erwähnt: Die Grenzen der Zwangssolidarität sind jedenfalls dort erreicht, wo das Märtyrertum beginnt.[3103] Das Prinzip des Aggressivnotstands bietet daher auch

3094 Ebenda, S. 1142.

3095 Hierzu s. o., S. 174.

3096 *Merkel,* JZ 2012, S. 1137–1145, S. 1143; vgl. *ders.,* JZ 62 (2007), S. 373–385, 384.

3097 *Frisch,* in: Paeffgen/Böse/Kindhäuser u. a. (Hrsg.), Strafrechtswissenschaft als Analyse und Konstruktion, 2011, S. 425–450, 439.

3098 Ebenda, S. 440; *Merkel,* JZ 2012, S. 1137–1145, 1142 f.

3099 *Frisch,* in: Paeffgen/Böse/Kindhäuser u. a. (Hrsg.), Strafrechtswissenschaft als Analyse und Konstruktion, 2011, S. 425–450, 440.

3100 Hierzu s. o., S. 402.

3101 *Merkel,* JZ 62 (2007), S. 373–385, 384; *Frisch,* in: Paeffgen/Böse/Kindhäuser u. a. (Hrsg.), Strafrechtswissenschaft als Analyse und Konstruktion, 2011, S. 425–450, 440.

3102 *Merkel,* JZ 2012, S. 1137–1145, 1142; vgl. *ders.,* JZ 62 (2007), S. 373–385, 376 („Alles-oder-nichts-Grundrecht" des Lebens).

3103 S. o., S. 401.

keine Begründung für eine ethische Legitimation kollateraler Tötungen.[3104]

(4) Ergebnis der deontologischen Betrachtung: strikter Pazifismus

Nach diesen gescheiterten deontologischen Begründungsversuchen kommt man zu der Erkenntnis, dass sich kollaterale Tötungen ethisch nicht rechtfertigen lassen,[3105] auch nicht, wenn dadurch Menschenleben gerettet werden sollen. „Denn eine Maxime, Unschuldige zu retten, indem man Unschuldige tötet, zerstört sich offenkundig selbst"[3106] befindet *Merkel* für den Fall der humanitären Intervention. Menschen dürfen niemals als „Geiseln"[3107] für einen fremden – wenn auch noch so guten – Zweck genommen werden; man darf sie nicht „verheizen"[3108], wie *Bittner* es in der Debatte um die Zulässigkeit humanitärer Interventionen formuliert.[3109] Die Versuche, eine Pflicht Unbeteiligter zu begründen, ihre eigene Tötung zu erdulden, um derartigen Einwenden der Instrumentalisierung zu entgehen, schlugen fehl.[3110]

Dies gilt nicht nur für kollaterale Tötungen im Rahmen humanitärer Interventionen, sondern gleichfalls beim kriegerisch-gewaltsamen Widerstand. Man könnte einwenden, dass ein Unterschied zwischen humanitärer

---

3104 *Merkel,* JZ 62 (2007), S. 373–385, S. 384; *ders.,* JZ 2012, S. 1137–1145, 1143; *Fritze,* Die Tötung Unschuldiger, 2004, S. 9 f.; *Zimmermann,* JZ 2014, S. 388–391, 388.

3105 So *Lefkowitz,* in: May (Hrsg.), War, 2008, S. 145–164, 159, 164; *Merkel,* JZ 2012, S. 1137–1145, 1143.

3106 *Ders.,* in: ders. (Hrsg.), Der Kosovo-Krieg und das Völkerrecht, 2000, S. 66–98, 73.

3107 *Bittner,* in: Meggle (Hrsg.), Humanitäre Interventionsethik, 2004, S. 99–106, 99.

3108 Ebenda, S. 100.

3109 Ähnlich *Reader,* Journal of Applied Philosophy 17 (2000), S. 169–180; *Holmes,* in: Bleisch/Strub (Hrsg.), Pazifismus, 2006, S. 145–161, 154. A. A. *Meyer,* ARSP 2011, S. 18–32, 20; *Anscombe,* in: Woordward (Hrsg.), The Doctrine of Double Effect, 2001, S. 247–260; *ders.,* in: Woordward (Hrsg.), The Doctrine of Double Effect, 2001, S. 50–66; mit Verweis auf das Unterscheidungsgebot der *Theorie des gerechten Krieges Luban,* Philosophy & Public Affairs 9 (1980), S. 161–180 und *Naverson,* International Journal of Applied Philosophy 17 (2003), S. 157–172.

3110 Zu einem anderen Ergebnis kommt etwa *Depenheuer,* Selbstbehauptung des Rechtsstaats, 2007, S. 91, der aus absoluter Perspektive eine Pflicht des Staatsbürgers zur Opferung des Lebens für den Erhalt des eigenen Staats annimmt.

Intervention und Widerstand bestünde; denn ein Widerstandskämpfer versucht jedenfalls auch, sich selbst zu verteidigen. Im Einzelfall kann er sich also in einer Notwehrlage befinden. Bei einer humanitären Intervention besteht eher die Konstellation der Nothilfe.[3111] Dennoch gilt für den Widerstandskämpfer das Prinzip des Aggressivnotstands gleichermaßen. Möglicherweise kommt wegen seiner bedrohlichen Lage eine strafrechtliche Entschuldigung in Betracht, wenn er die Grenzen seines Verteidigungsrechts überschreitet, da es hier an einer persönlichen Vorwerfbarkeit mangelt.[3112] Insbesondere spezial-, aber auch generalpräventive Belange sind hier unter Umständen nicht einschlägig. Allerdings ist damit nichts über die ethische Bewertung der Tötung gesagt. Diese richtet sich nach denselben Maßstäben wie kollaterale Tötungen im Krieg bzw. bei humanitären Interventionen. Deontologisch lassen sie sich nicht rechtfertigen.

Aus der deontologischen Analyse folgt daher unweigerlich die Annahme einer strikt pazifistischen Position – also gegen die ethische Zulässigkeit jeglichen Kriegs, Bürgerkriegs und vergleichbarer kriegerisch-gewaltsamer Szenarien.[3113] Denn in diesen Fällen sind kollaterale Tötungen na-

---

3111 Naheliegender ist jedoch selbst hierfür die Einordnung als Notwehrkonstellation (hierzu s. u., S. 637, 641, 700).

3112 Vgl. im deutschen Strafrecht § 35 StGB.

3113 Die pazifistische Position muss nicht derart rigoros sein, dass jegliche Gewalt (etwa auch zur Selbstverteidigung) für illegitim gehalten wird (vgl. zu den verschiedenen Spielarten des Pazifismus *Fiala,* Pacifism, 2006). In diesem Sinne könnte man auch *Bittner,* in: Meggle (Hrsg.), Humanitäre Interventionsethik, 2004, S. 99–106, 104 verstehen („Demselben aber, der Gewalt übt, mit Gewalt entgegenzutreten, ist kein Unrecht."), der später jedoch eine a. A. vertritt (vgl. *ders.,* in: Bleisch/Strub (Hrsg.), Pazifismus, 2006, S. 265–275, 271 f.). Allerdings wird jegliche Art der Selbstverteidigung für illegitim gehalten, die mit kollateralen Tötungen verbunden ist. Damit auch der Verteidigungskrieg – auch im Rahmen eines solchen Kriegs werden durch den Einsatz militärischer Mittel schließlich Unbeteiligte getötet. Eine Rechtfertigung könnte hier höchstens über das Prinzip des Defensivnotstands erzielt werden, sofern man unbeteiligte Zivilisten zur Gefahrenquelle (dem Aggressorstaat) zählt. Entsprechend für individuelle Rechtsverhältnisse *Merkel,* JZ 62 (2007), S. 373–385, 384, der eine Tötung im Wege des Defensivnotstands als *„tragic choices"* (*Hervorhebungen ebenda*) des Schicksals klassifiziert. Das erinnert an die ethische Bewertung von Kollateralschäden, die durch erlaubt riskantes Verhalten entstehen, und ist grundsätzlich überzeugend. Fragwürdig bleibt, ob man in den Dimensionen des Kriegs auch noch von „tragic choices" sprechen kann. Dies könnte zu verneinen sein, da die Bürger eines Aggressorstaats ebenso wenig (normativ) an seiner Aggression beteiligt sind wie z. B. Bürger eines anderen Staats an seinem Ver-

hezu sicher vorhersehbar.[3114] Es steht a priori fest, dass z. B. Bürgerkriege nur mit ethisch illegitimen Mitteln geführt werden können. Damit sind diese auch absolut unzulässig. Die Entscheidung zu einer Tat, die kollaterale Tötungen nach sich zieht, kann „mit den Werten unserer aufgeklärten Ethik"[3115] nicht in Einklang gebracht werden, wie *Harald Wohlrapp* feststellt. Entsprechend befindet *Albin Eser* aus rechtlicher Perspektive, dass die Rechtfertigung kollateraler Tötungen „nach Grund und Grenzen noch einer wirklich befriedigenden Lösung"[3116] harre. Eine solche Lösung existiert aus der Perspektive der (Rechts-)Ethik allerdings nicht. Dieses Ergebnis ist in der Realität äußerst unbefriedigend. Dieser Befund verbleibt also aus dem eingangs erwähnten Dilemma. Es lässt sich aus rein deontologischer Perspektive nicht vermeiden. Es ist Bestandteil der „Conditio humana"[3117]. Trotz des guten Zwecks, den Widerstandskämpfer – beispielsweise den Kampf gegen Völkermord – verfolgen mögen, ist es ethisch nicht legitim, wenn sie hierzu einen Bürgerkrieg führen. Minus mal Minus kann in der deontologischen Ethik nicht Plus ergeben. Die Norm des kriegerisch-gewaltsamen Widerstandsrechts kann die Prüfung der reinen Rechtsethik daher nicht bestehen.

---

halten, das einen Grund für eine humanitäre Intervention liefert – nämlich überhaupt nicht. Ebenso wenig kann für ein ganzes Staatsgebiet eine tragische (räumliche) Zuordnung zu einer Gefahrenquelle vorgenommen und so die Konstellation des Defensivnotstands begründet werden.

3114 *Bittner,* in: Meggle (Hrsg.), Humanitäre Interventionsethik, 2004, S. 99–106; *Lefkowitz,* in: May (Hrsg.), War, 2008, S. 145–164, 164; *Meyer,* ARSP 2011, S. 18–32, 28; *Merkel,* JZ 2012, S. 1137–1145, 1143. Die sichere Vorhersehbarkeit scheidet nur dann aus, wenn sich das kriegerische Szenario ausschließlich ferab der zivilen Bevölkerung auf einem abgegrenzten Kampfgebiet abspielt, auf dem nur Soldaten bzw. Rebellen kämpfen und sie nur sie dabei verletzt oder getötet werden. Da sich das Problem der Legitimation von kollateralen Tötungen in solchen unwahrscheinlichen Fällen nicht stellt, bleiben diese nachfolgend unberücksichtigt.

3115 *Wohlrapp,* Lothar Fritze, Die Tötung Unschuldiger (Buchbesprechung), 2005, S. 6.

3116 *Eser,* in: Dölling/Götting/Meier u. a. (Hrsg.), Verbrechen – Strafe – Resozialisierung, 2010, S. 461–480, 479.

3117 *Wohlrapp,* Lothar Fritze, Die Tötung Unschuldiger (Buchbesprechung), 2005, S. 6.

dd) Rechtsethische Legitimität in der Sphäre der nonideal theory

Kaufmann erklärt: „Gewaltlosigkeit gibt es nicht. Aber man muß dieses Prinzip so lange lehren und predigen, bis die Gewaltlosigkeit Wirklichkeit ist – und wenn es noch tausend Jahre dauert.“[3118]

(1) Notwendigkeit einer rechtsethischen Legitimation

Fraglich ist, ob die Rechtsethik sich mit dem Ergebnis der Illegitimität von gewaltsamem Widerstand, der kollaterale Tötungen verursacht, bescheiden muss. Problematisch ist an diesem Ergebnis, dass es in der Realität wohl niemals ernst genommen würde. Strikter Pazifismus ist ein Ideal – sowohl im zwischen- als auch im innerstaatlichen Bereich.[3119] Das menschliche Leben kann hier und heute nicht ohne Gewalt gedacht werden – das stellt *Kaufmann* im obigen Eingangszitat fest. Die Orientierung an Menschenrechten und am Gewaltverbot ist in der gegenwärtigen politischen und gesellschaftlichen Praxis nicht unbedingt deckungsgleich.[3120] Wenn es Menschen etwa in ihrem eigenen Staat droht, Opfer von gravierenden Menschenrechtsverletzungen (z. B. eines Völkermords) zu werden, werden sie sich, sofern sie auf entsprechende Ressourcen zugreifen können, im Zweifelsfall kriegerisch-gewaltsamer Mittel bedienen, um dieser Bedrohung Einhalt zu gebieten. Möglicherweise werden solche Handlungen im Bereich des Strafrechts sogar entschuldigt. Es erschiene angesichts der Bedrohung lebensfremd, eine Widerstandsnorm ethisch abzulehnen, die ihnen dies gestattete, und stattdessen eine Norm zu bejahen, die den kriegerisch-gewaltsamen Widerstand (und jeden Krieg) ausnahmslos verböte. Diese Norm würde in der Realität schlicht nicht befolgt – und wenn doch, machte sie die Menschen im Einzelfall wehrlos. Wenn den Menschen im Kampf gegen den Völkermord als einziges Mittel kriegerische Gewalt bliebe, würden diese Menschen einerseits durch das Festhalten an der Norm verpflichtetet, sich ihrem Schicksal wehrlos zu stellen – ihnen bliebe lediglich die Flucht vor der Bedrohung, deren Erfolgschancen im

3118 *Kaufmann,* 1984, S. 255.

3119 Vgl. für den zwischenstaatlichen Krieg *Fiala,* Pacifism, 2006; *Holmes,* Violence and Nonviolence, 2013, S. 158 („[…] absolute pacifism […] is clearly untenable“).

3120 *Nachtwei,* in: Bleisch/Strub (Hrsg.), Pazifismus, 2006, S. 303–317, 307.

Einzelfall allerdings minimal sein kann. Wären derartige Mittel andererseits – als Ultima Ratio –legitim, würden die kollateralen Opfer zu ihrem Schicksal verpflichtet. Dieses Schicksal wäre dann nicht einmal als solches zu bezeichnen, sondern als Handlungserfolg legitimiert. In jedem Fall gilt: Eine ideale rechtsethische Lösung für dieses Szenario lässt sich nicht finden.

Zöge man hieraus den Schluss, dass Widerstand im kriegerisch-gewaltsamen Modus gänzlich illegitim ist und statuierte man z. B. ein absolutes Bürgerkriegsverbot, wäre dieses rechtsethische Ergebnis mit einer entscheidenden Konsequenz verbunden: Eine solche Norm implizierte die Aussichtslosigkeit, jemals in der realen politischen Sphäre wirksam zu werden.[3121] Die rechtsethische Theorie und damit das Fundament der hiesigen Widerstandsrechtslehre hätten damit keine Chance, in der Praxis jemals umgesetzt zu werden. Es ist zweifelhaft, ob sie sich damit überhaupt als überzeugende Lehre qualifizieren kann. Eine normative Lehre, Rechtsethik oder -philosophie, die tragfähig sein will, muss ein Mindestmaß an Anwendbarkeit aufweisen.[3122] Sie darf die Realität nicht ignorieren, weil sie gerade dort wirken muss. Es ist notwendige Bedingung jeder normativen Theorie, dass eine minimale Möglichkeit ihrer Umsetzbarkeit besteht.[3123] Die Umsetzbarkeit darf von ihr also zumindest nicht gänzlich außer Acht gelassen werden.[3124] Rechtsethik ist praktische Philosophie und zielt damit auf die Bewertung der Realität ab. Wenn eine theoretisch begründete Norm keinerlei faktische Chance hat, einen einzigen ihrer Anwendungsfälle zu regeln, sondern mit Sicherheit unbeachtet bleiben wird, konterkariert die sie begründende normative Theorie ihre ureigene funktionale Daseinsberechtigung.[3125]

Für die Widerstandslehre ist im Hinblick auf die Realität daher eine andere rechtsethische Betrachtung notwendig als die strikt pazifistische. Ein etwaiger Hinweis darauf, dass kollaterale Tötungen völkerrechtlich weder verboten noch erlaubt seien, kann hier keineswegs erhellend sein. Vielmehr ordnet eine solche Betrachtung Kollateralschäden einem vermeint-

---

3121 So *Merkel,* JZ 2012, S. 1137–1145, 1143 für den Krieg im Allgemeinen.

3122 Ebenda, S. 1143. *Geis,* JZ 1995, S. 324–331, 325 beschreibt die Rechtsphilosophie daher als „angewandte Wissenschaft".

3123 *Merkel,* JZ 2012, S. 1137–1145, 1143.

3124 Ebenda, S. 1143; *Holmes,* Limited Relevance of Analytical Ethics, 2013, insb. S. 57.

3125 Ähnlich *Merkel,* JZ 2012, S. 1137–1145, 1143.

lich rechtsfreien Raum zu. Dieses angebliche Begründungskonzept entzieht sich in Wahrheit jeder Begründung.[3126] Eine derartige, im Völkerrecht vertretene Ansicht wird nur den Belangen der Realität gerecht. Die Normativität bleibt dort völlig außer Acht. Es muss einen anderen Lösungsansatz geben, der Realität und Normativität miteinander versöhnt. Für das zentrale ethische Problem von kollateralen Tötungen erscheint dies zunächst unmöglich.

(2) Legitimation als globaler transtemporaler normativer Notstand

Gleichwohl finden sich in der politischen Philosophie pazifistische Ansichten, die die Umstände der Realität berücksichtigen. Beispielsweise vertritt *Robert L. Holmes* eine pazifistische Position, die wesentlich weiter reicht als die bloße Ablehnung von Krieg.[3127] Er greift vielmehr die Lehre *Gandhis* auf und plädiert für Gewaltfreiheit in allen Lebensbereichen.[3128] *Holmes* zufolge ist es zwar „[…] presumptively wrong to do violence to innocent persons“[3129], jedoch spricht er sich für eine pazifistisch interpretierte *Theorie des gerechten Krieges* aus.[3130] Er hält es nämlich nicht für *absolut* verboten, unbeteiligten Personen Gewalt zuzufügen.[3131] Ob er dabei wirklich eine deontologische Position vertritt, wie er selbst behauptet,[3132] ist fragwürdig. Jedes Aufweichen der strikt pazifistischen Position – um der Realisierbarkeit der Theorie willen – scheint eher auf eine konsequentialistische Betrachtung hinauszulaufen. Wie können die normativen Implikationen der deontologischen Perspektive weiterhin Gültigkeit beanspruchen? Wie lassen sich diese mit ihrer Realisierbarkeit verbinden?

3126 Vgl. ebenda, S. 1141138, Fn. 5 („Mir erscheint das […] eher als Kapitulation vor dem Problem […]“). Kritisch zum rechtsfreien Raum auch *Roxin,* JuS 1988, S. 425–433, 430.

3127 Vgl. *Holmes,* Violence and Nonviolence, 2013, insb. S. 157 f.; *ders.,* Morality of Nonviolence, 2013, S. 170, Fn. 1.

3128 Ebenda, insb. S. 179 ff. *Ders.,* Violence and Nonviolence, 2013, S. 156 zufolge geht seine Philosophie der Gewaltfreiheit noch weiter als das Konzept *Gandhis*, das lediglich eine Lebenseinstellung darstelle.

3129 *Ders.,* On War and Morality, 1989, S. 44.

3130 Vgl. *ders.,* Journal of Social Philosophy 30 (1999), S. 387–400.

3131 Vgl. *ders.,* On War and Morality, 1989, S. 45; *ders.,* Violence and Nonviolence, 2013, S. 158 f.; *ders.,* Morality of Nonviolence, 2013, S. 179 ff.

3132 Vgl. *ders.,* On War and Morality, 1989, S. 213.

(a) Das Rawls'sche Konzept der Differenzierung von ideal und nonideal theory

Die Antwort auf diese Fragen hat *Merkel* vor einigen Jahren mit einem Rekurs auf *Rawls* gegeben.[3133] Sie liegt in der Differenzierung zwischen der *ideal* und *nonideal theory*. Eine ethische Rechtfertigung von kollateralen Tötungen durch Widerstandshandlungen (oder auch Kriegshandlungen) könnte dabei in Anwendung der *nonideal theory* möglich sein.[3134] In der *ideal theory* gelte dabei weiterhin der strikte Pazifismus in seiner deontologischen Begründung. Es bliebe also auch mit dieser Differenzierung grundsätzlich bei dem Ergebnis, dass kollaterale Tötungen idealiter nicht zu legitimieren sind.[3135] Bei einer solchen Differenzierung wendet man sich jedoch von der deontologischen Ignoranz gegenüber der Realität ab, indem man anerkennt, dass diese ideale Theorie nun einmal nur für eine ideale Welt gilt. *Rawls* spricht diesbezüglich von einer „realistic utopia"[3136]. Diese zu erreichen, sei das langfristige Ziel der *nonideal theory*.[3137] Letztere gibt also den Weg zur realistischen Utopie vor. Für das Problem der Legitimation kollateraler Tötungen durch kriegerisch-gewaltsamen Widerstand könnte insofern festgehalten werden: Sie sind in der realen, unreinen Welt in sehr begrenztem Maße zulässig, wenn man hierdurch der Erreichung des Idealzustands einen Schritt näher rückt – etwa im Kampf gegen staatliche Gewalt und Menschenrechtsverletzungen.

Bereits bei *Kant* sind Ansätze zu einem derartigen moralischen Kompromissdenken zu finden.[3138] In seiner Abhandlung „Zum ewigen Frieden" statuiert er die kategorische Verpflichtung, Konditionen für die Verwirklichung des ewigen Friedens zu schaffen.[3139] Er unterscheidet insofern auch zwischen Weg und Ziel. Auf dem Weg lässt er auch unreine Erlaubnisbefugnisse walten und hält den Krieg für ein legitimes Mittel des Naturzustands.[3140] Für *Rawls* ist es ein „intuitiver Gedanke"[3141], zwischen

---

3133 Vgl. *Merkel,* JZ 2012, S. 1137–1145, 1143 f.

3134 Vgl. *ders.,* FAZ, 02.08.2013, Syrien: Der Westen ist schuldig.

3135 *Ders.,* JZ 2012, S. 1137–1145, 1143.

3136 *Rawls,* The Law of Peoples, 1999, S. 11 f.

3137 Ebenda, S. 89.

3138 *Merkel,* JZ 2012, S. 1137–1145, 1144, Fn. 35.

3139 *Frank,* ARSP 2011, S. 305–321, 309. Vgl. *Kant,* AA VIII, ZeF, 1968.

3140 *Merkel,* JZ 2012, S. 1137–1145, 1144, Fn. 35 mit Verweis auf *Kant,* AA VIII, ZeF, 1968, S. 373, Fn.

3141 *Rawls,* Eine Theorie der Gerechtigkeit, 1991 (1979, Orig. v. 1971), S. 277.

der *ideal* und *nonideal theory* zu unterscheiden. Ein Ideal impliziert schließlich, dass die direkt aus ihm abgeleiteten Regeln keine Anwendungssicherheit in sich tragen.[3142] *Rawls*' Differenzierungskonzept hat daher viel Zuspruch erfahren.[3143]

In seiner Gerechtigkeitstheorie liegt sein Hauptaugenmerk jedoch auf der Etablierung einer idealen Theorie.[3144] Sie steht für die „vollständige Konformität"[3145] seiner Gerechtigkeitsgrundsätze mit einer Gesellschaft unter günstigen Umständen und gilt damit in der „realistic utopia"[3146], die er in seinem Werk „The Law of the Peoples" beschreibt. *Rawls* formuliert: „Political philosophy is realistically utopian when it extends what are ordinarily thought of as the limits of practical possibility."[3147] Die Idee von der realistischen Utopie hält er für essenziell.[3148] Sie verbindet wünschenswerte Zukunftshoffnungen mit realistischen Annahmen.[3149] Die Verwirklichung dieses Szenarios erscheint laut *Rawls* denkbar und möglich.[3150] Deshalb müssen auch der idealen Theorie Annahmen unterstellt werden, die so realistisch wie möglich sind.[3151] Der eigentliche Bezug zur Realität erfolgt in einem weiteren Schritt über die *nonideal theory*. Ihre Grundlage liegt dabei laut *Rawls* stets in der idealen Theorie.[3152] Die *nonideal theory* stehe für „unvollständige Konformität"[3153] und beschäftige sich mit der Handhabung von Ungerechtigkeiten. Diese – angefangen bei den schlimmsten – zu beseitigen, entspreche einer „natürliche[n]

3142 Vgl. *Zanetti,* in: Busche/Schubbe (Hrsg.), Die Humanitäre Intervention in der ethischen Beurteilung, 2013, S. 189–211, 193.

3143 *Merkel,* JZ 2012, S. 1137–1145, 1143 mit Hinweis auf *Murphy,* Moral Demands in Nonideal Theory, 2000 und *Feinberg,* The Journal of Philosophy 70 (1973), S. 263–275. Ähnlich *Buchanan,* Justice, Legitimacy, and Self-Determination, 2007 (2004), S. 64; *Simmons,* Philosophy & Public Affairs 38 (2010), S. 5–36, 5.

3144 Vgl. *Rawls,* Eine Theorie der Gerechtigkeit, 1991 (1979, Orig. v. 1971), S. 277; *Simmons,* Philosophy & Public Affairs 38 (2010), S. 5–36, 10.

3145 *Rawls,* Eine Theorie der Gerechtigkeit, 1991 (1979, Orig. v. 1971), S. 35, 277.

3146 *Ders.,* The Law of Peoples, 1999, S. 11.

3147 Ebenda, S. 6.

3148 Vgl. ebenda, S. 6.

3149 Vgl. ebenda, S. 6, 11.

3150 Ebenda, S. 7 a. E.

3151 *Simmons,* Philosophy & Public Affairs 38 (2010), S. 5–36, 8.

3152 *Rawls,* Eine Theorie der Gerechtigkeit, 1991 (1979, Orig. v. 1971), S. 25, 272, 430.

3153 Ebenda, S. 25.

Pflicht"[3154] der Gesellschaftsmitglieder. Die Probleme, die Gegenstand der *nonideal theory* seien, stellten damit in der Realität die dringlicheren dar.[3155] Zu deren Lösung bietet die *Rawls'sche nonideal theory* laut *Merkel…*

> „eine sozusagen moderierende Projektion der zuvor in der normativ reinen Sphäre seines berühmten Gedankenexperiments der ‚Original position' und für eine ‚well-ordered society' entwickelten Gerechtigkeitsprinzipien auf die unreine Wirklichkeit ihrer Anwendungsbedingungen ‚under less happy conditions'."[3156]

Rawls selbst beschreibt den Zusammenhang zwischen *ideal* und *nonideal theory* eingängig wie folgt:

> „Nonideal Theory asks how this long-term goal might be achieved, or worked toward, usually in gradual steps. It looks for policies and courses of action that are morally permissible and politically possible as well as likely to be effective. So conceived, nonideal theory presupposes that ideal theory is already on hand. For until the ideal is identified, at least in outline – and this is all we should expect – nonideal theory lacks an objective, an aim, by reference to which its queries can be answered. Though the specific conditions of our world at any time – the status quo – do not determine the ideal conception of the Society of Peoples [dies entspricht dem „long term goal", Anm. D. Verf.[3157]], those conditions do affect the specific answers to questions of nonideal theory. For these are questions of transition […]."[3158]

Hieraus ergeben sich die Voraussetzungen der *nonideal theory*. Diese kann nur Maßnahmen rechtfertigen, die „morally permissible", „politically possible" und „likely to be effective" sind.[3159] Was sich hinter diesen Voraussetzungen verbirgt, erklärt *Rawls* nicht.[3160] Es ist davon auszugehen, dass sie sich gegenseitig bedingen. Dies wird insbesondere anhand des ersten Kriteriums, der moralischen Zulässigkeit, deutlich. Diese bestimmt

3154 Ebenda, S. 278.

3155 Ebenda, S. 25.

3156 *Merkel,* JZ 2012, S. 1137–1145, 1143 mit Hinweis auf *Rawls,* Eine Theorie der Gerechtigkeit, 1991 (1979, Orig. v. 1971), S. 275 ff.

3157 Vgl. *ders.,* The Law of Peoples, 1999, S. 3.

3158 Ebenda, S. 90.

3159 *Simmons,* Philosophy & Public Affairs 38 (2010), S. 5–36, 19 leitet mit Hinweis auf *Rawls,* Eine Theorie der Gerechtigkeit, 1991 (1979, Orig. v. 1971), S. 337 aus dessen Vorrangregel außerdem ein viertes Erfordernis ab, wonach mittels der *nonideal theory* die schlimmeren Ungerechtigkeiten vor den weniger schlimmen beseitigt werden müssten.

3160 *Simmons,* Philosophy & Public Affairs 38 (2010), S. 5–36, 18, 20.

sich zunächst nach der *ideal theory*, die griffbereit („already on hand“[3161]) ist. Gleichwohl muss die moralische Zulässigkeit bei der *nonideal theory* an die realen Gegebenheiten angepasst werden. Insofern beeinflussen die politischen Möglichkeiten und die positive Effektivitätsprognose die moralische Zulässigkeit. Damit finden Betrachtungen der Politik- und Sozialwissenschaften Eingang in die moralische Bewertung.[3162] Insbesondere das Erfordernis der positiven Effektivitätsprognose impliziert, dass diese Bewertung damit zumindest teilweise spekulativer Natur ist.[3163] Dies ergibt sich allerdings zwangsläufig, wenn man die Fragen der Entwicklung („questions of transition“) zum Gegenstand der angewandten Ethik erklärt. Mit der *nonideal theory* erkennt man an, dass man nicht in einem moralisch reinen Universum lebt.[3164] Die Entwicklung hin zur *realistic utopia* mit der *ideal theory* ist der oberste Zweck der *nonideal theory*. Sie verfolgt damit einzig das Endziel der Transformation und gibt in dessen Umsetzung jeweils moralische Zwischenziele vor[3165]. Als zukunftsgerichtetes Mittel weist die *nonideal theory* per se ein spekulatives Moment auf.[3166] Dennoch ist sie das einzige Mittel, um die *ideal theory* in der Realität langfristig ernsthaft umzusetzen bzw. ihr so nah wie möglich zu kommen (im Zweifel in Form einer asymptotischen Annäherung)[3167]. Die *nonideal theory* hat stets das Gesamtziel (bei *Rawls* die Gesamtgerechtigkeit) im Blick und gestattet auf dem Wege dorthin im Einzelfall auch, zwei Schritte zurückzugehen, wenn nur dadurch später ein Schritt vorwärtsgegangen werden kann.[3168] Insofern unterscheidet sich die *Rawls'sche nonideal theory* von einem ethischen Konzept des *second best*.[3169] In Letzterem fehlt der Aspekt der Entwicklung.[3170] Nach der *nonideal theory* kann im

---

3161 *Rawls,* The Law of Peoples, 1999, S. 90.

3162 *Simmons,* Philosophy & Public Affairs 38 (2010), S. 5–36, 19.

3163 Ebenda, S. 19.

3164 Dies ohne Hinweis auf die Differenzierung zwischen *ideal* und *nonideal theory* feststellend *Preuß,* in: Lutz (Hrsg.), Der Kosovo-Krieg, 1999/2000, S. 37–51, 37.

3165 *Buchanan,* Justice, Legitimacy, and Self-Determination, 2007 (2004), S. 61.

3166 Ebenda, S. 66 hält auch die *ideal theory* für spekulativ, wobei er die Grenzen zwischen *ideal* und *nonideal theory* verschwimmen lässt (*Simmons,* Philosophy & Public Affairs 38 (2010), S. 5–36, 29).

3167 Vgl. *Zanetti,* in: Busche/Schubbe (Hrsg.), Die Humanitäre Intervention in der ethischen Beurteilung, 2013, S. 189–211, 207.

3168 *Simmons,* Philosophy & Public Affairs 38 (2010), S. 5–36, 22 f.

3169 Ebenda, S. 25.

3170 Ebenda, S. 25.

Einzelfall auch die kurzfristig drittbeste Lösung vorzugswürdig sein und damit langfristig die beste Lösung darstellen.[3171]

(b) Anwendung für das Widerstandsrecht: globaler transtemporaler normativer Notstand

Es bleibt die Frage bestehen, welche Lösung nach der *nonideal theory* für das Problem der Legitimation kollateraler Tötungen infolge von kriegerisch-gewaltsamen Widerstandshandlungen vorzugswürdig ist. Wie kann man den Gedanken der Entwicklung in Richtung der idealen Norm vom absoluten Verbot des kriegerisch-gewaltsamen Widerstands fruchtbar machen? Dies gelingt, indem man, mit *Merkel*, eine Notstandslage für die ideale Norm annimmt.[3172] Die ideale Norm ist in einer unreinen Welt („unter weniger glücklichen Umständen“[3173]), in der völkerrechtliche Verbrechen verübt werden, Menschen qualvoll von Machthabern unterdrückt werden und Tyrannen ihre Willkür über ganze Völker walten lassen, der Gefahr ausgesetzt, gänzlich missachtet und so in ihrem Fundament ausgehebelt zu werden. Um diese Gefahr langfristig (transtemporal) und universell (global) zu bekämpfen und ihr entsprechend zur Geltung zu verhelfen, muss die ideale Norm in der unreinen Welt schrittweise durch nicht-ideale Normen ersetzt werden, die in dieser Welt jeweils realisierbar sind und sich der idealen Norm asymptotisch annähern. Diese Normen sind aufgrund des globalen normativen Notstandes, in dem sich die ideale Norm befindet, in der Sphäre der *nonideal theory* ethisch legitim. Das darin gestattete Verhalten genießt eine entsprechende nicht-ideale Rechtfertigung („nonideal justification“[3174]).

Im Hinblick auf kriegerisch-gewaltsamen Widerstand kann man annehmen, dass er faktisch erst in einer realistisch-utopischen[3175] Welt nicht mehr notwendig ist. Das ideale Verbot des kriegerisch-gewaltsamen Widerstands kann erst volle Geltung entfalten, wenn die Welt keine Tyrannen, keine Unterdrücker und insbesondere keine Völkermörder mehr

3171 Ebenda, S. 25.

3172 Vgl. *Merkel,* JZ 2012, S. 1137–1145, 1144.

3173 *Rawls,* Eine Theorie der Gerechtigkeit, 1991 (1979, Orig. v. 1971), S. 277.

3174 *Merkel,* JZ 2012, S. 1137–1145, 1144.

3175 Dieses Paradoxon lehnt an Rawls‘ *realitisc utopia* an (vgl. *Rawls,* The Law of Peoples, 1999, S. 11 f.).

kennt, wenn es letztlich keinen Staat mehr gibt, der die fundamentale Aufgabe des Schutzes seiner Bürger ins Gegenteil verkehrt und selbst zu ihrem schlimmsten Feind wird, wenn Menschen staatlich nicht mehr entrechtlicht werden und wenn der Rechtszustand und das Gewaltverbot in stabiler Weise Einkehr in die Realität gehalten haben. Der Erreichung dieses Zustands dient eine Widerstandsnorm mit ausnahmsweiser Zulässigkeit von kriegerisch-gewaltsamen Widerstandshandlungen. Damit können die realen Störer des Rechtszustandes bekämpft werden. Der Einsatz von Gewalt erfolgt hier nur, um die eigentliche Gewalt niederzuschlagen und Gewaltherde stillzulegen. Er kann damit einen wesentlichen Beitrag zur Entwicklung leisten. Dem Widerstand (auch dem gewaltfreien) ist das Moment der Entwicklung ohnehin inhärent.[3176] Der kriegerisch-gewaltsame Widerstand kann im äußersten Fall gar notwendiger Schritt zu einer realistisch-utopischen, gewaltfreien Welt sein. Wenngleich die Ergreifung der Widerstandswaffen im ersten Moment eher wie ein Rückschritt erscheinen kann, ist ihre mögliche Legitimität Konsequenz der *nonideal theory*, die auch vermeintliche Rückschritte gestattet. *Rawls* selbst hält im Rahmen seiner *nonideal theory* beispielsweise unter sehr engen Voraussetzungen selbst den Einsatz von Massenvernichtungswaffen für legitim („Supreme Emergency Exemption“[3177]) und befürwortete in einer Gesellschaft mit tief greifenden Ungerechtigkeiten wohl auch kriegerisch-gewaltsamen Widerstand.[3178]

Die schwierige Hürde der abstrakten Begründung der Legitimität eines gewaltsamen Widerstandsrechts ist damit überwunden. Fraglich bleibt, was man bei einer fiktiven Begegnung mit den kollateralen Opfern von Widerstandshandlungen, von denen es auf dem Weg in die ideale Welt zahlreiche geben wird, auf ihre hypothetische Frage antwortet, weshalb sie verpflichtet waren, ihre Tötung zu erdulden. Man kann ihnen nur entgegnen: „Du musstest dich deshalb töten lassen, weil dies einen notwendigen Schritt zu einer tatsächlich und normativ besseren – idealen – Welt darstellte.“ Hier werden die Defizite einer *nonideal justification* deutlich. Der globale transtemporale normative Notstand als Ergebnis der *nonideal theory* bürdet den Menschen ein zwangssolidarisches Lebensopfer zuguns-

3176 *Rawls*‘ ideale Norm ist daher übrigens ein Verbot jeglichen Widerstands, nicht nur des gewaltsamen. So zählt auch seine Theorie vom zivilen Ungehorsam zur *nonideal theory* (s. o., S. 551).

3177 *Rawls,* The Law of Peoples, 1999, S. 98.

3178 Vgl. *Simmons,* Philosophy & Public Affairs 38 (2010), S. 5–36, 16.

ten künftiger Generationen auf.[3179] Im Rahmen der Diskussion der Verhältnismäßigkeit wurde eine ähnliche, konsequentialistische Rechtfertigung abgelehnt.[3180] Der Unterschied zur bloßen Verhältnismäßigkeitsbetrachtung liegt bei der *nonideal justification* darin, dass diese über das Kriterium der Entwicklung der *ideal theory* verpflichtet ist. Sie kann heute noch zur Rechtfertigung taugen, morgen möglicherweise nicht mehr. Die *nonideal justification* beansprucht also nicht, ein für alle Zeiten gültiges Kriterium der Rechtfertigung anzugeben – wie die konsequentialistische Verhältnismäßigkeit. Erstere stellt im Verhältnis zum reinen Pragmatismus aus der Perspektive des deontologischen Ideals das deutlich kleinere Übel dar. Letztlich bleibt sie – so viel muss eingeräumt werden – Produkt einer konsequentialistischen Überlegung.[3181] Sie legt ihre Defizite offen und stellt gleichzeitig den „jeweils bestmöglichen normativen Zustand auf dem Weg"[3182] zum normativen Ideal dar. Damit bietet sie den einzigen ethisch gangbaren Weg zu diesem Ideal.

Derart defizitär, muss das kriegerisch-gewaltsame Widerstandsrecht sehr enge legitimatorische Grenzen aufweisen. Kriegerisch-gewaltsamer Widerstand darf nicht nur ausschließlich der Bekämpfung von Gewalt dienen, sondern muss auch in seiner Ausübung begrenzt werden. Dies geschieht mittels der Anforderungen der Verhältnismäßigkeit und des Unterscheidungsgebots. In der Praxis muss dabei genau geprüft werden, ob kriegerisch-gewaltsames Handeln zur Erreichung des Widerstandsziels (und zur Erreichung des *long-term goal*) wirklich erforderlich ist. Die Wirkung gewaltfreier Maßnahmen wird in der Praxis häufig unterschätzt und ist bei der Ausübung des Widerstandsrechts viel stärker zu berücksichtigen. Auf dem Wege der Entwicklung zum Ideal des Rechtszustandes bzw. absoluten Gewaltverbots müssen die normativen Grenzen der *nonideal justification* zudem immer enger werden. Hierzu verpflichtet die *ideal theory*. Eine Rechtfertigung im Rahmen der *nonideal theory* impliziert damit die Pflicht, die nicht-ideale Norm im Hinblick auf die jeweils reale Welt ständig zu reflektieren und gegebenenfalls zu modifizieren. Beim völkerrechtlichen Widerstandsrecht fällt diese Aufgabe insbesondere der Völkerrechtswissenschaft und der Rechtsphilosophie zu.

3179 *Merkel,* JZ 2012, S. 1137–1145, 1144.

3180 S. o., S. 563 f.

3181 Vgl. *Wendt,* Critical Review of International Social and Political Philosophy 16 (2013), S. 475–480, 476.

3182 *Merkel,* JZ 2012, S. 1137–1145, 1144.

(c) Kritische Würdigung

Bereits *Rawls*' Konzeption von *ideal* und *nonideal theory* und ihre Anwendung durch *Merkel* für den Bereich kollateraler Tötungen sind nicht ohne Kritik geblieben. Ähnlich ist auch die rechtsethische Legitimation einer kriegerisch-gewaltsamen Widerstandsnorm im Wege des globalen transtemporalen normativen Notstandes der Kritik zugänglich. Zum einen wird aus realistischer Perspektive moniert, dass das Konzept der *ideal theory* im Bereich der angewandten Ethik utopisch oder nutzlos sei. Zum anderen kann aus deontologischer Perspektive die Abkehr vom Absolutismus beanstandet und damit ähnliche Kritik geübt werden wie an den obigen konsequentialistischen Betrachtungen.

Zunächst wird auf die Kritik der Utopie oder Nutzlosigkeit einer *ideal theory* eingegangen. Diese stammt vorwiegend aus der Feder von Anhängern des Realismus. Einer von ihnen ist *Raymond Geuss*, der die These vertritt, dass Politik nichts mit ethischen Prinzipien zu tun habe, sondern Ergebnis faktischer Machtverteilung sei.[3183] Daher lehnt er es ab, dass Ideale tatsächlich die Politik bestimmen könnten.[3184] Viel eher könne, wenn überhaupt, eine *ideal theory* der politischen Ethik nur dann gefunden und in der realen politischen Welt umgesetzt werden, wenn historische, soziologische, ökonomische, psychologische und andere empirische Aspekte berücksichtigt würden.[3185] Eine *ideal theory* müsste also ausschließlich kulturelle und historische Umstände berücksichtigen, statt auf normativen Prinzipien zu beruhen.[3186] *Geuss* betrachtet Politiker eher als Handwerker denn als Anwender philosophischer Theorien.[3187] Moralphilosophen produzieren für die Praxis seiner Ansicht nach daher wenig Wertvolles.[3188] Insbesondere *Kantianer* jagten einer Art „fetishism"[3189] nach. Ideologie versteht *Geuss* lediglich als eine von der Politik beeinflussbare Institution.[3190] Er übersieht in seiner Kritik an der politischen Philosophie im Allgemeinen und am *Rawls'schen* Konzept der *ideal theory* im Beson-

3183 *Geuss*, Philosophy and Real Politics, 2008, S. 22 ff.
3184 Ebenda, S. 100 f.
3185 Ebenda, S. 7.
3186 Ebenda, S. 90.
3187 Vgl. ebenda, S. 15.
3188 Ebenda, S. 16.
3189 Ebenda, S. 16.
3190 Vgl. ebenda, S. 52 f.

deren, dass darin keineswegs Prinzipien zum Ausdruck kommen, die nichts mit der Realität zu tun haben.[3191] Vielmehr implizieren sie normative Prinzipien, die auch in der gesellschaftlichen und politischen Realität respektiert und gelebt werden.[3192] Prinzipien und Ideale, aus denen sie sich ableiten lassen, können somit nicht gänzlich von der Realität getrennt betrachtet werden. Allerdings haben Ideale per definitionem nur wenig oder nichts mit der Realität zu tun. Wenn es um die Verbesserung der Realität geht, können sie lediglich als Anhaltspunkt und Maßstab dienen. Darin liegt die Aufgabe der politischen Ethik, die zwar angewandte Ethik ist, sich jedoch als Ethik nach wie vor mit Idealen befasst.[3193]

Etwas zurückhaltender ist die Position *Allen Buchanans* zu *Rawls*' Konzept von *ideal* und *nonideal theory*. Er stört sich nicht grundsätzlich an diesem Konzept, interpretiert die Methodik zur Bestimmung einer *ideal theory* im Einzelfall aber anders als *Rawls*. Eine *ideal theory* muss laut *Buchanan* „feasible", „accessible" und „morally accessible" sein.[3194] Zwar besteht auch *Rawls* darauf, dass seine *realistic utopia* vorstellbar und realisierbar ist,[3195] jedoch erinnern *Buchanans* Kriterien eher an diejenigen, die *Rawls* für die *nonideal theory* statuiert: „morally permissible", „politically possible" und „likely to be effective".[3196] *Buchanan* differenziert bei seiner Interpretation nicht zwischen abstrakter (langfristiger) und konkreter Realisierbarkeit. Letztere betrifft in jedem Fall die *nonideal theory*, die „questions of transition"[3197]. Diese Fragen zählt *Buchanan* bereits zur *ideal theory*, indem er diese unter die Bedingung der „moral accessibility"[3198] stellt. Es wird deutlich, wie stark die Grenzen zwischen *ideal* und *nonideal theory* bei *Buchanan* verschwimmen.[3199] Die *ideal theory* muss als solche eine – wenn auch realistische – Utopie darstellen und darf nicht mit pragmatischen Erwägungen angereichert werden. In diesem Zusammenhang bietet die *ideal theory* Angriffsfläche für Kritik in der Gestalt, dass die realistische Utopie zu wenig realistisch und zu sehr utopisch sei.

3191 *Freeman,* Ethics 120 (2009), S. 175–184, 184.

3192 Ebenda, S. 184.

3193 *Zanetti,* in: Busche/Schubbe (Hrsg.), Die Humanitäre Intervention in der ethischen Beurteilung, 2013, S. 189–211, 191.

3194 *Buchanan,* Justice, Legitimacy, and Self-Determination, 2007 (2004), S. 61.

3195 Vgl. *Rawls,* The Law of Peoples, 1999, S. 7, 12.

3196 Ebenda, S. 90.

3197 Ebenda, S. 90.

3198 *Buchanan,* Justice, Legitimacy, and Self-Determination, 2007 (2004), S. 61 a. E.

3199 So im Ergebnis *Simmons,* Philosophy & Public Affairs 38 (2010), S. 5–36, 29.

So kritisiert *Zimmermann* in Hinblick auf den spezifischen Fall der *nonideal justification* von kollateralen Tötungen im Rahmen von zwischenstaatlichem Krieg, die von *Merkel* vorgebracht wurde, dass sie auf …

> „[…] die ganz und gar unrealistische Annahme angewiesen ist, das […] Völkerrecht der Gegenwart markiere den Beginn einer Entwicklung hin zu einer Rechtswirklichkeit, in der Staaten aus Rücksicht auf die Belange unbeteiligter Dritter auf effektive Widerstandsmöglichkeit zu verzichten bereit sind.“[3200]

Dies dürfte *Zimmermann* entsprechend an einem kriegerisch-gewaltsamen Widerstandsrecht kritisieren. Diese Kritik enthält kaum mehr als den Verweis auf eine unrealistische Annahme. Daraus wird nicht ersichtlich, weshalb ein Widerstandsrecht nicht den Beginn einer Entwicklung markieren soll, im Zuge derer Widerstand immer seltener notwendig ist. Sofern man die Norm klar als einen solchen, nicht-idealen und nur temporär legitimierbaren Anfang deklariert, legt man den Grundstein für die – wenn auch lange – Entwicklung und gibt durch das Ideal (Verbot des kriegerisch-gewaltsamen Widerstands) ihre Richtung vor. Nur weil die Erreichung dieses Ideals in nächster Zeit unwahrscheinlich ist, heißt es nicht, dass es überhaupt nicht realisierbar und damit nicht langfristig realistisch ist. *Rawls* stellt korrekt fest: „[…] we can imagine […] a happier world […]“[3201]. Das ist der Antrieb jedes realistischen Idealisten. Er bleibt realistisch, weil er anerkennt, dass er sich dem Ideal – wenn überhaupt – nur in sehr langsamen und zahlreichen Schritten annähern kann. Er gibt das Ideal dennoch nicht auf, sondern entwickelt eine Strategie, um die Unwahrscheinlichkeit seiner Realisierung langfristig zu beseitigen. Selbst, wenn er dann bemerkt, dass es wohl niemals zu einer vollständigen Realisierung seines Ideals kommen wird, gibt er es nicht auf; vielmehr nimmt er in Kauf, dass sich die Realität seinem Ideal lediglich ad infinitum annähert. Die *Rawls'sche realistic utopia* bzw. *ideal theory* ist lediglich ein „long-term goal“[3202]. Als solches ausgewiesen, kann ihr die Kritik einer „ganz und gar unrealistischen Annahme“[3203], die *Zimmermann* übt, nichts anhaben.

Ferner wird insbesondere von *Amartya Sen* vertreten, dass die *ideal theory* schlicht nutzlos sei.[3204] Insofern ähnelt die Kritik derjenigen von

3200 *Zimmermann,* JZ 2014, S. 388–391, 390.
3201 *Rawls,* The Law of Peoples, 1999, S. 12.
3202 Ebenda, S. 90.
3203 *Zimmermann,* JZ 2014, S. 388–391, 390.
3204 Vgl. *Sen,* The Journal of Philosophy 103 (2006), S. 215–238, 218 ff.

Geuss. Allerdings lehnt *Sen* die politische Philosophie nicht so radikal ab wie *Geuss*. *Sen* wendet sich vielmehr ausdrücklich gegen *Rawls*' transzendentale Herangehensweise an Gerechtigkeit. Er moniert, dass *Rawls* nicht die bedeutsamen Aspekte der meisten Gerechtigkeitsdebatten adressiere.[3205] Dieser Einwand ist bereits zweifelhaft. Bei *Sen* wird zudem nicht ersichtlich, weshalb Aspekte empirischer Debatten für die (ideale) politische Philosophie eine derart tragende Rolle spielen sollen.[3206] Er schlägt als Gegenvorschlag zu *Rawls* eine komparative Herangehensweise zur Gerechtigkeitsfindung und -verwirklichung vor.[3207] Danach sei gesellschaftlicher Fortschritt auch ohne absoluten (idealen) Standpunkt erreichbar.[3208] Er führt hierfür ein viel zitiertes metaphorisches Beispiel an:[3209] Unbestritten sei der *Mount Everest* über dem Meeresspiegel der höchste Berg der Erde. Allerdings müsse über dessen Höhe nichts bekannt sein, um die Höhe des *Kangchendzöngas* mit der des *Mont Blancs* zu vergleichen. Eine gegenteilige Ansicht wäre „deeply odd"[3210]. Dieser Befund ist richtig. Nichtsdestotrotz hinkt der Vergleich dieses Beispiels mit dem Konzept von *ideal* und *nonideal theory*. Zunächst handelt es sich bei den Bergen um ein anderes Betrachtungsfeld, als es die Gerechtigkeitstheorie eines ist.[3211] Selbst, wenn man sich auf die Metapher einlässt, überzeugt *Sens* Argument nicht. In *Rawls*' Konzept fungiert die *nonideal theory* nicht nur als Vergleich zweier empirischer Situationen, um relative Ungerechtigkeiten ausfindig zu machen, wie es *Sen* genügt.[3212] Vielmehr zeigt sie einen Weg auf, dessen Ziel die *ideal theory* ist. Wenn man sich auf den Weg zum *Mount Everest* begibt, sollte man sich z. B. spätestens bei der Ankunft in Indien über die konkrete Route dorthin informieren, wie *John Simmons Sens* metaphorische Kritik erwidert.[3213] Es ist vorstellbar, dass *Sen* hier entgegnen würde, dass es ihm nicht auf den Weg ankomme, sondern lediglich auf Ist-Zustände.

3205 Ebenda, S. 218.
3206 *Swift,* Social Theory and Practice 2008, S. 363–387, 374.
3207 Vgl. *Sen,* The Journal of Philosophy 103 (2006), S. 215–238, 218 ff.
3208 Ebenda, S. 222.
3209 Ebenda, S. 222.
3210 Ebenda, S. 222.
3211 *Zanetti,* in: Busche/Schubbe (Hrsg.), Die Humanitäre Intervention in der ethischen Beurteilung, 2013, S. 189–211, 193.
3212 *Simmons,* Philosophy & Public Affairs 38 (2010), S. 5–36, 35.
3213 Vgl. ebenda, S. 35.

Gleichwohl lassen sich ausschlaggebende Argumente gegen sein Beispiel finden: Sicherlich braucht man für einen Vergleich zweier Sachen (seien es Berge oder gesellschaftliche Entwicklungsstadien) auf den ersten Blick keine dritte, welche die beiden ersten in einem Charakteristikum übersteigt oder gar den Superlativ dieses Charakteristikums verkörpert. Daraus allein ergibt sich folglich kein Argument gegen die Daseinsberechtigung der dritten Sache.[3214] Vielmehr noch verrät ein zweiter Blick: Sollen die beiden ersten auf ein bestimmtes Charakteristikum hin verglichen werden, über das nur die dritte Sache Aufschluss zu geben vermag, ist die Kenntnis Letzterer zwingend notwendig. Bei den beiden Bergen wäre jene dritte Sache nicht etwa der *Mount Everest*, sondern die Maßeinheit (also z. B. das metrische System); bei den gesellschaftlichen Entwicklungsstadien z. B. das Ideal, das erreicht werden soll. Das Ideal fungiert in der Gerechtigkeitstheorie *Rawls*' und nach hiesigem Verständnis der politischen Philosophie als Maßeinheit. Wenn man zwei Gesellschaftsstadien vergleicht, braucht man Kriterien, die nur diesem Ideal entnommen werden können. Selbst wenn *Sen* im Gegensatz zu *Rawls* zwei empirische Gesellschaftsstadien miteinander vergleicht, ohne ein drittes Ideal in Augenschein zu nehmen, benötigt er dafür Kriterien, die in Wahrheit wiederum diesem Ideal entspringen.[3215] *Sen* kann ohne Kenntnis eines Ideals z. B. feststellen, dass sich in Entwicklungsstadium B gegenüber Entwicklungsstadium A die Armut in einer Gesellschaft verringert hat. Die Frage, ob dies eine Verbesserung oder Verschlechterung darstellt, kann er allerdings nur beantworten, wenn er vorher definiert hat, was erstrebenswert ist – wenn er also ein Ideal festgelegt hat.

Die Kritik am idealen Teil des *Rawls'schen* Konzepts und an der hiesigen Anwendung desselben vermag im Ergebnis nicht zu überzeugen. Darüber hinaus ist der mögliche Einwand der Abkehr vom Deontologischen durch die Anwendung einer *nonideal theory* zu betrachten. Wie erwähnt, weist die *nonideal theory* als Ergebnis einer konsequentialistischen Rechnung mitunter legitimatorische Probleme auf, die in der vorliegenden Arbeit nicht verheimlicht werden. Die Kritik, die hier ansetzt, ist weitaus stichhaltiger als die soeben betrachtete Kritik des Realismus. Sie findet sich wiederum bei *Zimmermann*: „solange dieser Zustand [das Ideal, Anm. d. Verf.] noch nicht erreicht ist, rechtfertigt sozusagen die Unvollkom-

3214 *Swift,* Social Theory and Practice 2008, S. 363–387, 373.
3215 Ebenda, S. 375.

menheit der Wirklichkeit diejenige der Rechtsethik.“[3216] Mit dieser Aussage hat er prinzipiell recht. Gleichwohl darf diese Feststellung nicht dazu bewegen, das absolute Ideal aufzugeben und mit *Zimmermann* einen intersubjektiven Ansatz anzunehmen, da dies eine noch weniger befriedigende Lösung darstellte.[3217] Es ist richtig: Die *nonideal theory* ist eine unvollkommene Ethik, eine unreine Ethik. Beharrliche Deontologen werden sich bereits begrifflich an diesem Oxymoron stören. In der Tat bewegt sich die *nonideal theory* an der Grenze zwischen Moral und Pragmatismus. Hier ist die unreine Ethik zu Hause. Im Gegensatz zu einer ausschließlich konsequentialistischen bzw. pragmatischen Betrachtung opfert sie die ethischen Maßstäbe allerdings nicht vollständig zugunsten der Faktizität. Sie steht schließlich weiterhin im Dienste der *ideal theory*, der reinen Ethik. Es gibt keinen Grund, weshalb die Unvollkommenheit der Realität nicht eine neben ihr bestehende unvollkommene politische Ethik legitimieren können sollte. Nur indem man diesen realen Einfluss auf die Rechtsethik zulässt, kann man den fundamentalen Anforderungen an eine angewandte Philosophie überhaupt gerecht werden. Wer die Unvollkommenheit der Rechtsethik um des Idealismus willen ablehnt, tut dies im Hinblick auf die Frage nach der Legitimität kollateraler Tötungen bei kriegerisch-gewaltsamem Widerstand um den Preis der „esoterischen Lebensferne“ und „realen Bedeutungslosigkeit“,[3218] um es mit *Merkels* Worten auszudrücken. Damit sähe sich eine am Ideal orientierte Norm zwangsläufig dem Schicksal ihrer Erosion ausgesetzt.[3219] Das Konzept von *ideal* und *nonideal theory* geht im Gegensatz dazu in überzeugender Weise auf das Verhältnis von philosophischer Theorie und politischer Praxis ein.[3220]

Es stellt auch nicht etwa eine „billige Strategie zur Entsorgung eines Problems“[3221] dar. Die *nonideal theory* bewegt sich nämlich nicht außerhalb der Moral. Sie lässt schließlich eine normative Rechtfertigung zu, die nur innerhalb definierter Grenzen zum Tragen kommen kann. Die *nonideal theory* kann nur im Zusammenhang mir der *ideal theory* existieren.

3216 *Zimmermann,* JZ 2014, S. 388–391, 388.

3217 Hierzu s. o., S. 566 ff.

3218 *Merkel,* JZ 2012, S. 1137–1145, 1143.

3219 Ebenda, S. 1144 mit Hinweis auf *Kelsen,* Reine Rechtslehre, 1983 (1960), S. 215 ff.; *ders.,* Allgemeine Theorie der Normen, 1979, S. 112 f.

3220 *Simmons,* Philosophy & Public Affairs 38 (2010), S. 5–36, 6.

3221 *Merkel,* JZ 2012, S. 1137–1145, 1144, der darauf hinweist, dass die *nonideal theory* nicht in dieser Weise missbraucht werden darf.

Zum einen muss die *ideal theory* bei der Anwendung der *nonideal theory* stets griffbereit sein;[3222] zum anderen muss die *nonideal theory* stets das Ziel der Entwicklung zur Verwirklichung der *ideal theory* verfolgen. In *Rawls*' Gerechtigkeitstheorie sind die Ungerechtigkeiten der *nonideal theory* als Kompromiss nur dann tragbar, wenn sie der Vermeidung noch größerer Ungerechtigkeiten dienen.[3223] Er stellt damit eine Gesamtkalkulation der Gerechtigkeit an.[3224] Ähnlich kann man auch mit dem Ideal des Friedens verfahren, das *Rawls* zur Gerechtigkeit zählen würde. *Fabian Wendt* sieht darin das einzige Ideal, für das ein moralischer Kompromiss erstrebenswert und ohne weitergehenden moralischen Konsens zu erreichen ist.[3225] Um nichts anderes als die Herstellung langfristigen Friedens geht es beim kriegerisch-gewaltsamen Widerstandsrecht. Es erlaubt als *nonideal justification* in der unreinen Sphäre der gegenwärtigen Realität kollaterale Tötungen als „kleineres Übel"[3226] auf dem Weg zum langfristigen Frieden. Dass es sich dabei stets um ein Übel handelt, wird nicht abgestritten, sondern offengelegt.[3227] Das Ideal der *ideal theory* muss – im Rahmen des Möglichen – so hoch wie möglich liegen.[3228] Um seiner Verfolgung willen nimmt man schließlich das Übel auf sich, das die einzige Alternative zur „normativen tabula rasa"[3229] darstellt, die herrschen würde, wenn man lediglich am Ideal festhielte.

Im Ergebnis ist ein gewisses Maß an Kritik an der hier vorgebrachten Lösung also berechtigt, da ihr unweigerlich ein legitimatorisches Defizit anhaftet. Wenn man sich vor Augen führen, dass dieses Defizit nichts Geringeres als kollaterale Tötungen betrifft, muss man mit *Merkel* befinden, dass es „dunkel" und „schlechterdings nicht aufhellbar" ist.[3230] Im Ergebnis werden hierdurch unschuldige Menschen – um einer friedlicheren Zu-

---

3222 *Rawls,* The Law of Peoples, 1999, S. 90.

3223 *Ders.,* Eine Theorie der Gerechtigkeit, 1991 (1979, Orig. v. 1971), 20.

3224 *Wendt,* Critical Review of International Social and Political Philosophy 16 (2013), S. 475–480, 476.

3225 Vgl. ebenda, S. 480.; *ders.,* Critical Review of International Social and Political Philosophy 16 (2013), S. 573–593.

3226 So aus praktischer Sicht für Kriege im Allgemeinen *Nachtwei,* in: Bleisch/Strub (Hrsg.), Pazifismus, 2006, S. 303–317, 305.

3227 Entsprechend *Merkel,* JZ 2012, S. 1137–1145, 1144.

3228 *Simmons,* Philosophy & Public Affairs 38 (2010), S. 5–36, 30.

3229 *Merkel,* JZ 2012, S. 1137–1145, 1144.

3230 Ebenda, S. 1144.

kunft willen – aus dem „Schutzraum des Rechts“[3231] exkludiert. In Mahnung dieses „quälenden Mangels“[3232] verfolgt man den einzig gangbaren Weg in eine Welt, die ohne derartige Exklusionen auskommen wird.[3233]

c) Zusammenfassende Bemerkungen

Es wurde gezeigt, dass das völkerrechtliche Widerstandsrecht aus rechtsethischer Sicht legitimationsbedürftig ist, und in diesem Zusammenhang hat sich die Arbeit den Fragen der Legitimation von Ungehorsam und Zwangsopfern gewidmet.

Ungehorsam kann – wenn überhaupt – nur unter engen Voraussetzungen legitim sein, weil mit prominenten Rechtsphilosophen eine Pflicht zum (Rechts-)Gehorsam angenommen wird. Rechtsfrieden und -sicherheit genießen damit Vorrang vor normativ-materiellen Erwägungen – allerdings nur in der Regel. Schließlich werden Recht und Staat kein Selbstzweck beigemessen, sondern ihre Flanken in den Menschenrechten und im Gewaltverbot erblickt. Selbst im freiheitlich-demokratischen Rechtsstaat kann ziviler Ungehorsam legitim sein, wie insbesondere *Rawls* eingängig dargelegt hat. Dieser kann jedoch nur ein gewaltfreies Mittel darstellen.

Eine weitere Dimension der Legitimationsbedürftigkeit weist allerdings gewaltsamer Widerstand auf: Wird er mit gemeingefährlichen Mitteln (kriegerisch-gewaltsam) ausgeübt, fordert er unschuldigen Dritten zwangsläufig Opfer ab. Im schlimmsten Fall bedeutet es den Verlust des eigenen Lebens. Solche kollateralen Tötungen ethisch zu legitimieren, war im gegenwärtigen Abschnitt kein leichtes Unterfangen. Konsequentialistische Positionen konnten nicht überzeugen; die Einnahme einer deontologischen Position führte zu einem strikt pazifistischen Standpunkt und damit zur ausnahmslosen Ablehnung der Legitimität kollateraler Tötungen. Da das Festhalten an dieser strikt pazifistischen Position einer „esoterischen Lebensferne“[3234] gleichkäme, wurde – im Modus eines normativen Notstands – nach einer Lösung gesucht, die die Belange der unreinen

3231 Ebenda, S. 1144.

3232 Ebenda, S. 1144.

3233 Darin liegt der zentrale Unterschied zur interessenorientierten Betrachtung von *Zimmermann,* JZ 2014, S. 388–391. Er lässt Exklusionen jederzeit und ohne Bedenken zu.

3234 *Merkel,* JZ 2012, S. 1137–1145, 1143.

Wirklichkeit mit denjenigen der deontologischen Ethik versöhnt. Ein solches bot das *Rawls'sche* Konzept der Differenzierung von *ideal* und *nonideal theory*. Das kriegerisch-gewaltsame Widerstandsrecht stellt damit eine nicht-ideale Norm dar, die auf dem Weg zur Verwirklichung des Ideals eines umfassenden Gewaltverbots allerdings zur Rechtfertigung kollateraler Tötungen herangezogen werden kann. Es handelt sich hierbei um einen globalen, transtemporalen, normativen Notstand – eine Notlösung. Die unreine Rechtfertigung weist als solche ein finsteres Legitimationsdefizit auf, das bei ihrer Anwendung stets berücksichtigt werden muss. Es zwingt in Zukunft zur ständigen Reflexion und Anpassung der Norm an den jeweiligen realen Stand der Entwicklung in Richtung des Ideals.

III. Ausgestaltung des völkerrechtlichen Widerstandsrechts

1. Einleitung

Den Weg zu diesem Ideal ebnet das geltende Völkerrecht mit dem allgemeinen Grundsatz des Widerstandsrechts. Für die zulässige Ausübung von Widerstand kann es nicht genügen, sich pauschal auf Menschenrechtsverletzungen oder staatliche Gewaltakte zu berufen.[3235] Der allgemeine Rechtsgrundsatz wird daher nun konkretisiert, indem präzise Voraussetzungen und Beschränkungen des völkerrechtlichen Widerstandsrechts statuiert werden. Dabei werden die Ergebnisse der völkerrechtlichen Spurensuche im vorherigen Kapitel zum Tragen kommen sowie das legitimatorische Defizit von kriegerisch-gewaltsamem Widerstand berücksichtigt. Dieser Erscheinungsform von Widerstand wird daher ein eigener Abschnitt gewidmet.[3236]

Die Ausgestaltung des Widerstandsrechts hängt zunächst davon ab, welche Rechtsnatur man diesem zuspricht. Diese Frage ist von derjenigen nach der Rechtsquelle zu trennen, denn diese stellen die allgemeinen Rechtsgrundsätze des Völkerrechts dar. Rechtsnatur meint vielmehr die Kategorisierung als Menschenrecht, Normstrukturelement, Sanktion oder Selbsthilferecht bzw. Rechtfertigungsgrund. In der Literatur werden alle Positionen vertreten; zum Teil werden auch mehrere Kategorien kumula-

---

3235 Vgl. *Missling,* Widerstand und Menschenrechte, 1999, S. 41.

3236 S. u., S. 663 ff.

tiv angenommen.[3237] Am prominentesten sind die erste und die letzte Einordnung. *Peters* spricht sich dafür aus, dass das Widerstandsrecht selbst ein Menschenrecht sei.[3238] Er sieht darin offenbar die einzige Alternative zur Einordnung als innerstaatlichem Rechtsbehelf. Diese Einordnung lehnt er ab, da das Widerstandsrecht in der innerstaatlichen Ordnung keine Durchsetzungskraft hätte.[3239] Die anderen hier genannten Kategorien bieten ebenso den Vorteil, dass sie solche des Völkerrechts sind und dem innerstaatlichen Recht damit übergeordnet. Das Widerstandsrecht ist vor allem aus dem Grunde nicht als Menschenrecht zu klassifizieren, dass es sich materiell und funktionell von den Menschenrechten unterscheidet. Es besteht eigenständig neben den spezifischen Menschenrechten. Das Widerstandsrecht garantiert keinen bestimmten Schutzgegenstand, sondern bietet ein Mittel, sich gegen ungerechtfertigte Eingriffe in die verschiedenen menschenrechtlichen Schutzgüter zu wehren. Damit kann es höchstens in einem weiten Sinne zu den Menschenrechten gezählt werden – etwa als „das ursprünglichste der Menschenrechte“[3240]. Es greift nur in Ausnahmesituationen, und auch damit unterscheidet es sich grundlegend von den Menschenrechten, deren rechtlicher Schutz permanent seine Wirkung entfaltet. Dieses Not- und Verteidigungsmoment legt die Einordnung des

---

3237 Für die Einordnung als Menschenrecht *Rock,* Christ und Revolution, 1968, S. 20; *Paust,* Emory Law Journal 32 (1983), S. 545–581; *Klug,* in: Hill (Hrsg.), Widerstand und Staatsgewalt, 1984, S. 11–23; *Missling,* Widerstand und Menschenrechte, 1999, S. 82; *Peters,* Widerstandsrecht und humanitäre Intervention, 2005, S. 301; *Tischler,* Menschenbilder und Menschenrechte, 2010, S. 161. Für die Einordnung als Normstrukturelement *Geistlinger,* Revolution und Völkerrecht, 1991, 382; *Missling,* Widerstand und Menschenrechte, 1999, S. 260. Für die Einordnung als Sanktion *Lauterpacht,* International Law and Human Rights, 1950, S. 325; *Minh,* in: UNESCO (Hrsg.), Violations of human rights: possible rights of recourse and forms of resistance, 1984, S. 144–201, 158; *Geistlinger,* Revolution und Völkerrecht, 1991, S. 364, 371 f. *Missling,* Widerstand und Menschenrechte, 1999, S. 82. Für die Einordnung als Selbsthilferecht *Arnot,* Widerstandsrecht, 1966, S. 123 ff.; *Bauer,* in: Kaufmann/Backmann (Hrsg.), Widerstandsrecht, 1972, S. 482–504, 492; *Arndt,* in: Kaufmann/Backmann (Hrsg.), Widerstandsrecht, 1972, S. 525–538, 531; *Koch,* Rechtsbegriff und Widerstandsrecht, 1985, s. nur S. 40; *Missling,* Widerstand und Menschenrechte, 1999, S. 14, 134 ff.

3238 Vgl. *Peters,* Widerstandsrecht und humanitäre Intervention, 2005, S. 301.

3239 Vgl. ebenda, S. 301.

3240 *Kaufmann,* 1984, S. 256.

Widerstandsrechts als Selbsthilferecht bzw. Rechtfertigungsgrund nahe.[3241] Als solches ermöglicht es die flexible Durchsetzung der Menschenrechte im Einzelfall. Zudem stellt es ein Verteidigungsrecht beim Bruch des Gewaltverbots dar. In Anlehnung an das Notwehrrecht hat es dabei statische Voraussetzungen (Widerstandslage) und bietet dynamische Rechtsfolgen, die nur durch bestimmte Vorgaben begrenzt werden (Widerstandshandlung). Damit wird sowohl der Bestimmtheit Rechnung getragen als auch dem Erfordernis, die Verteidigungsmittel dem Einzelfall entsprechend zu wählen.

Bei der genauen Formulierung der Voraussetzungen bietet also die Notwehr- und Notstandsdogmatik ebenso einen Anhaltspunkt, wie die Voraussetzungen, an die das Recht auf humanitäre Intervention geknüpft wird und die an die *Theorie des gerechten Krieges* erinnern.[3242] Auch dieses stellt ein Selbsthilferecht dar, das nur ausnahmsweise und zur Verteidigung zum Tragen kommen kann. Von Bedeutung ist insofern die Unterscheidung zwischen den Voraussetzungen der Notlage bzw. *just cause* und den Beschränkungen der Verteidigungshandlung. Das wichtigste Kriterium hierbei ist das Prinzip der Verhältnismäßigkeit, zu dem die Anforderungen der Geeignetheit und Erforderlichkeit, der vernünftigen Erfolgsaussicht, des Ultima-Ratio-Prinzips und der Angemessenheit[3243] zählen. All dies wird nachfolgend auf das Widerstandsrecht übertragen. Außerdem muss erörtert werden, wer Rechtssubjekt des Widerstandsrechts sein kann und ob jenes gewisse subjektive Anforderungen erfüllen muss.[3244]

3241 Ähnlich *Arnot,* Widerstandsrecht, 1966, S. 124; *Koch,* Rechtsbegriff und Widerstandsrecht, 1985, S. 40 ff.; *Missling,* Widerstand und Menschenrechte, 1999, S. 14, 134 ff.

3242 Vgl. *Dunér,* IJHR 9 (2005), S. 247–269, 259 ff.; *Buchanan,* Philosophy & Public Affairs 41 (2013), S. 291–323. Zu den Voraussetzungen einer humanitären Intervention s. o., S. 328 ff.

3243 Häufig wird nur dieses Kriterium als Verhältnismäßigkeit bzw. „proportionality" bezeichnet. Hier wird dieser Aspekt der Angemessenheit – in Anlehnung an die Dogmatik des deutschen Verfassungsrechts – als Verhältnismäßigkeit im engeren Sinne betrachtet, während das Verhältnismäßigkeitsprinzip (im weiteren Sinne) auch die anderen aufgezählten Kriterien impliziert.

3244 Vgl. in diesem Zusammenhang den Katalog von Determinanten des Widerstandsrechts bei *Scheidle,* Das Widerstandsrecht, 1969, S. 17 ff.

2. Widerstandslage

Die Widerstandslage beschreibt den Tatbestand des Widerstandsfalles. Sie formuliert die statischen Voraussetzungen, die erfüllt sein müssen, damit im Ausnahmefall überhaupt die Ausübung von Widerstand in Erwägung gezogen werden kann. Sie entspricht der Notwehr- oder Notstandslage bzw. dem „principle of just cause“[3245] beim Recht der humanitären Intervention. Dessen Anforderungen verdeutlichen,[3246] dass eine Notlage durch eine gegenwärtige Bedrohung oder einen Angriff bedingt ist, die qualitativ und quantitativ eine bestimmte Schwelle überschreiten muss.[3247] Dies kann auf das Widerstandsrecht übertragen werden. Relevanter Anknüpfungspunkt ist dabei die Verletzung von Menschenrechten.[3248] So plädierte bereits *Locke* für ein Widerstandsrecht, wenn die Grundrechte auf Leben, Freiheit und Eigentum seitens des Staats verletzt wurden.[3249] Im Hinblick auf das völkerrechtliche Widerstandsrecht stellt sich die Frage, welche Menschenrechte betroffen sein müssen und wie intensiv die Verletzung mindestens sein muss. Dabei wird zu klären sein, inwiefern ein menschenrechtlicher Minimalismus berücksichtigt werden kann. Als intensivste Form der Bedrohung gestaltet sich jedenfalls der Bruch des Gewaltverbots. Seine innerstaatliche Dimension wurde im zweiten Kapitel dieser Arbeit erörtert.[3250] Dieser Verletzungsmodus reicht über die bloße Menschenrechtsverletzung hinaus, da er das Fundament des Rechts selbst angreift. Verletzungen des Gewaltverbots stellen daher einen gravierenden Fall der Widerstandslage dar. Im Folgenden wird festgelegt, wann von einer derartigen Verletzung gesprochen werden kann. Hierfür wird auf die obigen Ausführungen zum Gewaltverbot und zum Recht auf humanitäre Intervention zurückgegriffen.

Insofern kann zwischen der Widerstandslage beim Bruch des Gewaltverbots und bei sonstigen Menschenrechtsverletzungen differenziert werden. Während Ersteres mit der Pervertierung von Staat und Recht einher-

---

3245 *Marsavelski,* CJIL 28 (2013), S. 241–295, 281.

3246 Zu den Voraussetzungen des humanitären Interventionsrecht s. o., S. 328 ff.

3247 Vgl. §§ 32, 34 StGB; *Merkel,* in: ders. (Hrsg.), Der Kosovo-Krieg und das Völkerrecht, 2000, S. 66–98, 82 im Hinblick auf das humanitäre Interventionsrecht.

3248 So im Hinblick auf das Recht zum zivilen Ungehorsam *Mégret,* The Canadian Yearbook of International Law 2008, S. 143–192, 184.

3249 Zum entsprechenden Szenario der Tyrannei in *Lockes* Widerstandslehre s. o., S. 134 ff.

3250 Hierzu s. o., S. 444 ff.

geht, impliziert das Szenario der „sonstigen Menschenrechtsverletzungen" ein anderweitiges, möglicherweise nur teilweises Versagen des Staates und umfasst eher materielle Gerechtigkeitserwägungen denn grundlegende Existenzfragen.[3251] Die Grenze zwischen diesen Konstellationen markiert in jedem Fall die Grenze der Zulässigkeit gewaltsamer Mittel. Schließlich wurde dargelegt, dass Gewalt nur zur Abwehr von Gewalt zulässig sein kann. Damit wird zudem einem menschenrechtlichen Minimalismus Rechnung getragen.[3252] Ferner wird hierdurch das rechtsethische Legitimationsdefizit der Norm des kriegerisch-gewaltsamen Widerstandsrechts berücksichtigt. Ob ein menschenrechtlicher Minimalismus auch bei der Statuierung des Tatbestands der „sonstigen Menschenrechtsverletzungen" zu beachten ist, wird zu erörtern sein. Es liegt jedoch nahe, diese Widerstandslage zunächst möglichst weit zu fassen und die Beschränkungen auf der Ebene der Widerstandshandlung vorzunehmen, die dann ohnehin grundsätzlich nur gewaltfrei sein kann. Einschränkend wirkt zudem, dass die Voraussetzungen der Widerstandslage ex post erfüllt sein müssen. Ferner muss im Hinblick auf die Widerstandslage erörtert werden, wer im Einzelfall zum Widerstand berechtigt sein kann und wie die zeitlichen Grenzen der Ausübung zu bestimmen sind.

a) Bruch des Gewaltverbots

Eine Widerstandslage besteht in jedem Fall, wenn seitens des Staates das Gewaltverbot in seiner innerstaatlichen Dimension verletzt wird. Gemeint sind damit Szenarien, in denen der Staat pervertiert wird, weil er die existenziellen Bedürfnisse seiner Bürger nicht mehr schützt, sondern selbst zum Angreifer wird. Ein solcher Staat verliert jegliche Legitimität gegenüber seinem Volk und der internationalen Staatengemeinschaft.[3253] Er tastete die Grundnorm der Legitimation von Staat und Recht an. Die „Minimalbedingungen der Legitimität"[3254] bestehen im Schutz von Leib und Leben und in der Gewährung eines Ortes für das schlichte Dasein – „[…]

3251 Ähnlich differenziert *Kersting,* in: Merkel (Hrsg.), Der Kosovo-Krieg und das Völkerrecht, 2000, S. 187–231, 219 ff.

3252 Hierzu s. o., S. 361 ff.

3253 *Merkel,* in: Meggle (Hrsg.), Humanitäre Interventionsethik, 2004, S. 107–132, 117.

3254 Ebenda, S. 121.

darüber gibt es seit Thomas Hobbes wohl einen nirgends bestrittenen Konsens der Staatsphilosophie“[3255], wie *Merkel* feststellt. *Kersting* bezeichnet diese Minimalbedingungen als „transzendentale Menschenrechte“ zur Sicherung des „Leviathan-Projekts“[3256]. Sie kennzeichnen die Grenze zwischen Recht und Gewalt.[3257] Auch die Staatslehre *Kants* kann man hier zurate ziehen und feststellen, dass der Rechtszustand in solchen Fällen zu schwinden droht. Schließlich betreibt ein Staat beim Bruch des Gewaltverbots die Entrechtlichung der Menschen. In diesem Sinne spricht auch *Kersting* von einer *„Prä-Gerechtigkeits-Rechtlichkeit“*[3258], die durch diese existenziellen Menschenrechte abgesichert wird.[3259] Hierzu zählt er das Recht auf Leben, körperliche Unversehrtheit sowie auf grundlegende Sicherheit in Form gewaltfreier Lebensumstände und einer verlässlichen politischen Ordnung.[3260] Politische Machthaber, die ihren Bürgern das nicht bieten können, sondern ihre Macht nutzen, um selbst zur existenziellen Bedrohung zu werden, verletzen diejenige Norm, mittels welcher Recht und Koexistenz erst möglich werden: das Gewaltverbot. Nur auf einen solchen Akt darf überhaupt gewaltsam reagiert werden. Gewaltbefugnisse profitieren als Ausnahmebefugnisse von der Legitimation der Regelnorm selbst und können daher nur ihrer Durchsetzung dienen.[3261]

Es ist fraglich, wie genau die Inhaber der Staatsmacht zu einem derartigen Feind ihrer Bürger werden, dass der Bruch des Gewaltverbots angenommen werden kann. Dass nicht jegliche Art von Menschenrechtsverletzungen hierfür genügt, liegt auf der Hand. Die Verletzung des Rechts auf politische Teilhabe oder eines vermeintlichen Demokratierechts kann bei-

---

3255 Ebenda, S. 121.

3256 *Kersting,* in: Merkel (Hrsg.), Der Kosovo-Krieg und das Völkerrecht, 2000, S. 187–231, 220.

3257 Ebenda, S. 218.

3258 Ebenda, S. 220 (*Hervorhebungen ebenda*).

3259 Dabei bezieht sich *Kersting* allerdings nicht ausdrücklich auf *Kant*, sondern zieht jenen erst bei der Kategorie der Gerechtigkeitserwägungen zurate. An anderer Stelle differenziert *Kersting* selbst derart zwischen Natur- und Rechtszustand bei *Kant*, dass auch für ihn die „Prä-Gerechtigkeits-Rechtlichkeit“ die Grenze von *Kantischem* Natur- und Rechtszustand markieren müsste (s. o., S. 231, Fn. 1246).

3260 Vgl. *Kersting,* in: Merkel (Hrsg.), Der Kosovo-Krieg und das Völkerrecht, 2000, S. 187–231, S. 218.

3261 Hierzu s. o., S. 324, 440.

spielsweise nicht ausreichen.[3262] Vielmehr muss qualitativ auf die von *Kersting* als transzendental bezeichneten Menschenrechte Rekurs genommen werden.[3263] Insbesondere die Missachtung des Lebensrechts stellt eine „[...] irreversible Beendigung des jeweils individuellen Rechtsverhältnisses im Ganzen“[3264] dar, einen „Akt der Totalauflösung“[3265] der staatlichen Legitimation in diesem Individualverhältnis. Indessen vermögen selbst Einzelakte des Missbrauchs des staatlichen Gewaltmonopols, die derart gravierend sind, noch nicht auszureichen, um eine Verletzung der Grundnorm allen Rechts attestieren zu können. Dies ändert sich, wenn mehrere Einzelakte einen Zusammenhang aufweisen, der auf ein systematisches Vorgehen deutet bzw. wenn sich diese Einzelakte zu unzähligen Vorkommnissen häufen. Dann kann man annehmen, dass der Staat gegenüber seinem Volk einen Krieg begonnen hat, in dem „[...] er den Menschen mitsamt seiner Rechtspersönlichkeit ‚beseitigt‘ [...]“[3266], wie *Ipsen* das Szenario beschreibt, in dem der Staat seiner friedenswahrenden Aufgabe nicht mehr nachkomme. Auch Willkür kann in diesem Sinne eine systematische Strategie darstellen.[3267]

Letztlich deckt sich die Anforderung des Bruchs des Gewaltverbots hier mit derjenigen, die zuvor als Voraussetzung für das Recht auf humanitäre Intervention statuiert wurde.[3268] In diesem Sinne setzt beispielsweise *Tran Van Minh* voraus, dass ein gewaltsames Widerstandsrecht nur besteht,

---

3262 Gegen die Zulässigkeit von gewaltsamem Widerstand in diesem Fall *Eide,* in: UNESCO (Hrsg.), Violations of human rights: possible rights of recourse and forms of resistance, 1984, S. 34–66, 61; *Kreß,* JZ 2014, S. 365–373, 371.

3263 Ähnlich *Strub,* in: Leiner/Neubert/Schacht u. a. (Hrsg.), Gott mehr gehorchen als den Menschen, 2005, 300, der die Aberkennung fundamentaler Menschenrechte (bei ihm: Recht auf Leben, physische und psychische Integrität, auf gleiche Freiheit und auf privaten Besitz) als einzig legitimen Anknüpfungspunkt für die Zulässigkeit bewaffneten Widerstands betrachtet.

3264 *Merkel,* JZ 62 (2007), S. 373–385, 378.

3265 Ebenda, S. 378.

3266 *Ipsen,* in: Steinkamm/Ipsen (Hrsg.), Wehrrecht und Friedenssicherung, 1999, S. 103–120, 112.

3267 *Eide,* in: UNESCO (Hrsg.), Violations of human rights: possible rights of recourse and forms of resistance, 1984, S. 34–66, 47.

3268 Zu den Voraussetzungen des Rechts auf humanitäre Intervention s. o., S. 328 ff. Die Parallele von Voraussetzungen des gewaltsamen Widerstands zu denen der humanitären Intervention findet sich auch bei *Strub,* in: Leiner/Neubert/Schacht u. a. (Hrsg.), Gott mehr gehorchen als den Menschen, 2005, 307 ff.; *Marsavelski,* CJIL 28 (2013), S. 241–295, 282.

wenn „[...] violations of such a widespread and serious nature that they are regarded as an attack on the people as a whole as a human community“[3269] passieren. Dies erinnert an *Lillichs* Formulierung, das Recht der humanitären Intervention fordere „gross and persistent human rights violations that shock the world's conscience.“[3270] Die Widerstandslage muss allerdings durch bestimmtere Tatbestandsmerkmale gekennzeichnet sein als derart vage Beschreibungen. Eine Möglichkeit bestünde darin, den Eintritt des Widerstandsfalles mit einer bestimmten Kategorisierung des Staats zu umschreiben – wie in der Präambel der AEMR auf Tyrannei und Unterdrückung Rekurs genommen wird. Eine eigene Kategorisierung bietet *Buchanan* an, der die „Resolute Severe Tyranny“[3271] als schlimmstes Regierungsszenario bezeichnet. Die Übernahme derartiger Kategorien geht nicht mit einem Gewinn an Bestimmtheit einher, da diese wiederum der weiten Interpretation zugänglich sind. Vielmehr ist es sinnvoll – wie im Rahmen des Rechts der humanitären Intervention – einen Bruch des Gewaltverbotes anzunehmen, wenn die Tatbestände des Völkermords, der Verbrechen gegen die Menschlichkeit oder der Kriegsverbrechen (Art. 6–8 Rom-Statut) erfüllt sind.[3272] In der Völkerstrafrechtswissenschaft wird bereits anerkannt, dass diese Tatbestände einen Zusammenhang mit einem Friedensbruch aufweisen, wie *Werle* und *Jeßberger* darlegen.[3273] Die Tatbestände beschreiben materiell die grausamsten Taten, die vorstellbar sind. Wenn sie seitens des Staates ausgeführt werden, wird niemand ernsthaft abstreiten können, dass dieser Staat sich sein legitimatorisches Fundament damit selbst entzogen hat. Davon wird der Rechtszustand massiv bedroht, wenn er nicht bereits lädiert ist. Die Tatbestände beschreiben nichts Geringeres als eine abscheuliche Vernichtungspolitik gravierenden Ausmaßes. Sie formulieren damit in präziser und konsensfähiger Weise den Bruch der innerstaatlichen Dimension des Gewaltverbots.[3274] Durch ihre ausdifferenzierte Formulierung bieten die konkretisierten und bereits bekannten Tatbestände darüber hinaus handhabbare Kriterien, die z. B. für eine Entschließung zum kriegerisch-gewaltsamen Widerstand dringend

3269 *Minh,* in: UNESCO (Hrsg.), Violations of human rights: possible rights of recourse and forms of resistance, 1984, S. 144–201, 165.

3270 *Lillich,* ZaöRV 53 (1993), S. 557–575, 572.

3271 *Buchanan,* Philosophy & Public Affairs 41 (2013), S. 291–323, 296.

3272 Hierzu s. o., S. 331 f.

3273 *Werle/Jeßberger,* Principles of International Criminal Law, 2014, Rn. 105.

3274 Vgl. *Merkel,* ZIS 2011, S. 771–783, 779.

notwendig sind.[3275] Der Rückgriff der Widerstandslehre auf diese Tatbestände ist explizit auf ihre Auslegung in Rechtsprechung und Lehre beschränkt. Für das Widerstandsrecht spielt es daher z. B. keine Rolle, dass der Begriff des Völkermordes in der politischen Praxis ab und an – fast inflationär – missbraucht wird.[3276] Zur Wahrung der Bestimmtheit des Widerstandsrechts ist die Präzision des Völkerstrafrechts essenziell.

In diesem Sinne darf es neben den völkerstrafrechtlichen Tatbeständen zunächst auch keinen Auffangtatbestand für ein gewaltsames Widerstandsrecht geben. Sofern sich in der Zukunft eine heute noch nicht vorstellbare, neue verbrecherischer Kategorie menschlich grausamer Praxis entwickeln sollte, die ohne Zweifel als Bruch des Gewaltverbotes qualifiziert werden kann und dennoch nicht unter die Tatbestände der Art. 6 bis 8 des Rom-Statuts subsumiert werden kann, würde es Aufgabe der Völkerrechtswissenschaft, eine entsprechende Anpassung der Voraussetzungen der Widerstandslage zu bewirken. Dabei müsste die Bestimmtheit eines strafrechtlichen Tatbestandes gewahrt werden (es ist davon auszugehen, dass in einer solchen Situation ohnehin das Völkerstrafrecht selbst um diesen Tatbestand zu erweitern wäre). Bis dahin bleibt es ausschließlich bei den Tatbeständen der Art. 6 bis 8 des Rom-Statuts. Aufgrund der mannigfaltigen Literatur und Rechtsprechung zu diesen Verbrechenstatbeständen soll nachfolgend kaum Materielles hierzu dargelegt werden. Es wird ledig-

---

3275 Vgl. ebenda, S. 778; *Kreuter-Kirchhof,* AVR 48 (2010), S. 338–382, 355. Insbesondere zur Konkretisierung der Verbrechen gegen die Menschlichkeit in Art. 7 Rom-Statut *Kaul,* International Criminal Court (ICC), 2010, Rn. 43.

3276 *Holmes,* in: Bleisch/Strub (Hrsg.), Pazifismus, 2006, S. 145–161, 149. *Kuperman,* The limits of humanitarian intervention, 2001, 112 hingegen wendet den Begriff fast zu vorsichtig an. Ihm zufolge kann erst bei einer hohen Anzahl an Opfern von einem Völkermord gesprochen werden. Aus strafrechtlicher Sicht ist das nicht korrekt (vgl. *Jeßberger,* in: Gaeta (Hrsg.), The UN Genocide Convention: A Commentary, 2009, S. 87–111, 88, der darlegt, dass Völkermord nicht mit Massenmord gleichbedeutend sein muss). Als Delikt mit „überschießender Innentendenz“ (*Kreß,* in: MüKo StGB, 2011-2015, § 6 VStGB Rn. 88) kann der Tatbestand bereits bei nur einer Ermordung erfüllt sein, sofern diese im Rahmen einer systematischen Tötungsabsicht erfolgte (eingehend zum Erfordernis der Absicht *Jeßberger,* in: Gaeta (Hrsg.), The UN Genocide Convention: A Commentary, 2009, S. 87–111, 89, 105 ff.). In Fällen mit geringen Opferzahlen dürfte kriegerisch-gewaltsames Handeln unverhältnismäßig sein und daher ausscheiden. Letzteres gilt gleichfalls für das Recht auf humanitäre Intervention, das *Kuperman* ebenfalls betrachtet.

lich erörtert, weshalb die Erfüllung dieser Tatbestände einen Bruch des Gewaltverbots darstellt.

Zunächst zum Verbrechen des *Völkermords*. Am ehesten wird die Völkerrechtswissenschaft bereit sein, das Widerstandsrecht im Fall ebendieses Verbrechens anzuerkennen, da sich die meisten der bisherigen Verfechter eines völkerrechtlichen Widerstandsrechts ausdrücklich hierfür aussprechen.[3277] Für das Szenario des Völkermordes gibt es zudem die meisten Befürworter der Zulässigkeit humanitärer Interventionen. Zum Genozid müssen auch die zynisch so bezeichneten ethnischen Säuberungen zählen, deren Subsumtion unter den Tatbestand des Völkermordes umstritten ist;[3278] ebenso Völkermord durch staatliches Unterlassen.[3279] In der Sache ist das Verbrechen des Völkermordes an Abartigkeit kaum zu übertreffen. Die düsteren historischen Ereignisse, die diesen Tatbestand erfüllten, haben sich tief in das geschichtliche Gedächtnis der Menschheit eingebrannt. Dies macht sich auch in der politischen Philosophie und in der Völkerrechtswissenschaft bemerkbar. In zahlreichen, mitunter sehr aktuellen Abhandlungen zum Thema der humanitären Intervention lassen sich immer wieder Erwähnungen des Genozids in Ruanda 1994 finden, bei dem die internationale Gemeinschaft nicht eingeschritten ist. Die Ausführung muten mitunter fast an, als wollte man heute im Nachhinein immer noch versuchen, das Unterlassen des Einschreitens der internationalen Gemeinschaft zu rechtfertigen bzw. aufs Neue als klägliches Versagen anzuprangern. Das allgemeine Bewusstsein hat diese barbarischen Akte und das Gefühl der tiefen Verzweiflung ob des tatenlosen Zusehens noch längst nicht psychologisch verarbeitet – und das wird es wohl in den nächsten Jahrzehnten auch nicht. Solche Akte gehen weit über die Grenze des

---

3277 Vgl. *Tomuschat,* in: UNESCO (Hrsg.), Violations of human rights: possible rights of recourse and forms of resistance, 1984, S. 13–33, 24; *Eide,* in: UNESCO (Hrsg.), Violations of human rights: possible rights of recourse and forms of resistance, 1984, S. 34–66, 50, 61 f.; *Missling,* Widerstand und Menschenrechte, 1999, S. 153; *Kopel/Gallant/Eisen,* Notre Dame Law Review 81 (2005-2006), S. 1275–1346; *Marsavelski,* CJIL 28 (2013), S. 241–295, 282; *Mégret,* in: Stahn/Easterday/Iverson (Hrsg.), Jus Post Bellum, 2014, S. 519–541, 538.

3278 Hierzu *Kreuter-Kirchhof,* AVR 48 (2010), S. 338–382, 354 f. S. auch o., S. 332.

3279 Zur Pflicht zur Verhinderung des Völkermordes aus der Völkermordkonvention IGH, Application of Genocide Convention, 26. Februar 2007, I.C.J. Reports 2007, 43 ff., Rn. 428 ff. Zum Völkermord durch Unterlassen *Kreß,* in: MüKo StGB, 2011-2015, § 6 VStGB Rn. 106.

menschlich-psychologisch Begreifbaren hinaus – bereits für Unbeteiligte. Man vermag sich nicht vorzustellen, welch irreversible und tiefe Wunde dies im Bewusstsein der attackierten Menschengruppe hinterlässt – eine Wunde, die selbst die Zeit wohl niemals zu heilen vermag. Auf diese Weise lässt sich auch erklären, dass *Mégret* sich ausdrücklich wundert, weshalb in der Völkermordkonvention nichts zum Widerstandsrecht steht.[3280] Wenigstens die Normierung dieses völkerrechtlichen Verbrechens hätte Anlass dafür sein müssen, sich mit dem Widerstandsrecht auseinanderzusetzen.[3281] Er hält es für widersprüchlich, dass Widerstand gegen Apartheid und Kolonialisierung von der internationalen Gemeinschaft stets begrüßt worden sei, Widerstand bei den Debatten um Völkermord hingegen keine Rolle spiele.[3282] *Mégret* stellt in diesem Zusammenhang die Hypothese auf, dass die internationale Gemeinschaft Opfer von Völkermord für unfähig hält, sich selbst (mittels Widerstands) zu helfen.[3283] Die internationale Gemeinschaft gehe also davon aus, dass Völkermordopfer stets auf Hilfe von außen angewiesen seien.[3284] Das Widerstandsrecht setzt hier an und gibt auch Völkermordopfern ein Verteidigungsmittel an die Hand, damit sie nicht gänzlich auf die Rettung durch andere angewiesen sind.

Ebenso ist *Mégret* ein Verfechter des Widerstandsrechts im Fall von *Verbrechen gegen die Menschlichkeit*.[3285] Hierzu zählt auch das Verbrechen der Apartheid. Wie gezeigt wurde, bietet bereits das Völkergewohnheitsrecht ein Widerstandsrecht zur Bekämpfung dieses Verbrechens.[3286] Auch die anderen Verwirklichungsvarianten stellen im Modus des „ausgedehnten oder systematischen Angriffs gegen die Zivilbevölkerung" (Art. 7 Abs. 1 Hs. 2 Rom-Statut) ein staatliches Verhalten dar, das wider jeglichen Schutzauftrag des Minimal-Staates (im Sinne des *Hobbes'schen Leviathan*) ist und nichts anderes denn eine grausame Pervertierung von Staatsmacht und Recht darstellt.

Etwas schwieriger ist die Begründung dafür, dass auch die Begehung von *Kriegsverbrechen* nach Art. 8 Rom-Statut eine Widerstandslage begründen kann. Kriegsverbrechen werden unter anderem im ICISS-Bericht

---

3280 *Mégret,* Revue Études internationales 39 (2008), S. 39–62, 51.
3281 Ebenda, S. 51 f.
3282 Ebenda, S. 51 f.
3283 Ebenda, S. 51 f.
3284 Ebenda, S. 51 f.
3285 Vgl. ebenda, S. 52. So auch *Marsavelski,* CJIL 28 (2013), S. 241–295, 282.
3286 Hierzu s. o., S. 479 ff.

„The Responsibility to Protect“ als mögliche *just cause* für eine humanitäre Intervention beschrieben.[3287] Es ist fraglich, ob dieser Ansatz auch für das Widerstandsrecht sinnvoll ist. Die Tatbestände der Kriegsverbrechen beschreiben grausame Taten, die selbst den letzten Funken des Rechts, der überhaupt noch im Krieg zu erblicken ist, zum Erlöschen bringen. In dem Sinne wird ein bereits deutlich angegriffener Rechtszustand hierdurch gänzlich vernichtet. Damit stellen die Kriegsverbrechen auch einen Modus des Bruchs des Gewaltverbots dar. Am relevantesten dürften für das Widerstandsrecht die verschiedenen normierten Angriffe gegen die Zivilbevölkerung (Art. 8 Abs. 2 lit. b) Rom-Statut) sein. Solche Taten könnten in der Widerstandskonstellation bereits von Art. 7 Rom-Statut erfasst sein. Kriegsverbrechen dürften für das kriegerisch-gewaltsame Widerstandsrecht zudem nicht von großer Bedeutung sein, da es hierbei um den Widerstand des Volks oder einzelner Menschen gegen ihren eigenen Staat geht. Das Szenario der Kriegsverbrechen könnte also nur beim Krieg innerhalb des in Rede stehenden Staats zum Tragen kommen. Es ist schwerlich vorstellbar, dass kriegerisch-gewaltsamer Widerstand in einer Kriegssituation zwischen dem Staat und einem Angreifer als dritte Front wirklich Aussicht auf Erfolg hat und somit eine legitime Widerstandshandlung darstellen kann. Näheres ist Frage des Einzelfalles.

b) Sonstige Menschenrechtsverletzungen

Neben dem Bruch des Gewaltverbots können sonstige Menschenrechtsverletzungen eine Widerstandslage begründen. Diese stellen im Verhältnis zur ersten Tatbestandsalternative eine Generalklausel mit Auffangwirkung dar. Allerdings berechtigen die sonstigen Menschenrechtsverletzungen nicht zu gewaltsamen Widerstandshandlungen. Ein individuelles Notwehrrecht bei ungerechtfertigter Gewaltanwendung seitens des Staats im Einzelfall, das beispielsweise mit der einfachen Verletzung des Menschenrechts auf körperliche Integrität einhergeht, bleibt vom Widerstandsrecht unberührt. Die sonstigen Menschenrechtsverletzungen können im Rahmen des Widerstandsrechts zwar nur zu gewaltfreien, gleichwohl illegalen Akten berechtigen. Bedeutsam könnte hier die Ausübung von Widerstand in

---

3287 Vgl. *International Commission on Intervention and State Sovereignty,* The Responsibility to Protect, 2001, S. 33 Rn. 4.20.

Form zivilen Ungehorsams sein – durch Protest, Boykott, Publikationen etc.

Bei dieser Tatbestandsalternative geht es um die Anwendung der klassischen vertragstheoretischen Widerstandslehre von *Locke*: um den einfachen Missbrauch von Staatsmacht. Fraglich ist, wodurch sich ein derartiger Missbrauch kennzeichnet. Es könnte nach Staatstypen differenziert werden, z. B. nach einem Tyrannen- oder Unterdrückerstaat im Gegensatz zum Rechtsstaat sowie einer Diktatur im Gegensatz zur Demokratie. Diese Differenzierungen sind nicht eindeutig, und die Subsumtion unter diese normativen Begriffe aus politikwissenschaftlichen Konzepten kann im Einzelfall sehr große Schwierigkeiten bereiten. Die Grenzen zwischen Rechts- und Unrechtsstaat können mitunter fließend sein.[3288] Zudem wird zur Annahme sonstiger Menschenrechtsverletzung nicht gefordert, dass der Staat in seiner Gesamtheit illegitim ist – dies impliziert schließlich die Tatbestandsalternative des Bruchs des Gewaltverbots. Vielmehr genügt staatliches Unrecht. Der Machtmissbrauch in Form von Unrecht liegt in der Unvereinbarkeit der grundsätzlich legitimen politischen Machtausübung mit normativen Grundwerten.[3289] Werden diese nicht eingehalten, handelt es sich um einen einfachen Machtmissbrauch.

Maßgeblich ist für das Widerstandsrecht die Verletzung von Menschenrechten.[3290] Es fragt sich, welche Menschenrechte hierfür ausschlaggebend sein können. Ausgangspunkt könnte – in Anlehnung an *Locke* – das fundamentale Menschenrecht auf Leben sein, das dem menschlichen Selbsterhaltungstrieb entspricht.[3291] Dieses könnte man ausweiten und mit *Bauer* annehmen: „Das […] Recht auf Leben meint nicht nur ein Vegetie-

---

3288 Vgl. *Kaufmann,* in: Rill/Scholz (Hrsg.), Der Rechtsstaat und seine Feinde, 1986, S. 57–69, 64 f.

3289 *Mégret,* The Canadian Yearbook of International Law 2008, S. 143–192, 183. Vgl. *Kersting,* in: Merkel (Hrsg.), Der Kosovo-Krieg und das Völkerrecht, 2000, S. 187–231, 213 ff.

3290 So *Tomuschat,* in: UNESCO (Hrsg.), Violations of human rights: possible rights of recourse and forms of resistance, 1984, S. 13–33; *Eide,* in: UNESCO (Hrsg.), Violations of human rights: possible rights of recourse and forms of resistance, 1984, S. 34–66; *Minh,* in: UNESCO (Hrsg.), Violations of human rights: possible rights of recourse and forms of resistance, 1984, S. 144–201; *Liu,* Archiv für Rechts- und Sozialphilosophie Beiheft 41 1990, S. 35–42; *Missling,* Widerstand und Menschenrechte, 1999; *Mégret,* The Canadian Yearbook of International Law 2008, S. 143–192; *Marsavelski,* CJIL 28 (2013), S. 241–295, S. 279.

3291 *Bauer,* in: ders. (Hrsg.), Widerstand gegen die Staatsgewalt, 1965, S. 300–301, 300.

ren, sondern meint menschenwürdige Existenz."[3292] Zu einer solchen Existenz gehört mehr als nur das Lebensrecht. Welche Rechte man konkret zu den fundamentalen Menschenrechten zählt, ist schwierig zu bestimmen. Es gibt zahlreiche vorgeschlagene Aufzählungen fundamentaler Menschenrechte, die auf verschiedenen Differenzierungskriterien basieren.[3293] Fraglich ist, welches Differenzierungskriterium im Hinblick auf das Widerstandsrecht überzeugend sein könnte. *Missling* meint, dass nur selbstvollziehbare Menschenrechte Anknüpfungspunkt für ein Widerstandsrecht sein können.[3294] Dieses erleichtert im Einzelfall die Feststellung einer staatlichen Verletzung dieser Menschenrechte. Diese Verletzung muss bestimmbar sein, um eine Widerstandslage zu begründen. Vom Anwendungsbereich auszuschließen sind daher die Menschenrechte der dritten Generation, die sehr unbestimmt sind und nur politische Zielbestimmungen enthalten.[3295] Im Hinblick auf jene lassen sich keine konkreten Verletzungen attestieren. Wenn also hierzulande Protestaktionen gegen Krieg oder für den Tier- oder Umweltschutz stattfinden, sind diese nicht vom völkerrechtlichen Widerstandsrecht gedeckt (weil etwa die Rechte auf Frieden, eine gesunde Umwelt oder auf Tierschutz verletzt würden), sondern Teil des innerstaatlichen politischen Willensbildungsprozesses in Wahrnehmung der Versammlungs- oder Meinungsfreiheit. Als solche sind sie nicht minder wichtig, allerdings können diesbezüglich keine illegalen Handlungen gerechtfertigt werden. Zudem stellen viele Menschenrechte der zweiten Generation keine selbstvollziehenden Menschenrechte dar. Der Staat hat bei ihrer Umsetzung einen Gestaltungsspielraum, sodass Verletzungen dieser Menschenrechte auf den ersten Blick als Anknüpfungspunkte für eine Widerstandslage ausgeschlossen er-

---

3292 Ebenda, S. 300.

3293 Vgl. nur die Aufzählungen bei *Eide,* in: UNESCO (Hrsg.), Violations of human rights: possible rights of recourse and forms of resistance, 1984, S. 34–66, 50 f.; *Rawls,* The Law of Peoples, 1999, S. 79; *Missling,* Widerstand und Menschenrechte, 1999, S. 256; *Kersting,* in: Merkel (Hrsg.), Der Kosovo-Krieg und das Völkerrecht, 2000, S. 187–231, 218 f.; *Miller,* National Responsibility and Global Justice, 2007, 164, 166, 178 ff.; *von Harbou,* ARSP 2013, 135 in Anlehnung an *Shue,* Basic Rights, 1980, S. 13 ff.

3294 Vgl. *Missling,* Widerstand und Menschenrechte, 1999, S. 237 ff., 254 ff.

3295 *Eide,* in: UNESCO (Hrsg.), Violations of human rights: possible rights of recourse and forms of resistance, 1984, S. 34–66, 62 f. schließt hier jedenfalls gewaltsame Maßnahmen aus. Näheres zu den Menschenrechten der dritten Generation s. o., S. 376.

scheinen. Diesen Menschenrechten wohnt allerdings ein abwehrrechtliches Moment inne – so darf der Staat nicht gänzlich untätig bleiben und Chancen ihrer Verwirklichung mutwillig verstreichen lassen oder Maßnahmen veranlassen, die die Ziele dieser Menschenrechte in erheblichem Maße vereiteln.[3296] Solche Szenarien sollen nicht von vornherein aus dem Anwendungsbereich des Widerstandsrechts herausfallen.

Im Sinne der Universalität der Menschenrechte ist zwar ein menschenrechtlicher Minimalismus geboten, allerdings wurde dieser bereits bei der Eingrenzung der anderen Tatbestandsalternative für eine Widerstandslage berücksichtigt.[3297] Letztere markiert die Grenze der Zulässigkeit gewaltsamer Widerstandshandlungen. Daher ist der Minimalismus dort wesentlich bedeutsamer als im Hinblick auf die „sonstigen Menschenrechtsverletzungen". Eingrenzungen des Widerstandsrechts können bei diesem Auffangtatbestand im Einzelfall über die Anforderungen an die Widerstandshandlung erfolgen.[3298] Dies ist sinnvoller als eine strikte Begrenzung der widerstandsfähigen Menschenrechtsverletzungen. Es bleibt bislang dennoch offen, an welche konkreten Menschenrechte das Widerstandsrecht anknüpfen kann. Der Bestimmtheit halber liegt es nahe, auf die Menschenrechte der Menschenrechtspakte zurückzugreifen.[3299] Ihnen fehlt jedoch ein bedeutsames Menschenrecht, nämlich dasjenige auf Eigentum. Dieses muss also hinzugedacht werden (etwa in Anlehnung an die Formulierung in Art. 17 AEMR).

aa) Menschenrechte der ersten Generation (IPbpR)

Erstens können also Verletzungen aller Menschenrechte des IPbpR sowie des Menschenrechts auf Eigentum eine Widerstandslage verursachten. Neben einem Eingriff oder eingriffsähnlichem Verhalten erfordert die Verletzung eines Menschenrechts auch die Rechtswidrigkeit dieses Verhaltens. Nicht jeder Eingriff kann daher zum Widerstand berechtigen; grund- bzw. menschenrechtliche Eingriffe sind für den Staat schließlich unvermeid-

---

3296 Näheres hierzu sogleich, s. u., S. 628.

3297 Zum menschenrechtlichen Minimalismus s. o., S. 370 ff.

3298 Anders verfahrend *Missling,* Widerstand und Menschenrechte, 1999, S. 236 ff.

3299 Ähnlich *Tomuschat,* in: UNESCO (Hrsg.), Violations of human rights: possible rights of recourse and forms of resistance, 1984, S. 13–33, 24.

lich.[3300] Es ist den Menschenrechten immanent, dass sie staatlich beschränkt und im Notfall gar ausgesetzt (Art. 4 IPbpR) werden können.[3301] Um als Verletzung bezeichnet werden zu können, müssen die Eingriffe bzw. eingriffsähnlichen Handlungen ungerechtfertigt sein.

Im Hinblick auf die materiellen Gewährleistungen der Menschenrechte der ersten Generation ist fraglich, ob ein Unterschied zwischen den liberalen Abwehrrechten („negativer Status“[3302]) und den politischen Teilhaberechten („aktiver Status“[3303]) besteht, der für das Widerstandsrecht relevant sein könnte. Den Abwehrrechten könnte beispielsweise eine höhere Bedeutung zukommen. Die Tatbestandsalternative des „Bruchs des Gewaltverbots“ kann nur bei der massiven Verletzung existenzieller Abwehrrechte erfüllt sein. Im Hinblick auf die Anforderung der „sonstigen Menschenrechtsverletzungen“ sind jedoch keine relevanten qualitativen Unterschiede zwischen den Verletzungen von Abwehr- und Teilhaberechten zu erkennen. Neben der Verletzung existenzieller Abwehrrechte (auf Leben, körperliche Unversehrtheit sowie das Folter- und Sklavereiverbot) können nicht nur die Verletzungen anderer Freiheitsrechte berücksichtigt werden, sondern auch die Verletzungen politischer Teilhaberechte. Diese ermöglichen erst die gemeinschaftliche Schaffung von Normen zur konkreten Umsetzung der liberalen Abwehrrechte.[3304] Sie dienen damit ebenso der Verwirklichung von Freiheit wie die Abwehrrechte selbst.[3305]

Die Bedeutung der politischen Teilhaberechte tritt zudem im Selbstbestimmungsrecht zutage: Es wurde festgestellt, dass Selbstbestimmung Voraussetzung für den Genuss der Menschenrechte ist.[3306] Das Selbstbestimmungsrecht ist daher kein separates Menschenrecht, dessen Verletzung zum Widerstand berechtigen würde. Allerdings wird sein materieller Gehalt dann umgesetzt, wenn Widerstand gegenüber einer Regierung geleistet wird, die ihrem Staatsvolk oder Teilen desselben die politische Teil-

3300 *Eide,* in: UNESCO (Hrsg.), Violations of human rights: possible rights of recourse and forms of resistance, 1984, S. 34–66, 52 plädiert daher dafür, im Zweifel von keiner Verletzung auszugehen.

3301 Ebenda, S. 51.

3302 *Jellinek,* System der subjektiven öffentlichen Rechte, 1964 (1919), S. 87.

3303 Ebenda, S. 87.

3304 *Grimm,* Verpflichten Menschenrechte zur Demokratie?, 2004, S. 18.

3305 Ebenda, S. 18. Auch *von Harbou,* Empathie als Element einer rekonstruktiven Theorie der Menschenrechte, 2014, S. 274 ff. hält die liberalen Abwehrrechte, politischen und sozialen Teilhaberechte für gleichwertig.

3306 Hierzu s. o., S. 267.

habe verwehrt. Auf diese Weise ermöglicht das Widerstandsrecht die Durchsetzung des inneren Selbstbestimmungsrechts.[3307] Eine Verletzung von Art. 25 IPbpR kann sogar weiter reichen als die Verletzung des Selbstbestimmungsrechts, da Art. 25 IPbpR eine bestimmte Form der Repräsentation fordert (echte, wiederkehrende, allgemeine, gleiche und geheime Wahlen), während Repräsentation nach Maßgabe des Selbstbestimmungsrechts auch anders erfolgen kann.[3308]

Das Prinzip der Volkssouveränität, das dem Selbstbestimmungsrecht immanent ist, wird in Art. 25 IPbpR in eine bestimmte Form gegossen. Wie festgestellt, impliziert diese Vorschrift zwar kein Recht auf Demokratie,[3309] jedoch auf einen quasi-demokratischen politischen Willensbildungsprozess (vor allem im Zusammenhang mit den liberalen Abwehrrechten). Wird dieser den Menschen in einem Staat vorenthalten, kann eine Widerstandslage bestehen.[3310] Das Widerstandsrecht kann demgegenüber nicht genutzt werden, um lediglich eine demokratische Regierungsform umzusetzen. Die normative Differenz zwischen den Garantien von Art. 25 IPbpR und den anderen Abwehrrechten und einer demokratischen Staatsform fällt nicht in den Anwendungsbereich des Widerstandsrechts. Besteht in diesem Bereich ein Defizit, kann es seitens des Volks nur mit den legalen Mitteln der nationalen Rechtsordnung bzw. in Ausübung der Meinungs- oder Versammlungsfreiheit behoben werden.

bb) Menschenrechte der zweiten Generation (IPwskR)

Zweitens kommen die Menschenrechte der zweiten Generation als Anknüpfungspunkt für ein Widerstandsrecht in Betracht. Diese Kategorie von Menschenrechten, die im IPwskR zu finden sind, bedingt die Verwirklichung der Freiheiten aus der ersten Generation der Menschenrechte. Als soziale Teilhaberechte ermöglichen die Menschenrechte der zweiten Generation schließlich erst den Lebenserhalt.[3311] Diese Rechte implizieren

---

3307 Vgl. die Abbildung auf S. 292.

3308 Hierzu s. o., S. 271.

3309 S. o., S. 299 ff.

3310 So im Ergebnis *Eide,* in: UNESCO (Hrsg.), Violations of human rights: possible rights of recourse and forms of resistance, 1984, S. 34–66, 61; *Mégret,* The Canadian Yearbook of International Law 2008, S. 143–192, 184 (nur für zivilen Ungehorsam).

3311 *Grimm,* Verpflichten Menschenrechte zur Demokratie?, 2004, S. 18.

einen Umsetzungsspielraum für den Staat, der nicht nur durch den Vorbehalt des Möglichen gekennzeichnet ist, sondern auch Raum für kulturelle Belange bietet. Bei der Erfüllung der positiven Pflichten, die die Menschenrechte der zweiten Generation statuieren, lässt sich der menschenrechtliche Universalismus also mit kulturellen Unterschieden vereinen.[3312] Die Reichweite dieser Menschenrechte ist nicht objektiv-generell bestimmbar. Deshalb kann im Hinblick auf diese Menschenrechte schwerlich objektiv-generell von einer Verletzung gesprochen werden. Allerdings weisen auch sie einen objektiv-generellen Minimalkern auf, dessen Verwirklichung unabdingbare staatliche Aufgabe ist. Dieser impliziert die Pflicht, überhaupt zur Verwirklichung der positiven Pflicht tätig zu werden. Die Aufträge z. B. der Menschenrechte auf Bildung, Sozialversicherung oder einen angemessenen Lebensstandard stellen keine optionalen karitativen Zielbestimmungen dar, sondern fundamentale staatliche Pflichten. Ein hierauf gerichtetes, gänzliches Unterlassen ohne Rechtfertigung entspricht damit einer Verletzung dieser Menschenrechte. Insofern besteht eine Parallele zu den Menschenrechten der ersten Generation, die mit der positiven Leistungspflicht des Staates einhergehen, den Staatsbürgern die Wahrnehmung der Menschenrechte zu ermöglichen.[3313] Wird diese Pflicht ohne entsprechende Rechtfertigung nicht erfüllt, liegt darin eine für das Widerstandsrecht relevante Menschenrechtsverletzung.

Gleiches gilt für ungerechtfertigte eingriffsähnliche staatliche Handlungen, die bestehende Möglichkeiten der Entfaltung der Menschenrechte der zweiten Generation massiv beeinträchtigen oder zunichtemachen; z. B. die Erteilung von Genehmigungen zu Luft- oder Wasserverunreinigungen, die mit Gesundheitsschädigungen verbunden sein können (Art. 12 IPwskR), das Verbot von Gewerkschaften (Art. 8 IPwskR) oder Massenkündigungen in staatlichen Unternehmen (Art. 6 IPwskR). Ungerechtfertigte Eingriffe in den Kernbereich der Menschenrechte der zweiten Generation (gänzliches Unterlassen oder Vernichtung von bestehenden Entfaltungsmöglichkeiten) können also sehr wohl eine Widerstandslage verursachen.

Das Recht auf kulturelle Teilhabe in Art. 15 IPwskR ist darüber hinaus als Teilhaberecht konzipiert und schützt aus sich heraus vor Ungleichbehandlungen und Diskriminierungen. Solche können über Art. 2 Abs. 2

3312 Für einen solchen Ansatz *Lohmann,* Universelle Menschenrechte und kulturelle Besonderheiten, 12.09.2009.

3313 Zur positiven Leistungspflicht bei Abwehrrechten *Jeßberger,* Kritische Justiz 1996, S. 290–306, 295.

IPwskR auch im Hinblick auf die anderen Menschenrechte des IPwskR als Menschenrechtsverletzungen qualifiziert werden. Selbst im Hinblick auf die – nicht zwangsläufig existenziellen – Belange der Menschenrechte der zweiten Generation stellen ungerechtfertigte Diskriminierungen einen gravierenden Modus der Menschenrechtsverletzung dar. Menschenrechtlich relevante, ungerechtfertigte Ungleichbehandlungen und Diskriminierungen sprechen ihren Opfern letztlich ihre Würde ab.[3314] Derartige Verletzungen der Menschenrechte der zweiten Generationen können deshalb auch eine Widerstandslage begründen.

Wie *Kersting* richtig befindet, wäre es absurd, eine humanitäre Intervention zugunsten des Menschenrechts auf bezahlten Urlaub zu befürworten.[3315] Er spricht sich in diesem Zusammenhang für einen menschenrechtlichen Minimalismus aus.[3316] Seine Überlegung könnte dafür sprechen, jegliches Widerstandsrecht gegen Verletzungen der Menschenrechte der zweiten Generation, wozu auch das Recht auf bezahlten Urlaub gehört (Art. 7 lit. d) IPwskR), abzulehnen. Allerdings wurde dargelegt, dass auch die Menschenrechte der zweiten Generation durch den Staat verletzt werden können. Da es sich bei der Verwirklichung dieser Menschenrechte um grundlegende staatliche Aufgaben handelt, können sie den Anknüpfungspunkt für ein Widerstandsrecht bilden. Gewaltsame Widerstandshandlungen sind davon ausgeschlossen – wie auch eine humanitäre Intervention. Zudem muss insbesondere der staatliche Umsetzungsspielraum berücksichtigt werden. Sofern die Menschen in einem Staat nicht mit der konkreten staatlichen Umsetzung eines der Menschenrechte der zweiten Generation einverstanden sind, handelt es sich um einen politischen Konflikt, nicht um einen menschenrechtlichen. Die Menschen können ihre Position dann ausschließlich im Rahmen des innerstaatlichen Willensbildungsprozesses geltend machen. Das Widerstandsrecht kommt hierfür nicht infrage.

3314 *Zanetti,* BI.Research 2007 (Nr. 30), S. 78–81, 81; ähnlich *ders.,* in: Kohler/Marti (Hrsg.), Konturen der neuen Welt(un)ordnung, 2003, S. 253–265, 260 f.

3315 *Kersting,* in: Merkel (Hrsg.), Der Kosovo-Krieg und das Völkerrecht, 2000, S. 187–231, 210; zustimmend *Peters,* Widerstandsrecht und humanitäre Intervention, 2005, S. 309.

3316 *Kersting,* in: Merkel (Hrsg.), Der Kosovo-Krieg und das Völkerrecht, 2000, S. 187–231, 210 ff.; zustimmend *Peters,* Widerstandsrecht und humanitäre Intervention, 2005, S. 309.

cc) Sonstiges beeinträchtigendes Staatshandeln

Ein Widerstandsrecht kommt außerdem nicht in Betracht, wenn der Staat beeinträchtigende, möglicherweise gefährliche Verhaltensweisen an den Tag legt, die als solche noch nicht als Menschenrechtsverletzung klassifiziert werden können – z. B. beim Aufbau eines Arsenals an Massenvernichtungswaffen. Solange dieses Verhalten noch nicht in eine akute Gefahrenlage für die Bevölkerung (bevorstehende Verletzung der Rechte auf Leben, körperliche Integrität oder Gesundheit) umgeschlagen oder Teil eines systematischen Angriffsverhaltens auf die Zivilbevölkerung ist, muss dieses staatliche Verhalten auf dem Weg der politischen Willensbildung gerügt werden. Sofern der Willensbildungsprozess von staatlicher Seite in menschenrechtlich relevanter Weise beeinträchtigt wird – beispielsweise durch Verletzung der Rechte auf freie Versammlung, Vereinigung oder Meinung oder auf politische Teilhabe –, besteht diesbezüglich wiederum der Anknüpfungspunkt für eine Widerstandslage.

Ähnlich ist das Szenario zu bewerten, in dem ein bestimmter Staat keinen Rechtsstaat darstellt. Als solches stellt die Klassifizierung als Nicht-Rechtsstaat bzw. Unrechtsstaat nicht die Erfüllung eines Tatbestandsmerkmals der Widerstandslage dar. Allerdings ist davon auszugehen, dass in diesem Staat flächendeckende Verletzungen diverser Menschenrechte stattfinden, so z. B. der justiziellen Menschenrechte (Art. 14 f. IPbpR), der Menschenrechte im Zusammenhang mit Freiheitsentzug (Art. 10 f. IPbpR), der Meinungsfreiheit (Art. 19 IPbpR) oder auch des Menschenrechts gegen Folter (Art. 7 IPbpR). Diese konkreten Verletzungen stellen dann das Verhalten dar, das für die Widerstandslage relevant ist. Insofern berechtigen anti-rechtsstaatliche Verhaltensweisen im Einzelfall durchaus zum Widerstand.

dd) Intensität der Menschenrechtsverletzung

So mannigfaltig wie die Menschenrechte sind, deren Verletzung eine Widerstandslage verursachen kann, so vielfältig sind auch die staatlichen Verhaltensweisen, die zu einer Menschenrechtsverletzung führen können. Ihre Einordnung als Unterlassen oder Begehen stellt keine relevante Unterscheidung dar.[3317] Von Bedeutung ist vielmehr die Intensität der Verletzung. Die Widerstandslage erfordert neben dem qualitativen Moment, das hier dem Erfordernis einer Menschenrechtsverletzung entspricht, auch ein *quantitatives Kriterium*, das die Schwelle zur Widerstandslage markiert. Beim Bruch des Gewaltverbots ist ein zusätzliches quantitatives Element hinfällig. Bei der Tatbestandsalternative der „sonstigen Menschenrechtsverletzungen" muss es als weiteres Merkmal zum Tatbestand der Widerstandslage hinzukommen. Hier kommt es nicht auf die einzelne Menschenrechtsverletzung an, sondern auf eine Gesamtbetrachtung. Von einer Widerstandslage kann erst dann gesprochen werden, wenn Menschenrechtsverletzungen in einem Staat zu seiner üblichen Praxis gehören. Es muss also zwischen systematischen und sporadischen Menschenrechtsverletzungen differenziert werden.[3318] Eine Widerstandslage besteht somit trotz einer Menschenrechtsverletzung nicht, wenn diese nur einen Einzelakt (z. B. der Polizei) darstellt.[3319] *Véronique Zanetti* möchte in diesem Zusammenhang nicht von einer Menschenrechtsverletzung sprechen:

> „Ein Angriff auf die Grundrechte wird dann eine Menschenrechtsverletzung, wenn diese von den offiziellen Behörden eines Landes befohlen oder toleriert wird. Es macht in der Tat für das Individuum viel aus, ob ein Verbrechen ein Einzelereignis oder eine institutionell geförderte oder geduldete Tat ist. Im ersten Fall kann die Institution nur bis zu einer gewissen Toleranzgrenze verantwortlich gemacht werden. Im anderen, wenn die Verletzung institutionalisiert ist, sind die Ideen von Recht und Gerechtigkeit selbst unter dem Deckmantel der Legalität verletzt/verraten."[3320]

Auch wenn ein Einzelakt im rechtstheoretischen Sinne entgegen *Zanettis* Ansicht bereits eine Menschenrechtsverletzung darstellen kann, muss dieser noch nicht zwangsläufig zur Annahme einer Widerstandslage führen. Hierfür ist vielmehr die Differenzierung in *Zanettis* Definition von Bedeutung. Für die Subsumtion einer Menschenrechtsverletzung unter den Tatbestand der Widerstandslage ist es maßgeblich, ob die Menschenrechts-

---

3317 *Eide,* in: UNESCO (Hrsg.), Violations of human rights: possible rights of recourse and forms of resistance, 1984, S. 34–66, 52 f.

3318 Ebenda, S. 47 ff.; ähnlich für zivilen Ungehorsam *Mégret,* The Canadian Yearbook of International Law 2008, S. 143–192, 184.

3319 *Eide,* in: UNESCO (Hrsg.), Violations of human rights: possible rights of recourse and forms of resistance, 1984, S. 34–66, 47; ähnlich für zivilen Ungehorsam *Mégret,* The Canadian Yearbook of International Law 2008, S. 143–192, 184; vgl. *Marsavelski,* CJIL 28 (2013), S. 241–295, 282.

3320 *Zanetti,* BI.Research 2007 (Nr. 30), S. 78–81, 80.

verletzung ein einzelnes Verbrechen darstellt oder einen Fall, der mit zahlreichen weiteren aufgrund einer bestimmten menschenrechtsverachtenden Politik des Staats zusammenhängt, also institutionalisiert ist. Das Widerstandsrecht ist nur im letzten Fall einschlägig. Es geht über ein individuelles Notwehrrecht, das hiervon unberührt bleibt und bei einzelnen Verbrechen durchaus zum Tragen kommen kann, hinaus.[3321] Eine menschenrechtsverachtende Politik bzw. Institutionalisierung fordert mehr als die bloße staatliche Duldung einzelner Verbrechen. Sie kann allerdings angenommen werden, wenn die Menschenrechtsverletzungen Ergebnis von Willkür sind, die wiederum Teil des regierenden Systems ist, wie z. B. bei einer Militärdiktatur.[3322] Ebenso genügt es, wenn diese Politik nur in Teilen des Staats verfolgt wird, etwa nur in einzelnen Bundesländern. Ein Beispiel hierfür stellt die damalige Segregationspolitik der Südstaaten der USA dar, gegen die sich die Bürgerrechtsbewegung unter *Martin Luther King, Jr.* richtete.[3323]

Darüber hinaus müssen die einzelnen Menschenrechtsverletzungen nicht von besonderer Erheblichkeit oder Grausamkeit sein.[3324] Als Teil systematischer, institutionalisierter Menschenrechtsverletzungen weisen sie per se eine ausreichende Erheblichkeit auf, womit bereits die Schwelle zur Widerstandslage überschritten ist. Besondere Grausamkeit kann jedoch im Zusammenhang mit den Beschränkungen der Widerstandshandlung von Bedeutung sein. Dementsprechend fordern die meisten Autoren eine zusätzliche Erheblichkeit für die Zulässigkeit gewaltsamer Widerstandshandlungen.[3325] Diesem normativen Kriterium wurde bereits zur

---

3321 *Razmetaeva,* Jurisprudence 2014, S. 758–784, 771.

3322 *Eide,* in: UNESCO (Hrsg.), Violations of human rights: possible rights of recourse and forms of resistance, 1984, S. 34–66, 47.

3323 Ebenda, S. 48 f.

3324 So *Honoré,* Oxford Journal of Legal Studies 8 (1988), S. 34–54, 51; zustimmend *Marsavelski,* CJIL 28 (2013), S. 241–295, 279; vgl. *Tomuschat,* in: UNESCO (Hrsg.), Violations of human rights: possible rights of recourse and forms of resistance, 1984, S. 13–33, 24. In diese Richtung tendierend *Kaufmann,* in: Krawietz/Mayer-Maly/Weinberger (Hrsg.), Objektivierung des Rechtsdenkens, 1984, S. 85–96, 89 (Zitat s. o., S. 624).

3325 So *Honoré,* Oxford Journal of Legal Studies 8 (1988), S. 34–54, 46; zustimmend *Marsavelski,* CJIL 28 (2013), S. 241–295, 279; vgl. *Tomuschat,* in: UNESCO (Hrsg.), Violations of human rights: possible rights of recourse and forms of resistance, 1984, S. 13–33, 25.

Geltung verholfen, indem für gewaltsamen Widerstand das Erfordernis des „Bruchs des Gewaltverbots“ statuiert wurde.

c) Zeitliche Grenzen

Das Bestehen einer Widerstandslage muss zeitlich begrenzt sein. Dies folgt bereits aus der Einordnung des Widerstandsrechts als Selbsthilferecht. Wenn Widerstand zu früh ausgeübt wird, besteht die Gefahr, dass die staatliche Souveränität grundlos angezweifelt wird.[3326] Wenn er zu spät ausgeübt wird, wird eine Verteidigung der Menschenrechte unter Umständen unmöglich, und sie stellte nur noch einen Akt der Vergeltung dar.[3327] Solche zeitlichen Grenzen sind aus Art. 51 UN-Charta bekannt sowie aus dem deutschen Notwehr- und Notstandsrecht. Sowohl in § 32 StGB als auch in § 34 StGB wird die Gegenwärtigkeit (des Angriffs bzw. der Gefahr) verlangt. Dieses Erfordernis gehört im Allgemeinen zum Prinzip der Notwehr.[3328] Es liegt nahe, dieses Erfordernis auf das Widerstandsrecht zu übertragen. Voraussetzung ist hierfür also, dass der Bruch des Gewaltverbots oder die sonstigen systematischen Menschenrechtsverletzungen gerade stattfindenden oder unmittelbar bevorstehen.[3329] Danach müssen Menschenrechtsverletzungen noch nicht tatsächlich stattgefunden haben, sofern genug Anhaltspunkte dafür bestehen, dass sie unmittelbar bevorstehen.[3330] Bei den „sonstigen Menschenrechtsverletzungen“ findet eine Gesamtbetrachtung der institutionalisierten Verletzungsakte statt, sodass es nicht auf eine einzelne Menschenrechtsverletzung ankommt – mit Ausnahme der ersten und letzten Handlung im Rahmen dieser Politik. Diese flankieren die äußeren Grenzen der Gegenwärtigkeit. Entsprechendes gilt beim „Bruch des Gewaltverbots“.

Problematisch dürfte insbesondere bei dieser Tatbestandsalternative die präventive Selbstverteidigung sein, wie sie im Rahmen von Art. 51 UN-

---

3326 *Mégret,* The Canadian Yearbook of International Law 2008, S. 143–192, 185 für zivilen Ungehorsam.

3327 Ebenda, S. 185 für zivilen Ungehorsam.

3328 *Bittner,* in: Bleisch/Strub (Hrsg.), Pazifismus, 2006, S. 265–275, 265.

3329 Vgl. zu diesen Anforderungen für Notwehr im Allgemeinen ebenda, S. 265. Für das deutsche Strafrecht statt vieler *Erb,* in: MüKo StGB, 2017, § 32 Rn. 106, 110.

3330 A. A. *Peters,* Widerstandsrecht und humanitäre Intervention, 2005, S. 119 f.

Charta diskutiert wird.[3331] Wie festgestellt wurde, ist eine präventive Verteidigung nur dann zulässig, wenn ein Angriff unmittelbar bevorsteht, also das Erfordernis der Gegenwärtigkeit erfüllt ist. Der anstehende Bruch des Gewaltverbots muss sich also stark konkretisiert haben. Strafrechtlich betrachtet muss das Versuchsstadium erreicht worden sein.[3332] Vorher ist kein gewaltsamer Widerstand zulässig. In diesem Zusammenhang sind praktische Probleme denkbar, sofern die letzte effektive Verteidigungsmöglichkeit vor dem ersten Gewaltakt verstreicht. Im Einzelfall muss genau geprüft werden, ob dann nicht bereits von einem unmittelbar bevorstehenden Bruch des Gewaltverbots gesprochen werden kann. Von diesem Auslegungs- und Subsumtionsspielraum abgesehen, ist die zeitliche Grenze unbedingt einzuhalten. Das zeitliche Moment ist außerdem von großer Bedeutung bei der Frage nach der Subsidiarität von Widerstand im Allgemeinen und kriegerisch-gewaltsamem Widerstand im Besonderen. Die Ausschöpfung milderer Mittel kann Auswirkungen auf die zeitliche Zulässigkeit der Anwendung schärferer Mittel haben.[3333] Näheres gehört zur Betrachtung der Erforderlichkeit der Widerstandshandlung.[3334]

Die Widerstandshandlung darf in keinem Fall Präventiv- oder Vergeltungsmaßnahme sein. Da stets eine Gesamtbetrachtung vorzunehmen ist, sind die zeitlichen Grenzen in der Praxis dennoch weiter gesteckt als beim individuellen Notwehrrecht. Die Widerstandslage ist erst dann beendet, wenn der Bruch des Gewaltverbots oder die Menschenrechtsverletzungen nicht nur vorübergehend, sondern dauerhaft abgeschlossen sind.[3335] Einzelne Pausen zwischen den staatlichen Verletzungshandlungen lassen die Gegenwärtigkeit daher nicht unbedingt entfallen. Außerdem ist für das Ende der Gegenwärtigkeit nicht per se ein Regierungswechsel erforderlich, wie es *Marsavelski* annimmt.[3336] Es kommt hier vielmehr auf eine Einzelfallbetrachtung an.

3331 Hierzu s. o., S. 391.

3332 *Marsavelski,* CJIL 28 (2013), S. 241–295, 286.

3333 *Mégret,* The Canadian Yearbook of International Law 2008, S. 143–192, 185.

3334 Hierzu s. u., S. 646 ff., S. 665 ff.

3335 *Marsavelski,* CJIL 28 (2013), S. 241–295, 282.

3336 Vgl. ebenda, S. 282, Fn. 246.

3. Rechtssubjekt

Fraglich ist, wer das Widerstandsrecht im Fall des Bestehens einer Widerstandslage ausüben kann. Als Rechtssubjekt kommen sowohl Individuen als auch Kollektive in Betracht. Ferner ist zu erörtern, inwieweit unbeteiligte Dritte das Widerstandsrecht als Nothelfer ausüben können.

a) Individualrecht

Bei *Locke* ist das klassische staatsphilosophische Widerstandsrecht ein Kollektivrecht.[3337] *Hobbes'* natürliches Selbstverteidigungsrecht ist demgegenüber als Individualrecht konzipiert.[3338] Ähnlich ist das völkerrechtliche Widerstandsrecht bei *Yulia Razmetaeva* und *Missling* nur Individualrecht.[3339] Kollektiver Widerstand mag zwar wirksamer sein als individueller, jedoch spricht grundsätzlich nichts dagegen, dass Individuen Rechtsträger des Widerstandsrechts sein können. Individuen sind schließlich auch Völkerrechtssubjekte. Hier wird daher – wie im Hinblick auf das Selbstbestimmungsrecht –[3340] dafür plädiert, dass das Widerstandsrecht auch ein Individualrecht sein kann. Dafür sprechen seine Nähe zu den Menschenrechten, die Individualrechte darstellen, und seine Rechtsnatur als Selbsthilferecht. Es soll für die Durchsetzung der Menschenrechte in Form des Widerstandsrechts nicht darauf ankommen, wo die Grenze zwischen einigen Individuen und einem Kollektiv gezogen wird. Widerstand ist vielmehr ein sich entwickelndes Phänomen. Eine kollektive Bewegung kann mitunter erst durch punktuelle, individuelle Handlungen entfacht werden.[3341] Daher ist es zugunsten der Effektivität dieses Durchsetzungsinstruments unbedingt erforderlich, dass auch Individuen Träger des Widerstandsrechts sein können.

Fraglich bleibt, welche Individuen hierzu zählen. In jedem Fall müssen sie von den staatlichen Akten, die die Widerstandslage verursachen, in ge-

---

3337 Näheres hierzu s. o., S. 144 f.

3338 Hierzu s. o., S. 80 ff., insb. S. 87 f.

3339 *Razmetaeva,* Jurisprudence 2014, S. 758–784, 768; *Missling,* Widerstand und Menschenrechte, 1999, der sich nicht gegen ein Kollektivrecht ausspricht, sondern dies bei seinen Betrachtungen lediglich außer Acht lässt.

3340 Hierzu s. o., S. 289 ff.

3341 Ähnlich *Eide,* in: UNESCO (Hrsg.), Violations of human rights: possible rights of recourse and forms of resistance, 1984, S. 34–66, 63.

wissem Maße selbst betroffen sein. Diese Betroffenheit ergibt sich bei den *sonstigen Menschenrechtsverletzungen* daraus, dass sie faktisch selbst Opfer dieser Verletzungen sind (*direkte Betroffenheit*) bzw. zu werden drohen (*indirekte Betroffenheit*). Indirekte Betroffenheit ergibt sich z. B. aus der Zugehörigkeit zu einer bestimmten Menschengruppe, sofern die systematischen Menschenrechtsverletzungen nur auf ihre Gruppenmitglieder abzielen. Bei Menschenrechtsverletzungen, die unabhängig von einer Gruppenzugehörigkeit der Verletzten auftreten, sind alle Menschen des Staatsvolks potenzielle Opfer der Menschenrechtsverletzungen. Beispiele hierfür sind Restriktionen der Meinungs- und Versammlungsfreiheit, die Missachtung justizieller Rechte und eine regelmäßige Folterpraxis. In solchen Fällen sind alle Menschen, die zum Staatsvolk gehören, indirekt betroffen und damit Inhaber des Widerstandsrechts.

Zu erwägen ist hier eine Beschränkung der Rechtssubjekte auf die Staatsbürger. Hierfür spricht das Argument des Gesellschaftsvertrages. Allerdings sind die Menschen, deren Lebensmittelpunkt sich in diesem Staat befindet, die jedoch keine Staatsbürger sind, genauso von den Menschenrechtsverletzungen betroffen wie die Staatsbürger. Zudem ist die Staatsbürgerschaft eine Eigenschaft, die der Staat rechtlich zu ändern vermag. Es soll ihm nicht möglich sein, durch den Entzug der Staatsbürgerschaft einen Ausschluss vom Widerstandsrecht zu erzielen. Die formelle Beschränkung auf Staatsbürger darf daher nicht erfolgen.

Beim *Bruch des Gewaltverbots* sind die unmittelbaren Opfer des (unmittelbar bevorstehenden) staatlichen Gewaltaktes als *faktisch* und direkt Betroffene in jedem Fall Träger des Widerstandsrechts. Darüber hinaus kann es auch hier faktisch und indirekt Betroffene geben. Handelt es sich z. B. um einen Völkermord, dann zählen hierzu alle Mitglieder derjenigen Gruppe, gegen die sich der Völkermord richtet. Alle potenziell von der tatsächlichen Gewalt Betroffenen sind damit auch in dieser Konstellation faktisch und indirekt Betroffene. Ferner sind beim Bruch des Gewaltverbots alle anderen Menschen des Staatsvolks *normativ* betroffen.[3342] Auch die übrige Menschheit und damit die internationale Gemeinschaft sind vom Bruch des Gewaltverbots *normativ* betroffen; schließlich sichert das Gewaltverbot das elementare Recht auf Sicherheit durch Staat und Recht – und somit den Rechtszustand.[3343] Die internationale Gemeinschaft ist da-

---

3342 Hierzu s. o., S. 520.

3343 Zum „elementaren Recht auf Sicherheit" *Merkel,* ZIS 2011, S. 771–783, 776.

her im äußersten Fall zur humanitären Intervention als besonderer Form des Widerstands berechtigt, wenn das Gewaltverbot gebrochen wurde. Diese besondere Konstellation muss im Rahmen der Erforderlichkeits- und Angemessenheitsprüfung berücksichtigt werden. Im Zweifel scheitert die Zulässigkeit des internationalen militärischen Eingreifens daher an einem dieser Erfordernisse. Dabei wird zudem die Grenze zur kollektiven Ausübung des Widerstandsrechts überschritten. An dieser Stelle wird lediglich festgehalten, dass von einem Bruch des Gewaltverbots auch alle Menschen außerhalb des Staatsvolks normativ betroffen sind. Sie haben daher ein eigenes Widerstandsrecht gegenüber den gewaltsamen Machthabern. Insofern impliziert die normative Betroffenheit mehr als das Kriterium der Rechtsbewährung, das dem individuellen Notwehr- oder Nothilferecht zugrunde liegt.[3344] Ein Verteidigungsrecht bei eigener normativer Betroffenheit entspricht einem Notwehr- und nicht nur einem Nothilferecht.

b) Kollektivrecht

Neben Individuen können auch Kollektive Träger des Widerstandsrechts sein. Zum einen können Kollektive Rechtsinhaber sein, die als solche von Menschenrechtsverletzungen betroffen sind (z. B. politische Parteien, die im Rahmen der Restriktion der Vereinigungsfreiheit verboten wurden, oder eine ethnische Gruppe, gegen welche sich Diskriminierungen richten). Zum anderen kann das Widerstandsrecht Zusammenschlüssen individuell Betroffener zustehen; also Kollektiven, die sich zum Zweck des Widerstands gebildet haben (Widerstandsbewegungen). Bei *Locke* ist das Volk als Gesamtheit Subjekt des Widerstandsrechts.[3345] Sofern das gesamte Volk von den Menschenrechtsverletzungen direkt oder indirekt betroffen ist, ist dies auch für das völkerrechtliche Widerstandsrecht denkbar. Beim Bruch des Gewaltverbots ist eine so umfassende direkte (normative) Betroffenheit in jedem Fall gegeben.

Die kollektive Ausübung des Widerstandsrechts unterscheidet sich von der individuellen insbesondere in ihrer Intensität. Kollektiver Widerstand hat meist weiterreichende Auswirkungen als individueller – sowohl bei

---

3344 Zur Rechtsbewährung bei § 32 StGB statt vieler *Roxin,* Strafrecht Allgemeiner Teil, Bd. I, 2006, § 15 Rn. 1.

3345 Näheres hierzu s. o., S. 144 f.

gewaltfreiem als auch bei gewaltsamem Agieren. Kollektives Handeln kann zudem enthemmend wirken. Dies ist im Rahmen der Erforderlichkeit der Widerstandshandlung zu berücksichtigen. Kollektives Vorgehen bedarf außerdem einer doppelten Prüfung: Erstens muss das kollektive Vorhaben als solches den Anforderungen an eine Widerstandshandlung genügen. Dieses Erfordernis besteht nur dann, wenn sich ein solches Gesamtvorhaben überhaupt bestimmen lässt, wie z. B. im Fall eines Bürgerkriegs. Zweitens müssen alle Einzelakte im Rahmen dieses Vorhabens ebenso als Widerstandshandlungen zulässig sein. Hier ist auch zu berücksichtigen, welche milderen Handlungen vom Kollektiv bereits versucht worden und womöglich erfolglos geblieben sind. Darüber hinaus ist kollektiver Widerstand nicht von vornherein zu beschränken oder gar abzulehnen, wie es *Hobbes* getan hat.[3346]

Im Einzelfall kann sich die Abgrenzung eines Kollektivs als schwierig erweisen. Nicht alle Widerstandsbewegungen stellen ein homogenes Kollektiv dar. Mitunter kann es sich zwar um gut organisierte Bewegungen handeln; es können ebenfalls Großteile des Volks gemeinsam Widerstand ausüben, wobei das Engagement der Menschen hier von einem Vorhaben der Widerstandsbewegung zum nächsten stark variieren kann.[3347] Die Abgrenzung eines Kollektivs kann bei der Zurechnung gewisser Einzelakte zu seinem Gesamtvorhaben daher mitunter schwierig sein. Dennoch ist diese Abgrenzung notwendig. Dafür ist eine Verbindung zwischen dem Handelnden und dem Kollektiv, als dessen Mitglied er infrage kommt, notwendig. Es muss ein (jedenfalls minimaler) strategischer Zusammenhang zwischen dem Einzelakt und dem Vorgehen des Kollektivs bestehen. Letzteres muss ein Minimum an interner Organisation aufweisen. Entsprechendes wird auch im humanitären Völkerrecht für die Anwendbarkeit des gemeinsamen Art. 3 der Genfer Konventionen bzw. des ZP II gefordert, wenn sich die Frage stellt, ob eine nicht-staatliche Kampfeinheit in den Konflikt involviert ist.[3348] *Mégret* fordert zudem demokratische oder ähn-

---

3346 Zu *Hobbes* Ansicht s. o., S. 87 f. Für eine Beschränkung der Zulässigkeit von kollektivem Widerstand auf Szenarien der Unterdrückung oder der Abkehr des Staatsziels vom Gemeinwohl *Chemillier-Gendreau,* in: UNESCO (Hrsg.), Critique de la politique, 2004, S. 135–153, 144 f.

3347 Vgl. *Eide,* in: UNESCO (Hrsg.), Violations of human rights: possible rights of recourse and forms of resistance, 1984, S. 34–66, 63.

3348 Vgl. *Oeter,* ZaöRV 49 (1989), S. 445–486, S. 465; ICTY, Prosecutor vs. Tadic, 2. Oktober 1995, IT-94-1-AR72, Rn. 70; *Schaller,* Humanitäres Völkerrecht und

liche Prozesse, die ein Mindestmaß an Repräsentation in den hierarchischen Strukturen widerspiegeln.[3349]

Es ist nicht nur fraglich, inwieweit eine kollektive Widerstandsbewegung den Anforderungen des Mehrheitsprinzips genügen muss. Ferner könnte im Sinne der Volkssouveränität auch gefordert werden, dass kollektives Vorgehen überhaupt nur zulässig ist, wenn es dem Willen der Mehrheit des Volks entspricht. Am ehesten könnte dies zumindest für das Entfachen eines Bürgerkriegs angenommen werden.[3350] Zum einen brächte ein solches Erfordernis jedoch praktische Probleme mit sich – wie soll eine Widerstandsbewegung diesen Willen ermitteln? Zum anderen könnte diese Voraussetzung das Widerstandsrecht von betroffenen Minderheiten zu stark einschränken. Im Fall des Völkermords ist möglicherweise ausschließlich eine Minderheit faktisch betroffen und bereit, einem Bürgerkrieg zuzustimmen. Die Ausübung ihres gewaltsamen Widerstandsrechts nun vom Willen der Mehrheit abhängig zu machen, hieße für die Minderheit, den staatlichen Bruch des Gewaltverbots im Zweifelsfall widerstandslos hinnehmen zu müssen – z. B., wenn die Mehrheit des Volks aufgrund von Propaganda mit dem Staatshandeln einverstanden ist.[3351] Das Widerstandsrecht würde praktisch außer Kraft gesetzt. Dies widerspricht dem Prinzip des Widerstandsrechts. Als Selbsthilferecht darf es nicht von der Zustimmung Dritter abhängig sein. Das Mehrheitsprinzip muss bei der Ausübung kollektiven Widerstands daher nicht berücksichtigt werden. Vielmehr genügt die Beschränkung der Widerstandslage auf den Bruch des Gewaltverbots als einziges Szenario der Zulässigkeit gewaltsamer Handlungen. Das gesamte Staatsvolk ist hiervon nämlich (zumindest normativ) betroffen, sodass der Widerstand zumindest objektiv zugunsten aller Mitglieder des Staatsvolks wirkt. Befürwortet die Mehrheit des Volks den kollektiven Widerstand, kann sich dies allerdings positiv auf die Erfolgsprognose der Widerstandshandlungen auswirken.

---

nicht-staatliche Gewaltakteure, 2007, S. 12; *Bothe,* in: Graf Vitzthum/Proelß (Hrsg.), Völkerrecht, 2016, S. 591–682, Abschn. 8 Rn. 124.

3349 *Mégret,* The Canadian Yearbook of International Law 2008, S. 143–192, 187.

3350 In diese Richtung tendierend *Marsavelski,* CJIL 28 (2013), S. 241–295, 278.

3351 Das sieht auch ebenda, S. 280, der es daher genügen lässt, wenn die Widerstandskämpfer berechtigterweise annähmen, dass die Mehrheit ihr Vorhaben unterstützte, wenn sie umfassend informiert gewesen wäre.

c) Unbeteiligte Helfer

Außerdem könnten unbeteiligte Dritte (vor allem Menschen, die nicht in dem Staat leben, andere Staaten oder die internationale Gemeinschaft) als Nothelfer Träger des Widerstandsrechts sein. Das Recht auf Nothilfe ist aus dem deutschen Notwehrrecht in § 32 Abs. 2 StGB bekannt. Problematisch ist, dass bereits dort Begründung und Beschränkungen der Nothilfe unklar sind.[3352] Es ist zweifelhaft, ob das Notwehrprinzip als solches zwingend mit dem der Nothilfe verbunden ist. Zunächst ist zu erwägen, inwiefern es überhaupt auf das Widerstandsrecht übertragen werden kann. Dabei ist zwischen den beiden Tatbestandsalternativen der Widerstandslage zu differenzieren.

Beim Bruch des Gewaltverbots ist das Problem der Nothilfe irrelevant. Wie dargelegt wurde, ist die gesamte Menschheit beim Bruch des Gewaltverbots normativ betroffen – auch wenn es in seiner innerstaatlichen Dimension verletzt wird. Damit haben die internationale Gemeinschaft als Kollektiv und subsidiär einzelne Staaten oder gar private Kollektive oder Individuen die Möglichkeit, selbst (gewaltsam) gegen den verletzenden Staat vorzugehen. Es handelt sich bei einer humanitären Intervention also nicht um eine Nothilfekonstellation, sondern um eine der Notwehr.

Problematisch wird der Nothilfegedanke im Hinblick auf die „sonstigen Menschenrechtsverletzungen". Es ist zweifelhaft, ob Außenstehende solchen Menschenrechtsverletzungen effektiv Abhilfe leisten können. Humanitäre Unterstützung erfordert in der Regel Neutralität.[3353] Davon kann bei der Parteiergreifung im Rahmen der Ausübung von Widerstand nicht die Rede sein. In jedem Fall sind die Erfolgsaussichten einer solchen Widerstandshilfe minimal, und bereits aus diesem Grunde dürfte eine Widerstandshandlung im Modus der Nothilfe in den meisten Fällen ausscheiden. Das gilt insbesondere für aufgedrängte Nothilfe, die ohnehin problematisch ist.[3354] Beim Widerstandsrecht ist diese nicht nur aus pragmatischen Gründen der Effektivität abzulehnen, sondern auch, weil es sich bei diesem Instrument um eines der Selbstbestimmung handelt, das als solches nur durch die Betroffenen ausgeführt werden kann. Da ein Widerstandsrecht nur bei systematischen, also mannigfaltigen Menschenrechtsverletzungen besteht, wird die Einholung der tatsächlichen Zustimmung aller

---

3352 Hierzu eingängig *Engländer,* Grund und Grenzen der Nothilfe, 2008.

3353 *Holmes,* in: Bleisch/Strub (Hrsg.), Pazifismus, 2006, S. 145–161, 157.

3354 Hierzu statt vieler *Erb,* in: MüKo StGB, 2017, § 32 Rn. 182 ff.

Betroffenen kaum möglich sein. Hier an eine mutmaßliche Zustimmung anzuknüpfen, käme wiederum einer aufgedrängten Widerstandshilfe gleich. Die (stillschweigende) Zustimmung eines Betroffenen dürfte hingegen genügen. Abgesehen von den sogleich zu erörternden Beschränkungen der Widerstandshandlung steht es den Betroffenen frei, nach eigenem Ermessen darüber zu entscheiden, wie sie ihren Menschenrechten zur Durchsetzung verhelfen möchten. Sie können dabei auch die umfangreiche Hilfe Dritter in Anspruch nehmen. In einer solchen Konstellation bleiben Erstere Rechtsträger und Ausübende des Widerstandsrechts. Dritte leisten nur Unterstützung mit Zustimmung der eigentlichen Rechtsinhaber. Dabei sind die Grenzen des Widerstandsrechts und des sonstigen Völkerrechts zu berücksichtigen. Dementsprechend können beispielsweise Waffenlieferungen an eine Widerstandsbewegung nur dann legitim sein, wenn seitens des Staats das Gewaltverbot gebrochen wurde. In diesem Fall ist schließlich auch das Interventionsverbot hinfällig. Die Waffen dürfen jedoch nur dann zum Widerstand genutzt werden, wenn dies den Anforderungen an die Widerstandshandlung entspricht.[3355] Sofern sie illegal verwendet werden, trägt auch der Lieferantenstaat die Verantwortung für die Ausübung der illegalen innerstaatlichen Gewalt. Wenn insoweit ein völkerstrafrechtlicher Tatbestand (des nicht-internationalen Aggressionsverbrechens) geschaffen würde, könnte auch der Lieferantenstaat völkerstrafrechtlich für seine Beihilfe oder gar Anstiftung belangt werden. Daneben drohen die Konsequenzen des allgemeinen Völkerrechts aufgrund des Bruchs des Interventionsverbots und eventuell weiterer relevanter Abkommen.

Demgegenüber ist das Konzept der Nothilfe im Hinblick auf den Widerstand gegen Menschenrechtsverletzungen ohnehin nur beschränkt anwendbar: Nothilfe richtet sich im Rahmen der Notwehr auf die Abwendung akuter Einbußen an Individualrechtsgütern. Beim Widerstand gegen „sonstige Menschenrechtsverletzungen" kommt eigenmächtige Widerstandshilfe also lediglich bei Verletzungen liberaler Abwehrrechte infrage. Darüber hinaus können Unbeteiligte ohne Zustimmung der Berechtigten lediglich unterstützend tätig werden. Sie können vor allem ihre Solidarität bekunden. Denkbar ist auch die internationale Unterstützung legalen Widerstands durch Embargos. *Asbjørn Eide* erwägt gar, die Zulässigkeit von

---

3355 Zur Zulässigkeit von Waffenlieferungen im Fall des Kampfes gegen den Völkermord *Kopel/Gallant/Eisen,* Notre Dame Law Review 81 (2005-2006), S. 1275–1346, 1322 ff.

Embargos von der Zustimmung der Widerstandsbewegung abhängig zu machen.[3356] Hiervon verspricht er sich die Erzeugung von Druck auf die Regierung, mit der Widerstandsbewegung zu kooperieren.[3357] Das Feld der internationalen Unterstützung von Widerstand ist in jedem Fall noch weiter zu erforschen.[3358]

4. Widerstandshandlung

Die zulässige Intensität der Widerstandshandlung steht in direktem Zusammenhang mit der Intensität den staatlichen Verletzungshandlungen, welche die Widerstandslage begründen.[3359] Diese Verbindung gewährleistet das begrenzende Kriterium der Widerstandshandlung: das Verhältnismäßigkeitsprinzip.[3360] Der Begriff der Verhältnismäßigkeit geht hier über die bloße Angemessenheitsprüfung („Verhältnismäßigkeit im engeren Sinne“[3361] oder „Übermaßverbot“[3362]) hinaus. Er impliziert die Kriterien der Geeignetheit, Erforderlichkeit sowie der Angemessenheit.[3363] Im Rahmen der Erforderlichkeit sind auch die Kriterien des Ultima-Ratio-Prinzips und der vernünftigen Erfolgsaussicht zu prüfen, die aus dem Voraussetzungskatalog für humanitäre Interventionen bekannt und der *Theorie des ge-*

3356 Vgl. *Eide,* in: UNESCO (Hrsg.), Violations of human rights: possible rights of recourse and forms of resistance, 1984, S. 34–66, 66.

3357 Vgl. ebenda, S. 66.

3358 So *Mégret,* Revue Études internationales 39 (2008), S. 39–62, 58.

3359 *Eide,* in: UNESCO (Hrsg.), Violations of human rights: possible rights of recourse and forms of resistance, 1984, S. 34–66, 75; *Missling,* Widerstand und Menschenrechte, 1999, S. 252.

3360 Für diese Anforderung an Widerstandshandlungen *Paust,* Emory Law Journal 32 (1983), S. 545–581, 579; *UNESCO,* in: UNESCO (Hrsg.), Violations of human rights: possible rights of recourse and forms of resistance, 1984, S. 221–227, 223; *Kaufmann,* in: Krawietz/Mayer-Maly/Weinberger (Hrsg.), Objektivierung des Rechtsdenkens, 1984, S. 85–96, 89; *Missling,* Widerstand und Menschenrechte, 1999, S. 250 ff.; *Mégret,* Revue Études internationales 39 (2008), S. 39–62, 57; *ders.,* in: Stahn/Easterday/Iverson (Hrsg.), Jus Post Bellum, 2014, S. 519–541, 538.

3361 Statt vieler im deutschen Verfassungsrecht *Wolff,* Ungeschriebenes Verfassungsrecht unter dem Grundgesetz, 2000, S. 230. Im Verwaltungsrecht *von Krauss,* Der Grundsatz der Verhältnismässigkeit, 1955, S. 14 ff.

3362 *Stern,* Das Staatsrecht der Bundesrepublik Deutschland, Bd. I, 1984, S. 861.

3363 *Wolff,* Ungeschriebenes Verfassungsrecht unter dem Grundgesetz, 2000, S. 230.

rechten Krieges entlehnt sind.[3364] All diese begrenzenden Kriterien finden sich bereits in *Lockes* Widerstandslehre sowie in den Anforderungen an die Ausübung des völkerrechtlichen Selbstbestimmungsrechts und des Rechts auf kollektive Selbstverteidigung gem. Art. 51 UN-Charta.[3365]

Die Anforderung der Angemessenheit ist im deutschen Notwehrrecht zwar nicht ausdrücklich erwähnt, dennoch ist sie dem Notwehrprinzip immanent.[3366] So kommt ein Mindestmaß des Angemessenheitserfordernisses selbst in § 32 Abs. 1 StGB zum Ausdruck – im Kriterium der Gebotenheit. In den meisten anderen Rechtsordnungen kennt auch das strafrechtliche Notwehrrecht eine Angemessenheitsprüfung, die der des § 34 StGB ähnelt,[3367] so insbesondere auch im Völkerstrafrecht (Art. 31 Abs. 1 lit. c) Rom-Statut). Ferner wird für das Selbstverteidigungsrecht in Art. 51 UN-Charta und für die humanitäre Intervention das Kriterium der *proportionality* gefordert.[3368] Daher muss die Anforderung der Angemessenheit auch an eine Widerstandshandlung zu stellen sein.[3369] Darüber hinaus ist zu berücksichtigen, dass das Widerstandsrecht deutlich weiterreicht als ein individuelles Notwehrrecht. Widerstand richtet sich nicht nur gegen individuelle Rechtsgüter eines Angreifers (so Notwehr), sondern gegen staatliches Handeln, und er adressiert damit die Allgemeinheit. Insofern besteht ein normativer Unterschied zwischen Notwehr und Widerstand, der die engeren Anforderungen an eine Widerstandshandlung rechtfertigt.

3364 Hierzu s. o., S. 328 ff. Vgl. *Hurka,* in: May (Hrsg.), War, 2008, S. 127–144, 128 f. A. A. *Rudolf,* Zur Ethik militärischer Gewalt, 2014, S. 28, der das Kriterium der vernünftigen Erfolgsaussicht nicht zum Verhältnismäßigkeitsprinzip zählt.

3365 S. o., S. 146 f., 280, 285, 434.

3366 *Bittner,* in: Bleisch/Strub (Hrsg.), Pazifismus, 2006, S. 265–275, 265.

3367 S. nur Art. 15 Schweizerisches StGB; § 3 Abs. 1 S. 2 Österreichisches StGB.

3368 Zu Art. 51 UN-Charta *Randelzhofer/Nolte,* in: Simma u. a., UN Charter, Vol. 2, 2012, Art. 51 Rn. 6, 57 ff.; *Kretzmer,* European Journal of International Law 24 (2013), S. 235–282. Zum Recht der humanitären Intervention s. o., S. 328 ff.

3369 So im Ergebnis *Paust,* Emory Law Journal 32 (1983), S. 545–581, 579; *UNESCO,* in: UNESCO (Hrsg.), Violations of human rights: possible rights of recourse and forms of resistance, 1984, S. 221–227, 223; *Tomuschat,* in: UNESCO (Hrsg.), Violations of human rights: possible rights of recourse and forms of resistance, 1984, S. 13–33, 29; *Kaufmann,* in: Krawietz/Mayer-Maly/Weinberger (Hrsg.), Objektivierung des Rechtsdenkens, 1984, S. 85–96, 89; *Missling,* Widerstand und Menschenrechte, 1999, S. 250 ff.; *Mégret,* Revue Études internationales 39 (2008), S. 39–62, 57; *ders.,* in: Stahn/Easterday/Iverson (Hrsg.), Jus Post Bellum, 2014, S. 519–541, 538.

Das Verhältnismäßigkeitsprinzip schlägt keine Widerstandshandlung vor, sondern bietet ein Kriterium zur Überprüfung der Zulässigkeit der angedachten Widerstandshandlung. Diese Handlung kann also nach beliebigen Kriterien ausgewählt werden und dem Einzelfall bestmöglich angepasst sein. Das Widerstandsrecht, das als Beschränkung der Widerstandshandlung auf das Verhältnismäßigkeitskriterium zurückgreift, bietet damit ein flexibles Selbsthilfeinstrument, dessen Umfang jeweils von der faktischen Bedrohungslage abhängt. Hier ist insbesondere die absolute Grenze der Zulässigkeit gewaltsamer Mittel zu berücksichtigen, die bereits durch die Tatbestandsmerkmale der Widerstandslage vorgegeben ist. Gewalt ist nur beim Bruch des Gewaltverbots zulässig.[3370] Selbst dann ist sie nicht zwangsläufig zulässig. Die Beschränkungen der Verhältnismäßigkeit sind auch hier sorgfältig zu prüfen. Wenn die Widerstandshandlung die beschränkenden Kriterien nicht einhält, so ist sie unzulässig, also illegal – mag die Widerstandslage noch so gravierend sein.[3371] Dann müssen andere Widerstandshandlungen in Erwägung gezogen werden. Die Anforderungen an die Widerstandshandlungen spielen also eine ebenso bedeutsame Rolle für die Anwendung des Widerstandsrechts wie die Voraussetzungen der Widerstandslage. Beim kollektiven Vorgehen (z. B. im Fall eines Bürgerkriegs) sind diese Anforderungen außerdem sowohl auf der Makro- als auch auf der Mikroebene einzuhalten. Dies ähnelt der völkerrechtlichen Einteilung in das *ius ad bellum* und das *ius in bello*.[3372] Beide Ebenen sind hier jedoch anhand des Widerstandsrechts zu messen, also anhand des Kriteriums der Verhältnismäßigkeit. Ein Gesamtvorhaben muss ebenso verhältnismäßig sein wie die Einzelakte im Rahmen dieses Vorhabens. Ist ein Gesamtvorhaben im Praxisfall ausschließlich mit unverhältnismäßigen Einzelakten realisierbar, wirkt sich dies negativ auf die Zulässigkeit des Gesamtvorhabens aus. Im Fall eines Bürgerkriegs muss

---

3370 Zum entsprechenden Begriff des gewaltsamen Widerstands s. o., S. 41. Zwar kann auch ein Eingriff in fremdes Eigentum entsprechend als Gewalt bezeichnet werden; jedoch nicht, wenn es sich dabei nur um eine kurzfristige Beeinträchtigung der Nutzung handelt.

3371 Vgl. zur Auswirkung einer unrechtmäßigen Ausführung auf die Frage der Rechtmäßigkeit des Handelns *Merkel,* in: ders. (Hrsg.), Der Kosovo-Krieg und das Völkerrecht, 2000, S. 66–98, 76. Vgl. *Kersting,* in: Merkel (Hrsg.), Der Kosovo-Krieg und das Völkerrecht, 2000, S. 187–231, 224; *Rudolf,* Zur Ethik militärischer Gewalt, 2014, S. 26.

3372 Vgl. zu diesem Verhältnis beim Vorgehen nach Art. 51 UN-Charta *Randelzhofer/Nolte*, in: Simma u. a., UN Charter, Vol. 2, 2012, Art. 51 Rn. 62.

das *ius in bello* als konkretisierendes Regelwerk minimal-verhältnismäßiger Kriegsführung zusätzlich beachtet werden.

Das Erfordernis der sorgfältigen Prüfung der Kriterien des Verhältnismäßigkeitsprinzips ergibt sich insbesondere bei kriegerisch-gewaltsamen Widerstandshandlungen. Wie dargelegt wurde, wiegt die Last der ethischen Legitimation solcher Handlungen besonders schwer, weil sie nur im Rahmen der *nonideal theory* möglich ist.[3373] Das Ultima-Ratio-Prinzip ist hier von herausragender Bedeutung. Der Vorrang friedlicher Mittel muss stets beachtet werden. Dies gilt selbst dann, wenn ihre Anwendung zunächst wenig Erfolg versprechend wirken mag. Um dies zu unterstreichen, werden kriegerisch-gewaltsame Widerstandshandlungen im Folgenden gesondert betrachtet. Die dortigen Erwägungen ergeben sich aus der allgemeinen Voraussetzung des Verhältnismäßigkeitsprinzips.

a) Allgemeine Voraussetzung: Das Verhältnismäßigkeitsprinzip

aa) Legitimer Zweck

Legitimer Zweck der Handlung muss die Beseitigung der staatlichen Gewalt bzw. der sonstigen Menschenrechtsverletzungen sein (im Folgenden werden beide Tatbestandsalternativen unter dem Begriff der „Menschenrechtsverletzungen" zusammengefasst). Bei der Wahl der Widerstandshandlung darf ausschließlich dieser Zweck legitimes Handlungsziel sein. Die Widerstandshandlung muss auf diese Weise einen Fortschritt bei der Durchsetzung der Menschenrechte intendieren.[3374]

bb) Geeignetheit und Erforderlichkeit

Zur Erreichung dieses Zwecks muss die Handlung geeignet und erforderlich sein. Diese beiden Aspekte des Verhältnismäßigkeitsprinzips sind kaum voneinander trennbar, da die Geeignetheit einen Teilaspekt der Erforderlichkeit darstellt.[3375] Mit diesen Erfordernissen beginnt die Abhän-

---

3373 Hierzu s. o., S. 594 ff.

3374 Vgl. *Eide,* in: UNESCO (Hrsg.), Violations of human rights: possible rights of recourse and forms of resistance, 1984, S. 34–66, 54.

3375 *Merkel,* JZ 62 (2007), S. 373–385, 375, Fn. 9.

gigkeit der Prüfung einer Widerstandshandlung von empirischen Fragen:[3376] Sie setzen die hypothetische Anwendung des in Rede stehenden Mittels in der empirischen Sphäre voraus.

(1) Wahl des Mittels

Zunächst ist eine bestimmte Widerstandshandlung als Mittel zur Erreichung des legitimen Zwecks zu wählen. Die Erscheinungsformen von Widerstand sind vielfältig und zahlreich. Widerstand kann sowohl einer subjektiven Verteidigung ähneln als auch objektivem Oppositionsverhalten. Er kann passiv oder aktiv ausgeübt werden, gewaltfrei oder gewaltsam, individuell oder kollektiv – um nur einige mögliche Eigenschaften von Widerstand aufzugreifen, die bereits in der Einleitung dieser Arbeit betrachtet wurden. Eine Widerstandshandlung kann aus einem entsprechend breiten Spektrum an Handlungsmöglichkeiten gewählt werden. Sie kann beispielsweise in der individuellen Veröffentlichung eines journalistischen Artikels über die Menschenrechtsverletzungen auf einem persönlichen Blog bestehen oder in der Entfachung eines Bürgerkriegs. Sie kann als Maßnahme gegen die Menschenrechtsverletzungen auf die Beseitigung der amtierenden Regierung abzielen oder lediglich auf die Änderung einer bestimmten Staatspraxis oder der Gesetzeslage. Die Widerstandshandlung kann hierfür auch zunächst nur die Informierung der Öffentlichkeit intendieren. Insofern können auch die unmittelbaren Adressaten der Widerstandshandlung variieren. Im Endeffekt muss die erstrebte Wirkung der Handlung dem Zweck der Gewaltbekämpfung bzw. der Durchsetzung der Menschenrechte dienen, d. h. jedenfalls einen Beitrag hierzu leisten.

(2) Begründete Erfolgsaussicht

Die beitragende Wirkung der Widerstandshandlung darf nicht völlig abwegig sein. Darüber hinaus ist zu fordern, dass vernünftige Chancen auf die Realisierung dieser Wirkung (also auf Erfolg der Maßnahmen) bestehen. *Marsavelski* streitet dies ab. Er will die rechtfertigende Wirkung des Widerstandsrechts nicht von den Erfolgschancen der Widerstandshand-

3376 *Frisch,* NStZ 2013, S. 249–256, 250; vgl. *Rudolf,* Zur Ethik militärischer Gewalt, 2014, S. 25.

lung abhängig machen.[3377] Erfolg sei bei Rechtfertigungsgründen schließlich keine notwendige Bedingung der Rechtfertigung.[3378] Dies ist korrekt. Die Zulässigkeit der Widerstandshandlung ist nicht von ihrem Erfolg ex post abhängig.[3379] Insofern ist ex post keine Kausalität zwischen Widerstandshandlung und der Erreichung des legitimen Zwecks erforderlich. Allerdings ist damit noch kein Argument dagegen gegeben, dass das Verteidigungsmittel ex ante zur Verteidigung geeignet sein muss, d. h., dass eine gewisse Chance auf die Realisierung seines Erfolgs notwendig ist. *Marsavelski* erkennt an, dass der Zweck durch die Widerstandshandlung zumindest gefördert werden muss, d. h. eine langfristige Chance auf Erfolgsverwirklichung gegeben sein muss.[3380] Eine *vernünftige* Erfolgsprognose fordert er nicht; ebenso wenig *Tomuschat,* der meint, es gehöre nicht zu den rechtlichen Anforderungen an einen Aufstand, dass dieser Aussicht auf Erfolg habe.[3381] Dies sei ausschließlich eine Frage der Verantwortungsethik.[3382] Interessanterweise räumt *Tomuschat* zu Beginn seiner Abhandlung jedoch ein, dass Belange von Recht und Moral bei heiklen Grenzfragen ineinander übergingen.[3383] Dies kann insbesondere bei den Fragen der Begrenzung der Widerstandshandlungen zum Tragen kommen. Wo, wenn nicht in der Verantwortungsethik, finden sich normative Kriterien, die auch für die rechtliche Begrenzung von Handlungsbefugnissen genutzt werden können? In diesem Sinne hält *Kaufmann* Widerstand für unzulässig, wenn seine Erfolgsaussichten gänzlich hoffnungslos seien, und fordert überzeugenderweise, dass es eine begründete Erfolgshoffnung geben muss.[3384] Demgegenüber hält *Dobos* die Erfolgsprognose einer Widerstandshandlung für eine rein pragmatische Frage und nicht für ein norma-

3377 Vgl. *Marsavelski,* CJIL 28 (2013), S. 241–295, 283.

3378 Ebenda, S. 283.

3379 *Kaufmann,* in: Krawietz/Mayer-Maly/Weinberger (Hrsg.), Objektivierung des Rechtsdenkens, 1984, S. 85–96, 89; *Liu,* Archiv für Rechts- und Sozialphilosophie Beiheft 41 1990, S. 35–42, 42.

3380 Vgl. *Marsavelski,* CJIL 28 (2013), S. 241–295, 283 f.

3381 *Tomuschat,* in: Beestermöller (Hrsg.), Libyen: Missbrauch der Responsibility to Protect?, 2014, S. 13–29, 23.

3382 Ebenda, S. 23.

3383 Vgl. ebenda, S. 13.

3384 *Kaufmann,* in: Krawietz/Mayer-Maly/Weinberger (Hrsg.), Objektivierung des Rechtsdenkens, 1984, S. 85–96, 89. So auch *Liu,* Archiv für Rechts- und Sozialphilosophie Beiheft 41 1990, S. 35–42, 42. Ebenso für den Fall des Kriegs *Rudolf,* Zur Ethik militärischer Gewalt, 2014, S. 25.

tives Kriterium. Jemand, dessen fundamentale Menschenrechte im Fall einer besonders schwerwiegenden Unterdrückung („extraordinary oppression“[3385]) bedroht würden, dürfe sich mit all den ihn zur Verfügung stehenden Mitteln dagegen wehren; selbst, wenn er damit wahrscheinlich keinen Erfolg und seine Handlung weitreichende Konsequenzen haben werde. Die Erfolgsprognose ist schon deshalb ein normatives Erfordernis, weil es möglich ist, dass sich zweckmäßige Handlungen im konkreten Fall als absolut unzweckmäßig, gar kontraproduktiv oder schädlich erweisen können.[3386] Man führe sich in diesem Zusammenhang nur das Beispiel des aktuell noch andauernden syrischen Bürgerkriegs vor Augen. Es bestehen bereits Zweifel, ob kriegerisch-gewaltsamer Widerstand in Syrien überhaupt zulässig war, da es keine Anhaltspunkte dafür gibt, dass vor dem Bürgerkrieg seitens des – ohne Zweifel ansonsten tyrannischen – *Assad-Regimes* völkerrechtliche Verbrechen begangen wurden. In jedem Fall waren die Erfolgsaussichten dieses Bürgerkriegs niemals hoch. Selbst wenn ein Bürgerkrieg theoretisch ein geeignetes Mittel sein mag, um ein schreckliches Regime zu beseitigen, zeigt das syrische Beispiel, dass er sich gleichermaßen dafür eignen kann, einen Staat in eine langfristige humanitäre Katastrophe immensen Ausmaßes zu stürzen.

Gewiss kann vor der Ausübung des Widerstandsrechts keine sichere Aussage über die Folgen der Handlungen formuliert werden, nur eine Ex-ante-Prognose. Bevor, im intensivsten Fall, ein Bürgerkrieg begonnen wird, sollte diese Prognose jedenfalls sorgfältig getroffen werden. Das Kriterium der begründeten Erfolgsaussicht stellt insofern sicher, dass die Entscheidung zur Widerstandshandlung auf theoretischen Überlegungen beruht, statt auf intuitiven Empfindungen oder anderen Emotionen.[3387] Eine Handlung mag noch so zweckmäßig erscheinen – sie ist immer mit Konsequenzen verbunden. Hierfür muss der Handelnde die Verantwortung übernehmen. Das Widerstandsrecht als legitimierende Instanz der Widerstandshandlung muss diese Verantwortung normativ vertretbar eingrenzen. Daher ist es erforderlich, vor der Ausführung einer Widerstandshandlung ihre Erfolgsaussichten zu prognostizieren.[3388] Im Fall einer ne-

3385 *Dobos,* Insurrection and Intervention, 2012, S. 77 f.

3386 *Kersting,* in: Merkel (Hrsg.), Der Kosovo-Krieg und das Völkerrecht, 2000, S. 187–231, 224.

3387 *Harbour,* Journal of Military Ethics 10 (2011), S. 230–241, 232

3388 So für die humanitäre Intervention *Kersting,* in: Merkel (Hrsg.), Der Kosovo-Krieg und das Völkerrecht, 2000, S. 187–231, 224.

gativen Prognose muss die Handlung unterlassen werden. Eine vernünftige positive Erfolgsprognose ist daher Bedingung der Legitimität und Legalität einer Widerstandshandlung.

Die konkreten Anforderungen an diese Prognose können im Einzelfall variieren. Je weitreichender die Konsequenzen einer Handlung sind, desto höher müssen ihre Erfolgsaussichten sein. Es gibt also keine absolute Prognoseschwelle. Wenn man auf den ersten Blick annehmen möchte, dass eine Erfolgswahrscheinlichkeit über 50 % liegen muss (sofern sich diese überhaupt mathematisch ausdrücken lässt), kann hingegen im Einzelfall bei einer harmlosen Handlung – z. B. der anonymen Veröffentlichung eines journalistischen Artikels –[3389] auch eine Erfolgsprognose von unter 50 % ausreichen. Hier spielen also Erwägungen der Angemessenheit eine Rolle.[3390] Die erforderliche Wahrscheinlichkeitsgrenze kann man auch herabsenken, wenn eine Handlung das letzte Mittel für Widerstand darstellt, weil alle milderen Mittel zuvor erfolglos blieben.[3391] Hierfür sind auch die Umstände der Widerstandslage von Bedeutung. Je gravierender diese sind, desto tiefer sinkt die Schwelle der erforderlichen Erfolgswahrscheinlichkeit grundsätzlich. In jedem Fall muss vernünftigerweise angenommen werden können, dass der Beitrag der Widerstandshandlung zur Erreichung des legitimen Zwecks erfolgreich sein wird. Erfolg ist hier also nicht unbedingt mit der Erreichung des Endziels gleichzusetzen. Dies dürfte nur bei kollektiven Gesamtvorhaben der Fall sein. Der Erfolg von Einzelakten kann nur anhand von Zwischenzielen auf dem Weg zum legitimen Zweck (Endziel) gemessen werden. Nur hierauf kann sich also eine Erfolgsprognose richten. Zu berücksichtigen ist auch, dass faktisch gescheiterter Widerstand einen hohen moralischen Wert erlangen kann und

---

3389 Es sind immer alle Umstände des Einzelfalls zu berücksichtigen. Sofern die Veröffentlichung z. B. in einem Staat mit einer strengen Diktatur stattfindet, ist es durchaus möglich, dass sie mit Konsequenzen verbunden ist, die keineswegs harmlos sind. So verhielte es sich beispielsweise, wenn von staatlicher Seite im Anschluss an derartige Veröffentlichungen zur Abschreckung üblicherweise Hinrichtungen der vermeintlichen Autoren (in Wahrheit willkürlich ausgewählte Bürger) vorgenommen würden.

3390 Vgl. *Bittner,* in: Meggle (Hrsg.), Humanitäre Interventionsethik, 2004, S. 99–106, 105, der Geeignetheit und Angemessenheit ähnlich miteinander verknüpft.

3391 Ähnlich für die Entscheidung zum Krieg *Harbour,* Journal of Military Ethics 10 (2011), S. 230–241, 232.

insofern eine andere Art von Erfolg als den zuvor angestrebten erzielt.[3392] Ist das vorher abzusehen, kann sich dies positiv auf die Eintrittswahrscheinlichkeit des Erfolgs auswirken.

Darüber hinaus stellt das Kriterium der begründeten Erfolgsaussicht den Rechtsanwender zudem vor die enorme Herausforderung einer akkuraten empirischen Betrachtung.[3393] Eine Erfolgsprognose ist eine hypothetische Betrachtung, die als solche spekulativ ist.[3394] Selbst ex post lassen sich hypothetische Erwartungen nur mit einem Rest an Unsicherheit überprüfen.[3395] Erfolgsaussichten können nie mit hundertprozentiger Sicherheit vorausgesagt werden.[3396] Die tatsächlichen Auswirkungen bestimmter Handlungen können nur abgeschätzt werden,[3397] so z. B., wenn eine Widerstandsbewegung die menschenrechtsverachtende Regierung ihres Staats durch einen Putsch beseitigen und selbst eine menschenrechtsfreundliche Regierung etablieren möchte. Der hypothetische Vergleich von Regierungen ist schwierig. Die Absichten derjenigen, die selbst den Regierungsplatz einnehmen möchten, mögen vor dem Putsch äußerst menschenrechtsfreundlich sein. Nach der Machtergreifung können sich diese jedoch rasant ändern.[3398] Einstige Widerstandskämpfer können ebenso ihrerseits ein diktatorisches Regime etablieren, das möglicherweise noch gravierendere Menschenrechtsverletzungen unternimmt als die ursprünglichen Adressaten der Widerstandshandlung.[3399] Ein zeitgenössisches Beispiel für die Ineffektivität eines Regierungswechsels stellt Libyen dar. Hier lag zum Zeitpunkt des Ausbruchs des Bürgerkriegs nicht einmal ein Bruch des Gewaltverbotes vor, der den kriegerisch-gewaltsamen Wider-

---

3392 *Kaufmann,* in: Krawietz/Mayer-Maly/Weinberger (Hrsg.), Objektivierung des Rechtsdenkens, 1984, S. 85–96, 89. In diese Richtung tendierend *Dobos,* Insurrection and Intervention, 2012, S. 75 mit dem Beispiel eines gescheiterten Putschversuches *Fidel Castros*.

3393 Vgl. *Hurka,* in: May (Hrsg.), War, 2008, S. 127–144, 142.

3394 *Rudolf,* Zur Ethik militärischer Gewalt, 2014, S. 25.

3395 *Kuperman,* The limits of humanitarian intervention, 2001, 2 f.

3396 Vgl. *Hurka,* in: May (Hrsg.), War, 2008, S. 127–144, 142.

3397 Ebenda, S. 142.

3398 *Dunér,* IJHR 9 (2005), S. 247–269, 263.

3399 Ebenda, S. 256; *Marsavelski,* CJIL 28 (2013), S. 241–295, 284 u. a. mit Blick auf die Guerilla-Bewegung *Rote Khmer,* die in Kambodscha 1975 die Regierung übernahm und dabei laut *Marsavelski* zum blutigsten Regime der modernen asiatischen Geschichte wurde. Vgl. *Eide,* in: UNESCO (Hrsg.), Violations of human rights: possible rights of recourse and forms of resistance, 1984, S. 34–66, 62.

stand legitimiert hätte.[3400] Selbst nach der Unterstützung des Widerstands gegen den damaligen Machthaber *Muammar al-Gaddafi* durch die internationale Gemeinschaft hat sich in Libyen aus der Widerstandsbewegung heraus nun wieder ein Militär-Regime etabliert.[3401] Das Beispiel in Libyen zeigt auch, dass der Umsturz einer Regierung zunächst mit massiver innerstaatlicher Instabilität verbunden sein und auf diesem Wege zu einer humanitären Katastrophe führen kann.[3402]

Die faktischen Konsequenzen einer Handlung können im Einzelfall ganz anders ausfallen, als man vorher zu prognostizieren vermag. Je weitreichender sie bei einer Betrachtung ex ante sind, desto riskanter ist ein Vorgehen. Eine humanitäre Krise ist beispielsweise keine überraschende Konsequenz eines Bürgerkriegs. Daher ist sie, wie alle vorhersehbaren Auswirkungen einer Widerstandshandlung, bei der Erfolgsprognose zu berücksichtigen. Letztlich bleiben solche Prognosen dennoch bestreitbar und im Hinblick auf ein gewünschtes Ergebnis manipulierbar.[3403] Das Kriterium der begründeten Erfolgsaussicht fordert daher, dass die hypothetischen Annahmen zu den Auswirkungen der Handlung in engem Zusammenhang mit dem aktuellen Geschehen stehen und plausibel erscheinen.[3404] Bei einer derart begründeten positiven Erfolgsprognose spricht auch das mögliche Risikopotenzial einer Handlung nicht gegen ihre Zulässigkeit.

(3) Vergleich mit milderen Mitteln und Ultima-Ratio-Prinzip

Das Erforderlichkeitskriterium impliziert zudem, dass ein Vergleich der Geeignetheit mit weniger schädlichen Mitteln zugunsten des gewählten Mittels sprechen muss. Es dürfen entweder keine milderen Mittel des Widerstands zur Verfügung stehen, oder diese müssen zur Verteidigung gegen die Menschenrechtsverletzungen deutlich unsicherer sein als das gewählte Mittel.[3405] Das Erforderlichkeitskriterium verknüpft die Geeignet-

---

3400 Hierzu eingängig *Merkel,* FAZ, 22.03.2011, Völkerrecht contra Bürgerkrieg: Die Militärintervention gegen Gaddafi ist illegitim; *ders.,* ZIS 2011, S. 771–783.

3401 *Marsavelski,* CJIL 28 (2013), S. 241–295, 284.

3402 Vgl. nur die Schilderungen von Oktober 2015 zur Lage in Libyen in: *Zeit Online,* Bürgerkrieg: Libysches Parlament lehnt Einheitsregierung ab, 20.10.2015.

3403 Vgl. *Hurka,* in: May (Hrsg.), War, 2008, S. 127–144, 143.

3404 Vgl. *Kuperman,* The limits of humanitarian intervention, 2001, 2 f.

3405 Vgl. *Bittner,* in: Bleisch/Strub (Hrsg.), Pazifismus, 2006, S. 265–275, 265; *Marsavelski,* CJIL 28 (2013), S. 241–295, 281.

heit mit dem Kriterium der Angemessenheit. In diesem Zusammenhang muss der Rekurs auf Widerstand an sich immer Ultima Ratio sein, ebenso die konkrete Widerstandshandlung. Diese Anforderungen an eine Widerstandshandlung sind sorgfältig zu prüfen, wie auch die anderen Kriterien der Beschränkung.[3406]

Dem Ultima-Ratio-Prinzip nach darf Widerstand nur als letztes Mittel zur Durchsetzung des legitimen Ziels angewendet werden. Mildere Mittel müssen grundsätzlich erschöpft sein. Dabei müssen auch mildere Mittel in Betracht gezogen werden, die möglicherweise geringere Effektivität aufweisen. Die Anwendung des Ultima-Ratio-Prinzips geht über eine einfache Erforderlichkeitsprüfung hinaus. Das Kriterium der Erforderlichkeit fordert auch unabhängig vom Ultima-Ratio-Prinzip einen Vergleich der Angemessenheitsbewertungen verschiedener Widerstandsmittel.[3407] Zudem besagt das Prinzip nicht, dass stets das absolut mildeste Mittel gewählt werden muss, sondern lässt das relativ mildeste Mittel genügen. Der relative Vergleichsmaßstab wird hierdurch allerdings herabgesenkt – so müssen nicht nur gleich geeignete Mittel miteinander verglichen (so bei der einfachen Erforderlichkeitsprüfung), sondern auch weniger geeignete in die Betrachtung einbezogen werden. Zumeist wird das Ultima-Ratio-Prinzip nur im Zusammenhang mit gewaltsamen Widerstandshandlungen erwähnt.[3408] Diese Sichtweise ist zu eng.[3409] So ist Widerstand an sich ein subsidiäres Mittel – auch in Form gewaltfreier Handlungen. In einem Staat sind zunächst die von der nationalen Rechtsordnung gebotenen, rechtlichen und politischen Mittel zur Verteidigung gegen die Menschenrechts-

---

3406 *Weinkauff,* Über das Widerstandsrecht, 1956, S. 19 f.

3407 Vgl. *Hurka,* in: May (Hrsg.), War, 2008, S. 127–144, 129.

3408 So bei *UNESCO,* in: UNESCO (Hrsg.), Violations of human rights: possible rights of recourse and forms of resistance, 1984, S. 221–227, 226; *Strub,* in: Leiner/Neubert/Schacht u. a. (Hrsg.), Gott mehr gehorchen als den Menschen, 2005, 312 f.; *Dobos,* Insurrection and Intervention, 2012, S. 46 ff.; *Marsavelski,* CJIL 28 (2013), S. 241–295, 279.

3409 So im Ergebnis *Eide,* in: UNESCO (Hrsg.), Violations of human rights: possible rights of recourse and forms of resistance, 1984, S. 34–66, 45; *Kaufmann,* in: Krawietz/Mayer-Maly/Weinberger (Hrsg.), Objektivierung des Rechtsdenkens, 1984, S. 85–96, 89; *Honoré,* Oxford Journal of Legal Studies 8 (1988), S. 34–54, 46; *Liu,* Archiv für Rechts- und Sozialphilosophie Beiheft 41 1990, S. 35–42, 42; *Geistlinger,* Revolution und Völkerrecht, 1991, 371; *Missling,* Widerstand und Menschenrechte, 1999, S. 249 f.; *Mégret,* Revue Études internationales 39 (2008), S. 39–62, 57; *ders.,* The Canadian Yearbook of International Law 2008, S. 143–192, 186 im Hinblick auf zivilen Ungehorsam.

verletzungen zu nutzen. Erforderlich ist insbesondere die Erschöpfung des Rechtswegs, sofern dieser Abhilfe schaffen kann.[3410] Das Widerstandsrecht kann als Selbsthilferecht nur in den Konstellationen zum Tragen kommen, in denen die Wege der Rechtsordnung nicht erfolgreich waren oder keinerlei Aussicht auf Erfolg haben. Dies ergibt sich aus dem Vorrang des Rechts, in dem sich die Souveränität und Selbstbestimmung des Staats und des Staatsvolks ausdrückt. Zum Ausdruck kommt dieser Vorrang in Abs. 3 der Präambel der AEMR, aus dem sich das Erfordernis des *last resort* in einem Umkehrschluss ergibt.[3411] In diesem Sinne sind zunächst auch mildere Mittel der internationalen Rechtsordnung zu ergreifen, sofern diese zur Beseitigung der Menschenrechtsverletzungen geeignet sind.[3412]

Der Vorrang legaler Mittel[3413] gilt zusätzlich zum Vorrang gewaltfreier Mittel. Im Allgemeinen existiert ein Vorrang milderer Mittel; dies besagt das Ultima-Ratio-Prinzip. Es gilt beim Widerstand in doppelter Weise: Zum einen darf Widerstand überhaupt nur Ultima Ratio sein. Zum anderen muss die konkrete Widerstandshandlung unter den möglichen Widerstandshandlungen den Anforderungen eines „Maximin-Prinzips" genügen: Sie muss maximale Wirkung bei minimalem Verletzungspotenzial für Dritte in Aussicht stellen.[3414] Die Bilanz zwischen Schäden und positiven Effekten der konkreten Widerstandshandlung muss besser sein als bei jeder ihrer Alternativen.[3415] Dann ist eine konkrete Widerstandshandlung als letztes Mittel zulässig.

Das Ultima-Ratio-Prinzip impliziert damit nicht zwangsläufig eine tatsächliche chronologische Anwendung diverser infrage kommender Mit-

3410 *Eide,* in: UNESCO (Hrsg.), Violations of human rights: possible rights of recourse and forms of resistance, 1984, S. 34–66, 45; *Mégret,* Revue Études internationales 39 (2008), S. 39–62, 57; *ders.,* The Canadian Yearbook of International Law 2008, S. 143–192, 185 f. im Hinblick auf zivilen Ungehorsam.

3411 *Missling,* Widerstand und Menschenrechte, 1999, S. 250.

3412 *Mégret,* Revue Études internationales 39 (2008), S. 39–62, 57; *ders.,* The Canadian Yearbook of International Law 2008, S. 143–192, 186 im Hinblick auf zivilen Ungehorsam.

3413 Ebenda, S. 188 ergänzt diesen um den Vorrang „einfacher" illegaler Mittel (vor Mitteln, die mit einer Verletzung des Strafrechts einhergehen).

3414 Ebenda, S. 188, der betont, dass ziviler Ungehorsam die Kriterien des „Maximin-Prinzips" zumeist erfüllt.

3415 Vgl. *Hurka,* in: May (Hrsg.), War, 2008, S. 127–144, 129.

tel.[3416] Sofern möglich, müssen die verfügbaren milderen Mittel faktisch eingesetzt worden sein. Insofern hat das Prinzip Einfluss auf die zeitliche Zulässigkeit von Widerstandshandlungen.[3417] Wenn stichhaltig dargelegt werden kann, dass mildere Mittel keine vernünftige Aussicht auf Erfolg haben, kann direkt auf das weniger milde Mittel zurückgegriffen werden.[3418] Diese Anwendung dieses Mittels entspricht dem Erfordernis des Ultima-Ratio-Prinzips dann ebenso. Das kann insbesondere der Fall sein, wenn die Anwendung der milderen Mittel in Anbetracht der Bedrohung zeitlich nicht mehr zur Verteidigung gegen die Menschenrechtsverletzung geeignet wäre. Im Einzelfall kann das Vorgehen jedoch unzulässig sein, wenn versäumt wurde, mildere Mittel, die zu einem früheren Zeitpunkt deutlich erfolgsversprechender waren, anzuwenden. Dann kann der Einsatz dieser nun weniger Erfolg versprechenden Mittel möglicherweise unter Hinnahme von Einbußen gefordert werden, bevor intensivere Mittel zulässig sind. Das Ultima-Ratio-Prinzip fordert also, dass seitens der Betroffenen möglichst früh auf Menschenrechtsverletzungen reagiert wird – zunächst im Modus legaler Mittel der nationalen und internationalen Rechtsordnungen, insbesondere durch die Mobilisierung von Öffentlichkeit. Je früher man einem Konflikt mit den Menschenrechten begegnet, desto effektiver ist die milde Konfliktverhütung.[3419] Bereits *de Vattel* schrieb: „Man braucht nicht zu warten, bis die Übelstände die äußerste Grenze erreichen, wenn man milde und unschädliche Gegenmaßnahmen ergreifen kann."[3420] Dies erfordert Sensibilität für und Engagement gegen Menschenrechtsverletzungen. Die Etablierung einer Widerstandslehre geht hier mit der Aufgabe einher, diese Sensibilität und das Engagement in der Zivilgesellschaft zu schulen bzw. auszuweiten – beispielsweise durch Menschenrechtsbildung, die Förderung von Frühwarnsystemen und von ziviler Konfliktbearbeitung als Mittel der Gewaltprävention[3421].

Dies gilt umso mehr, als die Prüfung der Erfordernisse des Ultima-Ratio-Prinzips im Einzelfall einer Widerstandshandlung ohnehin schwierig sein kann, da hierfür wiederum auf die schwierige empirische Erfolgspro-

3416 Vgl. *Rudolf,* Zur Ethik militärischer Gewalt, 2014, S. 28.

3417 *Mégret,* The Canadian Yearbook of International Law 2008, S. 143–192, 185.

3418 *Rudolf,* Zur Ethik militärischer Gewalt, 2014, S. 28.

3419 Vgl. *Gurr,* Political Rebellion, 2015, S. 137.

3420 *De Vattel,* Völkerrecht, 1959, S. 53.

3421 Hierzu *Wollweh,* in: Malowitz/Münkler (Hrsg.), Humanitäre Intervention, 2009, S. 221–242.

gnose der konkreten Widerstandshandlung zurückgegriffen werden muss. Zudem müssen die negativen Auswirkungen der Handlung prognostiziert werden. Die hypothetischen positiven und negativen Konsequenzen der Handlung müssen bilanziert werden und mit alternativen Handlungsmöglichkeiten verglichen werden.[3422] Zu diesen spekulativen Erwägungen gesellt sich die Beurteilung der zusätzlichen Risiken für die später womöglich ohnehin erforderliche Anwendung des schärfsten Mittels, die dadurch entstehen, dass die vorherige Anwendung eines milden Mittels erfolglos bleibt.[3423] So beispielsweise, wenn es als Ultima Ratio zum Bürgerkrieg kommt und der Staat seit Beginn der vorher gewaltfreien Widerstandsbewegung viel Zeit zur militärischen Aufrüstung hatte.[3424] Die Chance auf den Gewinn des Bürgerkriegs mag für die Widerstandskämpfer dann stark gesunken sein (möglicherweise unter die Grenze des Zulässigen). Zudem wird dieser Bürgerkrieg möglicherweise weit mehr zivile Opfer fordern, als wenn er zu Beginn der Widerstandsbewegung entfacht worden wäre.

Die Einhaltung des Erforderlichkeitskriteriums und des Ultima-Ratio-Prinzips kann im Einzelfall kaum ohne ausgiebige Begründung dargelegt werden. Es wird jedenfalls leichter sein, zu bestimmen, wann eine Widerstandshandlung keinesfalls Ultima Ratio ist, als festzustellen, dass sie dem Ultima-Ratio-Prinzip gerecht wird.[3425] Im Zweifelsfall gebietet das Prinzip selbst, zunächst nur die absolut mildeste Handlung für zulässig zu erachten. Zudem erfordert das Ultima-Ratio-Prinzip neben einem bestimmten Engagement auch noch eine gewisse Kreativität der Inhaber des Widerstandsrechts. Sie müssen möglicherweise auch unkonventionelle mildere Mittel des Widerstands in Erwägung ziehen. Dabei ist zu beachten, dass die globale Zivilgesellschaft heute mehr Einfluss auf Politik und Recht hat denn je.[3426] Globale Vernetzung und Demokratisierung eröffnen zahlreiche neue und milde Möglichkeiten frühzeitigen Einschreitens gegen Menschenrechtsverletzungen. Außerdem steht den Rechtsinhabern ein Repertoire konventioneller, gewaltfreier Mittel zur Verfügung – z. B. Wahlen, Rechtswege, verfassungsrechtliche Mittel oder friedliche Proteste. In einigen Staaten sind das legale Handlungsmöglichkeiten, um auf Menschen-

3422 Vgl. *Hurka,* in: May (Hrsg.), War, 2008, S. 127–144, 142.

3423 Ebenda, S. 129.

3424 Ebenda, S. 129.

3425 Vgl. *Rudolf,* Zur Ethik militärischer Gewalt, 2014, S. 29.

3426 *Thürer,* in: ders. (Hrsg.), Völkerrecht als Fortschritt und Chance, Bd. II, 2009, S. 585–606, 599.

rechtsverletzungen zu reagieren. Sie sind dem Instrument des Widerstandsrechts damit ebenso vorgeschaltet wie Maßnahmen der Prävention (z. B. zivile Konfliktbearbeitung)[3427]. Von anderen staatlichen Rechtsordnungen mögen die aufgezählten Möglichkeiten zur Beseitigung von Menschenrechtsverletzungen nicht vorgesehen sein. Dort kommen sie bereits als (illegale) Widerstandshandlungen in Betracht. Hier wie dort kann außerdem der zivile Ungehorsam als gewaltfreier Widerstand ein effektives Mittel zur Beseitigung der Menschenrechtsverletzungen darstellen. Er stellt das innerstaatliche Spiegelbild des völkerrechtlichen Prinzips der friedlichen Streitbeilegung dar.[3428]

Das Völkerrecht kann indessen auch durch die internationale Gemeinschaft oder einzelne Drittstaaten genutzt werden, um den Konflikt einer Widerstandslage zu entschärfen. Neben diplomatischen oder humanitären Unterstützungsmaßnahmen sollten die Vertragsstaaten des Rom-Statuts und die Vereinten Nationen bei einem Bruch des Gewaltverbots auch zur Durchsetzung des Völkerstrafrechts beitragen und ihre Handlungsmöglichkeit aus Art. 13 lit. a) und b) Rom-Statut nutzen. Die Effektivität von Unterstützungsmaßnahmen von außen bei einer Widerstandslage ist naturgemäß begrenzt. Ganz ohne innere Selbstbestimmung ist die Umsetzung der Menschenrechte nicht möglich. Hier setzt schließlich das Widerstandsrecht an, das es den Menschen ermöglicht, *ihre* Menschenrechte *selbst* durchzusetzen. Sie selbst sollten diese Aufgabe im Zweifel am besten wahrnehmen können.[3429] Bei der Bewertung der Erforderlichkeit einer bestimmten Widerstandshandlung sind die zu vergleichenden Mittel stark von den Ressourcen dieser Menschen abhängig.[3430] Im Sinne des Ultima-Ratio-Prinzips (insbesondere des Vorrangs gewaltfreier Mittel) sollte jedoch stets beachtet werden, dass die wertvollste Ressource für effektiven Widerstand im Menschen selbst liegt. Er muss nur seine Stimme erheben, aktiv werden. Sein Engagement stellt den Unterschied zwischen Erduldung und der Bekämpfung von Menschenrechtsverletzungen dar. Dies be-

3427 Hierzu *Wollweh,* in: Malowitz/Münkler (Hrsg.), Humanitäre Intervention, 2009, S. 221–242.

3428 *Mégret,* The Canadian Yearbook of International Law 2008, S. 143–192, 166.

3429 Ebenda, S. 182.

3430 Hierzu näher *Dunér,* IJHR 9 (2005), S. 247–269, 261.

ginnt bereits mit der Änderung der inneren Einstellung im Verhältnis zum Verletzungshandeln.[3431]

(4) Adressat der Widerstandshandlung

Der Adressat der Widerstandshandlung ergibt sich aus ihrem Zweck. Als Endzweck kommt nur die Beseitigung der Menschenrechtsverletzungen in Betracht. Insofern adressiert die Widerstandshandlung indirekt auch immer die politischen Machthaber, die für diese Verletzungen verantwortlich sind. Darüber hinaus kann bei gewaltfreiem Widerstand auch die Öffentlichkeit Adressat einer Widerstandshandlung sein, sofern deren Mobilisierung für die Beseitigung der Menschenrechtsverletzungen erforderlich ist.

Wenn die Widerstandshandlung gewaltsam erfolgt, darf sie nur die Verursacher der Menschenrechtsverletzungen adressieren. In diesem Zusammenhang ergibt sich die Frage der Zurechnung: Wer ist für die Menschenrechtsverletzungen in einem Staat verantwortlich? Dies kann sicherlich nicht jeder Staatsbedienstete sein. Es ist zwischen den politischen Entscheidungsträgern und der reinen Staatsadministration zu unterscheiden. Schwieriger wird die Beurteilung in staatsähnlichen Gebilden wie *failed states*, in denen nur faktische Machthaber die Regenten sind. Die Verantwortlichkeit ist nicht unbedingt nur auf die Regierungsebene eines Staats (oder staatsähnlichen Gebildes) beschränkt, sondern kann ebenso denjenigen Staatsbediensteten zugeschrieben werden, welche die Befehle zu den menschenrechtsverletzenden Handlungen vollziehen. Es ist sinnvoll, hier im Einzelfall die Kriterien der strafrechtlichen Zurechnung anzuwenden.

Problematisch könnte zudem die Ausübung von Widerstand in einem demokratischen Staat sein. Der Gedanke der Volkssouveränität spricht dagegen, dort Widerstand gegen eine amtierende, demokratisch legitimierte Regierung zuzulassen. Zudem könnte man ein Widerstandsrecht in freiheitlich-demokratischen Rechtsstaaten für überflüssig halten.[3432] Aller-

3431 So jedenfalls in der hinduistischen Lehre *Gandhis* (vgl. *Klimkeit,* Der politische Hinduismus, 1981, S. 133; *Arp,* Gandhi, 2007, S. 52), die vielen säkularisierten Widerstandsbewegungen ein Vorbild war. Ähnliche zeitgenössische Sichtweise, die buddhistisch geprägt, aber dem Säkularismus zugänglich ist: *Seine Heiligkeit der XIV. Dalai Lama,* Ratschläge des Herzens, 2003 (Orig. v. 2001), S. 100 f.

3432 *Wolzendorff,* Staatsrecht und Naturrecht in der Lehre vom Widerstandsrecht des Volkes gegen rechtswidrige Ausübung der Staatsgewalt, 1961 (1916), S. 533 f.

dings zeigt die Erfahrung, dass auch in Demokratien, die die Menschenrechte grundsätzlich achten, das Bedürfnis zum Widerstand entstehen kann – insbesondere, wenn in einer Demokratie Minderheiten unterdrückt werden. Dementsprechend entwickelt beispielsweise *Rawls* seine Theorie vom zivilen Ungehorsam erst für eine weitgehend gerechte, also demokratische Gesellschaft.[3433] Ein pauschaler Ausschluss des Widerstandsrechts für eine bestimmte Staatsform ist daher nicht zu befürworten. Vielmehr sind die möglichen negativen Auswirkungen des Widerstands auf die Volkssouveränität und Rechtssicherheit im Einzelfall im Rahmen der Angemessenheitsprüfung zu berücksichtigen.

cc) Angemessenheit

Ebendiesem Kriterium der Angemessenheit wird nun betrachtet. Was dieses Kriterium sicherstellen soll, beschreibt *Kaufmann* eingängig:

> „Daraus folgt vor allem, daß Widerstand nicht zulässig ist, wenn befürchtet werden muß, daß, auf Dauer gesehen, das nationale Unglück noch vergrößert statt vermindert wird – die Medizin darf nicht schlimmere Folgen haben als die Krankheit."[3434]

Die Auswirkungen der Heilung müssen in einem bestimmten Verhältnis zur Krankheit stehen, die Widerstandshandlung also in einem bestimmten Verhältnis zu den Umständen, die die Widerstandslage begründen. Letztlich erfordert das Angemessenheitskriterium einen Abwägungsprozess, dessen Ergebnis empirisch und normativ positiv sein muss.[3435]

Eine Widerstandshandlung kann also zum einen nur dann angemessen sein, wenn ihre zu erwartenden positiven und negativen empirischen Folgen im richtigen Verhältnis zueinander stehen, d. h. einen positiven Saldo ergeben.[3436] In Ergänzung zum Erforderlichkeitskriterium sind hier also nicht nur die positiven Effekte – die Erfolgschancen – der Widerstandshandlung zu berücksichtigen, sondern auch mögliche negative (Neben-)Effekte. Ähnliches gilt im Hinblick auf das Ultima-Ratio-Prinzip, das

---

3433 Hierzu s. o., S. 550 ff.

3434 *Kaufmann,* in: Krawietz/Mayer-Maly/Weinberger (Hrsg.), Objektivierung des Rechtsdenkens, 1984, S. 85–96, 89.

3435 *Merkel,* JZ 62 (2007), S. 373–385, 374; vgl. *Missling,* Widerstand und Menschenrechte, 1999, S. 251.

3436 Vgl. *Merkel,* JZ 62 (2007), S. 373–385, 374.

schließlich auf Erwägungen der Angemessenheit zurückgreift. Es stellt sich die Frage, welche Faktoren im Abwägungsprozess zur Bestimmung der Angemessenheit berücksichtigt werden dürfen. Welche voraussichtlichen positiven und negativen empirischen Folgen der Widerstandshandlung müssen hier gegeneinander abgewogen werden? Und wie genau funktioniert diese Abwägung?

Als positive empirische Effekte müssen jedenfalls diejenigen in die Abwägung einfließen, die mit dem legitimen Zweck der Widerstandshandlung in direktem Zusammenhang stehen,[3437] also alle Effekte, die einen Beitrag zur Beseitigung der Menschenrechtsverletzungen leisten. Darüber hinaus könnte erwogen werden, auch weitere positive Effekte der Widerstandshandlung zu berücksichtigen; z. B. positive wirtschaftliche oder kulturelle Effekte.[3438] Positive Effekte einer gerechtfertigten Handlung lassen sich allerdings ausschließlich am Grund der Rechtfertigung messen;[3439] nur deshalb kann die Handlung schließlich gerechtfertigt werden. Das gilt auch für eine Selbsthilfehandlung in Form von Widerstand. Belange, die für die Widerstandslage nicht von Bedeutung waren, können es auch nicht im Hinblick auf die positiven Folgen der Widerstandshandlung sein. Damit dürfen hier generell nur die positiven empirischen Effekte auf die Menschenrechtsverletzungen eine Rolle spielen. Es spielt also insbesondere eine Rolle, in welchem Ausmaß die Menschenrechtsverletzungen durch die Widerstandshandlung beseitigt werden können. Im Einzelfall können auch sekundäre positive Effekte berücksichtigt werden, wenn diese notwendige Zwischenziele zur Erreichung des Endzwecks markieren. Je genauer das Ziel bestimmt ist, desto einfacher fällt die Angemessenheitsprüfung.[3440] Die positiven Effekte werden durch einen hypothetischen Vergleich zwischen der zu erwartenden Situation im Staat mit und ohne die Widerstandshandlung ermittelt. Dabei können sowohl kurz- als auch langfristige positive Effekte ausfindig gemacht werden. Wie aus der Medizin bekannt ist, kann die heilende Wirkung eines Eingriffs große Geduld fordern.[3441] Mitunter kann der Eingriff den Gesundheitszustand zunächst für

---

3437 Vgl. *Hurka,* in: May (Hrsg.), War, 2008, S. 127–144, 131; *Dobos,* Insurrection and Intervention, 2012, S. 50; *Rudolf,* Zur Ethik militärischer Gewalt, 2014, S. 26.

3438 Vgl. ebenda, S. 26.

3439 Vgl. ebenda, S. 26.

3440 *Biermann,* ZeFKo 3 (2014), S. 6–42, 28.

3441 *Marsavelski,* CJIL 28 (2013), S. 241–295, 284.

kurze Zeit verschlechtern, bevor dauerhafte Besserung eintritt.[3442] Ähnliche Wirkmechanismen können bei einer Widerstandshandlung bestehen und berücksichtigt werden. [3443] Allerdings müssen die Konsequenzen der Erstverschlechterung als negative Effekte in die Abwägung einfließen und können dort im Einzelfall derart ins Gewicht fallen, dass von dem Eingriff abgesehen werden muss.

Während bei der Bestimmung der positiven empirischen Effekte also für eine enge Ansicht plädiert wird, lässt sich im Hinblick auf die negativen empirischen Effekte, die in die Abwägung einfließen, eine weite Position vertreten.[3444] Es sind nicht nur die unmittelbaren negativen Folgen der Widerstandshandlung einzukalkulieren, sondern auch vorhersehbare indirekte, gleichwohl kausale Folgen, die möglicherweise zusätzlich auf Entscheidungen Dritter beruhen. Dementsprechend müssen z. B. vorhersehbare menschenrechtsverletzende Reaktionen der Staatsregierung auf die konkrete Widerstandshandlung als negativer Faktor abgewogen werden. Die Umstände des Einzelfalls sind umfassend zu würdigen. Ferner ist das Risiko von Gegenbewegungen oder Eskalationen zu bedenken. Diese weite Betrachtungsweise ergibt sich aus dem deontologischen Prinzip der Verantwortlichkeit für die absehbaren Folgen der eigenen aktiven Handlung.[3445] Die negativen empirischen Effekte können – wie die positiven – im Wege eines Vergleichs zwischen dem hypothetischen Geschehensablauf mit der und ohne die Widerstandshandlung ausfindig gemacht werden.

Durch die Beschränkung der positiven Effekte, die im Rahmen der Abwägung Beachtung finden können, unterscheidet sich die Abwägung der Angemessenheit bereits von einer rein utilitaristischen Beurteilung, die nur den Gesamtnutzen mit dem Gesamtschaden vergleicht.[3446] Fraglich ist, wie genau die zu berücksichtigenden empirischen positiven und negativen Effekte gegeneinander abgewogen werden können. Hier kann nur eine konsequentialistische Vergleichskalkulation vorgenommen werden. Dies kann im Einzelfall schwierig sein, da die Effekte sich nicht zwangsläufig mathematisch darstellen lassen. Eine Ausnahme hiervon besteht etwa, wenn es um die kriegerische Rettung von Menschenleben geht. Hier

---

3442 Ebenda, S. 284.

3443 Ebenda, S. 284.

3444 Ähnlich *Hurka,* in: May (Hrsg.), War, 2008, S. 127–144, 135.

3445 Vgl. ebenda, S. 140.

3446 *Rudolf,* Zur Ethik militärischer Gewalt, 2014, S. 26.

kann ein – wenn auch makabrer – hypothetischer Saldo berechnet werden. Im Fall „sonstiger Menschenrechtsverletzungen“ ist dies schwieriger. Hier muss nach Möglichkeit auf das quantitative Moment der Menschenrechtsverletzungen abgestellt werden. Fraglich ist, wie es sich demgegenüber verhält, wenn eine Widerstandshandlung nur die Mobilisierung der Öffentlichkeit als einen ersten Schritt zur Beseitigung der Menschenrechtsverletzungen erreichen wollte. Dieser positive Effekt lässt sich kaum quantitativ ausdrücken. Das Abwägungsergebnis wird hier primär von normativen Erwägungen bestimmt.

Selbst, wenn positive und negative empirische Effekte mathematisch darstellbar wären, bliebe eine Frage: Wie genau muss das Abwägungsergebnis aussehen, damit es als angemessen bezeichnet werden kann? Man könnte bereits eine ausgeglichene Bilanz für ausreichend erachten – eine Widerstandshandlung wäre dann angemessen, wenn die negativen Effekte die positiven nicht überstiegen. Ferner könnte man fordern, dass die positiven Effekte leicht dominieren müssten. Schließlich lässt sich vertreten, dass die positiven Effekte die negativen weit überwiegen müssten. Deontologisch betrachtet kommt nur die letzte Sichtweise infrage.[3447] Es bleibt jedoch unklar, was sich hinter dem Erfordernis des weiten Überwiegens verbirgt. Hier wird diesbezüglich für eine wertende Einzelfallbetrachtung plädiert.

Gewiss ist die Bestimmung der positiven und negativen empirischen Effekte ebenso spekulativer Natur wie die Bewertung der Geeignetheit und Erforderlichkeit einer Widerstandshandlung.[3448] Weder die positiven noch die negativen empirischen Konsequenzen einer Handlung sind ex ante in Gänze abschätzbar.[3449] Darüber hinaus kann es schwerfallen, prognostizierte empirische Konsequenzen überhaupt als positiv oder negativ einzustufen. Je nach Perspektive der Betrachtung kann diese Einstufung variieren.[3450] Hier ist eine Bewertungsperspektive erforderlich, die sich streng am legitimen Zweck der Widerstandshandlung orientiert: an der Bekämpfung von Gewalt und Menschenrechtsverletzungen. Je umfangreicher die Konsequenzen einer Widerstandshandlung sein können, desto präziser ist die Angemessenheit zu prüfen und zu begründen.

3447 *Hurka,* in: May (Hrsg.), War, 2008, S. 127–144, 139.

3448 Vgl. *Dunér,* IJHR 9 (2005), S. 247–269, 262; *Hurka,* in: May (Hrsg.), War, 2008, S. 127–144, 142; *Rudolf,* Zur Ethik militärischer Gewalt, 2014, S. 25.

3449 *Dunér,* IJHR 9 (2005), S. 247–269, 262.

3450 Vgl. ebenda, S. 262.

Neben der Abwägung der empirischen Effekte einer Widerstandshandlung impliziert die Angemessenheitsprüfung zum anderen, dass ihre normativen Auswirkungen gegeneinander abgewogen werden müssen. Die gerechtfertigte Widerstandshandlung muss eine normative Kohärenz aufweisen.[3451] Bei der Ausführung der Widerstandshandlung sind also wiederum die Menschenrechte zu beachten:[3452] Menschenrechtsverletzungen sind dabei grundsätzlich zu unterlassen. Eine nicht-ideale rechtsethische Ausnahme hierzu besteht beim kriegerisch-gewaltsamen Widerstand.[3453] Die Grenze der Angemessenheit liegt gleichwohl dort, wo die Widerstandshandlung voraussichtlich Menschenrechtsverletzungen verursacht, die bei einer Abwägung qualitativ und quantitativ nicht deutlich hinter denjenigen zurückbleiben, die beseitigt werden sollen.[3454]

b) Sonderfall: Kriegerisch-gewaltsamer Widerstand

Im Folgenden werden die allgemeinen Verhältnismäßigkeitskriterien für kriegerisch-gewaltsame Widerstandshandlungen konkretisiert. Die Konkretisierungen gelten für kriegerisch-gewaltsame Gesamtvorhaben (insbesondere für einen Bürgerkrieg) und Einzelakte gleichermaßen. Das Charakteristische an kriegerisch-gewaltsamen Widerstandshandlungen ist ihr hohes Risikopotenzial. Sie gehen zwangsläufig mit Menschenrechtsverletzungen unbeteiligter Dritter einher und fordern Letzteren oftmals große Opfer ab – insbesondere von Leib, Leben und Eigentum. Die Verhältnismäßigkeitsprüfung muss vor der Ausübung derart wirkender Widerstandshandlungen gründlich durchgeführt werden. Dabei muss berücksichtigt werden, dass sich die Auswirkungen militärischer Handlungen nur begrenzt planen lassen.[3455] Hieraus ergibt sich bereits auf den ersten Blick die Vermutung, dass solche Handlungen den Kriterien der Verhältnismä-

---

3451 Vgl. zu Bedingung der normativen Kohärenz *Kersting,* in: Merkel (Hrsg.), Der Kosovo-Krieg und das Völkerrecht, 2000, S. 187–231, 224 f.

3452 *Eide,* in: UNESCO (Hrsg.), Violations of human rights: possible rights of recourse and forms of resistance, 1984, S. 34–66, 55 f., 58.

3453 Hierzu s. o., S. 596 ff. sowie u., S. 681.

3454 Vgl. ebenda, S. 55 sowie *Missling,* Widerstand und Menschenrechte, 1999, S. 251 f., die es bereits genügen lassen, wenn die Menschenrechtsverletzungen durch die Widerstandshandlung nicht schwerer wiegen als diejenigen des Staats.

3455 Vgl. *Kersting,* in: Merkel (Hrsg.), Der Kosovo-Krieg und das Völkerrecht, 2000, S. 187–231, 224.

ßigkeit in aller Regel nicht entsprechen. Der Raum für legalen kriegerisch-gewaltsamen Widerstand ist daher trotz des abstrakten Bestehens eines entsprechenden Widerstandsrechts sehr klein. Umso wahrscheinlicher ist die Einordnung einer kriegerisch-gewaltsamen Widerstandshandlung als illegal. Nach der Schaffung eines entsprechenden Straftatbestandes können solche illegalen Widerstandshandlungen im Einzelfall gar völkerstrafrechtlich geahndet werden. Dem können die Ausübenden nur entgehen, wenn sie die folgenden strengen Beschränkungen des Widerstandsrechts einhalten. Diese entsprechen den Kriterien, die für die Zulässigkeit einer humanitären Intervention vertreten werden und der *Theorie des gerechten Krieges* entstammen.[3456]

aa) Legitimer Zweck

Kriegerisch-gewaltsamer Widerstand kommt – wie gewaltsamer Widerstand überhaupt – nur im Fall des „Bruchs des Gewaltverbots“ seitens des Staats in Betracht. Legitimer Zweck kann hier also nur die Verteidigung gegenüber der staatlichen Gewalt sein.[3457] Während Einzelakte illegitimer staatlicher Gewalt im Wege eines individuellen Notwehrrechts gewaltsam abgewehrt werden können, kann kriegerisch-gewaltsamer Widerstand nur zur Verteidigung gegen staatliches Handeln angewendet werden, das die Tatbestände des Völkermords, der Verbrechen gegen die Menschlichkeit oder der Kriegsverbrechen verwirklicht, d. h. das Versuchsstadium dieser Taten zumindest erreicht wurde. Kriegerisch-gewaltsamer Widerstand darf damit nur dem Erhalt bzw. der Wiederherstellung der Minimalbedingungen von Recht und Staatlichkeit dienen. Lediglich die Gewalt selbst, die der Erfüllung diesen Minimalbedingungen im Wege steht, darf mit kriegerisch-gewaltsamen Mitteln bekämpft werden; mit der kriegerisch-gewaltsamen Widerstandshandlung können keine anderen Ziele verfolgt werden.[3458]

3456 Vgl. eingängig *Strub,* in: Leiner/Neubert/Schacht u. a. (Hrsg.), Gott mehr gehorchen als den Menschen, 2005, 305 ff.

3457 Ähnlich für bewaffneten Widerstand *Eide,* in: UNESCO (Hrsg.), Violations of human rights: possible rights of recourse and forms of resistance, 1984, S. 34–66, 58.

3458 So für Kriege *Preuß,* in: Lutz (Hrsg.), Der Kosovo-Krieg, 1999/2000, S. 37–51, 49.

bb) Geeignetheit und Erforderlichkeit

(1) Begründete Erfolgsaussicht

Die kriegerisch-gewaltsame Widerstandshandlung muss in jedem Fall ein geeignetes Mittel darstellen, um den staatlichen Bruch des Gewaltverbots zu bekämpfen.[3459] Insofern muss eine begründete Erfolgsaussicht bestehen. Wenn ein kriegerisch-gewaltsames Unterfangen von Beginn an zum Scheitern verurteilt ist, darf es nicht durchgeführt werden – so dringlich der staatliche Bruch des Gewaltverbots auch nach seiner Bekämpfung verlangen mag.[3460] Hierfür ist im Einzelfall gewaltökonomische Sicherheit erforderlich.[3461] Dazu gehört beim militärischen Vorgehen eine Vorstellung vom plausiblen Ablauf der gesamten Operation inklusive ihrer (erfolgreichen) Beendigung.[3462]

Es stellt sich die Frage, was bei kriegerisch-gewaltsamem Widerstand alles zum Erfolg gezählt werden kann.[3463] Ist hier z. B. vorrangig auf den (quasi-)militärischen Erfolg abzustellen? Alternativ kann es bei einer einzelnen kriegerisch-gewaltsamen Handlung zunächst auch um andere Ziele gehen, z. B. um Zeitgewinn gegenüber dem Staat, um den Menschen, die von der staatlichen Gewalt faktisch bedroht sind, die Flucht zu ermöglichen.[3464] In erster Linie muss der Erfolg der Widerstandshandlung im Hinblick auf ihren einzig legitimen Zweck bestimmt werden: die Bekämpfung der staatlichen Gewalt. Dieses Ziel lässt sich in aller Regel nicht mit einer einzigen Unternehmung erreichen. Daher können auch Zwischenschritte den Maßstab für den Erfolg einer Widerstandshandlung vorgeben. Diese müssen im Hinblick auf das Endziel im Rahmen einer Gesamtstrategie jedoch plausibel und notwendig sein. Das Ziel des Regimewechsels

3459 Vgl. *Merkel,* in: ders. (Hrsg.), Der Kosovo-Krieg und das Völkerrecht, 2000, S. 66–98, 69 („Untaugliche Gewaltmittel sind niemals erforderlich und immer Unrecht.“).

3460 *Dobos,* Insurrection and Intervention, 2012, S. 62.

3461 Vgl. *Kersting,* in: Merkel (Hrsg.), Der Kosovo-Krieg und das Völkerrecht, 2000, S. 187–231, 224 f.

3462 Ebenda, S. 225 f.

3463 Zur Unterscheidung von politischen Zwecken und strategischen Zielen im asymmetrischen Krieg etwa *Daase/Schindler,* Politische Vierteljahresschrift 50 (2009), S. 701–731, 717.

3464 *Rudolf,* Zur Ethik militärischer Gewalt, 2014, S. 27. Dies zum Erfolg zählend *Harbour,* Journal of Military Ethics 10 (2011), S. 230–241, 233.

führt bei einem Bürgerkrieg beispielsweise in aller Regel zu einer längeren Dauer des Kriegs.[3465] Im Einzelfall muss daher kontinuierlich überprüft werden, ob das Festhalten hieran für die Erreichung des Widerstandsziels wirklich unabdingbar ist.

Schließlich stellt sich die Frage, wie hoch die Erfolgswahrscheinlichkeit sein muss. Nimmt man an, die Erfolgsprognose ließe sich mathematisch ausdrücken: Bei der Anwendung von kriegerisch-gewaltsamem Widerstand dürfte eine Erfolgswahrscheinlichkeit von unter 50 % nicht ausreichen. Bei einem solchen Prognosewert besteht schließlich eher eine Erfolgsmöglichkeit denn eine begründete Aussicht auf Erfolg. Erfolgssicherheit kann auf der anderen Seite auch nicht gefordert werden, da diese nie gegeben ist.[3466] Ein absoluter Wahrscheinlichkeitswert, der zur Annahme einer begründeten Erfolgsaussicht mindestens vorliegen muss, wird hier nicht vorgeschlagen. Vielmehr wird gefordert, dass die Erfolgswahrscheinlichkeit tendenziell eine größere Nähe zur Sicherheit denn zur Möglichkeit aufweist. Dies muss im Einzelfall anhand der tatsächlichen Umstände des Einzelfalls fundiert dargelegt werden.[3467]

Es liegt auf der Hand, dass auch diese Darlegung spekulativer Natur sein wird.[3468] Im Fall einer kriegerisch-gewaltsamen Widerstandshandlung kommt ihr hohes Risikopotenzial erschwerend zur ohnehin unsicheren Prognose hinzu.[3469] Ist der Handlungsverlauf zu ungewiss, folgt hieraus das Gebot, die kriegerisch-gewaltsame Widerstandshandlung zu unterlassen.[3470] Kriegerische Gewalt birgt immer die Gefahr von Eskalation und unkontrollierbaren negativen humanitären Folgen, welche die Erreichung des Widerstandserfolgs in weite Ferne rücken lassen.[3471] Auf Krieg

---

3465 Vgl. für humanitäre Interventionen *Kuperman,* IS 38 (2013), S. 105–136, 135.

3466 *Harbour,* Journal of Military Ethics 10 (2011), S. 230–241, 232; *Rudolf,* Zur Ethik militärischer Gewalt, 2014, S. 27. A. A. für militärische Operationen *Kersting,* in: Merkel (Hrsg.), Der Kosovo-Krieg und das Völkerrecht, 2000, S. 187–231, 225 f.

3467 *Harbour,* Journal of Military Ethics 10 (2011), S. 230–241, 232; *Rudolf,* Zur Ethik militärischer Gewalt, 2014, S. 27.

3468 Vgl. ebenda, S. 25.

3469 Vgl. *Gurr,* Political Science & Politics 33 (2000), S. 155–160, 156 a. E.; *Buchanan,* Philosophy & Public Affairs 41 (2013), S. 291–323, 296.

3470 Vgl. *Kersting,* in: Merkel (Hrsg.), Der Kosovo-Krieg und das Völkerrecht, 2000, S. 187–231, 226.

3471 Vgl. *Eide,* in: UNESCO (Hrsg.), Violations of human rights: possible rights of recourse and forms of resistance, 1984, S. 34–66, 56, 61.

folgt in aller Regel Instabilität; so auch im Fall des Bürgerkriegs. Wenn ausnahmsweise Stabilität folgen sollte, liegt dies im Einzelfall daran, dass der Staat den kriegerisch-gewaltsamen Widerstand schnell abgewehrt hat und sodann ein noch repressiveres Regime etabliert als zuvor.[3472] In der Regel muss für kriegerisch-gewaltsame Widerstandshandlungen also eine schlechte Erfolgsprognose angenommen werden.

Bereits in der Praxis zeigt sich, wie schwierig es ist, die Erfolgsprognose für militärische Gewalteinsätze zu treffen, und wie sehr sie von den tatsächlich erzielten Ergebnissen abweichen kann, wenn sie nicht gründlich genug durchgeführt wurde. Man nehme hierfür nur die Beispiele der Interventionen im Kosovo und in Libyen.[3473] Die kriegerische Gewalt hat kaum merklich zur Verbesserung der humanitären Lage in den beiden Staaten beigetragen. Man kann sogar annehmen, dass sie in beiden Fällen zu einer Verschlechterung der Situation geführt hat.[3474] *Kaufmann* formuliert: „Noch nie ist ein Problem mit Gewalt gelöst worden. Gewalt hat immer nur neue Probleme geschaffen."[3475] In der Tat lassen sich politische Ziele – so auch der Kampf gegen eine menschenrechtsverachtende Politik – jedenfalls nur sehr schwer mit militärischer Gewalt durchsetzen.[3476] Wer *Kaufmanns* Aufforderung „Werft das Schwert weg, werft alle Schwerter weg!"[3477] dennoch für weltfremd hält, „[…] der möge doch einmal den Nachweis erbringen, wann und wo irgendein Problem mit Gewalt gelöst worden ist."[3478]

Sofern der Staat Gewalt anwendet, muss dem allerdings ein Ende gesetzt werden können. Zudem müssen sich die faktisch von der Gewalt Betroffenen effektiv verteidigen können. Niemand wird einen vom Völkermord bedrohten Menschen ernsthaft dazu auffordern, sich seiner Bedrohung gegenüber kampflos zu ergeben. Im Zweifel hat dieser bereits ein

3472 Vgl. ebenda, S. 61.

3473 Vgl. *Biermann,* ZeFKo 3 (2014), S. 6–42, 20 f.

3474 Vgl. ebenda, S. 30ff. Zur Kritik an diesen Einsätzen statt vieler *Merkel,* in: Meggle (Hrsg.), Humanitäre Interventionsethik, 2004, S. 107–132; *ders.,* FAZ, 22.03.2011, Völkerrecht contra Bürgerkrieg: Die Militärintervention gegen Gaddafi ist illegitim; *ders.,* ZIS 2011, S. 771–783.

3475 *Kaufmann,* 1984, S. 253.

3476 *Rudolf,* Zur Ethik militärischer Gewalt, 2014, S. 27.

3477 *Kaufmann,* 1984, S. 254.

3478 Ebenda, S. 253.

gewaltsames Notwehrrecht, welches das Widerstandsrecht unberührt lässt.[3479] Wenn dieses Recht aber nicht genügt, weil der Erfolg seiner individuellen Verteidigung aussichtslos ist, wird sich der Bedrohte mit anderen zusammenschließen und ist als letztes Mittel einer wirksamen Verteidigung auf das kriegerisch-gewaltsame Widerstandsrecht angewiesen. In der Praxis werden diejenigen, die das Widerstandsrecht als private Bürger im asymmetrischen Konflikt ausüben, immer noch zahlreiche logistische Nachteile gegenüber dem zu bekämpfenden Staat haben. Widerstandskämpfer verfügen grundsätzlich über weniger materielle und personelle Ressourcen als das staatliche Militär, das sie herausfordern.[3480] Auch die Bildung einer Führung und die Organisation und Koordination des Widerstands sind keine leichten Aufgaben für eine Widerstandsbewegung.[3481] Wenn sie in zulässiger Weise zum kriegerisch-gewaltsamen Widerstand übergeht, tragen ihre Mitglieder das lebensgefährliche Risiko ihres Scheiterns.[3482] Hieraus könnte nun gefolgert werden, dass das Kriterium der begründeten Erfolgsaussicht für Widerstand nicht so eng ausgelegt werden darf wie im symmetrischen Konflikt bei der Entschließung zum Krieg durch einen Staat. Schließlich verfügt Letzterer über eine andere Dimension von entsprechenden Ressourcen. Wenn die Erfolgschancen einer Widerstandshandlung schlecht stehen, muss diese allerdings unterlassen werden. Die Knappheit der eigenen Ressourcen begründet keine Befugnis zum ansonsten illegalen und illegitimen – und ohnehin fast aussichtslosen – Handeln.[3483] Gewiss ist das Szenario der Kapitulation vor einem drohenden Völkermord äußerst tragisch. Man wird die faktisch Betroffenen, die in einer solchen Notlage dennoch zu unzulässigen kriegerisch-gewaltsamen Mitteln der Verteidigung greifen, hierfür regelmäßig nicht strafrechtlich belangen können, sondern entschuldigen. In keinem Fall kann man sie hierzu ermutigen und ihnen das Widerstandsrecht zur Rechtfertigung ihrer blutigen Taten offerieren.

3479 Dagegen zum Notwehrrecht im Allgemeinen kritisch *Bittner,* in: Bleisch/Strub (Hrsg.), Pazifismus, 2006, S. 265–275.

3480 *Buchanan,* Philosophy & Public Affairs 41 (2013), S. 291–323, 297; vgl. *Keenan,* ICLR 2011, S. 5–29, 2. Häufig sind sie gar auf die Bereitstellung von Ressourcen durch Drittstaaten angewiesen (vgl. *Zunes,* Political Science & Politics 33 (2000), S. 181–187, 183).

3481 *Buchanan,* Philosophy & Public Affairs 41 (2013), S. 291–323, 298.

3482 Ebenda, S. 296 f.

3483 Ähnlich *Keenan,* ICLR 2011, S. 5–29, 28.

Die Anforderungen der Geeignetheit und der begründeten Erfolgsaussicht müssen von Widerstandskämpfern strikt eingehalten werden. Dies gebietet nicht zuletzt die ohnehin prekäre Legitimation des kriegerisch-gewaltsamen Widerstands im Modus der *nonideal theory*. Dabei müssen diese begrenzenden Kriterien nicht nur vor dem Tätigwerden berücksichtigt werden, sondern auch während der Ausführung der Widerstandshandlung.[3484] Wenn sich z. B. im Rahmen eines kriegerisch-gewaltsamen Gesamtvorhabens plötzlich neue Erkenntnisse ergeben, die die Erfolgsaussicht drastisch senken, muss unter Berücksichtigung der dann zu erwartenden negativen Folgen kapituliert werden.[3485] Entsprechendes gilt auf der Mikroebene für einzelne Widerstandshandlungen.

(2) Ultima-Ratio-Prinzip

Es liegt auf der Hand, dass die Zulässigkeit einer kriegerisch-gewaltsamen Widerstandshandlung – sofern eine begründete Aussicht auf ihren Erfolg besteht – häufig an den Erfordernissen des Ultima-Ratio-Prinzips scheitern wird. Gewaltfreier Widerstand hat schließlich Vorrang vor gewaltsamem und unter den gewaltsamen Formen des Widerstands ist der kriegerisch-gewaltsame Widerstand wiederum das schärfste und damit das nachrangigste Mittel.[3486] Kriegerisch-gewaltsamer Widerstand muss das schlechthin letzte Mittel des Widerstands sein. Entsprechendes gilt für den Krieg im Allgemeinen, der seit der Geburt der *Theorie des gerechten Krieges* nur als Ultima Ratio denkbar ist.[3487]

Wenn man das Ultima-Ratio-Prinzip streng – im Sinne eines absoluten Vorrangs gewaltfreier Mittel – interpretiert, gelangt man niemals zur Zulässigkeit von kriegerisch-gewaltsamem Widerstand,[3488] da die Skala gewaltfreier Mittel sehr breit ist. Eine derartige Beschränkung ist unnötig

---

3484 Vgl. *Rudolf*, Zur Ethik militärischer Gewalt, 2014, S. 28.

3485 Ebenda, S. 28.

3486 Vgl. für den Vorrang gewaltfreier Mittel *UNESCO*, in: UNESCO (Hrsg.), Violations of human rights: possible rights of recourse and forms of resistance, 1984, S. 221–227, 226; *Geistlinger*, Revolution und Völkerrecht, 1991, S. 371; *Missling*, Widerstand und Menschenrechte, 1999, S. 250.

3487 *Biermann*, ZeFKo 3 (2014), S. 6–42, 24.

3488 Vgl. *Strub*, in: Leiner/Neubert/Schacht u. a. (Hrsg.), Gott mehr gehorchen als den Menschen, 2005, 312.

weitgehend.[3489] Von Bedeutung ist stattdessen, die Effektivität aller zur Verfügung stehender Mittel zu berücksichtigen – vor allem zeitliche Aspekte.[3490] Grundsätzlich muss vor der Ausübung kriegerisch-gewaltsamen Widerstands versucht worden sein, den Widerstandserfolg mittels gewaltfreier und gewaltärmerer Mittel zu erreichen.[3491] Wenn das Erreichen des Erfolgs durch solche milderen Handlungen jedoch von Beginn an aussichtslos ist, kann direkt zum kriegerisch-gewaltsamen Vorgehen übergegangen werden.[3492] Kriegerisch-gewaltsames Handeln ist damit zulässig, wenn es das letzte Mittel darstellt, mit dem sich der legitime Zweck voraussichtlich erreichen lässt.[3493] Vor dem Handeln muss dies plausibel begründet werden. Es muss also dargelegt werden, dass keine Erfolg versprechenden, schadensärmeren Handlungsalternativen existieren.[3494] Dies impliziert ein spekulatives Moment. Im Einzelfall kann die Zulässigkeit einer kriegerisch-gewaltsamen Widerstandshandlung davon abhängen, ob die friedliche Konfliktbewältigung zuvor ernsthaft betrieben wurde.[3495]

Das Ultima-Ratio-Prinzip ist bei der Ausführung einer Widerstandshandlung permanent zu beachten, sodass der Umschwung zu gewaltärmeren oder -freien Alternativen von den Handelnden fortwährend in Erwägung gezogen werden muss.[3496] Selbst das Spektrum kriegerisch-gewaltsamer Widerstandshandlungen weist einige Handlungsvarianten auf, wovon je nach Erfolgsaussichten stets die mildeste zu wählen ist. Neue Technologien der Kriegsführung (atomare Waffen etc.) scheinen daher als Mittel des Widerstands grundsätzlich ausgeschlossen, sofern sie nicht die einzige bzw. letzte verfügbare Verteidigungsmöglichkeit darstellen (was sehr zweifelhaft ist, da der einfache Bodenkampf häufig eine verfügbare Alter-

3489 Vgl. *Coates,* The Ethics of War, 1997, 190.

3490 *Strub,* in: Leiner/Neubert/Schacht u. a. (Hrsg.), Gott mehr gehorchen als den Menschen, 2005, 312.

3491 *Mégret,* Revue Études internationales 39 (2008), S. 39–62, 57.

3492 *Strub,* in: Leiner/Neubert/Schacht u. a. (Hrsg.), Gott mehr gehorchen als den Menschen, 2005, 312; *Mégret,* Revue Études internationales 39 (2008), S. 39–62, 57; *Dobos,* Insurrection and Intervention, 2012, S. 48; *Schaller/Rudolf,* „Targeted Killing", 2012, S. 28.

3493 *Strub,* in: Leiner/Neubert/Schacht u. a. (Hrsg.), Gott mehr gehorchen als den Menschen, 2005, 312; *Dobos,* Insurrection and Intervention, 2012, S. 48; vgl. *Fotion,* in: Valls (Hrsg.), Ethics in International Affairs, 2000, S. 15–32, 25.

3494 *Schaller/Rudolf,* „Targeted Killing", 2012, S. 28.

3495 *Biermann,* ZeFKo 3 (2014), S. 6–42, 25; vgl. *Coates,* The Ethics of War, 1997, 189.

3496 *Biermann,* ZeFKo 3 (2014), S. 6–42, 26.

native darstellen dürfte). Selbst dann wird die Zulässigkeit der Anwendung derartiger Mittel voraussichtlich am Kriterium der Angemessenheit scheitern.[3497]

Außerdem impliziert das Ultima-Ratio-Prinzip die Aufgabe, Eskalationen von milderen Widerstandshandlungen hin zum kriegerisch-gewaltsamen Vorgehen zu vermeiden. Insbesondere die Gefahr der Eskalation zum flächendeckenden Bürgerkrieg darf nicht außer Acht gelassen werden. Die Eskalationsgefahr ist bei der Überprüfung milderer Widerstandshandlungen – z. B. sehr vereinzelter militärischer Angriffe – immer einzukalkulieren. Sie wirkt sich auf die Bewertung der Intensität dieser Handlungsalternativen aus und damit auf ihren Platz in der entsprechenden Anwendungsrangfolge der verfügbaren Mittel.

(3) Berücksichtigung der Effektivität gewaltfreier Mittel

Bei dieser Rangfolge darf die Effektivität gewaltfreier Mittel nicht unterschätzt werden, wie es in der Praxis häufig geschieht. Zuweilen wird von der zunehmenden Wirkintensität von Mitteln auf ihre zunehmende Effektivität geschlossen. Gewaltsame Mittel werden aufgrund ihrer absolut willensbrechenden Wirkung beim Angreifer für die Erfolg versprechendsten Verteidigungsinstrumente gehalten.[3498] Im Rahmen einer individuellen Notwehrsituation mag dies überzeugen. In diesen Szenarien läuft es im Zweifelsfall wirklich auf das Dilemma „töte oder werde getötet“ hinaus. Bei einer Widerstandslage können aber nicht nur gewaltärmere, sondern insbesondere auch gewaltfreie Mittel Erfolg versprechend sein. Es darf daher nicht vorschnell auf die Zulässigkeit gewaltsamen, insbesondere kriegerisch-gewaltsamen, Widerstands geschlossen werden. Dementsprechend mahnt *Holmes* im Hinblick auf den zwischenstaatlichen Krieg:

> „[…] [W]e simply do not *know* whether there is a viable practical alternative to violence, and will not and cannot know unless we are willing to make an effort, comparable to the multibillion-dollar-a-year-effort currently made to produce means of destruction and train young people in their use, to explore the potential of nonviolent action; to explore the potential of nonviolent action; to explore the possibility of educating ourselves and others to a whole

3497 Vgl. *Holmes,* Violence and Nonviolence, 2013, S. 150.

3498 Zahlreiche Nachweise hierzu liefern *Stephan/Chenoweth,* IS 33 (2008), S. 7–44, 7, Fn. 1.

new way of getting along in the world, a way which people now hear of chiefly in the form of piously eloquent Sunday morning ineffectualities which rarely filter down to the springs of conduct."[3499]

Für keinen Zweck mag es sich mehr lohnen, das Experiment der Gewaltfreiheit zu wagen, als für die Beseitigung des Bruchs des Gewaltverbots und damit die Etablierung von Recht und Frieden. Dieser Zweck muss wie ein Damoklesschwert über der Ausübung von Widerstand schweben und die Erwägung von (kriegerisch-)gewaltsamem Widerstand im Keim ersticken, wo dieser nicht zwingend notwendig ist. Nicht nur aus dem Bekenntnis zur Unkenntnis[3500] oder anderen ethischen bzw. normativen Gründen verdient der gewaltfreie Widerstand Vorrang, sondern mittlerweile belegen bereits historische Befunde und strategische Erwägungen seine Effektivität, wie sogleich dargestellt wird. Wenn *Kaufmann* also rät „Werft das Schwert weg, werft alle Schwerter weg!"[3501], ist damit keineswegs eine Kapitulation vor Gewalt und Unrecht gemeint. Es kann vielmehr nur ein legitimes Schwert geben, und das ist dasjenige des Rechts selbst. „Das Wesen des Rechts ist Widerstand gegen das Unrecht"[3502], so befindet *Kaufmann* eingängig. Um seinetwillen ist die Gewaltanwendung bis zur Grenze der Aussichtslosigkeit gewaltfreier Mittel zu meiden. Widerstand muss zudem keineswegs gewaltsame Gestalt annehmen, um als solcher wahrgenommen zu werden und ein Zeichen zu setzen. Dies wusste bereits *Martin Luther King, Jr.*, der *Kaufmanns* Lehre von der Gewaltfreiheit inspirierte: „Mein Studium Gandhis überzeugte mich davon, daß wahrer Pazifismus nicht einfach Widerstandslosigkeit gegenüber dem Bösen ist, sondern Widerstand ohne Gewalt."[3503] Gewaltfreier Widerstand kann im höchsten Maße aktiver Widerstand sein.[3504] So insbesondere der zivile Ungehorsam, wie ihn *Martin Luther King, Jr.* gelehrt und angeführt hat. Dieser schreibt weiter:

> „Wahrer Pazifismus ist nicht […] unrealistische Unterwerfung unter die böse Macht. Er ist eher eine mutige Konfrontation des Bösen mit der Macht der Liebe, in dem Glauben, daß es besser sei, Gewalttätigkeit hinzunehmen als selbst gewalttätig zu sein. Der Gewalttätige vermehrt nur die Gewalttätigkeit

3499 *Holmes,* Violence and Nonviolence, 2013, S. 167 (*Hervorhebung* ebenda).

3500 *Ders.,* Morality of Nonviolence, 2013, S. 179.

3501 *Kaufmann,* 1984, S. 254.

3502 Ebenda, S. 256.

3503 *King, Jr.,* Freiheit, 1964 (Orig. v. 1958), S. 74 f.

3504 Ebenda, S. 78; *Nachtwei,* in: Bleisch/Strub (Hrsg.), Pazifismus, 2006, S. 303–317, 304; *Holmes,* Morality of Nonviolence, 2013, S. 177.

> und Grausamkeit in der Welt, während der, der sie hinnimmt, ein Gefühl der Scham bei seinem Gegner wecken und dadurch eine Umwandlung und Änderung seines Herzens bewirken kann."[3505]

Das Phänomen, das *Martin Luther King, Jr.* hier als „Änderung des Herzens" beschreibt, lässt sich in etwas nüchterner Form in der historischen Realität wiederfinden. Insbesondere *Maria J. Stephan* und *Erica Chenoweth* legen dar, dass gewaltfreier Widerstand in der Praxis selbst gegen unterdrückende Regime weitaus effektiver sein kann als (kriegerisch-)gewaltsamer.[3506] In einer Studie werteten sie Daten aller bedeutsamen gewaltsamen und gewaltfreien Widerstandsbewegungen von 1900 bis 2006 aus (323 Fälle), um diese Hypothese zu belegen. Ihren Ergebnissen zufolge waren 53 % der gewaltfreien Widerstandsbewegungen erfolgreich, während von den gewaltsamen Bewegungen nur 26 % Erfolg verzeichnen konnten.[3507] Vergleichbare Ergebnisse im Hinblick auf diese Hypothese liefert auch die Studie „How Freedom is Won" von *Adrian Karatnycky* und *Peter Ackerman.*[3508] Es stellt sich die Frage nach den präzisen Gründen für die größere Effektivität von gewaltfreiem Widerstand gegenüber gewaltsamem. Diese beantworten *Stephan* und *Chenoweth* eingehend. Sie messen zwei Aspekten besondere Bedeutung zu: Zum einen hat gewaltfreier Widerstand ein höheres Potenzial zur breiten Anerkennung und Unterstützung innerhalb der Gesellschaft.[3509] Zum anderen bietet er den Machthabern keine Legitimationsgrundlage, ihrerseits mit Gewalt auf den Widerstand zu reagieren.[3510]

Im Gegensatz zu gewaltsamem Widerstand kann eine gewaltfreie Widerstandsbewegung aus diversen moralischen und physischen Gründen schnell Anhänger und aktive Unterstützer innerhalb der Zivilgesellschaft finden.[3511] Dies kann z. B. daran liegen, dass sie schneller als legitim betrachtet werden kann – gewaltsamer Widerstand kann demgegenüber im

---

3505 *King, Jr.,* Freiheit, 1964 (Orig. v. 1958), S. 75.

3506 Vgl. *Stephan/Chenoweth,* IS 33 (2008), S. 7–44.

3507 Vgl. ebenda, S. 8.

3508 Vgl. *Karatnycky/Ackerman,* How Freedom is Won, 2005, S. 7, 21, Abbildung 4a) und 4b).

3509 *Zunes,* Political Science & Politics 33 (2000), S. 181–187, 184; *Stephan/Chenoweth,* IS 33 (2008), S. 7–44, 8 f.

3510 *Zunes,* Political Science & Politics 33 (2000), S. 181–187, 183; *Stephan/Chenoweth,* IS 33 (2008), S. 7–44, 12.

3511 Ebenda, S. 12.

Einzelfall gar als extremistisch wahrgenommen werden.[3512] Außerdem ist das Engagement in einer gewaltfreien Bewegung regelmäßig mit deutlich weniger Risiken und Aufwand verbunden als die Mitwirkung in einer gewaltsamen Bewegung.[3513] Je größer die Unterstützung einer Widerstandsbewegung innerhalb des Staatsvolks ist, desto stärker entfremdet sich dieses von den regierenden Instanzen.[3514] Damit wächst der politische Druck auf Letztere, die Änderungen herbeizuführen, die zur Erreichung des Ziels des Widerstands notwendig sind – bis zum Niederlegen der Macht.[3515] Durch die breite Unterstützung wird den Machthabern eine wesentliche praktische Bedingung ihrer Macht entzogen: die Bereitschaft des Volks zum Gehorsam.[3516] Damit kann gewaltfreier Widerstand dem Prinzip der Volkssouveränität zur Durchsetzung verhelfen; dies ist der Legitimation von Staat und Widerstand seit *Locke* inhärent. In einer flächendeckenden Gehorsamsverweigerung manifestiert sich die Illegitimität der staatlichen Praxis.[3517] Die Staatsregierung verliert auf diese Weise an Macht, da sie für diese auf ein Mindestmaß an Gehorsam, Kooperation oder Duldung angewiesen ist.[3518] Gewaltfreier Widerstand versucht, die staatlichen Instanzen damit nicht durch Zwang zu übertrumpfen, sondern greift das Fundament ihres Wirkens an.[3519] Insbesondere die Durchsetzung von Menschenrechten ist auf eine breite Unterstützung innerhalb der Gesellschaft angewiesen.[3520] Diese Unterstützung kann durch gewaltfreien Widerstand viel eher gewonnen werden als durch gewaltsamen. Zudem wird Ersterer auch eher den Beistand der internationalen Gemeinschaft zur Widerstandshandlung hervorrufen.[3521]

Breiter nationaler und internationaler Beistand wird nicht nur durch das unmittelbare Wirken der Widerstandsbewegung gewonnen, sondern auch durch die Art und Weise, wie die Machthaber auf den Widerstand reagie-

---

3512 Ebenda, S. 9; ähnlich *Marsavelski,* CJIL 28 (2013), S. 241–295, 283.

3513 *Stephan/Chenoweth,* IS 33 (2008), S. 7–44, 12.

3514 *Zunes,* Political Science & Politics 33 (2000), S. 181–187, 184; *Stephan/Chenoweth,* IS 33 (2008), S. 7–44, 8 f.

3515 Ebenda, S. 12; vgl. *Karatnycky/Ackerman,* How Freedom is Won, 2005, S. 4.

3516 *Zunes,* Political Science & Politics 33 (2000), S. 181–187, 181 mit Hinweis auf *Sharp,* The Politics of Nonviolent Action, 1973, S. 8.

3517 *Zunes,* Political Science & Politics 33 (2000), S. 181–187, 181 a. E.

3518 *Holmes,* Morality of Nonviolence, 2013, S. 169 f.

3519 Ebenda, S. 169.

3520 *Zunes,* Political Science & Politics 33 (2000), S. 181–187, 184.

3521 *Stephan/Chenoweth,* IS 33 (2008), S. 7–44, 12.

ren. Hier liegt ein bedeutsamer praktischer Unterschied zwischen Szenarien gewaltfreier und gewaltsamer Widerstandsbewegungen. Sofern der Widerstand gewaltsam ausgeübt wird, können die Machthaber ihrerseits problemlos gewaltsame Reaktionen zur Niederschlagung der Widerstandsbewegung (politisch) rechtfertigen.[3522] Möglicherweise können sie wie ein *agent provocateur* gewaltsamen Widerstand sogar mit der Intention provozieren, hinterher ihre eigene gewaltsame Gegenwehr legitimieren zu können.[3523] Gewaltfreier Widerstand kann für seine gewaltsame staatliche Zerschlagung politisch nicht annährend so legitimierend wirken.[3524] Reagiert eine Staatsregierung dennoch mit Gewalt auf friedliche Proteste oder andere Formen von gewaltfreiem Widerstand, sind damit in der Regel starke Loyalitätseinbußen zu ihren Lasten verbunden.[3525] Häufig ziehen derartige Reaktionen auch ein großes (globales) mediales Echo nach sich.[3526] Staatsbürger und dritte Staaten, die die Staatsregierung zuvor unterstützt haben, können hierdurch zum Umdenken angeregt werden.[3527] Sie können von nun an nicht nur diese Unterstützung aufgeben, sondern sich überdies der Widerstandsbewegung anschließen.[3528] Auf diese Weise kann der Druck auf die Regierung innerhalb kurzer Zeit sehr stark wachsen. Gewaltsame Reaktionen auf gewaltfreien Widerstand können im Einzelfall zudem internationale Sanktionen nach sich ziehen.[3529] Ein praktisches Beispiel für diesen Wirkmechanismus stellt die friedliche Widerstandsbewegung gegen das südafrikanische Apartheidsregime dar.[3530]

Ferner kann die gewaltsame Reaktion auf gewaltfreien Widerstand innerhalb des Lagers der Machthaber zu Konflikten führen.[3531] Die Regime-

---

3522 *Zunes,* Political Science & Politics 33 (2000), S. 181–187, 183; *Stephan/Chenoweth,* IS 33 (2008), S. 7–44, 12.

3523 *Zunes,* Political Science & Politics 33 (2000), S. 181–187, 184.

3524 *Stephan/Chenoweth,* IS 33 (2008), S. 7–44, 9.

3525 *Sharp,* The Politics of Nonviolent Action, 1973, S. 110 ff.; *Zunes,* Political Science & Politics 33 (2000), S. 181–187, 183 f.; *Stephan/Chenoweth,* IS 33 (2008), S. 7–44, 11.

3526 *Zunes,* Political Science & Politics 33 (2000), S. 181–187, 184.

3527 Ebenda, S. 184; *Stephan/Chenoweth,* IS 33 (2008), S. 7–44, 11.

3528 *Zunes,* Political Science & Politics 33 (2000), S. 181–187, 184; *Stephan/Chenoweth,* IS 33 (2008), S. 7–44, 11.

3529 Ebenda, S. 42.

3530 *Zunes,* Political Science & Politics 33 (2000), S. 181–187, 184. Zur internationalen Unterstützung s. o., S. 469 ff.

3531 *Zunes,* Political Science & Politics 33 (2000), S. 181–187, S. 184; *Stephan/Chenoweth,* IS 33 (2008), S. 7–44, 11.

treue wird hierdurch jedenfalls weitaus stärker herausgefordert, als wenn Anhänger einer Widerstandsbewegung bei der Anwendung von Gewalt bereits Mitglieder des regimetreuen Lagers getötet haben.[3532] Von herausragender Bedeutung zur Erreichung des Widerstandsziels ist die Loyalität der Sicherheitskräfte in einem Staat. Entsprechend kann ihre Umorientierung erfolgskritisch sein. Dies zeigen auch die Fallstudien (Philippinen 1986 und Osttimor 1988–1999) von *Stephan* und *Chenoweth*.[3533]

Ein Umdenken in der Gesellschaft, der internationalen Gemeinschaft und innerhalb des Staatsapparates kann nicht nur bewirkt werden, wenn der Staat bewaffnet gegen den gewaltfreien Widerstand vorgeht. Es kann bereits durch weniger scharfe – gleichwohl harte – staatliche Reaktionen initiiert werden. Dies war *Martin Luther King, Jr.* bewusst, als er seine Anhänger aufforderte:

> „Füllt die Gefängnisse! Zwingt sie, euch wie das Vieh in die Gefangenenwagen zu pressen, euch in die Kerker zu stopfen, bis die Zellen überquellen! Zwingt sie, Notgefängnisse aufzumachen, Internierungslager zu improvisieren! Lähmt sie durch die Leiden, die sie euch auf euren Befehl auferlegen! Stürzt sie in Schuld! Laßt sie im Geruch des Unrechts verkommen! Macht euch zu Opfern, zu hilflosen gequälten Opfern ihres Hasses!“[3534]

Eine derartige Dynamik, die dazu geeignet ist, die Masse des Staatsvolks öffentlich zugunsten des Widerstandsziels zu mobilisieren, vermag nur gewaltfreier Widerstand auszulösen.[3535]

Darüber hinaus steigert die Anwendung gewaltfreier Mittel des Widerstands auch die Wahrscheinlichkeit von Verhandlungen mit den Machthabern.[3536] Diese werden eher zu einer Kompromissfindung bereit sein, wenn vorher keine ihrer Anhänger durch die Widerstandskämpfer verletzt oder getötet worden sind.[3537] Gewaltfreier Widerstand schafft keine vollendeten Tatsachen und stellt für die Machthaber damit implizit ein Angebot zum Verhandeln dar. Dies entspricht dem oben zitierten Bekenntnis zur Unkenntnis von *Holmes*, das auch im Hinblick auf das ursprüngliche Handeln des Staats gilt, welches die Widerstandslage erst begründete.[3538]

3532 Ebenda, S. 11 ff., 20 ff.

3533 Vgl. ebenda, S. 25 ff., 41.

3534 Zitiert bei *Kaufmann,* 1984, S. 254.

3535 Vgl. *Stephan/Chenoweth,* IS 33 (2008), S. 7–44, 11, 41, vgl. Schlusszitat auf S. 44.

3536 Ebenda, S. 13.

3537 Ebenda, S. 13.

3538 Vgl. *Holmes,* Morality of Nonviolence, 2013, S. 179.

Widerstand ist dabei – in Anlehnung an *Gandhi* – das Angebot zur gemeinsamen Wahrheitsfindung.[3539] Opfer und Täter können in diesem Prozess gleichermaßen berücksichtigt werden.[3540] Im Optimalfall kann es hier für Widerstandsbewegung und Machthaber zu einer Win-win-Situation kommen.[3541]

All diese Effekte kann gewaltfreier Widerstand unabhängig von den Umständen erzielen, welche die Widerstandslage begründen. Selbst wenn die Regierung das Gewaltverbot gebrochen hat, kann gewaltfreier Widerstand also hohe Erfolgschancen haben.[3542] Zu diesem Ergebnis gelangt bereits die buddhistische Lehre vom friedlichen Protest, die Frieden für eine notwendige Bedingung von sozialer Veränderung (z. B. der Durchsetzung der Menschenrechte) hält.[3543] Allerdings müssen diejenigen, die den gewaltfreien Widerstand ausüben, nicht zwangsläufig ideelle Ziele verfolgen. Die praktische Wirksamkeit von gewaltfreiem Widerstand ist keineswegs hiervon abhängig.[3544] Zudem kann zwischen zahlreichen gewaltfreien Mitteln gewählt werden[3545] – insbesondere die Medien können wirksam genutzt werden.[3546] Ebenso kann der gewaltfreie Einsatz für mehr Demokratie ein Mittel sein, um gewaltsamen Konflikten in einem Staat früh zu begegnen. Dementsprechend könnten die Anhänger des *democratic peace theorems*[3547] ihre These der friedenstiftenden Wirkung von Demokratie auf die innerstaatliche Perspektive ausweiten.[3548]

Gewaltfreie Mittel sind nach diesen Betrachtungen also nicht nur stets in Betracht zu ziehen, weil sie mildere als gewaltsame Mittel darstellen, sondern weil sie strategische Effektivitätsvorteile aufweisen. Diese Vorteile von gewaltfreien gegenüber gewaltsamen Widerstandshandlungen müssen ernst genommen werden und in der Regel zu dem Ergebnis führen, dass Erstere als Erfolg versprechendere und kostenärmere Alternative die

3539 Ebenda, S. 180.

3540 Ebenda, S. 180.

3541 *Gurr,* Political Science & Politics 33 (2000), S. 155–160, 158.

3542 Vgl. *Stephan/Chenoweth,* IS 33 (2008), S. 7–44, 14 ff.

3543 Vgl. *Kittel,* IJHR 15 (2011), S. 905–925, 912.

3544 Vgl. *Stephan/Chenoweth,* IS 33 (2008), S. 7–44, 10.

3545 Ebenda, S. 9 f. Vgl. die umfangreiche Aufzählung bei *Sharp,* The Politics of Nonviolent Action, 1973, S. 117 ff.

3546 *Stephan/Chenoweth,* IS 33 (2008), S. 7–44, 43.

3547 Hierzu s. o., S. 307 f.

3548 So etwa *Gurr,* Political Rebellion, 2015, S. 131 mit zahlreichen praktischen Beispielen.

ausschließlich zulässige darstellen.[3549] Ferner können gewaltsame Widerstandshandlungen viel eher als gewaltfreie negative Wirkungen nach sich ziehen, auf welche die Widerstandskämpfer keinen direkten Einfluss haben, z. B. internationale Handelsembargos und Interventionen.[3550]

Beispiele für erfolgreichen gewaltfreien Widerstand haben sich in den ehemaligen Staaten der Sowjetunion und in der ehemaligen DDR ereignet. *Winfried Nachtwei* bezeichnet diese als „historisches Exempel für die enorme unblutige Sprengkraft von gewaltfreien Aktionen“[3551]. Sicherlich wurden dort nicht alle menschenrechtlichen Probleme der jeweiligen Staaten gelöst. Man denke nur an die gegenwärtige Politik Russlands, die nicht als menschenrechtsfreundlich gilt.[3552] Dafür wurde immerhin das damalige Ziel des Widerstands erreicht, und die Menschen in diesen Staaten genießen seither eine weite Fülle an gewonnenen Freiheiten. Bei der Betrachtung des Erfolgs einer Widerstandshandlung kann nur das legitime Widerstandsziel eine Rolle spielen. In der Vergangenheit waren gewiss nicht alle gewaltfreien Widerstandsbewegungen erfolgreich. Gewaltfreier Widerstand stellt schließlich kein Allheilmittel dar.[3553] Bedeutsam ist, dass – überraschend viele – gewaltfreie Widerstandsbewegungen überhaupt ihre Ziele verwirklicht haben.[3554]

Die Wirksamkeit gewaltfreien Widerstands darf also nicht unterschätzt werden. Gleichwohl ist er mit vielen Herausforderungen verbunden. Er fordert von seinen Anhängern ein hohes Maß an Opferbereitschaft, Zivilcourage und Entschlossenheit.[3555] *Kaufmann* meint in Anlehnung an *Martin Luther King, Jr.* gar, dass hierzu mehr Mut gehöre als zum bewaffneten Kampf.[3556] Dies könnte sich bereits daraus ergeben, dass gewaltfreiem Widerstand, z. B. in einem autoritären Staat, zahlreiche Hindernisse begegnen können. In einem beispielhaften Staat, in dem keine Opposition

---

3549 Ähnlich *Zunes,* Political Science & Politics 33 (2000), S. 181–187, 181; *Gurr,* Political Science & Politics 33 (2000), S. 155–160, 160; *ders.,* Political Rebellion, 2015, s. nur S. 141.

3550 *Zunes,* Political Science & Politics 33 (2000), S. 181–187, 183.

3551 *Nachtwei,* in: Bleisch/Strub (Hrsg.), Pazifismus, 2006, S. 303–317, 307.

3552 *Amnesty International,* Russische Föderation - Länderbericht, 31.12.2014; *ders.,* Amnesty International Report 2016/17, 2016/2017, S. 305 ff.

3553 Vgl. *Gurr,* Political Science & Politics 33 (2000), S. 155–160, 160 im Hinblick auf Minderheitenkonflikte.

3554 *Zunes,* Political Science & Politics 33 (2000), S. 181–187, 182 mit Beispielen.

3555 *Nachtwei,* in: Bleisch/Strub (Hrsg.), Pazifismus, 2006, S. 303–317, 305.

3556 *Kaufmann,* 1984, S. 253.

zugelassen wird, in allen Lebensbereichen weite rechtliche Beschränkungen gelten, das staatliche Monopol die Medien beherrscht sowie die Kontrolle über die Verteilung von Grundgütern (Lebensmitteln etc.) innehat, hat es eine Widerstandsbewegung sehr schwer, überhaupt Anhänger zu finden, die bereit sind, sich den entsprechenden Risiken auszusetzen.[3557] Eine Mobilisierung von Massen erscheint schier unmöglich – insbesondere dort, wo Terror und Repressionen durch die enge Zusammenarbeit von Regime, Polizei und Militär jeglichen Widerstand im Keim zu ersticken vermögen.[3558] *Buchanan* behauptet, dass gewaltfreie Mittel in solchen Szenarien der „Resolute Severe Tyranny“[3559] keinerlei Aussicht auf Erfolg hätten. So hätten die gewaltfreien Widerstandsbewegungen, die historische Erfolge verzeichnen konnten, jeweils von günstigen Umständen profitiert.[3560]

In sehr autoritären Staaten spielt individueller gewaltfreier Widerstand zudem eine besondere Rolle.[3561] Ebenso kann hier gewaltsamer Widerstand zulässig sein;[3562] z. B. damals im Dritten Reich. Anhand dieses Beispiels wird deutlich, wie wichtig auch das rechtzeitige Ausüben von Widerstand sein kann, um Gewalt zu vermeiden.[3563] Als Deutschland damals mit dem Krieg begonnen hatte, war an gewaltfreien Widerstand (sowohl innerstaatlich als auch seitens der angegriffenen Staaten) nicht mehr zu denken. Das frühere gewaltfreie Eingreifen, das hier versäumt wurde, hätte durchaus effektiv sein können.[3564] Gewaltfreier Widerstand kann sich grundsätzlich selbst bei der Beseitigung eines Bruchs des Gewaltverbots durch autoritäre politische Machthaber als effektiv erweisen. Gewiss sind stets die Bedingungen des Einzelfalls zu berücksichtigen.[3565] Insbesondere, wenn eine Widerstandslage aufgrund eines stattfindenden Völkermordes besteht, erscheinen gewaltfreie Widerstandsmittel auf den ersten Blick vermutlich immer aussichtslos. Bereits im Hinblick auf die Verbrechen

---

3557 *Zunes,* Political Science & Politics 33 (2000), S. 181–187, 185; vgl. *Stephan/ Chenoweth,* IS 33 (2008), S. 7–44, 43 a. E.; *Daase,* APuZ 2014 (Heft 27), S. 3–9, 7.

3558 *Zunes,* Political Science & Politics 33 (2000), S. 181–187, 185.

3559 *Buchanan,* Philosophy & Public Affairs 41 (2013), S. 291–323, 305.

3560 Ebenda, S. 305.

3561 *Daase,* APuZ 2014 (Heft 27), S. 3–9, 7.

3562 Ebenda, S. 7.

3563 Ebenda, S. 7.

3564 *Holmes,* Violence and Nonviolence, 2013, S. 165.

3565 Ebenda, S. 166.

gegen die Menschlichkeit, zu denen auch das Verbrechen der Apartheid gehört, belegt die Geschichte Südafrikas, dass sich auch hier ein zweiter Blick lohnt. Gewaltfreier Widerstand darf keinesfalls unberücksichtigt bleiben. Wenn die Umstände in einem Fall gegen die Effektivität gewaltfreier Maßnahmen sprechen können, kann daraus zudem nicht auf dessen allgemeine Ineffektivität geschlossen werden.[3566] Die hiesigen Betrachtungen zeigen, dass gewaltfreier Widerstand im Einzelfall nicht nur aus rein normativen, sondern auch pragmatisch-strategischen Gründen vorzugswürdig sein kann.[3567] Es liegt auf der Hand, dass ein Boykott mit breiter Unterstützung der Zivilgesellschaft viel schneller die erstrebte Wirkung zur Erreichung des Widerstandszwecks nach sich ziehen kann als die zerstörerische Kraft einer kriegerisch-gewaltsamen Widerstandshandlung.[3568]

(4) Adressat der Widerstandshandlung

Adressat einer kriegerisch-gewaltsamen Widerstandshandlung können nur die Verursacher der Widerstandslage sein.[3569] In diesem Sinne kann kriegerisch-gewaltsamer Widerstand z. B. auf die Tötung des unterdrückenden Staatsoberhauptes gerichtet sein,[3570] jedoch niemals auf die Tötung unbeteiligter Dritter.[3571] Letztere kann aber Nebenfolge einer kriegerisch-gewaltsamen Handlung sein, die sich gegen die Machthaber und ihre Anhänger richtet. Als solche kann sie durch das Widerstandsrecht – in der Sphäre der *nonideal theory* – gerechtfertigt sein. Das Ausmaß solch tragischer Nebenfolgen spielt allerdings im Rahmen der Bewertung der Angemessenheit eine bedeutende Rolle.

Wer als Mitglied des Staatsapparates oder als sein Unterstützer im Einzelfall legitimer Adressat einer (kriegerisch-)gewaltsamen Widerstandshandlung sein kann, bestimmt sich danach, wer am Bruch des Gewaltver-

---

3566 Ebenda, S. 166.

3567 Die pragmatischen Erwägungen stellen hier zudem einen Aspekt der normativen Zulässigkeit dar.

3568 Ebenda, S. 166, Fn. 24.

3569 Vgl. *Krittie,* Case Western Reserve Journal of International Law 13 (1981), S. 291–305, 304 a. E.; *Marsavelski,* CJIL 28 (2013), S. 241–295, 279, 282.

3570 *Eide,* in: UNESCO (Hrsg.), Violations of human rights: possible rights of recourse and forms of resistance, 1984, S. 34–66, 59.

3571 Ebenda, S. 59.

bots beteiligt ist. Hier kommen zum einen die strafrechtlichen Zurechnungskriterien zum Tragen. Zum anderen zählen auch solche Staatsbediensteten hierzu, die der Staat einsetzt, um den Widerstand zu bekämpfen. Ist ein Bürgerkrieg zulässig, so zählen die von den Machthabern eingesetzten Soldaten auch zum zulässigen Adressatenkreis der kriegerisch-gewaltsamen Widerstandshandlungen. Sie beteiligen sich durch ihre Handlungen schließlich an der Aufrechterhaltung des Bruchs des Gewaltverbots.

cc) Angemessenheit

Sofern eine kriegerisch-gewaltsame Widerstandshandlung den Anforderungen des Ultima-Ratio-Prinzips genügt und eine begründete Aussicht auf ihren Erfolg besteht, muss sie als solche auch angemessen sein, um eine zulässige Widerstandshandlung darzustellen. Die Angemessenheit stellt erneut eine hohe normative Hürde für die Zulässigkeit kriegerisch-gewaltsamer Widerstandshandlungen dar. Wie bei den anderen Kriterien der Verhältnismäßigkeit treffen hier empirische Herausforderungen auf normative Erwägungen.[3572]

Zunächst müssen die zu erwartenden positiven und negativen empirischen Folgen der Handlung gegeneinander abgewogen werden. Erforderlich ist hier ein Vergleich zwischen der hypothetischen Situation nach dem kriegerisch-gewaltsamen Einschreiten und derjenigen ohne das Einschreiten.[3573] Bei der Skizze des hypothetischen Szenarios ohne das Einschreiten bleiben alternative Handlungsmöglichkeiten unberücksichtigt, da die Angemessenheit nur durch das Verhältnis des konkreten Mittels zum Zweck bestimmt wird.[3574] Der Vergleich mit alternativen Mitteln gehört schließlich zu den Erörterungen der Erforderlichkeit. Bei der Festlegung des hypothetischen Szenarios ohne das Einschreiten müssen allerdings die staatlichen Verletzungshandlungen abgeschätzt werden, die sich dann ereigneten.

3572 *Rudolf,* Schutzverantwortung und humanitäre Intervention, 2013, S. 9.

3573 Vgl. *Hurka,* in: May (Hrsg.), War, 2008, S. 127–144, 129.

3574 A. A. ebenda, S. 130, der den Nettoeffekt eines Kriegs mit den Auswirkungen der am wenigsten vorteilhaften Alternative, die moralisch erlaubt ist, vergleichen möchte.

Wie es für die Angemessenheit im Allgemeinen gilt, können in die Abwägung nur solche positiven Effekte einfließen, die in direktem Zusammenhang mit dem Widerstandsziel stehen.[3575] Negative Effekte müssen hingegen umfassend berücksichtigt werden. Bei kriegerisch-gewaltsamem Handeln zur Beseitigung staatlicher Gewalt wird die Betrachtung der Effekte häufig einen Vergleich von Opferzahlen implizieren. Es stellt sich also zugespitzt die Frage, wie viele Menschenleben gerettet werden können.[3576] Dabei ist schwierig zu beurteilen, wessen Leben bei dieser Saldierung als negative Posten zu berücksichtigen sind. In erster Linie sind es diejenigen der Zivilisten, nicht der gegnerischen staatlichen Streitkräfte, die im Rahmen eines Bürgerkriegs getötet werden.[3577] Letztere repräsentieren schließlich den Staat als Angreifer, der das Gewaltverbot gebrochen hat. Die verlorenen Leben derjenigen, die als Angreifer qualifiziert werden können, stellen keinen negativen Posten im Rahmen des makabren Saldos dar.

Schwieriger wird die Beurteilung, wenn Zivilisten bei den Kampfhandlungen durch den Gegner zum Schutzschild gemacht werden. Man könnte hier annehmen, dass diese Tötung solcher Zivilisten nicht als negative Effekte der gewaltsamen Widerstandshandlung mitgezählt werden sollte, da auch der Widerstandsgegner hieran beteiligt war. Zu berücksichtigen ist, dass die konkreten Tötungshandlungen von denjenigen vorgenommen werden, die ihre Waffen vorsätzlich auf den lebendigen Schutzschild richten. Dies entspricht den strafrechtlichen Kriterien der objektiven Zurechnung, die nur durchbrochen wird, wenn ein Dritter vorsätzlich zwischen Handlung und Erfolg tritt. Eine solche Konstellation liegt beim menschlichen Schutzschild nicht vor. Diese Opferzahlen müssen also auch als negativer Posten in den Saldo eingehen.[3578] Ferner wird man erwägen müssen, die Kriterien der Zurechnung hier gar über die strafrechtlichen hinaus zu erweitern. Es könnte dafür plädiert werden, auch Opfer zu berücksichtigen, die vorsätzlich durch einen Dritten verursacht wurden, allerdings in unmittelbarem und vorhersehbarem Kausalzusammenhang mit der kriegerisch-gewaltsamen Widerstandshandlung stehen – z. B., wenn ein regime-

---

3575 Vgl. ebenda, S. 131; *Dobos,* Insurrection and Intervention, 2012, S. 50; *Rudolf,* Zur Ethik militärischer Gewalt, 2014, S. 26; *Biermann,* ZeFKo 3 (2014), S. 6–42, 28. Hierzu s. o., S. 660 f.

3576 Vgl. *Hurka,* in: May (Hrsg.), War, 2008, S. 127–144, 129 f.

3577 Ebenda, S. 135 f.

3578 A. A. ebenda, S. 138 f.

treuer Attentäter nach Beginn eines Bürgerkriegs vorhersehbar ein zivilistisches Ziel attackieren wird.[3579] Kriegerisch-gewaltsames Handeln provoziert schließlich brutale Reaktionen. Anders formuliert: Es schafft einen unkontrollierbaren Gefahrenherd. Hierfür haften die kriegerisch Handelnden verschuldensunabhängig. Ihnen sind solche hypothetischen Reaktionen daher im Rahmen der Angemessenheitsprüfung zuzurechnen, obgleich sie dafür möglicherweise strafrechtlich nicht verantwortlich gemacht werden können.

Der Vergleich von empirischen Opferzahlen im Rahmen dieser Prüfung wirft schwierige normative Fragen auf, nicht zuletzt diejenige nach einer absoluten Opfergrenze, ab der eine Widerstandsbewegung insgesamt nicht mehr angemessen und damit illegitim ist. Eine solche Grenze lässt sich kaum bestimmen. Wenn man eine Opferzahl als Grenze festlegen würde, könnte man schwerlich begründen, weshalb dass das Kriterium der Angemessenheit bei einem Menschenlebensopfer weniger noch erfüllt ist. Allerdings können grobe Anhaltspunkte gegeben werden, bei denen eine kriegerische Widerstandsbewegung in keinem Fall mehr angemessen ist. Davon ist auszugehen, wenn die Zahl ziviler Opfer eines Bürgerkriegs in die Hunderttausend reicht. Unabhängig von der Anzahl der ursprünglich durch den Staat bedrohten Menschenleben kann ein Widerstandsrecht für eine derart massive Vernichtungsoperation nicht mehr in Anspruch genommen werden. Wenn die Opferzahlen Einwohnerzahlen von (Klein-)Städten gleichkommen, kämpft eine Widerstandsbewegung objektiv nicht mehr für die Belange des Staatsvolks, sondern beteiligt sich aktiv an seiner Vernichtung. Dann regiert nicht mehr Recht, sondern nur noch rohe Gewalt. Die Grenze wird im Einzelfall regelmäßig deutlich unter der Hunderttausendmarke liegen.

Die Angemessenheitsprüfung darf sich beim kriegerisch-gewaltsamen Widerstand zudem keineswegs auf die makabre Verrechnung von geretteten und geopferten Menschenleben beschränken. Vielmehr sind hier weitere hypothetische negative Effekte zu beachten. Dementsprechend muss auch die Gefahr von Anarchie, politischer Instabilität und anderer Phänomene, die sich kriegerisch-gewaltsamem Widerstand typischerweise an-

---

3579 So *Dobos,* Insurrection and Intervention, 2012, S. 80, der überzeugenderweise das Leben des Attentäters nicht mitzählen möchte, sofern es sich um ein Selbstmordattentat handelt.

schließen, hinreichend berücksichtigt werden,[3580] so z. B. eine Wirtschaftskrise, Hungersnot oder Konflikte mit Nachtbarstaaten.[3581] Ebenso bedenkenswert ist die negative Langzeitfolge des Präzedenzfalles, also der Akzeptanz von Gewalt als tauglichem Mittel der Konfliktlösung.[3582] Schwerfallen dürfte die Abwägung zudem, wenn sich die staatlichen Gewaltakte nicht mathematisch in Menschenleben ausdrücken lassen. Dies könnte bei den meisten Tatbestandsvarianten der Verbrechen gegen die Menschlichkeit gelten. Das Leid der hiervon bedrohten Menschen ist kaum messbar und äußerst schwierig zu beurteilen. Umso schwieriger wird eine Abwägung mit den zu erwartenden negativen Folgen einer kriegerisch-gewaltsamen Widerstandshandlung.[3583] Hier muss eine am Einzelfall orientierte wertende Abwägung erfolgen. In jedem Fall muss die Abwägung zu dem Ergebnis führen, dass der positive Nutzen der kriegerisch-gewaltsamen Widerstandshandlung die Kosten ihrer negativen Folgen zu weit überwiegt, um als angemessen zu gelten.

Die Ermittlung von Nutzen und Kosten kriegerisch-gewaltsamer Widerstandshandlungen wird von der Unsicherheit einer Prognose begleitet. Da solche Handlungen die risikoreichsten Handlungen überhaupt darstellen, potenziert sich hier die generelle Unsicherheit von Zukunftsprognosen. Es kann kaum verlässlich geschätzt werden, wie groß z. B. das Ausmaß des humanen Leidens eines Bürgerkriegs sein wird.[3584] Noch weniger können die empirischen Langzeitfolgen von kriegerisch-gewaltsamem Widerstand ex ante festgelegt werden. Ihre Ermittlung ist bereits ex post sehr schwierig.[3585] So sind die Langzeitfolgen von gewaltsamen Protesten bislang kaum erforscht.[3586] In jedem Fall sind diese von zahlreichen Variablen abhängig, die bei der Beurteilung ex ante kaum definierbar sind.[3587] Im Zweifel gilt mit *Kersting*:

> „Die epistemische Unsicherheit hinsichtlich des technischen und moralischen Ertrags unseres Handelns, die im normalen Interaktionsalltag nicht sonderlich

---

3580 Vgl. *Rudolf,* Schutzverantwortung und humanitäre Intervention, 2013, S. 29; *Marsavelski,* CJIL 28 (2013), S. 241–295, 283.

3581 Vgl. *Dunér,* IJHR 9 (2005), S. 247–269, 258 f.

3582 *Gurr,* Political Rebellion, 2015, S. 150.

3583 Vgl. *Dunér,* IJHR 9 (2005), S. 247–269, 262.

3584 Ebenda, S. 262.

3585 *Gurr,* Political Rebellion, 2015, S. 143, 149, vgl. S. 154, Abbildung 7.1.; so für humanitäre Interventionen *Biermann,* ZeFKo 3 (2014), S. 6–42, 30.

3586 *Gurr,* Political Rebellion, 2015, S. 143, 149, vgl. S. 154, Abbildung 7.1.

3587 Ebenda, S. 146.

> ins Gewicht fällt, vermag aufgrund des militärischen Großaktionen innewohnenden technischen und moralischen Risikopotentials selbst zu einem rationalen wie moralischen Argument für den Handlungsverzicht werden."[3588]

Selbst wenn die empirischen Faktoren, die in die Abwägung eingehen, plausibel prognostiziert werden können, wird das Abwägungsergebnis kriegerisch-gewaltsamer Widerstandshandlungen in der Regel nicht zugunsten ihrer Zulässigkeit sprechen: Kriegerisch-gewaltsamer Widerstand ist als solcher schließlich mit sehr hohen empirischen Kosten verbunden, die regelmäßig nicht durch seine positive Effekte aufgewogen werden können.[3589] *Dobos* spricht sich in Anlehnung an *Eric A. Heinze* dafür aus, dass bei der Abwägung berücksichtigt werden müsse, auf welche Art und Weise und insbesondere mit welcher Intention die negativen Effekte in Gestalt von Menschenrechtsverletzungen erfolgt sind.[3590] In Konsequenz dessen misst er den kollateralen Opfern in einem Bürgerkrieg zur Verteidigung gegen staatliche Gewalt einen geringeren negativen Wert bei, als er den geretteten Menschenleben einen positiven zuschreibt. Seiner Ansicht nach kann kriegerisch-gewaltsamer Widerstand im Einzelfall also offenbar angemessen sein kann, wenn die hieraus folgende Anzahl kollateraler Opfer höher ist als diejenigen der geretteten Menschenleben. Dieses Ergebnis zeigt die Unzulänglichkeit der Ansicht auf, die sich primär an der Intention der Tötungshandlung orientiert. Wie oben festgehalten, spielt die Intention einer Tötung keine ausschlaggebende Rolle für ihre rechtliche und moralische Zulässigkeit.[3591] Aus empirischer Sicht kann also *Johannes Messner* zugestimmt werden, der feststellt: „Der Bürgerkrieg ist meist ein größeres Unglück für ein Gemeinwesen als schwerer Gewaltmißbrauch der Regierung."[3592]

Die Prüfung der Angemessenheit muss auch die normativen Wirkungen der Widerstandshandlung berücksichtigen. Diese muss normative Kohärenz aufweisen und darf daher nicht mit unangemessenen Normverletzungen einhergehen.[3593] Kriegerisch-gewaltsamer Widerstand geht mit kolla-

---

3588 *Kersting,* in: Merkel (Hrsg.), Der Kosovo-Krieg und das Völkerrecht, 2000, S. 187–231, 226 (*Hervorhebungen ebenda*).

3589 *Zunes,* Political Science & Politics 33 (2000), S. 181–187, 182 f.

3590 Vgl. *Dobos,* Insurrection and Intervention, 2012, S. 50 mit Hinweis auf *Heinze,* Polity 36 (2004), S. 543–558 (s. insb. Ebenda, S. 548 ff.).

3591 S. o., S. 577 f.

3592 *Messner,* Das Naturrecht, 1966, S. 797.

3593 Vgl. *Kersting,* in: Merkel (Hrsg.), Der Kosovo-Krieg und das Völkerrecht, 2000, S. 187–231, 225.

teralen Tötungen einher und bewegt sich damit an der Grenze der ethisch legitimierbaren Handlungsweisen. Eine Rechtfertigung ist nur in der nichtidealen Sphäre möglich, wie dargelegt wurde. Dies muss im Rahmen der Angemessenheit berücksichtigt werden. Der normative Nutzen von kriegerisch-gewaltsamem Widerstand muss seine Kosten weit überwiegen. Aus diesem Grunde kann kriegerische Gewalt nur zulässig sein, wenn sie der Wiederherstellung oder Erhaltung des Rechtszustandes dient.

Im Rahmen der normativen Kohärenz sind darüber hinaus die Vorgaben des *ius in bello* zu berücksichtigen. Beim Widerstand in Form eines Bürgerkriegs sind ohnehin der gemeinsame Art. 3 der vier Genfer Konventionen und das ZP II einschlägig.[3594] Hier wird dafür plädiert, dass darüber hinaus die weiteren Vorgaben des humanitären Völkerrechts entsprechend von den Widerstandskämpfern eingehalten werden müssen. Das humanitäre Völkerrecht ist insoweit reformbedürftig.[3595] Die Anwendung des *ius in bello* auf asymmetrische Konflikte birgt allerdings diverse normative und pragmatische Probleme. Dabei müsste die Gewährung eines Kombattantenprivilegs Hand in Hand mit der Pönalisierung illegitimen kriegerisch-gewaltsamen Widerstands gehen.[3596] Darüber hinaus könnte der „Drehtüreffekt“[3597] im Hinblick auf den Status eines Widerstandskämpfers als Zivilist oder Kombattant zu berücksichtigen sein.

Aus pragmatischer Sicht ist es problematisch, dass Widerstandskämpfer als private Einheiten in der Regel ohnehin einen großen logistischen Nachteil gegenüber der staatlichen Streitmacht haben. Die Pflicht zur Einhaltung des humanitären Völkerrechts bürdet ihnen eine zusätzliche Last und damit weitere Nachteile gegenüber ihrem Gegner auf. Es fällt häufig sogar Staaten schwer, sich im Kriegsfall an alle Vorgaben des humanitären Völkerrechts zu halten.[3598] Daher sprechen sich etwa *Walzer* und *Buchanan* im Fall einer „Supreme Emergency“ bzw. „Resolute Severe Tyranny“ gegen die Bindung von Widerstandskämpfern an das humanitäre

3594 *Eide,* in: UNESCO (Hrsg.), Violations of human rights: possible rights of recourse and forms of resistance, 1984, S. 34–66, 60.

3595 Hierzu s. o., S. 418.

3596 *Kreß,* JZ 2014, S. 365–373, 371. Hierzu s. o., S. 422 ff.

3597 Hierzu *Graf Kielmansegg,* JZ 2014, S. 373–381, 373.

3598 Vgl. für die Interventionen im Kosovo und in Libyen nur *Biermann,* ZeFKo 3 (2014), S. 6–42; *Merkel,* in: Meggle (Hrsg.), Humanitäre Interventionsethik, 2004, S. 107–132; *ders.,* ZIS 2011, S. 771–783.

Völkerrecht aus.[3599] Ein derart pragmatisches Argument reicht nicht, um die normative Geltung der Vorgaben des humanitären Völkerrechts außer Kraft zu setzen. Vielmehr bietet seine Einhaltung die einzige Möglichkeit, das ohnehin große ethische Legitimationsdefizit kollateraler Tötungen durch kriegerisch-gewaltsame Widerstandshandlungen nicht noch zu steigern.

Von größter Bedeutung ist dabei die Einhaltung des Unterscheidungsgebots, das Eingang in Art. 13 ZP II gefunden hat. Es deckt sich mit der Feststellung, dass die Zivilbevölkerung niemals direkter Adressat kriegerisch-gewaltsamer Widerstandshandlungen sein darf.[3600] Ein absolutes Gebot zu „zero civilian casualties“[3601], das bei *Marsavelski* anklingt, kann dabei allerdings nicht gefordert werden. Selbstverständlich darf nicht ein einziger Zivilist direktes Ziel des kriegerisch-gewaltsamen Widerstands werden. Zu fordern, dass nicht ein einziger Zivilist zum kollateralen Opfer von kriegerisch-gewaltsamen Widerstandshandlungen wird, hieße, kriegerisch-gewaltsamen Widerstand als solchen für unzulässig zu erachten. Wie erörtert wurde, ist dieser Modus des Widerstands in der nicht-idealen Welt als Mittel zur Erreichung des Ideals jedoch legitimierbar. Von höchster Priorität ist es dabei, die Immunität von Zivilisten zum obersten Handlungsmaßstab zu machen. Hierdurch wird einer rein konsequentialistischen Betrachtung der Angemessenheit einer Widerstandshandlung außerdem ein normatives Moment verliehen. Das Erfordernis des Unterscheidungsgebots stellt eine notwendige Bedingung der Zulässigkeit einer kriegerisch-gewaltsamen Widerstandshandlung dar; ebenso die Einhaltung des übrigen humanitären Völkerrechts sowie der weiteren Kriterien der Verhältnismäßigkeit. Selbst wenn diese Anforderungen kriegerisch-gewaltsamen Widerstand in der Praxis mitunter unmöglich erscheinen lassen können, sind sie einzuhalten. Gerade dann entfalten sie ihre volle Geltung und gebieten, dass man nichts unternehmen darf, sofern man nichts Legiti-

3599 *Walzer,* Just and Unjust Wars, 2000 (1977), 245; *Buchanan,* Philosophy & Public Affairs 41 (2013), S. 291–323, 296; ähnlich *Gross,* Moral Dilemmas of Modern War, 2010, S. 198 ff.

3600 *Eide,* in: UNESCO (Hrsg.), Violations of human rights: possible rights of recourse and forms of resistance, 1984, S. 34–66, 58.

3601 *Marsavelski,* CJIL 28 (2013), S. 241–295, 282.

mes unternehmen kann.[3602] Diese Maxime ist im Hinblick auf kriegerisch-gewaltsame Handlungen besonders wichtig.

5. Subjektives Element

Bei der Ausübung einer illegalen[3603] oder gewaltsamen Widerstandshandlung muss der Handelnde zudem ein bestimmtes subjektives Moment aufweisen, damit das Widerstandsrecht seine rechtfertigende Wirkung entfalten kann. Gewiss kann dies angezweifelt werden – im Strafrecht wird das Erfordernis eines subjektiven Rechtfertigungselements mitunter abgestritten.[3604] Zumindest für das kriegerisch-gewaltsame Widerstandsrecht kann auf die *Theorie des gerechten Krieges* verwiesen werden, die eine entsprechende Intention verlangt.[3605] Ähnlich verfährt *Biermann*, der die humanitäre Motivation bei einer humanitären Intervention für das „Zünglein an der Waage"[3606] zu ihrer Legitimität hält. Das subjektive Kriterium bietet die einzige Möglichkeit, Rechtsmissbrauch gänzlich auszuschließen. Gerade bei einer humanitären Intervention ist es jedoch realitätsfern, dass die humanitäre Motivation die einzige Motivation der Intervenienten darstellt.[3607] Solange sie als vorrangiger Zweck der Handlung erscheint, wird ihr moralischer Wert durch die Verfolgung sekundärer Zwecke jedoch nicht tangiert.[3608] Die Motivation der Handelnden ist in der Regel ohnehin

---

3602 *Merkel,* in: Meggle (Hrsg.), Humanitäre Interventionsethik, 2004, S. 107–132, 131.

3603 Dies bezieht sich an dieser Stelle nur auf den Maßstab der innerstaatlichen Rechtsordnung.

3604 Zu den entsprechenden Ansichten eingehend *Rath,* Das subjektive Rechtfertigungselement, 2002, S. 29 ff.

3605 *Biermann,* ZeFKo 3 (2014), S. 6–42, 22; vgl. *Keenan,* ICLR 2011, S. 5–29, 23 f., der dies jedoch im Ergebnis ablehnt.

3606 *Biermann,* ZeFKo 3 (2014), S. 6–42, 22.

3607 *Kersting,* in: Merkel (Hrsg.), Der Kosovo-Krieg und das Völkerrecht, 2000, S. 187–231, 228; *Tomuschat,* in: Malowitz/Münkler (Hrsg.), Humanitäre Intervention, 2009, S. 65–88, 79. Vgl. zu den mannigfachen Motiven, die bei humanitären Interventionen eine Rolle spielen können *Dobos,* Insurrection and Intervention, 2012, S. 66 ff.

3608 *Kersting,* in: Merkel (Hrsg.), Der Kosovo-Krieg und das Völkerrecht, 2000, S. 187–231, 228.

sehr schwer zu ermitteln,[3609] und je mehr Akteure sich an einer Handlung beteiligen, desto schwieriger wird diese Ermittlung.

Das gilt ebenso für Widerstandsbewegungen. Von besonderer Bedeutung kann daher die Methode sein, von den objektiven Umständen der Handlung auf die innere Motivation zu schließen. Bei der Anwendung kriegerischer Gewalt lässt sich an den konkreten Handlungen regelmäßig ablesen, ob sie der Herstellung von Frieden dienen sollen.[3610] Dabei können die Absichten der Handelnden sehr wohl objektiv sichtbar werden.[3611] Entsprechendes gilt bei der Anwendung von Art. 51 UN-Charta. Die Vorschrift fordert einerseits nicht explizit, dass die Entscheidungsträger eines Staats bei der Ausführung der Selbstverteidigung bestimmte subjektive Merkmale aufweisen. Andererseits wird allgemein davon ausgegangen, dass der Zweck der Selbstverteidigung das Handeln gemäß Art. 51 UN-Charta nicht nur objektiv, sondern auch subjektiv bestimmt.[3612] Es kommt also durchaus auf die Intention der Maßnahme an, die in der politischen Praxis im Hinblick auf Art. 51 UN-Charta zumeist extensiv dargelegt wird – insbesondere dann, wenn die objektiven Umstände dagegen sprechen, dass eine Maßnahme wirklich dem Zweck der Verteidigung diente.

Schließlich weist das Widerstandsrecht nicht nur eine Nähe zum Recht der humanitären Intervention und zu Art. 51 UN-Charta auf, sondern auch zu individuellen Selbsthilferechten. Im deutschen Strafrecht fordert die ganz herrschende Meinung bei den Rechtfertigungsgründen ein subjektives Rechtfertigungselement.[3613] Ein solches ist bei Vorsatzdelikten zur vollständigen Kompensation des Unrechts notwendig, wird hier aber nicht eingehender diskutiert. Vielmehr spricht bereits ein Blick ins Völkerstrafrecht für das Erfordernis eines subjektiven Elements beim Widerstandsrecht. Ein solches enthält z. B. die Notstandsvorschrift von Art. 31 Abs. 1 lit. d) Rom-Statut mit dem Merkmal des „Handelns zur Gefahrabwehr".[3614] In der Notwehrvorschrift in Art. 31 Abs. 1 lit. c) schweigt das Rom-Statut zwar zu subjektiven Erfordernissen, doch wird auch hier von

---

3609 *Keenan,* ICLR 2011, S. 5–29, 24.

3610 *Rudolf,* Zur Ethik militärischer Gewalt, 2014, S. 29.

3611 Ebenda, S. 29.

3612 Vgl. etwa *Randelzhofer/Nolte*, in: Simma u. a., UN Charter, Vol. 2, 2012, Art. 51 Rn. 15 im Umkehrschluss.

3613 Hierzu eingehend *Rath,* Das subjektive Rechtfertigungselement, 2002. Vgl. für das Notwehrrecht nur *Kindhäuser*, in: NK StGB, 2013, § 32 Rn. 146 ff.; *Perron*, in: Schönke/Schröder, StGB, 2014, § 32 Rn. 63.

3614 *Ambos,* Internationales Strafrecht, 2014, § 7 Rn. 92 f.

der Völkerstrafrechtswissenschaft mindestens die Kenntnis der Notwehrlage gefordert.[3615]

Im Hinblick auf die Übertragung auf das Widerstandsrecht könnte noch eingewendet werden, dass es sich beim Widerstand häufig um Selbsthilfe mit überindividuellem Charakter handelt. Für die Notwendigkeit eines subjektiven Rechtfertigungselements differenziert *Eberhard Schmidhäuser* danach, ob ein mit der Handlung verfolgter Zweck individuell oder überindividuell ist.[3616] *Martin Rock* zufolge setzt man sich bei der Ausübung des Widerstandsrechts zwangsläufig für das Gemeinwohl ein.[3617] Insbesondere beim Bruch des Gewaltverbots könnte man annehmen, dass die Widerstandshandlung (auch) einen überindividuellen Zweck verfolgt, da diese Widerstandslage normativ auch die internationale Gemeinschaft betrifft.[3618] Nach der Differenzierung *Schmidhäusers* könnte man also zum Ergebnis kommen, dass ein subjektives Element in diesem Fall nicht notwendig ist. Beim Bruch des Gewaltverbots ist unter Umständen sogar kriegerisch-gewaltsamer Widerstand zulässig. Das Unrecht der Widerstandshandlungen kann daher gravierend sein. Daher muss davon ausgegangen werden, dass es zur Unrechtskompensation auf individueller (strafrechtlicher) Ebene auch hier eines subjektiven Elements bedarf. Der Zweck der Widerstandshandlung muss sich im Vorsatz der daran Beteiligten widerspiegeln. Dabei kann nicht mehr gefordert werden als die schlichte Kenntnis der Umstände, welche die Widerstandslage begründen.[3619] Ein expliziter Verteidigungs- oder Widerstandswille, wie ihn *Locke* gefordert hat, ist nicht notwendig.[3620] Der Missbrauchsgefahr, die darüber hinaus besteht, begegnet man bereits durch die strengen objektiven Anforderungen der Verhältnismäßigkeit und insbesondere die Voraussetzung der Einhaltung der Vorschriften des (zu reformierenden) humanitären Völkerrechts.

3615 Ebenda, § 7 Rn. 83.

3616 *Schmidhäuser,* Strafrecht Allgemeiner Teil, 1984, Kap. 6 Rn. 19 ff.

3617 Vgl. *Rock,* Christ und Revolution, 1968, S. 20.

3618 Hierzu s. o., S. 637.

3619 A. A. *Strub,* in: Leiner/Neubert/Schacht u. a. (Hrsg.), Gott mehr gehorchen als den Menschen, 2005, 307, der den Willen fordert, einzig das legitime Ziel zu erreichen. Wie hier im Hinblick auf die Rechtfertigung nach § 32 StGB *Rath,* Das subjektive Rechtfertigungselement, 2002, S. 238 ff.; *Kindhäuser*, in: NK StGB, 2013, § 32 Rn. 147 ff.; *Perron,* in: Schönke/Schröder, StGB, 2014, § 32 Rn. 63.

3620 Zu *Lockes* Erfordernis s. o., S. 147.

IV. Zusammenfassende Bemerkungen

In diesem Kapitel wurde dargelegt, wie ein völkerrechtliches Widerstandsrecht in Anlehnung an ein Selbsthilferecht ausgestaltet sein kann. Eine konkrete Widerstandshandlung kann nur zulässig sein, wenn zum einen die Voraussetzungen der Widerstandslage ex post gegeben sind. Zum anderen muss sie aus einer Perspektive ex ante den Anforderungen der Verhältnismäßigkeit genügen. Beide Anforderungskomplexe stellen notwendige Bedingungen der Zulässigkeit von Widerstand dar. Die Last der richtigen Subsumtion und der negativen praktischen Konsequenzen ihres Widerstands tragen die Handelnden selbst. Sie agieren auf eigenes Risiko, das im Einzelfall bis zur Eingehung von Lebensgefahr reichen kann.[3621] Die normativen und empirischen Aspekte der Zulässigkeit einer Widerstandshandlung sind dabei nicht einfach zu beurteilen, wie gezeigt wurde. Dies gilt nicht nur im Hinblick auf die Kriterien der Erforderlichkeit und Angemessenheit – diese sind „notoriously difficult to apply"[3622]. Vielmehr kann auch die Ermittlung des Sachverhalts, der eine Widerstandslage begründet, im Einzelfall ein äußerst schwieriges Unterfangen sein; insbesondere im Fall des Bruchs des Gewaltverbots. In der Vergangenheit gelang es häufig nicht einmal der internationalen Gemeinschaft bzw. dem UN-Sicherheitsrat, die Sachverhalte ausreichend zu ermitteln, die einen Grund für humanitäre Interventionen darstellen sollten[3623] – z. B. bei Verabschiedung der Resolution 1973 zum Einschreiten in Libyen im Jahre 2011.[3624] Diese Ermittlung mag für private Widerstandskämpfer im Einzelfall einfacher sein, da diese sich jedenfalls geografisch näher an den Geschehnissen in ihrem Staat befinden. Nichtsdestotrotz müssen auch sie die Erfolgsaussichten einer Widerstandshandlung plausibel darlegen. Die weitreichenden Beschränkungen von Widerstand zeigen, dass die Widerstandshandlung im Zweifel unterlassen werden muss.

3621 *Eide,* in: UNESCO (Hrsg.), Violations of human rights: possible rights of recourse and forms of resistance, 1984, S. 34–66, 40, 47.

3622 So im Hinblick auf Art. 51 UN-Charta *Randelzhofer/Nolte*, in: Simma u. a., UN Charter, Vol. 2, 2012, Art. 51 Rn. 59.

3623 *Holmes,* in: Bleisch/Strub (Hrsg.), Pazifismus, 2006, S. 145–161, 150.

3624 *Tomuschat,* in: Beestermöller (Hrsg.), Libyen: Missbrauch der Responsibility to Protect?, 2014, S. 13–29, 21, der vermutet, dass es wohl niemals eine genaue Aufklärung geben wird; vgl. im Hinblick auf Libyen und Kosovo *Biermann,* ZeFKo 3 (2014), S. 6–42, 21. Vgl. S/RES/1973 (17.03.2011).

Die hiesige Widerstandslehre ist daher primär eine Lehre der Begrenzung von Widerstand, insbesondere von gewaltsamem Widerstand. Für die Zulässigkeit von Widerstandshandlungen gilt neben dem Vorrang legaler Mittel insbesondere der Vorrang gewaltfreier Mittel. Mit der Etablierung einer Widerstandslehre muss die Attraktivität gewaltfreier Mittel kommuniziert werden. Wie erörtert wurde, beruht diese nicht ausschließlich auf normativen, sondern auch auf pragmatischen Erwägungen. Ungeachtet dieser Beschränkungen bietet das Widerstandsrecht ein flexibles Instrument zur Durchsetzung von Recht bzw. Menschenrechten. Widerstand kann danach unterschiedliche Gestalt annehmen. Systematische Menschenrechtsverletzungen können durch individuelle sowie kollektive gewaltfreie Handlungen beseitigt werden. Widerstand kann sich ebenso in (kriegerisch-)gewaltsamen individuellen oder kollektiven Handlungen zur Verteidigung des Rechts gegen staatliche Gewalt äußern. Die Qualität und Quantität der staatlichen Verletzungshandlungen bestimmen die zulässige Intensität von Widerstandshandlungen maßgeblich. Hier wurde dafür plädiert, dass Verletzungen aller Menschenrechte der beiden Menschenrechtspakte sowie des Eigentumsrechts (in Anlehnung an Art. 17 AEMR) einen Anknüpfungspunkt für eine Widerstandslage darstellen können. Die Tatbestandsalternative der „sonstigen Menschenrechtsverletzungen“ bietet damit viel Raum für die Annahme einer Widerstandslage. Wesentlich enger ist die Alternative des „Bruchs des Gewaltverbots“. Nur wenn dieser Bruch eine Widerstandslage begründet, kann der Widerstand gewaltsam ausgeübt werden. Darüber hinaus ergeben sich unterschiedlich weite Begrenzungen für die zulässige Intensität der Widerstandshandlungen aus den übrigen Umständen des Einzelfalls.

Die dargelegte Widerstandslehre ließ die Probleme ihrer rechtsethischen Legitimation ferner nicht außer Acht. Vielmehr wurden entsprechende Lösungsansätze erörtert, und die Ergebnisse dieser Diskussion flossen materiell in die konkrete völkerrechtliche Ausgestaltung des Widerstandsrechts ein. So spiegeln etwa die Beschränkungen der Verhältnismäßigkeit, welche für eine Widerstandshandlung gelten, die ethischen Anforderungen an eine solche Handlung wider. Ethische Anforderungen sind rechtlich zu berücksichtigen, weil beim Widerstandsrecht zentrale Aspekte der Pflichtmoral tangiert werden: das Problem der Gehorsamspflicht und der Legitimation kollateraler Tötungen. In diesem Sinne stellt das Ultima-Ratio-Prinzip das Regel-Ausnahme-Verhältnis von Gehorsamspflicht und Ungehorsamsrecht sicher. Der Vorschlag, für die Widerstandslage zwei Tatbestandsalternativen zu normieren, beruht zudem mitunter auf der prekären Legitimation kollateraler Tötungen in der Sphäre der *nonideal theory*. Die Tatbestandsalternative des „Bruchs des Gewaltverbots“ markiert die hohe und bestimmbare Schwelle zur Zulässigkeit kriegerisch-gewaltsamer Widerstandshandlungen. Hierdurch wird gleichzeitig der einzig legitime Zweck derartiger Handlungen festgelegt: die Beseitigung dieses Bruchs und die Wahrung von Recht bzw. Frieden. Dies spiegelt die Vorgabe der nicht-idealen Notstandsrechtfertigung eines kriegerisch-gewaltsamen Widerstandsrechts wider, wonach dieses nur einen Schritt auf dem Weg der Entwicklung zum Ideal darstellen darf.

E. Ausblick

I. Vorschlag für eine völkervertragsrechtliche Normierung des Widerstandsrechts

In Anlehnung an die hiesige Widerstandslehre, die der Konkretisierung des existenten völkerrechtlichen allgemeinen Grundsatzes des Widerstandsrechts diente, wird folgende deklaratorische völkervertragsrechtliche Normierung des Widerstandsrechts als Annex zu den Menschenrechtspakten vorgeschlagen:

> *Widerstandsrecht*
> (1) Jedermann hat das Recht auf Widerstand gegen den gegenwärtigen Bruch des Gewaltverbots oder gegen sonstige gegenwärtige systematische Menschenrechtsverletzungen durch staatliche oder sonstige politische Machthaber (Widerstandslage), soweit er hiervon betroffen ist oder einem Betroffenen bei der Durchsetzung seiner individuellen Freiheitsrechte hilft.
> (2) Widerstand ist das letzte Mittel, das zur Beseitigung der Widerstandslage geeignet, erforderlich und angemessen ist. Gewaltsamer Widerstand darf ausschließlich zur Beseitigung des gegenwärtigen Bruchs des Gewaltverbots durch staatliche oder sonstige politische Machthaber ausgeübt werden. Bei der Ausübung eines kriegerisch-gewaltsamen Widerstands sind die Vorgaben des Kriegsvölkerrechts einzuhalten.
> (3) Der Bruch des Gewaltverbots im Sinne von Absatz 1 und 2 liegt bei der Verwirklichung der Tatbestände der Artikel 6 bis 8 Rom-Statut vor. Sonstige Menschenrechtsverletzungen bestimmen sich nach den Rechten, die im Internationalen Pakt über bürgerliche und politische Rechte und im Internationalen Pakt über wirtschaftliche, soziale und kulturelle Rechte vom 19. Dezember 1966 verbürgt sind sowie nach Artikel 17 der Allgemeinen Erklärung der Menschenrechte vom 10. Dezember 1948.
> (4) Individuelle Rechtfertigungs- und Entschuldigungsgründe sowie Artikel 4 des Internationalen Pakts über bürgerliche und politische Rechte vom 19. Dezember 1966 bleiben vom Widerstandsrecht unberührt.

Die Positivierung des Widerstandsrechts soll Rechtssicherheit gewährleisten.[3625] So sollen sich die Menschen, die auf das Widerstandsrecht Rekurs nehmen, durch die präzise Normierung in ihrem Recht gegenüber ihren politischen Machthabern bestärkt fühlen. Letztere werden die Existenz ei-

---

3625 *Peters*, Widerstandsrecht und humanitäre Intervention, 2005, S. 304.

nes solchen Rechtes schließlich in aller Regel negieren.[3626] Auch andere Staaten werden einer solchen Normierung nicht unbedingt zustimmen. Das Widerstandsrecht ist traditionell ein Rechtsinstrument, das sich unter politischen Machthabern – und damit den vornehmlichen Gesetzgebern des Völkerrechts – keiner großen Beliebtheit erfreut. Deshalb ist es von Bedeutung, zu betonen, dass eine Normierung nur deklaratorischer Natur ist. Es ist insofern auch unerheblich, wie viele bzw. welche Staaten das entsprechende Protokoll ratifizieren. In jedem Fall sei hier ein Appell an die Völkerrechtswissenschaft gerichtet, die ihre Aufgabe wahrnehmen und die deklaratorische Anerkennung und Etablierung des Widerstandsrechts vorantreiben muss.

Rechtssicherheit im Hinblick auf das Widerstandsrecht ist außerdem notwendig, um rechtmäßigen Widerstand vom illegalen Bruch des Gewaltverbots durch Private abzugrenzen. Dies beugt zum einen der Missbrauchsgefahr des Widerstandsrechts vor. Zum anderen ist eine bestimmte Normierung notwendig, um als Rechtfertigungs- bzw. Strafausschließungsgrund im Hinblick auf innerstaatliche illegale Widerstandshandlungen und auf einen neu zu schaffenden völkerstrafrechtlichen Straftatbestand der nicht-internationalen Aggression gelten zu können. Die Schaffung eines solchen Tatbestandes ist – unabhängig vom Widerstandsrecht – zur Durchsetzung der innerstaatlichen Dimension des Gewaltverbots notwendig,[3627] weil die meisten gegenwärtigen Kriege innerstaatlicher Natur sind.[3628] Auch die Privatisierung von Gewalt ist mittlerweile ein weitverbreitetes Phänomen,[3629] das die Erosion der Normgeltung des Gewaltverbots eingeleitet hat. Das Völkerstrafrecht hat es bislang versäumt, sich diesen äußerst unerfreulichen realen Entwicklungen anzupassen. Systematische und ausgedehnte private Gewaltakte gegen die Zivilbevölkerung können im Einzelfall den Tatbestand der Verbrechen gegen die Menschlichkeit erfüllen.[3630] Es fehlt jedoch an einer Regelung, die zudem Bürgerkriegsakte umfasst, welche sich direkt oder indirekt sowohl gegen staatliche als auch gegen private Adressaten richten. Mit der Etablierung

---

3626 *Dunér,* IJHR 9 (2005), S. 247–269, 265.

3627 Ähnlich *Kreß,* JZ 2014, S. 365–373, 372.

3628 *Nachtwei,* in: Bleisch/Strub (Hrsg.), Pazifismus, 2006, S. 303–317, 308.

3629 Ebenda, S. 314.

3630 So für die *al-Qaida* Anschläge am 11. September 2001 *Jeßberger,* in: Deutsches Insitut für Menschenrechte (Hrsg.), Menschenrechtliche Erfordernisse bei der Bekämpfung des Terrorismus, 2002, S. 22–23, 23.

eines völkerrechtlichen Widerstandsrechts wird die Notwendigkeit einer umfassenden strafrechtlichen Sanktion massiver innerstaatlicher privater Gewalt umso dringlicher. Schließlich muss erkennbar sein, dass das Widerstandsrecht die Gewaltbefugnisse Privater primär nicht erweitert, sondern begrenzt. Die Zuständigkeit des Internationalen Strafgerichtshofes muss in Art. 5 Abs. 1 Rom-Statut daher in lit. e) um das „Verbrechen der nicht-internationalen Aggression" erweitert werden. Hier wird als entsprechender Straftatbestand folgende Ergänzung des Rom-Statuts vorgeschlagen:

> *Art. 8*[ter] *Verbrechen der nicht-internationalen Aggression*
> (1) Im Sinne dieses Statuts bedeutet „Verbrechen der nicht-internationalen Aggression" jede Planung, Vorbereitung, Einleitung oder Ausführung eines kriegerisch-gewaltsamen Vorhabens innerhalb eines Staates.
> (2) Kriegerisch-gewaltsam ist ein Vorhaben, das im Rahmen einer Gesamtstrategie den Einsatz militärischer oder sonstiger gemeingefährlicher Mittel vorsieht und somit geeignet ist, willkürliche zivile Opfer zu verursachen.
> (3) Wer in Ausübung des Widerstandsrechts handelt, ist strafrechtlich nicht für dieses Verbrechen verantwortlich.

Der vorgeschlagene dritte Absatz ist nicht zwingend, da das Widerstandsrecht über Art. 31 Abs. 3 Rom-Statut als Rechtfertigungsgrund Berücksichtigung finden kann. Solange das Widerstandsrecht nicht völkervertragsrechtlich normiert wird, wäre insofern Art. 31 Abs. 3 i. V. m. Art. 21 Abs. 1 lit. b) Rom-Statut anzuwenden, da das Widerstandsrecht einen allgemeinen Rechtsgrundsatz darstellt. Hier wird dennoch für den deklaratorisch-rechtsverweisenden dritten Absatz plädiert, um die besondere Beziehung zwischen kriegerisch-gewaltsamem Widerstandsrecht und nicht-internationalem Aggressionsverbrechen zu verdeutlichen, die zwei Seiten derselben Medaille darstellen. Das Widerstandsrecht ist insofern ein spezifischer Rechtfertigungsgrund. Zudem soll jeglichen interpretatorischen Zweifeln daran begegnet werden, dass das Widerstandsrecht als Instrument des Menschenrechtschutzes auch als völkerstrafrechtlicher Rechtfertigungsgrund infrage kommt.

II. Weitergehende Fragestellungen

Die Etablierung der völkerrechtlichen Widerstandslehre, wie sie vorliegend vorgeschlagen wird, wirft zahlreiche weitere Fragen völkerrechtlicher und rechtsphilosophischer Natur auf, die nicht mehr Gegenstand dieser Arbeit sein können. Nachfolgend soll ein Anstoß dazu gegeben werden, diese weitergehenden Fragen zu erörtern. Die bedeutsamsten werden daher kurz angerissen.

1. Quis judicabit?

Zunächst stellt sich die Frage „Quis judicabit?“ – wer entscheidet über die Zulässigkeit von Widerstand? Sie hängt unmittelbar mit dem Missbrauchspotenzial eines Widerstandsrechts zusammen. Wer ist im Einzelfall befugt, darüber zu befinden, ob ein solcher Missbrauch vorliegt? Diese Instanz könnte ihrerseits ihre Entscheidungsposition missbrauchen. *Kant* hielt die Frage nach dem Richter über die Legitimität von Widerstand daher für nicht beantwortbar und leitete hieraus eines seiner Hauptargumente gegen die Existenz eines Widerstandsrechts ab.[3631] Wie dargelegt wurde, handelt es sich hierbei um ein formelles Problem, welches das materielle Widerstandsrecht nicht tangiert.[3632] Mit der Entwicklung einer detaillierten Widerstandslehre ist außerdem eine hinreichende Grundlage dafür geschaffen worden, dass die Zulässigkeit von Widerstand normativ-objektiv beurteilt werden kann. Damit ist auch garantiert, dass derjenige, der über die Zulässigkeit entscheiden kann, seinerseits kontrolliert werden kann.

Da das Widerstandsrecht in der Praxis seine größte Relevanz als Rechtfertigungsgrund im innerstaatlichen und völkerrechtlichen Strafrecht haben wird, werden sich primär die Strafgerichte mit der Zulässigkeit von Widerstandshandlungen beschäftigen, und zwar in erster Linie innerstaatliche Strafgerichte, nachrangig der Internationale Strafgerichtshof. Zum einen können Erstere schließlich auch für die Verbrechen des Völkerstrafrechts zuständig sein.[3633] Zum anderen dürften viele rechtmäßige Widerstandshandlungen nach innerstaatlichem Recht illegale, strafrechtlich relevante Handlungsweisen darstellen. Hier werden sich die innerstaatlichen Gerichte mit dem Rechtfertigungsgrund des Widerstandsrechts und seiner Anwendung beschäftigen müssen. In aller Regel werden diese Gerichte nicht unparteiisch entscheiden, sondern die menschenrechtsverletzende Politik des Staates mittels ihrer Urteile fortführen. Aus diesem Grund ist die Mobilisierung einer breiten Öffentlichkeit durch die Widerstandshand-

---

3631 S. o., S. 192 ff.

3632 *Peters,* Widerstandsrecht und humanitäre Intervention, 2005, S. 288.

3633 Vgl. für Deutschland § 6 VStGB.

lungen von herausragender Bedeutung. Damit wächst auch der Druck auf die innerstaatlichen Strafgerichte, das Widerstandsrecht korrekt anzuwenden. In diesem Zusammenhang wird sowohl an die innerstaatliche als auch an die internationale Öffentlichkeit (Politik, Medien, Gesellschaft) appelliert, ihre Solidarität mit dem rechtmäßigen Widerstand zu bekunden und so moralische Unterstützung zu leisten. Ferner müssen Völkerrechtswissenschaft und Rechtsphilosophie zu Einzelfällen fundiert Stellung nehmen und so unterstützend tätig werden. Das gilt zudem vice versa: Die genannten Instanzen dürfen keineswegs zu illegitimem Widerstand ermutigen, sondern müssen hier mäßigend Einfluss nehmen.

Dass darüber hinaus eine weitere Gerichtsbarkeit oder ein ähnliches unabhängiges Gremium geschaffen wird, das – etwa ex ante – über die Zulässigkeit von Widerstand entscheidet, ist realitätsfern und auch nicht zwingend notwendig, sofern das Widerstandsrecht zum Gegenstand der Strafgerichtsbarkeit gemacht wird.[3634] Für die Menschen, die Widerstand ausüben wollen, böte es eine zusätzliche Sicherheit, wenn diese sich das Vorliegen einer Widerstandslage von einer unabhängigen internationalen Stelle attestieren lassen könnten (oder sie gar eine Genehmigung zu einer konkreten Widerstandshandlung einholen könnten). Allerdings kann dies wiederum mit praktischen Problemen verbunden sein, insbesondere mit Zeitverlust. Die Ausübung von Widerstand muss möglicherweise noch vor einer solchen feststellenden Entscheidung erfolgen, um einen Erfolg erzielen zu können. Letztlich können die Inhaber des Widerstandsrechts Unsicherheiten dadurch umgehen, dass sie sich strikt an das Ultima-Ratio-Prinzip halten und zunächst besonders milde Mittel des Widerstands einsetzen. Vor einer Strafbarkeit können sie im Einzelfall über einen Erlaubnistatbestandsirrtum oder Entschuldigungsgründe geschützt sein. Darüber hinaus impliziert die in dieser Arbeit vertretene Widerstandslehre, dass das Widerstandsrecht von seinem Inhaber verantwortungsvoll eingesetzt wird. Diese Verantwortung muss er mit Bedacht wahrnehmen. Er hat diese als Mensch inne. Als solchem kann und muss es ihm auch zugemutet werden, seine Entscheidung selbst zu treffen.

3634 Zur Unwahrscheinlichkeit der Schaffung eines gerichtlichen Gremiums *Dunér*, IJHR 9 (2005), S. 247–269, 263.

2. Pflicht zum Widerstand?

Eine häufig gestellte Frage der Rechtsphilosophie im Zusammenhang mit dem Widerstandsrecht ist diejenige nach einer entsprechenden Pflicht zum Widerstand. Eine solche Pflicht kann keineswegs als Rechtspflicht bestehen, da dies im Einzelfall damit gleichbedeutend wäre, von den Rechtsträgern ein Lebensopfer einzufordern – wenn ausschließlich kriegerisch-gewaltsamer Widerstand möglich wäre, bei dem jeder Kämpfer potenziell sein Leben verlieren kann.[3635] Diese Pflicht ist zudem nicht mit der begrenzten Weigerungspflicht zu vergleichen, die beispielsweise Art. 33 Rom-Statut impliziert. Diese adressiert schließlich nur einen begrenzten Personenkreis und stellt damit keine umfangreiche (rechtliche) Pflicht zum Widerstand dar, die schließlich rechtslogisch unmöglich ist. Diskutieren lässt sich aber eine moralische Pflicht.[3636] Vieles spricht dafür, den Grundsatz „Notwehr ist ein Recht, keine Pflicht"[3637] auf das Widerstandsrecht zu übertragen. Gleichwohl könnte insbesondere für die Konstellationen des Bruchs des Gewaltverbots eine Pflicht zum Widerstand gefordert werden, da die Etablierung der Herrschaft des Rechts die oberste Maxime zur Freiheitsverwirklichung darstellt. Faktisch noch weiter reicht *Gandhis* Ansicht. Er sah sich im Rahmen des Widerstands zum Märtyrertum verpflichtet und bezeichnete die Handlungen, die nach den geltenden Gesetzen in Indien Verbrechen waren, als „höchste der Pflichten des Bürgers"[3638]. Sofern man eine solche Pflicht annehmen möchte, stellt sich die Frage, ob es sich hier nach der *Kantischen* Unterscheidung um eine vollkommene oder unvollkommene Pflicht handelt und wie weit der Spielraum für ihre Erfüllung damit reichen kann.[3639]

3635 *Schneider,* in: Kaufmann/Backmann (Hrsg.), Widerstandsrecht, 1972, S. 362–391, S. 389 f.; *Peters,* Widerstandsrecht und humanitäre Intervention, 2005, S. 311 f.

3636 Hierfür etwa *Dempf,* in: Pfister/Hildmann (Hrsg.), Widerstandsrecht und Grenzen der Staatsgewalt, 1955, S. 107–111, 111.

3637 *Meggle,* in: ders. (Hrsg.), Humanitäre Interventionsethik, 2004, S. 31–58, 33.

3638 *Gandhi,* in: Bauer (Hrsg.), Widerstand gegen die Staatsgewalt, 1965, S. 221–222, S. 222.

3639 Vgl. zur *Kantischen* Einteilung *Kant,* AA IV, Grundlegung zur MdS, 1968, S. 397 ff., 421 ff.

3. Auswirkungen auf das Recht der humanitären Intervention

Aus der hiesigen Widerstandslehre ergeben sich Konsequenzen für das Recht der humanitären Intervention, das derzeit noch nicht allgemein als geltendes Völkerrecht angesehen wird. Denkt man die Widerstandslehre konsequent weiter, ergibt sich aus dem Allgemeinen Grundsatz des Widerstandsrechts de lege lata ein Recht auf humanitäre Intervention, wenn ein Bruch des Gewaltverbots vorliegt. Schließlich ist von diesem Bruch die gesamte Menschheit normativ betroffen. Die humanitäre Intervention stellt also einen Modus von Widerstand dar und entspricht damit eher einer Notwehr- denn einer Nothilfekonstellation. Zu berücksichtigen sind dabei die umfassenden Beschränkungen der Verhältnismäßigkeit, wonach eine humanitäre Intervention deutlich seltener als innerstaatlicher kriegerisch-gewaltsamer Widerstand zulässig sein dürfte.[3640] Darüber hinaus stellt sich auch die Frage nach der Pflicht zu solchen Interventionen.[3641]

Aus der hiesigen Widerstandslehre folgt auch, dass eine humanitäre Intervention als Vorgehen bei innerstaatlichen Verletzungshandlungen unterhalb dieser Schwelle nicht zulässig ist. Sofern eine Widerstandslage nur aufgrund sonstiger systematischer Menschenrechtsverletzungen besteht, mangelt es bereits an der Betroffenheit der Intervenienten. Infrage kommt im Einzelfall nur die Widerstandshilfe bei der Verletzung individueller Freiheitsrechte, die keineswegs gewaltsames – schon gar kein militärisches – Vorgehen rechtfertigen kann. Aus verschiedensten Gründen ist insbesondere die mittlerweile in der politischen Praxis in Mode gekommene demokratische Intervention nicht gerechtfertigt.[3642] Bei rechtswidrigen

---

3640 Vgl. etwa zu den generell deutlich schlechteren Erfolgsaussichten von humanitären Interventionen *Dobos,* Insurrection and Intervention, 2012, S. 62 ff.

3641 Hierzu näher ebenda, S. 165 ff. *Kersting,* in: Merkel (Hrsg.), Der Kosovo-Krieg und das Völkerrecht, 2000, S. 187–231, 208 zufolge kann es ohne eine solche Pflicht kein Recht auf humanitäre Intervention geben. Für eine solche Pflicht etwa *Rawls,* The Law of Peoples, 1999, S. 81, 106.

3642 So im Ergebnis *Kersting,* in: Merkel (Hrsg.), Der Kosovo-Krieg und das Völkerrecht, 2000, S. 187–231, 210; zustimmend *Peters,* Widerstandsrecht und humanitäre Intervention, 2005, S. 309. Zu den schlechten Erfolgsaussichten derartiger Interventionen *Merkel,* FAZ, 02.08.2013, Syrien: Der Westen ist schuldig; *Gurr,* Political Rebellion, 2015, S. 137. Hierzu näher *Reisman,* Fordham International Law Journal 18 (1994-1995), S. 794–805; *Evans,* in: ders. (Hrsg.), Just War Theory, 2005, S. 71–92; *Merkel,* in: ders./Grimm (Hrsg.), War and Democratization, 2009, S. 31–52. *Oeter,* in: Malowitz/Münkler (Hrsg.), Humanitäre Intervention, 2009, S. 29–64, S. 36 m. w. N. deutet an, dass Maßnahmen nach

humanitären Interventionen kommt eine Strafbarkeit wegen des Aggressionsverbrechens in Betracht. Insofern bestünde eine parallele rechtliche Behandlung humanitärer Intervention und kriegerisch-gewaltsamen Widerstands, wenn das Verbrechen der nicht-staatlichen Aggression im Völkerstrafrecht eingeführt würde. Andere Modi der internationalen Unterstützung von innerstaatlichem Widerstand als das kriegerisch-gewaltsame Vorgehen bei einer humanitären Intervention sind völkerrechtlich zu untersuchen.[3643] Dabei müssen die Grenzen des Interventionsverbots bzw. der staatlichen Souveränität berücksichtigt und gegebenenfalls überdacht werden.

4. Weitere Auswirkungen auf das Völkerrecht

Die hier vertretene völkerrechtliche Widerstandslehre wirkt sich nicht nur auf das Recht auf humanitäre Intervention aus, sondern hat Einfluss auf weitere Gebiete des Völkerrechts – in besonderem Maße auf das *humanitäre Völkerrecht.* Im Zuge der völkerrechtlichen Etablierung des Widerstandsrechts muss das Recht des nicht-internationalen bewaffneten Konflikts dem des internationalen angeglichen werden. Insofern besteht ein dringender Reformbedarf bezüglich des humanitären Völkerrechts. Einen problematischen Aspekt dürfte hierbei sicherlich die Übertragung des Kombattantenprivilegs auf private Widerstandskämpfer darstellen; verschiedene Ansätze hierzu wurden bereits dargestellt.[3644] Im Hinblick auf Widerstandskämpfer besteht ein Spannungsverhältnis zwischen der Anreizfunktion der Amnestiegewährung und der Strafbarkeit aufgrund der Begehung einer nicht-internationalen Aggression, die bei staatlichen Streitkräften nicht existiert. Wegen eines internationalen Aggressionsverbrechens können schließlich nur die obersten militärischen Machthaber strafrechtlich belangt werden. Eine ähnliche Begrenzung auf die Führungsebene lässt sich bei privaten Rebellentruppen wegen ihres flacheren

---

Kap. VII UN-Charta mit dem Zweck der Sicherung der Demokratie durchaus völkerrechtlich zulässig sein könnten, äußert später aber Zweifel im Hinblick auf die Zulässigkeit demokratischer Interventionen (ebenda, S. 56). Ähnlich *Rich,* Journal of Democracy 12 (2001, Heft 3), S. 20–34, 32.

3643 Vgl. *Chemillier-Gendreau,* Right to Resistance, International Protection, 2007, Rn. 20.

3644 S. o., S. 422 ff.

und in der Regel undurchsichtigen, weil nicht offiziell geregelten Organisationsgrades praktisch kaum umsetzen und würde der Funktion dieses zu schaffenden Straftatbestandes nicht gerecht werden. Die innerstaatliche Dimension des Gewaltverbots adressiert schließlich jedermann. Die Geltung dieser Norm soll durch den Straftatbestand erhalten werden. Daher muss auch jedermann wegen der Beteiligung an einer nicht-internationalen Aggression strafbar sein können. Insofern darf sich das Kombattantenprivileg nicht auf die Amnestiegewährung im Hinblick auf dieses Verbrechen der Konfliktbegründung beziehen, sondern lediglich auf das weitere Unrecht, das bei Austragung des Konflikts unweigerlich verursacht wird.[3645]

Darüber hinaus könnte das Widerstandsrecht Auswirkungen auf das *Fremdenrecht* haben. Es wird zu erwägen sein, den Flüchtlingsbegriff der Genfer Flüchtlingskonvention von 1951 um das Merkmal der Flucht vor einem (illegitimen) Bürgerkrieg zu ergänzen. Derzeit ist dies für den Status als Flüchtling nicht ausreichend.[3646] Gewiss erscheint es ob der aktuellen Flüchtlingskrise in Westeuropa äußerst zweifelhaft, dass das Flüchtlingsrecht insofern erweitert wird.[3647] Denkbar ist stattdessen die Erweiterung des Flüchtlingsbegriffs um die Flucht wegen der Betroffenheit von staatlicher Gewalt oder Menschenrechtsverletzungen, die eine Widerstandslage begründen. Infrage kommt zudem eine Berücksichtigung des Widerstandsrechts im *Auslieferungsrecht*, das nur als dezentrales Völkervertragsrecht existiert.[3648] So sollte der Schutz politischer Delinquenten auch solche umfassen, die rechtmäßig von ihrem Widerstandsrecht Gebrauch gemacht haben.

Außerdem können das Widerstandsrecht und die weite rechtsphilosophische Auslegung des Gewaltverbots zur Wandlung der *Funktion des Völkerrechts* beitragen, die sich seit der Mitte des letzten Jahrhunderts vollzieht. In der Widerstandslehre kommt zum Ausdruck, dass das Völkerrecht in den Bereichen des Friedenssicherungsrechts und des Menschenrechtsschutzes eine globale Rechtsordnung bietet und insofern einem kon-

3645 Ähnlich *Melzer,* in: Cassese (Hrsg.), Realizing Utopia, 2012, S. 508–518, 517.

3646 *Kau,* in: Graf Vitzthum/Proelß (Hrsg.), Völkerrecht, 2016, S. 133–246, Abschn. 3 Rn. 298.

3647 Vgl. hierzu etwa *FAZ.net,* Dossier Flüchtlingskrise.

3648 *Kau,* in: Graf Vitzthum/Proelß (Hrsg.), Völkerrecht, 2016, S. 133–246, Abschn. 3 Rn. 318 ff.

stitutionellen Verständnis zugänglich ist.[3649] Das Widerstandsrecht bietet den Individuen erstmals eine Möglichkeit, die ihnen in der völkerrechtlichen Rechtsordnung garantierten Menschenrechte selbst durchzusetzen. Es steigert damit die Anerkennung und Legitimation des Völkerrechts.[3650]

5. Widerstand gegen außerstaatliche Akteure

Ferner kann die Ausweitung der Widerstandslehre auf Szenarien des Widerstands gegen außerstaatliche Akteure erwogen werden. Diese Szenarien können sowohl Widerstand gegen die internationale Rechtsordnung umfassen als solchen gegen private Einheiten, die mittels – z. B. wirtschaftlicher – Macht einen massiven Einfluss auf das nationale oder internationale Recht ausüben. Widerstand gegen die internationale Rechtsordnung und Politik ist ein Phänomen, das heute leider in Form von globalem Terrorismus tagesaktuell ist und dringend umfassender normativer Beschränkungen bedarf.[3651] Die internationale Ordnung ist zum einen durch diffuse Machtausübung und zum anderen durch eine mitunter hegemonial anmutende Weltadministration geprägt und weist damit ganz andere Machtstrukturen auf als der Nationalstaat.[3652] In ihr spielen private Akteure mitunter eine herausragende Rolle. Hinzu tritt die globale Ungleichverteilung von Ressourcen.[3653] Die Widerstandslehre entsprechend für die internationale Rechtsordnung zu erweitern, ist daher ein herausforderndes Unterfangen. Da sich der Widerstand in dieser Sphäre als besonders radikal (als Terrorismus) erwiesen hat,[3654] sollten sich Völkerrechtswissenschaft und (Rechts-)Philosophie dieser Herausforderung stellen – nicht zuletzt wegen des Einflusses, den die internationale Machtordnung auf die innerstaatliche Verletzung von Menschenrechten haben kann.[3655] Insbesondere die umfassende Verwirklichung wirtschaftlicher und sozialer

---

3649 *Mégret,* Revue Études internationales 39 (2008), S. 39–62, 58.

3650 Ebenda, S. 60.

3651 Vgl. *Chemillier-Gendreau,* in: UNESCO (Hrsg.), Critique de la politique, 2004, S. 135–153, 151.

3652 Vgl. ebenda, S. 151; *Daase,* APuZ 2014 (Heft 27), S. 3–9, 8.

3653 *Eide,* in: UNESCO (Hrsg.), Violations of human rights: possible rights of recourse and forms of resistance, 1984, S. 34–66, 64.

3654 *Daase,* APuZ 2014 (Heft 27), S. 3–9, 8.

3655 *Eide,* in: UNESCO (Hrsg.), Violations of human rights: possible rights of recourse and forms of resistance, 1984, S. 34–66, 64.

Rechte kann sich im Einzelfall der nationalstaatlichen Macht entziehen und vom Agieren globaler Unternehmen abhängig sein.[3656] Die Durchsetzung dieser Menschenrechte ist also auf eine internationale Bewegung angewiesen.[3657] Hier bieten neue Kommunikationstechnologien und Zusammenschlüsse in global agierenden Nichtregierungsorganisationen möglicherweise effektive Methoden des gewaltfreien Widerstands.

6. Prävention: Maßnahmen zur Förderung der Menschenrechte

Schließlich muss bei der Etablierung einer völkerrechtlichen Widerstandslehre, wie mehrfach erwähnt, berücksichtigt werden, dass Widerstand stets nur Ultima Ratio sein darf. Diese Anforderung des Widerstandsrechts geht mit der Aufgabe einher, Maßnahmen der Prävention von Menschenrechtsverletzungen bzw. des Bruchs des Gewaltverbots zu fördern. Es gibt zahlreiche politische und gesellschaftliche Maßnahmen der Prävention, wie z. B. präventive Diplomatie, Menschenrechtsbildung, regionaler Menschenrechtsschutz oder nachhaltige Unterstützung durch die internationale Gemeinschaft bei State-building-Prozessen in Nachkriegsszenarien. Sofern die internationale Gemeinschaft unterstützend tätig wird, ist stets ein menschenrechtlicher Minimalismus zu beherzigen, der Raum für kulturelle Entfaltung und Diversität lässt. Gleichwohl muss so gut wie möglich bei der Schaffung eines Fundaments von Recht und Frieden geholfen werden. Dies umfasst die Umsetzung universeller rechtsstaatlicher Prinzipien und die Schaffung entsprechender Institutionen.[3658]

Wenn in Zukunft darüber debattiert wird, ob das Widerstandsrecht im Einzelfall ausgeübt werden darf und/oder soll, müssen alternative Handlungsmöglichkeiten immer in einem Atemzug mit dem Widerstandsrecht genannt werden. Dabei ist zu berücksichtigen, dass selbst gewaltfreier Widerstand kein Allheilmittel gegen Menschenrechtsverletzungen darstellt.[3659] Außerdem muss das Bewusstsein dafür geschärft werden, dass zulässige Widerstandshandlungen häufig Opferbereitschaft von den Han-

3656 *Zunes,* Political Science & Politics 33 (2000), S. 181–187, 186.

3657 Ebenda, S. 186.

3658 Vgl. *Nachtwei,* in: Bleisch/Strub (Hrsg.), Pazifismus, 2006, S. 303–317, 314; *Fassbender,* APuZ 2008 (Heft 46), S. 3–8, 7.

3659 *Mégret,* Revue Études internationales 39 (2008), S. 39–62, 62.

delnden fordern.[3660] Insofern sollen die folgenden knappen Worte *Kaufmanns* bei der Umsetzung des Widerstandsrechts in die Realität abschließend zum Nachdenken anregen: „Widerstand ist eine Lebenshaltung.“[3661]

3660 Vgl. ebenda, S. 62.
3661 *Kaufmann,* 1984, S. 255.

F. Anhang: Kurzfassung der Ergebnisse

In der Arbeit wird analysiert, ob es ein völkerrechtliches Recht auf Widerstand gibt und welche Voraussetzungen bzw. Beschränkungen ein derartiges Recht impliziert. Diese Fragestellung umfasst zahlreiche rechtsphilosophische und völkerrechtliche Probleme, die aufgezeigt und diskutiert werden. Im Ergebnis wird das Widerstandsrecht als allgemeiner Rechtsgrundsatz des Völkerrechts ausfindig gemacht.

Es wird folgender Vorschlag für eine deklaratorische Normierung dieses Rechts formuliert:

> *Widerstandsrecht*
> (1) Jedermann hat das Recht auf Widerstand gegen den gegenwärtigen Bruch des Gewaltverbots oder gegen sonstige gegenwärtige systematische Menschenrechtsverletzungen durch staatliche oder sonstige politische Machthaber (Widerstandslage), soweit er hiervon betroffen ist oder einem Betroffenen bei der Durchsetzung seiner individuellen Freiheitsrechte hilft.
> (2) Widerstand ist das letzte Mittel, das zur Beseitigung der Widerstandslage geeignet, erforderlich und angemessen ist. Gewaltsamer Widerstand darf ausschließlich zur Beseitigung des gegenwärtigen Bruchs des Gewaltverbots durch staatliche oder sonstige politische Machthaber ausgeübt werden. Bei der Ausübung eines kriegerisch-gewaltsamen Widerstands sind die Vorgaben des Kriegsvölkerrechts einzuhalten.
> (3) Der Bruch des Gewaltverbots im Sinne von Absatz 1 und 2 liegt bei der Verwirklichung der Tatbestände der Artikel 6 bis 8 Rom-Statut vor. Sonstige Menschenrechtsverletzungen bestimmen sich nach den Rechten, die im Internationalen Pakt über bürgerliche und politische Rechte und im Internationalen Pakt über wirtschaftliche, soziale und kulturelle Rechte vom 19. Dezember 1966 verbürgt sind sowie nach Artikel 17 der Allgemeinen Erklärung der Menschenrechte vom 10. Dezember 1948.
> (4) Individuelle Rechtfertigungs- und Entschuldigungsgründe sowie Artikel 4 des Internationalen Pakts über bürgerliche und politische Rechte vom 19. Dezember 1966 bleiben vom Widerstandsrecht unberührt.

Außerdem wird für die Einführung des völkerstrafrechtlichen Verbrechens der nicht-internationalen Aggression in Art. 8ter Rom-Statut plädiert.

Diese Ergebnisse folgen einer eingehenden rechtsphilosophischen und völkerrechtlichen Analyse, die von einem Exkurs in die Rechtsethik begleitet wird. Im *ersten Kapitel* wird zunächst auf die drei staatsphilosophischen Konzepte von *Hobbes*, *Locke* und *Kant* eingegangen. Diese drei neuzeitlichen Philosophen nehmen im Rahmen ihrer Staatslehren sehr unterschiedliche Positionen zum Widerstandsrecht ein. *Hobbes* lehnt das Widerstandsrecht grundsätzlich ab, *Kant* spricht sich gänzlich gegen ein solches Recht aus; *Locke* hingegen befürwortet es. Die drei Konzepte sind zwar genuin verschieden, über sie hinweg vollzieht sich jedoch eine gewisse Entwicklung. Während *Hobbes* den ersten Ansatz überhaupt für eine politische Philosophie formuliert, die das Individuum zur Legitimation des Staates in den Fokus rückt und dennoch einen absolut herrschenden *Leviathan* zum Inhaber der Staatsgewalt ernennt, ist die Regierung bei *Locke* stets von der Einschätzung ihrer Bürger abhängig. Er setzt dem Staatsapparat das Volk als Souverän entgegen, indem er jenem mit dem Widerstandsrecht die politische Letztentscheidung überlässt. Dank *Locke* kommt der Gedanke der unverletzlichen Menschenrechte zum ersten Mal auf die politisch-philosophische Agenda. Er sieht im Gegensatz zu *Hobbes* zwar eine Gewaltenteilung vor, doch fehlt in seiner Lehre eine gegenseitige Kontrolle der Gewalten. Diese Kontrolle übt vielmehr das Volk mittels seines Widerstandsrechts aus. *Kant* hingegen statuiert in seinem Rechtsstaat eine Gewaltenkontrolle – auch wenn diese noch nicht sehr ausgereift ist. Dem Volk spricht er wiederum jedwede Kontrollmöglichkeit ab. Gleichwohl ist er um Frieden (wie *Hobbes*) und Freiheit (wie *Locke*) der Menschen bemüht. Diese Ziele lassen sich bei *Kant* jedoch nur mittels absoluten Rechts verwirklichen.

Die rechtsphilosophische Analyse des ersten Kapitels beeinflusst den weiteren Gang der Untersuchung maßgeblich. So werden in den Lehren *Hobbes'*, *Lockes* und *Kants* unter anderem die tragenden rechtsphilosophischen Prinzipien der Selbstbestimmung, Volkssouveränität, Freiheitsverwirklichung, Selbstverteidigung sowie der Herrschaft des Rechts im Gegensatz zur Gewalt entwickelt und begründet. Die Erkenntnisse, die im ersten Kapitel gewonnen werden, schärfen den Blick für die Untersuchung des Völkerrechts im *zweiten Kapitel*. Dort werden diese Prinzipien immer wieder aufgegriffen. Zudem wird anhand diverser Bestimmungen des Völkerrechts ermittelt, welches Verständnis der Legitimation von Staat und Recht ihm zugrunde liegt. Dies ist für die Begründung eines Widerstandsrechts schließlich unabdingbar, wie im ersten Kapitel dargelegt wird. Methodisch werden im zweiten Kapitel zahlreiche Bestimmungen des Völkerrechts auf Anhaltspunkte zur Existenz eines Widerstandsrechts hin untersucht. Die dortige Untersuchung gestaltet sich damit als Spurensuche. In induktiver Weise werden Ausschnitte des geschriebenen und ungeschriebenen Völkerrechts analysiert. Ziel der Analyse ist es, Spuren zum Ob und Wie eines völkerrechtlichen Widerstandsrechts zusammenzutragen. Von besonderer Bedeutung ist dabei der völkerrechtliche Menschenrechtsschutz, dem ein rechtsphilosophisches Konzept des Verhältnisses von Staat und Mensch zugrunde liegt. In der vorliegenden Arbeit wird für einen menschenrechtlichen Universalismus und Minimalismus plädiert, in dessen Fokus der tradierte Menschenwürdebegriff steht, der allerdings in einem neuen Verständnis vom Gedanken der Empathie geprägt wird. Aus der Untersuchung im zweiten Kapitel ergibt sich ein völkerrechtliches Idealbild des Staates, das nicht nur die Umsetzung der Menschenrechte, sondern zuvorderst die Einhaltung eines umfassenden innerstaatlichen Gewaltverbots umfasst. Eine solche Dimension des völkerrechtlichen Gewaltverbots wird hier im Wege einer teleologisch-rechtsphilosophischen Auslegung desselben abgeleitet. Es adressiert nicht nur den Staat, sondern auch die in ihm lebenden Menschen. In diesem Sinne stellt ein völkerrechtliches Widerstandsrecht eine Ausnahme zum Gewaltverbot dar. Es wird aus einer Perspektive de lege ferenda dafür plädiert, die Geltung dieses Regel-Ausnahme-Verhältnisses durch die Schaffung eines entsprechenden völkerstrafrechtlichen Tatbestandes der nicht-internationalen Aggression zu gewährleisten. Indessen existiert die Ausnahme des Widerstandsrechts im Völkerrecht de lege lata, wie sich am Ende der Spurensuche zeigt. Bereits aus dem Zusammenspiel von Menschenrechtsschutz, innerstaatlichem Gewaltverbot und Selbsthilfegrundsätzen lässt sich der allgemeine Rechtsgrundsatz des Widerstands im Völkerrecht ableiten. Dabei wird ein konstitutionelles Verständnis des Völkerrechts zugrunde gelegt, das nicht mehr primär im Dienste der Staaten steht, sondern das Individuum zum Protagonisten erklärt.

Neben der Begründung der Existenz eines Widerstandsrechts im Völkerrecht dient das zweite Kapitel ebenso der Gewinnung von Erkenntnissen zur Ausgestaltung eines Widerstandsrechts. Aus den erörterten Normen lassen sich völkerrechtliche Kriterien der Legitimität von innerstaatlichem Widerstand ableiten. Um diesen Aspekten weitere Konturen zu verleihen, wird im *dritten Kapitel* eine entsprechende völkerrechtliche Widerstandslehre entwickelt. Zu dieser Lehre gehört vor der Konkretisierung des Widerstandsrechts dessen rechtsethische Bewertung. Ethische Anforderungen sind zu berücksichtigen, weil beim Widerstandsrecht zentrale Aspekte der Pflichtmoral tangiert werden: das Problem der Gehorsamspflicht und der Legitimation kollateraler Tötungen. Ungehorsam kann nur unter engen Voraussetzungen legitim sein. Rechtsfrieden und -sicherheit genießen damit Vorrang vor normativ-materiellen Erwägungen; allerdings nur in der Regel, da Recht und Staat kein Selbstzweck beigemessen wird. Sie werden von den Menschenrechten und dem Gewaltverbot flankiert.

Eine weitere Dimension der Legitimationsbedürftigkeit zeigt sich bei der Betrachtung gewaltsamen Widerstands: Wird er mit gemeingefährlichen Mitteln (also kriegerisch-gewaltsam) ausgeübt, fordert er unschuldigen Dritten zwangsläufig Opfer ab. Im schlimmsten Fall bedeutet dies den Verlust des eigenen Lebens. Solche „kollateralen" Tötungen ethisch zu legitimieren, ist kein leichtes Unterfangen, wie die hiesige Diskussion zeigt. Konsequentialistische Positionen können nicht überzeugen. Die Einnahme einer deontologischen Position führt zu einer strikt pazifistischen Ansicht und damit zur Ablehnung der Legitimität kollateraler Tötungen. Da das Festhalten an dieser Position einer „esoterischen Lebensferne"[3662] gleichkäme, wird dort nach einer Lösung gesucht, die die Belange der unreinen Wirklichkeit mit denjenigen der deontologischen Ethik versöhnt. Es handelt sich hier um die Konstellation eines normativen Notstandes. In dieser Notlage wird nach einer Legitimationsmöglichkeit gesucht. Eine im Ergebnis globale und transtemporale Legitimationsmöglichkeit bietet das *Rawls'sche* Konzept der Differenzierung von *ideal* und *nonideal theory*. Das kriegerisch-gewaltsame Widerstandsrecht stellt damit eine nicht-ideale Norm dar, die auf dem Wege zur Verwirklichung des Ideals eines umfassenden Gewaltverbots zur Rechtfertigung kollateraler Tötungen herangezogen werden kann. Diese unreine Rechtfertigung weist als solche ein finsteres Legitimationsdefizit auf, das bei ihrer Anwendung stets zu berücksichtigen ist. Es zwingt in Zukunft zur ständigen Reflexion und Anpassung der Norm an den jeweiligen realen Stand der Entwicklung in Richtung des Ideals vom absoluten Gewaltverbot.

Die Ausgestaltung des völkerrechtlichen Widerstandsrechts als Selbsthilferecht berücksichtigt die Probleme der rechtsethischen Legitimation von Widerstand. Dementsprechend spiegeln die beschränkenden Kriterien der Widerstandshandlung die ethischen Anforderungen an eine solche Handlung wider. Die rechtsethischen Erwägungen nehmen zudem bereits Einfluss auf die Formulierung der Voraussetzungen der Widerstandslage. Es wird vorgeschlagen, für die Widerstandslage zwei Tatbestandsalternativen zu normieren („Bruch des Gewaltverbots" und „sonstige Menschenrechtsverletzungen"). Dieser Vorschlag beruht unter anderem auf der prekären Legitimation kollateraler Tötungen in der Sphäre der *nonideal theo-*

3662 *Merkel,* JZ 2012, S. 1137–1145, 1143.

ry. Die Tatbestandsalternative des „Bruchs des Gewaltverbots“ markiert die hohe und bestimmbare Schwelle zur Zulässigkeit gewaltsamer Widerstandshandlungen. Damit kann auch kriegerisch-gewaltsamer Widerstand nur bei der Überschreitung dieser Schwelle ausgeübt werden. Gleichzeitig wird hierdurch der einzig legitime Zweck derartiger Handlungen festgelegt: die Beseitigung dieses Bruchs und die Wahrung von Recht und Frieden. Dies spiegelt die Vorgabe der *nonideal justification* eines kriegerisch-gewaltsamen Widerstandsrechts wider, wonach dieses nur einen Schritt auf dem Weg der Entwicklung zum Ideal darstellen darf.

Die normativen und empirischen Aspekte der Zulässigkeit einer Widerstandshandlung sind in der Rechtsanwendung keineswegs einfach zu bewerten. Dabei müssen etwa die Erfolgsaussichten einer Widerstandshandlung plausibel darlegt werden können. Die weitreichenden Beschränkungen von Widerstand zeigen, dass die Widerstandshandlung im Zweifel unterlassen werden muss. Die hiesige Widerstandslehre ist daher primär eine Lehre der Begrenzung von Widerstand, insbesondere von gewaltsamem Widerstand. Für die Zulässigkeit von Widerstandshandlungen gilt neben dem Vorrang legaler Mittel insbesondere der Vorrang gewaltfreier Mittel. Mit der Etablierung einer Widerstandslehre muss die Attraktivität gewaltfreier Mittel kommuniziert werden. Diese beruht nicht ausschließlich auf normativen, sondern auch auf pragmatischen Erwägungen. Es wird zum frühzeitigen, gewaltfreien Einschreiten ermutigt. Wie sich zeigt, wussten die Galionsfiguren der Geschichte des Widerstands (vor allem *Gandhi* und *Martin Luther King, Jr.*) um die spezifische Bedeutung des Widerstandsrechts, indem sie Gewaltfreiheit einforderten: Widerstand impliziert eine ureigene humane Verantwortung. Seine Ausübung ist damit stets hochgradig aktiv. Aktives Handeln geht dabei mit politischer Sensibilität und hoher Opferbereitschaft einher – statt mit wüster Vernichtung. Das Widerstandsrecht ist das Instrument des Friedens, nicht des Kriegs. Damit ist es im *Kaufmann'schen* Sinne das „Urrecht aller Rechte.“[3663]

3663 *Kaufmann,* 1984, S. 256.

G. Literaturverzeichnis

Anmerkung: Die Abkürzung „ders." steht – der Übersichtlichkeit halber – sowohl für „derselbe" als auch für die „dieselbe", „dieselben" und „dasselbe". Dabei wird jeweils auf den/die letzten kursiv geschriebenen Namen Bezug genommen.

Adam, Armin, Despotie der Vernunft?, Hobbes, Rousseau, Kant, Hegel. Freiburg (Breisgau), München 1999.

African National Congress, Main Conferences and Seminars on Apartheid Organised or Co-sponsored by the United Nations. Online abrufbar: http://www.anc.org.za/content/main-conferences-and-seminars-apartheid-organised-or-co-sponsored-united-nations, zuletzt geprüft am: 22.04.2017.

AG „Menschenwürde und Menschenrechte" der Deutschen Kommission Justitia et Pax, Grund der Menschenrechte, Überlegungen zum Stellenwert der Menschenwürde, 2012, in: Deutsche Kommission Justitia et Pax (Hrsg.), Menschenwürde, Impulse zum Geltungsanspruch der Menschenrechte. Bonn 2013, S. 12–27.

Akehurst, Michael, A Modern Introduction to International Law. 3. Aufl. Boston, Sydney 1977.

Alexy, Robert, Menschenrechte ohne Metaphysik?, in: Deutsche Zeitschrift für Philosophie 52 (2004), S. 15–24.

Ambos, Kai, Internationales Strafrecht, Strafanwendungsrecht - Völkerstrafrecht - Europäisches Strafrecht - Rechtshilfe, Ein Studienbuch. 4. Aufl. München 2014.

Amnesty International, Russische Föderation - Länderbericht, 31.12.2014. Online abrufbar: https://www.amnesty.de/laenderbericht/russische-foederation, zuletzt geprüft am: 22.04.2017.

Ders., Amnesty International Report 2016/17. London 2016/2017.

Andenaes, Johannes, Normierung der Rechtswidrigkeit als Strafbarkeitsvoraussetzung im neuen norwegischen Strafgesetzbuch?, in: Eser, Albin/Fletcher, George P. (Hrsg.), Rechtfertigung und Entschuldigung, Bd. I, Rechtsvergleichende Perspektiven. Freiburg (Breisgau) 1987, S. 437–451.

Anscombe, G. E. M., Medialist's Address, Action, Intention and „Double Effect", in: Woordward, P. A. (Hrsg.), The Doctrine of Double Effect, Philosopher's Debate, A Controversial Moral Principle. Notre Dame 2001, S. 50–66.

Ders., War and Murder, 1961, in: Woordward, P. A. (Hrsg.), The Doctrine of Double Effect, Philosopher's Debate, A Controversial Moral Principle. Notre Dame 2001, S. 247–260.

Anzilotti, Dionisio, Cours de droit international, Vol. I, Introduction, théories générales (Scritti di diritto internazionale pubblico, frz.), übersetzt von Gilbert Gidel. Paris 1929.

von Aquin, Thomas, Summa Theologica, Part II/1, Englischsprachige Übersetzung, übersetzt von Fathers of the English Dominican Province, 1920. Online abrufbar: http://www.newadvent.org/summa/2.htm, zuletzt geprüft am: 22.04.2017.

Ders., Summa Theologica, Part II/2, Englischsprachige Übersetzung, übersetzt von Fathers of the English Dominican Province, 1920. Online abrufbar: http://www.newad vent.org/summa/3.htm, zuletzt geprüft am: 22.04.2017.

Arendt, Hannah, Elemente und Ursprünge totaler Herrschaft, Antisemitismus, Imperialismus, totale Herrschaft (The Origins of Totalitarianism, dt.), 1951, übersetzt von Hannah Arendt, 6. Aufl. München 1998.

Ders., Über die Revolution (On Revolution, dt.), 1963, übersetzt von Hannah Arendt, 4. Aufl. München, Zürich 2014.

Arndt, Adolf, Agraphoi Nomoi, Widerstand und Aufstand, 1962, in: Kaufmann, Arthur/Backmann, Leonhard E. (Hrsg.), Widerstandsrecht. Darmstadt 1972, S. 525–538.

Arnot, Alexander, Widerstandsrecht, Bemerkungen zu den gegenwärtigen Auffassungen in der Bundesrepublik Deutschland. Hamburg 1966.

Arntzen, Sven, Kant on Duty to Oneself and Resistance to Political Authority, in: Journal of the History of Philosophy 34 (1996), S. 409–424.

Arp, Susmita, Gandhi. Hamburg 2007.

Arsanjani, Mahnoush H., United Nations Organization Audiovisionary Library of International Law, Introductory Note on the Convention on the Safety of United Nations and Associated Personnel, 2009. Online abrufbar: http://legal.un.org/avl/ha/cs unap/csunap.html, zuletzt geprüft am: 22.04.2017.

Arzinger, Rudolf, Das Selbstbestimmungsrecht im allgemeinen Völkerrecht der Gegenwart. Berlin 1966.

Aurajo, Robert Father, Sovereignty, Human Rights, and Self-Determination, The Meaning of International Law, in: Fordham Journal of International Law 24 (2000-2001), S. 1477–1532.

Axinn, Sydney, Kant, Authority, and the French Revolution, in: Journal of the History of Ideas 32 (1971), S. 423–432.

Baertschi, Bernhard, Dignité de l'homme et libéralisme démocratique, une mésalliance?, in: Angehr, Emil/Baertschi, Bernhard (Hrsg.), Menschenwürde, La dignité de l'être humain. Basel 2004, S. 211–227.

Barclay, William, De regno et regali potestate adversus Buchananum, Brutum, Boucherium et reliquos monarchomachos, libri VI. Paris 1600.

Bassiouni, Mahmoud Cherif, Ideologically Motivated Offenses and the Political Offenses Exception in Extradition, A Proposed Juridical Standard for an Unruly Problem, in: DePaul Law Review 19 (1969), S. 217–265.

Ders., International Extradition and World Public Order. Leyden 1974.

Ders., Final Document, Conclusion and Recommendations, in: ders. (Hrsg.), International Terrorism and Political Crimes. Springfield (Illinois) 1975, S. v–xxii.

Ders., A Functional Approach to „General Principles of International Law“, in: Michigan Journal of International Law 11 (1989-1990), S. 768–818.

Bauer, Fritz, Einleitung, in: ders. (Hrsg.), Widerstand gegen die Staatsgewalt, Dokumente der Jahrtausende. Frankfurt am Main, Hamburg 1965, S. 7–11.

Ders., Nachwort, in: ders. (Hrsg.), Widerstand gegen die Staatsgewalt, Dokumente der Jahrtausende. Frankfurt am Main, Hamburg 1965, S. 300–301.

Ders., Widerstandsrecht und Widerstandspflicht des Staatsbürgers, 1962, in: Kaufmann, Arthur/Backmann, Leonhard E. (Hrsg.), Widerstandsrecht. Darmstadt 1972, S. 482–504.

Bauer, Steven M./Eckerstrom, Peter J., The State Made Me Do It, The Applicability of the Necessity Defense to Civil Disobedience, in: Stanford Law Review 39 (1986-1987), S. 1173–1200.

Baxi, Upendra, The Future of Human Rights. 3. Aufl. Oxford, New Delhi 2006.

Becker von Pelet-Narbonne, Ernst Helmut, Rechtliche Probleme der Revolution der Gegenwart. Würzburg 1970.

Beck, Lewis W., Kant and the Right of Revolution, in: Journal of the History of Ideas 32 (1971), S. 411–422.

Bedau, Hugo Adam, On Civil Disobedience, in: The Journal of Philosophy 58 (1961), S. 653–665.

Beestermöller, Gerhard, Thomas von Aquin und der gerechte Krieg, Friedensethik im theologischen Kontext der Summa Theologiae. Köln 1990.

Ders., Die humanitäre Intervention - Kreuzzug im neuen Gewand?, Ein Blick auf die gegenwärtige Diskussion im Spiegel der thomanischen Lehre vom gerechten Krieg, in: ders. (Hrsg.), Die humanitäre Intervention – Imperativ der Menschenrechtsidee?, Rechtsethische Reflexion am Beispiel des Kosovo-Krieges. Stuttgart 2003, S. 141–170.

Benhabib, Seyla, Hannah Arendt, Die melancholische Denkerin der Moderne (The Reluctant Modernism of Hannah Arendt, dt.), 1996, übersetzt von Karin Wördemann. Hamburg 1998.

Ders., The Rights of Others, Aliens, Residents, and Citizens. Cambridge 2004.

Ders., Is There a Human Right to Democracy? Beyond Interventionism and Indifference, Chapter 10, in: Corradetti, Claudio (Hrsg.), Philosophical Dimensions of Human Rights, Some Contemporary Views. Dordrecht 2012, S. 191–213.

Bentham, Jeremy, Anarchial Fallacies, Being an Examination of the Declaration of Rights Issued During the French Revolution, 1816/1834, in: Bowring, John (Hrsg.), The works of Jeremy Bentham, Volume 2. Edinburgh 1843, S. 487–532 (zitiert: *Bentham,* Anarchial Fallacies, 1843).

Berber, Friedrich, Lehrbuch des Völkerrechts, Bd. I, Allgemeines Friedensrecht. München 1960.

Berkemann, Jörg, Studien zu Kants Haltung zum Widerstandsrecht. Hamburg 1972.

Berlin, Isaiah, Hobbes, Locke and Professor Macpherson, in: The Political Quarterly 35 (1964), S. 444–468.

Bernstein, Alyssa R., A Human Right to Democracy?, Legitimacy and Intervention, in: Martin, Rex/Reidy, David A. (Hrsg.), Rawls's Law of Peoples, A Realistic Utopia? Malden, Oxford, Carlton 2006, S. 278–298.

von Bernstorff, Jochen /Venzke, Ingo, Max Planck Encyclopedia of Public International Law, Ethos, Ethics, and Morality in International Relations, 2011. Online abrufbar: http://opil.ouplaw.com/home/EPIL [Titel als Suchbegriff eingeben], zuletzt geprüft am: 22.04.2017.

Bertram, Karl Friedrich, Widerstand und Revolution, Ein Beitrag zur Unterscheidung der Tatbestände und ihrer Rechtsfolgen. Berlin 1964.

Beutz, Molly, Functional Democracy: Responding to Failures of Accountability, in: Harvard International Law Journal 44 (2003), S. 387–432.

Beyer, Cornelia, Die Strategie der Vereinigten Staaten im „War of Terror". Berlin 2006.

Beyerlin, Ulrich, Die israelische Befreiungsaktion von Entebbe in völkerrechtlicher Sicht, in: Zeitschrift für ausländisches öffentliches Recht und Völkerrecht 37 (1977), S. 213–243.

bibel-online.net, Die Bibel, Einheitsübersetzung. Online abrufbar: http://www.bibel-online.net/buch/luther_1912/1_mose/1/#1, zuletzt geprüft am: 22.04.2017.

Bielefeldt, Heiner, Neuzeitliches Freiheitsrecht und politische Gerechtigkeit, Perspektiven der Gesellschaftsvertragstheorien. Würzburg 1990.

Ders., Zum Ethos der menschenrechtlichen Demokratie, Eine Einführung am Beispiel des Grundgesetzes. Würzburg 1991.

Ders., Die Menschenrechte als „das Erbe der gesamten Menschheit", in: ders./Brugger, Winfried/Dicke, Klaus (Hrsg.), Würde und Recht des Menschen, Festschrift für Johannes Schwartländer zum 70. Geburtstag. Würzburg 1992, S. 143–160.

Ders., Philosophie der Menschenrechte, Grundlagen eines weltweiten Freiheitsethos. Darmstadt 1998.

Ders., Die Menschenwürde – ein unaufgebbares Axiom, in: Deutsche Kommission Justitia et Pax (Hrsg.), Menschenwürde, Impulse zum Geltungsanspruch der Menschenrechte. Bonn 2013, S. 28–63.

Biermann, Rafael, Legitimitätsprobleme humanitärer Intervention: Kontinuitätslinien zwischen Kosovo und Libyen, in: Zeitschrift für Friedens- und Konfliktforschung 3 (2014), S. 6–42.

Birnbacher, Dieter, Mehrdeutigkeiten im Begriff der Menschenwürde, in: Aufklärung und Kritik 1995 (Sonderheft 1), S. 4–13.

Bittner, Rüdiger, Humanitäre Interventionen sind Unrecht, in: Meggle, Georg (Hrsg.), Humanitäre Interventionsethik, Was lehrt uns der Kosovo-Krieg? Paderborn 2004, S. 99–106.

Ders., Ist Notwehr erlaubt?, in: Bleisch, Barbara/Strub, Jean-Daniel (Hrsg.), Pazifismus, Ideengeschichte, Theorie und Praxis. Bern, Stuttgart, Wien 2006, S. 265–275.

Bleckmann, Albert, Zur Feststellung und Auslegung von Völkergewohnheitsrecht, in: Virginia Law Review 37 (1977), S. 504–529.

Ders., Die Aufgaben einer Methodenlehre des Völkerrechts, Probleme der Rechtsquellenlehre im Völkerrecht. 1. Aufl. Heidelberg, Karlsruhe 1978.

Ders., Grundprobleme und Methoden des Völkerrechts. Freiburg (Breisgau), München 1982.

Bloch, Ernst, Naturrecht und menschliche Würde, Bd. 6, 1961, in: Suhrkamp Verlag (Hrsg.), Ernst Bloch, Werksausgabe. Frankfurt am Main 1985 (zitiert: *Bloch,* Naturrecht, Bd. 6, 1985).

Blume, Michael, Satyagraha, Wahrheit und Gewaltfreiheit, Yoga und Widerstand bei M. K. Gandhi. Gladenbach 1987.

Bonno, Gabriel, Les Relations intellectuelles de Locke avec la France, (D'après des documents inédits). Berkeley, Los Angeles, London 1955.

Borowski, Ludwig Ernst, Darstellung des Lebens und Charakters Immanuel Kants, Von Kant selbst genau revidiert und berichtigt, 1804, in: Groß, Felix (Hrsg.), Immanuel Kant, Sein Leben in Darstellungen von Zeitgenossen, Die Biographien von L. E. Borowski, R. B. Jachmann und A. Ch. Wasianski. Berlin 1912, S. 3–115.

Borries, Kurt, Kant als Politiker, Zur Staats- und Gesellschaftslehre des Kritizismus. Aalen 1973 (Nachdruck, Leipzig 1928).

Bothe, Michael, Kosovo - Anlässe zum völkerrechtlichen Nachdenken, in: Steinkamm, Armin A./Ipsen, Knut (Hrsg.), Wehrrecht und Friedenssicherung, Festschrift für Klaus Dau zum 65. Geburtstag. Neuwied, Kriftel 1999, S. 13–29.

Ders., Friedenssicherung und Kriegsrecht, in: Vitzthum, Wolfgang Graf/Proelß, Alexander (Hrsg.), Völkerrecht. 7. Aufl., Berlin, Boston 2016, S. 591–682.

Boutros-Ghali, Boutros, An Agenda for Democratization. New York 1996.

Bowett, Derek William, Self-Defense in International Law. Manchester 1958.

Boyle, Joseph M., „Praeter Intentionem" in Aquinas, in: The Thomist: a Speculative Quarterly Review 42 (1978), S. 649–665.

Brandt Ahrens, Cherylyn, Chechnya and the Right of Self-Determination, in: Columbia Journal of Transnational Law 42 (2003-2004), S. 575–615.

Brandt, Reinhard, Das Titelblatt des Leviathan, in: Höffe, Otfried/Kersting, Wolfgang (Hrsg.), Thomas Hobbes, Leviathan oder Stoff, Form und Gewalt eines kirchlichen und bürgerlichen Staates. 2. Aufl., Berlin 2008, S. 25–45.

Breutz, Iris, Der Protest im Völkerrecht. Berlin 1997.

Brierly, J. L., Grundlagen des Völkerrechts, Eine Einführung in das internationale Friedensrecht (The Law of Nations, An Introduction to the International Law of Peace, dt.), 3. Aufl. 1942, übersetzt von F. Fiedler. Berlin 1948.

Brown, Chris, Universal Human Rights, A Critique, in: The International Journal of Human Rights 1 (1997), S. 41–65.

Brownlie, Ian, Thoughts on Kind-Hearted Gunmen, in: Lillich, Richard B. (Hrsg.), Humanitarian Intervention and the United Nations. Charlottesville 1973, S. 139–148.

Ders., Principles of Public International Law. 7. Aufl. Oxford u. a. 2008.

Brown, Wendy, „The Most We Can Hope For ...", Human Rights and the Politics of Fatalism, in: The South Atlantic Quarterly 103 (2004), S. 451–463.

Brozus, Lars/Schaller, Christian, Über die Responsibility to Protect zum Regimewechsel. Stiftung Wissenschaft und Politik, Deutsches Institut für Internationale Politik und Sicherheit. Berlin 2013.

Bruha, Thomas, Gewaltverbot und humanitäres Völkerrecht nach dem 11. September 2001, in: Archiv des Völkerrechts 40 (2002), S. 422–453.

Bryde, Brun-Otto, Verpflichtungen Erga Omnes aus Menschenrechten, in: Deutsche Gesellschaft für Völkerrecht (Hrsg.), Aktuelle Probleme des Menschenrechtsschutzes, Berichte der Deutschen Gesellschaft für Völkerrecht, Band 33. Heidelberg 1994, S. 165–190.

Ders., Konstitutionalisierung des Völkerrechts und Internationalisierung des Verfassungsrechts, in: Der Staat, 2003, S. 61–75.

Buchanan, Allen, Justice, Legitimacy, and Self-Determination, Moral Foundations for International Law. Oxford u. a. 2007 (Nachdruck, 2004).

Ders., The Ethics of Revolution and Its Implications for the Ethics of Intervention, in: Philosophy & Public Affairs 41 (2013), S. 291–323.

Buchheit, Lee C., Secession, The Legitimacy of Self-Determination. New Haven, London 1950.

Buergenthal, Thomas, Max Planck Encyclopedia of Public International Law, Human Rights, 2007. Online abrufbar: http://opil.ouplaw.com/home/EPIL [Titel als Suchbegriff eingeben], zuletzt geprüft am: 22.04.2017.

Bundesverfassungsgericht, 21.10.1987, BVerfGE 77, 137.

Ders., 24.10.2001, BVerfGE 73, 206.

Bundeszentrale für politische Bildung, 50 Jahre „I have a dream", 27.08.2013. Online abrufbar: http://www.bpb.de/politik/hintergrund-aktuell/167685/50-jahre-i-have-a-dream-27-08-2013, zuletzt geprüft am: 22.04.2017.

Ders., Innerstaatliche Konflikte/Syrien, 17.11.2015. Online abrufbar: http://www.bpb.de/internationales/weltweit/innerstaatliche-konflikte/54705/syrien, zuletzt geprüft am: 22.04.2017.

Byrd, B. Sharon, Kant's Theory of Punishment: Deterrence in its Threat, Retribution in its Execution, in: Law and Philosophy 8 (1989), S. 151–200.

Ders./Hruschka, Joachim, Kant's Doctrine of Right, A Commentary. Cambridge u. a. 2011 (Nachdruck, 2010).

Calogeropoulos-Stratis, S., Le droit des peuples à disposer d'eux-mêmes. Brüssel 1973.

Cassese, Antonio, The Self-Determination of Peoples, in: Henkin, Louis (Hrsg.), The International Bill of Rights, The Covenant on Civil and Political Rights. New York, Guilford, Surrey 1981, S. 92–113.

Ders., Ex iniuria ius oritur: are we moving towards international legitimation of forcible humanitarian countermeasures in the world community?, in: European Journal of International Law 10 (1999), S. 23–30.

Ders., International Law. 2. Aufl. Oxford u. a. 2005.

Ders., Should Rebels be treated as Criminals?, Some Modest Proposals for Rendering Internal Armed Conflicts less Inhumane, in: ders. (Hrsg.), Realizing Utopia, The Future of International Law. Oxford 2012, S. 519–524.

Ders., International Criminal Law. 3. Aufl. Oxford u. a. 2013.

Cassirer, Ernst, Kants Leben und Lehre. Berlin 1921.

Cavaré, Louis, Le droit international public positif. 3. Aufl. Paris 1967.

Chemillier-Gendreau, Monique, Le droit de résistance en droit international, in: UNESCO (Hrsg.), Critique de la politique, Autour de Miguel Abensour, Journée de la philosophie à l'UNESCO. Paris 2004, S. 135–153.

Ders., Max Planck Encyclopedia of Public International Law, Right to Resistance, International Protection, 2007. Online abrufbar: http://opil.ouplaw.com/home/EPIL [Titel als Suchbegriff eingeben], zuletzt geprüft am: 22.04.2017.

Cheng, Bin, General Principles of Law, As applied by International Courts and Tribunals, in: Cambridge University Press (Hrsg.), Bin Cheng, General Principles of Law, As applied by International Courts and Tribunals. Cambridge, New York, Melburne 1994 (Nachdruck, 1987), S. 1–490 (zitiert: *Cheng,* General Principles, 1994).

Chou-Young, Hu, Das Selbstbestimmungsrecht als eine Vorbedingung des völligen Genusses aller Menschenrechte, Eine Studie zu Art. 1 der beiden Menschenrechtskonventionen vom 16. Dezember 1966. Zürich 1973.

Christiano, Thomas, An Instrumental Argument for a Human Right to Democracy, in: Philosophy & Public Affairs 39 (2011), S. 142–176.

Chwaszcza, Christine, Anthropologie und Moralphilosophie im ersten Teil des Leviathan, in: Höffe, Otfried/Kersting, Wolfgang (Hrsg.), Thomas Hobbes, Leviathan oder Stoff, Form und Gewalt eines kirchlichen und bürgerlichen Staates. 2. Aufl., Berlin 2008, S. 69–88.

Clark, Paul A., Taking Self-Determination Seriously: When Can Cultural and Political Minorities Control Their Own Fate?, in: Chicago Journal of International Law 5 (2004-2005), S. 737–752.

Coates, A. J., The Ethics of War. Manchester, New York 1997.

Cohen, Joshua, Minimalism About Human Rights, The Most We Can Hope For?, in: The Journal of Political Philosophy 12 (2004), S. 190–213.

Ders., Is there a Human Right to Democracy?, in: Sypnowich, Christine (Hrsg.), The Egalitarian Conscience, Essays in Honour of G. A. Cohen. Oxford u. a. 2006, S. 226–250.

Cohen, Marshall, Civil Disobedience in a Constitutional Democracy, in: The Massachusetts Review 10 (1969), S. 211–226.

Cohn, Haim A., The Right and Duty of Résistance, in: Revue des Droits de l'Homme/ Human Rights Journal 1968, S. 491–517.

Connell, F. J., Principle of Double Effect, in: The Catholic University of America (Hrsg.), New Catholic Encyclopedia, Vol. IV. Washington, D.C. 1967, S. 1020–1022.

Cox, Richard Howard, Locke on War and Peace. Oxford u. a. 1960.

Cranston, Maurice, John Locke, A Biography. Oxford u. a. 1985 (Nachdruck, 1957).

Crawford, Emily, The Treatment of Combatants and Insurgents under the Law of Armed Conflict. Oxford u. a. 2010.

Crawford, James, Democracy and the Body of International Law, in: Fox, Gregory H./ Roth, Brad R. (Hrsg.), Democratic Governance and International Law. Cambridge 2000, S. 91–122.

Cristescu, Aureliu, E/CN.4/Sub.2/404/Rev. 1, Study: The Right to Self-Determination, Historical and Current Development on the Basis of United Nations Instruments. New York 1981.

Cummiskey, David, Justice and Revolution in Kant's Political Philosophy, Chapter Nine, in: Muchnik, Pablo (Hrsg.), Rethinking Kant. Newcastle 2008, S. 217–240.

d'Aspremont, Jean, The Rise and Fall of Democracy Governance in International Law, A Reply to Susan Marks, in: European Journal of International Law 22 (2011), S. 549–570.

Daase, Christopher, Was ist Widerstand?, Zum Wandel von Opposition und Dissidenz, in: Aus Politik und Zeitgeschichte 2014 (Heft 27), S. 3–9.

Ders./Schindler, Sebastian, Clausewitz, Guerillakrieg und Terrorismus, Zur Aktualität einer missverstandenen Kriegstheorie, in: Politische Vierteljahresschrift 50 (2009), S. 701–731.

Dahm, Georg, Völkerrecht, Bd. I. Stuttgart 1958.

Ders., Das Verbot der Gewaltanwendung nach Art. 2 (4) der UNO-Charta und die Selbsthilfe gegenüber Völkerrechtsverletzungen, die keinen bewaffneten Angriff enthalten, in: Forschungsstelle für Völkerrecht und ausländisches öffentliches Recht der Universität Hamburg (Hrsg.), Festschrift für Rudolf Laun zu seinem achtzigsten Geburtstag, Jahrbuch für internationales Recht Bd. 11. Göttingen 1962, S. 48–72.

Ders./Delbrück, Jost/Wolfrum, Rüdiger, Völkerrecht, Bd. I/1, Die Grundlagen. Die Völkerrechtssubjekte. 2. Aufl. Berlin, New York 1989.

Ders., Völkerrecht, Bd. I/2, Der Staat und andere Völkerrechtssubjekte. Räume unter internationaler Verwaltung. 2. Aufl. Berlin 2002.

Ders., Völkerrecht, Bd. I/3, Die Formen des völkerrechtlichen Handelns. Die inhaltliche Ordnung der internationalen Gemeinschaft. 2. Aufl. Berlin 2002.

David, René/Grasmann, Günther (Hrsg.), Einführung in die großen Rechtssysteme der Gegenwart. 2. Aufl. München 1988.

Davis, Ryan W., Is Revolution Morally Revolting?, in: The Journal of Value Inquiry 38 (2004), S. 561–568.

Deinhammer, Robert, Menschenrechte und Kulturrelativismus, in: Archiv für Rechts- und Sozialphilosophie 96 (2010), S. 51–63.

Deiseroth, Dieter, „Humanitäre Intervention" und Völkerrecht, in: Neue juristische Wochenschrift 1999, S. 3084–3088.

Delbrück, Jost, Effektivität des UN-Gewaltverbots, Bedarf es einer Modifikation der Reichweite des Art. 2 (4) UN-Charta?, in: Die Friedens-Warte 74 (1999), S. 139–158.

Delfos, Leo, Alte Rechtsformen des Widerstandes gegen Willkürherrschaft, 1965, in: Kaufmann, Arthur/Backmann, Leonhard E. (Hrsg.), Widerstandsrecht. Darmstadt 1972, S. 59–86.

Dembour, Marie-Bénédicte, What Are Human Rights? Four Schools of Thought, in: Human Rights Quarterly 32 (2010), S. 1–20.

Dempf, Alois, Die heutige Position, Staats- und rechtsphilosophisch, in: Pfister, Bernhard/Hildmann, Gerhard (Hrsg.), Widerstandsrecht und Grenzen der Staatsgewalt, Bericht über die Tagung der Hochschule für Politische Wissenschaften, München, und der Evangelischen Akademie, Tutzing, 18.-20. Juni 1955, in der Akademie Tutzing. Berlin 1955, S. 107–111.

Denecke, Uwe, Die Humanitäre Intervention und ihr Verhältnis zum Rechtschutzsystem der Europäischen Menschenrechtskonvention, Ein Beitrag zum Stand der Menschenrechte im Völkerrecht und zur Problematik der völkerrechtlichen Intervention. Würzburg 1972.

Depenheuer, Otto, Selbstbehauptung des Rechtsstaats. 2. Aufl. Paderborn u. a. 2007.

Der Tagesspiegel Online, Diplomatische Anerkennung: Syrische Opposition erhält Syriens Sitz bei Arabischer Liga, 25.03.2013. Online abrufbar: http://www.tagesspiegel.de/politik/diplomatische-anerkennung-syrische-opposition-erhaelt-syriens-sitz-bei-arabischer-liga/7979990.html, zuletzt geprüft am: 22.04.2017.

Deutsche Gesellschaft für Völkerrecht (Hrsg.), Diskussion am 23. Juni 1973, in: ders. (Hrsg.), Das Selbstbestimmungsrecht der Völker als Grundsatz des Völkerrechts, Berichte der Deutschen Gesellschaft für Völkerrecht, Band 14. Heidelberg 1974, S. 57–94.

Ders., Diskussion zu den Referaten Bryde, von Bar, Geimer, in: ders. (Hrsg.), Aktuelle Probleme des Menschenrechtsschutzes, Berichte der Deutschen Gesellschaft für Völkerrecht, Band 33. Heidelberg 1994, S. 277–309.

Deutscher Bundestag, BT-Drucks. IV/650 vom 04.10.1962.

Ders., BT-Drucks. 12/7513 vom 10.05.1994.

Dicke, Klaus, Menschenrechte als Kulturimperialismus?, in: ders./Edinger, Michael/ Lembcke, Oliver (Hrsg.), Menschenrechte und Entwicklung. Berlin 1997, S. 57–76.

Die Welt Online, USA erkennen Rebellen als Vertretung Syriens an, 12.12.12. Online abrufbar: http://www.welt.de/politik/ausland/article111959927/USA-erkennen-Rebellen-als-Vertretung-Syriens-an.html, zuletzt geprüft am: 22.04.2017.

Ders., Bürgerkrieg: USA liefern Waffen an moderate syrische Rebellen, 28.01.2014. Online abrufbar: http://www.welt.de/politik/ausland/article124288304/USA-liefern-Waffen-an-moderate-syrische-Rebellen.html, zuletzt geprüft am: 22.04.2017.

Dobos, Ned, Insurrection and Intervention, The Two Faces of Sovereignty. Cambridge, New York 2012.

Doehring, Karl, Das Widerstandsrecht des Grundgesetzes und das überpositive Recht, in: Der Staat 1969, S. 429–439.

Ders., Das Selbstbestimmungsrecht der Völker als Grundsatz des Völkerrechts, Referat und Diskussion der 13. Tagung der Deutschen Gesellschaft für Völkerrecht in Heidelberg am 22. und 23. Juni 1973, in: Deutsche Gesellschaft für Völkerrecht (Hrsg.), Das Selbstbestimmungsrecht der Völker als Grundsatz des Völkerrechts, Berichte der Deutschen Gesellschaft für Völkerrecht, Band 14. Heidelberg 1974, S. 7–56.

Ders., Formen und Methoden der Anwendung des Selbstbestimmungsrechts, in: Blumenwitz, Dieter/Meissner, Boris (Hrsg.), Das Selbstbestimmungsrecht der Völker und die deutsche Frage. Köln 1984, S. 61–71.

Ders., Allgemeine Staatslehre, Eine systematische Darstellung. 3. Aufl. Heidelberg 2004.

Ders., Völkerrecht, Ein Lehrbuch. 2. Aufl. Heidelberg 2004.

Donnelly, Jack, Human Rights as Natural Rights, in: Human Rights Quarterly 4 (1982), S. 391–405.

Ders., Cultural Relativism and Universal Human Rights, in: Human Rights Quarterly 6 (1983), S. 400–419.

Ders., Universal Human Rights in Theory and Practice. 3. Aufl. Ithaca u. a. 2013.

Dörr, Oliver, Gewalt und Gewaltverbot im modernen Völkerrecht, in: Aus Politik und Zeitgeschichte 2004 (Heft B43), S. 14–20.

Downes, Alexander B., Desperate Times, Desperate Measures, The Causes of Civilian Victimization in War, in: International Security 30 (2006), S. 152–195.

Dreier, Ralf, Widerstandsrecht und ziviler Ungehorsam im Rechtsstaat, in: Glotz, Peter (Hrsg.), Ziviler Ungehorsam im Rechtsstaat. Frankfurt am Main 1983, S. 54–75.

Dreist, Peter, Humanitäre Intervention – Zur Rechtmäßigkeit der NATO-Operation ALLIED FORCE, in: Humanitäres Völkerrecht Informationsschriften 2002, S. 64–77.

Drobnig, Ulrich, Methodenfragen der Rechtsvergleichung im Lichte der „International Encyclopedia of Comparative Law“, in: Caemmerer, Ernst von/Mentschikoff, Soia/ Zweigert, Konrad (Hrsg.), Ius Privatum Gentium, Festschrift für Max Rheinstein, zum 70. Geburtstag am 5. Juli 1969. Tübingen 1969, S. 221–234.

Duden, „Widerstand“. Online abrufbar: http://www.duden.de/suchen/dudenonline/widerstand [„Widerstand“ anklicken], zuletzt geprüft am: 22.04.2017.

Dugard, John, United Nations Organization Audiovisionary Library of International Law, Convention on the Suppression and Punishment of the Crime of Apartheid. Online abrufbar: http://legal.un.org/avl/ha/cspca/cspca.html, zuletzt geprüft am: 22.04.2017.

Dulckeit, Gerhard, Naturrecht und positives Recht bei Kant. Leipzig 1932.

Dunér, Bertil, Rebellion: The Ultimate Human Right?, in: The International Journal of Human Rights 9 (2005), S. 247–269.

Dworkin, Ronald, Ethik und Pragmatik des zivilen Ungehorsams, 1983, in: Meyer, Thomas/Miller, Susanne/Strasser, Johano (Hrsg.), Widerstandsrecht in der Demokratie, Pro und Contra. Köln 1984, S. 24–42.

Ders., Bürgerrechte ernstgenommen (Taking Rights Seriously, dt.), 1977/1978, übersetzt von Ursula Wolf. Frankfurt am Main 1990.

Ebert, Theodor, Gewaltfreier Aufstand, Alternative zum Bürgerkrieg. 2. Aufl. Waldkirch 1980.

Eggers, Daniel, Die Naturzustandstheorie des Thomas Hobbes, Eine vergleichende Analyse von 'The Elements of Law', 'De Cive' und den englischen und lateinischen Fassungen des 'Leviathan'. Berlin 2008.

Eide, Asbjørn, E/CN.4/Sub.2/1993/34 (10.08.1993), United Nations Commission on Human Rights Report: Protection of Minorities, Possible ways and means of facilitating the peaceful and constructive solution of problems involving minorities.

Ders., The right to oppose violations of human rights: basis, conditions and limitations, in collaboration with Leif Barlaug and Chakufuwa Chinana, in: UNESCO (Hrsg.), Violations of human rights: possible rights of recourse and forms of resistance, Meeting of experts on the analysis of the basis and forms of individual and collective action by which violations of human rights can be combated, Freetown (Sierra Leone), 3-7 March 1981. Paris 1984, S. 34–66.

Ders./Alfredsson, Gudmundur/Melander, Göran/Rehof, Lars Adam/Rosas, Allan (Hrsg.), The Universal Declaration of Human Rights: A Commentary. Oslo 1992 (zitiert: *Verfasser*, in: Eide u. a., UDHR, 1992).

Emmerich-Fritsche, Angelika, Vom Völkerrecht zum Weltrecht. Berlin 2007.

Endemann, Harald, Kollektive Zwangsmaßnahmen zur Durchsetzung humanitärer Normen, Ein Beitrag zum Recht der humanitären Intervention. Frankfurt am Main 1996.

Engländer, Armin, Grund und Grenzen der Nothilfe. Tübingen 2008.

Erhard, Johann Benjamin, Über das Recht des Volks zu einer Revolution, 1795, in: Haasis, Hellmut G. (Hrsg.), Johann Benjamin Erhard, Über das Recht des Volkes zu einer Revolution und andere Schriften. München 1970, S. 7–98 (zitiert: *Erhard,* Über das Recht, 1970).

Ermacora, Felix, Der Minderheitenschutz im Rahmen der Vereinten Nationen. Wien 1988.

Ders., Über die Anwendung der Modelle der Selbstbestimmung, in: Riedl, Franz Hieronymus/Veiter, Theodor (Hrsg.), Föderalismus, Regionalismus und Volksgruppenrecht in Europa, Festschrift für Guy Héraud. Wien 1989, S. 116–122.

Eser, Albin, „Defences" in War Crime Trials, in: Israel Yearbook on Human Rights 24 (1995), S. 201–222.

Ders., Rechtmäßige Tötung im Krieg, Zur Fragwürdigkeit eines Tabus, in: Dölling, Dieter/Götting, Bert/Meier, Bernd-Dieter u. a. (Hrsg.), Verbrechen – Strafe – Resozialisierung, Festschrift für Heinz Schöch zum 70. Geburtstag am 20. August 2010. Berlin 2010, S. 461–480.

Ders./Fletcher, George P. (Hrsg.), Rechtfertigung und Entschuldigung, Bd. I, Rechtsvergleichende Perspektiven. Freiburg (Breisgau) 1987.

Euchner, Walter, John Locke, Zwei Abhandlungen über die Regierung, Einleitung des Herausgebers, in: ders./Abendroth, Wolfgang/Flechtheim, Ossip Kurt u. a. (Hrsg.), John Locke, Zwei Abhandlungen über die Regierung. Frankfurt 1967, S. 5–47 (zitiert: *Euchner,* Einleitung, 1967).

Ders./Abendroth, Wolfgang/Flechtheim, Ossip Kurt/Fetscher, Iring (Hrsg.), John Locke, Zwei Abhandlungen über die Regierung. Frankfurt 1967.

Evans, Mark, In Defense of Just War Theory, in: ders. (Hrsg.), Just War Theory, A Reappraisal. Edinburgh 2005, S. 203–222.

Ders., In Humanity's Name, Democracy and the Right to Wage War, in: ders. (Hrsg.), Just War Theory, A Reappraisal. Edinburgh 2005, S. 71–92.

Ders. (Hrsg.), Just War Theory, A Reappraisal. Edinburgh 2005.

Falk, Richard, A/HRC/25/67 (13.01.2014), UN GA Report of the Special Rapporteur on the situation of human rights in the Palestinian territories occupied since 1967.

Fassbender, Bardo, Die souveräne Gleichheit der Staaten - ein angefochtenes Grundprinzip des Völkerrechts, in: Aus Politik und Zeitgeschichte 2004 (Heft B43), S. 7–13.

Ders., Idee und Anspruch der Menschenrechte im Völkerrecht, in: Aus Politik und Zeitgeschichte, 2008 (Heft 46), S. 3–8.

FAZ.net, Dossier Flüchtlingskrise. Online abrufbar: http://www.faz.net/aktuell/politik/fluechtlingskrise/, zuletzt geprüft am: 22.04.2017.

Ders., Nato: Erstmals Bündnisfall ausgerufen, 02.10.2001. Online abrufbar: http://www.faz.net/aktuell/politik/nato-erstmals-buendnisfall-ausgerufen-131269.html, zuletzt geprüft am: 22.04.2017.

Ders., Irak-Krise: Einmarsch kommt auf jeden Fall, 30 Staaten in der „Koalition der Willigen", 18.03.2003. Online abrufbar: http://www.faz.net/aktuell/politik/irak-krise-einmarsch-kommt-auf-jeden-fall-30-staaten-in-der-koalition-der-willigen-192692.html, zuletzt geprüft am: 22.04.2017.

Feinberg, Joel, Duty and Obligation in the Non-Ideal World by John Rawls, in: The Journal of Philosophy 70 (1973), S. 263–275.

Fetscher, Iring (Hrsg.), Thomas Hobbes, Leviathan oder Stoff, Form und Gewalt eines kirchlichen und bürgerlichen Staates. Baden-Baden 1984 (Nachdruck, 1966).

Ders., Thomas Hobbes, Leviathan, Einleitung, 1966, in: ders. (Hrsg.), Thomas Hobbes, Leviathan oder Stoff, Form und Gewalt eines kirchlichen und bürgerlichen Staates. Baden-Baden 1984 (Nachdruck, 1966), S. IX–LXVI (zitiert: *Fetscher,* Einleitung, 1984).

Fiala, Andrew, Pacifism, in: Zalta, Edward N. (Hrsg.), The Stanford Encyclopedia of Philosophy, 2006. Online abrufbar: http://plato.stanford.edu/entries/pacifism/, zuletzt geprüft am: 22.04.2017.

Fitzmaurice, Gerald Sir, The General Principles of International Law Considered from the Standpoint of the Rule of Law, in: Recueil des Cours 92 (1957), S. 5–227.

Flickschuh, Katrin, Reason, Right, and Revolution: Kant and Locke, in: Philosophy & Public Affairs 36 (2008).

Flügel-Martinsen, Oliver, Kant und das Ereignis der Revolution, in: Heil, Reinhard/Hetzel, Andreas/Hommrich, Dirk (Hrsg.), Unbedingte Demokratie, Fragen an die Klassiker neuzeitlichen politischen Denkens. Baden-Baden 2011, S. 141–149.

Forst, Rainer, Das grundlegende Recht auf Rechtfertigung, Zu einer konstruktivistischen Konzeption von Menschenrechten, in: Brunkhorst, Hauke/Köhler, Wolfgang R./Lutz-Bachmann, Matthias (Hrsg.), Recht auf Menschenrechte, Menschenrechte, Demokratie und internationale Politik. Frankfurt am Main 1999, S. 66–105.

Ders., Die Pflicht zur Gerechtigkeit, Kapitel 6, in: Höffe, Otfried (Hrsg.), John Rawls, Eine Theorie der Gerechtigkeit. 2. Aufl., Berlin 2006, S. 187–208.

Fotion, Nicholas, Reactions to War, Pacifism, Realism, and Just War Theory, in: Valls, Andrew (Hrsg.), Ethics in International Affairs, Theories and Cases. Lantham u. a. 2000, S. 15–32.

Fox, Gregory H., The right to political participation in international law, 1992, in: ders./Roth, Brad R. (Hrsg.), Democratic Governance and International Law. Cambridge 2000, S. 48–90.

Ders., Max Planck Encyclopedia of Public International Law, Democracy, Right to, International Protection, 2008. Online abrufbar: http://opil.ouplaw.com/home/EPIL [Titel als Suchbegriff eingeben], zuletzt geprüft am: 22.04.2017.

Franck, Thomas M., The Emerging Right to Democratic Governance, in: The American Journal of International Law 86 (1992), S. 46–91.

Ders., Legitimacy and the Democratic Entitlement, 1995, in: Fox, Gregory H./Roth, Brad R. (Hrsg.), Democratic Governance and International Law. Cambridge 2000, S. 25–47.

Frankenberg, Günter, Ziviler Ungehorsam und Rechtsstaatliche Demokratie, in: Juristenzeitung 1984, S. 266–275.

Frank, Martin, Alternative, Kritik und Überbietung, Kants Kriegsrecht und die Theorie des gerechten Krieges, in: Archiv für Rechts- und Sozialphilosophie 2011, S. 305–321.

Franzke, Hans Georg, Die militärische Abwehr von Angriffen auf Staatsangehörige im Ausland, Insbesondere ihre Zulässigkeit nach der Satzung der Vereinten Nationen, in: Österreichische Zeitschrift für öffentliches Recht und Völkerrecht 16 (1966), S. 128–175.

Freedom House, Freedom in the World, Discarding Democracy: Return to the Iron Fist, Highlights from Freedom House's annual report on political rights and civil liberties. 2015.

Freeman, Samuel, Geuss, Raymond, Philosophy and Real Politics, 2008 (Book Review), in: Ethics 120 (2009), S. 175–184.

Friedlander, Robert A., Terrorism and National Liberation Movements: Can Rights Derive from Wrongs?, in: Case Western Reserve Journal of International Law 13 (1981), S. 281–289.

Friedrich, Jörg, Völkerrecht in Zeiten des Völkermords, in: FAZ, 02.08.2009, S. 6.

Frisch, Wolfgang, Notstandsregelungen als Ausdruck von Rechtsprinzipien, in: Paeffgen, Hans-Ullrich/Böse, Martin/Kindhäuser, Urs u. a. (Hrsg.), Strafrechtswissenschaft als Analyse und Konstruktion, Festschrift für Ingeborg Puppe zum 70. Geburtstag. Berlin 2011, S. 425–450.

Ders., Schuldgrundsatz und Verhältnismäßigkeitsgrundsatz, in: Neue Zeitschrift für Strafrecht, 2013, S. 249–256.

Fritze, Lothar, Moralisch erlaubtes Unrecht, Dürfen Unschuldige getötet werden, um andere zu retten?, in: Deutsche Zeitschrift für Philosophie 51 (2003), S. 213–231.

Ders., Die Tötung Unschuldiger. Berlin, New York 2004.

Frowein, Jochen Abraham, Das de facto-Regime im Völkerrecht, Eine Untersuchung zur Rechtsstellung „nichtanerkannter Staaten“ und ähnlicher Gebilde. Köln, Berlin 1968.

Ders., Konstitutionalisierung des Völkerrechts, in: Deutsche Gesellschaft für Völkerrecht (Hrsg.), Völkerrecht und Internationales Privatrecht in einem sich globalisierenden internationalen System, Berichte der Deutschen Gesellschaft für Völkerrecht, Band 39. Heidelberg 2000, S. 427–448.

Ders., Der Terrorismus als Herausforderung für das Völkerrecht, in: Zeitschrift für ausländisches öffentliches Recht und Völkerrecht, 2002, S. 879–905.

Ders., Max Planck Encyclopedia of Public International Law, Recognition, 2010. Online abrufbar: http://opil.ouplaw.com/home/EPIL [Titel als Suchbegriff eingeben], zuletzt geprüft am: 22.04.2017.

Ders., Max Planck Encyclopedia of Public International Law, De Facto Regime, 2013. Online abrufbar: http://opil.ouplaw.com/home/EPIL [Titel als Suchbegriff eingeben], zuletzt geprüft am: 22.04.2017.

Ders., Max Planck Encyclopedia of Public International Law, Ius Cogens, 2013. Online abrufbar: http://opil.ouplaw.com/home/EPIL [Titel als Suchbegriff eingeben], zuletzt geprüft am: 22.04.2017.

Fuhrmann, Peter, Der höhere Befehl als Rechtfertigung im Völkerrecht. München, Berlin 1963.

Fulda, Christian B., Demokratie und pacta sunt servanda. Berlin (Diss.) 2002.

Gaja, Giorgio, Max Planck Encyclopedia of Public International Law, General Principles of Law, 2013. Online abrufbar: http://opil.ouplaw.com/home/EPIL [Titel als Suchbegriff eingeben], zuletzt geprüft am: 22.04.2017.

Gandhi, Mahatma, Die Satyagraha-Bewegung, 5. November 1919, 1919, in: Rolland, Romain/Rolland, Madeleine (Hrsg.), Mahatma Gandhi, Jung Indien, Aufsätze aus den Jahren 1919 bis 1922. Erlenbach-Zürich 1924, S. 10–15 (zitiert: *Gandhi,* Satyagraha-Bewegung, 1924).

Ders., Unabhängigkeit, 5. Januar 1922, 1922, in: Rolland, Romain/Rolland, Madeleine (Hrsg.), Mahatma Gandhi, Jung Indien, Aufsätze aus den Jahren 1919 bis 1922. Erlenbach-Zürich 1924, S. 408–412 (zitiert: *Gandhi,* Unabhängigkeit, 1924).

Ders., Non-Violence in Peace & War, Vol. I. Ahedabad 1948.

Ders., Non-Violent Resistance (Satyagraha), 1950. New York 1961.

Ders., Ich bitte nicht um Gnade, in: Bauer, Fritz (Hrsg.), Widerstand gegen die Staatsgewalt, Dokumente der Jahrtausende. Frankfurt am Main, Hamburg 1965, S. 221–222.

Gangjian, Du/Gang, Song, Relating Human Rights to Chinese Culture, The Four Paths of the Confucian Analects and the Four Principles of a New Theory of Benevolence, in: Davis, Michael C. (Hrsg.), Human Rights and Chinese Values, Legal, Philosophical, and Political Perspectives. Oxford u. a. 1995, S. 35–56.

García-Mora, Manuel R., The Nature of Political Offenses, A Knotty Problem of Extradition Law, in: Virginia Law Review 48 (1962), S. 1226–1257.

Garde, Peter, Die Rechtefertigung und Entschuldigung von Polizeibeamten nach dänischem Recht, in: Eser, Albin/Fletcher, George P. (Hrsg.), Rechtfertigung und Entschuldigung, Bd. II, Rechtsvergleichende Perspektiven. Freiburg (Breisgau) 1987, S. 1393–1413.

Gawlick, Günter, Vorwort des Herausgebers, 1959, in: Verlag von Felix Meiner (Hrsg.), Thomas Hobbes, Vom Menschen - Vom Bürger. 2. Aufl., Hamburg 1966 (Nachdruck, 1959) (zitiert: *Gawlick,* Vorwort, 1966).

Geier, Manfred, Kants Welt, Eine Biographie. Reinbek bei Hamburg 2003.

Geisler, Antonia, John Locke, Ausgewählt und interpretiert von Antonia Geisler, in: Massing, Peter/Breit, Gotthard/Buchstein, Hubertus (Hrsg.), Demokratietheorien, Von der Antike bis zur Gegenwart, Texte und Interpretationshilfen. 8. Aufl., Schwalbach am Taunus 2012, S. 103–112.

Geismann, Georg, Kant als Vollender von Hobbes und Rousseau, in: Der Staat 1982, S. 161–189.

Ders., Kant und kein Ende, Bd. 3, Pax Kantiana oder der Rechtsweg zum Weltfrieden. Würzburg 2012.

Geis, Max-Emmanuel, Das revidierte Konzept der „Gerechtigkeit als Fairneß" bei John Rawls - materielle oder prozedurale Gerechtigkeitstheorie?, in: Juristenzeitung 1995, S. 324–331.

Geistlinger, Michael, Revolution und Völkerrecht, Völkerrechtsdogmatische Grundlegung der Voraussetzungen und des Inhalts eines Wahlrechts in Bezug auf vorrevolutionäre völkerrechtliche Rechte und Pflichten. Wien, Köln, Graz 1991.

Generalsekretär der Vereinten Nationen, A/CONF.157/24 (Part I, 13.10.1993), Report of the World Conference on Human Rights.

Ders., S/25704 (03.05.1993), Report of the Secretary-General Persuant to Paragraph 2 of Securtity Council Resolution 808 (1993).

Generalversammlung der Vereinten Nationen, A/67/L.25 (21.11.2012), Education for democracy.

Ders., A/C.3/253 (11.10.1948), Draft International Declaration on Human Rights, United Kingdom: Amendments to the Preamble and article 12 of the draft Declaration (E/800).

Ders., A/C.3/314/Rev. 1/Add. 1 (29.11.1948), Draft International Declaration on Human Rights, Cuba and Chile: Amendment on the third paragraph of the preamble.

Ders., A/C.3/382 (30.11.1948), Draft International Declaration on Human Rights, Cuba, Chile, France: Joint Amendment to the Preamble.

Ders., A/RES/1514 (XV) (14.12.1960), Declaration on the Granting of Independence to Colonial Countries and Peoples.

Ders., A/RES/1761 (06.11.1962), The politics of apartheid of the Government of the Republic of South Africa.

Ders., A/RES/2105 (XX) (20.12.1965), Implementation of the Declaration of the Granting of Independence to Colonial Countries and People.

Ders., A/RES/217 A (III) (10.12.1948), Universal Declaration of Human Rights.

Ders., A/RES/2202 (XXI) (16.12.1966), The Policies of Apartheid of the Government of the Republic of South Africa.

Ders., A/RES/2396 (02.12.1968), The politics of apartheid of the Government of South Africa.

Ders., A/RES/2625 (XXV) (24.10.1970), Declaration on Principles of International Law concerning Friendly Relations and Co-operation among States in accordance with the Charter of the United Nations (A/8082), („Friendly Relations Declaration").

Ders., A/RES/2627 (XXV) (24.10.1970), Declaration on the Occasion of the Twenty-fifth Birthday of the United Nations.

Ders., A/RES/2649 (XXV) (30.11.1990), The importance of the universal realization of the right of peoples to self-determination and of the speedy granting of independence to colonial countries and peoples for the effective guarantee and observance of human rights.

Ders., A/RES/2671 (XXV) (8.12.1970), The policies of Apartheid of the Government of South Africa.

Ders., A/RES/2708 (XXV) (14.12.1970), Implementation of the Declaration on the Granting of Independence to Colonial Countries and People.

Ders., A/RES/2734 (XXV) (16.12.1970), Declaration on the Strengthening of International Security.

Ders., A/RES/3068 (30.11.1973), International Convention on the Suppression and Punishment of the Crime of Apartheid.

Ders., A/RES/3103 (12.12.1973), Basic principles of the legal status of combatants struggling against colonial and alien domination and racist régimes.

Ders., A/RES/3236 (XXIX) (22.11.1974), Question of Palestine.

Ders., A/RES/3246 (29.11.1974), Importance of the universal realization of the right of peoples self-determination and of the speedy granting of independence to colonial countries and peoples for the effective guarantee and observance of human rights.

Ders., A/RES/3280 (12.12.1974), Co-operation between United Nations and Organization of African Unity.

Ders., A/RES/33/73 (18.12.1978), Declaration on the Preparation of Societies for Life in Peace.

Ders., A/RES/3314 (14.12.1974), Definition of Aggression.

Ders., A/RES/3379 (10.11.1975), Elimination of all forms of racial discrimination.

Ders., A/RES/34/46 (23.12.1979), Alternative approaches and ways and means within the United Nations system for improving the effective enjoyment of human rights and fundamental freedoms.

Ders., A/RES/36/133 (14.12.1981), Alternative approaches and ways and means within the United Nations system for improving the effective enjoyment of human rights and fundamental freedoms.

Ders., A/RES/377 (03.11.1953), Uniting for Peace.

Ders., A/RES/39/11 (18.12.1984), Declaration on the Right of Peoples to Peace.

Ders., A/RES/39/46 (10.12.1984), Convention against Torture and Other Cruel, Inhuman, or Degrading Treatment or Punishment.

Ders., A/RES/395 (02.12.1950), Treatment of people of Indian origin in the Union of South Africa.

Ders., A/RES/40/124 (13.12.1985), Alternative approaches and ways and means within the United Nations system for improving the effective enjoyment of human rights and fundamental freedoms.

Ders., A/RES/43/160 (09.12.1988), Observer status of national liberation movements recognized by the Organization of African Unity and/or by the League of Arab States.

Ders., A/RES/44/240 (29.12.1989), Effects of the military intervention by the United States of America in Panama on the situation in Central America.

Ders., A/RES/44/27 (22.11.1989), Policies of apartheid of the Government of South Africa.

Ders., A/RES/48/122 (20.12.1993), Human rights and terrorism.

Ders., A/RES/48/122 (20.12.1993), Human rights and terrorism.

Ders., A/RES/55/96 (28.02.2001), Promoting and consolidating democracy.

Ders., A/RES/60/1 (24.10.2005), 2005 World Summit Outcome.

Ders., A/RES/60/251 (15.03.2006), Human Rights Council.

Ders., A/RES/62/7 (13.12.2007), Support by the United Nations system of the efforts of Governments to promote and consolidate new or restored democracies.

Ders., A/RES/637 (16.12.1952), The Right of the Peoples and Nations to Self-Determination.

Ders., A/RES/67/182 (20.12.2012), Situation of human rights in the Islamic Republic of Iran.

Ders., A/RES/69/165 (10.02.2015), The right of the Palestinian people to self-determination.

Ders., Report of the International Law Commission (UN-Doc. A/56/10), Fifty-third session. 2001.

George, David, Distinguishing Classical Tyrannicide from Modern Terrorism, in: The Review of Politics 50 (1988), S. 390–419.

Gerson, Oliver, Der Notwehrexzess im Völkerstrafrecht, Die Rechtslage unter dem Rom-Statut, in: Zeitschrift für Internationale Strafrechtsdogmatik 2015, S. 67–78.

Geuss, Raymond, Philosophy and Real Politics. Princeton 2008.

von Gierke, Otto, Johannes Althusius und die Entwicklung der naturrechtlichen Staatstheorien, Zugleich ein Beitrag zur Geschichte der Rechtssystematik. 4. Aufl. Breslau 1929.

Gimbernaut Ordeig, Enrique, Rechtfertigung und Entschuldigung bei Befreiung aus besonderen Notlagen (Notwehr, Notstand, Pflichtenkollision) im spanischen Strafrecht, in: Eser, Albin/Fletcher, George P. (Hrsg.), Rechtfertigung und Entschuldigung, Bd. III, Rechtsvergleichende Perspektiven. Freiburg (Breisgau) 1987, S. 71–78.

Ginther, Konrad, Die völkerrechtliche Stellung nationaler Befreiungsbewegungen im südlichen Afrika, in: Österreichische Zeitschrift für öffentliches Recht und Völkerrecht 32 (1982), S. 131–157.

Glendon, Mary Ann, The Rule of Law in the Universal Declaration of Human Rights, in: Northwestern Journal of International Human Rights 2 (2004), S. 2–19.

Goertzel, Ted, The Ethics of Terrorism and Revolution, in: Terrorism: An International Journal 11 (1988), S. 1–12.

Göller, Thomas, Kulturelle Pluralität und menschliche Würde, Eine Problemskizze, in: Paul, Georg/Göller, Thomas/Lenk, Hans u. a. (Hrsg.), Humanität, Interkulturalität und Menschenrecht. Frankfurt am Main 2001, S. 13–38.

Ders., Vorwort, in: Paul, Georg/Göller, Thomas/Lenk, Hans u. a. (Hrsg.), Humanität, Interkulturalität und Menschenrecht. Frankfurt am Main 2001, S. 9–12.

Grasmann, Günther, II. Titel, Die gegenwärtige Struktur der zur römisch-germanischen Rechtsfamilie gehörenden Rechtsordnungen, in: David, René/Grasmann, Günther (Hrsg.), Einführung in die großen Rechtssysteme der Gegenwart. 2. Aufl., München 1988, S. 125–154.

Green, James A., Max Planck Encyclopedia of Public International Law, Self-Preservation, 2009. Online abrufbar: http://opil.ouplaw.com/home/EPIL [Titel als Suchbegriff eingeben], zuletzt geprüft am: 22.04.2017.

Green, John Park, The Philosophic Premises of Locke's Politics, The Doctrine of the Law of Nature. Chicago 1953.

Greenwood, Christopher, Max Planck Encyclopedia of Public International Law, Self-Defence, 2011. Online abrufbar: http://opil.ouplaw.com/home/EPIL [Titel als Suchbegriff eingeben], zuletzt geprüft am: 22.04.2017.

Grimm, Sonja, Verpflichten Menschenrechte zur Demokratie?, Über universelle Menschenrechte, politische Teilhabe und demokratische Herrschaftsordnungen. Wissenschaftszentrum Berlin für Sozialforschung. Berlin 2004.

Gros Espiell, Héctor, Self-Determination and Jus Cogens, in: Cassese, Antonio (Hrsg.), UN-Law/Fundamental Rights, Two Topics in International Law. Alphen aan den Rijn 1979, S. 167–174.

Ders., E/CN.4/Sub.2/405/Rev. 1, Study: The Right to Self-Determination, Implementation of United Nations Resolutions. New York 1980.

Gross, Michael L., Moral Dilemmas of Modern War, Torture, Assassination, and Blackmail in an Age of Asymmetric Conflict. Cambridge u. a. 2010.

Group of 77 South Summit, Declaration of the South Summit, Havanna, Cuba, 10.-14. April 2000.

Guggenheim, Paul, Lehrbuch des Völkerrechts, Bd. I, Unter Berücksichtigung der internationalen und schweizerischen Praxis. Basel 1948.

Ders., Lehrbuch des Völkerrechts, Bd. II, Unter Berücksichtigung der internationalen und schweizerischen Praxis. Basel 1951.

Gurr, Ted Robert, Nonviolence in Ethnopolitics, Strategies for the Attainment of Group Rights and Autonomy, in: Political Science & Politics 33 (2000), S. 155–160.

Ders., Political Rebellion, Causes, Outcomes and Alternatives. New York 2015.

Gusy, Christoph, Selbstbestimmung im Wandel, Von der Selbstbestimmung durch den Staat zur Selbstbestimmung im Staat, in: Archiv des Völkerrechts 30 (1992), S. 385–410.

Habermas, Jürgen, Ziviler Ungehorsam - Testfall für den demokratischen Rechtsstaat, Wider den autoritären Legalismus in der Bundesrepublik, in: Glotz, Peter (Hrsg.), Ziviler Ungehorsam im Rechtsstaat. Frankfurt am Main 1983, S. 29–53.

Ders., Diskursethik, in: ders. (Hrsg.), Moralbewußtsein und kommunikatives Handeln. 5. Aufl., Frankfurt am Main 1992, S. 53–125.

Ders., Faktizität und Geltung, Beiträge zur Diskurstheorie des Rechts und des demokratischen Rechtsstaats. 2. Aufl. Frankfurt am Main 1992.

Ders., Interkultureller Diskurs über Menschenrechte, in: Brunkhorst, Hauke/Köhler, Wolfgang R./Lutz-Bachmann, Matthias (Hrsg.), Recht auf Menschenrechte, Menschenrechte, Demokratie und internationale Politik. Frankfurt am Main 1999, S. 216–227.

Hacke, Christian, Deutschland, Europa und der Irakkonflikt, in: Aus Politik und Zeitgeschichte 2003 (Heft B 24-25), S. 8–16.

Haensel, Werner, Kants Lehre vom Widerstandsrecht, Ein Beitrag zur Systematik der kantischen Rechtsphilosophie, in: Pan-Verlag Rolf Heise (Hrsg.), Kant-Studien, Ergänzungsheft Nr. 60, 1926.

Hagen, Christine, Widerstand und ziviler Ungehorsam, Politische Philosophie und rechtliche Wertung. Berlin 1987.

Hailbronner, Kay, Ziele und Methoden völkerrechtlich relevanter Rechtsvergleichung, in: Zeitschrift für ausländisches öffentliches Recht und Völkerrecht 36 (1976), S. 190–226.

Ders., Die Grenzen des völkerrechtlichen Gewaltverbots, in: Deutsche Gesellschaft für Völkerrecht (Hrsg.), Die Grenzen des völkerrechtlichen Gewaltverbots, Berichte der deutschen Gesellschaft für Völkerrecht, Band 26. Heidelberg 1986, S. 49–109.

Hannikainen, Lauri, Peremptory Norms (Jus Cogens) in International Law, Historical Development, Criteria, Present Status. Helsinki 1988.

von Harbou, Frederik, A Remedy called Empathy, The Neglected Element of Human Rights Theory, in: Archiv für Rechts- und Sozialphilosophie 2013.

Ders., Empathie als Element einer rekonstruktiven Theorie der Menschenrechte. Baden-Baden 2014.

Harbour, Frances V., Reasonable Probability of Success as a Moral Criterion in the Western Just War Tradition, in: Journal of Military Ethics 10 (2011), S. 230–241.

Heidelmeyer, Wolfgang, Das Selbstbestimmungsrecht der Völker, Zur Geschichte und Bedeutung eines internationalen Prinzips in Praxis und Lehre, Von den Anfängen bis zu den Menschenrechtspakten der Vereinten Nationen. Paderborn 1973.

Heinsch, Robert, Die Weiterentwicklung des humanitären Völkerrechts durch die Strafgerichtshöfe für das ehemalige Jugoslawien und Ruanda, Zur Bedeutung von internationalen Gerichtsentscheidungen als Rechtsquelle des Völkerstrafrechts. Berlin 2007.

Heintschel von Heinegg, Wolff, 12. Kapitel, Friedenssicherung und friedliche Streitbeilegung, §§ 51-53, in: Ipsen, Knut (Hrsg.), Völkerrecht, Ein Studienbuch. 6. Aufl., München 2014, S. 1055–1117.

Ders., 3. Kapitel, Die völkerrechtlichen Verträge als Hauptrechtsquelle des Völkerrechts, §§ 10-16, in: Ipsen, Knut (Hrsg.), Völkerrecht, Ein Studienbuch. 6. Aufl., München 2014, S. 390–469.

Ders./Gries, Tobias, Der Einsatz der Deutschen Marine im Rahmen der Operation „Enduring Freedom“, in: Archiv des Völkerrechts 40 (2002), S. 145–182.

Heintze, Hans-Joachim, Selbstbestimmungsrecht und Minderheitsrechte im Völkerrecht. Baden-Baden 1994.

Ders., 2. Kapitel, Völkerrechtssubjekte, § 8 - Völker im Völkerrecht, in: Ipsen, Knut (Hrsg.), Völkerrecht, Ein Studienbuch. 6. Aufl., München 2014, S. 316–376.

Heinze, Eric A., The Moral Limits of Humanitarian Intervention: Reconciling Human Respect and Utility, in: Polity 36 (2004), S. 543–558.

Helmrich, Jan, Die Berufung gewerblicher Sicherheitskräfte auf Notwehr und Nothilfe, Zugleich ein Beitrag zu den Grundlagen des Notwehr- und Nothilferechts. Frankfurt am Main 2008.

Henckaerts, Jean-Marie/Doswald-Beck, Louise/International Committee of the Red Cross (Hrsg.), Customary International Humanitarian Law, Volume II, Practice. Cambridge u. a. 2005.

Ders., Customary International Humanitarian Law, Volume I, Rules. Cambridge u. a. 2009 (Nachdruck, 2005).

Henkin, Louis, Editorial Comments: NATO's Kosovo Intervention, Kosovo and the Law of „Humanitarian Intervention", in: The American Journal of International Law 93 (1999), S. 824–828.

Henrich, Dieter, Über den Sinn vernünftigen Handelns im Staat, Einleitung, in: Blumenberg, Hans/Habermas, Jürgen/Henrich, Dieter u. a. (Hrsg.), Kant, Gentz, Rehberg, Über Theorie und Praxis. Frankfurt am Main 1967, S. 7–36.

Herdegen, Matthias, Völkerrecht. 15. Aufl. München 2016.

Hersch, Jeanne (Hrsg.), Das Recht ein Mensch zu sein, Leseproben aus aller Welt zum Thema Freiheit und Menschenrechte (Le droit d'être un homme, dt.). Basel 1990.

Hertel, Christian, Rechtskreise im Überblick, in: Notarius International 2009, S. 157–170.

Hesse, Konrad, Grundzüge des Verfassungsrechts der Bundesrepublik Deutschland. 20. Aufl. Heidelberg 1995.

Hetzel, Andreas, Demokratie und Besitzindividualismus, Etienne Balibar liest John Locke, in: Heil, Reinhard/Hetzel, Andreas/Hommrich, Dirk (Hrsg.), Unbedingte Demokratie, Fragen an die Klassiker neuzeitlichen politischen Denkens. Baden-Baden 2011, S. 55–80.

Hillgruber, Christian, Das Völkerrecht als Brücke zwischen den Rechtskulturen, in: Archiv des Völkerrechts 40 (2002), S. 1–16.

Hill, Thomas E., Questions About Kant's Opposition to Revolution, in: The Journal of Value Inquiry 36 (2002), S. 283–298.

Hobbes, Thomas, Vom Bürger (De Cive, dt.), 1642/1647, übersetzt von Max Frischeisen-Köhler und Günter Gawlick, in: Verlag von Felix Meiner (Hrsg.), Thomas Hobbes, Vom Menschen - Vom Bürger. 2. Aufl., Hamburg 1966 (Nachdruck, 1959), S. 59–327 (zitiert: *Hobbes,* Vom Bürger, 1966).

Ders., Vom Körper (De Corpore, dt.), 1655, übersetzt von Max Frischeisen-Köhler und Günter Gawlick, in: Verlag von Felix Meiner (Hrsg.), Thomas Hobbes, Vom Körper. Hamburg 1967 (Nachdruck, 1949), S. 3–183 (zitiert: *Hobbes,* Vom Körper, 1967).

Ders., Naturrecht und Allgemeines Staatsrecht in den Anfangsgründen (Elements of Law natural and politics, dt.), 1640, übersetzt von Ferdinand Tönnies und Heinreich Hennings, in: Tönnies, Ferdinand/Kaufmann, Arthur (Hrsg.), Thomas Hobbes, Naturrecht und Allgemeines Staatsrecht in den Anfangsgründen. Darmstadt, Essen 1976 (Nachdruck, 1926), S. 31–211 (zitiert: *Hobbes,* Naturrecht, 1976).

Ders., De Cive, 1642/1647, in: Warrender, Howard (Hrsg.), Thomas Hobbes, De Cive, The Latin Version, A critical Edition by Howard Warrender, The Clarendon edition of the philosophical works of Thomas Hobbes, v. 2. Oxford 1983, S. 71–294 (zitiert: *Hobbes,* De Cive, 1983).

Ders., Leviathan, Oder Stoff, Form und Gewalt eines kirchlichen und bürgerlichen Staates (Leviathan or the Matter, Forme and Power of a Commonwealth Ecclesiastical and Civil, dt.), 1651, übersetzt von Walter Euchner, in: Fetscher, Iring (Hrsg.), Thomas Hobbes, Leviathan oder Stoff, Form und Gewalt eines kirchlichen und bürgerlichen Staates. Baden-Baden 1984 (Nachdruck, 1966), S. 1–544 (zitiert: *Hobbes,* Leviathan, 1984).

Hobe, Stephan, Einführung in das Völkerrecht, Begründet von Otto Kimminich. 10. Aufl. Tübingen 2014.

Hoerster, Norbert, Rechtsethik ohne Metaphysik, Thoedor Viehweg zur Vollendung des 75. Lebensjahres am 30.4.1982, in: Juristenzeitung 1982, S. 265–272.

Ders., Schlußwort, in: Juristenzeitung, 1982, S. 714–716.

Ders., Zur Bedeutung des Prinzips der Menschenwürde, in: Juristische Schulung, 1983, S. 93–96.

Ders., Ethik des Embryonenschutzes, Ein rechtsphilosophischer Essay. Stuttgart 2002.

Ders., Wie lässt sich Moral begründen? München 2014.

Höffe, Otfried, Gibt es in der Demokratie ein Widerstandsrecht?, in: ders. (Hrsg.), Sittlich-politische Diskurse, Philosophische Grundlagen, Politische Ethik, Biomedizinische Ethik. Frankfurt am Main 1981, S. 160–170.

Ders., Eine Weltrepublik als Minimalstaat, Zur Theorie internationaler politischer Gerechtigkeit, in: Merkel, Reinhard/Wittmann, Roland (Hrsg.), Zum ewigen Frieden: Grundlagen, Aktualität und Aussichten einer Idee von Immanuel Kant. Frankfurt am Main 1996, S. 154–171.

Ders., Der kategorische Rechtsimperativ, „Einleitung in die Rechtslehre“, in: ders. (Hrsg.), Immanuel Kant: Metaphysische Anfangsgründe der Rechtslehre. Berlin 1999, S. 41–62.

Ders., Ist Kants Rechtsphilosophie noch aktuell?, in: ders. (Hrsg.), Immanuel Kant: Metaphysische Anfangsgründe der Rechtslehre. Berlin 1999, S. 279–291.

Ders., Transzendentaler Tausch, Eine Legitimationsfigur für Menschenrechte?, in: Gosepath, Stefan/Lohmann, Georg (Hrsg.), Philosophie der Menschenrechte. 2. Aufl., Frankfurt am Main 1999, S. 29–47.

Ders., Vom Straf- und Begnadigungsrecht, in: ders. (Hrsg.), Immanuel Kant: Metaphysische Anfangsgründe der Rechtslehre. Berlin 1999, S. 213–233.

Ders., Humanitäre Intervention? Rechtsethische Überlegungen, in: Merkel, Reinhard (Hrsg.), Der Kosovo-Krieg und das Völkerrecht. Frankfurt am Main 2000, S. 167–186.

Ders., Globalität statt Globalismus, Über eine subsidiäre und föderale Weltrepublik, in: Lutz-Bachmann, Matthias/Bohmann, James (Hrsg.), Weltstaat oder Staatenwelt?, Für und wider die Idee einer Weltrepublik. Frankfurt am Main 2002, S. 8–31.

Ders., Einführung in Rawls' Theorie der Gerechtigkeit, in: ders. (Hrsg.), John Rawls, Eine Theorie der Gerechtigkeit. 2. Aufl., Berlin 2006, S. 3–26.

Ders., „Sed authoritas, non veritas, facit legem", Zum Kapitel 26 des Leviathan, in: ders./Kersting, Wolfgang (Hrsg.), Thomas Hobbes, Leviathan oder Stoff, Form und Gewalt eines kirchlichen und bürgerlichen Staates. 2. Aufl., Berlin 2008, S. 193–211.

Hofmann, Rainer/Boldt, Nicki, Internationaler Bürgerrechtspakt. München 2005.

Holmes, Robert L., On War and Morality. Princeton 1989.

Ders., Pacifism for Nonpacifists, in: Journal of Social Philosophy 30 (1999), S. 387–400.

Ders., Pacifism, Just War and Humanitarian Intervention, in: Bleisch, Barbara/Strub, Jean-Daniel (Hrsg.), Pazifismus, Ideengeschichte, Theorie und Praxis. Bern, Stuttgart, Wien 2006, S. 145–161.

Ders., The Limited Relevance of Analytical Ethics to the Problems of Bioethics, 1990, in: Cicovacki, Predrag (Hrsg.), Robert L. Holmes, The Ethics of Nonviolence. New York, London 2013, S. 47–58 (zitiert: *Holmes,* Limited Relevance of Analytical Ethics, 2013).

Ders., The Morality of Nonviolence, 1991, in: Cicovacki, Predrag (Hrsg.), Robert L. Holmes, The Ethics of Nonviolence. New York, London 2013, S. 169–181 (zitiert: *Holmes,* Morality of Nonviolence, 2013).

Ders., Violence and Nonviolence, 1971, in: Cicovacki, Predrag (Hrsg.), Robert L. Holmes, The Ethics of Nonviolence. New York, London 2013, S. 149–196 (zitiert: *Holmes,* Violence and Nonviolence, 2013).

Honig, Richard M., Bemerkungen zum Sittengesetz in der Strafrechtsjudikatur des Bundesgerichtshofs, in: Jescheck, Hans-Heinrich/Lüttger, Hans (Hrsg.), Festschrift für Eduard Dreher zum 70. Geburtstag, am 29. April 1977. Berlin, New York 1977, S. 39–52.

Honoré, Tony, The Right to Rebel, in: Oxford Journal of Legal Studies 8 (1988), S. 34–54.

Höntzsch, Frauke, Gewaltentrennung und Widerstandsrecht, Komplementäre Konzepte zum Schutz von Leben, Freiheit und Besitz im politischen Denken von John Locke, in: Salzborn, Samuel (Hrsg.), Der Staat des Liberalismus, Die liberale Staatstheorie von John Locke. Baden-Baden 2010, S. 165–184.

Hooker, Richard, Of the Laws of Ecclesiastical Polity, Book I, 1594, in: Keble, John (Hrsg.), The Works of That Learned and Judicious Divine, Mr. Richard Hooker: with an Account of His Life and Death. Oxford 1876, S. 197–285 (zitiert: *Hooker,* Laws of Ecclesiastical Polity, Book I, 1876).

Hossenfelder, Malte, Menschenwürde und Menschenrecht, in: Angehr, Emil/Baertschi, Bernhard (Hrsg.), Menschenwürde, La dignité de l'être humain. Basel 2004, S. 17–34.

Humphrey, John P., The Universal Declaration of Human Rights: Its History, Impact and Juridical Character, in: Ramcharan, Bertrand G. (Hrsg.), Human Rights: Thirty years after the Universal Declaration, Commemorative Volume on the Occasion of the Thirtieth Anniversary on the Universal Declaration of Human Rights. Den Haag, Boston, London 1979, S. 21–43.

Hurka, Thomas, Proportionality and Necessity, in: May, Larry (Hrsg.), War, Essays in Political Philosophy. Cambridge u. a. 2008, S. 127–144.

ICTY, Prosecutor vs. Dusko Tadic, Decision on the Defence Motion for Interlocutory Appeal on Jurisdiction, 2. Oktober 1995, IT-94-1-AR72.

IGH, Dissenting Opinion of Judge Cancado Trinidade, Pulp Mills on the River Uruguay, I.C.J. Reports 2010, 135 ff.

Ders., The Corfu Channel Case, 9. April 1949, I.C.J. Reports 1949, S. 4 ff.

Ders., Dissenting Opinion of Judge Moreno Quintana, Right of Passage, 12. April 1960, I.C.J. Reports 1970, S. 88 ff.

Ders., Dissenting Opinion of Judge Kotaro Tanaka, South-West Africa, 18. Juli 1966, I.C.J. Reports 1966, S. 250 ff.

Ders., Case Concerning the Barcelona Traction, Light and Power Company, Limited (Belgium vs. Spain), 5. Februar 1970, I.C.J. Reports 1970, S. 3 ff.

Ders., Legal Consequences for States of the Continued Presence of South Africa in Namibia (South West Africa) Notwithstanding Security Council Resolution 276 (1970), 21. Juni 1971, I.C.J. Reports 1971, S. 16 ff.

Ders., Dissenting Opinion of Judge S. Petrén, Western Sahara, 16. Oktober 1975, I.C.J. Reports 1975, S. 104 ff.

Ders., Western Sahara, 16. Oktober 1975, I.C.J. Reports 1975, S. 12 ff.

Ders., Case Concerning Military and Paramilitary Activities in and against Nicaragua (Nicaragua vs. United States of America), 27. Juni 1986, I.C.J. Reports 1986, S. 14 ff.

Ders., Case Concerning East Timor (Portugal vs. Australia), 30. Juni 1995, I.C.J. Reports 1995, S. 90 ff.

Ders., Legality of the Threat or Use of Nuclear Weapons (Nuclear Weapons), 8. Juli 1996, I.C.J. Reports 1996, S. 226 ff.

Ders., Legal Consequences of the Construction of a Wall in the Occupied Palestinian Territory, 9. Juli 2004, I.C.J. Reports 2004, S. 136 ff.

Ders., Case Concerning the Application of the Convention on the Prevention and Punishment of the Crime of Genocide, 26. Februar 2007, I.C.J. Reports 2007, 43 ff.

Ignatieff, Michael, Human Rights as Idolatry, in: ders. (Hrsg.), Human Rights as Politics and Idolatry. Princeton, Oxford 2001, S. 53–100.

International Arbitration Awards, Portugal vs. Germany (Naulilaa), 31. Juli 1928, R.I.A.A., Volume II, S. 1011 ff.

Ders., Portugal vs. Germany (Naulilaa), 30. Juni 1930, R.I.A.A., Volume II, S. 1035 ff.

Ders., Portugal vs. Germany (Naulilaa), 16. Februar 1933, R.I.A.A., Volume III, S. 1371 ff.

International Commission on Intervention and State Sovereignty, The Responsibility to Protect, Report of the International Commission on Intervention and State Sovereignty. Ottawa 2001.

International Group of Experts at the Invitation of the NATO Cooperative Cyber Defence Centre of Excellence, Tallinn Manual on the International Law Applicable to Cyber Warfare. Cambridge u. a. 2013.

Ipsen, Knut, Der Kosovo-Einsatz - Illegal? Gerechtfertigt? Entschuldbar?, in: Die Friedens-Warte 74 (1999), S. 19–23.

Ders., Relativierung des „absoluten" Gewaltverbots?, Zur Problematik der Erstanwendung zwischenstaatlicher Waffengewalt, in: Steinkamm, Armin A./Ipsen, Knut (Hrsg.), Wehrrecht und Friedenssicherung, Festschrift für Klaus Dau zum 65. Geburtstag. Neuwied, Kriftel 1999, S. 103–120.

Ders., 8. Kapitel, Individualschutz im Völkerrecht, §§ 36-38, in: ders. (Hrsg.), Völkerrecht, Ein Studienbuch. 6. Aufl., München 2014, S. 819–860.

Ders. (Hrsg.), Völkerrecht, Ein Studienbuch. 6. Aufl. München 2014.

Isensee, Josef, Das legalisierte Widerstandsrecht, Eine staatsrechtliche Analyse des Art. 20 Abs. 4 Grundgesetz. Berlin, Zürich 1969.

Ders., Die Friedenspflicht der Bürger und das Gewaltmonopol des Staates, Zur Legitimationskrise des modernen Staates, in: Müller, Georg/Rhinow, René A./Schmid, Gerhard u. a. (Hrsg.), Staatsorganisation und Staatsfunktionen im Wandel, Festschrift für Kurt Eichenberg zum 60. Geburtstag. Basel, Frankfurt am Main 1982, S. 23–40.

Jaenicke, Günther, Völkerrechtsquellen, in: Strupp, Karl/Schlochauer, Hans-Jürgen (Hrsg.), Wörterbuch des Völkerrechts, Bd. III. 2. Aufl., Berlin 1962, S. 766–775.

Jahn, Egbert, Kosovo, Libyen und anderswo, Militärinterventionen Zum Schutze der Menschenrechte („humanitäre Interventionen"), in: ders. (Hrsg.), Politische Streitfragen, Band 3, Internationale Politik. Wiesbaden 2012, S. 57–73.

Jakobs, Günther, Strafrecht Allgemeiner Teil, Die Grundlagen und die Zurechnungslehre, Lehrbuch. 2. Aufl. Berlin, New York 1993.

Jareborg, Nils, Rechtfertigung und Entschuldigung im schwedischen Strafrecht, in: Eser, Albin/Fletcher, George P. (Hrsg.), Rechtfertigung und Entschuldigung, Bd. I, Rechtsvergleichende Perspektiven. Freiburg (Breisgau) 1987, S. 411–436.

Jellinek, Georg, System der subjektiven öffentlichen Rechte. 2. Aufl. Aalen 1964 (Nachdruck, 1919).

Jennings, Ivor Sir, The Approach to Self-Government. Cambridge 1956.

Jescheck, Hans-Heinrich/Weigend, Thomas, Lehrbuch des Strafrechts, Allgemeiner Teil. 5. Aufl. Berlin 1996.

Jeßberger, Florian, Von der Pflicht des Staates, Menschenrechtsverletzungen zu untersuchen, in: Kritische Justiz 1996, S. 290–306.

Ders., Terrorismus und Internationales Strafrecht, in: Deutsches Insitut für Menschenrechte (Hrsg.), Menschenrechtliche Erfordernisse bei der Bekämpfung des Terrorismus, Bericht und Beiträge zu einem Arbeitsgespräch am 19. April 2002 im Französischen Dom/Berlin-Mitte, Dokumentation. Berlin 2002, S. 22–23.

Ders., The Definition and the Elements of the Crime of Genocide, in: Gaeta, Paola (Hrsg.), The UN Genocide Convention: A Commentary. Oxford u. a. 2009, S. 87–111.

Joecks, Wolfgang/Miebach, Klaus (Hrsg.), Münchener Kommentar zum StGB. 2. Aufl. München 2011-2015 (zitiert: *Verfasser*, in: MüKo StGB, 2011-2015).

Ders., Münchener Kommentar zum StGB. 3. Aufl. München 2017 (zitiert: *Verfasser*, in: MüKo StGB, 2017).

Joerden, Jan C., Nochmals: Rechtsethik ohne Metaphysik, Ist Rechtsethik ohne Metaphysik begründbar?, Zu dem Beitrag von Hoerster in JZ 1982, 265 ff., in: Juristenzeitung 1982, S. 670–674.

Kadelbach, Stefan, Zwingendes Völkerrecht. Berlin 1992.

Kälin, Walter/Künzli, Jörg, Article 1F(b): Freedom Fighters, Terrorists, and the Notion of Serious Non-Political Crimes, in: International Journal of Refugee Law 12 (2000), S. 46–78.

Kant, Immanuel, Der Streit der Facultäten, 1798, in: Königliche Preußische Akademie der Wissenschaften (Hrsg.), AA VII, Der Streit der Facultäten, Anthropologie in pragmatischer Hinsicht. Berlin 1917, S. 1–116 (zitiert: *Kant*, AA VII, Streit der Facultäten, 1917).

Ders., Die Anthropologie in pragmatischer Hinsicht, 1798, in: Königliche Preußische Akademie der Wissenschaften (Hrsg.), AA VII, Der Streit der Facultäten, Anthropologie in pragmatischer Hinsicht. Berlin 1917, S. 117–333 (zitiert: *Kant*, AA VII, Anthropologie, 1917).

Ders., Kritik der reinen Vernunft (2. Aufl.), 1787, in: Königliche Preußische Akademie der Wissenschaften (Hrsg.), AA III, Kritik der reinen Vernunft (2. Aufl. 1787). Berlin 1968 (Nachdruck, 1904/1911), S. 1–552 (zitiert: *Kant*, AA III, Kritik der reinen Vernunft (2. Aufl.), 1968).

Ders., Grundlegung zur Metaphysik der Sitten, 1785, in: Königliche Preußische Akademie der Wissenschaften (Hrsg.), AA IV, Kritik der reinen Vernunft (1. Aufl.), Prolegomena, Grundlegung zur Metaphysik der Sitten, Metaphysische Anfangsgründe der Naturwissenschaft. Berlin 1968 (Nachdruck, 1903-1911), S. 385–464 (zitiert: *Kant*, AA IV, Grundlegung zur MdS, 1968).

Ders., Kritik der reinen Vernunft (1. Aufl.), 1781, in: Königliche Preußische Akademie der Wissenschaften (Hrsg.), AA IV, Kritik der reinen Vernunft (1. Aufl.), Prolegomena, Grundlegung zur Metaphysik der Sitten, Metaphysische Anfangsgründe der Naturwissenschaft. Berlin 1968 (Nachdruck, 1903-1911), S. 1–252 (zitiert: *Kant*, AA IV, Kritik der reinen Vernunft (1. Aufl.), 1968).

Ders., Prolegomena, zu einer jeden künftigen Metaphysik, die als Wissenschaft wird auftreten können, 1783, in: Königliche Preußische Akademie der Wissenschaften (Hrsg.), AA IV, Kritik der reinen Vernunft (1. Aufl.), Prolegomena, Grundlegung zur Metaphysik der Sitten, Metaphysische Anfangsgründe der Naturwissenschaft. Berlin 1968 (Nachdruck, 1903-1911), S. 253–384 (zitiert: *Kant*, AA IV, Prolegomena, 1968).

Ders., Kritik der praktischen Vernunft, 1788, in: Königliche Preußische Akademie der Wissenschaften (Hrsg.), AA V, Kritik der praktischen Vernunft, Kritik der Urtheilskraft. Berlin 1968 (Nachdruck, 1908/1913), S. 1–164 (zitiert: *Kant,* AA V, Kritik der praktischen Vernunft, 1968).

Ders., Kritik der Urtheilskraft, 1790, in: Königliche Preußische Akademie der Wissenschaften (Hrsg.), AA V, Kritik der praktischen Vernunft, Kritik der Urtheilskraft. Berlin 1968 (Nachdruck, 1908/1913), S. 165–484 (zitiert: *Kant,* AA V, Kritik der Urtheilskraft, 1968).

Ders., Die Metaphysik der Sitten, Einleitung, Rechtslehre u. a., 1797, in: Königliche Preußische Akademie der Wissenschaften (Hrsg.), AA VI, Die Religion innerhalb der Grenzen der bloßen Vernunft, Die Metaphysik der Sitten. Berlin 1968 (Nachdruck, 1907-1914), S. 203–494 (zitiert: *Kant,* AA VI, MdS, 1968).

Ders., Die Religion innerhalb der Grenzen der bloßen Vernunft, 1793, in: Königliche Preußische Akademie der Wissenschaften (Hrsg.), AA VI, Die Religion innerhalb der Grenzen der bloßen Vernunft, Die Metaphysik der Sitten. Berlin 1968 (Nachdruck, 1907-1914), S. 1–202 (zitiert: *Kant,* AA VI, Religion, 1968).

Ders., Beantwortung der Frage: Was ist Aufklärung?, 1784, in: Königliche Preußische Akademie der Wissenschaften (Hrsg.), AA VIII, Abhandlungen nach 1781. Berlin 1968 (Nachdruck, 1912-1923), S. 33–42 (zitiert: *Kant,* AA VIII, Was ist Aufklärung?, 1968).

Ders., Recension von Schulz's Versuch einer Anleitung zur Sittenlehre für alle Menschen, ohne Unterschied der Religion, nebst einem Anhange von den Todesstrafen, 1783, in: Königliche Preußische Akademie der Wissenschaften (Hrsg.), AA VIII, Abhandlungen nach 1781. Berlin 1968 (Nachdruck, 1912-1923), S. 9–14 (zitiert: *Kant,* AA VIII, Recension, 1968).

Ders., Über den Gemeinspruch, Das mag in der Theorie richtig sein, taugt aber nicht für die Praxis, 1793, in: Königliche Preußische Akademie der Wissenschaften (Hrsg.), AA VIII, Abhandlungen nach 1781. Berlin 1968 (Nachdruck, 1912-1923), S. 273–313 (zitiert: *Kant,* AA VIII, Gemeinspruch, 1968).

Ders., Zum ewigen Frieden, 1795, in: Königliche Preußische Akademie der Wissenschaften (Hrsg.), AA VIII, Abhandlungen nach 1781. Berlin 1968 (Nachdruck, 1912-1923), S. 341–386 (zitiert: *Kant,* AA VIII, ZeF, 1968).

Ders., Nr. 166, Brief an Herz vom 11. Mai 1781, 1781, in: Königliche Preußische Akademie der Wissenschaften (Hrsg.), AA X, Briefwechsel Band I, 1747-1788. Berlin, Leipzig 1969 (Nachdruck, 1922), S. 268–270 (zitiert: *Kant,* AA X, Nr. 166, 1969).

Ders., Nr. 206, Brief an Mendelsohn vom 16. August 1783, 1783, in: Königliche Preußische Akademie der Wissenschaften (Hrsg.), AA X, Briefwechsel Band I, 1747-1788. Berlin, Leipzig 1969 (Nachdruck, 1922), S. 344–347 (zitiert: *Kant,* AA X, Nr. 206, 1969).

Ders., Nr. 47, Brief an Suckow vom 15. Dezember 1769, 1769, in: Königliche Preußische Akademie der Wissenschaften (Hrsg.), AA X, Briefwechsel Band I, 1747-1788. Berlin, Leipzig 1969 (Nachdruck, 1922), S. 82–83 (zitiert: *Kant,* AA X, Nr. 47, 1969).

Ders., Vorarbeiten zu „Die Metaphysik der Sitten, Rechtslehre“, in: Königliche Preußische Akademie der Wissenschaften (Hrsg.), AA XXIII, Vorarbeiten und Nachträge. Berlin 1969 (Nachdruck, 1955), S. 207–370 (zitiert: *Kant,* AA XXIII, Vorarbeiten MdS, 1969).

Ders., Vorarbeiten zu „Über den Gemeinspruch“, in: Königliche Preußische Akademie der Wissenschaften (Hrsg.), AA XXIII, Vorarbeiten und Nachträge. Berlin 1969 (Nachdruck, 1955), S. 125–144 (zitiert: *Kant,* AA XXIII, Vorarbeiten Gemeinspruch, 1969).

Ders., Vorarbeiten zu „Zum Ewigen Frieden“, in: Königliche Preußische Akademie der Wissenschaften (Hrsg.), AA XXIII, Vorarbeiten und Nachträge. Berlin 1969 (Nachdruck, 1955), S. 153–192 (zitiert: *Kant,* AA XXIII, Vorarbeiten ZeF, 1969).

Ders., Vorarbeiten zum „Streit der Facultäten“, in: Königliche Preußische Akademie der Wissenschaften (Hrsg.), AA XXIII, Vorarbeiten und Nachträge. Berlin 1969 (Nachdruck, 1955), S. 421–464 (zitiert: *Kant,* AA XXIII, Vorarbeiten Streit der Facultäten, 1969).

Ders., Reflexionen zur Moralphilosophie, in: Königliche Preußische Akademie der Wissenschaften (Hrsg.), AA XIX, Handschriftlicher Nachlaß, Moralphilosophie, Rechtsphilosophie und Religionsphilosophie. Berlin, Leipzig 1971 (Nachdruck, 1934), S. 92–317 (zitiert: *Kant,* AA XIX, Reflexionen zur Moralphilosophie, 1971).

Ders., Reflexionen zur Rechtsphilosophie, 1764 - 1804, in: Königliche Preußische Akademie der Wissenschaften (Hrsg.), AA XIX, Handschriftlicher Nachlaß, Moralphilosophie, Rechtsphilosophie und Religionsphilosophie. Berlin, Leipzig 1971 (Nachdruck, 1934), S. 442–613 (zitiert: *Kant,* AA XIX, Reflexionen zur Rechtsphilosophie, 1971).

Ders., Logik, 1800, in: Königliche Preußische Akademie der Wissenschaften (Hrsg.), AA IX, Logik, Physische Geographie, Pädagogik. Berlin, Leipzig 1972 (Nachdruck, 1923), S. 1–150 (zitiert: *Kant,* AA IX, Logik, 1972).

Karatnycky, Adrian/Ackerman, Peter, Freedom House, How Freedom is Won, From Civic Resistance to Durable Democracy, 2005. Online abrufbar: http://agnt.org/snv/resources/HowFreedomisWon.pdf, zuletzt geprüft am: 22.04.2017.

Kaufmann, Arthur, Einleitung, in: ders./Backmann, Leonhard E. (Hrsg.), Widerstandsrecht. Darmstadt 1972, S. IX–XIV.

Ders., Das Widerstandsrecht der kleinen Münze, in: Krawietz, Werner/Mayer-Maly, Theo/Weinberger, Ota (Hrsg.), Objektivierung des Rechtsdenkens, Gedächtnisschrift für Ilmar Tammelo. Berlin 1984, S. 85–96.

Ders., Martin Luther King, Gedanken zum Widerstandsrecht, 1968, in: Rechtsphilosophie im Wandel, Stationen eines Weges. Köln u. a. 1984, S. 251–257.

Ders., Das Widerstandsrecht in Geschichte und Grundgesetz, in: Rill, Bernd/Scholz, Rupert (Hrsg.), Der Rechtsstaat und seine Feinde, Beiträge zur Tagung „Der Rechtsstaat und seine Feinde“ der Akademie für Politik und Zeitgeschehen der Hanns-Seidel-Stiftung. Heidelberg 1986, S. 57–69.

Ders., Grundprobleme der Rechtsphilosophie, Eine Einführung in das rechtsphilosophische Denken. München 1994.

Kaufmann, Matthias, Rechtsphilosophie. Freiburg, München 1996.

Kaulbach, Friedrich, Der Herrschaftsanspruch der Vernunft in Recht und Moral bei Kant, in: Kant-Studien 67 (1976), S. 390–408.

Kaul, Hans-Peter, Max Planck Encyclopedia of Public International Law, International Criminal Court (ICC), 2010. Online abrufbar: http://opil.ouplaw.com/home/EPIL [Titel als Suchbegriff eingeben], zuletzt geprüft am: 22.04.2017.

Kau, Marcel, Der Staat und der Einzelne als Völkerrechtssubjekte, in: Vitzthum, Wolfgang Graf/Proelß, Alexander (Hrsg.), Völkerrecht. 7. Aufl., Berlin, Boston 2016, S. 133–246.

Keenan, Thomas, The Libyan Uprising and the Right of Revolution in International Law, in: International and Comparative Law Review 2011, S. 5–29.

Kelina, S. G., Umstände, die die Strafbarkeit einer Tat ausschließen, Vergleichende Analyse der sowjetischen und der westdeutschen Konzeption, in: Eser, Albin/Fletcher, George P. (Hrsg.), Rechtfertigung und Entschuldigung, Bd. I, Rechtsvergleichende Perspektiven. Freiburg (Breisgau) 1987, S. 453–465.

Kelsen, Hans, The Law of the United Nations, A Critical Analysis of Its Fundamental Problems. New York 1951.

Ders., Allgemeine Theorie der Normen. Wien 1979.

Ders., Reine Rechtslehre, Mit einem Anhang: Das Problem der Gerechtigkeit. 2. Aufl. Wien 1983 (Nachdruck, 1960).

Kersting, Wolfgang, Thomas Hobbes zur Einführung. 1. Aufl. Hamburg 1992.

Ders., Bewaffnete Interventionen als Menschenrechtsschutz?, Philosophische Überlegungen zu einem kaum lösbaren Problem, in: Merkel, Reinhard (Hrsg.), Der Kosovo-Krieg und das Völkerrecht. Frankfurt am Main 2000, S. 187–231.

Ders., Plädoyer für einen nüchternen Universalismus, Essay in: Information Philosophie 1/2001, 2001. Online abrufbar: www.humanrights.ch/upload/pdf/070108_kersting_universalitaet.pdf, zuletzt geprüft am: 22.04.2017.

Ders., Wohlgeordnete Freiheit, Immanuel Kants Rechts- und Staatsphilosophie. 3. Aufl. Paderborn 2007.

Ders., Einleitung: Die Begründung der politischen Philosophie der Neuzeit im Leviathan, in: Höffe, Otfried/Kersting, Wolfgang (Hrsg.), Thomas Hobbes, Leviathan oder Stoff, Form und Gewalt eines kirchlichen und bürgerlichen Staates. 2. Aufl., Berlin 2008, S. 9–24.

Ders., Vertrag, Souveränität, Repräsentation, Zu den Kapiteln 17 bis 22 des Leviathan, in: Höffe, Otfried/Kersting, Wolfgang (Hrsg.), Thomas Hobbes, Leviathan oder Stoff, Form und Gewalt eines kirchlichen und bürgerlichen Staates. 2. Aufl., Berlin 2008, S. 173–191.

Ders., Thomas Hobbes zur Einführung. 5. Aufl. Hamburg 2016.

Kesselring, Thomas, Begründungsstrategien für Menschenrechte, „Transzendentaler Tausch“ (Höffe) oder Kooperation (Rawls)?, in: Mastronardi, Philippe (Hrsg.), Das Recht im Spannungsfeld utilitaristischer und deontologischer Ethik, Vorträge der Tagung der Schweizer Sektion der internationalen Vereinigung für Rechts- und Sozialphilosophie (SVRSP) vom 15. und 16. November 2002 in Luzern. Wiesbaden 2004, S. 85–96.

Khushalani, Yougindra, Human Rights in Asia and Africa, in: Human Rights Law Journal 4 (1983), S. 403–442.

Graf Kielmansegg, Sebastian, An der Nahtstelle der Friedensordnung - Bedeutung und Grenzen des Selbstverteidigungsrechts im System kollektiver Sicherheit, in: Archiv des Völkerrechts 50 (2012), S. 285–317.

Ders., Der Zivilist in der Drehtür, Probleme der Statusbildung im humanitären Völkerrecht, in: Juristenzeitung, 2014, S. 373–381.

Kim, Il-Su, Rechtfertigung und Entschuldigung bei Befreiung aus besonderen Notlagen (Notwehr, Notstand, Pflichtenkollision), in: Eser, Albin/Fletcher, George P. (Hrsg.), Rechtfertigung und Entschuldigung, Bd. IV, Rechtsvergleichende Perspektiven. Freiburg (Breisgau) 1987, S. 113–142.

Kimminich, Otto, Einführung in das Völkerrecht. 4. Aufl. München u. a. 1990.

Ders., Der Mythos der humanitären Intervention, in: Archiv des Völkerrechts 33 (1995).

Kindhäuser, Urs/Neumann, Ulfried/Paeffgen, Hand-Ullrich (Hrsg.), Strafgesetzbuch, Nomos Kommentar. 4. Aufl. Baden-Baden 2013 (zitiert: *Verfasser*, in: NK StGB, 2013).

King, Martin Luther, Jr., Freiheit, Aufbruch der Neger Nordamerikas, Busstreik in Montgomery (Stride Toward Freedom, dt.), 1958, übersetzt von Ruth Rostock, Alfred Schmidt, 3. Aufl. Kassel 1964.

Ders., Letter From Birmingham City Jail, 1963, in: Bedau, Hugo Adam (Hrsg.), Civil Disobedience, Theory and Practice. New York 1969, S. 72–89.

Ders., Pilgrimage to Nonviolence, in: Carson, Clayborne (Hrsg.), The Autobiography of Martin Luther King, Jr. London 1998, S. 121–134 (zitiert: *King, Jr.,* Pilgrimage, 1998).

Kinkel, Klaus, Universalität der Menschenrechte, in: Letzgus, Klaus/Hill, Hermann Klein Hans Hugo/Kleinert, Detlef u. a. (Hrsg.), Für Recht und Staat, Festschrift für Herbert Helmrich zum 60. Geburtstag. München 1994, S. 245–254.

Kinsella, David, No Rest for the Democratic Peace, in: American Political Science Review 99 (2005), S. 453–457.

Kipp, Heinrich, Zum Problem der gewaltsamen Intervention in der derzeitigen Entwicklungsphase des Völkerrechts, in: Conrad, Hermann/Jahrreiß, Hermann/Mikat, Paul u. a. (Hrsg.), Gedächtnisschrift Hans Peters. Berlin, New York, Heidelberg 1967, S. 393–433.

Kirchner, Hildebert, Abkürzungsverzeichnis der Rechtssprache. 8. Aufl. Berlin, Boston 2015.

Kirchschläger, Peter G., Wie können Menschenrechte begründet werden?, Ein für religiöse und säkulare Menschenrechtskonzeptionen anschlussfähiger Ansatz. Münster 2013.

Kiss, Alexandre Charles, Droit comparé et droit international public, in: Revue internationale de droit comparé 24 (1972), S. 5–12.

Ders., The People's Right to Self-Determination, in: Human Rights Law Journal 7 (1986), S. 165–175.

Kittel, Laura, Healing heart and mind, The pursuit of human rights in Engaged Buddhism as exemplified by Aung San Suu Kyi and the Dalai Lama, in: The International Journal of Human Rights 15 (2011), S. 905–925.

Klabbers, Jan, The Right to be Taken Seriously: Self-Determination in International Law, in: Human Rights Quarterly 28 (2006), S. 186–206.

Klein, Eckart, Nationale Befreiungskämpfe und Dekolonisierungspolitik der Vereinten Nationen, Zu einigen völkerrechtlichen Tendenzen, in: Zeitschrift für ausländisches öffentliches Recht und Völkerrecht 1976, S. 618–653.

Ders., Vereinte Nationen und Selbstbestimmungsrecht, in: Blumenwitz, Dieter/Meissner, Boris (Hrsg.), Das Selbstbestimmungsrecht der Völker und die deutsche Frage. Köln 1984, S. 107–122.

Ders./Schmahl, Stefanie, Die Internationalen und die Supranationalen Organisationen, in: Vitzthum, Wolfgang Graf/Proelß, Alexander (Hrsg.), Völkerrecht. 7. Aufl., Berlin, Boston 2016, S. 247–359.

Klein, Friedrich, Der Rechtscharakter des Selbstbestimmungsrechts der Völker (nach westlicher Auffassung), in: ders./Kloss, Heinz/Meissner, Boris u. a. (Hrsg.), Beiträge zu einem System des Selbstbestimmungsrechts. Wien 1970, S. 6–27.

Klemme, Heiner F., Immanuel Kant. Frankfurt am Main 2004.

Ders., Das rechtsstaatliche Folterverbot aus der Perspektive der Philosophie Kants, in: Altenhain, Karsten/Willenberg, Nicole (Hrsg.), Die Geschichte der Folter seit ihrer Abschaffung. Göttingen 2011, S. 39–54.

Klenner, Hermann, Über Kants Krummholz-Metapher, Eine Marginalie zu seiner Rechtslehre, in: Kaufmann, Arthur/Mestmäcker, Ernst-Joachim/Zacher, Hans F. (Hrsg.), Rechtsstaat und Menschenwürde, Festschrift für Werner Maihofer zum 70. Geburtstag. Frankfurt am Main 1988, S. 223–234.

Klimkeit, Hans-Joachim, Der politische Hinduismus, Indische Denker zwischen religiöser Reform und politischem Erwachen. Wiesbaden 1981.

Klug, Ulrich, Das Widerstandsrecht als allgemeines Menschenrecht, in: Hill, Werner (Hrsg.), Widerstand und Staatsgewalt, Recht im Streit mit dem Gesetz. Gütersloh 1984, S. 11–23.

Knauer, Peter, Handlungsnetze, Über das Grundprinzip der Ethik. Frankfurt am Main 2002.

Knauff, Matthias, Konstitutionalisierung im inner- und überstaatlichen Recht, Konvergenz oder Divergenz?, in: Zeitschrift für ausländisches öffentliches Recht und Völkerrecht 2008, S. 453–490.

Ders., Der Regelungsverbund, Recht und Soft Law im Mehrebenensystem. Tübingen 2010.

Knoll, Michael, John Locke als Vordenker der Grundprinzipien des demokratischen Verfassungsstaates, in: Salzborn, Samuel (Hrsg.), Der Staat des Liberalismus, Die liberale Staatstheorie von John Locke. Baden-Baden 2010, S. 211–244.

Koch, Burkhard, Rechtsbegriff und Widerstandsrecht, Notwehr gegen rechtswidrige Ausübung von Staatsgewalt im Rechtsstaat und unter den Nationalsozialisten. Berlin 1985.

Kodjo, Edem, Die Afrikanische Charta der Rechte des Menschen und der Völker in ihrem historischen Zusammenhang, in: Europäische Grundrechte Zeitschrift 1990, S. 306–311.

Köhler, Michael, Die Lehre vom Widerstandsrecht in der deutschen konstitutionellen Staatsrechtstheorie der ersten Hälfte des 19. Jahrhunderts. Berlin 1973.

Ders., Zur völkerrechtlichen Frage der „humanitären Intervention", in: Beestermöller, Gerhard (Hrsg.), Die humanitäre Intervention – Imperativ der Menschenrechtsidee?, Rechtsethische Reflexion am Beispiel des Kosovo-Krieges. Stuttgart 2003, S. 75–100.

Kokoroko, Dodzi, Souveraineté étatique et principe de légitimité démocratique, in: Revue Québécoise de Droit International 16 (2003), S. 37–60.

Kokott, Juliane, Zum Spannungsverhältnis zwischen nationality rule und Menschenrechtsschutz bei der Ausübung diplomatischer Protektion, in: Ress, Georg/Stein, Torsten (Hrsg.), Der diplomatische Schutz im Völker- und Europarecht, Aktuelle Probleme und Entwicklungstendenzen. Baden-Baden 1996, S. 45–62.

Ders., Souveräne Gleichheit und Demokratie im Völkerrecht, in: Zeitschrift für ausländisches öffentliches Recht und Völkerrecht, 2004, S. 517–533.

Kolb, Robert, Universal criminal jurisdiction in international terrorism, in: Revue Hellénique de droit international 50 (1997), S. 43–88.

Ders., Ius contra bellum, Le droit international relatif au maintien de la paix. Basel u. a. 2003.

Ders., Max Planck Encyclopedia of Public International Law, Human Rights and Humanitarian Law, 2013. Online abrufbar: http://opil.ouplaw.com/home/EPIL [Titel als Suchbegriff eingeben], zuletzt geprüft am: 22.04.2017.

Koller, Peter, Der Geltungsbereich der Menschenrechte, in: Gosepath, Stefan/ Lohmann, Georg (Hrsg.), Philosophie der Menschenrechte. 2. Aufl., Frankfurt am Main 1999, S. 96–123.

Kommission der Europäischen Gemeinschaften, Bulletin der Europäischen Gemeinschaften, Nr. 11/1991.

Kopel, David B./Gallant, Paul/Eisen, Joanne D., Is Resisting Genocide a Human Right?, in: Notre Dame Law Review 81 (2005-2006), S. 1275–1346.

Koskenniemi, Martti, National Self-Determination Today: Problems of Legal Theory and Practice, in: International & Comparative Law Quarterly 43 (1994), S. 241–269.

Kotzur, Markus, „Krieg gegen den Terrorismus" - politische Rhetorik oder neue Konturen des „Kriegsbegriffs" im Völkerrecht, in: Archiv des Völkerrechts 40 (2002), S. 454–479.

Ders., Die Weltgemeinschaft im Ausnahmezustand?, Politische Einheitsbildung im Zeichen der Prävention, eine Skizze, in: Archiv des Völkerrechts 42 (2004), S. 353–388.

Krajewski, Markus, Selbstverteidigung gegen bewaffnete Angriffe nicht-staatlicher Organisationen, Der 11. September 2001 und seine Folgen, in: Archiv des Völkerrechts 40 (2002), S. 183–214.

Krause, Skadi, Gerechte Kriege, ungerechte Feinde, Die Theorie des gerechten Krieges und ihre moralischen Implikationen, in: Malowitz, Karsten/Münkler, Herfried (Hrsg.), Humanitäre Intervention, Ein Instrument außenpolitischer Konfliktbearbeitung. Grundlagen und Diskussion. Wiesbaden 2009, S. 113–142.

von Krauss, Rupprecht, Der Grundsatz der Verhältnismässigkeit, In seiner Bedeutung für die Notwendigkeit des Mittels im Verwaltungsrecht. Hamburg 1955.

Kreß, Claus, Friedenssicherungs- und Konfliktvölkerrecht auf der Schwelle zur Postmoderne, Das Urteil des Internationalen Straftribunals für das ehemalige Jugoslawien (Appeals Chamber) im Fall Tadic vom 2. Oktober 1995 [HRJL 1995, 437], in: Europäische Grundrechte Zeitschrift 1996, S. 638–647.

Ders., Staat und Individuum in Krieg und Bürgerkrieg, Völkerrecht im Epochenwandel, in: Neue juristische Wochenschrift, 1999, S. 3077–3084.

Ders., Time for Decision: Some Thoughts on the Immediate Future of the Crime of Aggression, A Reply to Andreas Paulus, in: European Journal of International Law 20 (2009), S. 1129–1146.

Ders., Der Bürgerkrieg und das Völkerrecht, Zwei Entwicklungslinien und eine Zukunftsfrage, in: Juristenzeitung, 2014, S. 365–373.

Kretschmer, Joachim, Die Rechtfertigungsgründe als Topos der objektiven Zurechnung, in: Neue Zeitschrift für Strafrecht 2012, S. 177–184.

Kretzmer, David, Rethinking the Application of IHL in Non-International Armed Conflicts, in: Israel Law Review 42 (2009), S. 8–45.

Ders., The Inherent Right to Self-Defence and Proportionality in Jus Ad Bellum, in: European Journal of International Law 24 (2013), S. 235–282.

Kreuter-Kirchhof, Charlotte, Völkerrechtliche Schutzverantwortung bei elementaren Menschenrechtsverletzungen, Die Responsibility to Protect als Verantwortungsstruktur, in: Archiv des Völkerrechts 48 (2010), S. 338–382.

Krieger, Heike, Das Effektivitätsprinzip im Völkerrecht. Berlin 2000.

Krittie, Nicholas N., Patriots and Terrorists, Reconciling Human Rights with World Order, in: Case Western Reserve Journal of International Law 13 (1981), S. 291–305.

Krüger, Herbert, Allgemeine Staatslehre. 2. Aufl. Stuttgart u. a. 1966.

Kühl, Kristian, Strafrecht Allgemeiner Teil. 7. Aufl. München 2012.

Kühne, Winrich, Humanitäre Einsätze ohne Mandat?, in: Lutz, Dieter (Hrsg.), Der Kosovo-Krieg, Rechtliche und rechtsethische Aspekte. Baden-Baden 1999/2000, S. 73–99.

Kühnhardt, Ludger, Die Universalität der Menschenrechte. Bonn 1991.

Kuperman, Alan J., The limits of humanitarian intervention, Genocide in Rwanda. Washington, D.C. 2001.

Ders., A Model Humanitarian Intervention?, Reassessing NATO's Libya Campaign, in: International Security 38 (2013), S. 105–136.

Kurz, Hanns, Volkssouveränität und Volksrepräsentation. Köln u. a. 1965.

Kutner, Luis, A Philosophical Perspective on Rebellion, Section 7, in: Bassiouni, Mahmoud Cherif (Hrsg.), International Terrorism and Political Crimes. Springfield (Illinois) 1975, S. 51–64.

de la Chapelle, Philippe, La Déclaration universelle des droits de l'homme et le catholicisme. Paris 1967.

Ladiges, Manuel, Erlaubte Tötungen, in: Juristische Schulung 2011, S. 879–884.

Ladwig, Bernd, Regelverletzungen im demokratischen Rechtsstaat, Begriffliche und normative Bemerkungen zu Protest, zivilem Ungehorsam und Widerstand, in: MenschenRechtsZentrum der Universität Potsdam (Hrsg.), Recht auf Widerstand?, Ideengeschichtliche und philosophische Perspektiven, Studien zu den Grund- und Menschenrechten 12. Potsdam 2006, S. 55–84.

Ders., Menschenwürde als Grund der Menschenrechte?, Eine Kritik an Kant und über Kant hinaus, in: Zeitschrift für politische Theorie 1 (2010), S. 51–69.

Lagerspetz, Olli, National Self-Determination and Ethnic Minorities, in: Michigan Journal of International Law 25 (2003-2004), S. 1299–1317.

Laker, Thomas, Ziviler Ungehorsam, Geschichte - Begriff - Rechtfertigung. Baden-Baden 1986.

Lammers, Johan G., General Principles of Law Recognized by Civilized Nations, in: Kalshoven, Frits/Kuyper, Pieter Jan/Lammers, Johan G. (Hrsg.), Essays on the Development of the International Legal Order. Alphen aan den Rijn, Rockville 1980, S. 53–76.

Laslett, Peter (Hrsg.), Patriarcha and Other Political Works of Sir Robert Filmer. Oxford 1949.

Ders., John Locke, Two Treatises of Government, Introduction, 1960, in: Laslett, Peter (Hrsg.), John Locke, Two Treatises of Government, A Critical Edition with an Introduction and Apparus Criticus by Peter Laslett, Reprinted with amendments. 2. Aufl., Cambridge u. a. 1970 (Nachdruck, 1960), S. 3–132 (zitiert: *Laslett,* Introduction, 1970).

Lauterpacht, Hersch Sir, International Law and Human Rights 1950.

Ders., An International Bill of the Rights of Man, 1945, in: Oxford University Press (Hrsg.), Hersch Lauterpacht, An International Bill of the Rights of Man, With an Introduction by Philippe Sands. Oxford u. a. 2013, S. 3–230 (zitiert: *Lauterpacht,* International Bill of the Rights of Man, 2013).

Lazar, Seth, The Responsibility Dilemma for Killing in War, A Review Essay, in: Philosophy & Public Affairs 38 (2010), S. 180–213.

Le Bon, Gustave, Psychologie der Massen, 1895, in: Hofstätter, Peter R. (Hrsg.), Gustave Le Bon, Psychologie der Massen. 15. Aufl. 1982 (Nachdruck, 1911), S. 1–156 (zitiert: *Le Bon,* Psychologie der Massen, 1982).

Lefkowitz, David, Collateral Damage, in: May, Larry (Hrsg.), War, Essays in Political Philosophy. Cambridge u. a. 2008, S. 145–164.

Lenz, John W., Locke's Essay on the Law of Nature, in: Philosophy and Phenomenological Research 17 (1956), S. 105–113.

von Leyden, Wolfgang (Hrsg.), John Locke, Essays on the Law of Nature, The Latin text, with a translation, introduction and notes, together with transcripts of Locke's shorthand in his journal for 1676. Oxford u. a. 1958 (Nachdruck, 1954).

Ders., John Locke, Essays on the Law of Nature, Introduction, 1954, in: von Leyden, W. (Hrsg.), John Locke, Essays on the Law of Nature, The Latin text, with a translation, introduction and notes, together with transcripts of Locke's shorthand in his journal for 1676. Oxford u. a. 1958 (Nachdruck, 1954), S. 1–106 (zitiert: *von Leyden,* Introduction, 1958).

Lillich, Richard B., Humanitarian Intervention through the United Nations, Towards the Development of Criteria, in: Zeitschrift für ausländisches öffentliches Recht und Völkerrecht 53 (1993), S. 557–575.

Ders., Humanitarian Intervention, A Reply to Ian Brownlie and a Plea for Constructive Alternatives, 1974, in: ders./Hannum, Hurst (Hrsg.), International Human Rights, Problems of Law, Policy and Practice. 3. Aufl., Boston u. a. 1995, S. 631–641.

Ders., Conference Proceedings, Part III, The Future, in: ders. (Hrsg.), Humanitarian Intervention and the United Nations. Charlottesville 1973, S. 75–138.

Lippmann, Matthew, The Right of Civil Resistance under International Law and the Domestic Necessity Defense 8 (1989-1990), S. 349–374.

Lissoni, Arianna, The South African liberation movements in exile, c. 1945-1970. London 2008.

Liu, Shing-I, Menschenrecht, Widerstandsrecht und Revolution, in: Archiv für Rechts- und Sozialphilosophie Beiheft 41 1990, S. 35–42.

Llanque, Marcus, Politische Ideengeschichte, Ein Gewebe politischer Diskurse. München, Wien 2008.

Ders., Geschichte der politischen Ideen, Von der Antike bis zur Gegenwart. München 2012.

Lloyd Thomas, David A., Locke on Government. London, New York 1995.

Locke, John, Analytical Summary, 1663/1664, in: von Leyden, W. (Hrsg.), John Locke, Essays on the Law of Nature, The Latin text, with a translation, introduction and notes, together with transcripts of Locke's shorthand in his journal for 1676. Oxford u. a. 1958 (Nachdruck, 1954), S. 95–106 (zitiert: *Locke,* Analytical Summary, 1958).

Ders., IV. Can Reason attain to the Knowledge of Natural Law through Sense-Experience? Yes, 1663/1664, in: von Leyden, W. (Hrsg.), John Locke, Essays on the Law of Nature, The Latin text, with a translation, introduction and notes, together with transcripts of Locke's shorthand in his journal for 1676. Oxford u. a. 1958 (Nachdruck, 1954), S. 146–159 (zitiert: *Locke,* IV. Can Reason attain to the Knowledge of Natural Law through Sense-Experience? Yes, 1958).

Ders., Of Human Understanding, Book I - Book II Chapter I-XXII, 1690, in: Scientia Verlag Aalen (Hrsg.), The works of John Locke, A New Edition, Corrected, In Ten Volumes, Vol. I, London 1823, Reprinted by Scientia Verlag Aalen Germany. Darmstadt 1963 (Nachdruck, 1823) (zitiert: *Locke,* Vol. I, Of Human Understanding, Book I - Book II Chapter I-XXII, 1963).

Ders., Two Treatises of Government, Of Civil Government, Book II, Essay Concerning The True Original, Extent, And End, Of Civil Government, 1690, in: Scientia Verlag Aalen (Hrsg.), The works of John Locke, A New Edition, Corrected, In Ten Volumes, Vol. V, London 1823, Reprinted by Scientia Verlag Aalen Germany. Darmstadt 1963 (Nachdruck, 1823), S. 338–485 (zitiert: *Locke,* Vol. V, Of Civil Government, 1963).

Ders., Two Treatises Of Government, Of Government, Book I, The False Principles and Foundations of Sir Robert Filmer, and his followers, are detected and overthrown, 1690, in: Scientia Verlag Aalen (Hrsg.), The works of John Locke, A New Edition, Corrected, In Ten Volumes, Vol. V, London 1823, Reprinted by Scientia Verlag Aalen Germany. Darmstadt 1963 (Nachdruck, 1823), S. 212–337 (zitiert: *Locke,* Vol. V, Of Government, 1963).

Ders., Die erste Abhandlung über die Regierung (Of Government, The False Principles and Foundations of Sir Robert Filmers, and his followers, are detected and overthrown, dt.), 1690, übersetzt von Walter Euchner, in: Euchner, Walter/Abendroth, Wolfgang/Flechtheim, Ossip Kurt u. a. (Hrsg.), John Locke, Zwei Abhandlungen über die Regierung. Frankfurt 1967, S. 57–195 (zitiert: *Locke,* Erste Abhandlung, 1967).

Ders., Die zweite Abhandlung über die Regierung, Ein Essay über den wahren Ursprung, die Reichweite und den Zweck einer bürgerlichen Regierung (Of Civil Government, Essay Concerning The True Original, Extent, And End, Of Civil Government, dt.), 1690, übersetzt von Walter Euchner, in: Euchner, Walter/Abendroth, Wolfgang/Flechtheim, Ossip Kurt u. a. (Hrsg.), John Locke, Zwei Abhandlungen über die Regierung. Frankfurt 1967, S. 197–366 (zitiert: *Locke,* Zweite Abhandlung, 1967).

Ders., Zwei Abhandlungen über die Regierung, Vorwort (Two Treatises of Government, Preface, dt.), 1690, übersetzt von Walter Euchner, in: Euchner, Walter/Abendroth, Wolfgang/Flechtheim, Ossip Kurt u. a. (Hrsg.), John Locke, Zwei Abhandlungen über die Regierung. Frankfurt 1967, S. 51–53 (zitiert: *Locke,* Vorwort, 1967).

Ders., „Question: Whether the Civil Magistrate may lawfully impose and determine the use of indifferent things in reference to religious worship. Answer: Yes" (First Tract on Government), 1660, in: Wootton, David (Hrsg.), John Locke, Political Writings, Edited and with an Introduction by David Wooton. London u. a. 1993, S. 141–145 (zitiert: *Locke,* First Tract on Government, 1993).

Lodge, Tom, Sharpeville, a massacre and its consequences. Oxford u. a. 2011.

Lohmann, Georg, Menschenrechte zwischen Moral und Recht, in: Gosepath, Stefan/Lohmann, Georg (Hrsg.), Philosophie der Menschenrechte. 2. Aufl., Frankfurt am Main 1999, S. 62–95.

Ders., Bundeszentrale für politische Bildung, Universelle Menschenrechte und kulturelle Besonderheiten, 12.09.2009. Online abrufbar: http://www.bpb.de/internationales/weltweit/menschenrechte/38709/universelle-menschenrechte?p=all, zuletzt geprüft am: 22.04.2017.

Ders./Gosepath, Stefan, Einleitung, in: Gosepath, Stefan/Lohmann, Georg (Hrsg.), Philosophie der Menschenrechte. 2. Aufl., Frankfurt am Main 1999, S. 7–28.

Lowe, Vaughan/Tzanakopoulos, Antonios, Max Planck Encyclopedia of Public International Law, Humanitarian Intervention, 2011. Online abrufbar: http://opil.ouplaw.com/home/EPIL [Titel als Suchbegriff eingeben], zuletzt geprüft am: 22.04.2017.

Luban, David, Just War and Human Rights, in: Philosophy & Public Affairs 9 (1980), S. 161–180.

Ludwig, Bernd, Kommentar zum Staatsrecht (II), §§ 51-52; Allgemeine Anmerkung A; Anhang, Beschluss, in: Höffe, Otfried (Hrsg.), Immanuel Kant: Metaphysische Anfangsgründe der Rechtslehre. Berlin 1999, S. 173–194.

Luf, Gerhard, Zeiller und Kant, Überlegungen zu einem wissenschaftlichen Naheverhältnis, in: Bielefeldt, Heiner/Brugger, Winfried/Dicke, Klaus (Hrsg.), Würde und Recht des Menschen, Festschrift für Johannes Schwartländer zum 70. Geburtstag. Würzburg 1992, S. 93–110.

Luhmann, Niklas, Das Recht des Gesellschaft. Frankfurt am Main 1993.

Lutteroth, Johanna, US-Operation gegen Diktator Noriega: „Ich habe Bush an den Eiern", in: Spiegel Online, 19.12.2014. Online abrufbar: http://www.spiegel.de/einestages/us-invasion-in-panama-1989-george-bush-gegen-diktator-manuel-noriega-a-1008580.html, zuletzt geprüft am: 22.04.2017.

MacIntyre, Alasdair, Der Verlust der Tugend, Zur moralischen Krise der Gegenwart (After Virtue: a Study in Moral Theory, dt.), 2. Aufl. 1984, übersetzt von Wolfgang Rhiel. Frankfurt am Main, New York 1987.

Macpherson, Crawford Brough, The political theory of possessive individualism, Hobbes to Locke. Oxford u. a. 1962.

de Maistre, Joseph, Etude sur la Souveraineté, 1794, in: Librairie Catholique Emmanuel Vitte (Hrsg.), Œuvres complètes de J. de Maistre, Tome premier. Lyon, Paris 1924, S. 311–553 (zitiert: *de Maistre,* Etude sur la Souveraineté, 1924).

Malanczuk, Peter, Akehurst's Modern Introduction to International Law. 7. Aufl. London, New York 1997.

Mandela, Nelson, Der lange Weg zur Freiheit, Autobiographie (Long Walk to Freedom; The Autobiography of Nelson Mandela, dt.), 1994, übersetzt von Günter Panske, 18. Aufl. Frankfurt am Main 2013.

Mandt, Hella, Tyrannislehre und Widerstandsrecht, Studien zur deutschen politischen Theorie des 19. Jahrhunderts. Darmstadt, Neuwied 1974.

Mangoldt, Hermann von/Klein, Friedrich/Starck, Christian (Hrsg.), Kommentar zum Grundgesetz, Band 2. 6. Aufl. München 2010 (zitiert: *Verfasser*, in: v. Mangoldt/Klein/Starck, GG, Bd. 2, 2010).

Mann, Michael, Bundeszentrale für politische Bildung, Die Teilung Britisch-Indiens 1947, Blutiger Weg in die Unabhängigkeit, 07.04.2014. Online abrufbar: http://www.bpb.de/internationales/asien/indien/44402/die-teilung-britisch-indiens, zuletzt geprüft am: 22.04.2017.

Marek, Krystyna, Identity and Continuity of States in Public International Law. Genf 1968.

Marinucci, Giorgio, Rechtfertigung und Entschuldigung im italienischen Strafrecht, in: Eser, Albin/Fletcher, George P. (Hrsg.), Rechtfertigung und Entschuldigung, Bd. III, Rechtsvergleichende Perspektiven. Freiburg (Breisgau) 1987, S. 55–70.

Marks, Susan, International law, democracy, and the end of history, 1997, in: Fox, Gregory H./Roth, Brad R. (Hrsg.), Democratic Governance and International Law. Cambridge 2000, S. 532–566.

Marsavelski, Aleksandar, The Crime of Terrorism and the Right of Revolution in International Law, in: Connecticut Journal of International Law 28 (2013), S. 241–295.

Matthews, Hannah, The interaction between international human rights law and international humanitarian law, Seeking the most effective protection for civilians in non-international armed conflicts, in: The International Journal of Human Rights 17 (2013), S. 633–645.

Maunz, Theodor/Dürig, Günter (Hrsg.), Grundgesetz-Kommentar. 78. Ergänzungslieferung 2016 (zitiert: *Verfasser*, in: Maunz/Dürig, GG, 2016).

Mayer-Tasch, Peter Cornelius, Thomas Hobbes und das Widerstandsrecht. Tübingen 1965.

McDougal, Myres S., The Soviet-Cuban Quarantine and Self-Defence, in: The American Journal of International Law 57 (1963), S. 597–604.

McIntyre, Alison G., Doctrine of Double Effect, in: Zalta, Edward N. (Hrsg.), The Stanford Encyclopedia of Philosophy, 2004. Online abrufbar: http://plato.stanford.edu/entries/double-effect/, zuletzt geprüft am: 22.04.2017.

McMahan, Jeff, Kann Töten gerecht sein?, Krieg und Ethik (Killing in War, dt.), 2009, übersetzt von Axel Walter. Darmstadt 2010.

Mearsheimer, John J., Why We Will Soon Miss the Cold War, in: The Atlantic Monthly 1990, August, S. 35–50.

Meggle, Georg, NATO-Moral & Kosovo-Krieg, Ein ethischer Kommentar ex post, in: ders. (Hrsg.), Humanitäre Interventionsethik, Was lehrt uns der Kosovo-Krieg? Paderborn 2004, S. 31–58.

Mégret, Frédéric, Civil Disobedience and International Law, Sketch for a Theoretical Argument, in: The Canadian Yearbook of International Law 2008, S. 143–192.

Ders., Le droit international peut-il être un droit de résistance?, Dix conditions pour un renouveau de l'ambition normative internationale, in: Revue Études internationales 39 (2008), S. 39–62.

Ders., Should Rebels be Amnestied?, in: Stahn, Carsten/Easterday, Jennifer S./Iverson, Jens (Hrsg.), Jus Post Bellum, Mapping the Normative Foundations. Oxford 2014, S. 519–541.

Melzer, Nils, Bolstering the Protection of Civilians in Armed Conflict, in: Cassese, Antonio (Hrsg.), Realizing Utopia, The Future of International Law. Oxford 2012, S. 508–518.

Mendelson, Maurice H., The Formation of Customary International Law, in: Recueil des Cours 272 (1998), S. 155–410.

Menke, Christoph/Pollmann, Arnd, Philosophie der Menschenrechte, Zur Einführung. 3. Aufl. Hamburg 2012.

Menschenrechtskommission der Vereinten Nationen, A/HRC/34/L.37, The human rights situation in the Syrian Arab Republic.

Ders., E/CN.4/1998/48 (24.12.1997), Further Promotion and Encouragement of Human Rights and Fundamental Freedoms, Including the Question of the Programme and Methods of Work of the Commission.

Ders., E/CN.4/1999/167 (March-April 1999), Report on the Fifty-Fifth Session, Supplement No. 3.

Menschenrechtskommission der Vereinten Nationen (Drafting Committee), E/CN.4/95 (21.05.1948), Report of the Drafting Committee to the Commission on Human Rights, Second Session.

Ders., E/CN.4/AC.1/11 (12.06.1947), Textual Comparison.

Ders., E/CN.4/AC.1/4 (05.06.1947), Text of Letter From Lord Dukeston, the United Kingdom Representative on the Human Right Commission, to the Secretary-General of the United Nations.

Menschenrechtskommission der Vereinten Nationen/Wirtschafts- und Sozialrat der Vereinten Nationen, E/CN.4/21 (English, 01.07.1947), Report of the Drafting Committee to the Commission of Human Rights.

Menschenrechtskommission der Vereinten Nationen/Sekretariat der Vereinten Nationen, E/CN.4/2005/58 (18.03.2005), Civil and political rights, Interdependence between democracy and human rights, Report of the second expert seminar „Democracy and the rule of law".

Menschenrechtsrat der Vereinten Nationen, A/HRC/20/L.16 (29.06.2012), United Nations declaration on the right to peace.

Ders., A/HRC/22/L.19 (18.03.2013), The situation of human rights in the Democratic People's Republic of Korea.

Ders., A/HRC/22/L.22 (22.03.2013), Situation of human rights in the Islamic Republic of Iran.

Ders., A/HRC/25/71 (07.02.2014), Report of the independent expert on the situation of human rights in Haiti, Gustavo Gallón.

Ders., A/HRC/25/L.42 (27.03.2014), Situation of human rights in Haiti, France and Haiti: President's statement.

Ders., A/HRC/25/L.9 (21.03.2014), Situation of human rights in the Islamic Republic of Iran.

Ders., A/HRC/RES/5/1 (18.06.2007), Institution-building of the United Nations Human Rights Council.

Ders., A/HRC/RES/5/1 (18.06.2007), Institution-building of the United Nations Human Rights Council.

Merkel, Reinhard, Das Elend der Beschützten, Rechtsethische Grundlagen und Grenzen der sog. humanitären Intervention und die Verwerflichkeit der NATO-Aktion im Kosovo-Krieg, 1999, in: ders. (Hrsg.), Der Kosovo-Krieg und das Völkerrecht. Frankfurt am Main 2000, S. 66–98.

Ders., Können Menschenrechtsverletzungen militärische Interventionen rechtfertigen?, Rechtsethische Grundlagen und Grenzen der „Humanitären Intervention" am Beispiel des Kosovo-Kriegs, in: Meggle, Georg (Hrsg.), Humanitäre Interventionsethik, Was lehrt uns der Kosovo-Krieg? Paderborn 2004, S. 107–132.

Ders., § 14 Abs. 3 Luftsicherheitsgesetz: Wann und warum darf der Staat töten?, Über taugliche und untaugliche Prinzipien zur Lösung eines Grundproblems des Rechts, in: Juristenzeitung 62 (2007), S. 373–385.

Ders., Basic Principles of Law as Normative Foundations of, and Limits to, Military Enforcement of Human Rights Across State Boundaries, übersetzt von Maya Brehm und Oliver Jütersonke, in: Merkel, Wolfgang/Grimm, Sonja (Hrsg.), War and Democratization, Legality, Legitimacy and Effectiveness. London, New York 2009, S. 16–30.

Ders., Die Intervention der NATO in Libyen, Völkerrechtliche und rechtsphilosophische Anmerkungen zu einem weltpolitischen Trauerspiel, in: Zeitschrift für Internationale Strafrechtsdogmatik, 2011, S. 771–783.

Ders., Völkerrecht contra Bürgerkrieg: Die Militärintervention gegen Gaddafi ist illegitim, in: FAZ, 22.03.2011. Online abrufbar: http://www.faz.net/aktuell/feuilleton/voelkerrecht-contra-buergerkrieg-die-militaerintervention-gegen-gaddafi-ist-illegitim-1613317.html, zuletzt geprüft am: 22.04.2017.

Ders., Die „kollaterale" Tötung von Zivilisten im Krieg, Rechtsethische Grundlagen und Grenzen einer prekären Erlaubnis des humanitären Völkerrechts, in: Juristenzeitung, 2012, S. 1137–1145.

Ders., Syrien: Der Westen ist schuldig, in: FAZ, 02.08.2013. Online abrufbar: http://www.faz.net/aktuell/feuilleton/debatten/syrien-der-westen-ist-schuldig-12314314.html, zuletzt geprüft am: 22.04.2017.

Ders./Wittmann, Roland, Einleitung, in: ders. (Hrsg.), Zum ewigen Frieden: Grundlagen, Aktualität und Aussichten einer Idee von Immanuel Kant. Frankfurt am Main 1996, S. 7–11.

Merkel, Wolfgang, Democracy through War?, in: ders./Grimm, Sonja (Hrsg.), War and Democratization, Legality, Legitimacy and Effectiveness. London, New York 2009, S. 31–52.

Meron, Theodor, On a Hierarchy of International Human Rights, in: The American Journal of International Law 80 (1986), S. 1–23.

Messner, Johannes, Das Naturrecht, Handbuch der Gesellschaftsethik, Staatsethik und Wirtschaftsethik. 5. Aufl. Innsbruck, Wien, München 1966.

Meyer, Kirsten, Die moralische Bewertung humanitärer Interventionen, Deontologische Positionen zum Prinzip der Doppelwirkung, in: Archiv für Rechts- und Sozialphilosophie 2011, S. 18–32.

Miehsler, Herbert, Das Selbstbestimmungsrecht zerstreuter und vertriebener Menschengruppen, in: Rabl, Kurt (Hrsg.), Ausgewählte Gegenwartsfragen zum Problem der Verwirklichung des Selbstbestimmungsrechts der Völker, Vorträge und Aussprachen. München 1965, S. 98–132.

Miller, David, National Responsibility and Global Justice. Oxford 2007.

Mill, John Stuart, Representative Government, 1861, in: Williams, Geraint (Hrsg.), John Stuart Mill, Utilitarianism, On Liberty, Considerations on Representative Government, Remarks on Bentham's Philosophy. London 1993 (Nachdruck, 1972), S. 188–428 (zitiert: *Mill,* Representative Government, 1993).

Mineau, André, L'origine des droits de l'homme, in: Archiv für Rechts- und Sozialphilosophie Beiheft 41 1990, S. 43–49.

Minh, Tran Van, Political and juridical sanctions against violations of human rights, in: UNESCO (Hrsg.), Violations of human rights: possible rights of recourse and forms of resistance, Meeting of experts on the analysis of the basis and forms of individual and collective action by which violations of human rights can be combated, Freetown (Sierra Leone), 3-7 March 1981. Paris 1984, S. 144–201.

Missling, Bodo, Widerstand und Menschenrechte, Das völkerrechtlich begründete Individualwiderstandsrecht gegen Menschenrechtverletzungen. Tübingen 1999.

Mohr, Georg/Willaschek, Marcus, Einleitung: Kants Kritik der reinen Vernunft, in: ders. (Hrsg.), Immanuel Kant, Kritik der reinen Vernunft. Berlin 1998, S. 5–36.

Monson, Charles, Locke and his Interpreters, in: Political Studies 6 (1958), S. 120–133.

Montesquieu, Charles Louis de Secondat de, De l'esprit des lois, 1748, in: Truc, Gonzague (Hrsg.), Montesquieu, De l'esprit des lois, Tome premier. Paris 1944, S. 5–365 (zitiert: *Montesquieu,* L'esprit des lois, 1944).

Ders., Vom Geist der Gesetze, 1748, in: Forsthoff, Ernst (Hrsg.), Montesquieu, Vom Geist der Gesetze, Bd. I, In neuer Übersetzung eingeleitet und herausgegeben von Ernst Forsthoff. Tübingen 1951, S. 1–444 (zitiert: *Montesquieu,* Geist der Gesetze, 1951).

Morreall, John, The Justifiability of Violent Civil Disobedience, 1976, in: Bedau, Adam (Hrsg.), Civil Disobedience in focus. London, New York 1991, S. 130–143.

Morsink, Johannes, The Universal Declaration of Human Rights, Origins, Drafting, and Intent. Philadelphia 1999.

Mosler, Hermann, Völkerrecht als Rechtsordnung, in: Zeitschrift für ausländisches öffentliches Recht und Völkerrecht 36 (1976), S. 6–49.

Ders., The International Society as a Legal Community. Alphen aan den Rijn, Germantown 1980.

Motomura, Hiroshi, The Rule of Law in Immigration Law, in: Tulsa Journal of Comparative and International Law 15 (2007/2008), S. 139–153.

Münch, Ingo von/Kunig, Philip (Hrsg.), Grundgesetz Kommentar, Band 1. 6. Aufl. München 2012 (zitiert: *Verfasser*, in: v. Münch/Kunig, GG, Bd. 1, 2012).

Munoz Conde, Francisco, Rechtsvergleichende Gesamtdarstellung, in: Eser, Albin/Fletcher, George P. (Hrsg.), Rechtfertigung und Entschuldigung, Bd. III, Rechtsvergleichende Perspektiven. Freiburg (Breisgau) 1987, S. 375–381.

Murhard, Friedrich, Über Widerstand, Empörung und Zwangsausübung der Staatsbürger gegen die bestehende Staatsgewalt, in sittlicher und rechtlicher Beziehung, Allgemeine Revision der Lehren und Meinungen über den Gegenstand. Braunschweig 1832.

Murphy, Liam B., Moral Demands in Nonideal Theory. Oxford u. a. 2000.

Murphy, Sean D., Democratic legitimacy and the recognition of states and governments, in: Fox, Gregory H./Roth, Brad R. (Hrsg.), Democratic Governance and International Law. Cambridge 2000, S. 123–154.

Murswiek, Dietrich, Offensives und defensives Selbstbestimmungsrecht, Zum Subjekt des Selbstbestimmungsrechts der Völker, in: Der Staat 1984, S. 523–548.

Ders., Die Problematik eines Rechts auf Sezession - neu betrachtet, in: Archiv des Völkerrechts 31 (1993), S. 307–332.

Ders., The Issue of a Right of Secession - Reconsidered, in: Tomuschat, Christian (Hrsg.), Modern Law of Self-Determination. Dordrecht, Boston, London 1993, S. 21–40.

Mutua, Makau, Human Rights, A Political and Cultural Critique. Philadelphia 2002.

Nachtwei, Wilfried, Pazifismus zwischen Ideal und politischer Realität, in: Bleisch, Barbara/Strub, Jean-Daniel (Hrsg.), Pazifismus, Ideengeschichte, Theorie und Praxis. Bern, Stuttgart, Wien 2006, S. 303–317.

Naverson, Jan, Terrorism and Pacifism, Why We Should Condemn Both, in: International Journal of Applied Philosophy 17 (2003), S. 157–172.

Ndulo, Muna, United Nations Observer Mission in South Africa (UNOMSA), Security Council Resolutions 772 (1992) and 894 (1994) and the South African Transition: Preventive Diplomacy and Peacekeeping, in: African Yearbook of International Law 3 (1995), S. 205–238.

Nehru, Jawaharlal, Der zivile Ungehorsam, 11. Mai 1933, in: Bauer, Fritz (Hrsg.), Widerstand gegen die Staatsgewalt, Dokumente der Jahrtausende. Frankfurt am Main, Hamburg 1965, S. 222–223.

Nescher, Raphael Ben, Das Widerstandsrecht, Voraussetzungen und Anwendungskriterien für die legitime Anwendung des Rechts auf aktiven Widerstand gegen die Staatsgewalt. Hamburg 2013.

Neuhold, Hanspeter, Collective Security After „Operation Allied Force", in: Max Planck Yearbook of United Nations Law 2000, S. 73–106.

Neumann, Franz, Über die Grenzen des berechtigten Ungehorsams (On the Limits of Justifiable Obedience, dt.), 1952, übersetzt von Beate von Tobien, in: Marcuse, Herbert/Abendroth, Wolfgang/Flechtheim, Ossip Kurt u. a. (Hrsg.), Franz Neumann, Demokratischer und autoritärer Staat, Studien zur politischen Theorie 1967, S. 195–206 (zitiert: *Neumann,* Grenzen des berechtigten Ungehorsams, 1967).

Ders., Die Herrschaft des Gesetzes, Eine Untersuchung zum Verhältnis von politischer Theorie und Rechtssystem der Konkurrenzgesellschaft. Frankfurt a.M. 1980.

Nguéma, Isaac, Perspektiven der Menschenrechte in Afrika, Die Wurzeln einer ständigen Herausforderung, in: Europäische Grundrechte Zeitschrift 1990, S. 301–305.

Nida-Rümelin, Julian, Bellum omnium contra omnes, Konflikttheorie und Naturzustandskonzeption im 13. Kapitel des Leviathan, in: Höffe, Otfried/Kersting, Wolfgang (Hrsg.), Thomas Hobbes, Leviathan oder Stoff, Form und Gewalt eines kirchlichen und bürgerlichen Staates. 2. Aufl., Berlin 2008, S. 89–106.

Nill-Theobald, Christiane/Scholz, Stephanie, Die Bemühungen um das Völkerstrafrecht nach 1994, in: Schweizerische Zeitschrift für Strafrecht 1997, S. 291–311.

Nolte, Georg, Eingreifen auf Einladung, Zur völkerrechtlichen Zulässigkeit des Einsatzes fremder Truppen im internen Konflikt auf Einladung der Regierung. Berlin u. a. 1999.

Nonnenmacher, Günther, Die Ordnung der Gesellschaft, Mangel und Herrschaft in der politischen Philosophie der Neuzeit: Hobbes, Locke, Adam Smith, Rousseau. Weinheim 1989.

Norman, Richard, Ethics, Killing and War. Cambridge u. a. 1995.

Nowak, Manfred, CCPR-Kommentar, UNO-Pakt über bürgerliche und politische Reche und Fakultativprotokoll. Kehl am Rhein, Straßburg, Arlington 1989.

Nozick, Robert, Anarchy, State, and Utopia. Oxford 1974.

N-TV Online, Syrische Opposition anerkannt, Großbritannien macht es wie Frankreich, 20.11.2012. Online abrufbar: http://www.n-tv.de/politik/Syrische-Opposition-anerkannt-article7812451.html, zuletzt geprüft am: 22.04.2017.

Nuscheler, Franz, Recht auf Entwicklung, Involution zum „Recht auf alles"?, in: Dicke, Klaus/Edinger, Michael/Lembcke, Oliver (Hrsg.), Menschenrechte und Entwicklung. Berlin 1997, S. 77–95.

O'Connell, Mary Ellen, Regulating the Use of Force in the 21st Century, The Continuing Importance of State Autonomy, in: Columbia Journal of Transnational Law 36 (1997), S. 473–492.

Oeter, Stefan, Terrorism and „Wars of National Liberation" from a Law of War Perspective, Traditional Patterns and Recent Trends, in: Zeitschrift für ausländisches öffentliches Recht und Völkerrecht 49 (1989), S. 445–486.

Ders., Selbstbestimmungsrecht im Wandel, Überlegungen zur Debatte um Selbstbestimmung, Sezessionsrecht und „vorzeitige" Anerkennung, in: Zeitschrift für ausländisches öffentliches Recht und Völkerrecht, 1992, S. 741–780.

Ders., Civil War, Humanitarian Law and the United Nations, in: Max Planck Yearbook of United Nations Law 1 (1997), S. 195–229.

Ders., Terrorismus und Menschenrechte, in: Archiv des Völkerrechts 40 (2002), S. 422–453.

Ders., Das militärische Vorgehen gegenüber bewaffneten Widerstandskämpfern in besetzten Gebieten und internen Konflikten, „Direct participation in hostilities" und der Schutz der Zivilbevölkerung, in: Fischer-Lescano, Andres/Gasser, Hans-Peter/Marauhn, Thilo u. a. (Hrsg.), Frieden in Freiheit, Festschrift für Michael Bothe zum 70. Geburtstag. Baden-Baden 2008, S. 503–522.

Ders., Humanitäre Intervention und die Grenzen des völkerrechtlichen Gewaltverbots, Wen oder was schützt das Völkerrecht: Staatliche Souveränität, kollektive Selbstbestimmung oder individuelle Autonomie?, in: Malowitz, Karsten/Münkler, Herfried (Hrsg.), Humanitäre Intervention, Ein Instrument außenpolitischer Konfliktbearbeitung. Grundlagen und Diskussion. Wiesbaden 2009, S. 29–64.

Oetker, Friedrich, Notwehr und Notstand, in: Birkmeyer, Karl/Calker, Fritz van/Frank, Reinhard u. a. (Hrsg.), Vergleichende Darstellung des Deutschen und Ausländischen Strafrechts, Bd. AT/II, Vorarbeiten zur Deutschen Strafrechtsreform. Berlin 1908, S. 255–401.

Oman, Natalie, Responsibility to Prevent: A Remit for Intervention?, in: Canadian Journal of Law and Jurisprudence XXII (2009), S. 355–380.

Oppenheim, L./Lauterpacht, Hersch Sir, International Law, A Treatise, Vol. II, Disputes, War and Neutrality. 7. Aufl. London 1952.

Ders., International Law, Vol. I, A Treatise, Peace. 8. Aufl. London, New York, Toronto 1955.

Ordentlicher, Diane F., Relativism and Religion, in: Ignatieff, Michael (Hrsg.), Human Rights as Politics and Idolatry. Princeton, Oxford 2001, S. 141–158.

Ottmann, Henning, Thomas Hobbes: Widersprüche einer extremen Philosophie der Macht, in: Höffe, Otfried (Hrsg.), Der Mensch - ein politisches Tier?, Essays zur politischen Anthropologie 1992, S. 68–91.

Otto, Harro, Heimtückemord unter außergewöhnlichen Umständen/Haustyrannen-Fall, in: Neue Zeitschrift für Strafrecht 2004, S. 142–144.

Pabst, Andrea, Ziviler Ungehorsam, Ein umkämpfter Begriff, in: Aus Politik und Zeitgeschichte 2012 (Heft 25-26), S. 23–29.

Paech, Norman, Gaza und das Völkerrecht, in: Zeitschrift für internationale Politik 65 (2009), S. 77–87.

Ders., Die Schlacht um Damaskus: Syrien und das Völkerrecht, in: Blätter für deutsche und internationale Politik, 9/2012, S. 91–99.

Pauer, Alexander, Die humanitäre Intervention, Militärische und wirtschaftliche Zwangsmaßnahmen zur Gewährleistung der Menschenrechte. Basel, Frankfurt am Main 1985.

Paust, Jordan J., The Human Right to Participate in Armed Revolution and Related Forms of Social Violence, Testing the Limits of Permissibility, in: Emory Law Journal 32 (1983), S. 545–581.

Ders., International Law, Dignity, Democracy, and the Arab Spring, in: Cornell International Law Journal 46 (2013), S. 1–19.

Pawlik, Michael, Der rechtfertigende Notstand, Zugleich ein Beitrag zum Problem strafrechtlicher Solidaritätspflichten. Berlin 2002.

Ders., Jeff McMahan, Kann Töten gerecht sein?, Buchrezension, in: Zeitschrift für Internationale Strafrechtsdogmatik, 2013, S. 78–79.

Peardon, Thomas Preston, John Locke, The Second Treatise of Government, Introduction, in: ders. (Hrsg.), John Locke, The Second Treatise of Government 1952, S. vii–xxii (zitiert: *Peardon,* Introduction, 1952).

Pernthaler, Peter, Allgemeine Staatslehre und Verfassungslehre. 2. Aufl. Wien, New York 1996.

Perry, Michael J., Are Human Rights Universal?, The Relativist Challenge and Related Matters, in: Human Rights Quarterly 19 (1997), S. 461–509.

Peters, Anne, Jenseits der Menschenrechte, Die Rechtsstellung des Individuums im Völkerrecht. Tübingen 2014.

Petersen, Niels, Max Planck Encyclopedia of Public International Law, Elections, Right to Participate in, International Protection, 2012. Online abrufbar: http://opil.ouplaw.com/home/EPIL [Titel als Suchbegriff eingeben], zuletzt geprüft am: 22.04.2017.

Peters, Klaus, Widerstandsrecht und humanitäre Intervention. Köln, Berlin, München 2005.

Pfeil, Julia, Max Planck Encyclopedia of Public International Law, Naulilaa Arbitration (Portugal v Germany), 2007. Online abrufbar: http://opil.ouplaw.com/home/EPIL [Titel als Suchbegriff eingeben], zuletzt geprüft am: 22.04.2017.

von der Pfordten, Dietmar, Zu den Prinzipien der Notwehr, in: Amelung, Kurt/Beulke, Werner/Lilie, Hans u. a. (Hrsg.), Strafrecht, Biorecht, Rechtsphilosophie, Festschrift für Hans-Ludwig Schreiber zum 70. Geburtstag am 10. Mai 2003. Heidelberg 2003, S. 359–373.

Ders., Menschenwürde, Recht und Staat bei Kant, Fünf Untersuchungen. Paderborn 2009.

Phillips, Anne, Engendering Democracy. Cambridge 1991.

Ders., Democracy & Difference. Cambridge 1993.

Pippan, Christian, Demokratie aus dem Kanonenrohr?, Regimewechsel und militärische Intervention aus der Perspektive des Völkerrechts, ETC Occasional Paper No. 13. Graz 2003.

Ders., Democracy as a global norm, Has it finally emerged?, in: Happold, Matthew (Hrsg.), International Law in a Multipolar World. New York 2012, S. 203–223.

Platon, Kriton, übersetzt von Richard Harder, urspr. Publikationszpkt. unbekannt, in: Fischer Taschenbuch Verlag (Hrsg.), Platon, Sokrates im Gespräch, Vier Dialoge, Nachwort und Anmerkungen von Bruno Snell. Frankfurt am Main 1986, S. 37–52 (zitiert: *Platon,* Kriton, 1986).

Polin, Raymond, Politique et Philosophie chez Thomas Hobbes. Paris 1953.

Ders., La politique morale de John Locke. Paris 1960.

Pollis, Adamantia, A New Universalism, in: ders./Schwab, Peter (Hrsg.), Human Rights, New Perspectives, New Realities. London 2000, S. 9–30.

Ders./Schwab, Peter, Human Rights, A Western Construct with Limited Applicability, in: ders. (Hrsg.), Human Rights, Cultural and Ideological Perspectives. New York u. a. 1979, S. 1–18.

Pomerance, Michla, Self-Determination in Law and Practice, The New Doctrine in the United Nations. Den Haag, Boston, London 1982.

Poscher, Ralf, Die Würde des Menschen ist unantastbar, in: Juristenzeitung 2004, S. 756–762.

Preuß, Ulrich K., Zwischen Legalität und Gerechtigkeit, Der Kosovo-Krieg, das Völkerrecht und die Moral, in: Lutz, Dieter (Hrsg.), Der Kosovo-Krieg, Rechtliche und rechtsethische Aspekte. Baden-Baden 1999/2000, S. 37–51.

Primoratz, Igor, Terrorism, in: Zalta, Edward N. (Hrsg.), The Stanford Encyclopedia of Philosophy, 2007. Online abrufbar: http://plato.stanford.edu/entries/terrorism/, zuletzt geprüft am: 22.04.2017.

Pufendorf, Samuel Freiherr von, Of the Laws of Nature and Nations, Eight Books, Written in Latin by the Baron Pufendorf, Counsellor of State to His late Swedish Majesty, and to the present King of Prussia. Translated into English, from the Best Edition. With a Short Introduction. (De jure naturae et gentium, eng.), 1690 1703.

Puppe, Ingeborg, Zur Struktur der Rechtfertigung, in: Küper, Wilfried/Welp, Jürgen (Hrsg.), Beiträge zur Rechtswissenschaft, Festschrift für Walter Stree und Johannes Wessels zum 70. Geburtstag. Heidelberg 1993, S. 183–201.

Quaritsch, Helmut, Das Selbstbestimmungsrecht des Volkes als Grundlage der deutschen Einheit, § 229, in: Isensee, Josef/Kirchhof, Paul (Hrsg.), Handbuch des Staatsrechts, Band XI, Internationale Bezüge. 3. Aufl., Heidelberg 2013, S. 111–192.

Quinn, Warren, Actions, Intentions, and Consequences, The Doctrine of Double Effect, in: Philosophy & Public Affairs 18 (1989), S. 334–351.

Rabinovici, Doron, Der ewige Widerstand, Über einen strittigen Begriff. Wien, Graz, Klagenfurt 2008.

Radbruch, Gustav, Gesetzliches Unrecht und übergesetzliches Recht, 1946, in: Kaufmann, Arthur/Backmann, Leonhard E. (Hrsg.), Widerstandsrecht. Darmstadt 1972, S. 349–361.

Randelzhofer, Albrecht, Der normative Gehalt des Friedensbegriffs im Völkerrecht der Gegenwart, Möglichkeiten und Grenzen seiner Operationalisierung, in: Delbrück, Jost (Hrsg.), Völkerrecht und Kriegsverhütung, Zur Entwicklung des Völkerrechts als Recht friedenssichernden Wandels: Referate, Berichte und Diskussionen eines Symposiums. Berlin 1979, S. 13–39.

Rath, Jürgen, Das subjektive Rechtfertigungselement, Zur kriminalrechtlichen Relevanz eines subjektiven Elements in der Ebene des Unrechtsausschlusses - auf der Grundlage einer Rechtsphilosophie im normativen Horizont des Seins, Eine rechtsphilosophisch-kriminalrechtliche Untersuchung. Berlin u. a. 2002.

Rauscher, Frederik, Kant's Social and Political Philosophy, in: Zalta, Edward N. (Hrsg.), The Stanford Encyclopedia of Philosophy (Archives), 2012. Online abrufbar: http://plato.stanford.edu/archives/sum2012/entries/kant-social-political/, zuletzt geprüft am: 22.04.2017.

Rauschning, Hermann, Die heutige Position - staats- und rechtsphilosophisch, in: Pfister, Bernhard/Hildmann, Gerhard (Hrsg.), Widerstandsrecht und Grenzen der Staatsgewalt, Bericht über die Tagung der Hochschule für Politische Wissenschaften, München, und der Evangelischen Akademie, Tutzing, 18.-20. Juni 1955, in der Akademie Tutzing. Berlin 1955, S. 132–142.

Rawls, John, The Justification of Civil Disobedience, 1986, in: Bedau, Hugo Adam (Hrsg.), Civil Disobedience, Theory and Practice. New York 1969, S. 240–255.

Ders., Eine Theorie der Gerechtigkeit (A theory of justice, dt. - dieser Übersetzung liegt ein vom Autor anlässlich der deutschen Übersetzung revidierter Text zugrunde), 1971, übersetzt von Hermann Vetter, 6. Aufl. Frankfurt am Main 1991 (Nachdruck, 1979).

Ders., The Law of Peoples, 1993, in: Freeman, Samuel (Hrsg.), John Rawls, Collected Papers. Cambridge, London 1999, S. 529–564 (zitiert: *Rawls,* Law of Peoples, 1999).

Ders., The Law of Peoples, With „The Idea of Public Reason Revisited". Cambridge (Massachusetts), London 1999.

Razmetaeva, Yulia, The Right to Resist and the Right of Rebellion, in: Jurisprudence 2014, S. 758–784.

Reader, Soran, Making Pacifism Plausible, in: Journal of Applied Philosophy 17 (2000), S. 169–180.

Regan, Richard J., Just War, Principles and Cases. 2. Aufl. Washington, D.C. 2013.

Rehm, Michaela, Vertrag und Vertrauen: Lockes Legitimation von Herrschaft (Kap. 7 + 8), in: ders./Ludwig, Bernd (Hrsg.), John Locke, Zwei Abhandlungen über die Regierung. Berlin 2012, S. 95–114.

Reinhard, Wolfgang, Vom italienischen Humanismus bis zum Vorabend der Französischen Revolution, Dritter Teil, in: Fenske, Hans/Mertens, Dieter/Reinhard, Wolfgang u. a. (Hrsg.), Geschichte der politischen Ideen, Von der Antike bis zur Gegenwart, Aktualisierte Neuausgabe. 3. Aufl., Frankfurt am Main 2008, S. 241–378.

Reisman, W. Michael, Humanitarian Intervention and Fledgling democracies, in: Fordham International Law Journal 18 (1994-1995), S. 794–805.

Ders., Sovereignty and human rights in contemporary international law, 1990, in: Fox, Gregory H./Roth, Brad R. (Hrsg.), Democratic Governance and International Law. Cambridge 2000, S. 239–258.

Ders./MacDougal, Myres S., Humanitarian Intervention to Protect the Ibos, in: Lillich, Richard B. (Hrsg.), Humanitarian Intervention and the United Nations. Charlottesville 1973, S. 167–195.

Remele, Kurt, Ziviler Ungehorsam, Eine Untersuchung aus der Sicht christlicher Sozialethik. Münster 1992.

Rentsch, Bettina, Konstitutionalisierung durch allgemeine Rechtsgrundsätze des Völkerrechts?, Zur Rolle des völkerrechtlichen Gutglaubensgrundsatzes für die Integration einer internationalen Werteordnung in das Völkerrecht, in: Fassbender, Bardo/ Siehr, Angelika (Hrsg.), Suprastaatliche Konstitutionalisierung, Perspektiven auf Legitimität, Kohärenz und Effektivität des Völkerrechts. Baden-Baden 2012, S. 101–134.

Rich, Roland, Bringing Democracy into International Law, in: Journal of Democracy 12 (2001, Heft 3), S. 20–34.

Riedel, Eibe, Menschenrechte der dritten Dimension, in: Europäische Grundrechte Zeitschrift 1989, S. 9–21.

Robinson, Nehemiah, The Universal Declaration of Human Rights, Its Origin, Significance, Application, and Interpretation. New York 1958.

Rock, Martin, Christ und Revolution, Widerstandsrecht - Widerstandspflicht. Augsburg 1968.

Rock, Philipp, Macht, Märkte und Moral, Zur Rolle der Menschenrechte in der Außenpolitik der Bundesrepublik Deutschland in den sechziger und siebziger Jahren. Frankfurt am Main u. a. 2010.

Roetz, Heiner, Das Menschenrecht und die Kulturen, Sieben Thesen, in: Paul, Georg/ Göller, Thomas/Lenk, Hans u. a. (Hrsg.), Humanität, Interkulturalität und Menschenrecht. Frankfurt am Main 2001, S. 39–49.

Romano, Mario, Rechtfertigung und Entschuldigung bei Befreiung aus besonderen Notlagen im italienischen Strafrecht, in: Eser, Albin/Fletcher, George P. (Hrsg.), Rechtfertigung und Entschuldigung, Bd. III, Rechtsvergleichende Perspektiven. Freiburg (Breisgau) 1987, S. 117–137.

Rorty, Richard, Human Rights, Rationality, And Sentimentality, in: Shute, Stephen/ Hurley, Susan (Hrsg.), On Human Rights, The Oxford Amnesty Lectures 1993. New York 1993, S. 111–134.

Ross, Alf, Lehrbuch des Völkerrechts. Stuttgart, Köln 1951.

Roth-Isigkeit, David, Konstitutionalisierung des Internationalen Menschenrechtsschutzes, in: Fassbender, Bardo/Siehr, Angelika (Hrsg.), Suprastaatliche Konstitutionalisierung, Perspektiven auf Legitimität, Kohärenz und Effektivität des Völkerrechts. Baden-Baden 2012, S. 185–211.

Roth, Klaus, Geschichte des Widerstandsdenkens, Ein ideengeschichtlicher Überblick, in: MenschenRechtsZentrum der Universität Potsdam (Hrsg.), Recht auf Widerstand?, Ideengeschichtliche und philosophische Perspektiven, Studien zu den Grund- und Menschenrechten 12. Potsdam 2006, S. 7–54.

Rousseau, Charles, Droit International Public, Tome I, Introduction et Sources. Paris 1970.

Roxin, Claus, Rechtfertigungs- und Entschuldigungsgründe in Abgrenzung von sonstigen Strafausschließungsgründen, in: Juristische Schulung 1988, S. 425–433.

Ders., Strafrecht Allgemeiner Teil, Bd. I, Grundlagen, Der Aufbau der Verbrechenslehre. 4. Aufl. München 2006.

Rudolf, Peter, Schutzverantwortung und humanitäre Intervention, Eine ethische Bewertung der „Responsibility to Protect" im Lichte des Libyen-Einsatzes. Stiftung Wissenschaft und Politik, Deutsches Institut für Internationale Politik und Sicherheit. Berlin 2013.

Ders., Zur Ethik militärischer Gewalt. Berlin 2014.

Rühe, Günther F., Widerstand gegen die Staatsgewalt?, Oder der moderne Staat und das Widerstandsrecht („Ein besonders heißes Eisen"). Berlin 1958.

Rumpf, Helmut, Das Subjekt des Selbstbestimmungsrechts, in: Blumenwitz, Dieter/ Meissner, Boris (Hrsg.), Das Selbstbestimmungsrecht der Völker und die deutsche Frage. Köln 1984, S. 47–59.

Sadurska, Romana, Threats of Force, in: The American Journal of International Law 82 (1988), S. 239–263.

Salloum, Raniah, Neue Lieferungen: Syriens Rebellen bekommen bessere Waffen, in: Spiegel Online, 29.06.2013. Online abrufbar: http://www.spiegel.de/politik/ausland/ waffenlieferungen-nach-syrien-die-rebellen-ruesten-auf-a-907689.html, zuletzt geprüft am: 22.04.2017.

Sandermann, Edmund, Die Moral der Vernunft, Transzendentale Handlungs- und Legitimationstheorie in der Philosophie Kants. Freiburg (Breisgau), München 1989.

Sandmeier, Rudolf, Rund um die Universale Erklärung der Menschenrechte der Vereinten Nationen, Zu einem Gespräch zwischen West und Ost. München 1963.

Sauer, Heiko/Wagner, Niklas, Der Tschetschenien-Konflikt und das Völkerrecht, Tschetscheniens Sezession, Russlands Militärinterventionen und die Reaktionen der Staatengemeinschaft auf dem Prüfstand des internationalen Rechts, in: Archiv des Völkerrechts 75 (2007), S. 53–83.

Sauer, Wilhelm, Völkerrecht und Weltfrieden, Fundamente zur völkerrechtlichen Neuordnung. Stuttgart 1948.

Scarano, Nico, Moralisches Handeln. Zum dritten Hauptstück von Kants Kritik der praktischen Vernunft, in: Höffe, Otfried (Hrsg.), Immanuel Kant: Kritik der praktischen Vernunft. 2. Aufl., Berlin 2011, S. 117–132.

Schabas, William A., Punishment of Non-State Actors in Non-International Armed Conflict, in: Fordham Journal of International Law 26 (2002-2003), S. 907–933.

Schaber, Peter, Humanitäre Intervention als moralische Pflicht, in: Archiv für Rechts- und Sozialphilosophie 2006, S. 295–303.

Schaller, Christian, Humanitäres Völkerrecht und nicht-staatliche Gewaltakteure, Neue Regeln für asymmetrische bewaffnete Konflikte? Stiftung Wissenschaft und Politik, Deutsches Institut für Internationale Politik und Sicherheit. Berlin 2007.

Ders., Sezession und Anerkennung, Völkerrechtliche Überlegungen zum Umgang mit territorialen Abspaltungsprozessen. Berlin 2009.

Ders., Der Bürgerkrieg in Syrien, der Giftgas-Einsatz und das Völkerrecht. Berlin 2013.

Ders./Rudolf, Peter, „Targeted Killing", Zur völkerrechtlichen, ethischen und strategischen Problematik gezielten Tötens in der Terrorismus- und Aufstandsbekämpfung. Stiftung Wissenschaft und Politik, Deutsches Institut für Internationale Politik und Sicherheit. Berlin 2012.

Scheffel, Dieter, Kants kritische Verwerfung des Revolutionsrechts, in: Brandt, Reinhard (Hrsg.), Rechtsphilosophie der Aufklärung, Symposium Wolfenbüttel 1981. Berlin, New York 1982, S. 178–217.

Scheidle, Günther, Das Widerstandsrecht, Entwickelt anhand der höchstrichterlichen Rechtsprechung der Bundesrepublik Deutschland. Berlin 1969.

Scheuner, Ulrich, Naturrechtliche Strömungen im heutigen Völkerrecht, in: Zeitschrift für ausländisches öffentliches Recht und Völkerrecht 1950, S. 556–614.

Schilling, Theodor, Zur Rechtfertigung der einseitigen gewaltsamen humanitären Intervention als Repressalie oder als Nothilfe, in: Archiv des Völkerrechts 35 (1997), S. 430–458.

Schmidhäuser, Eberhard, Strafrecht Allgemeiner Teil, Studienbuch. 2. Aufl. Tübingen 1984.

Schmidl, Matthias, The Changing Nature of Self-Defence in International Law. Wien 2009.

Schmidt, Hajo, Durch Reform zu Republik und Frieden?, Zur Politischen Philosophie Immanuel Kants, in: Archiv für Rechts- und Sozialphilosophie 1985, S. 295–318.

Schmidt-Lilienberg, Hans Georg, Die Lehre vom Tyrannenmord, Ein Kapitel aus der Rechtsphilosophie. Aalen 1964 (Nachdruck, 1901).

Schmitt, Carl, Der Leviathan in der Staatslehre des Thomas Hobbes, 1938, in: Maschke, Günter (Hrsg.), Carl Schmitt, Der Leviathan in der Staatslehre des Thomas Hobbes, Sinn und Fechtschlag eines politischen Symbols, Mit einem Anhang sowie einem Nachwort des Herausgebers. Köln 1982 (Nachdruck, 1938), S. 7–134 (zitiert: *Schmitt,* Leviathan, 1982).

Schnebel, Karin B., Menschenrechte als Grundlage für Selbstbestimmungsrechte, in: Archiv für Rechts- und Sozialphilosophie 2010, S. 77–86.

Schneider, Egon/Schnapp, Friedrich E., Logik für Juristen, Die Grundlagen der Denklehre und der Rechtsanwendung. 7. Aufl. München 2016.

Schneider, Peter, In dubio pro libertate, in: Caemmerer, Ernst von/Friesenhahn, Ernst/Lange, Richard (Hrsg.), Hundert Jahre deutsches Rechtsleben, Festschrift zum Hundertjährigen Bestehen des Deutschen Juristentages 1860-1960. Karlsruhe 1960, S. 263–290.

Ders., Widerstandsrecht und Rechtsstaat, 1964, in: Kaufmann, Arthur/Backmann, Leonhard E. (Hrsg.), Widerstandsrecht. Darmstadt 1972, S. 362–391.

Scholz, Rupert, Rechtsfrieden im Rechtsstaat, Verfassungsrechtliche Grundlagen, aktuelle Gefahren und rechtspolitische Fragen, in: Neue juristische Wochenschrift 1969, S. 705–712.

Schönherr, Wiebke, Widerstand an DDR-Unis: Wir wollten ein normales Studentenleben, in: Spiegel Online, 17.05.2014. Online abrufbar: http://www.spiegel.de/unispiegel/wunderbar/belter-gruppe-in-ddr-kaempften-ostdeutsche-studenten-fuer-demokratie-a-964371.html, zuletzt geprüft am: 22.04.2017.

Schönke, Adolf/Schröder, Horst (Hrsg.), Strafgesetzbuch Kommentar. 29. Aufl. München 2014 (zitiert: *Verfasser,* in: Schönke/Schröder, StGB, 2014).

Schottky, Richard, Untersuchungen zur Geschichte der staatsphilosophischen Vertragstheorie im 17. und 18. Jahrhundert, Hobbes, Locke, Rousseau, Fichte: mit einem Beitrag zum Problem der Gewaltenteilung bei Rousseau und Fichte. Amsterdam, Atlanta, Georgia 1995 (Nachdruck, 1962).

Schreuer, Christoph, Recommendations and Traditional Sources of International Law, in: German Yearbook of International Law 20 (1977), S. 103–118.

Schröder, Meinhard, Die Geiselnahme von Entebbe - ein völkerrechtswidriger Akt Israels?, in: Juristenzeitung 1977, S. 420–426.

Schröder, Peter, Naturrecht und absolutistisches Staatsrecht, Eine vergleichende Studie zu Thomas Hobbes und Christian Thomasius. Berlin 2001.

Schroeder, Friedrich-Christian, Rechtfertigung und Entschuldigung im deutschen Strafrecht im Vergleich zum Sowjetischen, in: Eser, Albin/Fletcher, George P. (Hrsg.), Rechtfertigung und Entschuldigung, Bd. I, Rechtsvergleichende Perspektiven. Freiburg (Breisgau) 1987, S. 523–547.

Schumpeter, Joseph A., Capitalism, Socialism, and Democracy. 2. Aufl. London 1947.

Schwarzenberger, Georg, Foreword, in: Cambridge University Press (Hrsg.), Bin Cheng, General Principles of Law, As applied by International Courts and Tribunals. Cambridge, New York, Melburne 1994 (Nachdruck, 1987), S. xi–xii (zitiert: *Schwarzenberger,* Foreword, 1994).

Schwehm, Johannes, Präventive Selbstverteidigung, Eine vergleichende Analyse der völkerrechtlichen Debatte, in: Archiv des Völkerrechts 46 (2008), S. 368–406.

Schweisfurth, Theodor, Operations to Rescue Nationals in Third States Involving the Use of Force in Relation to the Protection of Human Rights, in: German Yearbook of International Law 23 (1980), S. 159–180.

Scientia Verlag Aalen (Hrsg.), The works of John Locke, A New Edition, Corrected, In Ten Volumes, London 1823, Reprinted by Scientia Verlag Aalen Germany. Darmstadt 1963 (Nachdruck, 1823).

Seal of the President of the United States, The National Security Strategy of the United States of America. September 2002.

Seck, Moustapha, Plädoyer für eine Erziehung auf dem Gebiet der Menschenrechte in Afrika, in: Europäische Grundrechte Zeitschrift 1990, S. 311–318.

Seelmann, Kurt, Repräsentation als Element von Menschenwürde, in: Angehr, Emil/ Baertschi, Bernhard (Hrsg.), Menschenwürde, La dignité de l'être humain. Basel 2004, S. 141–158.

Seidl-Hohenveldern, Ignaz, Völkerrecht. 7. Aufl. Köln u. a. 1992.

Seifert, Jürgen, Ziviler Ungehorsam als Bürgerrecht, in: Tatz, Jürgen (Hrsg.), Gewaltfreier Widerstand gegen Massenvernichtungsmittel, Die Friedensbewegung entscheidet sich. Freiburg (Breisgau) 1984, S. 99–103.

Seine Heiligkeit der XIV. Dalai Lama, Das Buch der Menschlichkeit, Eine neue Ethik für unsere Zeit (Ethics For The New Millennium, dt.), 1999, übersetzt von Arnd Kösling. Köln 2000.

Ders., Ratschläge des Herzens, Aufgezeichnet und mit einem Vorwort von Matthieu Ricard (Conseils du cœur, dt.), 2001, übersetzt von Ingrid Fischer-Schreiber. Zürich 2003.

Seliger, Martin, Locke's Natural Law and the Foundation of Politics, in: Journal of the History of Ideas 24 (1963), S. 337–354.

Sen, Amartya, Democracy as a Universal Value, in: Journal of Democracy 10 (2003, Heft 3), S. 3–17.

Ders., What Do We Want from a Theory of Justice?, in: The Journal of Philosophy 103 (2006), S. 215–238.

Sharp, Gene, The Politics of Nonviolent Action. Boston 1973.

Shaw, Malcom N., Title to Territory in Africa, International Legal Issues. Oxford 1986.

Ders., Self-Determination, Human Rights, and the Attribution of Territory, in: Fastenrath, Ulrich/Geiger, Rudolf/Khan, Daniel-Erasmus u. a. (Hrsg.), From Bilateralism to Community Interest, Essays in Honour of Bruno Simma. Oxford 2011, S. 590–608.

Shue, Henry, Basic Rights, Subsistence, Affluence, and U.S. Foreign Policy. Princeton 1980.

Ders., Menschenrechte und kulturelle Differenz, übersetzt von Petra Willim, in: Gosepath, Stefan/Lohmann, Georg (Hrsg.), Philosophie der Menschenrechte. 2. Aufl., Frankfurt am Main 1999, S. 343–377.

Sicherheitsrat der Vereinten Nationen, S/RES/1035 (21.12.1995).

Ders., S/RES/1181 (13.07.1998).

Ders., S/RES/1244 (10.06.1999).

Ders., S/RES/134 (01.04.1960).

Ders., S/RES/1368 (12.09.2001).

Ders., S/RES/1373 (28.09.2001).

Ders., S/RES/1410 (17.05.2002).

Ders., S/RES/1530 (11.03.2004).

Ders., S/RES/1674 (28.04.2006).

Ders., S/RES/181 (07.08.1963).

Ders., S/RES/1970 (26.02.2011).

Ders., S/RES/1973 (17.03.2011).

Ders., S/RES/2344 (17.03.2017).

Ders., S/RES/2348 (31.03.2017).

Ders., S/RES/417 (31.10.1977).

Ders., S/RES/418 (04.11.1977).

Ders., S/RES/554 (17.08.1984).

Ders., S/RES/632 (16.02.1989).

Ders., S/RES/644 (07.11.1989).

Ders., S/RES/656 (08.06.1990).

Ders., S/RES/688 (05.04.1991).

Ders., S/RES/693 (20.05.1991).

Ders., S/RES/718 (31.10.1991).

Ders., S/RES/772 (17.08.1992).

Ders., S/RES/788 (19.11.1992).

Ders., S/RES/794 (03.12.1992).

Ders., S/RES/827 (25.05.1993).

Ders., S/RES/940 (31.07.1994).

Ders., S/RES/955 (08.11.1994).

Sicilianos, Linos-Alexandre, L'ONU et la démocratisation de l'état, systèmes régionaux et ordre juridique universel. Paris 2000.

Siegfried, Detlef, Westeuropäische Reaktionen auf das Apartheid-System in Südafrika, Eine Skizze, in: Sozial.Geschichte Online 8 (2012), S. 47–64.

Simma, Bruno, Die NATO, die UN und militärische Gewaltanwendung, Rechtliche Aspekte, in: Merkel, Reinhard (Hrsg.), Der Kosovo-Krieg und das Völkerrecht. Frankfurt am Main 2000, S. 9–50.

Ders./Khan, Daniel-Erasmus/Nolte, Georg/Paulus, Andreas (Hrsg.), The Charter of the United Nations Vol. 1. 3. Aufl. Oxford 2012 (zitiert: *Verfasser*, in: Simma u. a., UN Charter, Vol. 1, 2012).

Ders., The Charter of the United Nations Vol. 2. 3. Aufl. Oxford 2012 (zitiert: *Verfasser*, in: Simma u. a., UN Charter, Vol. 2, 2012).

Ders./Mosler, Hermann/Randelzhofer, Albrecht/Tomuschat, Christian/Wolfrum, Rüdiger (Hrsg.), Charta der Vereinten Nationen, Kommentar. München 1991 (zitiert: *Verfasser*, in: Simma u. a., UN Charta, 1991).

Simmons, A. John, Ideal and Nonideal Theory, in: Philosophy & Public Affairs 38 (2010), S. 5–36.

Ders., The Right of Resistance, Chapt. 16-19, in: Rehm, Michaela/Ludwig, Bernd (Hrsg.), John Locke, Zwei Abhandlungen über die Regierung. Berlin 2012, S. 153–163.

Singh, Raghuveer, John Locke And The Theory Of Natural Law, in: Political Studies 9 (1961), S. 105–118.

Sinn, Arndt, Recht im Irrtum?, Zur strafrechtlichen Rechtfertigung militärischer Gewalt bei Auslandseinsätzen deutscher Soldaten, in: Heinrich, Manfred/Jäger, Christian/Schünemann, Bernd (Hrsg.), Strafrecht als Scientia Universalis, Festschrift für Claus Roxin zum 80. Geburtstag. Berlin 2011, S. 673–688.

Sitter, Beat, Widerstand im Rechtsstaat? - Die Kantische Position als Lehrstück, in: Saladin, Peter/Sitter, Beat (Hrsg.), Widerstand im Rechtsstaat, 10. Kolloquium (1987) der Schweizerischen Akademie der Geisteswissenschaften. Freiburg (Schweiz) 1988, S. 15–26.

Sitter-Liver, Beat, Der Einspruch der Geisteswissenschaften, Ausgewählte Schriften. Freiburg (Schweiz) 2002.

Sivakumaran, Sandesh, The Law of Non-International Armed Conflict. Oxford 2012.

Sloane, Robert D., Outrelativizing Relativism, A Liberal Defense of the Universality of International Human Rights, in: Vanderbilt Journal of Transnational Law 34 (2001), S. 527–595.

Smith, Matthew Noah, Rethinking Sovereignty, Rethinking Revolution, in: Philosophy & Public Affairs 36 (2008), S. 405–440.

Sofaer, Abraham D., On the Necessity of Pre-emption, in: European Journal of International Law 14 (2003), S. 209–226.

Spaemann, Robert, Kants Kritik des Widerstandsrechts, in: Batscha, Zwi (Hrsg.), Materialien zu Kants Rechtsphilosophie. Frankfurt am Main 1976, S. 347–358.

Ders., Über den Begriff der Menschenwürde, in: Böckenförde, Ernst-Wolfgang/Spaemann, Robert (Hrsg.), Menschenrechte und Menschenwürde, Historische Voraussetzungen - säkulare Gestalt - christliches Verständnis. Stuttgart 1987, S. 295–313.

Speed, Shannon, Rights in Rebellion, Indigenous Struggle & Human Rights in Chiapas. Stanford 2008.

Spiegel Online, US-Völkerrechtler: „Dieser Krieg ist illegal", 31.10.2001. Online abrufbar: http://www.spiegel.de/politik/ausland/us-voelkerrechtler-dieser-krieg-ist-illegal-a-164785.html, zuletzt geprüft am: 22.04.2017.

Spindelböck, Josef, Aktives Widerstandsrecht, Die Problematik der sittlichen Legitimität von Gewalt in der Auseinandersetzung mit ungerechter staatlicher Macht, Eine problemgeschichtlich-prinzipielle Darstellung. St. Ottilien 1994.

Spiropoulos, Jean, Die allgemeinen Rechtsgrundsätze im Völkerrecht, Eine Auslegung des Art. 38, 3 des Status des Ständigen Internationalen Gerichtshofs. Kiel 1928.

Spotowski, Andrzej, Über die Rechtfertigungsgründe im polnischen Strafrecht, in: Eser, Albin/Fletcher, George P. (Hrsg.), Rechtfertigung und Entschuldigung, Bd. I, Rechtsvergleichende Perspektiven. Freiburg (Breisgau) 1987, S. 550–572.

Stammers, Neil, Human Rights and Social Movements. Sidmouth 2009.

Steiger, Dominik/Bäumler, Jelena, Die strafrechtliche Verantwortlichkeit deutscher Soldaten bei Auslandseinsätzen, An der Schnittstelle von Strafrecht und Völkerrecht, in: Archiv des Völkerrechts 48 (2010), S. 189–225.

Steinberg, Jules, The Obsession of Thomas Hobbes, The English Civil War in Hobbes's Political Philosophy. New York u. a. 1988.

Stein, Torsten, Die Auslieferungsausnahme bei politischen Delikten. Berlin u. a. 1983.

Ders., Proportionality Revisited, Überlegungen zum Grundsatz der Verhältnismäßigkeit im internationalen Recht, in: Dicke, Klaus/Hobe, Stephan/Meyn, Karl-Ulrich u. a. (Hrsg.), Weltinnenrecht, Liber amicorum Jost Delbrück. Berlin 2005, S. 727–738.

Ders./ von Buttlar, Christian, Völkerrecht. 13. Aufl. München 2012.

Steinvorth, Ulrich, Zur Legitimität der Kosovo-Intervention, in: Meggle, Georg (Hrsg.), Humanitäre Interventionsethik, Was lehrt uns der Kosovo-Krieg? Paderborn 2004, S. 19–29.

Stephan, Maria J./Chenoweth, Erica, Why Civil Resistance Works, The Strategic Logic of Nonviolent Conflict, in: International Security 33 (2008), S. 7–44.

Sterba, James P., The Most Morally Defensible Pacifism, in: Bleisch, Barbara/Strub, Jean-Daniel (Hrsg.), Pazifismus, Ideengeschichte, Theorie und Praxis. Bern, Stuttgart, Wien 2006, S. 193–203.

Stern, Klaus, Das Staatsrecht der Bundesrepublik Deutschland, Bd. II 1980.

Ders., Das Staatsrecht der Bundesrepublik Deutschland, Bd. I, Grundbegriffe und Grundlagen des Staatsrechts, Strukturprinzipien der Verfassung. 2. Aufl. München 1984.

Stone, Julius, Legal Controls of International Conflict, A Treatise on the Dynamics of Disputes- and War-Law. New York 1954.

Stowell, Ellery C., Intervention in International Law. Washington D.C. 1921.

Strauss, Leo, Naturrecht und Geschichte (Natural Law and History, dt.), 1953, übersetzt von Horst Boog. Stuttgart 1956.

Ders., Critical Note: Locke's Doctrine of Natural Law, in: The American Political Science Review 52 (1958), S. 490–501.

Strisower, Leo, Der Krieg und die Völkerrechtsordnung. Wien 1919.

Strübind, Andrea, „Widerstandsrecht" als elementares Thema in den freikirchlichen Traditionen, in: Leiner, Martin/Neubert, Hildigund/Schacht, Ulrich u. a. (Hrsg.), Gott mehr gehorchen als den Menschen, Christliche Wurzeln, Zeitgeschichte und Gegenwart des Widerstands. Göttingen 2005, S. 137–168.

Strub, Jean-Daniel, Gibt es legitimen bewaffneten Widerstand?, Zur Anwendbarkeit der Theorie des gerechten Kriegs auf Gewalthandlungen sub-staatlicher Kollektive, 2004, in: Leiner, Martin/Neubert, Hildigund/Schacht, Ulrich u. a. (Hrsg.), Gott mehr gehorchen als den Menschen, Christliche Wurzeln, Zeitgeschichte und Gegenwart des Widerstands. Göttingen 2005.

Strupp, Karl, Grundzüge des positiven Völkerrechts. 5. Aufl. Bonn, Köln 1932.

Stübinger, Stephan, „Not macht erfinderisch", Zur Unterscheidungsvielfalt in der Notstandsdogmatik, Am Beispiel der Diskussion über den Abschuss einer sog. „Terrormaschine", in: Zeitschrift für die gesamte Strafrechtswissenschaft 123 (2011), S. 403–446.

Stürchler, Nikolas, The Threat of Force in International Law. Cambridge u. a. 2007.

Süddeutsche Online, Bürgerkrieg gegen Assad-Regime: Frankreich erkennt syrisches Oppositionsbündnis an, 13.11.2012. Online abrufbar: http://www.sueddeutsche.de/politik/buergerkrieg-gegen-assad-regime-frankreich-erkennt-syrisches-oppositionsbuendnis-an-1.1522556, zuletzt geprüft am: 22.04.2017.

Sukopp, Thomas, Menschenrechte: Anspruch und Wirklichkeit, Menschenwürde, Naturrecht und die Natur des Menschen. Marburg 2003.

Sullivan, Denis F., The Doctrine of Double Effect and the Domains of Moral Responsibility, in: The Thomist: a Speculative Quarterly Review 64 (2000), S. 423–448.

Sumida, Gerald A., The Right of Revolution: Implications for International Law and World Order, in: Barker, Charles A. (Hrsg.), Power and Law, American Dilemma in World Affairs, Papers of the Conference on Peace Research in History. Baltimore, London 1970, S. 130–167.

Summers, James J., The Status of Self-Determination in International Law, A Question of Legal Significance or Political Importance?, in: Finnish Yearbook of International Law, S. 271–293.

Supreme Court of Canada, Reference re Secession of Quebec, 20. August 1998, 1998, 2 Supreme Court Reports, S. 217 ff.

Swift, Adam, The Value of Philosophy in Nonideal Circumstances, in: Social Theory and Practice 2008, S. 363–387.

Taft, Wilhelm Arbitrator, Arbitration between Great Britain and Costa Rica, in: The American Journal of International Law 18 (1924), S. 147–174.

Takahashi, Norio, Rechtfertigung und Entschuldigung bei Befreiung aus besonderen Notlagen im japanischen Strafrecht, in: Eser, Albin/Fletcher, George P. (Hrsg.), Rechtfertigung und Entschuldigung, Bd. IV, Rechtsvergleichende Perspektiven. Freiburg (Breisgau) 1987, S. 179–186.

Takemura, Hitomi, Disobeying Manifestly Illegal Orders, in: Peace Review 18 (2006), S. 533–541.

Taki, Hiroshi, Max Planck Encyclopedia of Public International Law, Effectiveness, 2013. Online abrufbar: http://opil.ouplaw.com/home/EPIL [Titel als Suchbegriff eingeben], zuletzt geprüft am: 22.04.2017.

Talmon, Stefan, Recognition of Opposition Groups as the Legitimate Representative of a People, Paper No 1/2013. Bonn Research Papers on Public International Law. Bonn 2013.

Tassin, Étienne, Un monde commun, Pour une cosmo-politique des conflits. Paris 2003.

taz.de, Opferzahlen zum Syrien-Konflikt: 220.000 Tote, 17.04.2015. Online abrufbar: http://www.taz.de/!5012256/, zuletzt geprüft am: 22.04.2017.

Thiele, Carmen, Selbstbestimmungsrecht und Minderheitenschutz in Estland. Berlin, Heidelberg 1999.

Thirlway, Hugh, The Law and Procedure of the International Court of Justice 1960-1989 (Part Two), in: The British Yearbook of International Law 1990, S. 1–133.

Thoreau, Henry David, Über die Pflicht zum Ungehorsam gegen den Staat (The Resistance to Civil Government, dt.), 1849, übersetzt von W. E. Richartz. Zürich 1967.

Thürer, Daniel, Das Selbstbestimmungsrecht der Völker, Mit einem Exkurs zur Jurafrage. Bern 1976.

Ders., Das Selbstbestimmungsrecht der Völker, Ein Überblick, in: Archiv des Völkerrechts 22 (1984), S. 113–137.

Ders., Herkules und die Herausforderungen des modernen Menschenrechtsschutzes, in: ders. (Hrsg.), Völkerrecht als Fortschritt und Chance, Bd. II, Grundidee Gerechtigkeit. Zürich, St. Gallen, Baden-Baden 2009, S. 585–606.

Ders., Mensch und Recht, Gedanken zum Tag der Menschenrechte, in: ders. (Hrsg.), Völkerrecht als Fortschritt und Chance, Bd. II, Grundidee Gerechtigkeit. Zürich, St. Gallen, Baden-Baden 2009, S. 607–611.

Ders./Burri, Thomas, Max Planck Encyclopedia of Public International Law, Self-Determination, 2008. Online abrufbar: http://opil.ouplaw.com/home/EPIL [Titel als Suchbegriff eingeben], zuletzt geprüft am: 22.04.2017.

Thürer, Daniel/MacLaren, Malcom, A Common Law of Democracy?, An Experiment in Thoughts and Conceptualization, in: Thürer, Daniel (Hrsg.), Völkerrecht als Fortschritt und Chance, Bd. II, Grundidee Gerechtigkeit. Zürich, St. Gallen, Baden-Baden 2009, S. 241–261.

Thürer, Daniel, In and around the Ballot Box, Recent Developments in Democratic Governance and International Law put into Context, in: ders. (Hrsg.), Völkerrecht als Fortschritt und Chance, Bd. II, Grundidee Gerechtigkeit. Zürich, St. Gallen, Baden-Baden 2009, S. 953–976.

Tiedemann, Paul, Menschenwürde als Rechtsbegriff: eine philosophische Klärung. 2. Aufl. Berlin 2010.

Tischler, Valentin, Menschenbilder und Menschenrechte. Frankfurt am Main u. a. 2010.

Tomuschat, Christian, The Right of Resistance and Human Rights, in: UNESCO (Hrsg.), Violations of human rights: possible rights of recourse and forms of resistance, Meeting of experts on the analysis of the basis and forms of individual and collective action by which violations of human rights can be combated, Freetown (Sierra Leone), 3-7 March 1981. Paris 1984, S. 13–33.

Ders., Völkerrechtliche Aspekte des Kosovo-Konfliktes, in: Die Friedens-Warte 74 (1999).

Ders., Einführung, in: ders. (Hrsg.), Menschenrechte, Eine Sammlung internationaler Dokumente zum Menschenrechtsschutz. 2. Aufl., Bonn 2002, S. 13–32.

Ders., Präventivkrieg zur Bekämpfung des internationalen Terrorismus?, in: Jahrbuch Menschenrechte, 2004/2005, S. 121–130.

Ders., Das Recht des Widerstands nach staatlichem Recht und Völkerrecht, in: Albach, Horst (Hrsg.), Über die Pflicht zum Ungehorsam gegenüber dem Staat. Göttingen 2007, S. 60–95.

Ders., Humanitäre Intervention - ein trojanisches Pferd?, in: Malowitz, Karsten/Münkler, Herfried (Hrsg.), Humanitäre Intervention, Ein Instrument außenpolitischer Konfliktbearbeitung. Grundlagen und Diskussion. Wiesbaden 2009, S. 65–88.

Ders., Universal Periodic Review, A New System of International Law with Specific Ground Rules?, in: Fastenrath, Ulrich/Geiger, Rudolf/Khan, Daniel-Erasmus u. a. (Hrsg.), From Bilateralism to Community Interest, Essays in Honour of Bruno Simma. Oxford 2011, S. 609–628.

Ders., Die Rechtmäßigkeit der Resolution 1973 (2011), in: Beestermöller, Gerhard (Hrsg.), Libyen: Missbrauch der Responsibility to Protect? Baden-Baden 2014, S. 13–29.

Ders., Human Rights, Between Idealism and Realism. 3. Aufl. Oxford u. a. 2014.

Tönnies, Ferdinand, Thomas Hobbes, Leben und Lehre, eingeleitet und herausgegeben von Karl-Heinz Ilting. 3. Aufl. 1971 (Nachdruck, Stuttgart 1925).

Ders./Kaufmann, Arthur (Hrsg.), Thomas Hobbes, Naturrecht und Allgemeines Staatsrecht in den Anfangsgründen. Darmstadt, Essen 1976 (Nachdruck, 1926).

Tugendhat, Ernst, Vorlesungen über Ethik. 2. Aufl. Frankfurt am Main 1994.

Tunkin, G. I., Theory of International Law, übersetzt von William E. Butler. London 1974.

Turmanidze, Sergo, Status of the De Facto State in Public International Law, A Legal Appraisal of the Principle of Effectiveness. Hamburg 2010.

UN Treaty Collection, Chapter IV, Human Rights, 3. International Covenant on Economic, Social and Cultural Rights, 2015. Online abrufbar: https://treaties.un.org/Pages/ViewDetails.aspx?src=TREATY&mtdsg_no=IV-3&chapter=4&lang=en, zuletzt geprüft am: 22.04.2017.

Ders., Chapter IV, Human Rights, 4. International Covenant on Civil and Political Rights, 2015. Online abrufbar: https://treaties.un.org/Pages/ViewDetails.aspx?src=TREATY&mtdsg_no=IV-4&chapter=4&lang=en, zuletzt geprüft am: 22.04.2017.

Ders., Chapter IV, Human Rights, 5. Optional Protocol to the International Covenant on Civil and Political Rights, 2015. Online abrufbar: https://treaties.un.org/Pages/ViewDetails.aspx?src=TREATY&mtdsg_no=IV-5&chapter=4&lang=en, zuletzt geprüft am: 22.04.2017.

UNESCO (Hrsg.), Final Report, Sierra Leone, 1981, in: ders. (Hrsg.), Violations of human rights: possible rights of recourse and forms of resistance, Meeting of experts on the analysis of the basis and forms of individual and collective action by which violations of human rights can be combated, Freetown (Sierra Leone), 3-7 March 1981. Paris 1984, S. 221–227.

Uniacke, Suzanne M., The Doctrine of Double Effect, in: The Thomist: a Speculative Quarterly Review 48 (1984), S. 188–218.

United Nations Organization, HRI/GEN/1/Rev. 9 (Vol. I, 27.05.2008), Compilation of General Comments and General Recommendations adopted by Human Rights Treaty Bodies.

Ders., Yearbook of the United Nations 1946/47.

Ders., Yearbook of the United Nations 1948/1949. New York.

Ders., Yearbook on Human Rights for 1947. New York 1949.

United Nations Secretary-General's High-level Panel on Threats, Challenges and Change, A more secure world: Our shared responsibility (Report, UN-Doc A/ 59/565, 2 December 2004).

University of Ottawa, Faculty of Law, JuriGlobe, World Legal Systems Research Group. Online abrufbar: http://www.juriglobe.ca/, zuletzt geprüft am: 22.04.2017.

Unruh, Peter, Die Herrschaft der Vernunft, Zur Staatsphilosophie Immanuel Kants. Baden-Baden 1993.

Ders., Sokrates und die Pflicht zum Rechtsgehorsam, Eine Analyse von Platons „Kriton". Baden-Baden 2000.

Utrianien, Terttu, Güterabwägung im Bereich der Rechtfertigungsgründe im finnischen Strafrecht, in: Eser, Albin/Fletcher, George P. (Hrsg.), Rechtfertigung und Entschuldigung, Bd. I, Rechtsvergleichende Perspektiven. Freiburg (Breisgau) 1987, S. 611–643.

de Vattel, Emer, Das Völkerrecht oder Grundsätze des Naturrechts, Angewandt auf das Verhalten und die Angelegenheiten der Staaten und Staatsoberhäupter, 1758, in: Schätzel, Walter (Hrsg.), Emer de Vattel, Das Völkerrecht oder Grundsätze des Naturrechts, Angewandt auf das Verhalten und die Angelegenheiten der Staaten und Staatsoberhäupter 1959, S. 1–606 (zitiert: *de Vattel*, Völkerrecht, 1959).

Veiter, Theodor, Die neuere Entwicklung des Selbstbestimmungsrechts der Völker, in: Kipp, Heinrich/Mayer, Franz/Steinkamm, Armin A. (Hrsg.), Um Recht und Freiheit, Festschrift für Friedrich August Freiherr von der Heydte zur Vollendung des 70. Lebensjahres. Berlin 1977, S. 675–702.

Verdoodt, Albert, Naissance et Signification de la Déclaration universelle des Droits de l'homme. Louvain 1964.

Verdross, Alfred, Völkerrecht. 5. Aufl. Wien 1964.

Ders./Simma, Bruno, Universelles Völkerrecht, Theorie und Praxis. 3. Aufl. Berlin 1984.

Verlag von Felix Meiner (Hrsg.), John Lockes Versuch über den menschlichen Verstand, In vier Büchern. Leipzig 1911-1913.

Ders., Thomas Hobbes, Vom Menschen - Vom Bürger. 2. Aufl. Hamburg 1966.

Ders., Thomas Hobbes, Vom Körper. Hamburg 1967 (Nachdruck, 1949).

Graf Vitzthum, Wolfgang, Begriff, Geschichte und Rechtsquellen des Völkerrechts, in: ders./Proelß, Alexander (Hrsg.), Völkerrecht. 7. Aufl., Berlin, Boston 2016, S. 1–60.

Ders./Proelß, Alexander (Hrsg.), Völkerrecht. 7. Aufl. Berlin, Boston 2016.

Volger, Helmut, Grundlagen und Strukturen der Vereinten Nationen. München 2007.

Waechter, Kay, Polizeirecht und Kriegsrecht, in: Juristenzeitung 5, S. 61–68.

Waldock, Claud Humphrey Meredith Sir, The Regulation of the Use of Force by Individual States in International Law, in: Recueil des Cours 81 (1952), S. 455–515.

Ders., General Course on Public International Law, in: Recueil des Cours 106 (1962), S. 1–251.

Walzer, Michael, Just and Unjust Wars, A Moral Argument with Historical Illustrations. 3. Aufl. New York 2000 (Nachdruck, 1977).

Wang, Shi-Zhou, The Problem of Justification and Excuse in the Chinese Criminal Law, in: Eser, Albin/Fletcher, George P. (Hrsg.), Rechtfertigung und Entschuldigung, Bd. IV, Rechtsvergleichende Perspektiven. Freiburg (Breisgau) 1987, S. 107–110.

Watkin, Kenneth, Assessing Proportionality, Moral Complexity and Legal Rules, in: Yearbook of International Humanitarian Law 8 (2005), S. 3–53.

Watley, William D., Roots of Resistance, The Nonviolent Ethic of Martin Luther King, Jr. Valley Forge, PA 1985.

Weber, Günter, Die Bedeutung völkerrechtlicher Notrechte beim Einsatz atomarer Kriegsmittel, Ein Beitrag zur Ergänzung und Fortbildung kriegsrechtlicher Normen. Bonn 1960.

Wedgwood, Ruth, The Fall of Saddam Hussein, Security Council Mandate and Preemptive Self-Defence, in: The American Journal of International Law 97 (2003), S. 576–585.

Weiler, Heinrich, Vietnam, Eine völkerrechtliche Analyse des amerikanischen Krieges und seiner Vorgeschichte. 2. Aufl. Meisenheim am Glan 1973.

Weilert, Anja Katarina, Grundlagen und Grenzen des Folterverbotes in verschiedenen Rechtskreisen, Analyse anhand der deutschen, israelischen und pakistanischen Rechtsvorschriften vor dem Hintergrund des jeweiligen historisch-kulturell bedingten Verständnisses der Menschenwürde. Berlin, Heidelberg, New York 2008.

Weinkauff, Hermann, Die Militäropposition gegen Hitler und das Widerstandsrecht. Bonn 1954.

Ders., Über das Widerstandsrecht, Vortrag gehalten vor der Juristischen Studiengesellschaft in Karlsruhe am 24. Februar 1956. Karlsruhe 1956.

Weischedel, Wilhelm, Nachwort des Herausgebers, 1956, in: ders. (Hrsg.), Immanuel Kant, Die Metaphysik der Sitten, Werkausgabe Band VIII. Frankfurt am Main 1970, S. 883–885 (zitiert: *Weischedel,* Nachwort, 1970).

Weiß, Wolfgang, Allgemeine Rechtsgrundsätze des Völkerrechts, in: Archiv des Völkerrechts 39 (2001), S. 394–431.

Welzel, Hans, Naturrecht und materiale Gerechtigkeit. 4. Aufl. Göttingen 1962.

Wendt, Fabian, Introduction: Compromising on justice, in: Critical Review of International Social and Political Philosophy 16 (2013), S. 475–480.

Ders., Peace beyond compromise, in: Critical Review of International Social and Political Philosophy 16 (2013), S. 573–593.

Wengler, Wilhelm, Völkerrecht, Bd. I, Erster und Zweiter Teil. Berlin, Göttingen, Heidelberg 1964.

Ders., Völkerrecht, Bd. II, Dritter Teil. Berlin, Göttingen, Heidelberg 1964.

Ders., Das völkerrechtliche Gewaltverbot, Probleme und Tendenzen, Vortrag gehalten vor der Berliner Juristischen Gesellschaft am 24. Juni 1966. Berlin 1967.

Ders., Das Selbstbestimmungsrecht der Völker als Menschenrecht. Saarbrücken 1986.

Wenzel, Claudius, Südafrika-Politik der Bundesrepublik Deutschland 1982 – 1992, Politik gegen Apartheid? Wiesbaden 1994.

Werle, Gerhard/Jeßberger, Florian, Principles of International Criminal Law. 3. Aufl. Oxford u. a. 2014.

Ders., Völkerstrafrecht. 4. Aufl. Tübingen 2016.

Wertenbruch, Wilhelm, Zur Rechtfertigung des Widerstandes, 1965, in: Kaufmann, Arthur/Backmann, Leonhard E. (Hrsg.), Widerstandsrecht. Darmstadt 1972, S. 450–481.

Westerdiek, Claudia, Humanitäre Intervention und Maßnahmen zum Schutz eigener Staatsangehöriger im Ausland, in: Archiv des Völkerrechts 21 (1983), S. 383–401.

Wheatley, Steven, Democracy in International Law: A European Perspective, in: International & Comparative Law Quarterly 51 (2002), S. 225–248.

Whiteman, Marjorie M., Jus Cogens in International Law, With a Projected List, in: Georgia Journal of International and Comparative Law 7 (1977), S. 605–626.

Wijngaert, Christine Van den, The political offence exception to extradition, The delicate problem of balancing the rights of the individual and the international public order. Boston u. a. 1980.

Wildhaber, Luzius, Gewaltverbot und Selbstverteidigung, in: Schaumann, Wilfried (Hrsg.), Völkerrechtliches Gewaltverbot und Friedenssicherung, Berichte, Referate, Diskussionen einer Studientagung der Deutschen Gesellschaft für Völkerrecht. Baden-Baden 1971, S. 147–174.

Williams Holtman, Sarah, Kant, Ideal Theory, and the Justice of Exclusionary Zoning, in: Ethics 110 (1999), S. 32–58.

Wirtschafts- und Sozialrat der Vereinten Nationen, E/4832 (Res. 1503, 27 May 1970), Procedure for dealing with communications relating to violations of human rights and fundamental freedoms.

Ders., E/600 (1948), Official Records, Third Year, Sixth Session, Supplement No. 1, Report of the Commission on Human Rights. New York.

Ders., E/800 (28.06.1948), Report of the third Session of the Commission on Human Rights.

Ders., E/RES/2000/3 (16.06.2000), Procedure for dealing with communications concerning human rights.

Ders./Sekretariat der Vereinten Nationen, E/CN.4/AC.1/3 (04.06.1947), Draft Outline of International Bill of Rights.

Wohlrapp, Harald, Lothar Fritze, Die Tötung Unschuldiger (Buchbesprechung), 2005. Online abrufbar: www.heidelberger-lese-zeiten-verlag.de/archiv/online-archiv/fritze.pdf, zuletzt geprüft am: 22.04.2017.

Wolff, Heinrich Amadeus, Ungeschriebenes Verfassungsrecht unter dem Grundgesetz. Tübingen 2000.

Wolfrum, Rüdiger, Max Planck Encyclopedia of Public International Law, General International Law (Principles, Rules, and Standards), 2010. Online abrufbar: http://opil.ouplaw.com/home/EPIL [Titel als Suchbegriff eingeben], zuletzt geprüft am: 22.04.2017.

Wollweh, Oliver, Zivile Konfliktbearbeitung, Möglichkeiten und Grenzen des integrierten Ansatzes, in: Malowitz, Karsten/Münkler, Herfried (Hrsg.), Humanitäre Intervention, Ein Instrument außenpolitischer Konfliktbearbeitung. Grundlagen und Diskussion. Wiesbaden 2009, S. 221–242.

Wolzendorff, Kurt, Staatsrecht und Naturrecht in der Lehre vom Widerstandsrecht des Volkes gegen rechtswidrige Ausübung der Staatsgewalt, Zugleich ein Beitrag zur Entwicklungsgeschichte des modernen Staatsgedankens. Aalen 1961 (Nachdruck, Breslau 1916).

Wood, Michael Sir, Max Planck Encyclopedia of Public International Law, Use of Force, Prohibition of Threat, 2013. Online abrufbar: http://opil.ouplaw.com/home/EPIL [Titel als Suchbegriff eingeben], zuletzt geprüft am: 22.04.2017.

Wouters, Jan/De Man, Philip/Vincent, Marie, The Responsibility to Protect and Regional Organisations, Where does the EU stand?, Leuven Center for Global Governance Studies Policy (Hrsg.), Policy Brief No. 18 - June 2011.

Yolton, John William, John Locke and the way of ideas. Oxford u. a. 1956.

Ders., Locke on the Law of Nature, in: The Philosophical Review 67 (1958), S. 477–498.

Yoo, John, International Law and the War in Iraq, in: The American Journal of International Law 97 (2003), S. 563–576.

Zanetti, Véronique, Berghof Foundation, Der Irak-Krieg und die völkerrechtliche Lage. Online abrufbar: http://www.friedenspaedagogik.de/index.php?/ift/materialien/kriege/kriegsgeschehen_verstehen/krieg/voelkerrecht_und_krieg/der_irak_krieg_und_die_voelkerrechtliche_lage_veronique_zanetti, zuletzt geprüft am: 22.04.2017.

Ders., Ist das Recht auf humanitäre Intervention ein individuelles Recht?, in: Kohler, Georg/Marti, Urs (Hrsg.), Konturen der neuen Welt(un)ordnung, Beiträge zu einer Theorie der normativen Prinzipien internationaler Politik. Berlin, New York 2003, S. 253–265.

Ders., Ist das Recht auf humanitäre Intervention ein individuelles Recht?, in: BI.Research, 2007 (Nr. 30), S. 78–81.

Ders., 'Das mag in der Theorie richtig sein, taugt aber nicht für die Praxis.', Wie brauchbar ist eine ideale Theorie der Humanitären Intervention?, in: Busche, Hubertus/Schubbe, Daniel (Hrsg.), Die Humanitäre Intervention in der ethischen Beurteilung. Tübingen 2013, S. 189–211.

Zashin, Elliot M., Civil Disobedience and Democracy. New York, London 1972.

Zeit Online, Bürgerkrieg: UN zählen die Toten in Syrien nicht mehr, 07.01.2014. Online abrufbar: http://www.zeit.de/politik/ausland/2014-01/un-syrien-opfer-chemiewaffen, zuletzt geprüft am: 22.04.2017.

Ders., Bürgerkrieg: Libysches Parlament lehnt Einheitsregierung ab, 20.10.2015. Online abrufbar: http://www.zeit.de/politik/ausland/2015-10/libyen-buergerkrieg-einheitsregierung-ablehnung, zuletzt geprüft am: 22.04.2017.

Zemanek, Karl, The United Nations and the Law of Outer Space, in: The Year Book of World Affairs 1965, S. 199–222.

Zimmermann, Andreas, Die Schaffung eines ständigen Internationalen Strafgerichtshofes, Perspektiven und Probleme vor der Staatenkonferenz in Rom, in: Zeitschrift für ausländisches öffentliches Recht und Völkerrecht 58 (1998), S. 47–108.

Zimmermann, Till, Rettungstötungen, Untersuchungen zur strafrechtlichen Beurteilung von Tötungshandlungen im Lebensnotstand. Baden-Baden 2008.

Ders., Nochmals: Die „kollaterale" Tötung von Zivilisten im Krieg, Zu Reinhard Merkel JZ 2012, 1137 ff., in: Juristenzeitung, 2014, S. 388–391.

Zunes, Stephen, Nonviolent Action and Human Rights, in: Political Science & Politics 33 (2000), S. 181–187.

Zweigert, Konrad/Kötz, Hein, Einführung in die Rechtsvergleichung, Auf dem Gebiete des Privatrechts. 3. Aufl. Tübingen 1996.

Sachwortregister